성령의 복음

성령의 복음
ⓒ한국기독교사연구소 2022

2020년 8월 15일 1판 1쇄 발행
2022년 1월 15일 1판 2쇄 발행

지은이: 박용규
펴낸이: 박용규
펴낸곳: 한국기독교사연구소
등 록: 2005. 10. 5. 등록 25100-2005-212호
주 소: 서울시 마포구 합정동 376-32(122-884)
전 화: 02)3141-1964
이메일: kich-seoul@hanmail.net

기획편집: 한국기독교사연구소
디 자 인: 김은경
인   쇄: 아람 P&B

ISBN 979-11-87274-19-3 (04230)
ISBN 979-11-87274-18-6 (세트)

저작권자의 허락 없이 이 책의 일부 또는 전체를
무단 복제, 전재, 발췌하면 저작권법에 의해 처벌을
받습니다. 개인 용도 목적으로도 절대금합니다.

이 도서의 국립중앙도서관 출판예정도서목록(CIP)은 서지정보유통지원시스템 홈페이지
(http://seoji.nl.go.kr)와 국가자료종합목록 구축시스템(http://kolis-net.nl.go.kr)에서 이용하실 수
있습니다. (CIP 제어번호 : CIP2020026784)

| 성령의 복음 시리즈 ① |

성령의 복음

| 박용규 지음 |

The Gospel of the Holy Spirit

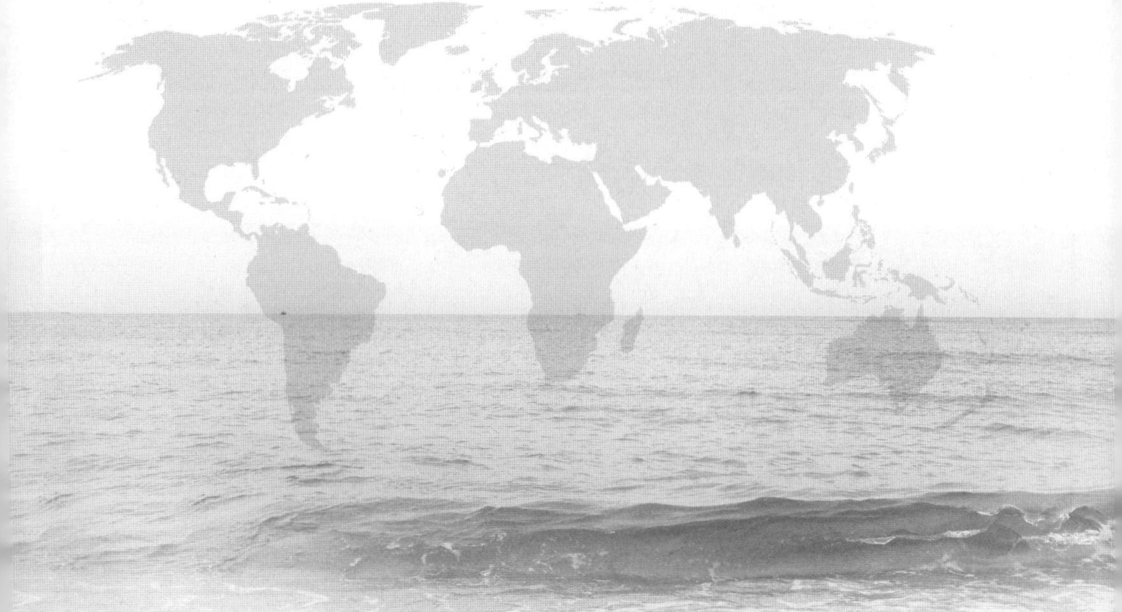

한국기독교사연구소
The Korea Institute of Church History

	사도행전의 중요 사건들	장 별	연도(A.D.)
1	그리스도의 승천	1	30. 05. 18.
2	오순절 성령강림	2	30. 05. 28.
3	첫 기독교 박해 발생	4	31. 봄.
4	일곱 사람(집사) 선출	6	32. 봄.
5	스데반의 순교	7	33. 봄.
6	이어진 대박해와 흩어짐	8	33. 여름.
7	빌립의 사마리아 전도	8	33. 여름.
8	사울의 다메섹 회심	9	33. 가을
9	사울의 1차 예루살렘 방문	9	36. 봄.
10	베드로의 욥바, 가이사랴 방문	9-10	40. 봄.
11	안디옥교회의 설립	11	41. 여름.
12	바나바, 사울 찾아 다소 방문	11	43. 봄.
13	구제와 사울의 2차 예루살렘 방문	11-12	46.
14	헤롯 아그립바 박해와 야고보 순교	12	44. 봄.
15	헤롯 아그립바의 죽음	12	44. 가을.
16	1차 선교여행	13	47-49.
17	바울의 갈라디아 지방 선교	14	47. 여름.
18	바울의 3차 예루살렘 방문과 공의회	15	49.
19	2차 선교여행	15	50-52.
20	바울의 유럽선교 착수	16	50. 가을.
21	바울의 아덴 선교	17	51. 여름.
22	3차 선교여행	18	53-56.
23	에베소의 아데미 노동자들의 소동	19	56. 겨울.
24	바울의 밀레도 고별인사	20	57. 유월절.
25	바울의 예루살렘 도착	21	57. 오순절.
26	바울의 예루살렘 계단 변론	22	57. 오순절.
27	바울의 가이사랴 2년 투옥	23	57-59.
28	바울의 벨릭스 앞에서 재판	24	57. 봄.
29	베스도 앞에서 로마 재판호소	25	59. 봄.
30	아그립바 왕 앞에서 바울의 변론	26	59. 여름.
31	가이사랴에서 멜리데까지 항해	27	59. 9-10.
32	바울의 로마 도착	28	60. 봄.
33	바울의 로마 감옥 2년 투옥	28	60-62.

머리말

　신학대학원에서 교회사를 연구하고 가르치는 한 사람으로서 최초의 교회가 어떻게 형성되었고 복음이 어떻게 확산되어 나갔는지에 대한 지식이 부족해 하나님 앞에 늘 죄송한 마음이었습니다. 이와 같은 제 안의 텅 빈 공간을 메꾸어야 한다는 거룩한 부담감이 오랫동안 저를 떠나지 않았습니다. 이것이 본서를 시작하게 된 처음 동기였습니다. 전에 없는 위기를 만나고 있는 한국교회에 대한 깊은 책임의식과 부흥에 대한 간절한 열망은 연구를 지속하도록 강하게 도전했습니다.

　본서를 저술하면서 매순간 저의 부족과 한계를 깊이 절감하며 주님께 무릎 꿇고 은혜를 베풀어 달라고 간절히 기도하지 않을 수 없었습니다. 감사하게도 주님은 처음부터 마지막까지 섬세하게 인도해주셨습니다. 주님의 강권하심에 순종해서 착수한 연구이지만 주님의 은혜로 기쁨으로 이 일을 감당할 수 있었습니다. 본서는 몇 가지 원칙을 가지고 진행했습니다.

　첫째, 사도행전의 저자 누가가 역사가이고 사도행전이 역사서라는 분명한 원칙하에 역사적인 안목을 가지고 사도행전을 연구했습니다.

　둘째, 사도행전이 '성령의 복음'(The Gospel of the Holy Spirit)이라는 분명한 시각을 가지고 개인과 공동체에 나타난 성령의 역사를 집중적으로 고찰하였습니다.

　셋째, 사도행전이 누가가 성령의 영감으로 기록한 오류 없는 하나님의 말씀이라는 확신을 가지고 인간 저자와 신적 저자가 이 땅의 교회와 그리스도인들에게 무엇을 말씀하시는지를 성경 자체와 그 시대의 역사, 초대교회의 문헌들 그리고 17-20세기 초까지 고전적인 사도행전 연구서들을 통해 살펴보았습니다. 유럽과 영국과 미국의 서구교회기 가장 찬란한 성령의 시대를 맞고 있을 때 사도행전 연구는 가장 화려하게 꽃을 피웠습니다.

마지막으로 단순히 학문적으로만 접근한 것이 아니라 성령의 복음이 오늘을 사는 우리 모두에게 말씀하시는 교훈이 무엇인가를 주의 깊게 살폈습니다.

특별히 성령의 역사에 면밀한 주의를 기울이며 추적했습니다. 존 칼빈의 말대로 실추된 교회의 영광을 회복할 수 있는 길은 오직 성령의 역사 외에는 달리 길이 없기 때문입니다.

너무도 많은 이들에게 사랑의 빚을 졌습니다. 부족한 한국기독교사연구소를 변함없이 후원해주신 후원교회 목사님들과 교우님들, 부족한 본서에 과분한 추천서를 써주신 목사님들, 정성을 다해 참고문헌을 정리해준 최규환 목사님과 온 마음을 다해 원고를 세심하게 읽으며 교정을 해준 박양수 실장님, 오헌 목사님, 유정연 집사님에게 진심으로 감사드립니다. 오래 전 착수한 본서를 완성할 수 있도록 2020학년도 봄 학기를 연구학기로 허락해주신 총신대학교 이사회에도 깊이 감사드립니다.

사도행전의 그 놀라운 성령의 역사와 부흥이 우리 가운데 속히 임하여 통일의 그날을 앞당기며 아시아와 세계선교의 사명을 온전히 감당하는 그날이 어서 속히 오길 간절히 소망합니다. 부족한 본서가 사도행전적 교회와 참된 부흥을 간절히 사모하는 목회자들과 그리스도인들, 영적 위기를 맞고 있는 조국교회에 회복과 갱신과 부흥과 개혁을 위한 작은 불씨가 되기를 간절히 소망하며 성부 성자 성령 삼위일체 하나님께 감사와 찬양과 영광을 올려 드립니다.

2020년 5월 31일 성령강림절
총신대학교 신학대학원
박용규

목차

머리말 · 7

서론 · 15

제 I부 오순절과 예루살렘교회의 태동(1:1-2:47)

1장 오순절 성령강림의 준비(1:1-26) ·················· 65
  1. 사도행전 서론(1:1-2) · 66
  2. 예수님의 40일 간 사역과 지상 명령(1:3-8) · 74
  3. 예수님의 승천과 재림 약속(1:9-11) · 93
  4. 마가 다락방에서 약속을 기다리는 120문도(1:12-26) · 99

2장 오순절 성령강림과 그 의미(2:1-47) ················ 120
  1. 오순절 성령강림(2:1-13) · 128
  2. 베드로의 설교와 청중의 반응(2:14-41) · 146
  3. 최초의 신약시대 부흥으로서 오순절 성령강림 · 172
  4. 오순절 관련 몇 가지 신학적 논의 · 179
  5. I부 결론: 성령충만한 예루살렘 공동체(2:42-47) · 187

제 II부 예루살렘에서의 복음 확장(3:1-6:7)

3장 못 걷는 사람 치료와 복음의 확장(3:1-4:31) ·········· 203
  1. 걷지 못하는 사람을 일으킨 베드로(3:1-10) · 204
  2. 베드로의 설교: "왜 우리를 주목하느냐"(3:11-26) · 216
  3. 대제사장 앞에 선 베드로(4:1-22) · 229
  4. 사도들의 석방과 교회의 대응(4:23-31) · 243

4장 성령충만한 예루살렘 공동체와 시험(4:32-5:11) ············ 254
   1. 초대교회 신앙의 공동체 모습(4:32-37) · 256
   2. 아나니아와 삽비라(5:1-11) · 262

5장 유대주의 박해와 복음의 확장(5:12-6:7) ···················· 275
   1. 사도들의 이적과 박해(5:13-32) · 276
   2. 가말리엘을 사용하신 하나님(5:33-42) · 295
   3. 일곱 사람의 선택과 그 의미(6:1-6) · 304
   4. II부 결론: 예루살렘에서의 놀라운 복음전파(6:7) · 324

제 III부 유대와 사마리아에서의 복음전파(6:8-9:31)

6장 스데반의 설교와 순교(6:8-8:1) ································ 329
   1. 성령충만한 스데반과 체포(6:8-15) · 331
   2. 스데반의 설교와 변호(7:1-50) · 340
   3. 스데반의 순교(7:51-60) · 369

7장 사마리아 복음전도와 그 의의(8:1-40) ························ 381
   1. 큰 박해로 유대와 사마리아로 흩어짐(8:1-3) · 383
   2. 빌립의 사마리아 복음전파(8:4-25) · 388
   3. 빌립의 에디오피아 여왕 간다게 내시 전도(8:26-39) · 416
   4. 빌립의 팔레스타인 해안전도(8:40) · 435

8장 사울의 회심과 이방선교의 준비(9:1-31) ····················· 438
   1. 사울의 회심(9:1-9) · 439
   2. 아나니아와의 만남과 사울의 사역 준비(9:10-22) · 449
   3. 사울의 다메섹 전도와 피신(9:23-25) · 459
   4. 사울의 예루살렘 방문과 다소로 피신(9:26-30) · 462
   5. III부 결론: 온 유대와 사마리아 복음전파의 결론(9:31) · 471

제 IV부 안디옥으로 복음 확장(9:32-12:25)

9장 베드로의 이방전도와 고넬료의 회심(9:32-11:18) ········· 477

1. 베드로의 룻다와 욥바 전도(9:32-43) · 478
  2. 가이사랴 고넬료와 베드로의 시각변화(10:1-16) · 489
  3. 베드로의 고넬료 방문과 가이사랴 오순절(10:17-48) · 503
  4. 예루살렘교회의 이방선교 논쟁과 인준(11:1-18) · 523

10장 이방선교의 센터, 안디옥교회 태동과 발전(11:19-30) ······ 532
  1. 평신도의 복음전파와 안디옥교회 태동(11:19-21) · 533
  2. 안디옥교회의 목양과 훈련(11:22-26) · 548
  3. 예루살렘의 기근과 안디옥교회의 구제(11:27-30) · 566

11장 헤롯의 박해와 복음의 확장(12:1-25) ····························· 572
  1. 헤롯의 박해(12:1-5) · 573
  2. 당신의 백성을 보호하시는 하나님(12:6-19) · 587
  3. 박해자의 비참한 최후(12:20-23) · 599
  4. IV부 결론: 안디옥으로 복음 확장(12:24-25) · 605

제 V부 소아시아로 복음 확장(13:1-16:5)

12장 바울의 1차 선교여행과 소아시아선교(13:1-14:28) ········ 613
  1. 바울과 바나바 파송(13:1-3) · 615
  2. 구브로에서 바나바와 바울의 첫 선교사역(13:4-12) · 621
  3. 비시디아 안디옥: 바울의 첫 설교와 반응(13:13-52) · 633
  4. 이고니온, 루스드라, 더베 선교(14:1-19) · 660
  5. 수리아 안디옥으로 귀환(14:20-28) · 677

13장 예루살렘공의회와 이방선교의 공인(15:1-35) ················ 687
  1. 바울과 바나바의 이방인 회심 보고(15:1-5) · 689
  2. 베드로의 이방선교 변호(15:6-11) · 695
  3. 야고보의 중재(15:12-21) · 700
  4. 바울과 바나바 귀환과 안디옥교회의 환대(15:22-35) · 710

14장 바울의 2차 선교여행과 소아시아선교 확장(15:36-16:5) · 724
  1. 실라와 2차 선교여행 출발(15:36-41) · 725
  2. 디모데를 택한 바울(16:1-4) · 736

3. V부 결론: 소아시아루 복음 확장(16:5) · 739

제 VI부 마게도냐 에게해(海)로 복음 확장(16:6-19:20)

15장 바울의 마게도냐 빌립보 선교(16:6-40) ·················· 747
1. 바울의 마게도냐 선교 착수(16:6-15) · 750
2. 빌립보 성에서의 복음전파(16:16-34) · 760
3. 바울의 교회와 정부관계 이해(16:35-40) · 777

16장 바울의 데살로니가, 베뢰아, 아덴 선교(17:1-34) ·········· 782
1. 바울의 데살로니가 선교(17:1-9) · 783
2. 바울의 베뢰아 선교(17:10-15) · 789
3. 바울의 아덴 선교(17:16-34) · 793

17장 바울의 3차 선교여행과 고린도·에베소 선교(18:1-19:20) · 810
1. 바울의 고린도 선교(18:1-11) · 811
2. 갈리오 총독의 기독교 인준과 의미(18:12-17) · 825
3. 3차 선교여행 준비(18:18-23) · 831
4. 아볼로의 회심과 그 중요성(18:24-28) · 838
5. 바울의 에베소 선교(19:1-19) · 853
6. VI부 결론: 마게도냐 에게해로 복음 확장(19:20) · 884

제 VII부 로마로 복음 확장: 로마를 향하여(19:21-28:31)

18장 바울의 예루살렘 행 여정과 로마 행 준비(19:21-21:14) ····· 889
1. 바울의 오랜 숙원: 로마도 보아야 하리라(19:21-22) · 890
2. 에베소에서 데메드리오의 선동(19:23-41) · 898
3. 마게도냐, 헬라, 드로아 사역(20:1-12) · 908
4. 밀레도에서 에베소 장로들과 작별인사(20:13-38) · 922
5. 가이사랴에서 바울과 빌립의 만남(21:1-14) · 947

19장 예루살렘에서의 바울(21:15-23:35) ·························· 959
1. 바울의 예루살렘 방문(21:15-26) · 961
2. 바울의 체포(21:27-40) · 967

3. 바울의 변증과 유대인들의 참소(22:1-29) · 978
     4. 공회 앞에서의 바울의 변증(22:30-23:11) · 995
     5. 바울의 가이사랴로의 이송(23:12-35) · 1007

  20장 총독과 왕 앞에서 바울의 재판(24:1-26:32) ··············· 1023
     1. 벨릭스 총독에게 바울 고발(24:1-9) · 1024
     2. 벨릭스 총독 앞에서 행한 바울의 변명(24:10-23) · 1031
     3. 벨릭스 총독과 드루실라의 바울 방문(24:24-27) · 1042
     4. 베스도 총독의 호의와 로마 황제에게 호소(25:1-12) · 1049
     5. 아그립바 왕의 베스도 방문과 재판 청원(25:13-27) · 1055
     6. 아그립바 왕 앞에 선 바울(26:1-32) · 1060

  21장 로마로 향하는 바울의 여정(27:1-28:10) ······················ 1076
     1. 바울의 로마 항해 착수(27:1-26) · 1078
     2. 풍랑으로 인한 파선(27:27-44) · 1092
     3. 멜리데 섬 안착과 놀라운 표적(28:1-10) · 1099

  22장 바울의 로마 입성과 전도(28:11-31) ······················ 1109
     1. 바울의 로마 입성(28:11-15) · 1110
     2. 바울의 숙원성취와 로마 선교(28:16-29) · 1118
     3. VII부 결론: 하나님 나라와 예수 그리스도 증거(28:30-31) · 1129

  23장 바울의 4차 선교여행과 그의 순교 ····························· 1137
     1. 바울의 1차 로마 투옥에서의 석방 가능성 · 1139
     2. 바울의 4차 선교여행 · 1142
     3. 네로 박해와 바울의 순교 · 1151
     4. 바울의 순교 이후 복음의 확산 · 1156
     5. 박해를 넘어 계속된 '땅 끝까지' 선교 · 1160

맺는 말: 계속되는 성령의 역사 ·· 1163

사도행전의 주요사건 연표(A.D. 14-117) · 1171

참고문헌 · 1175

색인 · 1199

서론

많은 사람들에게 본서는 책과 저자 모두 거의 알려지지 않았고, 심지어 그러한 책이 존재하는지 조차 인지하지 못하고 있다. 이런 이유로 특별히 나는 나의 주제로 이 이야기를 택했다. 그것은 내가 사도행전을 알지 못하면서 그것에 끌렸고, 그러한 보화가 드러나지 않은 채 숨겨져 있지 않도록 해야 한다고 여겼기 때문이다. 사실 사도행전은 복음서 못지않은 유익을 우리에게 제공하고, 기독교 지혜와 건강한 교리와 함께 특별히 성령에 관하여 너무도 풍성하게 말씀하고 있다. 그것을 섣불리 지나치지 말고 자세히 살펴보자. 그래서 복음서에서 그리스도가 말씀하신 예견들이 여기서 그대로 실현되어 가는 것을 목도할 수 있으며, 그들 안에 빛나는 밝은 진리의 증거와 성령이 그들 위에 임하심으로 이제 제자들 안에 일어난 놀라운 변화를 실제로 알 수 있다.

John Chrysostom, The Homilies on the Acts, A.D. 389.

누가의 저작권에 대한 외적 증거는 무라토리안 목록과 반말시온 서언을 넘어 2세기 첫 수십 년 동안으로 거슬러 올라간다.… 일반적으로 신약의 기록들과 특별히 누가복음-사도행전의 증거는 외증과 전혀 모순되지 않는다.

F. F. Bruce, The Book of ACTS, 1984.

사도행전은 최초의 세계교회사다.[1] 사복음서가 33년 동안의 예수님의

---

[1] M. Baumgarten, *The Acts of the Apostles: Or, The History of the Church in the Apostolic Age*. Vol. I. (Edinburgh: T. &T. Clark, 1854), 3-5. 범가르텐은 그의 책 제목에 나타나듯이 사도행전을 최초의 교회사로 본다. 어드만도 사도행전이 최초의 교회사라는 사실에 동의한다. "누가가 지속적으로 교회사에 관심을 가졌다는 사실을 주목해야 할 것이다." Charles R. Erdman, *The Acts* (Philadelphia: The Westminster Press, 1919), 9. Edward Meyrick Goulburn, *The Acts of the Deacons: Being a Course of Lectures, Critical and Practical, on Acts* VI., VII., VIII., and XXI. 8-15 (London: Rivingtons, 1866), ix, 3. 사도행전은 '완전한

생애와 사역을 기술했다면 사도행전은 A.D. 30년 예수 그리스도의 승천부터 A.D. 62년 바울의 로마 투옥 2년 마지막 시기까지 복음이 확산되는 32년의 선교 역사를 담아냈다.[2] 사복음서는 예수 그리스도의 부활 사건 기록에서 정점에 달하고 사도행전은 주님의 부활과 승천에서 시작하여 어떻게 그가 성령으로 사도들과 함께, 사도들을 통하여 역사하셨는가를 기록하였다.[3] 조지 클락이 지적한 것처럼 사복음서가 기독교의 근본진리를 제시하고 서신서가 교리와 실천적 가르침을 더욱 충실하고 조직적으

교회사'(a complete Church history)이며, "모든 교회사의 배아가 사도행전에서 발견된다." William G. Moorehead, *Outline Studies in Acts, Romans, First and Second Corinthians, Galatians and Ephesians* (Chicago: Fleming H. Revell Company, 1902), 11. 무어헤드에 따르면 "사도행전은 인간의 도구, 특별히 두 명의 선택된 은사를 부여 받은 사람들, 베드로와 바울에 의한 세상에서의 하나님의 교회 설립 역사라고 읽을 수 있다."

[2] F. N. Peloubet, *The Teachers' Commentary on the Acts of the Apostles* (New York: Oxford University Press, 1901), xxix. "The extent of its history reaches about thirty-two years, or one generation; as the Gospel history extends over thirty-three years, the previous generation." Lucius R. Paige, *Commentary on the New Testament*. Vol. III. *Acts of the Apostles* (Boston: Universalist Publishing House, 1847), iii. "The Book contains a history of the Acts or the Transactions of the Apostles, for a period of about thirty years next after the resurrection and ascension of our blessed Lord." 사도행전이 본질적으로 역사서이기 때문에 사도행전을 역사적으로 조명하려는 시도가 지속적으로 진행되었다. 그것은 사도행전의 성격에 가장 맞는 연구·접근방법이고 설득력이 있다. 그런 면에서 교회사적 안목을 가지고 사도행전의 배경과 사건의 발생을 심도 있게 조사하고 연구한 Ramsay가 제시한 연대는 매우 신뢰할만하다. William M. Ramsay, *St. Paul the Traveller and the Roman Citizen* (London: Hodder and Stoughton, 1895), 363-382. 메이어의 종합적인 연표는 이 분야 연구의 결정체라고 할 수 있다. Heinrich August Wilhelm Meyer and Paton J. Gloag, *Critical and Exegetical Handbook to the Acts of the Apostles*. Vol. I. (Edinburgh: T. & T. Clark, 1877), 28-29. 램지와 메이어 외에도 모리슨, 페이지, 무어, 펠루벳이 제시한 연대도 참고할 만하다. Thomas Morrison, *The Acts of the Apostles and the Epistles of Paul: Arranged in the Form of a Continuous History* (Edinburgh: Oliphant, Anderson & Ferrier, 1888), 8-9; T. E. Page and A. S. Walpole, *The Acts of the Apostles; With Introduction and Notes* (London: Macmillan, 1895), xxxiv; Moorehead, *Outline Studies in Acts, Romans, First and Second Corinthians, Galatians and Ephesians*, 60; F. N. Peloubet, *The Teachers' Commentary on the Acts of the Apostles* (New York: Oxford University Press, 1901), xx-xxv.

[3] Page and Walpole, *The Acts of the Apostles*, xii; George W. Clark, *The Acts of the Apostles: A Popular Commentary upon a Critical Basis, Especially Designed for Pastors and Sunday Schools* (Philadelphia: American Baptist Publication Society, 1917), 6. 클락에 의하면 사도행전은 복음서와 서신서들을 연결한다는 점에서 신약성경의 중심이다.

로 제시한다면 사도행전은 성령의 강력한 역사 속에서 진행되는 개인과 교회의 삶을 역사적으로 너무도 훌륭하게 제시했다.[4]

오순절 성령강림을 체험한 제자들에 의해 예루살렘교회가 조직되었고, 이어 스데반의 박해로 인해 흩어진 자들에 의해 안디옥교회가 형성되었으며, 그 교회에서 바울과 바나바를 파송하여 1차, 2차, 3차 선교여행이 이루어졌다. 그 결과 지중해 전역의 이방인들과 마지막에는 로마에까지 복음이 전해졌다. 그 과정에서 리더십의 주도권이 예루살렘교회에서 안디옥교회로, 할례자의 사도 베드로에서 이방인의 사도 바울로 바뀌었다.

사도행전은 역사적으로는 복음서에서 서신서로 넘어가는 과도기를 다루고 있으며, 종교적으로는 유대주의에서 그리스도교로, 섭리라는 차원에서는 율법에서 은총으로, 그리고 복음의 확장 면에서는 유대인 중심에서 이방인 중심으로 바뀌는 대전환을 보여준다.[5] 사도행전은 주께서 제자들에게 마지막으로 부탁하신 선교적 대 위임의 말씀(마 28:18-20)과 승천하시기 전에 하신 성령강림을 통한 복음의 확장 약속(1:8)이 시공 속에서 구체적으로 성취되어 가는 과정을 생생하게 담아냈다.

사도행전은 예루살렘교회 태동(1-2장), 예루살렘(3:1-6:7), 온 유대와 사마리아(6:8-9:31), 가이사랴와 안디옥(9:32-12:25), 소아시아(13:1-16:5), 마게도냐와 에게해(16:6-19:20) 그리고 로마(19:21-28장)로의 확장과정을 잘 그려준다.[6] 사도행전은 시간적으로는 A.D. 30년부터 62년까지 한 세대

---

[4] Clark, *The Acts of the Apostles: A Popular Commentary upon a Critical Basis, Especially Designed for Pastors and Sunday Schools*, 8.

[5] Henry Prentiss Forbes, *The Johannine Literature and the Acts of the Apostles* (New York: G. P. Putnam's Sons, 1907), 1. "사도행전은 이야기이다: (a) 연대기적으로는 예수 그리스도의 승천부터 바울의 로마 투옥 2년차까지 약 30년 동안을 포괄하고, (b) 전기적으로는 야고보, 요한, 빌립, 바나바와 같은 다른 사도적 유명인사들의 부수적 언급과 함께 베드로와 바울의 행동들을 다루고, (c) 지리적으로는 예루살렘으로부터 동부를 따라, 그런 후 북부로 그리고 지중해 연안과 서쪽의 로마까지 멀리 기독교의 확장을 다루고, (d) 인종적으로는 순수하게 유대와 팔레스타인 주민들로부터 헬라와 로마세계의 지방들과 인종들까지 새로운 종교[기독교]의 점진적 확장과정을 다루었다."

[6] Daniel B. Wallace, "Acts: Introduction, Outline, and Argument," 17-23. <www.bible.org/seriespage/5-acts-introduction-outline-and-argument>(2007. 6. 30. 접속) 누가는 사도행전 1장 8절의 약속에 따른 복음전파의 단계가 마무리되는 시점에서 소결론의 구절을 기술하고

30여 년의 '교회 설립과 초기 성장의 역사'를 담고 있다.[7] A.D. 30년부터 35년까지는 예루살렘을 중심으로 전개되고, A.D. 35년부터 40년까지는 유대, 사마리아, 가이사랴를 중심으로 그리고 A.D. 41년부터 62년까지는 안디옥, 소아시아, 마게도냐와 에게해, 로마에 이르는 땅 끝을 중심으로

있다. 달라스 신학교의 윌리스는 이런 관점에서 사도행전을 예루살렘에서 교회의 탄생, 예루살렘에서의 복음의 확장, 온 유대와 사마리아로 복음의 확장, 안디옥으로 복음의 확장, 소아시아로 복음의 확장, 에게해로 복음의 확장 그리고 로마로의 복음의 확장으로 구분하였다. I. Book One: The Birth of the Church in Jerusalem(1:1-2:47); II. Book Two: The Expansion of the Church in Jerusalem(3:1-6:7); III. Book Three: The Extension of the Church to Judea and Samaria(6:8-9:31); IV. Book Four: The Extension of the Church to Antioch(9:32-12:24); V. Book Five: The Extension of the Church to Asia Minor(12:25-16:5); VI. Book Six: The Extension of the Church to the Aegean Area(16:6-19:20); VII. Book Seven: The Extension of the Church to Rome(19:21-28:31). 윌리스의 방법은 사실 독창적인 것은 아니다. 이것은 에드워즈 보스워스(Edward Bosworth)가 새로운 사도행전 연구(*New Studies in ACTS*, New York: Young Men's Christian Association, 1908), v-vi에서 도입한 방식이다. I. The Messianic Church is established in Jerusalem through the testimony of disciples of Jesus empowered by the Holy Spirit, in spite of the opposition of the Jewish Priests(1:1-6:7); II. The witness begun to move out from Jerusalem toward foreigners(6:8-9:31); III. The testimony is established by God's direction for the first time to Jehovah-worshipping foreigners(9:32-12:24); IV. The testimony is borne for the first time to foreigner that have no connection with the Jewish synagogue(12:25-16:5); V. The testimony is carried to gentiles in the Roman provinces, Macedonia, Achia and Asia by Paul and his associates under the guidance of the God and in Spite of Jewish opposition(16:6-19:20); VI. The testimony finally established by Paul under God's direction in Rome, the center of the gentile world, in spite of fierce Jewish opposition(19:21-28:31). 윌리스와 보스워스가 차이가 있다면 1부 예루살렘교회 태동과 확장(1:1-6:7)을 '태동과정'과 '확장과정'으로 대별(大別)한 것뿐이다. 필자가 볼 때 이와 같은 사도행전 구분 방식은 매우 설득력 있다. 본서는 이 구분방식을 따랐다. 동일한 사도행전 구조분석은 다음 작품에도 나타난다. David W. Gooding, *True to the Faith, The Acts of the Apostles: Defining and Defending the Gospel* (London: Hodder & Stoughton, 1990), 12.

[7] Richard Belward Rackham, *The Acts of the Apostles: An Exposition* (London: Methuen & Co., 1901), xiii; William Robertson, *Studies in the Acts of the Apostles* (New York: Fleming H. Revell Company, 1901), 5; Benjamin Breckinridge Warfield, *Acts and Pastoral Epistles; Timothy, Titus and Philemon* (London: J. M. Dent, 1902), xvi-xv. 워필드가 지적한 것처럼 사도행전을 이해하는 가장 중요한 연대적 근거는 사도행전 1장의 예수 그리스도의 승천, 사도행전 12장의 헤롯 아그립바 1세의 죽음, 25장의 베스도 총독의 부임이다. 예수 그리스도의 부활과 승천은 A.D. 30년, 헤롯 아그립바 1세가 죽은 것은 44년, 베스도 총독의 부임은 A.D. 60년이다. 이것은 베스도의 부임을 제외하면 사도행전의 역사전개를 이해하는 매우 중요한 시대적 근거이다. 이와는 달리 트롤롭은 예수 그리스도의 승천을 A.D. 33년의 사건으로 이해하고 A.D. 33-63년의 30년 역사를 사도행전이 다루고 있다고 말한다. William Trollope, *A Commentary on the Acts of the Apostles: With Examination Questions* (Cambridge: J. Hall, 1847), 10.

전개된다.[8]

사도행전을 '제 5복음서'라 부르기도 한다. 그것은 사도행전이 예수 그리스도의 공생애와 십자가의 사역과 사도들의 구체적인 활동을 연결해 주는 연결고리의 역할을 하기 때문이다. 사도행전은 그리스도께서 승천하신 후 제자들이 어떻게 주의 제자로서의 사역을 감당하고 주의 나라를 확장해 나갔는가를 역사적으로 잘 그려주었다. 사도행전은 복음의 확장 과정만 아니라 오순절 이후 최초의 교회공동체의 신앙의 모습과 고민들도 잘 그려준다. 히브리파 유대인들과 헬라파 유대인들 사이의 깊은 갈등과 대립도 숨기지 않았다.

누가는 역사가로서 믿음의 공동체 가운데 일어난 역사적 '사실'과 그것이 무슨 의미를 지니는가를 동시에 제시하였다. 연대기적인 순서에 충실하면서도 주님이 승천하신 후 복음의 확장과정을 너무도 역사적으로 현장감 있게 기술하였다. 필자는 누가에게서 역사 서술에 대한 안목을 많이 배웠다. 우리는 초대교회의 신앙생활, 선교, 갈등을 사도행전에서 그대로 읽을 수 있다.[9]

---

[8] 지리적으로는 예루살렘, 안디옥, 로마라는 3개의 중요한 복음전파의 전략적 거점이 사도행전에서 매우 중요하게 다루어지고 있다. 워필드가 제시한 사도행전의 연대는 다음과 같다. 예수 그리스도의 승천(1장, A.D. 30), 사울의 회심(9장, A.D. 34-35), 바울의 2차 예루살렘 방문(12장, A.D. 44-45), 바울의 1차 선교여행(13-14장, A.D. 47-48), 예루살렘공의회(15장, A.D. 50-51), 바울의 2차 선교여행(15:40-18:22, A.D. 51-53), 바울의 3차 선교여행(18:23, A.D. 54-58), 바울의 체포(21:27, A.D. 58), 베스도 총독 부임(24:27, A.D. 60), 바울의 로마 도착(28:16, A.D. 61) 그리고 바울의 로마 투옥 종식(28:30, A.D. 63). Warfield, *Acts and Pastoral Epistles; Timothy, Titus and Philemon*, xvi-xv.

[9] 이토록 중요한 성경의 기록, 부활하신 그리스도의 40일 동안의 활동, 그의 승천 그리고 오순절 성령강림 이후 첫 30년 동안 진행된 교회와 복음의 확장의 역사를 담은 사도행전이 교회로부터 거기에 걸맞는 대접을 받지 못했다. 히포의 어거스틴은 사도행전이 매년 부활절과 오순절 사이에 교회에서 읽혀졌다고 기록했지만 존 크리소스톰은 사도행전에 대해 많은 사람들이 그 책과 저자 심지어 그것이 존재하는 것조차 잘 인지하고 있지 않다고 증언한다. 참으로 역설이 아닐 수 없다. 이와 관련하여 다음을 참고하라. John Chrysostom, *The Homilies of John Chrysostom on The ACTS of The Apostles* (London: Oxford, John Henry Parker, 1851), 1; William Gilson Humphry, *A Commentary on the Book of the Acts of the Apostles* (London: John W. Parker and Son, 1854), xi; Francis Marshall, *The Oxford and Cambridge, Acts of the Apostles; with Introduction and Notes* (London: George Gill & Sons, 1894), 8. 사도행전의 권위 있는 연구서(硏究書)와 관련하여서는 메이어와 글로그의 저서를 참고하라. 메이어는 1877년 그의 저술에서

사도행전은 초대교회공동체가 수천 년 동안 유대민족을 지배해 온 유대주의 전통의 탈을 벗고 복음과 약속의 기독교로 바뀌어 가는 과정, 율법에서 은총으로 옮겨가는 과정, 하나님의 나라가 유대인 공동체에서 사마리아인에게로, 이방인에게로 확대되어 가는 과정, 즉 "예루살렘과 온 유대-사마리아-(안디옥)-지중해 전역과 로마제국"으로 확대되어 가는 과정을 잘 그려 준다.[10]

이방인이었던 누가의 시각을 통해 구원이 유대인에서 이방인에게로 확산되는 과정에서 유대인들이 겪었던 유대민족의 신앙적 갈등이 그대로 기술되었다. 바울과 베드로의 긴장, 예루살렘교회와 안디옥교회의 긴장, 바울의 선교여행을 통해 형성된 이방인 교회들과 예루살렘교회와의 긴장은 기독교가 선민사상에 깊숙이 물들어 있는 유대공동체를 넘어 이방인들에게로 확산되어 가는 일련의 과정에서 나타난 현상이었다. 복음과 전통 사이에 나타난 두 공동체의 갈등의 전형적인 사례를 사도행전 6장의 헬라파 유대인들과 히브리파 유대인들 사이의 갈등과 대립에서 찾을 수 있다.

종교개혁자 존 칼빈의 말대로 오늘날의 교회는 사도행전을 성령이 교회에 주신 "위대한 보화로 여기지 않으면 안 된다."[11] 사도행전은 주님이 승천하신 후에도 여전히 당신의 백성들과 함께 하시며 예루살렘에서 로마까지 복음이 확산되는 일련의 선교역사를 생생하게 그려주고 있다는 점에서 사복음서와 함께 '신약의 오경'이라고 불리기도 한다.[12]

17세기부터 19세기 동안에 출판된 100여 권의 권위 있는 사도행전 연구서들을 제시한다. 이 시대에는 오늘날보다 더 활발하게 사도행전이 연구되었음을 보여준다. Meyer and Gloag. *Critical and Exegetical Handbook to the Acts of the Apostles.* Vol. I., ix-xiv.

[10] Paige, *Commentary on the New Testament.* Vol. III. *Acts of the Apostles*, iii. 페이그는 복음의 확장을 회심이라는 용어를 통해 유대인의 회심, 하나님을 경외하는 이방인의 회심, 하나님을 알지도 경외하지도 않았던 이방인들의 회심, 셋으로 대별하였다. "사도행전의 역사에는 아주 중요한 세 가지 중심 주제가 전 역사를 일관하고 있다. (1) 제자들의 회심과 유대인들 가운데 교회의 확고한 설립, 1-9장; (2) 참 하나님을 경외하는 이방인들의 회심, 10-12장; (3) 참 하나님을 알지도 경외하지도 않았고 모세의 율법에 복종하지 않았던 이방인들의 회심, 13-28장이다."

[11] John Calvin, *John Calvin Bible Commentaries On The Acts of the Apostles 1-13* trans by Henry Beveridge (North Charleston: Createspace, 1907), 15.

1. 역사가, 신학자, 복음전도자로서의 누가

사도행전은 바울의 동역자이며 탁월한 역사적 혜안을 가지고 누가복음을 저술한 누가가 기록했다.[13] 누가는 자신이 바울의 선교여행에 동행한 사실과 관련하여 사도행전에 몇 번 언급했다. 그는 의사였고(골 4:14), 유대인이 아니었으며(골 4:11),[14] 선교사역을 감당했고(몬 1:24), 바울의 마지막 옥중 생애 동안 바울과 같이(딤후 4:6, 11) 있었다.[15]

사도행전의 진실성과 정확성

전통적으로 누가복음과 사도행전이 누가의 작품이라는 사실에는 별 의

---

[12] Meyer and Gloag, *Critical and Exegetical Handbook to the Acts of the Apostles*. Vol. I., 1.

[13] Rackham, *The Acts of the Apostles: An Exposition*, xiv-xv. 또한 보라. F. F. Bruce, *The Book of ACTS* (Grand Rapids: Eerdmans, 1984), 19. 브루스는 사도행전을 "누가의 역사서"(Luke's History)라고 불렀다. 브루스는 이렇게 누가의 저작설을 변호했다. "여기서 두 부분의 작품에 대한 누가의 저작권을 이 주석 전체에서 받아들였다는 사실을 간단하게 언급하겠다. 누가의 저작권에 대한 외적 증거는 무라토리안 목록과 반말시온 서언을 넘어 2세기 첫 수십 년 동안으로 거슬러 올라간다. 누가복음-사도행전의 원본은 저자의 이름을 밝히지 않았다. 그러나 11:28과 20:13의 주석과 노트가 보여주는 대로 누가의 저작권에 대한 믿음은 초기 사도행전 본문의 한 개 혹은 두 개의 교정본에서 실마리를 찾을 수 있다. 일반적으로 신약의 기록들과 특별히 누가복음-사도행전의 증거는 외증과 전혀 모순되지 않는다. 사실 누가복음-사도행전 작품 그 자체는 때때로 바울과 동행하고 그와 로마까지 여행한 어떤 사람에 의해 기술되었다는 징표들을 보여준다. 누가가 이 여행에서 바울과 동행했었다는 사실을 우리는 알고 있다. 바울과 그의 몇몇 동료들이 행한 선교여행을 다룬 사도행전 이야기의 어떤 부분은 1인칭 복수(그것들은 '우리' 부분들로 알려졌다)로 기술되었기 때문에 가장 합리적인 추론은 사도행전의 전체 작품의 저자가 이들 특별한 선교여행에서 바울과 동행했다는 사실이다." 누가가 사도행전의 저자라는 사실은 심지어 하르낙도 인정하고 있다. Adolf von Harnack, *Luke the Physician, the Author of the Third Gospel and the Acts of the Apostles* (London: Williams & Norgate, 1907), 163; Trollope, *A Commentary on the Acts of the Apostles: With Examination Questions*, 5-7.

[14] Erdman, *The Acts*, 7-8.

[15] Edward Bosworth, *New Studies in ACTS* (New York: Young Men's Christian Association, 1908), ix.

심이 없었다.[16] 사도행전 자체의 '우리' 부분들이 이를 뒷받침하고 있으며, 지금까지 역사적 기독교가 누가의 저작설을 의심하지 않고 그대로 받아들였기 때문이다.[17] 독일 신학자 바우어(Ferdinand Christian Baur, 1792-1860)는 사도행전을 2세기 신앙의 공동체의 산물로 평가하고 그 저작연대를 2세기로 보았다.[18]

이것이 바른 평가가 아니라는 비판은 그 학파 안에서 생겨났다. 그 학파에 속했던 윌리엄 램지(William Mitchell Ramsay, 1851-1939)가 사도행전을 깊이 연구한 후 바울과 동시대의 인물인 의사 누가가 탁월한 역사적 감각을 갖고 사도행전을 기록했다고 결론을 내렸다. 램지는 누가의 기록이 진실이라고 확신했다. "그 위대한 역사가의 최우선되고 본질적인 자질은 진실이다. 그가 말한 것은 신뢰할만하다. 이제 역사적 진실은 각 세부적 항에서 진실일 뿐만 아니라 전반적 결과에서도 또한 진실이며, 그런 종류의 진실은 선별(selection), 분류(grouping) 그리고 개념화 작업(idealization)이 없이는 도달될 수 없다."[19]

사도행전 기록의 진실성과 정확성은 의심의 여지가 없다.[20] 교회가 사

---

[16] 고대문헌들은 동일하게 사도행전의 저자가 누가라고 증언한다. Lyman Abbott, *An Illustrated Commentary on the Acts of the Apostle* (New York: A. S. Barnes, 1878), 13; Bosworth, *New Studies in ACTS*, ix; Horatio B. Hackett, *A Commentary on the Original Text of the Acts of the Apostles* (Boston: Gould and Lincoln, 1858), 13. 178년 리용의 감독이 된 이레니우스는 자신의 이단반박(*Adv. Hares.*, 3.14.1)에서 사도행전의 저자가 누가라고 밝혔다. 190년대 활동했던 알렉산드리아 클레멘트는 그의 작품 *Stromata*(lib.5)에서 누가를 사도행전의 저자로 언급했고, 약 200년에 활동했던 터툴리안도 동일한 내용을 언급했다. 325년에 기록된 유세비우스 교회사(*Hist. Eccl.*, 3.4)에도 "비록 그가 다른 사도들과는 협력이 별로 없었지만 안디옥 태생으로 의사개업을 하고 있던 누가가 바울의 여행의 동반자였다"라고 쓰여 있다.

[17] Forbes, *The Johannine Literature and the Acts of the Apostles*, 9-10.

[18] Peloubet, *The Teachers' Commentary on the Acts of the Apostles*, xx-xxv. W. Schmiedel, C. McGiffert, Weizsacker 그리고 다른 학자들이 사도행전이 2세기에 어떤 사람이 편집한 것으로 보고 누가의 저작설을 반대했지만 Ramsay, Knowling, Rendall, Hastings 를 비롯한 영국의 영향력 있는 학자들과 많은 독일의 학자들도 누가의 저작설을 의심 없이 받아들였다.

[19] William M. Ramsay, *St. Paul the Traveler and the Roman Citizen* (London: Hodder & Stougton, 1915), 1-28. 램지는 여기서 누가의 사도행전 기록의 진실성을 상세히 다루었다. 또한 William Owen Carver, *The Acts of the Apostles* (Nashville: Sunday School Board, Southern Baptist Convention, 1916), 9을 보라.

[20] W. A. Denton, *A Commentary on the Acts of the Apostles*. Vol. I. (London: George

도행전을 처음부터 영감된 하나님의 말씀으로 받아들였고, 사도행전의 진위와 정경적 권위는 기독교회사를 통해 모든 시대에 인정을 받아왔다.[21] 그 기록의 신뢰성이 여러 자료를 통해서 명확하게 드러났다.[22] 특별히 수많은 초기 문헌들과 증언들이 사도행전의 진실성과 정확성을 뒷받침해준다.[23] 사도행전은 폴리갑의 서신, 디오그네투스에게 보낸 편지, 헐마스 서신, 저스틴 마터의 작품 그리고 비네(Vienne)와 리욘스(Lyons)의 기록에도 나타난다.[24]

사도행전의 저자가 누가라는 사실은 무라토리안 단편을 비롯하여 초대 교회 몇몇 문헌들이 지지하고 있고,[25] 이레니우스, 터툴리안, 알렉산드리

Bell and Sons, 1874), viii, xi. 덴톤은 사도행전의 저자, 저작연대, 기록의 정확성을 강조하면서 만약 사도행전이 일반 연대기 기자에 의해 기록된 세속사였다면 그것이 당대의 사람, 일어난 사건의 목격자에 의해 기록되었다는 사실을 누구도 의심하지 않았을 것이라고 말한다. W. J. Lhamon, *Studies in ACTS or The New Testament Book of Beginnings* (St. Louis: Christian Publishing Company, 1897), 259. "Luke is a historian. He has his method. He records facts." Trollope, *A Commentary on the Acts of the Apostles: With Examination Questions*, 2-5.

[21] George Thomas Stokes, *The Acts of the Apostles* (New York: A. C. Armstrong and Son, 1891), 1-22. 렌델이 지적한 것처럼 사상, 문체, 용어에 있어서 누가복음과 사도행전은 연속성을 지닌다. Frederic Rendall, *The Acts of the Apostles in Greek and English; with Notes* (London: Macmillan & Co., 1897), 1.

[22] Melancthon W. Jacobus, *Notes, Critical and Explanatory, on the Acts of the Apostles* (New York: Robert Carter & Brothers, 1859), viii; F. W. Stellhorn, *Annotations on the Acts of the Apostles* (New York: The Christian Literature Co., 1896), vii-viii.

[23] Meyer and Gloag, *Critical and Exegetical Handbook to the Acts of the Apostles*. Vol. I., 1. "책의 주요 내용 사도행전(πραξεις των αποστολων)에서 이미 초기 기독교 고대문헌(Canon Murat., Clem. Al. Strom, v. 12, p. 696, ed. Potter, Tertull. c. Marc, v, 2 f., de jejun. 10, de bapt. 10; comp, also Iren. adv. haer. iii. 14. 1, iii. 15. 1)에 이름을 딴 신약의 5번째 역사적 책은 데오빌로에게 헌정된 복음서를 쓴 동일한 저자의 두 번째 작품으로 알려졌다. 그러므로 사도행전은 누가복음을 이어 누가의 역사적 작품의 일부로 당연히 간주되며, 그 초대기독교의 역사는 예수 그리스도의 승천부터 로마에서 바울의 투옥까지의 역사를 담고 있다. Eusebius, *Ecclesiastical History* III.25 신약정경으로 수납된 책(the Homologoumena) 가운데 포함된 것을 비롯하여 고대 정통교회는 누가 외에 어떤 다른 이름을 사도행전의 저자로 언급하고 있지 않다." 또한 보라. Eusebius on the Canon," <www.bible-researcher.com/eusebius.html>(2020. 04. 05. 접속).

[24] Rendall, *The Acts of the Apostles in Greek and English; with Notes*, 3.

[25] Clark, *The Acts of the Apostles: A Popular Commentary upon a Critical Basis, Especially Designed for Pastors and Sunday Schools*, 5; George Holley Gilbert, *Acts; the Second Volume of Luke's Work on the Beginnings of Christianity* (New York: Macmillan, 1908), 6-7; Page and Walpole, *The Acts of the Apostles*, xi. 사도행전의 저자는 빌립보에서

아의 클레멘트, 오리겐도 사도행전의 저자가 누가라고 기록했다.[26] 리용의 감독 이레니우스는 190년 사도행전을 '성경'이라고 불렀고,[27] 터툴리안은 200-212년 사이에 서신서들과 함께 사도행전 18장, 23장, 24장의 내용을 인용하면서 사도행전을 '사도들의 작품'(Apostolica intrumenta)이라고 불렀다.[28]

약 190년 알렉산드리아의 클레멘트 역시 그의 사도행전 주석에서 사도행전을 영감된 성경이라고 기록했고, 오리겐은 사도행전 2장 44절을 인용하면서 그의 마태복음 주석에서 사도행전을 영감된 성경으로 인용했다.[29] 또한 251년 키프리안은 그의 작품 **교회의 일치**에서 사도행전이 '거룩한 성경'(divine Scripture, Probat divina Scriptura, qua dicit)이 확실하다고 말했다.[30] 325년 유세비우스 역시 자신의 **교회사**(*Ecclesiastical History*) 2권에서 누가복음과 사도행전이 영감된 책이며, 두 권의 책의 저자가 누가라는 사실을 아주 분명하게 밝혔다.[31]

"안디옥 출신의 의사 누가는 바울의 동반자였으나 다른 사도들과도 적지 않은 대화를 나누었다. 그는 그의 영감된 두 권의 책에서 사도들로부터 얻은 영혼을 치유하는 기술의 본보기를 우리에게 남겨주었다. 기록된 [누

바울과 함께 있었고(16:10-13) 이어 예루살렘으로 가는 여행에 동행했으며, 가이사랴에서 로마로 가는 여정(21장, 27-28장)에도 바울과 동행했다. 이것은 일인칭을 사용하여 기록한 것에서 알 수 있다. 사도행전 저자가 실라(16:19-40)나 디모데(20:4, 5)는 아닌 것이 분명하다. 그것은 이들을 삼인칭으로 언급하고 있기 때문이다. 이에 반해 저자는 자신을 일인칭으로 말하고 있어 그들만 아니라 사도행전에 언급된 다른 사람들과도 구분된다. 가장 자연스런 결론은 사도행전의 저자가 로마에서 바울과 함께 있었던(몬 24; 골 4:14) 사람이다. 이 모든 것보다도 사도행전 저자가 누가복음의 저자와 동일 인물이라고 밝힌 사도행전 1장 1절의 진술이며, 따라서 '사랑을 받는 의사 누가'(골 4:14)가 바로 사도행전의 저자라고 결론을 지을 수 있다.

[26] Rackham, *The Acts of the Apostles: An Exposition*, xvi-xxxii.
[27] Ireneaus, *Adv. Hear.* L. ii. c. 47. Ed. Grabe.
[28] Tertullian, *De Resurr. Carn.* c. xxxix.
[29] Origen, *Comment. in Matt.* (D. Paris Ed., 1679), 382.
[30] Cyprian, *De Unit. Eccles* (Oxford Edit., 1682), 119.
[31] Eusebius, *Ecclesiastical History* II.1 Marshall, *The Oxford and Cambridge, Acts of the Apostles; with Introduction and Notes*, 8; J. Rawson Lumby, *The Acts of the Apostles: with Maps, Notes and Introduction* (Cambridge: The University Press, 1891), xiii; Moorehead, *Outline Studies in Acts, Romans, First and Second Corinthians, Galatians and Ephesians*, 11.

가]복음서에서 말씀의 증인이요 사역자이었던 사람들 그리고 그 자신이 처음부터 따랐던 그 사람들이 그에게 전해준 이야기를 따라 그가 선언했으며 그리고 사도행전에서는 그가 전해들은 것으로부터 작성한 누가복음과 달리 그 자신이 눈으로 직접 목도한 정보를 가지고 기록했다."[32]

이처럼 유세비우스는 자신의 교회사에서 사도행전을 '영감된 성경책'이라고 밝혔다.[33] 그의 기록은 사도행전의 누가 저작권에 대한 교부들의 시각을 잘 반영해주는 대표적 표본이다.[34] 결론적으로 B. B. 워필드가 지적한 것처럼 "역사적 문헌으로서 사도행전은 그것이 취급하고 있는 사실들에 대한 놀랍도록 정확한 기록, 그것이 묘사하고 있는 사건들의 과정에 대한 철저히 신뢰할만한 설명에 대하여 우리가 적용할 수 있는 모든 테스트에 의해서 그 자체로 매력을 가질 만큼 높은 평가를 받을 가치가 있다."[35] 비판가들이 제기하는 비평들이 오히려 부정확하다는 사실이 밝혀지고, 사도행전에 나타난 난제들도 고대연구를 통해서 해결되었다.

조지 클락은 사도행전 기록의 신뢰성의 증거로 4가지 사실을 들었다. 첫째, 사도행전의 세부적인 기록들이 당대의 역사와 지리와 일치한다. 둘째, 사도행전이 베드로 전후서, 야고보서 그리고 바울의 서신들과 스타일과 사상에서 일치한다. 셋째, 사도행전의 서술과 바울 서신 사이에는 많은 점에서 놀랍게 일치한다. 넷째, 사도행전에 대한 현대 비평주의 시험을 다 통과했다.[36]

---

[32] Eusebius, *Ecclesiastical History* III.4. 또한 참고하라. Paige, *Commentary on the New Testament*. Vol. III. *Acts of the Apostles*, iii.

[33] Gotthard Victor Lechler, *Theological and Homiletical Commentary on the Acts of the Apostles*. Vol. I. (Edinburgh: T. &T. Clark, 1864), 11.

[34] Paige, *Commentary on the New Testament*. Vol. III. *Acts of the Apostles*, iii.

[35] Warfield, *Acts and Pastoral Epistles; Timothy, Titus and Philemon*, xviii–xix.

[36] Clark, *The Acts of the Apostles: A Popular Commentary upon a Critical Basis, Especially Designed for Pastors and Sunday Schools*, 4–5. 또한 다음을 참고하라. Henry Cowles, *Acts of the Apostles: With Notes, Critical, Explanatory, and Practical, Designed for Both Pastors and People* (New York: D. Appleton, 1883), 2–3. 코울즈는 다음 3가지 사실을 들어 사도행전의 기록의 정확성을 주장하였다. 잘 알려진 도시들, 당대의 역사적 특징들, 관습 그리고 사건들이 상당히 정확하게 기술되었다. 에베소, 고린도, 아텐, 안디옥, 로마는 널리 알려진

사도행전 기록의 신뢰성은 내증을 통해서도 확인된다. 사도행전 서두에 기록된 것처럼 사도행전 역시 데오빌로에게 헌정된 것이다.[37] '데오빌로여 내가 먼저 쓴 글에는 무릇 예수께서 행하시며 가르치시기를 시작하심부터 그가 택하신 사도들에게 성령으로 명하시고 승천하신 날까지의 일을 기록하였노라'(1:1-2). 여기 '먼저 쓴 글'은 누가복음을 가리킨다. 우리는 누가가 왜 사도행전을 기록했는지를 이해하기 위해서 그의 첫 작품 누가복음의 서문을 주목할 필요가 있다.[38]

그것은 고대의 관습에 의하면 한 가지 목적으로 두 권 이상의 작품을 쓸 때는 전체의 저술의 서문을 첫 권에 붙이는 것이 일반적이기 때문이다.[39]

역사가로서의 누가

누가는 누가복음 서두에서 '우리 중에 이루어진 사실'(눅 1:1)이라는 언급을 통해 그가 기록한 것이 역사적 사실이라는 점을 분명히 하고 있다. '처음부터 목격자와 말씀의 일꾼 된 자들이 전하여 준 그대로 내력을 저술하려고 붓을 든 사람이 많았다'(눅 1:2)는 언급을 통해 많은 사람들에 의해 그 역사적 사실들을 기록하려는 노력이 진행되어 왔음도 분명히 했다.[40]

도시들이다. 누가는 사도행전에서 이들 도시들을 정확히 제시하고 있다. 헤롯 아그립바 왕의 죽음, 벨릭스와 베스도 총독의 통치는 누가의 기록의 정확한 연대를 알려준다. 그는 빌립보가 로마의 식민지였다는 사실도 알고 있었다.

[37] Rendall, *The Acts of the Apostles in Greek and English*, 1. 사상, 문체, 용어에 있어서 누가복음과 사도행전은 연속성을 지닌다.

[38] Arno Clemens Gaebelein, *The Annotated Bible; The Holy Scriptures Analysed and Annotated, The New Testament. Vol. 1: Gospels and the Book of Acts* (New York: Our Hope, 1913), 6.

[39] Joseph S. Exell, *The Biblical Illustrator: The Acts*. Vol. I. (New York: Anson D. F. Randolph, 1905), v. 누가복음과 사도행전에 사용된 헬라어 용례가 신약성경의 다른 책들과 다르다.

[40] Denton, *A Commentary on the Acts of the Apostles*. Vol. I., xxix-xxx. 사도행전의 저자가 누가라는 사실은 여러 내외적 고증을 통해 살펴볼 때 분명하다. 사도행전의 저자가 누가라는 기록은 2세기 말 이레니우스에 의해 처음으로 나타난다. 이어 알렉산드리아 클레멘트, 터툴리안 그리고 많은 다른 교부들에 의해 사도행전의 저자가 누가로 일관되게 기록되었다. 다음을 보라. Irenaeus, *Haer*. iii. 14, 15 Clemens Alex. *Adumbrat in 1 Pet. Ep.* and *Stromata*, *lib*. v. p. 688 B., ed. *Sylburg*; Tertullian, *de Jejun*. x.

또한 '그 모든 일을 근원부터 자세히 미루어 살핀 나'(눅 1:3)라는 표현을 통해 사도행전의 기록이 많은 자료를 토대로 한 연구임을 말해준다. 이렇게 역사적 사실을 정확하게 기록하려고 한 것은 데오빌로 각하가 '알고 있는 바를 더 확실하게 하려 함'(눅 1:4)이었다.[41] 누가는 다음 몇 가지 점에서 최초의 교회사를 기록하기에 적합한 인물이었다.[42]

당대 최고의 교육받은 의사

첫째, 누가는 당대 고도의 교육을 받은 헬라인 의사였다.[43] 바울은 자신의 서신서에서 '사랑을 받는 의사 누가'(골 4:14)라고 분명히 밝혔다.[44] 누가가 고도의 교육받은 교양과 상식을 갖춘 의사였다는 사실은 사도행전과 누가복음에 나타난 풍부한 의학용어를 통해서도 잘 드러난다.[45] 1882년 아

---

[41] Gaebelein, *The Annotated Bible*, 7. "이방인이 이방인에게 쓴 누가복음은 이방인들을 위한 복음이며, 이방인 누가가 예루살렘에서 이방인들에게 진행되는 복음의 역사를 기록하도록 선택되었다. 누가복음의 저자를 도구로 하여 사도행전이 기록되었다는 수많은 내증들이 있다. 예를 들어 누가복음과 사도행전에는 다른 복음서나 서신서에서 잘 찾아볼 수 없는 독특한 구절들이 약 50곳이나 있는데 이것들은 이 두 권의 성경이 동일저자라는 사실을 입증한다."

[42] Denton, *A Commentary on the Acts of the Apostles*. Vol. I., xvii. 사도행전의 정경성과 진위성은 전혀 의심을 받지 않았다. 지금까지 사도행전을 거부한 교회가 없었다. 사도행전의 권위의 진위성을 의심한 기독교 저술가도 없었다. 그리고 기록의 진위성을 그대로 믿고 신약성경의 어떤 책보다도 일찍부터 사도행전이라는 이름으로 교회 저술가들에 의해 인용되었다." 사도행전은 초대교회 때부터 여러 교회에서 널리 읽혔다. 이집트 교회에서는 오순절 오십일 동안에 토요일과 주일에 읽혀졌으며, 바질(Basil)은 세례에 대한 그의 설교 가운데 하나에서 오순절 날 세 번의 설교를 행했는데 하나는 이사야 1장, 두 번째는 사도행전 2장 그리고 세 번째는 마태복음 11장이었다고 밝혔다. 어거스틴에 따르면 아프리카 교회에서는 부활절과 오순절 사이에 사도행전이 읽혔으며, 크리소스톰 역시 부활절 이후에 사도행전이 교회에서 읽혔다고 기록했다(xix). 사도행전이 교회에서 널리 읽힌 사실은 교회사 기록이 증언한다(xx).

[43] Abbott, *An Illustrated Commentary on the Acts of the Apostle*, 13; Gaebelein, *The Annotated Bible*, 7; Clark, *The Acts of the Apostles: A Popular Commentary upon a Critical Basis, Especially Designed for Pastors and Sunday Schools*, 5; Denton, *A Commentary on the Acts of the Apostles*. Vol. I., xxxiv. 누가는 직업이 의사였다. 골로새서 4장 11-14절을 참고할 때 그는 유대인이 아니다. 바울은 그를 할례자들과 구별하였다. 그의 회심에 대해서는 알려지지 않았지만 초대교회 전통에 따르면 그는 안디옥 태생이다. 누가가 안디옥 태생이라는 사실은 유세비우스가 증언하고, 제롬도 밝혔다. 그러나 현대에 와서 그레스웰(Greswell)과 다른 현대 저자들은 누가의 출생지를 안디옥이 아닌 빌립보 혹은 알렉산드리아 드로아로 이해했다.

[44] Warfield, *Acts and Pastoral Epistles; Timothy, Titus and Philemon*, xxii.

[45] Exell, *The Biblical Illustrator*, vi; J. S. Howson, *The Evidential Value of the Acts*

일랜드의 호바트(W. K. Hobart)가 **누가의 의학용어**(*The Medical Language of St. Luke*)에서 시사한 것처럼 누가는 헬라의 의료 교육 기관에서 사용하는 의학 용어를 매우 잘 알고 있었다.[46] 그것은 누가복음과 사도행전에 나타난 의료용어를 통해서도 확인할 수 있다. 이와 관련하여 윌리엄 바클레이(William Barclay) 역시 누가가 본능적으로 의학 용어를 사용하고 있다고 보았으며, 심지어 아돌프 하르낙도 이 같은 이론을 지지했다.[47]

탁월한 역사적 혜안의 소유자

둘째, 누가는 시대적 흐름을 정확히 읽고 분석해 내는 탁월한 역사적 혜안을 가지고 있었다. 누가복음 2장 1-2절에서 누가는 주님보다 6개월 먼저 30세 때 사역을 시작한 세례요한이 등장한 때가 티베리우스 통치 15년째 되던 해라고 밝히고 있다. 기독교와 관련된 사건만 아니라 당시 정치적 시대적 상황을 읽어낼 수 있는 인물과 철학들을 동시에 기술하고 있다.[48] 누가복음과 사도행전에서 누가는 아우구스투스, 티베리우스, 유대 총독 본디오 빌라도, 글라우디오 황제, 헤롯 대왕, 아그립바 1세, 아그립바 2세, 아가야 총독 갈리오, 유대 총독 벨릭스와 베스도 등 실존 인물들에 대한 언급을 통해 성경의 기록들이 로마의 시대적 배경 속에 실제로 일어난 사건임을 증언한다. 헬라신화에 등장하는 제우스와 헤르메스, 당시 헬라철학을 대변하는 스토아 철학과 에피큐리안 등의 기록은 그 당시 그레코-로마 시대적 배경을 잘 그려준다. 누가는 지리적인 배경과 시대적인 상황을 통시적인 안목을 가지고 어떻게 복음이 예루살렘, 유대, 사마리아, 로마제국의 식민지 그리고 로마제국으로 확산되어 나갔는가를 뛰

---

of the Apostles (New York: E. P. Dutton, 1880), 106.

[46] William Kirk Hobart, *The Medical Language of St. Luke* (Dublin : Hodges, Figgis, & co, 1882).

[47] Harnack, *Luke the Physician, the Author of the Third Gospel and the Acts of the Apostles*, 163. 또한 Ardolf von Harnack, *The Acts of the Apostles*, trans by J. R. Wilkinson (New York: Williams & Norgate, 1909)을 보라.

[48] 그 대표적인 것이 누가복음 2장 1절과 2절, 사도행전 17장 18절, 18장 2절이다.

어난 역사 감각을 가지고 기술하였다. 누가는 역사서에 기록된 초기의 사건들을 직접 목격한 증인은 아니지만 철저하고 정확한 조사에 근거하여 적절한 순서에 따라 사도행전을 기록했다.

바울의 선교여행 동행자

셋째, 누가는 바울의 선교여행에 실제로 동행한 주인공이었다.[49] 누가는 바울과 더불어 첫 번째 선교여행에서 드로아에서 빌립보까지(16:10-17) 동행하면서 유럽에 복음의 씨앗을 심고, 두 번째 여행에서 빌립보에서 예루살렘까지(20:5-15; 21:1-18) 그리고 예루살렘에서 로마까지 배를 타고 동행하면서 바울의 선교를 직접 목도했다(27:1-28:16). 때문에 누가는 사도행전의 역사적 사실들을 기록할 적격자였다.

누가가 바울의 선교에 직접 동행했다는 사실은 그가 사도행전을 기록하면서 자주 삼인칭 복수('그들')에서 일인칭 복수('우리')로 바꾸고 있다는 것에서도 확인된다.[50] 누가가 바울과 동행하며 복음을 전한 살아있는 증인이었다는 사실은 사도행전의 역사적 가치를 더욱 높여준다. 우리가 사도행전에서 생생한 역사를 접할 수 있는 것도 그 때문이다. 누가는 복음을 전하다 에베소에서 세상을 떠났다고 전해진다.[51]

풍부한 사료수집

넷째, 누가는 바울과 함께 예루살렘에 도착하여(21:17) 바울이 로마로

---

[49] Denton, *A Commentary on the Acts of the Apostles.* Vol. I., xxvii.

[50] Bosworth, *New Studies in ACTS,* ix. 행 11:28; 16:10, 17; 17:1; 20:6; 21:17; 24:27; 27:1; 28:7, 16.

[51] 에베소에 있는 누가의 무덤으로 알려진 묘지에는 교회 건물이 세워졌는데, 그 건물은 이오니아식 건축 양식으로 사방 16개의 기둥에 16m 의 길이로 건축되었다. 누가의 묘지에 세워진 본래 건물은 로마 시대에 유명한 용사 혹은 건강의 신을 숭배하기 위해 세워진 신전이었던 것으로 보인다. 이 건물은 비잔틴 시대에 신전의 구조를 변형하여 서쪽을 입구로 하고 동쪽을 머리 방향으로 하여 예배처소로 사용되었다. 1860년 영국 고고학자 John Turtle Wood(1821-1890)가 오데이온을 발굴하던 중 귀갓길에 건물의 일부에 십자가와 황소 모양이 그려진 비석을 보고 누가의 무덤이라고 언급함으로써 이곳이 누가의 무덤으로 알려지게 되었다. John Turtle Wood, *Modern Discoveries at Ancient Ephesus* (London: The Religious Tract Society, 1890), 32-33, 43-69.

향할 때까지(27:1) 2년이 경과하는 동안 팔레스타인 방방곡곡을 다니면서 복음서와 사도행전의 초반부터 예루살렘을 배경으로 한 부분에 대한 자료를 수집하였고,[52] 유대의 역사와 관습과 절기에 정통하게 되었을 것이다. 그는 바울과 여행했고 벨릭스 총독이 바울을 가이사랴에 구금하고 있는 적어도 2년간 팔레스타인에 거주했던 것으로 보인다. 성경학자들은 약 A.D. 57년부터 59년까지 2년 동안 누가가 복음서와 사도행전의 배경이 되는 나사렛, 가버나움, 예루살렘, 성전, 엠마오, 룻다, 욥바 그리고 다른 성읍들에 관한 풍부한 지식을 습득했을 것으로 해석한다.

그렇다면 이 기간 동안 누가는 많은 목격자들을 만나 그들의 증언을 들었을 것이고, 그 가운데는 노인이 되었을 마리아도 포함되었을 것이다.[53] 누가복음에 나타난 예수님의 탄생과 유년시절에 대한 기록은 마리아의 관점에서 너무도 섬세하고 정확하게 기록되었다. 마가요한과 그의 어머니, 사도 베드로와 요한 그리고 예수님의 동생 야고보와 같은 초기 예루살렘교회 지도자들은 자신들이 목격하거나 입수한 예수님의 승천, 오순절의 성령강림 사건과 오순절의 복음전파, 산헤드린의 반대, 스데반의 순교, 고넬료의 회심, 사도 야고보의 처형, 베드로의 투옥과 석방에 대한 정확하고 확실한 정보들을 누가에게 제공했을 것이다.[54]

1916년 토레이(C. C. Torrey)는 **사도행전의 저작과 연대**(*The Composition and Date of Acts*)에서 누가가 초기 기독교 공동체의 언어로 표현하기 위해 히브리어(아람어)로 된 문서들을 특별히 연구 조사했

---

[52] Bosworth, *New Studies in ACTS*, x.

[53] Bosworth, *New Studies in ACTS*, ix. 누가는 예루살렘에서의 신앙공동체의 시작에 대해 잘 아는 사람들, 예를 들어 마가와 바나바(11:28), 초기 제자 나손(21:16), 예수님의 형제 야고보(21:18), 예루살렘 사람 실라(16:19; 15:22), 베드로를 잘 알고 있는 예루살렘의 탁월한 여인 마리아의 아들 예루살렘 소년 마가요한(골 4:10, 14; 행 12:11-12)을 만났을 것이다. 그는 일곱 명 가운데 한 명인 전도자 빌립의 집에 거하면서 사마리아와 에디오피아 내시, 마술사 시몬에 관한 정보를 직접 얻을 수 있었고, 바울에게서 스데반의 설교와 순교에 관한 세부적인 이야기를 들었을 것이다. 확실히 누가는 사도행전 저자로서 많은 자격 요건을 갖추었다.

[54] John Dick, *Lectures on Some Passages of the Acts of the Apostles* (Glasgow: Printed by Crawford and Mackenzie, 1805), 3.

을 것이며, 사도행전 전반부에 유대주의(Semitism) 색채가 두드러지게 나타나는 것이 이를 뒷받침한다는 흥미 있는 이론을 제기했다.[55]

이미 상당한 역사적 혜안을 소유하고 있었던 누가는 바울과 동행하면서 팔레스타인에 머물렀던 A.D. 57년부터 59년까지의 기간 동안 상당히 많은 증언과 기록들을 직접 접하면서 더욱 풍부하게 역사적 식견을 갖추게 되었을 것으로 여겨진다. 구태여 사도행전의 저자야말로 "일급 역사가(a historian of the first rank)"로 간주할 충분한 가치가 있다는 윌리엄 램지의 말을 인용하지 않더라도 누가는 사도행전을 기록하기에 충분한 자격을 갖춘 훌륭한 역사가였다.[56] 그레코 로마(Greco-Roman) 역사 전문가 셔윈 화이트(Sherwin-White)는 사도행전의 역사적 구조, 시간과 장소, 세부 사항들이 정확하다고 결론을 내렸다.[57]

사도행전 12장에 나오는 헤롯의 박해와 죽음에 대한 기록과 사도행전 18장 2절에 나오는 유대인 추방사건의 기록이 보여주듯 사도행전 전체에 대한 역사적 재구성은 누가가 단순히 사료만 열심히 모은 것이 아니라 실제로 얼마나 놀라운 역사적 혜안을 가지고 구속의 사건을 서술했는가를 말해주고 있다. 다시 말해 누가는 단순히 역사적 사실만을 기록한 것이 아니라 하나님께서 역사의 주(主)라는 분명한 역사적 혜안을 가지고 시공 속에서 일어난 사건을 재구성했다.

완벽한 최초의 교회사

사복음서가 그리스도의 생애를 다루고 있다면, 사도행전은 성령의 부으심을 경험한 제자들이 성령의 충만을 받고 예루살렘-온 유대-사마리아-땅 끝까지 이르는 복음의 확장의 역사를 생동감 있게 담아냈다. 이

---

[55] C. C. Torrey, *The Composition and Date of Acts* (Cambridge: Harvard University Press, 1916), 3-41.

[56] William M. Ramsay, *The Bearing of Recent Discovery on the Trustworthiness of the New Testament* (London: Hodder & Stougton, 1915), 222.

[57] A. N. Sherwin-White, *The Roman Citizenship* (Oxford: Oxford at the Claendon Press, 1980), 3-37.

과정에서 누가는 기독교를 종교, 사회, 정치 등의 다양한 영역에서 매우 탁월하게 변증했다. 예를 들어 유대인들의 참소에도 불구하고 로마의 관원들이 기독교에 대해 호의적이었다는 사실, 예수 그리스도가 선동죄로 고소되었으나 헤롯이나 빌라도가 그러한 근거를 찾을 수 없었다는 사실, 그 결과 로마 당국이 기독교가 합법적인 종교라는 것을 시인했다는 사실을 드러내려고 하였다.

또한, 우리는 누가가 뛰어난 역사서술 감각을 가지고 사도행전을 기록했다는 것을 어렵지 않게 발견하게 된다. 특히 할례자의 사도 베드로와 이방인의 사도 바울의 선교가 본질적인 부분에서 차이가 없었다는 것, 다시 말해 그들이 동일한 목적과 사명감을 가지고 있었다는 점을 일관되게 기술하는 방식에서 누가의 탁월한 역사서술 감각을 볼 수 있다.

베드로가 사도행전 1장부터 12장까지 역사 무대의 중심이었다면 13장부터 28장까지 주인공은 바울이었다.[58] 누가는 이 둘을 우열을 두고 구분하려고 하지 않고 둘 다 충실한 복음의 증인들이라는 사실을 강조하고 있다. 베드로와 바울은 모두 성령이 충만했고(4:8; 9:17; 13:9), 담대히 복음을 증거했으며(4:13, 31; 9:27, 29), 유대인들 앞에서 그리스도의 십자가와 부활을 증거했고(2:22; 13:16), 유대인들만 아니라 이방인들에게도 복음을 전파했다(10:34; 13:46).

또한 둘 다 교회에 대한 환상을 보았고(10:9; 16:9), 복음을 증거하다 투옥된 후 기적적으로 풀려났으며(12:7; 16:25), 나면서부터 걷지 못하는 자와(3:2; 14:8) 병자를 고쳤고(9:41; 28:8), 악령을 쫓아냈다(5:16; 16:18). 뿐만 아니라 모두 비범한 능력을 소유했고(5:15; 19:12), 죽은 자를 살렸으며(9:36; 20:7), 마술사나 거짓 선생에게 하나님의 심판이 임하도록 기도했고(8:20; 13:6) 그리고 다른 사람들이 자신들을 신으로 숭배하려는 것을 막았

---

[58] Erdman, *The Acts*, 11. "두 사도, 베드로와 바울은 사도행전 이야기에서 특별히 두드러진 인물들이다. 그들의 활동에 대한 설명을 중심으로 사도행전이 크게 두 부분으로 대별된다: (1) 할례자의 사도 베드로에 의한 유대인들의 복음화, 1장에서 12장까지 (2) 이방인의 사도 바울에 의한 이방인들의 복음화, 13장에서 28장까지."

다(10:25-26; 14:11).

이처럼 일관되게 두 사도의 일치점을 찾을 수 있는 것은 결코 우연이 아니다. 누가는 최초의 교회사를 기록하면서 베드로와 사도 바울이 주님으로부터 똑같은 임무를 부여받았고, 둘이 충성스럽게 그 책임을 감당했다는 사실을 드러내려고 했다.

신학자요 복음전도자로서의 누가

역사가로서의 누가와 신학자요 복음전도자로서의 누가는 상호 모순되지 않는다. 브루스(F. F. Bruce)에 이어 사도행전 연구의 권위자로 인정받고 있는 하워드 마샬(Ian Howard Marshall)은 1970년에 간행된 **누가: 역사가이자 신학자**(*Luke: Historian and Theologian*)에서 역사가로서의 누가와 신학자로서의 누가가 서로 상반되지 않는다고 분명히 밝혔다. 마샬의 말을 빌린다면 누가는 믿을만한 역사가이며 또한 훌륭한 신학자였고 "그의 신학의 타당성은 그것이 기초를 두고 있는 역사의 신빙성에 의해 좌우된다"고 믿었다. 신학적 타당성이 역사적 신빙성과 결코 무관하지 않았으며 오히려 매우 깊은 연계성을 지닌다는 점이다.

그러나 누가가 관심을 가지고 있었던 것은 단순히 "그저 사실로서의 역사 그 자체라기보다는 역사에 나타난 구원사적 의미"였다. 누가는 하나님의 구원 역사를 주제로 한 역사서술을 원했다. 마샬에 의하면 "역사가이면서 또한 신학자"인 누가를 가장 잘 연결하는 것이 복음전도자였다. "신학자로서 누가는 예수님과 초대교회에 대한 그의 메시지가 믿을만한 역사에 근거해야만 한다는 것에 관심을 가지고 있었다."[59]

다시 말해 누가는 "그의 신학에 도움을 주기 위하여 그의 역사를 사용했다"는 것이다. 이 말은 그가 단순히 역사를 신학을 위한 도구로 사용했다는 말이 아니다. 누가는 초대교회 신앙의 공동체 가운데 성취된 구원의

---

[59] Howard Marshall, *Luke: Historian and Theologian* (Grand Rapids: Zondervan, 1971), 18-19.

역사(history)를 근원부터 미루어 살펴보면서 예수 그리스도가 이루신 구속의 역사(work)가 시공 속에서 일어난 역사적 사실(historical facts) 이라는 점을 분명히 밝히기를 원했다. 그런 면에서 그에게 신학 (theology)은 역사(history)와 별개가 아니었다.[60] 최초의 교회사, 사도행전은 단순한 사건의 집합이나 모음이 아닌 성령의 충만을 받은 신앙 공동체의 승리, 실패, 실존적 고민을 그대로 담아낸 신앙의 역사였다.

누가는 역사적인 혜안을 가지고 구원의 역사를 기술했다. 역사적 통찰력은 단순히 사도행전의 서술에만 나타난 것이 아니라 누가복음에도 잘 나타난다. 누가복음에 구원이 중심 주제로 등장하는 것은 결코 우연이 아니다. 누가는 기독교가 참으로 역사적인 종교라는 사실, 예수 그리스도의 구원의 사건이 시공 속에서 구체적으로 일어난 역사적 사실임을 너무도 잘 드러냈다. 누가는 누가복음과 사도행전에서 하나님에 의해 예비된 구원이 예수 그리스도에 의해 인간들에게 주어졌으며, 성령을 통해 모든 믿

---

[60] Lechler, *Theological and Homiletical Commentary on the Acts of the Apostles*. Vol. I., 13. 18세기와 19세기 고전적인 작품들은 사도행전의 역사와 신학을 잘 연결해주고 있으며 영적으로도 상당히 깊이 있게 해석했다. 그가 특별히 언급한 작품들은 다음과 같다. Chrysostom, *Homilies*; Theophylac and Oecumenius, the Expositions; Limborch, *Commentary* (Rotterdam 1711); Walch, *Dissertations in Acts Apostolorum*, 3 vols (Jena 1756); the Translation and Exposition of Morns, edited by Dindorf (Leipsic 1794); Hildebrand, *History of the Apostles of Jesus*, 1824; Stier, *Words of the Apostles*, 1829; Schrader, *Apostle Paul*, 1830; Neander, *History of the Planting and Training of the Christian Church by the Apostles*, 1832; Baur, *Apostle Paul*, 1845; Baumgarten, *Acts of the Apostles, or History of the Development of the Church, from Jerusalem to Rome*, 1852; second edition, 1859; Lange, "Apostolic Times," 1854; Ewald, "History of the Israelites," vol. 6, "History of the Apostolic Age to the Destruction of Jerusalem," 1858; Hackett, *Commentary on the Original Text of the Acts of the Apostles*, Boston 1858. 그가 제시한 실천적인 사도행전 작품들은 다음과 같다. Menken, *Scenes in the Life of the Apostle Paul and the first Christian Churches, according to certain chapters in the Acts of the Apostles*, Bremen 1828; Brandt, *Apostolic Pastor, a work on the Acts of the Apostles, for the better performance of the ministerial office*, 1848; Williger, *Biblical Studies on the Acts of the Apostles*, 1850; Langbein, *Sermons on the Acts*, 1852; Leonhardi and Spiegelhauer, *Homiletical Handbook of Sermons from the Acts of the Apostles*, 1855; Da Costa, *Acts of the Apostles, expounded for ministers and congregations*, translated by Reifert, Bremen 1860; Besser, *Biblical Studies on the Acts, for the use of congregations*, 1860.

는 자에게 그 구원의 역사가 실현되는 것을 보여주었다. 그리고 그 역사는 여전히 계속되고 있음을 선명하게 밝혀준다. 누가는 구원이 하나님에 의해 예비되었다는 사실을 누가복음에만 아니라 스데반의 변론, 베드로와 바울의 설교, 오순절의 사건, 구약의 예언의 성취 등 사도행전 전체를 통해 일관되게 강조하였다.

구원이 예수 그리스도에 의해 주어졌다는 사실도 누가복음만 아니라 사도행전 전체에 잘 드러나 있다. 베드로는 유대인들이 십자가에 못 박아 죽인 예수가 구원자 그리스도(2:36)라는 사실, 다른 이로써는 구원을 얻을 수 없다(4:12)는 사실, 천하 사람 중에 구원을 얻을 다른 이름을 주신 일이 없다(4:12)는 사실, 하나님이 죄 사함을 얻게 하시려고 예수 그리스도를 '임금과 구주'(5:31)로 삼았다는 점을 분명히 했다. 또한 '내 영을 만민에게 부어 주리니'(욜 2:28)라는 요엘서의 약속이 오순절 마가의 다락방에 성취되기 시작하여 구원의 역사가 어떻게 예루살렘에서부터 유대와 사마리아를 거쳐 제국의 수도 로마로까지 진행되어 나갔는가를 잘 그려주었다.

우리는 장차 2세기 반 이후인 A.D. 313년에 가서야 이루어질 기독교의 공인이 이미 사도행전 말미에 상당히 진행되고 있는 것을 발견한다. 복음의 보편성과 세계성이 역사가, 신학자, 복음전도자인 누가를 통해 극적으로 그려지고 있다. 누가는 헬라인, 고도의 교육받은 의사, 탁월한 역사가, 성령충만한 바울의 선교여행 동반자였다. 그는 복음의 세계성을 가장 잘 드러낼 수 있는 최고의 적격자였다.

누가는 복음서 기자 중 유일하게 신약의 일부를 쓴 이방인, 훌륭한 교육을 받고 바울과 더불어 구원의 역사를 목도한 목격자, 로마제국을 통시적으로 볼 수 있는 지리적 역사적 혜안의 소유자였다. 누가는 당시 일반 세상에 일어난 사건들을 배경으로 예수님과 초대교회에 대한 이야기를 훌륭히 개진하였다. 그는 복음서 기자 중에는 유일하게 대해인 지중해와 갈릴리의 차이를 분명히 인식하고 갈릴리 바다를 '게네사렛 호수'(the lake of Gennēsaret, τὴν λίμνην Γεννησαρέτ, 눅 5:1)라고 불렀다. 이것은 그가 "그레코-로마 세계의 역사와 지리에 대해 광범위한 시야"를 지녔음을 보여준다.

2. 사도행전의 중심 주제

사도행전의 중심 주제는 성령이다.[61] 누가는 어느 성경 기자보다 구속사에서 성령의 역할과 중요성을 정확히 꿰뚫고 있었다. 누가복음과 사도행전에는 성령이 처음부터 마지막까지 일관되게 전체의 주제를 형성하고 있다.[62] 사도행전은 예수 그리스도의 승천 이후 성령의 부으심으로 주님의 약속이 성취되어 성령의 권능을 받은 증인들에 의해 복음이 확장되어 나가는 일련의 역사를 담고 있다.[63]

사도들이 주의 나라를 확장해 가는 과정에서 사도들로 하여금 사명을 감당할 수 있도록 동기를 부여해 준 것이 그리스도의 약속과 성취였다면 그것을 가능케 만들어 준 원동력은 성령이었다.[64] 예루살렘과 안디옥교회는 물론 사마리아, 가이사랴, 에베소를 비롯한 복음이 전해진 '기독교 공동체는 성령으로 충만하고 성령에 의해 인도를 받았다'(참고, 5:3; 15:28). 또한 사도행전 전체에서 일관되게 읽을 수 있듯이 '예루살렘에서 로마에 이르는 전체적인 복음전도 계획 역시 성령에 의해 인도함을 받았다(참고,

---

[61] Gaebelein, *The Annotated Bible*, 7-10; J. W. McGarvey, *A Class Notes on Sacred History: Acts of Apostles* (Cincinnati: Standard Pub. Co., 1889), xx-xxii.

[62] Charles Fremont Sitterly, *Jerusalem to Rome; the Acts of the Apostles* (New York: Abingdon, 1915), 22-23.

[63] Hermann Olshausen, *Biblical Commentary on the Gospels, and on the Acts of the Apostles: Adapted Expressly for Preachers and Students* Vol. IV. (Edinburgh: T. &T. Clark, 1860), 227; Trollope, *A Commentary on the Acts of the Apostles: With Examination Questions*, 8. "그러므로 성령의 놀라운 흘러들어옴으로 말미암아 그분의 교회와의 약속의 성취, 그 결과 믿는 사람들의 수적 증가를 기록함으로써 그리고 유대인들과 이방인들 둘 모두에게 성령의 부으심이 동등하게 임하심으로 현시된 복음의 약속의 축복에 유대인들과 이방인들의 동등한 참여를 기록함으로써 그리스도의 신적 사명의 증거를 완성하는 것이 사도행전의 주목적인 것이 확실하다고 여겨진다. 한마디로 복음서가 그리스도의 사역의 역사를 확증하듯이 사도행전은 성령의 역사에 대한 기록이다. 성령은 예수 그리스도의 자리를 채우기 위해 보내졌으며, 그는 위대한 구원사역을 계속해서 수행하신다. 이런 계획으로 역사의 전 범위를 알게 될 것이다."

[64] Bruce, *The Book of ACTS*, 23. 사도행전은 성령의 역할을 전체에 걸쳐서 강조하고 있다.

16:6 이하).'[65]

사도행전은 성령의 복음

사도행전에서 누가가 드러내려고 하는 것은 성령의 역사, 특별히 '만민'(욜 2:28)과 '남종과 여종'(욜 2:29)에게 부어주시겠다고 요엘 선지자를 통해 말씀하신 성령의 부으심에 대한 약속의 성취이다.[66] 성령의 부으심은 구약에 존재하지 않았고, 예수 그리스도의 공생애 동안에도 없었으며, 심지어 예수 그리스도가 승천하시기 전에도 없었던 사건이었다. 이것은 구약의 시대와 신약시대, 특별히 오순절 사건 이후 전개되는 성령의 시대를 명확하게 구분해준다.

성령의 부으심이 마가의 다락방에 임한 것은 브루스의 설명대로 '성취의 시작'이었다. 성령의 부으심의 역사는 사마리아, 가이사랴, 에베소에서도 계속되었다. 성령의 놀라운 부으심을 통해 공동체가 성령의 권능을 받고 그리스도의 증인으로 새롭게 거듭났다. 사도행전 전체에서 누가는 그리스도가 말씀하신 아버지의 약속, 성령을 부어주시겠다는 약속이 성취되는 일련의 진행과정을 아주 잘 그려주고 있다.[67]

약속하신 보혜사 성령이 오순절 성령강림으로 마가의 다락방에 임하고 성령의 충만함을 받은 제자들은 그리스도의 마지막 분부대로 모든 민족

---

[65] Bruce, *The Book of ACTS*, 24.

[66] J. Hamblin Smith, *Short Notes on the Greek Text of the Acts of the Apostles* (London: Rivingtons, 1890), 2. 스미스는 사도행전의 핵심 주제를 이렇게 집약했다. "사도행전은 데오빌로라는 이름의 사람에게 보내는 글이다. 누가복음도 또한 그에게 보내졌다. 이 두 권의 책은 분명히 그들이 유대인이든 혹은 이방인이든 그리스도인들을 교육하기 위해 디자인되었다. 사도행전의 두 개의 주된 주제는 (1) 성령의 임하심으로 말미암은 아버지의 약속의 성취 (2) 유대인들과 이방인들 가운데 복음의 확산으로 말미암은 성령의 부으심의 결과이다."

[67] 칼빈, 사도행전 I, 26-27. "본서에서 누가는 우리에게 매우 유익한 몇 가지의 큰일들을 제시하고 있다. 그는 먼저 성령이 사도들에게 보내어졌다고 설명하고 있는데 그리스도께서 약속을 충실히 수행하셨다는 것을 우리에게 밝혀 주는 것 뿐 아니라 그리스도께서 또한 자기의 사랑하는 자들을 기억하시고 또 자신이 교회의 영원한 지배자가 되신다는 것을 우리에게 가르쳐준다. 성령이 그 목적 때문에 강림하셨기 때문이다."

에게로 가서 제자를 삼고 세례를 주고 가르쳐 지키게 했다. 사도들은 사도행전 1장 8절 말씀대로 예루살렘에서 시작해서 온 유대와 사마리아와 땅 끝까지 이르러 주님의 증인이 되었다.

성령이 이끄시는 성령행전

사도행전에서 성령은 의심할 바 없이 중심 주제이다.[68] 이 주제를 가장 먼저 간파한 사람은 존 칼빈과 앨브리히트 벵겔로 여겨진다.[69] 예수님께서 승천하시면서 제자들에게 예루살렘을 떠나지 말고 아버지의 약속하신 성

---

[68] Peloubet, *The Teachers' Commentary on the Acts of the Apostles*, xxix. 다음은 정확한 지적이다. "사도행전은 성령의 지시하에 성령의 권능에 의해 설립되고, 성령의 영감에 의해서 발전과 사역의 수행에 있어서 지도를 받았던 초대교회의 영감된 역사의 기록이다. 오순절에 나타난 하나님의 놀라운 권능이 아니고서는 실로 세계사의 전환점이라 할 수 있는 그 놀라운 시대를 이해하는 것은 불가능하다. 다른 권능으로 사도들과 초기 제자들 안에 일어난 변화 혹은 세계사에 가져다 준 변화들을 설명할 수 없다. 예수 그리스도의 부활 다음으로 이것은 역사의 놀라운 기적이다. 성령은 사도행전에서만 50회 가량 언급되는데 이것은 사복음서 전체에서 언급된 것보다 더 많다. 이러한 빈번한 언급은 성령이 바로 역사의 영혼(the soul of the history)이기 때문이다. 세계사의 흐름이 서열, 혹은 권력, 혹은 날씨, 혹은 학습, 혹은 군대 없이 몇 사람의 가난한 어부들에 의해 바뀌었다는 사실은 우리로 하여금 감탄하게 만들고, 우리로 하여금 그 변화가 하나님의 성령(고전 1:24-31)에 의해서 일어났다는 사실을 믿지 않을 수 없도록 강권한다."

[69] W. Ward Gsaque, *History of the Criticism of the Acts of the Apostles* 사도행전 비평사, 권성수 정광욱 역 (서울: 도서출판 엠마오, 1989), 19-36. 종교개혁 이후 사도행전에 대한 깊이 있는 연구의 포문을 연 사람은 존 칼빈이다. 칼빈은 16세기 인물이면서도 사도행전을 사도행전이 기록될 당시의 시대적 배경 속에서 이해하려고 하였고, 초대교회에 대한 풍부한 역사적 지식을 가지고 성령의 역사에 깊이 주목하면서 인간 저자 누가와 신적 저자 성령께서 본문을 통해 말씀하시려는 목적과 의도를 심도 있게 파악하려고 노력했다. 라이트푸트(John Lightfoot; 1602-1675)는 1645년 사도행전 주석(*A Commentary upon the Acts of the Apostles*, London, 1645)을 출간했다. 그는 사도행전을 1-12장, 13-28장으로 둘로 대별하고 전반부가 유대인들 중의 교회와 복음의 상태를, 후반부가 이방인들 중의 교회와 복음의 상태를 말한다고 보았다. 칼빈과 라이트푸트보다 더 사도행전 연구에 영향을 미친 인물은 요한 앨브리히트 벵겔(Johann Albrechte Bengel, 1687-1752)이다. 벵겔은 칼빈과 마찬가지고 사도행전에서 성령의 중요성을 새롭게 발견했다. 그는 사도행전이 성령으로 말미암아 자신의 교회에 내재하시는 '성령의 행전'이면서 동시에 부활의 주님의 행전이며, 복음이 바로 로마에 이르기까지 로마 제국 내에서의 복음의 승리를 드러내고 있음을 강조했다. "교회는 그리스도의 영에 의하여 소생되며 활기를 띠고 세상에서 괴로움을 당하지만 하나님에 의해 보호되고 존귀하게 된다" "사도들의 행전이 아닌 성령의 행전을 기술하는데, 이것은 제 1권이 예수 그리스도의 행전을 담고 있는 것과 흡사하다." 벵겔은 바울이 로마에서 2년 동안 금하는 사람이 없이 전혀 방해 받지 않고 복음을 전한 것이야 말로 '복음의 승리'를 밝혀준다고 이해했다.

령을 기다리라고 부탁하셨고, 제자들은 순종하여 오순절 마가의 다락방에 모여서 기도하며 성령을 기다렸으며, 그곳에 모인 사람들이 다 성령의 충만을 받았다. 바로 그날 예루살렘에 모인 이들이 베드로의 설교를 듣고 3천 명이 회개하고 주님께로 돌아왔다. 성령충만한 베드로와 요한을 통해서 못 걷는 사람이 일어났고, 이로 인해 산헤드린 공의회가 열렸지만 성령충만한 베드로가 그들에게 담대히 부활하신 주님을 증거했으며 예루살렘 공동체는 간절히 하나님께 기도하여 그들 모두가 다 성령의 충만을 받았다.

사도행전은 성령강림의 약속이 성취되어 제자들과 믿는 자들이 권능을 받고 어떻게 복음이 예루살렘, 온 유대, 사마리아 그리고 땅 끝까지 이르러 증인의 역할을 감당했는가를 그려준다. 사도들의 배후에는 성령이 계셨다. 누가복음이 그리스도의 탄생부터 죽으심과 부활까지의 예수의 구속사역을 기술한 예수 그리스도의 행전이라면 사도행전은 성령의 부으심, 임재, 역사를 생생하게 그린 성령의 복음이다. 그리하여 사도행전은 "처음부터 끝까지 성령의 강림과 활동에 대한 기록"으로 점철되었다. 1895년 아더 피어선(Arthur T. Pierson)이 **성령행전**을 출간한 것도 그런 맥락이다.[70]

그로부터 4반세기가 지난 1919년 프린스턴신학교의 어드만 교수도 그의 사도행전 주석에서 이 같은 의견에 동의했다. 그는 사도행전이 "사도들을 통해 역사하시는 성령의 행전"이라고 불릴 만큼 사도들을 통해 나타난 놀라운 성령의 역사를 생생하게 증언한다고 말했다.[71] 다시 60여 년이 지난 1980년대 사도행전의 세계적인 권위자 브루스(F. F. Bruce)도 그의 **사도행전주석**에서 다음과 같이 동일한 의견을 피력했다.

"예수께서 떠나시기 전에 사도들에게 그가 전한 복음의 선구자들이 되라고 명령하신 것은 바로 '성령으로 말미암은' 것이었다. 이것은 사도행전의 신학적 주지(主旨)이다. 세례 시에 예수는 '성령과 능력'으로 기름부음

---

[70] A. T. Pierson, *The Acts of the Holy Spirit* (Marshall, Morgan and Scott, 1895).
[71] Erdman, *The Acts*, 9.

을 받았으며(10:38), 고난 후에는 '성결의 영으로 죽은 자들 가운데서 부활하사 능력으로 하나님의 아들로 선포되셨다'(롬 1:4). 부활하신 그리스도께서 그의 제자들에게 복음전파를 위탁하고 있는 요한복음의 내용에 있어서 '그들을 향하사 숨을 내쉬며 이르시되 성령을 받으라'(요 20:22)고 말씀하실 때 예수께서는 분명히 제자들이 복음전파의 사역을 수행할 때 그들에게 함께 할 [성령의] 능력을 암시하신 것이다. 이처럼 누가도 그가 진술하고자 하는 사도들의 모든 행적이 같은 성령의 능력으로 말미암아 실현된 것임을 분명히 하고 있다. 이렇게 볼 때 어떤 사람들이 제안하는 대로 사도행전을 '성령행전'(The Acts of the Holy Spirit)으로 부르는 것이 신학적으로는 더욱 정확한 명칭인 듯하다."[72]

성령의 복음, 사도행전의 정확한 표현

성령행전보다 사도행전의 특성을 더 잘 드러낸 명칭은 1880년 하우슨(J. S. Howson)이 자신의 **사도행전의 명백한 가치**(*The Evidential Value of the Acts of the Apostles*)에서 밝힌 것처럼 '성령의 복음'(The Gospel of the Holy Spirit)이다.[73]

"종교적 가르침과 관련하여 성령에 대한 끊임없는 언급, 성령의 우위에 대한 끊임없는 인정은 그 밖의 어떤 것보다 더 두드러진 사도행전의 특성이다. 너무 지배적이고 너무 두드러진 사실 하나는 사도행전이 아름답게 그리고 진실되게 '성령의 복음'이라 불려 왔다는 것이다. 사도행전의 가르침에서 가장 두드러지는 한 가지 특징은 삼위일체의 제 삼위이신 성령의 사역과 직임을 매우 중요하게 다루고 있다는 것이다. 사도행전에서 이야

---

[72] Bruce, *The Book of ACTS*, 33. 하지만 모든 학자들이 이 견해에 동의하는 것은 아니다. Lyman Abbott 은 사도행전을 성령행전으로 특징지을 수 없다고 본다. 그는 사복음서가 예수 그리스도의 지상에서의 생애와 사역을 기술하였다면 사도행전은 성령의 역사를 기술한 것이 사실이지만 그러나 성령의 활동(acts)은 이미 오순절 훨씬 이전에 시작되었고 성령의 권능은 오늘날까지도 계속된다고 주장한다. Abbott, *An Illustrated Commentary on the Acts of the Apostle*, 15–16; Cowles, *Acts of the Apostles*, 3–5.

[73] Howson, *The Evidential Value of the Acts of the Apostles*, 178.

기하는 대로 기독교회의 초기시대의 역사는 말하자면 주 예수께서 십자가에 달리시기 바로 전날 밤 그의 제자들에게 하신 그 자신의 엄숙한 약속의 말씀을 따라 임하신 성령의 권능에 의해 영광스러운 하늘 보좌로부터 계속해서 '행하시고 가르치실' 방식을 보여주는 하나의 표본이다. '내가 가면 너희에게 보혜사를 보내리니[요 16:7], 진리의 성령이 오시면 그가 너희를 모든 진리 가운데로 인도하실 것이라[요 16:13].'"[74]

사도행전은 사복음서와 서신서를 연결하고 예수 그리스도의 구속사역이 성령을 통해서 실현되고 완성되어 나가며 하나님 나라가 세워져가는, 성령이 이끄시는 복음의 역사를 생생하게 증언한다는 점에서 '성령의 복음'이라고 할 수 있다.[75] 실제로 사도행전에는 "성령"이 무려 54회나 등장한다. 영어성경에는 55회나 나타난다. 예수의 영(1회)이라고 표현한 것, 주의 영(2회)이라고 표현한 것까지 합치면 더 많다. 확실히 사도행전은

---

[74] Howson, *The Evidential Value of the Acts of the Apostles*, 177-178.

[75] Jacobus, *Notes, Critical and Explanatory, on the Acts of the Apostles*, viii. 사도행전 제목이 '성령 사역의 역사'(a History of the Spirit's work), '성령의 복음'(the Gospel of the Holy Spirit)으로 불렸다. 또한 보라. Lhamon, *Studies in ACTS or The New Testament Book of Beginnings*, 11; Rackham, *The Acts of the Apostles: An Exposition*, xxxvii-xxxviii. "성령의 복음(The gospel of the Spirit). 누가가 기록하기 원했던 가장 위대한 일은 예수께서 행하시며 가르치신 일(1:1)이다. 이것은 복음서와 사도행전에서 동일한 주제이다. 그러나 복음서와 사도행전에는 차이가 있다. 사도행전에서 예수 그리스도는 더 이상 육체로 세상에 계시지 않으시고 그의 성령으로 일하셨다. 사도행전은 실제적으로 복음서의 완성이라 할 수 있다. 복음서를 기록하면서 누가는 반드시 사도행전으로 진행해 나갈 필요가 있었다. 왜냐하면 주님의 사역이 성령에 의해서 이 세상에서 승천하신 이후에도 여전히 유효하였기 때문이다. 사도행전은 '성령의 복음'(The Gospel of the Holy Spirit)이다. 사도행전은 성령에 의한 교회의 세례로 시작한다. 사람들을 주님과 연합하게 하시고, 사도들이 이 세상에 제시한 그분은 바로 성령 하나님이시다. 사도행전의 역사는 성령의 부으심의 역사가 어떻게 모든 사람들, 예를 들어 사마리아인들, 이방인 고넬료 그리고 에베소의 요한의 제자들에게로 확장되었는가를 보여준다. 예수가 성령과 권능으로 기름 부으심을 받았고 마찬가지로 사도들과 전도자들이 그랬던 것처럼 성령의 충만을 받는 것은 그리스도인의 표식이다. 성령은 교회의 외적 행위와 진보에 있어서 안내자였고, 빌립을 인도하셨으며, 베드로를 고넬료 가정에 보내셔서 세례를 베푸셨고, 바울과 바나바를 따로 세우셨으며, 바울의 발걸음을 인도하셨다. 마찬가지로 그분은 모든 진리 가운데로 당신의 교회를 인도하셨고, 예루살렘교회 공회의 발언 가운데 역사하셨고 그리고 목회적 권위의 원천이셨다. 사실 사도행전은 '새 시대[경륜]'의 역사(a history of 'the new dispensation')이며, 그것은 사도행전이 왜 분명하게 결론을 맺지 않고 진행형으로 마쳤는가 하는 것이다. 사도행전 28장은 성령의 복음의 그 시작(1:1, 11:15)이고 우리는 아직도 성령의 시대 아래 살고 있는 것이다."

성령의 복음이라 불릴 만큼 성령의 역사와 활동이 두드러진다.

성령의 복음은 누가의 사도행전의 저작 의도와 성격을 가장 잘 표현한 것이며 하우슨 외에도 존 크리소스톰, 존 칼빈, 윌리엄 램지, 아더 피어선, 찰스 어드만, F. F. 브루스 등 여러 학자들에 의해 강력한 지지를 받았다. 성령께서 성령충만을 체험한 사도들과 믿음의 백성들을 통해 선교사역을 주도하셨고 그 진행과정에서 많은 이들이 귀하게 쓰임 받았다.

성령의 복음의 주역: 성령충만한 증인들

흔히 사도행전 1장부터 12장까지는 베드로, 빌립, 스데반, 바나바가 주역이었고, 13장부터 28장까지는 바울, 바나바, 실라가 주역이라고 알려졌다. 이것은 틀린 말이 아니다. 하지만 베드로와 바울만 아니라 수많은 복음전파의 귀한 그릇들이 없었다면 복음은 요원의 불길처럼 그토록 놀랍게 확산될 수 없었다.[76] 사도행전 1장부터 12장까지는 베드로가, 또 13장부터 28장까지는 바울이 최중심에 서 있었지만, 이들만이 사도행전의 주역은 아니었다. 물론 누가가 복음의 확장과정에서 베드로와 바울에 대해 많은 지면을 할애한 것이 사실이지만 누가는 결코 인간 베드로와 바울에게만 초점을 맞추지 않았다. 누가는 이들 외에도 하나님 나라를 위해 쓰임 받은 수많은 인물들을 언급하고 있다. 누가는 결코 몇몇 주인공들을 부각시키거나 그들을 중심으로 사도행전을 기술하려고 하지 않았다.

베드로를 제외한 열한 사도들, 마가의 다락방에 모인 120문도, 베드로의 설교를 듣고 주님께로 돌아온 3천 명의 예루살렘 교인들, 예루살렘교회가 뽑은 일곱 사람, 바나바, 브리스길라와 아굴라, 누가, 고넬료, 안디옥

---

[76] 예루살렘을 중심으로 복음이 전개되는 과정에서는 120문도와 사도들 특히 베드로가 리더십을 주도하는 가운데 유대인들을 대상으로 복음이 확산되어 나갔다. 유대와 사마리아를 중심으로 복음이 확산되는 과정에서는 유대인들과 사마리아인들을 대상으로 스데반, 빌립이 그 역할을 감당했다. 안디옥까지 복음이 확장되는 과정에서는 구브로와 구레네 출신 평신도들, 베드로, 바나바와 바울이 지도적인 역할을 감당했고, 안디옥교회를 중심으로 소아시아 전역, 마게도냐와 에게해, 로마로 복음이 확장되는 과정에서는 바울과 바나바가 주도했다. 따라서 사도행전의 지리적 무대는 예루살렘과 유대와 사마리아와 땅 끝이고, 그 역사적 무대는 A.D. 30년부터 62년까지이다.

교회를 태동시킨 무명의 선교사들을 비롯한 수많은 '믿는 자들,' '믿는 무리들,' '그리스도인들'이 사도행전의 주역들이었다. 누가는 하나님 나라 확장과정에서 베드로나 바울만큼 중요한 역할을 했던 성령충만한 사람들이 얼마나 많았는지 사도행전 전체를 통해 지속적으로 보여주고 있다. 누가의 증언대로 하나님께서는 성별, 신분, 지위, 인종, 지역, 개인적 성향을 초월하여 다양한 사람을 사용하셨다.

누가는 이들 모두가 성령의 충만을 받아 담대히 복음을 증거하는 믿음의 사람들이었고, 성령께서 성령충만을 받은 믿음의 사람들을 통해 주의 나라를 확장해 나가셨다는 사실을 드러내길 원했다. 그런 면에서 표면적으로는 사도행전의 주역이 베드로와 바울인 것처럼 보이지만 실제 주역은 성령충만한 수많은 다양한 증인들, 그 주인공은 이들의 배후에서 역사하시는 보혜사 성령 하나님이셨다. 제자들은 성령의 임재를 통해 비로소 세상 끝 날까지 너희와 항상 함께 있으리라는 주님의 말씀이 무엇을 의미하는지를 분명하게 깨닫게 되었다. 베드로와 빌립과 바울은 단지 성령충만을 받은 그리스도의 제자들을 대변하고 상징하는 인물들에 불과했다.

누가는 사도행전에서 하나님 나라의 확장에서 쓰임 받는 사람은 특정한 신분의 선택된 사람이 아니라 주님의 부르심을 받은 성령충만한 그리스도인들이었다는 사실을 선명하게 드러내었다. 그의 핵심은 만민에게 부어주시겠다는 요엘서의 약속대로 오순절에 놀라운 성령의 부으심의 역사가 임했고, 계속적인 성령의 부으심의 약속의 성취를 통해 성령께서 성령충만한 사도들과 그리스도인들을 통하여 놀라운 역사를 이루어 가셨다는 사실이다.

오순절 이후 교회에서 중요한 것은 성령의 권능을 받은 그리스도인이었다. 예루살렘교회의 일곱 사람도 성령충만을 받은 사람들이었다. 하지만 주께서 이들 외에도 성령충만을 받은 평신도들을 통해서도 위대한 역사를 만들어 가셨다. 이방선교의 센터 안디옥교회를 태동시킨 주인공은 열두 사도도, 일곱 사람도 아니었다. 스데반의 박해로 말미암아 흩어진 무명의 평신도들이었다. 성령충만을 받은 사람들이라면 직분과 상관없이 하나님의 도구로 쓰임 받았다. 이것은 기독교 역사 속에서도 그대로 입증되었고 지금도 마찬가지다.

성령의 복음 이해의 중심 열쇠, 성령의 부으심

사도행전을 이해하는 중심 열쇠는 성령의 부으심에 대한 약속의 성취다. 하나님 아버지께서 예수 그리스도를 보좌 오른편으로 높이신 후 예수 그리스도가 약속하신 성령을 아버지께 받아서 마가의 다락방에 모인 120문도에게 부어주셨다. 약속대로 성령이 강림하셨고 약속대로 성령이 임한 후 제자들이 '권능'을 받고 '증인'이 되었다. 성령의 부으심의 역사는 오순절 이후 사마리아(8:17), 가이사랴 고넬료 가정(10:44) 그리고 에베소(19:6)에서 계속되었다.

오순절 놀라운 성령의 부으심의 역사가 마가의 다락방에 임한 후 그곳에 모인 이들 모두가 성령의 놀라운 충만을 경험했고 이후 성령충만의 역사가 초대교회공동체 가운데 계속되었다. 누가는 '성령의 충만'을 '성령으로 충만,' '성령충만,' '성령과 지혜가 충만' 그리고 '성령과 믿음이 충만' 등 다양하게 표현했다. 그는 성령의 충만을 받은 개인과 공동체가 주의 사역을 얼마나 능력 있게 감당했는가를 일관되게 잘 기술하였다. 사도행전은 처음부터 오순절 성령강림을 경험한 사도들이 성령의 인도를 따라 담대히 복음을 전파하고 주님이 행하신 표적과 기사와 이적을 나타내 수많은 영혼들을 어떻게 주님께로 인도했는가를 보여준다. 따라서 처음부터 마지막까지 사도행전의 중심 주제는 성령이었다.

실제로 사도행전에는 성령에 대한 약속, 성령의 은사, 성령의 부으심, 성령세례, 성령충만, 성령의 권능, 성령의 증거와 성령의 인도에 대한 기록이 계속해서 등장한다. 성령이 사도행전 전체를 지배하고 있다고 해도 과언이 아니다. 사도행전에는 오순절 성령강림과 그 후 성령이 개인과 교회에 충만히 임하면서 어떤 변화가 일어나고 있는가를 선명하게 그려주고 있다. 그런 점에서 사도행전은 확실히 성령의 복음이다.

사도행전, 성령의 복음이자 그리스도의 행전

하지만 우리가 간과해서는 안 될 것이 하나 있다. 사도행전은 성령의 복음이지만 '예수의 이름'이 높여지고 그리스도가 드러난다는 점에서 그리스도의 행전이다.[77] 성령이 주체가 되어 선교사역을 이끌어 가시지만 성령충만한 제자들을 통해 드러나신 분은 예수 그리스도였기 때문이다. 성령의 사역과 예수 그리스도의 사역, 이 둘은 결코 분리되거나 모순되지 않았다. 구속의 역사를 삼위일체 하나님께서 수행해 나가시는 것이다.

성령충만을 받은 제자들은 예수 그리스도를 높이고, 그의 주권을 찬양하며, 그리스도의 이름으로 기사와 표적과 이적을 행했다. 그리스도의 영이신 성령께서 제자들 가운데 임재하셔서 그리스도를 증거하심으로 초대교회공동체를 통해서 그리스도가 선포되고 그리스도의 이름이 높임을 받고 그리스도가 영광을 받으셨다. 삼위일체 하나님의 한 위격이신 성령이 선교사역을 이끌어 가시면서 또 다른 위격 예수 그리스도를 드러내셨다. 승천하신 후에도 예수 그리스도는 오순절 성령강림을 통해 여전히 제자들 안에 살아 역사하셨다.

오순절 성령강림 때 성령의 부으심을 경험한 제자들과 믿음의 사람들은 '그의 증인'이 되어 예수 그리스도가 구약에 예언된 메시야라고 담대히 선포했다. 그들은 유대인들이 십자가에서 처형한 나사렛 예수 그리스도가 참으로 하나님의 아들, 구약에 예언된 메시야 곧 인류의 참 구주라는 사실을 선명하게 드러냈다. 복음서가 성육신하신 예수 그리스도가 친히 하나님의 아들이심을 드러냈다면, 사도행전은 제자들이 성령의 권능으로 예수가 그리스도이심을 선포하였다.[78]

---

[77] Erdman, *The Acts*, 10. "사도행전은 그리스도의 계속적인 활동을 기록하고 있다."
[78] 사도행전에서 성령충만한 베드로가 구약의 메시야 예언을 풀어준 것, 십자가에 못 박히신 예수 그리스도가 구약의 예언대로 십자가에 달리시고, 부활하시고, 승천하시고, 재림하실 것을 증언한 것, 이적이 그리스도의 이름으로 나타났다고 사도들이 고백한 것, 또 구약의 예언이 예수 그리스도를 통해 성취되었을 뿐만 아니라 실제로 주님의 약속이 그대로 성취되고 있는 과정을

오순절 성령강림, 신구약 약속의 이중적 성취

신약에서의 구약 예언의 성취가 복음서의 핵심이라면 사도행전은 구약의 약속과 예수 그리스도의 약속이 이중적으로 성취되는 것을 잘 그려주고 있다. 예수 그리스도를 통해 구약의 예언이 성취되었고, 또한 베드로 설교가 예시하듯 오순절 성령강림을 통해 예수 그리스도의 약속과 구약 요엘 선지자의 약속이 동시에 성취되었다.

베드로는 고넬료의 가정에 임한 성령의 역사를 눈으로 직접 목도하고는 주께서 '요한은 물로 세례를 베풀었으나 너희는 몇 날이 못 되어 성령으로 세례를 받으리라'(1:5)하신 예수님의 약속의 말씀을 환기했다. 다시 말해 오순절 마가의 다락방과 고넬료 가정에서의 성령의 부으심은 요엘 선지자를 통해 하신 아버지의 약속과 예수 그리스도가 하신 약속의 이중적 성취였다.[79]

성령충만을 경험한 후 제자들은 주님의 말씀과 약속이 실제로 자신들의 사역 속에 성취되고 완성되어 가는 것을 깨달았다. 이것은 제자들에게 비장의 무기였다. 역동적으로 증인의 사명을 감당할 수 있었던 것도 그 때문이다. 성령의 권능으로 주님이 하셨던 초자연적 역사를 그리스도의 이름으로 자신들도 동일하게 수행하고, 주의 이름으로 선포되는 말씀을 통해 놀라운 역사가 나타나는 것을 직접 체험했다.

성령의 임재를 통해 '세상 끝 날까지 너희와 항상 함께 있으리라'는 주님의 약속이 그들 가운데 구체적으로 실현된 것이다. 주님의 이름으로 놀라운 이적과 기사가 나타남으로써 그리스도가 하나님의 아들이시며 제자들과 여전히 함께 하신다는 사실이 만인에게 선포되었다. 그들은 이 사실을 통해 주님이 여전히 자신들과 동행하신다는 사실을 확인할 수 있었다.

그대로 그려준 것 모두가 예수 그리스도께서 친히 하나님의 아들이시며, 요한이 증언한 대로 길과 진리와 생명이신 독생(獨生)하신 참 하나님이심을 보여주는 것이다.

[79] Gaebelein, *The Annotated Bible*, 29.

사도행전에서 누가는 성령을 훼방한 아나니아와 삽비라의 죽음, 성령에 의한 복음의 확장과정에서 세상의 인기에 영합하여 기독교를 박해하던 헤롯의 심판과 비참한 죽음, 주의 천사를 통한 베드로와 바울의 출옥, 압송 과정에서의 심한 풍랑과 극적인 구조 등을 통해 주님이 당신의 백성들과 함께 하신다는 사실, 성령이 선교를 이끄시고 하나님이 역사의 주관자가 되신다는 사실을 선명하게 보여주었다.[80]

사도행전은 신앙생활이 무엇인지 우리에게 분명히 교훈해 준다. 주님이 함께 하는 삶이 고난이 없다는 의미는 결코 아니다. 제자들은 한편으로 그리스도와의 동행을 약속받았지만 다른 한편으로 복음의 진전 과정에서 너무도 혹독한 박해와 고난을 받았다. 하지만 그들은 자신들의 유약함에도 불구하고 주의 도우심으로 결국 승리하였다. 사도행전은 성령의 권능과 주의 도우심으로 결국 진리가 승리한다는 사실을 선명하게 보여주었다. 그런 의미에서 사도행전은 성공과 실패의 신앙사(信仰史)이지만 캠벨 몰간이 지적한 대로 그곳에는 "은혜로운 승리의 역사가 담겨 있다."[81]

성령, 누가복음과 사도행전의 일관된 중심 주제

말씀이 육신이 되어 성육신하신 로고스-예수 그리스도께서 성육신을 통해 자기를 계시하시고, 역사 속에서 하나님 나라를 스스로 확장해 나가

---

[80] 사도행전이 생생하게 증언하는 것처럼 주님께서 승천하신 후에도 여전히 제자들과 함께 계시면서 하나님의 나라를 확장해 나가셨다. 박해가 결코 복음의 확장을 막을 수 없었다. 혹독한 박해를 넘어 복음은 중단되지 않고 확장되어 나갔다. 초대교회와 그 성도들이 말할 수 없는 박해와 핍박을 받았음에도 불구하고 복음이 위축되지 않고 환경의 제약을 넘어 놀랍게 확산될 수 있었던 것은 제자들이 담대하게 복음을 전했기 때문만은 아니다. 성령께서 선교를 주도하시고 역사의 주인이신 주님께서 친히 역사를 이끌어 가셨기 때문에 가능한 일이었다. 주님은 친히 성육신하시고 인류의 죄를 위해 십자가에서 달리셨으며 부활하시고 승천하셨다. 승천하신 후에도 주님은 성령을 보내셔서 여전히 제자들과 함께 하셨다. 성령충만을 받은 제자들은 하나님의 나라는 먹고 마시는 데 있는 것이 아니라 의와 희락과 화평에 있다는 사실, 하나님 나라는 이 세상에 속한 것이 아니라는 사실을 알게 되었다. 그들은 세상의 지도자들과 박해자들을 두려워하지 않았고, 사람의 말보다 하나님의 말씀을 듣는 믿음의 사람, 용기의 사람으로 바뀌었다.

[81] G. C. Morgan, *Acts of the Apostles* (New York: Fleming Revell, 1924), 14.

셨다. '성령의 복음'인 사도행전은 성령을 통한 성령에 의한 로고스의 자기 확장의 역사다. 누가는 마태복음 28장 20절의 '볼지어다 내가 세상 끝날까지 너희와 항상 함께 있으리라'는 약속대로 부활하신 그리스도가 승천 후에도 여전히 사도들과 함께 하셔서 역사하신다는 것을 섬세하게 그려주었다.

그리스도의 구속의 역사는 부활 승천으로 끝난 것이 아니라 승천 후에도 계속되었다. 공생애를 통해 자신이 하나님의 아들이심을 드러내신 주님께서는 십자가에 달리시고 부활하심으로 구속의 사역을 완성하셨고, 또 승천하신 후에도 여전히 사도들 가운데 행하시고 가르치시는 일을 계속하셨다. 그 일을 가능케 하신 분이 바로 성령 하나님이셨다.

성령은 예수 그리스도의 공생애를 이해하는 열쇠이면서 동시에 오순절 성령강림 이후 교회공동체를 이해하는 열쇠이다. 사도행전을 통해 복음서, 서신서 그리고 구약을 더 풍성하게 이해할 수 있다. 그리스도의 영이신 성령이 제자들에게 권능을 주셔서 예수의 이름으로 놀라운 권능을 행하며 그리스도를 증거하게 하셨다.

성령이 선교의 주체가 되어 개인과 교회공동체를 이끌어 가셨다. 그래서 사도행전은 오순절 이전과 이후, 성령충만 전과 후를 너무도 생생하게 대비시켰다. 성령은 예수 그리스도의 사역을 담은 누가복음과 최초의 교회사 사도행전을 관통하는 중심 주제다. 누가는 성령으로 말미암지 않고는 예수 그리스도가 구속사역을 완성하실 수 없었고 교회가 그리스도의 증인의 사명을 감당할 수 없다는 사실을 증언하길 원했다. 바로 이것이 누가복음에서 이미 그리스도의 십자가와 부활을 기술했던 누가가 왜 또 성령의 복음, 사도행전을 다시 기록해야 했는가 하는 이유이기도 하다.

누가가 사도행전에 성령의 강력한 임재와 역사 이면에 복음의 진보를 방해하는 사탄의 두드러진 활동을 잘 그려준 것도 같은 맥락이다. 개벨린이 지적한 것처럼 사도행전에는 성령 외에 또 다른 초자연적인 존재의 활동이 등장한다. "이것은 이 책에서 가장 중요한 측면이고 사실 매우 유익하다. 본 사도행전에서 두드러진 인간의 도구들 외에 우리는 제 3의 초자연적 존재들의 활동을 목도한다. 부활하시고 영화롭게 되신 그리스도, 성령 그리고 사탄이 그것이다."[82]

'형제들의 원수,' '방해자' 그리고 '고소자'[83] 사탄은 할 수 있는 대로 어디에서든지 복음의 진보를 방해하려고 시도한다. 사탄은 때로는 아나니아와 삽비라처럼 교회의 내부에서, 때로는 헤롯 왕처럼 교회의 외부에서 혹은 스데반의 처형과 그로 인한 대박해가 보여주듯 유대인공회를 통해 수단과 방법을 가리지 않고 복음의 진보를 막으려고 했다.[84]

오순절 이후 강력한 성령의 권능이 수반되며 주님이 행하신 기사와 표적과 병 고침의 역사가 나타나며 구속의 역사가 진행되었지만 사탄의 방해와 활동이 그치지 않았다는 점에서 이 땅의 교회는 '전투적 교회'(the ecclesia militans)이다.

3. 사도행전 기록 목적과 저작연도

사도행전의 저술 목적은 무엇인가? 누가는 사도행전 서두에서 이 책의 기록 목적을 밝혔다. 기독교의 기원에 관해서 이미 어느 정도의 지식을 가지고 있는 데오빌로(Theophilus)라는 사람에게 내력을 정확히 설명하려는 것이다.[85]

누가복음이 예수 그리스도의 사역에 대한 기록이었다면 사도행전은 최초의 기독교 공동체의 30년의 역사, 곧 예루살렘에서 시작되어 로마에 이르는 기독교의 발전과정을 담아내고 있다.[86] 누가는 로마제국의 심장부 로

---

[82] Gaebelein, *The Annotated Bible*, 8.
[83] Gaebelein, *The Annotated Bible*, 8.
[84] Gaebelein, *The Annotated Bible*, 8. 누가는 누가복음과 사도행전에서 끊임없이 기독교를 박해하고 복음전도를 방해하도록 유대인들을 선동한 배후의 존재가 바로 사탄이라는 사실을 자연스럽게 드러내었다.
[85] Bruce, *The Book of ACTS*, 19-20.
[86] Erdman, *The Acts*, 8. "그[누가]의 분명한 사도행전 저술 목적은 교회의 형성과 초기 성장의 역사를 서술하는 것이다." 그래서 찰스 어드만은 사도행전을 "교회의 개척과 확장의 특별 역사"(a special history of the formation and early growth of the Church)라고 말했다.

마에서 복음을 전하는 위대한 전파자의 이야기로 시도행진을 끝맺는다.[87]

사도행전 기록 목적

그렇다면 사도행전에서 누가가 기록하기를 원하는 내용이 무엇인가 하는 것이다.[88] 기독교에 대한 변증이 사도행전 저술의 주된 목적인 것은 의심의 여지가 없다. 사도행전에 기독교에 대한 변증이 일관되게 드러나 있기 때문이다. 왜 이와 같은 변증이 꼭 필요하고 그토록 중요했을까는 당시 시대적 상황에서 이해해야 할 것이다.

로마제국에서 기독교는 많은 불리한 점을 가지고 출발했다. 기독교의 창시자는 선동죄의 죄목으로 고소를 당해 로마 빌라도 총독에게 사형 판결을 받았고, 그가 창시한 운동은 로마 식민지들과 로마 자체 내에서 모두 소란과 무질서를 유발시키는 것으로 인식되었다. 때문에 그렇지 않다는 사실을 변호해야 했다.[89]

사도행전 전체에서 누가는 기독교가 합법적인 종교라는 사실, 유대주의자들이 십자가에 달아 죽인 그분이 바로 메시야이며, 그가 죽은 자 가운데서 부활하셨고, 승천하셨다는 사실을 지속적으로 변호하였다. 그분이 무죄

---

[87] Bruce, *The Book of ACTS*, 20.

[88] O. A. Hills, *The Testimony of the Witnesses: a Devotional and Homiletical Exposition of the Acts of the Apostles* (New York: Thomas Nelson and Sons, 1913), vii-x, 398. 힐스는 사도행전 1장 8절의 '내 증인이 되라'는 명령에 순종한 증인들의 증거가 사도행전의 주된 기록 목적이고 중심 주제라고 말한다.

[89] Bruce, *The Book of ACTS*, 24. "누가는 사실 최초의 기독교 변증가들 가운데 한 명이다. 기독교의 법 준수 성격을 정립하기 위해 세속 권세자들에게 행한 그 같은 특별한 형태의 변증에서 누가는 확실히 개척자이다. 그러나 다른 형태의 변증이 그의 작품 과정, 특별히 사도행전에 있는 몇몇 설교에서 등장한다. 사도행전 7장에 있는 스데반의 설교는 유대인들에 대한 기독교 변증의 원형으로 유대주의가 아니라 기독교가 모세와 선지자들을 통해 주어진 계시의 진정한 성취라는 사실을 증명하기 위해 디자인되었다. 마찬가지로 사도행전 17장의 아덴에서의 바울의 설교는 이교도들에 맞선 기독교 변증의 최초의 본보기들 가운데 하나로 하나님에 대한 참된 지식이 이교주의의 헛된 우상에서가 아니라 복음 안에서 주어졌다는 사실을 증명하기 위해 디자인되었다. 그리고 사도행전 26장에 있는 아그립바 앞에서 행한 바울의 설교는 바울 자신의 선교 경험에 대한 최고의 아폴로기아(apologia, 변증)이다."

하셨다는 사실, 그가 여전히 약속대로 제자들과 함께 살아 역사하셔서 선교를 이끌어 가신다는 사실을 증언하였다.

누가의 그리스도에 대한 변증은 자연히 그리스도의 증인들, 베드로, 스데반, 바울에 대한 변증으로 이어진다. 누가는 이들이 결코 구약의 선지자들의 글과 가르침을 위반한 것이 아니며, 구약의 선지자들이 예언한 그분이 바로 예수 그리스도이며, 그가 십자가에 달리셨지만 부활하셔서 영광을 받으셨음을 변증하였다. 나사렛 예수가 행하셨던 동일한 표적과 기사가 이들 증인들을 통해서 나타났고 성령께서 이들과 함께 하셨으며, 부활하신 주님이 이들에게 나타나셨다는 사실을 들어 사도들과 기독교를 강력하게 변증하였다.

사도행전에서 기독교를 박해한 이들은 로마제국이나 행정관들이 아니라 유대주의 지도자들이었다. 예수 그리스도를 선동자로 빌라도에게 참소한 이들도 유대인들이었다. "빌라도 앞에서 예수를, 벨릭스와 베스도 앞에서 바울을 고소한 자는 다름 아닌 바로 예루살렘 산헤드린이었다. 그리고 복음이 로마 제국의 지방들에서 전파될 때에 일어난 대부분의 소동은 복음을 받아들이기를 거부한 각 지역 유대 공동체들에 의해서 조장되었다. 그러면서 그들은 자신들의 이방인 이웃들이 복음을 믿는 것을 극도로 싫어했다."[90]

누가는 사도행전에서 예수 그리스도에 대한 산헤드린공회의 참소, 사도들에 대한 산헤드린공회의 참소와 바울이 가는 곳마다 복음전도를 방해했던 유대인들의 참소가 전혀 근거가 없다는 사실을 드러냈다. 그는 로마의 행정관들과 아그립바 왕과 같은 유대의 통치자들도 바울의 무죄를 인정했음을 들어 바울을 변론하였다.[91]

---

[90] Bruce, *The Book of ACTS*, 21.
[91] Bruce, *The Book of ACTS*, 20-21. "마찬가지로 사도행전에는 다양한 이방인과 유대인 관리들이 바울과 다른 기독교 선교사들에 대해 선의를 보여준다. 아니면 적어도 그들의 대적들이 그들[바울과 다른 기독교 선교사들]에 대해 가지고 온 고소들이 전혀 근거가 없다는 사실을 인정했음을 보여준다. 구브로의 최고위 지방 총독은 사도들과 그들의 메시지에 좋은 인상을 받는다(13:7, 12). 빌립보에서 그 식민지의 최고위 지방행정관은 불법적으로 매질을 가하고 투옥시킨

사도행전의 기록 목적이 변증이라는 사실을 받아들여 사도행전을 기독교에 대한 변증이라고 해석할 때 법정에서의 변론과는 상관이 없는 사도행전의 기록들을 어떻게 이해할 것인가 하는 질문이 남는다. 그중에서 27장 전체를 할애한 바울의 로마 항해와 파선 그리고 처음부터 마지막 순간까지 '성령의 주도적 역할을 전체에 걸쳐서 강조하는 것'은 대표적인 사례이다.[92] 성령에 대한 강조가, 누가가 염두에 두었던 로마의 지식층에게도 호소력이 있었을 것이다.[93]

데오빌로가 새로운 신앙으로 개종한 사람이라면 그에게 성령의 놀라운 역사가 일어나고 있고, 그런 역사를 통해 복음이 놀랍게 확산되고 있다는 사실, 성령에 의한 이적과 표적이 계속되고 있으며, 성령의 부으심이 계속되어 이방인들이 주님께로 돌아오고 있다는 사실처럼 기독교가 구원의 종교, 생명의 종교라는 설득력 있는 변증은 없었을 것이다.

누가는 이 같은 사실을 생생하게 기술하여 데오빌로에게 알려주길 원했을 것이다. 아무튼 누가는 이 신앙의 발전이 단지 인간의 계획에 의한 것이 아니라 성령 하나님의 역사하심에 의한 것임을 분명히 밝히기를 원했다. 그것은 사도행전 전체에 걸쳐서 성령이 강조되고 있는 것에서 알 수 있다.

것에 대해 바울과 실라에게 사과한다(16:37 이하). 고린도에서 아가야 총독 갈리오는 그 지역 유대 공동체가 바울과 그의 동료들에 대해 제기한 고소들이 유대종교의 내부 문제와 관련이 있다고 판결하고, 로마법을 어긴 혐의가 전혀 없다고 무죄를 선언한다(18:12 이하). 에베소에서는 아시아 지방의 주민들을 이끄는 고위관리들이 바울의 친구들이었고, 그 도시 행정의 최고집행관이 공적인 신성모독 혐의에 대해 바울에게 무죄를 선언한다(19:31, 35 이하). 팔레스타인에서 벨릭스와 베스도 총독은 연속적으로 산헤드린이 그에게 고소한 심각한 범죄에 대해 죄가 없음을 발견했다. 유대 분봉 왕 헤롯 아그립바 2세와 그의 누이 버니게 역시 바울이 죽을 죄나 투옥당할 만한 죄를 저지르지 않았다는 사실에 동의한다(24:1-26:32). 그리고 그가 로마시민으로서 로마에서 황제 앞에서 재판을 받고 싶다고 호소했을 때 바울은 비록 지속적인 감시를 받기는 했지만 어떤 누구의 방해도 받지 않고 이태동안 그의 선교활동을 계속해서 수행한다(28:30 이하). 만약 기독교가 당시 널리 알려진 것처럼 정말 그런 무법적인 운동이었다면 바울의 감시를 책임 맡고 있는 제국의 감시원들이 그가 복음을 전하는 것을 허락하지 않았을 것이 확실하다."

[92] Bruce, *The Book of ACTS*, 23.
[93] Bruce, *The Book of ACTS*, 23.

사도행전 저작연도

누가의 사도행전 저작에 대해서는 학자들 간에 거의 이견이 없지만 저작연도에 대해서는 이견이 있다.[94] 누가가 사도행전을 기술한 시기는 크게 전기설과 후기설 둘로 나뉜다. 전기설을 주장하는 사람들은 사도행전에 A.D. 64년에 있었던 로마의 대화재 사건이나 A.D. 70년의 예루살렘의 멸망 등과 같은 언급이 전혀 없다는 사실에 근거하여 그 이전에 기록했을 것이라고 추론한다.[95] 바울이 죄수의 몸으로 로마 감옥에서 풀려난 A.D. 63년부터 A.D. 70년 예루살렘 멸망 사이에 기록한 것으로 본다.[96] 전기설을 지지하는 이들은 사도행전이 A.D. 70년 이후에 기록된 것으로 보기 힘들다고 본다.[97] 만약 사도행전이 A.D. 70년 디도 장군에 의한 예루살렘 멸망 이후에 기록됐다면 여기에 대한 언급이 분명히 있었을 것이다. 하지만 사도행전에는 그와 같은 기록이 전혀 등장하지 않는다.

---

[94] Lumby, *The Acts of the Apostles*, xx-xxi, xxx. 일반적으로는 60-70년 사이에 저술된 것으로 본다. 럼비는 사도행전의 이야기가 63년에 끝나고, 그 후에 바로 기록된 것으로 이해했다. 적어도 66년 이전에 기록된 것으로 보아야 한다고 주장한다. 예루살렘의 멸망에 대한 언급이 전혀 없다는 점을 그 이유로 들었다. John MacEvilly, *An Exposition of the Acts of the Apostles: Consisting of an Analysis of Each Chapter, and of a Commentary, Critical, Exegetical, Doctrinal, and Moral* (Dublin; New York: M.H. Gill; Benziger, 1899), iv. 디도에 의한 예루살렘 멸망 이전에 기록되었을 것이다.

[95] J. S. Howson and H. D. M. Spence-Jones, *The Acts of the Apostles* (New York: C. Scribner's, 1883), xvi. "사도행전의 저작연도는 바울이 로마의 감옥에서 2년(28:30)을 보낸 후인 63년 혹은 64년이다. 바울의 로마의 사역에 대한 세부적인 언급 없이 혹은 네로의 박해에 대한 어떤 언급도 없이 사도행전이 마무리된 것은 자연히 누가가 64년에 그의 저작 사도행전 기록을 마쳤다는 결론에 이르게 만든다. 이것은 Hackett, Alford, Schaff, Godet, Lumby 그리고 다른 학자들의 견해이기도 하다. 이레니우스는 누가가 바울과 베드로가 죽은 후에 기록했다고 진술하고, 마이어(Meyer)와 벤트(Wendt)는 약 80년에 기록했다고 진술하는 반면 젤러(Zeller)는 110-125년에 저작한 것으로 진술한다."

[96] Denton, *A Commentary on the Acts of the Apostles*. Vol. I., viii, xi, 1. 덴톤은 사도행전의 저작연대를 62년 혹은 63년 이후로 볼 수 없다고 단정한다. 그는 누가복음 저작연대를 58년으로, 사도행전 저작연대를 63년으로 본다.

[97] Abbott, *An Illustrated Commentary on the Acts of the Apostle*, 14. Lyman Abbott 역시 사도행전의 저작연대를 약 63년으로 본다. 그는 사도행전이 62년 이전이나 70년 이후에는 기록되지 않았다고 말한다.

예루살렘 멸망 못지않게 큰 사건인 A.D. 64년의 로마의 대화재 사건에 대한 언급도 없다. 사도행전이 낙관적으로 끝나는 이유 때문에 혹자는 저자 누가가 사도행전을 완성하기 전에 죽었기 때문이라고 본다. 또 사도행전이 낙관적으로 끝나기 때문에 네로의 로마 대화재 사건과 네로 대박해 약간 전에 기술된 것이라고 주장한다. 이런 이유 때문에 전기설을 주장하는 학자 중에 사도행전의 기록 연대를 '이태'(28:30) 바로 직후로 보는 견해가 있다.[98] 모리슨은 사도행전의 스토리가 끝나는 A.D. 63년을 사도행전의 기록 연대로 본다. 사도행전이 누가복음 이후에 기록되었다는 사실을 고려할 때 누가복음은 63년 이전에 기록되었음이 분명하다는 것이다.[99]

어거스트 한과 존 오웬은 사도행전의 저작 연도를 A.D. 62년으로 보았고,[100] 조지 클락은 사도행전이 63년 봄과 70년 봄 사이에 기록된 것이라고 이해했다.[101] 전기설을 지지하는 이들 중에 사도행전에 나타난 기독교 변증의 성격을 중시하는 자들은 변증이 가장 절실하게 요청되고 있던 66-70년 사이 어느 시점에 누가가 사도행전을 기록했다고 본다. 그러나 브루스는 바울이 로마 감옥에서 풀려나고 대화재가 있기 조금 전에 기록되었을 가능성이 높다고 보았다.

> 만일 누가의 역사서(Luke's History)가 A.D. 64년의 박해보다 조금 일찍 전에 쓰였다고 추정할 것 같으면, 그것은 이 책의 시대적 배경

---

[98] James Smith, *The Voyage and Shipwreck of St. Paul: With Dissertation on the Life and Writings of St. Luke and the Ships and Navigation of the Ancients*, revised and corrected by Walter E. Smith, 4th edition (London: Longmans, 1880)166. 그는 사도행전의 저작연대를 A.D. 63년으로 본다.

[99] Morrison, *The Acts of the Apostles and the Epistles of Paul: Arranged in the Form of a Continuous History*, 5.

[100] August Hahn and John J. Owen, *The Acts of the Apostles: According to the Text of Augustus Hahn; with Notes and a Lexicon: For the Use of Schools, Colleges, and Theological Seminaries* (New York: Leavitt &Co., 1850), 91.

[101] Robertson, *Studies in the Acts of the Apostles*, 2; Clark, *The Acts of the Apostles: A Popular Commentary upon a Critical Basis, Especially Designed for Pastors and Sunday Schools*, 6; Cowles, *Acts of the Apostles*, 2. 코울스도 사도행전의 저작연대를 약 63년으로 추론한다. Sitterly, *Jerusalem to Rome*, 21. 시터리는 60-70년에 기록된 것으로 본다.

으로서 타당한 시기가 될 것이다. 바울의 로마 도착, 그곳에서 바울이 사도로서 2년간 증언한 것 그리고 바울이 가이사에게 호소했기 때문에 생긴 법적 절차 등과 관련된 모든 것들은 로마의 중류층에게 기독교를 알리는 데 기여했을 것임에 틀림없다.[102]

브루스에 따르면 사도행전에 바울의 죽음이 언급되지 않았을 뿐만 아니라 낙관적인 결론이 A.D. 64년 기독교 대박해 이전의 기록이라는 인상을 강하게 주고 있고, 또 만약 사도행전이 바울이 정죄를 당하고 순교한 이후에 기록되었다면 사도행전의 끝부분은 분명히 달라졌을 것이다.[103]

사도행전의 후기설도 강력한 지지를 받고 있다.[104] 이레니우스와 유세비우스는 사도행전이 적어도 베드로와 바울의 로마에서의 순교 이후에 기록되었다고 말했다.[105] 후기 저작설 주장의 가장 중요한 근거 중 하나는 누가복음에 예루살렘 멸망이 언급되었기 때문에 사도행전이 누가복음 이후 저술되었으므로 그 저작 연대를 적어도 A.D. 70년 예루살렘 멸망 이후로 잡아야 한다는 것이다.[106]

고위층의 사람 데오빌로가 개종한 사람이라는 일관된 해석을 지지할 경우 기독교가 고위층까지 전래된 시기 곧 도미티안(Domitian, 재위 A.D. 81-96) 황제 통치 기간에 사도행전이 저술되었을 가능성도 상당히 높다

---

[102] Bruce, *The Book of ACTS*, 22.

[103] Bruce, *The Book of ACTS*, 22-23. "전통적으로 네로의 박해 사건이었던 바울의 죽음이 사도행전에 언급되지 않았다는 사실은 사도행전의 저작 연대를 밝히는 데 결정적인 단서가 되지는 않는다. 왜냐하면 바울이 로마에 이른 것으로 누가의 기록 목적을 성취했기 때문이다. 그러나 만약 사실, 사도행전이 기록되기 전에 바울이 정죄를 당하고 처형당했다면 우리가 실제로 발견하는 것과 달리 그 책(특별히 끝부분에서)에서 다른 분위기와 강조점을 우리가 기대할 수 있었을 것이다. 사도행전이 기록되었을 때는 기독교가 의심을 받았지만 아직 금지당하지 않았을 때라고 생각하는 것이 좋을 듯하다."

[104] Page and Walpole, *The Acts of the Apostles*, xii. 주지하듯이 사도행전은 누가복음 이후 기록되었다. 페이지는 누가복음 21장 20절에 나타난 예루살렘 멸망에 대한 예언과 같은 언급을 고려할 때 A.D. 70년 예루살렘 멸망 이전에는 기록되지 않았을 것이라고 주장한다.

[105] Irenaeus, *Adv. Haer.*, iii. 1. Eusebius, *Ecclesiastical History*, v. 8. 다음을 참고하라. Page and Walpole, *The Acts of the Apostles*, xii.

[106] Stellhorn, *Annotations on the Acts of the Apostles*, viii.

는 것이다.

실제로 이 입장을 지지하는 학자들도 적지 않다.[107] 적지 않은 이들이 사도행전은 A.D. 81년부터 A.D. 95년 도미티안 황제 박해 사이에 기록된 것으로 이해한다. 여러 성경학자들은 누가가 로마의 디도(Titus, A.D. 39-81) 황제 통치 기간인 A.D. 79년에서 81년 사이에 누가복음을 완성한 후 바로 이어 수년 안에 사도행전을 집필한 것으로 본다.

그러나 앞서 언급한 대로 브루스는 바울이 로마에서 1차 석방 이후부터 로마의 대화재 사건이 발생하기까지 그 사이, 좀 더 정확히 말하기는 바울이 A.D. 62년 로마에서 풀려난 직후 어느 시점에 기록한 것으로 본다. 반면 달라스 신학교의 월리스(Daniel B. Wallace)를 비롯한 보수적인 신학자들은 A.D. 60년대 중후반에 사도행전이 기록된 것으로 보고 있다. 저작연대에 대해 약간의 차이는 있지만, 사도행전 저작시기와 관련하여 브루스나 월리스 모두 A.D. 60년대 전기설을 따른 셈이다.

전기설과 후기설 모두 나름대로의 논리와 설득력을 지니고 있지만, 아직 단정 지을 수 있는 확실한 저작연도는 밝혀지지 않았다.[108] 누가복음과

---

[107] Joseph Parker, *The People's Bible, Discourses upon Holy Scripture: Apostolic Life, As Revealed in the Acts of the Apostles.* Vol. I. (New York: Funk & Wagnalls, 1887), xiv. 파커는 사도행전의 저작연도를 1세기 후반으로 이해하고 사도행전의 역사가 첫 70-80년의 역사를 담고 있다고 주장한다. "The writing of the book may be referred to the 70th or 80th year of the first Christian century."

[108] 필자의 소견으로는 여러 가지 점에서 A.D. 60년대 저작설이 70년 이후 저작설보다 설득력이 있다. 그 몇 가지 이유는 첫째, 누가는 글라우디오 황제를 비롯하여 당시 로마제국의 정치 사회적 사건을 언급하면서도 네로 이후의 정치나 사회 상황을 전혀 언급하지 않았다. 심지어 사도행전에는 이에 대한 추론의 여지를 남기는 기록도 없다. 네로의 로마의 대화재, 기독교 대박해, 예루살렘의 멸망이라는 거대한 사건들에 대한 기록이나 암시가 전혀 없다. 둘째, 브루스의 말대로 만약 바울의 A.D. 67년 순교한 이후 저술했다면 사도행전의 말미의 기록은 방향이 달라졌을 것이다. 셋째, A.D. 62년부터 로마의 대화재가 나기까지 기간은 유대인들에게나 로마시민들에게 기독교를 변호하기 적합한 시기였다. A.D. 62년부터 네로가 본격적으로 폭정을 하며 기독교에 대해 비판적인 시각을 가지고 있었고, 제국의 백성들도 동조하기 시작했다. 필자가 사도행전 자체의 기록, 초대교회 역사 그리고 초대교회 문헌들과 지금까지의 많은 권위 있는 사도행전 연구서들, 특별히 18-19세기의 작품들을 종합해서 살펴볼 때 사도행전은 바울이 로마 감옥에서 풀려난 63년부터 바울이 순교하던 67년 사이에 기록된 것이라고 생각된다. Marshall, *The Oxford and Cambridge, Acts of the Apostles; with Introduction and Notes,* 17.

사도행전의 정확한 기록 시기보다 더 중요한 것은 사도행전의 저작권 문제나 역사적 특징이다.[109] 사도행전이 신약의 유일한 역사서라는 사실을 기억할 때 사도행전에 나타난 사건의 역사성을 이해하는 것이 사도행전 전반을 이해하고 해석하는 데 중요하다.

사도행전의 연대 설정

A.D. 30년 4월 7일 금요일 십자가에 달리신 예수 그리스도는 사흘 후 4월 9일 안식 후 첫날 부활하셨다. 부활하신 후 40일 동안 '확실한 많은 증거로 친히 살아계심을 나타내사'(1:3), '하나님 나라의 일을 말씀하시고'(1:3), 성령을 약속하신 후 5월 18일 '그들이 보는데'(1:9) 승천하셨다. 10일 후 5월 28일 오순절 날 약속대로 놀라운 성령의 부으심이 마가의 다락방 120 문도 위에 임했다.[110]

사도행전은 A.D. 30년 예수 그리스도의 부활, 승천, 오순절 성령강림부터 A.D. 62년 바울의 로마 감옥에서의 2년간의 복음전파까지 32년간의 역사를 기술한 '최초의 세계교회사'이자 동시에 성령의 생생한 역사를 담은 '성령의 복음'이다. 필자는 몇 가지 원칙을 가지고 복음서와 사도행전의 중요한 사건의 연대를 설정했다.

첫째, 가장 중요하고 확실한 기준은 성경 자체의 기록이다. 누가는 최초의 교회사 사도행전에서 중요한 사건들이 언제 일어났는가를 너무도 훌륭하게 밝혔다.[111]

---

[109] Bruce, *The Book of ACTS*, 23-27.

[110] Philip Schaff, *History of the Christian History* Vol. I *Apostolic Christianity A.D. 1-100* (New York: Charles Scribner's Sons, 1920), 243-244. 예수님이 십자가에 달리신 금요일을 니산월 14일로 계산하느냐 15일로 계산하느냐에 따라 오순절이 5월 27일 유월절에 일어났는지, 5월 28일 주일날 일어났는지 다르다. 필자는 오순절이 A.D. 30년 5월 28일 주일날 있었다고 보는 것이 문헌적으로 성경적으로 맞다고 본다.

[111] 누가복음과 사도행전에는 성경의 다른 기록들과 달리 인구조사, 황제연호, 아그립바 1세의 죽음, 갈리오 총독, 벨릭스 총독과 베스도 총독, 글라우디오, 기근, 로마에서의 유대인 추방의 사건에 이르기까지 수신자 데오빌로만 아니라 독자들이 잘 이해할 수 있도록 세계사적 맥락에서 기록했다. 누가는 역사가로서 정확한 사실의 기록을 당대와 후대에 전해주길 원했고 교회는 처음

둘째, 이들 사건들에 대한 해석과 거기에 기초한 정확한 연대를 설정하는 과정에서 초대교회부터 현대에 이르는 권위 있는 학자들의 연구서들을 면밀히 검토했다.[112]

셋째, 집필을 완료한 후 과연 연대 설정이 사도행전 전체의 기록과 당대는 물론 이후의 세계사적 역사기록과 조화와 일치를 이루는지 여부, 특히 사도행전의 전체 맥락과 통일성을 이루고 있는지를 다시 한 번 면밀히 살펴보고 최종적으로 가장 가능성 있는 연도를 확정했다.[113]

예수 그리스도의 탄생과 공생애 그리고 십자가에 대한 정확한 연대 설정은 사도행전의 연대 설정을 위해 너무도 중요하다. 윌리엄 램지와 필립 샤프를 비롯한 많은 학자들은 아마도 그리스도의 탄생이 4 B.C.년에 일어났을 것이라고 결론을 내렸다.[114] 학자마다 견해를 약간씩 달리하지만 전통적으로 4 B.C.년을 가장 많은 학자들이 받아들이고 있고, 필자도 그것이 다른 연도에 비해 복음서, 사도행전 그리고 여타 기록들과 일치와 조화를 이룬다고 본다.[115]

부터 그 기록을 사실과 진리로 받아들였다.

[112] 요세푸스, 유세비우스, 크리소스톰을 비롯한 초대교회 저자들의 신뢰할 수 있는 기록들과 존 칼빈, 윌리엄 램지, 필립 샤프, F. F. 브루스를 비롯한 중요한 연구문헌들을 상당히 폭넓게 그러면서도 비평적인 시각을 가지고 면밀하게 살펴보았다. 본서를 읽는 독자들은 이 사실을 충분히 인지하게 될 것이다. 학자들 사이에 연대가 상이할 경우 누구의 기록이 더 신뢰할 수 있는지를 초대교회 문헌과 18-19세기 선대들의 선행 연구와 비교검토하며 설정했다.

[113] 이 최종과정에서 유세비우스, 필립 샤프, 윌리엄 램지, F. F. 브루스의 기록이 상당히 일치와 통일성을 보이고 있다는 사실을 발견하였고, 19세기와 20세기의 대부분의 학자들이 요세푸스, 유세비우스, 존 크리소스톰의 저술들을 권위 있는 기록으로 받아들였다는 사실을 확인하였다.

[114] Schaff, *History of the Christian History* Vol. I, 126-127. 복음서와 사도행전이 증거하듯 예수 그리스도의 탄생, 십자가, 부활, 승천 그리고 오순절 사건을 통시적으로 이해해야 한다. 그것은 이들 사건들이 상호 긴밀히 연계되어 있기 때문이다. 누가는 예수 그리스도의 탄생이 '유대 왕 헤롯 때'(눅 1:5), '가이사 아구스도가 영을 내려 천하로 다 호적하라'(눅 2:1)고 명하였을 때에 일어났고 마태는 동방박사(마 21:1-4, 9)들이 베들레헴 아기 예수를 찾아와 경배했다고 증언한다. 이 모든 것을 고려하여 학자들은 헤롯 왕의 죽음이 4 B.C.년에 일어났다는 아주 중요한 역사기록을 기준으로 그리스도의 탄생이 7-4 B.C.년 사이에 일어난 일이라고 이해했다.

[115] Philip Schaff, "The Chronology of the Life of Christ," *The Presbyterian Review* Vol. 1. no. 3 (July 1880): 474; Schaff, *History of the Christian History* Vol. I, 112. 예수 그리스도의 탄생은 7 B.C.-4 B.C. 사이에 일어난 것으로 가장 많이 논의되고 있다. The French Benedictines,

누가는 그리스도의 공생애 시작이 언제 있었는지 정확하게 밝혔다. 티베리우스 황제 재위 15년에 세례요한이 사역을 시작했고, 예수 그리스도의 공생애는 그보다 6개월 늦었기 때문에 윌리엄 램지나 필립 샤프의 말대로 아마도 이때가 A.D. 27년일 것이다.[116]

그리스도는 공생애를 시작해서 네 번째 유월절에 십자가에 달리셨다. 19세기 가장 탁월한 역사가 필립 샤프는 "결과적으로 그리스도가 A.D. 30년에 십자가에 달리신 것으로 이해해야만 한다"[117]고 결론 내렸다. 필자는 십자가에 달리신 날을 A.D. 30년 니산월 15일, 곧 4월 7일 금요일로 보는 것이 가장 설득력이 있다고 판단된다. 예수 그리스도의 탄생부터 오순절 성령강림까지 일어난 사건의 연대를 정리한다면 다음과 같다.

　　4 B.C. 혹은 5 B.C. 예수의 탄생
　　A.D. 27. 세례요한의 사역 시작
　　A.D. 27.-A.D. 30. 예수 그리스도의 공생애, 3년 3개월 혹은 4개월

Sanclemente, Münter, Wurm, Ebrard, Jarvis, Alford, Jos. A. Alexander, Zumpt, Keims 등은 7 B.C., Kepler, Lardner, Ideler, Ewald 는 6 B.C., Petavius, Ussher, Tillemont, Browne, Angus, Robinson, Andrews, McClellan 는 5 B.C. 그리고 Bengel, Wieseler, Lange, Lichtenstein, Anger, Greswell, Ellicott, Plumptre, Merivale 는 4. B.C.를 주장한다.

[116] Schaff, *History of the Christian History* Vol. I, 126. 누가는 '디베료 황제가 통치한 지 열다섯 해 곧 본디오 빌라도가 유대의 총독으로, 헤롯이 갈릴리의 분봉 왕으로, 그 동생 빌립이 이두래와 드라고닛 지방의 분봉 왕으로, 루사니아가 아빌레네의 분봉 왕으로, 안나스와 가야바가 대제사장으로 있을 때'(눅 3:1 이하)에 세례요한이 사역을 시작했다고 아주 소상하게 밝혔다. 그리고 다시 '예수께서 가르치심을 시작할 때에 삼십 세쯤 되시니라'(눅 3:23)고 밝혔다. 마치 후대 그리스도의 공생애 사건을 두고 시비가 있을 것을 염려하여 유대인, 헬라인, 로마인을 비롯한 세계인들이 다 인지할 수 있는 당대의 세계사적 연표 기준을 제시하여 시비를 차단했다. 누가의 기록이 역사적 사실이냐 하는 것은 그리 문제가 되지 않는다. 문제는 성경의 기록이 정확하지만 성경 기자들이 그레고리안 연표를 사용하지 않았기 때문에 그것을 어떻게 계산하느냐에 따라 다를 수 있다는 사실이다.

[117] Schaff, *History of the Christian History* Vol. I, 135. 이것은 천문학계산(astronomical calculation)에 의해서도 지지를 받고 A.D. 28년과 A.D. 36년 사이에 오직 A.D. 33년을 제외하고는 유대인 월력과 정확히 일치하는 해당 연도가 없기 때문에 A.D. 30년이 가장 유력하다. 만약 A.D. 33년을 십자가에 달리신 해로 설정할 경우는 유대월력과 일치하기는 하지만 복음서가 일관되게 기록하고 있는 30세쯤의 공생애 시작과 3년의 공생애 그리고 도합 약 33세의 예수 그리스도의 생애와 일치하지 않는다. 그러므로 예수 그리스도의 십자가 사건이 A.D. 30년 4월 7일 금요일에 있었다고 보는 것이 여러 가지 면에서 가장 설득력이 있다.

A.D. 30. 4. 7. 금요일. 니산월 15일 예수 그리스도의 십자가
A.D. 30. 4. 9. 부활, 안식 후 첫날
A.D. 30. 5. 18. 예수의 승천, 부활 후 40일
A.D. 30. 5. 28. 오순절 성령강림, 승천 후 10일[118]

A.D. 30년 5월 28일 오순절 날 오전 9시 주님의 약속대로 마가의 다락방에 모인 120 문도에게 성령이 임하셨고, 그들 모두가 성령으로 충만을 받았다. 이들은 주님이 약속하신대로 성령의 권능을 받고 그리스도의 증인이 되었다. 누가는 그로부터 62년 바울이 로마 옥중에서 복음을 증거할 때까지 주님의 약속이 어떻게 성취되어 나갔는지를 생생하게 기술했다. 필자는 사도행전의 기록과 관련 역사를 그레코-로마 역사, 배경, 문헌들과 통시적으로 살펴보면서 이 기간의 역사를 밀도 있게 추적하였다.[119]

4. 사도행전 개관

사도행전 1장 8절의 약속의 성취가 처음부터 끝까지 사도행전 전체를 관통하고 있다.[120] 사도행전은 복음이 오순절 성령강림 이후 예루살렘에서

---

[118] Schaff, *History of the Christian History* Vol. I, 135.

[119] Rackham, *The Acts of the Apostles: An Exposition*, xxxviii. 라캄 역시 사도행전을 30년의 역사를 담은 교회의 역사로 이해했다. "현대적 표현을 빌린다면 사도행전은 A.D. 30-60년의 역사이다. 이 역사에는 연구해야 할 두 측면, 곧 외적 역사와 내적 역사가 있다. (A) 외적 역사는 예루살렘에서 로마까지, 세계의 종교 센터로부터 세속 수도까지 교회가 확장되어 나갔다. 우리는 마치 겨자씨처럼 교회가 자라는 것을 지켜본다. 첫째, 교회는 사마리아, 가이사랴와 함께 온 유대와 갈릴리, 그런 후 안디옥에 도달한다. 당시 두 번째 모(母)도시인 안디옥으로부터 제 3의 거점으로 삼게 된 에베소까지 교회는 한 지방에서 다른 지방-갈라디아, 마게도냐, 아가야, 아시아-으로 급속하게 확산되었다. 에베소로부터 로마로 바다를 가로질러 나갔다. (B) 내적으로는 유대교 한 종파로부터 보편적인 교회로 확장되어 나가는 것을 목도한다." 사도행전의 연대표에 대해서는 통일되지 않았다. Abiel Abbot Livermore, *Acts of the Apostles; with a Commentary* (Boston: James Munroe, 1844), 6-7; William Gilson Humphry, *A Commentary on the Book of the Acts of the Apostles* (London: John W. Parker and Son, 1854), xxxi.

[120] Clark, *The Acts of the Apostles: A Popular Commentary upon a Critical Basis, Especially Designed for Pastors and Sunday Schools*, 7.

온 유대로 확장되고 다시 사마리아로 그리고 점점 더 땅 끝으로 확장되는 과정을 그려주고 있다. 1-7장은 예루살렘을, 8:1-11:18은 온 유대와 사마리아를 그리고 13-28장은 유대의 경계선을 넘어 땅 끝 로마에까지 이르게 되는 과정을 기록하고 있다.[121] 그런 면에서 '예루살렘, 온 유대, 사마리아, 땅 끝'이라는 1장 8절의 지리적인 명칭들은 일종의 사도행전에 관한 '목차'(Index of Contents)와 같다. 성령충만을 받고 '내 증인이 되리라'는 말은 사도행전의 중심 주제이다.[122]

사도행전 28장 전체를 간략하게 살펴보면 1장부터 6장 7절까지는 예루살렘교회 태동과 예루살렘에서의 복음의 확장을, 6장 8절부터 9장 31절까지는 온 유대와 사마리아로, 9장 32절부터 12장 25절까지는 가이사랴와 안디옥으로, 13장부터 16장 5절까지는 소아시아로, 16장 6절부터 19장 20절까지는 마게도냐와 에게해로 그리고 19장 21절부터 28장까지는 로마로 복음이 확장되는 과정을 그려주고 있다. 사도행전 1장 8절의 약속이 그대로 성취되어 간 것이다

사도행전은 바울 사도가 로마에서 복음을 전하는 것으로 끝난다. 그러나 누가는 사도행전의 성령의 역사를 진행형으로 끝내고 있다. 그것은 사도행전의 역사가 결코 바울에게서 끝나는 것이 아니라, 헬라세계와 로마

---

[121] Gaebelein, *The Annotated Bible*, 8; Erdman, *The Acts*, 11. 어드만은 인물을 중심으로 해서는 1-12장까지 베드로, 13-28장까지 바울로 대별하고, 사도행전 1장 8절의 약속의 성취를 중심으로는 예루살렘(1-7장), 온 유대와 사마리아(8-11장), 땅 끝(13-28장)으로 대별했다. 어드만은 그의 저서 **사도행전**(*The Acts*)에서 사도행전을 (1) 교회의 설립과 교회의 위대한 경험(1-7장), (2) 유대 이단에서 우주적 형제애로의 교회의 확대(8-12장), (3) 전 세계에 복음을 증거하는 증인의 몸으로서의 교회의 확장(13-28장)으로 대별했다.

[122] Bosworth, *New Studies in ACTS*, 4. 누가는 단순히 초대교회가 예루살렘에서 시작하여 모든 세계로 확장해 나갔는가에 초점을 두지 않았다. 그가 사도행전에서 드러내려고 하는 주된 사상은 바로 이것이다. "그는 단순히 어떻게 기독교가 유대주의 분파를 그치고 세계 종교가 되었는가를 보여준다. 누가는 어떻게 하나님께서 유대인들만 아니라 이방인들을 도구로 사용하셔서 그리스도인이 되게 하셨는가를 한 단계 한 단계 증거하였다. 이 운동은 유대인의 수도 예루살렘에서 시작하여 세계의 수도 로마에서 끝난다. 유대인의 종파에서 우주적 종교로 발전되는 것을 추적하면서 누가의 마음에는 항상 세 가지를 염두에 두었다. (1) 유대인들의 극심한 박해에도 불구하고 (2) 이 새로운 신앙이 예수의 제자들의 증언을 통해서 전파되었고, (3) 끊임없이 하나님께서 이를 독려하시고 보증하셨다는 사실이다. 사도행전의 저자의 이와 같은 사상은 사도행전 1:8과 28:23-31, 눅 1:1-4에 잘 드러난다."

제국의 복음화로 그리고 더 나아가서 땅 끝까지 복음이 확산될 때까지 계속된다는 사실을 말해 주고 있다. 실제로 기독교 역사 속에는 성령의 기름 부으심의 역사가 중단되지 않고 계속되었다. 따라서 사도행전의 성령의 역사는 사도행전 28장으로 끝나지 않고 지금 이 순간에도 우리 가운데 계속해서 이어지고 있는 것이다.

제 I 부
오순절과 예루살렘교회의 태동
(1:1-2:47)

1장
오순절 성령강림의 준비
(1:1-26)

2장
오순절 성령강림과 그 의미
(2:1-47)

사도행전 1장 1절부터 2장 47절까지는 오순절과 예루살렘교회의 태동 과정을 그리고 있다. 예루살렘을 떠나지 말고 아버지의 약속하신 보혜사 성령을 기다리라는 주님의 약속대로 120명은 마가의 다락방에서 기도에 전무하며 성령의 강림을 기다렸다. 성령의 놀라운 부으심이 마가의 다락방 120 문도(門徒)에게 임했고 모두가 성령의 충만을 받았으며 오순절 성령강림 이후 예루살렘교회가 태동되었다.

1장에서는 오순절 성령강림의 준비(1:1-26)를, 2장에서는 오순절 성령강림과 그 의미(2:1-47)를 담았다. 1장 오순절 성령강림의 준비에서는 사도행전 서론(1:1-2), 예수님의 40일 간 사역과 지상 명령(1:3-8), 예수님의 승천과 재림 약속(1:9-11), 10일간의 마가의 다락방 기도(1:12-26)를 기술했다.

2장 오순절 성령강림과 그 의미(2:1-47)에서는 오순절 성령강림(2:1-13), 베드로의 설교와 청중의 반응(2:14-41), 최초의 신약시대 부흥으로서 오순절 성령강림, 오순절 관련 몇 가지 신학적 논의, 그리고 성령충만한 예루살렘 공동체 모습(2:42-47)을 다루었다.

제 1 장
오순절 성령강림의 준비
(1:1-26, A.D. 30)

만약 그를 사람이라고 부르는 것이 적절하다면, 그 때에 지혜로운 사람 예수가 살았다. 그는 훌륭한 일을 하는 사람이었고, 진리를 기쁘게 받아들이는 사람들의 선생이었다. 그는 많은 유대인들과 많은 헬라인들에게 깊은 관심을 가졌다. 그는 그리스도였다. 빌라도가 대제사장의 고소로 그를 십자가에 못 박고 정죄하였지만 처음 그를 사랑했던 이들이 그에 대한 사랑을 중단하지 않았다. 왜냐하면 이것들과 다른 그에 관한 놀라운 일들을 말해준 거룩한 선지자들이 예언한대로 그는 사흘 만에 다시 살아나셔서 그들에게 나타나셨기 때문이다. 더욱이 그의 이름을 딴 그리스도인들이 오늘날까지 이어지고 있다.

Josephus, The Antiquities of the Jews, 18.3, A.D. 93

예루살렘을 떠나지 말고 내게서 들은 바 아버지께서 약속하신 것을 기다리라. 요한은 물로 세례를 베풀었으나 너희는 몇 날이 못되어 성령으로 세례를 받으리라.

A.D. 30, 예수 그리스도

누가는 사도행전 첫 다섯 장을 예루살렘교회에 할애하였다.[1] 부활하신 예수 그리스도의 40일 동안의 행적, 성령강림, 제자들의 급증 그리고 성

---

[1] Thomas Morrison, *The Acts of the Apostles and the Epistles of Paul: Arranged in the Form of a Continuous History* (Edinburgh: Oliphant, Anderson & Ferrier, 1888), 8. 모리슨은 사도행전 1-8장의 사건이 A.D. 30-37년에 일어난 사건의 기록이라고 말한다.

령의 강력한 역사와 유대인들의 복음의 거부와 박해가 그 핵심이다.[2] A.D. 30년 유월절에 십자가에 달리시고 삼일 만에 부활하신 주님은[3] 오순절의 위대한 역사를 성취하시기 위해 먼저 제자들을 준비시키셨다.[4] 주님이 부활하신 후 40일 간 그리고 승천하신 후 오순절까지 10일간 총 50일이 지난 후에 오순절 성령강림이 임했다.

부활하신 후 40일 간, 주님은 교회의 기초를 놓으시고(1:1-5), 사명을 주시고(1:6-8), 승천을 통해 재림을 약속하셨다(1:9-12). 주님으로부터 사명을 부여받고 주님의 승천을 목도한 제자들은 마가 다락방에 모여 주님의 약속의 말씀을 붙들고 기도하며(1:13-14) 유다 대신 맛디아를 제자로 뽑았다(1:21-26). 120명은 마가의 다락방에 모여 간절히 기도하며 약속하신 성령을 기다렸다.

이렇게 해서 주님은 택하신 제자들에게 사명을 확인시키시고 부활을 증거 하셨으며, 성령을 약속하셔서 교회의 기초를 놓으셨다. 이 모든 일에 있어서 주님이 주도권을 가지고 당신의 교회를 세우시는 기초 작업을 진행시켜 나가셨다. 사도행전 1장에 나타난 이와 같은 일들은 오순절 성령강림과 그 후에 진행될 일련의 역사의 흐름을 이해하는 데 매우 중요하다.

1. 사도행전 서론(1:1-2)

모든 글이 그렇듯이 글의 서두는 그 글의 성격을 이해하기 위해 너무도

---

[2] 사도행전의 앞부분은 유대주의적 색채가 상당히 강해 토레이(C. C. Torrey)는 누가가 사도행전을 저술할 때 앞부분의 경우 아람어 자료들을 활용했기 때문이라고 주장하기도 했다. C. C. Torrey, *The Composition and Date of Acts* (Cambridge: Harvard University Press, 1916), 4. 토레이는 1:1 하반부에서 15:35까지의 헬라어 본문이 아람어 자료를 그대로 번역해 옮겨 놓은 것이라 주장했다. "일차적으로 예루살렘교회에 관계된 사도행전의 첫 전반부의 언어는 그곳으로부터 위대한 복음전파의 힘이 세상으로 향해 나가는 센터로 그려졌다."

[3] William M. Ramsay, *St. Paul the Traveller and the Roman Citizen* (London: Hodder and Stoughton, 1895), 386.

[4] William Owen Carver, *The Acts of the Apostles* (Nashville: Sunday School Board, Southern Baptist Convention, 1916), 16-17.

중요하다. 특히 성경의 경우는 더욱 그렇다. 누가 누구에게 어떤 목적으로 글을 썼는지에 대해서 언급하고 있기 때문이다. 사도행전도 어떤 사람이 기록해서 누구에게 어떤 목적을 가지고 보낸 것인가가 사도행전 1장 1절과 2절에 명백히 나와 있다.

> ¹ 데오빌로여 내가 먼저 쓴 글에는 무릇 예수께서 행하시며 가르치시기를 시작하심부터 ² 그가 택하신 사도들에게 성령으로 명하시고 승천하신 날까지의 일을 기록하였노라

위 본문에는 저자의 이름이 언급되지 않았다. 하지만 '내가 먼저 쓴 글'이라는 표현을 통해 사도행전이 '내'라는 사람이 기록해서 '데오빌로'라는 사람에게 보낸 것임을 알 수 있다.[5]

수신자 데오빌로 각하

여기 '내'라는 사람이 누구인지 본문에 명시되지는 않았지만, 그는 사도행전 기록에 앞서 '예수께서 행하시며 가르치시기를 시작하심부터 그가 택하신 사도들에게 성령으로 명하시고 승천하신 날까지의 일을 기록'(1:1-2)해서 데오빌로에게 보낸 사람이다.[6] 그렇다면 앞서 '데오빌로'라는 사람에게 예수의 행적을 기록해서 보낸 사람은 누가복음의 저자요 사도 바울의 동역자였던 의사 누가밖에 없다.

> ¹ 우리 중에 이루어진 사실에 대하여 ² 처음부터 목격자와 말씀의 일꾼 된 자들이 전하여 준 그대로 내력을 저술하려고 붓을 든 사람이

---

[5] Charles Marie Du Veil, *A Commentary on the Acts of the Apostles* (London: J. Haddon, 1851), 3-4. 램지는 다양한 각도에서 사도행전 기록의 신뢰성을 일관되게 강조하고 있다. Ramsay, *St. Paul the Traveller and the Roman Citizen*, 367. 여기서 누가는 사도행전의 기록 목적과 역사가(historian)로서 자신의 소임이 무엇인지 분명히 밝혔다.

[6] William Gilson Humphry, *A Commentary on the Book of the Acts of the Apostles* (London: John W. Parker and Son, 1854), xiii.

많은지라 ³ 그 모든 일을 근원부터 자세히 미루어 살핀 나도 데오빌로 각하에게 차례대로 써 보내는 것이 좋은 줄 알았노니 ⁴ 이는 각하가 알고 있는 바를 더 확실하게 하려 함이로라(눅 1:1-4).

데오빌로 각하에게 예수님의 행적을 기록해서 보낸 누가복음의 저자가 사도행전을 기록한 저자라면, 그는 곧 누가다. 초대 기독교 교부들은 누가가 사도행전의 저자라는 사실에 일치한다.[7] 의사 누가는 바울과 함께 사역을 같이 하면서 제자들과 사도들로부터 듣고 목격한 모든 것들을 두 권의 책, 즉 누가복음과 사도행전으로 기록해서 데오빌로에게 보낸 것이다.

'데오빌로 각하'가 어떤 인물인지는 확실하지 않다.[8] 그 이름은 "하나님을 사랑하는 자," "하나님의 친구"라는 뜻으로 역사 속의 어떤 실재적인 인물을 지칭하는 것은 사실이지만 그가 누구인지 확실하게 밝혀지지 않았다.[9] 누가가 누가복음과 사도행전을 써서 헌정한 데오빌로는 회심한 그

---

[7] Henry Cowles, *Acts of the Apostles: With Notes, Critical, Explanatory, and Practical, Designed for Both Pastors and People* (New York: D. Appleton, 1883), 1. 사도행전을 잘 알고 있던 이레니우스(Irenaeus, A.D. 178)는 사도행전의 저자가 누가라고 확실히 밝혔다. 알렉산드리아 클레멘트(Clemens of Alexandria, A.D. 190)도 누가를 사도행전의 저자로 이해했고, 터툴리안(Tertullian, A.D. 200)도 동일한 관점을 가졌다. 유세비우스(Eusebius, A.D. 325) 역시 누가를 사도행전의 저자로 이해했다.

[8] Henry Prentiss Forbes, *The Johannine Literature and the Acts of the Apostles* (New York: G.P. Putnam's Sons, 1907), 13. 포브스는 데오빌로가 누가복음과 사도행전에만 등장하며, 누가의 친구 혹은 이상적인 독자 둘 중의 하나라고 말한다. Charles Marie Du Veil, *A Commentary on the Acts of the Apostles* (London: J. Haddon, 1851), 4. 로마의 감독 클레멘트는 데오빌로가 베드로에 의해 기독교인으로 개종한 안디옥의 고관 중 한 명으로 자신의 집들을 교회의 공집회와 거룩한 모임을 위해 내놓았다고 말한다. 데오필락(Theophylact)은 데오필루스를 집정관 혹은 왕자라고 불렀고, 아부렌시스(Abulensis)라고 하는 한 저자는 데오빌로가 베드로가 떠난 후 안디옥의 감독을 지낸 안디옥의 왕자로 추측했다. 그로티우스(Grotius)는 그가 아가야에 있는 어떤 도시의 지사로 누가에 의해 세례를 받은 자였다고 말한다. 바울이 유대 통치자 벨릭스와 베스도에게 붙였던 최고의 존칭인 각하(most excellent)의 호칭을 데오빌로에게 붙인 것으로 볼 때 데오빌로가 고위직의 사람으로 보인다. 고대에는 자신의 작품을 고위직의 사람에게 헌정하는 사례가 있는데 요세푸스가 그의 전기를 에바브로디토(the Epaphroditus)에게, 저스틴 마터가 디오그네투스에게 자신의 책을 헌정한 것은 대표적 사례이다.

[9] F. C. Cook, *The Acts of the Apostles: With a Commentary and Practical and Devotional Suggestions for Reader and Students of the English Bible* (London: Longmans, Green, and Co., 1866), xlviii.

리스도인으로 아마도 고위직의 사람이었을 것이다.[10] 옛 전통을 받아들인다면 그는 알렉산드리아 출신이다. 스트리터는 데오빌로가 당시 도미티아누스 황제(Emperor Domitian)의 사촌인 티투스 플라비우스 클레멘스(Titus Flavius Clemens)와 동일인이라고 보기도 한다.[11]

램지는 '각하'라는 호칭이 사도행전(23:26, 24:3, 26:25)에 있듯이 아주 고위직에 있는 행정 관료들에게 붙이는 극 존칭어로 데오빌로가 본명이 아니라 세례명이다. 그를 보호하기 위해 세례명을 쓴 것이며 그가 기독교에 대해 우호적인 시각을 가지고 있던 로마의 고위 지식층의 한 사람이었을 것이라고 추측한다.[12] 누가는 기독교의 발흥과 진보를 어느 정도 배운바 있는 데오빌로에게 더 정확한 기독교 지식을 전해줄 목적으로 사도행전을 기록한 것이 분명하다.[13]

행하시고 가르치시며

사도행전 1장 1절과 2절은 지난번에 누가가 기록한 누가복음의 기록목적과 사도행전의 기록목적이 무엇인가를 집약해서 말하고 있다.[14] '내가

---

[10] Carolus Maria Du Veil and F. A Cox. *A Commentary on the Acts of the Apostles* (London: J. Haddon, 1851), 4.

[11] B. H. Streeter, *The Four Gospel: A Study of Origins* (London: Macmillan, 1924), 534-539. Bruce, *The Book of ACTS*, 29 재인용.

[12] Ramsay, *St. Paul the Traveller and the Roman Citizen*, 388-389. "그것은 누가가 그리스도인이 된 로마 관리에게 자신의 작품을 헌정하는 로마제국에 대한 그의 태도와 중요한 관계가 있다. 1세기에 로마 관리가 데오빌로라는 이름을 가진 경우는 거의 없다고 우리는 안전하게 말할 수 있다. 그러므로 데오빌로는 단지 그리스도인들 사이에서만 사용되고 알려진 세례명인 것이 너무도 분명하다. 그의 공식적인 이름 사용을 피한 사실, 단지 세례명을 사용한 사실은 로마 고위 관리가 그리스도인으로 인식되는 것이 위험하다는 가설(절대적으로 요구하지는 않지만)을 지지한다. 사도행전 이야기에서 은밀한 흔적이나 세례명이 전혀 언급되지 않았다. 이것들은 궁한 나머지 그리고 숨기려는 열망에서 채택된 것으로 보인다. 그러므로 사도행전의 헌정은 교회와 국가의 관계의 발전된 상태를 가리키고, 그것은 우리로 하여금 도미티안 시대까지 거슬러 올라가게 한다."

[13] F. F. Bruce, *The Book of ACTS* (Grand Rapids: Eerdmans, 1988), 29.

[14] Frederic Martin, *Notes on the Four Gospels and the Acts of the Apostles* Vol. II. (London: William Pickering, 1838), 523. 마틴은 예수 그리스도 그 자신에 의한 '새 경륜의 시작'(the commencement of the new dispensation)을 누가복음이 다룬 것이라면 사도들의 보호

먼저 쓴 글에는 무릇 예수께서 행하시며 가르치시기를 시작하심부터 그가 택하신 사도들에게 성령으로 명하시고 승천하신 날까지의 일을 기록하였노라.' 누가복음은 탄생부터 고난과 죽음 부활에 이어 주님이 승천하시기 전까지 주님의 생애와 사역에 대한 기록이다. 누가복음은 역사 속에 성육신하신 예수 그리스도가 구약에 예언된 메시야이며, 십자가를 통해 구속의 사역을 완성하셨고, 또 약속대로 부활하셨다는 사실을 잘 그려주고 있다.

누가가 사도행전의 기록목적을 기술하면서 누가복음의 기록이 주님의 탄생부터 승천까지를 기록한 것이라고 밝힌 것은 사도행전이 그 다음에 진행될 사건을 기록하는 것을 목적으로 한다는 사실을 자연스럽게 드러낸 것이다.[15] 사도행전은 주님께서 승천하신 이후 오순절의 사건을 통해 예루살렘에서의 교회의 태동, 핍박과 고난 속에서 놀라운 성령을 부으셔서 성령의 권능 가운데 증인들에 의해 확대되어 가는 하나님 나라의 확장의 역사, 구속의 역사, 곧 "예수 그리스도의 교회의 이야기"를 그려주고 있다.

누가는 승천 사건을 예수 그리스도의 구속사역의 중요한 마무리로 이해했다. 칼빈에 따르면 인류를 구속하기 위해 오신 예수 그리스도의 구속사역 "즉 우리들의 죄의 속량은 모두 다 그리스도께서 아버지께로 올라가신 바로 그 순간에 완전히 성취되었다."[16] 그리스도의 구속 사역을 십자가 사건에, 부활의 사건에 국한시키지 않고 십자가, 부활, 승천을 통해 완성하신 것으로 이해했다. 그리스도의 구속 사역을 통시적으로 봐야 할 이유가 여기 있다.

그런데 누가가 예수 그리스도의 사역을 언급하면서 특별히 부각시키고

아래 그것의 진행을 다룬 것이 사도행전이라고 말한다.

[15] Ramsay, *St. Paul the Traveller and the Roman Citizen*, 386. 램지에 따르면 누가복음 3장 1-2절은 A.D. 26년 7월에 일어난 사건이며, 누가는 A.D. 26-A.D. 30년 승천할 때까지 30년간의 예수 그리스도의 역사를 누가복음에 기록했다.

[16] 존 칼빈, 한국기독교선교백주년기념 존·칼빈성경주석출판위원회 역편, 신약성경주석, Vol. 5, 사도행전 I (서울: 성서교재간행사, 1980), 34.

있는 것이 몇 가지 있다. 하나는 누가가 예수 그리스도의 공생애를 집약하면서 '행하시며 가르치시기를 시작하심부터'(1:1)라고 기록한 것이다.[17] 예수 그리스도의 생애에서 행함과 가르침이 괴리되지 않았다는 사실이다. 처음부터 그리스도는 전인적 구원의 복음을 전파하셨다.[18] 칼빈의 말대로 "그리스도는 말과 일에서 능력있는 선지자"였으며, "말에서와 마찬가지로 행사에 있어서도 매우 뛰어나셨다."[19] 양자 사이에는 전혀 차이가 없으셨다. 그 면에서 그는 우리의 완벽한 모델이시다.

그런데 가르침보다 행함이 먼저 기록되었다는 사실을 주목해야 한다. 주님은 가르치시기 전에 먼저 실천에 옮기셨다. 실천에 옮기지 않으신 것을 가르치신 적이 없다.[20] 크리소스톰의 말대로 그의 행하심과 그의 가르침이 분리된 것이 아니라 둘의 불가분성 곧 "그의 행하심이 또한 가르침이라는 사실을 함축한다."[21] 기독교는 실천의 종교요, 행함의 종교다. 그것은 구원이 행함으로 얻어진다는 것이 아니라 진정한 가르침은 실제 행동과 분리될 수 없다는 의미이다. 주님은 행함이 앞서셨고, 행함으로 그의 가르침을 입증하셨으며, 때문에 승천하시기 전 제자들에게 가르쳐 지키게 하라고 명하셨다.

그런 면에서 '행하시며 가르치셨다'(1:1)는 것은 공생애 동안에 주님이

---

[17] John Chrysostom, *The Homilies of John Chrysostom on The ACTS of The Apostles* (London: Oxford, John Henry Parker, 1851), 13. 예수 그리스도의 공생애를 기술한 누가복음은 그리스도에 대한 이야기가 담겨져 있다. 존 크리소스톰의 말대로 "그렇다면 복음서들은 그리스도가 행하시고 말씀하신 것에 대한 역사이다. 그러나 사도행전은 다른 보혜사[성령]가 가르치시고 행하신 것에 대한 역사이다. 그리스도가 복음서에서 행하신 것처럼 사도행전에서 인간들 안에 역사하셨듯이 성령 또한 복음서에서 많은 일들을 행하셨다. 하지만 그 때는 성령이 성전을 통해서 역사하셨으나 이제는 사도들을 통해서 역사하셨다. 그 후 성령은 동정녀의 태에 잉태하심으로 성전이 되시고 이제는 사도들의 영혼에 임하신 것이다. 그 때는 비둘기 같이 성령이 임하셨지만 이제는 오순절 날 불같이 임하셨다."

[18] Carolus Maria Du Veil and F. A Cox. *A Commentary on the Acts of the Apostles* (London: J. Haddon, 1851), 4.

[19] 칼빈, **사도행전 I**, 31.

[20] W. A. Denton, *A Commentary on the Acts of the Apostles.* Vol. I. (London: George Bell and Sons, 1874), 3-4.

[21] Chrysostom, *The Homilies of John Chrysostom on The ACTS of The Apostles*, 7.

하셨던 가르치시고, 전파하시고, 치료하셨다는 사역과 깊이 맞물려 있다. 이것은 서방 사본에 있는 기록을 통해서 볼 때 더욱 선명하게 드러난다. 서방 사본에 따르면 '그가 택하신 사도들에게 성령으로 명하시고 그들로 하여금 복음을 전파하라고 명령하실 때까지의 일을 기록하였노라'[22]고 되어있다.

가르치시고 전파하시고 치료하시는 사역 가운데 가장 준비가 필요한 것은 가르치는 사역이다. 주님께서는 공생애 동안에 제자들을 부르시고 그들을 파송하시면서 먼저 전파하고 치료하는 일을 위임하셨고 가르치는 일은 부활하신 후 제자들에게 마지막으로 위임하셨다. 이것은 가르치는 사역이 준비가 필요하며, 성령의 권능을 의지하여 감당할 때 가능할 수 있음을 보여준다.

성령으로 명하시고

예수님의 공생애에서 주목해야 할 또 하나는 바로 2절 말씀에 언급된 '성령으로 명하시고'(having given instructions … by the Holy Spirit)이다.[23] 성령은 예수 그리스도의 사생애, 공생애 그리고 부활하신 이후 40일

---

[22] Bruce, *The Book of ACTS*, 28.

[23] Richard Belward Rackham, *The Acts of the Apostles: An Exposition* (London: Methuen & Co., 1901), 4. '성령으로 명하시고'는 사도행전을 이해하는 중요한 열쇠이다. 그리스도는 성령의 기름 부으심을 받았고(눅 4:1, 14; 마 12:28; 행 10:38), 성령의 권능으로 행하시고 가르치셨으며(10:38), 부활하신 후에 제자들에게 성령을 받으라고 명하셨고, 위로부터 능력을 힘입을 때까지 예루살렘을 떠나지 말라고 부탁하셨다(눅 24:49). Horatius Bonar, *Light and Truth Or, Bible Thoughts and Themes—The Acts and the Larger Epistles* (London: Nisbet, 1870), 9-11. 크리소스톰은 사도행전에는 특별히 성령에 관한 기독교의 지혜와 건전한 교리가 담겨져 있음을 강조한다. 그는 만약 사도행전이 존재하지 않았다면 구원역사의 절정의 사건들이 역사에 가리어졌을 것이라 말한다. Chrysostom, *The Homilies on The ACTS of The Apostles*, 2. 또한 다음을 참고하라. J. S. Howson and H. D. M. Spence-Jones, *The Acts of the Apostles* (New York: C. Scribner's, 1883), 2. "사도행전은 성령의 사역에 대한 중요성을 두드러지게 강조하고 있다. 그리스도는 모든 믿는 자들을 모든 진리로 인도하고 교회에 영원히 거하시도록(요 16:13) 하시기 위해 성령을 보내주실 것을 약속하셨다. 사도행전의 초반에서 오순절에 성령은 놀랍게 자신을 현시하셨다. 그리스도가 아버지를 계시하신 것처럼(요 1:18) 성령이 믿는 자들의 심령에 그리스도를 계시하시는 것이 그의 직임이다. 성령이 사복음서에 50번 언급되어 있는데 사도행전

동안의 사역을 이해하는 데에 가장 중요한 열쇠이다.[24]

사복음서를 자세히 살펴보면 성육신부터 부활까지 주님의 전 사역이 성령과 깊이 연계되어 진행되었다.[25] 성령으로 시작하셔서 성령으로 마치셨다.[26] 마태복음은 주님의 성육신이 '성령으로 잉태된 것'(마 1:18)이라고 말씀한다. 주의 사자는 예수 그리스도의 잉태가 '성령으로 된 것'(마 1:20)이라고 요셉에게 확인시켜주었다. 주님이 세례를 받으실 때 '하늘이 열리고 하나님의 성령이 비둘기 같이 내려'(마 3:16) 주님 위에 머무셨고, '광야에서 성령에게 이끌리사 사십 일 동안 주리신 후 시험을 받으셨고'(눅 4:1-2), '성령의 능력으로 갈릴리에 돌아'(눅 4:14)가서서 사역을 시작하셨고, 또 '하나님의 성령을 힘입어 귀신을 쫓아'(마 12:28)내셨다. 이처럼 성령은 예수 그리스도의 전 사역을 이해하는 열쇠이다.[27]

세례요한은 주님이 누구이신가를 설명하면서 자기와 그분의 차이가 바로 성령으로 세례를 주시는 여부에 있다고 증언하였다. 그리고 또 주님 자신께서 친히 자신의 사역이 주의 성령이 임하심으로 성령에 의해 이루어지는 사역임을 스스로 고백하셨다.

> [18] 주의 성령이 내게 임하셨으니 이는 가난한 자에게 복음을 전하게 하시려고 내게 기름을 부으시고 나를 보내사 포로 된 자에게 자유를, 눈 먼 자에게 다시 보게 함을 전파하며 눌린 자를 자유롭게 하고 [19] 주의 은혜의 해를 전파하게 하려 하심이라(눅 4:18-19).

에서만 거의 50번이나 언급되었다."

[24] O. A. Hills, *The Testimony of the Witnesses: a Devotional and Homiletical Exposition of the Acts of the Apostles* (New York: Thomas Nelson and Sons, 1913), 3. 힐스는 예수님이 세례 시, 시험 때, 복음전파 때, 기적을 베풀 때, 십자가 희생 때 그리고 제자들에게 마지막 분부를 하실 때 성령으로 충만을 받으셨다고 말한다.

[25] Bonar, *Light and Truth Or, Bible Thoughts and Themes—The Acts and the Larger Epistles*, 9-13. 사도행전은 이 부분을 잘 드러내고 있다. "성령은 아들의 증인이며, 아들은 성령의 증인이다."

[26] Denton, *A Commentary on the Acts of the Apostles.* Vol. I., 4.

[27] Denton, *A Commentary on the Acts of the Apostles.* Vol. I., 4.

주님은 제자들에게 성령을 기다리라고 평소에 계속해서 강조하셨고(요 16:13), 부활하신 이후에는 제자들을 향해 '숨을 내쉬며 이르시되 성령을 받으라'(요 20:22)고 부탁하셨다.[28] 주님의 생애와 사역 전체는 성령으로 시작해서 성령으로 진행하시고 성령으로 마치셨다고 해도 과언이 아니다. 그의 전 생애와 전 사역이 성령의 사역과 밀접한 연계성을 지니고 있다.

2. 예수님의 40일 간 사역과 지상 명령(1:3-8)

성령은 누가복음을 이해하는 열쇠이며 동시에 사도행전을 이해하는 열쇠이다. 주님께서 부활하신 이후 40일 동안의 사역을 이해하는 열쇠도 성령이다. 누가는 주님의 40일 간의 사역을 이렇게 집약했다.

> [3] 그가 고난 받으신 후에 또한 그들에게 확실한 많은 증거로 친히 살아계심을 나타내사 사십 일 동안 그들에게 보이시며 하나님 나라의 일을 말씀하시니라 [4] 사도와 함께 모이사 그들에게 분부하여 이르시되 예루살렘을 떠나지 말고 내게서 들은 바 아버지께서 약속하신 것을 기다리라 [5] 요한은 물로 세례를 베풀었으나 너희는 몇 날이 못되어 성령으로 세례를 받으리라 하셨느니라(1:3-5).

부활 후 40일 동안의 예수님 사역(1:3-5)

주님은 부활하신 후 6주 동안 제자들과 이따금씩 만나셔서 끊임없이 그들에게 부활을 증거하시고 하나님 나라를 말씀해주셨다. 6주가 끝날 즈음 주님은 예루살렘에서 제자들을 만나 그 성을 떠나지 말고 아버지의 약속하신 성령을 기다리라고 부탁하셨다.[29] 사도행전 1장 3-5절은 그리스

---

[28] Cook, *The Acts of the Apostles*, 2.
[29] Edward I. Bosworth, *New Studies in ACTS* (New York: Young Men's Christian Association, 1908), 6.

도께서 이 땅에 40일 간 계시는 동안에 하신 일이 무엇인가를 말해준다.[30] 그것은 다음 세 가지로 압축할 수 있다.

부활증거

첫째, 부활을 증거하셨다. '친히 살아 계심을 나타내사'(1:3)라는 말씀을 통해 그리스도의 부활이 역사적 사건이었음을 보여준다.[31] 40일 동안 저희에게 보이셨다는 말씀이 이를 구체적으로 입증해준다. 주님은 부활하신 첫 날 막달라 마리아에게 나타나셨고,[32] 엠마오로 가는 두 제자에게 나타나셨으며,[33] 도마를 제외한 열 명의 사도들 앞에 나타나셨다.[34] 그 다음 여드레를 지나서는 열 한 사도들에게 나타나셨고,[35] 그 뒤 32일 간은 갈릴리 호숫가에서 일곱 제자들에게,[36] 오백 여 형제에게,[37] 야고보에게,[38] 많은 수의 제자들에게[39] 나타나셨다.

이렇게 많은 사람들에게 부활을 증거하신 것은 그만큼 부활의 신앙이 너무도 중요하기 때문이다. 도마가 보여주듯 부활의 신앙은 가장 의심이 많이 가는 기독교 진리이다. 주님이 도마를 찾아가신 것도 부활의 신앙을 심어주시기 위해서였다. 의심 많은 도마가 부활의 신앙을 가졌다는 것은 역설적이게도 부활이 역사적인 사건이었음을 증거해 준다. 예수의 죽으심으로 희망을 포기했던 제자들이 약속하신 대로 주님이 부활하신 것을 확인하고 새롭게 거듭났다. 주님의 약속을 그대로 믿고 예루살렘을 떠나지 않았던 것도 부활하신 주님을 만났기 때문이다.

---

[30] Denton, *A Commentary on the Acts of the Apostles*. Vol. I, 6-9.
[31] Chrysostom, *The Homilies on The ACTS of The Apostles*, 10.
[32] 막 16:9-11; 요 20:11-18.
[33] 막 16:12,13; 눅 24:13-35.
[34] 눅 24:36-43; 요 20:19-25.
[35] 막 16:14; 요 20:26-31.
[36] 요 21장.
[37] 고전 15:6.
[38] 고전 15:7.
[39] 눅 24:44-9; 행 1:3-8.

하나님 나라를 말씀

둘째, 그리스도께서 하나님 나라의 일을 말씀하셨다. 에드워드 보스워드가 지적한 대로 예수님의 가르침의 지배적인 사상은 유대인들이 보통 '하나님 나라'라 부르는 것이었다.[40] '사십 일 동안 그들에게 보이시며 하나님 나라의 일을 말씀하시니라'(1:3). 세례요한과 주님께서 최초로 선포하신 메시지도 회개를 통한 '천국'이었다.[41] 누가복음의 중심 주제도 바로 하나님 나라였다.[42] 실제로 그리스도께서는 전 공생애 동안 하나님 나라를 일관되게 선포하셨다. 이 하나님 나라는 예수 그리스도의 삶과 죽음과 부활의 사건을 통해 도래할 하나님 나라이면서 동시에 재림으로 최종적으로 도래할 하나님 나라다. 크리소스톰은 주께서 하나님 나라를 말씀하신 것은 불안에 처한 제자들에게 미래에 대한 확실한 약속을 통해 격려와 위로와 소망을 주시기 위함이라고 말한다.[43]

구약에서 하나님의 통치 개념은 선택된 이스라엘 백성을 중심으로 하여 전개되었다. '나는 너희 하나님이 되겠고 너희는 내 백성이 되리라'(렘 7:23)는 언약이 바로 그것이다. 그러나 이제 하나님께서는 온 인류의 아버지로서 계시하심으로 하나님의 나라가 이스라엘 백성에게 국한되지 않는다. 이제는 하나님을 믿는 사람들, 그리스도께서 구세주이심을 믿는 사람들은 다 하나님을 아버지로 고백하게 되고, 그들은 다 하나님의 백성들인

---

[40] Edward I. Bosworth, *New Studies in ACTS* (New York: Young Men's Christian Association, 1908), 6. 예수님은 이 하나님 나라를 모든 사람이 하늘 아버지의 참 아들과 참된 형제들이 되는 '세계문명'(a world civilization)으로 제시하셨다. 교권주의자들인 제사장들과 랍비들은 예수가 자신들의 야망 실현을 방해하는 것을 발견하고 결국 그를 죽여 버렸다. 그러나 예수는 죽음에서 부활하셨다. 그의 죽음으로 제자들의 희망이 죽었으나 그가 부활하심으로 그들의 희망이 다시 살아났다. 주님은 부활하신 후 6주 동안에서 제자들과 이따금씩 만나셔서 끊임없이 그들에게 하나님 나라를 말씀해주셨다. 6주가 끝날 즈음 주님은 예루살렘에서 제자들을 만나 그 성을 떠나지 말고 아버지의 약속하신 성령을 기다리라고 부탁하셨다.

[41] 칼빈, 사도행전 I, 36. "이 하나님 나라의 시작은 중생(重生)이다. 그것의 결말과 완성, 그것은 가장 축복된 영생이다. 그 둘 사이에 있는 진보는 중생(重生)의 더 완전한 전진과 증진에 있다."

[42] 누가복음 4:43, 8:1, 9:2, 11, 11:20의 말씀이 바로 그것이다.

[43] Chrysostom, *The Homilies on The ACTS of The Apostles*, 10.

셈이다. 따라서 '하나님의 나라'라는 개념이 그를 믿는 모든 백성들에게로 확대된 것이다. 이제는 선택된 유대 이스라엘 백성들에서 영적인 아브라함의 후손들로 그 개념이 확대되었다.

누가는 사도행전에서 중요한 사건 때마다 하나님 나라를 일곱 번이나 반복하면서 그 중요성을 강조했다. 하나님 나라는 사도행전 서두와 마지막을 장식하고 있다.[44] 그런데 우리가 주목하는 것은 사도행전에서 그리스도가 전파하신 그 하나님 나라가 그리스도의 십자가 대속과 부활을 통해 "성취된 사실"로 새롭게 선포되고 있다는 점이다. 이 하나님 나라가 최종적으로 완성되는 때는 주님이 재림하실 때이다.[45]

성령에 대한 약속

셋째, 성령을 약속하셨다. 주님께서 부활하신 후 40일 동안 행하신 또 하나는 제자들에게 '예루살렘을 떠나지 말고 내게서 들은 바 아버지께서 약속하신 것을 기다리라'(1:4)고 부탁하셨다. 여기 '아버지께서 약속하신 것'이란 바로 오순절 성령강림을 말한다. 이 같은 사실은 바로 뒤에 이어지는 구절이 뒷받침해 준다. '요한은 물로 세례를 베풀었으나 너희는 몇 날이 못되어 성령으로 세례를 받으리라'(1:5).

성령으로 잉태하시고, 성령으로 세례를 받으시고, 성령으로 사역을 시작하시고, 성령으로 하늘의 기적을 행하셨던 주님께서 제자들에게 성령을 보내 주시겠다고 약속하시고 성령을 기다리라고 부탁하신 것이다. 크리소스톰이 말한 대로 주님은 내가 떠나는 것이 너희에게 유익이라고 하셨는데 만약 약속하신 성령이 아들보다 못하다면 위로는 불충분했을 것이다.[46]

'승천하시기 전 우리 주님과 제자들 사이에 있었던 만남'[47]에서 예수님

---

[44] 사도행전 28:31; 또한 8:12; 20:24, 25; 28:23을 참고하라.
[45] Bruce, *The Book of ACTS*, 33.
[46] Chrysostom, *The Homilies on The ACTS of The Apostles*, 12.
[47] John Dick, *Lectures on Some Passages of the Acts of the Apostles* (Glasgow: Printed by Crawford and Mackenzie, 1805), 10, 15.

은 제자들에게 위로부터 권능이 임할 때까지 예루살렘을 떠나지 말라고 말씀하셨다. 요한복음 14-16장에서 예수님은 다섯 번(14:16, 26; 15:26; 16:7, 13)이나 성령을 약속하셨다. 이것은 사도행전 1-15장에 나타난 성령론의 중요한 토대이다.[48] '너희는 몇 날이 못되어'(1:5)라는 표현을 통해 '너희에게 성령으로 세례를 베푸시리라'고 한 예언이 성취될 때가 가까웠다는 사실을 말해주고 있다. 주님은 제자들이 성령으로 세례를 받을 날, 곧 위로부터 성령이 임하시는 시기가 '몇 날이 못되어'(1:5) 일어날 것임을 약속하셨다. 크리소스톰이 지적한 대로 주님은 연약한 제자들의 심성까지 아시고 주님의 약속을 신실하게 지키도록 세심하게 배려하신 것이다.[49] 구약의 요엘 선지자가 예언한 약속이 성취될 때는 성령이 모든 육체에 부어지는 때이다. 그렇다면 성령은 곧 주님의 생애를 이해하는 열쇠이자 사도행전을 이해하는 중심 열쇠다. 사도행전에 '성령,' '예수의 영,' '주의 영'이 무려 54회나 등장하는 것도 그런 이유다.

주님은 교회의 역사를 시작하시기 전 성령으로 그 기초를 놓으신 것이다. 주님은 친히 성령이 비둘기 같이 임하시는 체험을 하신 후 사도들을 택하시고, 부활하신 후 그들에게 친히 자신을 보이시고 성령을 받으라고 부탁하셨으며, 성령으로 제자들을 가르치시고 그리고 부활하신 후 40일 동안 이 땅에 계시면서 성령을 주실 것을 약속하셨다.[50]

사도들은 스스로 천거 받거나 어떤 인간이나 위원회, 종교회의나 교회에 의해 임명받은 것이 아니라 주님에 의해 직접, 개인적으로 택함을 받은 것이다. 부활하신 후 주님은 제자들에게 자신이 부활하신 사실을 몸소 보여주셔서 흔들리는 제자들로 하여금 부활에 대한 확신을 가지고, '부활의 증인'이 되게 하셨다. 그리고 천국복음을 전하도록 성령으로 명하시고, 이를 온전히 수행하도록 성령을 약속하셨다. 주님이 먼저 택하시고, 주님이

---

[48] Bruce, *The Book of ACTS*, 34. Cf. W. F. Lofthouse, "The Holy Spirit in the Acts and the Fourth Gospel," *ExT* lii (1940-1941): 334.

[49] Chrysostom, *The Homilies on The ACTS of The Apostles*, 13.

[50] Dick, *Lectures on Some Passages of the Acts of the Apostles*, 17. 이 사건은 주님에게는 영예로운 것이고 제자들에게는 기쁨의 사건이었다.

친히 보이시고, 친히 명하시고, 친히 성령을 약속하신 것이다.

오순절 성령강림, 아버지와 아들의 약속

성령에 대한 약속과 관련하여 여기서 우리가 한 가지 짚고 넘어가야 할 것이 있다. 이 약속은 아버지의 약속이고,[51] 세례요한이 주님과 자신을 비견하며 한 약속이었으며 그리고 주님이 성령세례와 세례요한의 세례를 비견하시면서 친히 하신 약속이었다.

범가르텐이 지적한 대로 "이스라엘에게 완벽한 미래를 보장하는 모든 약속들은 결과적으로 성령의 약속과 연관되거나 혹은 그 모든 약속들은 성령의 약속에 관한 것이다. 구약의 모든 약속들은 궁극적으로 … 그 목적에 도달한다. 그리하여 성령의 약속은 많은 약속 가운데 하나가 아니라 모든 다른 약속들의 총체이다. 그러므로 성령에 대한 약속을 '아버지의 약속'이라고 부르는 것은 적절하다."[52]

성령을 가리켜 '아버지께서 약속하신 것'(the promise of the Father, τὴν ἐπαγγελίαν τοῦ Πατρὸς, 1:4)이라고 말한 것은 '성령의 사역'이 그 기원에 있어서 인간에게 있는 것이 아니라 전능하신 아버지 하나님의 주권적인 영역에 있다는 사실을 분명히 한 것이다.[53] 베드로는 오순절 성령강림 때 수많은 무리들 앞에서 이 부분을 분명히 밝혔다. '하나님이 오른손으로 예수를 높이시매 그가 약속하신 성령을 아버지께 받아서 너희가 보고 듣는 이것을 부어 주셨느니라'(2:33).

여기 오순절 성령강림 사건과 관련하여 성부, 성자, 성령 삼위 하나님

---

[51] Carolus Maria DuVeil and F. A Cox. *A Commentary on the Acts of the Apostles* (London: J. Haddon, 1851), 8. 성령을 아버지의 약속으로 누가복음 24장 49절, 이사야 44장 3절, 에스겔 34장 26-27절 그리고 요엘서 2장 28절에 기록되었다.

[52] M. Baumgarten, *The Acts of the Apostles: Or, The History of the Church in the Apostolic Age.* Vol. I. (Edinburgh: T. &T. Clark, 1854), 18.

[53] Baumgarten, *The Acts of the Apostles*, 15; Denton, *A Commentary on the Acts of the Apostles*. Vol. I, 11. 성령의 시대에 수많은 적그리스도가 자신들을 보혜사 성령이라고 미혹하고 있다는 것은 매우 흥미로운 일이다. 신천지 교주 이만희가 그렇고 안상홍 증인회(하나님의 교회) 안상홍이 그렇다. Vol. I

이 분명하게 등장한다. 영광을 받으신 주님이 성령을 아버지에게 받아서 교회에 부어주셨다는 것이다. 성령이 성부에게서 나오신다는 성령의 성부 기원을 선명하게 선포한 것이다.[54] 여기서 왜 주님이 성령을 가리켜 아버지의 약속이라고 하셨는지를 분명히 알 수 있다.

예수 그리스도는 공생애 동안에도 십자가 사건을 앞두고도 십자가에 달리시고 부활하신 후에도 그리고 승천하시기 직전에도 성령을 약속하셨다. 성령은 예수님의 공생애를 이해하는 가장 중요한 열쇠이다. "예수 그리스도는 이미 사도들에게 이 성령을 주신 일이 있으며 또 마찬가지로 날마다 택함 받은 자에게 성령으로 세례를 주신다."[55] 세례요한은 자신을 물로 세례를 주는 자라고 말하고 그리스도를 성령의 세례를 주시는 분으로 설명하고 있고, 예수님도 세례요한과 비교하면서 자신을 성령으로 세례를 베푸는 분으로 설명하고 있다.[56]

성령세례, 성령충만, 성령의 은사 모두 성령 하나님이 베풀어 주시는 은혜의 사역이다. 성령의 역사는 철저하게 성령 하나님이 행하시는 것이다.[57] 성령의 역사가 하나님의 주권적인 사역이라는 사실은 '너희는 몇 날이 못되어 성령으로 세례를 받으리라(be baptized, βαπτισθήσεσθε, 1:5)'는 말씀이 수동태라는 점에서도 알 수 있다. 벤톤이 말한 대로 이것은 제자들이 성령의 부으심에 의해 받을 세례를 말씀한다.[58]

---

[54] Dick, *Lectures on Some Passages of the Acts of the Apostles*, 13-14.

[55] 칼빈, 사도행전 I, 39. 칼빈은 믿는 자들이 성령을 구하는 것의 중요성을 강조한다. "우리가 우리의 신앙고백을 하게 될 때는 언제나 우리의 심정과 마음과 영을 인도해 주실 능력과 지혜의 성령을 주께 구하도록 가르침을 받는 것이다."(칼빈, 사도행전 I, 158)

[56] Baumgarten, *The Acts of the Apostles*, 15-17.

[57] 부흥도 마찬가지다. 부흥이 하나님의 주권적인 역사라고 믿는 이들과 인간들이 만들어낼 수 있는 작품이라고 생각하는 두 부류의 사람이 존재했다. 전자는 부흥이 위로부터 내려오는 하나님의 선물이라고 생각했으나 후자는 부흥이 조건만 갖추면 얼마든지 인간이 만들어낼 수 있는 작품이라고 생각했다. 전자를 대변하는 사람이 조나단 에드워즈였고, 후자를 잘 대변해주는 사람은 찰스 피니였다. 에드워즈는 부흥운동이 전적으로 하나님이 하시는, 위로부터 내려오는 선물이라고 믿었으나 피니는 사람들이 얼마든지 만들어낼 수 있는 산물이라고 믿었다. 오늘날에는 후자가 지배하고 있다. 전자를 긍정하는 이들도 실제로는 후자의 방법론을 채택하고 있다.

[58] Denton, *A Commentary on the Acts of the Apostles*. Vol. I., 11. "너희가 성령의 풍성한 부으심에 의하여 세례를 받을 것이다."

'몇 날이 못되어'(not many days hence, 1:5)라고 시간적 제한을 밝히신 것은 주님이 제자들에게 하신 새로운 약속이었다.[59] '몇 날'은 종말론적 의미를 담고 있지만 여기서는 자신이 높임을 받은 후 아버지께서 받아서 부어주실 것을 아시고 하신 약속이다. 물론 여기 '몇 날이 못되어'는 주님이 예루살렘을 떠나지 말라고 부탁하신 때부터 오순절 성령강림까지 걸리는 시간을 말한다.[60]

사모하는 자에게 주시는 약속

누가복음 11장 13절에서 주님이 약속하신 대로 성령은 사모하고 간구하는 사람들에게 아버지께서 주권적으로 주시는 선물이다. 주님은 '너희는 위로부터 능력으로 입혀질 때까지 이 성에 머물라'(눅 24:49)고 명하셨다. 조나단 에드워즈가 **겸손한 시도**(*An Humble Attempt*)에서 강조한 것처럼 성령의 역사는 아버지의 주권적인 약속이지만 아무 곳에나 임하는 것이 아니라 사모하는 곳에 임한다는 사실이다.[61] 하나님께서 사모하는 사람들에게 차별 없이 주시기 때문에 하나님의 선물이다. 우리가 주권적인 하나님께 성령의 부으심의 은혜를 베풀어 달라고 기도해야 할 이유가 여기 있다.

마가의 다락방에 모인 120명과 에베소의 12명은 한 사람도 예외 없이 모두가 그와 같은 은혜를 힘입었다. 누가는 이와 관련하여 이렇게 선언한다. '너희가 악할지라도 좋은 것을 자식에게 줄 줄 알거든 하물며 너희 하늘 아버지께서 구하는 자에게 성령을 주시지 않겠느냐'(눅 11:13). 성령은 하나님의 주권적인 선물이지만 동시에 사모하는 자에게 약속하셨다.

---

[59] Baumgarten, *The Acts of the Apostles*, 18.

[60] Carolus Maria DuVeil and F. A Cox. *A Commentary on the Acts of the Apostles* (London: J. Haddon, 1851), 8.

[61] Jonathan Edwards, *The Works of Jonathan Edwards*, Vol. Two (1834; repr. Edinburgh: Banner of Truth Trust, 1986), 814.

예수님의 마지막 지상 명령(1:6-8)

주님의 관심은 제자들이 성령의 임재를 경험하고 주님의 신실한 제자로 세워지는 것이었다. 주님이 제자들의 정치적인 관심에 일침을 가하시고 아버지의 약속하신 성령을 기다리라고 강조하신 것도 그 때문이다. 그런데도 제자들은 여전히 주님을 정치적인 메시야로 이해하고 자신들이 받을 정치적인 분깃에만 관심이 있었다. 그것은 다음과 같은 질문에서 그대로 읽을 수 있다.

> 6 그들이 모였을 때에 예수께 여쭈어 이르되 주께서 이스라엘 나라를 회복하심이 이 때니이까 하니 이르시되 7 때와 시기는 아버지께서 자기의 권한에 두셨으니 너희가 알 바 아니요 8 오직 성령이 너희에게 임하시면 너희가 권능을 받고 예루살렘과 온 유대와 사마리아와 땅 끝까지 이르러 내 증인이 되리라 하시니라(1:6-8).

우리는 여기서 부활하신 주님이 제자들에게 친히 자신을 보여주신 후 승천하시기 전까지 주님의 가장 중요한 관심사가 하나님 나라와 성령인 것을 알 수 있다. 승천하시기 전 주님은 제자들에게 하나님 나라를 가르치시고[62] 성령이 약속대로 제자들에게 임할 것을 분명히 말씀하셨다. 하나님 나라와 성령, 이 둘은 서로 불가분의 관계를 갖고 있다.

메시야 왕국은 그분의 영을 통해 비로소 실현되는 것이며, 하나님 나라는 하나님의 영으로 충만한 곳이다. 이 둘이 깊은 연계성을 지니는 것은 주님이 가르치신 하나님 나라가 세상적인 나라가 아니라 영적인 나라이기 때문이다. 영적인 나라는 세상적인 힘으로 세워지는 것이 아니라 성령의 권능을 통해서 세워져가는 것이다.

---

[62] Dick, *Lectures on Some Passages of the Acts of the Apostles*, 10.

제자들의 관심과 메시야관

예수를 믿은 사람들이 가장 관심을 가져야 할 것이 바로 하나님 나라와 성령이다. 주님이 제자들에게 승천하시기 전 이 둘을 강조하신 것도 그런 이유에서이다. 주님은 자신이 세우실 새로운 종교가 이 땅에서 미신이나 철학이나 정권의 힘이나 타락한 영혼의 야심에 의해 그 길이 만들어질 수 없음을 분명히 하셨다.[63]

하지만 제자들의 관심은 달랐다. 사도들은 그리스도가 세우실 그 나라의 본질과 특성에 대해 여전히 무지했다.[64] 그들은 여전히 그 나라가 외형적 모습을 지닌 세상나라라고 생각했다. 제자들의 관심은 영적인 나라 '하나님 나라'가 아니라 세상적인 나라 곧 '이스라엘의 회복'이었고, 권세 역시 주님이 주실 성령의 권능이 아니라 세상적인 권세였다.[65] 그것은 주님 앞에 제자들이 던진 '주께서 이스라엘 나라를 회복하심이 이 때니이까?'(1:6)라는 질문에 그대로 함축되어 있다.

시간을 말할 때 우리는 한 단어 한 의미를 갖고 있지만, 당시 유대인들과 헬라인들에게 시간이라는 말이 크로노스(χρόνος, chrónos)와 카이로스(καιρός, kairos) 둘로 대별되었다. 전자는 기계적인 시간을, 후자는 질적인 시간을 말한다. 여기 '이 때냐'고 물었을 때 그들이 사용한 단어는

---

[63] Dick, *Lectures on Some Passages of the Acts of the Apostles*, 41. "성령께서 사도들의 마음에 오직 기적적인 방식으로 역사하셨으므로 새로운 종교는 지상에서 미신, 철학, 정권 그리고 영혼의 모든 타락한 열정에 의해 반대를 받음으로 이 땅에서는 발전할 수 없었다. 그러나 복음은 그분의 은혜 안에서 뿐만 아니라 그분의 은사 안에서, 또한 그분의 중생하심 안에서 뿐만 아니라 그분의 놀라운 덕성 안에서의 성령의 소관(the ministration of the Spirit)이다."

[64] Denton, *A Commentary on the Acts of the Apostles*. Vol. I., 13.

[65] Edward Bosworth, *New Studies in ACTS* (New York: Young Men's Christian Association, 1908), 7. "일반적으로 유대인들이 기대한 하나님 나라는 메시야가 이스라엘의 수도 예루살렘에서 통치하시는 나라로 모세의 율법에 따라 사는 경건한 유대인들로 구성된 정치적인 나라 그리고 지상의 다른 나라들이 복종해야 할 나라였다." 그러나 예수님은 그 나라가 정치적인 세상나라가 아닌 약속된 성령세례를 통해 도래할 영적인 새로운 왕국이라는 사실을 일깨워 주셨다. 제자들이 기대하는 왕국과 주님이 말씀하신 하나님 나라는 본질적으로 달랐다. 제자들은 새로운 제국에서 고위직으로 야심 찬 권력을 가지기를 오랫동안 고대했다. 마가복음 9:34과 10:35-37이 보여주듯 그것이 제자들이 고대했던 하나님 나라 개념이었다.

크로노스의 시간이다.⁶⁶ 그들이 눈에 보이는 이스라엘의 회복의 때를 염두에 두고 있음을 분명히 보여준다. "사도들은 이스라엘의 민족적 독립과 회복 가운데 실현된 하나님 나라를 보려는 소망에 대한 관심을 분명히 유지해왔다. 그들은 그러한 질서가 회복되면 일찍이 자신들이 권력의 자리를 차지할 것이라는 생각에 사로잡혔다(막 10:35 이하; 눅 22:24 이하). 그래서 그들은 주님께서 새 시대의 징표인 성령의 오심에 대해 말씀하시는 것을 듣고는 지금이 이스라엘의 주권을 회복할 때가 도래했는지를 물었던 것이다."⁶⁷ 이것은 예수님의 제자들이 당시의 전형적인 유대인들의 하나님 나라 관(觀)을 가지고 있었음을 보여준다.

주님이 영적인 일, 곧 하나님 나라의 일과 장차 임할 아버지의 약속 성령에 대해 말씀하시는데도 제자들은 세상적인 개념으로 그것을 받아들였다.⁶⁸ 그들의 질문에 담겨진 동사, 명사, 부사 모두 하나님 나라에 대한 교리를 혼동하고 있음을 보여준다. 존 스타트가 지적한 것처럼, '이스라엘'이라는 명사는 그들이 하나의 민족적 나라를 기대하고 있었음을, '회복하다'는 동사는 그들이 정치적인 영토를 지닌 나라를 기대하고 있었음을, '이 때'라는 부사구는 그 나라가 즉각적으로 설립될 것을 기대하고 있었음을 말해준다.⁶⁹

아마도 제자들은 주전 2세기 마카비에 의해 잠시 건국된 유대공동체를 염두에 두었을 것이다. 칼빈의 말대로 "이 제자들의 질문에는 단어마다 많은 잘못이 있었다.… 그들은 자신들의 스승 예수 그리스도로부터 전해

---

⁶⁶ 주님은 분명히 영적 나라를 말씀하셨는데도 제자들은 그 나라가 주님이 임금이 되어 다스릴 세상나라로 인식했다. 그들은 그 나라가 시공 속에서 임할 것이라고 믿고 그 '때'를 간절히 사모했다. 그것은 그들이 사용한 '때'가 크로노스(χρόνῳ)라는 사실에서 확인할 수 있다. 주님이 공생애 동안 그토록 말씀하셨고 부활하신 후 40일 동안 계속해서 하나님 나라와 성령을 가르치셨는데도 불구하고 주님이 승천하시기 직전까지도 제자들은 세상적인 메시야 왕국을 고대한 것이다.

⁶⁷ Bruce, *The Book of ACTS*, 35.

⁶⁸ Chrysostom, *The Homilies on The ACTS of The Apostles*, 13. 제자들의 이 질문 속에는 그들이 '회복하실 때'를 간절히 기다렸음을 보여준다. 하지만 제자들은 주님이 성령에 대해 말씀하셨는데도 성령에 대해서는 아무 것도 물어보지 않고 이스라엘 나라를 회복하실 그 때에 대해서만 물은 것이다. 그들의 질문이 주님이 기대하시는 방향과 완전히 다른 것을 알 수 있다.

⁶⁹ 존 스타트, *사도행전 강해* (서울: IVP, 1999), 39.

들었지만 선지자들이 다윗의 왕국의 회복에 관해 예언한 것에 대해 의심할 바 없이 무지했다."[70]

주님의 승천을 앞두고 있는 너무도 중요한 지상에서의 사역 마지막 시점인데도 제자들의 모습은 주님의 기대와 너무도 거리가 멀었다. 제자들은 하나님 나라와 이스라엘 나라를 혼동하고 있었다. 그들은 주님을 아직도 정치적인 메시야로 이해하였다. 그래서 주님이 로마의 정치적인 지배와 압박에서 이스라엘을 해방시켜 이스라엘 나라를 재건할 것을 기대하였고 또 믿었다. 부활하신 주님을 직접 목도하였음에도 제자들은 세상적인 관심과 세상적인 욕심을 버리지 못했다.

제자들은 주님께서 이 세상에서 공생애를 사실 때에도 늘 영적인 것보다 물질적인 것에, 하나님의 나라보다 세상나라에 더 많은 관심을 가지고 있었다. 그것은 '이스라엘 나라를 회복하심이 이 때니이까?'(1:6)라는 그들의 질문에 그대로 드러났다.

칼빈이 지적한 대로 "그들은 3년의 세월에 걸쳐 부지런히 가르침을 받았으면서도 마치 그들은 한마디도 듣지 못한 것처럼 무지를 드러냈으니 그들의 어리석음이 얼마나 놀랄만한가. 이 질문에는 말의 수효만큼이나 많은 과오가 들어있다. 그들은 왕국에 관해서 묻고 있지만, 그들은 부와 사치와 외부적 평화 그리고 훌륭한 물건들로 넘쳐나는 지상의 왕국을 꿈꾸었다. 그리고 그들이 현재를 왕국을 회복할 시기로 정할 경우에 그들은 싸우지 않고도 승리를 열망하게 된다. 그들이 임명받은 일에 손도 대기 전에 일의 대가를 바라는 것과 같다. 또한 그들은 해외로, 심지어 땅 끝까지 확산되지 않으면 안 될 그리스도의 왕국을 세속적 이스라엘에 한정시킴으로써 대단한 과오를 범하고 말았다."[71]

주님은 그런 제자들의 잘못된 인식을 곧 바르게 잡아 주셨다. '이르시되 때와 시기는 아버지께서 자기의 권한에 두셨으니 너희가 알 바 아니요

---

[70] John Calvin, *Commentary upon the Acts of the Apostles* Vol.1 (Edinburgh: Calvin Translation Society, 1844), 43.

[71] Calvin, *Commentary upon the Acts of the Apostles* Vol.1, 43.

오직 성령이 너희에게 임하시면 너희가 권능을 받고 예루살렘과 온 유대와 사마리아와 땅 끝까지 이르러 내 증인이 되리라 하시니라'(1:7-8). 여기서 주님이 가르치시는 핵심 내용은 두말할 필요 없이 성령이시다.[72]

'성령이 너희에게 임하시면 너희가 권능을 받고'(1:8)라는 말 속에는 두 가지 사실이 함축되어 있다. 하나는 그들이 권능을 받아야 한다는 사실이고 다른 하나는 그 권능의 유일한 원천은 성령이라는 사실이다.[73] 권능을 받기 위해서는 이스라엘 백성들이나 이방인들이나 모두 성령을 받아야 하는 것이다.

정치적 나라를 기대하고 있던 그들에게 그 나라가 영토적인 개념이 아니라 성령을 통해 임하는 영적인 나라인 것을 분명히 한 것이다.[74] 주님은 이스라엘을 회복하시게 될 때에 대하여 관심이 있는 제자들에게 그것은 아버지의 고유한 권한임을 일깨워주었다. '때와 시기는 아버지께서 자기의 권한에 두셨으니 너희가 알 바 아니요'(1:7)라는 말씀은 때와 시기의 문제는 제자들이 알 바가 아니라고 분명하게 선을 그으신 것이다.[75] 그들이 해야 할 일차적인 사명은 결코 '때와 시기'의 문제가 아니라 그 때를 준비하는 일이다.

하나님 나라를 회복하실 '때와 시기'는 인간의 영역이 아니라 '아버지의 고유 권한'이다. 다니엘이 증언한 대로 그분은 '때와 계절을 바꾸시며 왕들을 폐하시고 왕들을 세우시며 지혜자에게 지혜를 주시고 총명한 자에게 지식을 주시는'(단 2:21) 주권적인 분이시다.[76]

---

[72] Dick, *Lectures on Some Passages of the Acts of the Apostles*, 12.
[73] Baumgarten, *The Acts of the Apostles*, 20.
[74] 제자들은 아버지의 약속이라는 사실, 때와 기한이 자신들의 영역이 아닌 아버지의 권한이라는 주님의 말씀을 통해 성령에 대한 약속이 무언가 이스라엘의 회복과 구별된다는 사실을 인지하기 시작한 것이다. 성령에 대한 약속은 '몇 날이 못되어' 이루어질 약속이고 이스라엘의 회복은 장래에 이루어질 것으로 구분하신 것이다. Baumgarten, *The Acts of the Apostles*, 20; Bosworth, *New Studies in ACTS*, 7.
[75] Lyman Abbott, *An Illustrated Commentary on the Acts of the Apostles* (New York: A.S. Barnes, 1878), 30. 예수님이 제자들에게 하신 말씀과 맥을 같이한다(마 24:46, 42).
[76] Melancthon W. Jacobus, *Notes, Critical and Explanatory, on the Acts of the Apostles* (New York: Robert Carter & Brothers, 1859), 31.

여기 1장 7절의 '때'와 '시기'는 헬라어로 크로노스(χρόνους, the times)와 카이로스(καιροὺς, seasons)다.[77] 주님은 '때와 시기는 너희의 알 바 아니요 아버지의 권한에 두셨다'(1:7)고 하심으로 기계적인 세상적인 시간과 이 세상의 시간의 흐름 곧 기계적인 시간 이면에 존재하는 질적인 시간 모두 아버지의 영역이라는 사실, 따라서 그가 눈에 보이는 역사(visible history)와 눈에 보이지 않는 역사(invisible history) 두 가지 모두를 주관하시는 분임을 분명히 한 것이다.

복음의 세계성: 지역과 민족을 초월한 영적인 나라

주님은 제자들에게 세상나라보다 영적인 하나님 나라에 관심을 가질 것을 촉구하셨다. 주님은 세상적인 나라에 대한 관심, 그것도 아버지의 영역에 속한 '때와 시기'에 집중하고 있는 제자들에게 하나님 나라에 대한 관심이 일차적이어야 할 것을 일깨우신 것이다.[78] 주님은 하나님 나라가 성령에 의해 하나님의 백성들 가운데 구현되는, 곧 정치적인 세상나라가 아니라 영적인 나라, 성령에 의해 실현되어 가고 이루어져 가는 나라인 것을 분명히 하신 것이다.

그 나라는 지역과 민족을 초월한다는 사실을 분명히 하셨다. 사도행전 1장 8절에서 '땅 끝까지 이르러' 그리고 마태복음 2장 20절에서 '세상 끝날까지' 모두 하나님 나라와 복음과 교회의 세계성을 말해준다. 주님이 말씀하신 하나님 나라는 지역적으로도 결코 이스라엘에 국한된 나라가 아니었다. 주님은 제자들이 가지고 있는 협소한 민족주의적 개념을 일소하셨다. 그가 세우실 나라는 결코 유대민족들이 꿈꾸는 주전 2세기 마카비가 이스라엘을 독립시켜 잠시 세운 그런 민족공동체가 아니었다. 따라서 구성원이 결코 유대인들로만 국한되지 않았다.

결코 복음이 유대민족들에게만 국한되지 않았으며 사도행전이 보여주

---

[77] Cook, *The Acts of the Apostles*, 4.

[78] Carolus Maria DuVeil and F. A Cox. *A Commentary on the Acts of the Apostles* (London: J. Haddon, 1851), 8.

듯 신앙의 사람들은 인종, 국가, 성, 신분을 초월하여 국제적인 공동체를 이루었다. 성령을 통한 이와 같은 하나님 나라의 세계성을 가장 분명하게 보여주는 것이 사도행전 1장 8절이다. 주께서 복음이 성령의 권능을 받은 증인들에 의해서 예루살렘(1-7장)에서 온 유대와 사마리아, 가이사랴, 안디옥(8-12장) 그리고 더 나아가 이방세계와 땅 끝(13-28장)으로 확산되어 나갈 것을 약속하셨다는 점에서 사도행전 1장 8절은 사도행전 전체를 이해하는 중심 구절이다. 복음이 지역과 민족을 초월한다는 사실을 분명히 보여준다.

지리적인 제약을 넘는 원동력은 성령의 능력을 힘입는 데 있다. 제자들이 성령의 권능을 받았을 때 세상적인 관심에서 영적인 하나님 나라에 대한 관심으로, 예루살렘과 이스라엘 민족에 국한된 민족주의 시각에서 예루살렘과 유다와 사마리아를 넘어 땅 끝을 바라보는 시각으로 바뀌었다.

할례자의 사도 베드로가 유대민족뿐만 아니라 이방인들에게도 복음을 전했고, 또 이방인의 사도 바울은 이방인에게만 복음을 전하지 않았다. 바울은 자기 동족에게 복음을 증거하는 것이 설령 자기가 '저주를 받아 그리스도에게서 끊어질지라도 원하는 바'(롬 9:3)라고 고백하였다. 그리고 어디를 가든지 유대인들이 모이는 회당을 복음의 접촉점으로 삼았다. 또 예루살렘교회 일곱 사람 중 빌립도 유대인들로부터 버림받은 사마리아에서 복음을 전했고, 에디오피아 여왕 간다게의 내시에게 복음을 전하였다. 이 모든 것은 오순절 성령강림 이후에 나타난 사건들이었다. 그것은 바로 성령이 임하셔서 그 권능을 받았을 때 관심사가 달라지고 지역과 민족을 초월할 수 있었다. 사도행전은 바로 이런 역사들로 가득한 책이다.

사도행전 1장 8절에 담겨진 네 가지 약속

1장 8절이 주님의 지상명령이라고 할 때 여기에는 다음 몇 가지 약속이 함축되었다.

첫째, 성령의 임재를 통한 '내 증인' 곧 그리스도의 증인의 약속이다.[79] 이사야가 증언하듯이 하나님께서는 이스라엘을 가리켜 '너희는 나의 증인'(사 43:10, 12; 44:8)이라 하셨다. 예수께서는 그의 제자들을 가리켜 '너희는 내 증인'이라 하였는데, 이 말들은 서로 밀접한 연관성을 지닌다.[80] 주님의 약속은 제자들의 야망이었던 정치적인 권세 대신 더욱 위대하고 고귀한 권세를 사모하도록 강하게 도전했다.

주님이 부탁하신 '모든 민족을 제자로 삼는' 일은 성령충만을 받은 증인들을 통해서 이루어지는 것이다. 증인과 성령은 필수적인 연계성이 있다. 그것은 성령이 임하면 권능을 받고 증인이 되기 때문이다. '예루살렘과 온 유대와 사마리아와 땅 끝까지'의 복음의 증거는 성령의 권능을 받은 증인들을 통해서만 가능하다. 이것은 성령이 임할 때 얻는 권능의 목적이 증인이 되는데 있음을 보여준다. 다시 말해 성령이 임하시면 권능을 받고 '내 증인' 곧 그리스도의 증인이 된다.

권능의 목적은 우리를 위한 것이라기보다는 좀 더 높은 사명을 위한 것이다. '내 증인이 되리라'에서 '내'라는 단어가 원문에는 상당히 강조되고 있다. 성령의 능력을 주시는 목적은 방언, 예언, 은사가 아니라 그리스도의 증인이 되게 하려는 데 그 목적이 있다. 고린도전서 12장에 나오는 수많은 성령의 은사들은 단지 우리가 증인이 될 수 있는 수단에 불과하다. 심지어 성령의 이적과 기사도 그리스도를 증거하기 위한 수단이다.[81]

둘째, 성령의 임재를 통한 권능의 약속이다. 여기 '권능'은 물론 성령의

---

[79] Abbott, *An Illustrated Commentary on the Acts of the Apostle*, 48. 실제로 오순절 성령강림을 통해 제자들은 주님의 증인으로 거듭났다.

[80] Bruce, *The Book of ACTS*, 36. "구약의 한 선지자[이사야]는 이스라엘을 가리켜 세상에서의 하나님의 증인이라고 일컬었다(사 43:10; 44:8). 이스라엘이 민족으로서 다 성취하지 못한 일을 하나님의 완전하신 종으로서 예수께서 떠맡은 후 이제 그 임무는 그에 의해 제자들에게 다시금 맡겨졌다.… 만일 우리가 사도행전 13:47에서 바울이 인용한 이사야 49:6에 함축된 의미를 상고한다면 그 관계를 더욱 잘 이해할 수 있게 될 것이다. … 복음의 사역자들을 가리켜 하나님의 구원을 '땅 끝까지' 증언하는 이방의 빛이라 묘사하고 있다. 여기서 '땅 끝까지'라는 말은 사도의 증거의 한계 구역이 그야말로 그것에 조금도 모자람이 없는 말 그대로 '땅 끝까지'라는 것이다."

[81] 주님께서 수많은 기적을 행하신 목적은 하나님의 아들이심을 증거하기 위한, 다시 말해 자신이 구약에 예언된 메시야이심을 증거하는 데 있다. 이 사실은 요한복음에 아주 잘 나타나 있다.

임하심으로 받는 권능을 의미한다.[82] 주님께서는 위로부터 능력을 입히울 때까지 예루살렘을 떠나지 말라고 제자들에게 명하셨다. 그리스도의 증인은 성령의 권능을 받을 때 가능하기 때문이다.[83] 주님의 부탁대로 제자들은 예루살렘을 떠나지 않았고, '성령이 임하시면 권능을 받고'라고 하신 약속대로 제자들은 위로부터 오는 놀라운 권능을 받았다. 귀신을 쫓아내고 못 걷는 사람을 일으키며 심지어 죽은 자를 다시 살리는 주님이 행하셨던 그 놀라운 기적을 행하는 주인공이 되었다. 성령의 권능이 그런 변화를 가져다 준 것이다.

브루스의 말대로 주님께서 시작하신 위대한 사역을 제자들이 계승하여 감당하기 위해서는 위로부터 능력을 받아야 했다. "예수 자신이 세례 받으실 때 성령과 능력으로 기름부음을 받으셨던 것처럼 이제 그를 따르는 자들도 마찬가지로 성령으로 기름부음을 받고 그분의 사역(His work)을 수행할 수 있도록 능력을 받아야 했다. 이 사역은 곧 증인의 사역으로, 사도행전 전체를 관통하는 사도들의 복음전파에 있어서 가장 두드러진 중심 주제이다."[84]

제자들에게도 증인이 되기 위해서는 반드시 성령의 능력이 필요하다. 주님이 부활하신 후 제자들과 그를 따르는 이들은 부활하신 주님을 친히 목격한 이들이었다. 그렇지만 곧바로 증인으로 바뀌지 않았다. 여기서 우리는 역사적으로 실재하셨던 주님, 부활하신 주님을 목격하였다고 해서 그를 메시야로 믿는 것을 의미하는 것도, 자동적으로 증인이 되는 것도 아니라는 사실을 발견한다. 약속하신 '내 증인' 곧 그리스도의 증인으로 온전히 거듭나는 것은 결코 나의 힘으로 되는 것이 아니라 그분의 '영' 성령의 권능을 받을 때 가능한 것이다.

셋째, 성령의 임재를 통한 복음의 세계성의 약속이다.[85] 우리가 주목하

---

[82] Cook, *The Acts of the Apostles*, 5.
[83] Cook, *The Acts of the Apostles*, 5.
[84] Bruce, *The Book of ACTS*, 39. 행 2:32; 3:15; 5:32; 10:39; 13:31; 22:15.
[85] August Hahn and John J. Owen, *The Acts of the Apostles: According to the Text of Augustus Hahn; with Notes and a Lexicon: For the Use of Schools, Colleges, and*

는 것은 '예루살렘-유대-사마리아-땅 끝'이라는 복음의 확장 순서이다.[86] 하우슨과 스펜스가 표현한 대로 "예루살렘은 단지 기독교의 요람이었다. [처음부터] 전 세계가 사도들의 교구가 되도록 설계되었다."[87] 예루살렘과 땅 끝 사이에 반드시 넘어야 할 지역, 품어야 할 지역이 예루살렘, 유대, 사마리아이다. 성령의 부으심에 대한 약속의 출발점(the starting point)은 예루살렘이다. 예루살렘은 성령을 받아야 할 장소일 뿐만 아니라 성령의 역사가 임하는 첫 지점(the first point)이다. 이어질 장소는 유대 백성들의 땅 유대이고 그 다음이 이스라엘과 이방인 사이를 연결하는 사마리아이다.[88]

이들 지역 하나하나가 품기에는 너무도 부담스러운 장소였다. 자신들의 생명을 노리고 있는 적들로 가득 찬 도성 예루살렘, 예수를 메시야로 받아들일 준비가 전혀 되어 있지 않은 유대 그리고 도저히 상종할 수 없는 데다 그리스도를 받아들이기를 거부하는 "사마리아 역시 그들이 거두어 들여야 할 곳으로 증언하신다."[89] 가고 싶지 않은 곳을 가야하고, 품고 싶지 않은 민족을 품어야 하는 것은 보통 부담이 아니다.

칼빈이 지적한 대로 "유대인과 사마리아인을 분리시키고 있는 수렁이 얼마나 큰가는 잘 알려진 일이다(요 4:9). 그리스도께서는 그 분리의 장벽이 무너지고 그들이 그 둘을 한 몸으로 만들어서(엡 2:14) 그의 왕국이 도처에 세워지도록 명령하신다. 제자들이 경험한 가장 악의에 찬 적들이 가득

Theological Seminaries (New York: Leavitt &Co., 1850), 93. 당시 팔레스타인은 유대, 사마리아, 갈릴리로 나뉘었고, 이들 지역을 넘어서는 것은 곧 팔레스타인을 넘어서는 것이다.

[86] Cook, The Acts of the Apostles, 5. 복음이 성령을 받은 사도들에 의해 시작되고 진행되고 그리고 궁극적으로 확장될 것을 보여준다. 사도행전에서 우리는 그 명령이 얼마나 멀리까지 사도들에 의해 성취되었는가를 읽을 수 있다. 교회사는 그 계승자들에 의한 그 사역의 연속이라고 설명할 수 있다. 사도들은 주님의 말씀을 들을 당시에는 그들에게 위임하신 범위를 충분히 이해하지 못했다. 그러나 오순절 성령강림 이후 그들은 복음을 자신의 동료만 아니라 유대와 이방 나라에까지 전파해야 한다는 사실을 점점 더 깨닫기 시작했다. 사도행전 1장 8절은 그리스도의 왕국의 우주성을 말씀하신 것이다.

[87] Howson and Spence-Jones, The Acts of the Apostles, xii.
[88] Baumgarten, The Acts of the Apostles, 23.
[89] 칼빈, 사도행전 I, 44.

한 예루살렘, 유대의 지명을 주께서 말씀하심으로써 그들에게 상당한 고난과 어려움이 그들을 기다리고 있다는 것을 알려 주신다."[90]

땅 끝은 더더욱 품기 힘든 곳이다. 여기 땅 끝(the uttermost part of the earth, ἐσχάτου τῆς γῆς, 1:8)의 '끝'을 가리키는 에스카투(ἐσχάτου, the uttermost)는 신약성경에 다섯 번 등장하는데 지리적 개념과 시간적 개념에 적용되며 모두 극점을 말할 때 사용되었다. 사도행전 1장 8절과 13장 47절에 사용될 때는 지리적 개념으로 지구의 맨 끝을 말하고, 히브리서 1장 2절과 베드로전서 1장 20절, 유다서 1장 18절에는 이 세상의 종말을 가리킬 때 사용되었다. 팔레스타인을 넘어 지리적으로 더 나가는 것은 유대민족을 넘어 헬라인, 로마인, 세계인들에게로 나가는 것을 의미한다. 자연히 로마제국이라는 통치권의 지배 속에서 그들의 법과 문화와 언어와 환경을 극복해야 했다. 이것은 위로부터 임하시는 성령의 권능을 받지 않고 그들 자신의 힘만으로는 불가능한 일이다.

넷째, 성령의 임재를 통한 변화의 약속이다. 1장 8절에는 그런 내용이 직접 명시되어 있지 않았다. 하지만 이것은 6절과 연계시켜 7-8절을 풀어가면 분명하게 드러나는 약속이다. 세상나라 출세에 온통 관심이 있는 사람이 영적인 하나님 나라의 증인으로 바뀌는 것은 성령을 받을 때 가능하다. 인간을 궁극적으로 바꿀 수 있는 분은 성령 하나님이시다. 성령을 통하지 않고는 근본적으로 변할 수 없다. 성령은 제자들을 과거와 비교할 수 없는 헌신적인 인물들로 변화시켜 주셨다.[91]

---

[90] 칼빈, 사도행전 I, 44.
[91] 성령의 임재를 경험했을 때 비로소 제자들은 주님이 기대하시는 제자들로 변화되어 증인의 사명을 감당할 수 있었다. 주님은 자신이 제자들을 떠나는 것이 유익이라고 말씀하셨다. 처음에 그 의미를 이해하지 못했던 제자들은 오순절 성령강림을 체험한 후 주님이 하신 말씀을 깊이 깨닫게 되었다. 구약의 모든 예언들, 진리에 대한 분별, 기적과 이적, 담대한 용기와 지혜, 박해 속에서도 굴하지 않는 용기와 담력 모두가 주님의 승천과 오순절 성령강림을 경험한 이후에 제자들에게 나타난 두드러진 현상들이다. 주님이 참으로 메시야이며, 그분이 여전히 제자들과 동행하시며, 제자들을 통해 복음의 확장을 이루어 가신다는 사실을 보여준다. 그런 의미에서 성령강림 사건은 제자들을 위한 축복이고, 하나님의 교회를 세우는 근본 토대이며, 하나님의 백성들이 이 세상에서 승리할 수 있는 길을 여신 사건이다.

역사적 예수를 경험하고 주님의 부활하심을 목도하고 심지어 그로부터 하나님 나라의 일을 들었다고 할지라도 그것만으로는 부족하다. 이것은 곧 오늘날 우리들 역시 성령의 능력을 힘입어야 한다는 사실을 말씀해 준다. 여기서 우리는 다시 한 번 교회의 역할이 무엇인가를 발견할 수 있다. 교회는 인간들의 단순한 집단이나 모임이 아니다.

교회는 성령의 인도하심과 역사하심이 충만할 때 비로소 교회의 모습을 갖출 수 있다. 오순절 성령강림을 경험하고 나서 사도들은 과거 자신의 이성과 판단으로 행동하던 습관을 버리고 성령의 음성에 귀를 기울이기 시작했다. 제자들은 오순절 성령강림 이후 오랜 어부생활에서 온 자신들의 경험, 오랜 연륜에서 온 인간적인 전통 그리고 때로는 자신의 생명을 사랑하고 고난을 피하려는 인간의 본능을 넘어 성령의 주권적인 역사와 인도를 받는 존재로 변화되었다. 제자들은 전에는 자기 힘과 의지로 무엇을 하려고 했으나 아무것도 이룰 수 없었다.

그러나 오순절 성령강림을 통해 성령의 임재를 경험한 후 성령께서 그들의 전 인격과 사역을 지배하셨다. 바울의 고백을 빌린다면 '이제는 내가 사는 것이 아니요 오직 내 안에 그리스도께서 사시는'(갈 2:20) 삶이 시작된 것이다. 오순절 사건 이후 제자들이 비로소 제자로서의 사명을 감당하기 시작했다. 그런 의미에서 제자들이 아버지의 약속하신 성령을 기다리는 것은 절대적으로 필요했다.

3. 예수님의 승천과 재림 약속(1:9-11)

중요한 사실을 제자들에게 일깨우신 주님은 이제 그 제자들이 보는 가운데 승천하셨다. 사도행전 1장 9-11절까지에는 주님의 승천하시는 모습이 아주 생생하게 그려져 있다.

⁹ 이 말씀을 마치시고 그들이 보는데 올려져 가시니 구름이 그를 가

리어 보이지 않게 하더라 ¹⁰ 올라가실 때에 제자들이 자세히 하늘을 쳐다보고 있는데 흰 옷 입은 두 사람이 그들 곁에 서서 ¹¹ 이르되 갈릴리 사람들아 어찌하여 서서 하늘을 쳐다보느냐 너희 가운데서 하늘로 올려지신 이 예수는 하늘로 가심을 본 그대로 오시리라 하였느니라.

누가복음과 사도행전은 역사적 연속성을 지닌다. 두 성경을 이어주는 것이 예수님의 승천 사건이다(눅 24:51).[92] 완전한 인간이신 주님이 영광스러운 몸으로 승천하신 사건은 우리에게는 기쁨의 원인이 아닐 수 없다.[93] 예수 그리스도의 승천이 일어난 때는 A.D. 30년 5월 18일이고,[94] 승천하신 곳은 감람산이었다.[95] 이것은 '제자들이 감람원이라 하는 산으로부터 예루살렘에 돌아'왔다는 12절의 말씀에 충분히 암시되어 있다.

감람원은 예루살렘에서 1.2km 떨어진 곳으로 걸어서 쉽게 갈 수 있는 곳이다. 감람원은 누가복음 19장 29절, 21장 37절에 언급된 감람산(the Mount of Olives)을 말한다. 감람산이라 이름을 붙인 것은 그곳에 감람나무가 많이 있기 때문이다. 감람이란 올리브를 말하는데, 올리브는 옛날부터 축복과 번영과 능력의 상징이었다. 감람산은 예루살렘 동남 편에 길게 뻗어 있고, 베다니가 그 남쪽에 있다. 성전 바로 맞은편 쪽에 겟세마네 동산이 있고, 성전과 겟세마네 동산 중간에 여호사밧 골짜기가 있으며, 거기 기드론 시내가 흐르고 있다(요 18:1). 이곳은 우리 주님께서 쉬며 기도하셨던 장소였다.

오늘날 감람산의 정상에는 예수께서 승천하신 장소라는 전설을 따라

---

[92] Abbott, *An Illustrated Commentary on the Acts of the Apostle*, 20.

[93] Denton, *A Commentary on the Acts of the Apostles*. Vol. I., 11.

[94] Denton, *A Commentary on the Acts of the Apostles*. Vol. I., cvii-cviii. 승천하신 연도는 학자들에 따라 27년부터 35년까지 다양하다. 제롬은 29년, 벵겔(Bengel), 그레스웰(Greswell), 알포드(Alford), 워즈워즈(Wordsworth), 볼링커(Bollinger), 바이셀러(Weiseler)는 30년, 버톤(Burton)은 31년 그리고 카펠루스(Cappellus)는 32년을 지지한다. 유세비우스(Eusebius)와 많은 학자들은 33년을, 아메롯(Amelote)은 34년을 그리고 슈레이더(Schrader)는 35년을 지지한다.

[95] Denton, *A Commentary on the Acts of the Apostles*. Vol. I., 23.

'승천교회'가 서 있다. 감람산은 메시야의 강림과 밀접히 연관되어 있는 곳이다.[96]

예수 그리스도 승천의 의미

사도행전 1장 9절은 주님의 승천이 시공 속에서 일어난 역사적 사건이었음을 보여준다. 승천기사는 복음서에도 간략하게 언급되었지만,[97] 사도행전에서 보다 구체적으로 나타난다. 사도행전에 나타난 주님의 승천에 대한 기사는 교회사적으로 세 가지 면에서 중요한 의미를 지니고 있다.

첫째, 예수님의 지상 사역의 종말을 알리는 동시에 성령강림으로 시작될 교회의 시작을 알리는 신호다. 주님의 승천으로 탄생, 사생애, 공생애, 십자가, 부활, 승천으로 이어진 주님의 전 지상 사역이 끝났음을 의미한다. 그러나 그의 승천으로 새로운 역사가 시작되었다.[98]

둘째, 승천하시면서 천사들을 통해 주님이 다시 오실 것을 약속하셨다. 주님은 제자들이 본 그대로 다시 오실 것이다. 여기 '그대로'(1:11)라는 말은 부활하셔서 영광스러운 몸을 가지신 주님이 많은 사람들이 볼 수 있도록 가시적으로 영광스럽게 다시 오신다는 의미이다. 누가복음에 기록된 '인자가 구름을 타고 능력과 큰 영광으로 오는 것을 보리라'(눅 21:27)는 누가의 재림 기사는 사도행전의 기록과 정확히 일치한다.[99]

재림에 대한 약속은 제자들을 역동적으로 만들어 주었다. 하늘을 바라보는 제자들에게 땅을 바라보게 만들었다. 주님의 재림을 준비하고 앞당

---

[96] 수 14:3, 겔 11:23, 슥 14:4.

[97] 막 16:9; 눅 24:15.

[98] Cook, *The Acts of the Apostles*, 12. 쿡은 승천에 담겨진 의미를 다음과 같이 해석한다. (1) 성육신하신 성자 하나님의 사역의 완성과 봉인, (2) 그의 인성의 영화, (3) 영광스러운 신성의 회복, (4) 하늘나라에서의 하나님-인간의 취임과 왕좌. 그리스도는 승천하셔서 하나님의 오른편에 앉아계신다.

[99] Cook, *The Acts of the Apostles*, 5. 구름은 거룩한 신적 임재의 상징으로 구약의 쉐키나(Shechinah)와 같다. 그리스도가 영광 가운데 승리의 주, 만왕의 왕으로 재림하실 것을 보여주며, 그 재림은 가시적이 될 것이다. 이 구름은 에녹, 모세, 엘리야 모두 영광스러운 신적 임재와 연관이 있다.

기는 것은 증인의 삶을 통해서였다. 주님이 다시 오시기 때문에 주님의 명령을 좇아 복음전파의 사명을 최선을 다해 감당하는 것이다. 기독교 역사 속에서 재림의 신앙이 꽃피우는 곳마다 해외선교가 활발하게 일어난 것도 그 때문이다.

비평가들은 사도행전에 나타난 승천 기사가 여러 가지 면에서 모순이라고 말한다. 비평가 하르낙은 "승천 이야기는 역사가에게 전혀 쓸모없다"고 주장한다.[100] 그러나 누가의 사도행전의 기록은 그 모든 의심을 일소시킨다. 누가는 주님의 승천이 시공 속에서 일어난 분명한 사건임을 너무도 구체적으로 증거하고 있다. 주님의 승천을 목도한 여러 명의 증인들이 있었고, 감람산이라는 구체적인 승천 장소가 언급되어 있으며 그리고 심지어 흰옷 입은 두 천사가 그곳에 모인 이들에게 주님이 '하늘로 가심을 본 그대로'(1:11) 다시 오실 것을 말씀하셨다.[101]

여기 '흰옷 입은 두 사람'(1:10)은 물론 '하늘의 메신저' 천사들이다.[102] 주님은 승천하시면서 두 명의 천사를 보내셔서 그곳에 있는 이들에게 재림을 약속하시며 위로해주셨다.[103] 사건이 일어난 구체적인 장소, 많은 이들이 목도한 흰 옷 입은 두 천사 그리고 재림의 약속을 들은 수많은 증인들이 그 현장에 있었다.[104]

누가는 사건에 대한 시간과 공간과 내용을 마치 방금 우리 곁에서 일어난 사건처럼 생생하게 기술하고 있다. 누가는 '갈릴리 사람들'(1:11), '제자들'(1:10), '그들'(1:9-10)이라는 표현을 통해 한두 사람이 아니라 적어도 11명의 제자들이 주님의 승천을 목도했음을 증언한다.[105] 당시 이방인들

---

[100] Ludolf S. Harnack, *The Acts of the apostles*, 153-161.

[101] Arno Clemens Gaebelein, *The Annotated Bible; The Holy Scriptures Analysed and Annotated, The New Testament*. Vol. 1: *Gospels and the Book of Acts*. (New York: Our Hope, 1913), 21.

[102] Dick, *Lectures on Some Passages of the Acts of the Apostles*, 18. 존 딕은 시편 68편 17-18절을 인용하면서 주님이 지상에서 하늘로 승천하실 때 수천수만의 천사들이 수행했을 것이라고 말한다. 마태복음 28:3; 요한복음 20:12; 마가복음 16:5을 참고하라.

[103] Denton, *A Commentary on the Acts of the Apostles*. Vol. I., 19.

[104] Bruce, *The Book of ACTS*, 37-38.

은 그리스도인들을 갈릴리인들이라고 불렀다.[106] 그리고 '자세히 쳐다보고'(1:10), '서서 하늘을 쳐다보느냐'(1:11)라는 표현을 통해 환상이나 꿈에서 일어난 사건이 아니라는 사실을 분명히 하고 있다.[107]

게다가 감람산이라는 사건 발생 장소를 구체적으로 기술해 승천이 공간 속에서 일어난 사건임을 밝히고 있다. 주님이 활동하신 예루살렘 성, 십자가에 달리신 겟세마네 동산, 주님이 3일 동안 묻히셨던 아리마대 요셉의 무덤 그리고 주님이 승천하신 감람산은 모두 주님의 죽음과 부활과 승천과 관련된 실제적 장소로 그 모든 것이 역사적 사실임을 말해준다.

이렇게 해서 주님의 죽음과 부활과 승천이 증인들이 보는 가운데서 실제로 확인되었고, 또 동시에 주님이 다시 오실 것이 그의 승천을 본 사람들 가운데 약속되었다. 완전한 인간이요, 완전한 하나님이신 예수 그리스도, 승천하신 그 동일한 예수 그리스도가 재림하시는 것이다.[108] 기독교가 십자가의 종교요 부활의 종교요 재림의 종교인 이유가 바로 여기에 있다. 사도행전의 승천 사건에 기초하여 공교회는 주님의 재림이 구름타고, 가시적이고 육체적으로 시간과 공간 속에서 재림하실 것이라고 믿어왔다.[109]

셋째, 승천은 주님의 구속사역의 종식이 아니라 지상에서의 구속사역의 완성과 성취를 위한 과정일 뿐이다. 승천으로 주의 사역이 끝난 것이 아니다. 하늘로 올리어 가심으로 성령이 강림하셨고, 성령이 강림하심으로 제자들이 성령의 충만을 받고 역동적으로 복음의 증인이 되었다. 주님은 복음이 모든 나라에 전파되었을 때 재림하신다고 약속하셨다. 또한 예수 그리스도는 승천하셨지만 칼빈의 말대로 "그리스도는 말씀 안에서 또는 성례전 안에서 우리와 함께 현존하신다."[110]

---

[105] Abbott, *An Illustrated Commentary on the Acts of the Apostle*, 31.

[106] Cook, *The Acts of the Apostles*, 6.

[107] Chrysostom, *The Homilies on The ACTS of The Apostles*, 27. '구름이 그를 가리어'(1:9)는 주님이 하늘로 승천하셨다는 사실을 확실히 보여준다.

[108] Cook, *The Acts of the Apostles*, 6.

[109] Abbott, *An Illustrated Commentary on the Acts of the Apostle*, 30-31.

[110] 칼빈, *사도행전* I, 50.

교회사, 승천과 재림 사이 역사

승천과 재림 사이에 진행되는 성령을 통한 복음전파와 교회의 확장의 역사가 바로 교회사(church history)이며, 그 가운데 역사하신 하나님의 움직임을 체계적으로 정립한 것이 바로 역사신학(historical theology)이다. 따라서 교회사는 성령의 임재와 그 후에 진행되는 사도들과 제자들에 의한 복음의 확장과 더불어 각 지역에 세워진 교회의 역사를 생명력 있게 그려줘야 한다.

오늘날의 교회는 사도들이 범했던 오류들, 하나님 나라를 세상나라요 정치적인 나라로 이해하는 오류, 곧 존 스타트의 말을 빌린다면 이 땅에 유토피아를 건설하겠다고 꿈꾸는 정치꾼들의 오류를 극복해야 하고, 다른 한편으로 주님이 승천하는 하늘만을 바라본 사도들의 오류, 곧 하늘의 행복만을 꿈꾸는 경건파의 오류들을 극복해야 할 사명을 부여받았다. 첫 번째 오류가 기독교의 정치화를 통한 세속화의 오류라고 한다면, 두 번째 오류는 세상에서의 복음의 문화적, 사회적 책임을 간과하고 복음을 타세적으로 받아들이는 오류라고 할 수 있다.[111] 복음이 정치적 이데올로기로 흘러 세속화되어서도 안 되지만 세상과 하나님 나라를 지나치게 이원화시켜 현실과 동떨어진 생명력을 상실한 타세적인 복음을 설파해서도 안 된다. 그러기 위해서 성령을 받아야 한다.

브루스가 지적한 대로 "예수의 승천과 재림 사이에 간극이 존재하며, 그 간극에 성령의 임재가 그들의 부활하시고 영광을 받으시고 다시 오실 주님과 살아있는 연합 가운데 그의 백성을 유지시킨다."[112]

---

[111] 존 스타트, 사도행전 강해, 52.
[112] Bruce, *The Book of ACTS*, 41.

4. 마가 다락방에서 약속을 기다리는 120문도(1:12-26)

> ¹² 제자들이 감람원이라 하는 산으로부터 예루살렘에 돌아오니 이 산은 예루살렘에서 가까워 안식일에 가기 알맞은 길이라 ¹³ 들어가 그들이 유하는 다락방으로 올라가니 베드로, 요한, 야고보, 안드레와 빌립, 도마와 바돌로매, 마태와 및 알패오의 아들 야고보, 셀롯인 시몬, 야고보의 아들 유다가 다 거기 있어 ¹⁴ 여자들과 예수의 어머니 마리아와 예수의 아우들과 더불어 마음을 같이하여 오로지 기도에 힘쓰더라(1:12-14).

예수님이 승천하시고 오순절 성령강림이 있는 그 사이 10일 동안에 무엇이 있었는지를 위 본문이 설명한다. 주님이 승천하신 후 제자들은 감람산에서 예루살렘으로 돌아왔다.[113] 감람산은 앞서 살펴보았듯이 예루살렘에서 불과 1.2km의 거리, 안식일에 걸을 수 있는 거리였기 때문에 예루살렘까지 돌아오는 시간은 얼마 되지 않았을 것이다. 제자들이 예루살렘으로 돌아온 이유가 무엇인지 1장 13절 말씀이 암시해 주고 있다.

마가 다락방 모임의 역사적 의미

예루살렘을 떠나지 말고 아버지께서 약속하신 것을 기다리라는 주님의 명령에 순종하기 위해서였다. 13절의 '들어가 그들이 유하는 다락방으로 올라가니'라는 말씀은 제자들이 예루살렘에 돌아와서는 합심하여 기도하기 위해서 다락방에 모였다는 사실을 말한다. 그들이 유하는 다락

---

[113] Chrysostom, *The Homilies on The ACTS of The Apostles*, 36. 크리소스톰은 다락방으로 돌아온 날이 아마도 안식일이었을 것이라고 말한다. '안식일에 가기 알맞은 길'이라는 언급이 이를 암시해주는 것으로 해석한다.

방이라는 말은 '그들이 계속 체류하고 있었던 곳'[114]이라고 볼 수 있다.

이들이 모였던 이 다락이 주님께서 제자들과 함께 최후의 만찬을 잡수셨던 마가요한의 어머니 마리아의 집에 있는 다락방인지 아니면 어떤 다른 다락방인지 약간의 이견이 있으나 '마가의 다락방'을 가리킨다는 것이 일반적인 견해이다. 이곳은 예수님이 사랑하는 제자들과 유월절 음식을 잡수신 동일한 장소요(눅 24:33, 36; 요 20:19, 26), 주님이 부활하신 후 제자들을 찾아오셔서 부활의 몸을 보이셨던 바로 그 장소로 여겨진다.[115]

알패오의 아들 야고보, 시몬, 야고보의 아들 유다 등 11명의 사도들과 또 그 외 많은 제자들이 모였다. 누가는 '모인 무리의 수가 약 백이십 명'(1:15)이라고 증언한다.[116] 제자들이 예수님을 정치적 메시야로 이해했고 또 그가 이루실 왕국을 정치적 왕국으로 이해했던 것은 널리 알려진 일이다. 실제로 12제자 중에는 셀롯당인 '셀롯인 시몬'(1:13)도 있었다. 셀롯당은 이스라엘에서 4번째 큰 부류에 속했다. 예수님의 12제자 가운데 셀롯인 시몬은 가나나인 시몬(마 10:4; 막 3:18)을 의미한다.[117] "셀롯당은 A.D. 1세기경의 유대주의 독립운동의 전투적 당파로, A.D. 66년 로마에 대항하여 반란을 주도했던 자들이었다. 요세푸스는 셀롯당이 갈릴리인 유다가 유대로부터 조세를 받으려는 로마제국의 권리를 인정하기를 거부하면서 A.D. 6년에 일어난 초기 반란에서 유래했다고 보고, 그들의 정치 교리를 바리새파, 사두개파, 에센파의 철학에 더하여 유대인들 가운데 네 번째 철학으로 기술하였다."[118]

약속을 기다리는 이들의 모습을 통해 우리는 다음 몇 가지 교훈을 발견

---

[114] Chrysostom, *The Homilies on The ACTS of The Apostles*, 37. 그들 모두는 여전히 유대인들을 대단히 두려워했다.

[115] Bruce, *The Book of ACTS*, 40.

[116] 바울 사도는 그리스도의 부활을 목격한 이들이 오백여 명이라고 말한다. 그러나 이 중에서 마가의 다락방에 모여 주님께서 약속하신 보혜사를 기다린 이들은 단지 120명에 불과하다. 또 부활하신 주님을 목격하고 약속하신 성령을 기다린 120명들도 오순절 성령강림을 경험한 후에야 비로소 증인이 될 수 있었다.

[117] Bruce, *The Book of ACTS*, 40. Josephus, *Jewish War* ii. 8.1; *Antiquities* xviii. 1.1.

[118] Bruce, *The Book of ACTS*, 40-41.

할 수 있다.

약속 안에 하나 됨

첫째, 다양한 사람들이 하나 되었다.[119] 그곳에 모인 120명은 신분과 연령과 출신이 다 달랐지만 한마음이 되었다. 누가는 '더불어 마음을 같이하여 오로지 기도에 힘쓰더라'(1:14)고 말한다. 여기 '더불어 마음을 같이하여'는 헬라어로 호모쑤마돈(ὁμοθυμαδὸν, homothymadon)이다. 이 단어는 누가가 특별히 즐겨 사용하는 단어이다. 누가는 사도행전에서 이 단어를 열 번이나 반복해서 사용하였다. 일치된 기도(4:24)와 일치된 결정(15:25)을 묘사하는 데 이 말이 쓰여졌다. 그들 가운데 일치(unity, one accord)가 있었음을 증언한다.[120]

실제로 가룟 유다를 제외한 11명의 제자, 베드로, 요한, 야고보, 안드레와 빌립, 도마와 바돌로매, 마태와 및 알패오의 아들 야고보, 셀롯인 시몬, 야고보의 아들 유다가 다 함께 모였다. 이렇게 한 자리에 모인 것은 '아버지께서 약속하신 것'(1:4)을 기다리기 위해서였다.[121] 열심당 셀롯인 시몬도, 의심 많은 도마도, 주님을 세 번씩이나 배반했던 베드로도 다 함께 모여 주의 약속을 기다린 것이다.[122] 11명의 제자들 중에는 상대적으로 신

---

[119] Bosworth, *New Studies in ACTS*, 8.

[120] Abbott, *An Illustrated Commentary on the Acts of the Apostle*, 31.

[121] Charles R. Erdman, *The Acts* (Philadelphia: The Westminster Press, 1919), 23. 어드만은 제자들의 순서를 마가복음 3장 16-19절과 마찬가지로 세 그룹 (1) 베드로, 요한, 야고보, 안드레, (2) 빌립, 도마, 바돌로매, 마태, (3) 알패오의 아들 야고보, 열심당 시몬, 야고보의 아들 유다 등으로 대별했다.

[122] Eusebius, *Ecclesiastical History*, III.1. 또한 *The Acts of Thomas* 1.1.을 보라.<www.earlychristianwritings.com/text/actsthomas.html>(2020. 04. 07. 접속). 누가는 이들 11명의 제자들의 이름을 일일이 나열하면서 "베드로 요한 야고보 안드레" 순으로 기록했는데 이것은 누가복음 6장 14-6절에 사도들의 이름이 "시몬과 안드레 야고보와 요한"의 순서로 기록된 것과 차이가 있다. 누가는 마가의 다락방에 모인 제자들의 명단을 순서를 달리해서 기록함으로써 자연스럽게 제자들의 리더십의 변화를 전달하려고 했다. 가장 순위가 변동된 제자는 네 번째에서 두 번째로 높아진 사도요한과 여덟 번째에서 여섯 번째로 높아진 도마다. 같은 저자인 누가가 제자들의 순서를 달리한 것은 의미가 있다. 이 순서는 우연히 차이가 있는 것이 아니라 초대교회 리더십과 관련 있다는 것이 일반적인 견해이다. 그렇다면 베드로, 안드레, 야고보, 요한 순의 리더십이 베드

앙이 더 강한 제자도, 더 약한 제자도 있었을 것이고, 또 정치적인 메시야 왕국의 실현이 실패한 것으로 인해 크게 상심한 제자들도 있었을 것이다. 비록 출신과 배경과 관심사가 달랐지만 이들은 한 곳에 모여 주님의 약속을 기다렸다.

주의 제자들이나 주님을 핍박하고 박해했던 이들과 예수님의 형제 야고보처럼 주님의 공생애 동안에 주님을 이해하지 못했던 주님의 형제들 모두가 주안에서 하나 되어 주의 사역을 이루어 갔다는 사실을 간과해서는 안 된다. 이들은 타인의 실수와 잘못을 견책하며 책임 추궁을 했을 만도 한데, 모두 하나가 되어 주의 사역을 이루어 갔다. 그곳에 모인 사람들은 배경이 다르고 관심사도 달랐지만 모인 장소가 하나요, 목적도 하나였다. 오늘날 출신도, 배경도, 관심사도, 고향도 다 다른 다양한 사람들이 모인 교회가 어떤 모습으로 지어져 가야 할 것인가를 보여준다. 세상적으로 너무도 다양하고 다르지만, 영적으로 하나 되어 서로를 격려하며 주의 약속을 성취하여 나가는 것이 바로 교회에 맡겨진 사명이다.

14절에서는 '여자들과 예수의 어머니 마리아와 예수의 아우들'이 함께 모였다고 말씀한다. 여기 '여자들'(women, γυναιξὶν)이란 갈릴리에서부터 따라 오고, 십자가 아래에까지 따라 왔던 여자들로서 막달라 마리아, 살로메, 요안나, 수산나 등과 같은 여인들로 보인다. 또 예수의 어머니 마리아는 여기서 성경상 마지막으로 나타나는데, 이 구절로 보아 그녀가 초

로, 요한, 야고보 순으로 조정된 것이나 복음서에 빌립과 바돌로매와 마태와 도마의 순서가 빌립, 도마, 바돌로매, 마태 순으로 조정된 것도 같은 의미를 함축하고 있다. 제자들의 순서를 비교하면 이처럼 요한과 도마의 순서가 유독 눈에 띄게 달라졌다. 실제로 이들은 주님의 십자가 사건과 부활 이후 다른 제자들에 비해 상대적으로 더 주목을 받았다. 십자가상에서 주님은 요한에게 어머니를 부탁할 정도로 그를 신뢰했으며, 요한 자신이, 자신이 사랑받는 자라고 밝혔고, 의심 많은 도마도 주님의 창자국과 못자국을 확인하고 '나의 주님 나의 하나님'이라는 고백을 남겼다. 베드로가 '주는 그리스도시요 살아계신 하나님의 아들'이라고 고백했지만, 주님의 제자들 중에 누구도 주님을 하나님으로 고백한 사람은 없었다. 사도요한이 요한복음에서 그리스도의 신성을 드러내면서 의도적일만큼 유독 도마를 집중적으로 부각시키고 있는 것도 같은 맥락이다. 도마행전이 보여주듯 도마가 인도에 가서 순교했다는 초대교회 전승이 있다. 도마행전에 도마의 인도 복음전래와 순교가 기록되었다. 박용규, 한국기독교회사 1권 1784-1910 (서울: 한국기독교사연구소, 2017), 74-77.

대교회의 형성에 있어서 중요한 역할을 했던 것으로 여겨진다.[123] 그러나 이것이 그녀를 신격화하거나 숭배의 대상으로 삼을 수 있는 성경적 근거가 될 수는 없다.

예수님의 아우들은 야고보, 요셉, 시몬 및 유다였고, 또 누이 두 사람 이상이 있었던 것으로 보인다. '그 형제들까지도 예수를 믿지 아니함이러라'는 요한복음 7장 5절에 근거해 볼 때 예수의 형제들은 처음에 예수를 믿지 않았다. 아마도 이들이 믿기 시작한 것은 주님이 부활하신 후로 여겨진다.[124] 예수님의 아우 야고보는 주님이 부활하신 후 부활의 주님을 만나 (고전 15:7) 그를 영접하고, 예루살렘교회의 지도적 위치에 올랐으며, 훗날 야고보서를 기록했다. 또 예수님의 아우 유다는 유다서를 기록했다. 믿지 않던 예수님의 형제들이 부활하신 주님을 통해 그를 메시야로 믿고 신약성경 중의 2권을 기록했다는 사실은 예수님이 성육신하신 하나님의 아들, 이 땅의 구주라는 사실을 반증해준다.

또 우리가 주목할 것이 있다. 마가의 다락방에 사도들만 모인 것이 아니라 여자들, 마리아, 예수의 아우들도 함께 모였다. 모인 사람들의 숫자가 모두 120명이나 되었다.[125] 이것은 남자들만 아니라 여자들도 포함된

---

[123] Abbott, *An Illustrated Commentary on the Acts of the Apostle*, 33. "여기 마리아는 신약에서 마지막으로 등장한다. 마리아가 어떤 존재인가를 보여준다. 그녀는 120문도 가운데 한 명으로 마가의 다락방에서 함께 기도하며 그들과 함께 성령을 기다렸고, 120문도 가운데 한 명으로 성령충만을 받았다. 그녀는 숭배의 대상이 아니다."

[124] Abbott, *An Illustrated Commentary on the Acts of the Apostle*, 33. 예수님의 형제들은 처음에는 예수를 믿지 않았고 십자가에 달릴 때도 그 현장에 없었다. 이에 대해서는 요 7:5, 19:25, 26, 고전 15:7을 참고하라. 야고보서와 유다서가 증언하듯 그랬던 형제들이 주님이 부활하신 이후에 믿고 신실한 초대교회의 기둥이 되었다. 야고보서의 "하나님과 주 예수 그리스도의 종 야고보"(약 1:1), "영광의 주 곧 우리 주 예수 그리스도에 대한 믿음을 너희가 가졌으니"(약 2:1)라는 기록, "예수 그리스도의 종이요 야고보의 형제인 유다"(유 1:1), "홀로 하나이신 주재 곧 우리 주 예수 그리스도"(유 1:4), "우리 구주 홀로 하나이신 하나님께 우리 주 예수 그리스도로 말미암아 영광과 위엄과 권력과 권세가 영원 전부터 이제와 영원토록 있을지어다"(유 1:25)라는 유다서의 기록으로 미루어 볼 때, 야고보와 그의 형제 유다가 예수 그리스도를 여타 다른 사도들과 동일하게 구주로 믿었다는 것을 알 수 있다. 주님은 선지자가 고향에서 대접을 받기 힘들다고 했는데 주님의 형제들이 믿고 하나님 나라 확장에 중요한 기둥이 되었다는 사실은 그리스도가 역사적 종교, 구원의 종교라는 사실을 반증한다.

[125] Eusebius, *Ecclesiastical History* I.12. 누가는 일부 구성원들 중 누가 있었는지는 언급

숫자이다. 남자들만 중심으로 수를 세던 유대인들의 관습에서 볼 때 여자까지 포함해서 계산한 것은 매우 이례적이다. 아니 혁명적이라고 표현하는 것이 좀 더 정확할 것이다. 이미 복음을 통해 남녀의 벽이 무너져 내렸음을 보여준다. 오순절 성령강림을 체험한 마가의 다락방을 신약교회의 기원으로 삼아야 하는 이유가 여기 있다.

120명에 대해 하워드 마샬은 유대법에 따르면 자체 의회를 가진 공동체를 설립하기 위해서는 120명의 유대인 남자들이 있어야 한다고 한다. 한 가지 간과해서는 안 될 것은 이들 120명이 남자들만 아니라는 사실과 당시 예수 믿는 사람들이 120명에 국한된 것이 아니라는 사실이다. 바울의 증언(고전 15:6)에 따르면 주님의 부활을 목격한 사람은 제자들을 포함하여 500명이나 되었다. 그들의 대다수는 갈릴리에 그대로 머물러 있었던 것 같다. 120명 가운데는 가룟 유다를 제외한 11명의 제자들도 포함되었다.

120문도는 '마음을 같이하여'(1:14) 주의 약속을 기다렸다. 이것은 그들 가운데 "일치"(with one accord, KJV)와 "한마음"(with one mind, NASB)이 있었음을 보여준다.[126] 그곳에 모인 다양한 사람들은 하나님을 찬송하면서 다락방에 모여 '마음을 같이하여' 아버지의 약속을 기다렸다. 이들이 하나 되었다는 것은 그들이 함께 유숙했다는 사실에서도 드러난다.

13절의 '들어가 그들이 유하는 다락방으로 올라가니'라는 말씀에서 특

했지만 이들 120명이 어떤 기준으로 구성되었는지는 밝히지 않았다. 유세비우스는 그들 가운데 70인 제자들이 여럿 포함되었고 그 중의 한 명이 바나바였다고 증언한다.

[126] Abbott, *An Illustrated Commentary on the Acts of the Apostle*, 32. 여기 한마음은 단순히 지적 일치가 아니라 영적 일치를 의미한다. 분명 마가의 다락방에는 마음을 같이하는 "합심"(together with) 혹은 "협력"(cooperation)이 있었다. 주의 일은 마음이 하나 되는 것이 중요하다. 주님은 두세 사람이 모이는 곳에 '나도 그들과 함께 하시겠다'고 약속하셨다. 한 성령, 한 신앙, 한 믿음을 전제한 것이다. 같은 목적을 놓고 한마음으로 모여 열심히 말씀을 연구하고 주님의 약속을 붙들고 기도하는 것은 너무도 중요하다. 우리 모두가 함께하는 것을 주님은 기뻐하신다. 가령 교회를 가리켜 흔히 말할 때 '함께 지어져 가는 교회'라고 표현한다. 이것은 협력의 중요성을 일깨워 준다.

히 '유했다'(staying 혹은 abiding)는 용어는 이들 11명의 사도들을 포함한 제자들이 한 곳에 머물며 온 힘을 다해 함께 주의 약속을 기다렸다는 사실을 말해준다. 정해진 장소에 120명의 다양한 이들이 한 목적을 가지고 함께 모였다는 것은 매우 큰 의미가 있다. 구성원의 출신과 배경은 달랐지만 약속을 기다리는 일에 있어서 마음이 같았다.

성령을 향한 간절한 기도

둘째, 마가의 다락방에 모인 사람들은 배경이 서로 달랐지만 하나 되어 마음과 뜻을 같이 하며 '오로지 기도에 힘썼다'(devoting themselves to prayer, 1:14). 이들은 마음을 같이하여 지속적으로 기도한 것이다.[127] 이들이 마음을 같이하여 기도하였다는 것은 특별한 의미를 지닌다.

이것은 120명이 '한마음,' '한 목적,' '한 공동체'를 이루어 간절히 기도하였음을 의미하기 때문이다. 이 합심기도가 바로 초대교회를 이룩한 원동력이었다. 은밀한 골방의 기도(마 6:6)가 개인의 심령을 기르는 기도라면, 다락방의 합심기도는 교회 건설의 기도였다. 각계각층의 합심기도가 있는 곳에는 반드시 교회의 건설과 부흥이 있다.

모인 120명의 공동체는 하나 되어 간절히 기도했다. 여기 '힘쓰더라'(1:14)는 헬라어로 프로세우케(proseuke, προσευχῇ)이다. 이 단어는 '부지런하다,' '끈질기다'는 의미이다. 120명의 기도가 간절하고 끈기 있는 기도였음을 말해준다.[128] 간절히 기도하는 것 못지않게 끈기를 가지고 지속적으로 기도하는 것은 너무도 중요하다.[129] 주님은 그것이 얼마나 중요한가를 반복해서 일깨워주셨다(눅 18:1-8). 혹자는 120문도의 기도와 오순절의 사건이 무관하다고 주장하지만 필자가 볼 때 오순절 성령강림

---

[127] Denton, *A Commentary on the Acts of the Apostles*. Vol. I., 27.

[128] Matthew Henry, *An Exposition of the Old and New Testament. A New Edition, Carefully Revised and Corrected. In Nine Volumes. Vol. VIII. John to Acts.* (London: James Nisbet &Co., [n.d]), 402. 후에 누가는 동일한 단어를 사도행전 2장 42절('오로지 기도하기를 힘쓰니라')과 6장 4절('오로지 말씀사역에 힘쓰리라')에서 사용했다.

[129] Jacobus, *Notes, Critical and Explanatory, on the Acts of the Apostles*, 37.

의 약속의 성취가 오순절 마가의 다락방의 120문도의 한마음으로 드리는 간절한 기도와 무관하지 않다.[130]

실제로 칼빈은 성령을 간절히 사모하는 이들의 모습을 오늘의 교회가 본받아야 한다며 이렇게 말한다. "누가는 여기서 그들이 부지런히 성령강림을 기다렸음을 보여준다. 그들의 기도의 목적은 그리스도께서 그들에게 약속하신 대로 그의 성령을 보내주십사 하는 것이었다.… 그러므로 우리 또한 그들의 본을 따라서 날마다 우리 안에 그의 성령을 더해 주시도록 끊임없이 기도하며 하나님의 장중에 간구해야 한다."[131]

칼빈은 어느 종교개혁자들보다도 성령을 간절히 사모하고, 강조하였다. 그래서 워필드는 칼빈을 '성령의 신학자'라고 불렀다.[132] 우리는 칼빈이 지적한 대로 성령을 간절히 사모하고 간구해야 한다. 요한 웨슬리 역시 1738년 5월 24일 올더스게이트가(街) 모라비안 교회에서 깊은 성령의 역사를 체험하고 능력 있게 주의 사역을 감당했다.[133]

---

[130] 이 120명의 연합기도로 인해 10일 후 성령이 임했다. Carver, *The Acts of the Apostles*, 18; Denton, *A Commentary on the Acts of the Apostles*. Vol. I., 27. 누가복음 3장 21절에 기록된 대로 예수께서 성령을 받기 전에 기도했던 것처럼 주님의 약속을 따라 마가의 다락방에 모인 제자들과 함께 모인 120문도들도 성령을 받기 전에 기도했다. 누가는 누가복음 11장 13절에서 구하는 자에게 성령을 주신다고 말한다. 램프에 따르면 '기도의 최대 목적이 성령의 은사'라는 사실은 누가의 가르침의 핵심이다. 김준곤은 한 글에서 이렇게 말했다. "모든 시대의 부흥의 원점은 사도행전에 있다. 성령이 임했다는 것은 예수 그리스도 이후의 영적인 부흥이 있었다는 것인데 이것은 휴머니즘이 아닌 성령의 인도하심으로 인한 결과인 것이다. '사도행전의 부흥의 원인은 어디에 있었는가?' 한데 모여 10일간 기도한 그것에 있었던 것이다. 이것은 기도의 폭탄이 터졌으며 결사적이었고 그들의 기도에 성령의 강림이 있었으며 그것이 교회사이며 교회가 거듭나는 것을 볼 수가 있는 것이었다." 김준곤, "21세기 한국교회의 비전," **복음과 사회**, 제 3호, 10.

[131] John Calvin, *Commentary upon the Acts of the Apostles* Vol.1 (Edinburgh: Calvin Translation Society, 1844), 57–58. "Here he showeth that they did diligently look for the coming of the Holy Spirit.; For this was the cause of their prayer, that Christ would send his Spirit, as he had promised. … So it becometh us also (after their example) to be instant in prayer, and to beg at God's hands that he will increase in us his Holy Spirit: increase, (I say,) because before we can conceive any prayer we must needs have the first-fruits of the Spirit. For as much as he is the only Master which teacheth us to pray aright, who doth not only give us utterance, (Romans 2:25,) but also governs our inward affections."

[132] B. B. Warfield, "Calvin the Theologian," <http://www.the-highway.com/caltheo_Warfield.html>(2020. 05. 02. 접속). Eifian Evans, "John Calvin: The Theologian of the Holy Spirit," *Reformation and Revival* Vol. 10 no. 4 (Fall 2001): 83–104.

누가는 성령과 기도와의 상관관계의 중요성을 일관되게 기술하고 있다. 그가 누가복음과 사도행전에서 일관되게 주장하는 진정한 기도에 합당한 두 가지 본질적인 요소는 끝까지 꾸준하게 드리는 것과 한마음이 되어 드리는 것이다.[134] 이와 함께 우리는 두렵고 떨리는 마음으로 주의 인도를 구해야 할 것이다.[135]

주의 약속을 의지한 기도

셋째, 이들은 마가의 다락방에 모여 한마음으로 기도할 때 단순히 기도만 한 것이 아니라 약속의 말씀을 붙들고 기도했다. 주님이 약속하신바 아버지의 약속, 곧 성령강림을 위해 120명은 하나 되어 합심해서 간절하고 끈기 있게 기도한 것이다.[136] 하나님이 약속하셨다고 해서 기도할 필요가 없는 것은 아니다. 120명은 주님의 약속을 그대로 받아들이고 그 약속을 품고 기도했다. 하나님 앞에 드리는 기도, 응답받는 기도는 약속을 가지고 기도하는 것이다. 그 약속을 품고 기도할 때 놀라운 응답을 받았고 결국 120문도가 모여 기도드렸던 그 장소는 초대교회의 요람, 최초의 신약교회인 예루살렘교회가 되었다.[137]

---

[133] John Wesley, *The Heart of Wesley's Journal* (New Canan, CT: Keats Publishing, INC, 1979), 43.

[134] 칼빈, 사도행전 I, 54-55. 주님은 언제 그들에게 성령이 임하실 것인지 정확히 시간을 지정하시지 않으시고 기다리라고 부탁하셨다. "이것은 그들의 인내심에 대한 훈련이었는데 그리스도께서는 즉시 성령을 보내실 수가 있으면서도 잠시 동안 그들을 마음 졸이는 가운데서 인내하도록 만드셨다. 이처럼 하나님께서는 우리에게 인내력의 습성을 가르치시기 위하여 가끔 지체하시며 또는 질질 끄시는 것처럼 보이기도 한다. 우리 기도의 조급성은 해롭고 유독하기까지 한 질병이다. 그러므로 하나님께서 그것을 고쳐 주신다 해도 이상할 것은 없다. 한편 이미 전술한 바와 같이 주께서는 우리가 기도를 계속하도록 훈련시키신다. 그러므로 우리의 기도가 헛된 것이 되지 않기를 바란다면 응답이 지체되는 일 때문에 싫증을 느껴서는 안 된다. 그들의 마음의 일치단결에 관해서 말한다면 그것은 과거 두려움 때문에 흩어져 달아났던 일과는 반대의 입장인 것이다."

[135] 칼빈, 사도행전 I, 69. "그것은 우리가 하나님께 접근하는 문이 믿음에 의해서 열려지는 것과 마찬가지로 하나님께서 우리에게로 오시는 문은 겸허와 두려움에 의하여 열려지기 때문이다. 하나님께서는 교만하고 무관심한 사람들, 자기밖에 모르는 사람들에게는 아무것도 해 주실 것이 없을 것이다."

[136] Chrysostom, *The Homilies on The ACTS of The Apostles*, 55.

[137] Abbott, *An Illustrated Commentary on the Acts of the Apostle*, 47-48. "에클레시

우리는 120명의 10일간의 행적을 통해 응답받은 기도가 어떤 기도인가를 발견한다. 다양한 사람들이 하나 되었듯이 마음을 같이하여 한 목적과 목표를 가지고 끈기 있게 기도해야 한다. 120문도는 예루살렘을 떠나지 않았고, 주님께서는 약속하신 성령을 놀랍게 부어주셨다. 이들은 뜻을 같이하여 함께 간절하고 끈기 있게 기도하며 주님의 명령에 순종하고 주의 약속을 기다렸다. 주님의 약속을 믿고 순종한 것이다. '예루살렘을 떠나지 말고 내게서 들은 바 아버지께서 약속하신 것을 기다리라. 요한은 물로 세례를 베풀었으나 너희는 몇 날이 못되어 성령으로 세례를 받으리라'(1:4-5).

약속에 대한 순종은 성령의 부으심과 모종의 관계가 있다. 이것은 사도행전 5장 32절의 베드로의 고백에서도 찾을 수 있다. '우리는 이 일에 증인이요 하나님이 자기에게 순종하는 사람들에게 주신 성령도 그러하니라 하더라.' 주님의 약속에 대한 120문도의 순종은 성령을 사모하는 사람이 어떤 태도를 취해야 할 것인가를 보여준다.

가룟 유다의 죽음과 예언의 성취(1:15-20)

누가는 이어 가룟 유다의 죽음과 예언의 성취(1:15-20), 맛디아 선택(1:21-26)을 생동감 넘치게 기록하고 있다. 유다의 죽음과 관련하여 베드로는 120문도 중에서 일어나 성경의 말씀을 풀어 해석하면서 예수 그리스도에 대한 예언이 성취되었다고 말한다.[138] 성령께서 수백 년 전에 다윗

아"(ἐκκλησία)라는 헬라어가 말해주듯 교회에서는 외형적 건물이 중요한 것이 아니라 함께 모이는 믿는 자들의 모임이 중요하다. 약속을 믿고 기도했던 마가의 다락방은 신약의 가정교회의 중요한 모델이 되었다. 사도행전의 처음 태동된 교회들은 모두 개인 집에서 가정교회로 시작되었다. 루디아의 집에서 모였던 빌립보교회, 아굴라 부부의 집에서 모인 에베소교회(고전 16:19), 눔바의 집에서 모인 라오디게아교회(골 4:15) 등이 그 전형적인 예다. 하나님의 나라를 예시하는 교회는 마치 겨자씨처럼 볼품없이 작게 시작하지만, 곧 새가 깃드는 거대한 나무가 되어 성령의 권능으로 주의 사역을 수행해 나가는 곳이다. 아봇의 말대로 "그곳에는 먼저 기도의 일치가 있었고, 그 다음에 성령의 놀라운 응답이 있었으며, 그런 후 적극적인 사역이 시작되었다." 마가의 다락방의 기도, 오순절 성령강림, 교회의 시작은 깊은 연계성을 지닌다.

[138] Chrysostom, *The Homilies on The ACTS of The Apostles*, 37.

을 통해 유다에 대해 예언했던 것들이 이제 그대로 성취된 것이다.

¹⁵ 모인 무리의 수가 약 백이십 명이나 되더라 그 때에 베드로가 그 형제들 가운데 일어서서 이르되 ¹⁶ 형제들아 성령이 다윗의 입을 통하여 예수 잡는 자들의 길잡이가 된 유다를 가리켜 미리 말씀하신 성경이 응하였으니 마땅하도다 ¹⁷ 이 사람은 본래 우리 수 가운데 참여하여 이 직무의 한 부분을 맡았던 자라 ¹⁸ (이 사람이 불의의 삯으로 밭을 사고 후에 몸이 곤두박질하여 배가 터져 창자가 다 흘러나온지라 ¹⁹ 이 일이 예루살렘에 사는 모든 사람에게 알리어져 그들의 말로는 그 밭을 아겔다마라 하니 이는 피밭이라는 뜻이라) ²⁰ 시편에 기록하였으되 그의 거처를 황폐하게 하시며 거기 거하는 자가 없게 하소서 하였고 또 일렀으되 그의 직분을 타인이 취하게 하소서 하였도다.

1장 15절의 '그 때에'(in these days, ἐν ταῖς ἡμέραις ταύταις)는 예수님의 승천과 오순절 사이의 시간을 가리킨다.[139] 누가는 마가의 다락방에 모인 수가 약 120명이라고 밝혔다.[140] 이들 120명이 당시 예루살렘에 있는 그리스도를 공개적으로 고백한 모든 기독교인들을 포함하는 것인지는 불확실하다. 주님의 사역을 통해 더 많은 사람들이 회심했기 때문이다.[141]

가롯 유다에 대한 예언의 성취와 교훈

베드로는 120문도에게 가롯 유다의 심판과 멸망이 다윗을 통해 시편에 예언되었음을 환기시켰다.[142] 구약의 가롯 유다에 대한 모든 예언이 그대

---

[139] Cook, *The Acts of the Apostles*, 7; Denton, *A Commentary on the Acts of the Apostles*. Vol. I., 29.

[140] Abbott, *An Illustrated Commentary on the Acts of the Apostle*, 33. Abbott에 따르면 고린도전서 15장 6절에 근거할 때 전체 믿는 자가 약 500명이었던 것으로 보인다. 그 중에 120명이 모인 것이다.

[141] Cook, *The Acts of the Apostles*, 7.

[142] Howson and Spence-Jones, *The Acts of the Apostles* (New York: C. Scribner's, 1883), 7. 베드로의 설교에서 인용한 성구는 70인역(LXX)이거나 혹은 히브리 성경의 헬라역에서 인용한 것이다.

로 성취되었다. 가룟 유다가 본래 사도들 가운데 '직무의 한 부분'(1:17)을 맡은 자였다는 사실, 불의의 삯으로 밭을 사고 그 '후에 몸이 곤두박질하여 배가 터져 창자가 다 흘러나오는'(1:18) 비참한 최후를 맞았다는 사실, 또 이 일을 예루살렘의 모든 사람들이 알게 되어 그 밭을 아겔다마 곧 '피밭'(1:19)이라 불렀다는 사실 그리고 가룟 유다의 '직분을 타인이 취하였다'(1:20)는 모든 예언이 그대로 성취되었다. 우리는 가룟 유다에 대한 예언의 성취를 통해 몇 가지의 중요한 사실을 발견할 수 있다.

첫째, 가룟 유다에 대한 예언이 그대로 성취되었다. '형제들아 성령이 다윗의 입을 통하여 예수 잡는 자들의 길잡이가 된 유다를 가리켜 미리 말씀하신 성경이 응하였으니 마땅하도다'(1:16). 이 예언의 약속에서 '성령이 다윗의 입을 통하여'라는 말을 주목할 필요가 있다. 누가는 선지자를 통하여 말씀하신 분이 성령이라는 사실을 분명히 하였다. 크리소스톰이 지적한 것처럼 본문은 '성령이 다윗을 통해' 말씀하셨다고 하지 않고 '성령이 다윗의 입을 의탁하사' 말씀하셨다고 증언한다.[143] 칼빈의 말대로 이 말은 "그들의 언어를 성령께서 도구로 사용하셨다는 뜻이다."[144] 그러나 다윗이 단순한 도구가 아니라 성령이 다윗의 인격을 인정하시고 그를 통해 역사하신 것이다.[145] 이것은 이중적인 의미를 지닌다. 다윗이 기록한 내용이 성령의 감동으로 기록된 말씀이라는 사실과 또한 다윗이 성령의 사람이었다는 사실이다. 선지자 다윗은 성령의 대언자(a spokesman or mouthpiece of the Spirit)였다.[146] 누가는 이 다윗이 성령이 충만하여 주님을 바라보았다고 말한다.

예언이 성령의 영감으로 기록된 것으로 전지전능하신 거룩한 하나님의 영으로부터 나온 것이므로 반드시 성취될 필요가 있음을 증거한 것이다.[147] 베드로의 설교 가운데 성령이 반복적으로 강조되고 있는 것을 주목

---

[143] Chrysostom, *The Homilies on The ACTS of The Apostles*, 37.
[144] 칼빈, 사도행전 I, 56.
[145] Chrysostom, *The Homilies on The ACTS of The Apostles*, 37.
[146] Bruce, *The Book of ACTS*, 45.
[147] Cook, *The Acts of the Apostles*, 8.

해야 한다. 베드로의 설교만 아니라 사도행전 전체에서 성령은 반복적으로 등장하며 중심 주제를 형성하고 있다. 누가를 성령의 사람, 사도행전을 성령의 복음이라고 부르는 이유가 거기 있다.

베드로는 시편 69편을 인용해 유다의 변절과 죽음을 그리고 시편 109편을 통해 가룟 유다를 대신할 사람을 뽑는 것이 예언의 성취임을 선언한다.[148] 예수 그리스도에 관한 예언들과 가룟 유다의 배반과 그의 죽음에 대한 구약의 예언들, 심지어 유다가 반역하여 예수를 잡는 무리를 인도하여 올 것[149]과 그 후에 그가 자살할 것까지 그대로 성취되었다. 성경이 다른 종교의 경전과 본질적으로 다른 것이 있다면 그것은 구약의 약속, 주님의 약속이 그대로 성취되었고 성취되어 간다는 사실이다.[150]

가룟 유다와 관련하여 구약에 예언된 대로 가룟 유다가 주님을 은 30에 팔았다면 그는 다만 도구로 쓰임 받았을 뿐이라고 항변할 사람이 있을지 모른다. 그러나 그의 배반이 예언되었다고 하더라도 주님을 판 것은 가룟 유다 자신이다.[151] 예수님은 여러 번 그가 돌이키고 회심할 수 있는 기회를 주셨다. 그런데도 그는 그 기회를 박차버렸다. 때문에 책임을 피할 수 없다. 가룟 유다가 그렇게 하지 않을 수 있었는데도 반역의 길을 택했다는 점에서 그는 자신의 죄에 대한 책임을 피할 수 없다.

둘째, 하나님께서 행한 대로 보응하신다는 사실이다. 이 세상에서 예수를 팔아넘기려고 했던 자들로부터 영웅대접을 받을 것이라는 기대와 달

---

[148] Abbott, *An Illustrated Commentary on the Acts of the Apostle*, 34; Cook, *The Acts of the Apostles*, 8. "시편에 기록하였으되"(1:20)는 시편 69:25, 109:8을 말한다.

[149] 눅 22:47-8.

[150] 다른 종교에도 신의 말씀이라고 하는 경전이 있다. 예를 들어 이슬람교의 코란, 불교의 불경, 몰몬교의 몰몬경 그리고 통일교의 원리강론이 그것이다. 그러나 기록된 예언이 성취된 것은 오직 성경뿐이다.

[151] John Calvin, *Institute of Christian Religion*, I.18.4. 칼빈이 자신의 기독교 강요 1권에서 지적한 대로 유다의 반역을 하나님께 돌릴 수 없다. "확실히 유다의 반역에 관하여 유다에게 구속에 대한 공로를 돌릴 근거가 없는 것처럼 하나님께 범죄의 책임을 돌릴 근거가 없다. 왜냐하면 하나님은 그의 아들을 죽음에 이르게 하시고 또 죽음에서 구원하시기를 기뻐하셨기 때문이다. 그리하여 다른 곳에서 어거스틴은 하나님께서 검토하실 때는 그분은 인간이 행할 수 있거나 그들이 행한 것에 주의하시지 않으시고 그들이 행하기를 원하는 것, 그리하여 그들의 의지와 목적을 고려하신다는 사실을 진실되게 관찰하였다."

리 가룟 유다는 너무도 비참한 결과를 맞았다. 어떤 세상의 명예도, 재물도, 보상도 받지 못했다. 마태는 가룟 유다가 '스스로 목매어'(마 27:5) 죽었다고 기록했고 누가는 '몸이 곤두박질하여 배가 터져 창자가 다 흘러 나왔다'(1:18)고 말한다. 이 둘이 상호 모순되는 것은 아니다.[152]

초대교회 교부들은 그의 목을 맨 밧줄이나 나뭇가지가 끊어져 창자가 터져 비참한 최후를 맞았다며 두 기사를 조화시켰다. 초대교회 전승이나 어거스틴에 의하면 유다는 힌놈의 골짜기 위에 솟아 있는 절벽에서 나무에 목매었으나 그 줄이 끊어져 떨어져 예리한 바위에 부딪혀 배가 터지고 창자가 나와 비참하게 죽었다.[153] 또 한편 파피아스에 의하면 유다는 더러운 병이 들어 몸이 심히 부어 좁은 길에서 수레바퀴에 치여 배가 터지고 온몸이 찢겨 죽었다. 하나 같이 가룟 유다가 비참한 최후를 맞았다고 증언한다.

셋째, 주를 박해하거나 팔아넘긴 자는 자신뿐만 아니라 그 후손도 결국 비참하게 된다. 가룟 유다 자신만 비참하게 죽음을 맞은 것은 아니다. 그가 산밭이 피밭이라는 칭호를 받은 것은 그와 그의 가문이 동시대 인물들로부터 매장되어 버렸음을 보여준다. 마태는 27장 3-10절에서 유다의 최후에 대해 흥미롭게 상술한다. 마태의 증언에 의하면 유다는 양심의 가책을 못 이겨 그 돈을 제사장들에게 돌려주려 했으나 거절당하자 그 돈을 성소에 내던지고 떠났다. 후에 제사장들은 그 돈을 거두어 가지고 토기장이의 밭을 샀다. 누가는 이에 대해 '불의의 삯으로 밭을 샀다'(1:18)고 말한다.[154]

---

[152] Abbott, *An Illustrated Commentary on the Acts of the Apostle*, 33.
[153] Augustine, *Against Felix the Manichean I*, 4.
[154] 마태와 누가 두 성경 기자의 기록 역시 상호 모순되는 것이 아니라 결국 같은 의미를 담고 있다. 제사장들이 밭을 산 것이지만 그 돈의 소유권은 가룟 유다에게 있기 때문에 유다가 '토기장이의 밭'을 산 것이나 다름없기 때문이다. 가룟 유다는 은 30에 스승을 팔아넘긴 것으로 사건을 종결짓고 싶었지만 자신의 의지와 기대와는 상관없이 영원한 배반자로 역사에 남게 된 것이다. 이와는 달리 하나님을 잘 섬기는 가정은 하나님께서 천 대까지 복을 주시겠다(출 20:6, 34:7, 신 5:10, 7:9)고 약속하셨다. 하나님께서는 그의 살아계심을 역사 속에서 선포하고 계신다.

맛디아의 선택(1:21-26)

²¹ 이러하므로 요한의 세례로부터 우리 가운데서 올려져 가신 날까지 주 예수께서 우리 가운데 출입하실 때에 ²² 항상 우리와 함께 다니던 사람 중에 하나를 세워 우리와 더불어 예수께서 부활하심을 증언할 사람이 되게 하여야 하리라 하거늘 ²³ 그들이 두 사람을 내세우니 하나는 바사바라고도 하고 별명은 유스도라고 하는 요셉이요 하나는 맛디아라 ²⁴ 그들이 기도하여 이르되 뭇 사람의 마음을 아시는 주여 이 두 사람 중에 누가 주님께 택하신 바 되어 ²⁵ 봉사와 및 사도의 직무를 대신할 자인지를 보이시옵소서 유다는 이 직무를 버리고 제 곳으로 갔나이다 하고 ²⁶ 제비 뽑아 맛디아를 얻으니 그가 열한 사도의 수에 들어가니라

베드로를 통해 가룟 유다의 죽음과 그를 대신할 사도를 선택하는 것이 구약에 예언되었음을 확인한 120명의 공동체는 이를 실행에 옮겼다. 제자들은 가룟 유다 대신 한 명의 사도를 뽑아 그를 대신하기로 했다. 이에 대해 누가는 사도행전 1장 21절과 22절에서 이렇게 기술한다. '요한의 세례로부터 우리 가운데서 올려져 가신 날까지 주 예수께서 우리 가운데 출입하실 때에 항상 우리와 함께 다니던 사람 중에 하나를 세워 우리와 더불어 예수께서 부활하심을 증언할 사람이 되게 하여야 하리라.'

그들은 바사바와 맛디아를 천거하여, 이들 '두 사람 중에 누가 주님께 택하신 바'(1:24) 되었는지 기도했다.[155] 바사바는 '바사바, 유스도, 요셉'(1:23)이라는 세 가지의 이름을 갖고 있었다. 바사바와 요셉은 히브리식 이름이고, 유스도는 로마식 이름이다.[156] 당시 유대인들은 로마식 별명을

---

[155] Chrysostom, *The Homilies on The ACTS of The Apostles*, 45. 단지 두 사람만 천거된 것으로 인해 크게 실망할 필요가 없다. 주의 일은 결코 숫자에 있는 것이 아니기 때문이다. 그와 함께 본문에서 우리가 꼭 기억할 것이 있다. 요셉이 먼저 언급되고 맛디아가 나중 언급된 것은 다 이유가 있다. 오늘날의 교회는 크리소스톰이 지적한 것처럼 "사람들 가운데 더 존경을 받는 그가 종종 하나님 앞에서는 더 부족하다"는 사실을 잊지 말아야 한다.

가지고 있는 것이 흔했다. 예를 들어 시몬과 베드로, 도마와 디두모가 그렇다. 두 사람 중에 "요셉이 좀 더 평판이 좋았던 것으로 보인다."[157]

유세비우스는 바사바가 70인 제자들 중에 하나였다고 하며,[158] 파피아스는 그가 나중에 독을 마셨으나 해를 받지 않았다고 전한다. 또 혹자는 바사바가 사도행전 13장 이하에 나오는 바나바와 동일인이라고 말하기도 한다. 맛디아는 '여호와의 선물'이라는 뜻인데, 삭개오와 동일 인물이라는 주장도 있다. 그러나 이에 대해서는 정확한 근거는 없다. 유세비우스는 맛디아가 70인 제자 가운데 한 명이었다고 말한다.[159] 맛디아는 복음을 증거하다가 에디오피아 또는 콜키스에서, 또는 유대인들에게 전도하다가 돌에 맞아 순교했다는 전승이 있다.[160] 죽은 장소에 대해서는 일치하지 않지만 모든 전승이 맛디아가 순교했다는 사실에는 일치한다.

맛디아 선출이 주는 교훈

제비를 뽑으니 맛디아가 뽑히어 그가 '열한 사도의 수'(1:26)에 들게 되었다.[161] 주의 일꾼을 선별하는 일이 교회에서 얼마나 필요하고 중요한가를 알 수 있다. 꼭 12명이 있어야 하는 것인가 의문을 제기할 수도 있겠지만, 주님의 제자가 12명이었고, 제자들에게는 각자 자신들이 맡은 고유한 역할들이 있었으며, 그래서 가룟 유다 대신 한 명을 더 뽑아 가룟 유다의 직무를 그에게 맡겼던 것이다. 여기서 우리는 교회에서 지도자를 선출할 때 유념해야 할 몇 가지 중요한 사실들을 발견할 수 있다.

---

[156] Cook, *The Acts of the Apostles*, 10.
[157] 칼빈, 사도행전 I, 63.
[158] Eusebius, *Ecclesiastical History* I. 12; II. 1. 브루스는 이것은 유세비우스의 추측일 수 있다고 말한다. "후대 전승에 따르면 맛디아는 에디오피아의 선교사가 되었다." Bruce, *The Book of ACTS*, 50-51.
[159] Eusebius, *Ecclesiastical History* II.1.
[160] Cook, *The Acts of the Apostles*, 10.
[161] Carver, *The Acts of the Apostles*, 22. 크리소스톰에 의하면 제비를 뽑아 유다를 대신할 제자를 뽑은 것은 약속하신 성령이 아직 그들에 임하시지 않았기 때문이다. Chrysostom, *The Homilies on The ACTS of The Apostles*, 41.

첫째, 주의 일꾼은 모두가 잘 아는 인정받은 사람이어야 한다.[162] '항상 우리와 함께 다니던 사람'(1:22)이 최우선의 조건이다.[163] 그들이 맛디아와 바사바를 천거한 것도 그 둘이 요한이 세례를 주던 때부터 그리스도께서 승천하실 때까지 제자들과 함께 동행했던 인물들이었다는 사실 때문이었다.[164] 그러므로 우리도 오늘날 교회의 일꾼을 뽑을 때에 잘 아는 사람, 인정을 받은 사람 가운데서 택해야 한다. 이것은 주의 일꾼을 뽑을 때 세상적인 기준을 가지고 뽑아서는 안 된다는 사실을 우리에게 가르쳐 준다.

잘 아는 검증된 사람을 뽑아야 흔들림이 없이 주의 사역을 잘 감당할 수 있다. 주의 사역을 감당하는 데는 언제나 기쁨만 있는 것이 아니다. 여러 가지 이유로 신앙이 흔들릴 때가 많다. 주의 일꾼은 감정의 굴곡으로 인해 그가 감당하는 주의 사역이 흔들려서는 안 된다. 주의 일꾼을 신중하게 뽑아야 할 이유가 바로 거기에 있다. 주의 일꾼은 모두에 의해 합의된 사람, 모든 사람들이 인정해주는 그 사람을 뽑아야 한다.

둘째, 주의 일꾼은 부활에 대한 분명한 확신과 신앙이 있는 사람이어야 한다.[165] 가룟 유다 대신 12사도로 뽑아야 할 사람은 요한이 세례를 주던 그 때부터 주님께서 승천하실 때까지 제자들과 항상 함께하던 사람이어야 하고, 그리스도의 '부활하심을 증언할 사람'(1:22)이다. 부활 신앙이 사도 선임의 절대적 기준이었음을 보여준다. 사도는 부활의 증인이어야 한다. 부활의 증인이 되지 않고는 복음전파의 사명을 제대로 감당할 수 없기 때문이다.[166] 라이트(N. T. Wright)에 따르면 "부활은 하나님 나라의 개시를 완성한다. 부활은 하나님의 나라가 실제로 하늘에서 이루어진 것처럼 이 땅에서 시작되었음을 증거하는 결정적인 사건이다."[167] 부활의 신앙은

---

[162] Chrysostom, *The Homilies on The ACTS of The Apostles*, 44.

[163] Bruce, *The Book of ACTS*, 46.

[164] Chrysostom, *The Homilies on The ACTS of The Apostles*, 40.

[165] Denton, *A Commentary on the Acts of the Apostles*. Vol. I., 35-36.

[166] 칼빈, 사도행전 I, 61. "그런데 그가 한 사람의 사도를 선임하는 일을 이야기함에 있어서 사도는 부활의 증인이어야 한다고 말한다. 그것은 사도직이 복음을 전파하는 일 없이는 존재할 수 없다는 것을 의미한다."

[167] N. T. Wright, *Surprised by Hope: Rethinking Heaven, the Resurrection, and the*

기독교의 생명이고 기독교 신앙의 가장 중요한 근간이다.

그래서 존 칼빈은 **기독교강요** 2권 16장 13절에서 예수 그리스도의 부활의 중요성에 대해 이렇게 진술하였다. "그러므로 비록 그리스도의 죽음을 통해 우리가 하나님과 화목하게 되었고 그분의 공의가 만족케 되었으며, 저주가 제거되고 형벌의 값이 지불되었기 때문에 그의 죽음 안에서 우리가 구원의 효과적인 완성을 얻었지만, 그러나 여전히 우리는 그분의 죽음에 의해서가 아니라 그분의 부활에 의해서 거듭나고 산 소망이 있게 하셨다(벧전 1:3). 그가 다시 부활하심으로 죽음에서 승리를 거두신 것처럼 우리의 믿음의 승리는 그의 부활 안에만 있게 하셨다. 부활의 본질은 바울의 말 속에 더 잘 표현되었다. '예수는 우리가 범죄한 것 때문에 내줌이 되고 또한 우리를 의롭다 하시기 위하여 살아나셨느니라'(롬 4:25). 그가 말씀하신 대로 그의 죽으심에 의하여 죄가 제거되고 그의 부활에 의하여 의가 새로워지고 회복되었다.… 따라서 우리의 구원은 그리스도의 죽으심과 부활로 나뉜다. 전자에 의하여 죄가 제거되고 죽음이 패멸되었고 후자에 의하여 의가 회복되고 생명이 부활되었다. 전자의 권능과 유효성은 아직 후자에 의하여 우리에게 주어진다."[168]

심지어 칼빈은 부활을 복음의 전체 제목으로 이해했다. 어거스틴, 멜랑히톤, 벵겔을 비롯한 모든 기독교 신학자들은 부활신앙을 기독교의 가장 중요한 핵심 진리로 이해하고 강조했다. 그런 면에서 부활신앙은 기독교 지도자의 가장 중요한 덕목이다. 우리가 신앙이 없는 사람을 세상적인 어떤 조건이 좋다고 해서 뽑는다면 그 교회의 장래는 소망이 없을 것이다. 한 사람이라도 뽑을 때 우리는 신중하게 뽑아야 하며, 무엇보다도 신앙의 확신이 있는 자들 중에서 뽑아야 한다. 주의 일꾼은 신앙이 최우선이어야 하기 때문이다. 그것보다 다른 어떤 조건이 우선될 수 없다.

셋째, 맛디아를 선택할 때처럼 기도 가운데 뽑아야 한다.[169] 120문도는

Mission of the Church, <www.goodreads.com/author/quotes/38932.N_T_Wright.>(2019. 07. 28. 접속).

[168] John Calvin, *Institute of Christian Religion*, II.16.13.

'뭇 사람의 마음을 아시는 주여'(1:24)라고 기도하며 주님의 인도를 구했다. 그들은 누구를 택할지 구하지 않고 누가 하나님의 택하신 자인지를 보여달라고 기도했다. 하나님께서 주권적으로 섭리하시고 역사하신다는 사실을 인정하고 하나님의 뜻을 철저하게 구한 것이다. '뭇 사람의 마음을 아시는 주여'라는 말에서도 그들이 철저하게 하나님의 뜻을 구하며 일을 진행한 것을 알 수 있다.[170] 여기 '주여'는 한편으로 성부 하나님을 가리킬 수 있다고 볼 수 있지만(4:29) 다른 한편으로는 예수 그리스도를 가리킨다 (요 21:17)고 볼 수 있다.[171] 어드만이 적절히 지적한 것처럼 맛디아를 선출하는 선거 이야기에 그리스도에게 드리는 기도가 처음으로 기록되었다.[172] 그렇다고 성령 하나님을 배제한 기도라고 할 수 없다. 누가 12명의 제자 가운데 들어가야 할 사람인지를 깨닫게 하시는 분은 성령의 사역이시기 때문이다.[173]

주의 일꾼은 사람으로부터도 인정을 받아야 하지만, 먼저 하나님으로부터 인정을 받아야 한다. 120문도는 택하신 사람이 누구인지를 보여 달라고 주님께 진지하게 기도했다. 주님의 인도를 기다린 것이다. 이것이 주님의 몸 된 교회의 일꾼들을 뽑는 데에 있어서 앞으로 유념해야 할 자세이다. 그들은 기도하며 성령의 뜻을 구했다. "그들은 성령의 지도 밑에서 그 과정을 밟았으며 그들의 전체 행동 과정도 같은 성령의 지도를 받은 것이었음을 조금도 의심할 여지가 없다."[174]

---

[169] 제비뽑기에는 11사도들만 아니라 주님의 명령에 순종해서 그곳에 모인 120문도들이 다 동참했을 것으로 보인다. 누가 하나님이 원하시는 사람인지를 밝히 보여 달라고 기도한 주체들이 120문도 전체라고 한다면 그들 모두가 동참했다고 보는 것이 자연스럽다.

[170] Chrysostom, *The Homilies on The ACTS of The Apostles*, 45.

[171] Abbott, *An Illustrated Commentary on the Acts of the Apostle*, 35.

[172] Erdman, *The Acts*, 11. 중보의 기도는 성부 성자 성령께 드려지지만 보통의 형식은 성자의 이름으로 성령의 권능으로 성부에게 드려진다. 맛디아를 선출하는 과정에서 처음으로 그리스도에게 드리는 기도가 등장하는 것은 맛디아의 선출이 그리스도의 뜻과 일치한 것이라는 사실을 증거한다. 맛디아가 11사도에 들어가 사도행전 1:26, 2:14, 6:2에 12사도가 등장한다.

[173] Denton, *A Commentary on the Acts of the Apostles.* Vol. I., 38. 기도와 예배의 대상은 삼위일체 하나님이시다.

[174] 칼빈, 사도행전 I, 64.

이것은 교회의 일꾼을 뽑을 때 어떤 자세로 어떤 사람을 어떻게 선출해야 할 것인지 교훈해준다. 세상적인 조건과 자격 기준을 무시할 수 없겠지만 정말 하나님이 기뻐하시는 지도자인지, 교회를 이끌고 나갈 수 있는 영적 리더십을 갖춘 사람인지를 살펴야 할 것이다. 그래서 기도가 필요하다. 칼빈이 적절하게 관찰한 대로 기도하며 선출했기 때문에 공동체가 기대하는 결과가 나오지 않았는데도 그로 인해 시험에 들지 않았다.[175]

넷째, 주의 일꾼은 일정한 자격을 갖추어야 한다. '봉사와 및 사도의 직무'(the ministry and apostleship, διακονίας καὶ ἀποστολῆς, 1:25)를 대신할 사람을 찾았다는 것은 한편으로 섬김의 사람, 다른 한편으로 주님의 가르침을 계승할 수 있는 사람을 찾았다는 의미이다. 주님에 대한 충성과 사랑의 실천을 동시에 구현할 수 있는 인물이 필요했다. 교회 지도자는 두 가지 다 필요하다. 하나님의 일꾼은 말씀과 기도의 사람이어야 하지만 동시에 그는 제자들의 발을 씻기신 우리 주님처럼 섬김의 리더십을 실천하는 사람이어야 한다. 주님은 군림하는 자보다는 조용히 섬기는 자들을 통해서 하나님의 나라를 확장해 나가시기 때문이다.

그러나 이 말이 완전한 사람을 세워야 한다는 의미는 아니다. 성경의 인물들 대부분은 허물이 많은 사람들이었다. 아브라함이 그랬고 이삭과 야곱이 그랬으며 심지어 요셉도 형제들 앞에서 채색옷과 꿈 이야기를 자랑했던 자신을 드러내기를 좋아하는 사람이었다. 이스라엘 사람들이 존경하는 모세와 다윗도 약점이 많은 사람이었다. 하나님은 결코 완전한 사람을 부르시지 않았다. 인간의 약점과 실수와 실패에도 불구하고 하나님께

---

[175] 칼빈, 사도행전, I, 66-67. "제비뽑은 결과 맛디아가 뽑혔다. 누구도 기대하지 않은 일이 일어난 것이다. 왜냐하면 우리가 이미 언급한 사실에서 요셉이 맛디아보다 모두의 마음에 들었다는 것을 추측할 수 있기 때문이다.… 그러므로 사람들의 판단에 따르면 그 사람이 최적격이었다. 그러나 하나님은 그보다 맛디아 쪽을 택하셨다. 이 사실은 다음의 것을 우리에게 가르쳐준다. 즉 사람들의 의견으로 우리가 하늘에 올림을 받는 것처럼 뽐내지 말아야 한다는 점이다. 그리고 그들의 선택에 의하여 우수한 사람들로 평가를 받는다 해도 우리는 하나님의 평가와 인정하심을 받아야만 한다. 하나님만이 유일한 올바른 판단자이시며, 우리는 그의 판단에 의해서 서기도 하고 넘어지기도 한다. 사람이 자기 육체 안에 있는 모든 자랑을 무너뜨리게 하려고 하나님께서는 사람의 눈으로 보아서 최고로 훌륭하다고 생각하는 그 사람을 제외시키는 일을 우리가 가끔 볼 수 있는 것이다."

서는 이를 넘어 주권적으로 사람을 택하셔서 택하신 이들을 당신의 거룩한 도구로 사용하셨다.[176]

맛디아가 선출된 것은 예상외였다.[177] 제자들은 자신들이 은근히 기대했던 요셉이 선출되지 않고 상대적으로 덜 존경받고 평판이 약한 맛디아가 선출된 것으로 인해 불평하거나 실망하지 않았다. 존 크리소스톰의 말대로 "만약 선택이 하나님이 함께 하신 것이라고 믿는다면 조금도 실망해서는 안 된다. 왜냐하면 하나님과 함께하심에도 불쾌히 여긴다면 그와 함께 하심에도 당신이 격노하게 될 것이기 때문이다. 택정하신 분은 바로 하나님이시다."[178] 맛디아처럼 택함을 받지 않았다고 해서 120문도 중에 어느 누가 불평하거나 비통해했다는 기록이나 흔적을 전혀 찾을 수 없다.[179] 성령을 기다리며 그들 모두가 진실로 하나된 것이다.

기도로 하나 되고 맛디아를 선출하는 중요한 일에 하나된 그들 모두에게 오순절 성령강림이 임하고 그들 모두가 다 성령의 충만을 받은 것은 결코 우연이 아니다.

---

[176] 요 21:15-18. 베드로는 전형적인 인물이다. 행 1:15에서 베드로는 120문도를 대표하여 설교하였다. 베드로는 얼마 전에만 해도 주님을 부정했던 인물로 하마터면 사도의 반열에서 탈락될 뻔했던 인물이다. 그러나 그는 부활하신 주님으로부터 다시 신임을 받게 되었다. 그런 베드로가 초대교회의 기초를 놓는 데 중심 지도자로 쓰임 받은 것이다. 바로 이것이 주님께서 우리에게 주시는 교훈이다.

[177] Erdman, *The Acts*, 25. 사도행전은 맛디아의 활동에 대해 침묵하고 있다. 맛디아는 신약성경에 더 이상 그의 이름이 나타나지 않는다. 나타나지 않았다고 해서 그가 가치가 없다는 의미는 아니다. 그러나 사도행전에는 맛디아 외에도 11사도들 가운데 여러 사도들의 활동들도 기록되지 않았다. 맛디아 외에 예수님의 11제자 가운데 베드로, 요한, 야고보를 제외한 8명이나 사도행전에서 이름이 전혀 언급되지 않았다. 이것은 누가의 관심이기도 하고 하나님의 교회의 태동과 확장이 특정인들에 의해서가 아니라 성령충만한 당신의 백성들을 통해 확장된다는 사실을 증언하려고 했기 때문이다. 사도행전 1장 8절의 약속은 12사도들에게 국한된 명령이 아니라는 사실은 주님이 승천하고 120문도가 마가의 다락방에 모였다는 것, 사도행전에는 이름이 언급되지 않은 많은 무명의 사람들의 선교활동이 나타나고 있다는 것에서도 읽을 수 있다.

[178] Chrysostom, *The Homilies on The ACTS of The Apostles*, 46.

[179] Chrysostom, *The Homilies on The ACTS of The Apostles*, 54.

제 2 장
오순절 성령강림과 그 의미
(2:1-47, A.D. 30)

여기서 누가는 120 문도가 성령의 오심을 간절히 찾았음을 보여준다. 그리스도가 약속하신 대로 성령을 보내 달라는 것이 그들의 기도제목이었다. 이 약속에 대한 믿음이야 말로 우리로 하여금 하나님을 간절히 찾도록 자극하는 참된 신앙이다.… 그러므로 우리 또한 그들의 모범을 따라 우리 안에 그의 성령을 증가시켜 달라고 즉각적으로 기도하고 간구해야 한다.… 성령의 부으심에 대한 약속의 성취는 말세에 있을 것이다.

John Calvin, Commentary upon the Acts of the Apostles, 1552.

모든 시대에서 교회가 이 사도행전을 결코 게을리 사용하지 말아야 한다. 예를 들어 사도행전에서 최초의 부흥(the First Revival)을 취하라. 그것은 참된 종교의 모든 부흥을 위한 패턴이다.

Melancthon W. Jacobus, 1859

하나님이 오른손으로 예수를 높이시매 그가 약속하신 성령을 아버지께 받아서 너희가 보고 듣는 이것을 부어 주셨느니라.

베드로, A.D. 30. 05. 28

유세비우스가 그의 교회사(*Ecclesiastical History*) 2권에서 밝힌 것처럼 "그리스도의 가르침"은 '하늘의 권능의 영향으로 그리고 신적 도우심으로" 성령의 충만을 받은 "영감된 전도자들과 사도들"을 통해서 요원의 불길처럼 전 세계로 확산되었다.[1] 그 결정적인 전환점은 역시 A.D. 30년 5월 28일에 일어난 오순절 성령강림이었다. '몇 날이 못되어 성령으로 세례를 받으리라'는 약속대로 예수 그리스도가 승천하시고 열흘이 지나 성령이 마가의 다락방 120문도 가운데 놀랍게 임하셨다. 이것은 사도행전 2장 1-4절에 생생하게 기록되었고 개벨린이 증언한대로 '성령의 부으심'(the outpouring of the Holy Spirit)이었다.[2] 그 때가 주님이 승천하시고 열흘째 되던 5월 28일 아침이었다. 이 사건은 제임스 톰슨의 표현을 빌린다면 "우리 구주의 승천 이후 세계에서 일어난 가장 주목할 만한 중요한 사건이었다."[3]

오순절 성령강림 사건은 구속사에서 너무도 중요하다.[4] '오순절 날은 성령의 시대를 알리는 신호탄이자 '교회 탄생일'(the birthday of the Church)이다. "오순절 날 삼위일체 제 3위이신 성령이 임하셨다. 그의 임

---

[1] Eusebius, *Ecclesiastical History* II.2.

[2] Arno Clemens Gaebelein, *The Annotated Bible; The Holy Scriptures Analysed and Annotated, The New Testament*. Vol. 1: *Gospels and the Book of Acts*. (New York: Our Hope, 1913), 28.

[3] James Thomson, *Exposition of the Acts of the Apostles: In a Series of Lectures* (London: Arthur Hall, Virtue, and Co., 1854), 24.

[4] 아봇은 이날이 A.D. 30년 5월 28일이라고 말한다. Lyman Abbott, *An Illustrated Commentary on the Acts of the Apostle* (New York: A. S. Barnes, 1878), 36; F. C. Cook, *The Acts of the Apostles: With a Commentary and Practical and Devotional Suggestions for Reader and Students of the English Bible* (London: Longmans, Green, and Co., 1866), 14. 이 오순절의 사건이 일어난 연도를 학자들마다 약간씩 달리하는데 28년, 30년, 33년 그룹으로 나뉜다. 램지는 예수님이 십자가에 달리신 해와 성령강림이 같은 A.D. 30년 5월 26에 일어난 일이라고 말한다. 필자는 30년이 가장 신뢰할 수 있는 연도라고 여겨진다. William M. Ramsay, *St. Paul the Traveller and the Roman Citizen* (London: Hodder and Stoughton, 1895), 364; William G. Moorehead, *Outline Studies in Acts, Romans, First and Second Corinthians, Galatians and Ephesians* (Chicago: Fleming H. Revell Company, 1902), 30. 반면 토마스 린세이는 33년이라고 말한다. Thomas M. Lindsay, *The Acts of the Apostles: With Introduction Notes and Maps*. Vol. I. (Edinburgh: T. &T. Clark, 1884), 26. 마찬가지로 쿡도 33년 5월 24일 주일이라고 말한다. Cook, *The Acts of the Apostles*, xxxv. 맥가비는 이 오순절이 34년의 사건이라고 말한다. J. W. McGarvey, *New Commentary on Acts of the Apostles* (Cincinnati: Standard Pub. Co., 1889), xxxiii.

하심은 교회의 탄생일을 특징 짓는다. 이 사건 이후 우리는 그가 당신의 백성들과 함께 그리고 그들 안에 임재하시는 것을 본다."[5] 오순절 이후 교회 역사는 성령 사역의 역사이다.[6]

오순절은 처음 추수한 보리의 단을 하나님께 드린 날, 곧 초실절과 맥추절로부터 50일째 되는 날, 즉 유월절 후 안식일 그 다음날[첫 번째 일요일]부터 50일째 되는 날에 지켜졌기 때문에 '오순절'이라고 불렀다.[7] 오순절은 히브리인들에게 두 가지 성격을 갖고 있다. 하나는 유대인들의 세 번째 추수절기인 첫 열매 수확이 시작되는 초실절[맥추절]로부터 50일째 되는 날이고,[8] 다른 하나는 시내산에서 율법을 수여받은 기념비적인 날이다.[9] 그렇다면 이 오순절의 사건은 주님이 비유한 생명을 구원하는 영적추수와 그분이 허락하신 새 율법, 곧 생명의 복음을 상징적으로 함축하고 있다.

브루스에 따르면 '출애굽기 19장 1절의 날짜 기록에서 추론해 볼 때' 모세가 '율법을 받은 날이 오순절 날임이 분명하다.'[10] 그렇다면 주께서는 왜 하필 그날에 성령을 보내주셨는가? 이에 대해 어거스틴은 아주 흥미롭고 설득력 있는 해석을 내놓았다. 율법을 주실 때 예표된 것이 오순절에 성취되었고, 이후 성령을 통해 인류 구속사가 실현되어 나갔으며, 그리하여 새 시대가 도래했다는 것이다.[11] 이 같은 해석은 정통신학자나 성경학

---

[5] Gaebelein, *The Annotated Bible*, 8, 31. 또한 보라. Charles R. Erdman, *The Acts* (Philadelphia: The Westminster Press, 1919), 27. 오순절의 사건은 그리스도의 증인으로서 교회사의 첫 위대한 장을 완성한다.

[6] Cook, *The Acts of the Apostles*, 14; John Dick, *Lectures on Some Passages of the Acts of the Apostles* (Glasgow: Printed by Crawford and Mackenzie, 1805), 26.

[7] Baumgarten, *The Acts of the Apostles*, 41; Horatio B. Hackett, *A Commentary on the Original Text of the Acts of the Apostles* (Boston: Gould and Lincoln, 1858), 40.

[8] Dick, *Lectures on Some Passages of the Acts of the Apostles*, 24; 칼빈, 사도행전 I, 68-69.

[9] Bosworth, *New Studies in ACTS*, 10; Dick, *Lectures on Some Passages of the Acts of the Apostles*, 24; Frederic Martin, *Notes on the Four Gospels and the Acts of the Apostles* Vol. II. (London: William Pickering, 1838), 525.

[10] F. F. Bruce, *The Book of ACTS* (Grand Rapids: Eerdmans, 1988), 50.

[11] 존 칼빈, 한국기독교선교백주년기념 존·칼빈성경주석출판위원회 역편, 신약성경주석, Vol.

자들이 받아들이고 있다. 칼빈도 '나는 어거스틴의 해석을 부정하지 않는 다'[12]고 말했다. 바로 이날 하나님은 그리스도의 제자들에게 성령을 부어 주시기로 정하신 것이다.[13] 그런 의미에서 오순절은 '새로운 시대의 시작' 이다.[14] 구프린스턴신학의 대표적 성경신학자 어드만이 지적한 것처럼 "이 오순절은 결코 끝나지 않는다. 왜냐하면 동일한 성령의 권능과 동일한 능력의 메시지에 의해서 믿지 않는 영혼들이 구원 받고 하나님의 우리 안에 여전히 모여들고 있기 때문이다."[15]

오순절은 흩어진 디아스포라 유대인들이 한 곳에 모이는 축제일이었다. 하나님께서 성령의 놀라운 부으심이 임하는 성취의 때로 이날을 택하신 것은 오순절의 놀라운 성령의 부으심이 널리 퍼져나가게 하시려는 섭리였다. "수많은 사람들이 예루살렘에 모여드는 오순절 축제의 절기에 이 기적

5, 사도행전 I (서울: 성서교재간행사, 1980), 68. '곧 율법이 하나님의 손으로 석판에 기록되어 유월절 이후 50일 만에 옛 백성들에게 전해진 것과 같이 우리의 마음비(碑)에 율법을 쓰시는 역할을 지니신 성령께서도 참된 유월절이신 그리스도의 부활 이후 같은 날짜 만에 그 율법을 주실 때 예표된 것을 성취하셨다(고전 5:7).' 정확한 이해를 위해 영문을 참고하라. "I will not refute that high and subtle interpretation of Augustine, that like as the law was given to the old people fifty days after Easter, being written in tables of stone by the hand of God, so the Spirit, whose office it is to write the same in our hearts, did fulfill that which was figured in the giving of the law as many days after the resurrection of Christ, who is the true Passover." John Calvin, *John Calvin Bible Commentaries On The Acts of the Apostles 1-13* trans by Henry Beveridge (North Charleston: Createspace, 1907), 43.

[12] 칼빈, 신약성경주석, Vol. 5, 사도행전 I, 68.
[13] Dick, *Lectures on Some Passages of the Acts of the Apostles* 26.
[14] Dick, *Lectures on Some Passages of the Acts of the Apostles* 26.
[15] Erdman, *The Acts*, 28. 하지만 19세기 후반에 접어들어 아브라함 카이퍼를 비롯한 일부 개혁주의 신학자들과 세대주의 시각을 가진 학자들은 오순절의 사건이 단회적(once for all)이라고 말한다. 무어헤드는 그 중의 한 사례이다. Moorehead, *Outline Studies in Acts, Romans, First and Second Corinthians, Galatians and Ephesians*, 54. "The gift of the Holy Spirit for special service is a truth certainly recognized in Acts. For while the outpouring of the Spirit on the day of Pentecost was in fulfillment of the Lord's promise, and was once for all during the present dispensation, yet we find that on repeated occasions thereafter certain disciples were 'filled with the Spirit' to qualify them for some particular testimony, or for suffering(iv:31 ; vi:5 ; x:44, 45; xi:12, 28; xiii:2, etc.). Let us distinguish between the gift of the Spirit as an abiding Comforter that all believers enjoy(Rom. viii: 9), and the gift of Him for a special condition. The former is bestowed once for all and to all, the latter as often as we need and ask."

이 일어났으므로 오순절 성령강림 사건이 더 유명하게 되었을 것이다. 이 때문에 오순절 성령강림은 해외로 확산되었고, 심지어 지구의 땅 끝과 경계선까지 확산되었다.… 그러므로 하나님께서는 그 날을 선정하심으로 기적의 유익을 생각하신 것이다. 첫째로 유대인들이 하나님의 역사에 더 열심히 관심을 기울였기 때문에 오순절 사건이 예루살렘에서 더 많은 관심을 불러일으켰을 것이고, 둘째로 그것이 해외, 심지어 먼 나라들에까지 퍼져나갔을 것이다."[16]

제자들은 주님의 약속대로 예루살렘 성 안에 있는 마가의 다락방에 모였다.[17] 주님이 최후의 만찬을 가진 이곳 마가의 집 2층에는 넓은 다락방이 있어 120명이 예루살렘을 떠나지 않고 아버지의 약속하신 성령을 기다리며 기도하기에는 가장 적합한 장소였다.[18] 게다가 마가의 집은 예루살렘 성전까지 걸어서 10분밖에 걸리지 않은 곳에 위치하고 있었다. 주님이 승천하신 이후 120문도는 주님의 약속대로 예루살렘을 떠나지 않고 이곳에서 간절히 기도했다.

이곳에 모인 이들은 주님이 승천하신 후 10일 동안 전심으로 주의 약속을 기다리며 기도했고, 오순절 날 주님은 약속하신 대로 성령을 부어주셨다.[19] 덴톤의 말대로 오순절 날 '아버지의 약속'이 성취된 것이다. 주님이 약속하신 성령이 임하시자 사도들의 의심과 주저함이 사라졌다.[20] 유월절

---

[16] 칼빈, 사도행전 I, 68-69.

[17] M. Baumgarten, *The Acts of the Apostles: Or, The History of the Church in the Apostolic Age.* Vol. I. (Edinburgh: T. &T. Clark, 1854), 23.

[18] John Chrysostom, *The Homilies of John Chrysostom on The ACTS of The Apostles* (London: Oxford, John Henry Parker, 1851), 55. 당시 부유층의 사람들이 몰려 있던 예루살렘 윗성에 위치한 마가의 집 옆에는 가야바를 비롯한 상류층의 사람들이 살고 있었다. 성경학자들은 예수님이 잡히실 때 멀찍이서 그를 쫓아갔던 한 청년, 사도 바울의 선교여행에 동행하고, 성령의 감동으로 마가복음을 저술한 그가 마가라고 말한다. 그의 어머니 마리아는 베드로가 출옥한 후 찾아갈 만큼 제자들로부터 신뢰와 존경을 받았던 경건한 여인이었다. 이 경건한 여인 밑에서 자란 "마가라 하는 요한"은 자기 집 다락방에 임한 놀라운 오순절 성령강림을 경험하고 그리스도의 사신이 되었다.

[19] Dick, *Lectures on Some Passages of the Acts of the Apostles*, 15.

[20] W. A. Denton, *A Commentary on the Acts of the Apostles.* Vol. I. (London: George Bell and Sons, 1874), 41, 43.

의 어린양으로 오신 주님이 십자가와 부활을 통해 구속의 사역을 완성하시고 부활하신 날부터 50일째 되는 오순절, 종교적으로는 모세의 율법을 받은 이 역사 깊은 날 오순절에 보혜사 성령을 약속대로 부어주신 것이다.

오순절 성령강림의 4가지 교회사적 의미

오순절 성령강림은 다음 몇 가지 점에서 중요한 교회사적 의미를 지니고 있다.

첫째는 주님의 약속의 성취였다.[21] 이미 구약에 요엘 선지자가 예언했고[22] 주님이 공생애 동안에 반복적으로 약속하셨고 주님께서는 승천하시면서 제자들에게 '예루살렘을 떠나지 말고 아버지의 약속하신 성령을 기다리라'고 말씀하신 약속이 성취된 것이다.[23] '몇 날이 못 되어 성령으로 세례를 받으리라'고 말씀하셨을 때 제자들은 예루살렘을 떠나지 않고 마가의 다락방에 모여 주님이 약속하신 성령을 기다렸고, 드디어 주님이 승천하신지 10일째 되는 오순절에 성령이 놀랍게 강림하셨다.[24] 창세기에서 약속된 '여자의 후손'이 바로 예수 그리스도이시며, 이 예수 그리스도를 통한 죄 사함과 회개 및 중생이 모든 믿는 자들에게 선물로 다가올 수 있게 된 것이 바로 오순절 성령강림의 사건이었다.

둘째, 오순절 성령강림 사건은 한 시대의 종말을 고하고 새로운 시대의 도래를 알리는 사건이었다.[25] 성령강림은 예레미야 선지자가 예언한 '새언약'(렘 31:31-33)의 도래, 새 시대, 메시야의 시대, 성령의 시대의 시작을 알리는 신호였다.[26] 오순절 성령강림 사건은 기독교 최고의 전환점이었고

---

[21] William Owen Carver, *The Acts of the Apostles* (Nashville: Sunday School Board, Southern Baptist Convention, 1916), 24; Denton, *A Commentary on the Acts of the Apostles*. Vol. I., 51.

[22] David W. Gooding, *True to the Faith, The Acts of the Apostles: Defining and Defending the Gospel* (London: Hodder &Stoughton, 1990), 42.

[23] Carver, *The Acts of the Apostles*, 24.

[24] Gaebelein, *The Annotated Bible*, 16.

[25] Cook, *The Acts of the Apostles*, 14.

신약교회의 출발을 알리는 신호탄이었다.[27] 새 시대가 도래했다는 것은 은혜의 시대, 곧 새로운 성령의 시대가 시작되었다는 의미이다. 이것은 구약시대가 은혜의 시대가 아니었다는 의미가 아니라 하나님의 은혜가 이제는 예수 그리스도를 통해서 전 세계적인 보편적인 은혜로, 시대와 민족을 초월하여 임했다는 의미이다. 그런 의미에서 오순절의 성령강림은 신약시대의 교회의 출발을 알리는 신호였다.

오순절 성령강림 사건은 새로운 시대로 들어가기 위해 반드시 건너야 할 문지방과 같은 사건이다. 예수의 죽음, 부활 그리고 승천의 결과로써 일어난 구속의 사건들이 보편적으로 널리 임하게 되는 전기가 바로 오순절 성령강림이다. 오순절 이후로 모든 기독교인들은 예외 없이 이 새 시대의 참여자가 되었고, 그리스도께서 죽음과 부활과 승천과 성령의 부어주심으로 유효하게 하신 죄 사함과 성령의 선물을 얻게 되었다.

셋째, 베드로가 사도행전 2장 33절에서 증언하는 것처럼 오순절 때 초자연적 현상이 수반되며 놀라운 성령의 부으심이 있었다. "성령은 그의 임재를 인간이 정확하게 인지할 수 있도록 다양하게 증거하셨다. 예수님이 세례를 받으실 때는 비둘기(a dove) 같이 임하셨고, 부활하신 후에는 숨(a breath)으로 그리고 오순절에는 하늘로부터 바람 같은 소리, 불의 혀 같이 임하셨다. 오순절 날 그 소리가 마가의 다락방에 모인 사도들과 제자들이 앉은 온 집에 가득했다."[28] 이 놀라운 부으심을 통해 제자들이 성령의 충만을 받고 비로소 권능을 받고 복음전도자로 거듭날 수 있었다. 이 놀라운 성령의 부으심은 말세에 남종과 여종에게 성령을 부으시겠다고 요엘 선지자를 통해 하신 약속의 성취이다. 브루스의 말대로 이 오순절

---

[26] 팔머 로벗슨, 계약신학과 그리스도, 김의원 역 (서울: 기독교문서선교회, 1983), 302-303
[27] Denton, *A Commentary on the Acts of the Apostles*. Vol. I., 43. 덴톤은 오순절 성령강림과 관련하여 다섯 가지를 지적했다. (1) 성령이 주어진 '때'(the time)와 '때'의 적절성: 그것은 오순절 날이다. (2) 받는 자의 조건: 그들은 그리스도의 명령에 순종하여 예루살렘에서 약속된 축복을 기다렸다. (3) 성령의 오심의 방식: 갑자기 임하셨다. (4) 그들에게 나타난 성령의 임재의 외적 징표와 현시는 불의 혀 같이 나타났다. (5) 약속을 선물로 받은 이들의 결과: 그들이 성령의 충만을 받았다.
[28] Denton, *A Commentary on the Acts of the Apostles*. Vol. I., 48.

성령의 부으심은 약속의 성취의 시작이었다. 이 놀라운 성령의 부으심은 고넬료 가정에서도 계속되었다.

성령의 부으심은 사도행전에만 국한되지 않았다. 1차 대각성운동, 2차 대각성운동, 평양대부흥운동이 보여주듯 기독교 역사에서도 이 놀라운 성령의 부으심이 계속되었다. 조나단 에드워즈가 지적한 것처럼 이 땅의 교회는 이 놀라운 성령의 부으심을 간절히 사모해야 한다. 웨스트민스터 신앙고백이 증언하는 것처럼 성령은 아버지와 아들로부터 영원히 나오신다. 어제도 나오시고 오늘도 나오시고 내일도 나오시는 것이다. 성령의 역사와 부으심을 오순절 사건에 국한시킬 수 없다.

넷째, 교회 부흥의 성격을 알려준다. 오순절의 사건은 사도들을 위한 것일 뿐 아니라 교회와 우리 모두를 위한 것이다. 오순절 이후 성령의 부으심이 사마리아, 가이사랴, 에베소에 임했으며, 이들 지역의 성도들도 성령충만을 경험했다. 오순절 마가의 다락방에서의 성령강림을 체험한 후 신약 교회가 시작되었고, 그 120문도는 바로 최초의 교회공동체를 형성한 주체들이었다. 이 사건이 최초의 부흥 사건이라는 데는 의견을 달리하지 않는다. 오순절 성령강림 사건은 주님의 약속에 대한 성취이면서 동시에 "최초의 부흥" 사건이었다.[29]

그러나 오순절을 통한 더 근본적인 변화는 하나님 나라에 대한 제자들의 인식의 변화이다. 하나님의 나라를 현세적인 나라로 인식하지 않고 영적인 나라로 이해했다. 주님이 그렇게 설명해 주셨어도 '이스라엘 나라를 회복하심이 이 때니이까'(1:6)라고 반문했던 제자들이 주님께서 약속하신

---

[29] Lindsay, *The Acts of the Apostles*, 14. 오순절 성령강림 사건을 신약적인 의미의 최초의 부흥 사건으로 보는 이유는 공동체가 놀라운 성령의 부으심을 경험했고 이 사건을 통해 교회와 개인이 성령의 충만을 받고 위로부터 능력을 힘입고 인격과 성품과 삶의 뚜렷한 변화가 나타났다는 사실이다. 비로소 증인의 삶을 살게 되었고 이웃과 재산을 공유하며 나누는 이웃사랑의 삶을 실천했다. 은혜를 받은 후 개인의 가치관이 그 이전과 정반대로 달라졌다. 가치관의 변화는 삶의 목적에 대한 변화를 의미한다. 삶의 목적이 하나님을 영화롭게 하는 것이라는 인식은 십자가에 자신들을 위해 달리신 주님을 위해 생명을 바치는 것까지 두렵지 않게 만들었다. 겁쟁이 베드로가 '하나님 앞에서 사람의 말을 듣는 것이 옳은가 하나님의 말을 듣는 것이 옳은가?'라고 반문할 정도로 바뀌었다. 120 문도에게 임한 당시 이 최초의 부흥을 향유한 이들은 오직 유대인들이었다.

성령충만을 받고는 매사에 성령의 인도를 받는 제자들로 바뀌었다. 비로소 제자들은 구약에서 말씀하는 메시야와 성령강림의 의미를 발견할 수 있었다. 제자들은 모든 사건들을 통해서 그 사건이 주는 영적인 의미와 주님의 뜻을 발견할 수 있었다. 자연히 가치관의 변화는 사회와 공동체의 변화로 이어져 오순절 성령강림 이후 놀라운 사회변혁운동이 예루살렘에 태동되었다. 우리는 이 같은 일련의 과정을 오순절 사건을 통해 면밀히 고찰할 수 있다.[30]

1. 오순절 성령강림(2:1-13)

[1] 오순절 날이 이미 이르매 그들이 다같이 한 곳에 모였더니 [2] 홀연히 하늘로부터 급하고 강한 바람 같은 소리가 있어 그들이 앉은 온 집에 가득하며 [3] 마치 불의 혀처럼 갈라지는 것들이 그들에게 보여 각 사람 위에 하나씩 임하여 있더니 [4] 그들이 다 성령의 충만함을 받고 성령이 말하게 하심을 따라 다른 언어들로 말하기를 시작하니라 [5] 그 때에 경건한 유대인들이 천하각국으로부터 와서 예루살렘에 머물러 있더니 [6] 이 소리가 나매 큰 무리가 모여 각각 자기의 방언으로 제자들이 말하는 것을 듣고 소동하여 [7] 다 놀라 신기하게 여겨 이르되 보라 이 말하는 사람들이 다 갈릴리 사람이 아니냐 [8] 우리가 우리 각 사람이 난 곳 방언으로 듣게 되는 것이 어찌 됨이냐 [9] 우리는 바대인과 메대인과 엘람인과 또 메소보다미아, 유대와 갑바도기아, 본도와 아시아, [10] 브루기아와 밤빌리아, 애굽과 및 구레네에 가까운 리비야 여러 지방에 사는 사람들과 로마로부터 온 나그네 곧 유대인과 유대교에 들어온 사람들과 [11] 그레데인과 아라비아인들이라 우리가 다 우리의 각 언어로 하나님의 큰일을 말함을 듣는도다 하고 [12] 다 놀라며 당황하여 서로 이르되 이 어찌 된 일이냐 하며 [13] 또 어떤 이들은 조롱

---

[30] Abbott, *An Illustrated Commentary on the Acts of the Apostle*, 36. 사도행전 2장은 성령의 놀라운 부으심의 현시(1-13), 베드로의 설교(14-36), 그것이 백성들(37-41)과 교회(42-47)에 미친 결과를 설명한다.

하여 이르되 그들이 새 술에 취하였다 하더라.

누가는 '오순절 날이 이미 이르매'(2:1)로 역사적인 사건을 시작한다. 이어 누가는 오순절의 성령강림을 기술하면서 '그들이 다 같이 한 곳에 모였더니'(2:1)와 성령이 '각 사람 위에 하나씩 임하여 있더니'(2:3)라고 밝혔다.[31] 120 문도가 같은 장소에서 주님이 하신 동일한 약속을 기다린 것이다. 브루스에 따르면 여기 장소를 지칭하는 '한 곳'(2:1), '그들이 앉은 집'(2:2)은 다락방으로 길가에 공개된 장소이다. 그 때문에 방언이 터져 나왔을 때 대중들이 바로 인식할 수 있었다.[32]

집단적이면서 동시에 개별적 성령강림

우리는 누가가 '역사가(歷史家)' 아니면 적어도 역사적 저술을 기술할 충분한 자격을 갖추었다는 사실을 인정한다면 그가 기록한 사도행전의 오순절 기록을 주의 깊게 고찰하고 검토할 필요가 있다. 우리는 이들이 한 곳에 모인 장소가 1장에서 언급한 같은 장소인 것을 미루어 추론할 수 있으며, 주님의 승천 이후 이들이 계속해서 주님이 언급한 아버지의 약속을 기다리고 있었던 것을 알 수 있다. 그리고 누가는 '오순절 날(the day of Pentecost)이 이미 이르매'(2:1)라는 표현을 통해 정확히 이들이 모였던 시기가 언제인가를 말해주고 있다. 이날은 A.D. 30년 5월 28일이었다.[33]

---

[31] Dick, *Lectures on Some Passages of the Acts of the Apostles*, 27.

[32] Bruce, *The Book of ACTS*, 51. 성령이 임할 때 그들이 성전에 있었다고 보는 주장과 다락방에 있었다고 하는 주장이 있다. 여기서 집이 성전을 지칭한다고 보고, 사람들이 오순절 이전에 이미 예루살렘 성전에 올라와 있었을 것이라고 본다. 다락방이라고 보는 견해는 사람들이 방언을 말하면서 거리로 나가자 그 소리를 듣고 모인 무리들이 성전 뜰로 들어갔으며 그곳에서 베드로가 열한 사도와 같이 서서 설교를 했다는 추론이다.

[33] Ramsay, *St. Paul the Traveler and the Roman Citizen*, 364; Philip Schaff, *History of the Christian History* Vol. I *Apostolic Christianity A.D. 1–100* (New York: Charles Scribner's Sons, 1920), 243–244. 램지는 이 날을 5월 26일로 계산했고, 샤프는 5월 27일로 계산했다. 그러나 오순절은 부활절 후 50일째 되는 날이다. A.D. 30년 부활하신 날을 4월 9일로 볼 때 50일째는 5월 28일이다. A.D. 30년 그레고리안 월력은 다음을 참고하라.<www.timeanddate.com/cal

오순절 사건 기사에서 우리는 몇 가지 사실을 발견할 수 있다.

첫째, 오순절 사건과 관련하여 성령강림의 역사가 집단적인 성격을 지니면서도 각 개인에게 임했다.[34] 주님이 말씀한 아버지의 약속하신 성령이 그곳에 모인 무리들 '각 사람 위에 하나씩 임하여 있더니'(2:3)라는 기록은 그곳에 모인 이들 각 개인에게 성령께서 임하였음을 분명히 말씀해 준다. 12명의 제자들에게만 임하셨다는 것인가? 전혀 그렇지 않다. 단 한 사람도 예외 없이 120명 모두에게 임하신 것이다.[35] 우리는 '성령이 각 사람 위에 임하여 있더니'라는 말을 주목할 필요가 있다. '임했다'는 말은 그들 각 개인(each of them)에게 오셔서 머물렀다는 의미다.[36] '그들의 각 사람 위에 하나씩 임하여 있더니'(NIV)라는 말은 '그들 각 사람 위에 앉아 있더니'(sat upon one each of them, ἐκάθισεν ἐφ' ἕνα ἕκαστον αὐτῶν), '각 사람 위에 머물러 있더니'(settled on, rested on)라는 의미이다. '임하여 있더니'라는 의미의 헬라어 에카디센(ἐκάθισεν)은 히브리서 1장 3절, 8장 1절, 10장 12절에 반복적으로 나타난다.[37]

> 이는 하나님의 영광의 광채시요 그 본체의 형상이시라 그의 능력의 말씀으로 만물을 붙드시며 죄를 정결하게 하는 일을 하시고 높은 곳에 계신 지극히 크신 이의 우편에 <u>앉으셨느니라</u>(히 1:3)

> 지금 우리가 하는 말의 요점은 이러한 대제사장이 우리에게 있다는 것이라 그는 하늘에서 지극히 크신 이의 보좌 우편에 <u>앉으셨으니</u>(히 8:1)

> 오직 그리스도는 죄를 위하여 한 영원한 제사를 드리시고 하나님 우

---

endar/?year=30&country=34>(2020. 03. 20. 접속).

[34] Gaebelein, *The Annotated Bible*, 32. "성경이 오순절 날 각 믿는 자에게 임하셨고, 그들이 성령을 받았다. 성령이 그들을 개별적으로 충만하게 하셨고 그들이 협력하여 한 몸으로 연합되었다.… 믿는 자가 각기 성령을 받음으로 그리스도의 몸의 지체가 되었다." Chrysostom, *The Homilies on The ACTS of The Apostles*, 54.

[35] Chrysostom, *The Homilies on The ACTS of The Apostles*, 54.

[36] Chrysostom, *The Homilies on The ACTS of The Apostles*, 54.

[37] 이 외에도 고린도에서 "일 년 육 개월을 머물며 그들 가운데서 하나님의 말씀을 가르치니라"(18:11)의 '머물며'에 동일한 단어가 사용되었다.

편에 앉으사(히 10:12).

예수 그리스도가 영광을 받으시고 하나님의 보좌 우편에 앉으신 것을 지칭할 때 '에카디셴'이라는 단어가 반복적으로 사용되었다는 사실을 주목할 필요가 있다. 이들 용례들은 성자 하나님이 하나님 보좌 우편에 앉으신 후 성령을 보내주셨고, 그 성령께서는 그리스도가 하나님 보좌에 앉으신 것처럼 당신의 택한 백성들 위에 영광 중에 자리를 잡으시고 머물러 계신다는 것을 보여준다. 전능하신 성령 하나님이 각 사람 위에 임하셔서 자리를 잡고 머물러 계신다는 의미이다.

성자의 영광스러움과 성령의 임재의 영광스러움이 상호 비견되고 있다. 이것은 주님이 제자들에게 하신 약속, 곧 '내가 아버지께 구하겠으니 그가 또 다른 보혜사를 너희에게 주사 영원토록 너희와 함께 있게 하리니 … 그는 너희와 함께 거하심이요 또 너희 속에 계시겠음이라'(요 14:16-17)는 말씀의 성취라고 할 수 있다. 제자들을 '고아와 같이 버려두지 않으시겠다'고 하신 약속대로 성령을 보내주셔서 여전히 주님이 제자들과 함께 하신다는 사실을 보여주신 것이다.

성령의 임하심은 각 사람 위에 머물기 위해서이며, 그런 면에서 그분의 임재는 곧 인격적 성령 하나님이 각 사람의 인격 위에 임하시고 머물러 계신다는 사실이다. 성령의 역사를 우리의 인격과 무관한 초자연적인 어떤 힘으로만 해석하는 것은 큰 잘못이다. 인격적인 성령이 각 사람 위에 임하신 것이다.

성령의 부으심의 역사는 개별적이면서 동시에 공동체적인 은혜의 역사였다. 마가의 다락방에 모인 그들 '각 사람'(2:3) 곧 '그들이 다'(all, πάντες, 2:4) 놀라운 성령의 역사를 체험한 것이다.[38] 4절은 성령충만을 받은 자들이 사도들과 같은 특정한 사람들만 아니라 오순절 마가의 다락방에 모인 120 문도 모든 사람들이라는 사실을 분명히 말씀해 주고 있다.[39] 누가

---

[38] Denton, *A Commentary on the Acts of the Apostles.* Vol. I., 52.
[39] Denton, *A Commentary on the Acts of the Apostles.* Vol. I., 51.

는 성령이 오셔서 그곳에 모인 각 사람에게 임하셨을 뿐만 아니라 '그들 모두가 다 성령의 충만을 받았다'고 증언한다. 모두가 성령의 임재를 경험하고 성령으로 충만을 받은 것이다.[40] '모든 육체에 내 영을 부어주시겠다'는 약속이 성취된 것이다.[41] 바로 이것이 진정한 영적 부흥이다.

성령은 차별하지 않으신다. 사모하는 자들 가운데 임하시는 영이시다. 120문도가 다 하나 되어 성령의 임재를 간구하고 기도하며 기다릴 때 성령께서 한 사람도 예외로 하지 않으시고 그들 모두에게, 그러면서도 개별적으로 그들 각 사람 위에 임하셔서 머물러 계시고 영광의 예수 그리스도가 하나님 보좌에 앉으신 것처럼 각 사람 위에 좌정하셨다.

충만한 성령의 임하심의 역사는 어떻게 언어로 형언하기 힘들다. 그러나 한 가지 분명한 것은 그 은혜를 받은 이들이 성령으로 충만을 받는다는 사실이다. 제자들은 처음으로 이 같은 은혜를 경험했다. 과거 자기 자신으로 충분했던 그들이 성령으로 충만한 특별한 은혜를 경험한 것이다.[42] 칼빈의 말대로 성령의 충만함이란 '성령으로 넘치도록 가득 찬 상태'를 말한다.[43] 이것은 오순절 마가의 다락방에서 전형적으로 나타났다. 그곳에 모인 사람들 모두가 다 성령의 충만을 받았고, 또 성령이 말하게 하심을 따랐을 때 다른 방언으로 말하기 시작하는 역사가 나타났다.[44]

---

[40] Chrysostom, *The Homilies on The ACTS of The Apostles*, 54.

[41] Melancthon W. Jacobus, *Notes, Critical and Explanatory, on the Acts of the Apostles* (New York: Robert Carter & Brothers, 1859), 53.

[42] Denton, *A Commentary on the Acts of the Apostles*. Vol. I., 52. "인간의 심령은 텅 빈 채 존재하지 않는다. 성령은 이기심으로 가득한 심령에는 거하시지 않을 것이다. 그러나 심령이 이기심으로 채워지지 않으면 않을수록 그 심령은 더욱 더 성령께서는 거하실 준비가 된 것이다."

[43] 칼빈, 사도행전 I, 158.

[44] Denton, *A Commentary on the Acts of the Apostles*. Vol. I., 52. "성령의 임재로 충만한 이들은 곧 복음을 증거하기 시작했다. 그들은 이 땅의 모든 것이 종말을 고할 때까지 복음을 전하기 시작했다. 사도들은 주님께서 승천하시면서 하신 약속에 따라 다른 방언으로 온 세상에 복음을 증거하기 시작했다. 성령께서 그들에게 말을 주심으로 그들이 복음을 증거했다(And they spake as the Spirit gave them utterance): 지혜의 성령이 그들을 감동하심으로 지혜롭게 복음을 증거했고, 권능의 성령께서 그들에게 힘을 주심으로 능력 있게 복음을 증거했으며, 순결의 성령이 그들에게 말을 하게하심으로 순결하게 복음을 증거했다. 바벨탑을 쌓을 때 언어가 혼잡함으로 인류가 나뉘었으나 이제 오순절에 방언의 은사가 임함으로 새 예루살렘이 지어지기 시작해 인류가 요한복음 16장의 한 우리(*one fold*) 한 목자(*the one Shepherd*)에게로 돌아가기 시작했다."

오순절 날 들을 수 있고 볼 수 있는 특별하고 독특한 초자연적인 성령의 임재의 현시가 나타났다.[45] 이날 성령은 개별적이고 인격적으로 임하셨다.[46] 그곳에 모인 모든 사람들이 성령의 충만을 체험했다. 주님의 공생애와 부활과 승천을 직접 목격한 120문도들이 다 한 가지의 목적을 가지고, '마음을 같이하여 오로지 기도'(1:14)에 힘쓴 결과 놀라운 성령의 강림을 모두가 동시에 경험한 것이다. 사도행전 2장 15절에 보면 오순절 성령강림의 사건이 일어났던 것은 제3시였다. 유대인들은 제3시, 6시, 9시에 정기적으로 기도했다. 제3시는 오전 9시에 해당하는 시간이다. 그렇다면 이 놀라운 성령의 역사는 그들이 기도하는 그 시간에 임했다는 사실을 말해준다. 기도할 때 놀라운 역사가 나타난 것이다.

성령강림의 세계성

둘째, 세계 각국에서 모인 사람들이 함께 성령의 강림을 목도했다. 성령이 절기를 따라 천하각국에서 예루살렘에 모인 이들에게 약속대로 임하신 것이다. 모인 이들은 '천하각국'(every nation under heaven), 곧 '바대인과 메대인과 엘람인과 또 메소보다미아, 유대와 갑바도기아, 본도와 아시아, 브루기아와 밤빌리아, 애굽과 및 구레네에 가까운 리비야 여러 지방에 사는 사람들과 로마로부터 온 나그네 곧 유대인과 유대교에 들어온 사람들과 그레데인과 아라비아인들'(2:9-11)이었다. 천하각국에서 모인 이들이 오순절 날 함께 성령의 역사를 경험한 것이다.

누가는 동쪽에서 서쪽으로 이동하면서 다섯 개의 집단으로 나누고 있는데 그 첫 번째가 바대인, 메대인, 엘람인, 메소보다미아 지방 사람들로 이들은 카스피 해 서쪽에서 온 사람들로 이들 중 상당수가 주전 8세기와 6세기에 그곳으로 추방당한 유대인들의 후손들로 보인다. 두 번째 집단은

---

[45] Henry Cowles, *Acts of the Apostles: With Notes, Critical, Explanatory, and Practical, Designed for Both Pastors and People* (New York: D. Appleton, 1883), 17.

[46] Hackett, *A Commentary on the Original Text of the Acts of the Apostles*, 42.

갑바도기아, 본도, 아시아, 브루기아와 밤빌리아로 소아시아 혹은 터키 지역에서 온 사람들이다. 세 번째는 애굽과 구레네 근방의 리비야 여러 지방에서 온 사람들이고, 네 번째는 유대인 혹은 유대교에 들어온 로마에서 온 사람들이다. 다섯 번째 집단은 그레데인과 아라비아인들이다.

누가는 오순절에 모인 이들을 언급하면서 '로마로부터 온 나그네 곧 유대인과 유대교에 들어온 사람들'(2:10)을 목록에 포함시켰다. 그렇다면 이들은 유일하게 유럽 본토를 대표하는 이들이다. 그러면서 그리스로부터 온 방문객들은 전혀 언급하지 않았다. 그것은 방문객이 없었기 때문이 아니라 '누가의 관심'과 '사도행전 서술이 진행하는 목적지가 바로 로마이기 때문이다. 오순절 성령충만을 받은 이들이 로마로 돌아가 그곳에 교회를 세웠을 것이라고 보는 것은 무리가 아니다.[47] 누가가 특별히 로마를 언급한 것은 오순절 사건을 통해서 로마에 복음이 전해지게 되었다는 사실을 자연스럽게 드러내려는 의도로 여겨진다.

이렇게 누가는 오순절 사건의 국제적인 성격을 의도적으로 강조하고 있다. '성령이 너희에게 임하시면 너희가 권능을 받고 예루살렘과 온 유대와 사마리아와 땅 끝까지 이르러 내 증인이 되리라'는 사도행전 1장 8절에 약속된 복음의 세계성이 비록 온전한 완성은 그 후에 이루어졌지만 이미 오순절 날 1차적으로 성취되었다. 누가의 시각 속에서는 자신이 거주하고 있는 지중해 유역을 중심으로 한 그레코-로마 세계를 염두에 둔 것이다. 당시 헬라와 로마제국 안에는 유대인들이 흩어져 살고 있었는데 바로 유대인들이 있었던 모든 나라를 '천하'라는 말로 표현한 것이다. 우리는 여기서 오순절에 모였던 이들 대부분이 예루살렘에 거하는 유대인들과 다른 지역에 거하는 헬라파 유대인들, 곧 디아스포라 유대인들이었지만, 이 가운데는 로마에서 온 유대교에 입교한 이방인들도 있었다는 사실을 주목할 필요가 있다.

우리는 하나님께서 유대인들뿐만 아니라 이방인들에게도 하나님의 구

---

[47] Bruce, *The Book of ACTS*, 57.

원 역사를 이루시기 위해 오순절 날에 이같이 천하각국에서 사람들을 모아주셨다는 사실을 주목할 필요가 있다. 누가는 예수님의 "땅 끝 증인"의 약속이 이미 오순절 성령강림 때 이미 성취가 시작되었음을 암시해준다. 여기에 모인 자들은 로마제국의 전역에서 온 이들로 후에 하나님의 복음이 어떻게 그토록 놀랍게 지중해 전역으로 확산되어 나갔는가를 말해 주는 좋은 예다.

누가는 천하의 개념을 잘 알고 있었다. 그가 말하는 천하는 일차적으로 로마제국과 깊이 연결되었다. 그것은 누가복음 기록을 통해 확인할 수 있다. 누가는 '천하각국'을 '천하로(the entire Roman world) 다 호적하라' (눅 2:1)는 가이사 아구스도의 영과 관련해서 사용했다. 당시에 아우구스투스(Augustus, 재위 27 B.C.–A.D. 14) 황제가 통치하는 로마제국은 '팍스 로마나'(Pax Romana)라는 '로마의 평화'를 구가할 만큼 대제국을 이루었다.[48] 언어적으로는 헬라어로 통일되어 헬라사상이 지중해 전역을 지배하고 있었으며, 정치적으로는 로마제국이 전 세계를 지배하고 있었다. 로마제국은 모든 면에서 하나님의 복음을 널리 확산시킬 수 있는 준비된 환경을 갖고 있었다. 하나의 언어, 지중해를 로마로 연결하는 훌륭한 교통망, 지중해를 하나의 수로로 연결하는 해상로, 정치적인 안정은 복음을 로마제국 전역으로 확산시키는 중요한 요인이었다.

'천하'를 지배하는 로마제국의 통치하에서 주님이 성육신하셨고, 이제 복음이 주님이 약속하신 대로 천하에 증거되기 위해 오순절 성령강림을 경험하도록 천하각국에서 경건한 유대인들과 유대교에 입교한 이방인들을 불러 모아 주신 것이다. 인류역사상 어느 때도 이처럼 완벽하게 복음이 천하에 증거될 수 있는 환경이 준비된 시기가 없었다. 정치적으로, 지리적으로, 문화적으로, 언어적으로, 종교적으로 복음이 확산될 수 있는 제(諸) 조건과 환경이 준비되었다.

그래서 바울 사도는 '때가 차매'(the fullness of the time, τὸ πλήρωμα

---

[48] 박용규, 초대교회사 (서울: 한국기독교사연구소, 2016), 31–32.

τοῦ χρόνου, 갈 4:4) 여자에게서 주님이 나셨다'고 증언한다. 영적인 준비와 세상적인 준비 모두가 완벽하게 갖추어졌다는 의미이다. 주님이 오신 때는 이처럼 오래전에 하나님께서 미리 준비하신 가운데서 진행되었다. 이것과 마찬가지로 오순절 성령강림의 역사 역시 그와 같은 하나님의 섭리 속에서 미리 예비하신 가운데 진행된 것임을 우리는 알 수 있다.

오순절 성령강림의 이 사건의 현장에는 주님을 따르는 120문도, 경건한 유대인 그리고 천하각국에서 모인 헬라파 유대인들과 이방인들이 함께 모였다는 사실을 통해 우리는 하나님의 복음이 오순절의 사건 때 예루살렘과 유대와 사마리아와 땅 끝까지 이르러 진행되기 위한 토대를 이미 구축하였음을 알 수 있다. 가장 중요한 성령강림의 약속이 성취되던 오순절 그 날에 오순절의 놀라운 성령강림의 역사를 민족과 지역을 초월해 체험할 수 있도록 하나님께서 그렇게 역사하셨던 것이다.

오순절 성령강림에 수반된 초자연적 현상

셋째, 오순절 성령강림 시에 분명한 초자연적 현상이 나타났다. 하늘로부터 급하고 강한 바람 같은 소리가 내려와 저희 앉은 온 집에 가득했고, 불의 혀처럼 갈라지는 것이 눈에 분명히 보였다.[49] 누가는 성령의 충만함을 받고 성령이 말하게 하심으로 '다른 방언들로 말하기 시작했다'(2:4)고 증언한다. 그곳에 모인 이들은 '성령강림의 외적인 표적'을 직접 눈으로 '보고' 귀로 생생하게 '들었다.' 칼빈의 표현을 빌린다면 "주께서는 그의 제자들에게 한번 성령을 눈에 보이는 형식으로 주셨다."[50]

누가는 오순절의 사건의 자초지종을 그 현장에 있던 마가요한으로부터

---

[49] Denton, *A Commentary on the Acts of the Apostles*. Vol. I., 49-50. 덴톤은 '혀'는 3가지 의미를 가진다고 말한다. (1) 혀는 복음을 전하고 모든 피조물들에게 하나님의 메시지를 선포하게 한다. (2) 혀는 교육을 받지 못하고 무지한 사람들도, 권능을 가지고 말하고 믿지 않는 자들에게 확신시킬 수 있는 도구이다. (3) 혀는 모든 족속들이 복음을 들을 수 있도록 다양한 언어를 구사하게 한다.

[50] 칼빈, 사도행전 I, 71.

들었을 것이고, 수많은 증인들의 증언을 들으면서 나타난 현상이 무엇인지를 파악하고 그것을 인간이 이해할 수 있는 언어로 잘 설명하려고 노력했을 것이다. 그럼에도 불구하고 우리가 오순절에 나타난 성령의 임재에 대한 초자연적 현상 '홀연히 하늘로부터 급하고 강한 바람 같은 소리가 있어 그들이 앉은 온 집에 가득하였다'(2:2)는 것을 이해하는 데는 한계가 있다. 이해의 한계는 한편으로 우리가 그 현장에 없었고, 그런 강력한 성령의 임재를 직접 경험하지 못했기 때문에 생기는 현상일 수 있다. 그래서 우리는 누가의 기록이 역사가로서 일어난 현상을 있는 그대로 사실적으로 기술하려고 했다는 점을 먼저 긍정하고 들어가야 할 것이다.

여기서 우리는 선 이해를 위해 본문의 의미를 하나하나 문자적으로, 언어적으로 살펴볼 필요가 있다.

사도행전 2:2 원문

καὶ ἐγένετο ἄφνω ἐκ τοῦ οὐρανοῦ ἦχος ὥσπερ φερομένης πνοῆς And came suddenly out of heaven a sound as rushing of a wind
βιαίας, καὶ ἐπλήρωσεν ὅλον τὸν οἶκον οὗ ἦσαν καθήμενοι violent and it filled all the house where they were sitting.
And suddenly a sound like a violent rushing wind came out of heaven, and it filled the whole house where they were sitting.
'갑자기 맹렬히 휘몰아치는 바람 같은 소리가 하늘로부터 내려와서는 그들이 앉아 있는 그 집 전체를 가득 채웠다'(사역)

'바람 같은 소리'가 오순절 마가의 다락방에 임하고 온 집에 가득했다. 그 소리는 하늘로부터 임했다. 120문도가 앉은 온 집에 가득한 것은 곧 소리였다. 그런데 누가는 그 소리가 바람 같은 소리, 곧 급하고 강한 바람 같은 소리였다고 말한다. 하늘로부터 급하게 임하는 거친 바람 같은 소리가 120문도가 앉은 그 집에 임했고, 그 소리가 그 집 전체에 가득했다. 이 소리를 120문도 전체가 들었는지 아니면 그중의 일부만 들었는지 누가는 자세하게 설명하고 있지 않다.

그러나 '급하고 강한 바람 같은 소리,' 그 소리가 그들이 앉은 마가의 다락방에 가득했다고 한다면 문맥을 통해서 볼 때 모두가 들었을 것이다. 그들이 들은 것은 소리이고 그 나타남의 모양은 바람이다. '바람 같은 소리'는 '소리 나는 바람'으로 이해해도 큰 차이는 없다. 그들 모두가 다 성령의 충만을 받았다고 4절에서 누가가 밝히고 있는 것을 보면 여기 '바람 같은 소리'가 상징하는 것은 의심할 바 없이 성령이다.

> 성령이 '바람'으로 표현되는 일은 일반적인 일이다. 왜냐하면 그리스도 자신도 사도들에게 성령을 주시려고 하실 때에 그들을 향하여 숨을 내쉬셨으며(요 20:22) 에스겔의 환상 중에서는 폭풍과 바람이 불어왔기 때문이다(겔 1:4). 실상 성령이라는 말 자체가 바람을 의미하는 말에서 왔다. 이 성령이라고 호칭되는 신의 본질적인 위격(位格)은 그 자체로는 이해할 수가 없기 때문에 성경은 이 바람이라는 용어를 차용하고 있는 것이다. 성령은 하나님의 능력으로서 그 능력에 의하여 하나님은 만물 위에 숨을 뿜어내시듯이 부어 주시는 것이다.[51]

성령을 바람으로 상징하는 것은 신구약성경에서 공통적으로 나타나는 것이다. 에스겔 37장 9-10절에는 바람이 반복적으로 등장한다.

> [9] 또 내게 이르시되 인자야 너는 생기(hā·rū·aḥ)를 향하여 대언하라 생기에게 대언하여 이르기를 주 여호와께서 이같이 말씀하시기를 생기야 사방에서부터 와서 이 죽음을 당한 자에게 불어서 살아나게 하라 하셨다 하라 [10] 이에 내가 그 명령대로 대언하였더니 생기가 그들에게 들어가매 그들이 곧 살아나서 일어나 서는데 극히 큰 군대더라

여기 '생기'라고 번역하는 히브리어 '하루아'(hā·rū·aḥ)는 바람(the wind)이다. 그런데 보통 바람이 아니라 바람 앞에 정관사(the)가 붙어 이 바람이 인격적인 존재인 것을 알 수 있다. 그렇다면 이 바람은 곧 죽은

---

[51] 칼빈, 사도행전 I, 70.

자를 살리시고 창조의 날에 수면 위에 운행하셨던 성령을 의미한다.

에스겔이 환상 가운데 하나님의 명령대로 바람에게 죽은 자들 위에 불라고 명령하자 그들 위에 바람이 불어 새생명이 일어났다. 그 바람은 하나님의 바람, 곧 하나님의 영이었다. 성령을 구약에서는 루하, 신약에서는 프뉴마로 모두 바람의 의미를 지니고 있다. 경교가 중국에 전래된 후 성령을 '현풍'(賢風)이라고 불렀던 것도 그런 이유에서다.[52]

누가는 그 바람이 하늘로부터 임했다고 말하고, 그들이 '앉은 온 집에 가득했다'(2:2)고 증언한다. 그들이 앉은 온 집에 가득한 것은 단순한 소리가 아니라 소리로 들린 하나님의 바람 곧 성령이었다. 강력한 성령이 임재하실 때 이와 같은 초자연적 현상이 나타나는 것은 성경과 기독교 역사가 증언하고 있다. 누가는 '모인 곳이 진동했다'(4:31)고 증언하고 하늘을 가르시고 모인 공동체 가운데 '바람 같이 임했다'고 증언한다.

누가가 성령의 초자연적 임재를 설명하면서 '마치 불의 혀처럼 갈라지는 것들이 그들에게 보여 각 사람 위에 하나씩 임하여 있더니'(2:3)라는 표현을 부언하였다. 그들이 본 것은 '불의 혀처럼 갈라지는 무언가'가 아니라 '갈라진 불의 혀'(dividing tongues as of fire, διαμεριζόμεναι γλῶσσαι ὡσεὶ πυρός, 2:3)였다.[53] 현대 영어는 '사방으로 갈라지는 불의 혀'라고 번역하여 그 의미를 좀 더 현상학적으로 설명하려고 하였다.[54] 성경은 가시 떨기나무의 불꽃처럼 하나님의 특별한 임재를 불로 표현하기도 하였다.

성령을 불로 표현한 누가의 기록에 근거하여 성령을 '성령의 불'로 표현하여 사용하는 것이 보편적인 현상이 되었다.[55] 세례요한은 자신은 '물로

---

[52] 박용규, 한국기독교회사 1 1784-1910 (서울: 한국기독교사연구소, 2017), 83.

[53] Dick, *Lectures on Some Passages of the Acts of the Apostles*, 30.

[54] Denton, *A Commentary on the Acts of the Apostles*. Vol. I., 49-50. 불도 중요한 상징성을 지닌다. (1) 불은 하나님 자신의 이미지이다. 불같은 성령은 믿는 자들의 심령을 순결하게 하고, 죄를 태운다. (2) 불은 권능의 상징이다. (3) 불은 사도들에게 다가올 고난과 시련의 상징이다. 성령의 불은 영혼을 강하게 하고 모든 시련을 견디고 그리스도의 사도들이 악한 세계 가운데서도 전진하도록 만들어준다.

[55] Dick, *Lectures on Some Passages of the Acts of the Apostles*, 30.

세례를 베풀거니와 내 뒤에 오시는 이는 … 성령과 불로 너희에게 세례를 베푸실 것'(마 3:11)이라고 약속하였다. 누가도 동일한 증언(눅 3:16)을 하였다. 그렇다면 누가는 사도행전 2장 3절을 기록하면서 요한이 한 말을 연상했을 것이다.

불은 확산력이 대단히 높다. 불은 강력한 연소력을 가진다. 불은 식은 것을 뜨겁게 만들어 준다. 그런데 성경은 그 불이 인격적인 존재라고 말한다. 불과 같은 성격을 지닌 인격체, 죽은 자처럼 차갑고 식어버린 사람을 불타는 심장의 사람으로 만들어 주시는 불[분], 주권적인 불[분], 전능하신 불[분], 은사와 열매와 권능을 주셔서 표적과 기사와 이적을 행하게 하시는 불[분]이 성령이시다. 성령의 강력한 임재를 경험하면 그 성령이 한 개인과 공동체 안에 역사하여서 개인과 공동체를 바꾸는 역사가 나타난다. 참된 성령이 임하면 조나단 에드워즈의 증언대로 그리스도를 높이며, 죄와 사탄의 왕국에 맞서 싸우며, 성경의 권위를 높이고, 진리의 영과 사랑의 영으로 역사하게 만든다.[56]

오순절 마가의 다락방에 초자연적 현상이 동반된 것이 사실이지만 그 현상 자체가 중요한 것은 아니다. 누가가 여기서 강조하고자 하는 것은 초자연적으로 임하신 성령강림의 역사가 시공 속에서 일어난 역사적인 사실이라는 점이다. 그곳에 모인 이들은 영적으로, 시각적으로 성령의 역사를 경험했다. 이와 같은 초자연적 현상은 단순히 비인격적인 것이 아니었다. '그들에게 보여 각 사람 위에 하나씩 임하여 있더니'(2:3)라는 말씀은 성령의 놀라운 역사가 개별적('각 사람 위에 하나씩')이고 인격적('임하여 있더니')이었다는 사실을 가르쳐준다.

초자연적 성령의 역사를 초자연적 현상이나 은사에만 초점을 둔 나머지 인격적인 변화를 무시해서는 안 될 것이다. 성령의 역사는 그저 은사를 주시는 차원을 넘어 우리의 인격과 개인의 삶을 변화시켜 그리스도를 닮게 하시는 것을 포함한다. 성령의 역사와 성화를 분리시킬 수 없는 이유가

---

[56] Jonathan Edwards, "Distinguishing Marks," in *the Works of Jonathan Edwards*, Vol. Two (1834; repr. Edinburgh: Banner of Truth Trust, 1986), 266–268.

거기 있다.

오순절 방언과 복음의 세계성

오순절 성령강림 때 나타난 분명한 현상 가운데 하나는 사도들이 방언으로 말해 참석자들이 자기 나라말로 알아들었다는 사실이다. '성령이 말하게 하심을 따라 다른 언어들로 말하기를 시작하니라 … 우리가 다 우리의 각 언어로 하나님의 큰 일을 말함을 듣는도다'(2:4-11). 여기 나오는 '그로사이스'(γλώσσαις, tongues)는 마가복음 16장 17절의 '새방언'을 말한다.[57]

사도행전에는 이 단어(그로사이스)가 2장 4, 11절 외에 두 번 더 나온다. 사도행전 10장 46절과 19장 6절이 그것이다. '베드로와 함께 온 할례 받은 신자들이 이방인들에게도 성령 부어 주심으로 말미암아 놀라니 이는 방언을 말하며 하나님 높임을 들음이러라'(10:45-46), '바울이 그들에게 안수하매 성령이 그들에게 임하시므로 방언도 하고 예언도 하니 모두 열두 사람쯤 되니라'(19:6-7). 그렇다면 '그로사이스'라는 단어는 마가의 다락방

---

[57] Dick, *Lectures on Some Passages of the Acts of the Apostles*, 30. 개역성경에는 2장 4절에 나오는 '그로사이스'(γλώσσαις, tongues)를 '방언'으로 번역했다가 개역개정판에는 '언어'로 바꾸었다. 그러나 2장 6절에는 '방언'(language, διαλέκτῳ) 그대로 두었다. 헬라어가 달라 이 둘을 달리 번역한 것으로 보인다. 이를 인정한다면 이 둘이 다른 의미를 지니는가 하는 질문이 자연스럽게 제기될 수 있다. 둘의 의미가 무엇인지를 이해하기 위해 우리는 먼저 두 단어가 사용된 신약의 용례를 살펴볼 필요가 있다. 사도행전 2장 4, 11절에 나오는 '언어'로 번역된 '그로사이스'는 신약에 15회가 등장한다. 마가복음에 부활하신 주님께서 제자들에게 온 천하에 다니면서 복음을 전하라고 부탁하시면서 '믿는 자들에게는 이런 표적이 따르리니 곧 그들이 내 이름으로 귀신을 쫓아내며 새 방언을 말하리라'(막 16:17)고 약속하셨다. 여기 새 방언이 '그로사이스'이다. 개역성경이 마가복음에는 '방언'이라고 번역하고 사도행전에는 왜 동일한 단어를 '언어'로 번역했는지 이해가 가지 않는다. 정확한 의미 전달을 위해서 용어를 통일시킬 필요가 있다. 그러나 동일한 단어가 고린도전서 13장과 14장에서 사용될 때는 달랐다. 여기 고린도전서(12:30; 13:1; 14:5-6, 18, 23, 39)에 등장하는 '방언'은 분명 성령의 은사이며, 누구나 다 받는 것이 아니고, 통역이 필요하다는 것을 통해 일반 언어가 아닌 것을 알 수 있다. 바울이 '천사의 말'이라고 언급한 것이 여기 방언을 지칭하는 것이라면 그 언어가 일반 언어가 아니라 신령한 성령의 은사로 주어지는 말이라고 해석할 수 있다. 기도와 관련하여 이 방언을 언급한 것으로 봐야 하고, 그렇다면 고린도전서 14장의 방언은 사도행전 2장의 각 나라 언어(외국어)로 번역되는 방언과 다른 하나님께 드리는 기도의 수단으로 이해해야 할 것이다.

의 오순절에서, 고넬료 가정의 가이사랴 오순절에서 그리고 에베소의 오순절에서 나타났다. 이들 세 곳에는 강력한 성령의 임재가 나타났고, 성령의 임재를 경험한 이들이 공통적으로 '새 방언'을 체험했다. 마가의 다락방의 오순절 날, 가이사랴 오순절, 에베소 오순절 때 경험한 그로사이스는 마가가 부활하신 주님으로부터 성령의 능력으로 믿는 자들에게 나타날 '새 방언'인 것이 분명하다.

누가는 이 방언이 '성령이 말하게 하심을 따라'(2:4) 되어진 것이라고 분명히 밝히고 있다. 그렇다면 이 '새 방언'이 어떤 성격의 '방언'이냐는 것이 중요한 문제가 된다. 분명히 새 방언이라는 말은 그 이전에는 존재하지 않았던 것이라는 의미를 담고 있기 때문이다. 사도행전 2장 11절에서 오순절 날 천하각국에서 모인 이들이 '우리가 다 우리의 각 언어로 하나님의 큰 일을 말함을 듣는도다'라고 누가가 기록한 것으로 추론할 때 '그로사이스'는 커뮤니케이션의 통로로서의 언어였다는 사실을 알 수 있다. 그곳에 모인 120문도들은 '새 방언'으로 말했다. '그곳에 모인 각국에서 온 이들은 그들의 언어로 사도들이 말하는 것을 들었다'(we hear them declaring the wonders of God in our own tongues!, ἀκούομεν λαλούντων αὐτῶν ταῖς ἡμετέραις γλώσσαις, 2:6). 사도들은 아람어로 말을 했는데 그곳에 모인 이들이 자신들의 언어로 그 말을 알아들었다는 의미가 아니라 4절이 지시하는 대로 120문도가 '성령이 말하게 하심을 따라 다른 언어로 말하기를 시작'(2:4)했고, 그곳에 모인 이들은 모두가 다 '우리[그들]의 각 언어로 하나님의 큰일을 말함'(2:11)을 들은 것이다.

브루스가 지적한 대로 "여러 지역에서 온 방문객들은 오순절 날 예루살렘에서 신적 황홀경 가운데 제자들이 했던 말을 듣고 즉시 이해했다.… 그들[제자들]이 말한 여러 언어들은 히브리어 혹은 헬라어도 아니고 이집트, 소아시아 그리고 이탈리아의 지방 방언들에 속했다."[58] 다른 언어가 복수로 되어 있어 사도들이 적어도 몇 개의 언어들로 말을 한 것을 알 수

---

[58] Bruce, The Book of ACTS, 57.

있다. 사도들이 방언들로 말하기 시작했고 그곳에 모인 이들은 자기 나라 말로 알아들은 것이다.[59] 그렇다면 사도행전에서는 '그로사이스'가 '언어'인 것이 분명하다. 칼빈의 표현을 빌린다면 "이제 하나님께서는 잃어버리고 방황하는 인간들을 통일의 축복으로 불러 모으시기 위하여 사도들에게 여러 가지 다른 언어를 주셨다."[60]

'방언'으로 번역된 2장 6, 8절의 '디아렉토'(διαλέκτῳ, language)는 사도행전에만 6번 등장한다. 이들 여섯 번의 용례는 모두 '언어'를 지칭한다.[61] 사도행전에서 그로사이스와 디아렉토 두 단어가 분명히 구분되어 전자가 성령의 부으심, 임재와 관련하여 그것을 증명하는 성령의 능력의 현상으로 나타난 것으로 후자가 일반적인 언어를 지칭할 때 사용되었다.

'새방언'과 관련하여 누가는 두 가지 점을 분명히 지적한다. 첫째, 갈릴리 출신의 무지하고 무식한 사도들이 성령의 충만을 받고 성령이 말하게 하심으로 "하나님의 일들과 하늘의 지혜에 대해서 당당히 말했다"는 것이다. 둘째, "그들이 순식간에 새로운 방언의 은사를 받았다는 사실이다."[62]

'이 어찌 된 일이냐'(2:8)는 반응이 오순절 날 그곳에 모인 이들의 놀라움의 강도를 말해준다. 이렇게 놀란 것은 제자들이 하는 방언이 자신들이

---

[59] 칼빈, 사도행전 I, 72-73. 사도들이 그곳에 모인 이들이 사용하는 언어로 말했음을 보여준다. 칼빈은 이렇게 기록했다. "어떤 이들은 생각하기를 사도들이 여러 나라 방언을 말한 것이 아니요, 한 가지 방언으로 말한 것을 그들[청중들]이 자기들의 방언으로 들은 것처럼 이해하는 것이 바람직하다는 것이다. 그러므로 그들은 동일한 음성이 듣는 이들에게 각각 특이하게 들려졌다고 생각한 것이다.… 그러나 우리는 먼저 다음의 사실을 염두에 두지 않으면 안 된다. 즉 제자들은 여러 가지 외국 방언을 말했다는 사실이다. 그렇지 않다면 기적은 제자들 안에서 일어난 것이 아니고 청중 안에서 일어났다는 것이 될 것이다. 그렇게 되면 그가 이미 위에서 언급한 성령의 강림에 관한 표현법은 거짓이 될 것이요, 성령은 그들에게 주어진 것이 아니고 청중들에게 주어진 셈이 된다."

[60] 칼빈, 사도행전 I, 70.

[61] '(1:19) 그들의 말로는 그 밭을 아겔다마라'(τῇ ἰδίᾳ διαλέκτῳ αὐτῶν Ἀκελδαμάχ, the field was called in their own language Akeldama), '(2:6) 자기의 방언으로 제자들이 말하는 것'(τῇ ἰδίᾳ διαλέκτῳ λαλούντων αὐτῶν, speak in his own language), '(2:8) 우리 각 사람이 난 곳 방언으로'(τῇ ἰδίᾳ διαλέκτῳ ἡμῶν ἐν, [them] in our own language to which), '(21:40; 22:2; 26:14) 히브리 말로'(τῇ Ἑβραΐδι διαλέκτῳ λέγων, in the Hebrew tongue) 등 디아렉토는 모두 언어를 말한다.

[62] 칼빈, 사도행전 I, 75.

태어난 곳의 언어였기 때문이었다. 제자들은 전혀 교육을 받지 못한 갈릴리 출신이라 갈릴리 억양을 가진 데다 후음 발음에 어려움이 있어 말할 때 우물거리는 습관이 있었다. 존 딕의 말대로 "그들이 지각하듯이 연사들은 가장 천박하고 무식하기로 소문난 갈릴리 지방의 평범한 사람들이었다."[63] 그랬던 갈릴리 출신의 제자들이 여러 나라의 언어들을 구사한 것이다. 참석자들은 자신들의 언어로 알아듣고는 놀라움을 금치 못한 것이다.

오순절 날 제자들이 방언으로 말하는 것을 들었던 각국에서 온 사람들은 유대인이었거나 유대교로 개종한 자들이었다. 제자들은 여러 나라 방언으로 '하나님의 큰 일'(2:11)을 말했는데 이것은 성령강림을 통해 곧 전개될 복음의 세계성을 함의하는 의미가 있다.[64]

오순절 성령강림의 역사성

확실히 오순절 성령의 부으심의 사건은 역사 속에서 일어난 역사적 사건이었다. 오순절 날 성령의 역사와 수반된 초자연적 현상이 시공 속에서 일어난 역사적 사실이라는 점은 제자들의 말을 알아듣지 못한 소수의 사람들이 '저희가 새 술에 취했다고 조롱했다'는 누가의 기사를 통해 확인할 수 있다. 이는 모인 이들이 순간적으로 착각한 현상이 아니라 실제로 일어났던 일이라는 사실을 말해준다.

오순절 날 모인 이들이 놀란 것은 사도들이 '다른 언어들'(2:4)로 말했고 그곳에 모인 이들이 자신들의 언어로 분명히 알아들었기 때문이다. 사도들은 외국어를 습득하기 위해 모국을 떠난 적이 없었다. 그런데도 그들은 그곳에 모인 여러 나라에서 온 이들의 언어를 유창하게 구사했다. 제자들이 아람어로 말했는데 참석자들이 자신들의 언어로 알아들은 것이 아니라 제자들이 다른 언어로 말한 것이다. 칼빈이 말한 대로 "그들이 거침없이 이야기함으로써 또는 기회가 닿는 대로 한 사람은 라틴말을, 다른 사람은

---

[63] Dick, *Lectures on Some Passages of the Acts of the Apostles*, 33, 36.
[64] Denton, *A Commentary on the Acts of the Apostles*. Vol. I., 54.

헬라말을, 또 한 사람은 아라비아말을 그리고 그들 각 사람이 자기 말을 바꿀 때에 그것으로써 사람들은 이것이야말로 하나님의 비범한 역사였음을 한층 더 잘 깨닫는 것이다."[65]

오순절 성령강림 때 나타난 성령이 말하게 하심을 따라 말하기 시작한 '새방언'은 의심할 바 없이 바벨탑 사건 때 혼잡해진 언어의 회복과 연관이 있다.[66] 어거스틴이 그의 시편 주석에서 지적했듯이 이것은 인간의 반역으로 인해 야기된 바벨탑의 언어적 혼란을 다시 회복하는 놀라운 사건이었다.

> [바벨탑을 건축할 때] 교만한 사람들을 통해서 언어가 나뉘어졌지만 겸손한 사도들을 통해서 혼잡한 언어들이 통일되었다. 교만의 영은 언어를 혼잡시켰으나 성령은 언어를 통일시키셨다. 왜냐하면 성령이 제자들에게 임하여 그들이 모든 사람들의 언어로 말하자 모든 사람들이 그들의 말을 이해하였다. 혼잡해진 언어들이 하나로 통일된 것이다.[67]

어거스틴의 해석을 받아들인다면 인간의 죄악으로 인한 하나님의 진노가 오순절 성령강림을 통해 회복되는 은혜의 역사가 임한 것이다. 오순절은 하늘을 가르시고 임하신 성령 하나님이 바벨탑의 분열과 나눔과 혼란을 연합과 일치와 질서로 바꾸셔서 인류의 죄악을 근본적으로 해결하실 분이심을 보여주었다.[68] 그래서 누가가 2장 11절에서 '하나님의 큰 일'(the great things of God, τὰ μεγαλεῖα τοῦ Θεοῦ)이라고 말한 것이다.

천하각국에서 모인 경건한 유대인들은 히브리어를 모르는 이들이 대부분이었고, 자기 나라 언어를 사용했다.[69] 그런데 사도들이 말하는 것을 통

---

[65] 칼빈, 사도행전 I, 74.

[66] Baumgarten, *The Acts of the Apostles*, 62.

[67] 어거스틴은 시편 55편 9절에서 둘의 연관성에 대해 아주 분명하게 언급했다. <www.ccel.org/ccel/schaff/npnf108.ii.LV.html>(2019. 07. 28. 접속).

[68] William Gilson Humphry, *A Commentary on the Book of the Acts of the Apostles* (London: John W. Parker and Son, 1854), 15.

역도 없이 자기 나라 언어로 전해들은 것이다.[70] 그것은 오순절 날 성령의 충만을 받은 사도들이 누가가 증언하는 대로 '각 나라 방언으로 말했기 때문'이다. 그런 현상이 나타난 것은 성령의 초자연적 역사 외에 달리 설명할 수 없다.

우리는 여기서 한 가지 중요한 교훈을 얻을 수 있다. 그것은 성령의 놀라운 역사가 시공과 자연의 질서를 초월한다는 사실이다. 주님의 약속대로 마가의 다락방에 모여 간절히 주님의 약속을 기다리던 120문도들에게 전무후무한 놀라운 성령의 부으심이 임했고, 성령이 각 사람 위에 임하였으며, 그들 모두가 성령의 충만을 받았고 강력한 성령의 초자연적 역사가 나타났다. 오순절 성령강림을 통해 강력한 성령의 능력을 체험한 증인들에 의해 신약의 교회가 태동된 것이다.[71]

2. 베드로의 설교와 청중의 반응(2:14-41)

선지자 요엘의 예언 성취(2:14-21)

[14] 베드로가 열한 사도와 함께 서서 소리를 높여 이르되 유대인들과 예루살렘에 사는 모든 사람들아 이 일을 너희로 알게 할 것이니 내 말에 귀를 기울이라 [15] 때가 제삼 시니 너희 생각과 같이 이 사람들이 취한 것이 아니라 [16] 이는 곧 선지자 요엘을 통하여 말씀하신 것이니 일렀으되 [17] 하나님이 말씀하시기를 말세에 내가 내 영을 모든 육체에 부어 주리니 너희의 자녀들은 예언할 것이요 너희의 젊은이들은 환상을 보고 너희의 늙은이들은 꿈을 꾸리라 [18] 그 때에 내가 내 영을 내 남종과 여종들에게 부어 주리니 그들이 예언할 것이요 [19] 또 내가 위로 하늘에서는 기사를 아래로 땅에서는 징조를 베풀리니 곧 피와

---

[69] 칼빈, 사도행전 I, 74. "'천하각국으로부터'라고 말함으로써 그는 저들이 다른 나라들 그리고 널리 흩어진 나라들에서 왔다는 것을 의미한다."

[70] Dick, *Lectures on Some Passages of the Acts of the Apostles*, 36. 행 2:8, 11.

[71] Baumgarten, *The Acts of the Apostles*, 63.

불과 연기로다 ²⁰ 주의 크고 영화로운 날이 이르기 전에 해가 변하여 어두워지고 달이 변하여 피가 되리라 ²¹ 누구든지 주의 이름을 부르는 자는 구원을 받으리라 하였느니라.

베드로의 설교는 주목할 가치가 있다. 그것은 그 설교가 오순절 성령강림 이후 최초의 기독교 설교이고, 교회에 성령의 부으심의 첫 열매이기 때문이다.[72] 그의 설교의 핵심은 성령의 부으심에 대한 약속이 오순절 날 성취되었다는 것이다.[73]

우리는 베드로의 설교가 있기 바로 전 누가의 증언 한 가지를 주목할 필요가 있다. 오순절 성령강림을 현장에서 직접 목도한 사람들의 반응이다. 누가는 이렇게 증언한다. '다 놀라며 당황하여 서로 이르되 이 어찌 된 일이냐 하며 또 어떤 이들은 조롱하여 이르되 그들이 새 술에 취하였다 하더라'(2:12).[74] 성령의 임재와 이어진 초자연적 현상을 보면서 다 놀란 것이다. 대체 이 같은 역사가 어떤 의미냐며 서로 자문한다.

성령의 역사에 무지한 자들의 반응

그런데 성령의 역사를 목도하고도 '어떤 이들은 조롱하여 이르되 그들이 새 술에 취하였다'(2:13)고 조롱했다. 여기 '새 술에 취했다'의 취했다는 메메스토메노이(μεμεστωμένοι, full)로 흠뻑 취했다는 의미이고, 여기 새 술은 글레우코스(Γλεύκους)로 새 포도주(new wine)이다.

누가는 여기 "어떤 이들"이 구체적으로 누구를 말하는지 분명하게 밝히지 않았지만 오순절의 역사적 현장에서 성령의 초자연적 역사를 목도한 이들을 지칭하는 것은 분명하다. 오순절 날 대단한 하나님의 역사를 직접 눈으로 목도하고도 '어떤 이들'이 성령의 초자연적 역사를 전혀 깨닫지

---

[72] Denton, *A Commentary on the Acts of the Apostles*. Vol. I., 60.

[73] Baumgarten, *The Acts of the Apostles*, 63–70.

[74] Abbott, *An Illustrated Commentary on the Acts of the Apostle*, 48. 오순절 날 제자들 주변에 모인 무리들은 하나님의 놀라운 역사를 목도하고는 경외하는 자들과 조롱하는 자들로 나뉘었다. 복음의 반응이 늘 두 가지로 나타난다.

못하고 120 문도가 술 취한 것으로 이해했다는 사실이 놀랍다. 칼빈의 말대로 "사탄이 그들의 지각을 빼앗아 가버렸을 때에 인간의 무지와 사악이 얼마나 커지는가를 이 사건이 보여준다. 비록 하나님께서 친히 사람의 눈에 보이도록 하늘로부터 내려오셨다 할지라도 이 기적보다 더 분명하게 하나님의 존엄성이 나타날 수는 없었을 것이다."[75]

주님이 하신 약속의 성취를 보고도 술 취한 것으로 조롱하는 무리들을 향해 베드로는 오순절의 사건이 제3시, 곧 우리 시간으로 오전 9시에 일어난 것임을 환기시켜 주면서 결코 술에 취해서 그런 것이 아니라 선지자 요엘이 약속한 예언이 성취된 것임을 일깨워주었다. '때가 제삼 시니 너희 생각과 같이 이 사람들이 취한 것이 아니라'(2:15).

하나 된 복음전파

누가는 베드로의 설교 장면을 2장 14절에서 설명하면서 베드로가 혼자 외친 것이 아니라 '열한 사도와 함께 서서' 외쳤다고 증언한다. '함께'라는 말과 '소리를 높여'라는 말과 '이르되'는 그들 가운데 존재하는 사상과 행동과 비전의 일치를 볼 수 있다. 우리는 여기서 그 현장에 있던 사도들이 한마음으로 거룩한 일에 협력하고 동참했음을 보여준다.[76] 베드로가 사도들을 대표해서 혼자 설교했지만 열한 사도들이 모두 베드로와 하나가 되어 주의 사역을 감당했다.

성령충만을 경험하기 전에 모래알처럼 각자가 자기 자신들의 영광만 취했던 제자들이 오순절 성령체험을 한 후에 완전히 달라진 것이다. 거룩한 일에 한마음이 되어 동참하고 협력한 것이다. 성령이 그들을 하나로 묶어준 것이다. 성령은 하나 되게 하시는 영이시다. 연합과 부흥은 늘 불가분의 관계를 갖고 역사 속에 진행되었다. 부흥이 있는 곳에 연합이 있고

---

[75] 칼빈, 사도행전 I, 75.
[76] 하나님의 사역에서 협력은 너무도 중요하다. 아무리 훌륭한 목사라고 할지라도 혼자서는 그 사역을 감당할 수 없다. 주의 사역은 협력이 필요하다. 몇몇 사람만 뜻을 함께 해서는 안 된다. 베드로와 '열한 사도가 함께 서서 소리를 높여' 복음을 전했다는 사실을 기억해야 한다. 함께하는 곳에 성령의 역사가 강하게 나타나고 주의 사역의 진전을 찾을 수 있다.

연합이 있는 곳에 부흥이 있었다.

우리는 또 한 가지를 주목해야 한다. 베드로와 사도들이 "유대인들과 예루살렘에 사는 모든 사람들"을 대상으로 복음을 전했다는 사실이다. 여기 '모든 사람들'(2:14)이란 예루살렘에 거하는 유대인들뿐만 아니라 타지역에서 절기를 지키러 온 디아스포라 유대인들 그리고 복음을 들을 수 있는 대상의 총체를 의미한다. 누구도 복음의 대상에서 제외시키지 않았다. 그러나 '유대인들' 그리고 '예루살렘에 사는 모든 사람들'이라고 언급함으로 동포들이 복음전도의 일차적인 대상이라는 사실을 분명히 했다.

요엘서의 성령의 부으심 약속과 성취의 의미

베드로는 오순절 성령강림이 하나님이 요엘 선지자를 통해 말씀하신 약속(욜 2:28-32)의 성취임을 분명히 했다.

> ²⁸ 그 후에 내가 내 영을 만민에게 부어 주리니 너희 자녀들이 장래 일을 말할 것이며 너희 늙은이는 꿈을 꾸며 너희 젊은이는 이상을 볼 것이며 ²⁹ 그 때에 내가 또 내 영을 남종과 여종에게 부어 줄 것이며 … ³² 누구든지 여호와의 이름을 부르는 자는 구원을 얻으리니

여기 성령에 대한 요엘서의 예언을 통해 몇 가지 사실을 확인할 수 있다.

첫째, 성령을 보내시는 주체가 누구인지를 분명히 보여준다. 요엘 2장을 살펴보면 28절에 나오는 성령을 보내주시기로 약속하신 분 '내'는 여호와 하나님, 곧 성부 하나님이다.

둘째, 성령은 '내 영'(2:28) 곧 아버지 하나님의 영이시다.

셋째, '부어주신다'(2:28, 29)는 약속을 두 번이나 반복하고 있다. 이 성령의 약속은 놀라운 부으심에 대한 약속이며, 그 대상은 만민으로 모든 부류의 인간 곧 '남종과 여종'(2:29), '자녀들'(2:28), '늙은이'(2:28), '젊은

이'(2:28) 모두이다. 성령의 부으심의 은혜를 누리는 대상도 특정 민족이 아닌 '만민'(2:28)이다.[77]

넷째, 성령의 부으심은 '장래 일을 말'(2:28)하고 '꿈을 꾸며'(2:28), '이상'(2:28)을 보는 등 은사들이 수반된다.

마지막으로 성령의 부으심은 '여호와의 이름을 부르는 자'(2:32)에게 '구원'의 은혜를 베푸셔서 구속의 사역을 완성하시려는 하나님의 섭리적 사건이다.

요엘 선지자를 통해 하신 성령의 부으심의 약속은 아버지가 하신 약속이면서 동시에 예수님이 하신 약속이다. 베드로가 증언한 대로 하나님께서 요엘 선지자를 통해 하신 이 약속이 오순절 성령강림을 통해 성취된 것이다.

성령의 부으심, 아버지와 아들의 약속

오순절 성령강림은 아버지와 아들로부터 영원히 나오시는 성령의 부으심의 역사, 임하심의 역사이다.[78] 그래서 요엘서에는 '내[아버지 하나님]가 내 영을 만민에게 부어 주리니'(욜 2:28)라고 기록하고 있고 요한복음에는 예수님이 '내가 그[보혜사 성령]를 너희에게로 보내리니'(요 16:7)라고 하심으로 하나님과 예수님이 성령을 우리에게 보내신다는 사실을 분명히 밝히셨다. 사도행전 2장 33절도 예수 그리스도가 하나님 보좌에 앉으신 후 '아버지께 받아서' 너희 보고 듣는 이것을 부어주셨다고 말씀한다.

예수님은 성령 하나님을 직접 보내시기도 하시고 아버지에게 받으셔서 보내시기도 하신다.[79] 성령은 아버지와 아들에게서 나오시기 때문에 하나

---

[77] Denton, *A Commentary on the Acts of the Apostles.* Vol. I., 63. '성령이 어떤 이방인들에게도 결코 시여된 적이 없다는 유대인 잠언과 달리 내가 내 영을 유대인과 이방인에게 부어줄 것이다.'

[78] Abbott, *An Illustrated Commentary on the Acts of the Apostle*, 41. 신명기 32:2, 시편 72:6, 호세아 6:3; 10:12을 비교 참고하라.

[79] 칼빈, 사도행전 I, 101. 그래서 칼빈은 이렇게 말한다. "그리스도께서는 스스로 성령을 보내셨다고도 말할 수 있고 또는 성령이 아버지께로부터 보내심을 받았다고도 말할 수 있는 것이 사실이다. 그리스도는 영원하신 하나님이시기 때문에 그 자신이 보내신 것이며 또 그는 사람이시기

님 아버지의 영이시고 동시에 예수 그리스도가 부활 승천 후 높임을 받으신 후 그가 보내시는 영이시기 때문에 예수 그리스도의 영이시다. 웨스트민스터 신앙고백에 기록된 대로 '성령은 아버지와 아들로부터 영원히' 나오시기 때문에 아버지와 아들의 영이시다.

말세에 성취될 약속

베드로는 요엘 선지자의 예언이 성취된 것을 깨닫고 요엘 선지자의 예언을 인용하여 오순절 성령강림 사건이 '말세에'(2:16-21) 있을 약속의 성취라고 설명한다. 비록 요엘서에는 말세라는 말이 없지만 성령의 부으심이 말세 곧 마지막 때에 있을 것이라는 사실은 복음서와 주님의 약속에 비추어 전혀 이상하지 않다. 성령의 부으심은 말세에 성취될 약속이었다.[80] 윌리엄 아놋이 말한 대로 여기 베드로의 설교의 중요한 특징은 말세에 성령이 '자녀들,' '젊은이들,' '늙은이들,' '남종과 여종'에게 충만하게 부어진다는 요엘 선지자의 약속이 예수 그리스도를 통해서 그대로 성취되었다는 사실이다.[81] 성령의 역사가 임하게 되었을 때 '예언,' '환상,' '꿈,' '기사'와 표적이 나타난다는 사실을 오순절의 사건과 비견하면서 선포한 것이다.

이 같은 성령의 부으시는 역사는 결국 그 목적이 주님의 이름을 부르는 영혼들을 구원하시려는 데 있다. 베드로는 '누구든지 주의 이름을 부르는 자는 구원을 받는다'(2:21)는 말로 말세에 임할 놀라운 구원의 역사를 집약했다. 바로 여기서 오순절 성령강림의 역사가 인류구원을 위한 하나님의 섭리인 것을 확인할 수 있다. 오순절 사건이 신약교회의 태동을 의미하는 이유도 거기 있다.

때문에 성령을 우리에게 보내시기 위해서 아버지께로부터 받아야 되는 것이므로 아버지를 통해서 보내신 것이 되는 것이다."

[80] John Calvin, *Commentary upon the Acts of the Apostles*, 83-84.
[81] William Arnot, *The Church in the House: A Series of Lessons on the Acts of the Apostles* (New York: Robert Carter & Brothers, 1873), 50. 또한 보라. Denton, *A Commentary on the Acts of the Apostles*. Vol. I., 64.

성령의 부으심의 독특성

성령의 부으심의 독특성을 우리가 주목해야 한다. 첫째, 이 약속이 모든 육체에 하신 약속이라는 사실이다. '내가 부어주리라'(2:17)와 '모든 육체에게'(2:17)라는 문구는 부으심의 약속이 남녀, 젊은이, 노인 모두를 다 포함한 모든 육체에 하신 약속임을 증거한다. 하나님께서 나이나 성별을 전혀 구별하지 않으시고, 모든 사람을 차별 없이 하나님의 은혜에 참여하도록 용납하셨다.

둘째, 이 약속은 말세에 일어날 약속이다. 베드로가 이 일이 '말세에'(2:17) 일어날 일이라고 밝힘으로 "성령의 은혜가 신약시대에 더 풍성할 것이요, 또는 더 나아가서 더 많은 사람들이 그 은혜에 참여하게 될 것이라는 것을 예언함으로써 신약의 우수함을 보여준다."[82] 성령의 역사가 구약에도 존재했지만, 성령의 부으심의 역사는 구약에는 존재하지 않았다. 성령의 부으심은 오순절 이전에는 없었다. 베드로는 요엘 선지자가 한 약속이 말세에 일어날 약속이라고 분명히 밝히고 있다. 범가르텐의 말대로 성령의 부으심으로 말세가 시작되었고,[83] 에드워즈가 증언한대로 말세에 놀라운 성령의 부으심의 역사가 약속되었다.[84]

셋째, 말세에 성령의 부으심을 약속하신 것은 칼빈의 지적대로 이 길 외에는 달리 실추된 교회의 영광을 회복할 수 있는 길이 없었기 때문이다.[85] 실제로 성령이 강하게 임하시는 곳에 진정한 교회의 회복과 갱신과

---

[82] 칼빈, 사도행전 I, 79-80.

[83] Baumgarten, *The Acts of the Apostle*, 66.

[84] Jonathan Edwards, *The Works of Jonathan Edwards*, Vol. Two (1834; repr. Edinburgh: Banner of Truth Trust, 1986), 814.

[85] John Calvin, *Commentary upon the Acts of the Apostles* Vol.1 (Edinburgh: Calvin Translation Society, 1844), 83-84. "성령의 부으심에 대한 약속의 성취는 마지막 날에 있을 것이다. 이 약속의 성취로 베드로는 메시야가 이미 계시되었다는 사실을 증명하였다. 사실 요엘 선지자는 요엘 2장 29절에서 말세라는 말은 사용하지 않았다. 그러나 그가 교회의 완전한 회복을 간절히 간청하는 것인 만큼 그 예언이 말세에 속한 것이라는 사실은 의심의 여지가 없다. 그러므로 베드로가 요엘의 의미를 전혀 반대하지 않고, 유대인들이 성령에 의해 새롭게 되는 것 외에는 어떤 다른 수단으로도 실추된 교회의 영광을 회복할 수 없다는 사실을 알도록 설명을 위해 말세라는 단어를

부흥이 있었다.

넷째, 초자연적 현상이 수반된다는 사실이다. 누가는 성령의 부으심의 결과로 환상과 꿈, 예언의 은사가 나타난다고 말한다. '해가 변하여 어두워지고 달이 변하여 피가 되는'(2:20) 자연세계의 기사와 표적이 나타날 것이다. 이런 기사와 표적은 크고 영화로운 날, 심판의 날이 도래했음을 알리는 사인이었다.

이와 같은 베드로의 설교는 그곳에 모인 청중들에게 매우 호소력이 있었을 것이다. 그것은 바로 이 일이 있기 7주 전에 예수께서 십자가에 달리실 때 대낮의 태양이 빛을 잃고 어두워지는 현상을 목도했기 때문이다. 그리고 그날 오후 유월절의 보름달도 어두워져 핏빛으로 변하는 체험을 했기 때문이다. 이날 유월절의 달은 만월이었기 때문에 일식(solar eclipse) 현상은 아니었다. 베드로는 구약의 예언의 말씀을 인용하여 당시 그 예언이 성취되었다는 사실을 선명하게 밝혔고, 그곳에서 그의 설교를 들은 이들은 실제로 당시 일어나고 있는 시대적, 역사적 정황 속에서 하나님의 임재를 피부로 느꼈을 것이다.

성령의 부으심의 연속성

이제 우리는 누가의 기록을 통해서 얻어야 할 중요한 교훈이 있다. 오순절의 성령의 역사를 기록하면서 누가는 오순절의 놀라운 성령의 부으심이 마가의 다락방에 모인 이들이나 오순절에 모인 이들에게만 국한된 약속이 아니라는 사실을 강조한다. 성령의 부으심을 오순절에 국한시키는 것은 본질적으로 인간 저자 누가나 신적 저자 성령의 의도를 제대로 파악하고 있지 못한 데서 비롯된 것이다.[86]

단지 추가한 뿐이다. 교회의 수리[회복]는 새로운 세계로의 진입과 같아야 하기 때문에 베드로는 그것이 말세에 있을 것이라고 말했다. 확실히 교회의 복되고 질서정연한 상태에 관한 이 모든 위대한 약속들은 그리스도가 오실 때까지 성취되어질 수 없으며, 그가 오심으로 만물을 회복하실 것이라는 사실은 유대인들 가운데 일반적이고 널리 알려진 사실이다. 그러므로 요엘서에서 인용한 예언이 마지막 날 종말에 속한 것이라는 사실이 그들 사이에는 전혀 의심의 여지가 없었다."

[86] John Calvin, *Commentary upon the Acts of the Apostles* Vol.1 (Edinburgh: Calvin

우리는 베드로가 당시 성령의 역사를 술 취한 것으로 오해하는 그들을 향해서도 이 약속에 동참하도록 촉구하고 있다는 사실을 주목해야 한다. 칼빈은 사도행전 2장 17절을 주석하면서 이렇게 기술하였다.

> 이제 베드로는 자기가 상대해서 말하고 있는 유대인들에게 이 말로써 같은 은혜에 동참하도록 권고하는 것이다. 그는 마치 이렇게 말하는 것과 같다. 즉 '하나님께서는 그가 우리에게 부어주신 성령을 멀리 그리고 널리 부어주실 준비가 되어 있습니다. 그러므로 이 풍성함을 우리와 함께 받느냐 못받느냐 하는 것은 오로지 당신들에게 달려 있습니다'라고. 그런데 당시 유대인들에게 말한 것과 같이 오늘 우리에게 말하는 것으로 우리는 알아야 한다.… 주께서는 이 동일한 약속에 의하여 어떤 차별 없이 우리 모두에게 날마다 성령을 주시는 것이다.[87]

칼빈은 성령의 부으심을 오순절에 국한된 사건으로 보지 않았다. 또한 성령을 주시는 것이 한 번 있는 사건이 아니라는 사실을 분명히 한 것도 주목해야 한다. 칼빈은 선대 어거스틴이 가졌던 견해를 견지한 것이고 어거스틴-칼빈의 견해를 에드워즈가 그대로 따랐다.

그러나 동시에 누가의 기록을 통해서 우리가 확인할 것이 있다. 그것은 남종과 여종에게 성령을 부어주시겠다는 약속이다. 이 약속이 예수 그리스도를 믿는 자들에게, 그를 구주로 영접하는 자들에게, 그가 메시야이심을 믿는 모든 자들에게 주시는 약속임을 보여준다.[88]

Translation Society, 1844), 87-88.

[87] John Calvin, *Commentary upon the Acts of the Apostles* Vol.1 (Edinburgh: Calvin Translation Society, 1844), 87-88. "이리하여 우리에게 만일 부족함이 있다면 그것은 단지 우리 자신의 태만에서 유래된 것일 따름이다. 그리고 분명한 사실은 하나님을 아는 지식으로부터 일반 크리스천 남녀를 뒤로 빼돌려 놓는 자들은 사악하고 모독적인 성령의 적이다. 하나님께서는 남자나 여자나, 노인이나 젊은이들을 마찬가지로 받아들이실 뿐 아니라 그들을 참으로 지명하여 초청하시는 것이다."

[88] 칼빈, *사도행전* I, 81-82. 칼빈이 지적한 대로 '이 말에 의하면 그 약속[성령의 부으심의 약속]은 하나님을 봉사하고 예배하는 자들에게 한정된다.' 칼빈은 계속한다. "왜냐하면 하나님께

성령약속, 주의 이름을 부르는 모든 자에게

성령의 부으심의 은혜를 누리는 자들은 남종과 여종이지만 이 말이 특정인들에게만 주어진 약속은 아니다. 누가는 사도행전 2장 21절 '누구든지 주의 이름을 부르는 자'는 이라는 말을 통해 하나님의 구원의 역사가 주의 이름을 부르는 자들이라면 누구나 그 은혜를 누릴 수 있다고 말한다.

우리는 이 구절에 대한 칼빈의 해석을 주목할 필요가 있다. "단지 내 이름을 부르기만 하라. 그리하면 너는 구원을 받을 것이다 하시는 것이다.… 하나님께서는 예외 없이 모든 사람을 자신 앞으로 용납하시고 … 그들을 구원으로 초대하신다는 것을 의미하기 때문이다."[89]

우리는 그리스도의 속죄가 택함 받은 사람들에게만 유효하다는 칼빈주의 5대 교리 중에서 제한속죄 교리를 근거로 마치 칼빈이 구원의 문이 모든 사람들에게 열려 있다는 사실 자체를 부정한 것처럼 잘못 이해해서는 안 될 것이다. 존 프레임의 말대로 칼빈주의 5대 교리는 알미니안주의자들이 동의하지 않는 것을 다섯 개로 압축 정리한 것이지 칼빈주의자들이 자신들이 가르치는 핵심 진리를 정리한 것이 아니다.[90]

칼빈은 누가의 사도행전의 기록을 사변적으로 해석하지 않고 있는 그대로 받아들였다. 그것은 다음 사실에서 그대로 확인할 수 있다.

서는 그의 성령을 결코 남용하시지 않기 때문이다. 만일에 하나님께서 믿지 않는 자들과 조롱하는 자들에게도 막연하게 성령을 주셨다면-그렇게 하실 수도 있었겠지만-그것은 남용인 것이다. 우리가 성령으로 말미암아 하나님의 종이 되었듯이 마찬가지로 우리가 성령을 받기까지에는 하나님의 종이 아니라는 사실을 부정할 수가 없다. 그러나 하나님께서는 먼저 그들을 그의 가족으로 받아들이셨고 성령으로 개조하셔서 하나님을 섬기도록 하시며 나중에 새로운 은사로써 채워주시는 것이다. 더구나 이 예언자는 자신의 현실만을 보지 않았고 이 은혜를 교회에 적응시키려고 의도했을 따름이다. 그런데 그때의 교회란 유대인들에게 국한되었었기 때문에 그들에게 하나님의 남종과 여종이라는 영예로운 칭호가 주어졌던 것이다. 그러나 하나님께서 막혔던 장벽을 깨뜨리시고 사방으로부터 그 자신에게로 교회를 모으시게 되자 계약의 백성 집단에 받아들여진 많은 사람들이 같은 이름으로 일컬음을 받은 것이다. 이 성령이 특히 교회를 위해서 임명되었다는 사실을 우리는 오직 기억하여야만 한다."

[89] 칼빈, 사도행전 Ⅱ, 84-85.
[90] John M. Frame, "Introduction to the Reformed Faith," <www.frame-poythress.org/introduction-to-the-reformed-faith/>(2019. 07. 28. 접속).

[2장 21절] 그러므로 어느 누구도 하나님을 부르는 일에서 제외된 사람은 없기 때문에 구원의 문은 모든 사람들에게 열려 있다. 오직 불신앙 이외에는 우리가 구원의 문으로 들어가는 것을 방해할 어떤 다른 것이 없다. 나는 하나님께서 복음에 의해 자신을 현시해 주신 모든 사람을 말한다. 그러나 주님의 이름을 부르는 자들은 구원이 확실한 것과 같이 우리는 또한 그렇게 하지 않을 경우 매우 비참하게 된다는 것을 생각해야만 한다. 그리고 우리의 구원이 하나님의 이름을 부르는데 있고 주님의 이름을 부르는 것이 신앙에 근거를 두고 있기 때문에 아무 것도 신앙에서 빼앗을 수 없다.[91]

우리는 위 칼빈의 설명에서 적어도 세 가지 사실을 확인할 수 있다. 첫째, 칼빈은 구원의 문이 모든 사람들에게 열려 있다는 사실을 분명히 하였다. 구원의 문을 방해하는 것은 오직 불신앙이다.

둘째, 여기 '모든 사람'은 하나님께서 복음을 통해 자신을 계시해주신 모든 사람을 의미한다.

셋째, 복음을 통해서만 구원의 역사를 이루어 가신다는 사실이다. 그렇다면 우리는 누가 하나님께서 자신을 계시해주실 자인지를 분별할 수 없기 때문에 모든 사람들을 복음전파의 대상으로 삼아야 한다. 그리고 그 구원의 길은 복음을 통해서 이루어지기 때문에 우리가 입으로 삶으로 복음을 증거하는 것이 우리에게 맡겨진 거룩한 책무임을 잊지 말아야 한다.

성령의 부으심: 예수가 주와 그리스도 되심의 증거(2:22-36)

²² 이스라엘 사람들아 이 말을 들으라 너희도 아는 바와 같이 하나님께서 나사렛 예수로 큰 권능과 기사와 표적을 너희 가운데서 베푸사

---

[91] John Calvin, *John Calvin Bible Commentaries On The Acts of the Apostles 1-13* (North Charleston: Createspace, 1907), 56. 칼빈은 계속해서 다음과 같이 말한다. "그리스도 자신이 말씀하신 대로 이 특권은 기도에 대한 우리의 전진성을 배가시켜 준다. '지금까지는 너희가 내 이름으로 아무 것도 구하지 아니하였으나 구하라 그리하면 받으리니 너희 기쁨이 충만하리라' (요 16:24)."

너희 앞에서 그를 증언하셨느니라 ²³ 그가 하나님께서 정하신 뜻과 미리 아신 대로 내준 바 되었거늘 너희가 법 없는 자들의 손을 빌려 못 박아 죽였으나 ²⁴ 하나님께서 그를 사망의 고통에서 풀어 살리셨으니 이는 그가 사망에 매여 있을 수 없었음이라 ²⁵ 다윗이 그를 가리켜 이르되 내가 항상 내 앞에 계신 주를 뵈었음이여 나로 요동하지 않게 하기 위하여 그가 내 우편에 계시도다 ²⁶ 그러므로 내 마음이 기뻐하였고 내 혀도 즐거워하였으며 육체도 희망에 거하리니 ²⁷ 이는 내 영혼을 음부에 버리지 아니하시며 주의 거룩한 자로 썩음을 당하지 않게 하실 것임이로다 ²⁸ 주께서 생명의 길을 내게 보이셨으니 주 앞에서 내게 기쁨이 충만하게 하시리로다 하였으므로 ²⁹ 형제들아 내가 조상 다윗에 대하여 담대히 말할 수 있노니 다윗이 죽어 장사되어 그 묘가 오늘까지 우리 중에 있도다 ³⁰ 그는 선지자라 하나님이 이미 맹세하사 그 자손 중에서 한 사람을 그 위에 앉게 하리라 하심을 알고 ³¹ 미리 본 고로 그리스도의 부활을 말하되 그가 음부에 버림이 되지 않고 그의 육신이 썩음을 당하지 아니하시리라 하더니 ³² 이 예수를 하나님이 살리신지라 우리가 다 이 일에 증인이로다 ³³ 하나님이 오른손으로 예수를 높이시매 그가 약속하신 성령을 아버지께 받아서 너희가 보고 듣는 이것을 부어 주셨느니라 ³⁴ 다윗은 하늘에 올라가지 못하였으나 친히 말하여 이르되 주께서 내 주에게 말씀하시기를 ³⁵ 내가 네 원수로 네 발등상이 되게 하기까지 너는 내 우편에 앉아 있으라 하셨도다 하였으니 ³⁶ 그런즉 이스라엘 온 집은 확실히 알지니 너희가 십자가에 못 박은 이 예수를 하나님이 주와 그리스도가 되게 하셨느니라 하니라.

베드로의 메시지는 오순절 이전에는 찾아 볼 수 없었던 모든 사람에게 개방된 구원의 길을 선명하게 제시하고 있다. 약속된 메시야 예수 그리스도가 구원의 길을 여셨으며, 그가 약속하신 성령을 아버지께 받아서 부어 주셨다는 것이 그의 메시지의 핵심이다.⁹² 여기서 우리는 초대교회 사도들

---

⁹² Erdman, *The Acts*, 33. 여기 22-36절의 베드로의 설교는 (1) 예수 그리스도는 하나님이 인정하셨다는 사실(23), (2) 그리스도가 성경대로 죽으시고 부활하셨다는 사실(23-32), (3)

의 메시지의 원형을 찾을 수 있다.

초대교회 사도들의 메시지는 언제나 네 가지 사실로 구성되었다. 첫째, 약속하신 성취의 날이 도래했고, 둘째, 예수 그리스도의 사역, 십자가의 죽으심, 부활 승리, 셋째, 구약에 약속된 메시야라는 구약의 증거들, 마지막으로 회개에 대한 촉구다. 베드로의 설교는 이 같은 정형적인 틀에 맞출 수 있는 메시지였다.

베드로는 하나님께서 나사렛 예수를 통해 큰 권능과 기사와 표적을 유대인들 가운데서 베푸사 그들 앞에서 그를 증거하셨음에도 불구하고, 유대인들이 예수를 믿지 않고 도리어 법 없는 자들의 손을 빌어 예수를 못박아 죽였음을 밝힌다. 그러나 하나님께서 사망의 고통을 풀어 그를 살리셨음을 증언한다. 누가가 나사렛 예수의 사역을 가리켜 '큰 권능'과 '기사'와 '표적'(2:22) 세 가지 표현을 사용한 것은 그리스도의 기적을 보다 높이 찬양하기 위함이요, 또 그 용어를 거듭함으로써 사람들로 하여금 그것들을 깊이 생각하도록 이끌기 위함이었다.'[93]

하나님께서는 조상 다윗이 바라본 예수 그리스도, 그 자손들 가운데 한 사람을 그의 위에 앉게 하시겠다는 약속대로 예수 그리스도를 죽음에서 살리셨다. '너희가 십자가에 못 박은 이 예수를 하나님이 주와 그리스도가 되게 하셨느니라'(2:36). 베드로가 볼 때 예수가 주와 그리스도 되심의 최고의 증거, 피할 수 없는 강력한 증거가 바로 성령의 부으심이다. 성령의 부으심은 승천하셔서 영광을 받으신 주님이 행하신 역사이며, 그러므로 이것은 그가 바로 주와 그리스도 되심을 증거하는 것이다.

사도행전 2:33, 오순절 약속을 이해하는 중심 열쇠

필자가 볼 때 2장 33절은 사도행전 전체를 이해하는 중심 열쇠이다. 그중에서도 가장 중요한 핵심은 '부어주셨다'는 말이다. 베드로는 39절에

그리스도가 하나님의 우편에 승천하셨다는 사실(34-35)을 증언한다.
[93] 칼빈, 사도행전 I, 87.

서 '이 약속'이 '너희와 너희 자녀와 모든 먼 데 사람 곧 주 우리 하나님이 얼마든지 부르시는 자들에게 하신 것이라'고 분명히 밝혔다. 성령의 부으심의 연속성을 너무도 분명하게 진술하고 있다.

베드로의 설교는 그곳에 모인 청중들에게 오순절 날 성령의 강림을 증거하려는 데 그 목적이 있었다. 그런 의미에서 사도행전 2장 33절은 베드로의 설교의 클라이맥스다.[94] '하나님이 오른손으로 예수를 높이시매 그가 약속하신 성령을 아버지께 받아서 너희가 보고 듣는 이것을 부어 주셨느니라.'

베드로는 예수 그리스도께서 승천하셔서 하나님 보좌 우편에 높임을 받으신 후 약속하신 대로 오순절 날 성령을 부어주신 것으로 설명하고 있다. '성령을 부어주셨다'는 말은 요엘서의 예언과 정확히 일치한다. '내가 내 영을 남종과 여종에게 부어 주리니,' '만민에게 부어 주리니'라고 부어 주신다는 약속을 두 번이나 반복하였기 때문이다.

부활하신 주님이 제자들에게 첫 번째 나타나셔서 '아버지가 나를 보내신 것 같이 나도 너희를 보내노라'고 하시면서 '성령을 받으라'고 명하신 대로, 예수 그리스도 자신이 세례를 받을 때 성령을 충만하게 받으신 그대로 제자들에게 성령을 부어주신 것이다.

사도행전 2장 33절은 우리에게 네 가지 사실을 확인시켜 준다. 첫째, 오순절의 성령의 부으심이 약속의 성취라는 사실, 둘째, 이 약속의 성취가 주님이 높임을 받으신 후에야 일어났다는 사실, 셋째, 그 성령을 부어주시는 주체가 성부 하나님과 성자 하나님이라는 사실,[95] 넷째, 오순절 날 예수 그리스도가 아버지께 받아서 '성령을 부어주셨다'는 사실이다.

---

[94] 칼빈, 사도행전 I, 101-102. 칼빈은 사도행전 2장 33절을 이렇게 주석한다. "'약속하신 성령'이란 여기서는 '약속된 성령'을 의미한다. 왜냐하면 예수께서는 이제까지 종종 사도들에게 성령을 약속하셨기 때문이다.… 성령은 그 당시에 처음으로 주어지기 시작한 것이 아니었다. 왜냐하면 성령은 이 세상이 시작될 때부터 거룩한 조상들에게 주어졌기 때문이다. 그러나 하나님은 그리스도를 왕좌에 앉히시기까지는 훨씬 더 풍부한 이 은혜를 주시는 일을 연기하신 것이다. 이것은 우리가 조금 전에 본 바와 같이 '부어 주리라'는 말로 잘 표시되어 있다."

[95] Denton, *A Commentary on the Acts of the Apostles*. Vol. I., 77. 성령이 아버지의 약속이라고 한 것은 성령의 위대하심을 함축한다.

베드로의 설교를 듣는 오순절 날의 청중들은 베드로가 한 말이 무슨 의미인지를 실감나게 이해할 수 있었다. 성령의 부어주심으로 나타난 외적인 표적들을 직접 자신들의 눈으로 확인하였기 때문이다.

성령의 부으심은 구약에 예언된 아버지의 약속이자 동시에 주님이 공생애 동안에 여러 차례 반복하여 제자들에게 하신 예수 그리스도 자신의 약속이었다. 그리하여 모든 육체에 성령을 부어주시겠다는 구약의 아버지 하나님의 약속과 신약의 성자 예수 그리스도의 약속이 오순절 성령강림을 통해 성취된 것이다. 그런 의미에서 오순절 사건은 구약의 예언과 예수 그리스도의 약속의 이중적 성취였다. 예수가 메시야라는 사실을 오순절 성령강림 사건이 결정적으로 증명해준 것이다.

인류의 죄를 대신하여 십자가에 죽기까지 순종하심으로 하나님께서 예수 그리스도를 높이 드시고 약속하신 성령을 부어주셔서 인류구원의 때를 허락하셨다는 의미에서 오순절 성령강림 사건은 예수 그리스도의 구속 사역의 정점이었다.

오순절 성령강림의 의미, 약속의 성취의 시작

최초의 오순절 성령강림, 즉 120문도가 경험한 그 놀라운 성령의 부으심은 약속의 성취이다. 그러나 그것은 성취의 시작이다. 분명 오순절의 성령강림은 분명히 예수 그리스도의 약속의 성취였다는 점에서 그 역사적 시점, 환경, 체험이 특별하고 독특한 것을 부인할 수 없다. 오순절 성령강림을 통해 신약교회가 태동되었고 성령의 권능이 임했으며, 불의 혀 같이 갈라지는 것이 보였으며 바람 같은 것이 마가의 다락방에 가득했고 그곳에 모인 이들이 다른 방언으로 말하기 시작했다. 오순절 성령강림은 예수 그리스도의 탄생, 십자가, 부활, 승천에 이은 구속사의 완성이라는 측면에서 매우 독특한 의미를 지니고 있지만, 누가가 사도행전에서 일관되게 증언하는 것처럼 성령의 부으심을 그 때에만 일어난 사건으로 국한시키는 것은 사도행전을 정확히 이해하지 못한 것이다.

사도행전 2장 33절이 증언한 대로 성령의 부으심(has poured out, ἐξέχεεν)은 현재완료로 기록되어 있으며, 웨스트민스터 신앙고백에 있는 대로 '성령은 아버지와 아들로부터 영원히 나오신다'(The Holy Ghost eternally proceeding from the Father and the Son). 성령은 어제도 나오시고 오늘도 나오시고 내일도 나오신다. 성령은 영원부터 영원까지 아버지와 아들로부터 나오시기 때문에 '아버지의 영,' '아들의 영'이라고 부르는 것이다.

종말의 시대에 약속하신 성령의 부으심이 임하심으로 성령의 시대를 맞았다. 아버지께서 아들을 세상에 보내심으로 완성하신 구속의 역사를 성령께서 종말의 시대에 성취해 나가시는 것이다. 때문에 성령은 믿음의 사람들에게 어떤 것과도 비교할 수 없이 소중한 보화이다. 이것은 누가의 증언일 뿐만 아니라 사도들의 증언이고 바울의 고백이며 칼빈과 에드워즈의 고백이고 평양대부흥운동의 주역 그래함 리의 고백이다. 칼빈은 성령의 부으심의 의미에 대해 다음과 같은 말을 추가한다.

> 어쨌든 하나님께서 자신의 영을 부어 주신다고 말씀하셨을 때에 그것은 다음과 같이 받아들여져야 한다고 나는 주장한다. 즉 하나님은 결코 다함이 없는 유일한 샘에서처럼 그의 영으로부터 무한한 각양 은사를 사람들에게 부어 주신다는 사실이다.… 여기에서 우리는 값진 교훈을 배운다. 즉 하나님께서는 성령의 은혜 이상으로 더 훌륭한 은혜를 우리에게 주실 수 없으며 또 성령의 은혜 없이는 그 밖의 모든 것은 실로 무가치하다는 사실이다. 왜냐하면 하나님께서는 가장 간단한 형식으로 그 백성들에게 구원을 주시기로 약속하시려고 했을 때에 성령을 그들에게 주신다고 선언하셨기 때문이다. 이 사실에서 뒤따르는 일은 우리가 주신 바 성령을 받기까지는 아무런 좋은 것도 얻을 수 없다는 사실인 것이다. 그것은 참으로 우리가 모든 영적 축복의 보고(寶庫)에 들어가며 하나님의 나라에까지도 들어갈 수 있는 문을 여는 열쇠인 것이다.[96]

여기 성령을 가리켜 그 '이상으로 더 훌륭한 은혜'가 없고 '모든 영적 축복의 보고'라는 칼빈의 설명은 조나단 에드워즈가 자주 말한 내용과 정확히 맥을 같이한다.[97] 따라서 성령의 부으심의 약속은 참으로 대단하고 놀랍고 엄청난 약속이다. 성령의 부으심은 신약 교회가 존재할 수 있는 근원이고 토대이고 원천이고 기둥이고 원동력이다. 사도행전 2장의 오순절 사건, 그중에서도 2장 33절은 그런 의미에서 너무도 중요하다.[98] '하나님이 오른 손으로 예수를 높이시매 그가 약속하신 성령을 아버지께 받아서 너희가 보고 듣는 이것을 부어 주셨느니라.'

특별히 '부어주셨다'는 말의 시제를 주목할 필요가 있다. 오순절의 사건이 일어난 후 베드로가 그 사건을 설명하고 있다는 점에서 '부어주셨다'는 말이 과거형으로 사용되어져야 하는데 놀랍게도 현재완료형 엑세케엔(ἐξέχεεν, has poured out)으로 쓰였다. 이 말은 성령의 부으심이 오순절에만 국한된 사건이 아니라는 사실을 함축해주고 있다. 사도행전이 보여주듯 성령의 부으심은 오순절 이후에도 지속적으로 나타났다. 마가의 다락방에서 120문도가 경험한 성령의 부으심은 요엘서 약속의 성취 그 시작이었다. 그래서 신약학자 브루스는 이렇게 말한다.

> 베드로가 인용한 말씀 중에서 특이한 특징은 '모든 육체' 곧 문자적으로 전 인류에게 하나님의 영을 부어주시겠다는 예언이다. 설령 베드로가 오순절 날 그것들을 인용할 때는 그것이 함축하는 충분한 의미를 깨닫지 못했을지라도, 누가는 이 말씀들 속에 범세계적인 이방인 선교의 전조를 보았다. 확실히 오순절 날 120명의 유대인들에게 임하신 성령의 부으심은 '모든 육체'에 부어주시겠다는 예언에 대한 성취 그 자체가 아니라 오직 성취의 시작일 뿐이다(the beginning of

---

[96] 칼빈, 사도행전 I, 78.

[97] Jonathan Edwards, *The Works of Jonathan Edwards*, Vol. Two (1834; repr. Edinburgh: Banner of Truth Trust, 1986), 265, 272, 555, 578, 735, 799, 1021. 면밀히 검토하면 성령에 대한 에드워즈의 사상이 존 칼빈에게서 나왔음을 보여준다. 둘 사이에는 매우 놀라운 연속성이 있다.

[98] Gaebelein, *The Annotated Bible*, 8.

the fulfillment).[99]

우리가 여기서 특별히 놓쳐서는 안 될 것은 오순절 성령강림이 성령의 부으심에 대한 '오직 성취의 시작일 뿐'이라는 사실이다. 성취의 시작은 이어서 성취가 계속될 것을 의미한다. 이것은 누가의 기록과 정확히 일치한다. 누가는 성령의 부으심의 역사가 사도행전에 연속적으로 일어나 하나님의 복음이 놀랍게 확장되었다는 사실을 선명하게 보여주고 있다. 이 방선교가 성령의 부으심과 깊은 연계성을 지닌다는 사실은 사마리아의 오순절, 가이사랴 오순절, 에베소의 오순절을 통해 선명하게 밝히고 있다.

사도행전 10장 44-45절에 고넬료의 가정에서 사람들이 베드로의 설교를 듣는 동안 성령의 부으심의 역사가 다시 일어났다. 고넬료의 가정에 임한 성령의 부으심은 베드로 자신이 예루살렘교회에 보고한 것처럼 처음 오순절에 120명에게 임한 것과 같은 성령의 역사였다(10:44-11:18).

성령이 아버지께로부터 기원되었다는 사실을 분명히 한 것이다. 후에 공교회는 곧 '성령이 아버지와 아들로부터 나오신다'고 믿었다. 성령이 아버지와 아들로부터 나오시기 때문에 성령을 '하나님의 영' 혹은 '그리스도의 영'으로 표현하고 있다. 위 2장 33절 말씀이 성령이 아버지와 아들로부터 나온다는 사실을 부인하는 것은 아니다. 성령의 신적 기원, 아버지의 약속이라는 주님의 말씀의 성취임을 강조하는 의미에서 '하나님이 예수를 높이시매 그가 약속하신 성령을 아버지께 받아서'라고 표현한 것이다.

베드로의 설교에 대한 놀라운 반응(2:37-41)

[37] 그들이 이 말을 듣고 마음에 찔려 베드로와 다른 사도들에게 물어 이르되 형제들아 우리가 어찌할꼬 하거늘 [38] 베드로가 이르되 너희가 회개하여 각각 예수 그리스도의 이름으로 세례를 받고 죄 사함을 받으라 그리하면 성령의 선물을 받으리니 [39] 이 약속은 너희와 너희 자

---

[99] Bruce, *The Book of ACTS*, 68.

녀와 모든 먼 데 사람 곧 주 우리 하나님이 얼마든지 부르시는 자들에게 하신 것이라 하고 [40] 또 여러 말로 확증하며 권하여 이르되 너희가 이 패역한 세대에서 구원을 받으라 하니 [41] 그 말을 받은 사람들은 세례를 받으매 이 날에 신도의 수가 삼천이나 더하더라.

누가는 오순절 날 베드로의 설교가 가져다준 결과를 짧지만 매우 강렬한 톤으로 기술하였다. 베드로의 설교는 그곳에 모인 유대인들의 마음을 뒤집어 놓았다. '그들이 이 말을 듣고 마음에 찔려'(2:37) 베드로와 다른 사도들에게 '형제들아 우리가 어찌할꼬'(2:37)라고 호소한 것이다.

청중들의 '어찌할꼬' 탄식

우리는 이 부분에서 사도행전의 저자 누가가 무엇을 말하려고 하는지를 주목해야 한다. 누가는 이미 오순절 날 성령의 능력이 방언으로 나타났을 뿐만 아니라 동시에 베드로의 설교를 들은 심령들 가운데 강력한 회개로 나타났다는 사실을 이야기하려고 한 것이다. 성령은 단순히 초자연적 현상을 수반할 뿐만 아니라 죄인인 인간의 심령 안에 죄를 깨닫게 하시고 그 죄를 회개하게 하시는 살아계신 능력의 영이시다. 성령이 베드로의 설교, 곧 하나님의 말씀을 도구로 사용하신 것이다. 말씀을 듣는 심령들 가운데 놀라운 성령의 초자연적 역사가 수반되는 이유가 거기 있다. 성령은 말씀을 통해 말씀과 더불어 역사하시기 때문이다.

패역한 세대에서 강퍅한 심령들이 회개할 수 있는 길은 성령께서 말씀을 통해 각 심령 가운데 역사하실 때 가능하다. 강퍅한 심령들이 '어찌할꼬'라고 회개의 탄성을 외칠 수 있었던 것은 베드로의 설교가 있었기 때문이다. 베드로의 설교가 회개의 도화선이 된 것이다.

칼빈이 지적한 대로 누가는 "이중 효과에 주목한다. 첫째는 그들이 비탄의 감정으로 마음이 찔렸다는 것이요, 둘째는 그들이 베드로의 권고에 순종하였다는 사실이다. 이것은 회개의 시작이다. 우리의 죄과에 대하여 슬픔을 느끼고 또 우리의 나쁜 짓의 자각으로써 마음이 상하게 되는 일은 신앙심에 들어가는 입문인 것이다."[100]

베드로의 설교가 주님을 십자가에 못 박은 장본인들의 죄악 된 심령을 비수와 같이 예리하게 찔렀다. 120문도에게 임했던 오순절의 성령강림, 직접 자신들의 언어로 들었던 놀랍고 신기한 성령의 역사, 자기들이 이해하지 못했던 성령강림에 대한 구약의 예언에 대한 설교 그리고 죄 없는 예수를 십자가에 못 박았던 자신들의 죄악을 사도들이 지적하자 청중들은 더 이상 할 말이 없었다. 성령께서 그들로 하여금 그들이 얼마나 완악한 죄악을 범한 장본인인가를 강렬하게 깨닫게 하신 것이다. 그래서 그곳에 모인 유대인들은 '형제들이여 그러면 우리가 어떻게 해야 하겠습니까?'라고 호소했다.

탄식하는 청중들을 향한 베드로의 외침

이에 베드로는 '회개하고 예수 그리스도의 이름으로 세례를 받고 죄 사함을 받으면 성령을 선물로 받을 것'(2:38)이라고 말했다. "죄를 회개하고 하나님께 돌이켜, 예수의 이름으로 세례를 받고 그를 메시야로 고백하라. 그러면 죄 용서함을 받을 것이고, 또한 몇 시간 전에 사도들에게 임하셨던 그 선물—곧 성령의 선물(2:38)을 받게 될 것이다."[101] 회개와 세례와 성령 받음이 모종의 깊은 연관성을 지니고 있음을 밝혔다.

사실 베드로의 이 메시지는 해석하기가 쉽지 않다. 그것은 그리스도의 이름으로 세례를 받는 것이 성령을 받는 전제 조건인가 하는 의문이 제기되기 때문이다. 또 세례가 죄 용서를 받는 전제 조건인가 하는 질문도 이어 제기된다. 베드로의 메시지의 핵심은 회개하고 죄 용서를 받으라는 것

---

[100] 칼빈, 사도행전 I, 106

[101] Bruce, *The Book of ACTS*, 75. 베드로의 메시지의 핵심은 '회개하고 세례를 받고 죄 사함을 얻으면 성령을 선물로 받는다'는 것이다. 베드로의 설교는 기독교의 가장 근본적인 진리를 그대로 함축하고 있다. 이 간단한 외침 속에서 "회개," "세례," "죄 사함," "성령의 선물"이라는 매우 중요한 기독교의 근본 가르침이 그대로 녹아 있다. 회개 없는 구원, 세례 없는 구원, 죄 사함 없는 구원, 성령 없는 구원은 존재할 수 없다. 회개, 세례, 죄 사함, 성령의 선물은 전 기독교 진리를 대표하는 것들이다. 이것들은 하늘나라의 백성, 하나님 나라의 온전한 일원이 되기 위해서는 반드시 거쳐야 할 단계들이다.

이 핵심이다.

회개를 통한 죄 사함이 그리스도의 십자가의 대속에 근거한다는 점에서 제임스 포드가 지적한 대로 "회개와 복음은 분리될 수 없다. 왜냐하면 그리스도의 이름으로 회개의 길이 가능하고 회개 없이는 그리스도가 아무런 소용이 없고, 그리스도 없는 회개는 가능하지도 않고 아무런 가치도 없기 때문이다. 또한 그리스도 없이는 우리가 죄 짓는 행위를 중단할 수도 없고, 새생명에 의해 이미 받은 소망을 가지고 하나님께로 돌아설 수도 없기 때문이다."[102]

본문을 세례를 받아야 성령을 받을 수 있다고 해석하면 곤란한 것은 베드로의 메시지의 핵심이 죄 사함과 성령과의 연관성을 지적하는데 있기 때문이다. 오순절 날 놀라운 성령의 부으심을 현장에서 목도한 이들의 최대의 관심은 성령이었다. 베드로의 설교도 여기에 초점을 맞추었다. 베드로는 오순절에 모인 청중들이 '어찌할꼬'라고 탄식하자 '회개하고 세례를 받고 죄 사함을 받아 성령을 선물로 받으라'고 외쳤다. 베드로의 설교는 성령을 받으려면 어떻게 해야 할 것인가를 분명히 제시한 것이다.

회개하라

약속하신 성령을 선물로 받기 위해서는 먼저 회개를 해야 한다. 베드로는 그들을 향해서 '회개하라'(Repent, Μετανοήσατε, 2:38)고 강력하게 촉구했다. 요한과 예수께서 외치신 회개의 촉구는 사도들이 선포한 메시지의 본질적인 요소였다.[103] 사실 그것은 기독교 2천 년의 기독교 복음의 근간이었다. 회개는 성령세례와 성령충만을 위해 반드시 거쳐야 할 단계이다. 베드로와 사도들이 회개를 촉구했을 때 그들이 아담의 원죄를 이어받은 죄인 그리고 하나님께서 그리스도를 보내셨음에도 믿지 않은 불신앙, 더 나아가 그를 십자가에 달려 죽게 한 죄악을 회개할 것을 촉구한

---

[102] James Ford, *The Acts of the Apostles: illustrated (chiefly in the doctrinal and moral sense) from ancient and modern authors* (London: J. Masters, 1856), 68.

[103] Bruce, *The Book of ACTS*, 75.

것이다. 원죄와 자범죄 모두를 지적한 것이다.

우리가 성령세례와 성령의 충만을 받기 위해 무엇을 회개해야 할 것인지를 보여준다. 아담의 원죄와 패역한 세대에 범한 죄악들을 동시에 회개해야 한다. 예수를 십자가에 못 박은 사건은 대제사장이나 종교지도자들만의 죄, 본디오 빌라도만의 죄가 아니라 유대민족 모두의 죄라는 사실을 일깨워준 것이다. 회개는 자신의 죄와 공동체의 죄 모두를 포함한다.

실제로 기독교 역사에서 참된 부흥이 임할 때 사람들은 자신들의 죄악만 아니라 공동체의 죄악을 놓고 눈물로 회개했다. 우리는 우리 자신의 죄와 조상들의 죄와 이 민족이 범한 죄악을 놓고 회개해야 한다. 회개는 인간의 구원에서, 참된 부흥에서 그리고 성령의 부으심으로 가는 길목에서 필수다. 베드로가 이스라엘 백성들을 향해서 회개하라고 촉구한 메시지는 새로운 것이 아니라 이미 세례요한이 외쳤고, 예수님이 외쳤던 바로 그 메시지였다.

세례요한도, 주님도 '회개'의 메시지로 첫 사역을 시작하셨다. 회개만큼 기독교에서 중요한 주제는 없다. 회개 없는 종교는 더 이상 기독교가 아니다. 참된 부흥이 일어난 곳마다 놀라운 회개의 역사가 있었다. 평양대부흥운동 때 회개가 공동체 전체에 임했다. 혹자는 그래서 평양대부흥운동을 '회개운동'이라고 명명했다. 이것은 원산부흥운동도 마찬가지이다. 하디의 회개는 원산부흥운동을 촉발시킨 매우 중요한 기폭제였다. 회개 없는 부흥은 존재할 수 없다. 부흥을 사모한다면 우리는 우리 민족의 죄악과 현재 한국교회의 죄악을 회개해야 한다.[104]

---

[104] 하나님께서 기생의 도시, 소돔과 고모라의 도시 평양에 놀라운 대부흥을 주셨는데 평양교회와 한국교회가 신사참배를 가결함으로 하나님의 은혜를 배도로 갚았다. 그 결과가 한국전쟁, 공산정권, 오늘의 분단을 초래하고 말았다. 양상은 다르지만 1970년대도 마찬가지이다. 한국교회에 놀라운 부흥을 주셨는데 한국교회는 화려한 교회당 건축, 묘지 구입, 기도원 구입, 최고급 승용차 구입, 교단장과 기관장 선거에 눈물 어린 성도들의 헌금을 쏟아부었다. 놀라운 영적 축복을 재산축적에 전용한 것이다. 하나님과 바알신을 동시에 섬겼던 이스라엘 백성들이 범했던 꼭 같은 죄를 반복하고 있다. 이스라엘 백성들이 가나안에 정착했을 때 혼합주의를 제일 미워하셨는데 돈과 하나님을 동시에 섬기는 똑같은 현상이 우리 가운데 벌어지고 있다. 우리 모두는 초심을 잃지 않기 위해 늘 성령충만을 받아야 하고 말씀으로 자신을 묶어야 할 것이다.

회개는 그 뒤에 이어지는 죄 사함과 연결되어 있다. 베드로는 유대인들에게 먼저 회개를 촉구하고 이어 회개에 근거한 죄 용서의 확신을 제시했다.[105] 회개와 죄 사함은 같은 용어는 아니지만 불가분의 관계를 갖고 있다. 죄 사함은 회개의 결과이다. 죄 용서는 회개한 자들에게 주어지는 거룩한 약속이다. 회개 없는 죄 사함, 회개를 거치지 않는 죄 사함은 존재할 수 없고, 존재하지도 않는다. 오늘날 한국교회 안에는 회개 없는 종교가 판을 치고 있다. 한국의 이단들 가운데 회개 무용론을 주장하며 회개의 필요성을 거부하는 집단이 있는데 참으로 복음을 왜곡시킨 반기독교적 가르침이 아닐 수 없다.

구원받은 후에도 우리는 우리의 죄를 끊임없이 회개해야 한다. "회개는 우리의 전 생애를 통해서 계속되어야 한다는 점이다. 그러므로 '회개하라'(막 1:15)는 설교는 교회 안에서 계속 울려 나와야 한다. 자신이 신자로 간주되기를 바라고 있는 사람들이나 또 이미 교회 안에 자리를 차지하고 있고 있는 사람들이 회개하기를 시작하기 위해서가 아니요 그들이 회개 속에서 계속 전진하기 위해서이다. 많은 사람이 신자의 이름을 가지고 있기는 하면서도 전혀 회개를 시작하지도 않은 사람이 수두룩한 것이다."[106]

회개의 교리가 교회 안에서 날마다 울려 나와야 하듯이 죄 용서의 은혜도 처음 예수를 믿을 때만 필요한 것이 아니라 "우리의 전 생애에 걸쳐서 계속 필요한 일이다."[107]

---

[105] 칼빈, 사도행전 I, 108.
[106] 칼빈, 사도행전 I, 108-109. "그러므로 이제 세상에 대해서 또는 육체에 대해서 살고 있는 사람들은 새로운 생명으로 다시 살아나기 위하여 그 옛 사람을 십자가에 못 박기 시작해야 하는 일, 이미 회개의 과정에 들어가 있는 사람들은 목표를 향하여 계속 앞으로 달려 나가야 한다는 이 가르침의 명령을 우리가 굳게 지키지 않으면 안 된다. 한걸음 더 나아가서 심정 안의 내면적인 회심은 생활 속에서 열매를 맺어야만 하는 것이기 때문에 행위가 요청되지 않고는 회개가 옳게 가르쳐질 수가 없는 것이다. 여기서 행위라는 것은 교황제도주의자들이 가치있게 여기는 그런 종류의 행위가 아니다. 결백함과 거룩함에 대한 건실한 증거가 되는 그런 행위를 말하는 것이다."
[107] 칼빈, 사도행전 I, 109.

죄 사함을 받으라

성령을 선물로 받기 위해서는 반드시 믿고 죄 사함을 받아야 한다. 예수를 구주로 믿고 죄 사함을 받는 것은 성령을 선물로 받는 데 있어서 반드시 전제되어야 한다. 믿고 죄 사함을 받지 못한 죄인이 어떻게 성령을 선물로 받을 수 있겠는가? 세례를 죄 사함과 연관시키는 것은 단순히 외형적 예식보다 세례를 받는 이들 가운데 예수가 그리스도라는 믿음의 고백을 통해 죄 용서를 받는 것을 전제한 것으로 해석해야 할 것이다.

본문이 세례를 성령 받는 전제 조건으로 제시한 것은 아니다. '예수 그리스도의 이름으로 세례를 받고 죄 사함을 받으라 그리하면 성령의 선물을 받으리니'(2:38). 칼빈이 지적한 대로 여기서는 세례가 죄 용서에 선행되는 것으로 되었지만 나중에 와야 한다.[108] 물세례를 성령 받는 전제 조건으로 일반화시킬 수 없다. 그럴 경우 세례를 받지 않고 성령을 받는 경우를 풀 수 있는 길이 없다. 사마리아 성도들이 성령을 받은 시점이 빌립을 통해서 세례를 받은 후였다는 점에서 베드로의 설교와 연결점을 가질 수 있다.

그러나 '세례 후 성령 받음,' '세례를 받아야 성령 받음'을 일반화시킬 수 없는 사례들이 사도행전에 분명하게 나타난다. 고넬료 가정은 그들이 세례를 받지 않았음에도 성령의 부으심을 경험했다. 세례 유무 그 자체와 성령을 선물로 받는 것이 언제나 상관관계를 갖는 것은 아니다. 반드시

---

[108] 칼빈, *사도행전 I*, 109. 세례는 죄 사함을 받는 사람들에게 베푸는 표식이다. 죄 사함은 세례 유무와 상관이 없다. 세례를 받기 위해서는 예수를 나의 죄를 대속하신 구주로 믿는 진정한 믿음의 고백이 전제되어야 한다. 예수 그리스도의 이름으로 세례를 받기 위해서는 예수가 그리스도라는 고백이 반드시 있어야 한다. 당시 예수가 그리스도라는 신앙고백은 예수를 그리스도, 예수를 메시야, 예수를 구세주로 믿는다는 고백이다. 예수가 그리스도요, 메시야요, 구세주라는 고백은 그가 나를 위해 십자가에 달려 돌아가시고 나의 죄를 용서하시고 나를 구속하신 구세주라는 고백과 같은 것이다. 그리스도의 이름으로 세례를 베풀었다는 사실은 예수가 그리스도라는 분명한 신앙고백을 전제한 것이다. 세례는 믿음의 외적 표식, 회개의 외적 표식이다. 때문에 '죄 사함을 받기 위해서는 예수 그리스도의 이름으로 세례를 받으라, 그리하면 성령을 선물로 받으리라'는 베드로의 메시지는 곧 죄 용서를 받고 성령을 선물로 받으려면 예수가 나의 죄를 대속하신 구세주라는 신앙고백, 그를 나의 구주로 믿어야 한다는 고백을 전제한다.

세례를 받아야 성령을 받을 수 있다는 의미로 본문을 해석할 수 없다. 그러므로 물세례 여부를 성령을 받는 전제조건으로 삼을 수 없다.

회개하고 죄 사함을 받은 자에게 약속된 선물

회개하고 예수 그리스도를 나의 죄를 대속하신 구주로 믿고 죄 용서를 받을 때 성령을 선물로 받을 수 있다. 성령을 선물로 받으려면 반드시 회개를 해야 하고, 반드시 예수 그리스도의 이름을 믿고 죄 사함을 받아야 한다. 이 말은 진심으로 회개하고, 예수가 그리스도이심을 믿고 죄 사함을 받으면 성령을 선물로 받는다는 의미이다. 앞의 두 사건, 진정한 회개, 죄 사함이 선행된 후에야 성령을 선물로 받을 수 있다. 회개하고 믿어 죄 사함을 받은 후에 성령을 선물로 받는다.

"성령의 선물(the gift of the Spirit)과 성령의 은사(the gifts of the Spirit)는 구별되어야 한다. 성령의 선물은 부활 승천하신 후 주님이 아버지의 권세 아래 시여(施與, impart)하시는 성령 자신이시며, 성령의 은사들은 '그가 뜻(고전 12:10)하신 대로 각 개인들에게 나누어주시는 영적 기능들(spiritual faculties)이다."[109] 38절은 성령의 선물은 성령의 은사가 아니라 성령 자체를 지칭하는 것이다. 믿는 자는 성령을 선물로 받는다. 믿음도 선물이고 성령도 선물이다.[110]

세례가 죄 용서의 전제조건, 성령을 선물로 받는 전제 조건이라는 사실이 아니라고 하더라도 세례는 주님이 제정하신 교회의 가장 중요한 제도 가운데 하나이다. 본문은 성령세례를 받으면 되지 물세례를 받을 필요가 없다는 극단적 주장도 경계한다. 성령세례는 내적인 역사이고 물세례는

---

[109] Bruce, *The Book of ACTS*, 77.
[110] 성령을 선물로 받으리라는 말이 미래 시제로 쓰였다. 그런데 성령을 선물로 받는다는 것과 성령의 은사를 받는 것은 다르다. 본문에서 베드로는 성령을 선물로 받으리라(you will receive the gift of the Holy Spirit, τὴν δωρεὰν τοῦ Ἁγίου Πνεύματος)고 말했다. '성령을 선물'로 말한 것은 성령이 선물이기 때문이며, 이 말은 성령의 은사와 구분된다. 성령을 선물이라고 할 때는 단수(the gift of the Holy Spirit)로 쓰이지만, 성령의 은사(the gifts of the Holy Spirit)는 단수가 아니라 복수로 표현된다. 성령을 선물로 받는다는 것은 성령이 선물이라는 사실을 전제한 것이다. 성령은 분명 선물이다.

그것에 대한 외적 표식이다. 신약에서나 교회에서나 성례(세례와 성찬)는 말씀과 기도와 더불어 3가지 은혜의 수단 가운데 하나이다. 주님도 세례를 받으실 때 성령이 비둘기 같이 임하셨다. 바울도 아나니아에게 세례를 받을 때 성령의 충만을 받았다.

세례는 분명 성령을 선물로 받는 절대적인 조건이라고 할 수는 없지만, 개인의 신앙생활이나 교회생활에서 너무도 중요하다. 누가는 오순절 날 주님께로 돌아온 이들이 세례를 받았다고 증언한다(2:39-41).

성령의 선물, 만민에게 하신 약속

이 놀라운 성령에 대한 약속은 예루살렘에 거하는 '너희와 너희 자녀'(유대인들)만 아니라 '모든 먼 데 사람'(이방인들) '곧 주 우리 하나님이 얼마든지 부르시는 자들에게 하신 것'(2:39)이다. 성령의 부으심의 은혜가 유대인들에게만 국한된 현상이 아니라 주의 이름을 부르는 자들이라면 그들의 자녀들과 더 나아가 이방인들에도 약속되었다는 사실이다.[111]

칼빈이 지적한 대로 "우리는 이 세 계단을 주목해 보아야 한다. 첫째는 그 약속이 유대인들에게 주어졌다는 사실 그리고 다음에 그들의 자녀들에게 주어졌고, 마지막으로 그것이 이방인들에게 전해지게 되었다는 사실이다."[112] 이 약속이 '그곳에 있던 자들과 그 시대를 살던 세대뿐 아니라 그들의 후손들' 그리고 '먼 곳의 사람들'에게까지 주어진 것이다. 베드로의 말에는 두 개의 예언서의 성구, 이사야 57장 19절과 요엘서 2장 32절의 말씀이 반향되었다. 전자는 '먼 데 있는 자에게든지 가까운 데 있는 자에게든지 평강이 있을지어다'이고 후자는 사도행전 2장 17-21절에 베드로가 인

---

[111] Dick, *Lectures on Some Passages of the Acts of the Apostles*, 49. 말씀을 받은 사마리아인들, 고넬료와 그의 가정, 에베소에서 세례를 받은 요한의 제자들은 대표적인 사례이다.

[112] 칼빈, **사도행전 I**, 112-113. "유대인들이 다른 민족들보다 총애를 받게 된 까닭을 우리는 알고 있다. 그것은 그들이 하나님의 가족의 장자요(출 4:22) 또 하나의 특권으로써 다른 모든 민족으로부터 구별되어 있었기 때문이다. 그러므로 베드로가 유대인들에게 우월성을 주는 것은 정당한 질서를 지키는 일이다. 그 자녀들을 추가한 것은 '내가 … 너와 네 후손의 하나님이 되리라"(창 17:7) 하신 약속의 말씀에 근거를 두고 있다. 거기에 보면 하나님께서는 양자(養子) 삼으심의 은혜 안에서 그 자녀들을 부조(父祖)들과 함께 계산해 주신다.'"

용한 특히 요엘서 2장 32절, '남은 자 중에 나 여호와의 부름을 받을 자가 있을 것임이니라'이다.[113]

여기 베드로의 메시지가 주는 교훈은 유대인인지 이방인인지 여부가 중요한 것이 아니라 패역한 세대에서 구원을 받는 것이 중요하다는 사실이다. 이 놀라운 약속을 받는 길은 진정으로 자신의 죄를 회개하고 그리스도를 구주로 믿고 영접하는 길이다.

베드로의 두 번째 설교를 듣고 많은 사람들이 회개하고 죄 용서를 받고 세례를 받은 후 그리스도의 제자가 되었다. 그 수가 '삼천'(2:41)이나 되었다. 누가는 이들 3천 명이 '성령을 받았다고 직접 언급하고 있지는 않지만, 그들도 성령을 받았으리라고 생각함이 좋다.'[114] 예수께서 공생애 동안에 이루신 전도의 결실이 오순절 날 단 하루 만에 성취된 것이다. 예수께서 '그보다 큰 일도 하리니'(요 14:12)라고 하신 말씀이 성취되었다.[115]

오순절 성령강림이 임하신 바로 그 날 베드로의 메시지를 듣고 3천명이 주님께로 돌아왔다. 성령이 임하면 교회가 성장할 수밖에 없다. 성령의 역사와 교회성장 사이에 불가분의 관계가 있음을 보여준다. 교회성장의 진정한 주체는 역시 성령이다. 이것은 초대교회뿐만 아니라 기독교 2000년의 역사가 우리에게 말씀해 주시는 가장 확실한 교훈이다.

3. 최초의 신약시대 부흥으로서 오순절 성령강림

제임스 에드윈 오가 지적한 대로 오순절 성령강림은 부흥의 원형이다.[116] 사도행전은 참된 종교의 모든 부흥을 위한 패턴인 부흥의 원형, 최

---

[113] Bruce, *The Book of ACTS*, 78.

[114] Erdman, *The Acts*, 34-35. "그리스도의 영이 이들[3천 명] 믿는 자들을 신앙과 사랑과 소망 안에서 하나로 연합하여 한 몸이 되게 하셨다. 그래서 오순절이 일반적으로 기독교회의 진정한 탄생일로 간주되는 것은 조금도 이상한 일이 아니다. 또 그런 사람들이 '다함께 있고' 구원받은 사람들을 '날마다' 더하게 하시는 역사가 나타난 것도 전혀 놀라운 일이 아니다."

[115] Bruce, *The Book of ACTS*, 79.

[116] J. Edwin Orr, *The Fleming Tongue: The Impact of the Twentieth Century Revivals*

초의 부흥(the First Revival)을 제시한다.[117] 윌리엄 아놋도 오순절 성령 강림과 이어 진행된 놀라운 역사를 '부흥의 때'(revival days),[118] '부흥의 계절'(revival seasons)[119]로 표현했다. 필자도 오순절 성령의 부으심의 사건을 최초의 신약의 부흥 사건으로 보는 것에 깊이 동의한다.

주님이 약속하신 대로 성령께서 공동체에 초자연적으로 임하셨고, 죄에 대한 깊은 각성이 나타났으며, 바로 그날 삼천 명이 회심하고, 하나님에 대한 경외함이 널리 퍼지는 전형적인 '부흥'의 표식이 나타났다. 또한 개인의 각성이 공동체의 각성으로 이어졌을 뿐만 아니라 많은 사람들이 동시에 죄를 고백하고 거듭남으로 교회로 들어왔다.

성령은 부흥의 영이시다. 성령의 부으심이 있는 곳에서는 놀라운 회개의 역사, 영적각성의 역사, 사회와 문화 변혁의 역사 그리고 놀라운 복음의 확장의 역사가 수반되어 교회가 놀랍게 성장했다. 조나단 에드워즈는 성령의 부으심과 부흥을 교호적으로 사용하였다.

오순절 성령강림 이후 성령의 강력한 현시로 3천 명이 회심하는 역사가 나타난 것이다.[120] 어드만이 지적한대로 무려 3천 명이나 더했다는 사실은 복음에 대한 반응이 얼마나 강했는가를 말해준다.[121] 120문도에게 임하신 성령강림(오순절 성령강림)과 이후 나타난 성령의 놀라운 역사(3,000명의 회개)는 분명히 구분되어야 한다. 누가가 증언하는 대로 오순절 성령강림은 부흥의 특징에 대해 몇 가지 사실을 교훈해 준다.

(Chicago: Moody Press, 1973), vii-viii. 박용규, 세계부흥운동사 (서울: 한국기독교사연구소, 2018), 82-83을 참고하라.

[117] Jacobus, *Notes, Critical and Explanatory, on the Acts of the Apostles*, iv. "우리 주님께서 이미 사도들에게 하신 아버지의 약속, 곧 '약속하신 성령을 기다리라'는 명령은 지금도 진행형의 동일한 주님의 약속이다. 그 약속을 위한 기도-구체적인 기도-기도합주회-지속적인 기도-믿음의 기도-그 약속에 대한 간절한 간구가 있어야 한다. 이것들은 축복이 임하는 근거는 아니지만 축복이 임하는 통로이다. 성령의 부으심은 항상 십자가에 못 박히신 예수를 고양하고 그가 영광을 받으실 때 임한다."

[118] Arnot, *The Church in the House*, 66.
[119] Arnot, *The Church in the House*, 83.
[120] Erdman, *The Acts*, 33-34.
[121] Erdman, *The Acts*, 32, 34.

부흥을 사모하는 간절한 기도

첫째, 성령의 부으심에 대한 간절한 간구의 기도이다. 120문도는 마가의 다락방에서 예수님의 약속을 그대로 믿고 간절히 기도하며 기다렸다. 이들은 10일 동안 주님의 말씀을 그대로 믿고 한 곳에 모여 신분과 나이와 성을 초월하여 '더불어 마음을 같이하여 오로지 기도'(1:14)에 힘썼다. 부흥은 사모하는 자에게 주시는 하나님의 선물이다. 누가가 증언하는 대로 성령은 '주 우리 하나님이 얼마든지 부르는 자들'(2:39)과 '구하는 자들'에게 주신 확실한 약속이었다.

하나님의 말씀선포

둘째, 말씀선포이다. 베드로는 120문도에게 맛디아를 사도로 선출하기 앞서 가룟 유다의 죽음에 대한 구약의 예언을 설교했다. 오순절의 약속 성취를 설명하면서 누가는 기도와 말씀선포를 매우 중요하게 다루고 있다. "성령의 임재와 권능은 오순절에 방언의 은사에 의해서만 아니라 3,000명의 영혼들이 회심하는 결과를 가져온 베드로의 설교에 의해 참으로 놀랍게 현시되었다."[122] 오순절 날 베드로가 외친 메시지의 핵심은 오순절 성령강림이 성별, 연령, 계층을 초월하여 성령을 부어주시겠다는 요엘 선지자의 약속의 성취였고, 성령이 오심으로 마지막 날이 임하였으며, 이제 초림과 재림 사이에 성령의 시대가 도래(到來)했다는 선언이었다.

어드만이 지적한 대로 "베드로가 향유한 것 같은 그러한 [강력한] 하나님의 영감을 가진 현대 설교자는 없다. 그러나 성령에 의해 쓰임 받기를 원하는 설교자는 두 가지 측면에서 그를 모방해야 할 것이다. 베드로는 그리스도를 설교했고 그는 성경을 풀어 설명했다. 그의 설교의 목적은 나사렛 예수가 세상의 거룩한 구주 메시야라는 사실을 증거하는 데 있었다. 이것을 증거하면서 그는 거의 그의 설교의 반을 구약증거들을 인용하는

---

[122] Erdman, The Acts, 32.

데 할애하였다."[123]

철저한 회개

셋째, 죄에 대한 철저한 회개다. 베드로가 그곳에 모인 무리들을 향해 '회개,' '세례,' '죄 사함'을 촉구하자, 천하각국에서 모인 이들은 '마음에 찔려'(2:37), '형제들아 우리가 어찌할꼬'(2:37)라고 통회했다. 오순절 마가의 다락방에 '회개가 폭발'한 것이다. "성령이 임하자 베드로의 설교를 듣던 그 당시의 사람들이 예루살렘의 한복판에서 말하기를 '우리가 어찌할꼬'라고 했으며 그들은 회개하기를 간절히 원하고 있었다. 또한 그들의 회개 속에서 우리는 회개의 원점을 볼 수가 있다. 성령이 임함으로 회개의 운동이 시작되었다."[124] 성령께서 말씀을 매개로 하여 잠자는 영혼을 죄에서 깨우신 것이다. 그 결과 베드로의 설교를 들은 이들이 죄를 깨닫고 양심이 찔림을 받아 놀라운 회개의 역사를 경험했다. '어찌할꼬'는 이들 가운데 임한 회개가 얼마나 강도가 높은 것이었는지를 단적으로 말해준다. 성령강림의 역사가 임하는 곳마다 철저한 통회와 회개의 역사가 나타났다. 교회사를 돌이켜 볼 때 오순절 이후 성령의 역사는 반드시 회개와 더불어 나타났다. 회개를 수반하지 않는 성령의 역사는 없었다.

성령이 임하는 곳마다 회개의 역사가 나타나 사람들이 죄를 뉘우치고 죄에서 돌아섰다. 회개 없는 죄 사함, 회개 없는 성령충만, 회개 없는 부흥은 존재할 수 없다. 왜냐하면 거룩한 영은 죄 가운데 임할 수 없기 때문이다. 참된 부흥이 임하는 곳마다 강력한 성령의 임재에 의한 회개의 역사가 나타났고 종교적, 사회적, 정치적, 문화적 변혁이 이어졌다.[125]

성령의 충만

넷째, 성령의 충만이 무리와 각 개인에게 임했다. 성령의 놀라운 임재의

---

[123] Erdman, *The Acts*, 34.
[124] 김준곤, "21세기 한국교회의 비젼," 복음과 사회, 제 3호, 11
[125] 김준곤, "21세기 한국교회의 비젼," 11.

현시가 나타났다. 오순절 이후 성령은 공동체에 계속해서 임하셔서 역사하셨다. 사도행전은 이 같은 성령의 역사를 다양하게 표현하는데 예를 들어 임했다, 내렸다, 부어졌다, 받았다가 그것이다. 사도행전 11장 16절에서 누가는 고넬료의 가정에 성령충만한 사건을 기술하면서 "너희는 성령으로 세례 받으리라"고 말씀한다. 그런데 실제로 그 사건이 성취되는 장면을 기술하면서는 10장 44절에서 성령이 그들에게 '내렸다'고 말하고, 45절에서는 '성령의 은사'가 그들에게 '부어졌다'고 기술하고, 다시 47절에서는 성령을 '받았다'고 표현하고 있다. 이처럼 성령의 역사는 성령이 임했다, 성령이 부은 바 되었다, 성령을 받았다는 다양한 의미로 표현되었다. 로이드 존스의 표현을 빌린다면 바로 성령의 비상한 부으심이 부흥이다. 모든 사람들이 다 성령의 충만을 받는 것이 부흥이다.[126]

이날 120문도는 누가의 증언을 빌린다면 '하늘로부터 급하고 강한 바람 같은 소리가 있어 온 집에 가득'(2:2)한 것을 경험했고, '불의 혀처럼 갈라지는 것'(2:3)을 목도했으며, 현장에 있던 이들 모두가 '다른 방언들'(2:4)로 말하기 시작했다. 권능과 정결과 기독교의 보편성을 상징하는 초자연적 현상이 그 현장을 압도했다. 사도들로 인하여 기사와 표적이 나타났으며, 천하각국에서 온 경건한 유대인들은 제자들이 말하는 것을 자신들의 방언으로 듣는 신기하고 놀라운 은혜를 경험했다. 성령의 임재에 대한 물리적인 현상, 죄에 대한 각성, 두려운 마음 그리고 놀라운 회심 모두는 중요한 부흥운동의 표시일 수 있다.

이 같은 비상한 경험보다도 우리가 더욱 주목하는 것은 그곳에 모인 무리들이 한 사람도 예외 없이 '다 성령의 충만함'(2:4)을 받았다는 사실이다.

---

[126] 사도행전 2장 28-32절을 보면 성령이 만민에게 부어져 늙은이는 꿈을 꾸며 젊은이는 이상을 볼 것이라고 말씀한다. 특히 사도행전 2장 4절은 "저희가 다 성령의 충만함을 받고 성령이 말하게 하심을 따라 다른 방언으로 말하기를 시작하니라"고 기록하고 있다. 여기서 '다'라는 말은 어느 한 제자도 누락되는 일이 없이 모든 제자들이 다 성령의 충만을 받았다는 뜻이다. 사도행전 1장 13-16절에 있는 대로 온 성도들이 다 같이 한곳에 모였고, 모인 자들은 다 성령의 충만을 받았다. 성령의 충만을 받지 않은 자는 한 사람도 없었다. 성령이 임하시면 권능을 받는다는 주님의 말씀대로 성령충만한 베드로의 설교를 듣고서 3,000명의 많은 사람들이 죄를 회개하고 기독교회로 들어오게 되는 역사가 나타났다.

교회사에 나타난 참된 부흥이 임한 곳마다 사람들이 성령충만을 받았다. 사도행전이 증언하듯 성령충만의 역사는 기도, 말씀, 회개가 충만한 곳에 나타났다. 이런 조건들이 충족된다고 해서 반드시 성령충만이 임하는 것은 아니지만 강력한 부흥의 역사, 성령충만의 역사가 나타나는 곳에는 언제나 기도와 말씀과 회개가 선행되었다.

복음전파, 교회성장, 사회변혁

마지막으로 강력한 영적각성에 이어 부흥의 세 가지 결실—놀라운 복음전파, 교회성장, 사회적 변혁—이 두드러지게 나타났다. 오순절 이후 복음이 놀랍게 전파되었다. 오순절 성령강림으로 그날 제자의 수가 삼천이나 더하였고, '천하'에서 모인 백성들이 성령을 체험하고 열방으로 나가 복음을 전하여 구원받은 사람을 날마다 더하게 하셨다. 존 크리소스톰이 말하듯이 날카로운 날을 지닌 낫과도 같은 성령이 임하시자 집단적인 회개와 구원의 역사가 나타난 것이다. 믿음의 공동체가 120명에서 3,120명으로 26배가 불어났다!

누가는 오순절 성령강림이 임한 후에 나타난 수많은 특징들을 열거한 다음에 맨 나중에 '더하였다'(2:41, 47)고 말한다. 수적 증가가 오순절 성령강림의 결과라는 사실을 분명히 한 것이다. 수적 증가는 영적각성의 결과다. 수적 증가가 교회 존재의 일차적인 목적은 아니지만 그렇다고 숫자가 중요하지 않다고 강변하는 것은 바람직하지 않다. 교회공동체가 은혜를 받으면, 성령의 역사가 강하게 나타나고 성령께서 수많은 영혼들을 회심시키시는 역사가 나타나 믿는 자들이 증가한다.

평소에도 주의 백성들이 교회에 영입되는 것이 사실이지만 부흥의 날에는 헤아릴 수 없는 백성들이 교회로 영입된다. 이런 의미에서 오순절은 존 스타트의 말대로 신약의 교회가 태어난 "교회의 탄생일"이었다. 이후 이 복음은 예루살렘에만 국한되지 않고 온 유대와 사마리아와 땅 끝까지 이르러 놀랍게 확산되었다. 부흥이 임하면 반드시 성령의 바람이 요원의 불길처럼 사방으로 번져나가 곧 전역이 부흥을 경험했다. 소플리니가 증언하는 대로 1세기도 되지 않아 기독교는 도시나 시골, 남녀, 지위를 초월하여 로마제국 전역에 전파되었다.

무엇보다 개인의 각성이 공동체의 각성으로 이어져 놀라운 사회적 변화가 그들 가운데 나타났다. 믿음의 공동체 가운데 물건을 서로 통용하고 (2:44), 재산을 팔아 각 사람의 필요를 따라 나눠주며(2:45), 마음을 같이하여 날마다 성전에 모이기를 힘쓰고, 떡을 떼고 순전한 마음으로 하나님을 찬양했다(2:46-47). '온 백성'(2:47)에게 칭송을 받는 역사가 나타난 것이다.[127]

오순절 사건은 단순한 약속의 성취가 아니라 예수 그리스도의 십자가 보혈을 통한 구속 사역의 성취였고, 신약의 교회 태동을 알리는 신호탄이었다. 그 놀라운 성령의 역사, 오순절의 부흥을 경험하는 곳마다 어둠과 죄악의 도성, 소돔과 고모라가 "예루살렘"으로 바뀌는 놀라운 역사가 나타났다. 우리가 오순절에 임하신 그 성령이 어서 속히 임하도록 기도해야 할 이유가 거기 있다.

---

[127] 만약 오순절 성령강림 이후 양적성장만 있고 삶의 변화가 따르지 않았다면 온 백성에게 칭송을 받는 일은 불가능했을 것이다. 예수님을 세 번씩이나 부인했던 겁쟁이 베드로가 하나님 앞에서 '사람의 말을 듣는 것이 옳은가 하나님의 말을 듣는 것이 옳은가'라고 반문할 정도로 담대한 사람으로 바뀌었다. 오순절 성령강림 이후 사람을 의지하던 이들이 전적으로 하나님을 의지하는 믿음의 사람으로 바뀌었다. 제자들은 비로소 복음에 빚진 자의 심장을 갖고 세상을 향해 나갈 수 있었다. 이처럼 오순절 성령강림은 곧 인류 전체에 구원을 선포한 사건으로 부흥의 이유와 근거를 구체적으로 예시한다. 초대교회 오순절 사건이 보여주듯 부흥은 성령의 주권적인 역사였다. 성령의 임재 없는 부흥은 존재할 수 없다. 이 땅의 교회는 오순절 성령강림을 통해 비로소 예수 그리스도가 세상 끝 날까지 우리와 함께 하시며, 잠자는 영혼을 깨워 담대히 만민에게 복음을 전하는 증인으로 만드시는 놀라운 능력을 경험했다. 오순절 성령강림을 통해 이 땅에 임하신 그 놀라운 성령의 역사는 결코 특정시대 특정인들에게만 주어진 약속이 아니라 은혜를 사모하는 모든 사람들에게 주어진 동일한 약속이다.

4. 오순절 관련 몇 가지 신학적 논의

마지막으로 우리는 오순절 성령강림 사건과 그 후 예루살렘 공동체가 경험한 성령의 충만과 부흥의 사건과 관련하여 몇 가지 신학적 논의를 살펴보는 것이 필요하다. 그것은 오순절 성령강림 사건을 어떻게 보느냐에 따라 오늘날 성령에 대한 이해, 부흥에 대한 이해가 근본적으로 달라질 수 있기 때문이다.

지난 2천년의 기독교 역사를 고찰할 때 이 같은 성령론 논의는 앞으로 교회에 성령의 이해에 대한 안목을 넓혀줄 것이다.[128] 20세기에 와서 성령론은 현대교회에서 중요한 논제가 되었다. 특히 오순절 사건에 대한 해석이 뜨거운 논쟁의 주제로 부상했다.[129]

---

[128] 초대교회가 삼위일체와 기독론의 논쟁 시대였고, 종교개혁기가 구원론의 논쟁 시대였다고 한다면, 현대는 성령론의 논쟁 시대라고 할 만큼 오늘날 성령론은 기독교회에서 매우 중요하게 논의되고 있다. 이와 같은 논쟁들을 무조건 부정적으로만 볼 필요는 없다. 초대교회에서 삼위일체론과 기독론이 논쟁을 통해 발전되어 왔던 것처럼 현대교회에서의 성령론 논의는 바른 성령론의 정립을 위한 중요한 초석들이라고 볼 수 있기 때문이다. 초대교회에서 삼위일체 교리가 제대로 정립되기까지는 수백 년이, 또 기독론이 정립되기까지는 무려 300여 년이 흘렀다. 이런 긴 논쟁을 거쳐서 오늘날의 바른 기독론, 즉 그리스도의 양 본성에 대한 이해가 정립되었다. 그런 의미에서 성령론에 대한 오늘날의 활발한 논의는 더 발전적이고 확실한 교리상의 성숙을 가져오기 위한 단계들이라고 생각하지 않을 수 없다.

[129] 최근 스코틀랜드 신학자며 목회자인 이안 머레이가 이를 잘 집약했다. 오순절 성령강림에 대한 해석에 따라 종교개혁 이후 부흥의 역사를 세 부류로 분류할 수 있다는 것이다. 첫째, 오순절 성령강림 사건은 단회인 사건으로 우리가 성령을 간구하거나 부흥을 사모할 필요가 없다고 보는 견해이다. 화란의 아브라함 카이퍼가 이 입장을 대변한다. 둘째, 오순절 성령강림 사건이 사도행전 2장에 있는 그대로 오늘날에도 그대로 반복 경험되며 방언을 수반한다고 보는 견해이다. 오순절주의자들이 이 견해를 주장한다. 셋째, 오순절 성령강림 사건이 구약 요엘 선지자와 예수 그리스도의 약속의 성취이며 성령의 부으심, 임재, 강림, 충만이 사도행전과 기독교 역사 속에서 계속된다고 보는 견해이다. 이 견해는 성령의 부으심의 역사가 기독교 역사 속에서 끊임없이 계속되었다고 보는 것이다. 에드워즈의 말대로 부흥은 하나님의 주권적인 성령의 역사, 곧 하나님의 선물이지만 아무 곳에나 임하는 것이 아니라 사모하는 곳에 임하는 것이다.

오순절 성령의 부으심, 성령세례, 성령충만

오순절 날 성령의 부으심이 임했고, 그 결과 제자들은 성령으로 세례를 받았으며, 120문도는 다 성령의 충만을 받았다. 성령의 부으심이 임한 이 날 오순절에 성령께서는 마가의 다락방에 모인 120문도 각 사람 위에 임하셨고, 그 결과 그들은 성령으로 세례를 받았으며, 동시에 사도행전 2장 4절에서 누가의 증언대로 그곳에 모인 모든 사람들이 다 성령의 충만을 받았다.

그런 면에서 성령의 부으심, 성령세례, 성령의 충만은 독립된 사건이 아니었다. 성령의 부으심은 구약과 신약을 구분해 주는 결정적인 사건이다. 이것은 구약에도 없었고 예수님의 공생애 동안에도 없었다. 성령의 부으심은 예수 그리스도의 구속사역이 성취되어 주님이 영광을 받으신 후에 일어난 사건으로 인류구원을 위한 약속의 성취였다.

사도행전 1장 4절에 성령으로 세례를 받으리라는 약속은 분명 오순절 성령강림을 두고 하신 약속이다. 이 약속이 오순절 마가의 다락방에 성령이 부어지심으로 성취되었다. 오순절 날 성령의 부으심으로 말미암아 그곳에 있는 120문도들은 다 성령의 충만을 받았다. 마가의 다락방에 모인 120문도는 모두 다 성령으로 세례를 받았다. 사도행전 2장 4절의 증언대로 성령의 부으심이 임하자 그 현장에 있던 모든 사람들이 예외 없이 '다 성령의 충만'을 받은 것이다.[130]

---

[130] 성령이 믿는 자에게 주시는 선물이라면 성령의 부으심과 성령충만은 사모하는 자에게 주신다. 바울이 에베소 교인들을 향해 말씀하신 것처럼 그리스도인들은 성령의 충만을 받아야 한다. '술 취하지 말라 이는 방탕한 것이니 오직 성령의 충만을 받으라.' 평소에도 각자가 간절히 성령의 충만을 사모하면 성령께서 사모하는 심령에 충만히 임하신다. 그러나 사도행전과 교회사가 증언하듯 참된 부흥 곧 놀라운 성령의 부으심의 역사가 임하면 그 현장에 있는 이들 모두가 다 성령의 충만을 받았다. 우리가 성령의 부으심과 참된 부흥을 사모하고 기도해야 할 이유가 거기 있다.

'성령으로 세례'의 성경적 용례와 의미

20세기 이전에는 성령세례의 시기와 의미에 대해 별반 큰 이견이 없었다. 19세기 말부터 요한 웨슬리를 따르는 이들 가운데 웨슬리의 "제2의 축복"(the second blessing), 즉 올더스게이트가(街) 모라비안 집회에서의 두드러진 성령체험을 일반화시키는 현상이 생겨났다. 이를 신학적 정체성으로 구체화시킨 신앙운동이 성결운동(Holiness movement)이고 그리고 이어 등장한 20세기에 오순절운동은 성령세례를 중생 이후 어느 시점에 체험하는 사건으로 이해했다.

성경에 성령세례라는 용어는 등장하지 않는다. 대신 '성령으로 세례'라는 말이 다섯 번 등장한다.[131]

	관련 성경구절	내용
1	나도 그를 알지 못하였으나 나를 보내어 물로 세례를 베풀라 하신 그이가 나에게 말씀하시되 성령이 내려서 누구 위에든지 머무는 것을 보거든 그가 곧 성령으로 세례를 베푸는 이인 줄 알라(요 1:33)	예수 그리스도
2	나는 너희에게 물로 세례를 베풀었거니와 그는 너희에게 성령으로 세례를 베푸시리라(막 1:8)	예수 그리스도
3	내가 주의 말씀에 요한은 물로 세례를 베풀었으나 너희는 성령으로 세례를 받으리라 하신 것이 생각났노라(11:6)	성령의 부으심 약속
4	요한은 물로 세례를 베풀었으나 너희는 몇 날이 못되어 성령으로 세례를 받으리라 하셨느니라(1:5)	성령의 부으심 약속
5	우리가 유대인이나 헬라인이나 종이나 자유인이나 다 한 성령으로 세례를 받아 한 몸이 되었고 또 다 한 성령을 마시게 하셨느니라(고전 12:13)	중생의 성령세례

위 표에서 볼 수 있듯이 다섯 번의 '성령으로 세례'는 세 부류로 대별된다. 하나는 예수 그리스도와 세례요한의 차별성을 두고 언급할 때 사용되었고, 또 하나는 예수 그리스도께서 오순절 성령강림을 예언하시면서 말

---

[131] '성령세례'라는 용어는 매우 드물게 나타난다. 하지만 드물게 나타난다고 해서 그것이 덜 중요하다고 할 수 없다. 마치 '삼위일체'라는 용어가 성경에는 나타나지 않지만, 기독교에서 가장 중요한 근본 교리이듯이 '성령세례' 역시 기독교의 신앙을 대변하는 근본 교리다.

쏨하신 것이며, 마지막으로 믿는 자들의 영적 일치성을 언급할 때 사용되었다.

첫째, 요한복음 1장 33절, 마태복음 3장 11절, 마가복음 1장 8절에서 세례요한이 그리스도께서 성령으로 세례를 주실 것이라고 선포하면서 언급하였다. 요한은 주님께서 '성령과 불로 세례'를 주실 분이라고 언급하면서 자신이 그리스도와 차이가 나는 것은 물로 세례를 주는 것과 성령으로 세례를 주는 것의 차이라고 말한다.

둘째, 오순절 성령의 부으심과 관련된 주님 자신과 베드로의 언급이다. 사도행전 1장 5절에 주님께서는 승천하시기 전 약속하신 보혜사 성령을 기다리라고 하시면서 '너희는 몇 날이 못되어 성령으로 세례를 받으리라'고 선언하셨다. 베드로는 사도행전 11장 6절에서 주님이 하신 말씀을 연상하면서 동일한 내용을 언급했다. 모두 다 오순절 성령강림 사건과 그 후에 진행된 성령의 역사를 두고 하신 말씀이었다.

셋째, 바울이 고린도에 보낸 편지에서 유대인, 헬라인, 종, 자유인이 '다 한 성령으로 세례'를 받았다(고전 12:13)고 증언한다. '성령으로 세례'를 받는 것이 얼마나 중요한지를 말해준다.

어느 지역에 있든지 어느 민족이든지 진실로 예수 그리스도를 믿고 주의 이름을 부르는 자라면, 회개하고 죄 사함을 받아 성령을 선물로 받는다. 성령을 선물로 받지 않은 자는 그리스도의 사람이 아니다. 그리스도의 영이 없으면 그리스도의 사람이 아니기 때문이다. 이들 성경구절들을 통해서 우리가 분명하게 알 수 있는 것은, 성령의 세례가 믿는 자들에게 예수 그리스도를 통해 주어지는 것으로 선택사양이 아니며 믿는 자라면 누구나 반드시 받아야 할 필수적인 요건이라는 사실이다.

성령세례에는 민족적, 성별적, 연령적 제한이 없다. 예수 그리스도를 구주로 영접한 그리스도인들이라면 유대인이나 헬라인이나 종이나 자유자나 다 한 성령으로 세례를 받는다. 한 성령으로 세례를 받았기 때문에 한 몸을 이룬다. 성령으로 세례를 받은 자라면 종족을 초월해서 어느 지역에 있든지 어느 시간에 존재했든지 한 몸이다. 이것은 예수 믿는 자들이 왜 지역적으로나 우주적으로 그리스도의 한 몸을 이루는가를 말해준다.

성령의 내주하심, 성령의 인침이 있기 때문에 그로 말미암아 우리는 하나다. 마치 주민등록증이 있는 자들은 다 한국인인 것처럼, 미국의 시민권을 가진 자들이 다 미국시민인 것처럼, 한 성령으로 세례를 받은 자들은 다 그리스도와 연합되어 한 몸을 이룬다. 그러므로 성령세례는 성령으로 거듭난 진실로 믿는 사람들이라면 다 경험할 수 있는 사건이다. 만일 어떤 이는 성령으로 세례를 받고 어떤 이는 받지 않는다면, 믿는 우리들이 그리스도의 한 몸을 이룰 수 없을 것이다.

성령세례와 중생의 관계

성령세례가 예수를 믿은 이후 어느 시점에 오는 사건인가 아니면 우리가 믿을 때 일어나는 성령의 역사인가에 대해서는 오순절 계통의 교회와와 장로교회 사이에 견해차가 있다. 오순절주의자들은 성령세례와 중생 및 회심의 시점을 엄격히 구분했다. 이들은 성령세례를 예수를 믿은 이후 어느 시점에 개인에게 임하는 성령의 역사로 이해한다. 성령세례가 회심 이후의 경험(두 번째 축복)이라는 주장은 오순절 교단 외에도 감리교와 성결교단 등에서 주창되고 있다.

웨슬리 신학과 오순절주의 신학에 의하면 사람이 거듭났다고 하더라도 아직 성령세례를 받지 않을 수 있다. R. A. 토레이는 "성령세례는 중생의 사역과 구별되는 성령의 사역이며, 중생의 사역에 추가된 성령사역"[132]이라고 말한다. 또 현대 오순절주의 신학자 랄프 리그스(Ralph M. Riggs)는 "비록 모든 믿는 자들이 성령을 가지고 있다고 하더라도 가지고 있는 것에 더하여 그들은 성령으로 충만을 받거나 성령으로 세례 받아야 할 일이 여전히 남아 있다"[133]고 말한다.

---

[132] R. A. Torrey, *The Person and Work of the Holy Spirit* (New York: Fleming H. Revell, 1910), 174-175. "In the second place it is evident that the baptism with the Holy Spirit is an operation of the Holy Spirit distinct from and additional to His regenerating work."

[133] Donald Macleod, "Baptism in the Spirit,"에서 재인용. <www.gospelpedlar.com/article

반면 장로교 계통에서는 성령세례가 회심 이후 어느 시점에 나타나는 현상이 아니라 중생 때 일어나는 사건으로 해석한다. 이 견해에 의하면 성령세례는 우리가 처음 그리스도를 구주로 영접하는 순간에 나타나는 성령의 역사이다. 성령세례는 중생과 동시에 일어나는 사건이다. 중생을 받았다는 것은 곧 성령으로 거듭났으며, 약속의 구원을 받았다는 의미이다. 만일 어떤 사람이 중생했다면 그는 곧 구원을 받은 것이고, 의롭다 함을 받은 것이고, 그리스도와 연합된 것이며, 그것은 곧 성령의 세례를 받은 것이다. 동시에 그는 하나님의 자녀로 양자가 된 것이다. 진실로 예수 그리스도를 구주로 믿고 죄 사함을 받아 하나님의 자녀가 된 모든 그리스도인들은 다 성령의 세례를 받은 자들이다.

성령충만의 중요성

성령세례가 중생 때 믿는 자에게 임하는 단회적인 사건이라면 성령충만은 여러 차례 반복되는 경험(4:8, 31; 13:9)이다.[134] 성령세례는 반복될 수

---

s/Holy%20Spirit/spiritbaptism.html>(2019. 07. 25. 접속). 'Although all believers have the Holy Spirit, yet it still remains that all believers, in addition to having the Holy Spirit may be filled with or baptized with the Holy Spirit.'

[134] Bruce, *The Book of ACTS*, 56. 성령세례는 말 그대로 성령으로 세례를 받는 것이다. 성령세례는 우리의 영혼을 새롭게 거듭나게 하시고 하나님의 자녀가 되게 하시는 성령의 역사다. 따라서 중생과 성령세례는 동일한 사건을 각각 다른 차원에서 표현한 것이다. 거듭난 자는 모두 성령세례를 받은 것이다. 우리가 믿음으로 성령세례를 받은 이후 보혜사 성령께서는 우리 안에 영원히 내주하신다. 한 번 우리 안에 내주하시는 성령께서는 영원히 우리 안에 거하신다. 때문에 성령세례는 단회적인 사건이고 다시 반복될 필요가 없다. 장로교회에서의 성령세례는 성령의 인침, 성령의 내주와 다르지 않다. 성령세례는 회심과 구별되거나 그 이후에 오는 사건이 아니라 회심과 동시에 일어나는 사건이다. 우리가 주님을 구주로 영접하면 그때 우리는 하나님의 자녀가 되는 것이며, 하나님의 자녀가 되었다는 그 보증이 성령께서 우리에게 오셔서 내주하시는 것으로 나타나는 것이다. 따라서 회심의 사건은 곧 하나님의 자녀가 되는 양자됨의 사건이고, 양자됨의 사건은 동시에 성령의 내주하심으로 나타나는 것이다. 성경과 기독교 역사가 보여주는 것처럼 어떤 사람들은 성령세례를 경험했다. 오순절 사건, 고넬료, 에베소 사람들의 경험 등이 그 대표적인 예들이다. 분명히 성령세례는 경험할 수 있고 또 느낄 수도 있다. 그러나 그 경험이 모든 사람들이 다 그렇게 경험하고 느낄 수 있는 일반적인 현상은 아니다. 모든 사람들이 다 고넬료나 루디아가 경험한 것과 같은 경험을 할 수는 없다. 내가 성령세례와 성령충만을 오감으로 체험했는가 않았는가 하는 사실이 중요한 것이 아니라 과연 내가 거듭난 확신이 있는가 하는 것이 중요하다.

도 없고 또한 상실될 수도 없으나 성령충만은 "계속적이며 영속적인" 특징을 지니고 있다. 한번 충만을 받은 사람일지라도 끊임없이 성령충만을 받아야 한다.

성령충만의 의미와 성격을 가장 잘 말해주는 성경이 사도행전과 에베소서이다. 특히 에베소서에서 바울은 '술 취하지 말라 이는 방탕한 것이니 오직 성령으로 충만함을 받으라'(엡 5:18)고 말씀했다. '성령으로 충만함을 받으라'는 말씀과 관련하여 우리는 여기서 네 가지 사실을 주목할 필요가 있다.

하나님의 필수적 명령

첫째, 여기 '성령으로 충만함을 받으라'(be filled with the Spirit, πληροῦσθε ἐν Πνεύματι)는 동사는 명령법으로 쓰였다. 중생을 받은 자들은 중생으로 그쳐서는 안 되고 모두 성령의 충만을 받아야 한다. 그러므로 성령충만은 필수이다. '성령충만을 받으라'는 에베소서 말씀은 시험 삼아 말한 것도, 부드러운 권면이나 정중한 충고도 아니다. 주님께서 제자들에게 하신 명령을 바울 사도가 에베소 교인들에게 반복한 것이다. 그 명령은 강권적이다. 아무도 이것을 피할 수 없다. 그리스도인이라면 반드시 성령의 충만을 받아야 한다.

앤드류 머레이가 오순절 성령충만(The Full Blessing of Pentecost)에서 말한 것처럼 하나님의 "자녀들이 모든 사람이 완전히 그리고 끊임없이 성령의 지배 아래 살아야 한다는 것은 하나님의 뜻이다."[135] "성령으로 충만치 않고 그리스도인 개인과 개 교회가 하나님이 원하시는 대로 살거나 사역하는 것은 완전히 불가능하다."[136] 그러면서 머레이는 "어느 곳이나 모든 일에서 우리는 그리스도인들의 삶과 경험에서 이 축복을 교회가 좀체 누리지 못하고 있으며, 안타깝게도 추구하지도 않는다"[137]고 말한다.

---

[135] Andrew Murray *The Full Blessing of Pentecost: Your Greatest Need: The Spirit's Unlimited* (Fort Washington: CLC, 2005), "Introduction."

[136] Murray, *The Full Blessing of Pentecost*, "Introduction."

개인뿐 아니라 공동체를 향한 명령

둘째, 이 동사가 복수형으로 사용되었다. '성령의 충만을 받으라'는 명령은 어느 특정한 사람에게만 하신 명령이 아니라 전 기독교 공동체에게 하신 명령이다. 우리 개개인이 성령의 충만을 받아야 하지만 무엇보다 교회공동체가 성령의 충만을 받아야 한다. 성령의 충만은 모든 사람들에게 해당된 의무이다. 성령충만을 받으라는 명령을 그리스도인이라면 반드시 실천해야 할 명령으로 받아들여야 할 이유는 이 동사가 복수형으로 사용되었다는 사실에서 확인할 수 있다.

성령충만케 하시는 분은 하나님

셋째, '성령으로 충만함을 받으라'는 말씀이 수동태로 쓰였다. 이것은 성령충만의 주체가 누구인가를 보여준다. 성령충만은 사모하는 자가 받는 것이지만 그것을 주시는 분은 하나님이시다. 성령충만이 하나님의 주권적인 선물이기 때문에 우리가 더욱 더 간절히 그것을 사모해야 한다.

마치 젖을 먹는 주체는 어머니 품에 안긴 어린 아이지만 그 젖을 먹이는 사람은 어머니이듯이 우리가 성령충만을 사모하지만 그 은혜를 베푸시는 분은 하나님이시다. 때문에 마치 어린 아이가 어머니에게 젖을 달라고 울부짖는 것처럼 우리 역시 하나님 아버지께 성령충만을 간절히 사모하며 간구해야 하는 것이다.

지속적으로 받아야 할 명령

넷째, '성령충만을 받으라'는 말씀은 명령형이지만 부정과거가 아닌 현

---

[137] Murray, *The Full Blessing of Pentecost*, "Introduction." 성령충만은 사모하는 자에게 주시는 하나님의 은혜다. 그것은 우리를 위해 예비 되었다. 하나님께서는 그것을 우리에게 주시기를 원하시고 기다리고 계신다. 때문에 그리스도인이라면 누구나 다 큰 확신을 갖고 성령의 충만을 기대해야 한다. 성령의 충만은 주님의 약속이지만 모든 사람들에게 자동적으로 그 은혜가 주어지는 것은 아니다. 모든 것을 버리고 말씀에 순종하여 예수님께서 우리를 인도하시도록 기꺼이 맡길 때 성령의 충만을 받을 수 있다.

재시제로 쓰였다. 헬라어에서 명령법이 부정과거형으로 쓰였으면 그것은 단회적인 행동을 가리키는 것이고 현재형으로 쓰였으면 계속적인 의미를 지니고 있다. 예를 들어 가나 혼인 잔치에서 '항아리에 물을 채우라'(요 2:7)고 주님이 명령했을 때는 부정과거형으로 쓰였다. 그것은 한번 그렇게 하는 것으로 명령을 내리신 것이다. 반면 성령의 충만을 받으라는 것은 현재시제로 쓰여 계속적으로 성령의 충만을 받아야 할 것을 말씀한다.

성령의 충만을 받은 경험이 있어도 우리는 또다시 그리고 계속해서 성령의 충만을 받아야 한다. 세상을 이기는 믿음의 비결이 여기 있다.[138] 성령세례와 달리 성령충만은 완성이 아니라 반복적이고 양적 점진성을 지니고 있다. 성령충만은 정지된 상태가 아니라 발전하는 경험이다. 성령의 충만을 받은 자가 지속적으로 충만을 받거나 더 충만을 받기를 사모해야 할 이유가 여기 있다.

주님의 약속대로 성령의 충만을 받으면 권능이 임한다. 이 권능을 주시는 목적은 증인이 되게 하시는 데 있다. 주님의 약속대로 오순절 성령강림 후 제자들 가운데 놀라운 능력이 임했다.

5. I부 결론: 성령충만한 예루살렘 공동체(2:42-47)

> [42] 그들이 사도의 가르침을 받아 서로 교제하고 떡을 떼며 오로지 기도하기를 힘쓰니라 [43] 사람마다 두려워하는데 사도들로 말미암아 기사와 표적이 많이 나타나니 [44] 믿는 사람이 다 함께 있어 모든 물건을 서로 통용하고 [45] 또 재산과 소유를 팔아 각 사람의 필요를 따라 나눠 주며 [46] 날마다 마음을 같이하여 성전에 모이기를 힘쓰고 집에서 떡

---

[138] 옥한흠, 제자훈련 II. 아무도 흔들 수 없는 나의 구원 (서울: 국제제자훈련원, 2005), 93. 옥한흠은 이렇게 말한다. "우리는 구원을 얻는 믿음으로 만족해서는 안 된다. 세상을 이기고 승리하는 믿음도 있어야 한다. 이것은 구원의 믿음이 하나님의 말씀으로 성장해서 강해지면 세상을 이기는 믿음, 하나님의 뜻을 순종하는 믿음으로 발전할 수 있다. 불행하게도 많은 성도가 세상을 이기는 강한 믿음을 가지고 있지 못하는 것을 본다. 어디에 문제가 있는지 찾아 빨리 고쳐야 할 것이다."

을 떼며 기쁨과 순전한마음으로 음식을 먹고 ⁴⁷ 하나님을 찬미하며 또 온 백성에게 칭송을 받으니 주께서 구원 받는 사람을 날마다 더하게 하시니라.

사도행전 2장 42절부터 47절까지는 오순절 성령의 부으심으로 성령충만한 예루살렘 공동체가 어떤 모습으로 바뀌었는지를 생생하게 보여준다. 초대교회는 오순절의 성령강림을 통해 모든 주의 제자들이 성령충만을 받았다. 성령을 통해 죄 사함을 확인했고, 주의 권능과 임재를 확인했다. 특히 서로가 서로의 죄를 용서받은 한 형제라는 인식이 그들을 사로잡았다. 그 최초의 이상적인 모델이 본문의 예루살렘교회다.

사도행전에서는 예루살렘교회에 나타난 성령충만의 첫 번째 결과를 42절 말씀이 잘 집약해 주고 있다. '그들이 사도의 가르침을 받아 서로 교제하고 떡을 떼며 오로지 기도하기를 힘쓰니라'(2:42). 브루스에 따르면 "단순히 음식을 먹는 행위만을 가리키는 것이 아니라 성만찬을 정기적으로 수행"했음을 의미한다.

'떡을 떼며'는 일상적인 식사의 의미도 포함되었지만 실제로 강조하는 것은 '성사'(聖事)다. 성령충만의 결과는 사도의 가르침, 형제자매의 교제, 성찬의 정기적 시행 그리고 공중기도로 집약된다.[139] 예루살렘교회는 칭송을 받고 놀랍게 성장했다. 한 마디로 예루살렘교회는 말씀의 가르침(the teaching-the doctrine of the Apostles), 교제(fellowship), 성찬(the Eucharist-holy communion), 기도(prayer)가 성령충만한 예루살렘 공동체 가운데 나타났다.[140] 그리하여 칭송을 받았고, 날마다 주의 은혜

---

[139] Cook, *The Acts of the Apostles*, 30.

[140] Denton, *A Commentary on the Acts of the Apostles*. Vol. I., 86-88. 배우기를 사모하는 것, 살아있는 교제, 열심 있는 기도는 상호 깊은 관계가 있다. 가르침을 받기 위해서는 모여야 하고, 가르침을 받은 자들의 모임에는 사랑이 넘치는 공동체의 교제가 있어야 하고, 가르침을 받고 살아있는 교제가 지속되기 위해서는 기도가 끊이지 않아야 한다. "그들이 사도의 가르침을 받아," "믿는 사람이 다 함께 있어," "성전에 모이기를 힘쓰고," "하나님을 찬미하며"라는 말씀은 초대교회 성도들이 보여 주었던 교회생활의 모습이다. 그들은 배우기를 좋아했고, 믿는 자들끼리 교제를 나누기를 힘썼고, 예배에 열심이었고, 하나님을 찬미하는 일에 있어서도 열심이었던 것이다.

가운데 성장했다.

1. 가르치고 배우는 교회(2:42)

사도들의 a 가르침을 받는 것은 성령충만의 첫 번째 결과이기도 하지만 또한 교회의 특징이다. 사도들의 가르침을 받았다는 것은 사도들의 가르침에 몰두하고, 전념했다는 의미이다.[141] 이와 관련하여 우리는 몇 가지 사실을 생각할 필요가 있다.

먼저, 가르침의 내용이다. 120문도와 회개한 3천 명의 사람들로 구성된 예루살렘 공동체는 주님께서 사도들을 통해 전달하신 바로 그 주님의 가르침을 받은 것이다.[142]

'사도의 가르침을 받아'(2:42)에서 '사도'라는 용어가 우리 개역 성경에서는 단수로 쓰였지만 실제로는 헬라어 원문에는 복수 '사도들'(ἀποστόλων, apostles)로 쓰였다. 한 명의 사도가 대표로 가르친 것이 아니라 여러 사도들이 동시에 가르친 것이다. 가르치는 사도는 복수지만 가르침 그 자체는 단수였다. 여러 명이 가르쳐도 가르침의 내용은 통일성이 있었다는 것이다. "주님께서 사도들을 통하여 전달하신 것이기 때문에 권위"[143]가 있었고, 이 가르침을 기록한 것이 신약성경이다.

사도들이 여러 명이었지만 그들의 가르침이 통일성이 있었던 것처럼 성경의 저자들은 여러 명이지만 내용은 통일성이 있다. 사도들의 가르침이 신약이라는 최종적 형태로 우리에게 전해져 왔으므로 오늘날 사도들의 가르침을 받는다는 것은 성경을 배우고 그 가르침을 나에게 주신 약속으로 믿고 실천하는 것을 의미한다. 성령충만한 교회는 신약의 가르침을 열심히 공부하는 교회이고, 그런 교회는 성령으로 충만을 받는다.

성령충만과 배우는 것은 결코 상충되지 않는다. 오히려 성령충만한 교

---

[141] Dick, *Lectures on Some Passages of the Acts of the Apostles*, 55. 존 딕은 여기 가르침을 사도들의 교리(the doctrine of the apostles)로 해석한다.

[142] Bruce, *The Book of ACTS*, 73.

[143] Bruce, *The Book of ACTS*, 73.

회는 말씀을 배우기를 간절히 갈망한다. 존 스타트가 지적한 대로 3,000명, 5,000명이나 되는 새로운 신자들은 모두가 놀라운 성령의 충만을 받았지만 열심히 배웠다.[144] 영성과 지성은 결코 상충되거나 대립하지 않는다. 조나단 에드워즈의 사례가 증언하듯 영성과 지성은 얼마든지 균형과 조화를 이룰 수 있으며, 그럴 때 더욱 더 강력한 힘과 영향력을 발휘할 수 있다.

현대 성령운동이 비판을 받는 이유는 성령을 간절히 사모하고 갈구하면서도 정작 성령의 교과서인 말씀을 배우는 일을 소홀히 했기 때문이다. 반대로 현대 제자운동이 말씀공부를 중시하면서도 정작 말씀의 저자이신 성령을 간절히 사모하는 일을 소홀히 했기 때문에 그 한계를 노정한 것이다. 말씀과 성령은 같이 가야 한다. 성령충만을 받은 예루살렘 공동체의 위대한 힘은 바로 성령충만과 말씀연구가 아름다운 조화와 균형을 이루었기 때문이다. 이들은 불의 혀 같이 갈라지는 것을 눈으로 목도하고 방언의 은혜를 체험했지만, 결코 하나님의 말씀을 무시하지 않았다.[145]

2. 교제하는 교회(2:42, 44-46)

성령충만한 교회의 두 번째 특징은 교제(fellowship)다. 누가는 예루살렘교회가 서로 교제했다고 증언한다(2:42). 여기 교제는 복음적 사랑의 실천이라 할 수 있는 성도의 교통을 의미한다. 존 딕의 말대로 '복음은 이기적인 종교가 아니다.'[146] 그리스도 안에서 형제와 자매를 사랑하는 것은 구

---

[144] 존 스타트, 사도행전 강해 (서울: IVP, 1999), 89.
[145] 존 스타트, 사도행전 강해, 89. 성령충만이 결코 반지성주의를 의미하는 것은 아니다. 반지성주의와 성령충만은 상호 양립할 수 없다. 성령은 진리의 영이기 때문이다. 초대교회에 성령충만을 받은 이들이 말씀을 연구하는 일, 사도들의 가르침을 받는 일을 게을리하지 않았다. 오히려 말씀연구를 열심히 했기 때문에 성령충만을 지속할 수 있었고, 능력 있는 그리스도인들이 될 수 있었다. 초대교회 교인들은 성령충만을 받았기 때문에 오직 성령만이 자신들의 유일한 교사이며 인간 교사 없이도 지낼 수 있다고 생각하지 않았다. 오히려 그들은 존 스타트의 표현대로 "가르침을 받은 일에 굶주려 사도들의 사사(師事)를 받으며 그 가르침을 꾸준히 받았다."
[146] Dick, Lectures on Some Passages of the Acts of the Apostles, 57.

원받은 자들의 중요한 책임이다. 사랑은 율법의 완성이다. 누가가 사도들의 가르침을 받았다는 것은 간단하게 기록하면서도 교제는 매우 자세하게 기록하고 있다. '서로 교제하고'(2:42), '믿는 사람이 다 함께 있어 모든 물건을 서로 통용하고'(2:44), '또 재산과 소유를 팔아 각 사람의 필요를 따라 나눠 주며'(2:45), '집에서 떡을 떼며 기쁨과 순전한 마음으로 음식을 먹었다'(2:46)는 사실은 이들이 얼마나 사랑의 교제를 실천했는가를 말해 준다.

초대교회는 '서로 교제하는'(2:42) 살아있는 공동체였다. 여기 '서로 교제하고'의 교제는 헬라어로 '코이노니아'다. 이 말은 공동체를 뜻하는 코이노스(koinos)에서 나왔다. 코이노니아는 정신적 교제와 물질적 교제의 두 가지를 말한다. '물질적 교제'는 '정신적 교제'가 전제될 때 가능하다. 왜냐하면 하나님과의 교통(고전 1:9)이 있을 때라야 비로소 이웃과의 물질적인 나눔이 있는 실천적 사랑의 교제가 가능하기 때문이다. 그래서 성도의 교제를 가리켜 성경은 '서로 교제'(2:42), '성령의 교제'(빌 2:1), '믿음의 교제'(몬 1:6)라고 일컫는 것이다.

마태복음은 믿음의 사람들이 하늘에 계신 하나님을 아버지로 고백하는 한 형제자매들이라고 선언한다. 사도 요한은 우리의 사귐이 하나님과 또 그의 아들 예수 그리스도와의 사귐이라고 말한다. 그리고 고린도후서에는 성령의 사귐이라고 기록했다. 그렇다면 예수 그리스도를 구주로 영접한 이들의 코이노니아는 삼위일체 하나님과의 교제다.[147] 하나님 안에서의 참된 교제를 갖는 이들과 함께 신앙의 공동체를 이루는 것은 대단한 축복이다. 가정도 마찬가지다. 믿음의 형제들이 믿음의 자매와 만나 결혼하고, 부부가 함께 신앙생활을 하고, 온 가족이 한 하나님을 섬기는 것처럼 복된 것은 없다.

교회는 성부, 성자, 성령 삼위일체 하나님과의 수직적인 사랑의 교제 안에서 이웃과 형제 사랑이라는 수평적인 교제를 나누는 신앙의 공동체

---

[147] 존 스타트, 사도행전 강해, 90.

여야 한다. 성도 각 개인이 하나님과 깊은 수직적인 영적교제를 나눌 때 수평적인 사랑의 교제가 가능하다.

3. 성찬의 기쁨과 감격이 있는 교회(2:42, 46)

누가는 예루살렘교회가 떡을 떼는 신앙의 공동체였다고 증언한다. '떡을 뗀다'는 것은 초대교회에서 '성찬'과 '애찬' 두 가지 모두를 말한다. '집에서 떡을 떼며 기쁨과 순전한 마음으로 음식을 먹고'(2:46)라는 누가의 기록 중에 '떡을 떼며'는 단순히 일상적 음식을 먹는 그 이상으로 성찬을[148] 그리고 '음식을 먹고'는 애찬을 말한다. 성령충만을 받은 초대교회공동체가 코이노니아 공동체로 바뀐 것이다. 성찬은 말씀과 기도와 더불어 은혜의 수단이다.

예루살렘 공동체가 사랑이 풍성한 수직적, 수평적 공동체를 구현할 수 있었던 것은 사도들의 가르침을 받는 성령으로 충만한 공동체였기 때문이다. 사도들의 가르침과 성령충만의 체험이 초대교회공동체를 사랑의 공동체, 섬김의 공동체로 만들어 주었다. '믿는 사람이 다 함께 있어 모든 물건을 서로 통용하고 또 재산과 소유를 팔아 각 사람의 필요를 따라 나눠 주며'(2:44-45)는 이들이 어떻게 나눔의 삶을 실천했는가를 보여준다. 자신의 물건을 서로 통용하고 재산과 소유를 팔아 가난한 다른 사람에게 나눈 것이다. 재산이 많거나 적거나 모두가 나눔을 실천했다.[149]

존 크리소스톰의 말대로, '초대교회 교인들은 자기 것을 아무 것도 자기 것이라고 말하지 않는 천사와 같은 단체였다.… 아무도 비난하지 않았고, 아무도 시샘하지 않았으며, 아무도 인색하게 굴지 않았다. 거기에는 교만도 치욕도 없었다.… 가난한 사람들은 부끄러움을 몰랐으며, 부자들

---

[148] Bruce, *The Book of ACTS*, 73.

[149] Denton, *A Commentary on the Acts of the Apostles*. Vol. I., 90; Bruce, *The Book of ACTS*, 74. 여기 재산은 토지, 농장, 부동산 등 소유물(possessions, κτήματα)을 말하고 소유는 물건(goods, ὑπάρξεις)을 말한다. 이런 유무상통은 성령 안에서 하나 됨의 의식이 강할 때 잘 유지될 수 있다.

은 거만함을 몰랐다.'[150] 자신이 가진 모든 것이 하나님께로부터 왔다는 생각을 가진 것이다.

청교도들은 결코 가난을 저주라고 생각하지 않았고 사회의 아픔을 나의 아픔과 별개로 생각하지 않았다. 부자나 가난한 자나 다 그리스도 안에서 한 형제자매라는 자의식이 있었다. 리차드 백스터는 당대인들을 향해 모든 부가 하나님으로부터 왔다고 가르쳤다.[151]

성도의 교제는 세상의 죄악에 빠져드는 것을 막아 주는 큰 힘이 된다. 서로간의 격려가 있기 때문이다.[152] 성도의 아름다운 교제는 교회로부터의 이탈을 막는 첩경이고 형제자매를 신앙 안에서 세워 가는 지름길이다.[153]

---

[150] John Chrysostom, *Homily*, VII. 47. 존 스타트, 사도행전 강해, 92에서 재인용.

[151] Nathan Hatch, Mark Noll, John D. Woodbridge, *The Gospel in America* (Grand Rapids: Zondervan, 1979), 225-247.

[152] 수년 전 한 집사님이 "목사님, 사실 교회에서 순장을 하면서 믿는 사람들과 함께 신앙생활을 하지 않았다면 여느 가정주부들처럼 쉽게 세상 죄에 물들어 버렸을 거예요."라고 말하는 것을 들은 적이 있다. 그녀는 함께 모여 말씀을 공부하고 기도하면 세상의 유혹과 죄악을 이길 수 있는 새로운 힘을 공급받는다고 고백하였다. 성도의 교제는 우리가 세상에 물들지 않도록 지켜주는 중요한 원동력이다. 필자는 어느 목사님에 관한 글을 읽은 적이 있다. 그는 신앙과 삶이 일치했던 분이었다. 일생동안 그는 자기가 배우고 가르친 대로 살았다. 그의 가르침이 그렇게 힘이 있었던 것은, 그가 많은 사람들에게 그렇게 지대한 영향을 미친 것은 실천이 동반된 가르침 때문이다. 교회의 힘은 외형적인 화려함에 있는 것이 아니라 신앙과 삶의 일치에서 나오는 것이다. 기독교 역사는 그런 사람들에 의해 이어져 왔다. 하나님의 관심은 결코 외형적인 화려함이나 숫자에 있지 않다. 오늘날 아름다운 건물, 화려한 시설, 수많은 교인들을 자랑하는 교회들이 많다. 그것은 예찬할 만하다. 그러나 우리 주님의 일차적인 관심은 이적과 표적과 떡을 찾아 모여드는 이스라엘 무리들이 아니라 제자들에게 있었다. 하나님의 관심은 다수가 아니라 말씀대로 실천하는 소수에게 있다. 주님의 관심은 자신을 따르는 수많은 군중들이 아니라 생명을 걸고 자신의 가르침을 받고 실천하려고 하는 12명의 제자들에게 있었다. 하나님은 그들을 통해 위대한 역사를 이루어 오셨다. 우리는 1900년대 초 전국을 휩쓸었던 한국교회의 놀라운 부흥이 한국교회 가운데 영적각성이 있게 해달라고 기도했던 화이트, 맥컬리 두 여선교사의 기도회에서 출발했다는 사실을 기억해야 할 것이다.

[153] Dietrich Bonhoeffer, "Confession and Communion," *Life Together* (New York: Harper, 1954), 86, 97, 110-122. 개혁주의 신학자 안토니 후크마와 디트리히 본회퍼는 크리스천의 친교의 기본 요소로 다음 몇 가지를 지적했다. 첫째, 동료 크리스천에 대하여 올바른 태도를 가져야 한다. '나는 내가 기도해 주는 형제를 더 이상 저주하거나 미워할 수가 없다. 그가 아무리 나를 괴롭힌다고 해도 말이다.' 성도의 교제는 서로 간에 중보 기도를 함으로써 존재할 수 있으며 만약 기도하지 않으면 끊어질 수밖에 없다. 안토니 후크마도 자신을 돌아보는 그리스도인이라는 책에서 그리스도인의 공동체성이 '때때로 수준 이하로 떨어지는 것은 바로 우리가 서로를 위하여 기도하지 않기 때문'이라고 말한다. 둘째, 상대방의 말에 조용히 귀를 기울이는 태도를 가져야

4. 기도하며 모이기를 힘쓰는 교회(2:42, 46)

성령충만을 경험한 예루살렘 공동체 가운데 나타난 또 하나의 두드러진 특징은 기도와 예배이다. 예루살렘교회는 '오로지 기도하기를 힘썼고'(2:42), '날마다 마음을 같이하여 성전에 모이기를 힘썼으며'(2:46), '하나님을 찬미'(2:47)하는 기도와 예배의 공동체였다. 사도들의 가르침을 받고 교제하는 것이 너무도 중요하지만 반드시 말씀의 저자이시고, 성도의 교제를 가능케 하시는 주님께 드리는 생명력 있는 기도와 살아있는 예배가 반드시 있어야 한다. 예루살렘교회는 사도들을 통해 전해 받은 주님의 가르침에 근거한 약속의 기도를 드렸고, 하나님을 찬양했다. 사도들의 가르침, 교제, 기도와 예배가 분리되지 않았다.

주님은 공생애 동안에 기도의 본을 보여주셨고, 성령의 부으심을 경험한 예루살렘교회가 그 본을 그대로 따랐다. 사도행전은 '기도의 책'이라고 할 만큼 120문도의 기도를 시작으로 처음부터 마지막까지 기도의 사례들로 가득 채워져 있다.[154] 누가는 기도의 중요성을 사도행전 전체에서

한다. 미국의 정신과 의사인 도날드 스미스는 형제애를 나누는 두 가지 방법을 지적하는데, 그 하나는 깊이 듣는 법을 배우는 것이고, 다른 하나는 자아를 죽이는 것을 배우는 것이다. 본회퍼도 이렇게 말한다. '친교에 있어서 다른 사람들을 위해 해야 할 첫째 섬김은 그들에게 귀를 기울이는 것이다. 하나님에 대한 사랑이 하나님의 말씀을 들음에서 시작하는 것 같이 형제를 향한 사랑의 출발은 그들에게 귀를 기울이는 것을 배우는 것이다.… 그러므로 우리가 우리의 형제를 위해 행할 주님의 사역은 우리가 형제의 말을 들어주는 것을 배우는 것이다.' 셋째, 동료 크리스천과 하나가 되는 방법은 무엇을 말하는가에 달려 있다. 상대에게 진실하고, 긍정적이고, 격려와 용기를 주는 말이어야 한다. 넷째, 행함으로 형제들에게 우리의 사랑을 보여 주어야 한다. 우리의 죄를 하나님께 통회하고 형제자매에게도 죄의 고백과 더불어 용서를 구하는 실천 없이는 진정한 그리스도의 사랑의 공동체를 이룰 수 없다. 진정한 형제애는 자신의 죄를 하나님께 고백하고 해결할 때 가능하다. 디트리히 본회퍼도 **공동생활**이라는 그의 책 마지막 장에서 크리스천들이 동료 크리스천과 함께 기도드리고 함께 예배드리고 함께 봉사하고 있음에도 종국적으로는 혼자 남는데 그것은 그들 모두가 서로 자기의 죄를 감추기 때문이라고 말한다. 초대교회처럼 성령 안에서 이와 같은 진정한 사랑의 교제를 실천한다면, 개인은 물론 그 교회는 수개월 안에 현저히 달라질 것이다.

[154] 마가의 다락방에 모인 120명이 '마음을 같이하여 오로지 기도에 힘썼고'(1:14), 가룟 유다 대신 사도를 택할 때에도 두 사람 중에 누구를 택할 것인가 하는 문제를 놓고 간절히 기도했다(2:24-25). 베드로와 요한은 정해진 시간에 기도하기 위해 성전에 올라갔다(3:1). 사도들은 기도하는 일과 말씀 전하는 일에 전무하기 위해 일곱 사람을 뽑았고(6:3-4), 그들을 택한 후에는

일관되게 증언한다. 기독교 역사에서 기도가 없는 부흥은 존재한 적이 없다.[155]

모이기를 힘쓰는 교회(2:46)

성령충만을 받은 예루살렘 공동체는 '날마다 마음을 같이하여 성전에 모이기를'(2:46) 힘썼다. 여기서 우리가 주목할 사실은 이들이 얼마나 자주 모였는가를 말해 주는 '날마다'라는 단어이다. 초대교회 교인들은 매일 마음을 같이하여 성전에서 모였다. 히브리서 기자가 경고한 대로 말세를 살고 있는 믿음의 사람들은 모이기를 힘써야 할 것이다. '모이기를 폐하는 어떤 사람들의 습관과 같이 하지 말고 오직 권하여 그 날이 가까움을 볼수록 더욱 그리하자'(히 10:25).

우리가 주목하는 또 한 가지는 그들이 "성전(교회)"에 모였다는 사실이다. 당시 이들이 매일 성전에 모인 이유는 예배하고, 기도하고, 말씀을 연구하고, 하나님을 찬양하고, 성도의 교제를 나누기 위해서였다. 예루살렘교회에는 예배와 말씀 연구와 기도와 성도의 교제가 살아 있었다. '날마다 마음을 같이하여 성전에 모이기를 힘'썼으며(2:46), '하나님을 찬미'(2:47) 했다는 누가의 증언은 예루살렘교회가 얼마나 예배의 공동체였는가를 말해준다. 예수께서 사마리아 여인에게 약속하셨던 '영과 진리로 예배할'(요

안수하기 전에 먼저 기도했다(6:6). 사울은 다메섹 도상에서 주님을 만난 후에 기도 중에 아나니아를 만났으며(9:11), 베드로는 '사람을 다 내보내고 무릎을 꿇고 기도'(9:40)한 후 다비다를 일으키는 놀라운 기적을 체험했으며, 고넬료는 '하나님께 항상 기도'(10:2)하는 사람이었고 그 기도가 '하나님 앞에 상달되어 기억하신 바가'(10:4) 되었다. 안디옥교회는 바울과 바나바를 파송할 때 '금식하며 기도하고 두 사람에게 안수하여'(13:3) 보냈다. 또 바울은 각 교회의 장로들을 택할 때에 '금식 기도하며'(14:23) 선발했다. 빌립보 감옥에서 바울과 실라는 절망하지 않고 오히려 '기도하고 하나님을 찬송하매 죄수들이'(16:25) 듣고 감동을 받았다.

[155] 박용규, 세계부흥운동사 (서울: 한국기독교사연구소, 2018), 85-86. 평양대부흥운동 때 기도는 유명했다. 예일대학교 조지 래드(George Ladd) 교수는 통성기도를 목도하고 군중심리라고 폄하한 적이 있으나 1907년 1월 14일과 15일 장대현교회 그 부흥의 현장에 있던 한 선교사는 그들의 기도가 얼마나 이성적이고, 논리적인지 마치 골방에서 하나님께 드리는 기도 같았다고 증언한다. George T. Ladd, *In Korea with Marquis Ito*, (London: Logmans, Green & Co., 1908), 411; Charles A. Clark, 한국교회와 네비우스정책 (서울: 기독교서회, 1994), 195.

4:23, 24) 그 때가 온 것이다. 예루살렘교회는 예배가 삶이었고, 삶이 예배였다. 마치 종교개혁자 존 칼빈이 스트라스부르그에서 제네바로 다시 돌아와 제일 먼저 예배 개혁을 착수해 주일에 3번 예배를 드리고, 평일에도 하루 세 번 예배드렸던 것을 연상케 한다.

확실히 성령충만을 경험한 예루살렘교회는 안디옥교회와 더불어 교회의 아름다운 모델이었다. 사람들이 모이기를 힘쓰고 예배가 살아있는 교회, 예배가 회복된 교회는 놀랍게 성장한다. 미국이나 한국이나 전 세계 어디서나 성장하는 교회들은 대부분 예배가 회복된 교회들이다.

5. 칭찬받는 교회(2:47)

예루살렘교회는 교회 밖으로부터 칭찬을 받는 교회였다. 누가는 '온 백성'과 '칭송'이라는 두 단어를 하나로 연결하여 강조한다. 예루살렘교회는 몇 사람이나 어떤 특정 부류의 사람들로부터만 칭송을 받은 것이 아니라 만인으로부터 칭송(enjoying the favor of all the people, 2:47)을 받았다. 세상의 능란한 사교술을 통해서도 일부 사람들의 환심을 살 수 있다. 그러나 만인으로부터 칭송을 받는 일은 아주 예외적인 일이다. 어떻게 이런 역사가 가능한지를 이해하려면 '믿는 사람이 다 함께 있어 모든 물건을 서로 통용하고'(2:44), '또 재산과 소유를 팔아 각 사람의 필요를 따라 나눠 준'(2:45) 희생적이고 헌신적인 사랑의 실천과 같이 살펴야 한다. 부자청년이 증거하듯 재산을 팔아 가난한 자들과 나누는 것은 당시 사회에서 불가능에 가까운 일이었다.

여기 필요를 따라 나누었다는 것은 꼭 믿는 자들 안에서만 나눔을 제한시킬 필요는 없을 것이다. 각자의 이웃이 구제의 대상이었고, 이전에 없었던 그런 예외적인 사랑의 실천이 보편적으로 예루살렘 사람들을 근본적으로 바꾸었을 것이다. 온 백성들로부터 칭송을 받을 수 있었던 것은 이들의 삶이 달랐기 때문이고 그 삶의 변화를 가능케 한 원동력은 의심할 바 없이 성령이었다. 칼빈이 지적한 대로 이 같은 칭송은 성령의 역사를 통한 근본적인 영적 변화 없이는 불가능하다.[156] 예루살렘교회가 온 백성으로부터 칭찬을 받을 수 있었던 것은 교회의 구성원 한 사람 한 사람이 성령충만을 받고 변화되었기 때문이다.[157]

그리스도인들은 사람에게만 아니라 하나님께 칭찬을 받아야 한다. 이 둘은 별개가 아니다. 하나님을 참으로 기쁘시게 한다면 그는 동시에 사람으로부터 칭찬을 받을 것이다. 초대교회가 일곱 사람을 택하여 세울 때 선택의 기준 중 하나도 바로 그것이었다. 로마서 14장 18절에서도 '이로써 그리스도를 섬기는 자는 하나님을 기쁘시게 하며 사람에게도 칭찬을 받느니라'고 말씀한다. 주의 일꾼을 세울 때 세상적인 기준에서 세우는 것이 아니라 하나님께서 보시는 기준, 즉 영적인 기준에서 세워야 할 이유가 거기 있다. 온 교인들로부터 칭송을 받는 자, 뿐만 아니라 세상 사람들로부터도 칭찬을 받는 자가 교회에 필요하다.[158]

성장하는 교회(2:47)

예루살렘교회는 성령강림 후 놀랍게 성장했다. 누가는 이렇게 증언한다. '하나님을 찬미하며 또 온 백성에게 칭송을 받으니 주께서 구원 받는 사람을 날마다 더하게 하시니라'(2:47). 구원 받은 사람들의 수가 날마다 더해진

---

[156] 칼빈, 사도행전 I, 123. 당시 많은 사람들이 믿는 자들을 미워했을 것은 의심의 여지가 없다. 그런데도 그들이 칭찬을 받았다는 것은 그들의 삶의 변화가 뒷받침되지 않는다면 이해할 수 없는 일이다.

[157] 칭찬은 예수님의 성장과정에서 나타난 두드러진 특징이었고(눅 2:25), 일곱 사람 선택의 중요한 기준이었으며(6:3), 고넬료와(10:22) 믿음의 사람 디모데의 자랑거리였고(16:2), 말세에 성도들이 갖추어야 할 필수적인 덕목이었다(빌 4:8). 칭찬만큼 중요한 덕목은 없다. 진정한 칭찬은 사람에게서 오는 것이 아니라 하나님께로부터 오는 것이다.

[158] 요 17:20-21; 고전 1:10; 엡 4:1-3; 빌 2:1-2. 칭찬받는 공동체를 이루기 위해서는 성령 안에서 하나 되어 서로를 존중하고 신뢰해야 한다. 솔직하고 겸손하게 자신의 나약함과 연약함을 인정하고 나약한 자들을 온유한 마음으로 이끌어 주어야 한다. 서로의 허물과 약점을 감싸주고 비판에 앞서 기도해야 한다. 바울 사도는 이렇게 권면한다. '형제들아 사람이 만일 무슨 범죄한 일이 드러나거든 신령한 너희는 온유한 심령으로 그러한 자를 바로잡고 너 자신을 살펴보아 너도 시험을 받을까 두려워하라'(갈 6:1). 형제의 실수를 아파하고 그것을 자신의 반면교사로 삼아야 한다는 것이다. 믿음의 공동체는 자기의 약점을 드러내는 것을 주저해서는 안 된다.

이유가 하나님을 찬미하고 온 백성에게 칭송을 받았기 때문이다. 이 간단한 누가의 증언에서 우리는 몇 가지 중요한 원리를 도출할 수 있다.

첫째, 교회성장의 주체는 교회의 머리이신 주님이시다. 누가는 '주께서 구원받는 사람을 날마다 더하게 하셨다'고 증언한다. 예루살렘교회의 성장이 교회가 열심을 다한 결과이기도 하지만 더 근원적인 것은 주께서 교회를 부흥시켜 주셨기 때문이다. 초대교회를 급성장시켜 주신 분은 바로 주님이셨다.[159] 예루살렘교회가 사도들의 가르침을 받고, 성도의 교제가 살아있고, 예배의 감격이 있으며, 모이기를 힘쓰고 칭찬을 받은 것을 주목해야 하지만 누가는 그것이 교회를 성장시킨 근본 요인이라고 보지 않았다. 주께서 역사하셨기 때문에 성장이 가능했다고 증언한다.

둘째, 예루살렘교회에 주님이 하신 구원의 역사를 주목해야 한다. '주께서 <u>구원받는 사람</u>을 날마다 더하게 하시니라(2:47).' 단지 수적 증가만을 주목하지 않았다. 구원받은 사람(those who were being saved)을 더하게 하셨다는 사실이다.

예루살렘교회에는 구원의 역사와 더하게 하시는 역사가 동시에 일어났다. 존 스타트의 말대로 주님은 구원의 역사 없이 사람만 더하게 하신 것도, 교회에 더하시지도 않고 구원의 역사만 이루시지 않았다.[160] 구원의 역사와 성장은 동시에 이루어진 것이다. 이 말은 질적 성장과 양적성장이 균형을 이루었다는 의미이다. 교회는 이 둘이 필수적인 관계, 보완적인 관계라는 사실을 기억해야 한다. 구원의 역사와 더하는 역사가 조화와 균형과 짝을 이루어야 한다.

셋째, <u>날마다</u> 더하게 하셨다. '날마다'(2:47)라는 말은 초대교회의 전도와 성장이 단회적인 것이 아니라는 사실을 보여준다. 끊임없이 성장한 것

---

[159] 칼빈, *사도행전 I*, 123-124. "비록 그들 모두가 그리스도의 왕국을 촉진하기 위하여 용감하게 노력했다고 하더라도 누가는 사람들을 교회 안으로 들어오게 한 분은 하나님이셨다며 하나님께만 그 영예를 돌린 것이다. 그리고 확실히 그것은 하나님 자신의 특별한 역사(役事)다. 왜냐하면 하나님께서 그의 성령의 능력으로써 그들의 노력에 열매를 맺게 해주시지 않는다면 성직자들이 심고 물을 주어도 아무것도 성취할 것은 없기 때문이다(고전 3:6).

[160] 존 스타트, *사도행전 강해*, 95.

이다. '더하게 하셨다'는 말이 미완료형이라는 사실이 이를 뒷받침해 준다. 초대교회는 어느 한 순간에만 성장하지 않고 지속적으로 성장했다. 더하게 하시는 주체는 '주님'이시다. 주께서 더하게 하신 것이다. '그분의 공동체에 새로운 신자들을 더하시는 것은 주님의 특권이고, 그가 받으신 이들과의 교제를 환영하는 것은 기존의 신자들의 기쁨의 특권이다(롬 15:7).'[161]

마지막으로 사도행전은 수적인 증가를 맨 마지막에 기술하여 수적 증가가 우선이 아님을 분명히 했다. 이와 같은 패턴은 사도행전 전체에 등장한다. 누가는 성령의 충만한 예루살렘 공동체의 변화를 자세히 그려준 다음 수적 증가를 언급하였다. 예루살렘교회는 가르치고 배우는 교회, 교제가 살아있는 공동체, 기도와 예배가 살아있는 교회, 모이기를 힘쓰는 교회, 칭찬받는 교회, 성장하는 교회였다. 존 스타트의 표현을 빌린다면 오순절 성령강림으로 예루살렘 공동체가 '배우는 교회,' '사랑하는 교회,' '예배하는 교회,' '교제하는 교회'로 정착한 것이다. 이 땅에 존재하고 존재해야 할 교회가 모델로 삼아야 할 교회의 모습을 여기 성령충만한 예루살렘교회에서 발견할 수 있다.[162]

---

[161] Bruce, *The Book of ACTS*, 81.

[162] Dick, *Lectures on Some Passages of the Acts of the Apostles*, 66-70. "나는 그 본문에서 두세 가지 교훈으로 결론을 맺으려 한다. 첫째로 우리는 우리 앞에 기독교회의 순결하고 완전한 모델을 가졌다. 초대교회는 진리로 각성하고 계몽된 사람들로 구성되었다. 그들은 세례로 말미암아 교통을 하고 그리스도의 조례와 명령을 정기적이고 꾸준하게 실천하였으며, 신실하고 열정적인 사랑으로 연합하였다.… 둘째로 전능한 하나님의 말씀의 유효성이 갑작스럽지만 온전하게 유대인들의 대화 속에 현시되었다.… 마지막으로 예수의 부활과 높아지심의 진리에 대한 강력한 논증을 발견할 수 있다.… 성령이 사도들에게 부어지심으로 그들이 성령을 받고 새 방언을 말하고 그들의 동족의 눈앞에서 기적을 행할 수 있었다."

제 II부
예루살렘에서의 복음 확장
(3:1-6:7)

3장
못 걷는 사람 치료와 복음의 확장
(3:1-4:31)

4장
성령충만한 예루살렘 공동체와 시험
(4:32-5:11)

5장
유대주의 박해와 복음의 확장
(5:12-6:7)

오순절 성령강림으로 예루살렘교회가 태동되더니 복음은 곧 예루살렘 전역으로 확산되었다. 사도행전 3장 1절부터 6장 7절까지는 사도행전의 2부로 오순절 성령강림으로 예루살렘교회가 태동되고 나서 예루살렘에 복음이 어떻게 확장되어 가는지 그 과정을 그려주고 있다. 사도행전 1장 8절의 약속대로 '성령이 너희에게 임하시면 너희가 권능을 받고 예루살렘'에서 증인이 되는 과정을 설명하고 있다.

사도행전의 2부는 제 3장 못 걷는 사람 치료와 복음의 확장(3:1-4:31), 제 4장 성령충만한 예루살렘 공동체와 시험(4:32-5:11) 그리고 제 5장 유대주의 박해와 복음의 확장(5:12-6:7)으로 구성되었다. 예루살렘에서의 복음의 확장은 사도들의 기적을 통해 시작되었다. 베드로와 요한은 성전 미문에 앉아 구걸하던 못 걷는 사람을 일으켰다. 주님이 행하셨던 그 놀라운 기적을 사도들도 행한 것이다. 못 걷는 사람을 일으킨 사건은 복음을 예루살렘 전역으로 확산시키는 촉진제가 되었다.

예루살렘 공동체는 성령충만한 공동체가 되었고, 사도들은 담대하게 복음을 전했으며, 예루살렘교회는 성령충만한 생명의 공동체로 견고하게 세워졌으며(4:32-5:11), 놀라운 기사와 표적이 나타났고, 복음은 유대주의자들의 박해 속에서도 예루살렘 전역으로 확산되었다(5:12-6:7). 심지어 예루살렘에 거하는 허다한 제사장의 무리들도 주께 돌아오는 놀라운 역사가 나타났다.

제 3 장
못 걷는 사람 치료와 복음의 확장
(3:1-4:31)

사도행전은 성령의 복음이다.

Richard B. Rackham, *The Acts of the Apostles*, 1901

은과 금은 내게 없거니와 내게 있는 이것을 네게 주노니 나사렛 예수 그리스도의 이름으로 일어나 걸으라.

베드로, 행 3:6

오순절을 경험한 후 강력한 성령의 권능이 개인과 공동체에 임했다. 누가는 '사도들로 말미암아 기사와 표적이 많이 나타났다'(2:43)고 증언한다. 못 걷는 사람이 일어난 첫 병 고침의 기적은 성령이 임하시면 자연스럽게 이어진다고 주께서 약속하신 권능의 현시였다.

범가르텐이 표현한 대로 못 걷는 사람을 일으킨 사건은 공적인 '첫 번째 기적'(the first miracle)이었다.[1] 존 딕의 말을 빌린다면 사도들이 행한 많은 기사와 표적의 '한 표본'(a specimen)이었다.[2] 그 주인공은 베드

---

[1] M. Baumgarten, *The Acts of the Apostles: Or, The History of the Church in the Apostolic Age*. Vol. I. (Edinburgh: T. &T. Clark, 1854), 82.

[2] John Dick, *Lectures on Some Passages of the Acts of the Apostles* (Glasgow: Printed by Crawford and Mackenzie, 1805), 72.

로였고, 장소는 예루살렘 성전 미문이었다. 성령의 부으심이 임한 예루살렘 성, 이스라엘 백성들의 영적 구심점인 예루살렘 성전에서 성령의 권능이 나타난 것이다.

성령의 놀라운 역사로 변화 받은 초대 기독교는 지난 2천 년 동안 모든 교회가 영적 모델로서 사모할 만큼 사랑과 기쁨과 평강이 충만한 아름다운 공동체였다. 초대교회공동체 가운데는 놀라운 능력이 나타났고, 복음은 박해 가운데서도 생명력을 잃지 않고 놀랍게 확장되어 나갔다. 누가는 못 걷는 사람의 치료(3:1-10), 베드로의 설교(3:11-26), 사도들의 체포와 심문(4:1-22), 박해 가운데서도 든든하게 지어져 가는 교회를 연결하면서(4:23-31) 그것을 자연스럽게 설명해 주고 있다.

1. 걷지 못하는 사람을 일으킨 베드로(3:1-10)

[1] 제구 시 기도 시간에 베드로와 요한이 성전에 올라갈새 [2] 나면서 못 걷게 된 이를 사람들이 메고 오니 이는 성전에 들어가는 사람들에게 구걸하기 위하여 날마다 미문이라는 성전 문에 두는 자라 [3] 그가 베드로와 요한이 성전에 들어가려 함을 보고 구걸하거늘 [4] 베드로가 요한과 더불어 주목하여 이르되 우리를 보라 하니 [5] 그가 그들에게서 무엇을 얻을까 하여 바라보거늘 [6] 베드로가 이르되 은과 금은 내게 없거니와 내게 있는 이것을 네게 주노니 나사렛 예수 그리스도의 이름으로 일어나 걸으라 하고 [7] 오른손을 잡아 일으키니 발과 발목이 곧 힘을 얻고 [8] 뛰어 서서 걸으며 그들과 함께 성전으로 들어가면서 걷기도 하고 뛰기도 하며 하나님을 찬송하니 [9] 모든 백성이 그 걷는 것과 하나님을 찬송함을 보고 [10] 그가 본래 성전 미문에 앉아 구걸하던 사람인 줄 알고 그에게 일어난 일로 인하여 심히 놀랍게 여기며 놀라니라

사도행전 2장 43절의 누가의 증언처럼 사도들로 인하여 기사와 표적이

많이 나타났다. 그 구체적인 예가 바로 성전 미문에서 구걸하던 못 걷는 사람(못 걷게 된 이)이 일어난 사건이다. 베드로와 요한이 성전으로 들어갈 때 사람들이 못 걷는 사람을 메고 와 성전 미문에다 내려놓았다. 그는 날마다 성전 미문에서 들어가는 사람들에게 구걸하던 자였다.

오순절 이후 달라진 베드로와 요한

누가는 못 걷는 사람을 일으킨 기적을 기술하면서 사건의 배경을 이해할 수 있는 세 가지 '제 9시 기도시간'(3:1), '베드로와 요한'(3:1), '나면서 못 걷게 된 이'(3:2)를 서두에서 밝히고 있다. 이 셋은 본문을 이해하는데 매우 중요하다. 베드로와 요한은 아홉 시 기도시간에 성전에 올라가 기도했다.[3] 당시 사람들은 유대 시간으로 제3시, 6시, 9시, 즉 우리 시간으로 오전 9시, 12시, 오후 3시, 이렇게 하루에 세 번씩 성전에서 정기적으로 기도했다. 이날 제자들이 성전에 올라간 시간은 유대인의 시간으로 9시였고, 우리 시간으로는 오후 3시 저녁 기도시간이었다.[4]

이 시간은 저녁 제사가 드려진 직후로 다니엘과 같은 경건한 유대인들과 고넬료와 같은 "하나님을 두려워하는 사람들" 모두가 신실하게 지켰던 기도시간이었다.[5] 이에 대해 브루스는 이렇게 말한다. "사도들은 계속해서 예루살렘 성전의 정해진 예배에 참석하는 규칙을 준수하는 생활을 하고 있었다. 어느 날 오후 사도들 중 두 사람, 베드로와 요한은 저녁예배(대략 오후 3시경)에 이어진 기도회에 참석하기 위해 성전 바깥뜰에서 안뜰로 올라가고 있었다."[6] 오순절 성령강림 이후 베드로와 요한은 늘 함

---

[3] Dick, *Lectures on Some Passages of the Acts of the Apostles*, 73.

[4] Henry Cowles, *Acts of the Apostles: With Notes, Critical, Explanatory, and Practical, Designed for Both Pastors and People* (New York: D. Appleton, 1883), 27; Horatio B. Hackett, *A Commentary on the Original Text of the Acts of the Apostles* (Boston: Gould and Lincoln, 1858), 57.

[5] 단 9:20-21; 행 10:2, 22.

[6] F. F. Bruce, *The Book of ACTS* (Grand Rapids: Eerdmans, 1988), 83. 어드만도 동일하게 해석했다. "그들[베드로와 요한]은 아직 그들 스스로를 충성스런 유대인으로 간주했고 그들의

께 동행했다. 사마리아에 믿는 자들이 생겼다는 소식을 들었을 때도(8장), 예루살렘에 있는 제자들은 베드로와 요한을 사마리아로 보냈다. 성전 미문에 앉은 못 걷는 사람을 일으키던 그날 베드로와 요한이 성전에 함께 올라갔던 것도 우연이 아니었다.

본래 베드로와 요한 두 사도는 야고보와 더불어 주님의 특별한 총애를 받았고, 서로 성격도 비슷했다. 흔히 베드로는 성급한 성격의 소유자였고, 요한은 차분하고 사랑이 풍성한 사람이라고 평하는 것은 정확한 진단은 아니다. 주님이 야고보와 요한에게 '보아너게 곧 우레의 아들이란 이름'(막 3:17)을 더하신 것을 보면 요한도 상당히 다혈적인 성격의 소유자였음을 암시해준다.[7]

이런 성향은 '주를 위하여 내 목숨을 버리겠나이다'(요 13:37)라고 선언한 것이나 대제사장의 종 말고의 귀를 자른 것(요 18:10)이나 '나는 물고기 잡으러가노라'(막 3:17)고 선동한 것에서 볼 때 베드로도 마찬가지였던 것으로 보인다. 성격이 비슷했던 두 사람은 아주 가까웠고 서로에 대해 깊은 관심을 가졌다. 주님이 부활하신 후 베드로는 요한의 미래에 깊은 관심을 가지고 '주님 이 사람은 어떻게 되겠사옵나이까?'(요 21:21)라고 물었던 것도 그 때문이다.[8] 그랬던 그들이 요한 1,2,3서나 베드로전후서가 증거하듯 오순절 성령강림 이후 완전히 달라졌다.

베드로와 요한 두 사람이 기도하러 성전에 올라가다 못 걷는 사람을 만난 것이다. 그는 날 때부터 못 걷는 사람이었고, 40년 동안 누군가의

민족적 예배의 모든 의식과 형식을 준수했다." Erdman, The Acts, 36. 하지만 크리소스톰은 달리 해석한다. "왜 지금 그들[베드로와 요한]이 성전에 올라갔을까? 그들이 아직 유대인으로 살았는가? 아니다, 단지 편의를 위해서 그런 것이다." Chrysostom, The Homilies on The ACTS of The Apostles, 109.

[7] Brian E. Trenhaile, "Apostle John Character Study," March 19, 2007, <www.atah.net/Brian/Data/John%20Character%20Paper,%20Rev%20A,%20Web.htm>(2020. 06. 05 접속). 다음 성경 구절들을 참고하라. 마 4:21; 10:2; 17:1; 막 1:19, 29; 3:17; 5:37; 9:2, 38; 10:35, 41; 13:3; 14:33; 눅 5:10; 6:14; 8:51; 9:28, 49, 54; 22:8; 요 1:35, 40; 행 1:13; 3:1, 3, 4, 11; 4:1, 13, 19; 8:14; 12:2; 갈 2:9; 계 1:1, 4, 9; 22:8.

[8] John Chrysostom, The Homilies of John Chrysostom on The ACTS of The Apostles (London: Oxford, John Henry Parker, 1851), 109.

도움을 받아야만 움직일 수 있었던 중증 장애자였다. 그가 성전에 올라간 목적은 순전히 동정을 구하기 위해서였다. 따라서 그에게 성전은 먹을 것과 입을 것을 포함하여 생명을 이어갈 수 있는 유일한 장소였다. 유대인들에게는 구제하는 습관이 있었기 때문에 그곳 성전 미문은 못 걷는 사람이 도움받기에 가장 적합한 장소였다. 특히 당시 거리에서 나팔 불기를 좋아하는 종교지도자들과 부자들이 성전에서만은 인색하지 않았다. 못 걷는 사람이 이곳을 구걸의 장소로 택한 것도 그런 이유에서다.

베드로와 요한이 못 걷는 사람을 일으킨 이 사건에서 우리는 몇 가지 중요한 교훈을 얻을 수 있다.

능력의 원동력, 정기적인 기도(3:1-3)

첫째, 베드로와 요한이 정기적으로 기도했다는 사실이다. 누가는 '제 구시 기도 시간에 베드로와 요한이 성전에 올라갈새'(3:1)라고 증언한다. 우리 시간으로 오후 3시에 해당하는 유대인 시간 제 9시는 저녁 기도 시간으로 희생 제사를 드린 후 30분 동안이었다.[9] 베드로와 요한은 주님이 승천하신 후, 오순절 성령강림 이후에도 성전에서 정기적으로 기도했다. 우연히 못 걷는 사람을 일으키는 역사가 일어난 것이 아니다. 그 기적은 이들의 기도가 뒷받침된 영적승리의 사건이었다.

정기적인 기도는 하나님의 보좌를 움직이는 첩경이다. 성경이 증거하듯 하나님은 기도하는 사람들에게 기회를 주신다. 베드로와 요한이 못 걷는 사람을 만난 것은 성전 미문에서였다. 우리는 이들이 기도하러 올라가던 중에 못 걷는 사람을 만났다는 사실을 간과해서는 안 된다. 주님과의 교제를 위해 성전에 올라가는 그들이 다른 사람의 영적 상태에 관심을 가진 것은 당연한 일이다. 주의 일을 위해 노력하는 자들에게는 자연스럽

---

[9] Carolus Maria DuVeil and F. A Cox. *A Commentary on the Acts of the Apostles* (London: J. Haddon, 1851), 75. 이스라엘 백성들의 기도시간은 아침, 정오, 저녁 세 번이다(시 40:17). 유대인 월력으로는 제3시, 6시, 9시이다. 성령은 제3시에 임하셨고(2:15) 베드로는 기도하러 6시에 다락으로 올라갔고(10:9) 베드로와 요한은 9시에 기도하러 성전에 올라갔다.

게 주의 영광을 드러낼 기회가 제공되게 마련이다.

능력의 동기, 이타적 마음(3:4-5)

둘째, 베드로와 요한이 보여 준 다른 사람, 특히 소외된 사람에 대한 관심이다. 기도하기 위해 성전으로 들어가다가 성전 미문에 앉아 있던 못 걷는 사람을 만나고 그냥 지나치지 않았다. 베드로는 함께 성전에 올라가는 요한과 더불어 그를 향해 먼저 '주목하여 이르되 우리를 보라'(look unto us, Βλέψον εἰς ἡμᾶς, 3:4)고 말했고 못 걷는 사람은 무엇인가를 얻으려고 그들을 쳐다보았다. 예루살렘 성전의 미문은 이방인의 뜰에서 여인의 뜰로 통하는 니카놀 문(Nicanor Gate)을 가리키는 것이다. 이것은 이방인의 법정에서 성전 경내로 들어오는 동쪽의 주입구를 말한다.[10]

이 못 걷는 사람이 성전 미문에 앉아 니카놀 문을 통해 이방인의 뜰에서 여인의 뜰로 들어가는 유대인들을 대상으로 구걸했기 때문에 자연히 수많은 유대인들이 그를 보았을 것이다. 물론 두 사도들만 아니라 주님의 다른 제자들도 그를 보았을 것이 확실하다. 그런데도 유독 베드로와 요한만이 그 못 걷는 사람을 주목했다. 베드로와 요한은 다른 사람들이 주목하지 않는 것을 통찰할 수 있는 영적 혜안이 있었다. 이날 베드로와 요한은 모든 사람들이 회피의 대상으로 보는 그 사람을 믿음의 눈, 영적인 눈으로 바라보았다.[11] 전과는 달리 다른 사람의 아픔을 믿음의 눈으로 헤아리는

---

[10] Bruce, *The Book of ACTS*, 77. 그 문은 고대 역사가 요세푸스가 '은으로 도금하고 금으로 장식한 성문들보다 훨씬 진귀한 성문이었다(Jewish War v.5.3)'고 말한 문이었는데 고린도의 청동으로 만들어졌으며 23m 높이의 거대한 이중문이었다. 헤롯 대왕에 의해 예루살렘 성전이 증축되면서 예루살렘 성전 안에는 지성소를 포함하는 핵심 건물 주변에 '여인의 뜰'이라고 하는 넓은 뜰과 그 외부에 '이방인의 뜰'로 알려진 더 넓은 뜰이 있었다. 그리고 그 외곽에 '솔로몬의 행각'이라는 넓은 회랑이 둘러 있었다. 성전 본채와 여인의 뜰, 여인의 뜰과 이방인의 뜰은 서로 격리되어 있어 큰 문을 통해서만 서로 옮겨갈 수 있었다. 성전 지역은 모든 사람들에게 개방되어 있었으나 유대인인가 이방인인가 또는 여자인가 남자인가에 따라 각각 들어갈 수 있는 한계가 그어져 있었다. 이방인들은 이방인의 뜰 이상으로 들어갈 수 없었다. 반면 유대인들은 이방인의 뜰에서 니카놀 문을 거쳐 여인의 뜰로 들어가고 또 다른 성전 문을 통해 성전 내부로 들어갈 수 있었다. 그러나 유대인들이라도 여인들은 여인의 뜰까지만 들어갈 수 있었다.

영적인 혜안이 생긴 것이다. 오순절 이전의 그들의 모습과는 너무도 달랐다.

우리가 주목해야 할 것은 못 걷는 사람을 향한 베드로와 요한의 관심이 단순한 물질적 동정 그 이상이었다는 사실이다. 이들은 못 걷는 사람의 육체적인 질병뿐만 아니라 영적인 구원도 염려했다. 그들은 이전에도 정기적으로 성전에 올라가 기도했고, 그때마다 이 못 걷는 사람이 성전 미문에 앉아 구걸하는 것을 지켜보았을 것이다.

베드로와 요한의 이 같은 변화는 오순절 성령강림 이후에 나타난 현상이었다. 베드로와 요한이 이날 다른 날과 달리 못 걷는 사람을 주목할 수 있었던 것은 성령강림을 경험하고 나서 그들의 시각이 바뀌었기 때문이다. 오순절 성령강림 이후 그들은 자기중심적인 존재에서 이타적인 존재로 바뀌었다. 전에는 문제의식을 가지고 보지 않던 것도 신앙적인 차원에서 새롭게 바라보았다.

무엇보다 성령의 은혜를 경험하고 나서 다른 사람들의 영혼과 육신을 불쌍히 여기는 마음이 생겨난 것이다. 누가는 이런 변화가 오순절 성령의 부으심을 통해 사도들이 성령의 충만을 받고 나서 나타난 결과라는 사실을 자연스럽게 드러냈다. 은혜받은 사람은 자신의 주변을 새로운 시각, 믿음의 시각으로 바라본다. 조나단 에드워즈의 표현을 빌리자면 참된 성령은 사랑의 영으로 역사하기 때문이다.[12] 바울이 갈라디아서에서 여러 '성령의 열매'(갈 5:22) 가운데 '사랑,' '자비,' '양선'을 언급한 것도 그 때문

---

[11] Chrysostom, *The Homilies on The ACTS of The Apostles*, 112. 베드로는 그 못 걷는 사람을 경멸하지 않았다. 변화산에서 놀라운 하늘의 영광을 목도하고도 그곳에 초막 셋을 짓자고 제안한 것이나, 세 번이나 주님을 부인했던 사건이나 옛 직업인 어부로 돌아갔던 사실에서도 볼 수 있듯이, 베드로는 오순절 이전에는 자기중심적 존재였다. 그랬던 그가 오순절 날 놀라운 성령의 부으심을 경험한 이후 다른 사람의 형편을 돌아보는 사람으로 바뀐 것이다. 과거였다면 그냥 간과했을 성전 미문의 걸인 못 걷는 사람의 영혼을, 민망히 여기는 주님의 마음이 그에게 생겨난 것이다. 이처럼 성령의 은혜를 경험한 사람들에게 나타나는 일차적인 변화는 다른 사람에 대한 관심이다.

[12] Jonathan Edwards, "Distinguishing Marks," in *the Works of Jonathan Edwards*, Vol. Two (1834; repr. Edinburgh: Banner of Truth Trust, 1986), 266-268.

이다.

능력의 원천, 실천적 믿음(3:6-7)

셋째, 베드로와 요한이 자신의 신앙을 구체적인 행동으로 실천에 옮겼다는 사실이다. 본문을 주목해 보면 베드로와 요한이 어떤 믿음의 소유자인가를 구체적으로 말해준다. 이들은 한 푼을 바라는 못 걷는 사람에게 '은과 금은 내게 없거니와 내게 있는 이것을 네게 주노니 나사렛 예수 그리스도의 이름으로 일어나 걸으라'(3:6)고 명했다. '은과 금'이 '나사렛 예수의 이름'과 대비를 이루고 있다. 예수님은 머리 둘 곳도 없으셨고, 주님의 제자들도 세상적으로는 가난했다. 그러나 그들은 오순절 성령의 부으심을 체험한 후 비상한 권능으로 덧입혀졌다.[13]

교회에는 은과 금은 없어도 사도들처럼 성령의 능력이 있어야 한다. 교회는 언제나 돈보다 못 걷는 사람을 일으키는 영적인 권능, 성령의 역사가 앞서야 한다. 그러나 교회가 돈에 관심을 두는 순간 성령으로부터 멀어지고 영적 생명력이 시들어지며 영적 권위를 상실한다.

브루스는 코르넬리우스 아 라피데(Cornelius a Lapide)를 인용하여 흥미로운 이야기 하나를 소개한다. "토마스 아퀴나스가 한 번 교황 이노센트 2세를 방문했는데 그때 교황 이노센트 2세가 큰 금액의 돈을 세고 있었다. 교황이 말하였다. '토마스, 당신도 보다시피 교회가 '은과 금이 내게 없다'고 더 이상 말할 수 없도다.' 이에 토마스가 이렇게 대답하였다. '사실입니다, 교황 성하(holy father)!' 하지만 교회가 이제는 '일어나 걸으라'고 말할 수도 없게 되었습니다."[14]

베드로와 요한의 실천적인 믿음은 여기서 그치지 않았다. 베드로는 앞으로 몸을 굽혀 직접 못 걷는 사람의 오른손을 잡아 일으켰다. 그의 약한 신앙을 최선을 다해 도운 것이다. 그 안에 역사하시는 주님의 권능

---

[13] Dick, *Lectures on Some Passages of the Acts of the Apostles*, 80.
[14] Bruce, *The Book of ACTS*, 77.

을 자신의 내면에 가두어두지 않고 외적인 행동을 통해 구체적으로 실천에 옮긴 것이다. 베드로가 못 걷는 사람의 오른손을 잡고 그를 일으켜 세우자 의사 누가의 증언대로 즉시 못 걷는 사람의 '발과 발목이 곧 힘을'(3:7) 얻었다. 크리소스톰의 말대로 "40년의 생애 동안 누구도 고치지 못했던" 못 걷는 사람에게 놀라운 역사가 나타난 것이다.[15] 여기 '힘을 얻었다'(were strengthened, ἐστερεώθησαν)는 말은 성경학자들이 말하듯이 의사 누가만이 관찰할 수 있는 전문적인 의학용어다.

여기 나오는 '발과 발목'은 다른 곳에서는 나오지 않는 여기서만 나타나는 단어들이다. 누가는 못 걷는 사람이 일어난 기적이 의학적으로 사실이라는 것을 증언한다. 베드로와 요한은 처음으로 놀라운 기적을 베풀었고, 못 걷는 사람은 난생처음 기적을 경험했으며, 그 주변의 많은 사람들은 주님이 행하셨던 그 놀라운 기적을 다시 한 번 목도하였다. 비로소 요한복음에 있는 '나를 믿는 자는 내가 하는 일을 그도 할 것이요 또한 그보다 큰 일도 하리니 이는 내가 아버지께로 감이라'(요 14:12)는 주님의 약속이 성취된 것이다.

존 스타트가 토마스 워커(Thomas Walker)의 말을 인용하여 기록했듯이 "그 권능은 그리스도의 권능이었으나 그 손은 베드로의 손이었다."[16] 예수 그리스도의 이름으로 베드로와 요한이 행한 놀라운 역사는 예수가 그리스도라는 사실을 분명하게 증거한 것이고, 공생애 동안에 예수 그리스도가 행하신(막 2:10-11) 동일한 역사를 제자들도 행했음을 증거한 것이다. 예수 그리스도가 비록 승천하셨지만, 제자들을 통해서 여전히 살아 역사하시고 계신다는 사실, 제자들에게 하신 약속대로 세상 끝 날까지 함께 하신다는 사실을 누가가 증언한 것이다.[17]

베드로와 요한은 성령의 음성에 순종했고, 못 걷는 사람은 그들의 명령

---

[15] Chrysostom, *The Homilies on The ACTS of The Apostles*, 109.
[16] Thomas Walker, *The Acts of the Apostles* (Chicago: The Moody Press, 1910), 67. 존 스타트, 사도행전 강해 (서울: IVP, 1999), 100에서 재인용.
[17] Bruce, *The Book of ACTS*, 79.

에 순종했다. 비록 누가가 직접 언급하지는 않았지만 거의 모든 주석가들은 못 걷는 사람에게는 고침을 받기 위한 충분한 믿음이 있었다고 말한다. 다시 말해 베드로와 요한에 이어 못 걷는 사람도 그것을 믿음으로 받아들이고 실천에 옮겼다는 사실이다. 그 결과 베드로와 요한 그리고 그 못 걷는 사람은 이전에 자신들이 한 번도 경험하지 못한 그 놀라운 역사를 경험할 수 있었다.

실천적 신앙: 잡아 일으켰다

누가는 베드로와 요한이 '나사렛 예수 그리스도의 이름으로 일어나 걸으라'(3:6)고 명한 다음에 '오른손을 잡아 일으키니 발과 발목이 곧 힘을 얻었다'(3:7)고 증언한다. 우리는 여기서 한 가지 중요한 사실을 발견한다. 우리 안에 역사하시는 성령의 강권적인 명령에 순종하는 실천적인 신앙이 사도들에게 있었다는 사실이다. 이들은 자신들의 믿음을 마음과 생각에만 가두어 두지 않았다. 그들의 입으로 표현했고, 실제로 행동으로 옮겼으며, 많은 사람들에게 보여주었다.

오순절 이전에 그들은 '마음은 원이로되 육신이 약해' 마음에 있는 것을 실천에 옮기지 못했으나 오순절 이후에는 실제로 실천에 옮길 수 있었다. 그들 안에 역사하시는 성령께서 그것을 가능하게 하신 것이다. 믿음의 크고 작음이 중요한 것이 아니라 얼마나 그 믿음이 실천적이냐가 더 중요하다. 일곱 교회 중 칭찬받은 빌라델비아교회는 아주 작은 '마이크로' 믿음을 가지고 있었지만(계 3:8), 주님의 인내의 말씀을 지켰고, 극심한 도미티안의 박해 속에서도 주님의 이름을 배반하지 않았다.

누가는 예수 그리스도의 사역의 위대함이 '행하시며 가르치심'(1:1)에 있다는 사실을 강조하였고, 여기서도 사도들이 그 예수 그리스도를 본받아 그들 안에 역사하시는 성령의 명령에 순종했다는 사실을 자연스럽게 드러낸다. 믿음은 단순히 선언하는 것이 아니라 실제의 삶 속에서 행동으로 옮기는 것이다. 믿음의 실천은 주님이 예비하신 은혜를 경험하는 데

있어 거쳐야 할 필수적인 단계이다.[18]

  신앙에는 실천적 결단이 요구된다. 믿음은 행동으로 표현되었을 때, 실천에 옮겨졌을 때, 비로소 놀랍게 역사한다.[19] 신앙은 행동으로 옮겨져야 한다. 행동으로 옮겨지지 않은 신앙은 아무 의미가 없다. 베드로와 요한이 걷지 못하는 그에게 믿음을 가지고 예수 그리스도의 이름으로 명했을 뿐만 아니라 오른 손으로 잡아 일으켰을 때 주님의 능력이 제자들의 능력이 되었다. 실천적 믿음이 그것을 가능케 한 것이다.[20] 이 실천적 믿음처럼 이 시대에 필요한 것은 없다.[21]

---

  [18] 주님의 자녀들에게는 무한한 약속과 권한이 주어져 있다. 그런데 그 약속과 권한이 나의 것이 되기 위해서는 이를 나의 삶 속에서 실천에 옮겨야 한다. 믿음은 실천적 행함과 분리될 수 없고, 분리되어서도 안 된다. 실천이 없는 믿음, 행함이 없는 믿음은 아무런 힘을 발휘할 수 없다. 하나님의 약속의 성취는 믿음에 기초한 실천을 삶 속에서 구현하는 자들에게 주어지는 특권이다.

  [19] 우리는 이 사실을 이스라엘 백성들이 요단강을 건너는 사건에서 정확히 알 수 있다(수 3:6-17). 강이 갈라지고 난 다음에 제사장들에게 앞장서서 건너라고 명령하지 않았다. 시퍼런 물이 출렁이는 상태에서 제사장들에게 '언약궤를 메고 백성에 앞서 건너라'(수 3:6)고 명했다. 제사장들은 몹시 겁이 났을 텐데도 그 명령에 그대로 순종했다. 그리고 제사장들의 발이 실제로 요단강물에 잠기는 그 순간 요단강이 갈라지는 기적의 역사가 나타났다.

  [20] 베드로와 요한은 예수의 이름을 믿고 그 이름으로 명했고, 못 걷는 사람은 제자들이 명하는 대로 예수의 이름을 믿고 의지하여 순종하였다. 다시 말해 양편 모두의 믿음이 그러한 역사를 창출해 냈다는 것이다. 이것은 그 주변에 있는 사람들에게 놀라운 충격이었다. 유대인들은 자신들에 의해 버림받아 저주의 십자가에 달린 사형수, 예수 그리스도의 이름을 믿는 그것이 그런 기적을 낳게 만들었다는 사실에 대단히 놀랐다. 이것은 약속대로 버림받은 이름, 버림받은 돌이 모퉁이 돌이 되었음을 입증하는 것이다. 이것은 우리가 이 세상을 살아가면서 우리의 신앙이 어떠해야 할 것인가를 말해준다. 사회적 신분, 교회 내에서의 우리의 직분이 우리의 문제를 해결하는 데 결코 도움이 되지 않는다. 중요한 것은 우리 안에 믿음이 있느냐 없느냐 하는 것이다. 그래서 바울은 이렇게 경고한다. '너희는 믿음 안에 있는가 너희 자신을 시험하고 너희 자신을 확증하라'(고후 13:5). 만일 우리에게 믿음이 있다면 산더러 들리어 바다에 던져지라 명하여도 그렇게 된다는 것이다.

  [21] 우리는 현재의 신앙상태에서 멈춰서는 안 된다. 성령충만을 경험한 후 베드로와 요한이 주변의 불쌍한 영혼을 돌아보고 못 걷는 사람을 구원의 길로 인도한 것처럼 우리는 주변의 영적 슬럼프에 빠져 헤어 나오지 못하는 영적으로 못 걷는 영혼들을 돌아보고 주께로 인도해야 한다. 베드로와 요한이 실천했던 것처럼 영적으로 못 걷는 우리의 수많은 이웃에게 다가가 "우리를 보라"고 할 뿐만 아니라 신앙을 일깨워주고 직접 다가가서 오른손으로 그의 손을 잡고 잡아 일으켜야 한다. 우리는 상처받고 찢기고 슬픔에 잠긴 사람들에게 달려가 그들 편에 서서 오른손을 내밀고 그들을 좌절과 절망의 늪에서, 깊은 영적 잠에서 일으켜야 한다. 그런 사람들이 참된 그리스도인이고 그런 사람들이 모인 곳이 교회다. 교회가 방관자가 된다면 모두가 영적 침체를 면치 못할 것이다. 아무리 심한 장애 상태라 하더라도 하나님이 그 생명을 사랑하신다는 사실을 잊어서는 안

못 걷는 사람의 양면적 변화(3:8-10)

마지막으로 우리가 주목할 것이 있다. 그것은 고침을 받은 못 걷는 사람이 보여준 고침 받은 후의 태도이다. 누가는 사도행전 3장 8절과 9절에서 이렇게 설명한다. "뛰어 서서 걸으며 그들과 함께 성전으로 들어가면서 걷기도 하고 뛰기도 하며 하나님을 찬송하니 모든 백성이 그 걷는 것과 하나님을 찬송함을 보고 … 심히 놀랍게 여기며 놀라니라."

뛰었다는 것은 그가 고침을 받은 것이 결코 가장이 아니라 실제로 고침을 받은 역사적 사실이라는 것을 말해준다.[22] 그러나 이보다 더 주목해야 할 것은 고침을 받은 후 못 걷는 사람이 제일 먼저 한 일이 성전에 올라가 '하나님을 찬송한 일'(3:8)이다. 사람들이 못 걷는 사람을 보고 기이히 여긴 것은 단순히 그가 일어나 걸었기 때문만이 아니라 고침 받은 후 예수의 이름을 높이며 하나님을 찬송하고 그에게 영광을 돌렸기 때문이다.[23] 사람들은 못 걷는 사람이 걷고 뛰는 모습뿐만 아니라 하나님을 찬송하는 모습에 놀란 것이다.

외적인 변화와 내적인 변화가 못 걷는 사람에게 찾아온 것이다. 돈 몇

된다. 우리 자신이 고침을 받은 것처럼 아무리 심한 영적 불구자들이라도 주님을 만나면 '새로운 피조물'로 거듭난다. 못 걷는 사람을 일으킨 후 베드로와 요한이 받은 은혜는 너무도 크고 놀라웠다. 주님의 명령을 실천에 옮기는 자들에게 주님은 크고 놀라운 은혜로 채우실 것이다.

[22] Chrysostom, *The Homilies on The ACTS of The Apostles*, 112.

[23] Chrysostom, *The Homilies on The ACTS of The Apostles*, 113. 크리소스톰에 따르면 못 걷는 사람이 베드로와 요한을 붙잡은 것은 그가 공개적으로 그들에게 감사하고 그들을 찬양하길 원했기 때문이다. 많은 사람들은 못 걷는 사람이 고침을 받은 후 성전에 올라가 하나님께 감사의 찬미를 드린 것을 당연하게 생각할지 모른다. 그러나 그렇지 않다. 은혜를 받은 모든 사람들이 다 하나님께 감사하는 것은 아니다. 열 나병환자가 고침을 받았지만 실제로 주님께 와서 감사한 사람은 단 한 사람밖에 없었다. 나병환자들 중에서 나머지 9명은 은혜를 받고도 감사할 줄 몰랐다. 오직 10%만 하나님께 감사한 것이다. 이 세상에는 이상하고 놀랍게도 하나님께 받은 은혜에 감사하기보다 고침을 받고도 감사를 망각한 아홉 명의 나병환자와 같은 사람들이 너무도 많다. 어쩌면 우리가 아홉 나병환자처럼 은혜를 은혜로 여기지 못하고 감사할 줄도 모르는 존재들이 아닌지 두렵다. 영적 불구자인 우리가 고침을 받고, 날마다 우리를 인도하시는 주님의 은혜의 손길을 체험하면서도 그것을 당연하게 여기면서 은혜에 무감각해진 것은 아닌지 모르겠다. 우리는 주님의 은혜에 감사할 줄 아는 자들이 되어야 한다.

푼에 목을 매던 영혼이 영혼에 대한 관심과 구원에 대한 감격이 그 안에 넘쳐났던 것이다. 못 걷는 사람의 삶이 완전히 달라진 것을 발견한다. 당시 유대인들에게 육신의 불구는 하나님으로부터의 저주이며, 한 번 받은 저주는 영원히 지속되고, 따라서 못 걷는 사람은 그와 같은 운명을 타고난 자였다. 그런데 그가 고침을 받고 온전한 사람이 되어 하나님을 찬송하자 놀란 것이다. 여기 고침 받은 못 걷는 사람은 은혜를 은혜로 여길 줄 아는 지혜가 있었다.[24]

이 사건을 통해 주님이 승천하신 후에도 여전히 제자들과 함께 하신다는 사실이 입증되었다. 베드로와 요한은 주님이 승천하신 후에도 여전히 자신들과 함께 하신다는 사실을 자기들이 못 걷는 사람을 일으킨 기사와 이적을 통해서 발견하였다. 주님께서는 베드로와 요한과만 함께 하시는 분이 아니었다. 주님께서는 다른 제자들과 함께 하셨고, 수많은 사람들과 동행하셨으며, 지금도 여전히 우리와 함께 하신다. '볼지어다 내가 세상 끝 날까지 너희와 항상 함께 있으리라'(마 28:20)는 약속을 한 번도 어기신 적이 없으시다. 믿음의 사람은 이 사실을 날마다 삶 속에서 경험하면서 살아간다. 이것을 깨닫고 체험하는 것이 가장 큰 축복이다.

심히 놀란 백성들(3:10)

누가는 청중들이 얼마나 그 일로 인해 놀랍게 반응했는가를 '심히 놀랍게 여기며 놀라니라'(they were filled with wonder and amazement, ἐπὶ

---

[24] 많은 사람들이 은혜를 은혜로 여기지 못하기 때문에 지속적인 은혜를 누리지 못하는 것이다. 우리는 너무도 많은 은혜를 받은 자들이다. 본래 우리 모두는 이 못 걷는 사람처럼 영적인 불구자로 태어난 존재들이다. 우리의 능력과 힘으로는 도저히 불구의 신분에서 벗어날 수 없는 소망 없는 자들이었다. 영적으로 우리는 한 번도 걸을 수 없는 육체적인 불구, 사회로부터 가족으로부터 모든 사람들로부터 버림받은 존재, 눈이 오나 비가 오나 성전에 미문에 앉아서 성전으로 들어가는 사람들이 던져준 동전 몇 닢으로 생계를 꾸려가는 소망 없는 못 걷는 사람과 같은 존재였다. '모든 사람이 죄를 범하였으매 하나님의 영광에 이르지 못하더니'(롬 3:23)라고 바울이 말했던 바로 그와 같은 존재들이었다. 우리는 영적인 못 걷는 사람으로서 도저히 일어설 수 없는 영적인 불구자들이었는데, 주님의 은혜로 고침을 받은 자들이다. 일생동안 주님의 은혜를 감사해도 모자랄 정도로 은혜를 풍성히 받은 자들이다.

ἤσθησαν θάμβους καὶ ἐκστάσεως, 3:10)라는 말로 집약했다. 성전 미문에 앉아 구걸하던 나면서부터 못 걷는 사람이 일어나 뛰고 하나님을 찬미하자 군중들은 그 광경을 보고 심히 놀랐다. 그 일은 '충분이 놀라운 일이고, 하나의 기적 그 이상이었으며, 그것은 하나의 표적이었다.'[25]

그 놀라움의 강도는 베드로의 설명에서 더욱 증폭되었다. 나면서부터 못 걷는 사람이었던 그 장애인이 얼마 전 그들이 죽인 그 예수 그리스도의 이름으로 고침을 받았기 때문이다. 예수 그리스도가 행하신 그 놀라운 권능을 그의 이름으로 제자들이 행한 것이다. 베드로와 요한은 자신들의 그 어떤 능력으로 그를 고친 것이 아니라 나사렛 예수의 이름과 권능으로 그 일을 행한 것이다. 예수께서 공생애 기간 동안에 행하셨던 동일한 표적을 제자들도 행한 것이다. 그것도 예수께서 가버나움에서 중풍병자를 고치시면서 사용하신 '일어나 걸어라'라는 말로 나면서부터 못 걷는 사람을 일으켰다.

제자들에 의해 예수 그리스도의 이름으로 못 걷는 사람이 일어난 사건은 그 목격자들에게 메시야 시대가 도래했음을 보여주는 증거였다. '그때에 저는 자는 사슴같이 뛸 것이며'(사 35:6)라는 구약의 예언이 메시야를 통해 성취되었고, 예수가 참으로 주시요 메시야이심이 제자들을 통해 선포된 것이다.[26]

2. 베드로의 설교: "왜 우리를 주목하느냐"(3:11-26)

베드로와 요한은 성전 미문에 앉은 못 걷는 사람을 일으킨 사건으로 세인들의 주목을 받았다. 성전 미문에 앉아 구걸하던 못 걷는 사람이 일어나 걷고 뛰고 하나님을 찬미하자 그를 아는 모든 사람들이 놀랐다. 병 고침을 받은 사람이 베드로와 요한을 붙잡자 많은 사람들이 솔로몬 행각에

---

[25] Bruce, *The Book of ACTS*, 85.
[26] Bruce, *The Book of ACTS*, 88.

모여들기 시작했다. 이들은 자신들을 주목하는 무리들을 향해 그 기적의 주체가 자신들이 아니라 바로 죄 없이 십자가에 못 박혀 죽으신 예수 그리스도라고 증거하였다.[27]

여기서 우리는 이 사건을 보는 베드로 자신의 시각과 주변 사람들의 시각이 본질적으로 차이가 있음을 발견할 수 있다. 주변 사람들은 베드로가 행한 기적, 곧 못 걷는 사람이 일어난 사건 자체에만 주목했다. 그들은 나타난 기사와 이적과 표적에만 관심이 있었다. 헬라인이 지혜를 찾았다면 유대인들은 단지 기사와 표적에만 자신들의 관심의 초점을 맞추었다. 따라서 기적 이면에 있는 진정한 기적의 의미를 깨닫지 못했다.

예수 그리스도께서 기적을 행하실 때에도 마찬가지였다. 주님의 수많은 기적을 보면서도 이스라엘 백성들은 예수 그리스도께서 이 세상을 구원하시기 위해 오신 구세주라는 사실을 진심으로 깨닫지 못했으며, 또 받아들이지도 않았다.[28] 베드로 역시 그가 성령충만을 받기 이전에는 그것을 깨닫지 못하였다. 그러나 오순절에 성령충만함을 받은 후 구약의 예언의 약속들이 깨달아지기 시작했고, 실제로 그의 내면에는 엄청난 변화의 역사가 나타나기 시작했다. 그리고 그리스도의 오심과 십자가의 사건을 올바로 해석하게 되었다.

베드로는 직간접적으로 못 걷는 사람이 일어난 사건의 의미를 재해석했다. 다시 말해 베드로는 주님이 오신 목적이 무엇인가를 이 사건을 통해 분명히 밝히고 있다. 그분이 이루신 십자가의 대속과 그분이 왜 메시야이

---

[27] Charles R. Erdman, *The Acts* (Philadelphia: The Westminster Press, 1919), 36. 제자들은 유대지도자들이 예수 그리스도를 십자가에 죽였으나 하나님이 그를 다시 살리시고, 약속대로 사도들에게 성령을 부어주셨으며, 못 걷는 사람이 일어나는 이적이 나타났다고 증거하며 유대인들을 향해 회개를 촉구했다. 베드로는 이 기회를 이용하여 복음을 담대히 증거했다.

[28] 예수님 당시에도 많은 사람들은 예수의 오병이어의 기적에만 초점을 맞추고 그를 추종했다. 주님은 떡에만 관심이 있는 그들에게 자신이 하늘에서 내려온 산 떡이라는 사실을 통해 결국 자신이 이 세상의 죄인들을 구원하시기 위해 오셨음을 일깨워 주었다. 병자를 고치실 때에도 그가 육체적인 고침을 받은 것으로만 설명하지 않으시고 구원을 받은 것으로 말씀하셨다. 성전에서 돈 바꾸는 자들과 비둘기를 파는 자들의 상을 엎으면서도 결국 주님이 보여주시고자 한 것은 성전을 강도의 굴혈로 만드는 그들의 영적인 어리석음을 지적하심으로써 참된 성전인 자신을 드러내려고 하셨다.

신가를 밝히 드러내고 있다. 그것은 한마디로 너희가 '거룩하고 의로운 자'(3:14)요, '생명의 주'(3:15)를 죽였으나 하나님이 그를 죽은 자 가운데서 살리셨다는 것이다.[29] 베드로는 오순절의 사건을 해석할 때에도 예수 그리스도를 통해 성취된 구약의 메시야에 대한 약속을 부각시켰고, 여기서도 주 예수 그리스도를 주지시키는 데에 초점을 맞추었다.

기적의 실제 주인공은 예수 그리스도(3:11-16)

[11] 나은 사람이 베드로와 요한을 붙잡으니 모든 백성이 크게 놀라며 달려 나아가 솔로몬의 행각이라 불리우는 행각에 모이거늘 [12] 베드로가 이것을 보고 백성에게 말하되 이스라엘 사람들아 이 일을 왜 놀랍게 여기느냐 우리 개인의 권능과 경건으로 이 사람을 걷게 한 것처럼 왜 우리를 주목하느냐 [13] 아브라함과 이삭과 야곱의 하나님 곧 우리 조상의 하나님이 그의 종 예수를 영화롭게 하셨느니라 너희가 그를 넘겨 주고 빌라도가 놓아 주기로 결의한 것을 너희가 그 앞에서 거부하였으니 [14] 너희가 거룩하고 의로운 이를 거부하고 도리어 살인한 사람을 놓아 주기를 구하여 [15] 생명의 주를 죽였도다 그러나 하나님이 죽은 자 가운데서 그를 살리셨으니 우리가 이 일에 증인이라 [16] 그 이름을 믿으므로 그 이름이 너희가 보고 아는 이 사람을 성하게 하였나니 예수로 말미암아 난 믿음이 너희 모든 사람 앞에서 이같이 완전히 낫게 하였느니라

베드로와 요한이 못 걷는 사람을 일으킨 사건도 마찬가지였다. 사람들은 기적의 역사를 보고는 기적 자체에만 관심을 기울이고, 그 주인공이라고 생각한 베드로와 요한을 주목하였다. 백성들은 '심이 기이히'(3:10) 여겼고, '크게 놀랐다'(3:11)고 누가는 증언한다.[30] 그래서 베드로는 자신을

---

[29] Carolus Maria DuVeil and F. A Cox. *A Commentary on the Acts of the Apostles* (London: J. Haddon, 1851), 75. 골 3:4; 눅 12:32; 요 10:28; 요1 4:9, 5:1, 엡 2:5; 요 17: 2, 19:20을 참고하라. 그리스도는 우리의 영원한 생명의 원인이요 주인이시다.

[30] Chrysostom, *The Homilies on The ACTS of The Apostles*, 109. "표적이 그들 모두에

향하는 그들을 향해 '이스라엘 사람들아 이 일을 왜 놀랍게 여기느냐? 우리 개인의 권능과 경건으로 이 사람을 걷게 한 것처럼 왜 우리를 주목하느냐?'고 반문한 것이다.

기적이 주님께서 행하신 것임을 천명한 것이다. '그 이름을 믿으므로 그 이름이 너희가 보고 아는 이 사람을 성하게 하였나니 예수로 말미암아 난 믿음이 너희 모든 사람 앞에서 이같이 완전히 낫게 하였느니라'(3:16).

그런데 베드로가 이 말을 하기 전에 언급한 그의 설교를 주목할 필요가 있다. 베드로는 그곳 솔로몬 행각에 모여든 유대인들에게 이 기적이 '개인의 권능과 경건으로'(3:12) 되어진 것이 아니라 그들이 십자가에 못 박은 예수의 이름을 믿는 믿음으로 이루어진 역사임을 천명하였다. 저주의 십자가를 지신 그분을 아브라함과 이삭과 야곱의 하나님이 높이셨다는 것이다.[31]

베드로는 예수 그리스도가 구약에 예언된 메시야라는 사실을 분명히 드러냈다. 그는 예수 그리스도를 가리켜 '하나님이 영화롭게 하신 종'(3:13), '거룩하고 의로운 이'(3:14), '생명의 주'(3:15)라고 천명하였다. 여기서 '살인한 사람'(3:14)과 '거룩하고 의로운 이'(3:14)와 '생명의 주'(3:15)를 극적으로 대비시키고 있다. 브루스가 지적한 대로 사도들의 설교에는 "그리스도에 대한 사람들의 대접과 그리스도에 대한 하나님의 대접"이 극적 대비를 이루고 있다.[32]

게 일어나자 그들은 심히 두렵고 놀랐다."

[31] Erdman, The Acts, 38. "오순절처럼 12-18절의 베드로의 설교의 주제는 예수가 그리스도, 하나님의 종, 거룩한 구주라는 사실이다." '아브라함과 이삭과 야곱의 하나님 곧 우리 조상의 하나님이 그의 종 예수를 영화롭게'(3:13)하셨다는 사실을 베드로는 이사야 52장 13절을 인용하여 논증한다. '보라 내 종이 형통하리니 받들어 높이 들려서 지극히 존귀하게 되리라.' 그 이사야의 약속이 예수 그리스도를 통해서 성취된 것을 말한 것이다. 그런데 베드로는 이 예수를 이스라엘 백성들이 거부하고 그를 십자가에 못 박아 죽게 만들었다는 사실, 그러나 하나님이 그를 죽은 자 가운데서 살리셨다고 선포한다. 이스라엘 백성들의 메시야 거부와 하나님이 그를 죽은 자 가운데서 살리신 일, 이 일에 자신들이 증인이라는 사실을 언급한 것이다. 동시에 하나님이 고난 받으신 예수를 지극히 높이셨다는 사실을 증언하였다.

[32] Bruce, The Book of ACTS, 90. "너희가 살인자의 생명을 살려달라고 요구했으면서도 정작 생명의 주는 죽였으니 이 얼마나 놀라운 역설인가! 이것이 너희가 행한 것이나 하나님이 다시 그를 살리셨으니 여기 우리가 그의 부활의 증인이라."

죽은 자 가운데서 살아나신 예수가 바로 생명의 주이며, 부활하셨다고 증언한 것이다. 생명의 주를 죽인 이스라엘 사람들이 행한 죄악을 적나라하게 지적하고 동시에 예수가 얼마나 영화롭게 되셨는지를 드러내고 있다. 그렇다면 하나님이 예수를 영화롭게 하신 것과 이 못 걷는 사람이 일어나 걸은 것은 무슨 관계가 있다는 말인가? 하나님이 예수 그리스도를 높이셨기 때문에 예수가 제자들에게 성령을 부으셔서 성령의 권능을 받은 제자들이 예수의 이름으로 못 걷는 사람을 고쳤다는 것이다. 이것은 2장 33절에 '하나님이 예수를 높이시매 그가 약속하신 성령을 아버지께 받아서 부어주셨다'는 고백과 맥을 같이한다. 예수가 높임을 받은 후에 그의 이름으로 그가 공생애 동안에 하셨던 그 놀라운 역사가 자신들을 통해 나타났다는 사실을 베드로는 말하려고 한 것이다.

베드로는 못 걷는 사람을 일으킨 기적으로 인해 모여든 사람들에게 그 기적의 주체가 예수 그리스도이심을 드러냄으로 그 기적을 복음의 접촉점으로 삼았다. 그는 주어진 기회를 너무도 적절하게 활용했다. 솔로몬 행각에 모인 유대인들, 그들에게 그리스도를 전하는 것이 정말 힘들고 어려웠을 텐데도 그는 그 기회를 놓치지 않았다. 제자들은 그리스도를 주목하고 사람들로 하여금 그를 주목하게 만들고 기회가 있을 때마다 어디에서나 그 분이 높임을 받으시도록 능력의 복음을 선포한 것이다.[33]

그리스도의 이름으로 이런 이적이 일어났음을 증언하고 나서, 결국 베드로가 외친 것은 '회개하고 돌이켜 죄 사함을 받으라'는 명령이었다. 베드로는 사람들이 기적의 주인공이 바로 자신인 줄 알고 주목하는 주변 사람들의 시각을 주님을 향하도록 만들었다. 세례요한처럼 베드로도 주님께 모든 영광을 돌렸다. 그는 기적을 통해 나타난 영광을 자신을 위해 사취하지 않았다. 베드로는 조금도 이 일이 자신의 노력이나 자신의 신앙 때문에 이루어진 것으로 여기지 않았다. 전적으로 주님이 하신 일로 이해

---

[33] 예수 그리스도의 공생애는 이 세상에 구원의 복음을 전하는 데 있다. 교회 역시 세상에서 불신자들을 구원하고 세상으로부터 부름 받은 기성 신자들을 그리스도의 제자로 훈련시켜 세상으로 다시 파송하는 사명을 감당해야 할 것이다.

했다.

고침 받은 못 걷는 사람이 베드로와 요한을 붙잡자 모든 사람이 놀라 달려 나와 솔로몬 행각에 모여들었다. 베드로는 기이히 여기는 백성들을 향해서 '이스라엘 사람들아 이 일을 왜 놀랍게 여기느냐? 우리 개인의 권능과 경건으로 이 사람을 걷게 한 것처럼 왜 우리를 주목하느냐? 그 이름을 믿으므로 그 이름이 너희가 보고 아는 이 사람을 성하게 하였나니 예수로 말미암아 난 믿음이 너희 모든 사람 앞에서 이같이 완전히 낫게 하였느니라'(3:12, 16)고 외쳤다.

우리는 3장 16절을 좀 더 주목할 필요가 있다. 베드로는 단순히 그 이름이 그를 고쳤다고 하지 않고 '그 이름을 믿음으로 그 이름이 이 사람을 성하게 하였다'고 증언한다. 그 이름을 믿는 믿음에 근거하여 그의 이름이 놀라운 역사를 가능하게 만든 것이다.[34] 예수의 이름을 누구나 사용할 수 있다. 그러나 예수의 이름을 사용한다고 해서 누구에게나 그런 기적이 일어나는 것은 아니다. 누가는 여기서 '그 이름을 믿는 믿음,' '예수로 말미암아 난 믿음'을 강조하고 있다. 예수의 이름은 참으로 위대하다. 그런데 그 이름을 믿지 않는다면 아무런 의미도 없고 역사도 나타날 수 없다.

여기서 드러난 것은 예수 그리스도의 이름과 그에게서 온 믿음이다. 베드로와 요한은 모든 영광을 주님께로 돌렸다.[35] 이것이 믿음의 사람이다. 믿음의 사람은 주님이 자신을 도구로 사용하셔서 이루신 놀라운 역사를 자신을 드러내는 기회로 전용하지 않고 그것을 가능케 하신 그분께 모든 영광을 돌린다. 교회가 놀랍게 성장했을 때 그것이 목회자 자신의 노력의

---

[34] 헬라어 원문을 직역하면 다음과 같다. "예수 그리스도의 이름을 믿는 그 믿음에 근거해서 그의 이름이 너희가 보고 아는 이 사람(못 걷는 사람)을 일으킨 것이며, 그(예수 그리스도)를 통해서 온 믿음이 너희 모든 사람 앞에서 이 같은 완전한 치유를 그에게 제공해 준 것이다: Καὶ ἐπὶ τῇ πίστει τοῦ ὀνόματος αὐτοῦ, τοῦτον ὃν θεωρεῖτε καὶ οἴδατε ἐστερέωσεν τὸ ὄνομα αὐτοῦ; καὶ ἡ πίστις ἡ δι' αὐτοῦ ἔδωκεν τὴν αὐτῷ ὁλοκληρίαν ταύτην ἀπέναντι πάντων ὑμῶν: And on the faith in His name, this man whom you see and know, His name has strengthened; and the faith which is through Him has given to him this complete soundness before all of you."

[35]

결과일지라도 베드로와 요한이 그랬듯이 모든 영광을 주님께 돌려야 한다. 목회자는 어디까지나 도구일 뿐이다. 자신을 높이는 자세는 결코 초대교회의 모습은 아니다.

구원의 길: 구약에 예언된 메시야(3:17-23)

¹⁷ 형제들아 너희가 알지 못하여서 그리하였으며 너희 관리들도 그리한 줄 아노라 ¹⁸ 그러나 하나님이 모든 선지자의 입을 통하여 자기의 그리스도께서 고난 받으실 일을 미리 알게 하신 것을 이와 같이 이루셨느니라 ¹⁹ 그러므로 너희가 회개하고 돌이켜 너희 죄 없이 함을 받으라 이같이 하면 새롭게 되는 날이 주 앞으로부터 이를 것이요 ²⁰ 또 주께서 너희를 위하여 예정하신 그리스도 곧 예수를 보내시리니 ²¹ 하나님이 영원 전부터 거룩한 선지자들의 입을 통하여 말씀하신 바 만물을 회복하실 때까지는 하늘이 마땅히 그를 받아 두리라 ²² 모세가 말하되 주 하나님이 너희를 위하여 너희 형제 가운데서 나 같은 선지자 하나를 세울 것이니 너희가 무엇이든지 그의 모든 말을 들을 것이라 ²³ 누구든지 그 선지자의 말을 듣지 아니하는 자는 백성 중에서 멸망 받으리라 하였고

여기서 우리가 주목할 것이 있다. 그 하나는 한편으로 살인한 사람을 놓아 주고 의로운 자를 십자가에 못 박은 행위를 지적하면서도 다른 한편으로 정죄를 넘어 그것을 복음의 기회로 삼았다는 사실이다.

'새롭게 되는 날' 부흥의 계절, 카이로스의 역사

'형제들아 너희가 알지 못하여서 그리하였으며 너희 관원들도 그리한 줄 아노라'(3:17). 여기 무리들을 향해 너희들이나 너희 관원들이나 다 '알지 못하여서 그리하였으며'(acted in ignorance, κατὰ ἄγνοιαν ἐπράξατε)는 무지해서 그렇게 행동했다는 것이다. 유대인들의 죄를 정죄하기보다는 그들의 무지를 책망하고 그것을 복음전파의 기회로 삼았다. 그러면서 베드로는 또다시 기적의 주인공 그리스도가 선지자들의 입을 통해서 미리 말씀하신 메시야라는 사실을 강조하고 있다.

그런데 베드로는 선지자를 단수로 사용하지 않고 복수로 사용하고 게다가 '모든 선지자'(all the prophets, πάντων τῶν προφητῶν, 3:18)라고 말한다. 모든 선지자들은 한결같이 그리스도가 고난 받으실 것을 예언하였다. 솔로몬 행각에 모여든 유대인들에게 "당신들이 죽인 그가 모든 선지자들이 해 받을 것이라고 미리 예언하신 바로 메시야"라는 사실을 천명한 것이다. 베드로는 그곳에 모인 청중들과 관리들이 예수가 그리스도라는 사실을 알지 못해서 생명의 주를 죽였다는 사실을 지적하면서도 그것이 구약 선지자의 예언의 성취라는 사실을 선포하였다. 그리스도의 고난과 죽음이 이사야가 선명하게 기록했듯이 구약에 예언된 메시야 고난에 대한 예언의 성취라는 사실을 강조한 것이다.

그들이 행한 죄악에서 벗어나기 위해서는 반드시 거쳐야 할 관문이 있다.[36] 그것은 "회개하고(repent), 돌이켜(turn to God), 죄 사함을 받고 성령을 선물로 받아야 한다"는 것이다. '그러므로 너희가 회개하고 돌이켜 너희 죄 없이 함을 받으라 이같이 하면 새롭게 되는 날이 주 앞으로부터 이를 것이요.'(3:19). 죄 사함을 받기 위해서는 자신들의 죄를 회개하고 주님께로 돌아서는 것이 필수적이다. 베드로는 그들을 향해 원색적인 복음을 전했다. 메시야를 죽인 죄를 인정하고 회개하고 다시 마음을 하나님께 돌이키면 구원을 받을 것이다. 구원은 예수 그리스도를 통하지 않고는 받을 수 없는 하나님의 선물이다. 십자가를 바라보며 자신의 과거 죄악을 회개하는 존 뉴톤의 회개의 시는 우리들에게 깊은 감동과 도전을 준다.

나 십자가를 바라보네

오호라! 내가 한 일 나는 몰랐었네
그러나 이제 내 눈물 헛되네

---

[36] Erdman, The Acts, 39. 19-21절에 베드로는 다시 회개를 촉구하고 있다.

떨리는 내 영혼 어디에 숨기리?
내가 내 주를 십자가에 못 박았음이라.

그가 두 번째 날 바라보시고 말씀하셨네,
"내 값없이 네 모든 것 용서하리,
이 피는 네 죄 속량 위한 대속의 보혈
나 죽어, 너 살았도다."

그리하여, 그의 죽으심 내 죄악 드러내네.
가장 검은 모든 내 죄,
그 놀라운 은혜의 신비,
내 죄 사함 또한 인치셨네.

기쁨의 애통과 탄식의 환희로
이제 내 영혼 가득 차네
멸망 받아야 할 내 생명
내 죽인 그분으로 인해 내가 사네.[37]

누가는 회개하는 심령이 죄 사함을 받고 '새롭게 되는 날'(3:19)이 도래할 것을 말하고 있다. 여기 '새롭게 되는 날'(times of refreshing, καιροὶ ἀναψύξεως)은 예수 그리스도를 통해서 성령의 능력으로 다시 새롭게 재충전을 받는 '기간, 계절'을 말한다.[38] 특히 헬라어 아납쉭세오스는 '적절하게, 다시 편하게 호흡을 하다'(properly, breathe easily again), '신선한 공기로 시원하게 되다 혹은 다시 살아나다'('cooling,' or 'reviving with fresh air')는 의미를 지닌다. 예수 그리스도의 십자가의 보혈을 통해 죄 사함을 받은 영혼이 성령의 충만을 받아 다시 새롭게 되는 것을 지칭하는

---

[37] John Newton, "Looking at the cross," *Olney Hymns* (London: W. Oliver, 1779), Book 2, number 57.

[38] Chrysostom, *The Homilies on The ACTS of The Apostles*, 128.

것이다.

세계적인 부흥운동 역사가 제임스 에드윈 오는 이것을 '부흥의 때'라고 말한다. 그는 1936년 자신의 저서 **새롭게 되는 날**(*Times of Refreshing*)에서 이렇게 말한다. "새롭게 되는 날은 주님의 임재에서 기원된다. 우리 모두는 주의 임재의 현시를 보기를 갈망하고 또 우리는 하나님이 그 자신의 임재의 권능 가운데 기꺼이 우리를 찾아오실 것이라는 사실을 안다. 그 때가 올 때 그곳에 부흥—우리 주 그리스도 예수의 이름을 널리 높이는 부흥—이 임할 것이다."[39]

그런데 우리가 주목하는 것은 여기 '새롭게 되는 날'(때)이 크로노스가 아니라 카이로스라는 사실이다. 카이로스는 우리가 아는 대로 양적인 시간이 아니라 하나님의 때, 하나님이 정하시고 인도하시고 이끄시는 질적인 시간이다. 새롭게 되는 날, 곧 참된 부흥의 때는 사람이 만들어 내는 인위적인 때가 아니라 하나님이 정하시고, 하나님이 준비하시고, 하나님이 만드시는 때이다.

2007년 평양대부흥운동 100주년 때 한국교회는 부흥을 갈망했지만 지나치게 스스로 100년이라는 기계적인 시간에 부흥의 때를 설정하고 그 시간에 부흥이 임하기를 고대했다. 마치 부흥의 시간과 때를 정하고 하나님이 그날 부흥을 주시길 간구한 것이다. 피조물이 창조주를 자신의 편리한 시간에 맞추어 조정하려는 것처럼 비 복음적인 행위는 없다. 하나님의 타임 테이블은 인간의 생각과 다르다. 부흥의 때는 인간이 정하는 시간이 아니라 하나님이 정하시는 것이다. 인간이 부흥을 일으킬 수 있는 것이 아니라 성령께서 하시는 것이다.

하지만 우리가 간과해서는 안 될 것이 있다. 부흥이 전능하신 하나님의 주권적인 역사이지만 우리는 부흥의 계절이 우리 가운데 임하게 해달라고 간절히 기도해야 한다. 부흥이 하나님의 주권적인 선물이기 때문에 우리는 더욱 더 간절히 기도해야 하는 것이다. 부흥은 하나님의 주권적인

---

[39] James Edwin Orr, *Times of Refreshing* (London: Marshall, Morgan, & Scott, 1936), 127.

선물이지만 아무 곳에나 임하는 것이 아니라 사모하는 곳에 임하기 때문이다. 히스기야의 기도가 보여주듯 우리는 하나님이 정하신 카이로스의 시간이 변개할 수 없는 것이 아니라는 사실도 기억해야 한다. 주권적인 하나님은 당신의 뜻에 따라 구원의 역사를 이끌어 가시는 분이며, 그 구원사에서 그를 간절히 찾고 성령을 구하는 자들을 도구로 사용하셔서 역사를 이끌어 가셨다.

예수 그리스도, 구약에 예언된 메시야

베드로는 무지해서 그리스도를 죽인 그들을 향해 회개를 촉구하면서 구약에 예언된 고난 받는 예수 그리스도, 즉 하나님이 '너희를 위하여 예정하신 그리스도를 보내시겠다'(3:20)는 약속을 좀 더 설명하고 있다.[40] 우리가 베드로의 설교 중에 또 하나 주목할 것은 '만물을 회복하실 때까지는 하늘이 마땅히 받아두리라'(3:21)는 말씀이다. 하나님이 예수를 영화롭게 하심으로 그가 하나님의 보좌 우편에 들어가셨다. 여기 '만물의 회복'이라는 말은 완성이나 확립을 의미한다. 주님이 승천하시기 전 제자들이 '이스라엘 나라를 회복하심이 이때니이까'(1:6)라고 물었던 회복의 차원이 아닌 더 근원적이고, 더 크고, 더 놀라운 약속의 성취의 완성과 확립을 의미한다. 이 회복은 '예정하신 그리스도 곧 예수'를 통해서, 모세가 말한 '나와 같은 선지자 하나'(신 18:15)를 통해서 이루어질 그 위대한 회복의 때를 말한다.

가장 위대한 선지자 모세도 '주 하나님이 너희를 위하여 너희 형제 가운데서 나 같은 선지자 하나를 세울 것'(3:22)이라고 예언했는데 예수가 바로 그분이다. 사마리아인들과 에비온파 사이에는 메시야가 모세와 같은 선지자의 모습으로 인식되었고, 그 모세가 약속하신 분이 바로 예수 그리스도이시다. 만물을 회복하실 때는 의심할 바 없이 예수 그리스도를 통해서 이루실 구속의 완성을 의미한다고 할 수 있다.

---

[40] Erdman, *The Acts*, 39.

모세뿐만 아니라 그 후의 모든 선지자들 곧 '사무엘 때부터 이어 말한 모든 선지자도 이때' 곧 그리스도를 통해 만물을 회복하실 그 때를 가리켜 말한 것이다. 예수 그리스도가 초림 때 십자가를 통해 만물을 회복하시는 그 놀라운 역사가 임했지만 그러나 그것의 진정한 완성은 아직 도래하지 않았다. 주님이 재림하심으로 그 역사를 온전히 완성하시는 것이다.

말세를 살고 있는 자들은 주님이 재림하실 때까지 그분의 말씀에 귀를 기울여야 한다. 베드로는 '너희가 무엇이든지 그의 모든 말을 들을 것'(3:22)을 촉구했다. 만약 불순종한다면 심판을 면할 수 없다는 사실도 분명히 했다. '누구든지 그 선지자의 말을 듣지 아니하는 자는 백성 중에서 멸망 받으리라'(3:23). 베드로는 예수가 구약의 모든 선지자들이 고난 받으실 것이라고 예언한 그분(3:18), 당신들을 위해 예정하신 그리스도(3:20), 모세가 말한 너희 가운데 세우실 '나 같은 선지자 하나'(3:22)라며 지속적으로 예수가 그리스도, 메시야라는 사실을 드러내고 있다. 베드로는 모세가 그의 말을 들으라고 명했고, 그의 말을 듣지 않을 경우 백성 중에서 멸망할 것이라고 강조했음을 분명히 했다. 베드로는 예수를 그리스도로 받아들이지 않고 예수 그리스도를 십자가에 못 박은 이스라엘 백성들을 향해 회개하고 하나님께로 돌이킬 것을 촉구한 것이다.

사실 베드로의 설교는 무서운 경고의 메시지였다. 이후 사도행전의 역사가 증거하듯 일부 유대인들이 복음을 받아들였지만, 대부분은 복음을 거부했다. 대신 이방인들이 메시야를 받아들여 주님이 말씀하신 대로 예루살렘에서 온 유대, 사마리아, 땅 끝으로 복음이 확산되어 나갔다. 복음이 지역과 민족을 초월하여 확산되어 나갔다. 지역과 민족을 초월하여 복음을 확산시킨 원동력은 바로 성령이시다. 성령의 권능을 받은 증인들에 의해 그 역사가 진행되어 나갔다. 누가복음과 사도행전의 중심 주제 중 한 가지는 유대인들의 예수 그리스도 배척과 이방인들의 점진적인 예수 그리스도 영접이다. 구원의 최종적인 완성과 그리스도가 만왕의 왕으로 재림하실 것은 승천기사가 보여주듯 장차 미래에 이루어질 사실이다.

초림부터 재림의 날까지의 기간은 확실히 은혜의 시대이다. 성령의 역사가 강하게 나타나고 기도의 응답이 분명하며 주님께서 공생애 동안에 행하신 일들이 말씀을 통해서, 기도를 통해서 성령 안에서 강하게 나타나는 은혜의 시대이다. 그러나 동시에 이 은혜의 시대를 살고 있는 자들에게는 하나의 분명한 경고가 있다. 영원이 유한이 되셔서 이 땅에 오시고, 죄인을 구원하시기 위해 인간이 되셔서 십자가에 달려 돌아가신 구주 예수 그리스도를 거부하는 자들에게는 '백성 중에서 멸망'(3:23)을 당하는 심판이 도래한다는 사실이다.

예수 그리스도를 통한 복(3:24-26)

²⁴ 또한 사무엘 때부터 이어 말한 모든 선지자도 이 때를 가리켜 말하였느니라 ²⁵ 너희는 선지자들의 자손이요 또 하나님이 너희 조상과 더불어 세우신 언약의 자손이라 아브라함에게 이르시기를 땅 위의 모든 족속이 너의 씨로 말미암아 복을 받으리라 하셨으니 ²⁶ 하나님이 그 종을 세워 복 주시려고 너희에게 먼저 보내사 너희로 하여금 돌이켜 각각 그 악함을 버리게 하셨느니라

먼저 여기 본문을 정확히 이해할 필요가 있다. "사무엘부터 그 이후 온 모든 선지자들이 또한 이때(these days)를 선포한 것이다. 당신들은 선지자들의 후손이고 하나님이 당신의 선조들과 하신 언약의 자손이라. 아브라함에게 말씀하시기를 이 땅의 모든 가족들이 당신의 씨 안에서 복을 받을 것이다. 하나님이 그 종을 일으키시고 그를 먼저 당신에게 보내신 것은 너희 각 사람이 당신들의 악함에서 돌이켜 복을 받게 하시기 위함이라."

베드로의 위 두 번째 설교에서 우리는 3가지 사실을 확인할 수 있다. 첫째, 그리스도의 구속의 때에 대한 구약의 예언이다(3:24). 베드로는 여기서 또다시 그리스도를 언급하고 있다. 먼저는 그가 고난 받는 종으로 예언되었다는 사실을 강조하고 여기서는 다시 그를 통해 이루어질 구속의 때를 사무엘 이후 모든 선지자들이 예언했음을 지적하고 있다. 못 걷는

사람을 일으킨 사건을 통해 이스라엘 백성들이 사도들을 주목하자 그리스도를 통해 이루어질 구속의 때가 도래한 것을 더욱 선명하게 드러낸 것이다.

둘째, 복의 채널이 되는 '너의 씨'에 대한 이해이다(3:25). 베드로의 설교 중 '땅 위의 모든 족속이 너의 씨로 말미암아 복을 받으리라'의 씨(the seed, τῷ σπέρματί)는 단수로 이는 구약에 모세, 사무엘, 아브라함을 통해 약속된 여자의 후손 메시야, 예수 그리스도를 가리키는 것이다. 한글성경 '씨로 말미암아'는 원문 상으로는 '씨 안에서'(in, ἐv)라는 의미이다.

셋째, 그가 이 땅에 오심은 그를 통해 만민이 복을 얻게 하시기 위함이다(3:25-26). 예수 그리스도는 복의 근원이시다. 예수 그리스도를 보내신 것은 아브라함에게 약속하신대로 복을 주시기 위한 것이지만 이를 위해서는 반드시 모든 사람이 악에서 돌아서야 한다. 예수 그리스도가 오신 것은 사람들이 악에서 돌이켜 복을 받게 하시기 위함이다.

3. 대제사장 앞에 선 베드로(4:1-22)

못 걷는 사람을 일으킨 사건을 계기로 수많은 사람들이 사도들을 주목하게 되었고, 사도들은 이 기회를 복음을 전하는 기회로 삼았다. 예수 그리스도의 이름이 이와 같은 기적을 낳게 했다는 사실을 백성들에게 일깨워주었다. 못 걷는 사람을 일으킨 기적과 베드로의 설교는 백성들을 주님께로 돌이키는 두 가지 가장 힘 있는 도구였다.[41]

강퍅한 유대지도자들은 사도들을 통해 기사와 표적이 나타나고, 그리스도의 죽음과 부활을 증거하며 복음전도로 초대교회가 놀랍게 성장을 거듭하자 제자들을 핍박하기 시작했다. 초대 기독교 공동체가 만난 최초의 박해는 예수 그리스도를 십자가에 처형한 동족 유대인들, 산헤드린공회로부터 시작되었다. 이 박해는 오순절 성령강림이 있은 지 1년이 지난

---

[41] Erdman, *The Acts*, 41.

A.D. 31년 봄에 일어났다.

그리스도를 십자가에 못 박았지만 그리스도의 부활을 막을 수 없었던 것처럼 사도들을 체포하고 복음전파를 막으려고 했지만 성령의 역사를 중단시킬 수 없었다.[42] 베드로와 요한이 체포되어 재판을 받고 설교를 금지당하고 경고를 받은 후 석방되었고, 다른 사도들도 매질을 당한 후에 석방되었다. 오히려 박해를 통해 교회의 틀이 더욱 든든하게 다져졌다.

우리는 여기서 한 가지 중요한 사실을 발견할 수 있다. 사도들이 행하는 기적이나 이적의 사건들이 중요한 의미를 지니는 것은 그것을 통해 복음이 전파되었기 때문이다. 기적을 보고 모여든 이들에게 베드로는 예수가 그리스도라고 외쳤다. 그 결과 예수 그리스도가 널리 전파되었다. 오순절 성령강림 이후 복음이 확산되면서 예루살렘교회가 태동되었고, 성령충만한 사도들은 자연히 예루살렘교회의 지도적인 인물로 부상했다.

이와 같은 놀라운 복음의 확산 앞에 당황한 것은 사두개인들이었다.[43] 사도행전 4장 1절에는 '제사장들과 성전 맡은 자와 사두개인들' 세 부류의 사람들이 나타났지만 실제로 박해를 주동한 이들은 사두개인들이었다.

베드로를 참소한 사두개인들(4:1-7)

¹ 사도들이 백성에게 말할 때에 제사장들과 성전 맡은 자와 사두개인들이 이르러 ² 예수 안에 죽은 자의 부활이 있다고 백성을 가르치고 전함을 싫어하여 ³ 그들을 잡으매 날이 이미 저물었으므로 이튿날까지 가두었으나 ⁴ 말씀을 들은 사람 중에 믿는 자가 많으니 남자의 수가 약 오천이나 되었더라 ⁵ 이튿날 관리들과 장로들과 서기관들이 예

---

[42] Dick, *Lectures on Some Passages of the Acts of the Apostles*, 73. 비록 베드로가 설교하는 도중 유대지도자들에게 체포되었지만, 그것은 오히려 그들에게 복음을 전할 수 있는 호기가 되었다. 믿음의 공동체는 박해 속에서도 흔들리지 않고 배우고 예배하고 나누고 증거하는 삶을 실천에 옮겼다. 모든 종교는 박해를 받으면 받을수록 교세가 축소되거나 역사 속에서 영향력을 상실해갔으나 기독교는 그 반대였다. 박해를 받으면 받을수록 기독교는 생명력을 더해 갔다.

[43] Baumgarten, *The Acts of the Apostles*, 94. 범가르텐은 4장 1-22절을 '첫 대적'(the first hostility)이라는 말로 집약했다.

루살렘에 모였는데 ⁶ 대제사장 안나스와 가야바와 요한과 알렉산더와 및 대제사장의 문중이 다 참여하여 ⁷ 사도들을 가운데 세우고 묻되 너희가 무슨 권세와 누구의 이름으로 이 일을 행하였느냐

사두개인들은 제사장들과 성전 맡은 자와 함께 사도들이 더 이상 복음을 전하지 못하도록 조직적으로 박해했다. 처음 두 번의 박해가 이들에 의해 진행되었다. 존 딕이 지적한 대로 하나님께서 그의 영광의 현시를 위해 어떤 계획을 수행하실 때는 종종 큰 반대가 일어날 수 있다.[44] 또한 하나님께서는 그의 백성들이 하나님의 길을 따라 걸어갈 때 커다란 절망감에 노출되게 하시기도 한다.[45]

사두개인들의 기독교 박해 이유

사두개인들이 기독교에 대해 박해를 가했던 이유는 크게 두 가지다.

첫째, 자신들의 기득권이 위협을 받았기 때문이다. 그들은 당시 상당히 부유한 지배 계층으로 정치적으로는 로마의 통치에 편승하는 입장을 취했다. 사두개파는 그 당시 '산헤드린 공의회의 주도권을 쥐고' 있던 기득권자들이었다. 신약시대에는 이들이 산헤드린 공의회를 주도하고 사두개파 계층에서 임명된 대제사장들도 많았다.

이들 사두개파를 바라보는 학자들의 시각은 상당히 대조적이다. 존 딕은 이들을 '일종의 자유사상가들'이라고 단정했다. 이들이 모든 신앙의 파괴적인 원리를 주창했기 때문이다.[46] 반면 브루스는 '신학적 입장이나 도덕적 입장에 있어서 이들은 바리새파의 입장과는 대조적으로 보수적 입장을 천명하였다'고 주장한다.

사두개인들은 철저하게 기득권을 잃지 않으려고 예루살렘의 옛 귀족층과 긴밀한 관계를 맺고 있었고 로마 권력과도 손을 잡았다. 이들은 자신들

---

[44] Dick, *Lectures on Some Passages of the Acts of the Apostles*, 114.
[45] Dick, *Lectures on Some Passages of the Acts of the Apostles*, 115.
[46] Dick, *Lectures on Some Passages of the Acts of the Apostles*, 143.

의 영토 유지와 민족의 정치적 생존을 위해 로마제국을 자극할 수 있는 어떤 종교운동이나 민족운동도 다 거부하였다. 따라서 체제를 전복하거나 로마 정권에 해가 되는 움직임에 대해 상당히 비판적이고 부정적인 태도를 가졌다. 이들은 로마의 비위를 맞추면서 점령국 로마에 협력하는 정책을 견지하고 있었기 때문에 사도들의 가르침이 체제를 위협하는 것으로 판단했다.

둘째, 사두개파가 기독교를 박해한 이유는 사도들의 가르침이 자신들의 신앙과 맞지 않았기 때문이다.[47] 사두개인들은 신학적으로는 내세와 죽은 자의 부활을 부정했다. 이들은 육체의 부활이나 영들의 존재와 활동을 인정하지 않았다. 때문에 예수 그리스도가 죽은 자 가운데서 부활하셨다고 전파하는 사도들을 몹시 싫어했다. 누가는 사두개인들이 베드로와 요한을 투옥시킨 이유가 '예수 안에 죽은 자의 부활이 있다고 백성을 가르치고 전함을 싫어하여'(4:2)라고 분명히 밝히고 있다.

어드만이 적절하게 지적한 것처럼 사도들이 체포된 것은 그들이 행한 기적 때문이 아니라 베드로의 설교 때문이었다.[48] 사도들은 주님이 하셨던 것처럼 전파하고 가르치는 사역을 감당한 것을 알 수 있다.

셋째, 사두개인들은 마카비 시대에 메시야 시대가 이미 도래했다고 믿었기 때문에 사도들이 예수 그리스도가 메시야라고 백성들에게 전하는 것이 못마땅했다(4:1). 이와 같은 입장 때문에 사도들이야말로 자신들의 적이며 로마제국에 대항하는 선동가들이었고, 자신들의 가르침과 배치되는 도저히 수용할 수 없는 이단사상 전파자들이었다.

사두개인들은 성전 맡은 자의 지원을 받아 저녁에 사도들을 잡아 '이튿날까지'(4:3) 가두어두었다. 성전의 법과 질서를 담당하는 치안책임을 맡은 성전 맡은 자는 제사장 서열로는 두 번째 실권자로 성전에서는 상당한 권한을 지니고 있었다. 사도들을 붙잡은 시간이 늦은 저녁이라 의회를 소집할 수 없었기 때문에 이튿날까지 가두어 둔 것이다. 복음의 확산을 막기

---

[47] Chrysostom, *The Homilies on The ACTS of The Apostles*, 139-140.
[48] Erdman, *The Acts*, 41.

위해 사도들을 가두어 두었으나 오히려 복음은 요원의 불길처럼 번져나 갔다. 누가의 표현을 빌린다면 '말씀을 들은 사람 중에 믿는 자가 많으니 남자의 수가 약 오천'(4:4) 명이나 되었다. 이 숫자는 오순절 날 회심한 삼천 명과 완전히 구분된다.[49] 못 걷는 사람을 고친 사건과 이어진 설교는 오순절 날 믿은 삼천 명보다 더 많은 숫자를 더하는 결과를 가져온 것이다.

사도들이 구속되었지만, 결코 복음의 확산은 막을 수 없었다. 사두개인들의 박해에도 불구하고 복음은 여전히 놀랍게 확장되었다. 사도들의 구속과 복음의 확산, 전혀 어울리지 않는 대립적인 역설을 통해 누가는 하나님 나라가 하나님의 주권적 섭리와 은혜 가운데 진행되어 나간다는 사실을 드러내고 있다. 그 짧은 기간 동안 사도들의 사역을 통해 예루살렘에는 여자와 어린 아이를 포함하지 않고도 오천 명이라는 대단한 신앙의 공동체가 형성되었다. 교회가 박해 가운데서 전혀 지장을 받지 않고 성장을 계속한 것이다.

산헤드린공회 소집

이튿날 사두개인들의 주도로 결국 베드로와 요한 두 사도들을 다루기 위해 '관리들과 장로들과 서기관들이'(4:5) 참석한 가운데 산헤드린공회가 소집되었다. 산헤드린은 약 주전 200년대 헬레니즘 시대에 역사에 처음 등장했으며, 유대민족에게는 내부 문제를 조정하는 의회와 대법원의 역할을 동시에 수행했다. 산헤드린은 대제사장과 칠십 명의 회원으로 구성되어 있어 칠십인회 산헤드린이라고도 불렸다. 산헤드린은 사두개파가 다수를 차지했고, 바리새파는 소수였다. 산헤드린은 A.D. 66년 로마와의 전쟁이 일어나기까지 그 역할을 수행했다.

당시 산헤드린은 성전 경내 서편에 자리 잡고 있었다. 대제사장을 의장으로 하는 칠십 인으로 구성된 의회, 장로들과 율법의 사본을 기록하고

---

[49] Dick, *Lectures on Some Passages of the Acts of the Apostles*, 96.

보존하고 해석하는 서기관들이 예루살렘에 모였고, 대제사장 안나스와 안나스의 사위인 가야바와 요한과 알렉산더와 및 대제사장의 문중이 다 참여하였다. 퇴임한 원로 대제사장인 안나스가 참석했고, 안나스의 사위, 대제사장 가야바가 산헤드린 공의회 의장을 맡아 진행했다. 예루살렘에서 가장 영향력 있는 지도자들이 한자리에 모인 것은 그들이 이 사건을 얼마나 중요하게 생각하고 있는가를 단적으로 말해준다. 베드로와 요한은 감금상태에서 끌려나와 산헤드린공회 앞에 섰다.

반원형의 모습으로 제자들을 가운데 두고 둘러앉은 유대지도자들이 심각한 표정을 지으며 던진 첫 번째 질문은 '무슨 권세와 누구의 이름으로 이 일을 행하였느냐'(4:7)였다. 브루스의 말대로 산헤드린 의장이 그 질문을 던진 것으로 보인다. 이것은 사도들이 행한 못 걷는 사람을 일으킨 사건을 두고 한 질문이었다. 주님이 기적을 행하며 하나님 나라의 복음을 전할 때도, 주님이 성전을 청결하게 했을 때도 유대인들이 주님께 던진 질문도 '무슨 권세로 이 일을 행하느냐'는 것이었다.

주님께서 초자연적 기적을 통해 하나님의 아들이라는 사실을 드러내셨는데도 불구하고 유대지도자들은 이를 받아들이지 않았다. 오히려 그와 같은 기적을 통해 유대인들을 선동하고 모세의 가르침을 거역하는 것으로 상황을 몰아가며 백성들을 선동하고 복음전파를 방해했다. 종교적인 지도자들은 종교적인 일에 눈이 어두워 실체를 보지 못하는 어리석은 잘못을 범했다. 이것이 사도들이 행한 못 걷는 사람을 일으킨 기적의 사건 앞에서 유대지도자들이 보여준 모습이었다.

베드로의 변론: 모퉁이 머릿돌(4:8-11)

⁸ 이에 베드로가 성령이 충만하여 이르되 백성의 관리들과 장로들아 ⁹ 만일 병자에게 행한 착한 일에 대하여 이 사람이 어떻게 구원을 받았느냐고 오늘 우리에게 질문한다면 ¹⁰ 너희와 모든 이스라엘 백성들은 알라 너희가 십자가에 못 박고 하나님이 죽은 자 가운데서 살리신

나사렛 예수 그리스도의 이름으로 이 사람이 건강하게 되어 너희 앞
에 섰느니라 " 이 예수는 너희 건축자들의 버린 돌로서 집 모퉁이의
머릿돌이 되었느니라

베드로는 '너희가 무슨 권세와 누구의 이름으로 이와 같은 일을 행하느
냐?'는 관원들과 제사장들의 질문의 의도가 무엇인지를 정확히 간파하고
있었다. 사도들로 하여금 그분이 메시야라는 사실, 주님이 부활하셨다는
사실 그리고 지금도 살아계셔서 자신들 가운데 역사하신다는 사실을 전
파하는 것을 원천적으로 봉쇄하려는 의도가 있음을 잘 알고 있었다. 그들
의 눈에는 합법적이고 정당성을 인정받은 종교적인 집단이 아닌 전혀 인
정받지 못한 종교적인 행위를 일삼는 사도들이야말로 종교적인 행위를
할 권위를 전혀 인정받지 못한 사이비 이단자들이었다.

제자들은 인간적인 제도 속에서 종교적 권위를 설정하려는 사두개인들
과 당시 유대종교지도자들을 향해 자신들이 종교적 권위를 인간적인 제
도가 아닌 예수 그리스도로부터 부여받았다는 사실을 강조했다. 누가는
베드로가 '성령이 충만하여'(4:8) 답변했다고 기록하고 있다.[50] 칼빈이 지
적했듯이 베드로의 담대한 선포는 그 자신에게서 나온 것이 아니라 그
안에 역사하시는 성령으로부터 나온 것이다.

'이 예수는 너희 건축자들의 버린 돌로서 집 모퉁이의 머릿돌이 되었느
니라'(4:11). 베드로는 '건축자가 버린 돌이 집 모퉁이의 머릿돌이 되었다'
는 시편 118편 22절을 인용했다. 모퉁이 돌이 없으면 건물을 건축하기
힘들고 모퉁이 돌이 제 몫을 감당하지 않으면 건물은 오래갈 수도 없다.
모퉁이 돌은 그런 의미에서 가장 중요한 초석이다. '너희가 십자가에 못
박았으나 하나님이 죽은 자 가운데서 살리셨고, 너희가 버렸으나 하나님
이 모퉁이 돌이 되게 하신 그 예수 그리스도의 이름으로 이 사람이 고침을
받았다'는 것이다. 예수의 이름이 기적을 가능하게 하였으며, 그가 죽음에
서 살아나셨고, 모퉁이의 머릿돌이 되었다는 것은 예수 그리스도가 하나

---

[50] Erdman, *The Acts*, 43.

님의 아들이라는 사실, 구약에 예언된 인류의 구원자 메시야라는 사실을 증거하는 것이다.

베드로의 구원의 유일성 변호(4:12)

다른 이로써는 구원을 받을 수 없나니 천하사람 중에 구원을 받을만
한 다른 이름을 우리에게 주신 일이 없음이라 하였더라

예수 그리스도가 유일한 구원자라는 베드로의 선포는 너무도 담대한 선포이다. 일개 여인 앞에서 두려워 떨었던 그가 이처럼 담력을 가지고 훌륭한 신앙고백을 할 수 있는 것은 성령의 역사 없이는 불가능하다. 성령의 충만을 받으면 믿음의 주요 온전케 하시는 예수 그리스도를 더욱더 담대하게 고백하게 된다.

못 걷는 사람을 일으킨 사건은 단순히 불구의 몸이 고침을 받았다는 차원을 넘어 인간의 힘으로는 불가능한 기적을 행하시는 그분, 불구의 상황을 정상으로 만드시는 그분의 놀라우신 능력을 통해 영적 불구와 죄에서 인간을 구원하시는 하나님의 놀라우신 은혜를 그려주고 있다. 한 사람의 육체적인 치유를 통해 인간을 죄에서 건져내시는 구원의 역사를 설명한다. 베드로는 결국 예수가 인간을 구원하시는 구원자, 그것도 유일한 구원자라는 사실을 강조함으로써 그 예수 그리스도가 메시야라는 사실을 밝히 드러낸 것이다.[51]

---

[51] 예수 그리스도는 인류의 유일한 소망이다. 이 세상을 구원하고 인류에게 새생명을 주실 분은 예수 외에 아무도 없다. 주님은 친히 자신이 "길이요 진리요 생명"이며 "나로 말미암지 않고는 아버지께로 올 자가 없다"고 말씀하셨다. 여기 '길이요 진리요 생명이니'라는 말씀 앞에는 정관사 'the'가 붙어 있다. 왜냐하면 그분이 유일한 구원의 길, 유일한 진리, 죽은 자를 살리는 유일한 생명이기 때문이다. 그분은 여러 길 중의 한 길, 여러 진리 중의 한 진리, 여러 생명 가운데 한 생명이 아니라 오직 유일한 길이요, 진리요, 생명이시다. 예수 그리스도 외에 다른 길, 다른 진리, 다른 생명은 없다. 세상에 하나님이 없다고 하는 자처럼 불쌍한 사람도 없다. 자기 노력으로 구원을 얻을 수 있다고 착각하는 사람처럼 불행한 사람은 없다. 왜냐하면 그는 모든 노력을 다하고도 구원을 얻을 수 없기 때문이다. 그가 아무리 훌륭한 도덕을 실천한다고 할지라도 죄인이라는 사실을 깨닫지 못한다면 구원의 소망이 없다. 이런 어리석은 자들이 소위 하나님을 믿는다고 하는 자들 가운데에도 있을 수 있다.

칼빈이 지적한 대로 베드로는 그리스도가 구원의 원천이라는 사실, 그리스도 외에는 구원의 길이 없다는 사실을 선언함으로 잘못된 제사장들의 정곡을 찔렀다.[52] 그리스도 외에 구원의 길이 없다. 그 길이 유일한 구원의 길이고, 생명의 길이며, 영생의 길이다. 다른 길은 없다. 주님을 찾아왔던 부자 청년도 자기가 무엇을 행함으로 구원을 얻을 수 있다고 착각했고, 본문에서 그리스도인들을 박해했던 사두개인들도 바로 그런 부류의 사람들이었다. 이들은 종교를 가지고 있으면서도 부활이 없다며 내세를 거부하는 이들이었다. 부활 문제를 가지고 주님을 시험하는 질문을 제기했던 이들도 바로 사두개인들이었다(마 22:23-33; 눅 20:27-40). 이 때문에 그들은 주님이 부활하셨다고 외치는 제자들에게 박해를 가하기 시작한 것이다.

베드로의 계속된 복음전파(4:13-22)

[13] 그들이 베드로와 요한이 담대하게 말함을 보고 그들을 본래 학문 없는 범인으로 알았다가 이상히 여기며 또 전에 예수와 함께 있던 줄도 알고 [14] 또 병 나은 사람이 그들과 함께 서 있는 것을 보고 비난할 말이 없는지라 [15] 명하여 공회에서 나가라 하고 서로 의논하여 이르되 [16] 이 사람들을 어떻게 할까 그들로 말미암아 유명한 표적 나타난 것이 예루살렘에 사는 모든 사람에게 알려졌으니 우리도 부인할 수 없는지라 [17] 이것이 민간에 더 퍼지지 못하게 그들을 위협하여 이 후에는 이 이름으로 아무에게도 말하지 말게 하자고 [18] 그들을 불러 경고하여 도무지 예수의 이름으로 말하지도 말고 가르치지도 말라 하

---

[52] 칼빈, *사도행전 I*, 162. 하늘 아래 인간은 다 죄인이기 때문에 스스로의 힘으로 구원을 얻을 수도 없고, 또 구원에 도달할 수도 없다. 그것은 모든 인간이 아담의 후손으로 아담의 원죄를 이어 받은 죄인이기 때문이다. 죄인이 죄인을 구원하는 것은 불가능하다. 죄인이 구원을 얻기 위해서는 마치 세상에서 죄를 지은 사람이 죄에서 해방받기 위해서는 감옥살이든, 보석금이든, 벌금이든 그 죄에 해당하는 응분의 값을 치러야 하는 것과 마찬가지로 그 죗값을 치러야 한다. 아담의 죄를 이어 받은 인간이 용서를 받기 위해서는 누군가가 인류의 죗값을 치르지 않으면 안 된다. 그런데 우리 주님께서 십자가에 달리사 우리의 죗값을 지불하신 것이다. 이 사실을 깨닫고 믿으면 구원을 얻는다.

니 ¹⁹ 베드로와 요한이 대답하여 이르되 하나님 앞에서 너희의 말을 듣는 것이 하나님의 말씀을 듣는 것보다 옳은가 판단하라 ²⁰ 우리는 보고 들은 것을 말하지 아니할 수 없다 하니 ²¹ 관리들이 백성들 때문에 그들을 어떻게 처벌할지 방법을 찾지 못하고 다시 위협하여 놓아 주었으니 이는 모든 사람이 그 된 일을 보고 하나님께 영광을 돌림이라 ²² 이 표적으로 병 나은 사람은 사십여 세나 되었더라

베드로의 변호는 설득력이 있었다. 병 고침을 받은 사람은 과거 성전 미문에서 구걸하던 못 걷는 자였다. 그곳에 있는 모든 사람들이 이 사실을 익히 알고 있었다. 병 나은 사람이 사도들과 '함께 서 있는 것'을 보았기 때문에 사도들을 '비난할 말이 없었고'(4:13) 반박할만한 대안도 없었다. 종교적인 권위를 자신들의 제도 속에서 찾으려는 당시의 종교지도자들 앞에서 참된 종교적 권위는 바로 예수 그리스도에게서 나온다는 사실을 분명하게 보여준 것이다. 주님을 십자가에 달아 죽인 유대지도자들이 이제는 그가 메시야라는 사실을 부인할 수 없었다. 실제로 고침을 받은 자가 만인 앞에 서 있기 때문이다. 그들 스스로도 '우리도 부인할 수 없다'(4:16)고 고백하기에 이르렀다. 그래서 비난할 말이 없어졌고, 공회에서 나가라고 명령한 것이다.

종교지도자들의 표적 인정: '우리도 부인할 수 없다'

중대한 문제를 해결하기 위해 무슨 권세로 이와 같이 행하느냐고 물었던 이들이 베드로의 명석하고 당당하고 용기 있고 지혜로운 답변에 그만 할 말을 잃고 만 것이다. 그곳 의회에 모인 이들도 이 사실을 인정하지 않을 수 없었다. 누가는 그 상황을 이렇게 집약했다. '유명한 표적 나타난 것이 예루살렘에 사는 모든 사람에게 알려졌으니 우리도 부인할 수 없는지라'(4:16).

우리는 여기서 기독교의 진실을 발견한다. 그토록 주님의 가르침을 부정하며 그를 십자가에 못 박아 죽였던 유대지도자들이 이제는 초자연적

기적을 인정하기에 이른 것이다. 이 초자연적 이적을 인정한다는 것은 타의적인 태도에 의해서라 하더라도 주님이 메시야라는 사실을 인정하는 것이며, 제자들이 하는 그와 같은 권세가 신적 권위를 지니는 것이라는 사실을 인정하는 것이나 마찬가지이다. 그럼에도 불구하고 이들은 제자들이 복음을 전파하고 그리스도의 부활을 증거하는 일을 허락하지 않았다. 그것은 만약 제자들의 종교적인 활동을 인정하고 허락할 경우 유대 군중들을 선동하여 예수 그리스도를 십자가에 처형했던 자신들의 행위가 불법이었음이 드러날 것이고 그렇게 되면 자신들이 설 자리가 없어질 것이라는 사실을 너무도 잘 알고 있었기 때문이다.

그래서 이들은 변론을 통해서 제자들을 설득시킬 수 없었기 때문에 물리적인 '위협'이라는 수단을 동원하여 '이 후에는 이 이름으로 아무에게도 말하지 말게 하자 하고 그들을 불러 경고하여 도무지 예수의 이름으로 말하지도 말고 가르치지도 말라'(4:17-18)고 명령한 것이다. 예수의 이름으로 못 걷는 사람이 일어나는 기적의 역사가 나타났다는 사실을 인정하지 않을 수 없었던 관리들은 사도들을 향해 이제는 더 이상 '예수의 이름으로 말하지도 말고 가르치지도 말라'고 위협하고 경고했다. 종교적인 제도의 권위를 동원하여 신적인 권위를 물리적으로 막으려고 한 것이다. 처음에는 사도들의 종교적인 권위를 자신들의 제도적인 권위를 통해 사전에 막으려다 통하지 않자 이제는 물리적인 수단을 동원하여 사도들의 가르침을 봉쇄하려고 한 것이다.

이들이 주님을 반대하고 처형할 때도 명분을 내세운 것이 율법과 모세의 권위였다. 그런 그들을 향해 주님께서는 하나님의 권위를 주창하셨다. 여기서 보여주듯 유대 종교지도자들은 끊임없이 유대교라는 종교적인 제도를 가지고 사도들을 정죄하였다. 심지어 그들은 사도들이 행한 기적, 예수 그리스도의 이름으로 나타난 놀라운 기적을 눈으로 목도하고도 자신들의 잘못을 인정하지 않았다. 오히려 그것들을 물리적으로 막으려고 했다.

하나님의 존재를 인정하면서도 하나님의 역사를 방해하는 일이 가능하다는 사실을 너무도 선명하게 보여주었다. 마치 하나님의 면전에서 가인이 자신의 행위는 돌아보지 않고 오히려 '내가 내 아우를 지키는 자니이까?'(창 4:9)라고 하나님께 반문하며 자신의 범죄를 부정했던 것처럼 말이다. 실제로 종교를 말살하려고 하는 이들은 하나님에 대해 모르는 자들이 아니라 하나님의 존재를 인정하고 그것을 직업삼아 살아가는 자들이었다.[53]

여기 종교지도자들의 모습이 바로 그런 모습이었다. 자신들이 십자가에 처형한 그 예수 그리스도가 참으로 메시야라는 사실, 사도들의 종교적 권위가 그로부터 나왔다는 사실을 부정할 수 없는 단계에 이르렀음에도 불구하고 물리적인 위협을 통해 사도들의 가르침을 막으려 한 것이다.

이런 유대 종교지도자들 앞에서 사도들이 보여준 모습은 너무도 당당했다. '하나님 앞에서 너희의 말을 듣는 것이 하나님의 말씀을 듣는 것보다 옳은가 판단하라 우리는 보고 들은 것을 말하지 아니할 수 없다'(4:19-20). 사도들은 처음부터 일관되게 자신들의 행위가 신적 기원을 가지고 있다는 사실을 밝히면서 종교적인 권위를 앞세운 관원들의 위협에 하나님의 권위로 맞섰다. 이 말을 들은 관원들은 '그들을 어떻게 처벌할지 방법을 찾지 못하고 다시 위협하여 놓아'(4:21) 주고 말았다. 그것은 사도들의 말이 수려하거나 논리적이기 때문이 아니라 '모든 사람이 그 된 일을 보고 하나님께 영광을'(4:21) 돌릴 정도로 백성들이 사도들의 행한 기적이 신적 기원을 가지고 있다는 사실을 인정하고 있었기 때문이다.

---

[53] Marvin Perry, *Western Civilization: A Brief History, Volume I To 1789* (Boston: Cengage, 2009), 243. 계몽주의 이후 자연신론을 주창하는 이들이나 프랑스의 철학자이자 신학자 볼테르(Voltaire[François-Marie Arouet], 1694-1778) 그리고 목사의 아들 니체(Friedrich Wilhelm Nietzsche, 1844-1900) 역시 모두 하나님의 존재를 부인하는 이들이 아니라 자칭 하나님의 존재를 인정한다는 이들이었다. 하나님의 존재를 인정하면서도 하나님을 두려워하지 않는 이상한 현상이 역사 속에 존재해 왔다. 타락한 천사 루시퍼도 '지극히 높은 이와 같아지리라'(사 14:12-15)는 교만에서 사탄의 우두머리로 타락했다. 주지하듯이 인류의 비극은 여기서 시작되었다. 이 비극의 역사는 어제오늘의 현상이 아니라 가인의 시대부터 계속된 인류의 역사였다. 우리가 잘 아는 바벨탑의 사건도 마찬가지이다. 또다시 홍수로 멸하는 것을 막기 위해 하늘 높이 바벨탑을 쌓지 않았는가. 그것도 노아의 후손 중에서 말이다.

학문 없는 범인

법정에서 베드로와 요한이 '담대하게 말함을 보고'(4:13) 놀란 사람은 바로 그 현장에 있던 유대 종교지도자들이었다. 그들은 사도들이 '본래 학문 없는 범인으로'(they were unschooled men and ordinary, ἄνθρωποι ἀγράμματοί εἰσιν καὶ ἰδιῶται, 4:13) 알고 있었는데 유창한 언변으로 당당하고 설득력 있게 사건의 전후 관계와 그 신적 기원을 이야기하는 것을 보고 대단히 놀랐다.[54] 여기 학문 없는 범인이라는 말은 그들이 아무 것도 알지 못하는 무학이라는 말이 아니라 당시 랍비들에 비해 정식으로 종교적 훈련을 받지 못했다는 의미이다. 종교지도자들은 과거 '이 사람은 배우지 아니하였거늘 어떻게 글을 아느냐?'(요 7:15)며 예수님에게 품었던 동일한 의문을 제자들에게도 품었다. 종교지도자들은 당시 예수 그리스도가 논쟁에서 구약의 모세와 선지자들의 글을 인용해 너무도 탁월하게 상대를 압도했던 것을 잘 기억하고 있었다.

랍비와 달리 전문적 지식을 갖추지 못한 평범한 사람들이 담대하게 말하는 것과 평생 동안 한 번도 걸어보지 못한 못 걷는 사람을 고치고, 그 고침 받은 사람이 사도들과 함께 서 있는 틀림없는 사실 앞에 할 말을 잃어버린 것이다. 게다가 예수가 행하셨던 동일한 표적을 그의 제자들이 예수의 이름으로 행하는 것을 직접 듣거나 눈으로 확인하고는 당혹감을 감출 수 없었다. 예수가 자신의 능력을 제자들에게 나누어 준 것이 분명하다는 생각을 떨칠 수 없었다. 부인할 수 없는 현실 앞에 그들이 할 수 있는 것은 사도들을 법정 밖으로 쫓아내는 일이었다. 이것은 물론 자기들끼리 은밀히 대책을 의논하기 위해서였다.

그 현장의 유대지도자들은 예루살렘에서 일어난 못 걷는 자의 고침을 부인할 아무런 묘안이 없었다. 그것을 인정하는 것 외에는 달리 대안이 없었다. 그래서 그들이 할 수 있는 유일한 길은 사법적인 훈계, 즉 '예수의

---

[54] Chrysostom, *The Homilies on The ACTS of The Apostles*, 128. 사도들로 하여금 담대하게 말하게 하신 분은 바로 성령이시다. 성령께서 능력과 지혜와 권능과 담대함을 주신 것이다.

이름으로 말하지도 말고 가르치지도 말라'고 경고하고 풀어 주는 일이었다.[55] 사도들이 행한 표적은 부인하기에는 너무도 증거가 명백했다. 유대인 학자 클라우스너(Joshep G. Klausner)가 지적한 것처럼 사도들을 훈방하고 풀어준 것은 당국자들이 기독교를 통제하고 박해하고 억압하는 것이 쉽지 않을 것이라는 사실을 예고해준다.[56]

그런데 우리가 한 가지 더 주목할 것이 있다. 지속적으로 사도들이 사두개인들로부터 박해를 받은 것은 부활신앙 때문이었다. 그런데 그들은 부활을 부정할 수도 없었고, 부정하기 위해 반박할 것도 특별히 없었다. 만약 그들이 예수의 부활을 반증하거나 사도들의 주장을 반박할 수 있었다면 주저하지 않고 그렇게 했을 것이다. 사도들이 예수의 이름으로 행한 치유의 기적은 예수가 다시 살아 존재한다는 사실을 증거해 주는 것이었다. 대단히 난감한 상황이 벌어진 것이다.

복음전파 금지명령에 불복종

사도들로 인해 일어난 기적을 부인할 수 없었던 것은 일어난 모든 정황을 생생하게 기억할 수 있는 고침 받은 40세의 성년이 사도들과 함께 서 있었기 때문이다. 베드로와 요한은 산헤드린의 지시를 그대로 받아들일 수 없었다. 그것은 자신들의 권위가 사람들에게서 나온 것이 아니라 하나님으로부터 나온 것이기 때문이다. '도무지 예수의 이름으로 말하지도 말고 가르치지도 말라'(4:18)고 명령을 받았지만 두 사도는 '하나님 앞에서 너희의 말을 듣는 것이 하나님의 말씀을 듣는 것보다 옳은가 판단하라, 우리는 보고 들은 것을 말하지 아니할 수 없다'(4:19-20)고 응수했다.

---

[55] 존 스타트, 사도행전 강해, 109. 성경의 기록들을 실제 사건으로 수납하기를 거부하는 자유주의 비평가들은 누가가 의회원들 가운데 은밀하게 논의되었던 일들을 어떻게 알 수 있었느냐며 성경의 권위를 의심하지만, 그것은 그리 문제될 것이 없다. 그것은 후에 다메섹 도상에서 주님을 영접하고 그리스도의 종이 된 바울이 바로 그 현장에 있었을 수도 있고 아니면 그 현장에 있었던 바울의 스승 가말리엘이 후에 바울에게 일어난 일들에 대해 소상하게 알려주었을 수도 있었을 것이기 때문이다.

[56] J. Klausner, *From Jesus to Paul* (Eng. tr., London, 1944), 282.

사도들은 산헤드린공회 앞에 서 있었으면서도 전혀 종교지도자들을 두려워하지 않았다. 만일 하나님의 명령과 사람의 계율 사이에 상충되는 점이 있을 때 그들은 주저하지 않고 어떠한 희생을 지불하고서라도 하나님의 명령을 준수하는 쪽을 택했을 것이다. '우리는 보고 들은 것을 말하지 아니할 수 없다.' 칼빈이 지적한 것처럼 믿음의 사람들은 누군가로부터 복음을 전하지 말라고 요구받을 때 입을 다물어서는 안 된다.[57]

산헤드린이 베드로와 요한을 구금해 문책하고, 위협을 가했지만 근거를 찾을 수 없었다. 부활에 대해서도 반박할 수 없었으며, 결국 기독교 신앙이 진리라는 사실이 드러났다. 산헤드린이 베드로와 요한을 다루기 위해 과거 예수 그리스도를 처형했을 때처럼 공의회를 열었지만 이번에는 완전히 실패하고 말았다. 베드로와 요한에 대해 '어떻게 처벌할지 방법을 찾지 못하고 다시 위협하여 놓아 주었다'(4:21)는 기록에서 찾을 수 있다. 관리들이 사도들을 놓아준 이유가 '백성들 때문'(4:21)이었다. 누가는 '모든 사람이 그 된 일을 보고 하나님께 영광을 돌렸다'(4:21)고 증언한다.

4. 사도들의 석방과 교회의 대응(4:23-31)

²³ 사도들이 놓이매 그 동료에게 가서 제사장들과 장로들의 말을 다 알리니 ²⁴ 그들이 듣고 한마음으로 하나님께 소리를 높여 이르되 대주재여 천지와 바다와 그 가운데 만물을 지은 이시요 ²⁵ 또 주의 종 우리 조상 다윗의 입을 통하여 성령으로 말씀하시기를 어찌하여 열

---

[57] 칼빈, 사도행전 I, 167. "복음이 인간들의 금지로 인하여 억압되는 일이 있다면 그것은 꼴사납고 불신앙적인 하나의 범죄이다. 왜냐하면 하나님께서는 당신의 복음을 전파하도록 명령하시기 때문이다. 더구나 사도들은 그리스도의 증인으로 또는 전파자로 택함을 받았으며 하나님께서 그들의 입을 열어주셨다는 사실을 그들이 알고 있었기 때문이다.… 특히 가르치는 직책(ad docendi munus)에 부르심을 받은 사람들은 어떠한 인간의 협박으로나 권위의 형태로 인하여 두려움을 느끼지 않도록 해야 한다. 다만 그들로 하여금 하나님께서 자기들에게 맡겨주셨다고 알고 있는 그 직책을 자유롭게 수행하도록 해야 한다. '내가 복음을 전할지라도 자랑할 것이 없음은 내가 부득불 할 일임이라 만일 복음을 전하지 아니하면 내게 화가 있을 것임이로다'(고전 9:16)라고 바울은 말한다."

방이 분노하며 족속들이 허사를 경영하였는고 ²⁶ 세상의 군왕들이 나서며 관리들이 함께 모여 주와 그의 그리스도를 대적하도다 하신 이로소이다 ²⁷ 과연 헤롯과 본디오 빌라도는 이방인과 이스라엘 백성과 합세하여 하나님께서 기름 부으신 거룩한 종 예수를 거슬러 ²⁸ 하나님의 권능과 뜻대로 이루려고 예정하신 그것을 행하려고 이 성에 모였나이다 ²⁹ 주여 이제도 그들의 위협함을 굽어보시옵고 또 종들로 하여금 담대히 하나님의 말씀을 전하게 하여 주시오며 ³⁰ 손을 내밀어 병을 낫게 하시옵고 표적과 기사가 거룩한 종 예수의 이름으로 이루어지게 하옵소서 하더라 ³¹ 빌기를 다하매 모인 곳이 진동하더니 무리가 다 성령이 충만하여 담대히 하나님의 말씀을 전하니라(행 4:23-31)

놀라운 기사와 표적이 나타나자 제사장과 장로들이 사도들을 체포했으나 '백성들 때문에 어떻게 처벌할지 방법'(4:21)을 찾지 못했다. 사도들의 담대한 복음전파와 표적을 통해 백성들이 그들을 따르자 종교지도자들이 백성들을 두려워하기 시작했다. 하나님께서 하나님의 방법으로 사도들을 보호하시고 지키신 것이다. 결정적인 것은 못 걷는 사람이 걷기 시작한 것이고 백성들이 눈으로 직접 목도했고, 고침 받은 못 걷는 사람 그 자신이 친히 모든 사실을 증언한 것이다. 3장 10절에 누가는 못 걷는 사람에게 일어난 일로 인하여 그들이 '심히 놀랍게 여기며 놀랐다'(they were filled with wonder and amazement)고 증언한다. NIV를 비롯한 여러 영어 역본들은 이를 '그들이 경외함과 놀라움으로 가득 찼다'로 번역했는데 한글성경보다 원문의 의미를 더 정확하게 드러냈다.

사두개인의 선동으로 박해가 일어나 사도들이 산헤드린 공의회에 소환되었지만 결국에는 풀려났다. 범가르텐은 이를 가리켜 '교회의 대승의 권세'(the triumphant power of the church)라고 불렀다.[58] 존 딕이 말한 대로 "진리는 위대하고, 진리는 승리할 것이다. 진리가 산헤드린공회를 당

---

[58] Baumgarten, *The Acts of the Apostles*, 103.

혹하게 만들고 침묵시켰다. 진리는 십자가의 명백한 교리로 헛된 철학과 궤변적 웅변을 물리침으로서 세상의 지혜를 어리석게 만든다. 진리는 마찬가지로 불충성의 격렬하고 악의적인 반대에 맞서 승리할 것이며, 장래 시대는 마치 태양 앞에 밤의 그늘이 사라지는 것처럼 진리 앞에서 모든 변화의 미신, 온갖 종류의 망상, 열광주의, 이단, 오류 그리고 음탕함이 사라지는 것을 목도할 것이다."[59]

사도들이 풀려난 후 교회는 여기에 대한 대책을 강구하지 않으면 안 되었다. 그것은 단순히 인간적인 대책이 아니라 하나님의 나라와 그의 의를 구하려는 열정에서 나온 것이었다. 풀려난 사도들은 동료들에게 가서 제사장과 장로들이 한 말을 다 알려주었다. 하나도 숨기지 않고 남김없이 모두 알려준 것이다. 교회공동체가 문제를 해결하는 출발은 정확한 사실을 공동체 전체에 알려주는 것이다.

풀려난 사도들이 이미 복음을 받아들이고 그리스도인이 된 동료들에게 제사장들과 장로들이 자신들에게 한 말들을 다 이야기한 것은 이 일이 단순히 자신들만의 문제가 아니라 신앙의 공동체의 문제였기 때문이다. 설령 한 개인에 국한된 문제라고 하더라도 할 수 있는 한 함께 그 문제를 의논하고 숙의하는 것은 그리스도 공동체에서 아름다운 모습이다.

여기 우리 한글성경 '그 동료'(4:23)는 원문 그대로는 '그들의 것'(the own, τοὺς ἰδίους)으로 직역되지만, 대부분의 영어 역본들은 '그들의 사람들'(their own people)로 번역했다. '그 동료'는 별도의 장소, 별도의 시간에 기도하고 있는 사람들로서 칼빈의 해석대로 다른 제자들을 가리킬 수 있으나 단순히 다른 제자들만 말하는 것이 아니라 다수의 믿음의 사람들, 곧 예루살렘교회 전체 교인들을 가리킨다고 해석할 수도 있다.[60] 사도

---

[59] Dick, *Lectures on Some Passages of the Acts of the Apostles*, 117.

[60] Joseph Benson, *The New Testament of our Lord and Saviour Jesus with Notes, Critical, Explanatory, and Practical*, Vol. IV. *Matthew to the Acts of the Apostles* (London: G. Lane & B. Tippett, 1846), 706. Jean Calvin, Henry Beveridge, and Calvin Translation Society. *Commentary upon the Acts of the Apostles*. Vol. I. (Edinburgh: Calvin Translation Society, 1844), 181.

들은 믿음의 공동체에 그 모든 사실을 '다'(4:23) 알려주었다.

사도들과 온 성도들은 자신들에게 종교적인 권위를 부여해주신 하나님께 호소하는 것을 잊지 않았다. 사도들로부터 모든 이야기를 소상하게 들은 동료들은 '한마음으로 하나님께 소리를 높여'(4:24) 기도하지 않을 수 없었다. 사도들로부터 의회에서 지도자들이 자신들에게 행한 말을 낱낱이 들은 이들이 취한 행동은 한마음으로 하나님께 기도한 일이었다. 사도들로부터 소식을 들은 믿음의 공동체는 그 문제를 자신들 모두의 문제로 받아들이고 말 그대로 일심(一心)으로 간절히 하나님께 기도했다.

그리스도인들과 교회가 문제를 만났을 때 취해야 할 행동은 그 문제를 놓고 하나님께 기도하는 일이다. 이들이 하나님께 기도하면서 외친 첫 마디는 바로 '대주재'(Sovereign Lord, 4:24)였다. 이것은 두 가지 의미를 담고 있다. 하나는 자신들이 믿는 하나님은 모든 문제를 해결하실 수 있는 전능자라는 의미이고 다른 하나는 유대인들이 계속해서 위협하고 복음전파를 금하고 있지만, 그 인간적인 제도, 유대인의 종교적인 제도와는 비교할 수 없는 참된 권위를 지니신 분이 바로 하나님이시라는 고백이다. 인간의 제도적 권위에 호소하는 유대지도자들과 하나님의 권위에 호소하는 사도들과 교회의 모습이 대조를 이루고 있다.

예루살렘교회의 기도

소식을 들은 예루살렘교회는 모여 "찬양과 기도를 드렸다. 찬양은 풀려난 것에 대한 감사의 찬양이었고 기도는 점증하는 시련과 박해 속에서 헤쳐나갈 수 있도록 인도해 달라는 간구였다."[61] 믿음의 공동체는 한마음으로 소리 높여 하나님께 기도했다. 우리 성경에는 '그들이 듣고 한마음으로 하나님께 소리를 높여 이르되'(4:24)라고 되어 있는데 여기 '이르되'(said, εἶπαν)는 기도했다는 말이다. '대주재여'(Sovereign Lord, Δέσποτα)로 시작된 그들의 기도가 30절까지 계속되고 있다. 그리고 31절에서

---

[61] Erdman, The Acts, 45.

기도의 결과를 기술하고 있다.

사도들은 약속의 말씀을 붙들고 간절히 기도했고, 분명한 목적, 하나님의 뜻을 이루며 위협을 하감하시고 기적과 표적을 주의 이름으로 행하며 담대히 말씀을 전파하게 해달라고 기도한 것이다. 그 결과 그들 모두가 성령의 충만을 받고 담대히 하나님의 말씀을 전파하였다. 우리는 여기서 사도행전 1장과 2장에 나타난 약속의 말씀을 붙들고 드리는 간절한 기도, 담대한 말씀선포, 놀라운 성령의 충만 그리고 초자연적 성령의 역사가 반복적으로 나타나는 것을 발견할 수 있다.[62] 우리는 예루살렘교회의 기도 속에서 당시 초대교회가 하나님을 어떻게 이해하고 있는지 또한 우리들이 어떤 태도로 기도해야 할 것인지를 발견한다. 여기서 우리는 중요한 몇 가지 사실을 확인할 수 있다.

역사의 주관자, 인격적이고 전능하신 하나님께 기도(4:24-26)

첫째, 예루살렘교회는 기도의 대상인 하나님이 역사의 주관자, 인격적인 하나님, 전능하신 창조주 하나님으로 믿고 고백했다. 기도의 대상은 천지와 바다와 그 가운데 만물을 지으신 '대주재의 하나님'(Sovereign Lord, 4:24)이었고, 기도의 근거는 성령의 감동으로 다윗의 입을 통해 주신 말씀(4:25)으로 예수 그리스도에 대한 약속의 성취였으며(4:26-28), 기도의 내용은 예수 그리스도를 대적하는 상황에서 은혜를 달라는 기도였다. 이들의 간단한 기도 속에 성부 하나님, 성자 하나님, 성령 하나님 삼위일체 하나님이 등장하는 것을 알 수 있다. 믿음의 기도는 기도를 받으시는 하나님에 대한 정확한 이해와 고백 속에 드려지는 기도이다.

예루살렘 공동체는 하나님을 천지와 바다와 그 가운데 만유를 지으신 창조주 하나님으로 고백했다. 창조주 하나님에 대한 고백은 하나님의 전

---

[62] 다만 다른 것은 이곳에 회개가 없었다는 사실이다. 그러나 이들은 두렵고 떨리는 겸허한 마음으로 간절히 기도했다. 이미 회개하는 예루살렘교회의 모습이 이 시간까지 연장되어 하나님에 대한 경외와 성령의 임재를 간구하는 영적 분위기가 상당히 지속되었다는 사실을 기억할 때 이들 가운데 회개가 없었다고 단정하기 힘들다.

능성을 단적으로 말해준다. 그들이 고백한 하나님은 '조상 다윗의 입을 통하여 성령으로 말씀하신'(4:25) 계시의 하나님이다. 그분은 인류의 역사 속에서 '예정'하신 자신의 권능과 뜻을 이루어 가시는 역사의 주관자이다. 한마디로 집약하면 그분은 창조주 하나님, 계시의 하나님, 섭리의 하나님이시다.

이들의 기도 속에는 하나님이 만유를 지으시고 선지자를 통해 계시하시고 역사를 자신의 거룩하신 뜻대로 운행하시고 섭리하시는 분이라는 신실한 고백이 담겨져 있다. 참된 신앙인은 하나님을 창조주 하나님, 계시의 하나님 그리고 역사의 주관자와 섭리자로 고백하는 자들이다. 누가는 이것을 '지으셨다'(made, ποιήσας, 4:24), '말씀하셨다'(having spoken, εἰπών, 4:25) 그리고 '예정하셨다'(had determined beforehand, προώρισεν, 4:28)는 말로 집약했다. 그분은 지금도 우리 가운데 날마다 새 창조의 역사를 시행하시며 성경을 통해 말씀하시고 세상의 역사를 주관하시는 살아계신 하나님이시다. 그분이 창조주 하나님, 계시의 하나님, 역사를 주관하시는 하나님이라는 고백은 그가 인격적인 하나님이라는 고백이다.

그들은 하나님께 기도하면서 '손을 내밀어'(the hand of You stretch out, τὴν χεῖρά ἐκτείνειν, 4:30) 기사와 표적을 주님의 이름으로 행하게 해달라고 기도했다. 손을 내밀어는 '당신의 손을 활짝 펴사'라는 말로 풀이할 수 있다. '손을 내밀어'는 구약의 지도자, 예수 그리스도, 사도들이 권능을 베푸실 때 취하시는 행위를 묘사할 때 자주 사용되는 표현이다.[63]

---

[63] 렘 1:9 '여호와께서 그의 손을 내밀어 내 입에 대시며 여호와께서 내게 이르시되 보라 내가 내 말을 네 입에 두었노라.' 마 8:3 '예수께서 손을 내밀어 그에게 대시며 이르시되 내가 원하노니 깨끗함을 받으라 하시니 즉시 그의 나병이 깨끗하여진지라.' 막 1:41 '예수께서 불쌍히 여기사 손을 내밀어 그에게 대시며 이르시되 내가 원하노니 깨끗함을 받으라 하시니' 행 9:41 '베드로가 손을 내밀어 일으키고 성도들과 과부들을 불러 들여 그가 살아난 것을 보이니.' '손을 내밀어'라는 말은 누가복음 5장 13절에도 등장한다. '예수께서 손을 내밀어 그에게 대시며 이르시되 내가 원하노니 깨끗함을 받으라 하신대 나병이 곧 떠나니라.' 예루살렘교회는 주님이 손을 펴서 나병환자를 고치시는 장면을 연상하고 동일한 치료의 능력을 예루살렘교회에도 베풀어 달라고 간절히 간구한 것이다. 주의 손을 내밀어 기사와 표적을 행하게 해달라는 기도는 그대로 응답되었다. 제자들과 믿음의 공동체가 위협과 박해를 만났지만, 여전히 하나님께서 당신의 손을 펴서 그들을 지키시고 인도하신다는 사실을 보여준다.

약속의 말씀에 의지한 기도

둘째, 예루살렘교회는 기도할 때 전능하신 하나님께 하나님의 약속의 말씀을 붙들고 기도를 드렸다. 무조건적인 구원의 은혜를 구한 것이 아니라 하나님의 뜻과 예언에 근거한 기도였다. '다윗의 입을 통하여 성령으로 말씀'(4:25)하신 것을 환기시켜 주었다. 이것은 시편 2편 1-3절까지의 말씀을 지칭하는 것이다. '어찌하여 이방 나라들이 분노하며 민족들이 헛된 일을 꾸미는가 세상의 군왕들이 나서며 관원들이 서로 꾀하여 여호와와 그의 기름부음 받은 자를 대적하며 우리가 그들의 맨 것을 끊고 그의 결박을 벗어 버리자 하는도다.' 그들은 현재 진행되고 있는 예수 그리스도에 대한 대적이 이미 성경에 예언된 사실인 것을 잘 알고 있었다. 성경의 약속의 말씀, 예언의 말씀을 가지고 하나님께 나아가고 있다.

구체적이고 분명한 기도제목

셋째, 기도제목이 구체적이고 분명했다. 그것은 셋으로 압축할 수 있다. '그들의 위협함을 굽어보시옵고'(4:29), '종들로 하여금 담대히 하나님의 말씀을 전하게 하여 주시오며'(4:29), '손을 내밀어 병을 낫게 하시옵고 표적과 기사가 거룩한 종 예수의 이름으로 이루어지게 하옵소서'(4:30)이다. 정리하면 (1) 현재의 위협적인 상황을 굽어 살펴달라는 기도, (2) 그런 가운데서도 담대하게 복음을 전하게 해달라는 기도, (3) 주의 이름으로 표적과 기사를 행하게 해달라는 기도였다.

그들은 위협을 피하게 해달라고 기도하지 않았다. 예언을 변개해달라고 기도하지도 않았다. 그들은 하나님이 박해와 위협 가운데 처한 자신들의 처지를 굽어 살펴주시고, 하나님의 말씀을 담대하게 증거하고, 또 예수 그리스도의 이름으로 표적과 기사를 행하게 해달라고 기도했다.

초대교회공동체의 기도는 아버지의 뜻을 구했던 주님의 기도를 연상시킨다. 그들의 기도는 구약에 예언된 예언의 성취를 그대로 믿음으로 받아들이고 박해와 위협 가운데서도 하나님 나라가 중단되지 않고 계속해서 확장하게 해달라는 기도였다.[64] 거룩한 하나님의 뜻과 예언의 성취가 일순위였고 하나님의 말씀전파가 기도의 핵심이었다. 자신들의 출세를 염두에 두고 '이스라엘 나라를 회복하심이 이 때니이까'라며 세상나라의 가치관 세상적인 관심에 사로잡혔던 제자들이 오순절 성령강림을 경험한 후 완전히 달라진 것을 그들의 기도를 통해 확인할 수 있다.

덴톤의 지적대로 "성령의 부으심 이전에는 사도들이 소심하고 그리스도를 고백하는 것을 꺼렸다. 반면 그리스도의 대적들은 대담하게 박해를 가했다. 이제 성령이 임하신 후 사도들은 진리를 주창하고 나사렛 예수가 메시야라고 선포하는 일에 담대했다. 반면 전에 그들을 두렵게 만들었던 대적들은 이제 사도들 앞에서 떨었으며, 사도들이 한 말, 사도들의 이적과 표적으로 인해 그들에게 두려움이 엄습했다."[65] 제자들만 아니라 예루살렘 공동체가 성령의 부으심을 경험한 후 완전히 바뀌었다.

이들의 기도 속에는 하나님의 주권에 대한 철저한 인정과 자신들에게 주어진 복음전파의 사명과 그 일을 추진하기 위해 주의 권능과 능력을 사모하는 신앙의 모습이 그대로 드러난다. 담대하게 복음전파의 사역을 감당할 수 있도록 간구했다. 박해 속에서도 이들의 실제적인 관심은 하나님 나라의 확장이었다. 다시 말해 사도행전 1장 8절의 약속대로 땅 끝까지 이르러 증인의 사명을 감당하는 것이었다.

병 고침과 표적과 기사를 간구했던 것도 실상은 하나님 나라의 확장에 있었다. 초대교회 교우들은 자신들의 안녕에 초점을 맞추기보다 참으로 하나님의 백성들이 감당해야 할 가장 소중한 사명, 곧 증인의 사명을 감당하는 일에 최대의 관심을 두었다. 그들은 거룩한 하나님 나라를 이루어

---

[64] 자신들을 박해하는 이들이야말로 얼마나 짐스러운 존재였겠는가? 그러나 이들은 이들에게 징벌을 내려 달라고 기도하거나 이들의 완악함을 하나님께 호소하지도 않았다. 다만 주권적인 하나님께서 자신들이 처한 형편을 굽어 살펴달라고 담담히 기도드렸다. 박해의 원인을 제공하는 당사자들을 향한 분노를 발하거나 혹은 같은 태도로 맞서거나 혹은 하나님의 진노와 징벌을 호소하기보다는 담담하게 주어진 환경을 굽어 살펴달라고 기도했다.

[65] Denton, *A Commentary on the Acts of the Apostles.* Vol. I., 88.

갈 책임을 부여받은 자들로 인식했다. 그것은 이 세상에서의 인간 자신의 삶이 가치 없거나 그가 세상 속에서 필요로 하는 것들이 아무런 의미를 부여할 수 없는 시시한 것들이기 때문이 아니다. 거룩한 하나님 나라가 이 땅에 도래하고 하나님의 거룩한 뜻이 이 땅에서 이루어지도록 하는 일이 최우선이기 때문이다.[66]

공동체적인 성령충만의 역사

넷째, 공동체적인 성령충만의 역사이다. 간구한 기도제목이 구체적으로 응답되었다. 누가는 '빌기를 다하매 모인 곳이 진동하더니 무리가 다 성령이 충만하여'(4:31)라고 증언한다. 이미 오순절 때 성령의 충만을 받은 제자들이 다시 성령의 충만을 받은 것이다.[67] 모인 곳이 진동하였고, 모인 이들이 성령의 충만을 받았다. 빌기를 다 한 후 모인 곳이 진동하면서 '무리가 다' 성령이 충만하였다. 31절 말씀에서 '무리가 다 성령이 충만하여'(they were filled with all the Holy Spirit, ἐπλήσθησαν ἅπαντες τοῦ Ἁγίου Πνεύματος)라고 말씀한다.

여기 '무리'라는 말과 '다'(all)라는 말에 주목할 필요가 있다. 성령충만이 특정한 사도들 몇 사람에 국한된 현상이 아니라 '모든 무리'가 그런 경험을 한 것이다. 공동체가 성령충만의 역사를 경험한 것이다. '무리가 다 성령이 충만하여'는 오순절 날 '그들이 다 성령의 충만함을 받고'(they were filled with all the Holy Spirit, ἐπλήσθησαν πάντες Πνεύματος Ἁγίου, 2:4)를 연상케 한다. 이처럼 여기 성령강림의 외적 표증이나 성령의 임재를 위한 기도는 오순절 때와 너무도 비슷하다.

---

[66] 주기도문에 있듯이 '우리가 하나님의 이름이 거룩히 여김을 받고 그의 나라와 그의 뜻이 이 땅에서 이루어지게 해달라'고 기도해야 하는 것은 일용할 양식을 구하는 것이 결코 헛되기 때문이 아니라 일용할 양식에 앞서 하나님의 영광과 그분과의 거룩한 교통이 세상적인 양식보다 앞서기 때문이다. 교회라는 공동체 속에서는 그것이 더욱 드러나야 한다. 그와 같은 기도는 하나님의 보좌를 움직이는 가장 힘 있는 기도이다. 엘리야의 기도, 사무엘의 기도, 다니엘과 사드락, 메삭, 아벳느고의 기도가 바로 그런 기도였다. 초대교회공동체의 기도는 하나님의 뜻에 합한 기도였다. 하나님은 이런 기도를 기뻐하신다.

[67] Chrysostom, *The Homilies on The ACTS of The Apostles*, 128.

성령충만이 없는 부흥은 존재하지 않는다. 공동체적으로 성령이 충만하게 임할 때 그래서 모인 이들이 모두 성령의 충만을 받았을 때 우리는 그런 영적 상태를 부흥이라고 말한다. 부흥은 성령의 특별한 부으심이기 때문이다. 그런 의미에서 초대교회공동체의 놀라운 성령충만의 현상은 부흥의 때에 전형적으로 나타나는 특징이다.

공동체적인 복음증거

다섯째, 성령이 충만하여 담대히 하나님의 말씀을 전했다. 예루살렘교회는 '종들로 하여금 담대히 하나님의 말씀을 전하게 해달라'(4:29)고 간절히 기도했는데 놀랍게도 '빌기를 다하매'(having prayed, δεηθέντων) '무리가 다 성령이 충만하여 담대히 하나님의 말씀을 전'(4:31)하기 시작했다. 그들의 기도가 얼마나 신속하고 구체적으로 응답되었는가를 말해준다. 문자 그대로 기도가 끝나자마자 신속하게 응답받은 것이다. '무리'라는 말과 '다'(all) 라는 말은 성령충만에도 적용되지만, 하나님의 말씀을 전했다는 사실에도 그대로 적용된다. 성령이 임하시면 권능을 받고 '내 증인'이 될 것이라고 하신 대로 예루살렘교회 교인 모두가 성령의 충만을 받고 담대히 말씀을 증거한 것이다. 여기서도 여전히 성령과 말씀이 동시에 등장한다.

누가는 그들이 담대히 말씀을 전했다는 말 앞에 '무리가 다 성령이 충만하여'(4:31)라는 말을 먼저 기록하고 있다. 담대한 말씀선포가 성령충만의 결과였음을 증거한 것이다. 그들의 말씀이 힘이 있었던 것은 성령충만이 전제되었기 때문이다.[68] 성령충만할 때 담대히 말씀을 선포할 수 있다.

---

[68] Denton, *A Commentary on the Acts of the Apostles*. Vol. I., 137-138. 덴톤의 지적대로 이것은 사도행전 전체에서 중요한 의미를 지닌다. "아마도 오순절 이후로 교회에 들어온 사도들 외에 다른 사람들도 지금은 사도들과 제자들에게 부어진 성령의 선물을 받았을 것이다. 이것이 그랬든 아니든, 당시에 이미 그분의 은사, 성령을 받은 사람들에게 성령이 더 부어졌다. 이 사실을 통해 우리는 끊임없이 성령으로 충만을 받을 필요가 있으며, 매일 매일 새로운 유혹을 극복하기 위하여 은혜의 증진, 새로운 힘이 필요하다는 사실을 배운다. 그리하여 우리가 기도와 거룩한 삶을 통해 하나님 가까이에 살고 우리 영혼의 깨어있는 대적들에 맞서서 우리 자신들을 무장하기 위하여 새로운 은혜의 강줄기를 끌어내리지 않는다면 우리가 헤아릴 수 없는 성령의 은사를 한 번

성령충만이 전제되지 않은 말씀선포는 아무런 힘도 생명력도 없다. 성령의 역사와 말씀선포의 능력은 모종의 깊은 관계를 갖고 있다. 심지어 루터는 말씀이 없이는 성령은 역사하지 않는다고 주장한다.

성령의 능력으로 병을 치료하는 역사가 나타났다. 그리하여 누가가 증언하는 대로 예루살렘교회는 기도하는 교회, 하나님의 약속의 말씀을 의지하는 교회, 성령충만을 받고 담대히 복음을 전파한 교회 그리고 치료하는 교회였다.[69]

받았다는 것으로는 충분하지 않다."
[69] 기도와 하나님의 말씀, 성령충만의 복음증거 그리고 세상을 치료하는 사역을 감당한 것이다. 이것은 주님이 하셨던 가르치는 사역, 전파하는 사역 그리고 치료하는 사역을 그대로 계승한 것이다. 기도, 말씀, 복음전파, 치유는 상호 불가분의 관계를 가지고 있다. 초대교회나 지금이나 기도에 힘쓰고, 말씀을 가르치고 배우며, 성령충만하여 증인의 사명을 감당하고 그리고 세상을 치유하는 교회는 성장할 수밖에 없다. 이것은 2천 년의 기독교 역사가 증거하고 있다. 이를 가장 잘 보여주는 이상적인 공동체가 청교도 공동체였다. 미국 복음주의 정신을 계승한 선교사들이 시작한 한국교회 역시 기도, 말씀, 성령충만을 통한 복음증거 그리고 치유의 역사(사회적 책임)가 처음부터 교회를 특징 짓는 중요한 요소였다.

제 4 장
성령충만한 예루살렘 공동체와 시험
(4:32-5:11)

> 기도는 결코 어떤 의심의 표식이 아니라 오히려 우리의 확실한 희망과 자신감의 증거이다. 왜냐하면 그가 약속하신 주님의 수중에 있는 것들을 우리가 요청하는 것이기 때문이다.
>
> John Calvin, *Commentary upon the Acts of the Apostles* Vol.1., 1552

> 믿는 무리가 한마음과 한뜻이 되어 모든 물건을 서로 통용하고 자기 재물을 조금이라도 자기 것이라 하는 이가 하나도 없더라.
>
> 행 4:32

    누가는 성령충만을 경험한 예루살렘 공동체의 이중적인 영적 상태를 예리하게 대비시키며 예루살렘교회공동체의 모습을 생동감 있게 그리고 있다. 성령충만한 공동체의 모습과 그 정반대의 모습, 아나니아와 삽비라 사건이 바로 그것이다. 성령충만한 공동체 속에서도 사탄의 시험은 여전히 존재했다.[1]

---

[1] Charles R. Erdman, *The Acts* (Philadelphia: The Westminster Press, 1919), 47. 성령충만한 경험 이후에 이 사건이 등장하는 것을 주목해야 한다. 성령의 역사가 강한 곳에 사탄의 역사도 강하다는 것을 예시해준다. 교회는 성령충만함으로 교만하거나 오만해서는 안되며 언제나 사탄이 당신의 교회를 훼방할 수 있다는 사실을 기억해야 한다. 이 땅의 교회가 사탄의 공격을 두려워할 필요는 없지만 늘 경계해야 할 이유가 거기 있다. 최근 신천지를 비롯한 이단의 급부상과

마태가 마태복음 4장 예수님의 시험을 기술하면서 밝힌 것처럼 사탄은 '시험하는 자'(마 4:3)이다. 베드로는 할 수만 있거든 믿는 자를 미혹에 빠뜨리려고 하는 것(벧전 5:8)이 사탄의 정체라고 말한다. 거룩한 당신의 교회를 시험에 들게 하려는 사탄의 계획은 끊이지 않고 계속되었다. 에덴동산에서 아담과 하와를 유혹하던 사탄은[2] 예수 그리스도의 탄생 때 아예 헤롯을 통해 어린 예수를 죽이려고 시도했고(마 2:16), 공생애 전에는 떡과 시험을 통해 공생애 전에 제거하려고 하였다. 오순절을 경험한 초대교회공동체가 놀랍게 부흥을 계속하자 사탄은 초대교회공동체를 시험에 들게 만들려 했다.

언뜻 보면 갑자기 아나니아와 삽비라의 이야기가 등장하는 것처럼 보인다. 그러나 그보다 앞서 바나바에 대한 이야기가 먼저 등장하는 것을 주목해야 한다. 누가는 은혜를 받은 사람들이 자신들의 물건을 주님께 바치고 재산을 공유하며 사랑의 공동체를 이루는 모습, 특별히 바나바라는 한 인물의 헌신을 통해 초대교회가 서로 물건을 통용하며 사랑을 실천하는 공동체임을 구체적으로 증거하였다.

이어서 아나니아와 삽비라 사건을 생생하게 기록하고 있다. 누가는 역사적인 혜안을 가지고 성령께 순종한 바나바와 성령께 불순종한 아나니아와 삽비라 둘을 예리하게 대비를 시키고 있다. 우리는 성령이 이끄시는 교회공동체 안에도 두 종류의 현상이 나타난다는 사실을 주목해야 한다. 그런 전혀 상반된 현상이 일어날 수도 있다는 것이 아니라 그런 현상이 일상이라는 것을 누가는 말해준다. 사도행전뿐 아니라 지난 기독교 역사가 보여주듯 성령이 역사하는 곳에 사탄도 역사한다. 특히 성령의 역사가 강한 곳에 사탄의 역사도 강하다. 초대교회 역사 특별히 아나니아 사건은

확장이 사탄의 역사라는 사실을 오늘날 교회는 잊지 말아야 한다. 그것은 참된 성령은 결코 특정 인물과 교주를 신격화하지 않으며 오직 예수 그리스도를 높이고 말씀의 권위를 높이기 때문이다.

[2] Matthew Henry, *An Exposition of the Old and New Testament. A New Edition, Carefully Revised and Corrected. In Nine Volumes. Vol. VIII. John to Acts.* (London: James Nisbet &Co., [n.d]), 446.

이를 너무도 생생하게 증거하고 있다. 윌리엄 아놋이 지적한 대로 누가의 바나바와 아나니아 스토리는 모든 세대들이 배워야 할 '진실된 자선과 사이비 자선' 사이의 차이를 정확하게 묘사하였다.[3]

1. 초대교회 신앙의 공동체 모습(4:32-37)

[32] 믿는 무리가 한마음과 한 뜻이 되어 모든 물건을 서로 통용하고 자기 재물을 조금이라도 자기 것이라 하는 이가 하나도 없더라 [33] 사도들이 큰 권능으로 주 예수의 부활을 증언하니 무리가 큰 은혜를 받아 [34] 그 중에 가난한 사람이 없으니 이는 밭과 집 있는 자는 팔아 그 판 것의 값을 가져다가 [35] 사도들의 발 앞에 두매 그들이 각 사람의 필요를 따라 나누어 줌이라 [36] 구브로에서 난 레위족 사람이 있으니 이름은 요셉이라 사도들이 일컬어 바나바라(번역하면 위로의 아들이라) 하니 [37] 그가 밭이 있으매 팔아 그 값을 가지고 사도들의 발 앞에 두니라

우리는 존 칼빈이 지적한 것처럼 본문에서 그 순서를 지켜봐야 한다. "여기에 세 가지 사실이 찬양되고 있다. 첫째는 신도들이 모두 한마음이 되었다는 사실이요, 둘째는 재물을 공동으로 소유하였다는 사실이요, 셋째는 사도들이 그리스도의 부활을 선포하는 일에 있어서 솔직하고 활기에 넘쳤었다는 사실이다."[4]

초대교회가 한마음과 한 뜻이 되었고 재물을 통용하고 사랑을 실천하는 공동체로 바뀌었으며, 권능 가운데 주님의 부활을 증거하였다. 초대교회의 성령충만한 예루살렘 공동체의 모습을 그려주고 있다.

---

[3] William Arnot, *The Church in the House: A Series of Lessons on the Acts of the Apostles* (New York: Robert Carter & Brothers, 1873), 111.

[4] 존 칼빈, 한국기독교선교백주년기념 존·칼빈성경주석출판위원회 역편, 신약성경주석, Vol. 5, 사도행전 I (서울: 성서교재간행사, 1980), 177.

성령 안에서 하나됨(4:32)

성령의 충만을 받은 후 나타난 첫 번째 현상은 일치이다. 성령이 그들 모두를 하나로 묶어 준 것이다. 성령은 하나 되게 하시는 영이시다. 얼마 전에 교회의 신도 수가 약 5천 명으로 증가하였다. 그런데 누가는 그처럼 큰 무리들 가운데 일치가 있었다고 증언한다. 믿음의 사람들이 '한마음과 한 뜻'(4:32)이 되었다.

일치가 있었다는 것은 동일한 영의 지배를 받았다는 의미이다. 성령은 하나 되게 하시는 영이시다. 칼빈의 지적대로 "불화라고 하는 것은 우리가 동일한 그리스도의 영에 의하여 지배되지 않는다는 사실에서 생겨나는 것이다."[5] 성경과 기독교 역사가 증언하듯 성령이 충만한 공동체 가운데는 놀라운 일치가 나타난다. 성령은 하나 되게 하시는 영이다.

자신의 소유를 나눔(4:32)

누가는 '믿는 무리가 … 모든 물건을 서로 통용하고 자기 재물을 조금이라도 자기 것이라 하는 이가 하나도 없더라'(4:32)고 증언한다. 그들은 물건을 서로 통용했고 다른 사람들에게 자기의 소유를 나누어 주었다. 자원하는 마음으로 기쁨 속에서 자신의 소유물을 나누는 일은 사람의 힘으로는 할 수 없다. 성령이 충만할 때 가능한 일이다. 성령께서 사랑의 영으로 역사하시기 때문에 성령의 충만을 받으면 하나님을 사랑하고 이웃을 내 몸처럼 사랑할 수 있다.

에드워즈가 증언하는 것처럼 성령은 사랑의 영으로 역사하기 때문에 성령이 강하게 역사하는 곳에는 자연히 서로를 돌아보게 마련이다.[6] 성령

---

[5] 칼빈, 사도행전 I, 177.
[6] 박용규, 세계부흥운동사 (서울: 한국기독교사연구소, 2018), 408-409. 세상 사람들의 공통적인 특징은 재산의 자기 사유화이다. 세상 사람들은 자신을 위해 재산을 축적하고 권력을 사용한다. 그러나 성령의 역사를 체험하면 자신의 사욕을 채우려는 이런 이기심의 상태가 깨어진다.

충만한 예루살렘교회가 그랬다. 집이나 땅을 소유한 이들은 팔아서 필요한 사람들을 위해 사용했다. 굶주림과 핍절로 고통을 당하는 형제자매들을 더 이상 공동체 가운데 찾아볼 수 없었다. 하나님의 은혜 안에서 사랑으로 섬기는 모습은 온 이스라엘 사람들에게 큰 도전이 되었고 귀감이 되었다. 자연히 교회공동체는 대중들로부터 사랑과 존경과 칭찬을 받았다.

여기서 '나누어 주었다'(distribution was made, διεδίδετο, 4:35)는 말이 수동태로 쓰였다. 이것은 나눔을 실천할 수 있는 원동력이 그들 각자의 힘에서 나온 것이 아니라 성령충만의 결과이기 때문이다. 로마서 5장 5절에서 바울이 증거하듯 '우리에게 주신 성령으로 말미암아 하나님의 사랑이 우리 마음에 부은 바 되는 것'이다. 성령충만한 공동체가 사랑을 지속적으로 실천할 수 있는 것은 그 때문이다.

누가는 그들 가운데는 핍절한 사람들이 없었다고 증언한다. 그 이유는 '밭과 집 있는 자는 팔아 그 판 것의 값을 가져다가 사도들의 발 앞에 두매 그들이 각 사람의 필요를 따라 나누어 주는'(4:34-35) 역사가 있었기 때문이다. 많은 신실한 사람들이 자신의 재산을 다른 사람들의 필요를 따라 나누어주는 사랑의 실천이 있었다.

부활증언, 나눔의 원동력(4:33-34)

누가는 어떻게 이런 실천이 가능했는지를 33절에서 밝히고 있다. 누가는 32절부터 37절까지 나눔에 대한 이야기를 계속하다 앞뒤 문맥과 다른 '사도들이 큰 권능으로 주 예수의 부활을 증언하니 무리가 큰 은혜를 받아'를 중간에 삽입하였다. 33절을 헬라어에서 직역하면 '그리고 큰 권능으로 사도들이 부활의 주 예수를 계속하여 증거하였더니 더욱 더 풍성한

그 체험의 강도가 강하면 강할수록 세상을 향한 욕심은 급격하게 줄어들고 하나님 나라에 대한 거룩한 열망은 대단히 강해진다. 나의 모든 소유가 하나님의 것이라는 청지기 사고로 인해 재물에 대한 욕심이 줄어들기 때문이다. 성령충만을 받은 초대교회 교인들은 나누는 삶을 실천했다.

은혜가 그들 모두 위에 임했다'이다.

누가는 나눔의 실천이 신앙의 결과였다는 사실을 지적한다. 사도들은 '부활의 주 예수'(4:33)를 증거하였다. 초대교회 복음 증거의 가장 중요한 핵심이 바로 주님의 부활이었다. 누가는 '큰 권능'이라는 말과 '큰 은혜,' '무리'라는 표현을 통해 사도들의 부활의 증거가 성령의 권능 가운데서 이루어진 것이며, 그 결과로 예루살렘 신앙의 공동체에 주님의 풍성하신 은혜가 임한 것을 증거 한다. 사람들이 큰 은혜를 받고 자신의 재산을 팔아 가난한 사람들에게 나누어 주는 사랑의 실천이 이어졌다. 나눔의 실천으로 '가난한 사람이 없었다'(4:34).

우리는 여기서 성령의 충만-부활의 신앙-풍성한 은혜-나눔의 실천이라는 도식을 발견한다. 성령충만한 초대교회는 담대히 부활의 신앙을 전파했고, 부활의 신앙은 모든 이들에게 풍성한 은혜를 제공하였으며, 예루살렘 공동체는 나눔을 실천했다. 사랑의 진정한 실천은 인간의 힘에서 나오는 것이 아니라 성령의 권능에서 나오는 것이다. 평범한 사람이라도 성령의 권능을 힘입으면 큰일을 감당할 수 있으며, 아무리 구두쇠라고 해도 성령의 권능을 받으면 자신의 소유를 아끼지 않고 주님께 드리며, 이웃과 나누는 삶을 기쁨과 감사로 실천할 수 있다.

'위로의 아들' 바나바(4:35-37)

누가는 나눔을 실천한 대표적인 인물 한 사람을 구체적 사례로 들었다. 그는 구브로에서 난 레위 족속으로 요셉이라는 사람이다. 그 요셉은 사도들이 '권위자'(Υἱὸς παρακλήσεως)라는 의미의 '바나바'라는 이름을 붙여 주어 '바나바'로 통했다. 그는 '위로의 아들'(4:36)이라 불렸다. '위로의 아들'이라는 말은 하나님이 대단히 위로하는 사람, 다른 사람을 위로하는 특별한 은사를 받은 사람 그리고 소유를 팔아 가난한 사람을 섬김으로 그들을 위로하는 사람 등 다양하게 해석할 수 있다.[7]

---

[7] W. A. Denton, *A Commentary on the Acts of the Apostles*. Vol. I. (London: George

바나바는 '구브로 출신의 유대인이었지만 예루살렘에(골 4:10, 행 12:2) 친척이 있었을 뿐만 아니라 땅도 소유하고 있었다.' 예루살렘의 '바나바의 재산이 어떤 성격의 토지였는지는 알 수 없다. 모세오경에는 레위 족속이 땅을 소유하는 것을 금하고 있다. 그러나 유대에 있는 땅이나 해외에 있는 땅에 경우는 엄격하게 금지시키지는 않았다.[8] A.D. 1세기경에 이르러는 이마저도 사문화된 것으로 보인다.

바나바가 팔았던 밭 아그루(ἀγροῦ, a field, 4:37)는 이곳 외에는 사도행전의 다른 곳에서는 나오지 않는 단어이다. 토지를 가리키는 말로 다른 곳에서는 코리우(χωρίου)가 사용되었다.[9] 이 단어와 관련하여 사도행전에 사용된 용례를 살펴보는 것은 흥미롭다. 가룟 유다가 주님을 판값으로 산 땅이 코리우였고, 아나니아가 판 땅도 코리우다. 반면 아그루는 주로 마태복음과 마가복음에 사용되었으며 들(a field, 마 6:28, 30), 시골(the country)을 지칭하는 것으로 사용되었다. 천국은 밭에 감추인 보화와 같

Bell and Sons, 1874), 142. 파라클레세오스(παρακλήσεως)라는 단어는 신약에 12번 사용되었다. 9번의 경우 격려(encouragement), 위로(comfort), 위안(consolation)이라는 의미로 쓰였고, 3번의 경우(13:14, 히 12:5, 히 13: 22)는 권면(exhortation)의 의미로 쓰였다. 바나바와 사울이 1차 선교 여행 때 비시디아 안디옥을 방문했을 때 회당장들이 그들에게 '만일 백성들에게 권할 말이 있으면 말하라'(13:14)고 할 때 동일한 단어가 사용되었다. 바나바라는 이름에는 '위로의 아들'이라는 의미와 더불어 '권면의 아들'이라는 의미도 포함되었음을 암시해준다. 영어 역본 중에 ASV (The American Standard Version)와 ERV(English Revised Version)는 36절의 '위로의 아들'을 '권면의 아들'(son of exhortation)이라고 번역했다. '바나바'라는 이름을 히브리 어원적으로 살펴 보면 '예언의 아들'(the son of prophecy)이라는 의미도 갖는다. 바나바(Βαρνάβας)가 아람어에서 '아들'을 의미하는 바(רב)와 주로 '선지자' 혹은 '예언하다'를 의미하는 나보(Ναβώ, ובנ)가 합쳐진 단어이다. 이것은 누가가 바나바를 '선지자'(a prophet, 13:1)라고 진술한 것과도 맥을 같이한다.

[8] Denton, *A Commentary on the Acts of the Apostles*. Vol. I., 141. "The members of the tribe of Levi had no possession with their brethren in the land of Canaan, yet this circumstance did not absolutely prevent their becoming the possessors of houses and lands in Judaea, still less did it hinder their being the holders of property in a foreign country like Cyprus."

[9] Bruce, *The Book of ACTS*, 109. 행 1:18; 5:3, 8. 누가는 보통 밭을 가리킬 때 작은 텃밭을 의미하는 코리우(χωρίου)를 사용하는데 여기서는 큰 밭을 의미하는 아그루(ἀγροῦ)를 사용했다. 바나바가 팔아 사도들의 발 앞에 둔 밭은 아그루(ἀγροῦ)로 큰 밭을 의미하는데 아나니아와 삽비라가 판 "소유"는 토지를 가리키는 크테마(κτῆμα)이고, 3, 4절에 나오는 '땅'은 텃밭을 의미하는 코리우(χωρίου, land)이다.

다고 주님이 말씀하실 때 사용하신 밭(마 13:44)이 아그루이다.

그렇다면 바나바가 팔아 그 값을 사도들의 발 앞에 갖다 바친 밭은 예루살렘에 있는지 구브로에 있었는지는 불확실하지만 넓고 비옥한 땅이다. 따라서 바나바가 바친 돈은 아주 큰돈으로 추정된다.[10]

바나바는 자신의 밭을 판 돈을 가지고 '사도들의 발 앞에'(4:37) 두어 주를 위해 유용하게 사용하도록 하였다. 그가 건네준 목적이 무엇이었는지는 언급되지 않았지만, 전후 관계를 볼 때 구제를 위해 그렇게 한 것으로 보인다. 앞으로 사도행전 전체에서 바나바는 매우 중요한 중심인물들 가운데 하나로 떠오르게 된다. 그는 사도들로부터 그의 실천적인 신앙으로 인해 인정을 받고 칭찬을 받았다. 그는 경건한 가문에서 출생해 성장한 것으로 보인다.

바나바는 구브로 태생의 헬라계 레위파 유대인이었다. 그는 12사도 외에 특출한 인물이었고, 120문도가 모였던 오순절 성령강림의 현장, 마가의 다락방의 마가와는 사촌 사이였다.[11] 그는 정당하고 단호한 믿음을 가지고 있으면서도 관용의 미덕을 겸비하고 있었다. 바나바는 자신의 소중한 재산을 팔아 사도들 발 앞에 두었다. 바나바는 자기의 재산을 자기의 것으로 생각하지 않고 주님 앞에 기꺼이 드렸다. 이것을 보아 그가 얼마나 헌신적인 사람인가를 알 수 있다. 게다가 그의 행위는 자발적이었다.

바나바는 은혜를 받고 나서 주님 앞에 그 은혜를 보답하지 못해 안타까워했던 것 같다. 그가 자신의 소유를 팔아 하나님 앞에 드린 일은 당시 주변의 많은 사람들에게 헌신의 모델이 되었고 그로 인해 모든 사도들이 큰 감동을 받고, 용기를 얻었을 것이다. 그 주변에 있는 사람들은 레위

---

[10] Erdman, *The Acts*, 48-49. 물론 그런 선행이 성령충만의 결과라는 사실을 누가가 증언하고 있다. 자발적인 선행이 실시되고 있는 예루살렘교회공동체 안에 오용, 기만, 위선이 있을 수 있다는 것은 이 땅의 교회가 완전하지 않다는 것을 보여준다. 바나바의 자발적인 선행과 아나니아와 삽비라의 사취가 대비를 이루고 있다.

[11] Erdman, *The Acts*, 47. 둘의 관계에 대해 생질, 조카, 사촌 등 견해가 다양하나 사촌이 정확하다. 한글개역성경과 개역개정판은 생질이라고 번역했고, 공동번역은 사촌으로 현대인의 성경은 조카로 번역했다. 어드만은 바나바가 마가의 어머니 마리아의 조카(nephew)라고 그의 책에서 기록했으나 이것은 정확한 정보는 아니다. 본서 14장 각주 12번을 참고하라.

족속으로 태어나서 신실하게 믿음의 삶을 실천하는 그를 통해 대단한 도전을 받았을 것이다.

복음이 막 전파되고 있을 때 바나바의 이와 같은 믿음의 행동은 복음전파의 진작에 결정적인 도움이 되었다. 이와 같은 바나바의 믿음의 헌신과 신앙은 초대교회의 가장 훌륭한 모범 가운데 하나이다. 복음전도는 이웃 사랑 실천과 분리될 수 없다.[12]

2. 아나니아와 삽비라(5:1-11)

[1] 아나니아라 하는 사람이 그의 아내 삽비라와 더불어 소유를 팔아 [2] 그 값에서 얼마를 감추매 그 아내도 알더라 얼마만 가져다가 사도들의 발 앞에 두니 [3] 베드로가 이르되 아나니아야 어찌하여 사탄이 네 마음에 가득하여 네가 성령을 속이고 땅 값 얼마를 감추었느냐 [4] 땅이 그대로 있을 때에는 네 땅이 아니며 판 후에도 네 마음대로 할 수가 없더냐 어찌하여 이 일을 네 마음에 두었느냐 사람에게 거짓말한 것이 아니요 하나님께로다 [5] 아나니아가 이 말을 듣고 엎드러져 혼이 떠나니 이 일을 듣는 사람이 다 크게 두려워하더라 [6] 젊은 사람들이 일어나 시신을 싸서 메고 나가 장사하니라 [7] 세 시간쯤 지나 그의 아내가 그 일어난 일을 알지 못하고 들어오니 [8] 베드로가 이르되 그 땅 판 값이 이것뿐이냐 내게 말하라 하니 이르되 예 이것뿐이라 하더라 [9] 베드로가 이르되 너희가 어찌 함께 꾀하여 주의 영을 시험하려 하느냐 보라 네 남편을 장사하고 오는 사람들의 발이 문 앞에 이르렀으니 또 너를 메어 내가리라 하니 [10] 곧 그가 베드로의 발 앞에

---

[12] 초대교회 믿음의 성도들이 이같이 나누어주는 삶을 살았다는 것은 물질의 주인이 하나님이라는 사실을 인정하고 살았다는 것을 의미한다. 이것은 헌금의 원리와 동기가 어떠해야 하는지를 교훈해 준다. 개인이나 교회공동체나 하나님이 주신 재물을 하나님의 것으로 알고 하나님께 드리기를 인색해 하지 않아야 하고, 교회는 그 헌금을 복음전도만 아니라 어려운 형편의 사람들을 돕는 일에도 사용해야 한다. 헌금사용의 일차적 원리는 교회 확장이 아니라 사랑의 실천이다. 일곱 사람 선택이나 바나바가 예시하듯 구제는 교회 사역 중에 아주 긴요하다. 선교와 구제는 분리될 수 없고, 분리되어서도 안 된다.

엎드러져 혼이 떠나는지라 젊은 사람들이 들어와 죽은 것을 보고 메어다가 그의 남편 곁에 장사하니 " 온 교회와 이 일을 듣는 사람들이 다 크게 두려워하니라

아나니아와 삽비라 사건은 초대교회 복음의 확장 과정에서 매우 중요한 의미를 담고 있다. 이것은 성령충만한 예루살렘 공동체에서 일어난 일로 바나바의 사랑의 헌신과 깊은 연관성이 있다.[13] 크리소스톰이 이 두 사건을 하나로 연결하여 통시적으로 주해한 이유도 거기 있다. 바나바도 판 값을 사도들의 발 앞에 두었고, 아나니아와 삽비라 부부도 동일하게 사도들의 발 앞에 두었다. 누가는 의도적일만큼 이 두 사건을 대조시키고 있다 (4:37; 5:2).[14]

아나니아와 삽비라의 문제의 핵심

누가는 아나니아와 삽비라 부부가 판매대금의 얼마를 숨긴 사실, 부부가 이 일에 공모를 한 사실, 일부를 바치면서 전체를 바친 것처럼 가장한 사실, 성령과 사도들을 속이고 결국 비참하게 세상을 떠난 사실을 담담하게 그려가고 있다.[15]

아나니아와 삽비라 사건의 문제가 무엇인지를 파악하기 위해 5장 1-2

---

[13] William Arnot, *The Church in the House: A Series of Lessons on the Acts of the Apostles* (New York: Robert Carter & Brothers, 1873), 123; Denton, *A Commentary on the Acts of the Apostles*. Vol. I., 147. 윌리엄 아놋이 예리하게 분석한 대로 "누가는 여기서 아나니아의 심령에 충만한 사탄과 바나바 안에 충만한 성령을 대비시키고 있다. 인간의 심령은 둘 중의 하나로 채워지게 되어있다. 빈 상태로 남아 있을 수 없다. 보통 인간의 심령은 반드시 선이나 악으로 충만해지는 경향이 있다. 거룩한 성령과 악한 영이 한 방에 함께 거할 수 없다. 그들은 마치 밤과 낮처럼 서로 다른 하나를 몰아낸다. 성령께서 어둠의 실체를 드러내자 교회는 크게 두려워하였다."

[14] John Chrysostom, *The Homilies of John Chrysostom on The ACTS of The Apostles* (London: Oxford, John Henry Parker, 1851), 166-175.

[15] Matthew Henry, *An Exposition of the Old and New Testament. A New Edition, Carefully Revised and Corrected. In Nine Volumes. Vol. VIII. John to Acts.* (London: James Nisbet &Co., [n.d]), 448-449.

절을 주목할 필요가 있다. '아나니아라 하는 사람이 그의 아내 삽비라와 더불어 소유를 팔아 그 값에서 얼마를 감추매 그 아내도 알더라 얼마만 가져다가 사도들의 발 앞에 두었다.' 여기서 세 가지 사실을 확인할 수 있다. 첫째, 아나니아와 삽비라가 '판 값에서 얼마를 감추었다'는 사실이고, 둘째, '얼마만 가져다가 사도들의 발 앞에 두었다'는 사실이며, 셋째, 부부가 소유를 파는 일, 판값에서 얼마를 감추는 일, 그중 얼마만 사도들의 발 앞에 가져간 일을 함께 협의 하에 진행하였다는 사실이다. 여기에 하나를 더 추가한다면 베드로가 삽비라에게 '그 땅 판 값이 이것뿐이냐 내게 말하라'고 물었을 때 '예 이것뿐이라'고 대답함으로 하나님께서 주신 회개의 기회를 박차버렸다는 사실이다.

아나니아는 작은 땅 코리우(χωρίου, land)를 팔면서 일부 금액을 사취하고 마치 전체 금액을 드리는 것처럼 속이고 자신의 명예를 얻으려고 했다. '그 값에서 얼마를 감추매'(5:2)라는 성경의 말씀, 그 아내도 그것을 알았다는 사실을 통해 이것이 사전에 치밀하게 계획된 것임을 보여준다. 아나니아는 '주님의 은혜'(the Grace of the Lord)라는 자신의 이름에 걸맞지 않은 행동을 한 것이다.[16]

아나니아와 삽비라의 문제는 그들이 재물을 바치지 않은 데에 있는 것이 아니라 일부를 드리면서 마치 전체를 드린 것처럼 성령 하나님과 사도들을 속인 데 있다. 만일 처음부터 판매금액 중 일부만 드리는 것이라고 말했다면, 그것을 막을 사람도 또 그것을 정죄할 사람도 없다. 그런데 전부를 드리기로 약속하고는 일부를 건네면서 마치 전부를 드린 것인 양 속이는 행위는 사탄에게서 비롯된 범죄 행위이다.

결국 예루살렘 공동체의 일원이었던 부부가 땅 일부를 팔고는 땅 값 중에서 일부만 가져와서는 마치 전부인 것처럼 사도들을 속인 것은 부부 자신, 사도들과 교회, 하나님과 성령을 속인 행위이다. 이것이 누가가 아

---

[16] F. C. Cook, *The Acts of the Apostles: With a Commentary and Practical and Devotional Suggestions for Reader and Students of the English Bible* (London: Longmans, Green, and Co., 1866), 54.

나니아와 삽비라 사건을 통해서 드러내려고 하는 핵심이다.

순수하지 못한 동기

누가의 전반적인 글의 흐름을 통해 볼 때 밭을 판 아나니아의 동기가 처음부터 순수하지 않았음을 보여준다. 바나바의 사례를 바로 앞에서 기술함으로 상호 비교하고 있기 때문이다. 누가가 아나니아와 삽비라 사건이 발생하기 직전의 상황을 구체적으로 기술하지 않았지만 부부가 재산을 팔라는 어떤 강요에 의해서 재산을 처분한 것이 아닌 것은 분명하다. 아나니아는 토지를 처분하지 않고 그대로 가지고 있을 수 있었다.

아나니아와 삽비라는 예루살렘 공동체 구성원들이 성령충만을 받고 자신의 소유를 팔아 사도들의 발 앞에 두는 일이 공동체 안에 너무도 보편적으로 일어나는 것을 목도하면서 자신들도 그런 대열에서 낙오되고 싶지 않았을 수 있다. 사유재산을 팔아 다른 사람들의 필요를 돕는 일로 인해 사람들이 많은 명예를 얻고 있는 것을 보면서 자신들도 그런 영예를 얻고 싶었을 것이다.

그러나 재산을 팔아 전체를 사도들에게 드리려고 했다면 판값은 더 이상 자신의 소유가 아니다. 누가는 아나니아가 하나님과 사도를 속이는 거짓말을 스스럼없이 자행함으로 그가 드린 헌금이 정직한 것이 아니라는 사실을 드러내고 있다. 아나니아와 삽비라의 행동이 "기만적인 행동"이었음을 증언한 것이다.[17]

---

[17] John Dick, *Lectures on Some Passages of the Acts of the Apostles* (Glasgow: Printed by Crawford and Mackenzie, 1805), 125; 칼빈, 사도행전 I, 182. 아나니아와 삽비라는 자신들의 계획이 누설될 것이라고는 전혀 생각하지 않고 오히려 그들의 행동으로 인해 대단한 칭찬을 받을 것이라고 확신했던 것 같다. 헌금은 액수가 중요한 것이 아니라 드리는 자세와 동기가 중요하다. 정직하지 않은 헌금은 결국 교회와 하나님을 속이는 행위다. 하나님께 드리는 헌금은 드린 사람의 믿음과 그 믿음에 따른 삶의 진정성이 수반될 때 아름답고 가치가 있다. '악인의 제사는 여호와께서 미워하신다'(잠 15:8)는 말씀이나 '마음의 진실함이 동반되지 않는 곳에 하나님을 기쁘시게 할 아무것도 없다'는 말씀은 아나니아와 삽비라에게 그대로 적용될 수 있다. 가인과 아벨의 제사가 증거하듯 하나님은 삶이 동반된 제사와 제물을 기뻐하신다. 하나님께서는 '아벨과 그 제물'을 열납하셨고 '가인과 그 제물'은 열납하지 아니하셨다. 하나님께서 아벨의 제사를 받아 주신 것은 그

성령을 속이는 행위

당시 초대교회에서 성령의 권능에 사로잡힌 베드로를 속이는 것은 곧 성령을 속이는 행위나 마찬가지였다. 베드로가 아나니아를 향해 사람을 속인 것이 아니라 성령을 속였다고 질책한 이유도 거기 있다. 존 딕의 말대로 아나니아는 사도들과 성령을 동시에 속인 것이다.[18] 성령을 속였다는 것은 곧 하나님을 속인 것이다.[19]

베드로가 어떻게 아나니아의 사기 행위를 알게 되었는지에 대해서 칼빈은 "의심 없이 그것은 성령의 계시로 말미암은 것이었다"[20]고 말한다. 성령께서 그만큼 강하게 역사하신 것이다. 크리소스톰에 따르면 "이 기적은 죽음이 연루되었다는 측면에서 그리고 인간의 생각 속에 있는 것 심지어 몰래 무엇을 행했는가를 알았다는 점에서 못 걷는 사람을 일으킨 기적보다 더 위대한 기적이었다."[21]

서로 입을 맞춘 것을 보면 아나니아는 사도들의 발 앞에 가지고 오기 전 아내와 수차례 이 일을 논의했던 것으로 보인다. 누가는 직접 언급하지 않았지만, 이들 부부에게 그래서는 안 된다는 사실을 성령께서 여러 차례 일깨워주셨을 것이다. 그렇다면 그들은 자신의 잘못을 뉘우칠 수 있는 여러 번의 기회를 스스로 거부해 버린 셈이다.

한때 베드로도 주님으로부터 "사탄아 내 뒤로 물러가라"는 책망을 들은 적이 있다. 인간의 욕심에 사로잡힌 마음이 얼마든지 사탄의 이용물이 될 수 있다는 사실을 베드로는 그 누구보다도 잘 알고 있었다. 일부를 바치면서 그것이 전체인 것처럼 가장하는 행위는 아나니아의 마음에 사탄이 가

제사가 아벨이라는 인격과 함께 드려진 제사였기 때문이다.

[18] Dick, *Lectures on Some Passages of the Acts of the Apostles*, 130.
[19] John Calvin, *John Calvin Bible Commentaries On The Acts of the Apostles 1-13* trans by Henry Beveridge (North Charleston: Createspace, 1907), 124. 바울도 '성령이 계시는 것'과 '하나님의 성전'을 동일시하였다(고전 3:16).
[20] 칼빈, 사도행전 I, 183.
[21] Chrysostom, *The Homilies on The ACTS of The Apostles*, 167.

득한 결과였다. 성령을 훼방한 죄는 용서를 받지 못한다고 주님이 말씀하셨다. 성령을 속인 아나니아에게 베드로가 한 말은 무서운 심판의 경고였다.[22]

아나니아와 삽비라, 아간의 범죄행위

아간이 전리품을 사취하여 가진 것(ἐνοσφισαντο)과 아나니아와 삽비라가 전체 금액 중에서 일부를 따로 떼어 놓는 행위는 같은 범죄행위이다. 누가는 아나니아와 삽비라 사건을 통해 이 사실을 아주 분명하게 드러내고 있다. 5장 2절의 '그 값에서 얼마를 감추매'(kept back, ἐνοσφίσατο)라는 말은 일부를 따로 떼어 놓았다는 뜻으로 여호수아 7장 1절에서 아간의 범죄를 설명할 때 사용되었다.[23] 누가는 정확하게 동일한 단어를 사용하여 아간의 범죄와 아나니아와 삽비라의 죄를 일치시켰다. '이스라엘 자손들이 온전히 바친 물건으로 말미암아 범죄하였으니 이는 유다 지파 세라의 증손 삽디의 손자 갈미의 아들 아간이 온전히 바친 물건을 가졌음이라. 여호와께서 이스라엘 자손들에게 진노하시니라.'

재산을 하나님께 바치기로 작정했다면 이제 그 재산은 자신의 소유가 아니다. 소유권이 하나님에게로 이전된 것이다. 때문에 재산을 팔고 일부를 자신의 몫으로 따로 떼어 놓은 행위는 곧 사기나 마찬가지다. 이것은 하나님의 것을 도적질한 범죄행위였다.

---

[22] Dick, *Lectures on Some Passages of the Acts of the Apostles*, 130–131.
[23] Bruce, *The Book of the ACTS*, 110. "아나니아 이야기와 사도행전은 아간의 이야기와 여호수아서의 연관성과 맥을 같이한다. 두 이야기에서 속이는 행위는 하나님의 백성의 승리의 진보를 방해한다. 사도행전 저자 자신은 이 두 이야기의 동질성을 지적하고 싶었던 것 같다. 어쨌든 누가는 아나니아가 판값의 일부를 감추었다고 말하면서 여호수아 7:1의 70인역에 사용된 동일한 헬라어 단어를 사용하였다. 이스라엘 자손(아간의 인격 안에서)이 사적인 목적으로 하나님께 바쳐진 재산을 취함으로써 '죄를 범했다'(수 7:1)고 말한다." 아간과 아나니아와 삽비라에게 적용된 똑같은 용어가 디도서에도 나타난다. '종들은 자기 상전들에게 범사에 순종하여 기쁘게 하고 거슬러 말하지 말며 훔치지 말고 오히려 모든 참된 신실성을 나타내게 하라 이는 범사에 우리 구주 하나님의 교훈을 빛나게 하려 함이라'(딛 2:9–10). 여기 '훔치지 말고'(νοσφίζομαι)가 동일한 단어이다.

누가는 삽비라도 아나니아와 동일한 죄를 범했다고 말한다. 그 결과 남편에게 적용된 동일한 징계가 그녀에게도 주어졌다. 아나니아와 삽비라 둘 중에 누가 먼저 속이자고 했는지는 알 수 없다. '그 값에서 얼마를 감추매 그 아내도 알더라'(5:2)는 기록은 부부가 소유를 팔고 일부를 감추고 얼마를 사도들 발 앞에 내놓는 모든 과정을 상의했음을 암시해준다. 부부 사이에 누가 그 일을 주도하고 누가 먼저 제안했든 그들의 행동은 성령 하나님을 속이고 자신과 공동체를 속인 것이다.

이들에게 더 큰 문제는 하나님이 주시는 반복적인 회개의 기회를 박차 버렸다는 사실이다.[24] 베드로가 삽비라에게 '그 땅 판 값이 이것뿐이냐 내게 말하라'(5:8)며 고백할 기회를 주었을 때[25] 그녀는 '예 이것뿐이라'(5:8)고 거짓말을 했다. 아놋의 말대로 부부는 '악한 일에 하나 되어'[26] 주의 영을 '시험'한 것이다. 그들의 거짓말은 베드로 사도를 속인 것이고 성령을 속인 것이고 하나님을 속인 것이다.

성령의 강력한 임재

누가는 아나니아와 삽비라가 성령을 속였다는 사실을 강조하고 있다. 누가는 의도적일 만큼 하나하나의 사건을 성령과 연결시키고 있다. 예루살렘 공동체는 성령의 충만을 받았고, 박해 가운데서도 그들이 기도를 통해서 땅이 진동하는 성령의 강력한 임재를 체험하고 성령의 충만을 받았으며 담대하게 복음을 증거하는 자들이 되었다. 그런 예루살렘 공동체 안에도 성령을 거스르는 역사가 나타난 것이다. 하지만 성령께서 은밀한 죄를 드러내셨다. '성령충만하여'(4:31)와 '사탄이 네 마음에 가득하여'(5:3)가 극적인 대비를 이루고 있다.[27] 누가는 아나니아와 삽비라의 사례를 들

---

[24] Denton, *A Commentary on the Acts of the Apostles*. Vol. I., 151.
[25] Chrysostom, *The Homilies on The ACTS of The Apostles*, 167.
[26] Arnot, *The Church in the House*, 117.
[27] Joseph Fitzmyer, *The Acts of the Apostles in the Anchor Yale Bible series* (New Haven: Yale University, 1974), 323; David Peterson, *The Acts of the Apostles in the Pillar*

어 성령이 역사하는 곳에는 사탄의 역사도 강하게 나타난다는 사실을 후대에 전하길 원했다.

아나니아와 삽비라는 "공동사회를 기만"하고 그 공동체를 이끄시는 성령님을 속이고 하나님께 거짓말한 것이다. "우리는 베드로가 먼저 이 죄를 '성령을 속인 것'이라고 부르고, 이어 '하나님께 거짓말한 것'이라고 부른 것을 주목한다. 동일한 속임의 행위가 성령과 하나님에게 언급되는 한, 성령을 속인 것은 사실 하나님을 속인 것으로 간주된다. 한 의미가 본질적으로 다른 것에 마찬가지로 적용된다는 점에서 이들 두 이름은 상호 바꿀 수 있다. 즉 이런 관점에서 성령을 속인 것은 하나님을 속인 것이다."[28] 성령을 속인 행위가 바로 하나님께 거짓말한 행위라고 함으로써 누가는 성령이 하나님이심을 증거하고 있다. 성령을 거스르는 것은 곧 하나님을 거스르는 것이다. 아나니아와 삽비라가 베드로를 속인 것은 곧 하나님을 속인 것이다.

아나니아와 삽비라 사건을 통해 누가가 드러내고 싶은 것은 성령의 강력한 임재이다. 사도행전을 읽고 연구하다 보면 성령 하나님이 얼마나 교회공동체 안에 강하게 임재하시고 역사하시며 당신의 교회를 이끌어 가시는지를 생생하게 느낄 수 있다. 성령이 이끄시는 교회, 성령이 이끄시는 신앙의 공동체가 바로 교회이다.

교회는 성령의 공동체이고 또 성령의 공동체로 세워져야 한다. 아나니아와 삽비라는 비밀리에 계획하고 은밀하게 그것을 수행하려 했지만, 성령 하나님께서 그런 죄악을 그냥 두지 않으시고 죄악의 실체를 적나라하게 드러내셨다. 교회는 철저하게 진실이 지배해야 하고 그런 공동체를 세워 가도록 노력해야 한다. 때문에 세상적인 위선을 철저하게 경계해야 한다.

New Testament Commentary (Grand rapids: Zondervan, 2009), 210.

[28] Henry Cowles, *Acts of the Apostles: With Notes, Critical, Explanatory, and Practical, Designed for Both Pastors and People* (New York: D. Appleton, 1883), 40.

불완전한 교회 가운데 함께 하시는 성령님

사도행전에서 처음으로 '사탄'(5:3)이라는 말이 여기에 등장한다. 누가는 아나니아와 삽비라 사건이 사탄의 역사와 무관하지 않다는 사실을 분명하게 보여준다. 오순절 성령강림 이후 교회가 태동되고 사도들이 기사와 이적을 행하며 복음이 놀랍게 확장되자 사탄이 방해한 것이다.[29] 사탄은 가장 거룩한 '헌신'을 가장하여 교회 내부를 분열시켜 복음의 확장을 막으려고 했다. 범가르텐이 지적한 것처럼 이들은 분명 성령충만을 가장했을 것이지만 악령의 충만을 받았음이 드러났다.[30]

누가는 성령의 역사가 강하게 일어날 때 사탄이 방해할 수 있다는 사실을, 이 땅에 교회는 역시 불완전하기 때문에 늘 깨어 있어 두렵고 떨림으로 주의 구원을 이루어야 한다는 사실을 보여준다. 누가는 한편으로 거룩한 하나님 나라의 확장의 역사에서 만날 수 있는 "사탄의 활동"과 믿음의 사람들이 세상 물욕 앞에 얼마든지 넘어질 수 있다는 사실을, 다른 한편으로 그 가운데서 놀랍게 진실을 드러내시고 공동체를 이끄시는 놀라운 성령의 역사를 이 사건을 통해 동시에 전하고 싶은 것이다.

성경은 이 같은 인간의 양면을 있는 그대로 기록한 책이다. 신앙공동체라고 해도 인간사에는 은혜로운 측면만 존재하지 않는다. 죄악 된 인간의 모습도 얼마든지 존재한다. 이 사건은 교회라는 공동체 안에서도 성(聖)과 속(俗)이 얼마든지 공존할 수 있음을 보여준다.

그렇다면 이 사건을 통해 우리 모두가 배울 수 있는 교훈은 존 딕이 지적한 대로 '이 세상에서 교회가 완벽하게 순결할 것이라고 기대하는 것이 헛되다는 사실이다.'[31] 오히려 이 땅의 교회는 의인과 죄인이 공존하는

---

[29] M. Baumgarten, *The Acts of the Apostles: Or, The History of the Church in the Apostolic Age.* Vol. I. (Edinburgh: T. &T. Clark, 1854), 113. 이 사건에서 사탄과 성령이 대비를 이루고 있다.

[30] Baumgarten, *The Acts of the Apostles*, 114.

[31] Dick, *Lectures on Some Passages of the Acts of the Apostles*, 139.

불완전한 기관이다. 하지만 성령께서 그런 불완전한 이 땅의 교회 안에 실재적으로 임재하셔서 인간의 죄악을 드러내시고 당신의 교회를 통해 구원의 역사를 진행해 나가신다.

예루살렘교회공동체는 아나니아와 삽비라의 사건을 통해 성령의 살아 있는 역사를 눈으로 확인하고 귀로 듣고 피부로 느낄 수 있었다. 성령의 역사를 가장한 사탄의 역사도 생생하게 만날 수 있었다. 사탄의 음모와 실체가 드러나고 인간의 은밀한 죄악을 드러나게 하시는 성령 하나님의 놀라운 역사와 죄악에 대한 심판 앞에서 교회는 한층 더 경이감을 가질 수밖에 없었다.[32]

우리가 주목할 또 하나는 이 사건이 오순절 사건이 일어난 지 얼마 되지 않은 상황, 공동체 전체가 성령의 충만을 받은 상황에서 발생했다는 사실이다. 은혜가 넘치는 곳에 시험이 있고, 성령이 충만한 곳에 사탄의 유혹도 강하다. 아나니아와 삽비라의 사건은 사탄이 성령충만을 가장한 행위를 통해 성령 안에서의 일치를 파괴하려고 시도한다는 사실을 교훈해 준다. 성령충만을 받지 못한 이들이 사탄의 이용 대상일 수 있음을 보여준다.[33] 오늘날에도 사탄은 우는 사자와 같이 믿는 사람들을 실수에 빠뜨려 하나님의 영광과 교회의 도덕성을 파괴시키려고 한다.[34] 때문에 우리

---

[32] Chrysostom, *The Homilies on The ACTS of The Apostles*, 168.
[33] Dick, *Lectures on Some Passages of the Acts of the Apostles*, 130.
[34] "Surviving the Slump," *Christianity Today* 3 (February 1989): 32–33. 교회 안에서 성도덕의 문란은 이제 도를 넘어섰다. 평신도들은 물론 유능한 교계 지도자들이 성적 유혹 앞에 힘없이 무너져 내리는 경우를 종종 듣고 있다. 1980년대 후반 미국 오순절 은사주의자들을 통해 복음이 놀랍게 확장되고 있을 때 대표적인 텔레비전 전도자 지미 베이커(Jimmy Baker)와 지미 스와가르트(Jimmy Swaggart)가 성의 유혹 앞에 힘없이 무너져 내리고 말았다. 이 문제는 미국의 큰 사회적 이슈가 되어 복음전파가 큰 지장을 받았다. 1988년 이들의 섹스 스캔들이 터지면서 스와가르트의 방송 청취 가정은 220만 명에서 40만 명으로 감소했고, 오랄 로버트의 경우 1986년 1,269,000가정에서 1988년에 561,000가정으로 줄어들었다. 제리 파웰(Jerry Falwell) 역시 1986년 708,000가정에서 1988년 284,000가정으로 급격히 감소했다. 당시 이 사건은 텔레비전 전도자들만 아니라 교회와 신학교 전체의 불신으로 이어졌다. 이후 신학교 기부금이 현격히 줄어들었으며, 미국의 대부분의 신학교들은 학교운영이 어려워졌다. 기성교회를 무너트리려는 사탄의 공격이 한국교회 안에서도 지속되고 있다. 교회가 크게 성장하자 사탄은 한국교회의 성장을 저지하기 위해 온갖 수단과 방법을 가리지 않고 교회를 침몰시키려고 혈안이 되어있다. 그중에 하나가 바로 교회의 지도자들을 실수와 범죄로 빠뜨리는 것이다.

는 늘 자신들을 점검하면서 시험에 빠지지 않도록 깨어 있어야 할 것이다.

하지만 사탄의 세력이 아무리 강하다고 할지라도 하나님께서는 당신의 교회를 사탄의 세력에서 지키신다. 성령이 이끄시는 신앙의 공동체 안에 성령을 속이려는 사탄의 역사가 강하게 나타났지만 결국 실체가 드러나고 말았다. '베드로가 이르되 아나니아야 어찌하여 사탄이 네 마음에 가득하여 네가 성령을 속이고 땅 값 얼마를 감추었느냐'(5:3). '아나니아가 이 말을 듣고 엎드러져 혼이 떠나니 이 일을 듣는 사람이 다 크게 두려워하더라'(5:4-5).

교회를 방해하려고 했던 사탄의 정체가 드러나고, 사도들과 성령을 속이려고 했던 아나니아는 비참하게 세상을 떠나고 말았다.[35] 아나니아와 삽비라의 사건은 한편으로 "성경의 정직한 사실주의(realism)를 예시"하는 기록이며, 다른 한편으로 믿음의 사람들에게 성령의 음성과 인도하심에 민감하도록 도전을 주는 "유익한 경고"의 기록이다.[36]

누가는 이 사건을 통해서 신앙의 공동체인 교회를 주관하시는 분은 성령 하나님이시라는 사실을 보여준다. 필자의 한 동료 교수는 이 부분을 해석하면서 이렇게 말했다. "하나님의 교회는 인간 집단인 것처럼 보여도 하나님의 영광과 위엄, 하나님의 보호가 그 위에 머물러 있다. 아무도 하나님의 교회를 무시해서는 안 된다. 누구도 하나님의 교회를 더럽혀서도 안 된다."

누가는 성령의 거룩한 공동체의 역사를 기술하면서 인간적인 면에서는 아나니아와 삽비라 이야기를 빼고 싶었을지도 모른다. 그러나 누가가 아나니아와 삽비라 이야기를 기록함으로 말미암아 사도행전의 이야기가 역사적 진실이라는 점을 더욱 분명하게 드러내었다.

아나니아와 삽비라의 사건을 통해 우리가 배워야 할 교훈이 하나 더 있다. 성령을 속이는 행위는 그리 오래지 않아 실체가 드러나고 만다는

---

[35] Baumgarten, *The Acts of the Apostles*, 115. "공동체의 거룩성은 본질적으로 아나니아와 삽비라에 대한 응징에서 드러났다."

[36] Denton, *A Commentary on the Acts of the Apostles*. Vol. I., 148.

사실이다. 따라서 우리는 늘 주님 앞에서 우리 자신들을 돌아보고 조심해야 한다. 우리는 성령을 속이지 않도록 영적으로 깨어 있어야 하고 행여 그런 죄를 범했을 때는 즉시 주님 앞에 회개해야 한다. 이를 위해서 우리는 늘 사람 앞에서가 아닌 하나님 앞에서 우리의 신앙을 점검하며 겸비해야 한다. 이것이 바로 주님이 원하시는 신앙이다.

우리는 이 사건을 통해 오늘을 살고 있는 우리가 경계해야 할 중요한 교훈을 얻는다. 그것은 주변에 자신을 과시하려는 욕망이다. 바나바가 전 재산을 드려 사도들로부터 칭송을 받았고, 또 자신보다 신앙이 적다고 판단한 이들도 전 재산을 드려 교회에 바치는 것을 보면서 아나니아도 그런 영예를 얻고 싶은 욕망에 사로잡혔을 것이다. 아나니아는 믿음의 공동체를 속이면서까지 명성을 얻으려는 욕망에 사로잡혔다.

신앙의 공동체에 속한 이들은 적은 금액을 통해 큰 영광을 얻으려는 유혹을 경계해야 한다.[37] 사람 앞에서 보이거나 인정받으려고 하는 헌금 행위는 아나니아와 같은 실수를 범할 가능성이 늘 잠재해 있다. 믿음의 공동체의 생명은 진실이다. 교회가 세워지고 확장해 나가는 과정에서 성령께서 거짓 행위를 확실하게 드러내신 것도 그 때문이다.

우리는 하나님보다 인간들 앞에서 자기 욕심을 취하려는 아나니아와 삽비라를 반면교사로 삼아야 한다. 주변 사람을 의식하며 주의 일을 하는 자세를 지양하고 늘 주님 앞에 서 있는 자세로 내게 맡겨진 전 사역을 감당해야 할 것이다.

아나니아 사건의 영향과 계속된 하나님 나라 확장

아나니아와 삽비라의 사건은 가슴 아픈 사건이지만 하나님께서는 이

---

[37] 왜 아나니아와 삽비라가 일부를 드리면서 전부를 드린 것처럼 속이려고 했을까 하는 의문이 든다. 믿음의 분량에 따라 일부를 바치는 행위가 잘못된 것이 아니었을 텐데도 말이다. 일부를 드리면서 일부라고 하는 것은 옳은 행위인데 왜 일부를 드리면서 전체라고 했을까 하는 것이다. 순수하지 않은 동기가 문제의 출발이었다. 그들은 사람들로부터 바나바와 같은 큰 명예를 얻고 싶었던 것이다.

사건을 통해 예루살렘 공동체로 하여금 자신들의 신앙을 점검하는 계기로 선용하셨다. 사탄은 복음의 진보를 방해하려고 했지만 오히려 그 사건을 통해 예수 그리스도께서 여전히 사도들과 함께 하시며, 역사하신다는 사실을 선명하게 보여주었다. 많은 사람들이 사도들을 두려워하고, 하나님을 경외하지 않을 수 없었다. 아나니아와 삽비라 사건은 주의 백성들이 주 앞에서 주를 시험해서는 안 된다는 사실, 사도들을 시험하는 것이 곧 주를 시험하는 것과 마찬가지라는 사실 그리고 결국 그럴 경우 그로 인해 엄청난 정죄를 당할 수 있다는 사실을 일깨워주었다.

누가는 이 사건 기록을 마무리하면서 이를 선명하게 밝힌다. 5장 11절에 보니 '온 교회와 이 일을 듣는 사람들이 다 크게 두려워하니라'고 말씀한다. 누가는 처음으로 교회라는 용어를 사용하면서 사람들이 아나니아와 삽비라의 소식을 듣고 '크게 두려워'했다고 증언한다.[38] 못 걷는 사람을 일으킨 사건을 통해서 백성들이 두려워하고 떨었듯이 아나니아와 삽비라의 사건을 통해서도 그들은 두려워하고 떨었다.[39] 베드로가 성령의 권능으로 사람의 내면의 검은 생각까지 읽어낸 것이나, 그 자리에서 아나니아와 삽비라가 세상을 떠나는 심판 장면을 목도하고는 겁이 났을 것이다.

성령의 강력한 임재, 성령 하나님의 생생한 역사를 체험한 것이다. 복음이 확장되면서 끊임없이 박해가 이어졌지만, 사도들은 그리스도께서 여전히 자신들과 함께 하신다는 사실을 신앙의 눈으로 확인하고 더욱 용기를 가졌을 것이다.

---

[38] Hermann Olshausen, *Biblical Commentary on the Gospels, and on the Acts of the Apostles: Adapted Expressly for Preachers and Students* Vol. IV. (Edinburgh: T. &T. Clark, 1860), 299.

[39] Chrysostom, *The Homilies on The ACTS of The Apostles*, 168. 아나니아와 삽비라 사건은 그것을 목도한 사람들의 심령을 두렵게 만들었다. 사람들은 인간의 심령 속에 있는 생각이 무엇인지 드러내는 성령의 역사와 베드로의 명령에 의해 부부가 죽음을 맞는 것을 목도하고 하나님을 경외했을 것이다. 사람들이 베드로의 그림자라도 밟기를 간절히 원한 것도 그런 배경 때문이다.

제 5 장
유대주의 박해와 복음의 확장
(5:12-6:7)

> 우리가 당신에 의해 베임을 당하면 당할수록 우리는 더욱 더 증가할 것입니다. 그리스도인의 피는 씨앗입니다.
>
> Tertullian, *The Apology*, A.D. 197

> 사도들은 그 이름을 위하여 능욕 받는 일에 합당한 자로 여기심을 기뻐하면서 공회 앞을 떠나니라.
>
> 행 5:41

    누가는 사도행전을 기록하면서 하나하나의 사건 배후에 성령께서 간섭하시고 이끌어 가신다는 사실을 의도적일 만큼 강조하며 드러내고 있다. 사탄의 역사가 강하게 나타나 교회를 방해했지만 성령께서 사탄의 음모와 계략을 드러내셔서 신앙의 공동체를 보호하셨다. 누가는 계속해서 성령께서 당신의 교회를 이끌어 가시는 것을 생생하게 드러냈다.[1] 어드만의 표현을 빌린다면 "사도들의 투옥과 구원이 마치 극적으로 생생하게 서술되었다."[2]

---

[1] Charles R. Erdman, *The Acts* (Philadelphia: The Westminster Press, 1919), 52.
[2] Erdman, *The Acts*, 52.

한번 주의 깊게 사도행전의 기록을 주목해 보면 사도행전 1장부터 아나니아와 삽비라 사건이 일어나기까지 얼마나 '성령'이 강조되고 있는지를 확인할 수 있다. 매 사건 사건과 인물들을 성령과 연계시키지 않은 것이 하나도 없다. 예루살렘교회공동체 가운데 얼마나 강력한 성령의 역사가 나타났는지 사도행전 5장 12-16절에서 그 단면을 읽을 수 있다.

성령충만한 사도들로 인해 기사와 이적이 계속해서 일어났고, 그로 인해 사람들이 모였으며 모인 사람들이 사도들을 칭송하기 시작했다. 이 소문은 곧 예루살렘 전체로 퍼졌고, 그 소문을 들은 사람들이 모든 병자들을 사도들에게로 데리고 나왔으며, 심지어 병든 사람을 메고 길거리에 나가 침대와 요 위에 뉘이고 베드로가 지나갈 때에 혹시 그의 그림자라도 그 위에 덮일 수 있기를 원했다. 이런 사도들의 이적이 일어나자 믿는 사람들이 마음을 같이하여 다 같이 솔로몬 행각에 모였다.

1. 사도들의 이적과 박해(5:12-32)

놀라운 성령의 능력과 믿는 자들의 증가(5:12-16)

[12] 사도들의 손을 통하여 민간에 표적과 기사가 많이 일어나매 믿는 사람이 다 마음을 같이하여 솔로몬 행각에 모이고 [13] 그 나머지는 감히 그들과 상종하는 사람이 없으나 백성이 칭송하더라 [14] 믿고 주께로 나아오는 자가 더 많으니 남녀의 큰 무리더라 [15] 심지어 병든 사람을 메고 거리에 나가 침대와 요 위에 누이고 베드로가 지날 때에 혹 그의 그림자라도 누구에게 덮일까 바라고 [16] 예루살렘 부근의 수많은 사람들도 모여 병든 사람과 더러운 귀신에게 괴로움 받는 사람을 데리고 와서 다 나음을 얻으니라

믿는 사람들이 '솔로몬 행각에 모였다'[3]는 것은 칼빈이 지적한 대로 "그

---

[3] 12-16절을 이렇게 번역할 수 있다. "사도들을 통해 백성들 가운데 많은 표적과 기사가

들이 어떤 특정한 시간에 함께 모이는 습관이 있었다는 것을 가리킨다. 그것은 기도하는 일이나 가르치는 일을 위해서만이 아니라 기회가 주어지는 대로 사람들을 주께로 인도하기 위해서이기도 하였다. 물론 사람들은 각각 자기 집에서 살고 있었지만 그들은 이 특정한 장소에서 늘 모임을 가졌다."[4] 누가는 이 간단한 기록을 통해 복음이 얼마나 강하게 전파되었는가를 보여준다. 놀라운 초자연적 성령의 역사가 계속되었다.

누가는 아나니아와 삽비라의 사건이 일어난 후에 '많은 표적들과 이적들이 사도들의 손으로 백성 가운데 일어났다'(5:12)고 증언한다. 여기 표적과 기사는 일차적으로 사도들에 의해서 못 걷는 사람이 일어나고, 아나니아와 삽비라가 죽었던 사건을 가리킨다. 하지만 누가는 그것에만 국한시키지는 않았다. '사도들'이라는 표현을 통해 몇 명의 사도들을 통해서만 아니라 사도들 전체를 통해 놀라운 역사가 나타났음을 증언한다.

사도들을 통해 놀라운 표적과 기적이 나타나자 사람들이 병든 사람들을 메고 거리에 나가 침대와 요 위에 환자들을 눕혀 놓고 베드로가 지나갈 때 그림자라도 그 위에 덮이기를 소망했다. 누가는 예수님의 옷자락을 만지려는 혈루병 환자와 베드로의 그림자라도 스쳐가기를 기다리는 병든 사람들의 대비를 통해 예수의 권능이 사도들에게 그대로 나타났다는 사실을 드러내고 있다.[5] 주님의 권능이 이제 제자들의 권능이 된 것이다.

예루살렘 부근의 허다한 사람들이 모여 병든 사람들을 데리고 왔다. 심지어 귀신 들린 자들도 데리고 왔다. 그 때마다 예외 없이 놀라운 기사와

나타났다. 그리고 그들 모두가 한마음이 되어 솔로몬 행각에 모였다. 이제 그 나머지 사람 누구도 그들과 합류하려고 하지 않았다. 백성들이 그들을 대단히 존경하였다. 그리하여 주를 믿는 것이 증가함에 따라 많은 남녀가 주께 돌아왔다. 그 결과 사람들이 베드로가 지나갈 때 그의 그림자가 그들 중 몇 명에게라도 덮이도록 병자들을 거리로 데리고 나와서는 요와 매트 위에 뉘였다. 또한 예루살렘 부근의 도시에서 수많은 군중들이 병자들과 더러운 영에 괴롭힘을 받은 이들 모두를 데리고 함께 왔으며 모두가 고침을 받았다."

[4] 존 칼빈, 한국기독교선교백주년기념 존·칼빈성경주석출판위원회 역편, 신약성경주석, Vol. 5, 사도행전 I (서울: 성서교재간행사, 1980), 191.

[5] John Chrysostom, *The Homilies of John Chrysostom on The ACTS of The Apostles* (London: Oxford, John Henry Parker, 1851), 171.

이적과 표적이 나타났다. 마치 주께서 '백성 가운데 모든 병과 모든 약한 것'(마 9:35)을 고치셨던 것처럼 사도들을 찾아온 병든 자들이 '다 나음'(5:16)을 얻었다.

표적과 기사를 통해 복음이 확산되고 믿음의 공동체가 틀을 더해 가기 시작했다. 누가는 두 가지 사실을 들어 이를 설명하고 있다. 하나는 '믿는 사람이 다 마음을 같이하여 솔로몬 행각에 모였다'(5:12)는 사실이고, 다른 하나는 의심과 경계 속에서도 교회가 꾸준하게 성장했다는 사실이다. 사도들이 성령의 능력으로 기사와 표적을 행하면서 백성들로부터 칭송을 받았지만 누구도 그들과 합류하기를 원치 않았다. 아마도 그들과 합류할 경우 생기는 불이익 때문일 수 있고, 사도들이 제사장들과 지도자들로부터 박해를 받는 것을 보면서 주저했을 수도 있다. 거짓이 적나라하게 드러나고 성령을 속인 아나니아와 삽비라의 비참한 결말을 보면서 예루살렘 교회 모든 교우들은 성령의 임재 앞에 두렵고 떨리는 마음을 가졌다.

그런데도 불구하고 누가는 14절에 '믿고 주께로 나아오는 자가 더 많으니 남녀의 큰 무리더라'라고 증언한다. 점점 더 많은 사람들이 주님께로 돌아온 것이다. 박해와 편견에도 불구하고 여전히 주님의 복음은 예루살렘 전역으로 확산되었다. 믿는 자들이 점점 더 많아져 '남녀의 큰 무리'(5:14)를 이루었다. 여기서 우리가 얻는 교훈이 있다.

첫째, 사람들이 병든 사람을 메고 사도들에게 나왔다는 사실이다. 문제가 있는 사람들은 본인이 나오거나 데리고 나오거나 치료자이신 주님께로 나와야 한다. 사도들을 통해 역사하신 주님께서는 지금도 당신의 백성과 함께 역사하셔서 놀라운 기적을 행하실 것이기 때문이다. 그들이 '다 나음'(5:16)을 입었다고 누가는 증언한다. 하나 같이 모두가 질병의 문제를 해결 받은 것이다. 우리가 문제를 가지고 주님께로 나아와야 할 이유가 거기 있다.

둘째, 박해 가운데서 성도들이 자주 모임을 가졌다는 사실이다. 어려운 상황에서 믿음의 사람들이 함께 모여 함께 기도하며 어려움을 타개한 것이다.

셋째, 박해에도 불구하고 교회가 계속해서 성장했다는 사실이다. 오순절 성령의 역사가 임한 후 바로 유대인들로부터 박해가 계속되었지만 교회는 계속 성장했다. 선교는 주님이 하신다.

대가를 요구하는 복음전파(5:17-26)

[17] 대제사장과 그와 함께 있는 사람 즉 사두개인의 당파가 다 마음에 시기가 가득하여 일어나서 [18] 사도들을 잡아다가 옥에 가두었더니 [19] 주의 사자가 밤에 옥문을 열고 끌어내어 이르되 [20] 가서 성전에 서서 이 생명의 말씀을 다 백성에게 말하라 하매 [21] 그들이 듣고 새벽에 성전에 들어가서 가르치더니 대제사장과 그와 함께 있는 사람들이 와서 공회와 이스라엘 족속의 원로들을 다 모으고 사람을 옥에 보내어 사도들을 잡아오라 하니 [22] 부하들이 가서 옥에서 사도들을 보지 못하고 돌아와 [23] 이르되 우리가 보니 옥은 든든하게 잠기고 지키는 사람들이 문에 서 있으되 문을 열고 본즉 그 안에는 한 사람도 없더이다 하니 [24] 성전 맡은 자와 제사장들이 이 말을 듣고 의혹하여 이 일이 어찌 될까 하더니 [25] 사람이 와서 알리되 보소서 옥에 가두었던 사람들이 성전에 서서 백성을 가르치더이다 하니 [26] 성전 맡은 자가 부하들과 같이 가서 그들을 잡아왔으나 강제로 못함은 백성들이 돌로 칠까 두려워함이더라

사도들로 인해 이적과 표적이 나타나자 '대제사장과 그와 함께 있는 사람 즉 사두개인의 당파'(5:17)는 사도들을 잡아 옥에 가두었다. 여기서 우리는 처음 초대교회의 박해가 어떻게 시작되었는지를 암시받는다. 처음 기독교를 박해한 주체는 산헤드린 공의회였고 그중에서도 사두개파였다.

최초의 박해자, 산헤드린 사두개파(5:17-18)

누가는 산헤드린 공의회를 언급하면서도 그 산헤드린 공의회를 주도한 사람들이 누구인지를 언급하지 않다가 처음으로 사도행전 4장 1절에서

사두개파를 언급하고 있다. 그리고 나서 여기 '대제사장과 그와 함께 있는 사람 즉 사두개인의 당파가 다 마음에 시기가 가득하여 일어났다'(5:17)고 증언한다. 성전 미문에서 못 걷게 된 이를 고치고 이와 비슷한 치유 역사가 계속해서 일어나면서 사람들이 동요되자 사두개파 지도자들은 사도들을 붙잡아 밤새도록 가두어 두고 처벌 기회를 찾았다.

사두개파들이 사도들의 복음전파를 방해했던 이유는 사도들이 예수가 그리스도 곧 메시야이고, 그가 죽은 자 가운데서 살아나셨다고 전파했기 때문이다.[6] 사도들을 옥에 가둔 것은 표면적으로는 예수 그리스도를 증거하지 말라고 경고했음에도 불구하고 계속해서 예수의 이름을 증거했다는 이유지만 실제는 미움과 시기와 두려움 때문이었다. 5장 27절과 28절 말씀이 이것을 잘 설명하고 있다. '그들(사도들)을 끌어다가 공회 앞에 세우니 대제사장이 물어 이르되 우리가 이 이름으로 사람을 가르치지 말라고 엄금하였으되 너희가 너희 가르침을 예루살렘에 가득하게 하니 이 사람의 피를 우리에게로 돌리고자 함이로다.'

---

[6] 본서 4:1-7 '사두개인들의 기독교 박해 이유' 231-233을 참고하라. 사두개파 대제사장들은 사도들이 예수의 부활을 강조하는 것을 몹시도 싫어했다. 그러나 당황스럽게도 '부활의 주 예수'를 통해서 놀라운 표적과 기사와 이적 그리고 병 고침의 역사가 나타나는 것을 부인할 수 없었다. 산헤드린에서 절대다수를 차지하고 그 회를 주도하는 이들이 사두개파였다. 때문에 이들은 얼마든지 대제사장을 움직일 수 있고 산헤드린 공의회를 소집할 수 있었다. 이들은 종교적 힘을 통해 초대 신앙의 공동체를 지속적으로 박해했다. 바리새파는 부활과 내세를 믿었기 때문에 사도들의 부활 증거와 부활신앙이 자신들의 가르침과 본질적으로 배치되지 않는다고 생각했다. 사도행전 23장 7절에 바울이 공개적으로 밝힌 죽은 자의 부활신앙으로 인해 바리새인과 사두개인 사이에 다툼이 발생해 무리가 나뉜 것도 그 때문이다. 사두개인들은 바울을 죽이려고 했고 반면 '바리새인 편에서 몇 서기관'은 바울이 '악한 것이 없도다'(23:9)고 변호하였다. 이 사건은 바울이 예루살렘에 마지막으로 올라가던 A.D. 57년에 일어났다. 이처럼 기독교 박해를 지속적으로 주도한 세력은 부활신앙을 믿지 않던 사두개파였다. 초대교회는 부활신앙을 붙들었고, 부활을 믿지 않던 사두개파는 이 때문에 교회를 박해했다. 역설적이게도 기독교 신앙의 근간인 부활신앙 때문에 교회가 박해를 받았지만 바로 부활신앙 때문에 교회가 박해 가운데서도 흔들리지 않았다. 사도들이 그랬고 초대교회가 그랬고, 신사참배 강요에 맞섰던 주기철과 손양원이 그랬던 것처럼 믿음의 사람들은 부활의 신앙을 마음에 깊이 간직했다. 이 때문에 어떤 박해도 이겨낼 수 있다. 오늘날 교회는 부활신앙을 회복하고, 이 신앙을 마음에 간직하고 살아가야 할 것이다. 우리는 십자가의 대속을 강조해야 하지만 동시에 교회에서 부활의 신앙을 강조하고 내세에 대한 소망을 분명히 믿고 가르칠 필요가 있다. 부활이 있었기 때문에 십자가의 사건은 실패의 사건이 아니라 승리의 사건이었다.

대제사장과 사두개인들은 몹시 당황했다. 자신들이 잡아 죽이고 미혹자라고 정죄했던 예수의 이름으로 기사와 이적이 일어났기 때문이다. 자신들의 행동이 잘못된 것이 그대로 탄로 나고 말았다. 사도들이 행한 이적과 표적은 나사렛 예수가 참 하나님의 아들이며 또한 구약에 예언된 참 메시야이심을 증명하고 그가 여전히 살아 역사하신다는 표증이었다. 사도들에게 기사와 표적을 금했던 이유도 거기 있다.

사두개인들이 사도들을 옥에 가둔 또 하나의 이유는 리더십, 즉 종교적 권위와 관련되었다. 지금까지 그들은 자신들이야말로 모세의 법에 충실하면서 그 전통을 바로 계승하는 지도자, 즉 이스라엘의 합법적인 종교지도자로 자임해 왔다. 그런데 사도들이 등장하면서 상황이 전도되었다. 사도들이 백성들로부터 존경받고 자연히 자신들 대신 종교지도자로 권위를 인정받기 시작했다. 그 결과 종교지도자들의 '마음에 시기심이 가득했다'(5:17). 이 시기심은 바로 사도들에 의해 진행되고 나타나는 복음의 확장, 놀라운 이적과 표적에 근거한 새로운 종교적 움직임에 대한 시기심이었다.

이 모든 것보다도 더 근본적인 핍박 동기는 자신들이 십자가에 처형한 예수 그리스도가 참 메시야이고 부활하셨으며, 여전히 사도들과 동행한다는 사실을 사람들이 믿고 따랐기 때문이었다. 유대인들이 그렇게 고대하던 참 메시야가 바로 자신들이 십자가에 처형한 예수 그리스도라는 사실, 수많은 이들이 이것을 믿고 따르는 일이야말로 최대의 도전이며, 위협이 아닐 수 없었다.

하지만 유대인들은 자신들의 잘못과 실수를 발견하기보다 자신들의 과거를 감추는 데 급급했다. 이만하면 제사장들과 사두개인들이 자기들의 생각이 잘못되었고 사도들에 의해 진행되는 역사가 진정한 하나님의 역사라는 사실을 깨달을 만도 한데 그렇지 못했다.[7]

---

[7] 아마도 이것이 아담의 원죄를 이어 받은 인간의 모습인지 모른다. 대제사장들과 사두개인들이 그랬듯이 인간적인 감정과 시기심으로 가득한 심령은 성령의 역사를 분별하기 힘들다. 우리가 때때로 자신의 신앙을 객관화시켜야 할 이유가 여기 있다. 신앙인들은 영적으로 무디어지지

박해도 중단할 수 없는 복음전파(5:19-25)

누가는 종교적 권위가 제도에 있는 것이 아니라 바로 구원의 복음을 선포하는 데 있다는 사실을 드러내고 있다. 이것은 성령께서 사도들에게 성전에 가서 생명의 말씀을 전파하라고 말씀하신 것에서도 발견할 수 있다. 주의 사자가 옥문을 열고 사도들을 끌어내면서 '가서 성전에 서서 이 생명의 말씀을 다 백성에게 말하라'(5:19-20)고 분부하였다. 이것은 사도들을 이끌어 낸 이유가 곧 성전에서 생명의 복음을 증거 하도록 하시기 위해서임을 말해준다. 사도들이 밤중에 옥에 갇힌 것을 모르는 일반 백성들은 사도들의 가르침을 듣기 위해 이른 새벽에 성전에 모여들었다.

그러니까 성전에 모여 있는 이들에게 생명의 말씀을 증거해야 하기 때문에 하나님께서 그들을 옥에서 구원해 내신 것이다. 출옥의 진정한 목적은 결국 성전에서의 복음증거였다. 성전이라는 장소는 제사장들과 성전 맡은 자들이 관할하는 곳으로서 예수를 따르는 이들에게는 사용이 허락되지 않는 장소였다. 그곳에 가서 '생명의 말씀'(5:20)을 증거하라고 말씀하심으로 이제 성전에 새로운 의미가 부여되었다. 누가는 사도들이 이 명령을 '듣고 새벽에 성전에 들어가서 가르쳤다'(5:21)고 증언한다.[8] 그들이 주의 분부대로 새벽에 성전에 올라가 여느 때와 마찬가지로 담대하게 그리스도가 구주이심을 증거한 것이다.

예루살렘 성전이 복음전파와 표적을 행하는 장소, 말씀을 증거하는 장소로 사용되기 시작한 것이다. 구약 신앙의 거점이었던 성전이 이제 복음 증거의 장소로 바뀌어 가고 있고, 유대인의 종교적 공동체가 유대교가 아

않도록 기도와 말씀 가운데 '과연 내가 하나님 앞에 바르게 신앙생활을 하고 있는가?,' '내게 부족한 면은 없는가?'를 자주 자문해야 한다. 기도와 말씀을 통한 신앙의 성찰은 영적 성숙의 첩경이다. 신앙의 공동체 역시 사람들의 모임이기 때문에 시기심이 자주 일어나 교회 안에 분란이 생길 때가 있다. 그럴 때마다 우리는 우리 자신의 신앙을 점검하고 우리의 모난 부분을 성령의 검으로 예리하게 다듬어야 한다. 잠언 기자가 말한 것처럼 "평온한 마음은 육신의 생명이나 시기는 뼈의 썩음"(잠 14:30)임을 기억하고 감정을 다스려야 할 것이다. 그러나 대제사장과 사두개인들은 그렇지 못했다. 누가의 증언대로 대제사장과 그와 함께한 일행들의 "마음에 시기가 가득"했기 때문이다.

[8] Chrysostom, *The Homilies on The ACTS of The Apostles*, 173.

닌 기독교로 전환되어 가는 상징적인 의미를 지니고 있었다. 그 생명은 생명의 말씀의 선포에 있다. 말씀이 육신이 되어 이 땅에서 구속 사역을 완성하신 그 예수 그리스도를 전파하는 것이 교회의 생명이다. 성전이 종교적 권위의 센터가 아니라 말씀의 권위가 중심이어야 한다는 사실을 드러낸 것이다. 오순절 성령강림으로 말미암아 외형적인 건물이 아닌 성령 충만한 공동체, 성령으로 충만한 사람들이 모인 것이 교회라는 사실을 누가는 사도행전에서 반복적으로 드러내고 있다.

사도들이 그것을 깨닫든 깨닫지 못하든 간에 하나님께서는 사도들 가운데 섭리하셨고, 역사의 주인으로서 역사를 이끌어 가셨다. 그리스도의 오심으로 이제는 모세의 율법시대가 종결되고 은혜의 시대가 도래했다. 요한이 증언하셨듯이 율법은 모세로 말미암아 주어졌고, 은혜와 진리는 예수 그리스도로 말미암아 주어졌으며(요 1:17), 이제 그 말씀이 사도들을 통해 새롭게 성취되어 가고 있었다. 곧 하나님의 약속의 말씀이 역사 속에서 점점 더 구체적으로 실현된 것이다.

그러나 본문이 보여주듯 기독교 2천 년의 역사를 보면 약속의 성취를 통한 복음의 확장 그 과정에서 반드시 대가를 지불해야 했다. 사탄은 복음의 확장을 막기 위해 사두개인, 종교지도자, 총독, 황제를 통해 교회를 극심하게 박해했다. 5장 17-18절이 증언하듯 그 시작은 대제사장과 사두개파의 '마음의 시기'에서 비롯되었다.[9] 교회는 복음의 확장을 방해하는 사탄의 세력과의 투쟁이 불가피했다. 복음의 확장을 방해한 것은 복음의 확장이 곧 하나님 나라의 확장을 의미하기 때문이다. 그것만큼 사탄에게 위협적인 일은 없다. 모든 종교들이 위협을 느끼고 시기하고 기독교에 대해 돌을 든 것도 그 때문이다. 유세비우스가 증언한 대로 사탄이 기독교를 말살하려고 한 첫 번째 시도가 박해였다.[10] 성경이 증언하고 초대교회 문

---

[9] Eusebius, *Ecclesiastical History*, IV.7.
[10] 박해는 한두 사람만의 현상이 아니라 대제사장과 그와 함께하는 사람 모두의 현상이었다. 복음이 놀랍게 확산되자 종교지도자들이 얼마나 당황했는가를 보여준다. 사도들이 솔로몬 행각에서 담대히 복음을 전했던 것으로 보인다. 종교지도자들은 사도들을 잡아다 밤새도록 가두어 두었다. 얼마 전에는 베드로와 요한만 가두었으나 이제는 모든 사도들을 다 가둔 것이다. 사도들의

헌들이 가르치는 대로 초대교회는 박해로 인해 큰 대가를 치렀다.

누가의 증언에서 우리는 두 가지의 사실을 확인할 수 있다. 하나는 사도들을 잡아 가둔 동기가 '시기가 가득했기'(filled with jealousy, 5:17) 때문이었다는 사실이고, 다른 하나는 사도들을 대적하는 주체가 '대제사장과 그와 함께 있는 사람 즉 사두개인의 당파'(5:17)였다는 사실이다. 대제사장이나 사두개파 모두 이스라엘의 종교지도자들로서 어느 정도 백성들로부터 지지를 얻고 있었으나 사도들이 등장하자 그 인기가 급락하였고, 자기들이 못 박아 죽인 예수의 가르침이 확산되자 자기들의 입지가 약화되기 시작했다. 그들은 자신들이 그렇게 혐오하는 부활 교리와 내세에 대한 신앙, 십자가에 처형된 예수가 약속의 메시야라는 신앙이 민중들 사이에 요원의 불길처럼 확산되자 위기의식을 느꼈다. 따라서 그들은 물리적인 수단을 동원하여서라도 대세를 바꾸려고 했다.[11]

손으로 기사와 표적이 따르고 '믿는 사람이 다 마음을 같이하여' 신앙의 공동체를 이루고 백성들로부터 인기를 얻기 시작했다. 소수의 사람들이 추종하던 신앙이 이제는 일반 백성들에게로 널리 확산되기 시작하여 상당수의 남녀가 주님을 구주로 믿게 된 것이다. 성경은 '믿고 주께로 나아오는 자가 더 많으니 남녀의 큰 무리더라'(5:14)고 말씀한다. 이들 중에는 과거에 그리스도를 박해했던 사람들도 있었을 것이고, 또 대제사장이나 바리새인들의 친척들도 상당수 있었을 것이다. 자신들이 못 박았던 예수를 일반 백성들이 믿고 따르자 그들은 당황한 것이다. 더구나 사도들의 인기는 날이 갈수록 더해 갔다. '심지어 병든 사람을 메고 거리에 나가 침대와 요 위에 누이고 베드로가 지날 때에 혹 그의 그림자라도 누구에게 덮일까'(5:15)라고 고대할 정도였다. 이 소문은 곧 널리 퍼져 예루살렘 부근의 허다한 사람들도 자기 주변의 병든 사람과 더러운 귀신 때문에 고통받는 사람들을 사도들에게 데리고 와서는 다 나음을 얻었다. 사도들이 과거 이스라엘 백성들로부터 절대적인 지지를 얻었던 종교지도자들의 자리를 대신하기 시작하자 그들은 당황하기 시작했다. 그 결과 누가의 표현을 빌린다면 그들 모두 '다 마음에 시기가 가득하여' 사도들을 잡아다가 옥에 가둔 것이다.

[11] 진리를 따르는 삶은 외롭고 고독한 것처럼 보이지만 결국 승리하는 법이다. 그것은 하나님께서 진리의 주체가 되시기 때문이다. 그들은 예수를 십자가에 못 박음으로 말미암아 영원히 매장할 수 있다고 생각했으나, 하나님이 그를 죽음에서 일으키심으로 그가 사망을 정복하셨다. 진리는 요란하게 소리치지 않아도 반드시 승리하는 법이다. 여기서 중요한 한 가지는 사도들을 핍박했던 자들이 다른 사람들이 아니라 하나님을 잘 믿는다고 자처하는, 종교적으로 열심이 있는 자들이었다는 사실이다. 어쩌면 사도들을 가장 잘 이해할 수 있는 이들이 예수 그리스도와 그를 따르는 제자들을 박해한 것이다. 표적을 구하는 이스라엘 사람들에게 예수님은 공생애 동안에 많은 기적을 행하셨고 또 제자들도 수많은 기사와 이적과 표적을 행했다. 그런데도 이스라엘 종교지도자들은 그것이 하나님께로부터 온 것으로 믿지 않았다. 오히려 그것을 행하는 자들을 핍박했다. 복음화되는 것을 가장 싫어하는 공중권세 잡은 사탄의 세력들은 할 수만 있으면 믿음이 확산되

하나님의 강권적인 보호(5:19, 26)

　복음 때문에 박해를 받거나 어려움에 직면할 때 우리가 잊어서는 안 될 것이 있다. 사탄이 온갖 제도, 권세자, 종교지도자들을 동원하여 기독교를 박해하지만 하나님께서 주의 백성들을 눈동자 같이 지키시고 인도하신다는 사실이다. 제사장들과 그 일행들이 사도들을 옥에 가두었으나 누가의 표현을 빌린다면 '주의 사자가 밤에 옥문을 열고 (그들을) 끌어내었다'(5:19). 사도들이 구출된 사건은 이중적인 의미를 가지고 있다. 그 하나는 대제사장과 사두개인들에게는 그들이 지금 대적하고 있는 그 핍박의 대상이 바로 살아 역사하시는 하나님이시라는 사실을 분명히 보여주신 것이고, 다른 하나는 고난을 당하는 사도들 당사자들에게는 하나님께서 자신들과 함께 하신다는 사실을 생생히 확인시켜 주신 사건이었다.

　하나님께서 얼마나 놀랍게 역사해 주셨는지 주목해 보라. 옥문이 든든하게 잠기고 옥문을 지키는 사람들이 문 밖에 있는 가운데서 주의 사자가 사도들을 옥에서 끌어내었다. 21절에 보면 대제사장과 공회와 이스라엘 족속의 원로들이 사람을 보내어 옥에서 사도들을 잡아오라고 명하자 관속들이 달려갔다. 그런데 관속들은 사도들을 보지 못하고 돌아와서 '옥은 든든하게 잠기고 지키는 사람들이 문에 서 있으되 문을 열고 본즉 그 안에는 한 사람도 없었다'(5:23)고 보고했다. 성전 맡은 자들은 이 말을 듣고 의심했다. 옥문을 '열고'(having opened, ἤνοιξε, 5:19)와 '끌어내어'(having brought out, ἐξαγαγών, 5:19)가 현재완료형이다. 이것은 문을 열어 놓고는 사도들을 하나도 남김없이 연속해서 끌어낸 것을 의미한다.

　주의 사자는 단순히 그들을 끌어낸 것으로 그친 것이 아니라 사도들에게 '성전에 서서 이 생명의 말씀을 다 전하라'(5:20)고 부탁했다. 여기 '서서'라는 말을 현재완료형으로 단순히 서 있는 것이 아닌 쭉 서서 말씀을 다 전하라는 의미이다. 단순히 한번 외치고 말라는 것이 아니라 전해야

지 못하도록 박해를 가한 것이다.

할 하나님의 말씀 전체를 다 전하라는 부탁이다. 하나님께서 구해준 목적이 바로 복음을 증거 하도록 하시기 위해서이다.

제자들은 순종하기를 전혀 주저하지 않았다.[12] 누가는 그들이 듣고 새벽에 성전에 들어가서 가르쳤다고 증언한다. 사도들이 주님의 명령을 듣고 바로 실천에 옮긴 것도 귀하고 또 성전에 주님의 말씀을 들을 사람들이 예비되었다는 사실도 놀랍다. 특별한 하나님의 간섭하심과 섭리를 그대로 읽을 수 있다. 밤에 옥문을 열고 사도들을 끌어내어 '가서 성전에 서서 복음을 다 백성에게 말하라'(5:20)고 명한 사람은 바로 '주의 사자'(an angel of the Lord, Ἄγγελος Κυρίου, 5:19)였다. 여기 '주의 사자'는 구약적 관용구로 70인역에서는 '여호와의 사자'(the angel of Jehovah), 즉 사람들에게 친히 현현하신 여호와 자신을 지칭하기 위하여 사용되었다. 하나님께서 보내신 메신저로 천상의 대행자였다. 사도들은 전혀 요동하지 않고 여전히 '성전에 서서' 주 예수 그리스도를 '백성들에게 가르쳤다.'

사도들은 여전히 성전에서 십자가에 달린 예수가 메시야이며 부활하시고 지금도 여전히 자신들과 함께 하신다는 사실을 주저하지 않고 선포하였다.[13]

사도들이 옥에서 출옥한 사실을 모르고 대제사장과 그 일행들은 공회와 이스라엘 족속의 원로들을 모으고 사도들을 옥에서 잡아오라고 사람을 보냈다. 이들이 옥에 가보니 옥문이 잠기고 사람들이 옥을 지키고 있는데도 그 안에는 사도들이 없었다. 성전 맡은 자와 제사장들이 어떻게 이런 일이 일어날 수 있을까 하며 이상해하고 있을 때 사람들이 와서 바로 그

---

[12] W. A. Denton, *A Commentary on the Acts of the Apostles*. Vol. I. (London: George Bell and Sons, 1874), 161.

[13] 이 사실은 사도들에 의해 행해지는 모든 사역, 이적과 표적과 여러 가지 사건들이 진정으로 무엇에 초점을 맞추어야 하는가를 보여준다. 교회가 여러 가지 일을 하고 또 많은 계획을 세워야 하지만 그 모든 것이 생명의 말씀을 증거하는 일보다 앞설 수 없다. 잡히느냐 죽느냐 하는 절박한 상황에서 하나님이 사도들에게 요구하신 것은 복음을 증거하라는, 그것도 생명의 위협을 가장 잘 받을 수 있는 성전에서 증거하라는 명령이었다. 세상 상식으로는 잘 이해가 가지 않는다. 오순절 이전이라면 이를 제자들은 당연히 그 명령을 피했을 것이다. 그러나 사도들은 조금도 주저하지 않고 복음을 증거하였다.

사도들이 성전에서 백성들을 가르치고 있다는 소식을 전해주었다. 성전 맡은 자와 관속들이 급히 가서 사도들을 잡아 왔으나 강제적으로 더 이상의 어떤 행동을 취할 수 없었다. 그것은 백성들이 자신들을 돌로 칠 것을 두려워했기 때문이다. 할 수 없이 대제사장은 사도들을 데려다가 협박하고 내보냈다.

사람보다 하나님께 순종이 마땅(5:27-32)

²⁷ 그들을 끌어다가 공회 앞에 세우니 대제사장이 물어 ²⁸ 이르되 우리가 이 이름으로 사람을 가르치지 말라고 엄금하였으되 너희가 너희 가르침을 예루살렘에 가득하게 하니 이 사람의 피를 우리에게로 돌리고자 함이로다 ²⁹ 베드로와 사도들이 대답하여 이르되 사람보다 하나님께 순종하는 것이 마땅하니라 ³⁰ 너희가 나무에 달아 죽인 예수를 우리 조상의 하나님이 살리시고 ³¹ 이스라엘에게 회개함과 죄 사함을 주시려고 그를 오른손으로 높이사 임금과 구주로 삼으셨느니라 ³² 우리는 이 일에 증인이요 하나님이 자기에게 순종하는 사람들에게 주신 성령도 그러하니라 하더라

산헤드린 회의의 의장인 대제사장은 사도들이 산헤드린 앞에 서자 '지난번의 경고'를 무시하고 온 도성 내에 사도들의 교훈을 가득하게 함으로 예수를 죽인 책임을 자신들에게 돌렸다고 무섭게 책망했다. 그 과정에서 우리가 주목하는 것은 이들이 예수 그리스도를 '이 사람'(this man, ἀνθρώπου τούτου, 5:28)이라고 불렀다는 사실이다. 사도들이 예수의 이름으로 기사와 표적을 행하고 많은 이들의 주목을 받았던 것과 달리 정통파 유대인들은 예수 이름을 부르기를 꺼려한 것이다.

대제사장은 지난번 경고한 바 있지만 다시 말하건대 절대 가르치지 말라고 경고한 것이다. 이 같은 대제사장의 요구에 대해 베드로와 사도들은 이렇게 답변했다. '사람보다 하나님께 순종하는 것이 마땅하니라'(5:29). 어드만의 지적대로 "이런 담대한 고백은 사도들이 성령과 하나 되지 않았

다면 하기 힘든 고백이다."[14] 사도행전에서 이처럼 복음의 내용을 잘 요약한 것은 없다.

베드로와 사도들의 답변과 그 의미(5:29)

베드로와 사도들의 답변에서 우리는 몇 가지 사실을 주목할 필요가 있다. 첫째, '베드로와 사도들'(5:29)이라는 표현이다. 위 내용은 단순히 베드로만의 생각이 아니라 전체 사도들의 생각이었다. 전체 사도들의 가르침이라면 그리스도의 가르침의 집약이라고 할 수 있다. '베드로와 사도들'이라는 표현을 통해 전체 사도들이 하나 되어 주님이 하셨던 사역을 감당한 것을 알 수 있다.

둘째, 믿음의 사람들은 사람이 아닌 하나님께 순복해야 한다. '하나님께 순종하는 것이 마땅하니라'(To obey it is necessary, Πειθαρχεῖν δεῖ Θεῷ, 5:29)는 '하나님께 순종하는 것이 필요하다'는 말이다. 그러나 여기 필요는 선택 사항이 아니라 당연하다는 필연적인 의미를 함축하고 있다. 여기 순종은 권위에 순복할 때 누가가 자주 사용하는 말이다. 사람이 아닌 하나님께 순종하는 것은 곧 하나님의 말씀에 순종하는 것을 의미하고, 말씀에 대한 순종이 곧 성령을 받는 비결(5:32)이다. 말씀에 순종할 때 우리가 주의 사역을 능력 있게 감당할 수 있다.

셋째, 이스라엘(인간)의 회개와 죄 사함을 주시려고 주님이 십자가의 대속을 이루신 것이다. 누가는 하나님이 십자가에 달리신 예수를 살리시고 오른손으로 높이셔서 임금과 구주로 삼으신 이유가 '이스라엘에게 회개'(repentance to Israel, μετάνοιαν τῷ Ἰσραὴλ, 5:31)함과 '죄 사함'(forgiveness of sins, ἄφεσιν ἁμαρτιῶν, 5:31)을 주시려는 데 있다고 분명히 밝히고 있다. 예수를 살리신 분은 아버지 하나님이시며, 누가는 '우리 조상의 하나님'(The God of the fathers of us, ὁ Θεὸς τῶν πατέρων ἡμῶν, 5:30)이라고 말한다. 그 예수 그리스도를 죽음에서 살리시고, 그를

---

[14] Erdman, *The Acts*, 53.

오른손으로 높이셔서 '임금'(Prince and Savior, Ἀρχηγὸν καὶ Σωτῆρα, 5:31)으로 삼으신 분도 아버지 하나님이시다. 예수 그리스도가 왕이시며, 구주라는 사실을 분명히 선포한 것이다.

넷째, 우리는 '이 일에 증인'(his witnesses of these things, 5:32)이라는 사실이다.[15] 누구의 증인이라는 말인가? 우리 한글성경에는 생략되었지만 '그의 증인'이다. 곧 그리스도의 증인이다. 성령께서 그들을 사용하셔서 그리스도를 증거하게 하신 것이다. '이 일'(things these, ῥημάτων τούτων, 5:32)은 예수 그리스도의 십자가, 부활 그리고 승천(승귀)을 의미한다.

순종하는 자에게 주신 성령(5:32)

우리가 정말 간과해서는 안 될 특별히 주목해야 할 것은 '순종하는 사람들에게 주신 성령'(5:32)이다.[16] 여기 '자기에게 순종하는 사람들'은 그리스도를 믿는 사람들을 가리킨다. 하나님은 우리 그리스도인들이 그리스도에게 순종하기를 원하시고 그 순종에 대해 하나님은 후하게 보상하신다는 것이다.

우리 한글성경에는 '주신 성령도'를 과거 시제로 언급되어 있으나 헬라어 '주신'(has given, ἔδωκεν)은 사도행전에 11회가 사용된 단어로 과거(gave)로 사용되는 경우가 많으나 여기서는 현재완료형으로 사용되었다. 현재완료로 언급된 것은 성령이 한번 주신 것이 아니라 계속해서 주시는 선물이시기 때문이다. 동일한 내용을 우리는 로마서 5장 5절에서도 더 분명하게 읽을 수 있다. 바울은 '우리에게 주신 성령으로 말미암아 하나님의 사랑이 우리 마음에 부은 바 됨이라'고 하였을 때 '주신 성령'도 현재완료 수동태로 쓰였다.

우리가 증인의 사명을 감당하려면 성령을 받아야 한다. 성령에 의하지

---

[15] Henry Cowles, *Acts of the Apostles: With Notes, Critical, Explanatory, and Practical, Designed for Both Pastors and People* (New York: D. Appleton, 1883), 48.

[16] Denton, *A Commentary on the Acts of the Apostles*. Vol. I., 167.

않고 담대하게 증인의 사명을 감당할 수 없다. 누가는 복음의 핵심이 무엇인지, 우리가 무엇을 증언해야 하는지 그리고 어떻게 증인의 사명을 온전히 감당할 수 있는지를 분명히 밝힌 것이다.

베드로와 사도들이 하나 되어 그리스도를 증거하였다. 우리는 이들의 증언에서 예수 그리스도, 회개 그리고 성령을 강조하고 있는 것을 볼 수 있다. 베드로와 사도들이 이렇게 간단하게 설교했을 것이라고 여겨지지 않는다. 분명히 더 긴 설교를 했을 것이고, 변호를 했을 것이지만 누가는 매우 간략하게 그들의 간증을 요약하고 있다. 예수 그리스도의 죽음, 부활, 승귀, 성령이 하나로 연결된 것을 발견한다. 예수 그리스도를 죽인 주체는 '너희' 곧 산헤드린 공의회와 유대지도자들이었고, 그를 살리신 분은 '우리 조상의 하나님'이시다. 그분이 예수를 오른손으로 높이셔서 이스라엘의 임금과 구주로 삼으셨음을 믿었다. 그것은 이스라엘이 회개하고 죄사함을 얻게 하시려고 하신 것이다. 무엇보다도 흥미로운 사실은 누가가 다시 여기서 '증인,' '성령'을 강조하고 있다는 사실이다. '우리는 이 일에 증인이요, 하나님이 자기에게 순종하는 사람들에게 주신 성령도 그러하니라'(5:32).

여기서 우리는 세 가지 사실을 주목할 필요가 있다. 첫째, 성령이 복음에 순종한 모든 사람에게 하나님께서 나누어 주신 것이라고 한 사실이고, 둘째, 사도들이 성령의 인도와 지도와 충만을 받았다는 사실이고, 셋째, 요한복음 15장 26-27절에서 하신 예수님의 약속과 정확히 일치한다는 사실이다. '내가 아버지께로부터 너희에게 보낼 보혜사 곧 아버지께로부터 나오시는 진리의 성령이 오실 때에 그가 나를 증언하실 것이요 너희도 처음부터 나와 함께 있었으므로 증언하느니라.'

증인과 성령은 불가분의 관계를 지니고 있다. 우리가 증인의 사명을 감당하려면 성령의 권능을 받아야 하는 것이다. '성령'과 '증인'을 상호불가분의 관계로 언급한 32절 말씀은 '성령이 임하시면 증인이 된다'는 사도행전 1장 8절을 연상케 한다. 누가는 사도행전 1장 8절의 말씀이 예루살렘에서 베드로와 사도들을 통해서 구체적으로 성취되었다는 사실을 드러내길 원했다. 그것은 증인이라는 1장 8절에 사용된 헬라어 '마르투레스'(μάρτυρες, witnesses)를 5장 32절에도 동일하게 사용하였다는 사실 그리고 성령과 연결하여 사용하고 있다는 사실에서 확인할 수 있다. 그러나 이 성령을 산헤드린 공의회 앞에서 증언했다는 사실이 특별하다. 산헤드린 공의회에 참석한 자들은 성령의 역사에 대해 무지했을 것이다. 구약의 하나님에 대한 신앙은 갖고 있지만 이들이 성령의 존재, 성령의 역사에 대해서 무지했을 것은 당연하다.

그러나 베드로는 오순절에 모인 사람들에게도 그렇고 여기서도 성령께서 예루살렘 공동체를 이끄시고 인도하신다는 사실을 드러냈으며, 그 성령은 예수 그리스도가 높임을 받으신 후에 그분의 보내주시는 약속의 성령이라고 누가는 반복적으로 강조하고 진술하고 있다. 베드로와 사도들이 그 성령을 산헤드린 공의회 앞에서 진술한 것이다.[17]

공회보다 하나님께 순종(5:29)

이들은 단지 몇 사람들 앞에서만 자기들의 신앙을 고백한 것이 아니라 이스라엘에서 최고의 공회인 예루살렘의 산헤드린공회에서 고백한 것이다. 당시 산헤드린공회는 가장 큰 권력을 행사할 수 있었고, 당시 산헤드린공회와 그 의장인 대제사장은 자기 민족의 내정 문제에 관한 한 최고의 재량권을 가졌다. 종교문제뿐만 아니라 일반 통치권, 사법권까지 행사할 수 있었다. 따라서 산헤드린공회는 대제사장뿐만 아니라 당시 이스라엘의 최고의 공회원들이 속해 있었다. 바로 그 공회 앞에서 사도들이 이렇게 외친 것이다. '사람보다 하나님께 순종하는 것이 마땅하니라'(5:29).

베드로와 사도들의 답변은 대제사장의 종교적 권위에 대한 정면 도전이었다. 대제사장과 그 일행의 행동이 인간의 생각에서 나온 것이지만 사

---

[17] 여기서 누가는 29-32절을 통해 베드로와 사도들이 공의회 앞에서 성부, 성자, 성령을 전했다고 분명하게 밝힌다. 베드로와 사도들이 삼위일체 하나님을 증언하려고 한 의도가 있었는지 없었는지 모르지만 결국 누가는 이들이 삼위일체 하나님을 증언했다는 사실을 기록하길 원한 것으로 보인다. 게다가 성령은 순종하는 자들에게 주신다고 증언하였다.

도 자신들은 하나님의 명령에 따라 일하고 있는 존재들임을 선포한 것이기 때문이다. 하나님의 명령을 거스르는 대제사장과 하나님의 명령에 순종하는 사도들이 대비를 이루고 있다. 베드로와 사도들이 그들을 향해 '사람보다 하나님께 순종하는 것이 마땅하니라'고 외쳤던 것도 그 때문이다.

이 말 속에는 지금 공회가 하나님의 뜻에 상충되는 일을 하고 있다는 사실을 함축하고 있는 것이다. 우리는 사도들이 '공회'와 '사람'을 동격으로 언급하고 있다는 사실을 주목할 필요가 있다. 공회를 단순히 인간의 집단으로 이해한 것이다. 거룩해야 할 종교기관이 영적 권위를 상실할 때 단순히 인간의 집단으로 전락할 수밖에 없음을 보여준다.

우리는 여기서 교회를 대표하는 총회 혹은 기독교 기관이나 정부에 대해 교회가 어떤 태도를 취할 것인지를 읽을 수 있다. 그들이 얼마든지 잘못된 방향으로 나갈 수 있다. 때문에 정부와 통치자들에게 순종해야 하지만 만약 그들이 의를 행하지 않을 경우 침묵해서는 안 된다는 것이다. 침묵하지 않고 그 잘못을 지적하는 것은 그리스도인의 당연한 의무다.[18]

---

[18] 박용규, 한국기독교회사 2권 1910-1960 (서울: 한국기독교사연구소, 2016), 684-748. 로마서 13장에서 가르치고 있는 대로 '모든 권세는 하나님께서 세우신 것'이기 때문에 우리는 세속 정부에도 순종해야 한다. 그러나 하나님이 세우신 정부가 하나님의 뜻을 따르지 않을 때, 그 정부를 더 이상 신뢰할 수 없는 상황이 발생할 때, 그리하여 잘못된 인간의 실정법이 하나님의 법과 충돌될 때 그리스도인들은 당연히 세상의 실정법을 따르기보다 하나님의 법을 따라야 할 것이다. 세상 법이 하나님의 신앙을 침해하거나 그 정신과 반립 될 때 하나님의 법이 세상 법에 우선된다는 의미이다. 인간의 법을 따르자니 하나님의 법을 어기는 것이 되고 거꾸로 하나님의 법을 준행하자니 실정법을 무시할 수밖에 없을 경우, 모두를 만족시킬 수는 없을 때 믿음의 사람들은 하나님의 법을 따라야 한다. 신사참배는 전형적인 사례이다. 신사참배가 국가에 대한 예의라며 총독부가 그리스도인들에게 참배를 강요했을 때 정부의 명령에 순종하는 것은 명백히 계명을 범하는 것이다. 아무리 정부의 명령이라 하더라도 그것이 기독교 신앙을 근본적으로 파괴하는 우상숭배 행위라면 순종해서는 안 된다. 주기철, 손양원 목사님을 비롯한 믿음의 선배들이 신사참배를 목숨 걸고 반대한 것도 그 때문이다. 정부의 명령이 기독교의 신앙과 명백하게 배치될 때 믿음의 사람은 앞선 믿음의 선배들처럼 세상의 실정법을 따르지 않고 하나님의 법을 따라야 한다. 1938년 제27차 총회가 신사참배를 결정하고 전국 각 노회에 신사참배를 시행할 것을 하달했다. 총회의 결정에 수많은 노회 목회자들과 교우들이 순복하고 따랐다. 총회가 배도를 결정하고 전국교회를 배도의 길로 이끌고 간 것이다. 이것은 한국기독교 역사상 가장 치욕스럽고 부끄러운 사건이었다. 하나님의 법과 배치되는 결정을 하고 그런 방향으로 교단을 이끌고 나가며 결국 정권의 시녀역할로 전락한 이런 총회에 총회 소속 교회들이 과연 순복해야 하는가? 사도행전은 그렇지 않다고 말한다. 정부나 교회 조직이 하나님의 명령을 거역하는 결정을 하고 이를 강요한다면 믿음의 사람들은

세상 법과 하나님의 법이 상충될 때 후자를 택함으로 손해를 볼 수 있고 심지어 자신의 생명을 잃어버릴 수도 있다. 그러나 그것은 결코 손해가 아니다. 기독교 역사가 보여주는 것처럼 하나님께서는 박해 가운데서 당신의 백성들을 지키시고 보호하시고 구체적으로 인도하셨다. 이 땅에서 우리 주의 백성들이 담대하게 살아가야 할 이유가 거기 있다. 우리는 결코 사탄의 세력을 두려워하거나 겁낼 필요가 없다. 주의 사자가 우리를 지키시고 인도하시고 보호하실 것이기 때문이다. 특별히 거룩한 복음의 확장 과정에서는 그런 역사가 더욱 더 강하게 나타난다.

대제사장은 사도들에게 세 가지의 사실을 심문했다. 첫째, 왜 자신들이 이전에 금했던 그리스도의 이름으로 사람들을 가르치는 것을 계속하고 있느냐는 것이고, 둘째, 결국 그로 말미암아 사도들의 '교'(敎)를 예루살렘에 가득 확산시켰느냐는 것이고, 셋째, 자신들이 공회에서 사형언도를 내려 죽인 예수 그리스도를 하나님의 아들 메시야라고 선포함으로 말미암아 결국 그를 죽인 피의 책임을 자신들에게 돌리느냐는 것이었다.

그리스도의 오신 목적, 회개와 죄 사함(5:31)

특별히 우리가 5장 27-32절까지 박해와 관련하여 우리가 주목하는 것은 베드로와 사도들이 이스라엘의 회개와 죄 사함을 위해 예수 그리스도를 구주 삼으셨다고 말한 증언이다.[19] '너희가 나무에 달아 죽인 예수를 우리 조상의 하나님이 살리시고 이스라엘에게 회개함과 죄 사함을 주시려고 그를 오른손으로 높이사 임금과 구주로 삼으셨느니라'(5:30-31). 그리스도가 높임을 받으신 후에 성령을 보내주셨고, 성령은 그리스도를 구주로 믿는 자들의 심령에 역사하셔서 죄를 깨닫게 하시고 세상을 향하던 그를 하나님께로 향하도록 인도하신다.[20] 회개는 칼빈의 지적대로 그리스도

단호하게 거부해야 한다. 이것이 신앙의 정도요, 그런 용기야말로 믿음의 용기이다. 반면 타협하거나 불의한 인간의 법을 추종하는 것은 하나님에 대한 불순종이요 하나님의 섭리를 거스르는 것이다.

[19] Chrysostom, *The Homilies on The ACTS of The Apostles*, 184.
[20] 칼빈, *사도행전* I, 204. 그런 면에서 칼빈의 다음과 같은 지적은 적절하다. "[회개란] 하나님

인이 하나님을 향해 평생 동안 감당해야 할 거룩한 책무이다.[21]

우리는 매일 이 놀라운 성령의 은사가 우리 안에 풍성하게 임하도록 간구해야 할 것이다. 성령은 우리의 신앙을 견고하게 하시는 영이시다. 믿음의 사람들은 믿음의 삶에서 언제나 성령을 구해야 하고, 성령의 풍성한 은혜를 날마다 매순간 간절히 사모해야 할 것이다. 칼빈의 말대로 "우리가 만일 계속 성령의 새로운 은사로 풍성하게 되기를 원한다면 하나님께 대하여 믿음의 가슴(the bosom of faith)을 비워 놓아야 한다."[22] 조나단 에드워즈가 증언하는 대로 성령은 믿는 자들에게 약속하신 하나님의 최대의 선물이고, 최고의 축복이다.[23]

자신들을 통해 기사와 이적이 일어나고 민간에 표적이 일어나며, 또한 위기 때마다 천사를 통해 구원해 주시고 또 성령을 통해 되어질 일과 해야 할 일을 지시받는 일련의 모습 속에서 사도들은 대제사장과 그 일행들의 행동이 인간적인 집단에서 나온 행동들인 반면 자신들의 행동은 신적 기

께 대한 인간의 내적 전향이요 나중에 그것은 외적인 행동으로 자체를 나타내주는 일이라는 사실이다. 왜냐하면 그리스도는 우리를 내적으로 새롭게 하시기 위하여, 또는 그 마음과 생각의 갱신이 새로운 생명을 일으켜 주게 하기 위하여 중생케 하시는 성령을 우리에게 부어 주시기 때문이다. 회개하는 마음을 주는 기능이 그리스도에게 속해 있다면 그것은 인간의 능력이 미치지 못하는 그 무엇이다. 그리고 그것이 진정 우리를 새로운 피조물이 되게 하고, 우리 안에 하나님의 형상을 회복시켜 주며 우리로 하여금 죄의 종으로부터 의에 복종하는 자가 되도록 만들어 주는 놀라운 개혁을 일으켜 준다. 따라서 인간은 스스로 개심할 수도 없고 스스로를 창조할 수도 없다. 회개란 자발적인 회심인 것이 사실이지만 하나님께서 우리의 심정을 변화시키셔서 돌과 같은 마음을 부드러운 마음으로 변화시키고 단단하고 뻣뻣한 것을 부드러운 것으로 만드시며 그래서 마침내 구부러진 것으로부터 올바른 것으로 만들어 주시는 것이 없다면 도대체 그러한 자발성의 의욕을 일으켜 주는 근원이 무엇이겠는가? 그리고 그런 일은 그리스도께서 그의 성령으로 말미암아 우리를 중생시키시는 때에 생겨나는 것이다."

[21] 칼빈, 사도행전 I, 204. "물론 그것은 일시적인 은사가 아니요 우리의 전 생애를 통하여 우리가 완전하게 하나님께 이끌려지기까지 날마다 더해지지 않으면 안 되는 일이다. 그리고 그것은 우리가 육체를 벗어버릴 때에만 달성될[수 있을] 것이다. 일찍이 하나님으로부터 소외되었던 사람이 자기 자신과 세상을 포기하고 새로운 생활을 시작할 때 그것은 확실히 회개의 시초인 것이다. 그러나 우리는 다만 출발했을 뿐 아직 목적지로부터는 멀리 떨어져 있기 때문에 계속해서 정진하지 않으면 안 된다. 우리는 이 두 가지를 다 그리스도의 도우심으로 획득하는 것이다. 왜냐하면 그는 우리 안에서 회개를 시작하신 바와 같이 또한 우리에게 인내심도 주시기 때문이다."

[22] 칼빈, 사도행전 I, 207.

[23] Jonathan Edwards, *The Works of Jonathan Edwards*, Vol. Two (1834; repr. Edinburgh: Banner of Truth Trust, 1986), 814.

원을 가지고 있다는 확신이 들었다. 사도들은 자기들의 신앙이 진정한 신앙이라고 확신하였다.

사도들의 신앙은 다음 몇 가지 점에서 대제사장과 어떻게 차이가 있는가를 단적으로 보여준다. 사도들은 첫째, 사람보다 하나님께 순종했다. 둘째, 십자가에 못 박혀 죽은 예수를 하나님이 살리시고 오른손으로 높이셨으며 임금과 구주로 삼으셨다. 즉 사도들은 하나님의 구속사역에 동참한다는 확신을 가지고 있었다. 셋째, 자신들이 이 일에 증인인 것을 의심하지 않았다. 성령께서 이 사실을 확증하여 주셨기 때문이다.

2. 가말리엘을 사용하신 하나님(5:33-42)

³³ 그들이 듣고 크게 노하여 사도들을 없이하고자 할새 ³⁴ 바리새인 가말리엘은 율법교사로 모든 백성에게 존경을 받는 자라 공회 중에 일어나 명하여 사도들을 잠깐 밖에 나가게 하고 ³⁵ 말하되 이스라엘 사람들아 너희가 이 사람들에게 대하여 어떻게 하려는지 조심하라 ³⁶ 이 전에 드다가 일어나 스스로 선전하매 사람이 약 사백 명이나 따르더니 그가 죽임을 당하매 따르던 모든 사람들이 흩어져 없어졌고 ³⁷ 그 후 호적할 때에 갈릴리의 유다가 일어나 백성을 꾀어 따르게 하다가 그도 망한즉 따르던 모든 사람들이 흩어졌느니라 ³⁸ 이제 내가 너희에게 말하노니 이 사람들을 상관하지 말고 버려두라 이 사상과 이 소행이 사람으로부터 났으면 무너질 것이요 ³⁹ 만일 하나님께로부터 났으면 너희가 그들을 무너뜨릴 수 없겠고 도리어 하나님을 대적하는 자가 될까 하노라 하니 ⁴⁰ 그들이 옳게 여겨 사도들을 불러들여 채찍질하며 예수의 이름으로 말하는 것을 금하고 놓으니 ⁴¹ 사도들은 그 이름을 위하여 능욕 받는 일에 합당한 자로 여기심을 기뻐하면서 공회 앞을 떠나니라 ⁴² 그들이 날마다 성전에 있든지 집에 있든지 예수는 그리스도라고 가르치기와 전도하기를 그치지 아니하니라

누가가 기록한대로 사도들이 결정적인 위기를 만나고 있을 때 가말리엘이 등장했다. 그의 등장은 사도행전 기록의 역사적 정확성을 증거해 주는 너무도 중요한 사건이다. 그것은 조지 스톡스가 지적한 대로 "가말리엘은 의심할 여지없이 역사적인 인물"이고 사도행전에서 그가 소개된 것은 "놀라운 역사적 확실성이 이 책의 두드러진 특징임을 보여주는 또 다른 예이다."[24]

대제사장과 그의 추종자들은 공개적으로 금하는 명령을 내렸음에도 불구하고 사도들이 여전히 나사렛 예수를 약속된 메시야라고 용감하게 선포하는 것으로 인해 분노했다. 그리고 그들의 표적들로 말미암아 점차 통치자의 권위를 상실하였다.[25] 누가는 그들이 '크게 노하여 사도들을 없이하고자'(5:33) 하였다고 증언한다. 여기 그들은 사두개파에 속한 이들이었다.

존경받는 힐렐의 제자, 가말리엘의 개입

구속사를 진행하는 과정에서 역사의 주인이신 그분은 다양한 사람들, 다양한 사건들, 때로는 전혀 예기치 않은 일들을 통해 거룩한 역사를 만들어 가셨다.[26] 사도 바울의 스승 가말리엘의 경우가 그렇다.[27] 쿡(F. C. Cook)의 말대로 가말리엘은 아마도 사도행전에서 가장 눈에 띄는 사례일 것이다.[28] 누가는 그가 모든 백성에게 존경받는 율법교사라고 말한다. 가말리엘은 시므온의 아들이었으며 유명한 랍비 힐렐의 손자였다.[29] 가말리

---

[24] George Thomas Stokes, *The Acts of the Apostles* Vol. II. (New York: A. C. Armstrong and Son, 1892), 13.

[25] John Dick, *Lectures on Some Passages of the Acts of the Apostles* (Glasgow: Printed by Crawford and Mackenzie, 1805), 143.

[26] Dick, *Lectures on Some Passages of the Acts of the Apostles*, 165.

[27] Henry Prentiss Forbes, *The Johannine Literature and the Acts of the Apostles* (New York: G.P. Putnam's Sons, 1907), 28; Chrysostom, *The Homilies on The ACTS of The Apostles*, 191.

[28] F. C. Cook, *The Acts of the Apostles: With a Commentary and Practical and Devotional Suggestions for Reader and Students of the English Bible* (London: Longmans, Green, and Co., 1866), 64.

엘은 "유대율법의 박사-교수였고, 모든 사람들에게 잘 알려진 저명인사였으며, 크게 존경을 받았다."[30] 그는 유대 산헤드린공회에서 중요한 위치를 차지하는 당대의 가장 탁월한 랍비였다.

그의 등장은 참으로 시의적절했다. 산헤드린 공동체 안에는 예수를 따르는 이들에 대해 바리새인들과 사두개인들이 서로 견해를 달리했다. 가말리엘의 등장으로 박해를 주도하는 사두개파와 박해 가운데서 사도들을 보호하고 변호하는 바리새파 지도자 가말리엘이 하나의 대비를 이루고 있다.

당시 바리새파는 헤롯 통치 후반에 상당히 영향력이 있었던 힐렐(Hillel) 학파와 샤마이(Shammai) 학파로 대별되었다. 힐렐의 제자이자 힐렐 학파의 지도자 가말리엘의 등장은 단순한 등장이 아니라 누가가 앞으로 사도행전 전체에서 기독교를 두고 사두개인들과 바리새인들 사이에 벌어질 유대인 공동체의 대립을 전조(前兆)한 것이다. 흥미로운 사실은 사도들을 죽이려고 하는 그 위기의 순간에 사도들을 구해준 사람은 가말리엘이었다. 어드만이 사도행전 5장 33-39절을 주해하면서 제목을 '가말리엘의 변호'라고 붙인 것도 그런 맥락이다.[31]

바리새파의 명칭과 기원은 주전 2세기 안디오커스 4세(175-163 B.C.) 시대로 거슬러 올라간다. 바리새파는 '경건한 자들,' '분리주의자들'이라는 하시딤(Hasidim, Ἀσιδαιοι, 마카베오 상 2:42; 7:13; 마카베오 하 14:6)에서 유래했다. 바리새라는 말은 '분리된 자들'이라는 의미를 지닌 히브리어 페루심(perushim), 아람어 페리샤야(perishayya)에서 파송된 말로 의식상 결례를 잘 준수하지 않는 이들과 접촉하는 것을 꺼려한 종교적 성향과

---

[29] Denton, *A Commentary on the Acts of the Apostles*. Vol. I., 167. 고대문헌에 가말리엘이라는 이름을 가진 사람은 세 사람이었다. 라반 가말리엘 벤 힐렐(Rabban Gamaliel ben Hillel), 그의 손자 라반 가말리엘(Rabban Gamaliel) 그리고 라반 가말리엘의 증손자 가말리엘(Gamaliel ben Jehuda)이다. 여기 본문의 가말리엘은 바리새인 시므온의 아들이자 그 유명한 힐렐의 손자 라반 가말리엘이다.

[30] William Owen Carver, *The Acts of the Apostles* (Nashville: Sunday School Board, Southern Baptist Convention, 1916), 90-91; Cowles, *Acts of the Apostles*, 49.

[31] Erdman, *The Acts*, 53-54.

관련하여 생겨난 것으로 보인다.[32]

이들은 정치적으로는 기득권 유지를 위해 늘 정권에 편승했던 사두개파와 달리 정권의 반대 입장에 서 있었다. 단 예외가 있었는데 그것은 여왕 살로메의 알렉산드리아 통치기간이었다. 살로메 여왕은 바리새파들에게 우호적인 지위를 부여해 바리새파가 큰 영향력을 행사할 수 있게 해주었다. "A.D. 1세기에 이들 바리새파는 오백 혹은 육백 명의 강력하고 조직화된 형제단'(brotherhoods)을 형성하고 있었다. 이들은 백성들에게 대단한 종교적인 영향력을 행사하였다."[33] 서기관들 대부분이 바리새파에 속했다.

신약시대에 산헤드린 의회에서 사두개파가 다수를 차지하고 바리새파는 소수였다. 바리새파는 비록 소수였지만 가말리엘 같이 산헤드린 공의회 안에 중요한 영향력을 행사하는 지도자가 있었다. 가말리엘은 제자들을 많이 배출했는데 바울도 그의 문하에서 교육을 받으며 성장했다(20:3). 그는 한때 헤롯 대왕의 종교문제에 대한 고문을 역임했다. 가말리엘은 안식일, 결혼, 이혼법 등에 대해 온건한 입장을 가지고 있었다. 사도행전에서 그가 사도들을 다루는 데에 온건하도록 조언한 것은 그의 성품을 알 수 있는 중요한 사례로 해석된다.

사도행전에서는 바리새파의 전통과 사두개파의 전통 사이에 있었던 갈등을 잘 반영해 주고 있다. 가말리엘이 공회 중에 일어나 사도들을 잠깐 밖으로 나가라고 명령하고는 사도들이 없는 가운데 말하기를, 사도들에 대해 감정적으로 당장 어떻게 할 것을 결정하지 말고 "다른 사람들에게 어떤 일도 경솔하게 행치 말고" 조심스럽고 신중하게 결정하자고 요청했다.

그는 두 가지의 역사적 교훈, 즉 이전에 드다가 이스라엘 백성들의 지도자로 자처하자 400여 명이나 그를 따르다가 드다가 죽자 모든 사람들이 흩어졌고, 또 그 후에 갈릴리 유다가 일어나 백성을 꾀어 좇게 하다가

---

[32] Bruce, *The Book of ACTS*, 123.
[33] Bruce, *The Book of ACTS*, 123.

망하자 그를 추종하던 사람들이 모두 흩어졌던 사례를 들면서 '이 사람들을 상관하지 말고 버려두라'(5:38)고 호소했다.[34]

신뢰할 수 있는 누가의 역사기록

한 가지 언급하고 싶은 것은 드다와 유다에 대한 기록의 정확성 여부다. 누가는 "이전에 드다가 일어나 … 그 후 … 유다가 일어나"(5:36)라고 기록함으로 드다 사건이 먼저 있었고 이어 유다 사건이 호적할 때 일어난 것으로 기술하고 있다. 갈릴리 유다의 반란은 유대가 로마의 지방자치구로 편입되어 국세를 산출하려고 인구조사를 실시하던 A.D. 6년에 일어났다.[35] 유다는 하나님만이 이스라엘의 진정한 임금이기 때문에 로마의 가이사 황제에게 세금을 내는 것은 하나님께 대한 반역이라고 확신했다. 그는 종교적으로 하나님께만 충성해야 한다고 주장하면서 유대 민족주의를 자극하고 로마에 저항할 것을 선동했다. 그런 의미에서 유다반란은 유대인들의 전형적인 종교적, 민족적 반란이었다. 이 반란은 로마군대에 의해 진압되었지만 열심당 가운데 영향력이 지속되었다.[36]

가말리엘이 언급한 드다는 헤롯 대왕이 죽던 4 B.C.년경 팔레스타인에는 많은 반란이 일어났을 때 반란 주모자들 가운데 한 명으로 추정된다.[37]

---

[34] Bruce, *The Book of ACTS*, 124. "가말리엘의 충고의 내용은 보수적인 바리새파 가르침이었다. '하나님은 모든 것을 주관하시며, 자신의 목적을 성취하기 위해서 사람의 도움을 전혀 필요로 하지 않으신다. 모든 인간들이 해야 할 일은 오직 복종하는 것과 그분께 문제를 맡기는 것이다'(J. A Findlay, *The Acts of the Apostles* [London, 1936], p. 85). 이와 유사한 사례가 제 2세기 샌들 제조공 랍비 요한의 문집에서 발견할 수 있다. '하늘의 이름 안에 있는 모든 모임은 결국 존립하게 될 것이지만 하늘의 이름 안에 있지 않는 모임은 결국 존립할 수 없을 것이다'(Pirqe Aboth 4:14). 바로 이것이 가말리엘이 지적한 핵심이다."

[35] Josephus, *Ant.* xviii. 1. 6, xx. 5. 2, *Wars.* ii. 8. 1, xvii. 8. "이 외에도 갈릴리 유다의 아들들이 죽임을 당했다. 나는 우리가 앞서 언급한 책에서 보여주었듯이 Cyrenius 가 유대인들의 재산을 계수할 때 사람들을 선동하여 반란을 일으킨 그 유다를 의미한다"(*Ant.* xx.5.2).

[36] J. S. Howson and H. D. M. Spence-Jones, *The Acts of the Apostles* (New York: C. Scribner's, 1883), 65.

[37] Josephus, *Ant.* xx. 5.1. 요세푸스도 드다라고 불렸던 한 마술사에 대해 언급했다. "[A.D. 46.] 파두스가 유대 총독으로 재직하는 동안에 드다라는 이름의 어떤 마술사가 상당수의

요세푸스는 드다 사건이 파두스(Cuspius Fadus, A.D. 44-46)가 총독으로 있을 때 일어난 것으로 언급하고 있다.[38] 때문에 요세푸스의 기록은 시기적으로 누가가 사도행전에 언급한 호적 때인 A.D. 6년에 일어난 유다의 반란과 일치하지 않는다. 드다와 유다에 대한 누가의 사도행전 기록이 요세푸스와 일치하지 않아 학자들 가운데 누가의 기록의 신뢰성에 의문을 제기하기도 한다. 그러나 존 딕이 지적한 것처럼 이것은 비약이다.[39] 요세푸스의 기록을 기준으로 기록의 신뢰 문제를 제기하여 누가의 기록이 틀렸다고 단정하는 것은 문제가 있다.

"누가가 실수했고 그 결과 가말리엘의 연설이 누가가 가말리엘의 입을 빙자한 날조된 연설이었다고 의심할 이유는 전혀 없다. 드다는 유대인들 가운데 널리 알려진 이름이었기 때문에 어렵지 않게 그 이름은 한 사람 이상의 선동적인 인물들에 적용될 수 있다. 누가의 침묵이 요세푸스의 권위를 무효화시키는 것보다 요세푸스의 침묵이 더 이상 누가의 증언을 무효화시켜서는 안 된다. 가말리엘이 말한 드다가 당의 지도자였던 것은 이 일이 있기 30년 혹은 40년 전에 일어난 일이었음에 분명하다. 왜냐하면 우리 구주가 탄생하시고 몇 년 있다가 헤롯의 아들 아켈라오(Archelaus)가 폐위되고 유대가 일개의 지방으로 전락되던 때 시리아 총독 구네뇨(Cyrenius)가 행한 과세 혹은 과세 산정을 의미하는 과세의 날에 유다가 그를 따라 일어났기 때문이다."[40]

사람들에게 영향을 미쳐 요단강에서 그를 따랐다. 그는 그들에게 자신이 선지자라고 말하고 자신이 명하면 요단강을 나뉘어 그들로 하여금 요단강을 쉽게 건너게 할 수 있다고 말했다. 많은 사람들이 그의 말에 속아 넘어갔다. 그러나 파두스는 그의 거친 시도를 사용하는 것을 허락하지 않고 다만 그들에게 기병대를 파송했다. 기병대가 그들을 갑자기 덮쳐 그들 중 많은 사람들을 살륙하고 많은 사람들을 생포하여 데려왔다. 그들은 드다도 생포하고 그의 목을 잘라 그것을 예루살렘으로 가지고 왔다."

[38] Eusebius, *Ecclesiastical History* II.11. 다음은 유세비우스가 요세푸스의 글을 직접 인용한 내용이다. 유세비우스가 요세푸스의 작품에 상당히 정통하고 있었고 권위 있는 글로 인용하고 있는 것을 확인할 수 있다. "While Fadus was procurator of Judea a certain impostor called Theudas persuaded a very great multitude to take their possessions and follow him to the river Jordan. For he said that he was a prophet, and that the river should be divided at his command, and afford the man easy passage."

[39] Dick, *Lectures on Some Passages of the Acts of the Apostles*, 150.

요세푸스가 역사가로서 상당히 인정을 받는 것이 사실이지만 누가복음 서두에서 누가 자신이 밝혔듯이 많은 자료 수집을 통한 연구와 증언을 토대로 기록했고, 성령의 영감으로 기록한 것을 고려할 때 요세푸스가 맞고 누가의 기록이 틀리다고 섣불리 단정할 수 없다. 많은 자료와 증언 또 자신의 체험을 통해 무엇보다도 성령의 영감으로 기술한 누가의 기록과 요세푸스의 기록을 비교할 때 정확성에 있어서 당연히 누가의 기록이 더 신뢰할 수 있다고 보이기 때문이다. 방대한 역사를 기술한 요세푸스와 달리 누가는 자신이 직접 참여하고 목도하고 수집하고 산 증인들로부터 직접 들은 사실에 기초하여 30년이라는 한 세대의 특정 시기와 특정 주제를 기록하고 있다는 점도 고려해야 할 것이다.

가말리엘의 합리적인 제안

가말리엘은 몇몇 사례를 든 다음 자신의 의견을 분명하게 개진했다. '이 사상과 이 소행이 사람으로부터 났으면 무너질 것이요. 만일 하나님께로부터 났으면 너희가 그들을 무너뜨릴 수 없겠고 도리어 하나님을 대적하는 자가 될까 하노라'(5:38-39). 가말리엘의 호소는 상당히 설득력이 있었다. 이 말은 분명 사도들을 도우려는 의도에서 나온 것이 분명하다. 칼빈에 따르면 가말리엘이 말한 "즉 인간들의 모든 노력은 하나님에게서 나온 것을 깨뜨릴 수가 없다는 사실, 그러나 한편 '사람에게서 나온' 것은 무엇이든지 언제까지나 존속할 수 있을 만큼 그렇게 강하지 못하다는 사실, 이 둘은 다 사실이다."[41]

가말리엘의 말은 매우 상식적이고 합리적인 해석이다. 아놋이 지적한 것처럼 이것은 "사도들 편이고 바리새파의 라이벌 사두개파에게는 거슬리는 것"[42]이지만 당시 산헤드린의 대다수를 차지하는 사두개인 지도자들

---

[40] Dick, *Lectures on Some Passages of the Acts of the Apostles*, 150.

[41] 칼빈, 사도행전 I, 208-209.

[42] William Arnot, *The Church in the House: A Series of Lessons on the Acts of the Apostles* (New York: Robert Carter & Brothers, 1873), 144.

도 거부할 수 없는 논리였다. 누가는 공회원들이 가말리엘의 말을 '옳게 여겼다'(5:40)고 증언한다.[43] 여기 옳게 여겼다는 말은 가말리엘에게 '그들이 설득을 당했다'(they were persuaded, ἐπείσθησαν)는 말이다.

단순히 감정적으로 대처하려던 이스라엘의 지도자들은 역사적 사례를 들어 신중론을 호소하는 가말리엘의 말에 순종하지 않을 수 없었다. 가말리엘이 신중론을 제창한 것은 유대지도자들이 사도들에 대해 너무 감정적으로 대처하고 있다는 판단을 했기 때문이다. 종교적인 문제를 감정적으로 대처하면 결국 이스라엘 백성들 사이에 종교적인 문제로 의견이 대립될 수밖에 없고, 또 그로 인해 전혀 덕이 될 것이 없다고 판단한 것이다.

가말리엘의 견해는 사도들에게 매우 유리하게 작용했다. 딕의 말대로 '우리는 그가 사도들을 도우려는 입장을 취하려고 했던 동기가 무엇인지 확실하게 지적할 수 없다. 사실 그는 은밀하게 그 새 종교(the new religion)에 호감을 가졌고, 후에 공개적으로 그 신앙을 고백했다고 확신이 든다. 그는 제2의 니고데모로 대변되었다.'[44]

또 한 가지는 사도들이 외치는 가르침들 중에는 바리새인들의 가르침이나 전통과 꼭 배치되는 것들만 있는 것이 아니었기 때문이다. 바리새인들은 구약의 하나님이 오늘날에도 역사하시고 섭리하시며 개입하신다는 생각을 하고 있었고, 또 부활도 받아들였다. 이와 같은 사실에 바리새인들은 퍽 고무되었을 것이다. 하나님께서는 사도들을 변호하는 도구로 바리새인 가말리엘을 사용하셨다. 가말리엘의 말은 인간적이고 감정적으로 대처하려는 이스라엘 지도자들에게 하나님께서 원하시는 바에 따르도록 그 기준을 제시하여 준 셈이다.

누가가 '그들이 옳게 여겨'(5:40)라고 기록한 것을 볼 때 산헤드린공회의 대다수가 가말리엘의 의견을 수용한 것으로 보인다. 이 말은 사두개파들도 그의 의견을 받아들였다는 의미이다. 당연히 다른 바리새파 산헤드린공회원 모두도 가말리엘의 의견에 동의했을 것이다. 산헤드린은 할 수

---

[43] Denton, *A Commentary on the Acts of the Apostles*. Vol. I., 171.
[44] Dick, *Lectures on Some Passages of the Acts of the Apostles*, 147.

없이 '사도들을 불러들여 채찍질하며 예수의 이름으로 말하는 것을 금하고 놓아주었다'(5:40). 크리소스톰의 말대로 제자들이 이 일로 대단한 격려와 용기를 얻었을 것은 너무도 분명하다.[45]

하나님께서는 때때로 전혀 관계없는 것으로 보이는 주변 상황, 인물, 환경을 동원하셔서 당신의 백성들을 보호하시는 수단으로 사용하셨다. 가령 이방인 고레스 왕을 통해 이스라엘 백성들을 귀환시킨 일은 그 전형적인 예라고 할 수 있다. 그 하나님께서 본문에서는 바리새인들과 가말리엘을 통해 사도들을 보호하신 것이다. 이것은 역사의 주인이신 하나님께서 이 땅의 역사를 운행하신다는 사실을 보여준 것이다.

따라서 우리는 하나님께서 주의 사자를 통해 주의 사도들을 지키신다는 사실, 전혀 예기치 않은 환경을 통해 당신의 백성들을 지키시고, 때문에 박해 속에서 도리어 복음이 놀랍게 확장된다는 사실을 기억하고 용기를 가져야 할 것이다. 하나님 나라의 복음을 민족 가운데 전파하는 것은 쉬운 일이 아니다.[46] 그러나 하나님께서는 위기 가운데서도 늘 그의 종들을 보존하신다. 그리하여 '이집트의 이스라엘 백성들과 같이 기독교인들은 괴롭힘을 당하면 당할수록 그들은 더 성장했다. 순교자의 피는 교회의 씨가 되었다.'[47]

박해와 고난 중에서 여전히 하나님이 당신의 백성들과 함께 하신다는 이런 확신 때문에 사도들은 자기들을 없애려는 극한의 상황 속에서도(5:33), 사십에 하나를 감하는 혹독한 채찍질을 당하면서도(5:40), 예수의 이름으로 인해 능욕 받는 일에 합당한 자로 여김을 받는 것을 기뻐하였다. 그들에게 확실히 형벌의 아픔이 있었지만 그들 안에는 그 고통을 훨씬 능가하고 그것을 극복할만한 영적 기쁨이 충만했다.[48] 칼빈의 말대로 믿음의 사람들은 "비록 형벌의 아픔으로 인하여 시달림을 받는다 하더라도 영

---

[45] Chrysostom, *The Homilies on The ACTS of The Apostles*, 192.

[46] Dick, *Lectures on Some Passages of the Acts of the Apostles*, 164.

[47] Dick, *Lectures on Some Passages of the Acts of the Apostles*, 161. 터툴리안의 증언은 다음을 보라. Tertullian, *The Apology*, 50.

[48] Denton, *A Commentary on the Acts of the Apostles*. Vol. I., 171.

적 기쁨으로 인하여 그 슬픔을 타고 넘어야 할 것이다."[49]

산헤드린공회가 더 이상 예수의 이름으로 말하는 것을 금했지만 그들은 그 명령에 굴복할 수 없었다. 사도들은 '채찍질'을 맞으면서도 전혀 낙심하지 않고 공회를 떠났다. 오히려 그들은 자신들이 '주님의 이름을 위하여 능욕 받는 일에 합당한 자'(5:41)로 여기심을 받았다는 사실로 기뻐했다.[50] 그리스도의 고난에 참여하는 것이 그들에게는 큰 영광이었다. 그들은 '날마다 성전에 있든지 집에 있든지 예수는 그리스도라고 가르치기와 전도하기를 그치지'(5:42) 아니하였다.[51]

3. 일곱 사람의 선택과 그 의미(6:1-6)

¹ 그 때에 제자가 더 많아졌는데 헬라파 유대인들이 자기의 과부들이 매일의 구제에 빠지므로 히브리파 사람을 원망하니 ² 열두 사도가 모든 제자를 불러 이르되 우리가 하나님의 말씀을 제쳐 놓고 접대를 일삼는 것이 마땅하지 아니하니 ³ 형제들아 너희 가운데서 성령과 지혜가 충만하여 칭찬 받는 사람 일곱을 택하라 우리가 이 일을 그들에게 맡기고 ⁴ 우리는 오로지 기도하는 일과 말씀 사역에 힘쓰리라 하니 ⁵ 온 무리가 이 말을 기뻐하여 믿음과 성령이 충만한 사람 스데반과 또 빌립과 브로고로와 니가노르와 디몬과 바메나와 유대교에 입교했던 안디옥 사람 니골라를 택하여 ⁶ 사도들 앞에 세우니 사도들이 기도하고 그들에게 안수하니라

---

[49] 칼빈, *사도행전* I, 212.
[50] Erdman, *The Acts*, 55.
[51] Chrysostom, *The Homilies on The ACTS of The Apostles*, 192. 사도들이 집에서나 성전에서 가르치는 일을 쉬지 않았다는 사실은 그들의 가르침이 더욱 더 확장되었음을 보여준다. 사람을 두려워하지 않고 오직 하나님을 두려워하며 주어진 사역을 감당했을 때 하나님의 보호를 받고 사역은 더욱 더 확장되었다. 만약 두려움 속에서 주의 일을 하지 않았다면 사도들은 신변의 위협을 받았을 것이고 주의 사역은 상당히 위축되었을 것이다. 역설적이지만 사역자들이 사명을 감당할 때 사역은 더욱 더 빛날 것이고 그와 그의 주변의 사람들은 주권적으로 보호를 받을 것이다. 설령 그런 역사가 나타나지 않아도 하나님의 복음은 강력한 역사를 동반하며 널리 확산될 것이다.

이 사건의 배경을 주의 깊게 관찰할 필요가 있다. 누가는 예루살렘교회가 직면한 문제를 기술하면서 '그 때에 제자가 더 많아졌는데'(6:1)라는 말로 서두를 시작하였다. 수가 적을 때는 괜찮았는데 숫자가 증가하면서 문제가 야기되었음을 암시한다.[52] 여기 처음으로 '제자'라는 말이 등장한다. 우리 한글성경에는 단수로 쓰였으나 여기 '제자'는 복수(τῶν μαθητῶν, 제자들)이다. 이 제자들이 믿는 자들을 총칭해서 사용된 것인지 아니면 그 중에 선별된 사람들을 지칭하는 것인지 분명하지 않지만 전자일 가능성이 높다. 그래서 어떤 영어 역본에는 '제자들'이라고 하지 않고 '믿는 자들'이라고 옮겼다. 예루살렘교회공동체가 시간이 지나면서 성숙한 신앙인들, 곧 주님의 제자들로 세워져 간 것이다.

그렇다면 신앙이 깊은 제자들로 구성된 예루살렘교회에도 다툼과 갈등이 있었음을 보여준다. 제자들이 성령충만을 받았고 그리스도와의 연합이 이루어졌고 각 개인의 삶 속에서 놀라운 기적이 일어났지만, 그들은 문제를 안고 있었던 것이다. 이처럼 예수 믿는 사람들이 성령충만을 받고 제자로서 성장했음에도 불구하고, 또 그런 사람들이 상당히 많이 늘어났음에도 불구하고 교회 안에 문제가 생겨난 것이다. 교회가 성장하면 문제가 없을 수가 없다. 오히려 문제가 더 많아질 수 있다. 교회의 성장이 곧 모든 것을 정당화시키는 것은 아니라는 사실을 기억해야 한다. 이 땅의 교회는 완전하지 않다. 완전한 교회를 지향한다는 것은 이상적이지만 아나니아와 삽비라 사건이 있는 그곳, 헬라파 유대인들과 히브리파 사람들의 다툼이 있는 곳이 바로 예루살렘교회였다.[53]

범가르텐은 이 사건을 '교회 내의 첫 번째 불화'(the first dissension within the church)라고 표현했다.[54] 처음부터 교회가 안팎으로부터 극심

---

[52] Arnot, *The Church in the House*, 147.

[53] Chrysostom, *The Homilies on The ACTS of The Apostles*, 193. 헬라파 유대인들은 헬라어를 구사하는 사람들을 의미한다. 반대로 히브리 사람은 헬라어를 구사하지 못하는 사람들이다.

[54] M. Baumgarten, *The Acts of the Apostles: Or, The History of the Church in the Apostolic Age*. Vol. I. (Edinburgh: T. &T. Clark, 1854), 128.

한 영적전투에 직면한 것이다.⁵⁵ 교회가 시작되자 사탄은 교회를 멸망시키기 위해 온갖 전략을 다 동원했다. 마귀는 세 가지 방향에서 교회를 멸절시키려고 시도했다.

사탄의 기도와 말씀선포 방해

첫 번째는 산헤드린공회를 주도하는 중심세력인 "유대관원들을 통해 힘으로 교회를 억누르려"고 한 일이다. 그러나 사도들은 유대관원들을 두려워하기보다는 하나님을 두려워하고 오히려 더 담대하게 복음을 전했다. 이것이 실패하자 두 번째로 아나니아와 삽비라 부부를 통해 위선으로 교회를 부패시키려고 했다. 이것 역시 베드로를 통해 봉쇄당했다. 그러자 세 번째로 마귀는 몇몇 다투는 과부들을 통해 지도자들이 기도와 말씀전파에 전념하지 못하도록 주의를 다른 곳으로 돌리려고 시도했다.

만약 마귀의 이와 같은 세 가지 시도 가운데 하나라도 성공했더라면 예수님의 공동체는 초기에 소멸되고 말았을 것이다. 사도들이 성령충만한 가운데 "악마의 전략"을 간파했기 때문에 교회는 전혀 흔들림이 없이 계속 성장할 수 있었다. 사도들이 최우선으로 해야 할 일은 기도하고 말씀 전하는 일이다.⁵⁶

모세, 예수 그리스도, 바울 그리고 12사도가 모범을 보여준 것처럼 교회에서 기도와 말씀보다 앞서야 할 어떤 것도 없다. 정작 중요한 기도와

---

⁵⁵ Chrysostom, *The Homilies on The ACTS of The Apostles*, 193-197.
⁵⁶ 칼빈, 사도행전 I, 221. 사도들이 기도와 말씀에 '힘쓰리라'(will steadfastly continue, προσκαρτερήσομεν)라는 것과 관련하여 칼빈은 이렇게 설명한다. "목사들은 자기들이 날마다 설교하는 일을 위하여 얼마간의 시간을 보냈다 해도 자기들의 의무를 다했다고 생각해서는 안 된다는 이야기이다. 다른 또 하나의 노력, 다른 또 하나의 열심, 다른 또 하나의 부지런함이 모두 요구되는 것이다. 그렇게 함으로써 그들은 자기들이 설교하는 일에 스스로 전력을 다했다는 것을 자부할 수 있게 되는 것이다. 그들은 기도를 첨가한다. 그것은 자기들만이 기도해야 할 형편이기 때문이 아니요(기도는 모든 신도들의 일반적인 공통된 업무이기 때문에), 다른 이들과 비교해서 그들만이 갖고 있는 특별한 기도의 이유가 있기 때문이다.… 모세는 확실히 다른 사람들에게 기도하기를 권장하였으면서도 더욱 자기 자신은 기수와 같이 그 길의 선두에 섰다. 그리고 바울이 그처럼 자주 자기 자신의 기도에 대해서 언급한 사실도 이유 없는 일이 아니다."

말씀은 도외시하면서 다른 일로 바쁜 오늘날의 교회는 이 일에 깊은 반성을 해야 할 것이다. 하나님이 교회를 이끄시는 주체라고 인정한다면 우리는 그분에게 은혜를 베풀어 달라고 기도하지 않을 수 없다.

사도들의 고백처럼 오늘날 목회자는 최선을 다해 말씀을 전하면서도 기도를 게을리하지 않아야 한다. "하늘로부터 성장시키는 일이 없이는 우리가 밭 갈고 씨 뿌리고 물 주고 하는 수고가 다 헛된 것이 될 것이라는 사실이다(고전 3:7). 그러므로 우리의 수고가 헛되지 아니하고 열매 없이 되지 않기 위하여 하나님께 은혜를 간구하지 않는다면 선교하는 일에 분발하는 것만으로는 넉넉하지 않게 될 것이다. 말씀을 증거하는 교직자들에게 있어서 열심히 기도하도록 권장되고 있는 일은 결코 무의미한 일이 아니라는 사실이 여기서 밝혀진다."[57]

구제를 둘러싼 헬라파와 히브리파 유대인의 갈등

때문에 오늘날 우리는 예루살렘교회가 이 문제를 어떻게 풀어갔는지를 주목할 필요가 있다. 교회가 날로 성장을 거듭하자 사도들이 교회 전반을 다 지도할 수 없었다. 구제하는 일도 교회가 해야 할 큰 과제로 떠올랐다. 구제의 문제가 교회의 중요한 현안으로 떠올랐다. 누가의 표현을 빌린다면 '그 때에 제자가 더 많아졌는데 헬라파 유대인들(Ἑλληνιστῶν)이 자기의 과부들이 그 매일 구제에 빠지므로 히브리파 사람(Ἑβραίους)을 원망'(6:1)하게 되었다.[58] 여기 원망하였다는 말은 헬라어 "고기스모스"(γογγυσμὸς, a grumbling), 곧 "투덜대는 형태로 표현되는 불평"을 말한다. 70인역에는 이스라엘 백성들이 모세에 대해 원망할 때 바로 어원이 같은 동사가 사용되었다.

당시 예루살렘교회는 교인이 '히브리파 사람들'과 헬라파 유대인으로 구성되었다. 전자는 대부분 팔레스타인 태생으로서 아람어를 사용했고

---

[57] 칼빈, 사도행전 I, 221.
[58] Cowles, *Acts of the Apostles*, 51.

후자는 그리스-로마의 각지에 흩어져 사는 유대인들로 헬라어를 말하였다. 두 그룹 사이에 갈등은 언어적, 문화적 차이와 제도적 문제 등이 복잡하게 얽혀서 발생하였다.

존 딕의 말대로 "초대교회에서 어떤 과부들은 헬라어를 하기 때문에 간과되었고, 다른 사람들은 히브리어를 구사하기 때문에 규칙적으로 공급을 받았다. 좀 더 정확히 표현하여 그들은 낯선 자들의 과부였기 때문에 무시를 당했고, 반면 후자는 동료 시민과 아는 자들의 과부였기 때문에 관심을 받았다. 구제의 시행이 히브리인들의 수중에 있었기 때문이다."[59]

당시의 구제금 모금과 배분의 제도적 문제도 갈등의 중요한 요인이었다. 예루살렘 교인들이 구제금을 받았고(4:35, 37), 그것이 공평하게 분배되지 않자 그 책임을 맡은 사도들에게 불평을 털어놓기 시작한 것이다. 당시 교회는 부양할 사람이 없고, 생계를 꾸려갈 수 없는 과부들의 생계를 책임 맡고 음식을 나누어주었다. 예루살렘교회에는 두 개의 유대인 그룹, 곧 헬라파 유대인과 히브리파 유대인들이 있었다.

흩어진 디아스포라 유대인들이 유대인의 전통에 따라 오순절에 예루살렘에 와서 큰 은혜를 받은 자들 중에서 적지 않은 이들이 자신들의 고향으로 돌아가지 않고 예루살렘에 주저앉았다. 경건한 디아스포라 유대인들 중에는 자신들이 예루살렘에 묻히기를 원하여 예루살렘에 와서 말년을 어렵게 보내는 이들이 많았다.

게다가 당시 헬라파 유대인들 가운데 과부가 대단히 많았다. 막상 신앙공동체에 들어오자 헬라파 유대 과부들에 대한 배려는 만족스럽지 못했다. 예루살렘교회가 그들을 다 돌보기에는 재정적으로 부족했다. 히브리파 유대인들의 과부보다 헬라파 유대인들의 과부 수가 월등하게 많다보니 이들을 다 돌보기에는 한계가 있었다. 어떤 이유에서 인지 이들 헬라파 유대인 과부들 중에는 구제의 대상인데도 구제에서 빠진 이들이 많았다.

부자들이 헌금한 재산을 가지고 가난한 성도들을 구제할 때 헬라파 과

---

[59] Dick, *Lectures on Some Passages of the Acts of the Apostles*, 170.

부들은 히브리파에 비하여 혜택을 덜 받았다. 아마도 구제 분배가 히브리파 사람들의 손에 의해 이루어졌기 때문에 생긴 문제로 보인다.[60] 이것이 의도적이었는지 아니면 서투른 행정관리에서 생겨난 것인지는 불확실하다. 존 크리소스톰의 지적대로 후자일 가능성이 많다.[61] 어떤 편견을 가지고 의도적으로 헬라파 유대인들을 제외시킨 것이 아니라 미처 손길이 닿지 못해 그와 같은 일이 생겨났을 가능성이 높다는 것이다.

그럴지라도 헬라파 유대인들의 관점에서 보면 자기와 같은 환경과 처지의 사람들이 구제의 혜택을 받지 못했기 때문에 불만이 컸다. 일이 발생하자 헬라파 유대인들은 자기 과부들이 구제에 빠진 것이 섭섭해 히브리파 유대인들을 원망하기 시작했다. 자연히 단순한 구제의 문제를 넘어 헬라파 유대인과 히브리파 유대인 두 공동체의 갈등으로 증폭되었다.

당면한 교회문제 해결

예루살렘교회가 직면한 문제를 통해 이 땅의 교회는 아무리 성령충만한 공동체라고 하더라도 완전할 수 없음을 보여준다. 예루살렘교회가 직면한 최초의 내부적 갈등이 재정 수입과 지출의 투명성 문제에서 비롯되었다는 사실을 주목해야 한다.

사도들은 교회 갈등의 요인이 무엇인지 알았고 해결책도 제시했다. '열두 사도가 모든 제자를 불러 이르되 우리가 하나님의 말씀을 제쳐 놓고 접대를 일삼는 것이 마땅하지 아니하니'(6:2)라고 밝힌 것에서 알 수 있다. 개역성경은 '우리가 하나님의 말씀을 제쳐 놓고 공궤를 일삼는 것이 마땅

---

[60] Bruce, *The Book of ACTS*, 128. 히브리파 유대인들이 헬라파 유대인들에게 구제금을 배분하는 데 있어서 공평하지 않고 차별을 둔 것에는 그만한 이유와 배경이 있었다. 그 구제금은 히브리파 유대인들이 오랫동안 희생하며 연금처럼 모아둔 것이었다. 한규삼에 의하면 유대인들은 제1의 십일조를 성전을 위해, 제2의 십일조를 성지순례를 위해 그리고 제3의 십일조를 제 7년 주기로 제 3년째와 제 6년째에 구제헌금으로 드렸다. 이 구제헌금은 젊을 때 드리고 노년에 혜택을 받는 일종의 연금과 같았다. 때문에 히브리파 유대인들이 볼 때는 다른 곳에서 살다 예루살렘에 와서 거주하는 헬라파 유대인들이 희생은 하지 않고 혜택만 받는 것은 불공평하고 불합리했다.

[61] Chrysostom, *The Homilies on The ACTS of The Apostles*, 196.

치 아니하니'라고 번역했다. 여기서 '공궤를 일삼았다'는 것은 '상을 섬겼다는 것'으로 상은 돈을 바꾸어주는 식탁, 초대교회의 애찬의 상을 말한다.

사도들이 해야 할 일차적인 사명은 말씀을 전하는 일이었고, 접대를 일삼는 일이나 구제하는 일은 이차적인 일이었다. 접대하고 구제하는 것이 신성한 일이기는 하지만 그것이 기도하고 말씀을 전하는 것을 방해한다면 결코 바람직하지 않다. 구제하는 일을 무시하거나 과소평가할 수 없지만 그러나 기도하고 말씀을 전파하는 일이 일차적인 사명이다. 사탄은 할 수 있거든 사도들을 바쁘게 만들어 말씀을 준비하고 말씀을 전하고 기도하는 일에서 이탈하도록 온갖 수단과 방법을 다 동원하였다. 사도들은 영적전투의 현장을 목도하면서 자신들의 위치에서 문제를 정확히 진단하는 일을 게을리하지 않았다.

12사도가 모든 제자들을 불러 놓고 '우리가 하나님의 말씀을 제쳐 놓고 접대를 일삼는 것이 마땅하지'(6:2) 않다고 밝힌 것도 그 때문이다. 여기 '제쳐 놓고'는 '하나님의 말씀을 무시하고'(having neglected, καταλείψαντας)라는 의미이다. 이 단어에는 '뒤로 하고,' '떠나서,' '포기하고'라는 의미가 함축되어 있다.[62] 사도들이 기도와 말씀에 전무해야 했기 때문에 구제문제를 완벽하게 다룰 수 없었다. 둘 중의 하나가 소홀하게 다루어질 수밖에 없었다. 제자들이 구제의 문제를 담당하느라 말씀을 전파하고 가르치는데 지장이 있었다.

위기를 통한 교회 개혁, 일곱 사람의 선출

말씀과 기도를 제쳐 놓고 구제문제에 전념하는 것이 바람직하지 않다는 사실을 그들 스스로가 발견했다.[63] 그래서 사도들은 기도와 말씀에 전

---

[62] 누가는 동일한 단어를 누가복음 5장 28절 "그[레위]가 모든 것을 '버리고' 일어나 따르니라"에 사용하고 있다. 또한 예수께서 "나사렛을 '떠나' … 가버나움에 가서 사시니"(마 4:13)라는 말에 동일한 단어가 사용되었다. "사람이 그 부모를 떠나서 아내에게 합하여 그 둘이 한 몸이 될지니라"(마 19:5)고 할 때도 동일한 단어가 쓰였다.

무하고[64] 구제는 일곱 사람을 택해 맡겨 사역을 분담하기로 결정하였다.

기도와 말씀에 전무하는 일은 참 중요하지만 대단한 결단과 희생과 대가가 요구된다. 특히 교회를 책임져야 할 지도자의 입장에서는 기도와 말씀 전하는 일에 전무해야 하지만 교회 구성원들의 영의 문제만 아니라 세상에서의 필요, 특히 당시 구제의 문제를 간과할 수 없기 때문이다.

사도들이 두 가지를 다 감당하기에는 한계가 있기 때문에 기도하고 말씀 전하는 일에 전무할 수 있도록 구제하는 일을 위해 일꾼을 뽑았다. '사람들은 일곱 사람을 선출했고, 사도들은 그들을 임명했다.'[65] 사도들이 매일 구제에 많은 시간과 관심을 쏟는 것은 자신들이 해야 할 직무가 아니라고 판단하고 일곱 사람을 택하여 이 책임을 맡겼다. 사도들은 문제가 생겼다고 구제를 중단하지 않았다. 적합한 일꾼을 뽑아 그 책무를 그들에게 맡기고 사도들은 기도하고 말씀을 전하는 일에 전무했다. 여기서 오늘날 교회에 주는 두 가지 중요한 교훈이 있다.

첫째, 교회는 말씀을 전하는 일과 구제와 봉사 두 가지 면에서 균형을 이루어야 한다. 구제는 매우 중요한 일이다. 교회에 속한 어려운 지체들의 고통을 돌보는 일은 교회가 해야 할 고귀하고 거룩한 사역이다. 베드로가 '우리가 하나님의 말씀을 제쳐 놓고 접대를 일삼는 것이 마땅하지 아니하니'(6:2)라고 말한 것은 구제의 일이 하찮고 보잘 것 없는 저급한 일임을 말하는 것이 아니라, 비록 그 일이 고귀하고 거룩한 사역이라 하더라도 그 일 때문에 교회가 기도하고 말씀을 전파하는 일에 지장을 초래해서는

---

[63] Chrysostom, *The Homilies on The ACTS of The Apostles*, 197.

[64] 기도와 말씀은 깊은 연관성을 지닌다. 말씀 없는 기도, 기도 없는 말씀은 모두 온전하지 못하다. 말씀에 근거한 기도, 기도가 함께하는 말씀사역이 있어야 한다. 여기서 우리는 순서를 주목할 필요가 있다. 기도하고 말씀을 전하는 일이라고 함으로 기도를 말씀 앞에 두고 있다. 나는 기도가 말씀보다 더 중요하기 때문이 아니라 기도를 통해 성령의 능력을 간구하면서 말씀을 전해야 한다는 것을 말해주는 것이라고 해석한다. 기도가 없는 말씀선포는 지식 전달이나 인간들의 언어유희에 그칠 가능성이 높다. 그 설교가 기도를 통한 성령의 능력이 뒷받침되는 하나님의 권능의 메시지가 아니고 그 자신의 생각, 의견, 사상, 철학에 그친다면 그 설교자는 하나님의 메신저가 될 수 없다.

[65] Dick, *Lectures on Some Passages of the Acts of the Apostles*, 178.

안 된다는 의미다. 둘의 중요성과 둘 사이의 우선순위의 문제를 분명히 한 것이다. 구제보다 더 일차적인 교회의 사명이 말씀을 전파하는 일이지만 교회는 두 가지 중 어느 하나라도 게을리 할 수 없고 또 어느 하나에 치우쳐서도 안 된다. 둘이 균형을 이룰 때 교회는 총체적으로 성장하고 발전할 수 있다.

둘째, 예루살렘교회는 말씀을 전하고 기도하는 일과 구제하는 일을 동시에 감당했지만 분담하여 책임을 달리했다. 사도들은 기도하고 말씀 전하는 일에 전무하고 교회의 구성원들은 구제하는 일을 감당했다. 사도들은 일차적으로 말씀 전하는 일에 전무하고, 그 외의 일은 적격한 일꾼을 세워 과감하게 맡겼다.

이렇게 해서 예루살렘교회는 일곱 사람의 선출을 통해 교회 안에의 갈등을 하나님 나라 확장을 위한 도약의 기회로 삼았다. 사도들은 일곱 사람의 선출을 통해 사탄의 계략에 넘어가지 않고 기도와 말씀전파에 전념할 수 있었다. 그런 점에서 일곱 사람의 선출은 예루살렘교회 역사에서 중요한 전환점이었다.

일곱 일꾼의 선출 기준

일단 역할 분담을 하나님의 뜻으로 받아들인 사도들은 공동체의 합의를 통해 구제의 책임을 맡기에 적합한 일곱 사람을 찾았다. 이 일곱 사람은 명예롭고, 정직하고, 행정에 능숙하고, 인간의 감수성을 비롯한 미묘한 상황을 지혜롭게 처리하고 무엇보다도 성령이 충만한 사람이어야 했다.[66] 초대 예루살렘 공동체는 일꾼 선출의 분명한 기준이 있었다. '너희 가운데서 성령과 지혜가 충만하여 칭찬 받는 사람 일곱을 택하라'(6:3).

선출 기준은 '성령과 지혜가 충만하고 칭찬 듣는 사람'이다. 5절에는 '믿음과 성령이 충만한 사람'이다. 그렇다면 성령과 믿음과 지혜가 충만한 사람, '칭찬 듣는 사람'이 선출의 기준이었다. 사도들이 제안한 이 같은

---
[66] Bruce, *The Book of ACTS*, 128.

기준은 '만장일치로 인준을 받았고 이것은 지체 없이 즉시 실시되었다.'[67] 여기서 우리는 몇 가지 중요한 교훈을 얻을 수 있다.

첫째, 먼저 검증된 사람을 교회 지도자로 뽑아야 한다. 누가는 일곱 사람의 선출 기준을 설명하면서 '형제들아 너희 가운데서 성령과 지혜가 충만하여 칭찬 받는 사람 일곱을 택하라'(6:3)고 말씀한다. 우리는 여기서 주목할 것이 있다. '너희 가운데서 … 택하라'고 하신 말씀이다.[68] 너희가 너희 가운데서 검증되었다고 판단되는 사람을 뽑으라는 말이다. 선택의 주체가 누구이며 어떤 사람을 뽑아야 할지를 분명하게 밝혀주었다. 예루살렘 공동체 일원 가운데서 검증된 사람을 지도자로 뽑아야 할 것을 말씀한다.

주의 일꾼은 잘 아는 검증된 사람이어야 한다. 세상적인 기준을 가지고 주의 일꾼을 뽑아서는 안 된다. 잘 아는 검증된 사람을 뽑아야 한다는 말은 비단 일곱 사람 선출에만 적용되는 것은 아니다. 사도들을 선출하는 기준에도 변함없이 적용된 원칙이었다. 주의 일꾼은 합의된 사람, 모든 사람들이 인정해주는 그런 사람이어야 한다. 이 일을 위해 모든 제자를 모이게 한 것도 전체적인 공동체의 합의가 필요했기 때문이다.[69]

둘째, 성령과 지혜가 충만해야 한다.[70] 왜 성령충만이 필수적인지 캠벨 몰간은 이렇게 해석한다. "성령충만한 사람은 정상적인 그리스도인의 삶을 살아가는 자이다. 성령충만은 단지 소수만이 달성할 수 있는 영적 귀족

---

[67] Dick, *Lectures on Some Passages of the Acts of the Apostles*, 179.

[68] Denton, *A Commentary on the Acts of the Apostles*. Vol. I., 183.

[69] 공동체 일원으로 기쁠 때나 힘들 때나 짐을 함께 져왔던 사람, 모두가 바로 옆에서 체험하고 확인한 지도자들을 뽑아야 한다는 사실이다. 예수 그리스도를 팔아넘긴 가룟 유다 대신 한 명의 제자를 보충 선출할 때도 잘 아는 사람, 즉 우리 가운데 확인된 사람을 뽑아야 할 것을 주문하였다. "항상 우리와 함께 다니던 사람 중에 하나"를 세울 것을 명령했다. 그들이 맛디아와 바사바를 천거했던 것도 그 때문이다. 그 두 사람이 요한이 세례를 줄 때부터 그리스도께서 승천하실 때까지 제자들과 함께 동행했던 인물들이었다. 온 교우들이 잘 아는 사람을 뽑아야 흔들림이 없이 주의 사역을 잘 감당할 수 있다. 주의 사역을 감당하는 데는 기쁨만 있는 것이 아니다. 세상의 직업으로 인해 자신의 신앙이 흔들릴 때가 너무도 많은데 주의 사역을 감당하는 일에 있어서 그에 따른 감정의 굴곡으로 인해 또 가정 문제로 인해 주의 사역이 흔들려서는 안 될 것이다. 따라서 신중하게 뽑아야 될 이유가 바로 거기 있다.

[70] Denton, *A Commentary on the Acts of the Apostles*. Vol. I., 183.

상태가 아니다.… 성령충만은 비정상적인 그리스도인의 삶이 아니라 정상적인 그리스도인의 삶이다. 성령충만은 이 땅의 일들에 관심을 포기하는 것이 아니라 이 땅의 일-가정, 사업, 직업 그리고 모든 삶-이 그리스도의 손에 의해 어루만져지는 것을 의미하고, 마음과 심령과 뜻이 그리스도의 지배권 아래 다스림을 받는 것을 의미한다. 그러한 믿음의 사람들, 그러한 헌신의 사람들 그리고 그러한 그리스도인의 삶을 살아가는 사람들이 교회에서 직분을 맡아야 한다."[71]

성령충만은 교회 일꾼의 자격 중 가장 중요하고 우선되는 요건이다. 모세의 뒤를 이어 여호수아가 후계자로 뽑힌 이유도, 영향력 있는 일곱 사람인 스데반과 빌립도 '믿음과 성령이 충만한 사람'이었다. 성령충만은 곧 믿음의 충만을 의미한다.

교회 일꾼은 성령충만 할 뿐만 아니라 지혜가 충만한 자여야 한다. 여기서 말하는 지혜란 단순한 세상적인 지혜가 아니라 성령충만한 결과로 얻어지는 지혜를 말한다.[72] 캠벨 몰간의 말처럼, "직분자는 그리스도의 제자, 칭찬을 듣는 사람, 정상적인 그리스도인, 성령의 충만을 받아야 하지만, 동시에 그는 지혜가 충만해야 한다."[73] 우리는 여기서 성령과 지혜가 왜 동격으로 동일하게 언급되었는가 하는 사실을 주목할 필요가 있다.

교회는 주님을 머리로 하는 거룩한 공동체이지만 세상 속에 존재한다. 때문에 교회는 신령한 것과 세상의 것을 동시에 이해해야 한다. 이를 위해서 지혜가 필요한 것이다.[74] 교회를 섬기는 자들은 성령의 사람이면서도

---

[71] G. Campbell Morgan, *Acts of the Apostles* (New York: Fleming Revell, 1924), 174.

[72] Morgan, *Acts of the Apostles*, 174. 여기서 지혜라는 말은 도덕적인 자질을 가리키는 말이지만, 그 이상을 의미한다. 지혜란 곧 거룩한 상식을 말하는 것으로 주의 도우심과 주님의 인도하심으로 자신의 선한 능력을 최대한으로 발휘할 수 있는 능력을 말한다. 교회에서 직분을 맡은 자들은 이런 지혜가 있어야 한다. 우리가 만일 신앙이 없는 사람을 세상적인 어떤 조건이 좋다고 해서 뽑는다면, 단기적으로 유익이 될 지 모르지만 장기적으로는 도움이 안 되는 경우가 많다. 그 직임을 주님께서 허락하신 거룩한 소명으로 알고 끝까지 겸손히 섬기기가 쉽지 않기 때문이다. 교회가 직분자를 선출할 때 신중하게 뽑아야 하며, 무엇보다도 신앙의 확신이 있는 자들 중에서 뽑아야 하는 이유가 바로 거기 있다. 따라서 주의 일꾼은 신앙이 최우선이다. 다른 어떤 것이 조건이 될 수 없다.

[73] Morgan, *Acts of the Apostles*, 174.

동시에 지혜의 사람이어야 한다.[75] 누구를 어떻게 구제하여야 하는가를 판단하려면 지혜가 필요하기 때문이다.

셋째, 믿음과 성령이 충만한 사람이다. 누가는 믿음과 성령을 분리시키지 않았다. 성령은 우리의 믿음을 굳게 해주고, 믿음의 사람들은 성령으로 충만한 사람이다. 믿음이 충만하다는 것은 곧 성령충만이 가져다 준 결과이다. 성령충만하지 않고 믿음이 충만할 수 없다. 성령은 믿음에 선행한다. 믿음을 주시는 분이 성령이시기 때문이다. '누가는 마치 신앙 자체가 역시 성령의 은사가 아닌 것처럼 신앙을 성령으로부터 분리시키지 않는다.'[76]

넷째, 교회의 일꾼은 사람들의 칭찬을 받는 자여야 한다. '칭찬받는 사람'이란 헬라어로 마르티루메노우스(μαρτυρουμένους, being well attested)로 순교자들, 증인들과 같은 어원에서 나온 말이다. 진정한 칭찬은 희생적일 때 가능하다. 그리스도의 참된 증인으로 자기 것을 자기 것으로 여기지 않고 가난한 자들을 구제하고 하나님의 사랑을 실천하면서 순교자처럼 주를 위해 목숨을 아끼지 않고 헌신하는 자가 칭찬을 받는다. 자기 욕심을 한 없이 챙기는 자가 주변 사람들로부터 칭찬을 받을 수 없다.

---

[74] Morgan, *Acts of the Apostles*, 175. 몰간은 미국 어느 대학 교수가 자신의 과목을 수강하는 신입생들에게 한 말을 인용하면서 지혜의 중요성을 환기시켜 주었다. "사랑하는 신입생 여러분, 만일 여러분들이 성공하기를 원한다면 당신에게 세 가지가 필요합니다. 재능과 은혜와 지혜입니다. 첫 번째에 대해서는 우리가 전혀 당신을 도와줄 수 없습니다. 나는 하나님께서 여러분들에게 재능을 주셨다고 믿습니다. 우리는 훈련과 기도를 통해서 당신이 은혜를 얻도록 도와줄 수 있습니다. 그러나 만약 여러분들이 지혜를 갖고 있지 않다면 하나님도 사람도 당신을 도울 수 없습니다. 나는 그런 분들에게 공부를 계속하지 말라고 충고합니다."

[75] Lyman Abbott, *An Illustrated Commentary on the Acts of the Apostle* (New York: A. S. Barnes, 1878), 76.

[76] 칼빈, **사도행전 I**, 222-223. "그러나 그는 '성령'이라는 말로써 스데반이 받은 다른 은사들을 의미하고 있다. 이를테면 열심이라든지, 신중성, 선행의 의지, 형제애, 근면, 선한 양심의 성실성 등을 가리킨다. 그래서 그는 특히 하나의 예를 드는 것이다. 그러므로 그는 스데반이 특별히 신앙에 있어서 그리고 그 다음에는 다른 덕행에 있어서도 특출하였다는 것을 의미하고 있는 것이다. 따라서 그에게 성령의 은혜가 충만하였다는 것은 너무도 분명한 일이었다. 다른 사람들은 그와 견줄 수 없었던 것이 확실하였기 때문에 누가는 그처럼 크게 다른 사람들을 찬양하지는 않는다. 사실 그렇다."

교회는 좋은 평판을 가진 사람, 좋은 소문을 낼만한 증인들을 뽑아야 한다. 교회의 교인들 사이에 그리고 교회 밖의 사람들 사이에 좋은 평판을 가진 사람이 주의 사역을 능동적으로 감당할 수 있기 때문이다. 사람들에게 칭찬을 받는다는 것은 인격적으로 훈련된 것을 의미한다. 교회 밖에서나 안에서나 많은 사람들에게 비방을 받는 사람은 그 자체가 덕이 되지 않는다. 칭찬받는 사람을 주의 일꾼으로 선출해야 할 이유는 아무리 우리 가운데 잘 아는 사람일지라도, 또한 성령과 지혜가 있다고 하더라도, 모범이 되지 않으면 아무 소용이 없기 때문이다.[77]

마지막으로 일곱을 택한 주체가 12사도가 아니라 예루살렘교회공동체 전체 구성원이라는 사실을 기억해야 한다. 12사도는 "형제들아 너희 가운데서 … 택하라"(6:3)고 제안했고, 교회 '온 무리가 이 말을 듣고 기뻐하여'(6:5) 일곱을 택했다. 신약의 교회가 맛디아를 선택할 때도 그렇고 여기 일곱을 택할 때도 전체 구성원들의 합의와 의견이 중시되었다. 누가가 언급하지 않았지만 교회 구성원들이 합심하여 기도 가운데 일곱을 선택했을 것은 분명하다. 선출대상, 선출과정, 선출관련 문제로 교회 안에 의견 대립이나 파벌이 생기지 않았다.[78]

헬라파 출신의 일곱 사람

자신들이 내세운 조건에 따라 이들은 믿음과 성령이 충만한 '스데반, 빌립, 브로고로, 니가노르, 디몬과 바메나' 그리고 다른 종교에서 '유대교

---

[77] Chrysostom, *The Homilies on The ACTS of The Apostles*, 198.

[78] Chrysostom, *The Homilies on The ACTS of The Apostles*, 198. 잘 아는 것과 또 성령과 지혜가 충만한 것만으로도 충분할 텐데 칭찬받는 사람을 조건으로 내세운 것은 교회가 다양한 사람들이 함께 어울리는 신앙의 공동체이기 때문이다. 공동체에 필요한 사람은 '나 홀로 성령의 사람,' '나 홀로 지혜의 사람'이 아니라 공동체와 어울리며 공동체의 유익을 우선한 가운데 공동체를 섬기며 겸손히 맡겨진 일을 묵묵하게 감당하는 사람이다. 칭찬은 사랑의 섬김에서 나온다. 주를 위해 헌신한다고 해도 협력하지 않는 사람은 주의 일꾼으로 부적격자이다. 그래서 사도행전은 일곱 사람의 자격을 논하면서 우리 가운데서 성령이 충만하고, 지혜가 충만하고, 믿음이 충만하고 사람들에게 칭찬받는 사람이어야 한다고 말한 것이다.

에 입교했던 니골라'(6:5), 총 일곱 사람을 택했다.[79] 여기서 우리가 주목하는 것은 헬라파와 히브리파 전체가 선출했지만 이들 일곱 사람이 모두 헬라 이름을 갖고 있어 이들 모두가 헬라파 그룹에 속해 있었다는 것을 암시한다.[80] 제일 먼저 나오는 스데반은 '믿음과 성령이 충만한 사람'으로 예루살렘교회에서 매우 중요한 인물이었다. 빌립도 복음전파 과정에서 매우 중요한 역할(8:5-40; 21:8 이하)을 감당했다.

그 외 다섯 사람에 대하여는 잘 알려지지 않았다. 브로고로(Prochorus)는 사도 요한의 '서기'(amanuensis)로 니코메디아(Nicomedia)의 감독이었으며, 후에 안디옥에서 순교하였다고 전해진다. 마지막에 언급된 니골라에 대해 누가는 그가 유대인이 아닌 이방인 개종자로 안디옥 사람(물론 시리아의 안디옥을 가리킨다)이었다고 밝혔다. 출신이 다 달랐을 텐데 누가가 안디옥 출신이라고 니골라만 특별히 출신지를 언급한 것은 그가 안디옥에 대해 특별한 관심을 가지고 있다는 표식이다. 그것은 누가 자신이 안디옥 사람이었다는 전승을 확증하는 데도 도움을 준다.[81]

여기 나오는 니골라가 계시록에 나오는 니골라당의 창시자와 동일인이다. 교회의 일꾼으로 세움 받은 그가 교회를 파괴하는 이단의 앞잡이가 된 것이다.[82] 분명 예루살렘교회가 일곱을 택하는 과정을 통해서 우리는

---

[79] 예루살렘교회가 왜 일곱 사람을 뽑았는지는 정확히 알 수 없다. 아마도 몇 가지의 추론들이 가능할 것 같다. 일곱은 성경에서 거룩한 숫자이고, 예루살렘이 일곱 행정기구로 나뉘었고, 3인의 히브리인과 3인의 이방인과 1명의 개종자 등 7명으로, 당시 7천 명의 교인들이 있었기 때문에, 7일을 봉사한다는 뜻에서 등 다양하게 해석할 수 있다.

[80] Abbott, *An Illustrated Commentary on the Acts of the Apostle*, 77; Arnot, *The Church in the House*, 152; Dick, *Lectures on Some Passages of the Acts of the Apostles*, 179.

[81] Bruce, *The Book of ACTS*, 129; William Gilson Humphry, *A Commentary on the Book of the Acts of the Apostles* (London: John W. Parker and Son, 1854), xiii-xiv. 험프리가 지적한 것처럼 누가가 안디옥 출신의 개업의라는 사실은 유세비우스가 밝힌 이후 권위 있는 주장으로 받아들여지고 있다. 제롬도 누가가 안디옥 출신이라고 밝혔다. Edwin Wilbur Rice, *People's Commentary on the Acts* (Philadelphia: The American Sunday-School Union, 1896), 9.

[82] Hermann Olshausen, *Biblical Commentary on the Gospels, and on the Acts of the Apostles: Adapted Expressly for Preachers and Students* Vol. IV. (Edinburgh: T. &T. Clark, 1860), 312; Denton, *A Commentary on the Acts of the Apostles*. Vol. I., 182-183. 덴톤에 따르면 알렉산드리아 클레멘트는 다른 의견을 갖고 있었다. "일부 사람들은 니콜라가 니골라당이

많은 교훈을 얻어야 한다. 예루살렘교회의 일곱 명의 선택이 결코 완벽한 선출은 아니라는 사실을 기억해야 한다. 현대 교회는 다음과 같은 칼빈의 말에 주의를 기울여야 할 것이다. "즉 이 일곱 사람 가운데 하나인 니골라는 요한이 계시록(2:15)에서 그가 바로 여인들이 창녀가 되기를 원한 자이므로 창피하고 치욕적인 한 종파의 창시자로 지목한 인물인 것이다. 따라서 그것은 우리가 교회의 교직자들을 선택함에 있어서 정신을 바짝 차려야 한다는 사실을 적절하게 말해 주는 일이다."[83]

헬라파 유대인들 가운데서 일곱 사람이 모두 택해진 것은 이들의 불평을 없애기 위해 의도적으로 되어진 것으로 볼 수도 있을 것이다. 그러나 '성령과 지혜가 충만'하고 '칭찬받는 사람'이라는, 일곱 사람 선출 조건을 충족시키는 자들 중에 헬라파가 많았기 때문이라고 봐야 할 것이다. 불평을 늘어놓은 중심세력이 바로 '헬라파 유대인들'이었는데 선출의 엄격한 조건을 다 충족한 이들이 헬라파 유대인들 가운데 압도적으로 더 많았다는 것을 어떻게 이해해야 하는가? 누가는 여기서 하나님의 섭리와 복음의 성격을 자연스럽게 드러내려고 한 것이다. 그것은 멸시받고, 힘이 없고, 유약하고, 부족하고, 소외되고, 약점이 많고 기득권에서 멀어진 사람들을 통해 하나님의 복음이 확장되어 간다는 사실이다. 유일한 이방인 성경저자 누가는 다른 히브리 성경저자들이 주목하지 못한 구속사의 새로운 측면을 이방인의 시각에서 면밀하게 고찰한 것이다.

일곱 사람을 선출한 이후 헬라파 유대인들과 이방인들이 예루살렘교회의 구제 문제 해결을 주도했음을 보여준다. 그리하여 예수를 따르는 예루살렘 공동체가 새롭고 중요한 단계에 접어들었다. 헬라파가 새로운 변화의 시대에서 주도적인 리더십을 발휘하기 시작한 것이다. 누가는 유대인

라는 불순하고 이단적인 분파를 창설했다고 말한다. 그러나 다른 사람들은 그들이 단지 그들의 이단을 지지하기 위해 그의 행동에 호소했을 뿐이라고 주장하고 반면 다른 이들은 그가 불순하고 이단의 책임이 있다고 비판하는 것을 부정한다. 이레니우스와 히폴리투스, 터툴리안, 제롬은 니골라를 니골라당의 창설자로 언급한 반면 알렉산드리아 클레멘트는 니골라에게 그런 혐의를 가하는 것을 부정한다.

[83] 칼빈, 사도행전 I, 222-223.

이 아닌 헬라인의 시각으로 어떻게 유대주의 배경을 가진 그리스도의 종교가 유대주의 벽을 넘어 이방인들에게로 확산되어 나갔는가를 자연스럽게 기술해 나가고 있다. 누가가 예루살렘교회의 일곱 사람 선출만 아니라 그들 중의 스데반과 빌립의 사역을 부각시키는 것도 그런 맥락에서 이해할 수 있다.

사회 복지 문제를 일곱 사람을 택해 그들에게 위임한 본문을 집사직의 기원으로 이해하는 경우가 많다. 그러나 누가는 집사라는 말을 전혀 본문에서 사용하지 않았다. 우리는 사도행전 6장 3절을 정확히 이해할 필요가 있다. 헬라어를 직접 번역하면 '그러므로 형제들아 이 일을 맡도록 우리가 임명할, 성령과 지혜가 충만하다고 확신되는 일곱 사람을 너희 중에서 택하라'(6:3).

교회의 두 가지 필수사역: 복음전파와 구제

우리는 말씀과 구제의 사역 모두 디아코니아(diakonia)라는 사실을 주목해야 한다. 구제문제를 위해 선출된 이들 일곱 명이 지금까지 집사(deacons)의 기원으로 널리 알려졌다. 그러나 누가는 이들 일곱에게 집사의 헬라어 어원에 해당되는 디아코노스(diakonos)를 쓰지 않고 디아코니아(diakonia)를 사용했다. 특별히 우리는 1절과 4절에서 12사도의 말씀과 기도에 힘쓰는 일과 일곱 사람의 구제의 일이 다 같이 디아코니아(diakonia), 즉 사역 혹은 섬김으로 되어있다는 사실을 주목할 필요가 있다. 전자는 '말씀의 사역'(διακονία τοῦ λόγου, 6:4)이고, 후자는 '먹이는 사역'(διακονία, 6:1) 혹은 사회사업이다.

교회에서 이 둘이 병행되어져야 할 것을 말해주는 것이다. 주님도 말씀하셨다. '가난한 자들은 항상 너희와 함께 있으니 아무 때라도 원하는 대로 도울 수 있거니와 나는 너희와 항상 함께 있지 아니하리라'(막 14:7).[84] 복음전도와 사회적 책임은 분리될 수 없다.[85] 존 스타트는 이 부분에 대해

---

[84] 마 26:11; 요 12:8.

이렇게 말한다.

"어떤 한 사역이 다른 사역보다 우월하지 않다. 그와 반대로 둘 다 기독교 사역이다. 즉 하나님과 그의 백성을 섬기는 방식이다. 둘 다 그것을 시행하기 위해서는 신령한 사람, '성령이 충만한' 사람이 필요하다. 그리고 둘 다 전임 기독교 사역이 될 수 있다. 그 두 사역 간의 유일한 차이는 그 사역이 취하는 형태와 그것이 서로 다른 은사들과 서로 다른 부르심을 요구한다는 것이다."[86]

누가는 말씀의 사역자를 사도로, 먹이는 사역자를 평신도로 구분하려고 하지 않았다. 교회에는 말씀의 사역자와 구제의 사역자가 필요하고, 반드시 역할 분담이 필요하다는 사실을 이야기하고 싶은 것이다. 결코 말씀의 사역만 성경이 말하는 유일한 사역도, 또 그것이 가장 월등한 사역도 아니다. 말씀의 사역을 감당하던 구제의 사역을 감당하던 봉사의 직분이다. 모두가 섬기는 자들이다. 목회자는 섬김을 받는 자이고, 그 외 다른 직분자들은 섬기는 자들이라는 도식은 성경적이지도 않고 바람직하지도 않다. 교회 안에 어떤 직분을 맡았던지 모두 봉사자이다. 섬김을 받아야 할 분은 오직 주님 한 분 밖에 없다. 모두는 각자 주어진 직분에서 충실하게 하나님의 나라를 섬기는 자들이다.

말씀의 사역과 구제의 사역 모두가 중요하고, 두 가지 사역이 모두 디아코니아로 기록되었다는 사실을 고려할 때 교회에서의 사역을 상하 관계로 이원화시키지 말아야 한다. 말씀의 사역을 감당하든 구제의 사역을 감당하든 우리는 다 그분의 제자들이기 때문이다. 목사도 그분의 제자들이고 평신도들도 그분의 제자들이다. 우리가 공무원이든 회사원이든 혹

---

[85] 청교도들은 국가, 사회, 교회를 유기적으로 이해했다. 조지 말스던, "개혁주의와 미국," 데이빗 F. 웰스 편, 개혁주의 신학 (서울: 한국기독교사연구소, 2017), 25-40; "로잔언약," Laussane Movement <www.lausanne.org/ko/content-ko/covenant-ko/lausanne-covenant-ko>(2018. 09. 27. 접속). 조지 말스던이 지적한 것처럼 청교도들은 교리와 경건과 문화가 균형을 이루었다. 교회는 복음전도를 게을리해서는 안 되지만 사회와 문화 속에서 대사회적, 문화적 책임도 최선을 다해 감당해야 한다.

[86] 존 스타트, 사도행전 강해 (서울: IVP, 1999), 136-137.

은 개인 사업을 하든 그 모든 직업은 주님이 주신 거룩한 소명이라는 인식을 잊지 말아야 한다. 교회 직분 여부와 상관없이 우리 모두는 주의 사역을 감당하는 자들이다. 이 같은 소명을 가지고 주어진 사역을 감당할 때 비로소 우리 모두는 하나님 나라를 수종 드는 지체들로 거듭날 수 있다.

누가의 기록을 통해 우리는 현대 교회를 향한 주님의 거룩한 소명을 발견한다. 그것은 교회의 역할이 결코 말씀을 전하는 일이나 기도하는 일에만 국한된 것이 아니라는 사실이다. 구제와 봉사까지 교회의 사역이라는 사실을 일깨워주고 있다. 세상에서 교회가 할 일이 무엇인가를 선명하게 보여준다. 교회는 기도와 말씀을 전하는 일을 충실하게 감당하면서도 구제와 봉사의 책무를 소홀히 하지 말아야 할 것이다. 이 일을 위해서는 목회자와 평신도 모두가 거룩한 하나님 나라라는 공동의 목적을 가지고 자신들의 주어진 사역을 감당해야 한다. 이것은 각자가 본연의 역할에 충실해야 한다는 의미다. 목사가 구제하고 봉사하는 일에 전념하고 집사가 설교하고 기도하고 말씀 전하는 일에 전념한다면 사람들의 관심은 끌 수 있겠지만 교회가 건강하게 세워지기는 쉽지 않다. 우리는 존 스타트의 다음과 같은 말에 주의를 기울여야 할 것이다.

"특별히 목사와 지역교회 회중들이 이러한 교훈을 배우는 것은 교회의 건전함과 성장에 매우 중요하다. 목사들은 사도들이 아니라는 것은 사실이다. 왜냐하면 사도들은 복음을 계통적으로 조직화하고 그것을 가르칠 권위를 받은 반면에 목사들은 사도들이 신약에서 우리에게 전해 준 메시지를 해석할 책임이 있기 때문이다. 그럼에도 불구하고 목사들이 그들의 삶을 바치도록 부름 받은 것은 진정한 '말씀의 사역'이다. 사도들은 너무 바빠서 사역을 못한 것이 아니라 부적당한 사역에 몰두하고 있었던 것이다. 많은 목사들도 이와 같다. 그들은 말씀의 사역(이에는 회중들에게 설교하는 것, 개인 상담하는 것, 그룹을 훈련시키는 것 등이 포함될 것이다)에 집중하는 대신에, 행정적인 일들에 압도되어 버린다. 때로는 그것은 목사의 잘못이며(그가 모든 고삐를 자기 손에 쥐고 있으려고 한다), 때로는 교인들의 잘못이다(그들은 목사가 허드레 일꾼이 되기를 바란다). 어떤 경우든 그 결과는 비참한 것이다. 설교와 가르침에 대한 기준이 점점 낮아진다. 목사가 연구하거나 기도할 시간이 거의 없기 때문이다. 그리고 평신도들은 하나님께서 주신 그들의 은사를 발휘하지 않는다. 목사가 모든 일을 자기 혼자 하기 때문이다. 이러한 두 가지 이유로 해서 회중들은 그리스도 안에서 성숙하게 자라지 못한다. 필요한 것은 하나님께서 서로 다른 남녀들을 서로 다른 사역에로 부르셨다고 하는 기본적이고 성경적인 인식이다. 그렇게 되면 교인들은 목사가 말씀의 사역에 열중하도록 불필요한 행정적 일로부터 그가 자유롭게 되게끔 보장할 것이고 목사는 사람들이 그들의 은사를 발견하고 그들에게 적합한 사역을 개발하도록 보장할 것이다."[87]

오늘날 교회는 예루살렘교회를 교훈 삼아 지혜롭게 말씀전파와 구제 두 가지 사역을 다 잘 감당해야 한다. 두 사역 다 섬기는 사역이다. 이 자의식을 가지고 성령의 인도하심 가운데 목사는 기도하고 말씀 전하는 일에, 평신도는 구제와 봉사하는 섬김에 전념해야 한다. 각자 주어진 역할, 맡겨진 사역을 충실하게 감당할 때 교회는 건강하게 성장할 수 있다.

일곱 사람의 선출 과정

일곱 사람의 선출 과정에서 우리는 두 가지를 확인할 수 있다. 첫째, 매우 신중했다는 사실이다. 예루살렘교회에 구제문제가 발생하자 '열두 사도가 모든 제자'(6:2)를 불렀다. 전 공동체의 문제로 인식하고 신중을 기한 것을 보여준다. 성령과 지혜가 충만한 사람을 뽑아야 하지만 누가 그런 사람인지를 판단하기 위해서는 신중할 필요가 있다. 객관적인 판단을 해야 하지만, 우리의 판단은 한계가 있기 때문에 겸손히 하나님께 도움을 구해야 한다.

누가는 이들 일곱 사람을 뽑기 위해 기도했다는 언급을 하지 않았지만 맛디아를 뽑을 때 하나님의 뜻을 구했고, 일곱 사람을 세울 때 기도하고

---

[87] 존 스타트, 사도행전 강해, 137-138.

안수했다는 사실을 통해 기도 가운데 공동체가 뽑았음을 암시해준다. 주의 일꾼은 기도 가운데 뽑아야 한다는 사실이 중요하다. 이것은 주의 일꾼은 사람으로부터도 인정을 받아야 하지만, 하나님으로부터도 인정을 받아야 하기 때문이다.[88]

둘째, 전 공동체의 합의가 있었다. '온 무리가 이 말을 기뻐하여'(6:5)라는 말이 이를 단적으로 보여준다. 일곱 사람을 선출하는 일과 조건들 모두를 전 공동체가 기쁨으로 수납한 것을 알 수 있다. 성령은 하나 되게 하시는 영이시다. 구제의 문제를 두고 히브리파 유대인들과 헬라파 유대인들의 대립이 심각했고, 서로 의견이 달랐지만 문제를 해결할 제안과 진행과정에서 전 공동체가 일치한 것을 알 수 있다. 예루살렘교회가 주의 일꾼을 택할 때 '신중과 일치'를 기한 것이다. 이런 과정을 거쳤기 때문에 6장 7절이 암시하듯 결과는 매우 좋았다.

일곱 사람의 선택으로 말미암아 교회는 이제 하나의 조직체로서 틀을 다지게 되었다. 영적인 관점에서 보면 사탄은 수단과 방법을 가리지 않고 교회를 끊임없이 방해한다. 이와 같은 방해의 도전 속에 교회가 어떻게 해야 할 것인가를 잘 보여준다. 가장 분명한 것은 교회가 필요한 일꾼을 선출해서 각자가 자신들에게 맡겨진 역할을 충실하게 감당하도록 만들어 주어야 한다는 사실이다. 이 일을 위해 우리는 성령과 지혜가 충만하고 칭찬 듣는 사람을 택해야 할 것이다. 교회는 기도하는 마음으로 하나 되어 신중하게 주의 일꾼을 택해야 하고 피택 된 자들은 겸손히 주의 사역을 감당해야 한다. 비 온 후에 땅이 더 굳어지는 것처럼 예루살렘교회는 구제

---

[88] 교회에서 지도자를 선택할 때 신실한 사람 가운데 택하는 것은 매우 중요하다. 교회 일꾼으로 누구를 세우느냐는 것은 교회의 발전과 안정에 결정적인 영향을 미친다. 때문에 교회 지도자를 선출할 때 신중해야 한다. 초대교회는 맛디아를 택할 때 기도하며 주님의 뜻을 구했다. 바로 이것이 주님의 몸 된 교회의 일꾼들을 뽑을 때 교회가 취할 자세이다. 교역자, 장로, 권사, 집사, 그 외 교회의 일꾼들을 뽑을 때 우리는 이런 자세를 가져야 할 것이다. 필자가 잘 아는 서울의 어느 교회에서 일어난 일이다. 어떤 부부가 그 교회에 새로 등록했다. 남편은 유명한 순교자 이OO의 아들이고 그 아내는 한 때 서울 시내 예장 합동 유명 교회 여전도사였다고 담임과 교인들을 속였다. 열심히 신앙생활을 하고 재정을 맡은 후 교회 헌금 수천만 원을 유용하는 바람에 교회가 한동안 큰 시험에 들었던 적이 있다. 나중에 밝혀진 일이지만 그는 순교자의 자녀가 아닌 것은 물론 전과 14범의 사람이었다.

로 인한 내분이 집사 선택으로 해결되었고 교회는 더욱 왕성해지게 되었다.[89]

4. II부 결론: 예루살렘에서의 놀라운 복음전파(6:7)

> 하나님의 말씀이 점점 왕성하여 예루살렘에 있는 제자의 수가 더 심히 많아지고 허다한 제사장의 무리도 이 도에 복종하니라

사도행전 6장 7절은 사도행전 II 부에 해당하는 '예루살렘에서의 복음확장'의 결론이다. 말씀이 흥왕하게 된 것은 사도들이 구제하고 봉사하는 일을 일곱 사람들에게 맡기고 기도하고 말씀 전하는 일에 전무했기 때문이다. 사도들은 기도하고 말씀 전하는 일에 전무했고 선출된 일곱 명은 충실하게 구제 사역을 감당하였으며 예루살렘교회공동체가 그들을 신뢰하고 협력한 것을 알 수 있다. 성령 안에서 사도들, 일곱 사람들 그리고 공동체 모두가 책임을 다한 것이다. 교회를 섬기는 이들이 각자 주어진 사역을 충실하게 감당하였을 때 교회는 균형 있고 건강하게 성장할 수 있다.[90]

예루살렘의 제자의 수가 심히 많아지고 심지어 예루살렘의 제사장들도 주님께로 돌아왔다는 사실을 통해 사도행전 1장 8절의 약속 '예루살렘'에서의 복음화 약속이 이제 구체적으로 성취되었음을 보여준다. 그런 의미에 다니엘 월리스(Daniel Wallace)가 동의했듯이 사도행전 3장부터 6장 7절까지를 "예루살렘에서의 복음의 확장"의 범위로 삼아야 한다.[91]

여기서 누가는 오순절 성령강림을 통해 형성된 예루살렘교회의 모습

---

[89] Chrysostom, *The Homilies on The ACTS of The Apostles*, 200. 일곱 사람의 선택으로 사도들은 기도하는 일에 더욱 전무할 수 있게 되었고 또한 긴 선교여행을 자유롭게 떠날 준비도 할 수 있었다. 하나님의 말씀을 읽고 묵상하고 전파하는 일에 집중할 수 있게 된 것은 물론이다.

[90] 존 스타트, **사도행전 강해**, 138.

[91] Daniel B. Wallace, "Acts: Introduction, Outline, and Argument," 17–23. <www.bible.org/seriespage/5-acts-introduction-outline-and-argument>(2018. 09. 25. 접속).

을 결론적으로 제시하고 있다. 예루살렘교회에 나타난 결과는 첫째, 박해 가운데서도 하나님의 말씀이 더욱 왕성하게 되었고,[92] 둘째, 예루살렘에 있는 제자의 수가 더 심히 많아졌고, 셋째, 허다한 제사장의 무리까지 이 도에 복종하게 되었다. 복음이 예루살렘에서 얼마나 놀랍게 확산되었는가를 보여준다. 존 크리소스톰의 말대로 "예루살렘에서 제자의 수가 놀랍게 증가했다. 그리스도가 죽임을 당한 그곳에 복음전파가 활발하게 증가하다니 이 얼마나 놀라운 역사인가! 아나니아 문제로 몇 사람이 마음 상한 것은 문제가 아니다. 그로 말미암아 경외감이 더 한층 크게 증가했다."[93]

실제로 누가는 '예루살렘,' '하나님의 말씀이 점점 왕성하여,' '제자의 수가 더 심히 많아지고,' '허다한 제사장의 무리'라는 표현을 통해 예루살렘에서 진행되고 있는 놀라운 복음의 확장을 그대로 그려주고 있다.[94]

우리는 여기서 간과해서는 안 될 것 한 가지가 더 있다. 여기 '왕성하다'(ηὔξανεν)는 말과 '많아지다'(επληθυνετο)는 동사가 미완료 시제라는 사실이다. 이것은 말씀이 퍼져가고 교회가 성장해가는 일이 중단되지 않고 계속되었음을 말해준다.[95] 사도들의 말씀전파로 인해 교인의 수가 놀랍

---

[92] Denton, *A Commentary on the Acts of the Apostles.* Vol. I., 185. 크리소스톰이 지적한 것처럼 수가 증가한 것이 시련 전이 아니라 시련 이후라는 사실이다. 또한 허다한 제사장의 무리도 이 도에 복종했으니 하나님의 은혜가 얼마나 컸는가를 알 수 있다. Chrysostom, *The Homilies on The ACTS of The Apostles*, 200.

[93] Chrysostom, *The Homilies on The ACTS of The Apostles*, 200.

[94] 여기 '왕성하여'(ηὔξανεν)는 '증가하고'(increased), '계속해서 자라가고,' '계속해서 확산되고,' '대단히 성장하고'라는 의미를 지니고 있다. 신약성경에 이 단어가 여섯 번(눅 1:80; 2:40; 6:7; 12:24; 19:20; 고전 3:6) 등장하는데 그 중의 다섯 번이 누가복음과 사도행전에 나온다. 누가가 이 단어를 얼마나 즐겨 사용하였는가를 알 수 있다. '허다한 제사장의 무리도 이 도에 복종하더라'에서 '도'는 헬라어 원문에는 '그 믿음'(the faith, τῇ πίστει)을 의미한다.

[95] 주의 교회를 섬기는 이들이 주어진 일들을 충실하게 감당하게 되면 그 교회에 말씀이 흥왕하고 믿는 자들의 수가 점점 늘어나게 마련이다. 사도행전을 기록한 누가는 사도행전에서 이 구절을 여섯 번 반복해서 기록하고 있다. 일곱 사람을 선출하고 사도들이 말씀 전하는 일에 전무한 후(6:7), 사울이 극적인 회심을 경험한 후(9:31), 첫 이방인 고넬료의 회심 후 그리고 헤롯 아그립바 1세가 죽은 후(12:24), 바울의 첫 번째 선교여행과 예루살렘공의회 이후(16:5), 두 번째와 세 번째 선교여행 후(19:20) 그리고 마지막으로 바울이 로마에서 "아무런 방해도 받지 않고 아주 담대하게 말씀을 전파했던 로마에 도착한 후"(28:30-31)가 그것이다. 이 구절들에는 말씀을

게 증가되었고, '허다한 제사장의 무리'(a large number of priests)도 믿었다. 제사장들이 이 도에 복종했다는 것은 믿었다는 뜻이다.

  바벨론 포로에서 돌아온 제사장의 수가 4,289명이었다. 그 수가 예수님 당시에는 더욱 증가한 것으로 보인다. 이들 가운데 상당히 많은 제사장들이 주님께로 돌아온 것이다. 제사장들은 구약에 대해 일반인들보다 더 많은 식견을 갖고 있는 자들이었다. 따라서 구약의 예언들을 풀어 구속사적으로 해석하는 제자들의 메시지에 더욱 민감하게 반응한 것으로 보인다. 일곱 사람 가운데에는 대제사장의 친지도 있었고, 관원 중에 믿는 자도 있었지만 제사장이 믿었다는 기록은 이 사건 전에는 일찍이 없었다.

  성경학자들은 그리스도께서 십자가에 달리시고 부활하신 후 니고데모와 같은 이들이 회심하고 주님을 영접하여 그리스도의 사람들이 된 것이 유대인 전도에 결정적인 역할을 한 것으로 본다.[96] 사도행전 1장 8절의 약속대로 성령이 임한 후 먼저 하나님의 복음이 '예루살렘' 안에 놀랍게 전파된 것이다. 덴톤의 표현을 빌린다면 위대한 파수군(the great Sower)의 손에 의해서 심어진 씨가 인간의 심령 가운데 움이 트고 자란 것이다.[97]

전했다는 말이나 혹은 교회가 성장했다는 말이나 아니면 두 가지 모두가 다 기록되어 있다. 특별히 사도행전 6장 7절에는 두 가지 내용이 모두 다 기록되어 있다.
  [96] Abbott, *An Illustrated Commentary on the Acts of the Apostle*, 78.
  [97] Denton, *A Commentary on the Acts of the Apostles*. Vol. I., 185.

제 III 부
유대와 사마리아에서의 복음전파
(6:8-9:31)

6장
스데반의 설교와 순교
(6:8-8:1)

7장
사마리아 복음전도와 그 의의
(8:1-40)

8장
사울의 회심과 이방선교의 준비
(9:1-31)

하나님의 복음은 예루살렘을 넘어 유대 전역과 사마리아로 확산되어 나갔다. 사도행전 3부에 해당하는 사도행전 6장 8절부터 9장 31절까지는 복음이 예루살렘을 넘어 온 유대와 사마리아로 확장되는 과정을 설명하고 있다. 이것은 사도행전 1장 8절의 말씀을 빌린다면 제자들이 오순절 성령충만을 통해 "권능을 받고 예루살렘과 온 유대와 사마리아"에서 증인이 되는 과정이다. 주님의 약속대로 복음은 일곱 사람 중 한 명인 빌립을 통해 예루살렘이라는 영역을 넘어 온 유대와 사마리아로 확산되었다. 이어 극적인 회심을 통해 장차 이방인의 사도로 부름 받은 사울이 준비되었다.

제 3부는 제 6장 스데반의 설교와 순교(6:8-8:1), 제 7장 사마리아 복음전도와 그 의의(8:1-40) 그리고 제 8장 사울의 회심과 이방선교의 준비(9:1-31)로 구성되었다.

제 6장 스데반의 설교와 순교(6:8-8:1)에서는 성령충만한 스데반이 체포되어(6:8-15) 구약과 신약을 관통하는 설교를 통해 예수 그리스도가 약속의 메시야이심을 변증하였으며(7:1-50) 이로 인해 순교하였다(7:51-7:60). 제 7장 사마리아의 복음전도와 그 의의(8:1-40)에서는 스데반의 박해로 믿음의 사람들이 온 유대와 사마리아로 흩어지고(8:1-3), 빌립이 사마리아에서 복음을 증거(8:4-25)하고, 에디오피아 여왕 간다게의 내시(8:26-39)와 팔레스타인 해안에 전도하는(8:40) 과정을 설명하고 있다. 그리고 제 8장 사울의 회심과 이방선교의 준비(9:1-31)에서는 사울의 회심(9:1-9), 아나니아와의 만남(9:10-22), 다메섹 전도와 피신(9:23-25), 예루살렘 방문과 고향 다소로 피신(9:26-30)을 설명하고 있다. 복음은 '온 유대와 사마리아'로 확산되었다.

제 6 장
스데반의 설교와 순교
(6:8-8:1)

> 일곱 사람 가운데 스데반이 얼마나 탁월했고, 1등 상을 받았는가를 보십시오. 안수는 그와 그들 모두에게 공통적이었지만, 그는 더 큰 은혜를 받았습니다.
>
> John Chrysostom, *The Homilies on The ACTS of The Apostles*, A.D. 389

> 하나님의 말씀이 점점 왕성하여 예루살렘에 있는 제자의 수가 더 심히 많아지고 허다한 제사장의 무리도 이 도에 복종하니라.
>
> 행 6:7

    교회사가의 입장에서 누가의 기록을 면밀히 살펴보면 한 가지 분명한 역사 서술의 방법을 발견할 수 있다. 그것은 사건을 연대순으로 기록하는 것을 원칙으로 하면서도 사건의 나열이 아닌 현대적 관점에서 봐도 전혀 손색이 없는 역사로서의 서술이다. 아주 중요하고 특별한 사건은 상술하면서도 때로는 많은 사건들을 간단하게 집약하였다. 한마디로 역사신학적으로 너무도 훌륭하게 사건을 재구성하였다.

    사도행전 6장은 아주 대표적이다. 누가는 일곱 집사의 선출이후 예루살렘교회 안에 일어난 일들에 대해서는 기록하지 않았다. 왜 일곱 사람이 모두 헬라파였는지도 밝히지 않았다.

A.D. 32년 봄 일곱 사람을 선출하고부터 A.D. 33년 봄 스데반의 순교가 있기까지는 불과 1년의 짧은 기간이었다. 누가는 이 기간에 있었던 일들을 아주 간단하게 6장에서 15절로 집약하고 대신 60절로 구성된 7장 전체를 스데반의 설교에 할애하였다. 스데반의 설교가 이 기간의 역사서술에 비해 양으로 무려 4배나 더 많다. 우리는 누가가 스데반과 그의 설교를 얼마나 중요하게 다루고 있는가를 알 수 있다.

그렇다면 왜 누가가 이렇게 스데반을 의도적이라고 할 만큼 부각시키고 있는 것일까? 그것은 복음이 예루살렘교회를 넘어 다른 지역으로 확산되는 과정에서 스데반이 전통적인 유대주의를 벗어나 예수 그리스도가 전하시고 가르치시고 실천하셨던 복음에 대한 신앙적, 신학적 토대를 확고하게 구축했기 때문이다.

게다가 그는 오순절로 말미암아 세워진 최초의 신약교회인 예루살렘교회가 공식적으로 세운 검증된 인물이었고, 실제로 그의 신앙변증과 삶과 순교를 통해서 사도행전 1장 8절에 주님이 약속하신 '내 증인'임을 너무도 훌륭하게 입증하였다. 부활하신 주님을 처음으로 만난 인물도 스데반이었다. 스데반은 사도들이 행했던 기사와 표적을 넘어서는 성령의 권능을 행했고, 베드로 못지 않은 아니 베드로보다 더 탁월한 예수 그리스도를 중심으로 한 성경해석, 현대적 표현을 빌린다면 완벽한 구속사적 성경해석을 산헤드린 공회 앞에서 제시하였다.

확실히 스데반은 복음의 확산과정에서 너무도 중요한 인물이었다. 그것은 그가 보여준 남다른 신앙, 예수 그리스도를 중심으로 한 탁월한 구속사적 성경해석, 담대한 복음증거와 변증, 성령의 권능과 표적 그리고 아름다운 순교를 통해서도 확인할 수 있다. 누가가 스데반을 얼마나 중요하게 여기고 있는가는 사도행전 전체에서 무려 2장을 그에 대해 할애하고 있는 것에서도 알 수 있다.

교회사를 통해 스데반은 주의 일꾼의 영원한 모델이었다. 스데반만큼 복음의 확장역사에서 도구로 쓰임 받은 사람도 드물다. 실제로 스데반의 순교로 복음이 예루살렘을 넘어 온 유대와 사마리아로 확산되는 중요한 전환점을 맞았다. 그것은 스데반의 박해로 말미암아 믿는 자들이 사방으로 흩어져 복음을 전했기 때문이다.[1]

1. 성령충만한 스데반과 체포(6:8-15)

[8] 스데반이 은혜와 권능이 충만하여 큰 기사와 표적을 민간에 행하니 [9] 이른 바 자유민들 즉 구레네인, 알렉산드리아인, 길리기아와 아시아에서 온 사람들의 회당에서 어떤 자들이 일어나 스데반과 더불어 논쟁할새 [10] 스데반이 지혜와 성령으로 말함을 그들이 능히 당하지 못하여 [11] 사람들을 매수하여 말하게 하되 이 사람이 모세와 하나님을 모독하는 말을 하는 것을 우리가 들었노라 하게 하고 [12] 백성과 장로와 서기관들을 충동시켜 와서 잡아가지고 공회에 이르러 [13] 거짓 증인들을 세우니 이르되 이 사람이 이 거룩한 곳과 율법을 거슬러 말하기를 마지 아니하는도다 [14] 그의 말에 이 나사렛 예수가 이곳을 헐고 또 모세가 우리에게 전하여 준 규례를 고치겠다 함을 우리가 들었노라 하거늘 [15] 공회 중에 앉은 사람들이 다 스데반을 주목하여 보니 그 얼굴이 천사의 얼굴과 같더라

일곱 사람들 가운데 대표적인 인물 스데반은 성령과 믿음이 충만했다.[2] 존 크리소스톰의 표현을 빌린다면 그는 일곱 사람 가운데 가장 뛰어난 '최고의 상'을 수여받은 사람이다.[3] 무엇보다도 성령과 지혜가 충만한 사람이었다. 스데반에게는 다음과 같은 성령충만의 특징이 수반되었다.

---

[1] W. A. Denton, *A Commentary on the Acts of the Apostles*. Vol. I. (London: George Bell and Sons, 1874), 188. 이 과정에서 누가가 집요하게 드러내고 있는 것은 복음의 세계성이다. 스데반이 은혜와 권능이 충만하여 큰 기사와 표적을 민간에 행할 때 그 현장에는 구레네, 알렉산드리아, 길리기아와 아시아에서 온 자유민들이 있었다.

[2] M. Baumgarten, *The Acts of the Apostles: Or, The History of the Church in the Apostolic Age*. Vol. I. (Edinburgh: T. &T. Clark, 1854), 134.

[3] John Chrysostom, *The Homilies of John Chrysostom on The ACTS of The Apostles* (London: Oxford, John Henry Parker, 1851), 207.

기사와 표적과 권능(6:8)

성령충만의 결과로 나타난 첫 번째 현상은 기사와 표적과 권능이다. 누가는 스데반이 '은혜와 권능이 충만하여 큰 기사로 표적을 민간에 행'(6:8)했다고 증언한다.[4] 누가는 성령이 강하게 역사하는 곳에 기사와 표적이 나타났음을 반복적으로 진술하고 있다. 스데반의 경우도 동일한 맥락에서 이해해야 할 것이다. 본래 일곱 사람을 택한 목적은 이들이 구제와 봉사의 일을 하게 하고 사도들이 말씀을 전하는 일과 기도하는 일에 전무하기 위해서였다.[5]

그런데 본문에는 일곱 사람이었던 스데반이 큰 기사와 표적을 민간에 행했다고 말씀한다. 기사와 표적은 주님의 트레이드마크라고 할 수 있다. 주님이 공생애를 시작하시면서 제일 먼저 보여주셨던 것도 가나 혼인 잔치에서 물을 포도주로 만드신 기적이었다. 기사와 표적은 또한 사도들에게 나타난 표식이었다. 제자들이 오순절 성령충만함을 받은 후에 성전 미문에 구걸하는 못 걷는 사람을 일으킨 사건에서 볼 수 있듯이 주님이 행하셨던 기적을 그대로 행했고, 수많은 기사와 표적이 오순절 성령충만 이후에 제자들에게 나타났다. 그와 똑같은 기적이 이제 일곱 사람 중 한 명인 스데반에게도 임한 것이다.[6] 우리는 구제와 봉사의 일을 하기 위해 세움을 받았던 스데반이 성령의 충만을 받았고 주님과 제자들이 행했던 기사와 표적을 민간에 행한 것을 주목해야 한다.

---

[4] Denton, *A Commentary on the Acts of the Apostles*. Vol. I., 187. 이전에는 믿음과 성령이 충만했다고 했는데 이제는 능력이 추가된 것이다.

[5] 전통적으로 이들 일곱 명을 집사로 이해해왔다. William Arnot, *The Church in the House: A Series of Lessons on the Acts of the Apostles* (New York: Robert Carter & Brothers, 1873), 147.

[6] John Dick, *Lectures on Some Passages of the Acts of the Apostles* (Glasgow: Printed by Crawford and Mackenzie, 1805), 181. 스데반이 교육을 받거나 논리학을 수학하거나 논쟁술 훈련을 받았다는 근거는 찾을 수 없다. 그의 유창한 화술은 사도들과 동일한 류의 화술이었다. '그는 기교가들도 감당할 수 없는 하늘의 지혜를 부여받았다. 스데반이 말할 때 그에게 반감을 가진 이들은 몹시 당황해했다.

오순절 성령강림 이후 성령충만을 받았을 때 주님의 기적이 제자들의 기적이 되었고, 일곱 사람의 기적이 되었다. 이것이 주는 교훈이 무엇일까? 성령은 신분과 인종과 연령과 직분을 초월하여 주를 신실하게 믿는 사람 가운데 동일하게 역사하신다는 사실이다. 표적과 기사는 제자들의 전용물이 아니라 성령의 충만한 이들에게 똑같이 임하는 하나님의 은혜였다. 이와 관련하여 누가의 메시지는 분명하다. 하나님 앞에 쓰임 받는 척도는 내가 사도냐 아니냐가 아니라 성령충만을 받았느냐 아니냐 하는 것이다.

주의 일에 있어서는 내가 어느 직책을 맡았느냐가 중요한 것이 아니라 내가 얼마나 성령의 충만을 받느냐가 더 중요하다. 성령의 충만을 받았을 때 주님의 기적과 표적, 제자들에게 임했던 그 기적과 표적이 일곱 사람에게도 똑같이 임했다.[7] 기독교의 권위는 세상적인 권위나 종교적인 직책의 권위에 있는 것이 아니라 기도와 말씀을 통해 성령께서 세우시는 영적 권위에 있다. 교회는 철저하게 성령에 의한 영적 권위 위에 세워져야 한다.

세상을 능가하는 지혜(6:9-10)

성령의 충만을 받을 때 우리는 하나님 앞에 참으로 영광을 돌릴 수 있고, 놀라운 권능을 힘입을 수 있고, 또 주님의 일을 힘 있게 감당할 수 있다. 스데반이 성령충만을 받았을 때 기사와 권능만 임했던 것이 아니다. 언어와 생각이 보통 사람과 달라졌다. 이른바 '자유민들 즉 구레네인, 알렉산드리아인, 길리기아와 아시아에서 온 사람들의 회당'이라는 각 회당에서 '어떤 자들이' 일어나 스데반과 더불어 변론했지만 스데반이 '지혜와

---

[7] 우리를 차이 나게 만드는 것은 내가 성직자냐 평신도냐 하는 것이 아니라 내가 얼마나 성령충만을 받고 살아가느냐 그렇지 않느냐 하는 데 있다. 성령의 역사가 사람들을 차이 나게 만드는 것이다. 본래 일곱 사람을 택할 때는 구제와 봉사에 전무하도록 하기 위해서였다. 그러나 이들이 성령의 충만을 받았을 때 사도들이 행했던 바로 그 기사와 표적을 행할 수 있었다. 이미 초대교회에서는 일곱 사람을 통해 성령의 역사가 동일하게 임하고, 동일한 권능이 나타나고 동일하게 쓰임 받는다는 것을 말해준다. 오늘날 주의 일에 있어서 평신도와 교역자를 지나치게 구분하는 것은 성경적이 아니다.

성령으로 말하는 것'(6:10)을 도저히 당할 수 없었다.[8] 여기 '어떤 자들'을 영어 역본에서는 '자유인 회당의 회원들,' '자유인 회당 출신 몇 사람,' '자유인 회당에 속한 이들 가운데 얼마,' '자유인 회당 출신의 어떤 사람들'이라고 말한다. 일원, 회원, 속한 자들이라는 말 자체가 복수적인 성격을 지니고 있어 적어도 그들이 몇 사람 이상임을 말해준다. 그들이 스데반과 논쟁을 벌였지만 스데반의 지혜와 성령으로 말하는 것을 당할 수 없었다.[9] 지혜와 성령을 나란히 언급한 사실을 주목해야 한다. 덴톤이 지적한 것처럼 지혜는 쉽게 인간에 의해 반박을 받을 수 있지만 지혜가 성령과 함께 할 때는 결코 반박 받을 수 없다.[10]

여기 자유민은 본래 로마인의 노예로 있던 유대인들이 자유인이 된 이들이다.[11] 자유민들(Libertines)은 해방(Libertini) 혹은 로마에서 자유를 갖게 된 유대인 포로들을 의미하며, 이들은 그 도시에서 환 티버틴(the trans-Tibertine) 지역에 거주했다.[12] 환 티버틴 지역은 로마에서 터리니안 해(Tyrrhenian Sea)에 이르는 티베르 강 유역을 의미한다. 터리니안 해는 이탈리아 본토의 서쪽, 시실리(Sicily)의 북쪽, 사르디니아(Sardinia)와 코르시카(Corsica)의 동쪽에 위치한 지중해의 한 부분을 말한다.

그들 가운데 많은 이들이 폼페이에 의해 이탈리아로 옮겨왔으며 그에 의해 해방되어 자유인이 되었다. 이들은 티베리우스 황제에 의해 로마에

---

[8] Charles R. Erdman, *The Acts* (Philadelphia: The Westminster Press, 1919), 59. 북아프리카에서 온 구레네인, 알렉산드리아인들과 소아시아의 길리기아와 아시아에서 온 헬라파 유대인들은 여러 곳에서 와서 예루살렘에 거주하면서 여러 회당 가운데 하나를 자신들을 위해 세웠다. 길리기아는 다소의 수도로 그곳 출신 사울이라는 한 바리새인이 당시 예루살렘에 있었다. 특별히 길리기아를 누가가 언급한 것도 곧 진행될 사울의 이야기 전조로 여겨진다. 사울이 회당에서 스데반을 만났을 것이고 그 만남이 그의 생애와 세계사 모두에 지대한 영향을 미쳤을 것은 확실하다.

[9] Dick, *Lectures on Some Passages of the Acts of the Apostles*, 181. 스데반이 교육을 받거나 논리학을 수학하거나 논쟁술 훈련을 받았다는 근거는 찾을 수 없다. 그의 유창한 화술은 사도들과 동일한 류의 화술이었다. '그는 기교가들도 감당할 수 없는 하늘의 지혜를 부여받았다. 스데반이 말할 때 그에게 반감을 가진 이들은 몹시 당황해했다.

[10] Denton, *A Commentary on the Acts of the Apostles*. Vol. I., 189.

[11] Chrysostom, *The Homilies on The ACTS of The Apostles*, 208.

[12] Erdman, *The Acts*, 59. "'자유민들'은 1세기 전에 로마에 포로로 끌려갔다가 후에 '자유'를 얻은 유대인들의 후손들이다."

서 추방당했다. 로마에서 한번에 4천 명의 사람들이 사르디아 섬으로 추방되기도 했다. 당시 로마에 이들 자유민들이 얼마나 많았는가를 알 수 있다.[13] 이들 자유민들은 지역 배경이 다양하지만 예루살렘에 거주하면서 자신들의 회당을 가지고 있었다. 구레네는 북아프리카에 있는 헬라 식민지요 항구도시였고, 알렉산드리아는 대단히 많은 유대인들이 거주하는 널리 알려진 이집트의 대도시였고 길리기아는 소아시아의 동남쪽 지역이었으며, 아시아는 당시 소아시아의 한 곳을 지칭했다. 이들 자유민들은 헬라파 유대인들이었기 때문에 자연히 스데반과 접촉을 한 것으로 보인다.[14]

회당은 바벨론 포로기에 성경 읽기와 성경해석을 위해 설립되었다. 회당은 디아스포라 유대공동체를 묶어주는 중요한 중심축이었고, 종교적 사회적 구심점이었다. 예루살렘이 멸망하기 전 480개의 회당이 예루살렘에 있었다. 당시 대도시에는 회당이 최소 몇 개씩 존재했다.

스데반의 논증은 대단했다. 유대인들은 스데반의 뛰어난 언변을 당할 수 없었다. 스데반과 유대인들 사이에 어떤 논박이 있었는지 알 수 없지만 아마도 "예수의 메시야직"과 관련된 주제로 여겨진다. 누가가 증언하는 대로 스데반과 변론한 사람은 한두 사람이 아니었다. 게다가 그들 모두 대단히 뛰어난 지혜를 가진 유대인들이었다. 알렉산드리아 유대인들은 헬라 역사와 문화에 정통한 사람들이어서 헬라의 철학과 사상에 대해 해박한 지식을 소유한 최고의 지성인들이었고, 길리기아 유대인들은 사울에게서 전형적으로 찾아볼 수 있듯이 당시 로마제국 내에서 가장 뛰어난 지성인들이었다. 그런 그들이 스데반 한 사람과의 토론과 변론에서도 당할 수 없었던 것이다.[15]

---

[13] Denton, *A Commentary on the Acts of the Apostles*. Vol. I., 188.

[14] Henry Cowles, *Acts of the Apostles: With Notes, Critical, Explanatory, and Practical, Designed for Both Pastors and People* (New York: D. Appleton, 1883), 53.

[15] Erdman, *The Acts*, 59-60. 우리는 세상적인 학력이 없으면서도 성령의 충만함으로 놀라운 지혜를 소유했던 사례들을 성경과 기독교 역사를 통해 얼마든지 찾아볼 수 있다. 주님의 성정과정을 잘 아는 자들은 주님의 지혜에 놀랐다. 주님을 따르는 제자들, 특히 무식한 어부 출신

성령이 충만한 사람들에게 비장의 무기가 있다면 바로 이것이다. 그들은 세상의 학식과 그 어떤 것이 줄 수 없는 놀라운 지혜를 소유했다. 주님이 그들의 언어와 생각을 주관하시기 때문이다. 이 때문에 아무리 뛰어난 세상 지혜를 동원한다고 해도 주님이 주시는 지혜를 이길 수 없다.

종교지도자들의 거짓과 술책(6:11-15)

종교지도자들이 공개토론에서 말로 스데반을 당할 수 없자 수단과 방법을 가리지 않고 거짓과 술책을 동원하여 스데반을 공격했다.[16] 이들은 순진한 사람들을 선동해 스데반이 '모세와 하나님을 모독하는 말'(6:11)을 하는 것을 직접 들었다고 거짓 증거를 사주했다. 그 핵심은 '이 거룩한 곳과 율법을 거슬러 말하기를 마지 아니했다'(6:13)는 것이다. 거룩한 곳은 성전을, 율법은 모세의 법을 말한다. 거룩한 곳을 거슬러 말한 것은 신성모독이고 율법을 거슬렀다는 것은 율법의 영구한 타당성을 부인한 것이다.

이 두 가지는 이스라엘 백성들을 자극하는 무서운 범죄였다. 예수를 신성모독죄로 처형하더니 이제 스데반에게도 동일한 혐의를 씌운 것이다. 스데반이 '나사렛 예수가 이곳을 헐고 또 모세가 우리에게 전하여 준 규례를 고치겠다'(6:14)고 말했다는 것이다. 이것은 완전히 근거가 없는 허구는

베드로가 성령의 충만함을 받고 유창하게 말했을 때 모두들 놀라지 않을 수 없었다. 오순절 성령충만을 경험한 후 베드로는 완전히 달라졌다. 누가는 산헤드린공회에 모인 지도자들이 성령충만한 "베드로와 요한이 담대하게 말함을 보고 그들을 본래 학문 없는 범인으로 알았다"(4:13)가 탁월한 변증적 논리에 놀랐다고 증언한다. 뛰어난 언어적인 구사력, 생각들을 잘 정리 할 수 있는 사고력, 그것들을 설득력 있게 전달할 수 있는 커뮤니케이션 능력 그리고 세상을 능가하는 지혜가 베드로에게 있었기 때문이다. 성령이 주시는 탁월한 지혜는 비단 베드로에게만 국한된 현상은 아니다. 주님의 제자들 전체에 나타나는 공통적인 특징이었다. 이것은 또 기독교 역사 속에서도 그대로 입증되었다. 천로역정의 저자 존 번연은 제대로 배우지 못한 사람이었다. 그러나 그가 저술한 천로역정이 얼마나 많은 감동을 주고 세상의 지혜가 당할 수 없을 만큼의 깊고 심오한 진리를 전달해주었는가! 스펄전과 무디의 뛰어난 언어구사와 설득력 있고 감동적인 메시지는 성령이 주시는 지혜에서 나온 것이다.

[16] Denton, *A Commentary on the Acts of the Apostles*. Vol. I., 190.

아니지만 실제로 스데반이 한 말을 치명적으로 왜곡한 것이다.[17] '너희가 이 성전을 헐라. 내가 사흘 동안에 일으키리라'(막 14:58; 참고, 마 26:61)는 주님의 말씀은 성전 된 자기 육체의 부활을 가리켜 하신 말씀이다. 그러므로 본질을 왜곡시킨 주장이었다.

스데반을 참소하는 이들의 완악함이 적나라하게 드러났다. 이들은 주님을 십자가에 못 박았던 장본인들이다. 이들은 성전 미문에 앉아 있는 걸인이 걷는 것을 직접 눈으로 확인했고, 제자들이 행하는 표적과 기사를 직접 목격한 이들이었다. 그리스도가 죽은 자 가운데서 살아나셨고, 제자들이 기사와 이적과 표적을 행하는 것을 직접 목도하였으면서도 조금도 변하지 않았다. 그들은 놀라운 기적과 표적을 보았음에도 부활하신 주님과 그의 가르침이 진리라는 사실을 깨닫지 못했다. 오히려 유대지도자들은 피하기 힘든 치명적인 혐의를 스데반에게 씌워 그를 죽이려고 했다. 더 이상 회중 앞에서 그리스도를 증거하지 못하게 만들려는 의도였다.[18]

스데반은 모함에도 전혀 동요하지 않고 그리스도에 대한 신앙을 담대하게 선포하였다.[19] 뿐만 아니라 그 수많은 공격과 모함 앞에서도 침착함과 냉정함을 잃지 않았다. 공회 앞에서 앉은 자들이 스데반을 주목해 보았을 때 하나님의 면전에 서 있는 사람처럼 그의 얼굴에는 광채가 났다.[20] 하나님이 그의 얼굴을 은혜로운 모습(gracious of visage), 영광스러운 모습으로 만들어 주신 것이다. 세상이 줄 수 없는 하늘의 평안을 소유한 것이다. 크리소스톰의 표현을 빌린다면 "이것은 그분의 은혜요, 이것은 모세의 영광이었다."[21]

---

[17] F. F. Bruce, *The Book of ACTS* (Grand Rapids: Eerdmans, 1988), 135.

[18] 유대지도자들은 자신들이 그렇게 추구하였던 표적과 기사를 보면서도 전혀 변화가 없었고 오히려 거짓 증언자들을 매수하여 사도들과 스데반을 핍박했다. 스데반이 예수가 그곳을 헐고 모세가 그들에게 전해준 규례를 바꾸겠다고 말했다는 거짓 증언자들의 주장은 유대인들에게는 가히 충격적이었다.

[19] 성령은 믿음의 사람을 담대하게 만드신다. 폴리갑이 그랬고, 존 후스, 위클리프, 사보나롤라, 루터가 그랬다. 마치 훗날 루터가 보름스 회의에서 "주여 내가 여기 있나이다"(Here I Stand!)라고 담대하게 외쳤던 모습을 연상케 한다.

[20] Bruce, *The Book of ACTS*, 136.

스데반 사건에 함축된 의미

우리는 여기서 몇 가지 중요한 사실을 확인할 수 있다. 첫째, 스데반의 신앙과 활동이다. 스데반은 분명 일곱 사람 가운데 한 사람으로 구제의 일을 맡기기 위해 선출한 일꾼이었다. 그런데 누가는 그가 하나님의 '은혜와 권능이 충만하여'(6:8) 큰 기사와 표적을 행했으며 지혜와 성령으로 복음을 담대하게 전했다고 증언한다. 은혜와 권능은 단순한 은혜와 권능이 아니라 '하나님의 은혜와 권능'(God's grace and power)을 말한다. 스데반이 행한 기사와 표적도 단순한 기사와 표적이 아니라 '큰 기사와 표적'(great wonders and miraculous)이다. 사도들만 행하던 놀라운 표적과 기사가 이제는 평신도 지도자들에게까지 확대된 것이다. 직임 자체가 중요한 것이 아니라 하나님 앞에서 성령의 충만을 통해 복음의 능력을 소유하는 것이다.

둘째, 박해의 세력이 유대인들의 영역을 넘어 더 넓게 확산되어 갔다. 누가는 스데반에게 시비를 걸었던 자들은 구레네인, 알렉산드리아인, 길리기아와 아시아 출신의 자유 회당의 멤버들(members of the Synagogue of the Freedom, 6:9)이었다고 증언한다.[22] 구레네인, 알렉산드리아인, 길리기아와 아시아인이라는 말은 이들 지역에 살고 있던 유대인들을 지칭하는 것이다. 그렇다면 바울을 박해했던 사람들이 헬라파 유대인들이었던 것처럼 스데반을 박해했던 이들이 헬라파 유대인들이었음을 보여준다.

셋째, 그들은 스데반을 박해하기 위해 수단과 방법을 가리지 않았다. 누가는 상당히 예리하게 그 사실을 구체적으로 밝히고 있다. '사람들을 매수'(6:11)하고 백성과 장로와 서기관들을 충동했으며, 거짓 증인을 세웠다는 누가의 증언이 바로 그것이다. 사람들을 매수하여 거짓으로 증언케 하고 교계 지도자들을 동원하여 스데반을 조직적으로 참소한 것이다. 놀

---

[21] Chrysostom, *The Homilies on The ACTS of The Apostles*, 209.

[22] Denton, *A Commentary on the Acts of the Apostles*. Vol. I., 188.

라운 사실은 사람들이 매수를 당하고 교계 지도자들이 충동에 넘어가고 거짓 증인들이 돈에 눈이 멀었다는 사실이다. 진리를 외치는 자들을 무너 뜨리기 위해 오늘날 이단의 세력들이 수단과 방법을 가리지 않고 권모술수를 동원하는 것을 연상케 한다.

넷째, 참소 내용이 악의적이었다. 스데반이 모세와 하나님을 모독하는 말을 했다는 것이나 스데반이 '거룩한 곳과 율법'(6:13)을 거슬러 말하였다는 것, 그리고 '나사렛 예수가 이곳을 헐고 또 모세가 우리에게 전하여 준 규례를 고치겠다'(6:14)고 가르쳤다는 송사의 내용들은 어느 하나도 스데반에게 해당되지 않는다. 스데반은 모세와 하나님을 모독하지 않았고 거룩한 곳과 율법을 어기지 않았고 예루살렘 성전을 헐고 모세의 규례를 고치겠다고 가르치지 않았다. 뒤에 나오는 스데반의 설교가 보여주는 것처럼 스데반은 구약에 예언된 메시야가 왔는데도 그를 십자가에 못 박아 죽였다고 설교했을 뿐이다.

마지막으로 이 같은 박해 속에서 스데반이 취한 태도와 모습이다. 스데반은 이스라엘의 최고의 집행기관이자 결정기관인 산헤드린공회 앞에 섰지만 이들의 모함과 핍박 속에서도 조금도 동요되지 않았다. 주님이 주신 평안과 담대함이 그를 지배했다. 누가의 증언을 빌리면 스데반의 얼굴은 천사의 얼굴과 같았다. 그의 얼굴이 거룩한 성광(a Divine radiance)으로 빛났다는 의미이다.[23] 칼빈의 말대로 보통 법정에서는 피고인들이 얼굴빛이 초췌하고 말을 더듬고 당황하는 것이 보통이지만 스데반은 전혀 그렇지 않았다. 스데반이 수많은 공격과 모함 앞에서도 흔들리지 않을 수 있었던 그 원동력은 바로 성령충만이었다.[24]

---

[23] Denton, *A Commentary on the Acts of the Apostles*. Vol. I., 192. 칼빈, 사도행전 I, 232.

[24] 죽음의 위기에서도 천사의 얼굴과 같은 모습을 할 수 있었고, 마음에 평안을 소유할 수 있었던 것은 그가 성령으로 충만했기 때문이다. 바울의 표현을 빌린다면 "우리가 사방으로 욱여쌈을 당하여도 싸이지 아니하며 답답한 일을 당하여도 낙심하지 아니하며 박해를 받아도 버린 바 되지 아니하며 거꾸러뜨림을 당하여도 망하지 아니하고"(고후 4:8-9) 가난과 질병에 빠져도 고통스러워하지 않고 모욕을 당해도 괴로워하지 않고 죽음에 직면해도 전혀 두려워하지 않는 것은 성령충만 때문이다.

2. 스데반의 설교와 변호(7:1-50)

스데반의 변증과 순교는 A.D. 33-36년 사이에 일어났다. 윌리엄 램지는 구체적으로 A.D. 33년이라고 말한다.[25] 스데반의 설교는 교회사에서 새로운 시대를 여는 중요한 분기점이다. 지금까지는 히브리인에 의해 히브리인들에게 말씀이 선포되었으나 처음으로 헬라파 스데반이 히브리인들에게 복음을 전한 것이다.[26]

조지 버나드 쇼우(George Bernard Shaw)가 스데반의 설교가 "산만하고 지루하고"(long-winded and boring) 심지어 앞뒤가 맞지 않는다고 비판했지만[27] 윌리엄 닐(William Neil)이 언급한 것처럼 스데반의 설교는 정교하고 능란한 복음선포로 특징되는 가장 힘 있고 아름다운 설교 가운데 하나이다.[28] 그의 설교에는 예언에 대한 해석, 구약의 역사를 개관하는 역사적 혜안 그리고 언약과 그 성취에 이르기까지 이스라엘의 전 역사를 선명하게 그려주고 있다. 그러나 그의 설교는 단순한 성경해석이 아니라 일종의 변증이다.[29]

스데반이 설교한 곳은 특별한 장소였다. 그곳에 모인 이들은 산헤드린의 안나스와 가야바, 요한, 알렉산더 등의 유대지도자들과 이른바 자유민들 즉 구레네인, 알렉산드리아인, 길리기아와 아시아에서 온 사람들 중에 유대 사상에 깊이 물들어 있는 사람들이었다.[30] 이들 모두는 예수 그리스

---

[25] William M. Ramsay, *St. Paul the Traveller and the Roman Citizen* (London: Hodder and Stoughton, 1895), 376.

[26] Lyman Abbott, *An Illustrated Commentary on the Acts of the Apostle* (New York: A. S. Barnes, 1878), 78.

[27] Dereck W. H. Thomas, "Stephen's Sermon (Part 1): Acts 7:1-53," *RPM* Vol. 17. no. 15 (April 5 2015) <www.thirdmill.org/articles/derthomas/der_thomas.Acts.15.html>(2018. 07. 25. 접속).

[28] E. William Neil, *The Acts of the Apostles*, *The New Century Bible Commentary* (Grand Rapids: Eerdmans, 1973), 120.

[29] Erdman, *The Acts*, 60-63.

도를 십자가에 못 박은 자들이었거나 그것을 옹호한 이들이었다. 그렇기 때문에 예수 그리스도에 대해서는 상당히 부정적인 시각을 가지고 있었다.

그런 이들에게 예수 그리스도가 구약에 예언된 메시야라는 사실, 아브라함과 이삭과 야곱에게 언약하신 그 언약을 이루시는 주인공이시라고 선언하는 것은 보통의 선언이 아니었다. 스데반은 사랑의 충정(忠情)으로 그리고 그들을 아끼는 인내와 애정으로 그들을 대하였다. 우리는 스데반이 그들을 향해 '부형들이여'(7:2)라고 말한 것에서도 그와 같은 것을 느낄 수 있다.[31]

보통 '스데반의 변호 혹은 변증'이라 불리는 진리에 대한 스데반의 선언은 너무도 분명했다. 하나님께서 제정하신 참된 예배 방식을 변호하고 유대주의에 맞서 기독교를 변호하는데 초점이 맞추어졌다. 그런 점에서 그는 초대 기독교변증의 선구자라고 할 수 있다.[32]

스데반은 하나님이 제정한 진정한 예배, 무엇보다 예수 그리스도를 통해 완성된 진정한 예배가 무엇인가를 제시함으로 그리스도가 이루신 구속의 기독교를 변호하였다. 그래서 그의 변론에는 하나님의 임재, 메시야 사상, 이방선교, 새 성전개념이 선명하게 드러난다. 특히 스데반은 하나님의 임재가 어느 한 지역이나 보이는 건물에 국한되지 않는다는 사실을 일관되게 주장한다.

스데반의 설교에는 반유대주의 사상이 강하게 등장한다. 이스라엘 백성들이 메시야 오실 것을 예언한 선지자들을 거부한 것은 물론 오리라 약속된 메시야가 오셨는데도 그를 잡아 죽였다는 것이다. 스데반이 반유대주의를 옹호한 것은 이방선교의 당위성을 변호하기 위한 것이었다. 스

---

[30] Denton, *A Commentary on the Acts of the Apostles*. Vol. I., 195.

[31] 우리는 여기서 기독교의 진리를 알지 못하고 함부로 평하거나 비판하는 이들을 향해 우리가 어떤 태도를 가져야 할 것인가를 배운다. 인내와 사랑을 가지고 접근해야 한다. 반항적이고 비판적인 태도로 반응하기보다 인내와 사랑으로 다가가야 할 것이다. 스데반은 원수를 사랑하라는 주님의 명령을 그대로 실천에 옮겼다. 성령충만한 사람의 모습이 바로 이와 같은 모습이다.

[32] Bruce, *The Book of ACTS*, 141.

데반의 변증은 확실히 이방선교에 상당히 동정적이었다. 누가가 스데반의 죽음을 그의 변증과 연계시킨 것도 그 때문이다.

사실 세계선교를 착수한 사람들은 바로 스데반이 속한 헬라파였다. 이 때문에 스데반의 변증에서 우리는 헬라파 기독교의 최초의 성명서를 잘 찾아 볼 수 있다. 스데반과 그의 동료 헬라파는 예수님이 말씀하신 새로운 성전질서, 복음의 초국가적인 성격과 보편주의적인 성격도 잘 이해했다. 이 점에서 그는 오순절 이전의 제자들의 모습과도 달랐다. 부활하신 주님이 제자들에게 세계선교의 사명을 일깨워주셨음에도 불구하고 그들은 오랫동안 이 사실을 제대로 깨닫지 못하였다. 스데반이 이해한 새 성전질서는 히브리서와 매우 유사하며 이것은 그가 성전질서에 관한 태도에서 '새 성전'(New Temple)에 관한 가르침을 받아들였다는 사실을 보여준다.[33]

스데반은 영적 혜안을 가지고 아브라함의 부르심부터 솔로몬의 성전건축까지 이스라엘의 전 역사를 개관했다. 그것은 단순한 개관이 아니라 구속사적 개관이었다. 첫째, 아브라함부터 요셉까지의 족장시대(7:2-16), 둘째, 모세를 통한 이스라엘 백성의 출애굽과 율법(7:17-43), 셋째, 다윗과 솔로몬의 성전(7:44-50) 세 부분으로 중심 주제를 대별할 수 있다.

이스라엘 역사개관 그 첫 출발: 족장시대(7:1-16)

스데반의 변론 중에서 7장 2절부터 16절까지는 족장시대 개관이다. 누가는 스데반의 설교를 이렇게 시작했다.

> ¹ 대제사장이 이르되 이것이 사실이냐 ² 스데반이 이르되 여러분 부형들이여 들으소서 우리 조상 아브라함이 하란에 있기 전 메소보다미아에 있을 때에 영광의 하나님이 그에게 보여 ³ 이르시되 네 고향과 친척을 떠나 내가 네게 보일 땅으로 가라 하시니 ⁴ 아브라함이 갈대아 사람의 땅을 떠나 하란에 거하다가 그의 아버지가 죽으매 하나님

---

[33] Bruce, *The Book of ACTS*, 143-144.

이 그를 거기서 너희 지금 사는 이 땅으로 옮기셨느니라 5 그러나 여기서 발 붙일만한 땅도 유업으로 주지 아니하시고 다만 이 땅을 아직 자식도 없는 그와 그의 후손에게 소유로 주신다고 약속하셨으며 6 하나님이 또 이같이 말씀하시되 그 후손이 다른 땅에서 나그네가 되리니 그 땅 사람들이 종으로 삼아 사백 년 동안을 괴롭게 하리라 하시고 7 또 이르시되 종 삼는 나라를 내가 심판하리니 그 후에 그들이 나와서 이곳에서 나를 섬기리라 하시고 8 할례의 언약을 아브라함에게 주셨더니 그가 이삭을 낳아 여드레 만에 할례를 행하고 이삭이 야곱을, 야곱이 우리 열두 조상을 낳으니라 9 여러 조상이 요셉을 시기하여 애굽에 팔았더니 하나님이 그와 함께 계셔 10 그 모든 환난에서 건져내사 애굽 왕 바로 앞에서 은총과 지혜를 주시매 바로가 그를 애굽과 자기 온 집의 통치자로 세웠느니라 11 그 때에 애굽과 가나안 온 땅에 흉년이 들어 큰 환난이 있을새 우리 조상들이 양식이 없는지라 12 야곱이 애굽에 곡식 있다는 말을 듣고 먼저 우리 조상들을 보내고 13 또 재차 보내매 요셉이 자기 형제들에게 알려지게 되고 또 요셉의 친족이 바로에게 드러나게 되니라 14 요셉이 사람을 보내어 그의 아버지 야곱과 온 친족 일흔다섯 사람을 청하였더니 15 야곱이 애굽으로 내려가 자기와 우리 조상들이 거기서 죽고 16 세겜으로 옮겨져 아브라함이 세겜 하몰의 자손에게서 은으로 값 주고 산 무덤에 장사되니라

스데반은 유대주의 전통에서 자주 사용하던 방식으로 아브라함에게서 시작되는 이스라엘의 역사를 개관하였다. 그 방식이란 모세오경이나 역사서는 물론이고 대 소선지서들과 시편의 저자들이 잘 예시하듯 하나님이 역사적 존재이심을 강하게 드러내는 방식이다. 하나님은 세상의 역사에 침묵하지 않으시고 간섭하시고 섭리하시고 인도하시는 살아계신 하나님이셨다. 스데반의 설교가 바로 그런 형식의 변증이었다. 스데반은 이스라엘의 역사를 개관하면서 "영광의 하나님이 … 이르시되(7:2, 3) … 하나님이 또 이같이 말씀하시되(7:6) … 하나님이 그와 함께 계셔(7:9)"라며 하나님이 역사를 주관하셨다고 고백한다. 이 같은 하나님에 대한 역사적 신앙

고백은 신명기 26장 5-10절, 시편 78편과 107편을 비롯하여 구약 여러 곳에서 찾을 수 있다.

대제사장 가야바는 '이것이 사실이냐'(these things so are, ταῦτα οὕτως ἔχει, 7:1)고 스데반에게 물었다. 이 말은 '이 혐의들이 사실이냐'는 말이다. 이 가야바는 A.D. 36년까지 대제사장직을 맡은 예수 그리스도를 처형하는 데 앞장섰던 동일 인물이다. 대제사장이 산헤드린의 의장을 맡았던 전통에 비추어 볼 때 가야바가 산헤드린 의장이었을 것은 의심의 여지가 없다. 이것이 사실이냐고 물은 것은 확실한 근거를 확보해 스데반을 처형하겠다는 의도에서 던진 매우 계산된 질문이었다.[34]

스데반은 메시야 언약을 아브라함으로 거슬러 올라가 하나님께서 이스라엘 민족을 부르신 목적을 설명한다. 아브라함을 부르시고 그를 통해 한 민족을 이루시는 역사적인 흐름을 선명하게 개관하면서 어떻게 그 언약들이 맺어졌고, 성취되어 갔는가를 설교했다. 스데반은 하나님께서 아브라함을 메소보다미아의 갈대아우르에서 부르신 것, 하란에서 다시 가나안으로 부르신 사건을 언급하면서 유대인의 역사가 하나님의 부르심으로 시작되었다는 사실, 다시 말해 하나님께서 이스라엘의 전 역사를 주관해 오셨다는 사실을 강조하고 있다.

스데반의 아브라함 재해석

스데반은 구약성경에 상당히 정통했다. 그는 구약성경을 70인역에서 인용했다. 이것은 그가 헬라파였기 때문에 자연스러운 일이다. 그는 단순히 구약성경의 이야기를 반복하는 차원이 아닌 구약을 정확히 재해석하였다. 그것은 2절부터 16절까지 스데반이 아브라함을 부르시고 애굽에서의 생활까지의 역사를 개관한 것에서 어렵지 않게 발견할 수 있다. 스데반은 요셉을 이야기를 할 때 요셉의 이야기를 통해 청중들이 기름부음 받은 자, 예수 그리스도를 발견하기를 바랐다.

---

[34] Bruce, *The Book of ACTS*, 144.

우리는 스데반 설교에서 아브라함과 관련하여 세 가지 사실을 주목할 필요가 있다. 첫째, 하나님을 '영광의 하나님'(7:2)으로 묘사한 부분이다. 이스라엘 백성을 선택하시고 그들을 직접 인도하신 주권적인 하나님은 영광의 주체이기 때문이다. 죄에서 구원하시는 하나님은 영광을 받으시기에 합당하신 분이다.

둘째, 아브라함을 하란에 있기 전 메소보다미아에서 부르셨다는 내용이다.[35] 이것은 창세기 11장 31절부터 12장 1절에 있는 아브라함에게 하신 하나님의 명령이 하란이라는 암시를 주고 있는 것과 배치되는 것처럼 보인다. 그러나 사실은 아브라함이 우르에 있을 때 하나님께서 그를 불러내셨다. 창세기 12장 1절 '여호와께서 아브라함에게 이르시되'는 과거완료 시제(The Lord had said to Abraham)로 하나님이 하란에서 아브라함을 부르실 때 처음 부르신 것이 아니라 이미 이전의 소명을 다시 확인한 것이다.[36] 아브라함이 우르에 있을 때 하나님이 그를 부르셨다는 사실은 창세기 15장 7절 "나는 … 너를 갈대아우르에서 이끌어 낸 여호와"가 뒷받침해주고 있다. 이미 우상 섬기는 아브라함을 하나님께서 주권적으로 불러내신 것이다.

하나님이 아브라함에게 나타나신 것이 약속의 땅이 아닌 메소보다미아였다는 사실은 아브라함이 하란에서뿐만 아니라 그 이전부터 하나님과 교통이 있었다는 것을 암시해준다. 알렉산드리아 필로와 고대 유대역사가 요세푸스도 이 사실에 대하여 동의한다.[37] 하란은 약 주전 2천 년경에 매우 번성했던, 유브라데 계곡 상부에 있는 도시다. 아브라함은 갈대아 사람의 땅 곧 메소보다미아를 떠나 하란에 정착했다. 아브라함은 하란에서 아버지 데라가 죽기까지 살다가 데라가 죽은 후 하란을 떠나 가나안에 도착하였다.[38]

---

[35] Denton, *A Commentary on the Acts of the Apostles.* Vol. I., 200-201.
[36] Denton, *A Commentary on the Acts of the Apostles.* Vol. I., 201-202.
[37] Bruce, *The Book of ACTS,* 145.
[38] Denton, *A Commentary on the Acts of the Apostles.* Vol. I., 206. 하나님의 약속을 철저히 믿은 것이다. 아브라함의 신앙의 위대함이 여기 있다. 비록 그의 아내는 그 당시 자녀가

가나안은 아브라함과 그의 후손들에게 약속된 땅이었다. 하지만 아브라함에게는 그곳이 더 이상 약속된 땅이 아니었다. 아브라함은 가나안에서 여생을 이방인으로 지내면서 땅 한 평도 실제로 소유하지 못했다. 가나안에서는 아브라함의 후손들이 전혀 유업을 받지 못했다. 게다가 하나님은 아브라함에게 그의 자손이 애굽에 내려가 수 세대 동안 압제받고 종살이한다는 사실 그리고 아브라함의 후손들이 다시 가나안 땅에 돌아와서 하나님을 예배할 것도 알려주셨다. 하나님께서는 아브라함과 한 가지 언약을 맺으셨는데 그것이 할례였다. 이것은 믿음의 징표였다. 아브라함은 이삭이 태어나 팔일 만에 할례를 행하였고, 야곱과 그의 아들 요셉을 비롯한 열두 지파의 조상들도 할례를 받았다.

셋째, 역사의 주체가 하나님이심을 분명히 하였다. '옮기셨느니라'(7:4), '약속하셨으며'(7:5), '심판하리니'(7:7)라는 표현을 통해 아브라함의 여정과 행동의 주체가 아브라함이 아니라 하나님이심을 선언하고 있다. 인간편에서 볼 때는 아브라함이 갈 바를 알지 못하고 가나안을 향해 떠난 것이지만, 영적으로는 그렇게 하도록 그의 발걸음을 인도하신 분은 하나님이셨다. 만물이 주에게서 나오고 주로 말미암고 주에게 돌아간다는 역사의 기원, 과정, 심판이 하나님께 있다는 전형적인 히브리인의 역사관을 여기서 그대로 찾아볼 수 있다. 아브라함을 부르시고, 이삭을 주시고, 이삭이 야곱을, 야곱이 12족장을 낳고, 요셉이 애굽에 가서 그 후손들이 400년 동안 종살이를 한 모든 역사적 진행이 하나님의 개입 하에 이루어지고 있다는 사실을 보여주는 것이다.

스데반은 이삭과 야곱의 경우 '이삭이 야곱을, 야곱이 우리 열두 조상을 낳으니'(7:8)라는 아주 간단한 기술로 끝내고 요셉을 상술한다. 이삭과 야곱이 구속사적인 의미를 담고 있지 않아서가 아니라 아브라함의 족장 시대의 연장선에서 이들을 보았기 때문이다. 요셉의 경우 이들과 다른 것은 아브라함과 이삭과 야곱에게 하신 언약을 구체적으로 구현하는 도구

없었지만 그의 후손이 '하늘의 별과 같이 바다의 모래 같이 많을 것'이라는 하나님의 약속을 믿었다.

로 그가 쓰임 받았다는 사실이다. 요셉을 그리스도의 모형과 그림자로 묘사한 것이다.[39]

스데반의 요셉 재해석

스데반은 창세기의 요셉에 대한 기록을 재해석하면서 세 가지 사실을 지적하고 있다. 하나님이 저와 함께 계셨다는 사실, 모든 환난에서 건져주셨다는 사실, 은총과 지혜를 주셨다는 사실이 바로 그것이다. 이 세 가지 핵심은 하나님이 요셉과 동행하셨다는 것이다. 하나님이 요셉과 함께 계셨기 때문에 환난에서 구원을 받았고 은총과 지혜를 얻은 것이다. 요셉의 형제들이 요셉을 판 것을 가리켜 '여러 조상이 요셉을 시기하여 애굽에 팔았더니'(7:9)라고 기술한다. 이미 요셉을 팔 때부터 하나님께서 섭리하셨다. 하나님께서는 요셉의 운명을 주관하셔서 요셉을 연단하고 훈련시켜 구속사의 도구로 사용하시기 위해 요셉의 삶에 개입하셨다. 하나님께서는 인간의 실수를 그의 거룩한 목적을 위하여 선용하실 수 있다는 사실을 분명히 보여준다. 그 전형적인 사건이 요셉의 형제들이 그를 애굽에 팔아넘긴 일이다.

훗날 요셉이 고백하는 것처럼 분명히 그를 애굽에 판 것은 '당신들'[형제들](45:4)이지만 그것은 '하나님이 생명을 구원하시려고 나를 당신들 앞서 보내신'(45:5) 섭리적 사건이었다. 그리하여 요셉을 판 행위는 도저히 용서 받기 힘든 범죄였지만 결과적으로 요셉의 가족들을 기근에서 구원하여 생명을 보존하고 장차 큰 민족을 이루는 전기가 되었다는 점에서 오히려 축복이었다. 인간의 실수에도 불구하고 하나님께서 주권적으로 인간사를 이끌어 가신다는 사실을 분명하게 보여준다. 특별히 핍박과 박해를 가하는 요셉의 형제들과 기근이라는 대 환난에서 야곱의 가정을 구원하시고 아브라함에게 하신 신실한 약속을 이루어 가시는 하나님이 극명하게 대조를 이루고 있다.

---

[39] Denton, *A Commentary on the Acts of the Apostles*. Vol. I., 210–213.

비평가들은 스데반이 족장의 매장지에 대해 잘못 증언하고 있다고 비판한다. 가나안에는 아브라함과 야곱이 산 매장지, 곧 아브라함이 헷 족속 에브론에게서 산 헤브론 근처의 막벨라 밭과 굴과 야곱이 하몰의 아들에게서 산 세겜 근처 매장지 두 곳이 있다. 혹자는 스데반이 야곱이 산 세겜에 있는 것을 아브라함이 샀다고 잘못 진술하고 있다고 하지만 야곱이 매장지를 구입할 때 아직 아브라함이 살았기 때문에 아브라함의 이름으로 그 매장지를 구입했을 수도 있다. 또 스데반의 진술 전체가 이스라엘 족장들을 총괄적으로 개괄하고 있기 때문에 이스라엘 족장들의 두 매장지를 융합시켰을 수도 있다.

모세를 통한 출애굽과 율법시대(7:17-43)

7장 17절부터 43절까지는 모세를 통한 출애굽과 율법시대 개관이다. 모세의 등장은 하나님의 언약의 성취를 위해서다. 스데반은 '하나님이 아브라함에게 약속하신 때가 가까우매'(7:17)라는 표현을 통해 이스라엘 백성들의 애굽 생활이 하나님의 주권 하에 진행된 역사였으며, 하나님이 그들을 구원하시기 위해 모세를 세우셨고, 미디안 광야에서 성숙한 지도자로서 훈련을 받게 하시고 '사십 년이 차매'(7:30) 그를 이스라엘의 구원자로 세우셨다고 변론한다. 모세가 하나님이 특별히 세우신 '선지자'요, 메시야의 선구자였다. 모세를 오실 메시야의 표상으로 묘사한 것이다.

40년간의 모세의 애굽 왕궁생활(7:17-22)

[17] 하나님이 아브라함에게 약속하신 때가 가까우매 이스라엘 백성이 애굽에서 번성하여 많아졌더니 [18] 요셉을 알지 못하는 새 임금이 애굽 왕위에 오르매 [19] 그가 우리 족속에게 교활한 방법을 써서 조상들을 괴롭게 하여 그 어린아이들을 내버려 살지 못하게 하려 할새 [20] 그때에 모세가 났는데 하나님 보시기에 아름다운지라 그의 아버지의 집에서 석 달 동안 길리더니 [21] 버려진 후에 바로의 딸이 그를 데려다가

자기 아들로 기르매 ²² 모세가 애굽 사람의 모든 지혜를 배워 그의 말
과 하는 일들이 능하더라

누가는 스데반의 설교에서 '때'라는 말을 통해 구속사를 설명하고 있다.
'약속하신 때가 가까우매'(the time of the promise, ὁ χρόνος τῆς ἐπαγγελίας, 7:17)는 하나님의 정하신 시간을 말한다. 그런데 우리가 주목하는
것은 17절의 '약속하신 때가 가까우매'에서의 '때'는 크로노스로 기록되었
고, 20절 '그 때에 모세가 났다'의 '그 때'(that time, ᾧ καιρῷ)는 카이로스
로 기록되었다는 사실이다.

전자를 크로노스로 기록한 것은 아브라함에게 말씀하신 400년이라는
약속의 시간(7:6, 창 15:13)이 세상적인 시간으로 볼 때도 가까워졌기 때문
이다. 그것은 바로 이어서 이스라엘 백성이 큰 민족을 이루었고 하나님을
알지 못하는 새 왕이 등장했다는 사실에서 알 수 있다. 모세가 태어난 시
간을 카이로스로 언급한 것은 새 왕이 등장하여 교활한 방법으로 민족을
괴롭게 하고 어린 아이들을 내버려 살지 못하는 민족적 위기가 발생하자
그들의 탄식 소리를 들으시고 하나님께서 역사에 개입하신 것이기 때문
이다.

크로노스가 아브라함과 약속하신 400년에 초점이 맞추어졌다면 카이
로스는 이스라엘 백성의 구속에 더 맞추어졌다. 누가는 스데반이 두 시간
의 개념을 동시에 사용한 것을 주목하고 있다. 이것은 누가의 역사신학과
무관하지 않다. 사도행전 1장 7절에서 주님이 '때와 시기'는 아버지께서
자기 권한에 두셨다고 말씀하신 것을 연상하기 때문이다. 누가는 이를 통
해 한편으로 이스라엘의 구속과 모세를 보내시는 그 때가 크로노스와 카
이로스가 만나는 시점이라는 사실을 말하고 다른 한편으로 하나님께서
크로노스와 카이로스의 시간을 주관하시는 주권적인 하나님이시라는 사
실을 드러낸 것이다.

이것은 하나님이 구속사를 진행해 나가시는 역사의 흐름이 분명히 존
재하는 것을 보여준다. 세상적으로 하나님이 출애굽하시기에 가장 적합

한 때를 준비하고 계셨음을 보여준다. 이것은 예수 그리스도를 보내주실 때도 마찬가지이다. 바울은 로마의 배경, 유대주의 배경, 헬라의 배경 모두 완벽하게 준비되어 '때가 차매'(the fullness of the time, τὸ πλήρωμα τοῦ χρόνου, 갈 4:4) 예수 그리스도를 여자에게서 나게 하셨다고 말하면서 '때'를 크로노스로 표현했다.

하나님께서 이스라엘 백성을 애굽에서 구원하셔서 가나안 땅을 유업으로 주시겠다고 족장들에게 약속하신 때가 가까이 왔으므로 모세를 부르셔서 이스라엘 백성으로 하여금 출애굽을 하게 하신 것이다. 하나님께서는 한 민족을 이루시겠다는 약속의 때가 가까웠을 때 모세를 부르셨다. 스데반은 모세의 전 생애를 셋으로 구분하여 설명하고 있다. 40세 이전과 40세 이후 40년 그리고 가시떨기 나무 가운데에서 부르심을 받은 후부터 40년, 이렇게 셋으로 대별하여 모세의 생애와 사역을 설명한다. 40세 이전의 모세의 생애는 바로의 왕국에서의 삶이었으며, 이 기간은 한마디로 이집트의 지혜의 아들, 곧 왕자로서의 삶이었다.

스데반은 40세 이전의 모세의 생애를 다루면서 '아름다운지라'(7:20)는 말을 통해 막 태어난 모세가 매우 아름다운 아이였음을 증거 한다. 요세푸스에 따르면 바로의 공주가 강둑에서 강 위에 떠 있는 상자 안에 있는 모세를 발견했을 때 모세는 그녀의 마음을 움직일 정도로 빼어나게 아름다웠다.[40] 하지만 스데반은 외적인 외모에만 집중하지 않았다. 그는 모세가 그냥 아름다웠다고만 하지 않고 '하나님 보시기에 아름다운지라' (beautiful to God, ἀστεῖος τῷ Θεῷ, 7:20)고 기록하고 있다. 다시 말해 모세가 단순히 외모만 뛰어난 것이 아니라 그의 심령이 아름다웠음을 말해준다.[41]

---

[40] Denton, *A Commentary on the Acts of the Apostles.* Vol. I., 220.
[41] 막 태어난 어린 아이 모세를 이렇게 표현한 것은 어쩌면 과장된 표현처럼 보일 수 있다. 모세가 성장해서 어느 정도 그런 삶을 살고 난 후에 그렇게 평가했다면 모르지만, 이제 막 태어난 아이를 두고 이렇게 평가한다는 것은 비약이라는 생각이 들 수 있을 것이다. 그러나 스데반은 한편으로 이스라엘 전 역사를 통시적으로 보면서 다른 한편으로 모세의 출생과 성장과 사역에 동행하신 하나님의 주권적인 역사를 목도하면서 신앙으로 그런 평가를 내린 것이다.

그렇다면 하나님 보시기에 아름답다는 의미가 무엇인가? 모세의 부모가 신앙의 아버지, 어머니였기 때문에 그들에게서 태어난 믿음의 자녀라 그런 평가를 내렸을 수도 있지만 모세 자신이 구속의 역사를 위해 부름 받은 선택된 자였기 때문에 그런 평가를 내린 것이다. 선택받은 구원의 백성이기 때문에 갓 태어난 모세가 하나님 보시기에 아름다웠다는 의미다.

세상의 평가는 우리가 힘써 노력한 후에 받지만 구속의 은혜는 우리 공로와 상관없이 주권적으로 받는다. 모세는 구속의 언약을 이루시기 위해 하나님이 선택하신 귀한 믿음의 아들이었기 때문에 '하나님 보시기에' 아름다웠다. 모세의 행위 자체가 훌륭하였기 때문에 아름다운 것이 아니라 선택된 백성이기 때문에 아름다운 것이다. 이것이 복음이다. 우리 역시 마찬가지다. 주님은 우리의 행위가 선하고 훌륭하기 때문에 우리를 선택하신 것이 아니라 아무런 공로 없이 우리를 부르시고 의롭다 하신 것이다. 때문에 우리는 하나님 보시기에 아름다운 존재이다. 우리가 하나님을 택한 것이 아니라 하나님이 우리를 택하여 세운 것이다.

하나님의 은혜를 받았기 때문에 택함 받은 것이 아니라 택함 받았기 때문에 하나님의 은혜가 그 위에 임한 것이다. 실제로 이스라엘의 구원자로 택함을 받은 모세의 전 생애는 이와 같은 은혜로 점철된 역사였다. 모세의 부모는 '남자가 나거든 너희는 그를 하수에 던지라'(출 1:22)는 바로의 명을 어기고 '석 달'(출 2:2)을 숨기고 키우다 더 이상 숨길 수 없어 갈대 상자에 방수처리를 해서 아이를 그 속에 넣고 하숫가에 띄웠다. 마침 바로의 딸이 목욕하러 왔다가 상자를 열어보았다. 거기에 히브리 사람의 남자 아이가 있는 것을 보고 '불쌍히 여겨'(출 2:6) 데려다가 양자로 삼고 양육했다. 모세는 이스라엘 백성들을 괴롭히는 애굽 나라 최고 지도자의 총애를 받는 공주의 아들로서 최고의 교육을 받으며 성장했다. 그리하여 '애굽 사람의 모든 지혜'(7:22)를 배워 그의 말과 하는 일들이 능한 훌륭한 아들로 양육을 받았다.[42] 그의 부모들이 모세를 버릴 때 그의 생명을 건지기만 해도 다행이라고 생각했던 것과는 달리 모세는 애굽 최고의 교육을 받는 특권을 누렸다.

스데반은 '모세가 애굽 사람의 모든 지혜를 배워 그의 말과 하는 일들이 능하더라'(7:22)고 증언한다.[43] 모세는 글을 잘 썼고, 지도력이 탁월했으며, 판단력도 뛰어났다. 알렉산드리아의 필로는 **모세의 생애**(Life of Moses, I, v.)에서 모세가 산술, 기하, 시, 음악, 철학, 점성학 등 모든 학문 분야의 전문가라고 말한다.[44] 요세푸스도 그의 **고대기**(Antiquities ii. 9. 6)에서 모세가 지혜와 신장과 용모에서 특별했다고 기술했다.[45]

모세는 같은 환경에서 교육받은 애굽 왕실의 자녀들보다 더 잘 성장했다. 그것은 이미 주님으로부터 부여받은 지혜가 그에게 충만한데다가 당대 애굽 왕실의 최고 교육이 더해졌기 때문이다. 또 요게벳의 신앙교육을 통해 모세는 훌륭한 믿음의 아들로 양육 받았다. 따라서 가장 이상적인 교육은 바른 신앙교육이 병행된 가운데 세상의 학문을 섭렵하여 세상의

---

[42] Denton, *A Commentary on the Acts of the Apostles*. Vol. I., 221.

[43] Denton, *A Commentary on the Acts of the Apostles*. Vol. I., 221.

[44] Philo of Alexandria, *Life of Moses*, I. v.21-23. 필로는 이렇게 상술했다. "(21) 그리고 그는 즉시 잇따라 온갖 종류의 스승을 가지게 되었다. 그들 중 몇 사람은 이웃 국가들과 이집트의 다른 지역에서 온 이들이었고 심지어 몇몇은 큰 선물로 유혹하여 그리스로부터 조달해 온 이들이었다. 그러나 짧은 시간에 그는 자신의 천재성의 훌륭한 천부적 자질을 통해 그들의 모든 교훈을 예측함으로써 스승들의 모든 지식을 능가했다. 그리하여 그의 경우에는 모든 것이 학습이라기보다 수집인 것처럼 보였으며, 그는 어떤 선생 없이도 그 자신이 본능적인 천재성에 의해 많은 어려운 주제들을 이해했으며, (22) 지식으로 향하는 많은 새로운 길을 스스로 잘라내야 할 정도로 대단한 능력을 소유했다. 그리고 모든 신체 각 부분에서 활동적이고 빠르게 움직이는 활달하고 건강한 신체들과 마찬가지로 각 전문 분야 트레이너들을 많은 관심으로부터 자유롭게 해주고 문제와 불안을 거의 또는 전혀 주지 않았다. 마치 좋은 종류의 나무들처럼 자연스럽게 잘 성장하고 그들의 경작자들에게 전혀 문제를 일으키지 않고 곱게 자라고 스스로 성장하듯이, 모세는 동일한 방식으로 배울 수 있는 교훈을 만나기 위해 계속 정진하는 좋은 마음을 가졌고, 선생에 의해서가 아니라 오히려 그 자체에 의해 현실 가운데 학습을 습득해 나갔으며, 속담에도 있듯이 평원을 넘는 말처럼 지식의 어떤 시작 혹은 원리, 한계를 붙잡았다. (23) 그에 따라 그는 산술과 기하학, 리듬과 조화와 미터법 전체의 과학, 음악전반과 악기사용, 다른 예술에 대한 강의 그리고 각주제의 설명을 신속하게 배웠으며, 이집트 철학자들을 통해 이들 주제들의 교훈을 얻었으며, 이집트 철학자들은 또한 모세에게 상징에 내포된 철학을 가르쳤고, 그들의 소위 말하는 상형문자의 신성한 특성 그리고 신의 덕분으로 영광으로 투자하는 동물들에 정통한 철학을 습득했다. 그리고 그는 그리스인들에게서 백과사전교육의 다른 전 분야를 배웠고, 인접국들의 철학자들이 그에게 앗시리아 문학과 갈대아우르인들에 의해 그렇게 많이 연구된 천체에 관한 지식을 가르쳤다."

[45] Bruce, *The Book of ACTS*, 150.

정치·사회·문화·역사를 이해하는 안목을 갖추고 세상 학문을 기독교 정신으로 평가하고 이용할 수 있도록 만들어 주는 것이다. 모세가 받은 교육이 그런 교육이었다.

스스로 지도자로 나선 모세(7:23-28)

²³ 나이가 사십이 되매 그 형제 이스라엘 자손을 돌볼 생각이 나더니 ²⁴ 한 사람이 원통한 일 당함을 보고 보호하여 압제 받는 자를 위하여 원수를 갚아 애굽 사람을 쳐 죽이니라 ²⁵ 그는 그의 형제들이 하나님께서 자기의 손을 통하여 구원해 주시는 것을 깨달으리라고 생각하였으나 그들이 깨닫지 못하였더라 ²⁶ 이튿날 이스라엘 사람끼리 싸울 때에 모세가 와서 화해시키려 하여 이르되 너희는 형제인데 어찌 서로 해치느냐 하니 ²⁷ 그 동무를 해치는 사람이 모세를 밀어뜨려 이르되 누가 너를 관리와 재판장으로 우리 위에 세웠느냐 ²⁸ 네가 어제는 애굽 사람을 죽임과 같이 또 나를 죽이려느냐 하니

사십이 된 모세는 의협심이 대단히 강한 사람이었다. 그리고 하나님으로부터의 소명의식도 분명했다. 한편으로는 민족의 지도자로 부름 받았다는 자의식이 있었고 실제로 그것을 실천에 옮길 용기도 있었다. 하지만 그에게는 감정을 다스리면서 그 일을 지혜롭게 실천에 옮길 훈련이 부족했다. 스데반은 성년이 된 모세를 말하면서 사십이 되어 '그 형제 이스라엘 자손을 돌볼 생각이 나더니'(7:23)라고 말한다. 이것은 뛰어난 민족애가 그 내면에 강하게 흐르고 있었음을 말해준다.

출애굽기 2장 11절(히 11:24)에는 "모세가 장성한 후에"라고만 언급하고 40세라는 구체적인 언급은 없다. 그러나 스데반은 랍비들의 전승을 따라 그 때 모세의 나이가 40세였다고 말한다. 사실 출애굽이 모세의 기록이라는 사실을 고려할 때 그는 자신의 연수가 120세(신 34:7)이고, 가시 떨기나무에서 하나님의 부르심을 받고 바로 왕 앞에 섰을 때가 "팔십"(출 7:7)이라고 밝히고 있다. 여기서 우리는 모세가 40년을 바로 왕궁에서 40년을

미디안 광야에서 그리고 40년을 이스라엘의 출애굽으로 보낸 것을 어렵지 않게 추론할 수 있다.

민족애는 민족을 구원하는 일에 있어서 필수적이다. 애굽 사람으로부터 이스라엘 사람들이 어려움을 당할 때 그 일을 그냥 간과할 수 없었다는 사실이나, 동족이 서로 다투는 것을 지나칠 수 없었다는 것 모두 그가 얼마나 의분에 불타는 사람인가를 알 수 있다.

하지만 모세는 의분도 철저한 자기 통제와 절제가 요구된다는 사실을 간과하고 말았다. 모세의 가슴은 민족애로 불탔지만 그것을 자신의 힘으로 이룰 수 있다는 자만심이 그 내면에 깊이 자리 잡고 있었다. 모세에게는 그 일을 이루시는 분이 하나님이시라는 사실, 철저하게 그분의 인도하심을 받아 그 일을 추진해야 한다는 생각이 부족했다. 그것은 애굽 사람이 이스라엘 사람을 괴롭히자 그가 애굽 사람을 쳐 죽인 것에서 발견할 수 있다. '한 사람이 원통한 일 당함을 보고 보호하여 압제 받는 자를 위하여 원수를 갚아 애굽 사람을 쳐 죽이니라'(7:24).

이런 행위를 가리켜 스데반은 이렇게 부언한다. '그는 그의 형제들이 하나님께서 자기의 손을 통하여 구원해 주시는 것을 깨달으리라고 생각하였으나 그들이 깨닫지 못하였더라'(7:25). 모세는 그들을 인도할 자라는 자의식을 가지고 있었으나 백성들은 이 사실을 인지하지 못했고 그를 지도자로 받아들이지도 않았다. 모세가 애굽 사람을 죽인 것이 민족애와 전혀 무관하지는 않았다. 모세는 동족인들이 자기가 이스라엘의 지도자로 부름 받았다는 사실을 인정해 주고 자기를 통해 민족 구원의 역사가 이루어질 것이라고 믿고 그렇게 과감하게 행동한 것이다. 그러나 그는 정작 동족으로부터 거부를 당했다. 이스라엘 백성들이 모세를 하나님이 지도자로 택하셨다는 사실을 깨닫지 못한 것과 당시 유대인들이 그리스도를 거부한 것은 맥을 같이한다. 스데반은 전형적인 헬라파 유대인이었고, 누가는 이방인이었다.

스데반이나 누가는 구속의 역사를 방해한 자들이 모세를 거부한 바로 이스라엘이라는 사실을 부각시키고 있다. 분명 모세는 하나님이 예비하시고 보내신 이스라엘의 구원자였다. 하지만 백성들은 이를 깨닫지 못했다. 모세는 자기 손으로 이스라엘을 출애굽 시킬 것이라는 사실을 백성들이 깨달을 것이라고 생각했다. 그러나 현실은 전혀 그렇지 못했다. 과거 유대인들이 모세를 하나님이 보내신 구원자라는 사실을 깨닫지 못한 것처럼 이제는 그리스도가 하나님이 예정하신 구원자라는 사실을 깨닫지 못한 것이다.

스데반은 모세의 생애를 재구성하면서 모세에게 문제가 무엇이었는지를 분명하게 드러내고 있다. 그것은 하나님의 거룩한 목적과 계획을 자기 힘으로 속히 성취하려는 모세의 모습이다. 모세는 분명히 하나님의 거룩한 목적을 알고 있었다. 그리고 그것을 이루어야 한다는 일종의 소명의식도 갖고 있었다. 문제는 모세가 그것을 이루어 가는 과정이다. 모세는 과정도 거룩한 하나님의 계획에 따라 진행되어야 한다는 사실을 간과하고 스스로의 힘과 노력으로 이루려고 했다.

모세 자신이 후에 시내산에서 받은 '모세의 율법'에는 살인이 금지되었다. 그것은 살인이 하나님의 창조원리를 거스르는 행위이기 때문이다. 인간이 인간을 살해한다는 것은 창조주 하나님에 대한 일대 도전이다. 모세는 가장 거룩한 목적을 이루겠다고 하면서 주님의 거룩한 계명을 어기는 모순을 범한 것이다. 우리는 여기서 우리 신앙인들의 태도가 어떠해야 하는가를 발견한다. 목적이 선하면 그것을 이루는 과정도 선해야 한다. 아무리 목적이 선하다고 해도 과정이 선하지 않다면 주님이 기뻐하시는 방법이 아니다.

모세가 이튿날 동족끼리 다툼을 벌이는 것을 보고 왜 동족끼리 서로 해하느냐며 싸움을 말렸다. 그러자 그중의 한 사람이 모세를 밀치며 '누가 너를 관리와 재판장으로 우리 위에 세웠느냐, 네가 어제는 애굽 사람을 죽임과 같이 또 나를 죽이려느냐'(7:27-28)며 모세를 비판했다.

모세가 스스로 민족의 지도자라고 자처하고 있었지만 백성들은 그렇게 생각하지 않았다. 모세가 백성들에게 그렇게 큰 영향력이나 감화를 주지 못했음을 말해준다. 스스로 지도자로 부름 받았다는 자의식은 있었지만 아직 지도자로 쓰임 받기에는 역부족이었다. 우리는 여기서 신앙의 지도자에게 얼마나 많은 준비가 필요한가를 알 수 있다. 스스로 부름 받았다는 자의식만으로는 부족하다. 합의된 지도자, 곧 주변 사람들이 볼 때에도 인정해주는 그런 지도자가 되기 위해서는 준비과정이 있어야 한다.

 '어제 애굽 사람을 죽이더니 오늘은 나를 죽이려느냐'는 말을 듣고 모세는 두려워 미디안으로 도망쳤다. 모세는 자기를 인정하지 않은 이스라엘 사람에게 자신의 행위를 설명하거나 아니면 그를 설득하려고 하지 않고 살인 사건이 노출될까 봐 두려워 피했다. 모세의 리더십의 단면을 보여준다. 자신을 반대하거나 거부하는 사람도 설득하고 이해시켜서 협력할 수 있도록 만드는 것이 민족의 지도자인데 모세는 그렇지 않았다. 지도자로서의 자질 부족을 그대로 드러내고 만 것이다.

미디안 광야의 40년의 나그네 생활(7:29)

29 모세가 이 말 때문에 도주하여 미디안 땅에서 나그네 되어 거기서 아들 둘을 낳으니라

 미디안 광야에서 모세가 한 일에 대해 스데반은 너무도 간략하게 기술했다. 스데반은 바로의 왕궁을 떠난 모세의 40년간의 생활을 설명하면서 '미디안 땅,' '나그네'(a foreigner) 인생, '아들 둘'을 낳은 결혼생활로 집약했다.

 광야, 나그네, 결혼 이 세 가지는 미디안 광야에서의 40년간의 모세의 삶을 너무도 잘 대변해준다. 화려하고 모든 것이 넉넉했던 애굽 왕궁과 한 모금의 물을 얻기도 힘들고 밤낮의 일교차가 심해 생존하기조차 힘든 그 광야는 말 그대로 극과 극이었다. 게다가 부양책임과 사랑이 요구되는 결혼생활과 가정은 모세를 한 인간으로서, 한 가정의 남편과 아버지로서 훈련시키는 훈련소였다.

 모세는 나무 한 그루 찾기 힘든 광야에서 장인 이드로의 양을 치는 목자로서의 고된 생활을 통해 고난 받는 민중의 생활이 얼마나 고된가를

피부로 경험했다. 모세는 왕실에 살면서 애굽의 모든 학식과 문물을 받아들였지만 종으로 노예와 다름없는 생활을 하는 이스라엘 백성들의 아픔에 뛰어들지 못했었다. 이스라엘 백성들은 자기들의 아픔을 실제로 이해하지 못하는 그런 모세를 지도자로 인정할 수 없었다. 그러던 그 모세가 광야생활을 통해 민족의 삶을 이해하기 시작한 것이다. 그는 이 광야에서 나그네로 살았다. 나그네는 자신의 정착지가 없다. 끊임없는 떠돌이 생활만이 계속될 뿐이다.

모세는 이 나그네 삶을 통해 가나안이라는 약속의 땅, 아브라함과 이삭과 야곱에게 약속해주신 그 땅이 얼마나 소중한가를 깊이 인식했다. 영적으로는 바로의 왕궁에서 호화로운 생활을 하면서 느끼지 못한 나그네 인생을 깊이 체험하면서 그는 가나안 약속의 땅의 중요성과 애굽 사람들 밑에서의 처참한 삶이 얼마나 힘든가를 피부로 느꼈다. 모세는 이방인으로 나그네 삶을 살아가면서 한 나라를 세우고 민족이 정착할 수 있도록 만드는 것이 얼마나 절실하게 필요한지를 온 몸으로 경험했을 것이다. 그러면서도 영원한 본향을 그리워하는 이와 같은 모세의 나그네 삶은 이스라엘 전 역사에서 애굽에서의 400년간의 종의 생활의 의미를 환기시키고 애굽에 대한 미련을 접어두도록 만들어 주었을 것이다. 애굽에 대한 향수와 애착을 버리고 자신의 민족이 정착할 수 있는 약속의 땅에 대한 사모함과 갈망이 그 내면에 더욱 움트게 되었다.

그의 결혼생활은 어땠는가? 루터는 가정을 '가장 훌륭한 인격수련장'이라고 말한 적이 있다. 모난 성품이 다듬어질 수 있는 훈련 장소가 가정이라고 생각했기 때문이다. 가정은 혼자 사는 곳이 아니라 서로 다른 환경에서 자란 사람이 함께 사는 곳이다. 이방 여인과의 결혼, 그것도 장인 이드로의 도움을 받으며 살아간 40년의 결혼생활, 게르솜을 비롯하여 두 아들을 둔 모세의 미디안 광야생활은 극한의 어려운 환경 속에서 모세의 모난 인격을 다듬어주는 가장 훌륭한 훈련장이었다. 다른 언어, 다른 민족성, 다른 환경, 그 속에서의 적응은 보통 인내와 관용과 극기를 요구하는 생활이 아니었다.

40년의 광야생활은 '학문적으로 비범한 모세'를 '인격적으로 비범한 모세'로 다듬어 주어 명실상부한 민족의 지도자로서의 자격을 갖추도록 만들어준 훈련의 장이었다. 그곳에서 이드로의 양을 치면서 모세는 목동의 훈련을 통해 목자의 심정, 지도자의 심정과 자질을 체득할 수 있었다. 이런 고난의 과정을 통해 그는 가장 뛰어난 민족지도자로 성장할 수 있었다.

출애굽과 40년간의 모세의 표적과 이적(7:30-43)

30 사십 년이 차매 천사가 시내 산 광야 가시나무 떨기 불꽃 가운데서 그에게 보이거늘 31 모세가 그 광경을 보고 놀랍게 여겨 알아보려고 가까이 가니 주의 소리가 있어 32 나는 네 조상의 하나님 즉 아브라함과 이삭과 야곱의 하나님이라 하신대 모세가 무서워 감히 바라보지 못하더라 33 주께서 이르시되 네 발의 신을 벗으라 네가 서 있는 곳은 거룩한 땅이니라 34 내 백성이 애굽에서 괴로움 받음을 내가 확실히 보고 그 탄식하는 소리를 듣고 그들을 구원하려고 내려왔노니 이제 내가 너를 애굽으로 보내리라 하시니라 35 그들의 말이 누가 너를 관리와 재판장으로 세웠느냐 하며 거절하던 그 모세를 하나님은 가시나무 떨기 가운데서 보이던 천사의 손으로 관리와 속량하는 자로서 보내셨으니 36 이 사람이 백성을 인도하여 나오게 하고 애굽과 홍해와 광야에서 사십 년간 기사와 표적을 행하였느니라 37 이스라엘 자손에 대하여 하나님이 너희 형제 가운데서 나와 같은 선지자를 세우리라 하던 자가 곧 이 모세라 38 시내 산에서 말하던 그 천사와 우리 조상들과 함께 광야 교회에 있었고 또 살아있는 말씀을 받아 우리에게 주던 자가 이 사람이라 39 우리 조상들이 모세에게 복종하지 아니하고자 하여 거절하며 그 마음이 도리어 애굽으로 향하여 40 아론더러 이르되 우리를 인도할 신들을 우리를 위하여 만들라 애굽 땅에서 우리를 인도하던 이 모세는 어떻게 되었는지 알지 못하노라 하고 41 그 때에 그들이 송아지를 만들어 그 우상 앞에 제사하며 자기 손으로 만든 것을 기뻐하더니 42 하나님이 외면하사 그들을 그 하늘의 군대 섬기는 일에 버려두셨으니 이는 선지자의 책에 기록된 바 이

스라엘의 집이여 너희가 광야에서 사십 년간 희생과 제물을 내게 드린 일이 있었느냐 43 몰록의 장막과 신 레판의 별을 받들었음이여 이것은 너희가 절하고자 하여 만든 형상이로다 내가 너희를 바벨론 밖으로 옮기리라 함과 같으니라

때가 차매 하나님께서 가시 떨기나무 불꽃 가운데 모세에게 나타나셔서 그를 부르셨다. 하나님이 모세에게 임하신 곳은 시내산 광야였다. 크리소스톰의 표현을 빌린다면 "주의 천사가 성전이 아닌 광야에서 모세에게 나타나셨다."[46] 이 산은 하나님의 산으로 출애굽기에는 호렙산으로 기록되었다. 시내산은 시내 반도에 위치하고 있다.[47] 모세에게 나타나신 분은 천사(7:30)라고 스데반이 증언하며, 출애굽기 3장 2절에는 '여호와의 사자,' 출애굽기 3장 4절에는 '하나님'으로 그리고 3장 7절에는 '여호와'로 기술되었다. 스데반은 이 천사가 말한 소리를 '주의 소리'(7:31)라고 증언하고 이 천사를 '하나님'(7:32)으로 또 '주'(7:33)로 불렀다.

모세를 부르신 때를 스데반은 '사십 년이 차매'(7:30)라고 말한다. '사십 년이 차매'라는 말은 '모세가 지도자로서의 인격적인 훈련 기간이 차매'라는 말로 바꾸어 볼 수 있다. '차매'($\pi\lambda\eta\rho\omega\theta\acute{\epsilon}\nu\tau\omega\nu$)는 '채우다(fulfil),' '마치다(complete)'를 뜻하는 플레로($\pi\lambda\eta\rho\acute{o}\omega$)에서 나온 헬라어로 갈라디아서 4장 4절 '때가 차매'에 사용된 동일한 단어이다. 하나님이 정하신 '40년이 되매'라는 의미로 해석할 수 있다.[48]

---

[46] Chrysostom, *The Homilies on The ACTS of The Apostles*, 227.

[47] Denton, *A Commentary on the Acts of the Apostles*. Vol. I., 225.

[48] 모세에게 40년간의 애굽 왕궁의 생활과 40년간의 미디안 광야의 생활은 모두 장차 이스라엘을 인도할 지도자로서의 훈련 기간이었다. 40년간의 공생애를 위해 80년의 준비는 너무 길다고 불평할 수 있다. 그러나 80년이 없었다면 40년의 모세는 존재할 수 없었다. 여기서 우리는 주 앞에 부름 받기 위해 얼마나 철저하게 자신을 준비해야 하는가를 배울 수 있다. 오늘날 현대 교회의 가장 큰 문제 가운데 하나는 준비되지 않은 자가 대단한 지도자로 자임하며 활동하고 있다는 사실이다. 게다가 이들 중 상당수가 자신을 유일한 지도자라고 착각하고 있다. 이와 같은 영적 교만은 지도자로 덜 준비되었다는 사실을 말해 주는 것이다. 교회는 모세처럼 완숙한 지도자를 필요로 한다. 또 그와 같은 지도자가 나올 수 있는 영적 풍토가 되어야 한다. 모세가 완숙되지 않은 가운데 백성의 지도자로 자임하고 나섰을 때 이스라엘 백성은 그를 거부했다. 스스로 나서는

'사십 년이 차매'라는 말은 하나님께서 모세의 생애에 간섭하시고 이스라엘 구속의 역사를 이끌어 가셨음을 보여준다. 하나님은 멀리 계신 분이 아니라 인간의 역사 속에 개입하시는 살아계신 하나님이시다. 스데반은 이스라엘 백성들이 애굽에서 고통당하자 하나님께서 그들의 신음을 들으셨다고 증언한다. '내 백성이 애굽에서 괴로움 받음을 내가 확실히 보고 그 탄식하는 소리를 듣고 그들을 구원하려고 내려왔노니 이제 내가 너를 애굽으로 보내리라'(7:34).

하나님은 고난 받는 이스라엘 백성들의 괴로움을 보시고, 들으시고, 구원하러 내려오시고 모세를 애굽으로 보내셨다. 당신의 백성들의 신음과 고통을 외면하지 않으셨다. 그들의 고통을 들으시고 달려가서서 그들을 구원하셨다. 역사를 주관하시는 그분이 역사에 개입하신 것이다. 이스라엘의 구원의 출발과 과정과 결과가 결국 하나님께 있다는 사실을 선명하게 보여준 것이다. 이것은 바울이 말한 바 '이는 만물이 주에게서 나오고 주로 말미암고 주에게로 돌아간다'(롬 11:36)는 인류역사의 시작과 과정과 종말이 그분께 있다는 고백과 맥을 같이한다.

스데반은 때가 차매 하나님께서 모세에게 직접 초자연적으로 임재하셔서 이스라엘의 지도자로 부르셨음을 강조한다. '천사가 시내 산 광야 가시나무 떨기 불꽃 가운데서 그에게 보이거늘'(7:30), '주의 소리가 있어 나는 네 조상의 하나님 즉 아브라함과 이삭과 야곱의 하나님이라'(7:31-32), '주께서 이르시되 네 발의 신을 벗으라 네가 서 있는 곳은 거룩한 땅이니라'(7:33). 모세를 부르신 소명에서 보여주듯이 하나님이 임재하신 곳이 거룩한 곳이다. 예수님께서 인류의 죄를 대속하시기 위해 십자가에 달려 돌아가신 후 거룩한 특정 지역은 지구상에는 없다. 진정한 하나님의 임재가 이루어지는 바로 그곳이 거룩한 곳이다. 스데반은 이스라엘의 구속사

지도자를 백성이 거부한 것이다. 그러나 광야 40년의 세월이 흐른 뒤 모세의 모습은 완전히 바뀌었다. 그는 완숙된 지도자였지만 한없이 부족한 자로 자신을 평가했다. 깊은 겸손이 그에게 있었다. 성숙한 지도자로 바뀐 것이다. 성숙한 지도자는 자칭 지도자가 아니라 주변 사람들과 하나님께서 인정하시는 훈련된 지도자다. 개 교회나 교단이나 한국교회는 교회 전체로부터 인정받는 지도자, 공동체의 지지를 받는 지도자를 세워야 할 것이다

특히 모세의 소명을 통해 이 사실을 확인시켜 주었다.[49]

완전히 달라진 모세

40년간은 모세를 인격적으로 훈련시킨 기간이었다. 이 기간 동안 모세는 이스라엘 백성을 섬기는 종으로, 그들을 푸른 초장과 잔잔한 물가로 인도할 수 있는 역량을 가진 지도자로 성장한 것이다. 모세에게 하나님이 임하셨다.[50] 40년의 광야생활을 통해 모세는 완전히 달라졌다. 자기 자신을 과신하던 그가 하나님을 두려워하는 존재로 바뀌었다. 하나님의 임재 앞에 모세는 무서워 감히 보지 못했다. 하나님은 '네가 선 곳은 거룩한 곳이녀 신을 벗으라'고 명하셨다.[51] 그곳이 거룩한 것은 하나님이 임재하시는 곳이기 때문이다.

"내 백성이 애굽에서 괴로움 받음을 내가 확실히 보고 … 구원하려 내려 왔나니"(7:34)는 모세에게 임재하신 목적이 무엇인가를 설명한다. 하나님은 이스라엘 백성이 당하는 압제를 보시고 구원하러 내려오신 것이다.[52] 여기서 주목하는 것은 이스라엘 백성을 내가 택한 백성이라고 말씀하지 않고 '내 백성'(of the people of Me, τοῦ λαοῦ μου)이라고 말씀하신 부분이다. 하나님의 선택된 백성은 하나님의 백성이며, 하나님이 결코 방관하시지 않으신다는 사실을 보여준다. 하나님은 이집트에서 자기 백성의 압제를 보셨다. 압제 앞에 정관사(the)가 있어 그들이 받은 바로 '그 압제'(the oppression, τὴν κάκωσιν)를 지칭하는 것이다. 보신 것도 단순히

---

[49] Bruce, *The Book of ACTS*, 155-156.

[50] Denton, *A Commentary on the Acts of the Apostles*. Vol. I., 225.

[51] Denton, *A Commentary on the Acts of the Apostles*. Vol. I., 228. 이사야 20장 2-3절에 유사한 내용이 나온다. '그 때에 여호와께서 아모스의 아들 이사야에게 말씀하여 이르시되 갈지어다 네 허리에서 베를 끄르고 네 발에서 신을 벗을지니라 하시매 그가 그대로 하여 벗은 몸과 벗은 발로 다니니라. 여호와께서 이르시되 나의 종 이사야가 삼 년 동안 벗은 몸과 벗은 발로 다니며 애굽과 구스에 대하여 징조와 예표가 되었느니라.' 제사장들이 예루살렘 성전에 예배를 섬기는 제사장들이 자신들의 의무를 수행할 때 신을 벗고 수행하는 것이나 이스마엘 자손들인 무슬림들이 예배하는 장소에 들어갈 때 신을 벗는 관습이 생겨난 것으로 보인다.

[52] Denton, *A Commentary on the Acts of the Apostles*. Vol. I., 230.

한 번 보신 것이 아니라 '쭉 보셔왔고 또 보셨다'(have seen, ἰδὼν, εἶδον)는 것이다. 이 같은 표현은 고전에는 잘 알려져 있지 않지만 히브리 전통에는 일반적이다.[53]

우리는 다음에서 그것을 알 수 있다. 첫째는 가시 떨기나무 가운데에서 부름 받았을 때의 모세를 가리켜 스데반이 한 호칭에서 읽을 수 있다. 스데반은 40년 전에는 스스로 '관리와 재판장'(7:35)으로 자부했으나 백성들로부터 거부당했던 그 모세를 향해 '관리와 속량하는 자'(7:35)로 불렀다. 모세는 자칭 지도자가 아니라 이제는 하나님이 인정하는 지도자로 성장한 것이다. 하나님의 자비는 결코 이스라엘 백성들에게만 국한되지 않았다. 하나님은 이집트 땅에서 이방 백성 앞에서도 기사와 표적을 행하셨다. 하나님이 이스라엘의 하나님이시지만 결코 유대민족에게만 제한된 분이 아니심을 선포하신 것이다.[54]

준비된 모세의 리더십

스데반은 '이스라엘 자손에 대하여 하나님이 너희 형제 가운데서 나와 같은 선지자를 세우리라 하던 자가 곧 이 모세'(7:37)라고 말한다. 하나님이 모세를 통해 장차 모세와 같은 지도자로 세우시겠다고 약속하셨다는 의미이다.[55] 이것은 유대인들이 고대하는 메시야의 출현을 예견한 것이다.

이후 모세의 40년간의 남은 생애를 스데반은 이렇게 집약했다. '이 사람이 백성을 인도하여 나오게 하고 애굽과 홍해와 광야에서 사십 년간

---

[53] Denton, *A Commentary on the Acts of the Apostles*. Vol. I., 229-230.

[54] Denton, *A Commentary on the Acts of the Apostles*. Vol. I., 232.

[55] Denton, *A Commentary on the Acts of the Apostles*. Vol. I., 232. "와야 할 선지자는 모세와 같아야 했다. 여기에는 어떤 식으로든 평등이 함의되지 않고 단지 유사성이 함의되었다. (1) 그는 육신을 가지고 육안으로 볼 수 있는 몸을 가져야 한다. (2) 그는 옛 사람들이 거절했던 그 사람[모세]과 같이 구원자 또는 구속주가 되어야 한다. 모세가 하나님의 백성을 이집트에서 구출 할 때 거절당했듯이 그리스도께서 바로로 상징화 된 왕자-사탄으로부터 자기 백성을 구원하실 때도 거절 당하셨다는 점에서 유사성이 현시되었다. (3) 그는 율법 수여자가 되어야 했다. 모세는 육신을 좇아 아브라함의 자녀들에게 율법 수여자였듯이 그리스도께서는 하나님의 전체 이스라엘 백성에게 새 율법의 선포자(the promulgator of a new law)가 되셔야 했다. 앞의 두 경우 모두, 이 율법 수여자들은 새로운 법을 제정했지만, 그 법은 최초 법의 재판(republication) 일뿐이다."

기사와 표적을 행하였느니라'(7:36). '시내 산에서 말하던 그 천사와 우리 조상들과 함께 광야 교회에 있었고 또 살아있는 말씀을 받아 우리에게 주던 자가 이 사람이라'(7:38). 하나님께서는 이스라엘 백성들이 거절하던 바로 그 사람을 이스라엘의 지도자요, 구원자로 삼으신 것이다. 처음에 모세를 거부한 백성들이 두 번째는 그를 인정하고 자신들의 지도자로 받아들였다.

스데반은 모세의 마지막 40년간의 삶을 첫째, '백성의 인도,' 둘째, '사십 년간의 기사와 표적,' 셋째, '살아있는 말씀'이라는 말로 집약했다. 우리는 스데반의 탁월한 분석을 여기서도 발견할 수 있다. 마지막 40년간의 모세의 생애는 이스라엘 백성을 인도하는 출애굽, 그것을 이루기 위해 진행된 애굽과 홍해와 광야에서의 기사와 표적 그리고 율법의 수여로 집약될 수 있다. 이것은 모세의 40년간의 생애를 가장 잘 집약한 분석이다.

우리는 성경의 역사를 보는 혜안을 스데반을 통해서 발견할 수 있다. 가장 중요한 중심 주제를 끌어내어 그것을 그 개인과 구속사역의 역사 구성으로 삼았다. 그 외의 수많은 사건들은 '백성의 인도,' '사십 년간의 기사와 표적,' '살아있는 말씀' 이 세 가지의 중심 주제들을 설명하고 보완하는 것에 불과했다. 이 세 가지는 모세가 결국 이스라엘의 구속을 이루기 위한 지도자로 부름 받고, 훈련 받고, 실제로 지도자로 다듬어졌음을 말해준다. 훈련된 지도자는 주님 앞에 귀하게 쓰임 받을 수 있다.

모세의 리더십에 대한 이스라엘 백성의 반응

스데반의 시각에서 볼 때 이와 같은 준비된 모세의 리더십에 대한 이스라엘 백성들의 반응은 너무도 부정적이었다. 모세오경에 나타난 이스라엘 백성들의 광야 40년간의 생활을 스데반은 모세의 명을 거절하는 불순종(7:39), 애굽을 향하는 마음, 우상숭배를 대변하는 금송아지로 집약했다. 실제로 출애굽기를 비롯하여 모세의 글은 이스라엘 백성들이 얼마나 불순종했는가를 여실히 보여준다. 백성들은 모세를 하나님의 대리자라는 사실을 인정하면서도 정작 그에게 불순종하고 그의 인도를 따르지 않으려했다. 스데반이 증언한 대로 이스라엘 조상들은 '모세에게 복종하지 아니하고자 하여 거절하며 그 마음이 도리어 애굽으로 향했다'(7:39). 이스라엘 백성은 구원자로 하나님이 보내신 모세의 말을 듣지 않고 오히려 종살이를 한 애굽을 더 그리워하고 이스라엘 백성들은 끊임없이 애굽으로 돌아가려고 했다.

그렇다면 왜 이스라엘 백성들이 그 신성한 특권에도 불구하고 애굽으로 되돌아가려고 열망하였는가? 그들은 어떤 '볼 수 있는 신'을 갈망했기 때문이다. 그들은 모세가 시내산에 올라가자 금송아지를 만들어 놓고 자기들의 신으로 섬겼다.

이스라엘의 불순종과 심판

스데반의 변증에서 이스라엘의 거역의 역사는 모세의 명을 어기고 금송아지를 숭배하는(7:41) 데서 시작해서 하늘의 군대를 섬기고(7:42), 의인이 오실 것을 예고한 선지자들을 죽이고(7:52), 이제는 이 세상에 오신 의인을 잡아 죽인(7:52) 데서 정점을 이룬다. 스데반은 하나님이 세우신 모세를 이스라엘 백성들이 계속해서 거부한 사실과 모세가 약속한 메시야 예수 그리스도를 이스라엘 백성들이 거부한 것을 날카롭게 비교하고 있다.

모세의 글에 생생하게 나타났듯이 스데반의 설교에는 언약을 따라 가나안을 향하는 모세와 언약을 거부하고 애굽의 노예생활로의 회귀하려는 이스라엘 백성, 유일신 신앙을 가진 모세와 우상을 숭배하는 이스라엘 백성 그리고 하나님의 명령에 순종하는 모세와 끝없이 불순종하는 이스라엘 백성들이 생생한 대비를 이루고 있다.[56]

스데반은 우상숭배가 얼마나 어리석은가를 설명한다. 스데반은 이스라

---

[56] 모세의 명령에 불순종하고 애굽에서의 풍요로움을 그리워하며, 유일신 하나님을 섬기기를 거부하는 이스라엘 백성들의 40년간의 광야생활의 모습은 이 세상을 살아가는 우리 인간들의 모습을 그대로 대변해준다. 하나님의 명령보다 자기의 기준을 설정하고, 하나님의 약속된 땅 천국(가나안)보다 이 세상(애굽)을 끊임없이 사모하고 그리고 보이지 않는 주권적인 하나님보다 보이는 세상(금송아지)을 섬기기를 더 즐겨하는 현재 우리들의 모습을 반영한다.

엘 백성들이 하나님의 초자연적 개입과 인도하심에도 불구하고 우상을 섬긴 사실과 그로 인해 하나님께서 그들을 심판하셨다는 사실을 42-43절에서 분명히 밝히고 있다. 40년간 하나님 앞에 희생과 제사를 드리지 않고 몰록의 장막과 신 레판의 별을 받들고 금송아지를 만들어 섬기는 그 우상숭배 결과, 출애굽 한 이스라엘 백성들 가운데 여호수아와 갈렙 외에는 누구도 약속의 땅 가나안을 밟지 못했다.

스데반이 아모스 5장 25-27절을 인용해서 광야에서부터 바벨론 포로기까지의 구약의 전 기간에 걸쳐있는 우상 숭배의 역사를 밝힌 것이다. 게다가 그들의 후손이 가나안에서 다시 바벨론의 포로가 되어 이방의 객이 되었다. 스데반은 이스라엘 백성들이 바벨론의 침략을 받아 바벨론의 포로가 되어 70년간을 보낸 것이 40년간의 광야생활의 불순종과 불신앙 그리고 언약에 대한 불신에서 비롯된 심판이라고 해석하였다.

이스라엘 백성들이 우상을 숭배함으로 하나님의 심판을 면할 수 없었다. 이것은 우리에게 왜 동방의 예루살렘 평양이 공산주의 하에 신음하고 있는가 하는 것에 대한 부분적인 대답을 제공한다.[57]

다윗과 솔로몬: 장막과 성전시대(7:44-50)

⁴⁴ 광야에서 우리 조상들에게 증거의 장막이 있었으니 이것은 모세에게 말씀하신 이가 명하사 그가 본 그 양식대로 만들게 하신 것이라 ⁴⁵ 우리 조상들이 그것을 받아 하나님이 그들 앞에서 쫓아내신 이방인의 땅을 점령할 때에 여호수아와 함께 가지고 들어가서 다윗 때까

---

[57] 평양은 1907년 놀라운 성령의 부으심을 경험한 곳이고, 그래서 '동방의 예루살렘'이라고 불렸다. 하나님의 은혜가 풍성히 임한 평양이 신사참배를 가결함으로 말미암아 하나님께 배도한 것이다. 그곳을 향한 하나님의 무서운 심판이 북한 지역의 공산화, 한국전쟁 그리고 지구상의 가장 혹독한 박해를 통해 지금도 계속되고 있다. 그 혹독하고 모진 시험은 그 땅의 온전한 회복을 위한 하나님의 섭리이다. 죄인이 온전히 회복되는 길은 진정한 회개, 죄악을 떠나 하나님께로 돌아섬이 전제될 때 가능하다. 그것 외에는 달리 길이 없다. 하나님은 그의 백성들이 생명 내걸고 그를 섬기는 곳을 외면하지 않으신다. 다만 역사의 주관자가 되시는 하나님께서는 하나님의 때를 기다리신다.

지 이르니라 ⁴⁶ 다윗이 하나님 앞에서 은혜를 받아 야곱의 집을 위하여 하나님의 처소를 준비하게 하여 달라고 하더니 ⁴⁷ 솔로몬이 그를 위하여 집을 지었느니라 ⁴⁸ 그러나 지극히 높으신 이는 손으로 지은 곳에 계시지 아니하시나니 선지자가 말한 바 ⁴⁹ 주께서 이르시되 하늘은 나의 보좌요 땅은 나의 발등상이니 너희가 나를 위하여 무슨 집을 짓겠으며 나의 안식할 처소가 어디냐 ⁵⁰ 이 모든 것이 다 내 손으로 지은 것이 아니냐 함과 같으니라

이스라엘의 구속사의 온전한 이해를 위해 아직 남아 있는 것이 있다. 그것은 가나안에 정착한 이후의 이스라엘의 역사다. 스데반은 다른 모든 것을 다 생략하고 그 기간 동안의 역사를 성전 건축이라는 한 가지의 사건으로 집약했다.

'하늘이 나의 보좌, 땅은 나의 발등상'

스데반은 다윗이 하나님 앞에 하나님의 처소를 위해 기도하였고, 솔로몬이 성전을 건축했으나 하나님은 '손으로 지은 곳에 계시지 아니하시고' 하늘과 땅 만물 어느 곳이나 임재하신다고 변론한다. 하나님은 성전과 장막이라는 제한된 장소에 거하시는 것이 아니라는 사실을 통해서 스데반이 전하려고 하는 메시지는 너무도 분명하다. 그것은 성전이라는 지리적 특정 장소에 전능하신 하나님을 제한시킬 수 없다는 사실이다. 하나님은 시간과 공간을 초월하시며, 그가 임재하시는 곳이 거룩한 곳이라는 새로운 신약의 성전개념을 제시한다.

스데반의 표현을 빌린다면 이스라엘 백성들이 건축한 성전은 하나님께서 모세에게 가르쳐 주신대로 세웠던 광야의 '증거의 장막'이다. 여기 '증거'(testimony)는 십계명을 가리킨다. 십계명이 들어 있는 신성한 언약궤를 '증거궤'라고 불렀다(예. 출 25:22). 이것은 하나님의 직접적인 명령에 의해 만들어졌다. 이것은 가나안까지 가지고 들어갔으며, 여호수아는 장막과 함께 언약궤와 그 속에 있는 율법의 돌판을 가지고 갔다. 그것은 다윗

이 통치할 때까지 계속되었다.[58]

그들은 언약궤를 가나안으로 가지고 들어가 다윗 때까지 보관하고 있었고, 다윗은 하나님의 은혜를 받아 하나님의 처소를 마련하게 해 달라고 기도했다. 솔로몬이 그를 대신해 성전을 건축하였다. 스데반은 솔로몬의 성전 건축을 단순히 외형적인 건물에 의미를 부여하지 않고 '지극히 높으신 이는 손으로 지은 곳에 계시지 않는다'고 함으로써 예수 그리스도를 통해서 이루어질 새집을 말하려 하였다. 스데반은 솔로몬의 성전 건축이 다윗이 간구한 '하나님의 처소'라는 사실을 부정하지 않았지만 그 집이 하나님이 영원히 거하실 처소가 아니라는 사실을 분명히 밝혔다. 그 처소는 손으로 지을 수 있는 처소(7:48)가 아니라 이 땅에 오신 '의인'(7:52) 약속의 그리스도가 이루신 처소다.

이것은 누가의 시각이기도 하다. 예수 그리스도는 다윗의 왕위를 계승한 '지극히 높으신 이의 아들'이며, 하나님께서 그 조상 다윗의 왕위를 그에게 주셔서 왕으로 영원히 야곱의 집을 다스리실 것이다(눅 1:32, 33). 누가는 성전에 하나님의 임재를 제한시키는 것은 하나님은 손으로 지으신 곳에 계시지 않는다는 구약의 가르침과도 본질적으로 다르다는 사실을 강조한 것이다.

예수 그리스도, 새 성전

예수 그리스도의 부활을 통해서 다윗의 왕위를 계승한 예수 그리스도가 다윗에게 약속하신 '새 성전'을 완성하신 것이다. 솔로몬이 손으로 만든 성전은 영원한 성전이 될 수 없다. 하나님은 손으로 지으시지 않은 곳에 계시기 때문이다.

의사 누가의 관점, 구체적으로 스데반의 시각에서 볼 때 누가 손으로 짓지 않는 영원한 성전을 지으셨는가는 매우 분명하다. 다윗의 왕위를 계승한 예수 그리스도가 이 땅에 오셔서 죄인들을 위해 십자가에 달려 돌아

---

[58] Bruce, *The Book of ACTS*, 156-157.

가시고 부활하심으로 새 성전을 이루신 것이다. 그런 의미에서 그리스도 자신이 새 성전(요 2:20, 21)이시다. 그리스도는 부활로 말미암아 그 성전을 지으셨다. 그 성전은 손으로 지은 성전이 아니다.

이 두 성전개념이 예수 그리스도의 공생애와 구속의 의미 그리고 이후 진행되는 전 구속사를 이해하는 중요한 주제이다. 이스라엘 백성들은 메시야가 이미 오셨다는 사실을 받아들이지 않았기 때문에 옛 성전개념에서 벗어날 수 없었다. 스데반은 두 성전의 개념이 유대인들이 신봉하는 구약의 가르침과도 정확히 맥을 같이한다는 사실을 일깨워주기 위해 7:49-50에서 이사야 66:1-2를 인용하였다.

> [49] 주께서 이르시되 하늘은 나의 보좌요 땅은 나의 발등상이니 너희가 나를 위하여 무슨 집을 짓겠으며 나의 안식할 처소가 어디냐 [50] 이 모든 것이 다 내 손으로 지은 것이 아니냐 함과 같으니라(7:49-50).

> [1] 여호와께서 이와 같이 말씀하시되 하늘은 나의 보좌요 땅은 나의 발판이니 너희가 나를 위하여 무슨 집을 지으랴 내가 안식할 처소가 어디랴 [2] 나 여호와가 말하노라 내 손이 이 모든 것을 지었으므로 그들이 생겼느니라(사 66:1-2a).

하늘이 그의 보좌가 되었고 땅이 그의 발등상이 되었다는 것은 세상의 모든 것을 하나님이 지으신 분이신데 어느 한 곳에 그분의 임재를 제한시킬 수 없다는 의미이다. 스데반은 지극히 높으신 하나님이 사람의 손으로 지은 곳에 계시지 않다는 사실을 환기시켜주고 있다. 우리가 사모할 곳은 손으로 짓지 않은 영원히 '안식할 처소'(7:49)이다. 스데반이 하나님의 백성의 역사를 개관하면서 보이지 않는 교회를 방어하고 있다.

스데반이 자신의 설교를 통해 전하려는 핵심은 다음과 같다. 유대 백성들은 하나님의 선지자로 부름 받은 모세를 거부하고 거역한 것처럼 지금도 역시 선지자를 거부하고 그들이 예언한 메시야 예수 그리스도를 거부하고 말았다. 스데반은 이스라엘의 역사를 통해 이와 관련된 다음 네 가지 사실을 분명하게 밝혔다.

첫째, 요셉이 시기로 인해 팔렸던 것과 마찬가지로 그리스도도 동족들에 의해 수난을 당했다.

둘째, 동족들이 모세를 이해하지 못했던 것과 마찬가지로 이스라엘 백성들은 예수 그리스도를 이해하지 못했다.

셋째, 모든 선지자들이 인정을 받지 못했던 것과 마찬가지로 예수 그리스도 역시 인정을 받지 못했다.

넷째, 예수 그리스도가 다윗에게 약속한 영원한 하나님의 처소 건축을 완성하신 분이다. 이 처소는 사람이 손으로 지은 것이 아니며, 어느 특정 지역에 제한적으로 존재하는 것도 아니며, 더더욱 유대민족에게 제한된 것도 아니다. '지극히 높으신 이는 손으로 지은 곳'(7:47)에 계시지 않는다. 하늘이나 땅이나 어디나 그분이 임재하시는 곳이 그분의 처소이다.[59]

그 결과 이방인들에게 구원의 문이 열렸다는 사실을 변론한 것이다. 누가는 스데반의 변론을 통해 사도행전 1장 8절의 예루살렘에서 시작된 복음의 증거가 온 유대, 사마리아, 땅 끝으로 진행될 수밖에 없다는 이방선교의 정당성을 변호하고 있다.

3. 스데반의 순교(7:51-60, A.D. 32)

[51] 목이 곧고 마음과 귀에 할례를 받지 못한 사람들아 너희도 너희 조상과 같이 항상 성령을 거스르는도다 [52] 너희 조상들이 선지자들 중의 누구를 박해하지 아니하였느냐 의인이 오시리라 예고한 자들을 그들이 죽였고 이제 너희는 그 의인을 잡아 준 자요 살인한 자가 되나니 [53] 너희는 천사가 전한 율법을 받고도 지키지 아니하였도다 하니라 [54] 그들이 이 말을 듣고 마음에 찔려 그를 향하여 이를 갈거늘 [55] 스데반이 성령충만하여 하늘을 우러러 주목하여 하나님의 영광과

---

[59] Denton, *A Commentary on the Acts of the Apostles.* Vol. I., 244.

및 예수께서 하나님 우편에 서신 것을 보노라 한대 ⁵⁷ 그들이 큰 소리를 지르며 귀를 막고 일제히 그에게 달려들어 ⁵⁸ 성 밖으로 내치고 돌로 칠새 증인들이 옷을 벗어 사울이라 하는 청년의 발 앞에 두니라 ⁵⁹ 그들이 돌로 스데반을 치니 스데반이 부르짖어 이르되 주 예수여 내 영혼을 받으시옵소서 하고 ⁶⁰ 무릎을 꿇고 크게 불러 이르되 주여 이 죄를 그들에게 돌리지 마옵소서 이 말을 하고 자니라

스데반은 하나님께서는 계속해서 돌이킬 수 있는 영적인 기회를 주셨는데 이스라엘 백성들이 끊임없이 이를 거부하고 마침내는 하나님이 보내주신 당신의 귀한 아들 예수 그리스도까지 죽여 버렸다는 사실을 신랄하게 지적했다.

이스라엘 백성을 향한 스데반의 경고(7:51-53)

스데반은 이스라엘 백성들을 향하여 무섭게 책망한다.⁶⁰ 특별히 51절부터 53절까지에는 그들이 범한 죄가 무엇인지 핵심 내용이 잘 담겨져 있다.

1) 목이 곧고 마음과 귀에 할례를 받지 못한 사람들(7:51)
2) 항상 성령을 거스르는 자들(7:51)
3) 의인이 오실 것을 예고한 자들을 죽임(7:52)
4) 이 땅에 오신 약속된 의인을 죽임(7:52)
5) 천사가 전한 율법을 받고도 지키지 아니한 자들(7:53)

스데반은 율법을 강조하면서도 정작 율법을 지키지 않는 이들의 반종교적인 행위에 대해 원색적으로 비판을 가했다.⁶¹ 그들이 얼마나 하나님의 뜻을 거스른 완악한 자들이었는가를 보여준다.⁶² 특히 우리는 이스라엘 백

---

⁶⁰ Denton, *A Commentary on the Acts of the Apostles*. Vol. I., 244.
⁶¹ Denton, *A Commentary on the Acts of the Apostles*. Vol. I., 246.

성들이 '성령을 거슬렀다'는 사실을 주목할 필요가 있다.

'너희도 너희 조상과 같이 항상 성령을 거스르는도다'(7:51)는 표현을 통해 구약의 이스라엘 백성들도 그 당대의 사람들도 모두가 언제나 성령을 거슬렀다는 것이다.[63] 여기서 두 단어 '항상'(always, ἀεί)과 '거슬렀다'(resist, ἀντιπίπτετε)를 주목할 필요가 있다. 하나님께서 끊임없이 선지자들을 보내셨지만 이스라엘 백성들은 반복해서 그들을 거절했다. '항상 성령을 거스르는도다'는 매우 강력한 경고였다.

성령을 거스르는 자

처음 부형들이라고 불렀던 그들을 향해 "너희들은 언제나 하나님의 성령을 거슬러 배반하였던 너희 조상들과 같다"[64]고 스데반이 통렬하게 비판한 것이다. 칼빈이 지적한 대로 "결국 그들이 하나님께서 예언자들을 통하여 말씀하신 바를 완강하게 거역하였기 때문에 그들은 성령을 거슬렀다는 소리를 듣게 된 것이다."[65]

스데반의 경고는 주님의 경고를 연상시킨다. '사람의 모든 죄와 훼방은 사하심을 얻되 성령을 훼방하는 것은 사하심을 얻지 못하리라'(마 12: 31). 그만큼 성령을 거스르는 죄는 무서운 죄다. 성령을 거스르는 죄를 범한 자들은 '구약의 선조들'(the fathers, οἱ πατέρες)과 '너희'(you, ὑμεῖς)였다. 그것도 언제나 항상 그런 무서운 죄를 범했다. 같은 죄를 반복적으로 범했음을 증언한다. 이스라엘 백성들을 대표하는 선조들과 현재 이스라엘 백성들을 대표하는 산헤드린 공의회 지도자들 모두가 성령을 거스르는 죄를 범한 것이다. 구약의 선조들 시대에도 성령이 역사했으며, 스데반 당대에도 여전히 성령은 역사하셨다. 베드로의 설교에서 발견하는 성령에 대한 강조를 스데반의 설교에서도 그대로 찾을 수 있다.

---

[62] Dick, *Lectures on Some Passages of the Acts of the Apostles*, 194.
[63] Chrysostom, *The Homilies on The ACTS of The Apostles*, 240-241.
[64] 칼빈, 사도행전 I, 290.
[65] 칼빈, 사도행전 I, 290.

7장 51-53절이 보여주듯 스데반은 직설적으로 그들의 완악함을 경책하였다. 스데반은 구약시대 메시야가 오실 것을 예언한 선지자들을 죽였더니 이제는 그 의인(the Righteous One)을 잡아 처형했다고 비판했다. 그들이 범한 죄를 이중적으로 지적한 것이다. '목이 곧고 마음과 귀에 할례를 받지 못한 사람들'(7:51), '항상 성령을 거스르는'(7:51) 자들, 선지자를 핍박하는 자들(7:52), '의인을 잡아준 자요 살인한 자'(7:52), '천사가 전한 율법을 받고도 지키지 아니'(7:53)한 자, 이 모두는 자기 동족을 향한 혹독한 비판이 아닐 수 없었다.

이런 비판은 스데반의 자의적인 주장이 아니라 이미 직간접으로 성경에 언급된 내용이었다. 목이 곧다는 것은 하나님께서 이스라엘 백성에게 경고하신 말씀이다. '너희는 목이 곧은 백성인즉 내가 순식간에라도 너희 중에 행하면 너희를 진멸하리니 너희는 단장품을 제하라'(출 33:5). 마음의 할례도 마찬가지이다. 하나님은 이스라엘 백성들을 향해 '이스라엘은 마음에 할례를 받지 못하였다'(렘 9:26)고 경고하셨다. 마음과 귀에 할례를 받지 못했다는 것은 종교적으로는 할례를 받았지만 하나님의 뜻을 어기고 이방인과 같이 불순종했다는 의미이다. 당대의 이스라엘 백성들이 과거 모세와 선지자들이 경고한 동일한 죄를 범한 것이다.

> 그러므로 너희는 마음에 할례를 행하고 다시는 목을 곧게 하지 말라
> (신 10:16)

> 내가 누구에게 말하며 누구에게 경책하여 듣게 할꼬 보라 그 귀가 할례를 받지 못하였으므로 듣지 못하는도다(렘 6:10)

> 무릇 모든 민족은 할례를 받지 못하였고 이스라엘은 마음에 할례를 받지 못하였느니라(렘 9:26)

메시야를 죽인 살인자

이스라엘 백성이 의인 예수 그리스도가 오실 것이라고 예언한 선지자

들을 죽였고 이제는 실제로 그 의인 예수 그리스도가 오셨는데도 그를 잡아 죽인 살인자라는 것이다. 결국 스데반이 전하고 싶은 것은 '예수 그리스도가 메시야이며, 당신들은 그를 십자가에 못 박아 죽인 살인자'라는 것이다. 의인이 오실 것이라고 예언한 수많은 구약시대 선지자들이 죽임을 당했다. 이사야가 므낫세 왕에 의해 톱으로 켜서 죽임을 당했고 예레미야가 애굽에 강제로 끌려가 돌에 맞아 죽었다.

누가는 '의인이 오시리라 예고한 자들'(7:52)을 현재완료형으로 기록했다. 주님이 오실 것이라는 예언이 과거에서부터 지금까지 지속되어 왔음을 보여준다. 이스라엘 백성들은 한 명의 선지자만 죽인 것이 아니라 오랫동안 이 땅에 와서 동일한 예언을 한 수많은 선지자들을 죽였고, 오리시라 예견된 바로 그 의인, 예수 그리스도도 잡아 죽였다. 스데반은 이들이 얼마나 완악한 존재인가를 계속해서 지적한다.

법을 받고도 지키지 않은 자

그들은 실제로 천사가 전해준 율법을 받았지만 정작 그것을 '지키지 않았다'(have not kept [it], οὐκ ἐφυλάξατε, 7:53). 한번 지키지 않은 것이 아니라 지속적으로 지키지 않았다는 것이다. 이것은 이스라엘 백성들을 향한 무서운 경고였다.

스데반의 설교는 이스라엘의 역사(歷史)가 메시야에 대한 예언과 그것을 이루어 가는 성취의 역사(役事)라는 사실을 보여준다. 스데반은 이스라엘의 역사가 결코 우연의 역사가 아니라 주님이 동행하시는 역사라는 사실을 일관되게 증언하였다. 역사의 주체는 주님이심을 선포한 것이다. 스데반의 설교는 이스라엘 역사의 개관을 통해 하나님의 약속이 성취되었고 또 성취될 것임을 보여주었다.

이와 같은 이스라엘 백성들의 전 역사개관은 그리스도를 통해 이루어진 새로운 은혜를 설명해 준다. 그것은 지금까지 여호와에 대한 참된 예배가 율법과 깊은 연계를 지니고 있다고 이해해 왔으나 사실은 그렇지 않다는 것이다. 율법의 완성자이신 그리스도를 통해 이루어지는 예배는 율법에 얽매인 예배가 아니다.

그것은 첫째, 하나님의 영광이 아브라함이 메소보다미아에 있을 때 이미 임했고, 둘째, 아브라함에게 주어진 메시야에 대한 약속이 율법이 주어지기 이전의 약속이었으며, 셋째, 출애굽을 통한 하나님의 백성들의 구속의 약속과 성취가 율법 이전의 약속이었기 때문이다. 따라서 율법 자체가 이스라엘 백성들에게 종교적인 목적은 아니다.

이처럼 스데반은 이 일을 통해 여호와의 참된 예배가 모세와 깊은 연계를 가지고 있다는 통념을 반대한다. 그 이유는 모세가 먼저 자신을 이스라엘의 구원자로 자처했으나 그들이 이를 거부했기 때문이고, 둘째로 모세는 하나의 도구에 불과할 뿐이고 실제로 죄에서의 구속을 대변하는 이는 예수 그리스도이시기 때문이다.

더 나아가 스데반은 여호와의 참된 예배가 성전과 깊은 관계가 있다는 이스라엘 백성들의 잘못된 생각을 반대하면서 하늘에 있는 보이지 않는 성전이 진정한 성전이라고 말한다. 그리스도의 오심으로 하나님의 임재가 이제 더 이상 성전에 제한되지 않는다는 사실을 선언한 것이다. 스데반은 여호와의 참된 예배가 모세나 성전과 깊이 연계된다는 이스라엘 백성의 잘못된 생각을 거부하고 사도 요한이 말한 것처럼 장소와 시간과 민족을 넘어서는 신령과 진정의 예배여야 한다는 사실을 보여준다.

스데반의 담대한 메시지는 주변의 많은 사람들의 마음을 움직였다. '그들이 이 말을 듣고 마음에 찔려'(7:54)는 공회에 참석한 사람들이 스데반의 설교를 듣고 마음에 찔림을 받았음을 보여준다. 하지만 마음에 찔림을 받으면서도 주님께로 돌이키지 않았다.

보좌 우편에 서신 그리스도와 스데반의 순교(7:54-60)

공회에 참석한 사람들은 스데반의 설교를 '듣고 마음에 찔려 그를 향하여 이를 갈았다'(7:54). 그들이 '큰 소리를 지르며 귀를 막고 일제히' 스데반에게 달려들었다(7:57). 크리소스톰이 지적한 대로 "대체 어떤 점에서 스데반이 이 같은 비난을 받아야 한다는 말인가? 스데반이야말로 놀라운 기적을 행한 사람, 설교를 통해 그들 모두를 압도한 사람, 그러한 뛰어난 담론을 행할 수 있는 사람이 아닌가! 마치 그들은 자신들이 원하는 안성맞춤의 기회를 얻었다는 듯이 분노의 날개를 활짝 펼쳤다."[66]

스데반은 '성령충만하여 하늘을 우러러 주목하여 하나님의 영광과,' '하늘이 열리고 인자가 하나님 우편에 서신 것'(7:55)을 보았다. 스데반은 죽음 직전 놀라운 주님의 임재를 체험했다. 그는 남들이 보지 못하는 새로운 영적 세계를 보았다.[67] 하늘이 열리고 하나님의 영광을 보고, 하나님의 아들 예수 그리스도가 하나님 보좌 우편에 계신 것도 보았다. 부활 승천하신 주님을 만난 것이다. 부활하신 예수 그리스도를 많은 사람들이 보았다.

500여 명이나 부활하신 주님을 보았지만 승천하신 주님을 본 사람은 스데반이 처음이다. 스데반은 예수 그리스도가 부활하신 이후에도 여전히 죽지 않으시고 살아계신 것을 목도했다. 스데반이 성령이 충만하여 하늘을 쳐다보았을 때 하나님의 영광이 나타나고 하나님 우편에 계신 예수 그리스도가 서 계셨다. 그는 너무도 감격하여 '보라, 하늘이 열리고 인자가 하나님 우편에 서신 것을 보노라'(7:56)고 외쳤다.

보좌 우편에 서신 그리스도의 스데반 변호

사실 스데반의 편에서는 하늘이 열리고 하나님의 영광과 예수 그리스도가 하나님 보좌 우편에 계신 것을 본 것이지만 주님의 편에서는 부활하신 주님, 영광의 주님이 스데반을 찾아오신 것이다. 승천하신 주님이 스데반에게 처음으로 친히 자신을 계시해주신 것이다.

이것은 후에 나타나는 다메섹 도상에서의 바울의 회심 사건과 비견할

---

[66] Chrysostom, *The Homilies on The ACTS of The Apostles*, 251.

[67] Dick, *Lectures on Some Passages of the Acts of the Apostles*, 196. "이 세상에서 선한 사람들은 믿음으로 길을 걸어가며, 고난 아래서도 보이지 않는 영생의 영광과 기쁨의 흔들리지 않는 확신에 의해 지지를 받는다."

수 있는 사건이었다. 스데반이 성령충만했고, 죽음 앞에서도 굴하지 않는 신앙을 소유한데다 그가 순교할 것을 미리 아시고 그의 순교를 보증하시기 위해 주님이 스데반에게 친히 자신을 계시해주신 것이다. 이것은 스데반에게 대단한 용기를 불어넣었을 것이다.

스데반이 본 주님의 모습과 관련하여 두 가지를 주목할 필요가 있다. 하나는 주님이 하나님의 우편에 서셨다(7:55)는 사실이고, 다른 하나는 주님이 스데반에게 '인자'(7:56)의 모습으로 나타나셨다는 사실이다.[68] 부활 승천하신 영광의 주님이 고난당하는 스데반을 위로해주시기 위해, 그의 무죄를 변호하시기 위해, 그의 영혼을 환영하시기 위해 스데반을 친히 찾아오신 것이다.[69] 주님은 담대히 복음을 증거하고, 온갖 생명의 위협 속에서도 자신을 증언하는 스데반을 위로하시고 변호하시기 위해 찾아오신 것이다.[70]

'서셨다'는 것은 스데반을 도우실 만반의 준비를 갖추고 계셨다는 것을 의미한다. 부활 승천하신 주님이 스데반의 고난을 방관하시지 않으시고 직접 찾아오신 것이다. 스데반은 그를 '인자'라고 불렀다. 완전한 인간이신 주님이 스데반의 아픔을 자신의 아픔으로 여기셨음을 보여준다. 예수님은 여기서 스데반을 변호하는 증인으로 서 계신 것이다.

누가는 스데반의 순교 장면을 기술하면서 한 가지 분명한 사실을 드러

---

[68] Denton, *A Commentary on the Acts of the Apostles*. Vol. I., 249. 그리스도께서 자신을 가리킬 때 사용하신 용어가 '인자'였다. 그리스도 외에는 누구도 주님을 인자로 표현하지 않았고, 그 용어를 사용하지도 않았다. 심지어 사도들도 이 용어를 사용하지 않았다. 스데반의 극심한 시련 가운데 인자가 그에게 나타나신 것은 부활하시고 승천하신 바로 그 주님이 적극적으로 그를 돕고 변호하시고 환영하시기 위해서였다. 주님이 하나님의 우편에 서셨다는 것도 마찬가지이다.

[69] Arnot, *The Church in the House*, 160. 윌리엄 아놋(William Arnot)은 이렇게 기록했다. "초창기부터 모든 주석가들이 흥미를 가지고 주목한 것은 첫 순교자가 높임을 받으신 구주를 초자연적으로 보았을 때 예수가 하나님 우편에 서 계셨다는 사실이다. 그분은 평화롭고 평안하게 앉아 계시지 않으셨고 그의 백성들이 이 땅에서 겪으시는 그 고통을 느끼시는 자로서 서서 계셨다. 하늘에서의 주님의 이 같은 태도는 '사울아, 사울아 왜 나를 핍박하느냐'는 그의 후속적인 말을 예시한다. 스데반을 돌로 쳐 죽이려는 준비가 주님의 마음을 자극하였다. 주님은 곧 일어날 일에 대한 예견과 동정 속에서 서 계셨다. 주님은 자신을 따라 불타는 마차를 타고 승천할 첫 증인 스데반을 적절히 환영하실 준비를 하시는 것이다."

[70] Denton, *A Commentary on the Acts of the Apostles*. Vol. I., 249.

내길 원했다. 그것은 스데반이 앞서 그리스도를 변증했는데 이제는 부활 승천하신 예수 그리스도가 친히 나타나셔서 스데반을 변호하였다는 사실이다. 스데반은 사람들 앞에서 그리스도를 인정했고 이제 그리스도가 하나님 앞에서 스데반을 인정하신 것이다. 스데반은 주님이 하나님 우편에 서신 것을 보았다. 스데반의 변호자, 변론자, 보혜사이신 예수 그리스도는 보좌에 앉아계실 수 없었다. 증인을 위한 적절한 변호 자세는 서 있는 자세이다. 이 땅에서 정죄를 받은 스데반이 하늘의 법정에 호소하자 하나님의 보좌 우편에 앉아 계신 예수 그리스도가 스데반을 변호하기 위해 일어서신 것이다.[71]

어거스틴을 인용한 칼빈의 해석은 감동적이다. "다른 곳에서는 그가 앉아 계시다고 이야기되었는데 어찌하여 스데반은 그가 '서신 것'을 보았다고 하는가 하는 의문이 일어난다. 어거스틴은 때로 필요 이상으로 예리해서 이렇게 말한다. 즉 '그리스도는 재판관으로 앉아 계시지만 이 경우에는 변호인으로 서 계셨다.'"[72]

부활하신 예수님이 하나님의 보좌 우편에 서신 것을 본 스데반은 대단한 격려와 용기를 얻었다. 스데반이 '말하되 보라 하늘이 열리고 인자가 하나님 우편에 서신 것을 보노라'(7:56)라고 외친 것이 이를 증언한다. 믿음의 사람들, 주를 위해 자신의 생명도 아끼지 않는 믿음의 사람들을 주님은 결코 방관하지 않으신다. 하나님 보좌 우편에 서서 그를 신원하시고 그를 도우시고 그를 이끌어주시는 분이 우리 주님이시다.[73]

---

[71] Bruce, *The Book of ACTS*, 168.
[72] 칼빈, *사도행전* I, 297-298.
[73] 스데반에게만 이와 같은 은혜를 주실까? 스데반에게 나타나신 우리 주님은 이 땅에 믿음의 삶을 경주하는 이들 모두를 찾아오실 것이다. 신실하게 복음을 전하고 믿음을 지키는 교회에도 찾아오실 것이다. 주님은 고난당하는 백성, 가난과 싸우며 신앙을 지키는 이들, 수단과 방법을 가리지 않고 공격해오는 사탄의 세력에 담대히 맞서며 그리스도의 고난에 동참하는 이들을 찾아오실 것이다. 하늘 문이 열리고 하나님의 영광과 예수 그리스도가 하나님 보좌 우편에 앉으신 것을 보는 것보다 이 땅에서 더 큰 축복은 없다.

스데반의 영광스러운 순교

부활승천하신 주님이 스데반에게 나타나신 것은 스데반을 변호하실 뿐만 아니라 그의 순교를 준비하시려는 하나님의 깊으신 섭리였다. 이것은 스데반만을 위한 것이 아니라 장차 고난당하는 백성들, 그리스도 때문에 어려움을 당하는 모든 사람들을 위로하시기 위한 하나님의 깊으신 섭리였다. 이 세상에서 믿음의 삶을 살아가는 것은 쉽지 않다. 대가를 지불해야 하기 때문이다. 그러나 그런 사람들에게는 스데반이 경험했던 주님을 만나는 특별한 은혜를 경험할 것이다.

복음을 증거하는 스데반을 부활승천의 주님이 찾아오셔서 스데반을 위로하시고 스데반이 죽음의 위기 속에서 담대히 순교할 수 있도록 격려하셨다. 그 주님을 만난 스데반은 그를 위해 자신의 생명을 바치는 것을 아깝지 않게 생각했다. 그분은 이미 자신을 위해 생명을 주시면서까지 사랑하신 분이시기 때문이다. 그분의 놀라운 사랑을 힘입은 스데반이 영광 중에 찾아오신 그를 위해 자신의 생명을 아끼지 않고 드렸다.

스데반이 자신이 본대로 주님이 하나님 우편에 서신 것을 증거하자 이스라엘 백성들은 그를 성 밖으로 내치고 돌로 쳤다. 스데반을 죽인 죄목은 신성모독이었다. 스데반이 인자이신 예수 그리스도가 하나님의 우편에 서 계셨다고 외친 것은 유대인들에게 너무도 큰 신성모독이었다. 그들이 바로 스데반을 사형장으로 끌고 가 돌로 쳐 죽인 것도 그 때문이었다.

스데반의 죽음은 사두개파가 주도했다. 스데반이 죽은 것은 '사두개인의 규례에 따른 것'이다. 예수의 재판에서와 마찬가지로 사두개인 대제사장이 스데반의 재판을 주도했다. 산헤드린공회가 죄인을 사형에 처하려면 당시 반드시 로마 관리의 승인을 받아야 했다. 그런데 승인을 받지 않고 스데반을 처형했다. A.D. 1세기의 처음 몇 십 년간의 산헤드린의 재판은 규례를 거의 무시한 혹독한 편견에 의하여 수행되었다.

스데반의 설교를 들은 유대지도자들은 마음이 찔려 이를 갈았고(7:54),

'성 밖으로 내치고 돌로'(7:57-59) 쳐 죽였다. 스데반은 순교를 당하면서도 마지막 순간까지 그리스도를 변호하고, 증거하였다. 누가의 증언에 따르면 스데반은 '주 예수여 내 영혼을 받으시옵소서'(7:59), '주여 이 죄를 그들에게 돌리지 마옵소서'(7:60) 두 마디의 기도를 드리고 세상을 떠났다. 맛디아를 선출할 때와 마찬가지로 스데반의 기도 역시 예수 그리스도를 기도의 대상으로 삼았다. 스데반의 죽음은 주님의 죽음을 연상한다.[74] 거짓 증인들에 의해 참소를 당한 것이나 자신을 죽이는 이들을 용서해달라고 간구하는 것 모두 같다. 다만 두 사람이 드렸던 기도의 대상은 달랐다. 전자의 경우 성부 하나님이었고, 후자의 경우 성자 하나님이었다. 아마도 주님의 죽음을 잘 알고 있던 스데반이 주님의 죽음을 의도적으로 모델로 삼았을 수 있다.

예수님이 아버지에게 자기 영혼을 부탁했다면 스데반은 주님께 자기 영혼을 부탁했다. 여기서 우리는 예수님에 대한 스데반의 신앙을 발견할 수 있다. 스데반이 예수님께 자기 영혼을 부탁한 것은 예수님을 하나님으로 믿지 않았다면, 그분의 신성을 진정으로 믿지 않았다면 할 수 없는 행동이다. 마찬가지로 스데반이 순교할 수 있었던 그 힘은 그 자신에게서 나온 것이 아니다. 성령충만한 스데반을 성령께서 권능으로 붙들어주셨기 때문에 가능했다. 믿음의 사람들은 주님이 주시는 그 힘과 능력으로 주의 사역을 감당할 수 있다.[75]

---

[74] Chrysostom, *The Homilies on The ACTS of The Apostles*, 251. 크리소스톰은 스데반의 죽음을 이렇게 외쳤다. "그의 거룩한 죽음을 주목하라!" 주님이 그의 영혼을 그의 품안에 품으신 것이다. 이 얼마나 영광스러운 죽음인가.

[75] 스데반이 살았던 시대는 지금 우리가 사는 시대와 달랐다. 스데반이 살았던 그 시대는 주님을 증거하기가 쉽지 않았다. 그런 가운데서도 주님을 증거한 스데반의 신앙은 이 시대를 살고 있는 우리 모두에게 큰 격려와 도전을 준다. 이 세상은 우리가 적당하게 살라고 유혹하지만 스데반이 걸어갔던 그 길이 승리의 길이요, 하나님의 보좌를 움직이는 길이다. 그 길은 손해처럼 보이지만 최고의 길, 축복의 길이다. 그 길은 힘든 길이지만 그런 길을 걸어가는 자들에게는 비장의 무기가 있다. 스데반이 세상 사람들이 보지 못하는 그 놀라운 하나님의 은혜를 경험했던 것처럼 동일한 길을 걸어가는 이들에게 우리 주님은 찾아오시고 하나님의 영광과 주님이 하나님 보좌에 서신 것을 보여주실 것이다. 스데반이 걸어갔던 그 길은 고난의 길이었지만 자신이 살고 교회가 사는 길이다. 그런 길을 걸어가는 사람들에게 부활의 주님, 승천하신 영광의 주님이 찾아오실 것이다. 때문에 그 길은 참으로 영광스러운 길이다. 그런 사람을 주님은 하나님 보좌 우편에 서서 돕기를 원하신다. 영광의 주님을 만나고 부활의 주님이 찾아오시는 것처럼 놀라운 축복은 없다.

주님이 찾아오셔서 스데반에게 용기와 희망과 격려를 주셨기 때문에 스데반은 죽음도 두려워하지 않고, 자신을 죽이는 원수도 용서할 수 있었다. 그것은 스데반이 담대한 복음증거자, 성령충만한 사람, 하나님의 놀라운 임재와 능력을 경험한 사람이었기 때문에 가능했다.[76] 하나님의 임재를 경험하며 살아가는 사람은 죽음도 극복할 수 있고 자신을 죽이려는 원수마저 사랑할 수 있다.[77]

누가는 박해받는 스데반의 얼굴이 '천사의 얼굴처럼 빛났다'고 증언한다. 스데반이 순교할 수 있었던 것도, 그가 마지막 순간에 '내 영혼을 받으소서'라고 고백할 수 있었던 것도, 자신을 죽이려는 이들을 향해 '그들의 죄를 용서해 달라'고 고백을 할 수 있었던 것도 자신을 찾아오신 부활승천하신 주님을 만났기 때문이다.

우리는 스데반의 신앙을 예찬해야 하지만 스데반을 찾아오셔서 그가 마지막 순간까지도 오직 하나님을 영화롭게 하도록 인도하신 주님을 찬양해야 한다. 스데반을 찾아오셔서 그를 격려하시고 그에게 새 힘을 주시고 영광스러운 세계를 보여주신 그 주님이 우리에게도 찾아오셔서 우리를 격려하시고 우리를 인도해주실 것이다.

---

[76] Cowles, *Acts of the Apostles*, 66. "We shall doubtless be safe in attributing a large measure of his wonderful powers to the presence of the Holy Ghost, filling his utmost capacities."

[77] 박용규, 세계부흥운동사 (서울: 한국기독교사연구소, 2018), 492-495.

제7 장
사마리아 복음전도와 그 의의
(8:1-40)

> 사마리아의 회심은 말하자면 이방인의 부르심의 첫 열매이다.
>
> John Calvin, *Commentary upon the Acts of the Apostles*, 1552

> 그 날에 예루살렘에 있는 교회에 큰 박해가 있어 사도 외에는 다 유대와 사마리아 모든 땅으로 흩어지니라.
>
> 행 8:1

    누가는 사도행전 8장에서 극적으로 스토리를 전개해 나간다. 빌립이 사마리아에서 복음을 증거함으로써 복음이 예루살렘에서 온 유대로 다시 이스라엘 백성들이 상종하지 않았던 사마리아 백성들에게 전해지고 심지어 에디오피아 여왕 간다게의 내시가 믿고 세례를 받는 역사가 나타났다. 바로 그때 사울로 인해 예루살렘에서 대박해가 일어났다.[1] 빌립의 사마리아 전도와 예루살렘의 대 박해는 모두 A.D. 33년 봄에 일어난 일이다.

    복음의 놀라운 확장과 대박해가 절묘하게 극적인 대비를 이루고 있다. 성경과 기독교 역사가 증언하듯 본래 은혜가 많은 곳에 사탄의 역사도

---

[1] Gotthard Victor Lechler, *Theological and Homiletical Commentary on the Acts of the Apostles*. Vol. I. (Edinburgh: T. &T. Clark, 1864), 278.

많은 법이다. 하지만 극심한 박해 가운데서도 복음전파는 전혀 위축되지 않았다. 누가는 스데반의 순교가 복음전파를 가속화시킨 결정적인 사건, 훗날 터툴리안의 표현을 빌린다면 '그리스도인의 순교의 피는 교회의 씨앗'이라는 사실을 설득력 있게 제시했다.[2]

스데반이 돌에 맞아 죽는 사건은 최초의 초대교회사를 특징 짓는 중요한 사건이었다.[3] A.D. 33년 봄에 스데반이 죽었고, 사울의 회심은 그해 가을에 일어났다.[4] 스데반의 죽음은 초대교회에 적지 않은 변화를 가져다 주었다. 가장 눈에 띄는 변화는 스데반의 죽음으로 기독교인들에 대한 대대적인 박해가 시작되었다. 스데반의 죽음 현장에서 전 과정을 생생하게 목도한 한 젊은 증인이 있었다.[5] 그 젊은이는 스데반을 돌로 치는 사람들이 맡긴 옷을 보관하고 있던 바로 사울이었다. 누가의 표현을 빌리면 사울은 '그가 죽임 당함을 마땅히'(8:1) 여겼다.[6]

누가는 스데반의 죽음의 국면을 너무도 상세하게 파악하였다. 스데반이 그의 영혼을 예수님에게 부탁하는 장면, 자기를 돌로 치는 자들을 위해 기도하는 장면, 사울이 스데반의 죽음을 마땅히 여기는 모든 장면을 너무도 생생하게 증언 형식으로 기록하였다. 누가에게 사도행전 6-8장의 정보를 제공한 사람은 빌립으로 보이지만 스데반의 재판과 죽음의 세부적인 사항을 제공해준 사람은 사울이었을 것이다.

증인들의 옷을 맡은 사람도 사울이었다. 사울은 공개적으로 스데반의 사형에 찬성표를 던졌다. 사울은 스데반의 변론과 죽음 그 모든 과정을

---

[2] Tertullian, *The Apology*, 50. 또한 보라. John Pilkington Norris, *A Key to the Narrative of the Acts of the Apostles* (London: Rivingtons, 1871), 35.

[3] Baumgarten, *The Acts of the Apostles*, 171.

[4] William M. Ramsay, *Pauline and Other Studies in Early Christian History* (London: Hodder & Soughton, 1906), 363. 참고로 램지는 바울의 회심이 A.D. 32년에 일어난 사건이라고 말한다.

[5] Henry Cowles, *Acts of the Apostles: With Notes, Critical, Explanatory, and Practical, Designed for Both Pastors and People* (New York: D. Appleton, 1883), 67.

[6] W. A. Denton, *A Commentary on the Acts of the Apostles*. Vol. I. (London: George Bell and Sons, 1874), 261-262.

눈으로 목도하고 깊은 인상을 받았을 것이다.[7] 스데반의 설교와 순교적 모습은 평생 사울의 뇌리를 떠나지 않았을 것으로 보인다.

누가는 사울의 등장과 스데반의 죽음을 너무도 잘 연결시키고 있다. 우리는 여기서 또 다시 역사가로서 누가의 탁월한 안목을 발견한다. 역사가는 역사 속에 일어난 수많은 사건들을 다 주목하지 않는다. 크로체의 말대로 수많은 사건들을 일일이 다 나열하는 것은 그저 연대기적 서술에 불과하다.[8] 매일 반복되는 사건도 주목의 대상이 아니다. 의미심장한 과거의 사건을 찾아내는 것이고 그 사건을 통해서 그 후에 전개될 일련의 역사 진행을 설명해 나가는 것이다.[9]

누가는 스데반의 죽음과 사울의 등장, 특히 그가 증인들의 옷을 맡은 자였고, 스데반의 죽음을 마땅히 여겼던 한 유대지도자였다는 언급을 통해 그가 새로운 역사 무대의 주역이 될 것임을 예시하였다. 스데반이 순교 당하던 바로 '그 날'(8:1)에 예루살렘에 큰 핍박이 발생했다. 이것은 기독교 역사에 나타난 최초의 조직적인 박해였다.

1. 큰 박해로 유대와 사마리아로 흩어짐(8:1-3)

> [1] 사울은 그가 죽임 당함을 마땅히 여기더라 그 날에 예루살렘에 있는 교회에 큰 박해가 있어 사도 외에는 다 유대와 사마리아 모든 땅으로 흩어지니라 [2] 경건한 사람들이 스데반을 장사하고 위하여 크게 울더라 [3] 사울이 교회를 잔멸할새 각 집에 들어가 남녀를 끌어다가 옥에 넘기니라

사울은 스데반의 죽음을 마땅히 여겼다. 여기 '마땅히 여겼다'(concenting, συνευδοκῶν, 8:1)는 것은 살인자들의 행동을 온전히 인정하

---

[7] Norris, *A Key to the Narrative of the Acts of the Apostles*, 29. 노리스는 바울이 스데반의 설교에 깊은 감동을 받았을 것이라고 말한다.
[8] 박용규, 기독교역사와 역사의식 (서울: 한국기독교사연구소, 2018), 16.
[9] 박용규, 기독교역사와 역사의식, 12-19.

고 공감하고 동의하고 그들을 동정했다는 의미이다.[10] 사울이 스데반의 죽음에 관여했음을 암시해준다.[11] 스데반의 죽음으로부터 예루살렘교회가 본격적으로 박해를 받기 시작했다. 누가는 사도 외에는 모두가 흩어졌다고 증언한다. 모든 주도적인 그리스도인들이 예루살렘을 떠난 것이다. 그 중의 몇 사람은 베니게, 안디옥, 구브로에까지 복음을 가지고 가서 전했다.

우리가 여기서 주목할 것 두 가지가 있다. 하나는 스데반의 순교로 촉발된 박해로 말미암아 흩어진 자들이 복음을 전함으로 '순교가 교회의 씨앗'이 되었다는 사실이다.[12] 박해를 통해 복음이 확장되었다.[13] 그래서 크리소스톰은 스데반의 죽음으로 인해 야기된 대박해를 하나님의 섭리(Divine Providence)라고 표현했다.[14] 다른 하나는 그 첫 박해가 동족 유대인으로부터 야기된 박해였다는 사실이다. 예수님을 십자가에 처형한 이들도 유대인들이었고 스데반을 죽인 자들도 유대인들이었고 기독교에 대해 처음으로 대대적인 박해를 가한 세력도 유대인들이었다.

스데반의 일로 일어난 큰 박해

누가는 예루살렘에 '큰 박해'(8:1)가 일어났다고 말한다. '큰 박해'는 말 그대로 '대 박해'(a great persecution, διωγμὸς μέγας)를 말한다. 박해가 신약성경에 10회 등장하지만 '대 박해'는 이곳에만 나타난다.[15] 이 박해가 얼마나 강도가 높았는지 '사도 외에는 다 유대와 사마리아 모든 땅으로

---

[10] F. C. Cook, *The Acts of the Apostles: With a Commentary and Practical and Devotional Suggestions for Reader and Students of the English Bible* (London: Longmans, Green, and Co., 1866), 89.

[11] John Chrysostom, *The Homilies of John Chrysostom on The ACTS of The Apostles* (London: Oxford, John Henry Parker, 1851), 249-250.

[12] Cook, *The Acts of the Apostles*, 89.

[13] Denton, *A Commentary on the Acts of the Apostles*. Vol. I., 262.

[14] Chrysostom, *The Homilies on The ACTS of The Apostles*, 250.

[15] Lechler, *Theological and Homiletical Commentary on the Acts of the Apostles*. Vol. I., 278.

흩어졌다.' 대표적인 헬라파 지도자였던 스데반이 신성모독으로 사형됨으로 일곱 사람들을 포함한 예루살렘교회의 헬라파들은 이제 박해를 피할 수 없게 되었다. 사도 외에는 다 흩어졌다고 누가가 밝히고 있는데, 흩어진 자들은 다 헬라파 유대인들이었다.

'12사도 외'라는 말은 12사도가 그대로 예루살렘에 남아 있었음을 말해준다. 대중들의 분노가 히브리파가 아닌 헬라파를 향해 있었기 때문에 히브리파 유대인들이었던 사도들은 예루살렘에 남아 있을 수 있었다. 예수 믿는 헬라파 유대인들이 예루살렘에서 흩어짐으로 말미암아 예루살렘교회 구성원은 이제 거의 다 히브리파 유대인들로 구성되었다.

헬라파 유대인들이 박해를 받아 흩어져야 했지만 크리소스톰의 말대로 그것은 주님의 약속을 성취하기 위한 하나님의 섭리였다. 예루살렘 박해로 인해 사도들 외에는 다 유대와 사마리아 모든 땅으로 흩어져 복음을 전했기 때문이다. 주님이 예루살렘에서 온 유대와 사마리아에 내 증인이 되리라는 약속이 성취되기 시작한 것이다. 박해로 인해 흩어진 많은 믿는 사람들이 복음을 전함으로 오히려 박해 속에서도 복음은 놀랍게 확산되었다. 예루살렘을 중심으로 시작된 복음의 불길이 이제 예루살렘을 넘어 다른 지역으로 번져갔다.

스데반의 박해로 인해 흩어진 헬라파 유대인들이었다는 사실은 이들을 통해서 사도행전 1장 8절의 약속이 역사 속에서 실현되기 시작한 것을 의미한다.[16] 예루살렘교회 일곱 사람도 헬라파였고, 흩어져 복음을 전한 이들도 헬라파 유대인들이었다는 사실은 앞으로 이들에 의해 복음이 확장되어 나갈 것을 예시한 것이다. 이것은 누가가 스데반의 박해로 흩어진 사건과 사도행전 1장 8절의 약속의 성취를 직접 연결시킨 것에서 확인할 수 있다.

예루살렘교회에 '큰 박해가 있어 사도 외에는 다 유대와 사마리아 모든 땅으로 흩어졌고'(8:1) '그 흩어진 사람들이 두루 다니며 복음의 말씀을 전

---

[16] F. F. Bruce, *The Book of ACTS* (Grand Rapids: Eerdmans, 1988), 175.

해'(8:4) 유대와 사마리아 지역에 복음이 전해졌고, '때에 스데반의 일로 일어난 환난으로 말미암아 흩어진 자들'(11:9)에 의해 안디옥에 복음이 전해졌다. 스데반과 일곱 사람이 속한 헬라파가 예루살렘교회 안에서 중요한 역할을 감당했고, 스데반의 죽음으로 흩어진 자들이 유대와 사마리아, 안디옥까지 복음을 가지고 가 그곳에 이방선교의 센터 안디옥교회를 설립했다. 스데반의 순교가 결정적인 전기를 마련해 준 것이다.

크리소스톰의 말대로 스데반의 순교와 박해는 하나님의 섭리였다.[17] 박해가 없었다면 예루살렘 사람들은 안주했을 것이다. 예루살렘을 넘어 온 유대와 사마리아 더 나아가 땅 끝까지 복음을 전해야 할 사명을 받았음에도 그들은 그 사실을 깊이 절감하지 못했다.

박해는 오히려 믿음의 공동체를 신앙으로 단결시켰다. 8장 2절에 보면 '경건한 사람들이 스데반을 장사하고 위하여 크게 울더라'고 말씀한다. 스데반이 예수로 인해 죽었다면, 스데반의 시체를 가져다가 장사지내는 것이 생명의 위협을 받을 수 있다는 사실을 이들은 잘 알고 있었다. 그럼에도 불구하고 이들은 스데반의 시체를 갖다 장사지낸 것이다.[18] 누가는 스데반을 장사하고 위하여 크게 울었던 사람들이 누구인지 밝히지 않았다. 다만 그들이 '경건한 사람들'(8:2)이라고 말한다.

여기 스데반을 장사한 '경건한 사람들'이란 예수 그리스도를 믿는 몇몇 사람들을 지칭하는 것으로 산헤드린의 스데반 판결에 동의하지 않았던 자들이었다.[19] 덴톤에 따르면 '경건한 사람들'(devout men)은 예수님을 장사지낸 아리마대 요셉처럼 비록 그리스도의 제자라고 공개적으로 밝힌 이들은 아니지만 그리스도를 박해하는 사울에 동의하지 않는 이들이었다.[20] 이들은 스데반을 장사지냄으로 공개적으로 자신들의 신앙을 고백한

---

[17] Chrysostom, *The Homilies on The ACTS of The Apostles*, 250.

[18] Lechler, *Theological and Homiletical Commentary on the Acts of the Apostles*. Vol. I., 279.

[19] Bruce, *The Book of ACTS*, 174.

[20] Denton, *A Commentary on the Acts of the Apostles*. Vol. I., 262. 전통에 따르면 스데반과 바울의 스승이었던 가말리엘이 스데반의 장례에 참여했고, 그 때부터 그리스도 신앙을 포용

셈이다. 이들은 예루살렘교회의 일원으로 인식이 되어 그들도 핍박을 당한 다른 사람들과 같이 박해를 피할 수 없었을 것이다.

박해가 한창 진행되고 있는 가운데 어떻게 그런 신앙의 용기를 가질 수 있었을까? 여러 가지 가능성을 생각할 수 있다. 아마도 가장 설득력 있는 것은 스데반의 죽음이 오히려 신앙의 결속을 가져오는 계기가 되었다는 사실이다. 누가는 스데반이 사울은 물론 그 순교 현장에 있던 수많은 사람들에게 깊은 인상을 남겼다는 사실을 사도행전 전체에서 직간접으로 잘 드러내고 있다. 성 밖으로 내치고 돌로 쳐 죽였기 때문에 스데반이 죽는 그 현장에 예루살렘의 수많은 그리스도인들도 함께 있었다.

스데반이 담대하게 그리스도를 증거하며 천사와 같은 얼굴로 순교하는 것을 목격한 이들은 하나님이 과연 살아 계시다는 사실, 죽음이 마지막이 아니라 죽음 너머에 새로운 생이 기다리고 있다는 확신을 가졌을 것이다. 훗날 폴리갑의 순교가 그 현장에 있던 수많은 이들에게 순교 신앙을 불러 일으켰던 것처럼 이들 역시 스데반의 순교로 인해 자신들의 신앙의 옷깃을 여미며 앞으로 다가올 박해를 대비했을 것이다.[21]

큰 박해가 일어난 날이 누가는 '그날'이라고 말한다. 그날은 스데반이 순교한 때를 지칭한다. 큰 박해를 앞장서서 주도한 인물은 바로 교회를 잔멸하려는 사울이었다. 누가는 '사울이 교회를 잔멸할새 각 집에 들어가 남녀를 끌어다가 옥에 넘기니라'(8:3)고 증언한다. 사울이 기독교 박해자의 주동자로 역사에 등장하기 시작한 것이다. 예수님의 부활과 메시야 됨을 믿지 않는 사울의 시각에서 볼 때 스데반은 백성들을 속이는 "교묘한 사기꾼"이었다.

스데반의 죽음과 사울의 등장은 곧 사울로 인해 대대적인 기독교 박해

했다. "전통은 스데반과 사울의 스승이었을 것으로 여겨지는 가말리엘이 그의 학생[his scholar]의 장례예식을 수행하기 위해 온 이들 가운데 한 명이라고 말한다. 가말리엘은 스데반의 연설에 의해 확신을 갖거나 아니면 죽음 앞에서의 일관된 스데반의 모습을 보고 회심을 하고 그 때부터 그리스도교를 받아들였다고 말한다. 여기서 스데반의 매장이 그리스도인의 경건의 행위로 우리에게 제시되었다."

[21] 박용규, 초대교회사 (서울: 한국기독교사연구소, 2016), 95-98

가 전개될 것을 예고한 것이다. 이 핍박의 대상은 스데반이 속한 예루살렘 교회에 있는 헬라파 사람들이었다. 앞서 언급했듯이 예루살렘교회를 떠나야했던 인물들은 바로 이들이었다.[22]

2. 빌립의 사마리아 복음전파(8:4-25)

박해를 만난 이들은 적극적이고 담대한 신앙을 지켜나갔다. 8장 4절은 '그 흩어진 사람들이 두루 다니며 복음의 말씀을 전할새'라고 말씀한다. 크리소스톰은 이 부분을 주석하면서 "나는 재난의 때에조차 얼마나 그들이 복음전파를 무시하지 않았는지 예찬하지 않을 수 없다"[23]고 말했다. 우리 모두가 동의하듯이 정말 그렇다. 생명의 위협을 받을 때는 생존문제가 최우선이기 때문에 보통 신앙의 문제는 2순위로 밀리게 마련이다. 그러나 오순절 성령강림을 통해 성령의 부으심을 충만히 경험한 이후 개인과 교회는 전혀 그렇지 않았다.

사도행전 1장 8절의 약속대로 권능을 받은 후 주님이 명하신 대로 '나의 증인'의 사명 수행에 모든 초점을 두었다. 기독교의 박해가 오히려 복음을 확장시키는 호기로 하나님께서 선용하셨던 것이다.[24] 바로 이것이 인간 역사에서 역설적인 진리가 존재하는 이유이다.

사마리아에서 복음을 증거한 빌립(8:4-8)

[4] 그 흩어진 사람들이 두루 다니며 복음의 말씀을 전할새 [5] 빌립이 사마리아 성에 내려가 그리스도를 백성에게 전파하니 [6] 무리가 빌립의 말도 듣고 행하는 표적도 보고 한마음으로 그가 하는 말을 따르더라 [7] 많은 사람에게 붙었던 더러운 귀신들이 크게 소리를 지르며 나가고

---

[22] Bruce, *The Book of ACTS*, 174-175.
[23] Chrysostom, *The Homilies on The ACTS of The Apostles*, 255-256.
[24] Denton, *A Commentary on the Acts of the Apostles*. Vol. I., 266.

또 많은 중풍병자와 못 걷는 사람이 나으니 ⁸ 그 성에 큰 기쁨이 있더라

　박해를 통해 흩어진 주의 백성들은 복음전파를 통해 성령의 놀라운 은혜와 섭리, 승천하신 주님이 여전히 자신들과 함께 하신다는 사실을 발견했다. 그 중에 대표적인 인물이 사마리아에서 복음을 증거한 빌립이었다.
　누가는 빌립이 그들에게 찾아가 복음을 증거할 때 "무리가 빌립의 말도 듣고 행하는 표적도 보고 한마음으로 그가 하는 말을 따르더라"(8:6)고 증언한다. 여기서 복음을 증거한 빌립은 12제자 가운데 한 사람이 아니라 일곱 사람들 가운데 한 명이었다. 빌립은 동료 스데반의 죽음 앞에서도 굴하지 않는 믿음, 흔들림이 없는 신앙의 용기, 그를 죽이는 이들을 전혀 저주하지 않는 원수사랑, 죽는 그 순간에도 천사 같은 스데반의 얼굴을 목격하면서 놀라운 신앙의 도전을 받았을 것이다.
　흩어진 자들과 빌립이 사마리아 성에 내려가 그곳 백성들에게 복음을 전파하면서 예루살렘을 중심으로 형성되었던 신앙의 공동체가 이제는 사마리아 지역까지 확장된 것이다.

빌립의 사마리아 복음전파의 의미

　이들이 사마리아에 가서 복음을 증거했다는 사실은 특별한 의미를 지니고 있다. 수가 성 여인과 예수 그리스도와의 대화에서 알 수 있는 것처럼, 이스라엘 사람들은 사마리아 사람들과 교제를 나누지 않았다. 이것은 상당히 오래된 유대사회의 보편적인 현상이었다. 그 이유는 유대인들이 사마리아인들을 인종적으로나 종교적으로 혼혈족이라고 생각했기 때문이다.
　두 민족의 갈등은 앗수르의 사마리아 점령으로 거슬러 올라간다. 사마리아인들은 앗수르 점령 후 그곳에 이주한 외국 이민자들과 결혼해 혼혈족이 되었다. 유대인들은 그들이 이방인 출신이라는 이유 때문에 그들과 상종하지 않았다.[25] 포로 이후 사마리아인들이 예루살렘 성전에 대항하기

위해 그리심(Gerizim) 산에 자신들의 성전을 건립한 후 두 민족의 사이가 더 틀어졌다. 사마리아를 정복한 하스모니아 왕조의 요한 힐카누스 1세(John Hyrcanus I, 164-104 B.C.)가 두 민족의 분열의 중요 요인인 사마리아 성전을 파괴하였고, 로마가 팔레스타인을 정복한 후 사마리아인들이 유대 지배를 벗어났으나 여전히 민족적 갈등은 지속되었다.

빌립은 유대인들이 그토록 차별대우하던 그 사마리아 사람들에게 복음을 증거한 것이다. 이것은 구원이 유대인들에게만 국한된 현상이 아니라 모든 민족에게 확대되고 있음을 보여준다. 사도행전에서 볼 때 빌립이 사마리아인들에게 복음을 전했다는 사실은 적어도 몇 가지 점에서 매우 중요한 의미를 지닌다.

첫째, 비록 혼혈이지만 아브라함의 후예였던 사마리아인들을 하나님이 사랑하셨다. 이스라엘과 유대의 분단으로 인해 생긴 결과였지만 역사를 거슬러 올라가면 유대인들과 사마리아인들은 동일한 조상을 가지고 있었다.[26]

둘째, 오랫동안 유대 백성들과 공유해온 그들의 메시야 소망이 응답받았다. 주님이 사마리아 여인에게 하신 약속(신령과 진정으로 예배할 때가 올 것)이 성취된 것이다.

셋째, 사마리아 복음전도는 사도행전 1장 8절에 주님께서 하신 약속의 성취였다.

넷째, 동시에 사마리아인들이 땅 끝이라는 더 거대한 하나님의 선교사명을 위해서 함께 동역해야 할 대상이 되었다. 유대와 사마리아가 복음전도의 대상이 '땅 끝' 선교라는 주님의 지상명령을 함께 이루어 갈 선교의

---

[25] Bruce, *The Book of ACTS*, 176.

[26] 북이스라엘의 왕 오므리가 사마리아를 북이스라엘의 수도로 정했다. 722 B.C.년 앗수르 왕 살만에셀에 의해 북이스라엘이 멸망을 당한 후 이스라엘 백성들은 포로로 잡혀가 메데 지역으로 강제 분산되었다. 대신 바벨론, 구다, 아와, 하맛 그리고 스발와임 사람들을 사마리아에 이주시켰다. 그 후 남아 있는 사마리아인들과 새로 이주한 이방인들 사이에 종교적, 인종적 혼합이 발생했다. 이로 인해 유대민족은 사마리아인들을 민족적, 종교적 순수성을 잃은 자들로 보고 상종하지 않았다.

동역자가 된 것이다. 그런 측면에서 빌립이 사마리아에 가서 복음을 전한 것은 주님의 예언의 성취라는 구속사의 차원에서 해석할 때 그 사건이 갖는 의미는 너무도 중요하다.

빌립에 의한 강력한 표적

사마리아에서 빌립은 스데반과 마찬가지로 말씀 증거와 놀라운 표적 두 가지 모두를 통해 그리스도의 복음을 증거하였다. 누가는 흩어진 자들이 '복음의 말씀을 전할새 빌립이 사마리아 성에 내려가 그리스도를 백성에게 전파'(8:4-5)하였다고 증언한다. 우리는 여기서 '복음'의 핵심이 '그리스도 전파'라는 사실을 선명하게 증거해 준다.[27]

빌립이 그리스도를 전할 때 더러운 귀신들이 주님의 이름으로 쫓겨났으며, 중풍병자와 못 걷는 사람이 나음을 입었다. 사마리아 백성들은 빌립이 전하는 말을 들었고, 빌립이 행하는 표적을 눈으로 목격했다. 누가는 사마리아 사람들이 '한 마음으로 빌립을 따랐다'(8:6)고 증언한다. 빌립의 복음전도를 사마리아 사람들이 대거 받아들였음을 말해준다.[28] 어드만이 지적한 대로 "유대인이 사마리아 백성들에게 가서 복음을 전했고 그들이 유대인의 메시지를 기쁨으로 받았다는 것은 의미심장한 사실이다. 왜냐

---

[27] 빌립이 사마리아 성에 내려가 그 백성들에게 그리스도를 전했다는 것은 중요한 의미를 담고 있다. 덴톤의 지적대로 "그것이 기독교 진리의 전 과정이다. 그리스도를 전파하는 것은 그분이 우리의 죄를 대속하시기 위해 돌아가셨으며, 우리를 의롭다하시기 위해 다시 부활하셨으며, 그분의 이름 안에 구원이 있으며, 그 외 세상의 어떤 다른 이름 안에는 구원이 없다는 의미이다. 하늘 아래 인간들 가운데는 우리를 구원할 다른 이름이 없기 때문이다. 그리스도를 전파하는 것은 그의 의를 전파하는 것을 의미한다. 왜냐하면 인간의 모든 의의 원천이신 주님이 우리의 의이시기 때문이다. 그리스도를 전파하는 것은 성화의 필요성을 전파하는 것을 의미한다. 왜냐하면 그분은 거룩하신 하나님이시기 때문이다. 그리스도를 전파하는 것은 곧 우리가 우리 자신을 신뢰하지 않고, 우리의 노고를 의뢰하지 않으며, 모든 성결과 모든 힘의 원천이 인간의 모든 은혜의 저자요 수여자이신 주님이시라고 선포하는 것을 의미한다."

[28] Denton, *A Commentary on the Acts of the Apostles*. Vol. I., 270. 덴톤의 말대로 당시 사마리아 사람들 가운데 팽배했던 메시야 고대사상도 큰 몫을 했을 것이다. "그들이 실행하고 있는 우상숭배나 예전보다 더 차원 높은 무언가에 대한 사람들의 열망, 곧 차원 높은 무언가를 고대하는 사람들의 유별나게 들끓는 마음은 빌립의 가르침을 받을 준비가 되어 있었음을 보여주며, 그것은 왜 그들이 그렇게 쉽게 그가 전한 말씀을 받아들였는지에 대한 원인을 제공해준다."

하면 유대인들은 사마리아인들과 상종하지 않아야 한다고 생각했고, 지금까지 유대인 기독교 개종자들이 단지 그들의 민족의 사람들에게만 복음을 전해왔기 때문이다."[29]

그런데 8장 7절을 주목해 보면 이전에 사도들이 행했던 기사와 이적이나 표적과는 몇 가지 면에서 차이가 있다.

첫째, 이전에 사도들이 행했던 기사와 이적, 특별히 성전 미문에 앉았던 못 걷는 사람을 일으킨 사건은 매우 제한된 사람, 곧 그 한 사람에게만 해당되는 병 고침이었다. 그러나 사도행전 8장 7절에는 '많은 사람에게 붙었던 더러운 귀신들,' '많은 중풍병자와 못 걷는 사람'이라고 말씀함으로써 치료를 받은 중풍병자나 못 걷는 사람이 한두 사람이 아닌 상당히 많은 다수였음을 알 수 있다. 이것은 박해를 통해 흩어진 그리스도인들이 사마리아인들에게 복음을 증거하는 가운데 유대민족들에게 나타났던 것보다 더 강하고 더 놀라운 역사가 일어났음을 보여준다.

둘째, 유대인들에게 복음을 증거할 때 함께 하셨던 성령께서 사마리아인 전도 가운데서도 여전히 함께 하셨다. 사마리아인들에게 복음이 전파되면서 성령의 역사는 점점 더 강하고 더 두드러지게 나타났다. 세상 끝날까지 함께하시겠다는 주님의 약속이 이방인 선교 가운데서도 현실로 입증된 것이다.

셋째, 우리는 여기서 성령의 역사가 사도들에게만 제한되지 않았다는 교훈을 배울 수 있다. 일곱 사람들 가운데 나타난 성령의 역사는 어떤 면에서 사도들보다 더 크고 더 강했다. 구제를 위해 선택된 일곱 사람들이었지만 이들이 복음을 증거할 때 성령의 역사가 강하게 그들에게 임했다. 성령의 은사는 사도들이나 평신도들이나 차별 없이 복음을 담대하게 증거할 때 나타나는 것이다.

---

[29] Charles R. Erdman, *The Acts* (Philadelphia: The Westminster Press, 1919), 70.

마술사 시몬의 등장(8:9-13)

⁹ 그 성에 시몬이라 하는 사람이 전부터 있어 마술을 행하여 사마리아 백성을 놀라게 하며 자칭 큰 자라 하니 ¹⁰ 낮은 사람부터 높은 사람까지 다 따르며 이르되 이 사람은 크다 일컫는 하나님의 능력이라 하더라 ¹¹ 오랫동안 그 마술에 놀랐으므로 그들이 따르더니 ¹² 빌립이 하나님 나라와 및 예수 그리스도의 이름에 관하여 전도함을 그들이 믿고 남녀가 다 세례를 받으니 ¹³ 시몬도 믿고 세례를 받은 후에 전심으로 빌립을 따라다니며 그 나타나는 표적과 큰 능력을 보고 놀라니라

사마리아 성에 시몬이라는 마술사가 살았다. 마술사 시몬(Simon Magus)이 활동하던 시기를 일반적으로 A.D. 35년에서 45년 사이로 본다. 그러나 빌립의 사마리아 전도가 33년 여름이었고, 마술사 시몬 사건이 스데반의 순교 직전에 일어난 사건인 것을 고려할 때 35년보다 약간 앞선 33년경으로 보인다.

이 전후 시기는 혼란했던 시기였다. 36년 빌라도가 악정으로 소환을 당하고 37년에 가야바가 퇴위를 당하고 38년에 알렉산드리아에서 반유대인 폭동이 일어났으며, 칼리굴라(Gaius Caesar Caligula, 재위 A.D. 37-41)의 반유대인 정책으로 인하여 팔레스타인에서 소요가 끊이지 않았다. 이 기간은 살아있는 황제숭배가 서서히 중요한 현안으로 떠오르며 영적으로 사회적으로 혼란했던 시기이다. 사회적으로 혼란한 때 미신이 흥용하는 것은 널리 알려진 일이다. 이런 시기에 마술사 시몬이 등장한 것이다.[30]

---

[30] Cook, *The Acts of the Apostles*, 91. 초대교회 교부들이 마술사 시몬이라고 불렀던 그 사람은 사마리아의 한 도시 기톤(Gitton)에서 출생했다. 그는 알렉산드리아에서 철학을 공부하였고 후에 자신의 목적을 위해 자신의 재능과 배움을 사용한 일로 악명 높았다. 당시 로마제국 안에는 마술, 신화 그리고 다른 불법적인 예술을 시행하는 사람들이 로마제국 전역에 상당히 많았다. 그들은 경외를 받거나 아첨을 받거나 아니면 경멸을 받았다. 초대교회 교부들은 마술사 시몬을 사악한 이단의 원조라고 말한다.

자신을 신적 존재라며 백성들을 미혹

우리는 누가의 기록 중에 마술사 시몬이 '마술'(sorcery or magic, μαγεύων)을 통해 사람들을 미혹했을 뿐만 아니라 '자칭 큰 자'(8:9)라며 백성들을 현혹시켰다는 부분을 주목할 필요가 있다.[31] '사마리아 백성을 놀라게 하며 자칭 큰 자라 하니'에서 '놀라게 하며'(amazing, ἐξιστάνων), '하니'(declaring, λέγων)가 원문에는 하나로 연결되어 있다. 그 스스로가 마술로 사람들을 현혹시키며 그 자신을 '대단한 존재'라고 선언함으로 사마리아 백성들을 미혹한 것이다. 다음의 영어 역본들은 원문의 의미를 매우 현실감 있게 표현하였다. "그 도시에 시몬이라고 하는 한 사람이 얼마 동안 마술을 행하였으며, 사마리아의 모든 백성들을 놀라게 만들었다. 그는 그 자신이 어떤 대단한 존재라고 허풍을 떨었다."[32]

예리한 판단력을 가진 누가의 시각에서 볼 때 백성들은 그 마술에 놀랐고 그 결과 '낮은 사람부터 높은 사람까지 다'(8:10) 따랐고 '이 사람은 크다 일컫는 하나님의 능력'(This one is the power of God that called Great, Οὗτός ἐστιν ἡ δύναμις τοῦ Θεοῦ ἡ καλουμένη Μεγάλη, 8:10)으로 통했다. 여기 '크다'(Μεγάλη)는 말이 명사로 사용되어 사람들이 그를 하나님의 능력이라고 생각했음을 보여준다. 이것은 사마리아 백성들이 마술사 시몬을 하나님의 능력의 현현으로 무언가 신적인 존재로 믿기 시작한 것을 의미한다.[33]

---

[31] Eusebius, *Ecclesiastical History* II.13.

[32] "Now for some time a man named Simon had practiced sorcery in the city and amazed all the people of Samaria. He boasted that he was someone great(NIV)." "그런데 그 도시에는 자신을 대단한 어떤 존재라고 말하면서, 이전부터 마술을 행하여 사마리아 백성들을 놀라게 한 시몬이라는 한 남자가 있었다: But there was a man named Simon, who had previously practiced magic in the city and amazed the people of Samaria, saying that he himself was somebody great(ESV)." "그 도시에는 자신을 어떤 대단한 존재라고 선언하면서 이전에 마술을 행해오면서 사마리아 백성들을 놀라게 한 시몬이라고 부르는 어떤 한 남자가 있었다: Now a certain man named Simon had formerly been practicing sorcery in the city and amazing the people of Samaria, declaring himself to be someone great(Berean Literal Bible)."

[33] 칼빈, 사도행전 I, 314-315. 칼빈의 말대로 이것은 사마리아에 복음전파의 큰 장애 요인

신적 존재를 넘어 자신을 메시야로 포장

마술사 시몬이 큰 능력으로 백성을 미혹했다는 말은 시몬이 당시 사마리아에서 최초의 신성에 대한 사마리아인들의 명칭이었고, 시몬은 이러한 신성이 사람들을 구속하기 위해 자신의 몸을 입고 이 땅에 내려왔다고 선포했음을 함축한다.[34] 누가는 이를 '자칭 큰 자'(someone himself great, τινα ἑαυτὸν μέγαν, 8:9), '크다 일컫는 하나님의 능력'(the divine power known as the Great Power, 8:10)이라는 말로 압축했다.[35]

메시야 사상이 팽배한 사마리아 사람들에게 자신을 신적 존재로 부각시킨 것이다. 덴톤이 지적한 대로 "어떤 사람들은 시몬이 '나는 위대한 자'라는 말에는 인류에게 약속된 메시야, 하나님의 말씀 또는 성령이라고 주장하는 것을 의미한다고 생각했다. 우리는 사마리아인들만 아니라 유대인들이 메시야가 그 당시에 나타날 것이라고 기대했다는 사실을 안다."[36]

누가의 의도인지 몰라도 흥미롭게도 마술사 시몬과 빌립이 대비를 이루고 있다. 마술사 시몬은 스스로를 신적인 위대한 존재로 높인 반면 그리스도를 전파한 빌립은 놀라운 표적과 이적을 행하면서도 그가 전하는 복음이 그 자신의 것이 아니라는 사실을 분명히 했다.[37] 에드워즈가 영분별

이었다. "실로 이것은 복음을 위한 문이 사마리아 사람들에게는 전혀 닫혀져 있었다고 생각될 수 있었던 하나의 장애였다. 왜냐하면 모든 사람들의 마음이 시몬의 요술에 매혹되어 있었기 때문이다. 그리고 그러한 넋을 잃게 하는 일이 이미 오랜 세월을 흘러왔기 때문에 점점 더 강하게 뿌리를 내렸다. 더구나 그러한 잘못이 오랜 기간을 거쳐 일단 뿌리를 내리게 되면 그것을 사람들의 마음에서 뽑아내는 일이 얼마나 어려운 일이며 또 이미 굳어져 버린 그들의 생활습관을 건전한 양식으로 돌아오게 한다는 일이 얼마나 곤란한 일인가는 경험이 가르쳐 준다. 그들은 시몬을 하나님의 예언자로만이 아니요, 거의 그를 하나님의 성령 자체인 것처럼 받아들이고 있었기 때문에 미신은 그 잘못에 있어서 그들을 일층 더 완강하게 만들어 주고 있었던 것이다."

[34] Denton, *A Commentary on the Acts of the Apostles*. Vol. I., 270.

[35] '크다 일컫는 하나님의 능력'을 NIV 는 '하나님의 위대한 권능'(the Great Power of God)으로, NLT(New Living Translation)는 '위대한 신적 존재-하나님의 권능'(the Great One—the Power of God)으로, ESV(English Standard Version)는 '위대하다고 일컫는 하나님의 권능'(the power of God that is called Great)으로 번역했다.

[36] Denton, *A Commentary on the Acts of the Apostles*. Vol. I., 270.

[37] Denton, *A Commentary on the Acts of the Apostles*. Vol. I., 270.

의 특징에서 언급한 것처럼 참된 영인지 아닌지는 그리스도를 높이느냐 자신을 높이느냐를 통해 확인할 수 있다.[38]

예리한 역사적 혜안과 과학적 분석력을 지닌 누가에 의하면 시몬은 마술을 행하여 백성들을 놀라게 했고, 스스로 큰 자라며 백성을 미혹했으며, 낮은 사람부터 높은 사람까지 다 시몬의 말을 청종했다. 자연히 시몬은 백성들로부터 경외의 대상이 되었고, 그가 행하는 마술이 사람을 속이는 마술이 아니라 하나님으로부터 나온 하나님의 능력이라고 믿게 만들었다. 8장 11절에 보니 오랫동안 그 마술에 놀라 사람들이 그를 따랐다. 이단 사상을 청종하는 자들은 자기도 모르게 그 가르침에 세뇌 당하게 되어 종국(終局)에 가서는 그 사상에 빠져들고 만다. 그래서 이단들과는 아예 상종을 하지 말라고 성경과 교부들이 경고한 것이다.

자신의 욕망을 위한 신앙의 악용

마술사 시몬이 자신을 신격화시키며 사람들을 미혹하는 그 현장에 빌립이 나타나 하나님 나라의 복음과 예수 그리스도의 이름을 증거하자 못 걷는 사람이 일어나고 귀신이 쫓겨나는 역사가 나타났다.[39] 저희가 믿고 남녀가 다 세례를 받았다. 남자나 여자가 세례를 받았다면 공개적으로 신앙을 고백했다는 말이다. 왜냐하면 "자신들의 신앙을 고백하는 일이 없이는 세례를 받을 수 없었을 것"이기 때문이다.[40]

마술사 시몬도 믿고 세례를 받은 후에 빌립을 따라 다녔고, 빌립이 행하는 표적과 능력을 보고 놀라기 시작했다. '시몬도 믿고 세례를 받은 후에 전심으로 빌립을 따라다니며 그 나타나는 표적과 큰 능력을 보고 놀라니라'(8:13).[41]

---

[38] Jonathan Edwards, "Distinguishing Marks," in *the Works of Jonathan Edwards*, Vol. Two (1834; repr. Edinburgh: Banner of Truth Trust, 1986), 266-268.

[39] Baumgarten, *The Acts of the Apostles*, 186. 사도들과 마찬가지로 표적과 이적이 수반된 빌립의 설교는 놀라운 영향을 미쳤다.

[40] 칼빈, 사도행전 I, 316.

[41] Chrysostom, *The Homilies on The ACTS of The Apostles*, 253. 크리소스톰은 스데반

"모세 앞에 이집트 술사들처럼 마술사 시몬은 참 하나님의 메신저가 그 자신의 능력을 능가하는 권능의 원천에 접근해 있다는 사실을 인정해야 했다."[42] 누가는 마술사 시몬도 믿고 세례를 받았다고 말한다. 마술에 깊이 사로잡혔던 시몬이 믿고 세례를 받고 빌립을 따라 다녔다는 것을 어떻게 이해해야 할 것인가? 전후 관계에서 볼 때 마술사 시몬의 "믿음의 성격"이 순수하지 않은 것이 분명하다. "그의 믿음의 본질은 분명히 불확실했음에 틀림없다. 확신하건대 의심할 바 없이 그것은 피상적이고 충분하지 못한 믿음이었다."[43] 그가 세례를 받은 것은 그렇게 하지 않는다면 "이전의 추종자들을 완전히 놓치게 되리라"고 판단했거나 아니면 세례를 받고 빌립을 따라다니면서 "빌립의 신적인 능력의 비밀"의 비법을 알아내려했기 때문으로 보인다.

마술사 시몬은 성령의 강림을 돈으로 살 수 있는 어떤 기술로 이해했고, 그것을 배워 사도처럼 추앙을 받고 사람들을 속여 과거보다 더 높아지려는 야심을 품은 것이 분명하다. 마술사 시몬이 실제로 믿고 세례를 받았다면 돈을 주고 성령이 임하는 행위를 사려고 하지 않았을 것이다.[44] 정상적인 믿음의 사람이라면, 특별히 그가 믿음이 성령의 역사라는 사실을 인지했다면 성령의 임재, 성령의 권능을 마술을 배우듯 취급하지 않았을 것이고, 그가 진실된 마음으로 믿었다면 전능하신 하나님의 역사를 돈으로 매

의 죽음과 이후 박해를 섭리적 질서 속에서 이해했다. "원수의 나라[사마리아]의 심장에 기적을 행하셨다. 스데반의 죽음조차 그들의 분노를 끄지 못하고 오히려 그들의 분노를 증가시켰다. 독실한 신앙의 교사들[믿음의 사람들]을 넓게 흩어버리셨다. 복음이 널리 전파되어 그 결과 제자도가 더욱 더 위대해졌다."

[42] Bruce, *The Book of ACTS*, 179.
[43] Bruce, *The Book of ACTS*, 179.
[44] 칼빈, **사도행전**, I, 317-318. 칼빈은 마술사 시몬을 '위선자'라고 단정하면서도 그가 "믿지는 않으면서도 단지 믿는 체 했을 따름이라"는 견해를 부정했다. 그렇다고 칼빈이 시몬의 믿음을 일반적인 신앙과 동일시한 것도 아니다. 칼빈은 시몬의 신앙을 정상적인 신앙과 단순한 가장 그 사이 어떤 중간 위치에 있다고 보았다. "그것은 그리스도께서 마가복음 4장에서(눅 8:13) 말씀하신 일시적인 신앙이다. 즉 마음에 뿌려진 말씀의 씨가 즉시 여러 가지 세상의 걱정이나 나쁜 욕망으로 인하여 질식되어서 결코 성숙한데 이르지 못하고 오히려 그 반대로 차라리 쓸데없는 잡초로 변질되어 버린다. 그러므로 시몬의 신앙은 바로 그와 같은 것이었다." 이 같은 칼빈의 해석은 문맥 전후 관계를 고려할 때 자연스럽지 않다.

수하려고 하지 않았을 것이다.⁴⁵ 기독교 신앙을 자신의 이기적 목적으로 악용하는 행위는 가룟 유다가 보여주듯 전형적인 사탄의 역사이다. 마술사 시몬도 마찬가지다.⁴⁶

마술사 시몬, 이단의 아버지

초대교회 전통에 따르면 이 시몬이 나중에 이단의 아버지가 되었다.⁴⁷ 2세기 중반 사마리아 출신 저스틴 마터(Justin Martyr)는 "사마리아인 시몬"을 언급하면서 그가 권능의 마술 행위를 행하고 따라서 신으로 간주되었으며 거의 모든 사마리아인들에 의해서 뿐 아니라 심지어 그를 기념하여 동상을 세우고 일부 로마 사람들에 의해서마저도 숭배를 받았다고 증언한다.

소아시아 신학의 대변자 이레니우스도 그의 **이단 반박**에서 마술사 시몬이 마치 자신이 신인 것처럼 사람들의 찬미를 받은 "모든 종류의 이단들의 창시자"가 되었다고 기술한다.⁴⁸ 상당수의 3세기의 문헌들은 마술사 시몬이 영지주의의 창시자라고 말하고, 4세기 교회사가 유세비우스도 **교회사**에서 그 같은 입장을 그대로 받아들였다.⁴⁹ 이처럼 교회사적 기록과 사도행전의 기록은 통일성을 지니고 있다.

만약 시몬이 참된 믿음의 소유자라고 한다면 신앙에서 탈선할 수도 없고 더더욱 이단의 앞잡이가 될 수도 없었을 것이다. 모든 백성을 속일 수 있는 대단한 마술 전문가가 그 자신을 신앙의 사람으로 위장하는 것은

---

⁴⁵ Cook, *The Acts of the Apostles*, 92.
⁴⁶ 누가는 베드로의 혹독한 경고를 받고 마술사 시몬이 자신의 죄를 뉘우치고 돌이켰다는 사실을 기록으로 남기지 않은 것을 볼 때나 마술사 시몬과 영지주의와의 연관성을 초대교회 교부들의 여러 기록이 일관되게 증언하고 있는 것을 참고할 때 마술사 시몬이 회개하고 돌아선 것은 아닌 것이 확실하다.
⁴⁷ Lechler, *Theological and Homiletical Commentary on the Acts of the Apostles*. Vol. I., 298-299.
⁴⁸ 박용규, **초대교회사** (서울: 한국기독교사연구소, 2016), 188.
⁴⁹ Eusebius, *Ecclesiastical History* II.13,15. 유세비우스는 초대교회 문헌을 인용하여 마술사 시몬이 자신을 하나님이라고 주장했고, 그 영향력이 상당했으나 하나님의 말씀이 널리 전해지면서 그 영향력이 급격하게 줄었다고 증언한다.

그리 어려운 일이 아닐 것이다. 빌립처럼 믿음과 성령과 지혜가 충만한 사람도 마술사 시몬을 분별해 내지 못하고 그에게 세례를 베풀었다. 위선자를 색출해 낼 수 없었다.

이 사실은 우리에게 중요한 교훈을 제시한다. 예루살렘 공동체가 일곱 사람을 선출할 때도 니골라를 골라낼 수 없었던 것처럼 이 땅의 교회는 천상의 교회처럼 완벽하지 않다는 사실이다. 칼빈이 지적한 대로 "빌립이 그를 수용했다는 사실에서 위선자를 적발하는 일이 얼마나 어려운 일인가 분명해졌다. 그리고 그것은 우리의 인내심의 시금석인 것이다. 이리하여 데마는 한때 바울의 동반자였으나 나중에는 수치스러운 이탈자가 되었던 것이다(딤후 4:10)."[50]

신앙인들 가운데 위장된 신앙을 찾아내는 것이 얼마나 어려운가를 보여준다. 그러나 이것이 불가능한 것만은 아니다. 빌립은 마술사 시몬을 분별할 수 없었지만 그러나 베드로와 요한은 분명히 달랐다. 그들은 마술사 시몬의 사악함을 정확하게 꿰뚫고 있었다. 빌립이나 사도들 모두 다 같이 성령의 충만을 받은 상태이지만 영적 분별력에서 분명 차이가 있었다.[51]

---

[50] 칼빈, 사도행전 I, 318-319. 그러면서 칼빈은 다음과 같은 말을 덧붙였다. "그리고 만일 악한 자들이 남몰래 우리들 안으로 잠입하는 일이 있게 된다면 마치 우리가 그들의 모든 죄과에 대한 책임이 있는 것처럼 거만한 혹평가들이 부정하게 우리를 탓하게 된다. 그럼에도 불구하고 우리는 복음에 대한 불명예의 오점을 가끔 실어오는 능란한 솜씨를 엄격하게 경계하지 않으면 안 된다. 또 우리는 위대한 사람들이 속임을 당했다는 소리를 들을 때마다 모든 종류의 사람들을 아무 선택 없이 허용하는 일이 없도록 우리 자신의 태도에 일층 더 각별한 조심을 하지 않으면 안 된다. 그는 그 표적의 위대함으로 인하여 놀랐다고 누가는 말했는데 그로써 우리는 그가 자랑하고 있었던 그 위대한 능력이라는 것이 흐릿한 환상에 불과했다는 사실을 알게 되는 것이다. 왜냐하면 여기에 관련되어 있는 일은 단순한 감탄만이 아니요, 사람을 자신의 몸 밖으로 이송시켜 주는 황홀경이기 때문이다."

[51] 왜 이런 차이가 나는지 누가는 분명하게 밝혀주지 않았다. 사도행전 전체와 신약의 서신서를 검토할 때 이들의 차이가 단순히 성령충만의 강도의 차이로 인해 그런 결과가 도출될 수도 있지만 하나님께서 구속의 역사를 성취하여 나가시는 과정에서 성령의 은사의 다양성으로 인하여 개별적으로 차이가 있을 수 있다. 또한 빌립은 예루살렘교회 지도자로 선별된 일곱 사람 가운데 한 지도자라면 베드로와 요한은 당시 주님의 가르침을 계승한 땅 끝까지의 복음전파의 사명을 완수해야 할 주님이 직접 부르신 사도들이었다는 점에서 하나님 나라가 땅 끝까지 확산되는 과정에서 교회의 영적 질서를 위해서 그렇게 하셨다는 해석도 가능할 것이다.

사마리아 오순절(8:14-25)

¹⁴ 예루살렘에 있는 사도들이 사마리아도 하나님의 말씀을 받았다 함을 듣고 베드로와 요한을 보내매 ¹⁵ 그들이 내려가서 그들을 위하여 성령 받기를 기도하니 ¹⁶ 이는 아직 한 사람에게도 성령 내리신 일이 없고 오직 주 예수의 이름으로 세례만 받을 뿐이더라 ¹⁷ 이에 두 사도가 그들에게 안수하매 성령을 받는지라 ¹⁸ 시몬이 사도들의 안수로 성령 받는 것을 보고 돈을 드려 ¹⁹ 이르되 이 권능을 내게도 주어 누구든지 내가 안수하는 사람은 성령을 받게 하여 주소서 하니 ²⁰ 베드로가 이르되 네가 하나님의 선물을 돈 주고 살 줄로 생각하였으니 네 은과 네가 함께 망할지어다 ²¹ 하나님 앞에서 네 마음이 바르지 못하니 이 도에는 네가 관계도 없고 분깃 될 것도 없느니라 ²² 그러므로 너의 이 악함을 회개하고 주께 기도하라 혹 마음에 품은 것을 사하여 주시리라 ²³ 내가 보니 너는 악독이 가득하며 불의에 매인 바 되었도다 ²⁴ 시몬이 대답하여 이르되 나를 위하여 주께 기도하여 말한 것이 하나도 내게 임하지 않게 하소서 하니라 ²⁵ 두 사도가 주의 말씀을 증언하여 말한 후 예루살렘으로 돌아갈새 사마리아인의 여러 마을에서 복음을 전하니라

사마리아 사람들이 예수를 믿고 세례를 받았다는 소식을 듣고 예루살렘에 있는 사도들이 베드로와 요한을 그곳에 보냈다. 그런데 우리가 주목할 것은 사마리아 사람들이 하나님의 말씀을 받았다고 기록한 사실이다. 사마리아 사람들은 얼마 전까지만 해도 예루살렘에서 진행된 그 어떤 것도 거부했던 이들이다. 물론 예수 그리스도와 그의 말씀도 받아들이기를 거부했다. 그랬던 이들이 복음을 받아들였다는 것은 보통 놀라운 일이 아니다.[52]

예루살렘교회가 베드로와 요한 두 사람을 보낸 것은 천국복음을 전하

---

[52] Denton, *A Commentary on the Acts of the Apostles*. Vol. I., 272-273.

기 위해 파송할 때 주님이 둘씩 둘씩 보냈던 사례를 따른 것이다. 사도들이 '베드로와 요한을 보낸 것은 특별한 의미를 지니고 있다. 이들은 누구보다도 복음의 능력을 강하게 경험했던 사도들이었다. 그러면서도 사마리아인과 이방인들에게는 상당히 배타성을 지니고 있었다. 베드로는 할례자의 사도로 구원의 역사를 일차적으로 유대인들에게 독점시키려는 강한 욕심을 갖고 있었고, "요한은 그의 형 야고보와 더불어, 주님을 홀대한 것에 대해 엘리야처럼, 하늘에서 사마리아에 불을 내릴 것을 한 때 제안했었다."[53]

그러던 베드로와 요한이 이제 완전히 다른 태도로 사마리아를 방문한 것이다. 이들은 부활하신 예수님께서 사마리아를 포함하여 땅 끝까지 복음을 전하라고 명하신 명령에 순종한 것이다. 복음이 이방세계에 확산되는 것을 부정적으로 보았던 이들이 사마리아에서 일어난 놀라운 역사를 직접 목도한 것이다. 이들은 곧 자신들의 잘못된 시각을 교정하고 이방인들이 주께 돌아오는 구원의 역사를 강하게 변호하는 인물들로 바뀌었다.

사마리아 오순절 사건의 세 가지 해석

베드로와 요한이 그곳에 내려가 보니 사마리아의 개종자들이 예수의 이름으로 세례는 받았으나 성령은 받지 못한 것을 발견했다. 사마리아 사람들이 주 예수의 이름으로 세례를 받았을 뿐 아직 아무에게도 성령이 임하시지 않은 것이다. 그래서 두 사도가 성령이 임하시기를 기도하며 그들에게 안수하자 성령께서 그들 위에 임하셨다.[54] 이때 오순절 날 초기 제자들에게 성령이 임하실 때와 마찬가지로 외적 표적들이 나타났을 것이다.[55] 어드만이 표현한 대로 '사마리아 오순절'(the Samaritan

---

[53] Bruce, *The Book of ACTS*, 180-181.
[54] Cowles, *Acts of the Apostles*, 70.
[55] Bruce, *The Book of ACTS*, 181. N. B. Stonehouse, "The Gift of the Holy Spirit," *WTJ* 13 (1950-1951): 10-11. Cowles, *Acts of the Apostles*, 70. 코울즈에 따르면 17절은 안수와 성령을 받는 것이 관계가 있다고 해석되는 성경구절이다. "이 '성령 받음'은 인간의 확신과 중생에 있어서의 그의 일반적인 영적인 영향이 아니라 초기 기독교 시대에 특유한 비상한 영적

Pentecost)로 불리는 강력한 성령의 역사가 임했다.[56]

빌립이 '주 예수의 이름으로 세례'를 주었으나 사마리아의 믿는 사람들은 오순절 날 예루살렘에서 있었던 회개 때와는 달리 동시에 성령의 은사를 받지 못하고 있다가 베드로와 요한이 그 도시를 방문하여 성령 내리시기를 구하며 그 개종자들에게 안수하자, 성령께서 그들 위에 임하신 것이다.[57] 사마리아에서 일어난 사건은 오랫동안 신학적 논쟁의 주제가 되어왔다.

사마리아 사람들이 빌립을 통해 믿고 세례를 받았으면서도 "아직 한 사람에게도 성령 내리신 일이 없고 오직(only, μόνον) 주 예수의 이름으로 세례만 받을 뿐이더라"(8:16)는 부분을 어떻게 이해하고 받아들일 것인가? '아직 한 사람에게도 성령 내리신 일이 없다'는 의미가 무엇인가? 이것은 누구나 진실로 예수 그리스도를 믿고 거듭난 사람에게는 그 안에 성령이 내주하신다는 주님의 가르침과 배치되는 것이 아닌가?

사도행전 2장에서 베드로가 '회개하여 각각 예수 그리스도의 이름으로 세례를 받고 죄 사함을 받으라 그리하면 성령의 선물을 받으리라'(2:38), '이 약속은 너희와 너희 자녀와 모든 먼 데 사람 곧 주 우리 하나님이 얼마든지 부르시는 자들에게 하신 것이라'(2:39)는 말씀에 비추어 어떻게 해석할 것인가? '주 예수의 이름으로 세례를 받을 뿐'(8:16)이라는 말이 주 예수의 이름으로 세례를 받았지만 사마리아인들은 회개하는 역사, 죄 사함을 받는 역사가 없었기 때문에 성령을 선물로 받지 못했다는 의미인가?

은사라고 이해해야 한다. 이 역사는 이들 비상한 은사가 사도들의 안수를 통하여 시여되어졌다는 사실을 보여준다. 분명히 빌립은 이 능력을 소유하고 있지 않았다. 그러나 베드로와 요한은 그것을 소유했다." Erdman, *The Acts*, 72. 어드만도 분명히 여기 사마리아의 성령의 임재의 역사는 성령의 일반적인 영향이 아니라 비상하고 놀라운 역사였다고 말한다.

[56] Erdman, *The Acts*, 70.

[57] Chrysostom, *The Homilies on The ACTS of The Apostles*, 254. 크리소스톰은 이를 이렇게 해석한다. "왜 이들이 세례를 받았는데 성령을 받지 못했는가? 빌립이 사도들에게로 그 때를 양보한 것이기 때문이거나 혹은 빌립이 시여할 수 있는 이 선물[성령]을 소유하지 못했기 때문이거나 아니면 그가 일곱 사람 가운데 한 명이었기 때문이다.… 이들은 무언가 부족했는데 그것은 그들이 기적을 행할 권능을 받았지만 다른 이들에게 성령을 시여해 줄 권능은 받지 못했다. 이것은 사도들의 특권이었다."

이 부분에 대한 해석은 세 가지로 집약할 수 있다.

첫째, 이 사건이 사도행전에서는 아주 예외적인 사건이라고 보는 해석이다.[58] 이 견해는 그리스도인의 입문과정을 회심과 물세례와 성령의 은사 혹은 성령세례로 구분하여 두 단계로 이해하지 않고 한 단계로 이해하는 것이 보편적이기 때문에 이 사건을 예외적인 사건으로 보아야 한다는 것이다.[59]

둘째, 이 사건을 성령 역사에서 보편적으로 일어나는 통상적인 경험으로 보는 해석이다. 이 견해는 회심과 물세례와 성령의 은사 혹은 성령세례가 그리스도인의 입문과정에서 두 단계로 뚜렷이 구분되는 현상으로 이해하고 본문이 이를 지지한다고 본다. 이 견해는 다시 오순절주의와 웨슬리안, 로마 가톨릭의 견해로 대별된다. 가톨릭에서는 주님의 이름으로 세례를 받았으나 아직 성령이 아무에게도 내리지 않다가 사도들의 안수기도로 성령이 임하신 것처럼 주교의 안수로 성령이 주어진다고 해석한다.[60]

반면 오순절주의와 웨슬리안에서는 예수 믿고 구원을 얻은 이들에게 중생 후 어느 시점에 성령세례가 임한다고 본다. 이들은 첫 단계를 회심과 중생으로 보고, 두 번째 단계를 성령 안에서, 혹은 성령의 세례로 구분한다. 인간 편에서 회개하고 믿는 회심과 중생이 있은 후 어느 시점에 성령세례를 경험하는 것이라고 주장한다. 대표적인 오순절교단인 하나님의

---

[58] Erdman, *The Acts*, 72. 그는 "사마리아의 경험은 예외적이다"고 말한다.

[59] 하워드 마샬(Howard Marshall)은 그의 사도행전(*Acts*)에서 이 사건이야말로 "사도행전에서 가장 이상한 진술일 것"이라고 말했다. 그는 사마리아인들의 회심이 이방인 회심의 첫 입문단계라는 중요한 의미를 지니기 때문에 이방의 구원사역을 이루시는 목적에서 예외적으로 일어난 사건이었다고 본다. 존 스타트와 제임스 패커를 비롯한 상당수의 현대 복음주의 신학자들도 이 견해를 따르고 있다.

[60] 가톨릭에서는 그리스도인의 입문 첫 단계가 세례이고, 두 번째 단계가 사도들의 계승자인 주교들의 안수 곧 견진성사로 성령이 주어진다고 본다. 이러한 입장은 3세기 초대교회 교부 히폴리투스(Hippolytus)와 키프리안(Cyprian)에게로 거슬러 올라간다. 라틴신학의 대변자 키프리안은 사마리아인에게 일어난 성령 사건과 관련하여 이렇게 말한다. "오늘날 우리에게도 그것과 아주 똑 같은 일이 일어난다. 교회에서 세례를 받은 사람들은 우리의 기도와 안수에 의해 성령을 받도록 하기 위해 교회의 감독들에게로 오게 된다." 이와 같은 견해는 가톨릭교회의 중요한 전통으로 자리 잡았다. 조지 스미스(George D. Smith)는 본문의 사건을 지극히 정상적인 과정으로 이해했고, 성공회에서도 성령의 특별한 은사는 기도와 더불어 안수함으로 주어진다고 주장한다.

성회에서는 "모든 신자들은 우리 주 예수 그리스도의 명령에 따라 성령과 불의 세례를 받을 자격이 있으며 그것을 열렬히 기대하고 진지하게 구해야 한다. 이것은 초기 기독교 교회에서 통상적으로 체험한 것이었다"[61]고 기술한다. 이들은 이와 같은 두 단계가 신약이 보편적으로 말하는 입문단계로 이해한다.

셋째, 사마리아인들이 예수의 이름으로 세례를 받을 때 이미 성령세례를 받았으나 오순절에 임했던 성령의 부으심을 경험하지 못하다 사도들로 인해 성령의 임하심을 경험하게 된 것으로 보는 해석이다. 이 견해는 회심과 성령세례를 한 단계로 이해하고 본문의 사건을 그 같은 맥락에서 풀어간다. 이 견해도 둘로 대별되는데, 하나는 사마리아인들의 이전의 경험이 단순한 형식적인 회심이었으며 사도들에 의해 비로소 참된 회심을 경험했다는 주장이고, 다른 하나는 사마리아인들의 이전의 경험을 진정한 성령의 역사로 인정하고 사도들에 의해 그 역사가 더욱 절정을 이룬 것으로 보는 견해이다.[62]

칼빈의 견해도 이에 해당한다. 칼빈에 따르면 "사마리아 사람들은 이미 자기들에게 주신 양자되게 하는 영[성령]"을 받았지만 성령께서 "믿는 자들의 통치자와 안내자가 되실 것이라는 사실을 증거"하시기 위해서는 "성령의 특출한 은사," "눈으로 볼 수 있는 성령의 임재(*quasi visibilem*

---

[61] Frederick Dale Bruner, *A Theology of the Holy Spirit: The Pentecostal Experience and the New Testament Witness* (Eugene: Wipf and Stock Publishers, 1997), 61.

[62] 전자를 대변하는 인물이 캠벨 몰간과 제임스 던이고, 후자를 대변하는 이들은 요한 칼빈을 비롯한 상당수의 개혁주의 신학자들이다. 캠벨 몰간은 이전에 사마리아인들이 경험한 것은 결코 진정한 회심이 아니라 단순한 지적 동의일 뿐이고 사도들에 의해 비로소 진정한 회심을 경험한 것이라고 주장한다. 마찬가지로 제임스 던(James Dunn)도 사마리아인들이 이전에 받았던 세례는 단순히 형식적인 세례에 불과했기 때문에 베드로와 요한을 통해 그리스도인이 된 것으로 보아야 한다는 것이다. 칼빈은 사마리아인들이 실제로 참으로 예수 그리스도를 구주로 영접했고 따라서 그 시점에서 성령을 받았음이 분명하다고 말한다. 따라서 사도들이 안수하여 그들이 받은 것이 최초로 받는 성령의 선물이 아니라 어떤 성령의 은사 혹은 성령충만의 표현이었다는 것이다. "요약해서 말하면 사마리아 사람들은 그들에게 이미 주어진 양자의 영을 받았으므로 성령의 특별한 은혜들이 그 절정으로서 덧붙여졌다." 사도행전의 "성령이 아무에게도 내리시지 않았다"는 진술이 성령의 특별한 은사들을 언급하는 것일 수 있다는 것이다. 이 같은 견해는 프린스턴 신학자 B. B. 워필드를 비롯한 많은 개혁주의 신학자들에 의해 그대로 수용되었다.

spirtus sui praesentiam)"가 요청되었다.⁶³

세 가지 견해 중 어떤 견해이든 한 가지 분명한 사실은 예루살렘 마가의 다락방에서의 성령의 역사가 성령의 부으심의 역사였다는 사실을 긍정한다는 점이다. 그런 면에서 사마리아에서의 성령의 역사는 예루살렘에서 온 유대를 넘어 사마리아로의 복음의 확장이라는 선교적 의미를 지닌다.⁶⁴

어드만이 표현한대로 "이것은 교회의 확장에 있어서의 위대한 발걸음이었다. 그러나 그것은 가장 초기의 가능한 발걸음이었고 이방인들과 유대인이 그리스도 안에서 한 몸 형성을 향한 자연스러운 전환의 사건이었다."⁶⁵ 당시 인종적 편견이 여전히 존재하고 심지어 몇몇 그리스도인들은 교회선교의 지방색을 벗어나지 못한 상태에서 빌립의 사마리아 전도와 결실은 교회사에서 새로운 전환점이 아닐 수 없다.⁶⁶

성령께서 선교의 주역으로 복음의 확장을 선도해 나가시는 것을 선명하게 보여준다. 사마리아인들은 예루살렘의 사람들로부터 국외자로 무시되어 왔다. 그들에게는 특별한 증거가 필요했다. 사마리아인들이 예루살

---

⁶³ 칼빈, **사도행전 I**, 321-322. 칼빈은 이렇게 주석한다. "여기서 한 가지 질문이 생긴다. 왜냐하면 그들은 다만 그리스도의 이름으로 세례를 받았을 뿐이요 그래서 그들은 아직 성령을 받지 못하였다고 누가가 말하고 있기 때문이다. 이제 그러면 세례란 아무런 능력이나 은혜도 없는 하나의 공허한 일일 수밖에 없거나 그렇지 않으면 세례가 소유하고 있는 일체의 효력은 성령으로부터 오는 것일 것이다. 세례에서 우리는 우리의 죄에서 씻김을 받는다. 그러나 바울은 우리가 씻김을 받는 것은 성령의 역사라고 가르친다(딛 3:5). 세례의 물은 그리스도의 피의 표상이다. 그러나 베드로는 그리스도의 피로 우리가 씻김을 받는 것은 성령으로 말미암는다고 말하고 있다(벧전 1:2). 세례에서 우리의 옛사람은 십자가에 못 박힌다. 그로 인하여 우리는 생명의 새로움으로 다시 살리심을 받게 되는 것이다(롬 6:6). 그러나 성령의 성화(聖化)가 없다면 그 모든 것의 근원은 무엇이겠는가? 간단히 말해서 만일 세례가 성령에서 분리된다면 아무것도 남는 것이 없을 것이다. 그러므로 실상 세례에서 그리스도를 옷 입은 사마리아 사람들이 역시 성령으로도 옷 입힘을 받았다는 사실을 부정하지 말아야 한다. 또 확실히 누가는 여기서 성령으로써 하나님이 우리를 그의 자녀로 중생시키시는 그 성령의 일반적 은혜에 관해서 이야기하고 있는 것이 아니다. 오히려 주께서 그리스도의 왕국에 영예를 주시기 위하여 복음의 초창기에 관여한 몇몇 사람들에게 주시기를 원하신 것이다. 그리스도께서 이 세상에서 아직 활동하고 계시기 때문에 성령이 아직 제자들에게 내리지 않았다고 한 요한의 말(7:39)이 그런 의미에서 이해되어야 한다."

⁶⁴ Bruce, *The Book of ACTS*, 180.
⁶⁵ Erdman, *The Acts*, 70.
⁶⁶ Erdman, *The Acts*, 70.

렘에 있는 이미 성령을 소유한 공동체의 인정과 환영을 받기 위해서는 그들도 예루살렘의 공동체의 일원이라는 것을 증언해 줄 만한 표적을 받아야 했다. 사마리아인들이 성령을 받음으로 예루살렘교회와 성령 안에서 동질감을 갖게 되었다.[67]

사마리아 복음전파로 기독교 역사는 새로운 단계로 접어들었다. 예루살렘교회는 사마리아 복음전도 소식을 듣고 바로 지도자들을 파송하여 친교와 접촉의 표식으로 그 교회를 사도적 선교교회로 인준했다. 그곳에 사마리아 오순절이 임했다. 적어도 그것에 수반된 가시적인 표적들은 사마리아 오순절이 성령의 부으심의 현시였음을 보여준다. 성령이 임하심으로 나타났던 외적인 성령의 현시는 마가의 다락방의 오순절의 특징들과 너무도 유사하다. 이 사건으로 말미암아 사마리아에 선교사교회(missionary church)의 새로운 중심이 세워졌다.[68]

사마리아 오순절의 의미

우리는 사마리아 오순절과 관련하여 3가지를 확인할 수 있다.

첫째, 예수의 이름으로 세례를 받았지만 사마리아에서는 마가의 다락방에 임한 것과 같은 성령의 부으심은 없었다.

둘째, 그러나 베드로와 요한이 사마리아에 와서 기도하고 그들 가운데 놀라운 성령이 임했다.

셋째, 사마리아에 성령이 임한 것은 선교적 사건으로 이를 통해 이들도 예루살렘의 공동체의 일원이 되었다는 것이다.

그러나 여전히 풀어야 할 숙제가 있다. 사마리아의 오순절을 마가의 다

---

[67] G. W. H. Lampe, *The Seal of the Spirit* (London: Longmans, 1951), 70. 람페에 따르면 "손을 얹는 것은 일차적으로는 교제와 연대감의 표시이지, 성령의 은사의 효과적인 상징은 단지 이차적일 뿐이다."

[68] Bruce, *The Book of ACTS*, 183. 여기 '선교사 교회'는 브루스가 그의 사도행전 주석에서 사용했으며 복음을 듣고 예루살렘에서 흩어진 사람들(선교사들)이 세운 교회로 모교회와 연계성을 지니는 교회라는 의미에서 붙인 것이다. 현대에 개 교회가 선교적 방향을 지향하는 의미에서 자신의 교회에 붙이는 '선교적 교회'(missional church)와는 차이가 있다.

락방의 오순절, 고넬료의 가이사랴 오순절, 에베소의 오순절과 비교하면서 누가가 사마리아 오순절을 통해 말하고자 하는 의미가 무엇인가를 좀 더 심도 있게 살펴볼 필요가 있다.

누가의 사마리아 오순절에 대한 언급을 정확히 이해하기 위해 본문을 좀 더 면밀하게 살펴볼 필요가 있다. '아직 한 사람에게도 성령 내리신 일이 없고 오직(only, μόνον) 주 예수의 이름으로 세례만 받을 뿐이더라'(8:16). 사도행전 8장 15-17절에는 사마리아인들이 주 예수 그리스도의 이름으로 세례를 받았지만 이들이 믿고 세례를 받았다는 언급은 없다. 그렇다면 그리스도의 이름으로 세례를 받았지만 그들에게는 가장 중요한 신앙고백이 없었다는 말인가? 그렇지 않은 것 같다. 그것은 그 말씀 앞서 누가가 사마리아인들이 '빌립이 하나님 나라와 및 예수 그리스도의 이름에 관하여 전도함을 그들이 믿고 남녀가 다 세례를 받았다'(8:12)고 분명하게 기록하고 있어 사마리아 사람들이 그냥 예수 그리스도의 이름으로 세례만 받은 것이 아니라 '믿고' '세례를 받았다'는 사실을 보여준다.

그렇다면 이들은 믿고 주 예수의 이름으로 세례를 받았다. 적어도 누가의 기록에서 우리는 이 점을 분명히 도출할 수 있다. 그렇다면 이들이 믿고 거듭나 주 예수의 이름으로 세례를 받았는데도 '아직 한 사람에게도 성령 내리신 일이 없다'(not yet indeed He was upon any of them fallen, οὐδέπω γὰρ ἦν ἐπ' οὐδενὶ αὐτῶν ἐπιπεπτωκός, 8:16)는 부분을 어떻게 해석할 것인가 하는 숙제가 남는다.

여기서 우리가 주목해야 할 것은 성령을 '내리신'(fallen, ἐπιπεπτωκός)이라는 단어이다. 누가는 사마리아인들 심령에 성령이 내주하지 않았다고 말하지 않고 성령 '내리신 일이 없다'고 기록했다. 사도행전에서 '성령이 내리셨다'는 단어는 매우 중요한 의미를 지닌다. 누가는 동일한 단어(ἐπιπεπτωκός)를 사도행전 10장 44절과 11장 15절에서 고넬료 가정의 '가이사랴 오순절'을 언급할 때 사용하였다.

베드로가 이 말을 할 때에 성령이 말씀 듣는 모든 사람에게 <u>내려오시</u>

니(fell, ἐπέπεσεν) 베드로와 함께 온 할례 받은 신자들이 이방인들에게도 성령 부어주심으로 말미암아 놀라니 이는 방언을 말하며 하나님 높임을 들음이러라(10:44-46)

내가 말을 시작할 때에 성령이 그들에게 임하시기를(fell, ἐπέπεσεν) 처음 우리에게 하신 것과 같이 하는지라(11:15)

'아직 한 사람에게도 성령 내리신 일이 없다'(8:16)는 의미가 무엇인지 가이사랴 고넬료 가정에서의 성령의 역사와 비교해보면 한층 더 선명해진다. 동일한 단어를 사용함으로 누가는 사도행전에서 일관성과 통일성을 가지고 성령의 역사를 기록해 나갔다. 때문에 사도행전을 성령의 복음이라고 말하는 것이다. 사도행전에 마가의 다락방의 오순절 사건과 고넬료 가정의 가이사랴 오순절을 누가는 의도적으로 둘을 비견하며 성령의 강림이 사마리아에서도 연속적으로 일어났다는 사실을 드러내고 있다.

누가가 사마리아인들 가운데 아직 한 사람에게도 성령 내리신 일이 없다고 하였을 때 사용한 동일한 단어를 고넬료 가정에 임한 성령의 역사, 곧 가이사랴 오순절에 그대로 사용함으로써 사마리아에 마가의 다락방에 임한 성령의 부으심, 고넬료 가정에 임한 성령의 부으심과 같은 성령의 임재가 사마리아에는 없었다는 사실을 드러내려고 한 것이다. 필자가 볼 때 이것은 너무도 선명하다. '내리신'(내려오시니)이라는 동일한 단어를 누가가 사용한 것, 그것도 가이사랴 오순절 사건을 지칭하면서 두 번이나 반복하여 사용했던 동일한 단어를 여기 사마리아 오순절을 기술하면서도 사용한 사실에서 알 수 있다.

믿고 세례를 받은 사람들이라면 성령을 소유한 것으로 봐야 한다. 그것은 성경이 일관되게 지지하고 있는 것이다(롬 5:55; 8:9-11; 고전 6:19; 12:3-13; 엡 1:13; 4:30). 진실로 예수 그리스도를 구주로 믿고 세례를 받으면 구원을 받는다. 베드로와 요한이 이들 사마리아 그리스도인들에게 다시 세례를 주지 않았다. 다시 주지 않았다는 것은 이들의 세례를 주 예수 그리스도의 이름으로 베푼 세례로 베드로와 요한이 받아들인 것이다. 따라서 마술사 시몬에 유혹을 받았던 사마리아 사람들이 빌립의 전도를 받고 믿고 세례를 받았다는 것은 이들이 단순히 예수의 이름으로 세례만 받은 것이 아니라 믿고 중생을 받고 그들의 심령에 성령을 소유하였다는 것을 의미한다. 그러나 사마리아인들은 누구도 위로부터 '성령 내리시는 일' 곧 놀라운 성령의 부으심을 체험하지 못했다.

오순절에 임한 성령의 부으심은 주 예수 그리스도의 약속의 성취이며, 따라서 신약교회의 태동을 알리는 사건이자 이제 전개될 성령의 공동체의 일원이 되는 데 필수적이다. 따라서 사마리아에 오순절 사건은 누가의 시각에서 이방선교로 진행되는 과정에서 사도행전 1장 8절에 약속된 대로 예루살렘에서 온 유대와 사마리아로 확산되는 복음전파의 과정에서 성령의 놀라운 권능을 받는 성령의 부으심의 역사가 그들에게도 절대적으로 필요하였던 것이다. 이것은 개혁주의 전통의 학자들 중에서도 인정하는 내용이다. 미국 웨스트민스터 신약학 교수 스톤하우스가 지적한 대로 베드로와 요한을 통해서 사마리아인들에게 성령이 임한 사건은 '거듭나게 하심과 믿게 하심이 주안점'이 아니다.[69]

베드로와 요한을 통해 '성령 내리시는 일'을 체험하기 전, 사마리아 사람들은 평범하게 믿고 세례를 받았으며 성령이 그 안에 내주하시는 그 정도의 상태였다. 이들은 고넬료 가정에 임하였던 성령의 부으심, 마가의 다락방에 임한 성령의 부으심 같은 '성령 내리시는 일'을 경험하지 못했다. 사도행전 1장 8절의 약속대로, 요엘서의 약속대로 성령의 부으심의 역사는 선교적 공동체로 나아가는 과정에서 필수적이다. 마가의 다락방의 성령의 부으심이 예루살렘 공동체에게 필수적인 과정이었다면 동일한 '성령 내리시는 일'이 사마리아에서도 꼭 필요했다. 그래서 베드로와 요한이 그들에게 안수를 한 것이고 그들에게 성령이 임하는 역사가 나타났다.

그런데 한 가지 그 과정에서 분명히 짚고 넘어갈 사항이 있다. 안수와

---

[69] Stonehouse, "The Gift of the Holy Spirit," 11.

성령 내리심의 관계다. 베드로와 요한이 안수를 했기 때문에 성령이 임했다고 누가는 증언하지 않는다. 누가는 '그들이 내려가서 그들을 위하여 성령 받기를 기도하니'(8:15)라고 분명히 밝히고 있다. 베드로와 요한이 사마리아에 성령의 부으심을 위해 기도한 것이다.[70] 물론 베드로와 요한만 성령의 부으심을 위해 기도하지 않았을 것이다. 사마리아 공동체도 베드로와 요한의 기도에 합류하여 전 공동체가 성령의 부으심을 놓고 간절히 기도했다는 것을 전후 관계에서 어렵지 않게 추론할 수 있다.

여기서도 기도와 성령 내리시는 일은 깊은 연관이 있다. 누가는 이미 누가복음에서 '너희가 악할지라도 좋은 것을 자식에게 줄 줄 알거든 하물며 너희 하늘 아버지께서 구하는 자에게 성령을 주시지 않겠느냐'(눅 11:13)고 밝혔다. 누가는 베드로와 요한이 안수를 했기 때문에 성령 내리시는 역사가 나타난 것이 아니라 사마리아의 성령의 부으심이 기도의 결과라는 사실을 증언하고 있는 것이다. 안수를 받아야 성령을 받는 것은 아니다.

마가의 다락방 오순절이 있기 전에 120문도가 다락방에 모여 10일 동안 주님의 약속을 붙들고 성령이 임하기를 간절히 기도했다. 누가가 간단히 기록했지만 사마리아 공동체 역시 성령 내리시는 일 그 전에 기도가 있었다는 사실을 주목해야 한다. 누가는 사도행전 1장 8절의 성취, 요엘서의 만민에게 성령을 부으시겠다는 약속의 성취 그리고 누가복음 11장 13절을 통해 주님이 구하는 자에게 성령을 주시겠다는 약속이 성취되어 간다는 사실을 기록한 것이다. 브루스의 지적대로 마가 다락방의 오순절의 성령의 부으심은 약속의 성취의 시작이었다. 그 성취는 사마리아, 가이사랴, 에베소에서 계속해서 성취되어 나가는 것이다. 그리고 성령 내리시는 일이 있기 전에 반드시 기도가 선행되어졌다. '구하는 자에게 성령을 주시지 않겠느냐'(눅 11:13)는 말씀을 우리는 주목해야 한다.

베드로와 요한이 사마리아에 내려와 그들 모두에게 성령이 임하시도록

---

[70] Denton, *A Commentary on the Acts of the Apostles*. Vol. I., 274.

간절히 기도했고 사마리아 공동체도 동일하게 부르짖었다면 오늘날 교회 공동체는 성령의 부으심을 위해 간절히 기도해야 할 것이다. 그리스도인과 교회공동체가 성령의 부으심을 체험하기 전 사마리아 신앙공동체 수준에 머물러서는 안 된다는 사실을 누가는 사마리아 오순절 사건과 사도행전 전체에서 일관되게 전달하기를 원한 것이다.

성령을 돈으로 사려 한 마술사 시몬

베드로와 요한을 통해 성령이 내리는 것을 지켜본 마술사 시몬이 사도들에게 이와 같은 능력을 돈을 주고 사려고 했다. '돈을 드려'(8:18)의 원문은 '그가 사도들에게 돈을 제공하고'(he offered to them money, προσήνεγκεν αὐτοῖς χρήματα)이다. 시몬이 돈을 주면서 안수하면 성령이 임하는 이런 권능을 자기에게도 달라고 사도들에게 요청한 것이다. 마술사 시몬의 시각에서는 손을 얹음으로 성령이 내리는 사도들의 권능의 역사야말로 엄청난 재능을 지닌, 얼마든지 민중들을 현혹시켜 돈을 벌어들일 수 있는 종교적 마술로 보였다. 그래서 자기가 안수하는 사람마다 성령이 임하게 해 달라고 요청했다.

덴톤의 말대로 "그의 심령은 자기 사랑으로 충만했으며, 세상적인 야심에 너무 눈이 멀어 그의 눈앞에 무엇이 펼쳐졌는지 이해하지 못했고," 그가 악한 영에 사로잡혀 갈취하려고 하는 영적 권세도 정확히 이해하지 못했다. "그리하여 비록 그는 성령의 위대한 역사를 자기 눈으로 목도했지만 이것이 그를 그리스도를 고백하도록 이끌지는 못했다."[71] 마술사 시몬은 신앙 차원에서 "그 자신을 위해 은혜를 간구한 것이 아니고 하나님의 계명에 순종하기 위해 권능을 간구한 것도 아니었으며 다만 [과거 자신이 마술을 통해 다른 사람들을 미혹시키듯이] 다른 사람에게 행사할 수 있기 위해 능력과 영향을 구한 것이다."[72] 뿐만 아니라 존 크리소스톰이 지적한 것처럼 "마술사 시몬은 베드로가 돈을 벌 목적으로 이것을 행한

---

[71] Denton, *A Commentary on the Acts of the Apostles*. Vol. I., 277.
[72] Denton, *A Commentary on the Acts of the Apostles*. Vol. I., 279.

것이 아니라는 사실을 알았다. 그가 그렇게 행동한 것은 무지에서가 아니었다. 그가 그들[베드로와 요한]에 대한 비난거리를 얻기 위해 그들을 시험하려고 한 것이다."[73]

필자가 볼 때 오늘날 기독교인을 가장하는 이단의 무리들처럼 마술사 시몬은 겉으로는 믿음을 고백하고 세례도 받으며 신앙의 공동체 일원으로 행사하였지만 처음부터 소속이 달랐다. 그는 그리스도에 속한 자가 아니라 마귀에게 속한 자였다. 그가 세례는 받았지만 사도들을 통해 위로부터 주님이 주시는 은혜는 받지 못했다.[74] 이 모든 것은 베드로가 시몬을 향해 한 선포 곧 '내가 보니 너는 악독(惡毒)이 가득하며 불의에 매인 바 되었도다'(8:23)는 말 속에 함축되었다.[75]

마술사 시몬의 중심을 정확하게 꿰뚫은 사도들은 그냥 넘어가지 않았다. 복음의 순수성을 훼손하는 행위야말로 그리스도의 십자가의 구속의 은혜를 무로 돌리는 어리석은 행위이기 때문이다. 문제는 그것만이 아니다. 마술사 시몬은 베드로와 요한이 안수하자 성령이 임하는 역사를 목도하고는 "사도들과 동등하게 되고 싶어 하는 욕망"[76]에 사로잡혔다. 마술사 시몬은 그 자신의 이익에만 혈안이 되어 있지 칼빈이 지적한대로 "하나님의 영광에 대해서는 전혀 관심을 쏟지 않을 뿐 아니라 … 그가 추구하는 것은 틀림없이 이 세상눈으로 보는 재물과 영광이었다."[77]

---

[73] Chrysostom, *The Homilies on The ACTS of The Apostles*, 255.
[74] Denton, *A Commentary* on the Acts of the Apostles. Vol. I., 278.
[75] '악독'([the] gall of bitterness, χολὴν πικρίας)이 가득했다는 것은 악에 물들어 버렸다는 것이고, '불의에 매인바 되었다'([the] bond of iniquity, σύνδεσμον ἀδικίας)는 것은 죄악에 포로가 되었다는 의미이다. 우리는 여기서 악독을 표현할 때 헬라어 '쓸개'(the gall, χολὴν)라는 단어가 사용되었음을 주목할 필요가 있다. 이 단어는 신약에 이곳과 마태복음 27장 34절에 2번만 사용되었다. 쓸개는 모든 음식을 쓰게 만든다. 고통의 쓸개, 악의 쓸개라고 할 때 악을 주변에 퍼트리는 악의 원천, 악의 뿌리를 말하는 것이다. 진정한 믿음은 죄 용서를 통해 구원에 이르게 하여 마귀에 속한 자가 이제는 성령의 사람으로 거듭나는 것이다. 마술사 시몬은 그렇지 않았다.
[76] 칼빈, 사도행전 I, 324.
[77] 칼빈, 사도행전 I, 324. "그와 동시에 그는 이 하늘의 능력을 자신의 요술과 다를 바 없는 것으로 생각했다는 점에서 하나님의 권리를 심각하게 침해하고 있다. 여기서 간략하게 시몬의 죄와 그 종류를 종합해 보자. 그는 성령의 여러 은사를 통한 그리스도의 능력을 인정하지도 않고 거기에 경의를 표하지도 않고 있다. 그는 사도들에게 하늘의 영광이 허락된 것은 그들의 사역을

마술사 시몬이 하나님께서 값없이 선물로 주시는 성령을 돈으로 살 수 있다고 판단한 것은 그가 성령의 역사를 전혀 모르고 있었음을 보여준다.[78] 좀 더 엄밀한 의미에서 평가할 때 마술사 시몬은 외형적으로는 세례를 받고 교회공동체에 속했지만 실제적으로는 여전히 마귀의 종노릇을 하는 자다.[79]

마술사 시몬의 사례는 오늘 교회공동체 안에는 진리에 속하지 않는 자, 마귀에 종노릇하면서 기독교 공동체 일원인 체 위장하는 자들이 있을 수 있음을 보여준다. 기독교를 상업적으로 이용하려고 하는 이들, 성령의 역사를 자신의 유익을 위해 이용하려는 이들은 마술사 시몬만 아니라 오늘날에도 여전히 존재한다. 칼빈이 지적한 대로 이 수치스러운 일이 교회에서 "거침없이 활개를 치고 있다."[80]

영적인 것을 상업적인 것으로 바꾸려는 시도, 하나님의 것을 돈으로 사고 팔려는 시도, 특히 교회의 직무를 돈으로 사려는 시도, 곧 사이머니(simony: 성직매매)가 여기서 유래되었다. 거룩한 영적인 능력을 상업적으로 이용해서는 안 된다. 마술사 시몬의 사악한 중심을 간파한 베드로는 '네가 하나님의 선물을 돈 주고 살 줄로 생각하였으니 네 은과 네가 함께 망할지어다'(8:20)라고 저주했다.

베드로는 이미 아나니아와 삽비라의 사건을 통해 지극히 인간적인 방법이 얼마나 잘못된 것인가를 잘 알고 있었다. 더구나 마술사 시몬이 그런 것을 요구하는 것은 돈을 벌기 위한 목적이거나 개인적인 욕심을 채우기

통해서 그리스도의 영광을 뚜렷하게 드러내려는데 그 의의가 있다는 점을 깨닫지 못하고 있다. 그는 자신의 야심에 사로잡힌 나머지 하나님을 뒷전으로 물리치고 자신을 앞세우려 하며 세상을 자기 손아귀에 잡아 보려 하고 있다. 그리고 그는 마치 성령에게 무슨 값을 매길 수 있다는 듯이 그를 돈으로 샀으면 좋겠다는 생각을 하고 있다."

[78] Bruce, *The Book of ACTS*, 183-184. "하나님의 값없이 주시는 선물을 살 수 있다는 사상은 그가 복음의 내적 특성과 성령의 역사에 대하여 무지했다는 사실을 보여준다.… 시몬은 빌립의 메시지를 믿고 세례를 받았지만, 그의 중생치 못한 옛 성품의 표식을 여전히 드러냈다."

[79] Denton, A *Commentary on the Acts of the Apostles*. Vol. I., 296. 마술사 시몬은 가장 초기 교회공동체에 나타났던 이단이라고 할 수 있다. 이단이 사탄에 속했다는 사실을 증거해 주는 것이다.

[80] 칼빈, 사도행전 I, 326.

위한 동기에서 그런 것이라는 사실도 잘 알고 있었다. 이런 시몬의 마음의 동기를 잘 알고 있었던 베드로는 그를 이렇게 책망한다.

> [21] 하나님 앞에서 네 마음이 바르지 못하니 이 도에는 네가 관계도 없고 분깃될 것도 없느니라 [22] 그러므로 너의 이 악함을 회개하고 주께 기도하라 혹 마음에 품은 것을 사하여 주시리라 [23] 내가 보니 너는 악독이 가득하며 불의에 매인 바 되었도다(8:21-23).

누가는 마술사 시몬의 최후 종말을 언급하지는 않았다. 그러나 많은 초대교회 문헌들은 마술사 시몬이 모든 영지주의 이단의 아버지였다고 일관되게 증언한다.[81] 그가 하나님을 대적하는 사탄의 앞잡이가 된 것이다. 이것처럼 저주스러운 심판은 없을 것이다.

교회는 마술사 시몬을 반면교사로 삼아야 한다. 사도들은 처음 예수를 믿는 신앙의 공동체가 형성되는 사마리아에 처음부터 바른 신앙을 심어주고 시몬의 사건을 통해 이기적인 목적으로 주의 이름을 팔거나 이용해서는 안 된다는 사실을 분명하게 가르쳐준 셈이다. 신앙인들은 주님의 이름이나 주의 사역을 개인적인 욕심을 채우려는 동기에서 출발해서는 안 된다. 그런 행위는 주님이 미워하신다. 우리는 어떤 경우라도 그런 일을 해서는 안 된다.

사마리아 복음전도의 교훈

우리는 누가가 의도하였던 그렇지 않던 여기 사마리아 복음전도와 마술사 시몬의 사건에서 몇 가지 중요한 교훈을 배워야 한다.

첫째, 환경을 넘어 역사하시는 하나님의 깊으신 은혜의 섭리이다. 교회는 때로는 힘들어도 믿음의 눈을 가지고 인내하며 기다려야 한다. 스데반의 일로 일어난 큰 박해가 도리어 복음의 놀라운 확장의 기회가 되었다. 스데반의 순교와 그 후에 이어진 대대적인 기독교 박해로 사도들을 제외

---

[81] 박용규, 초대교회사, 187-188.

하고는 예루살렘교회의 모든 성도들이 유대와 사마리아와 온 땅으로 흩어졌다. 빌립도 사마리아로 내려가 백성들에게 복음을 전했고, 수많은 무리가 빌립의 말도 듣고 행하는 표적도 보고 일심으로 그의 말하는 것을 좇았다. 귀신이 나가고 중풍병자와 못 걷는 사람이 고침을 받고 그 성에 큰 기쁨이 있었다. 마술사 시몬을 따르던 이들이 빌립의 전도를 받고는 주께로 돌아섰다. 우리는 하나님께서는 인간의 불행도 하나님 나라의 확장을 위해서 선용하신다는 사실을 기억해야 할 것이다.

둘째, 사마리아 복음증거는 이제 이방인에게 구원의 복음이 열렸음을 보여준다. 빌립이 사마리아에서 복음을 증거하고 베드로와 요한이 그곳에서 복음을 증거하였다는 사실은 곧이어 등장할 이방세계의 길목 가이사랴 선교와 이방인의 사도로 부름 받은 바울의 사역을 준비하시는 깊으신 섭리였다. 유대인들이 상종조차 하지 않는 사마리아인들에게 복음이 전해진 것은 복음이 유대인들에게만 주어진 특권이 아니라는 사실을 보여준다. 사마리아가 더 이상 복음의 불모지가 아니라 복음의 수용이 활발하게 일어나는 중요한 선교지로 부상했음을 보여준다. 그렇다면 사마리아의 복음전도는 '오직 성령이 너희에게 임하시면 너희가 권능을 받고 예루살렘과 온 유대와 사마리아와 땅 끝까지 이르러 내 증인이 되리라'(행 1:8)는 주님의 약속의 성취였다.

셋째, 교회에서 복음을 증거하는 데 있어서 질서가 있다. 사도들은 박해에도 불구하고 예루살렘을 떠나지 않으면서 예루살렘의 신앙공동체를 지키고 유지하기 위해 남아 있었다. 교회를 돌보는 일차적인 책임을 맡았다. 예루살렘교회는 사마리아 사람들이 믿고 세례를 받았다는 소식을 듣고 베드로와 요한을 그곳에 보냈다.

베드로와 요한이 사마리아에 간 것은 사마리아 공동체가 요청을 해서 간 것이 아니라 소문을 듣고 간 것이다. 예루살렘교회가 복음의 진행과정을 지도한 것을 알 수 있다. 사마리아 전도는 예루살렘교회 일원이 복음을 전해서 얻어진 결실이었고, 예루살렘교회는 사마리아 신앙의 공동체를 지도하는 일을 주저하지 않고 감당했다. 빌립이 사마리아에서 놀라운 기사와 이적을 행하고 병자들을 고치고 못 걷는 사람을 일으키며 복음을 담대하게 증거하여 수많은 사마리아 백성들이 믿고 세례를 받아 신앙의 공동체가 형성되었지만, 이들은 결국 사도들의 지도를 받았다.

누가는 사마리아에 온 베드로와 요한 두 사도가 주의 말씀을 증거하고 전한 후에 예루살렘으로 돌아가서는 사마리아인의 여러 마을에서 복음을 전했다고 기록했다. '두 사도가 주의 말씀을 증언하여 말한 후 예루살렘으로 돌아갈새 사마리아인의 여러 마을에서 복음을 전하니라'(8:25). 할례자의 사도 베드로와 그리스도를 받아들이지 않는 사마리아 사람들을 향해 하늘에서 불이 내려와 그들을 멸하게 해달라고 간청했던 요한이 사마리아 오순절을 견인하고 더 나아가 그토록 미워했던 많은 사마리아 마을에 다니며 복음을 전했다는 것은 놀라운 변화이다.[82]

그들이 왜 복음을 거부하고 그들을 죽이려고 했던 사마리아, 사악한 독재자가 있는 그곳으로 나갔는가? 크리소스톰의 해석을 빌린다면 "마치 전쟁 중인 군대 장군처럼 그들은 가장 치열한 전선을 점령하려고 한 것이다."[83]

3. 빌립의 에디오피아 여왕 간다게 내시 전도(8:26-39)

²⁶ 주의 사자가 빌립에게 말하여 이르되 일어나서 남쪽으로 향하여 예루살렘에서 가사로 내려가는 길까지 가라 하니 그 길은 광야라 ²⁷ 일어나 가서 보니 에디오피아 사람 곧 에디오피아 여왕 간다게의 모든 국고를 맡은 관리인 내시가 예배하러 예루살렘에 왔다가 ²⁸ 돌아가는데 수레를 타고 선지자 이사야의 글을 읽더라 ²⁹ 성령이 빌립더러 이르시되 이 수레로 가까이 나아가라 하시거늘 ³⁰ 빌립이 달려가서 선지자 이사야의 글 읽는 것을 듣고 말하되 읽는 것을 깨닫느냐 ³¹ 대답하되 지도해 주는 사람이 없으니 어찌 깨달을 수 있느냐 하고

---

[82] Denton, *A Commentary on the Acts of the Apostles*. Vol. I., 284.
[83] Chrysostom, *The Homilies on The ACTS of The Apostles*, 259.

빌립을 청하여 수레에 올라 같이 앉으라 하니라 ³² 읽는 성경 구절은 이것이니 일렀으되 그가 도살자에게로 가는 양과 같이 끌려갔고 털 깎는 자 앞에 있는 어린 양이 조용함과 같이 그의 입을 열지 아니하였도다 ³³ 그가 굴욕을 당했을 때 공정한 재판도 받지 못하였으니 누가 그의 세대를 말하리요 그의 생명이 땅에서 빼앗김이로다 하였거늘 ³⁴ 그 내시가 빌립에게 말하되 청컨대 내가 묻노니 선지자가 이 말한 것이 누구를 가리킴이냐 자기를 가리킴이냐 타인을 가리킴이냐 ³⁵ 빌립이 입을 열어 이 글에서 시작하여 예수를 가르쳐 복음을 전하니 ³⁶ 길 가다가 물 있는 곳에 이르러 그 내시가 말하되 보라 물이 있으니 내가 세례를 받음에 무슨 거리낌이 있느냐 ³⁷ (없음) ³⁸ 이에 명하여 수레를 멈추고 빌립과 내시가 둘 다 물에 내려가 빌립이 세례를 베풀고 ³⁹ 둘이 물에서 올라올새 주의 영이 빌립을 이끌어간지라 내시는 기쁘게 길을 가므로 그를 다시 보지 못하니라

예루살렘의 신앙공동체가 주님을 믿은 후에 스데반의 순교를 기점으로 흩어짐으로써 이제 그 복음이 예루살렘을 넘어 유대와 사마리아로까지 확산되었다.

이 일이 있은 후 에디오피아 여왕 간다게의 내시가 빌립을 통해 예수를 믿고 세례를 받는 역사가 나타났다. 내시가 예루살렘에서 예배하고 돌아가는 길에 이사야 선지자의 글을 읽게 되고, 결국 빌립을 통해 성경을 이해하고 세례까지 받게 되었다.[84] 에디오피아 여왕 간다게의 내시가 복음을 받아들이고 세례를 받았다는 것은 보통 놀라운 일이 아니다. 그것은 성령의 능력이 임하고 복음이 땅 끝까지 증거될 것이라는 주님의 약속의 성취이기 때문이다.

---

[84] William Arnot, *The Church in the House: A Series of Lessons on the Acts of the Apostles* (New York: Robert Carter & Brothers, 1873), 187. 윌리엄 아놋은 내시가 오순절 부흥의 현장에 있었고 자신의 언어로 갈릴리 어부들[제자들]이 말하는 하나님의 놀라운 역사를 들었음에 틀림이 없다고 주장한다.

이해할 수 없는 성령의 명령에 순종한 빌립

이 일에 도구로 쓰임 받은 사람은 성령충만한 빌립이었다. 누가는 빌립이 복음을 전하는 일련의 과정을 생생하게 기술하고 있다. 26절에 보면 빌립은 성령이 시키는 대로 순종했다. 여기 등장하는 '주의 사자'는 천사를 가리킨다.[85]

빌립이 광야길로 가라는 성령의 명령에 따랐다는 것은 보통 예사의 일이 아니다. 빌립이 따른 길이 어디인가를 알면 더욱 그렇다. 빌립이 순종하고 간 길은 예루살렘에서 가사로 내려가는 광야길이다.[86] 가사는 예루살렘 서남쪽 70km 지점에 있는 애굽으로 가는 도중의 중요한 길목에 있는 해안도시이다. 이곳은 창세기 10장 10절에 보면 본래 가나안의 도시였으나 여호수아가 유다 지파에 분깃(수 15:47)으로 주었던 곳으로 삼손이 성문을 메고 간 곳(삿 16:1-5)이기도 한다. 96 B.C.년 마카비가의 알렉산더에 의해 파괴되었다가 가비니어스에 의해 옛 가사보다 지중해 쪽으로 더 가까운 곳에 재건되기도 했다. 그러다 A.D. 66년에 다시 멸망했다.

예루살렘에서 가사 해안으로 가는 길은 아스글론을 통해 가는 북쪽의 길과 헤브론을 통해 가는 서쪽의 사막 길 두 가지가 있다.[87] 그런데 빌립이 간 길은 헤브론을 통해 예루살렘에서 가사로 내려가는 광야 길이었다. 성

---

[85] 사도행전에 보면 주의 사자가 몇 군데 등장한다. 예를 들면 사도행전 1장 10절 "올라가실 때에 제자들이 자세히 하늘을 쳐다보고 있는데 흰옷 입은 두 사람이 그들 곁에 서서," 7장 30절 "사십 년이 차매 천사가 시내 산 광야 가시나무 떨기 불꽃 가운데서 그에게 보이거늘," 10장 7절 "마침 말하던 천사가 떠나매 고넬료가 집안 하인 둘과 부하 가운데 경건한 사람 하나를 불러," 12장 7절 "홀연히 주의 사자가 나타나매 옥중에 광채가 빛나며 또 베드로의 옆구리를 쳐 깨워 이르되 급히 일어나라 하니 쇠사슬이 그 손에서 벗어지더라"가 바로 그것이다. 주의 사자가 나타나 하나님의 백성들을 보호하고 인도하는 장면들이다.

[86] Chrysostom, *The Homilies on The ACTS of The Apostles*, 266. "일곱 사람 중의 한 명인 빌립은 한 번도 예루살렘에서 남쪽으로 가본 적이 없고 예루살렘에서 북쪽으로만 갔던 것으로 보인다. 그랬던 그가 사마리아에서 남쪽으로 나아간 것이다. 그곳 또한 사막이었다. 그곳에서는 유대인들로부터 공격을 받을 염려는 전혀 없었다."

[87] Denton, *A Commentary on the Acts of the Apostles*. Vol. I., 285-286.

령께서 빌립에게 광야로 가라고 명하셨다. 광야 길은 보통 사람들을 만나기 힘든 곳이다. 사람들이 운집해 있는 사마리아 성과 달리 광야에서는 특별한 여행객 외에는 사람들을 만날 수 없다. 성령께서 보통 여행객들이 선호하지 않는 험난한 길, 광야의 길로 가라는 것은 언뜻 이해가 가지 않는다. '남쪽으로 향하여'(toward the south, κατὰ μεσημβρίαν, 8:26)의 '남쪽으로'(μεσημβρίαν, 메셈브리안)와 동일한 헬라어 단어가 사도행전 22장 6절에는 '정오쯤에'(noon, περὶ μεσημβρίαν)로 번역되었다. '남쪽으로 향하여'(toward the south, κατὰ μεσημβρίαν)라는 말씀을 '정오쯤에'라는 말로 해석할 수도 있다는 의미이다. 그렇다면 광야, 그것도 태양이 이글거리는 정오에 그곳으로 달려갈 것을 빌립에게 요구하신 것이다. 때때로 하나님께서는 우리가 전혀 예기치 못한 일들을 명하실 때가 있다.[88]

빌립은 일어나 주의 사자가 명하는 대로 순종했다. 크리소스톰의 말대로 "빌립은 '무엇 때문에 그리로 가야 하지요'라고 묻지 않고 일어나 갔다."[89] 그 길은 광야이고 가라고 하신 목적은 분명하게 드러나지 않았지만, 게다가 가라고 명하신 그 시간이 하루 중에서 가장 뜨거운 시간이었지만 빌립은 순종했다. 빌립은 그가 광야에 가는 목적이 정확히 무엇인지 알지 못한 채 광야로 간 것이다. 크리소스톰에 따르면 빌립에게 광야로 가도록 강권하신 분은 '천사가 아니라 성령'이시다.[90]

---

[88] 아브람에게는 갈대아우르를 떠나 가나안으로 가라고 명하셨고, 100세에 낳은 아들, 이삭을 바치라고 명하셨으며, 호세아에게는 음란한 아내를 데려오라고 명령하셨다. 믿음의 사람은 하나님의 섭리와 뜻을 헤아리고 순종하는 사람이다. 아브람은 갈 바를 알지 못하고 주님의 지시에 따라 자기 본토와 친척을 떠났고 심지어 100세에 낳은 이삭을 바치라고 했을 때에도 그는 즉시 모리아 산을 향해 나갔다. 아브라함은 하나님의 명령에 전적으로 순종했다. 이와 같은 일은 한국교회사에도 그대로 나타난다. 박용규, 한국기독교회사 I 1784-1910 (서울: 한국기독교사연구소, 2017), 403-404, 415. 언더우드(Horace Grant Underwood, 1859-1916)에게는 인도 선교를 포기하고 조선으로 가야한다는 거룩한 부담을 주셨고, 일본 선교를 준비하던 아펜젤러(Henry Gerhard Appenzeller, 1858-1902)의 마음을 조선으로 향하도록 움직이셨다. 주님은 토론토 대학 의대 교수로 있던 에비슨(Oliver R. Avison, 1860-1956)에게 장래를 보장받을 수 있는 교수직을 버리고 은둔의 나라 한국에 선교사로 가야한다는 거룩한 부담을 주셨다.
[89] Chrysostom, *The Homilies on The ACTS of The Apostles*, 266.
[90] Chrysostom, *The Homilies on The ACTS of The Apostles*, 269.

광야에서의 기적: 내시와의 만남과 복음전도

주의 명령에 순종하여 광야로 갔을 때 어떤 일이 발생했는가? 광야로 갔더니 내시가 기다리고 있었고, 내시에게 어떻게 행할 것을 성령께서 빌립에게 섬세하게 지도하셨다. 누가의 표현을 빌린다면 '일어나 가서 보니'(8:27) 에디오피아 여왕 간다게의 모든 국고를 맡은 큰 권세를 지닌 내시가 예루살렘에 왔다가 돌아가는 길에 병거를 타고 이사야 선지자의 글을 읽고 있었다. 인간적인 생각과 방법으로는 그곳에서 사람을 만날 것이라고는 도저히 상상할 수 없는 일이지만, 하나님께서 이미 그에 앞서 복음을 받아들일 사람을 예비해 놓으신 것이다.[91]

성령의 인도는 그것뿐이 아니었다. 빌립에게 구체적인 진행방법까지 지시해 주셨다. 병거를 발견한 빌립에게 성령께서 병거로 가까이 나아가라고 명하셨다. 주님은 사람만 준비시켜 놓으신 것이 아니라 순적한 진행도 준비시켜 놓고 계셨다. 빌립이 성령의 지시대로 병거로 달려가서 내시에게 읽는 것을 이해하느냐고 묻자 내시는 '지도해 주는 사람이 없으니 어찌 깨달을 수 있느냐 하고 빌립을 청하여 수레에 올라 같이 앉으라'(8:31)고 부탁했다.

내시가 마치 빌립이 오기를 기다리고 있었다는 듯이 그에게 말씀을 해석해줄 것을 부탁한 것이다. 빌립이 병거에 올라가 앉자 마침 내시가 이사

---

[91] 이것이 하나님의 역사이다. 우리는 여기서 우리의 신앙의 모습이 어떠해야 할 것인가를 배운다. 우리의 계산으로 맞지 않아도 순종해야 한다. 순종할 때 하나님께서 우리의 지각을 넘어 역사하실 것이다. 가나안 정복 과정에서 여호수아가 시퍼런 물이 넘치는 요단강을 건너라고 명했을 때 법궤를 멘 제사장들이 그 명령에 순종하여 홍해에 발을 딛는 순간 요단강 물이 갈라졌다(수 3:6). 하나님은 광야 길, 그것도 태양이 이글거리는 정오의 그곳, 도저히 사람을 만날 수 없는 그곳에 빌립이 만날 사람을 미리 예비해 놓고 계셨다. 우리가 성령의 인도를 받는다면 그 결실은 자연히 따라올 수밖에 없다. 우리는 여기서 성령의 인도를 따르고 성령의 음성에 귀를 기울이는 것이 얼마나 중요한가를 배울 수 있다. 믿는 사람들 안에 성령은 여러 가지 방법을 통해 깨우쳐주신다. 때로는 말씀을 통해서, 때로는 기도를 통해서, 또 때로는 성례를 통해서 역사하신다. 물론 그 자신이 처한 주변 환경도 하나님의 인도를 받은 중요한 수단 가운데 하나이다. 순종은 주의 인도를 받는 너무도 확실한 길이다.

야서 53장 7-8절을 읽고 있었다. 그는 이사야가 말한 사람이 누구를 지칭하는 것이냐고 빌립에게 물었다. 내시가 읽었던 성경은 알렉산드리아 디아스포라 유대인들이 번역한 '70인역(LXX)'이었다.[92] '그가 곤욕을 당하여 괴로울 때에도 그의 입을 열지 아니하였음이여 마치 도수장으로 끌려가는 어린 양과 털 깎는 자 앞에서 잠잠한 양 같이 그의 입을 열지 아니하였도다. 그는 곤욕과 심문을 당하고 끌려갔으나 그 세대 중에 누가 생각하기를 그가 살아있는 자들의 땅에서 끊어짐은 마땅히 형벌 받을 내 백성의 허물 때문이라 하였으리요'(사 53:7-8).

누가는 사도행전에서 이 말씀을 이렇게 풀어서 기술했다. '그가 도살자에게로 가는 양과 같이 끌려갔고 털 깎는 자 앞에 있는 어린 양이 조용함과 같이 그의 입을 열지 아니하였도다. 그가 굴욕을 당했을 때 공정한 재판도 받지 못하였으니 누가 그의 세대를 말하리요 그의 생명이 땅에서 빼앗김이로다(8:32-33).'

널리 알려진 것처럼 이사야 53장은 메시야의 겸손과 고난을 대표하는 말씀이다.[93] 그러나 내시는 고난당하는 종이 도대체 이사야 선지자 자신을 말하는 것인지 아니면 다른 사람을 가리키는 것인지 알지 못했다. 당시 유대인들 중에는 이사야 선지자가 므낫세 왕에 의해 톱으로 켜임 받아 죽었다는 전설이 있었는데, 그것으로 미루어 이사야 53장이 이사야 선지자 자신을 가리켜 말한 것이라고 해석하는 경향이 강했다. 그러나 예수 그리스도가 오심으로 이사야의 예언이 그리스도를 가리키는 것이라는 사실이 자명해졌다.

이사야 53장은 구약의 메시야 예언 중에서도 가장 명백한 메시야 예언이다. 그래서 카일과 델리취는 이사야 53장을 가리켜 '이사야가 마치 골고다 언덕 십자가 아래서 이 상황을 쓰고 있는 것 같다'[94]고 말했다. 그만

---

[92] Lechler, *Theological and Homiletical Commentary on the Acts of the Apostles*. Vol. I., 310-311.

[93] Denton, *A Commentary on the Acts of the Apostles*. Vol. I., 290.

[94] "Isaiah 53 Commentary," <www.preceptaustin.org/isaiah-53-commentary>(2019. 08. 10. 접속).

큼 고난의 종의 모습이 너무도 생생하게 잘 그려져 있다.

초대교회에서는 다음과 같은 말씀들이 그리스도의 수난을 가리키는 것으로 이해되었다. '그는 죄를 범하지 아니하시고 그 입에 거짓도 없으시며 욕을 당하시되 맞대어 욕하지 아니하시고 고난을 당하시되 위협하지 아니하시고 오직 공의로 심판하시는 이에게 부탁하시며'(벧전 2:22-23). 여기서는 그리스도의 고난, 특히 그가 고난에 대처하는 순종과 겸허함이 그대로 잘 드러나 있다. 주님은 빌라도의 관저에서 고통을 받으시면서도 자신을 위한 변명을 한마디도 하지 않으셨다.

주님께서는 누가가 사도행전에 진술한 것처럼 공정한 재판을 받지 못하셨다. 주님은 공회의 유대법이나 로마법에 의해 재판을 받지 않으셨다. 주님이 받으신 재판은 엄밀히 말해 모략과 억압에 의한 약식재판이었다. 주님에 대한 재판이 공평성과 보편성을 상실했다는 점은 그 재판이 밤에 진행되었다는 사실에서 알 수 있다. 재판은 보통 낮에 진행되는 것이지만 예수님의 재판은 밤에 진행되었다. 공회는 낮에 모여야 하고 사형 정죄는 밤에 하지 못하는 것이 그 당시의 법이었다.

마치 예수님이 엠마오로 가는 두 제자에게 모세와 모든 선지자의 글로 시작하여 모든 성경이 그리스도에 관한 것임을 일깨워 준 것처럼 빌립은 내시에게 '입을 열어 이 글에서 시작하여 예수를 가르쳐 복음을 전했다'(8:35).[95] 빌립은 이것이 이사야를 가리킴인가 아니면 타인을 가리킴인가라는 내시의 질문에 그리스도라고 정확히 설명해 주고, 이사야서 본문을 메시야 관점에서 풀어 준 것이다.[96] 그는 '입을 열어' 내시가 고민하던

---

[95] Chrysostom, *The Homilies on The ACTS of The Apostles*, 268.
[96] 내시가 이때 처음으로 이사야서를 읽은 것인지 그 전에 여러 번 읽었는지 사도행전에는 언급이 없다. 하지만 내시의 질문이 본질적인 질문이었다는 사실을 고려할 때 아마 내시는 이사야서를 수없이 읽었던 것 같다. 그런데도 지금까지 그 의미를 제대로 이해하지 못한 것이다. 빌립은 내시가 읽은 성경의 의미가 무엇인지를 묻자 빌립은 이사야의 예언으로부터 시작해서 그것이 어떻게 예수 그리스도를 통해 성취되었는가 하는 복음의 역사와 본질을 설명해 주었다. 우리가 잘 아는 대로 이사야서 53장은 유명한 메시야 수난에 대한 말씀이다. 털 깎는 자 앞에서도 잠잠한 순한 양 같은 예수 그리스도, 인류를 위해 십자가를 지실 메시야의 수난을 예언한 것이다. 마치 엠마오로 가는 제자들에게 주님이 친히 나타나셔서 그리스도가 친히 고난을 받아야 할 것을 가르

바로 그 이사야 53장의 본문에서 시작해서 그 본문이 지칭하는 예수 그리스도를 증거했다.[97] 빌립이 내시에게 그 놀라운 예언의 의미를 풀어 열어제친 것이다.

빌립의 순종과 내시의 은혜 사모함의 만남: 성령의 역사

누가는 이 사건을 통해서 성령의 인도하심, 빌립의 순종, 내시의 은혜 사모함을 강하게 드러내고 있다. 빌립은 성령의 명령에 철저하게 순종했다. 그는 광야로 가라고 명령하실 때 순종했고, 내시에게 가라고 하실 때 순종했다. 빌립은 내시의 요청을 받고 그와 함께 시간을 보내면서 그에게 복음의 비밀을 일깨워주었다. 36절, '그들이 길[을 따라] 가다가'(as they were going along the road, ὡς ἐπορεύοντο κατὰ τὴν ὁδόν)라는 말씀은 빌립과 내시가 그냥 정지된 상태에서 잠깐 시간을 보낸 것이 아니라 빌립이 길 가는 동안 내시와 동행하면서 최선을 다해 그를 말씀으로 양육시켰음을 말해준다. 그 짧은 동안 단순히 복음만 증거한 것이 아니라 믿고 구원의 확신에 이르게 한 것이다.

또한 내시의 은혜 사모함도 특별했다. 그는 말씀을 읽고 있었고 말씀을 이해하기 위해 빌립을 청했고 겸손히 그의 설명에 귀를 기울였다. 또한 예루살렘에 왔다는 것 자체가 내시가 얼마나 은혜를 사모하고 있었는가를 말해준다. 내시가 은혜를 받을 수 있었던 것도 그와 같은 은혜를 사모하는 마음이 있었기 때문이다.[98]

쳐주셨던 것(눅 24:26-27)과 유사한 현상이 나타났다. 구약의 메시야 예언이 실제로 뜻하는 것이 무엇인가를 그는 정확히 간파했다. 이사야서의 이 구절이 워낙 유명한 구절이기 때문에 빌립이 알고 있었다고 볼 수도 있지만, 그만큼 빌립이 말씀에 훈련이 잘 되어 있었다는 사실을 보여준다. 그는 지속적으로 하나님의 말씀을 읽고 배우고 깨달은 것이다. 빌립은 성령의 인도를 받고 내시를 만나는 데 그치지 않고 그에게 복음을 정확히 해석해 주었다. 본래 일곱 사람은 구제의 사역에 전념하도록 세웠는데 빌립은 여기서 능력 있는 복음전도자로 쓰임 받은 것이다. 성령의 충만을 받으면 능력을 받고 그리스도의 증인이 된다. 누가는 사도행전에서 예수님의 명령(1:8), 예루살렘 교회의 기도와 응답(4:29, 31) 그리고 여기 빌립의 사례를 들어 일관되게 성령과 복음증거의 불가분리의 관계를 기술한다.

[97] Denton, *A Commentary on the Acts of the Apostles*. Vol. I., 292.
[98] 내시가 예루살렘 성전에 예배하러 왔다는 사실은 대단한 일이다. "에디오피아에 거주하

내시가 자기의 종을 시켜 성경을 읽었다는 주장도 있는데, 그것은 본문을 면밀히 살펴볼 때 근거가 희박하다. 누가는 내시가 직접 성경을 읽었음을 암시해준다. 존 크리소스톰은 이렇게 내시의 은혜 사모함을 예찬했다. "그것이 얼마나 섭리적인 순서인가를 주목해 보라. 처음 그는 읽었다. 그런데 이해하지 못했다. 그래도 그는 열정, 부활 그리고 성령 안에서 그 본문을 다시 읽었다."[99] "그의 경건을 다시 주목해 보라. 비록 그는 이해하지 못했지만 그는 읽고 또 읽은 후에 그 말씀이 무엇을 의미하는지를 조사했다."[100]

랍비의 가르침에 따르면, 율법은 잊지 않기 위해 소리 내서 읽어야 했다. 소리 내서 읽으면 입으로 읽고 눈으로 보고 귀로 듣기 때문에 삼중의 효과가 있다는 것은 널리 알려진 일이다. 아마도 내시가 소리를 내서 성경을 읽었기 때문에 빌립이 알 수 있었을 것이다. 내시가 헬라어 70인 역으로 읽었고 헬라파 유대인 빌립이 알아들었을 것이라고 상상할 수 있다. 내시가 성경을 읽고 하나님에 대해 알기를 원했을 때 성령께서 빌립을 보내주셔서 말씀을 풀어주시고 의미를 깨우쳐 준 것이다. 고넬료에게 베

고, 그렇게 많은 업무로 억눌리고, 전혀 축제라고는 찾아보지 못하고 계속 가야하고, 미신적 도시에 살면서 예배를 드리기 위해 예루살렘에 온 그 사람[내시]이 얼마나 대단한가, 극찬하지 않을 수 없다." 유대인이기 때문에 예루살렘에 올라갔다고 주장하는 이들도 있지만 그가 예루살렘 성전에 예배하러 올라왔다는 말은 내시가 예수에 대한 소문을 들었으리라는 것을 암시해 준다. 오순절 성령강림의 사건이 일어난 후 그 소문이 널리 확산되었을 수 있다. 만일 그렇다면 새로운 복음을 접하고 그 안에는 새로운 복음에 대해 알고 싶은 충동이 강하게 일어났을 것이다. 그가 예루살렘에서 돌아오는 길에 메시야 예언장을 열심히 읽고 있었던 것이 이를 뒷받침해준다. 성경은 그가 '돌아가는데 수레를 타고 선지자 이사야의 글을 읽더라'(8:28)라고 말씀한다. 이런 여러 가지 사실로 미루어 볼 때 복음에서 제외되었던 내시가 예루살렘에까지 올라왔다는 사실은 그에게 하나님을 알고 싶어 하는 심성이 깊이 자리 잡고 있었음을 보여준다. 얼마나 하나님에 대해 알고 싶었으면 이사야 성경을 깨닫지 못하면서도 읽고 있었겠는가? 그는 빌립을 만나서야 비로소 성경을 읽기 시작한 것이 아니라 빌립을 만나기 전에 이미 성경을 읽고 있었다. 내시에게는 말씀을 잘 이해하고, 그 말씀에 나타난 하나님을 알고 싶은 마음이 있었던 것이다. 빌립에게서 우리는 은혜를 사모하는 사람이 은혜를 받는다는 지극히 당연한 진리를 발견한다. 그가 환경의 제약이 있는 사람이었다는 사실을 기억할 때 내시의 열심은 참 특별하고 귀하다. 환경적으로는 내시는 여러 가지 점에서 당시로서는 복음을 받아들이기 힘든 사람이었다. 내시는 남자의 상징을 제거한 남자 구실을 못하는 사람이었다. 구약 모세 율법에 따르면, 고자는 성전에 들어가 하나님께 제사를 드릴 수 없었다.

[99] Chrysostom, *The Homilies on The ACTS of The Apostles*, 267.
[100] Chrysostom, *The Homilies on The ACTS of The Apostles*, 267.

드로를 보내실 때에도 역시 마찬가지이다. 간절히 하나님의 말씀을 읽는 것이 하나님의 보좌를 움직이고 성령의 도움을 받는 비결일 수 있다. 성령께서는 말씀을 통해 말씀과 더불어 역사하시기 때문이다.

내시의 복음의 수용은 이전의 여느 사건이나 이후의 사건들과 분명히 달랐다. 크리소스톰이 지적한 대로 내시는 후에 나타날 사울과는 달리 그리스도에 대한 초자연적 환상을 본 적이 전혀 없는 가운데서도 복음을 통해 구약의 메시야 약속과 예수 그리스도를 통한 성취를 그대로 받아들였다. 내시의 신앙은 그런 면에서 남달랐다.

성령께서는 내시로 하여금 이사야의 글을 읽게 하시고, 다른 한편으로는 빌립을 시켜 그에게 접근하게 하셨다. 성령은 거룩한 하나님 나라 확장을 위해 각자에게 역사하셨다. 빌립이 얼마나 철저하게 성령의 인도를 받으며 순종했는지 누가의 다음 세 가지 증언을 통해 알 수 있다. 먼저는 광야로 가라는 성령의 지시를 따랐다는 점이고, 다음에 내시를 만난 후에는 가까이 가라는 말씀에 순종했고, 그에게 이사야 53장의 말씀을 풀어주었고,[101] 또 내시에게 세례를 준 후에는 주의 영에 의해 이끌림을 받았다. 여기서 우리는 성령의 충만을 받은 빌립이 성령으로 시작해서 성령의 인도를 받고, 성령으로 사역을 마친 것을 발견할 수 있다.

성령의 인도하심이 얼마나 구체적이고 섬세한지 읽을 수 있다. 성령께서 빌립을 광야로 보내셔서 내시에게 복음을 증거하게 하시고 빌립과 내시의 마음에 동시에 역사하신 것이다. 빌립이 이사야 말씀을 풀어줄 때나 내시가 예수가 구약에 예언된 메시야라는 사실을 전해 들었을 때 역사하

---

[101] 성령은 그리스도의 영이며, 그리스도는 말씀이 육신이 되어 이 땅에 오셨다. 진리의 영이신 성령은 진리의 말씀을 통해, 진리의 말씀과 더불어 역사하신다는 사실을 기억해야 한다. 빌립은 주님의 직접적인 제자는 아니었지만 오순절 성령의 충만을 받은 제자들을 통해 말씀의 훈련을 철저하게 받았다고 여겨진다. 오순절 성령강림이 임한 후 나타난 특징 가운데 하나가 말씀을 배우는 일이었다. 사도행전 2장 42절의 '그들이 사도의 가르침을 받아'라는 기록을 통해서 추론할 때 예루살렘교회 교우들이 신실하게 말씀을 공부했다. 그 중에서 모범된 일곱 사람들은 더 말씀을 배우고 실천했던 성령과 지혜와 믿음이 충만한 사람이었다. 빌립처럼 말씀의 준비가 되어 있을 때 우리는 더욱 귀하고 더욱 적절하게 쓰임 받을 수 있다. 하나님께서는 성령 안에서 말씀과 기도로 준비된 사람을 사용하신다.

셨음은 당연하다. 그 짧은 동안 세례를 받고 싶은 충동이 일어날 정도로 내시의 신앙이 자란 것이다. 복음전도가 단순히 인간들의 행위처럼 보일 수 있지만 성령께서는 복음을 전하는 자나 복음을 받는 자 모두 안에 역사하신다. 내시의 복음수납은 한 인간이 어떻게 복음을 전해 받고 신앙의 뿌리를 내리게 되는가를 여실히 보여준다.

내시는 단순히 복음을 받아들이는 것으로 그치지 않고 그 복음 안에서 자신의 신앙이 자라기 위해 노력을 아끼지 않았다. 그것은 그가 세례 받기를 자원했던 점에서도 알 수 있다. '길 가다가 물 있는 곳에 이르러 그 내시가 말하되 보라 물이 있으니 내가 세례를 받음에 무슨 거리낌이 있느냐'(8:36). 크리소스톰이 예리하게 관찰한 대로 내시는 세례를 베풀어 달라고 부탁하지 않고 '내가 세례를 받음에 무슨 거리낌이 있느냐'며 자신의 신앙을 객관화시켜서 말했다.[102]

내시가 세례 받기를 원하자 빌립은 주저하지 않고 물에 들어가 세례를 베풀었다. 내시가 그때 세례 받았던 물 있던 곳이 예루살렘 남쪽 34km 지점에 있는 벳술인지, 예루살렘에서 가사로 직행하는 도중에 있는 테엘 하시인지, 또는 가사 부근에 있는 어떤 샘물인지 알 수 없다.[103] 이스라엘은 물이 있는 곳이 흔치 않기 때문이다. 세례를 받으려면 흐르는 물일 텐데 그런 시내를 만나는 것은 더더욱 쉽지 않다. 그런데 하나님은 내시의 세례를 위해 물을 준비해주신 것이다. 내시의 심령 안으로는 믿음을, 밖으로는 물을 예비하셨다.

우리는 여기서 하나님께서 빌립과 내시를 구체적으로 인도하셨을 뿐만 아니라 필요한 것을 예비하셨음을 발견한다. 하나님께서는 복음을 전할 빌립을, 복음을 받아들일 내시를, 내시의 구원을 위해 말씀을 읽게 하시고 그것을 해석할 수 있는 빌립을 보내신 것이다. 하나님은 주의 백성, 특히 복음을 전하고 받는 자들을 위해 필요한 것을 예비하시는 분이시다.[104]

---

[102] Chrysostom, *The Homilies on The ACTS of The Apostles*, 271.
[103] Bruce, *The Book of ACTS*, 173.
[104] 빌립은 내시에게 세례를 주지 않고 그냥 돌아갈 수도 있었지만 세례를 베풀었다. 그것은

전후 관계에서 볼 때 빌립은 내시의 신앙고백을 확인하고 세례를 베풀었다. 다음 37절의 말씀은 우리 개역 성경에 '없음'이라고 표시된 채 그 내용이 생략되어 있지만 어떤 사본에는 37절에 이렇게 기술되어 있다.

> 빌립이 가로되 네가 마음을 온전히 하여 믿으면 가하니라 대답하여 가로되 내가 예수 그리스도께서 하나님의 아들인 줄 믿나이다: And Philip said, If thou believest with all thy heart, thou mayest. He answering, said, I believe that Jesus Christ is the Son of God.[105]

한글성경과 달리 대부분의 영어 역본들은 37절을 생략하지 않았다.[106] 칼빈도 자신의 사도행전 주석에서 37절을 생략하지도 않았고 특별히 구별하지도 않고 다른 구절과 마찬가지로 상세하게 주석하였다. "내시는 이전에 이미 아브라함과 언약을 맺으시고, 모세의 손에 율법을 들려주신 … 한 분 하나님이 계시다는 사실을 알았다. 이제 내시는 예수 그리스도가 세상의 구주이시고 하나님의 아들이심을 고백하였다."[107]

빌립이 내시에게 그냥 세례를 준 것이 아니라 분명한 신앙고백을 확인하고 세례를 베풀었음을 알 수 있다. 그렇다면 내시는 이방인으로 예수를 구약에 예언된 메시야로 영접하고 분명한 신앙을 고백하고 세례를 받은 구원의 백성이 된 것이다. 누가는 내시가 '세례를 받은 후 기쁘게 길을 갔다'(8:39)고 증언한다. 구원의 확신을 가지고 기쁜 마음으로 여행을 계

초대교회의 성도들에게는 복음을 받아들이고 세례 받기까지가 하나의 중요한 과정이었기 때문이다. 성찬과 세례를 지칭하는 성례는 너무도 중요한 은혜의 수단이다. 개신교의 신앙원리에 따르면, 성령께서 은혜를 베푸시는 수단은 기도와 말씀과 성례이다.

[105] Denton, *A Commentary on the Acts of the Apostles*. Vol. I., 293.

[106] 이레니우스와 키프리안을 비롯한 초대교회 교부들 중 여러 명이 37절을 그대로 받아들였다. Denton, *A Commentary on the Acts of the Apostles*. Vol. I., 293. 여러 영어 역본들도 그대로 본문에 37절을 삽입했다. New American Standard Bible(NASB), King James Bible(KJV); Holman Christian Standard Bible(HCSB); American King James Version (AKJV); American Standard Version(ASV): Young's Literal Translation(YLT):

[107] John Calvin and Henry Beveridge. *John Calvin Bible Commentaries On The Acts of the Apostles 1-13* (North Charleston: Createspace, 1907), 229.

속한 것이다.

누가는 '주의 영이 빌립을 이끌어갔다'(8:39)고 증언한다. 성령께서 선교사역을 주도하신 것이다. 흥미롭게도 '서방 사본에는 주의 영이 에디오피아인에게 임하시고 주의 천사가 빌립을 낚아 채갔다'고 되어있다.[108] 에디오피아인이 성령을 받았다는 사실은 전후 관계에서나 누가의 사도행전 기록의 일관성과 통일성에 비추어 볼 때 매우 확실하다. 주의 영의 이끌림을 받은 빌립의 선교 행보를 설명하면서 누가는 빌립이 '아소도에 나타나 여러 성을 지나다니며 복음을 전하고 가이사랴에 이르렀다'(8:40)고 증언한다.[109]

내시의 이후 사역에 대해서 성경은 더 이상 기록하지 않았다. 그러나 내시가 고국으로 돌아가 그 복음을 증거하였을 것이라고 추측하는 것은 무리가 아니다. 어드만에 따르면 "그는 아프리카 대륙에 기독교 선교사가 되었다."[110] 교회사가들은 내시에 의해 에디오피아에 복음이 전래되어 기독교 복음이 일찍부터 전해졌다고 증언한다.

이레니우스나 유세비우스의 증언에 의하면, 그 내시는 에디오피아 최초의 전도자가 되어 많은 사람들을 감화시켜 주께로 인도했으며, 심지어 여왕까지도 믿게 되었다.[111] 만일 그렇다면 빌립 한 사람이 성령의 음성에 순종할 때 한 민족이 주님께로 돌아오는 놀라운 일이 일어난 것이다. 이것이 복음이다. 하나님께서는 인간의 생각을 초월하여 역사하시는 하나님이심을 알 수 있다.

---

[108] Bruce, *The Book of ACTS*, 178.

[109] Chrysostom, *The Homilies on The ACTS of The Apostles*, 268. 크리소스톰은 빌립이 내시와 헤어지고 가이사랴에 오면서 복음을 전한 것을 이렇게 해석했다. "성령이 빌립을 이끌어 간 것은 잘한 것이고 적절했다. 그렇지 않다면 내시는 빌립과 같이 가기를 간절히 열망했을 것이고 빌립은 그의 요구를 따르지 못하고 거절함으로 그를 가슴 아프게 했을 것이지만 그런 기회는 오지 않았다."

[110] Erdman, *The Acts*, 74. 어드만은 그를 "에디오피아 왕자"(the Ethiopian prince)라고 기록했다.

[111] Irenaeus, *Against Heresies* iii. 12. 8. 여기서 이레니우스는 내시가 에디오피아 지역에 파송을 받아 그 자신이 믿는 바를 전했다고 증언한다. 그러나 이레니우스는 그 이상 상세하게 언급하지는 않았다.

내시의 복음수납의 의미

이제 에디오피아 여왕 간다게의 내시가 복음을 전해 받은 사건을 통해 우리는 몇 가지 복음의 성격을 발견할 수 있다.

복음의 세계성

첫째, 복음의 세계적 성격이다. 복음은 민족을 초월하여 사람을 살린다. 내시의 회심은 복음이 민족을 초월하여 '예루살렘과 온 유대와 사마리아와 땅 끝' 이방인들에게 저변확대 될 것이라는 사도행전 1장 8절에 있는 주님의 예언의 성취였다. 빌립이 사마리아 사람들에게 세례를 주었을 뿐만 아니라 에디오피아 출신 내시에게도 세례를 줌으로 사마리아가 이스라엘과 이방인의 연결고리 역할을 한 것이다.[112]

내시의 전도는 복음이 온 유대와 사마리아의 영역을 넘어선다는 사실, 복음의 대상에는 유대인만 아니라 비유대인도 포함된다는 사실을 보여준다. 내시가 에디오피아 사람이었다는 것은 곧 그가 이방인이었음을 말해준다.[113] 에디오피아 모든 국고를 맡은 관리인은 이스라엘 하나님의 이방인 예배자였다.[114]

오늘날 많은 신학자들에 따르면 "이 시종은 하나님을 경외하는 이방인이었다(God-fearing Gentile)."[115] 존 칼빈과 존 웨슬리도 그가 이방인이

---

[112] 내시는 예루살렘에서 유대인과 합류하여 예배를 드리고 돌아가는 길에 사마리아에서 빌립의 전도를 받은 것이다. Baumgarten, *The Acts of the Apostles*, 211.

[113] Lechler, *Theological and Homiletical Commentary on the Acts of the Apostles*. Vol. I., 309. Eusebius(c. 275-339), Ephrem the Syrian(c. 306-373) as well as Bede(c. 672-725), Nicephorus Callistus(c. 1256-1335), Nicholas of Lyra(c. 1270-1349), and Martin Luther(1483-1546)가 이를 지지한다. 또한 보라. Thomas M. Lindsay, *The Acts of the Apostles: With Introduction Notes and Maps*. Vol. I. (Edinburgh: T. &T. Clark, 1884), 101. William Trollope, *A Commentary on the Acts of the Apostles: With Examination Questions* (Cambridge: J. Hall, 1847), 167.

[114] Erdman, *The Acts*, 74-75. 어드만은 내시가 "유대인으로 태어나지 않은 사람"이라고 함으로 그가 이방인이라는 사실을 분명히 밝혔다.

었다고 말한다.[116] 레히러의 표현을 빌린다면 그는 '태어날 때부터 이방인 이었으며, 이방국가 에디오피아의 주민이었고, 이방 여왕의 궁전 종사자 였으며, 내시'였다.[117]

인종적으로 보면 에디오피아의 선조 구스는 저주받은 함의 족속이었다.[118] 창세기 10장 6절에 보면 "함의 아들은 구스와 미스라임과 붓과 가나안이요."라는 말씀이 나오고 역대상 1장 8절에는 '함의 자손은 구스와 미스라임과 붓과 가나안이요.'라는 말씀이 나온다.[119] 에디오피아 족속의 조상 구스는 노아의 손자이며, 함의 첫째 아들이다. 구스의 아들들 가운데 니므롯이 나왔는데[120] 니므롯은 이스라엘 백성들을 심히 괴롭혔던 민족이었다. 저주받은 민족이 바로 구스 족이었다. 피부색도 검었다. 구스 족속은 이스라엘 백성들이 혐오하는 이들이었다. 모세가 구스 여인을 아내로 취하자 모세의 누이 미리암과 아론이 모세를 신랄하게 비방하였던 것(민 12장)도 그 때문이다. 어떻게 택함 받은 셈의 후예가 함의 후예 저주받은 족속 구스 여인을 아내로 맞을 수 있겠느냐는 것이다.

그러므로 에디오피아 사람인 내시가 복음을 받아들였다는 것은 사마리

---

[115] Paul Mumo Kisau, "Acts of the Apostles," in Adeyemo, Tokunboh (ed.), *Africa Bible Commentary* (Grand Rapids: Zondervan. 2006), 1314. Bruce, *The Book of ACTS*, 186.

[116] John Calvin, *Commentary upon the Acts of the Apostles Vol.1* (Edinburgh: Calvin Translation Society, 1844), 324.

[117] Lechler, *Theological and Homiletical Commentary on the Acts of the Apostles*. Vol. I., 313.

[118] Baumgarten, *The Acts of the Apostles*, 202. 그것은 에디오피아 족속이 어떤 족속인가를 살펴보면 알 수 있다. 에디오피아는 나일강 상류 애굽 남단의 나일 유역에서 수단, 홍해에 이르는 동부 아프리카의 지역을 가리킨다. 먼저 에디오피아 족속은 구약에서 보면 제외된 족속이었다. 에디오피아는 구스 족이 세운 나라이기 때문이다.

[119] Baumgarten, *The Acts of the Apostles*, 202.

[120] 성경은 구스의 후예들이 어떤 사람들인가를 구체적으로 기술해준다. "함의 아들은 구스와 미스라임과 붓과 가나안이요. 구스의 아들은 스바와 하윌라와 삽다와 라아마와 삽드가요. 라아마의 아들은 스바와 드단이며 구스가 또 니므롯을 낳았으니 그는 세상에 첫 용사라. 그가 여호와 앞에서 용감한 사냥꾼이 되었으므로 속담에 이르기를 아무는 여호와 앞에 니므롯 같이 용감한 사냥꾼이로다 하더라. 그의 나라는 시날 땅의 바벨과 에렉과 악갓과 갈레에서 시작되었으며 그가 그 땅에서 앗수르로 나아가 니느웨와 르호보딜과 갈라와 및 니느웨와 갈라 사이의 레센을 건설하였으니 이는 큰 성읍이라"(창 10:6-12)는 말씀이 나온다. 그렇다면 이 구스는 니므롯의 아버지이다.

아인이 복음을 받아들였다는 사실과도 차이가 있는 일로, 그야말로 순수 이방인, 그것도 저주받은 함의 족속이 예수를 믿고 영적 아브라함의 후예가 되었다는, 깊고 오묘한 뜻이 내포되어 있다. 덴톤은 이 사건을 시편 68편 31절의 말씀과 연관을 시켰다. '고관들은 애굽에서 나오고 구스인은 하나님을 향하여 그 손을 신속히 들리로다.'[121] 구스인이 하나님을 향해 신속히 손을 내밀어 언약 안에 들어온 것이다.

내시의 복음전도는 이스라엘 사람들이 완전히 상종하지 않는 이방인 중의 이방인에게도 복음이 열려 있음을 보여준 사건이다. 이 사건은 복음이 민족과 종족을 완전히 넘어선다는 사실을 입증해주었다. 버림받은 함의 후예가 셈의 반열에 들어왔다. 칼빈의 표현을 빌린다면 도저히 구약의 개념으로는 이해할 수 없는 은혜의 '새 역사'가 시작된 것이다.[122] 내시의 구원은 이방선교가 본격적으로 열리게 될 것을 예고하는 하나의 중요한 서막이었다.

해석의 균형을 위해 한 가지 부언한다면 일부 성경학자들은 여기 내시가 유대인이었다고 주장한다.[123] 디아스포라 유대인들을 통해 복음이 로마

---

[121] Denton, A Commentary on the Acts of the Apostles. Vol. I., 287.

[122] John Calvin, *John Calvin Bible Commentaries On The Acts of the Apostles 1-13* trans by Henry Beveridge (North Charleston: Createspace, 1907), 221.

[123] 존 스타트, 사도행전 강해 (서울: IVP, 1999), 188. 내시가 예배를 드리러 예루살렘까지 왔다가 돌아가는 길에 병거를 타고 선지자 이사야의 두루마리를 읽고 있었다는 사실로 미루어 볼 때 그렇다는 것이다. 존 스타트는 이렇게 말한다. "빌립이 다가간 그 에디오피아 관리는 회계원 혹은 재무장관으로서 아마도 아프리카 흑인이었을 것이다. 그러나 그는 예배드리러 예루살렘에 왔다가-즉 연례 절기 중 하나에 성지 참배 길에 오른 사람이었다-이제 돌아가는 길에 병거를 타고 선지자 이사야의 두루마리를 읽고 있었다(8:28). 이는 아마도 그가 혈통 상으로건 회심에 의해서건 실제로는 유대인이었음을 의미한다. 왜냐하면 유대인의 분산은 적어도 애굽까지, 아마도 그 너머까지 퍼졌고 지금쯤에는 아마 이사야 57장 3-4절의 약속이 신명기 23장 1절의 금지령을 대신했을 것이기 때문이다. 그가 이방인이었을 가능성은 없는 듯이 보인다. 왜냐하면 누가는 그를 첫 번째 이방인 개심자로 제시하지 않기 때문이다. 그는 그러한 명예를 고넬료를 위해 유보하고 있다." 처음 이 견해를 주장한 사람은 초대교회 교부 이레니우스이다. 그는 에디오피아 내시 이야기를 기록한 후 "회심은 유대인들보다 이방인들에게 더 힘든 일이다"(Irenaeus, *Against Heresies* iv. 23.2.-iv.24.1.)고 언급하였는데 후대 학자들이 이를 근거로 내시가 유대인이었다고 본다. Cook, *The Acts of the Apostles*, 95. "비록 에디오피아 본토인이었지만 그는 히브리어 성경을 읽었다고 함으로 혈통적으로 아마도 히브리인이었다." 이와 같은 쿡의 주장은 설득력이 없다. 이미 그 때는 70인역이 널리 읽혀지던 시대였기 때문이다. 덴톤이 지적한 대로 이것이 그가

전역으로 확산되어 나간 것을 상기할 때 내시가 유대인이었다고 해도 복음의 세계성은 여전하다. 그가 복음을 받아들인 것은 사도행전 1장 8절의 예언이 예루살렘과 온 유대와 사마리아를 초월하여 에디오피아까지 저변 확대 된 것을 의미하기 때문이다.[124]

신분을 초월한 구원의 역사

둘째, 구원의 역사가 신분을 초월한다는 사실은 복음을 전해 받은 '내시'와 관련하여 살펴볼 때 더욱 선명하게 드러난다. '내시'(εὐνοῦχος, eunuch)는 남자의 상징을 거세한 사람이다. 남자이기를 포기하고 일생동안 왕의 수종을 드는 사람들이다. 환관들과 같다. 구약의 율법에는 예배에 참석해서는 안 될 사람들을 규정해 놓았는데, 신명기 23장 1절에 보면 남자의 것을 거세한 사람은 여호와의 총회에 참석하지 못한다고 명문화되어 있다.[125]

내시의 회심은 하나님께서 누구도 복음의 초청과 구원의 은혜에서 소외시키시지 않으신다는 사실을 보여준다.[126] 아니 오히려 소외된 자들을

구약 성경 헬라어 역본을 읽고 있었다는 사실을 간과한 것이다. 그는 이사야서를 읽고 그 본문을 이해했지만 그것을 그리스도에게 적용하는 데는 실패한 것이다. Denton, *A Commentary on the Acts of the Apostles*. Vol. I., 288; Dyron B. Daughrity, *The Changing World of Christianity: The Global History of a Borderless Religion* (New York: Peter Lang, 2010), 201.

[124] 빌립을 통해서 예루살렘에서 사마리아로 복음이 확대되더니 다시 에디오피아 여왕 간다게의 내시를 통해 복음이 전파되어 이방인의 복음전도를 구체적으로 예비하고 계신 것이다. 드디어 복음이 온 유대와 사마리아의 영역을 넘어선 것이다. 그런 의미에서 내시의 회심은 '땅 끝까지 이르러 내 증인이 되리라'는 이방선교의 예언이 부분적으로 성취되었음을 알리는 사건이다. 복음은 지역을 넘어 사람을 살리는 힘이 있다. 이것이 살아있는 복음이다. 하나님께서는 장차 내시를 통해 버림받았던 함의 후예를 영적인 셈의 반열로 올리시려는 계획을 가지신 것이다. 구약의 개념으로는 이해할 수 없는 은혜의 역사가 나타났다. 하나님께서는 내시의 회심을 통해 장차 이방인의 구원계획을 구체적으로 이루어 가신 것이다. 하나님께서는 구약의 관점에서는 은혜를 받을 수 없는 에디오피아 백성들이지만 그들을 포기하지 않고 그들을 복음화시켜 영적 셈의 후예로 삼으시려는 깊은 섭리를 갖고 계셨다. 하나님께서 빌립을 통해 그를 포기하지 않으심을 알려주시고 그에게 복음을 증거하신 것이다. 그래서 결국 아브라함의 영적 후예로 삼으셨다.

[125] '고환이 상한 자나 음경이 잘린 자는 여호와의 총회에 들어오지 못하리라'(신 23:1). 그런데 이 법령이 이사야 56:3 이하에 보면 폐지된 것으로 여겨진다. Bruce, *The Book of ACTS*, 175.

더 긍휼히 여기시고 불쌍히 여기신다.

환경을 초월한 구원의 역사

셋째, 환경을 초월한 구원의 역사이다. 내시는 모든 것을 포기하고 돌아가는 공허함, 좌절, 실망, 실의 속에 있을 때 복음을 접하고 새로운 삶을 시작했다. 복음은 행복한 자의 전유물이 아니다. 오히려 좌절과 절망 가운데 있는 이들을 살리는 것이 복음이다. 내시는 저주받은 함의 후예인 구스 족에 속했고, 도저히 예배에 참석할 수 없는 고자였으며, 그것도 절망과 좌절 가운데 처해 있었다. 그런데 성령께서는 빌립을 통해 그를 포기하지 않았음을 알려주시고 그에게 복음을 증거하신 것이다. 그래서 결국 영적인 아브라함의 후예로 삼으셨다.[127]

빌립의 사역을 이끄신 성령

넷째, 성령께서 주체가 되어 빌립의 사역을 인도하셨다는 사실이다.[128] 마차로 가라고 지시하신 분도 성령 하나님이셨고,[129] 빌립을 이끌고 가신

---

[126] 그런데 본문 8장 27절은 무엇이라고 말하고 있는가? '일어나 가서 보니 에디오피아 사람 곧 에디오피아 여왕 간다게의 모든 국고를 맡은 관리인 내시가 예배하러 예루살렘에 왔다가'라고 말한다. 이 말이 내시가 예루살렘에 예배를 드렸다는 의미로 받아들일 수 있지만 그가 예루살렘에 참석하려 왔다가 참석하지 못하고 돌아가는 중이었다는 해석도 가능하다. 만약 그렇다면 성전에서 예배를 드리지 못하고 힘없이 고향으로 돌아가는 그 사람을 성령께서 긍휼히 여기시고 찾아가 주신 것이다. 예수님은 창기와 나환자와 세리들의 친구셨고, 그가 보내신 성령은 남녀, 낮은 자나 높은 자, 주인과 종을 구분하지 않으시고 그들 모두를 구원의 백성으로 삼아 하나 되게 하셨다.

[127] 우리는 내시와 같이 절망 가운데 있는 자들에게 다가가야 한다. 좌절 가운데 엠마오로 향하던 두 제자를 주님이 찾아가셨던 것처럼 소외당한 이들에게 복음을 가지고 달려가야 할 것이다. 어떻게 보면 우리 모두가 영적으로 다 내시와 같은 자들이다. 그리고 실망과 좌절과 절망 가운데 헤매던 용서 받을 수 없는 자들이다. 영적으로 내시와 같은 우리를 살리신 은혜를 경험한 우리는 이제 내시와 같은 우리 주변의 사람들을 찾아 나서야 한다. 그것이 우리에게 맡겨진 주님의 명령이다.

[128] 누가는 8:39에서 "둘이 물에서 올라올 새 주의 영이 빌립을 이끌어간지라"라고 기록하고 있다. 유사한 내용이 구약과 신약에 나타난다. 왕상 18:12; 왕하 2:16, 눅 24:31을 참고하라. Lyman Abbott, *An Illustrated Commentary on the Acts of the Apostle* (New York: A. S. Barnes, 1878), 105.

[129] Baumgarten, *The Acts of the Apostles*, 206.

분도 성령 하나님이셨다. 광야로 가라고 하신 분은 주의 사자이지만 성령께서 주의 사자를 통해 역사하셨다는 사실은 의심의 여지가 없다. 이사야 선지자의 말씀을 잘 깨닫게 하셔서 그것을 메시야적인 관점에서 풀어주시도록 인도하신 분도 물론 성령 하나님이시다.

거듭남의 신비는 세상의 그 어떤 것으로도 대신할 수 없고 설명할 수 없다. 누가는 내시가 고국으로 '기쁘게 길을'(8:39) 갔다고 증언한다.[130] 복음이 예루살렘뿐만 아니라 사마리아에 전파되고 에디오피아 내시가 복음을 받아들이는 것을 목도한 빌립과 이 소식을 전해들은 사도들은 주님께서 하신 '성령이 임하시면 땅 끝까지 이르러 내 증인 되리라'는 약속을 다시금 마음에 새겼을 것이다.[131]

내시의 회심은 복음이 이방인들에게 활짝 열렸다는 사실을 알리는 상징적인 사건이었다. 내시의 회심이 선교의 씨가 되어 에디오피아가 복음화되는 역사가 나타났다. 그런 의미에서 내시의 회심은 칼빈의 말대로 '새로운 역사'(a new history)의 시작이었다.[132] 성경과 기독교 역사가 증거하듯 빌립과 내시와 같이 성령과 말씀에 귀를 기울이고 순종할 때 주께서 놀라운 구원의 역사를 이루셨다.[133]

---

[130] Denton, *A Commentary on the Acts of the Apostles.* Vol. I., 294.

[131] Erdman, *The Acts*, 74.

[132] Calvin, *Calvin Commentaries On The Acts of the Apostles 1-13*, 221. "누가는 어떻게 복음이 에디오피아 백성들에게 전해졌는지에 대해서는 재치 있게 새로운 역사로 넘겼다. 비록 누가는 단지 한 사람만 그리스도의 신앙으로 회심했다고 보고했지만 그의 권위와 권세가 모든 영역에서 대단했기 때문에 그의 신앙이 달콤한 향내가 되어 아주 멀리 아주 널리 퍼져나갔을 것이다. 왜냐하면 복음은 미미하게 시작했지만 그 한 알의 씨앗 속에 성령의 권능이 더욱 분명하게 나타나서 작은 공간에 온 나라를 충만하게 했기 때문이다."

[133] Erdman, *The Acts*, 75. 빌립을 사용하신 하나님, 내시를 부르신 하나님께서는 오늘 우리를 부르셔서 하나님의 자녀와 일꾼으로 삼으시고 그의 나라와 그의 의를 위해 사용하기를 원하신다. 환경을 넘어 역사하시는 그의 음성에 귀를 기울이자. 본문에서는 빌립이 광야에서도 내시를 만났는데, 우리 역시 우리가 살고 있는 지역에서 구원을 기다리는 사람들을 얼마든지 만날 수 있다.

4. 빌립의 팔레스타인 해안전도(8:40)

주의 영이 빌립을 이끌어간지라 빌립은 아소도에 나타나 여러 성을 지나다니며 복음을 전하고 가이사랴에 이르니라

누가는 40절 한 절에 빌립의 팔레스타인 해안전도 상황을 압축해서 설명하였다. '빌립은 아소도에 나타나 여러 성을 지나다니며 복음을 전하고 가이사랴에 이르니라.' 주의 영이 빌립을 이끌어 아소도에 인도한 것은 열왕기상 18장 12절, '내가 당신을 떠나간 후에 여호와의 영이 내가 알지 못하는 곳으로 당신을 이끌어 가시리니'를 연상케 한다. '나타났다'는 것은 그가 아소도에서 발견되었다(was found at Azotus, εὑρέθη εἰς Ἄζωτον)는 의미이다. 성령께서 그곳으로 빌립을 이끌어 가신 것이다.[134]

한글성경 40절에는 '여러 성'이라고 되어 있지만 헬라어는 모든 도시들(to the towns all, τὰς πόλεις πάσας)이다. '지나다니며'는 통과하며(passing through, διερχόμενος)이다. 빌립은 그 지방 모든 도시를 다니며 복음을 전파한 것이다. 당시 아소도에서 가이사랴까지 그 사이에 있는 해안도시는 잠니아 항, 욥바, 아폴로니아 그리고 샤론의 평야이다. 빌립은 아소도에서 출발하여 아마도 에크론(Ekron), 라마(Ramah), 욥바(Joppa)

---

[134] Abbott, *An Illustrated Commentary on the Acts of the Apostle*, 105. 왜 성령께서 빌립을 그 도시로 이끄셨는지 누가는 그 이유를 설명하지 않았다. 그러나 빌립을 광야로 인도하신 분이 이제 그를 아소도로 인도하신 것은 물론 빌립이 감당해야 할 복음전파 사명 때문이라고 여겨진다. 당시 아소도에서 가이사랴까지 해안에 상당히 많은 도시들이 자리 잡고 있었다. 빌립이 더 많은 영혼들에게 복음을 전하도록 성령께서 그를 그곳으로 이끄신 것이다. 전능하신 하나님께서는 복음을 받아들일 준비가 된 사람들이 그곳에 많다는 것을 아시고 빌립을 그곳으로 인도하셨다고 해석할 수도 있다. 아소도는 팔레스타인에 있는 해안에서 가까운 도시 가운데 하나이다. 아소도가 구약에는 아스돗(Ashdod)으로 널리 알려졌으며, 해안에서 약 3마일가량 떨어져 있다. 이곳은 716 B.C.년에는 앗수르 장군 타르탄(Tartan)에 의해(사 20:1), 630년에는 쌈메티쿠스(Psammetichus) 왕에 의해 그리고 마카비에 의해 지배를 받았다. 해안도시는 다른 곳에 비해 개방적이다. 당시로서는 새로운 종교 기독교에 대해 문호를 열 수 있는 곳이 이들 도시 주민들이었다.

그리고 샤론 평야를 통과하며 북쪽으로 가이사랴까지 선교여행을 계속한 것으로 보인다.[135]

빌립의 전도사역이 이들 도시에서만 국한된 것 같지는 않다. 그것은 누가가 '모든 도시들'이라고 언급하고 있기 때문이다. 모든 도시는 팔레스타인의 모든 도시가 아니라 아소도에서 가이사랴 사이에 있는 모든 도시라고 봐야 할 것이다. 그렇다면 그는 아소도에서 가이사랴까지 가는 여정에 있는 해안 가까이에 위치한 룻다와 욥바를 포함한 상당히 많은 도시들에서도 복음을 전했을 것으로 보인다.[136]

이 지역에서의 빌립의 전도 결실은 사도행전 9장 32, 36절에 잘 나타난다. '그 때에 베드로가 사방으로 두루 다니다가 룻다에 사는 성도들에게도 내려갔더니'(9:32), '욥바에 다비다라 하는 여제자가 있으니'(9:36)는 빌립의 전도 결실이라고 봐야 할 것이다. 빌립의 전도로 인해 이들 지역에 그리스도인 공동체가 생겨난 것이다. 누가가 8장 40절에서 빌립의 전도를 기록하고 바로 이어서 그 다음 장에 베드로가 이들 지역에서 어떻게 죽은 자들을 살렸는지를 설명한 것도 그런 맥락이다.

빌립이 가이사랴에 이르렀다는 사실을 기록한 것도 앞으로 가이사랴 지역을 부각시키려는 누가의 역사서술 의도였다. 가이사랴는 역사적으로 예수 그리스도의 생애와 초대교회를 이해하는 데 매우 중요하다. 헤롯 대왕이 이곳을 재건하고 당시 로마 아우구스투스 황제를 기념하여 가이사랴고 명명했다. 사도행전에서 가이사랴는 고넬료의 회심이 일어난 곳이고(10:1–48; 11:1–18), 빌립의 거주지였으며(8:40; 21:8), 전도의 거점으로 삼았던 곳이었다.

가이사랴는 바울이 예루살렘으로 올라가다 빌립의 도움을 받은 곳이고, 로마군대가 주둔한 곳이며, 바울이 몇 차례 방문한 곳이다(9:30; 18:22; 21:8, 16). 또 바울이 벨릭스 총독, 베스도 총독과 아그립바 왕 앞에서 변론

---

[135] Denton, *A Commentary on the Acts of the Apostles*. Vol. I., 295.
[136] 이들 도시 가운데는 Kedron, Jamnia, Gazara, 룻다, Modein, Adida, Capparetaea, Antopatris, Capharsaba, Yishub, Gitta, Narbata 도 포함된다.

했던 곳이고(23:23; 24:1-27), 로마로 압송을 당하기 전 2년 동안 벨릭스 총독에 의해 구금을 당했던 곳이며, 재판을 받기 위해 로마로 갈 때 출항지도 가이사랴였다(25:26; 27:1). 뿐만 아니라 가이사랴는 욥바와 두로 사이에 지중해 연안에 위치한 도시로 헤롯 대왕과 헤롯 아그립바 1세의 통치기간에 유대의 수도였고, 팔레스타인 지역의 로마군대의 주둔지였다.

그런 면에서 가이사랴는 로마 권력의 핵심부이자 복음이 예루살렘, 유대, 사마리아를 넘어 로마제국 전역으로 확산되는 중요한 길목이었다. 누가는 가이사랴에 있는 2년 동안 이곳을 거점으로 사도행전의 자료들을 수집한 것으로 보인다. 그만큼 가이사랴는 중요한 곳이다.

빌립은 가이사랴에 정착하고 그곳에 선교 거점을 마련하고 선교사역을 감당하였다. 사도행전 21장 8절에 다시 그가 사도행전에 등장할 때는 그는 결혼을 했고, 네 딸을 두었는데 이들 모두 아버지에 필적할만한 여선지자들이었다.[137]

---

[137] Bruce, *The Book of ACTS*, 179.

제 8 장
사울의 회심과 이방선교의 준비
(9:1-31, A.D. 33-35)

기독교는 종교 일뿐만 아니라 삶과 행동의 체계이다. 그리고 로마제국 사회 속에 바울에 의해 소개된 복음은 역사가가 반드시 연구해야 할 중대한 결과의 변화를 가져다주었다.

William M. Ramsay, *St. Paul the Traveler and the Roman Citizen*, 1895

주께서 이르시되 가라 이 사람은 내 이름을 이방인과 임금들과 이스라엘 자손들에게 전하기 위하여 택한 나의 그릇이라.

행 9:15

A.D. 33년 가을에 일어난 사울의 회심은 특별히 이방인의 복음화에서 가장 결정적인 사건이다.[1] 오순절 이후 기독교 역사나 세계역사에서 가장 중요한 사건을 꼽는다면 사울의 회심이다. 그것은 그가 기독교 역사 무대에 등장함으로 새로운 발전의 시대, 더 역동적인 복음의 확장 시대를 맞았기 때문이다.[2] 그런 면에서 어드만이 표현한대로 "사도 바울로 더 잘 알려

---

[1] Henry Cowles, *Acts of the Apostles: With Notes, Critical, Explanatory, and Practical, Designed for Both Pastors and People* (New York: D. Appleton, 1883), 75.

[2] George Thomas Stokes, *The Acts of the Apostles* Vol. II. (New York: A. C. Armstrong and Son, 1892), 1. "The appearance of St, Paul upon the stage of Christian history marks

진 다소 출신 사울의 회심은 교회 역사와 더 나아가 세계 역사에서 최고로 중요한 사건이었다."³

다메섹 도상에서 부활하신 주님을 만난 후 사울은 그의 온 생애를 복음 전파를 위해 바쳤다. 사울의 변화는 기독교 역사를 바꾸는 결정적인 사건이었다. 과장인지 몰라도 이것은 인류 문명의 전환점이 되었다. 사울의 회심이 교회의 역사에서 어떤 사건, 어떤 개인의 회심보다도 더 중요한 것은 개인적 구원을 넘어 예수 그리스도의 구원 사역을 저변 확대시키는 인류 구원의 중요한 전환점이 되었기 때문이다. 그의 회심과 그의 사도직만으로도 기독교가 역사적 하나님의 계시에 근거한 종교라는 사실을 증명하기에 충분하다.

누가가 사도행전에서 사울의 회심을 9장, 22장 1-21절 그리고 26장 2-29절에서 세 번이나 반복하고 있는 것도 그런 맥락이다.⁴ 누가가 이렇게 사울의 회심을 중시하는 이유는 사도행전과 초대교회가 증언하듯이 사울을 빼놓고 사도행전 1장 8절의 약속의 성취를 논할 수 없기 때문이다. 실제로 사울의 회심을 빼놓고는 사도행전에 나타난 초대교회 복음의 확장 역사를 기록할 수 없다. 사울의 회심의 이 역사적 사건을 누가보다 더 정확하고 더 감동적으로 기술한 사람은 아무도 없다. 누가는 기독교 박해자 사울과 그의 회심을 극적으로 생생하게 대비시켜 나간다.

1. 사울의 회심(9:1-9)

¹ 사울이 주의 제자들에 대하여 여전히 위협과 살기가 등등하여 대제사장에게 가서 ² 다메섹 여러 회당에 가져갈 공문을 청하니 이는 만일 그 도를 따르는 사람을 만나면 남녀를 막론하고 결박하여 예루살

---

a period of new development and of more enlarged activity." 그러나 스톡스는 위 책 30쪽에서 사울의 회심이 A.D. 37년 혹은 38년에 일어난 사건이라고 주장한다.

³ Charles R. Erdman, *The Acts* (Philadelphia: The Westminster Press, 1919), 77-78.
⁴ Erdman, *The Acts*, 78.

렘으로 잡아오려 함이라 ³ 사울이 길을 가다가 다메섹에 가까이 이르더니 홀연히 하늘로부터 빛이 그를 둘러 비추는지라 ⁴ 땅에 엎드러져 들으매 소리가 있어 이르시되 사울아 사울아 네가 어찌하여 나를 박해하느냐 하시거늘 ⁵ 대답하되 주여 누구시니이까 이르시되 나는 네가 박해하는 예수라 ⁶ 너는 일어나 시내로 들어가라 네가 행할 것을 네게 이를 자가 있느니라 하시니 ⁷ 같이 가던 사람들은 소리만 듣고 아무도 보지 못하여 말을 못하고 서 있더라 ⁸ 사울이 땅에서 일어나 눈은 떴으나 아무것도 보지 못하고 사람의 손에 끌려 다메섹으로 들어가서 ⁹ 사흘 동안 보지 못하고 먹지도 마시지도 아니하니라.

우리는 사도행전 9장에서 스데반 박해 이후 교회가 만나는 박해의 연속성 속에서 사울이 등장한다는 사실을 주목해야 한다. A.D. 33년 봄에 일어난 스데반의 순교는 초대교회공동체에 중요한 변화를 가져다주었다. 무서운 박해로 인해 주의 백성들이 사방으로 흩어졌다. 그러나 흩어진 자들이 복음을 전파하여 오히려 이방인 복음화가 앞당겨지기 시작했다. 그리하여 사도행전 1장 8절의 약속대로 성령이 임한 후 예루살렘과 온 유대와 사마리아에까지 복음이 전해졌다.

사도행전 1장 8절에 약속된 말씀대로 교회의 역사는 예루살렘과 사마리아 전도를 거쳐 이제 3단계로 접어들었다.⁵ 복음의 세계적 발전의 대과업을 앞두고 먼저 몇 가지 예비적인 작업이 필요했다. 이방인의 사도 사울의 회심(9장), 베드로의 이방인 방문(9-11장), 이방인 선교의 중심지인 안디옥교회의 설립(11:19-30) 그리고 야고보의 순교와 베드로의 투옥과 탈출(12장)이 바로 그것이다.

그래서 9장 이후 사도들의 전 역사는 이방인의 복음화에 그 초점이 맞추어 진행되었다. 9장에서 본격적인 이방인 선교를 위해 이방인의 사도라고 칭함 받는 사울의 등장은 그런 의미에서 자연스러운 것이다.⁶

---

⁵ Thomas Morrison, *The Acts of the Apostles and the Epistles of Paul: Arranged in the Form of a Continuous History* (Edinburgh: Oliphant, Anderson & Ferrier, 1888), 8. 모리슨은 사도행전 8-12장의 기록이 A.D. 37-44년 사이에 일어난 사건이라고 말한다.

위협과 살기 등등한 사울의 등장(9:1)

사울은 제자들에 대해 여전히 살기가 등등한 가운데 대제사장을 찾아가 다메섹 공회에 갈 공문을 요청했다.[7] 사울의 박해와 관련하여 우리가 주목할 것은 "만일 그 도를 따르는 사람을 만나면 남녀를 막론하고 결박하여 예루살렘으로 잡아오려 함이라"(9:2)는 부분이다. 기독교를 히브리 관용구와 일치하여 '도(道, a way)라고 표현한 것을 주목해야 한다. 여기서 도(道)는 '길 도' 자이다. 이 도는 우리가 어떤 환경이나 상황에서도 걸어가야 할 믿음의 길이다.[8] 주님은 자신을 '길'(the way)이라고 말씀하셨다.

사울은 박해의 대상에서 여자를 제외시키지 않았다. '그 도를 따르는' 사람이라면 남녀를 구분하지 않고 결박해서 잡아들였다. 칼빈의 말을 빌린다면 "여기에 '여자들'이 언급되고 있는 것은 피를 쏟게 하고자 하는 그의 마음이 어느 정도였는가 하는 점을 보다 더 명백하게 하려는 뜻에서이다. 다시 말해서 그는 전쟁의 도가니 속에 있는 무장 군인들마저 흔히 구별하기 마련인 남녀의 성을 무시했다는 말이다."[9]

9장에 들어서면서 비로소 제자라는 말이 일반화되기 시작하는데 여기서 말하는 제자란 12제자를 가리키는 것이 아니라 믿는 사람들을 통칭하는 것이다. 스데반의 순교 이후 복음을 따르는 흩어진 주의 백성들이 생명의 위험을 무릅쓰고 복음을 전하면서 비로소 '제자'라 불리기 시작했다. 여기서 사용된 제자는 베드로의 설교로 수많은 이들이 주님께로 돌아온 이후 사용된 일반적인 '믿는 자'라는 의미를 넘어 죽음을 두려워하지 아니

---

[6] W. A. Denton, *A Commentary on the Acts of the Apostles*. Vol. I. (London: George Bell and Sons, 1874), 298-299.

[7] Denton, *A Commentary on the Acts of the Apostles*. Vol. I., 300.

[8] Denton, *A Commentary on the Acts of the Apostles*. Vol. I., 301.

[9] 존 칼빈, 한국기독교선교백주년기념 존·칼빈성경주석출판위원회 역편, 신약성경주석, Vol. 5, 사도행전 I (서울: 성서교재간행사, 1980), 346-347.

하고 그리스도를 증거하는 사람들을 총칭해서 사용된 것이다. 이들은 현대적인 표현을 빌린다면 본회퍼의 말대로 "대가를 지불할 줄 아는 그리스도인들"[10]이었다.

제자들을 색출하기 위해 다메섹으로 향하는 사울(9:1-2)

사울이 대제사장으로부터 '공문'을 받아 가지고 제자들을 색출할 목적으로 야심차게 찾아가는 곳은 다메섹이었다. 다메섹은 예루살렘 동북 240km 지점에 있으며 메소보다미아와 팔레스타인 중간에 위치해 있다.[11]

인구 25만 명의 다메섹은 당시 가장 역사 깊은 도시였다. 다메섹은 아브라함의 시대부터 성경에 자주 등장하는 중요한 도시로 분열왕국시대에는 아람왕국의 수도로 있다가 732 B.C.년 앗수르에게 멸망당했다. 다메섹은 64 B.C.년 이후 로마의 시리아 주에 속해 있었고, 그곳에는 큰 유대인 공동체가 형성되어 있었다. 이곳에는 몇 개의 회당이 존재했다고 알려졌다.[12] 구약에는 창세기 14장 15절에 처음 나타난다. 아브람이 조카 롯이 사로잡혔다는 소식을 듣고 즉시 달려가 롯을 사로잡은 네 왕들을 쳐서 이기고 다메섹 좌편 호바까지 쫓아갔다는 기록이 나온다. 유대인들은 노아의 증손에 의해 이 도시가 건설되었다고 믿고 있으며, 아벨의 유적이 남아 있는 곳이라고 알려졌다.

이곳에는 일찍부터 유대인의 이민이 많았으며 그래서 회당도 많았다. 성경학자들은 당시 다메섹에는 사두개파나 쿰란공동체와 관련 있는 엄격

---

[10] John de Gruchy ed., *Dietrich Bonhoeffer Witness to Jesus Christ* (Minneapolis: Fortress Press, 1991), 157.

[11] 다메섹은 고대 시리아의 주요 도시였다. 그곳에는 아름다운 아바나 강이 흐르고 종려와 사이프러스 나무들이 많은 비옥한 평원으로 교통의 요충지며 농산물의 집산지였다. 다메섹은 세계에서 가장 오래된 도시로 이 도시의 이름이 히브리, 애굽, 앗수르 등의 역사에 자주 등장한다. 고대 상업 도로에 위치하고 있었고, 그곳에서 나는 풍부한 물은 상업과 농업에 중요하였다. 1세기에 다메섹은 로마 통치하에 놓였으며, 사울이 회심할 때는 아레다(Aretas, 2 Cor 11:32) 왕이 통치하고 있었다. 그곳에는 큰 규모의 유대인 공동체가 있었다. 사울이 박해를 가하기 위해 찾아 나선 아나니아 같은 유대 그리스도인들은 다메섹의 회당들과 연결되었던 것으로 여겨진다.

[12] F. F. Bruce, *The Book of ACTS* (Grand Rapids: Eerdmans, 1988), 194.

한 "다메섹 언약자들"(Covenanters of Damascus)을 포함하여 유대주의 공동체가 형성되어 있었다고 본다. 이런 이유 때문에 "다메섹은 큰 도시, 민족적 충성도가 높은 도시였다."[13] 사울 당시 그곳 유대인의 인구는 약 5만 명이었으며 대부분이 회당에 속해 있었다. A.D. 60년 이래 로마에 의해 점령되었으며, A.D. 66년 네로의 박해 때에는 이곳에서 유대인 1만 명이 학살되었다. 오늘날에도 다메섹은 그대로 존속되어 있으며, 인구는 약 25만 명이 거주하고 있고, 종교적으로는 유대교, 그리스도교, 무슬림들이 혼재해 살고 있다.

그렇다면 어떻게 이곳에 예수 믿는 자들이 살게 되었을까? 서너 가지의 가능성을 찾을 수 있을 것 같다.

첫째, 적지 않은 성경학자들이 주장하는 것처럼 오순절 날 다메섹에 사는 사람들이 예루살렘에 왔다가 예수를 믿게 되었을 가능성이다.

둘째, 다메섹이 유대에서 쉽게 접근할 수 있는 곳이기 때문에 여행하는 상인들을 통해서 혹은 예수님 당시의 그곳의 갈릴리 사람들을 통해서 복음이 다메섹까지 전해졌을 가능성이다.

마지막으로는 예루살렘 박해로 인해 피신한 신자들이 이곳까지 와서 거주했을 가능성이다. 그러나 당시 정확히 어느 정도 규모의 기독교 공동체가 다메섹에 존재했는지는 거의 알려지지 않았다.

아나니아와 같은 제자는 일찍이 주님을 영접한 것으로 보인다. 당시 다메섹에는 급진적인 유대 기독교인이었던 스데반의 관점을 공유하는 기독교인들 상당수가 예루살렘에서 다메섹으로 피신해 와 있었다. 사울이 다메섹에서 잡아오려고 한 사람들은 예수를 믿는 다메섹 주민이 아니라 예루살렘과 유대에서 다메섹으로 도망 온 그리스도인으로 여겨진다.[14]

사울이 대제사장에게 가서 다메섹 공회에 갈 공문을 요청했다는 사실은 그가 대제사장과 상당히 친밀한 관계를 유지하고 있었음을 말해준다.

---

[13] John Chrysostom, *The Homilies of John Chrysostom on The ACTS of The Apostles* (London: Oxford, John Henry Parker, 1851), 272.

[14] Bruce, *The Book of ACTS*, 193.

크리소스톰이 관찰한 대로 우리는 사울이 행정관에게 가지 않고 대제사장에게 갔다는 사실을 주목해야 할 것이다. "사울이 믿는 자들을 벌할 수 있는 권한을 부여받지 않고 그들을 예루살렘으로 데리고 갈 권한을 부여받은 이유는 무엇인가? 사울은 그곳에서 더 합법적인 권한을 가지고 그들을 벌하려고 했던 것이다."[15]

당시 종교적인 문제에 있어서는 로마제국이 유대인들에게 일임했다는 사실을 고려할 때 대제사장이 사울에게 허락해 주었다는 것은 실제적으로는 로마 정부가 허락해 준 것이나 마찬가지였다. 그 당시에 대제사장의 권세는 막강했다. 로마 정부의 지지를 받고 있는데다 산헤드린 의회의 의장으로 막강한 영향력을 행사하였다. 때문에 그의 결정은 팔레스타인 내의 유대인뿐만 아니라 그 밖의 다른 지역의 유대인들에게까지 영향력을 미쳤다. 사울이 직접 대제사장을 찾아가 다메섹 여러 회당에 가지고 갈 공문을 요청해서 받아낸 것은 그가 유대 명문가문 출신으로 상당한 위치에 있음을 보여준다.

다소 출신 박해자 사울의 회심(9:3-5)

누가는 공적으로나 개인적으로 사울로부터 수없이 그의 회심 이야기를 들었을 것이다. 어느 역사가라 하더라도 누가처럼 생동감 있게 사울의 회심 사건을 기록할 수 없을 것이다. 지리적으로, 역사적으로, 신학적으로, 약속의 성취적 차원으로도 사울의 회심 사건은 가장 문맥에 맞는 곳에 위치하고 있고 초자연적인 사건이면서 동시에 역사적 사건이라는 사실을 분명하게 드러냈다.

A.D. 33년 가을 사울이 다메섹에 숨어 있는 신자들을 색출하기 위해 다메섹에 가까이 갔을 때 '정오'쯤 되어 홀연히 하늘로부터 빛이 사울을 비추었다.[16] '사울이 길을 가다가 다메섹에 가까이 이르더니 홀연히 하늘

---

[15] Chrysostom, *The Homilies on The ACTS of The Apostles*, 272.

[16] Chrysostom, *The Homilies on The ACTS of The Apostles*, 273. 사울의 회심은 예루살

로부터 빛이 그를 둘러 비추는지라'(9:3). 이 빛은 태양 빛보다도 더 밝은 빛이었다.[17] 사울이 만난 그 빛은 참 빛이신 그리스도이시며 부활의 영광이었고 모세가 시내산에서 본 것과 같은 빛이었다. 이것은 바울 자신이 고백한 대로 의심할 바 없이 그를 향한 하나님의 계시의 빛이자 영광의 빛이었다. 이것은 단순한 환상이 아니라 실제로 시공 속에서 일어난 사건이었다. 성경학자들에 따라 약간의 차이가 있지만 윌리엄 램지와 F. F. 브루스는 사울의 회심 사건이 아마도 A.D. 33년에 일어난 것으로 보고 있으며 당시 사도행전 4장 6절에 나오는 가야바가 여전히 대제사장 직분을 맡고 있었다.[18]

'땅에 엎드러져 들으매' '홀연히 하늘로부터 빛이 그를 둘러 비추는' 현상과 함께 하늘로부터 '사울아! 사울아 네가 어찌하여 나를 박해하느냐'(9:4)는 음성이 들렸다. 누가는 사울이 땅에 엎드러져 그 음성을 들었다고 증언한다. 사울에게 히브리어로 말씀하셨다.[19] 그것은 너무도 생생한 음성이었다. 사울은 홀연히 하늘에서 임한 강한 빛을 눈으로 확인하고 또 자신의 귀로 들었다. 말 그대로 다메섹 도상의 사건은 이중적인 체험이었다. 윌리엄 니일이 지적한 대로 부활하신 주님은 제자들에게 나타나신 그대로 사울에게 나타나셨고(고전 15:5-8), 사울은 제자들이 주님을 목도한 것처럼 생생하게 주님을 목도했다(고전 9:1). 그런 의미에서 다메섹 도상의 사울의 회심 사건은 하나님이 그의 아들 예수 그리스도를 그에게 나타내시기를 기뻐하신 사건이었다(갈 1:16).

하늘로부터 음성에 놀란 사울이 "주여! 누구시니이까?"(9:5)라고 묻자 주님은 "나는 네가 박해하는 예수라"(9:5)라고 분명히 말씀하셨다. 스데반에게 그러셨던 것처럼 부활승천하신 주님께서 고난 받는 백성을 보호하

렘에서도 다메섹에서도 일어나지 않았다. 누가는 다메섹 도상이라고 말한다.

[17] Denton, *A Commentary on the Acts of the Apostles*. Vol. I., 301.

[18] 다른 의견도 있다. William Owen Carver, *The Acts of the Apostles* (Nashville: Sunday School Board, Southern Baptist Convention, 1916), 91. 카버는 사울의 회심이 A.D. 33년과 38년 사이 어느 기간에 일어났으며, 아마도 35년 이후라고 주장한다.

[19] Denton, *A Commentary on the Acts of the Apostles*. Vol. I., 302.

시고 사울을 이방인의 사도로 부르시기 위해 그에게 나타나신 것이다.[20] 하늘로부터 임하는 그 빛을 눈으로 보고 귀로 주님의 음성을 들은 후 사울의 주님에 대한 호칭이 '주님'으로 바뀌었다. 성령의 빛과 그리스도의 십자가의 은혜 가운데 사울은 다메섹에 나타나신 그분이 누구인지 깨달았기 때문이다.

초자연적인 현상을 믿지 않는 이성주의자들은 사울이 다메섹 도상에서 만난 그 사건이 뜨거운 태양 빛에 의한 일사 현상이거나 아니면 사울의 불안한 심리작용에서 생겨난 것이라고 치부해 버린다. 이 사건이 단순히 이성주의적 사건이었다면 다메섹 사건이 사울의 일생을 그토록 완전히 사로잡지는 못했을 것이다. 심지어 다메섹 도상의 환상을 간질과 연관시키려는 주장도 있지만 사울의 근본적인 변화를 고려할 때 설득력이 없다. 사도행전에는 사울의 회심이 사도행전 9장 1-9절, 22장 3-11절 그리고 26장 9-18절에 각각 기록되었다. 9장에서는 누가가, 나머지 두 곳은 사울이 직접 자신의 회심을 설명하고 있다.[21] 사울은 자기 일생을 통해 그가 체험한 계시의 객관성을 확신하였고, 그 확신 위에서 자기의 선교활동과 신학을 정립하였다.[22]

예수님을 사울에게 '너는 일어나 시내로 들어가라'(9:6)고 지시하셨다. 그 이유도 설명하셨다. '네가 행할 것을 네게 이를 자가 있느니라'(9:6). 그런데 사울이 그에게 나타나신 부활하신 주님과 대화를 나누는 극적인 체험을 하였는데도 '같이 가던 사람들은 소리만 듣고 아무도 보지 못하여 말을 못하고 서 있었다'(9:7). 사울은 환상을 보았고, 뚜렷한 음성(a voice,

---

[20] Denton, *A Commentary on the Acts of the Apostles*. Vol. I., 303.

[21] Lyman Abbott, *An Illustrated Commentary on the Acts of the Apostle* (New York: A. S. Barnes, 1878), 111-112. 이들 세 곳의 기록은 약간씩 차이가 있는 것은 성경이 모순되기 때문이 아니라 대상에 따라 강조점을 달리했기 때문이다.

[22] Bruce, *The Book of ACTS*, 195-197. 예외적이지만 브루스는 현대에도 하나님의 특별한 섭리에 의해 이와 같은 유사한 사건이 일어난다는 사실을 선다 싱의 회심 사건을 예로 들어 설명했다. Bruce, *The Book of ACTS*, 196-197. 브루스는 선다 싱의 회심과 관련하여 B. H. Streeter and A. J. Appasamy, *The Sadhu: A Study in Mysticism and Practical Religion* (London: Macmillan and Co. Limited, 1921), 6-8을 인용하였다.

φωνὴν)을 들었으나 같이 가던 사람들은 소리(voice, φωνῆς)만 듣고 아무 것도 보지 못하였다. 사울과 같이 동행한 사람들이 있었지만 말씀하시는 주님의 음성을 들었던 사람은 사울뿐이었다.[23] 여기서 '같이 가던 사람들' 이란 아마 사울의 경호원이거나 조수격으로 그리스도인들을 박해하는 일을 도우러 같이 가던 사람들로 보인다.

사울의 회심의 네 가지 의미(9:1-9)

사울이 땅에서 일어나 눈을 떴지만 아무것도 볼 수 없었다(9:8). 사람의 손에 끌려 다메섹으로 들어갔다. 그리고 삼일동안 전혀 볼 수 없었고, 물도 음식도 먹을 수 없었다(9:9). 오늘날로 말해 단식을 한 것이다. 사울은 다메섹에서 보지도 못하고 먹지도 못하고 마시지도 못한 상태에서 3일 밤낮을 지낸 것이다.

이 기간 동안 그는 철저하게 세상과는 완전히 단절된 상태에 처했지만 하늘과의 교통이 시작되었다. 이 기간 사울이 기도했다고 누가는 증언한다.[24] 성령께서 그를 소유하신 것이다. 굶주림, 목마름, 앞을 보지 못함 가운데 사울은 하나님께 나왔다. 세상으로부터는 완전히 단절되었지만 그는 모든 것이 그리스도로부터 오는 것을 체험했다. 세상에 대해서 그릇을 비우자 곧 주께서 영적으로 그를 다시 채워주셨다.[25] 우리는 사울이 경험한 이 다메섹 사건이 주는 네 가지의 교훈을 간과해서는 안 된다.

---

[23] Bruce, *The Book of ACTS*, 197. 사울은 빛도 보고 뚜렷한 음성도 들었고 말씀하시는 주님도 보았다. 그러나 같이 동행하는 자들은 빛도 보고 소리도 들었지만 말씀하시는 주님의 음성은 듣지 못했다. 사울은 동일한 고백을 사도행전 22장 9절에서도 하고 있다. 여기서는 사울이 그들이 '빛은 보면서도 나에게 말씀하시는 이의 소리는 듣지 못하더라'고 말한다. 9장에서는 '소리를 들었다'고 말하는데 이는 22장의 '소리는 듣지 못했다'는 기록과 모순되는 것이 아니냐고 반문할지 모른다. 그러나 22장에 사람들이 듣지 못한 것이 '나에게 말씀하시는 이의 소리'라고 사울이 말한 것을 주목할 필요가 있다. 9장에서 사울과 같이 간 사람들은 소리는 들었지만 정확히 사울에게 말씀하시는 주님의 대화의 음성은 듣지 못했다. 따라서 9장과 22장은 상호 모순되지 않는다.

[24] Carver, *The Acts of the Apostles*, 96.

[25] William Arnot, *The Church in the House: A Series of Lessons on the Acts of the Apostles* (New York: Robert Carter & Brothers, 1873), 215.

첫째, 하나님께서 자신을 핍박하고 박해하는 원수까지도 사랑하시고 사도로 부르셨다는 사실이다. 부활하신 주님이 거룩한 목적을 위해 사울을 찾아가신 것이다.[26] 주님께서는 자신을 핍박하는 사울의 이름을 친히 기억하고 부르셨다. 주님은 박해자의 이름까지 기억하시고 그의 삶에 개입하신 것이다. '사울아! 사울아!'(9:4)라고 두 번 부르신 것은 급박한 사정을 뜻한다. 하나님께서 그 영혼을 불쌍히 여기시고 그를 구원하시기 위해 긴급히 부르신 것이다.[27]

둘째, 사울의 회심은 기독교의 진실성을 보여주는 너무도 놀랍고 분명한 사례이다. 박해자 사울이 변화를 받고 그리스도의 사신이 되었다는 사실은 바로 예수 그리스도가 하나님의 아들이시며, 인류의 구주시라는 사실을 말해주는 증거였다. 사울이 그렇게 줄기차게 지치지도 않고 선교를 지속할 수 있었던 원동력은 다메섹 도상에서 부활하신 주님을 만났고 그가 자신을 이방인의 사도로 부르셨다는 확신이 있었기 때문이다. 사울의 회심 체험은 그를 이방인의 사도로 불러 사용하시려는 특별한 하나님의 섭리였다.[28]

---

[26] Arnot, *The Church in the House*, 214. 우리는 전도의 대상에서 어떤 사람도 제외시켜서는 안 된다. 십자가상의 강도까지도, 그리스도를 박해하던 사울도 주님께로 돌아섰음을 기억해야 한다.

[27] Carver, *The Acts of the Apostles*, 91. 창세기 22장 11절에서 여호와의 사자가 하늘에서 아브라함을 부르실 때, 사무엘상 3장 10절에서 사무엘을 부르실 때, 누가복음 10장 41절에서 주님이 마르다를 부르실 때에도 반복해서 부르시는 장면이 나온다. 주님은 그만큼 긴급하고 급박하게 사울을 주의 종으로 부르셨다.

[28] Augustine, *Confession* VIII.xi-xii, xx; 박용규, 세계부흥운동사 (서울: 한국기독교사연구소, 2018), 172-177; John Calvin, *Commentary on the Book of Psalms*, Vol. 1. (Grand Rapids: Baker Book House, 1979), "The Author's Preface, xl-xli; John Wesley, *The Heart of Wesley's Journal* (New Canaan, CT: Keats Publishing, INC, 1979), 43. 그런 뚜렷한 회심 체험이 일반적인 현상이 아니라는 사실도 잊어서는 안 될 것이다. 중생의 체험은 요한복음 3장이 증언하는 것처럼 바람이 어디서 오며 어디로 가는지 알지 못하는 것처럼 신비스러운 사건이다. 사울 같은 뚜렷한 중생의 체험이 누구에게나 있는 보편적인 현상은 아니다. 그러므로 그의 회심을 일반화시킬 수는 없다. 그러나 기독교 역사가 증거하듯 사울이 다메섹 도상에서 회심 사건을 만났듯이 하나님의 백성들도 그런 뚜렷한 경험을 할 수 있다. 사울의 회심에 견줄 수는 없지만 기독교 역사 속에서 수많은 인물들이 뚜렷한 회심을 체험했다. 어거스틴이 그랬고 루터와 칼빈과 요한 웨슬리가 그랬다.

셋째, 주께서 그리스도인들에 대한 박해를 그리스도 자신에 대한 박해로 이해하고 계신다는 점이다. 사실 사울은 그리스도를 따르는 제자들을 핍박하였지 그리스도 자신을 직접 핍박한 적이 없다. 그러나 주님은 자신을 핍박한 것과 그에게 속한 사람들을 핍박한 것을 분리시키지 않으셨다.[29] 그는 핍박을 받는 그의 제자들을 자신과 동일시하셨다.[30] 믿음의 공동체는 그리스도를 머리로 한 공동체이기 때문에 예수를 믿는 이들을 핍박한 것은 곧 머리이신 예수 그리스도를 핍박한 것이나 마찬가지이다.[31]

마지막으로 주의 구속의 은혜가 개별성을 지닌다는 점이다. 은혜가 하나님께서 주권적으로 베푸시는 역사인 것을 말해준다. 주님의 은혜는 이와 같이 하나님께서 아무런 조건 없이 그가 주시고자 하시는 자들에게 특별히 주시는 것이다. 우리 개인들의 구원의 은혜도 마찬가지이다.

2. 아나니아와의 만남과 사울의 사역 준비(9:10-22)

[10] 그 때에 다메섹에 아나니아라 하는 제자가 있더니 주께서 환상 중에 불러 이르시되 아나니아야 하시거늘 대답하되 주여 내가 여기 있나이다 하니 [11] 주께서 이르시되 일어나 직가라 하는 거리로 가서 유다의 집에서 다소 사람 사울이라 하는 사람을 찾으라 그가 기도하는 중이니라 [12] 그가 아나니아라 하는 사람이 들어와서 자기에게 안수하여 다시 보게 하는 것을 보았느니라 하시거늘 [13] 아나니아가 대답하되 주여 이 사람에 대하여 내가 여러 사람에게 들사온즉 그가 예루살렘에서 주의 성도에게 적지 않은 해를 끼쳤다 하더니 [14] 여기서도 주의

---

[29] Earl Radmacher, Ronald B. Allen, H. Wayne House, ed., *Nelson's New Illustrated Bible Commentary* (Nashville: Thomas Nelson, 1999), 1385.

[30] Erdman, *The Acts*, 79. 그리스도는 자신을 박해 받은 그의 백성들과 동일시하셨다.

[31] Denton, *A Commentary on the Acts of the Apostles*. Vol. I., 304. 롬 12:4, 5:1; 고전 12:12-27; 엡 5:30; cf. 마 25:34-45. 이것은 하나님께서 자신의 백성들의 모든 환난에 동참하심을 말해준다. 이사야 선지자의 고백대로 하나님께서는 '그들의 모든 환난에 동참하사 자기 앞의 사자로 하여금 그들을 구원하시며 그의 사랑과 그의 자비로 그들을 구원하시고 옛적 모든 날에 그들을 드시며 안으셨다'(사 63:9). 하나님께서 당신의 백성들의 고난에 동참하신 것이다.

이름을 부르는 모든 사람을 결박할 권한을 대제사장들에게서 받았나이다 하거늘 ¹⁵ 주께서 이르시되 가라 이 사람은 내 이름을 이방인과 임금들과 이스라엘 자손들에게 전하기 위하여 택한 나의 그릇이라 ¹⁶ 그가 내 이름을 위하여 얼마나 고난을 받아야 할 것을 내가 그에게 보이리라 하시니 ¹⁷ 아나니아가 떠나 그 집에 들어가서 그에게 안수하여 이르되 형제 사울아 주 곧 네가 오는 길에서 나타나셨던 예수께서 나를 보내어 너로 다시 보게 하시고 성령으로 충만하게 하신다 하니 ¹⁸ 즉시 사울의 눈에서 비늘 같은 것이 벗어져 다시 보게 된지라 일어나 세례를 받고 ¹⁹ 음식을 먹으매 강건하여지니라 사울이 다메섹에 있는 제자들과 함께 며칠 있을새 ²⁰ 즉시로 각 회당에서 예수가 하나님의 아들이심을 전파하니 ²¹ 듣는 사람이 다 놀라 말하되 이 사람이 예루살렘에서 이 이름을 부르는 사람을 멸하려던 자가 아니냐 여기 온 것도 그들을 결박하여 대제사장들에게 끌어가고자 함이 아니냐 하더라 ²² 사울은 힘을 더 얻어 예수를 그리스도라 증언하여 다메섹에 사는 유대인들을 당혹하게 하니라

사울이 주님을 만나 회심한 후 그는 다메섹에 거주하는 제자 아나니아를 만났다. 그 만남은 주께서 아나니아를 사울에게 보내셔서 성사되었다. 누가는 아나니아가 '다메섹'에 사는 '제자'이고 그를 환상 중에 부르셨다고 증언한다. 그리고 사울이 다메섹 유다의 집에 머물면서 기도하고 있는 중이라는 사실도 알려주었다. 누가는 마치 중요한 보고서를 작성하듯이 사울의 회심과 관련된 이야기를 매우 사실적이고 치밀하게 역사적으로 기술하고 있다.

다메섹의 제자 아나니아를 사울에게 보내신 주님(9:10-14)

우리는 본문에서 한 인간 사울의 변화와 사역 준비과정을 찾아볼 수 있다. 하나님께서는 한 인간을 변화시키실 때 반드시 인간을 통해 역사하신다는 사실이다. 아나니아는 사울을 치료하고, 그가 주의 이름을 이방인과 임금들과 이스라엘 자손들에게 전하기 위해 '택함 받은 그릇'(a vessel of choice, σκεῦος ἐκλογῆς, 9:15)이라는 사실을 알려주었다.

아나니아라는 이름은 유대인에게 흔한 이름으로 "여호와는 은혜로우시다"라는 뜻이다. 누가는 22장 12절에서 아나니아가 '율법에 따라 경건한 사람'이라고 말한다. 그는 오랜 제자로서 그리스도의 북방전도(두로와 시돈 및 가이사랴 빌립보 지경의 복음전도) 때에 믿고 다메섹으로 이주하였거나 아니면 오순절 때 예루살렘에서 믿고 고향인 다메섹으로 돌아갔던 인물로 보인다.[32] 13절에 근거해 볼 때 예루살렘에서 도피해 온 제자는 아닌 것 같다.[33]

만약 사울이 피신자들을 색출하는 것이 일차적인 다메섹 방문 목적이었다면 아나니아는 사울이 예루살렘으로 잡아가려고 노리고 있던 대상들 중의 한 사람은 아닐 수 있다. 그는 사울이 어떤 사람인 줄 잘 알고 있었다. 아나니아는 주님으로부터 사울이 기도를 드리고 있다는 사실을 들었으면서도 그를 만나기를 주저했다.[34] 그것은 13절을 통해 확인할 수 있다. '주여 이 사람에 대하여 내가 여러 사람에게 듣사온즉 그가 예루살렘에서 주의 성도에게 적지 않은 해를 끼쳤다 하더이다.'

아나니아가 예루살렘에서 핍박을 받아 다메섹에 온 제자는 아니라는 사실을 알 수 있다. 다만 사울에 대해 부정적인 이야기를 듣고 그에 대해 상당한 의혹을 갖고 있었다. 이에 대해 주님은 다음과 같은 답변으로 아나니아의 항의를 기각했다. '이 사람은 내 이름을 이방인과 임금들과 이스라엘 자손들에게 전하기 위하여 택한 나의 그릇이라'(9:15). 누가는 아나니아를 통해 사울의 다메섹 도상의 사건이 실제로 일어난 사건이며 그 사건이 이방인의 사도로 부르신 하나님의 섭리라는 사실을 알려주었다.

---

[32] F. C. Cook, *The Acts of the Apostles: With a Commentary and Practical and Devotional Suggestions for Reader and Students of the English Bible* (London: Longmans, Green, and Co., 1866), 106. 아나니아는 아마도 오순절 회심자 가운데 한 명일 것이다.

[33] Bruce, *The Book of ACTS*, 186-187.

[34] Arnot, *The Church in the House*, 216.

아나니아를 통한 소명확인: 이방선교를 위해 택한 나의 그릇(9:15-16)

사울이 이방선교를 위해 '택한 나의 그릇'(9:15)[35]이라는 하나님의 말씀을 듣고 아나니아는 주님의 명령에 순종하여 즉각 일어나 지체하지 않고 자신의 임무를 수행하여 사울에게 안수하고, 그를 형제로 품었다. '형제 사울아, 주 곧 네가 오는 길에서 나타나셨던 예수께서 나를 보내어 너로 다시 보게 하시고 성령으로 충만하게 하신다'(9:17). 안수하자 멀었던 사울의 눈이 다시 열렸다. 이렇게 해서 사울은 부활승천하신 주님을 보았고, 그를 부르시는 음성을 들었으며, 죄 용서를 받았고, 고침을 받았으며, 세례를 받았고 성령으로 충만함을 받았다.[36]

아나니아가 주의 명령 앞에 자신의 선입관과 가치관을 완전히 벗어 버리고 생전 처음 본 사울을 '형제 사울아'라며 바울의 히브리식 이름을 불렀다는 사실, 그리스도 안에서 맺어진 새로운 형제관계를 주저하지 않고 표하였다는 사실은 아주 놀랍다. 그렇게나 기독교를 박해했던 사울을 이제 믿음의 형제로 인정하고 그를 받아들인 것이다.

아나니아는 생명의 위협을 느끼고 있었고, 따라서 자신의 생각대로만 한다면 사울을 만나고 싶지 않았다. 그 주변에 잘 아는 사람이나 또는 그의 친척들 중에서 사울에 의해 온갖 박해를 받은 사람이 있었을지도 모른다. 그럼에도 불구하고 그는 주님의 명령에 철저하게 순종했다. 이것은 주님과 지속적으로 영적인 교제가 없었다면 현실적으로 불가능한 일이다. 주님과 깊은 영적교제가 그 자신의 선입관을 극복할 수 있도록 만들어준 것이다.

또한 아나니아는 그 과정에서 자신을 드러내지 않고 철저하게 주님만 드러내려고 했다. 그것은 17절에서 분명하게 읽을 수 있다. '예수께서 나를 보내어 너로 다시 보게 하시고 성령으로 충만하게 하신다.' 예수께서

---

[35] Arnot, *The Church in the House*, 219.
[36] Denton, *A Commentary on the Acts of the Apostles*. Vol. I., 311.

자신을 도구로 사용하신다는 확신과 고백이다. 아나니아가 안수하자 '사울의 눈에서 비늘 같은 것이 벗어져 다시 보게 된지라 일어나 세례를 받고 음식을 먹으매 강건하여지니라'(9:18-19).[37]

아나니아는 사울을 치료하고 성령으로 충만할 수 있도록 도와주었다. 아나니아는 초대교회 복음의 확장과정에서 너무도 귀한 도구로 쓰임 받은 것이다. 존 크리소스톰이 "아나니아는 매우 탁월한 사람이 아니라 평범한 사람"[38]이라고 말했지만 그야말로 사울의 회심 이후 그의 첫 번째 친구이고, 그를 형제로 맞아준 첫 그리스도인이었다. 사울이 위대한 생애와 사역을 감당할 수 있도록 너무도 중요한 디딤돌 역할을 해준 셈이다.[39]

사울에게 나타난 뚜렷한 변화(9:11, 17-21)

누가는 박해의 주역 사울이 다메섹에서 부활승천하신 예수 그리스도를 만난 후 분명한 변화가 나타났다고 증언한다.[40] 그것은 한마디로 놀라운 변화였다. 다메섹에서의 회심의 사건은 사울에게 이전의 정신적 구조를 파괴하고 새로운 사고를 형성하게 만들 만큼 강렬한 사건이었다. 이 경험은 너무도 강력하여 사울의 신앙을 근본적으로 바꾸어 주었다.

사울은 아나니아를 통해 성령의 충만을 받고, 눈을 뜨고, 세례를 받고, 강건해지고, 제자들과 교제를 나누고, '예수가 하나님의 아들이심을 전파'

---

[37] Chrysostom, *The Homilies on The ACTS of The Apostles*, 286. 여행과 두려움으로 인해, 금식과 실의로 인해 심히 기진해 있었던 사울이 세례를 받고 음식을 먹고 다시 힘을 얻은 것이다. 먼저 음식을 주지 않고 세례를 주었다. 영적 훈련 과정에서 진행되는 순서를 여기서 읽을 수 있다.

[38] Chrysostom, *The Homilies on The ACTS of The Apostles*, 284.

[39] Erdman, *The Acts*, 82. 주의 백성들에게 맡겨진 사역은 아나니아처럼 도움을 필요로 하는 사람에게 달려가 그를 치료하고, 그가 성령충만하도록 돕는 것이다. 어드만은 아나니아의 사역을 빌립의 사역과 동등한 스데반의 죽음 이후 중요한 사역이라고 평가하면서 이 둘이 평신도(laymen)라는 사실을 강조한다.

[40] Bruce, *The Book of ACTS*, 26. 아시아에서 발생한 종교가 유럽 문명과 그토록 깊은 연관성을 지니며 발전할 수 있었던 것은 첫 30년 동안 로마 시민권을 가진 바울이 선봉에 서서 복음의 확장을 주도했다는 사실에 있다.

하기 시작했다. 누가는 사울에게 나타난 변화를 순서별로 아주 분명하고 정교하게 기술하였다. 눈에서 비늘 같은 것이 벗겨졌다고 증언함으로 눈을 뜨게 된 것이 성령의 역사라는 사실, 그가 기도하고 있는 중에 주께서 아나니아를 그에게 보내셨다는 사실, 그가 성령으로 충만을 받고 세례를 받았다는 사실 모두가 사도행전에서 일관되게 증거하는 복음을 통한 구원의 진행과정이다.

눈을 뜨게 되었다는 것이 다메섹으로 향하던 중 멀었던 눈이 다시 보게 되었다는 의미일 수 있지만 필자가 볼 때 거기에다 그의 영적인 눈이 열렸다고 확대할 수 있다. 음식을 먹고 강건했다는 것도 삼일을 금식하여 약해진 기력이 회복되었다는 의미가 물론 있지만 그 이상의 의미를 담고 있다고 해석된다. 한마디로 사울에게 영적으로, 육적으로 전인적인 변화가 일어난 것이다.

사울의 세례는 그의 생애에서 가장 위대한 전환점이었다.[41] 그것은 그가 그토록 핍박했던 그 예수의 이름으로 세례를 받고 그의 종이 된 것을 의미하기 때문이다. 우리는 누가의 기록을 통해서 사울에게 회심 이후 이전과 구별되는 분명한 몇 가지 변화를 발견할 수 있다.

첫째, 사울은 철저하게 성령의 인도를 간구하였다. 아나니아에게 주님께서 나타나셔서 사울에 대해 말씀하실 때 '그가 기도하는 중'(he is praying, προσεύχεται, 9:11)이라고 알려주셨다. 사울의 기도는 그냥 단순한 기도가 아니라 3일간의 단식기도(9:9)였다.[42] 이 말씀은 사울이 기도하

---

[41] M. Baumgarten, *The Acts of the Apostles: Or, The History of the Church in the Apostolic Age*. Vol. I. (Edinburgh: T. &T. Clark, 1854), 240.

[42] Arnot, *The Church in the House*, 216. 단식기도는 물은 먹고 음식은 먹지 않는 금식과 달리 식음을 전폐한 간절한 기도였다. 이것은 과거에 죽고 그리스도 안에서 다시 사는 체험(갈 2:20)을 하게 되는 기도였다. 누가는 누가복음과 사도행전에서 기도와 성령과의 관계를 지속적으로 연결시키고 있다. 다메섹에서 부활하신 주님을 만난 사울이 기도 중에 주님과 교통하며 특별한 성령의 체험이 있었음을 시사해준다. 누가는 누가복음에 이어 사도행전에서도 기도의 중요성을 강조하고 있다. 기도는 인간을 근본적으로 변화시키는 가장 힘 있는 은혜의 수단이다. '기도 외에 다른 것으로는'(막 9:29) 이런 유가 나갈 수 없다고 주님이 말씀하셨고, 주님은 겟세마네 기도(막 14:32)를 통해 십자가의 구속의 사역을 감당하실 수 있었고, 제자들과 주님을 따르는 120문도는 예루살렘을 떠나지 않고 주님의 약속을 기다려 오순절 성령강림의 역사를 체험할 수 있었다. 기도

며 하나님의 인도하심을 구하고 있었음을 보여준다.[43]

'기도하고 있는 중'(9:11)이라는 본문의 말씀은 진행형으로서 그가 계속해서 기도해 오고 있었음을 말해준다. 그렇다면 사울은 다메섹 사건 이후 기도를 통해 주님과 교제해 온 것이다. 자신의 장래를 주께 맡기고 주님의 도우심을 기다리는 모습 이것이 중생한 사울의 모습이었다. 요하네스 앨브리히트 벵겔의 말대로 "영혼의 전 상태가 기도를 향해서-기도 안에서 훈련되어 진다."[44]

둘째, 사울이 사역을 시작하기 전에 '성령으로 충만'(9:17)을 받았다. 성령충만하여 새 힘을 얻었다. 9장 22절에 보면 '힘을 더 얻어'(all the more was empowered, μᾶλλον ἐνεδυναμοῦτο)라는 말이 있는데, 이것은 물론 영적인 힘을 말한다. 여기서 '힘을 더 얻어'라는 말은 미완료 과거형으로 사울이 단회적이 아니라 지속적으로 힘을 공급받았음을 말한다. 위로부터 새 힘을 공급받은 것이다.

셋째, 사울이 이전에는 원수로 여겼던 성도들과 교제를 시작했다(9:19). 사울은 자신이 핍박하려던 다메섹의 그리스도인들과 형제가 되었다. 믿기 전 사귀던 이전 친구들과 단절하고 신앙의 사람들과 새로운 교제를 시작한 것이다. 사울의 회심담은 아나니아를 통해 즉각 다메섹에 있는 모든 제자들에게 전해졌을 것이고, 그들은 그 회심담을 들으며 큰 격려를 받았을 것이다. 사도신경에 있는 성령 안에서 "거룩한 공회와 성도가 서

는 하나님 보좌를 움직이는 가장 중요한 수단이다.

[43] 칼빈, **사도행전 I**, 356. 당시 사울의 귀에는 3일 전 다메섹에서 '사울아, 사울아, 네가 어찌하여 나를 박해하느냐?'하는 주님의 음성이 쟁쟁하게 들려왔을 것이다. 그는 3일 동안 이전에 한 번도 경험하지 못한 극심한 고통을 경험했을 것이다. 주께서 사울을 사흘 동안이나 기다리게 하신 이유는 칼빈의 표현을 빌린다면 사울의 심령 안에 '기도에 대한 열정에 불이 붙어 더 강력한 화염으로 발전하게 하려는 뜻에서였다.'

[44] John Albert Bengel, *Bengel's Gnomon of the New Testament* Vol. I (Philadelphia: Perkinpine & Higgins, 1862), 495. 사울과 아나니아 모두가 구체적으로 기도의 응답을 받았다. 사울이 기도함으로써 주님의 마음을 움직였고, 사울의 기도로 아나니아의 마음에서 의심과 두려움이 제거되었다. 이 구절은 왜 주님께서 아나니아를 통해 친히 나타나셔서 말씀하셨는가 하는 것에 대한 부분적인 해답도 알려준다. 즉 사울이 기도하였기 때문에 성령께서 주님의 마음을 움직이셨던 것이다. 이처럼 기도는 놀라운 역사와 힘을 동반한다.

로 교통하는" 역사가 나타난 것이다.

예수를 그리스도라 증언(9:20-22)

이 모든 것보다 사울에게 나타난 가장 놀라운 변화는 그리스도의 증인으로 거듭난 것이다. 누가는 사울이 진정으로 회심했다는 사실을 그의 복음전파를 통해 구체적으로 증명해 나갔다. 먼저 사울이 예수가 하나님의 아들이심과 그리스도이심을 증거하여 유대인들을 굴복시켰다고 말한다.

사울은 예수가 '하나님의 아들'(9:20), '그리스도'(9:22)라고 선포하기 시작했다. 이 과정에서 주목할 것은 그런 변화가 '즉시로'(immediately, εὐθέως)로 일어났다는 사실이다. 성령의 강권적인 역사로 사울에게 갑작스런 영적 변화가 나타난 것이다. 또 하나는 사울이 회당을 복음전도 장소로 사용했다는 사실이다. 과거 여러 회당에 갈 공문을 가지고 와서 성도들을 색출하던 그 회당(9:2)이 사울이 다메섹 도상에서 주님을 만난 후 예수를 전파하는 장소로 바뀐 것이다.[45] 그곳에서 자신이 핍박했던 그 예수 그리스도가 구약에 예언된 메시야이며 부활하신 살아계신 하나님이라고 전파한 것이다.[46] 칼빈의 말대로 예수가 '바로 그리스도였다'는 사실, '그리스도가 하나님의 아들이시라'는 사실이 그의 전도 요점이었다.[47] 그분이 하나님의 아들이라고 확신했기 때문이다.

유대인들은 못 박혀 십자가에 처형된 바로 그 예수가 구약에 예언된 그리스도 메시야라는 바울의 복음전도로 말미암아 지금까지 갖고 있던 메시야가 오시지 않았다는 믿음의 전통이 흔들렸다. 특수한 임무를 부여받고

---

[45] Arnot, *The Church in the House*, 230.

[46] Chrysostom, *The Homilies on The ACTS of The Apostles*, 287, 291; Bruce, *The Book of ACTS*, 202. 이 증거의 사건이 언제 일어났는지는 약간 이견이 있다. 바울은 갈라디아서 1:15 이하에서 그리스도로부터 계시를 받고 혈육과 의논하지 않고 바로 아라비아로 갔다고 증언한다. 아라비아는 북서 경계가 다메섹 변방까지 뻗어 있는 나바테아(Nabataean) 왕국을 지칭한다. 그렇다면 이곳 20절의 사울의 복음전도는 그가 아라비아로 가기 전에 잠깐 동안 있었던 사건으로 풀이할 수 있다.

[47] 칼빈, 사도행전 I, 361.

다메섹의 회당으로 파견된 사울이, 이제 바로 그 회당에 들어가 전혀 예상하지 못한 다른 임무를 착수했다. 예수 믿는 이들을 체포하지 않고 오히려 예수가 그리스도라고 논증한 것이다. 다메섹의 유대인 공동체가 놀란 것은 당연했다.[48]

사울의 복음증거가 얼마나 충격적이었는지 누가는 이렇게 증언한다. '듣는 사람이 다 놀라 말하되 이 사람이 예루살렘에서 이 이름을 부르는 사람을 멸하려던 자가 아니냐 여기 온 것도 그들을 결박하여 대제사장들에게 끌어가고자 함이 아니냐 하더라. 사울은 힘을 더 얻어 예수를 그리스도라 증언하여 다메섹에 사는 유대인들을 당혹하게 하니라'(9:21-22).

'힘을 더 얻어'(9:22)와 '당혹하게 하니라'(9:22)가 당시의 상황을 잘 대변하고 있다.[49] 힘을 더 얻었다는 것은 성령의 권능을 더욱 더 강하게 힘입게 되었다는 것이며, 그 결과 성령의 권능으로 담대히 복음을 증거할 수 있었다는 의미이다. 사울이 성령의 권능을 받고 하나님의 말씀을 그들에게 담대히 선포하여 예수가 그리스도, 곧 약속의 메시야라는 사실을 선명하게 드러낸 것이다.[50] 성령은 지혜의 영이며, 또한 말씀을 통해서 역사하

---

[48] Bruce, *The Book of ACTS*, 203.

[49] 칼빈, 사도행전 I, 362-363. "여기서 누가는 그리스도에 대한 신앙을 고백하는 바울의 정열을 칭찬하고 있을 뿐 아니라 그가 강력한 논리로 유대인들을 반박했다는 점을 보여주고 있다. '힘을 더 얻어'라는 말은 그가 성경의 여러 가지 증언과 성령의 다른 도움으로 무장되어 있어서, 말하자면 그의 모든 적대자들을 능가했기 때문에 그는 논쟁에 있어서 승자였으며 그의 고백에는 위력이 있었다는 뜻이다. 누가가 사용하는 '굴복시키니라'라는 말은 그들이 바울에게 쫓겨 정신을 잃을 정도로 대경실색하게 되고 말았다는 뜻이다. 굴복시키는 방법은 바울이 예수가 그리스도시라는 점을 입증하는 것이다. 다시 말해서 유대인들은 있는 힘을 다해 저항해 봤지만 패배하고 혼란하게 되고 말았다는 뜻이다."

[50] Arnot, *The Church in the House*, 233. 사울의 회심이 기독교의 증거로 나타난 것이다. 예수를 구주로 믿는 유대인들을 잡아 예루살렘으로 끌고 가던 자가 오히려 예수를 하나님의 아들이라고 증거하는 사람으로 바뀐 것을 한 번 생각해 보라. 유대인들이 '당혹'하지 않았겠는가. '당혹하게 하였다'(throw into confusion, συνέχυννεν, 9:22)는 말은 '혼란스럽게 만들었다'는 뜻으로 사울이 강력한 논리로 유대인들이 답변할 수 없도록 당황하게 만들었다는 의미이다. 예수 그리스도를 구주로 받아들이지 않는 유대인들에게 참으로 그가 구주, 구약에 예언된 메시야라는 사실을 증거하여 그들을 당황하게 만든 것이다. 사울이 복음을 담대하게 증거할 수 있는 것은 그 자신의 힘에서 나온 것이 아니었다. 누가는 사울의 회심이 진정한 회심이라는 사실, 다시 말해 사도행전 1장 8절의 말씀대로 성령의 권능을 받고 그리스도의 증인이 되었다는 사실을 증거하였다. 만약 회심 후 그의 모습이 진실이 아니었다면 사울은 속임을 당하거나 아니면 속이는 자였음에 틀림이 없다.

시는 영이시다. 사울이 유대인들을 당황하게 만든 도구는 칼빈의 말대로 성경이었다. 성경이 승리의 원천이며, 승리를 가능케 한 검이었다.[51] 여기서 다시 누가는 성령과 말씀을 같이 연계시키고 있다.

지금까지 살펴본 것처럼 사울은 다메섹 도상에서 주님을 만난 후에 네 가지 측면에서 사역을 준비하고 있었다. 첫째는 기도로 준비하였고, 둘째는 성령충만을 받았으며, 셋째는 성도의 교제를 나누었고, 마지막으로는 예수 그리스도를 구주와 하나님의 아들로 증거하는 삶을 살았다. 그는 뛰어난 언변과 확신을 가지고 같은 동족 유대인들을 설득했다. 이런 사울의 돌변에 대해 처음에는 의아한 모습으로 지켜보던 유대인들(9:21)은 시간이 흘러갈수록 그의 태도가 굳어지고, 또 자기들이 말로 도저히 사울을 굴복시킬 수 없자 그를 죽이려고 음모를 꾸몄다.

그래서 결국 유대인들은 사울을 죽이는 쪽으로 결론을 내고 이를 실행에 옮기기 위해 공모를 하기 시작했다. 그들이 사울을 죽이기로 공모한 이유, 그런 결론으로 도달할 수밖에 없었던 근본 이유는 간단했다. 사울로 인해 예수를 믿는 사람들이 더 많아져 결국 유대인들 사이에 사울로 인해 전도되는 숫자가 엄청나게 증가할 것을 우려한 것이다. 이것이 사전에 그를 제거하려고 한 가장 큰 이유다.[52]

---

[51] 칼빈, 사도행전 I, 362-363. "그러므로 바울은 성경이 논박하는 데 있어서 유익하다는 자신의 말의 진실성을 체험으로 입증한 셈입니다(딤후 3:16). 그는 또한 진리를 옹호하는 데 있어서 하나님 말씀으로 무장되어 있었으므로 그가 감독과 교사들에 대해서 요구하는 바를 실제로 보여준 셈입니다(딛 1:17). 그리고 사실 누가는 바울이 그의 논쟁에 있어서 얼마나 승리를 거두었던지 유대인들을 쓰러 넘어뜨릴 정도였다는 점과 그들의 오만은 아직도 진리에 굴복할 정도로 박살이 나거나 길들여지지 않았다는 점을 보여주고 있다. 그러기에 그들의 양심은 아직도 내부에서 저항을 그치지 않으며, 그들의 헛된 견해에 대한 터전을 상실해 놓고도 그리스도에게 굴복하지 않고 있는 것이다. 바울이 승리할 수 있었던 원천은 성경이 그에게 검(劍)의 역할을 했기 때문이 아니고 무엇인가?"

[52] 오늘날도 마찬가지다. 그동안 사탄은 교회와 교회 지도자들을 위기에 빠뜨리려고 온갖 방법을 다 동원하였고 지금도 그런 음모는 무섭게 진행되고 있다. 그중에 대표적인 것이 수단과 방법을 다 동원하여 영향력 있는 교회 지도자들을 넘어뜨리는 계략이다. 사탄이 마치 우는 사자와 같이 삼킬 자를 찾고 있다. 교회가 사회적인 역할을 다하지 못하고 오히려 개교회주의에 깊이 빠져들고 있으며, 훌륭하게 사역을 감당하던 목회자들이 여자 문제로, 금전 문제로, 혹은 명예욕으로 너무도 많이, 너무도 쉽게 넘어졌다. 사탄이 갖은 방법을 동원하여 복음전도를 막는 것이다.

3. 사울의 다메섹 전도와 피신(9:23-25)

²³ 여러 날이 지나매 유대인들이 사울 죽이기를 공모하더니 ²⁴ 그 계교가 사울에게 알려지니라 그들이 그를 죽이려고 밤낮으로 성문까지 지키거늘 ²⁵ 그의 제자들이 밤에 사울을 광주리에 담아 성벽에서 달아 내리니라

사울을 박해하면 할수록 오히려 사울의 영향력은 더 확대되고, 사울은 더 담대하게 복음을 증거했다.[53] 하나님께서는 사울이 복음을 증거할 수 있도록 모든 길을 열어주셨다. 사울의 결단과 복음의 증인으로서의 변화 이면에 그것을 이끌어 가시는 주님의 깊으신 섭리를 발견한다. 이것은 성령께서 당신의 백성들, 특히 주의 택함 받은 거룩한 백성들을 강권적으로 지키시고 인도하심을 보여준다. 9장 24절과 25절에서 말씀하고 있는 대로 사울을 죽이고자 하는 유대인들의 비밀스러운 음모를 사울이 알게 되었다. 또 더 나아가서 제자들을 통해 그 위기에서 헤어 나올 수 있도록 인도하셨다.

유대인들이 사울을 죽이려고 한 음모는 그냥 해 본 단순한 음모가 아니라 생명을 건 음모였다. 유대인들이 '그를 죽이려고 밤낮으로 성문까지 지켰다'(9:23). 이것은 유대인들 한두 사람이 사울을 죽이려는 음모에 가담한 것이 아니라 당시 그 성 전체가 그 음모에 동참하고 협력하였음을 말해준다.

성문은 보통 사람이 지킬 수 없다. 당시 지방행정관의 지시와 동의가 없다면 그런 일을 할 수 없다. 고린도후서 11장 32절에 의하면 다메섹

---

[53] Carver, *The Acts of the Apostles*, 91. 다메섹에서의 사울의 복음전파는 아라비아 사막에서 다메섹으로 돌아온 후에 행한 사역이다. 아라비아 사막에서 그는 깊은 성경연구를 통해 약속된 메시야의 오심과 구약 예언의 성취에 대해 매우 선명하게 이해했을 것으로 보인다. 사도행전 9장 20절이 증거하듯 그는 회당에서 예수가 하나님의 아들이라고 선포하였고, 22절이 말해주듯이 예수가 그리스도라고 증거하였다.

성은 아레다 왕의 방백이 지키고 있었다. 그렇다면 당시 로마의 직할이었던 다메섹의 성문을 지키는 사령관이나 그 부하들 중에 유대인이 있었을 것으로 보인다. 목적을 위해 수단과 방법을 가리지 않고 관권과 금권에 아부하는 유대인들은 아레다 왕의 방백을 쉽게 자기편으로 만들어 사울을 죽이려고 성문을 지켰을 것으로 보인다. 이것은 사울을 죽이려는 그 음모를 성의 지도자나 평민, 군인 할 것 없이 모두 총동원되어 일을 추진하였음을 말해주는 것이다.

그러나 성령께서는 박해자의 그런 살기등등한 박해를 넘어 주의 백성인 사울을 지키시고 인도하셨다. '사울 죽이기를 공모하더니 그 계교가 사울에게 알려지니라'(9:23-24). 먼저 하나님께서는 사울에게 유대인들의 음모를 알도록 해 주셨다. 사울이 자기가 신변의 위협을 받고 있다는 사실을 알고, 거기에 대해 신중하게 대처할 수 있도록 하기 위해서이다. 주께서 직접 혹은 가까운 사람을 통해서 상대방의 음모를 알려주시는 사례는 성경에 자주 등장한다. 주님께서는 기드온에게 상대방 군대의 정황을 알려 주셨고, 엘리사에게 아람 군대의 비밀을 알려 주셨다. 특별히 주의 백성이 위기에 처해 있을 때 그 위기에 대처하고 위기로부터 구원받을 수 있도록 성령께서 직접 인도하시고 섭리하시는 경우가 많이 있다.

뿐만 아니라 하나님께서는 사울을 위기에서 구하시기 위해 사람들을 보내셨다. 사울이 다메섹에서 열심히 그리스도를 증거하자 유대인들과 아레다 왕의 방백들이 사울을 잡아 죽이려 했다. 그러자 그의 제자들이 사울을 큰 광주리에 실어 성벽 중간에 난 창문을 통해 피신을 시켰다.[54] 몰래 밤중에 사울을 성에서 내려준 '그의 제자들'(9:25)은 성벽 위에 살고 있던 사울의 동료들로 복수의 사람들이었다.

고린도후서 11장 32절에서 바울은 이렇게 증언한다. '다메섹에서 아레다 왕의 고관이 나를 잡으려고 다메섹 성을 지켰으나 나는 광주리를 타고 들창문으로 성벽을 내려가 그 손에서 벗어났노라.'[55] 아레다 왕(Aretas

---

[54] Bruce, The Book of ACTS, 204.
[55] Arnot, The Church in the House, 234. 아놋은 사울의 회심과 다메섹에서 마지막 도망

IV, 9 B.C.–A.D. 40)은 사울이 회심 후 얼마 동안 다메섹에서 지낼 때 나바테아 왕국을 다스렸다(갈 1:17). 이 사건은 사울의 회심하던 A.D. 33년 가을과 그가 1차로 예루살렘에 올라간 A.D. 35년 혹은 36년 봄 그 사이에 일어났다.

크리소스톰의 말대로 이런 행위는 겁을 먹었기 때문이 아니라 사울이나 그의 제자들이 복음전파를 위해 피신시켜 그의 생명을 보존하도록 하기 위한 것이다.[56] 사울을 구해준 사람들은 다른 사람들이 아니고 '그의 제자들'(the disciples of him, οἱ μαθηταὶ αὐτοῦ, 9:25)이었다. 여기 '그의 제자들'은 사울의 복음증거를 통해 믿고 그리스도인이 된, 말 그대로 사울의 제자들을 말한다. 복음을 전하기 시작한 지 얼마 되지도 않았는데, 사울이 복음을 증거함으로 말미암아 예수를 믿고 예수의 제자가 된 사람들이 있었음을 말해준다.

이것은 놀라운 일이다. 사울이 예수를 만나고 복음을 증거한 것은 분명히 그리 오래 전의 일이 아니기 때문이다. 사울이 짧은 동안 예수를 증거하면서 제자들을 양육한 것이다. 양육 받은 그의 제자들이 자신들의 생명이 위협받는 상황에서도 굴하지 않고 사울을 구해준 것이다. 만일 예수를 전하는 사울을 구해준 것이 발각되면 분명히 책임을 질 수밖에 없고, 생명의 위협도 감수해야 했다. 참으로 대단한 용기가 아닐 수 없다.

사이 그 기간 동안에 갈라디아서 1장 17절에 언급된 사울의 아라비아 사막에서의 체류가 있었을 것이라고 말한다.

[56] Chrysostom, *The Homilies on The ACTS of The Apostles*, 292. 고린도후서 11장 33절에 나오는 "들창문으로"(a window, θυρίδος)라는 말이 이 상황을 이해하는 데에 도움을 줄 것이다. 아마 이것은 성 위에 바로 세운 집의 창문이었거나 아니면 성 자체의 창이었을 것이다. 한글성경에는 '성벽에서 달아 내렸다'고 기록하고 있고 헬라어 원문에도 '성벽을 통하여'(through the wall, διὰ τοῦ τείχους)라고 기록하고 있으나 대부분의 영어 역본이 번역한 대로 '성벽의 열린 곳[창]을 통하여'(through an opening in the wall)로 보는 것이 좋을 듯하다. 사울을 태워 내린 광주리는 당시 일상생활에서 애용하던 떡이나 생선 같은 것을 담던 광주리였다. 지금도 순례자들이 이런 광주리를 타고 성을 올라가기도 한다.

4. 사울의 예루살렘 방문과 다소로 피신
(9:26-30, A.D. 35-43)

²⁶ 사울이 예루살렘에 가서 제자들을 사귀고자 하나 다 두려워하여 그가 제자 됨을 믿지 아니하니 ²⁷ 바나바가 데리고 사도들에게 가서 그가 길에서 어떻게 주를 보았는지와 주께서 그에게 말씀하신 일과 다메섹에서 그가 어떻게 예수의 이름으로 담대히 말하였는지를 전하니라 ²⁸ 사울이 제자들과 함께 있어 예루살렘에 출입하며 ²⁹ 또 주 예수의 이름으로 담대히 말하고 헬라파 유대인들과 함께 말하며 변론하니 그 사람들이 죽이려고 힘쓰거늘 ³⁰ 형제들이 알고 가이사랴로 데리고 내려가서 다소로 보내니라

누가는 사울의 회심 이후 일어난 세 가지 중요한 사건을 언급하고 있다. 첫째, 예루살렘 제자들에게 사울을 소개해준 바나바, 둘째, 헬라파 유대인들로부터의 극심한 박해, 셋째, 놀라운 복음전파가 그것이다. 이 세 가지는 장차 사도행전과 사울의 이방인 선교를 이해하는 중요한 사건이다.

사울이 회심 후에 바나바의 소개로 예루살렘에 올라가 제자들을 만난 사건은 사울의 1차 예루살렘 방문으로 널리 알려진 사건이다. 이것은 사도행전 전체를 이해하는 데 있어서 너무도 중요하다. 시터리에 따르면 A.D. 33년 가을 회심한 사울이 예루살렘을 방문한 것은 A.D. 36년 봄이었다.[57] 윌리엄 램지와 F. F. 브루스는 1년을 앞당겨 A.D. 35년에 일어난 사건으로 이해했다.[58] 윌리엄 램지는 A.D. 30년 회심한 사울이 예루살렘에 처음으로 올라간 것이 A.D. 35년이었으며, 이후 A.D. 35-43년까지

---

[57] Charles Fremont Sitterly, *Jerusalem to Rome; the Acts of the Apostles* (New York: Abingdon, 1915), 20.

[58] Ramsay, *St. Paul the Traveler and the Roman Citizen*, 204; F. F. Bruce, *The Book of Apostles*, 205.

다소에서 살았다고 말한다.[59]

사울은 갈라디아서 1장에서 자신의 회심 이후의 행적에 대해 아주 간단하게 그러나 명확하게 밝혔다. 그는 A.D. 33년 다메섹에서 주님을 만난 후 '혈육과 의논하지 아니하고'(갈 1:16) '아라비아로 갔다가 다시 다메섹으로 돌아갔으며'(갈 1:17) '그 후 삼 년만'(갈 1:18)인 A.D. 35년에 '베드로를 방문하려고 예루살렘에 올라가서 그와 함께 십오 일'(갈 1:18)을 머물렀고 그 기간에 '주의 형제 야고보 외에 다른 사도들을 보지 못하였다'(갈 1:19)고 증언했다. 사울은 '그 후에 내가 수리아와 길리기아 지방에 이르렀다'(갈 1:21)고 부언했다. 1차 예루살렘 방문에 대한 누가의 증언은 갈라디아서 1장의 사울의 고백과 상충되지 않는다.[60]

예루살렘 제자들에게 사울을 소개해준 바나바(9:26-28)

다메섹에서 도피한 후 잠시 동안 아라비아 사막에서의 은둔의 생활이 있었던 것으로 보이지만 누가는 이 부분을 생략하고 사울이 사도들을 만나기 위해 예루살렘으로 올라간 사실을 기술한다.[61] 이방인의 사도로 부름

---

[59] Ramsay, *St. Paul the Traveler and the Roman Citizen*, 204.

[60] F. F. Bruce, *The Book of Apostles*, 205. 갈라디아서에서 사울은 베드로와 주의 형제 야고보 외에는 만나지 못했다(갈 1:18-19)고 증언하고 있다. 반면 누가는 바나바가 사울을 데리고 '사도들에게로'(9:27) 가서 그의 회심의 진정성을 변론해주었다고 말한다. F. F. 브루스가 지적한 대로 '사도들에게로'는 갈라디아서 1장 18절에 비추어 볼 때 문법학자들이 흔히 복수형 일반화('generalizing plural')라고 부르는 것이다. 따라서 갈라디아서 증언과 누가의 증언이 상충되지 않는다.

[61] 사울은 "나보다 먼저 사도 된 자들을 만나려고 예루살렘으로 가지 아니하고 아라비아로 갔다가 다시 다메섹으로 돌아갔노라"(갈 1:17)는 기록을 통해 회심 후 아라비아를 방문했음을 분명히 하고 있다. 그리고 18-19절에 "그 후 삼 년 만에 내가 게바를 방문하려고 예루살렘에 올라가서 그와 함께 십오 일을 머무는 동안 주의 형제 야고보 외에 다른 사도들을 보지 못하였노라."고 기술하여 다메섹 사건과 예루살렘 방문 사이에 3년의 공백이 있음을 분명히 했다. 그런데 왜 누가는 이 부분에 대해 침묵하고 있는가? 누가는 다메섹에서 사울의 활동을 기록하면서 아나니아의 방문을 받고 눈에서 비늘 같은 것이 벗겨지고 기력을 회복하는 짧은 체류(9:19)와 다메섹 회당에서 복음을 전하는 긴 체류(9:20-23)로 나누어 기록하고 있다. 이 둘 사이에 일정한 공백의 기간이 있다는 말인가? 누가는 그 후에 사울이 예루살렘에 올라가 제자들을 사귀려고 한 사실을 기록하고 있다. 다메섹에서 사건과 예루살렘 방문 사이에 누가는 시간의 공백을 밝히고 있지 않고 오히려 연속적인 사건처럼 연결하고 있다. 사도행전 9장에 기록된 사울의 예루살렘 방문과 갈라디아서

받은 사울은 복음을 증거 하면서 열매가 따르고, 또 사역의 범위가 넓어지자 사역을 체계화시키고 구체화시킬 필요가 생겨났다. 그리고 복음 사역을 질서와 통일성이 있게 해야 할 필요도 느끼게 되었다. 그래서 그는 예루살렘으로 가서 제자들과 이런저런 문제를 상담하려고 했다. 이 방문을 통해 사울은 예루살렘의 사도들로부터 자신의 이방인의 사도로 부름 받은 사실을 인정받고 더 나아가 그들과 교류를 나누기를 원했다.

사울이 예루살렘에 올라가서 '제자들을 사귀고자'(9:26) 했지만 그곳의 분위기는 결코 우호적이지 않았다.[62] 사도들은 사울의 회심을 진정한 회심으로 받아들이지 않고 과거 포악한 박해자 그대로 그를 이해했다.[63] 얼마 전까지만 해도 그렇게 극심하게 기독교를 핍박하던 자가 갑자기 예수를 그리스도라고 증거하는 것을 받아들을 수 없었다.[64]

사울로서는 보통 안타까운 일이 아니었다. 사도들이 다 두려워하고 사울의 제자 됨을 믿으려 하지 않은 데에는 그만한 이유가 있었다. 우선 사울이 다메섹 도상에서 주님을 만난 후 3년의 세월이 흘렀고, 로마의 유대인 박해가 일어나 사울을 잊어버릴 만 할 때 사울이 돌아왔기 때문이다. 결국 그들의 기억에 남아 있는 사울은 매정한 박해자일 뿐이었다. 따라서 쉽사리 그의 회심을 믿을 수 없었다. 사울의 입장에서는 정말 난감했다. 그는 이런 상황을 어떻게 타개해야 할지 몰랐다.

이때 사울의 변화를 변호하며 두려움을 해소시켜 준 인물이 바로 바나바였다.[65] 하나님께서 사울의 사역에 친히 역사하시고 인도하셨다는 증거는 바나바를 보내주신 것에서도 알 수 있다. 바나바는 사울이 하나님의

1장의 예루살렘 방문 기록은 상황의 차이가 있다. 사도행전은 제자들과 함께 있었다고 한 반면 갈라디아서는 야고보 외에는 만나지 못했다고 증언하고 있다. 그렇다면 둘 중의 어느 하나가 사울의 2차 방문을 기록한 것인가? 그렇지는 않은 것 같다. 첫 방문과 두 번째 방문 사이에는 무려 11년의 공백이 있기 때문이다.

[62] Erdman, *The Acts*, 81. 많은 사람들은 사울의 회심의 진정을 믿으려 하지 않았고 심지어 예루살렘의 제자들은 사울을 '사기꾼과 스파이'(an impostor and a spy)로 간주했다.

[63] Denton, *A Commentary on the Acts of the Apostles*. Vol. I., 317-318.

[64] Abbott, *An Illustrated Commentary on the Acts of the Apostle*, 116.

[65] Chrysostom, *The Homilies on The ACTS of The Apostles*, 299.

거룩한 도구로 쓰임 받을 수 있도록 때로는 앞에서, 때로는 뒤에서 사울을 이끌어 준 믿음의 지도자였다.[66] 사울이 사역 문제로 방황할 때 신실한 조언자가 되어주었으며, 모든 사람들이 사울을 배척하고 인정하지 않을 때에도 그를 신실하게 이해해주고 도와주었다.

바나바는 사울의 가장 신실한 후원자였다. 그는 사울이 이방인의 사도로 온전히 세워지기까지 뒤에서 사울을 지원했다. 바나바는 사울이 몹시 힘든 상황에서 괴로워할 때 이름 그대로 진정한 위로자가 되어주었다. 모든 제자들로부터 배척당하는 그 위기의 순간에 사울이 제자들로부터 인정을 받을 수 있도록 중재 역할을 해 준 사람이 바로 바나바였다. 바나바가 사울의 위로자가 되어 사울이 진실한 예수의 제자임을 보증해준 것이다.

바나바는 사울을 데리고 사도들에게 가서 세 가지 사실을 밝혀 주었다.[67] 첫째는 '그가 길에서 어떻게 주를 보았는지'(9:27), 둘째는 '주께서 그에게 말씀하신 일'(9:27), 셋째는 '다메섹에서 그가 어떻게 예수의 이름으로 담대히 말하였는지'(9:27)였다. 부활하신 주님을 만났고, 그로부터 사명을 부여받았으며, 실제로 그를 증거했다는 것은 모두가 진실이고 사울의 회심의 진정성에 대한 강력한 변증이었다. 모든 사람들이 다 반대하는데 바나바가 용기를 내어 사울을 변호하고 그를 제자로 천거한 것이다.

사울이 다메섹 도상에서 부활하신 주님을 직접 만나 이방인의 사도로

---

[66] 바나바는 구브로에서 출생한 레위 족속이었고 이름은 요셉이었다. 그는 본토 유대에서 태어난 사람이 아닌 헬라파 유대인이었다. 본토가 아닌 다른 지역에서 태어난 사람들을 가리켜 '디아스포라'라고 부른다. 당시 지중해 전역에는 이와 같은 사람들이 많이 있었다. 그의 이름은 본래 바나바가 아니라 요셉이었는데, 제자들이 그를 바나바로 부르기 시작했다. 요셉이 본래 이름이고 바나바는 별명인 셈이다. 바나바라는 별명은 '권위자'라는 뜻이다. 여기서 권위자라는 것은 권위를 부리는 자라는 의미가 아니라 '권면하고 위로하는 자'라는 뜻이다. 주의 사도들이 볼 때 바나바는 자기중심적인 존재가 아니라 어거스틴이 말한 하나님 나라를 지배하는 '카리타스(caritas),' '아모르 데이'(Amor Dei)를 가지고 다른 사람들을 세워주고 권면하고 위로하는 재능을 가진 사람이었다. 그 이름이 말해주듯이 그는 하나님을 사랑하는 믿음의 사람이었다. 그가 헌신된 사람이라는 사실은 사도행전 4장 37절("그가 밭이 있으매 팔아 그 값을 가지고 사도들의 발 앞에 두니라")과 11장 24절("바나바는 착한 사람이요 성령과 믿음이 충만한 사람")이 증거 한다.

[67] Denton, *A Commentary on the Acts of the Apostles*. Vol. I., 318.

부름 받았다는 바나바의 증언은 당시 사도들에게 설득력이 있었다. 그것은 사도성과 관련이 있었기 때문이다. 주님을 직접 만나보았거나 주님으로부터 직접 가르침을 받은 사람을 '사도'라고 한다. 마치 제자들이 주님으로부터 직접 가르침을 받고 그로부터 제자를 삼으라는 부탁을 받았던 것처럼 사울 역시 주님을 만났고 주님으로부터 이방인의 사도로 부름을 받았기 때문이다.

사울이 다메섹 사건 이후 담대하게 복음을 증거했다는 바나바의 증언은 제자들에게 매우 호소력이 있었을 것이다. 사도들의 일차적인 책임이 복음증거였기 때문이다. 사도들은 오순절 성령충만을 받은 후에 복음을 증거했다. 그들이 기적을 베푼 것도 복음을 증거하기 위한 수단이었다. 일곱 사람을 택한 것도 복음을 보다 더 효과적으로 증거하고, 그 일에만 전념하기 위해서였다. 복음증거는 당시 사도됨의 가장 중요한 특징이었다.

따라서 주님과의 만남, 사도로서의 소명 그리고 복음전파의 실천 이 세 가지는 제자들에게 사울의 사도됨의 진정성을 입증해 주는 중요한 특징이었다. 결국 바나바의 변호는 제자들의 시각을 완전히 바꾸어 주었다.[68] 의심하던 제자들은 마음을 열고 사울을 사도로 받아들였다. 곧 사울은 예루

---

[68] 사울에 대한 바나바의 흔들리지 않는 지원은 그 주변의 사람들에게 적지 않은 영향을 미쳤다. 사울에 대한 제자들의 시각이 바뀌었고 또 예루살렘교회 교인들의 태도가 달라졌다. 그토록 사울에게 냉랭하게 대했던 예루살렘교회가 사울의 든든한 후원자로 변했다. 바나바는 그 후에도 결정적인 순간 또 한 차례 사울을 세워주었다. 사도행전 11장에 보면 스데반의 순교로 흩어진 자들로 인해 안디옥에도 믿음의 공동체가 생겨났다. 이 소식을 들은 예루살렘교회는 그들을 위해 바나바를 파송했다. 바나바가 가서 보니 그곳에 하나님의 은혜가 임한 것을 확인하고 "모든 사람에게 굳건한 마음으로 주와 함께 머물러 있으라"(11:23)고 권했다. 성령과 믿음이 충만한 지도자 바나바의 사역을 통해 안디옥에서 믿는 사람들의 수가 놀랍게 증가했다. 바나바는 주의 백성이 많아지자 고향 다소에 은거하고 있던 사울을 찾아 안디옥으로 데리고 와서 함께 동역했다. 바나바 없는 사울은 존재할 수 없다. 바나바가 있었기 때문에 그가 주어진 사명을 온전히 감당할 수 있었다. 사울이 훌륭하지만, 어떤 면에서 바나바는 사울보다 더 훌륭한 사람이었다. 마치 세례요한이 말한바, "그는 흥하여야 하겠고 나는 쇠하여야 하리라"는 말씀을 일생동안 삶 속에서 그대로 실천한 인물이 바나바였다. 그는 주님께서 하신 말씀 "인자가 온 것은 섬김을 받으려 함이 아니요 오히려 섬기려 하고 많은 사람의 대속물로 주려 함이니라"는 말씀을 그대로 실천에 옮길 사람이었다. 우리는 뒤에서 동역하는 신실한 동역자의 길이 얼마나 아름다운가를 바나바를 통해 배운다. 자기 자신보다 하나님의 교회 전체를 더 바라보고 큰마음을 품었던 바나바야말로 참으로 이 시대가 요구하는 지도자의 상이고, 그리스도인의 상이다.

살렘교회에서도 인정을 받기 시작했다.

그 결과 사울은 '제자들과 함께 있어 예루살렘에 출입하며 또 예수의 이름으로 담대히'(9:28-29) 말할 수 있었다. 사울은 제자들과 함께 있으면서 예루살렘에 출입할 수 있었고 그들과 교제를 나눌 수 있었다. 주님의 강권적인 역사로 인해 다메섹에서 부름 받은 사울이 주를 위해 사역할 수 있도록 그 길을 열어준 바나바는 초대교회 복음전파 과정에서 12제자 못지않은 훌륭한 역할을 감당했다.

사울을 죽이려는 음모를 막으시는 성령(9:29-30)

누가는 바나바의 중재로 사울이 사도들과 교제를 나누며 예루살렘에 출입할 수 있었고, 예수 그리스도의 이름으로 담대히 헬라파 유대인들과 변론했으며, 그들이 사울을 죽이려고 해서 믿는 형제들이 그를 '다소로 보냈다'(9:30)고 기록하고 있다.[69] 존 칼빈이 설명한 것처럼 여기서 말하는 헬라파 유대인들은 헬라에서 태어난 사람들이 아니라 그 당시 세계 도처에 흩어진 디아스포라 유대인들이다.

당시 이들은 자신들의 지역에 거주하는 헬라파 유대인들과 함께 예루살렘을 순례하는 관습이 있었다. 본토 유대인들이 사울의 변화를 인정하지 않고 배척하는 상황에서 사울은 이들과 변론하는 것이 '현명한 일'이 아니라고 판단했다. 사울 자신도 그들에게 복음을 전하는 일을 원치 않았다. 그래서 사울은 칼빈이 관찰한대로 "과거에 그를 알아오던 사람들을 제쳐 놓고 자기를 모르는 사람들[헬라파 유대인 순례자들] 가운데서 [복음전도의] 진전을 볼 기미가 있는가를 타진했던 것이다."[70] 사울은 자신이 할 수 있는 한 최대한의 기회를 찾아 '맡겨진 모든 임무'를 성취하려고 한 것이다.

---

[69] Denton, *A Commentary on the Acts of the Apostles*. Vol. I., 318-319. 사울이 가이사랴에서 자신의 고향 다소까지 배편으로 이동했을 것이고, 그의 안전을 위해 형제들이 사울과 동행했을 것이다.

[70] 칼빈, 사도행전 I, 367.

여기 헬라파 유대인들이 사울을 죽이려고 한 것은 앞서 9장 24절의 사건과 연결하여 이해해야 한다. 다메섹에서 회심한 후에 예수를 그리스도라 증거하자 유대인들이 사울을 죽이려고 공모했었고, 이제는 헬라파 유대인들이 사울을 죽이려고 한 것이다. 히브리파 유대인이나 헬라파 유대인이나 모두 예수를 그리스도라고 증거하는 것을 거부한 것이다. 전자는 아예 사울의 증거를 받아들이기를 거부했고, 후자는 사울과 함께 논쟁을 벌였다고 누가는 둘을 구분하고 있다. 둘 다 사울의 말을 들을 준비가 전혀 되어 있지 않았다.

9장 30절에 있는 대로 사울의 복음증거로 예수 믿는 자들이 많아지고 변론이 있게 되자 헬라파 유대인들이 사울을 죽이려고 음모를 꾸미자 할 수 없이 형제들이 이를 알고 사울을 가이사랴로 데리고 내려가서 다소로 보냈다. 흥미로운 사실은 다소로 간 것에 대해 사울 자신은 사도행전 22장 17-18절에 단순히 핍박을 피해서가 아니라 성전에서 기도하는 중 주의 환상을 보고 떠난 것이라고 밝히고 있다. 둘이 모순되는 것이 아니다. 주님께서 사울에게 환상을 보여주시고 형제들을 통해 그가 안전하게 다소로 피신할 수 있도록 인도하셨다고 볼 수 있기 때문이다. 성령께서는 위기 가운데서 사울을 보호하시고 인도하셨다. 사울은 예루살렘에서의 사역이 원활하지 못하고 열매를 맺지 못하자, 특히 헬라파 유대인들의 반대에 직면하자 가이사랴를 거쳐 고향으로 돌아간 것이다.[71]

가이사랴를 거쳐 고향 다소로 간 사울(9:30)

형제들이 사울을 데리고 간 가이사랴는 갈릴리 북방 요단강 근원지에 위치한 가이사랴 빌립보가 아니라 당시 로마 총독이 주둔하고 있던 해변의 가이사랴이다. 가이사랴는 팔레스타인 지중해 연안 항구로 헤롯 대왕이 건설했으며, 로마제국의 유대지방 행정본부가 있었다. 이곳에서 다소까지는 육로(陸路)로도 갈 수 있었고 또 해로(海路)로도 갈 수 있었는데,

---
[71] Denton, *A Commentary on the Acts of the Apostles.* Vol. I., 318-319.

사울은 거기서 배를 타고 자신이 태어나 자란 고향 소아시아 길리기아 (Cilicia)의 수도 다소(Tarsus)로 돌아갔다(21:39).

그 당시 다소는 길리기아의 중요 도시로 천년쯤 전에 세워진 도시였다. 다소는 계속해서 앗수르, 바사, 헬라-마게도냐의 속국으로 남아 있었다. 171 B.C.년 안티오쿠스 4세가 다소를 시(市)로 인정했고 64 B.C.년 이후로는 로마제국의 자유시가 되었다. 다소는 당시 알렉산드리아, 아테네와 더불어 학문의 3대 중심도시 중 하나로 철학, 수사학, 법률학 등의 연구가 꽃을 피웠던 지성의 도시였다.[72]

당대 헬라문명의 대가 키케로가 통치했던 다소는 로마제국 안에서도 아테네와 알렉산드리아와 견줄 만큼 헬라문화가 꽃피웠다.[73] 사울은 역사의 도시, 지성의 도시, 풍요로운 도시 다소에서 성장해서 헬라의 철학과 문학에도 상당한 조예가 있었다.

그러면서도 사울은 엄격한 정통 유대 부모의 자녀로 태어나 바리새인 중의 바리새인(23:6), 히브리인 중의 히브리인(빌 3:5)으로 양육 받았다. 그는 어릴 때부터 율법의 엄한 교육을 받았고, 후일에는 가말리엘의 문하에서 스승의 유연함과 관용적인 성향(5:34)보다 더 엄격한 율법주의 교육을 받았다. 이처럼 사울은 학벌로나 출신가문으로나 당대의 엘리트 중의 엘리트였다. 게다가 그는 날 때부터 로마의 시민권(22:28)을 가지고 있었기 때문에 로마 전역을 마음대로 활보할 수 있었다. 유대주의 전통, 헬라문화와 철학 그리고 로마의 배경이 회심 전 사울의 생애 속에 그대로 녹아 있었다. 그의 전 생애를 돌이켜 볼 때 이 모든 것은 사울을 이방인의 사도로 삼기 위한 하나님의 준비였다. 그 자신의 표현을 빌린다면 모태로부터 (갈 1:15; 롬 1:1) 하나님의 종으로 택정되었다.

크리소스톰에 따르면 사울이 다소로 갔지만 그곳에서 전도사역을 중단

---

[72] "Saul of Tarsus, And the Paganism of Cilicia," *Dublin University Magazine A Literary and Political Journal* LXXIV No. CCCCXLIV (December 1869): 605.

[73] J. W. McGarvey, *New Commentary on Acts of the Apostles* (Cincinnati: Standard Pub. Co., 1889), 165.

하고 은둔한 것은 아니다. "가이사랴로 사울을 보내고 다시 그를 다소로 보냈다고 누가가 증언하고 있다. 내 생각에는 사울이 육지로 계속 여행을 하지 않고 그 나머지는 바다로 여행을 하였다. 그러므로 사울의 이 떠남은 하나님의 섭리적 질서였으니 그가 그곳에서 또한 복음을 전하기 위함일 것이다. 마찬가지로 그에 대한 음모와 그의 예루살렘 방문 역시 하나님의 섭리적 질서였다. 그에 관한 회심의 이야기가 더 이상 믿지 못하는 일이 없게 되었다."[74]

어드만의 표현을 빌린다면 "사울은 그의 고향 다소로 돌아갔다. 고향은 항상 기독교 신앙을 증거하기에 첫째 되고 가장 좋은 곳이다."[75] 브루스 역시 사울이 고향에 가서 복음을 전하는 일을 감당했다며 다음과 같이 주장한다. "그러므로 사울은 고향 다소로 돌아가 그곳을 중심으로 연대가 확인되지 않은 10년 동안의 기간 중 대부분을 길리기아와 시리아에서 복음을 전했다. 그런 후 더 짧은 혹 더 긴 기간 동안 사울은 안디옥, 고린도, 에베소 그리고 로마를 연속적으로 복음전파의 센터로 삼았다."[76]

사울 자신도 훗날 갈라디아서 1장 21-24절에서 자신의 고향에서의 전도활동을 암시하는 기록을 남겼다. '그 후에 내가 수리아와 길리기아 지방에 이르렀으나 그리스도 안에 있는 유대의 교회들이 나를 얼굴로는 알지 못하고 다만 우리를 박해하던 자가 전에 멸하려던 그 믿음을 지금 전한다 함을 듣고 나로 말미암아 하나님께 영광을 돌리니라.'

갈라디아서 2장 1절은 사울이 다소에서 머문 것과 관련하여 기록하고 있다. 그 기간은 적어도 A.D. 35-43년간이었는데, 이 기간은 사울에게는 매우 중요한 전환점이었다. 이 기간은 하나님께서 사울을 더 큰 그릇으로 만드시기 위한 하나님의 섭리의 시간이었다.[77]

---

[74] Chrysostom, *The Homilies on The ACTS of The Apostles*, 303.
[75] Erdman, *The Acts*, 81.
[76] Bruce, *The Book of ACTS*, 26-27.
[77] Ramsay, *St. Paul the Traveler and the Roman Citizen*, 204. 만약 사울이 회심 후에 바로 예수를 그리스도로 증거할 때 전혀 방해를 받지 않고 예루살렘교회가 그를 전적으로 환영하고 아무런 문제없이 받아들였다면, 사울은 '내 이름을 이방인과 임금들과 이스라엘 자손들에게

5. III부 결론: 온 유대와 사마리아 복음전파의 결론(9:31)

> 그리하여 온 유대와 갈릴리와 사마리아 교회가 평안하여 든든히 서 가고 주를 경외함과 성령의 위로로 진행하여 수가 더 많아지니라

9장 31절은 지금까지의 유대와 사마리아 전도의 종합적 결론이다. 여기 '그리하여'라는 말은 헬라어 원문 상 '그런 후'(then, οὖν)로 번역하는 것이 맞다.[78]

스데반 사건으로 인해 대박해가 일어났지만 하나님 나라는 전혀 위축되지 않았다. 오히려 그 사건이 사도행전 1장 8절의 약속을 성취하는 결정적인 전기가 되었다. 크리소스톰의 지적대로 스데반의 박해는 오히려 엄청난 복음의 진보를 가져다주었다. 박해라는 무서운 전쟁이 일어나 믿는 자들이 사방으로 흩어지는 혹독한 아픔을 겪었지만 이것은 하나님의 강권적인 역사였다. 흩어져 복음을 전함으로 빌립의 사마리아 전도를 통해 사마리아에서 마술사 시몬이 영적으로 완전히 압도당했고 그곳에 놀라운 권능이 임했다. 성령께서 선교를 이끌어 가셨다.[79] 성령께서 기적을 통해서 또 사역을 통해서 양면적으로 그들을 위로하심으로 복음이 놀랍게 확산되어 나갔다.[80] 밖으로부터의 전쟁이 그들에게 전혀 해를 끼치지 못했다.

전하기 위하여 택한 나의 그릇'(9:15)의 사명을 온전히 감당하지 못하고 '작은 그릇'으로 자신의 사역을 마쳤을지도 모른다.

[78] Chrysostom, *The Homilies on The ACTS of The Apostles*, 300. 이것은 바로 앞의 사건과 깊은 연관성이 있다. 사울이 다소로 돌아가고 나서 예루살렘교회가 평안해졌다. 대단한 복음의 열정을 가진 복음전도자, 부활하시고 승천하신 주심을 만난 이방인의 사도, 성경을 인용하여 반대자들을 놀랍게 설복시킨 주역, 그가 없으면 교회가 되지 않을 것 같았던 인물, 사울이 다소로 돌아갔지만 예루살렘교회는 평화롭고 든든하게 세워져갔다. 만약 사울이 여전히 예루살렘에서 복음을 전하며 복음전파사역을 주도했다면 강력한 저항을 만났을 것이고 그런 논란 속에서 정작 이방선교는 본격적으로 착수도 하지 못한 상태에서 큰 장벽을 만나고 말았을 것이다.

[79] Chrysostom, *The Homilies on The ACTS of The Apostles*, 300.

[80] Chrysostom, *The Homilies on The ACTS of The Apostles*, 304. 크리소스톰이 지적한 것처럼 성령의 위로는 교회라는 집단적인 공동체성을 지니면서도 개별적이고 독립적이었다.

당시 유대, 갈릴리, 사마리아 세 지역에 교회들이 세워졌기 때문에 복수로 쓰여야 하는데 단수로 쓰인 것은 예루살렘, 유대, 사마리아, 갈릴리 모두 다 팔레스타인 지역 안에 있고 예루살렘교회에서 흩어진 자들이 세웠기 때문이다. 누가는 철저하게 팔레스타인과 팔레스타인을 넘어서는 '땅 끝'으로 확장되는 이방선교 역사를 구분하고 있다.[81]

한글성경 31절의 말씀은 정확한 의미를 전달하지 못하고 있다. 31절은 이렇게 원문을 번역할 수 있다. "그런 후 사실 온 유대, 갈릴리 그리고 사마리아 전역의 교회가 평안하고 든든하여졌으며, 주님을 경외하고 성령의 위로 가운데 계속 나아감으로 그들이 많아지게 되었다."[82]

31절 전반부 주어는 '교회'(church, ἐκκλησία)이고, 주동사는 '가졌다'(had)는 의미의 에이첸(εἶχεν, had)이다. 교회가 무엇을 가졌다는 말인가? '평화'(peace, εἰρήνην)를 가졌다는 것이다. 교회는 예루살렘에 있는 교회가 아니라 유대, 갈릴리, 사마리아에 흩어져 있는 교회이다. 그리하여 온 유대, 갈릴리 그리고 사마리아에 있는 교회가 평안하였고 든든히 지어져 갔다.[83]

31절 후반부의 주어와 동사는 '그들이 수가 더 많아지더라'는 의미의 에플레티네토(ἐπληθύνετο)이다. 여기 '그들'은 온 유대, 갈릴리, 사마리아에 있는 교회를 지칭하는 것이다. 신앙을 가진 교회의 수가 많아졌다는 의미도 되고, 각 지역의 교회들의 믿는 자 수가 많아졌다는 의미도 된다.

---

[81] 31절 앞부분에서는 교회를 단수로 언급하였는데, 31절 후반부에서는 복수('그들')로 언급하고 있다. 교회는 그리스도를 머리로 한 하나의 교회이지만 각 지역의 교회들은 독립성과 자율성을 가진 하나의 신앙공동체이기 때문에 독립적이어서 복수성을 갖는 것이다.

[82] 'Then indeed the churches throughout all of Judea and Galilee and Samaria had peace, being edified. And going on in the fear of the Lord and in the comfort of the Holy Spirit, they were multiplied'(BLB); 'Then had the churches rest throughout all Judaea and Galilee and Samaria, and were edified; and walking in the fear of the Lord, and in the comfort of the Holy Ghost, were multiplied'(KJB).

[83] 여기 '든든히 지어져 갔다'는 오이코도무메네(οἰκοδομουμένη, was being built up)는 신약성경에서 이곳 한 곳에서만 사용되었다. 이 말은 '지어지다'(being built, NAS), '지어져 갔다'(being built up, INT), '교화되어 졌다'(and were edified, KJV), '든든해졌다'(were strengthened, NIV)는 의미이다.

성령의 위로로 진행된 평화, 부흥, 안정

누가는 어떻게 수가 많아졌는가를 분명하게 밝히고 있다. 계속 주를 경외하는 가운데 그리고 성령의 위로 가운데 그들의 수가 많아졌다는 것이다. 누가는 이 시대의 교회를 다음 세 가지로 집약했다.

첫째, 교회가 평안해진 것이다. 스데반의 순교 이래 수년간 계속되었던 박해가 멈추고 교회는 일시적으로 평화의 시대를 맞았다. 유대, 갈릴리 그리고 사마리아 교회들 모두가 그런 은혜를 누렸다. 여기에는 두 가지의 이유가 있다. 하나는 예루살렘의 제자들이 사방으로 분산되어 흩어짐으로 주목의 대상이 되지 않았기 때문이고, 또 다른 하나는 칼리굴라(재위 A.D. 37-41) 황제의 우상소동 때문으로 풀이된다.[84]

둘째, 누가는 사울의 회심을 서두로 시작하여 교회의 부흥으로 글을 마무리하고 있다. 유대, 갈릴리, 사마리아가 동시에 등장하는 것을 주목해야 한다. 갈릴리 교회에 대한 언급은 여기서 처음으로 등장한다. 교회가 극심한 박해를 받았지만 그런 가운데서도 주를 경외하고 성령의 위로 가운데 복음이 놀랍게 확산된 것이다. 초대교회에 스데반의 순교 이후 외적으로는 평화, 내적으로는 도덕적 견고성, 주를 두려워하는 경건심, 성령의 위로를 겸한 부흥이 나타난 것이다.

셋째, 이 모든 것보다도 우리가 더 주목해야 할 것은 '성령의 위로'라는 말이다. 31절의 '성령의 위로로'(in the comfort of the holy Spirit, τῇ παρακλήσει τοῦ Ἁγίου Πνεύματος)는 '성령의 위로 안에서,' '성령의 위로 가운데,' '성령의 위로 속에서' 교회가 힘과 용기를 얻었다는 의미이다. 유대와 갈릴리와 사마리아 교회가 든든하게 지어져 갈 수 있도록 인도하신 주체가 성령 하나님이시다.[85]

---

[84] 칼리굴라는 원래 심약한 편이었으나 즉위하자 선왕을 본받아 자신의 상을 각 신전에 안치하도록 명령했고 심지어 예루살렘 성전에까지 안치하도록 명했던 인물이다. 유대인들은 이 명령에 죽음을 무릅쓰고 반대했다. 칼리굴라 황제는 A.D. 41년 1월 24일에 갑자기 암살되었다. 이런 정황에서 유대인들도, 또 로마의 관헌들도 기독교인들에 대하여 관심을 둘 여지가 없었다.

성령께서 선교와 교회를 이끌어 가신 것이다. 성령께서 당신의 백성과 교회가 박해 가운데서는 핍박을 이기게 하시고 평화의 시기에는 하나님을 경외하고, 수적으로도 성장하게 하신 것이다.[86] 사도행전 2장이 증언하듯 성령의 역사로 인해 예루살렘교회 안에 부흥이 일어났다. 이후 스데반의 박해가 일어나면서 성령의 권능을 받은 제자들을 통해 복음이 온 유대, 갈릴리, 사마리아로 확산되어 교회가 세워졌다. 이들 교회는 하나님을 경외하는 가운데, 성령의 위로 가운데 든든하게 세워지고 수적으로 놀랍게 성장했다. 교회의 질적, 양적성장은 성령의 역사이다.

한 지도자의 진정한 회심의 사건은 물론 교회의 부흥도 성령이 하시는 역사다. 누가는 예루살렘교회는 물론 온 유대, 갈릴리, 사마리아의 교회들이 성령이 이끄시는 교회였다는 사실을 강조한 것이다. 사도행전이 일관되게 증언하듯 최초의 교회는 성령강림으로 시작된 성령의 이끄시는 교회였다. 하나님은 성령의 사람들을 통해서 성령이 이끄시는 교회를 세워 가셨다.

사도행전 9장은 사울의 회심, 유대와 갈릴리와 사마리아 교회의 부흥, 성령의 역사가 하나로 연결되었다. 이방인의 사도로 부름 받은 사울의 회심 이야기는 곧 이어질 본격적인 성령의 사람 사울을 통해 전개될 이방인 선교를 예고한 것이다.

---

[85] Denton, *A Commentary on the Acts of the Apostles*. Vol. I., 321. 박해 가운데서 내적으로나 외적으로 교회가 세워져 갈 수 있는 것은 성령을 통해서이다.

[86] 칼빈, **사도행전 I**, 368. 존 칼빈은 이 말의 의미가 무엇인지를 다음과 같이 통찰력 있게 설명한다. "'든든히 서감'이라는 말은 신자의 숫자가 많아진다는 뜻일 수도 있고 이미 양무리 속에 있는 자들이 신앙적으로 성장했다는 뜻, 곧 그들에게 새로운 은사가 쌓이며 그들의 신앙심이 더욱 강건해진다는 뜻일 수도 있다. 첫째 경우로 보면 그것은 사람에게 관계되며, 둘째 경우로 보면 그것은 성령의 은사와 관계된다. 나는 이 양 견해를 다 받아들이고 싶다. 곧 전에 교회 밖에 있던 자들이 계속 교회로 들어왔으며 [그와 함께] 교회의 권속들의 신앙과 기타 덕이 증가한 것으로 보는 것이다. 더욱이 건축의 비유를 여기에 사용하는 것이 아주 적절한 것은 교회는 하나님의 성전과 집이요 신자들 또한 개별적으로 볼 때 성전들이기 때문이다. 물론 다음에 이어지는 두 가지 사실, 곧 그들이 하나님을 두려워하는 마음으로 살았으며 그들이 성령의 위로로 충만해 있었다는 것은 이 건축의 일부이다(딤전 3:15, 고전 3:16, 17). 그러므로 교회들이 평화롭게 지낼 때 그들은 쾌락이나 지상적인 기쁨에 빠진 것이 아니라 하나님의 도움을 의지하는 가운데 하나님을 영화롭게 하는 면에 있어서 더욱 더 자신만만하고 담대한 태도를 연마했다."

제 IV 부
안디옥으로 복음 확장
(9:32-12:25)

9장
베드로의 이방전도와 고넬료의 회심
(9:32-11:18)

10장
이방선교의 센터, 안디옥교회 태동과 발전
(11:19-30)

11장
헤롯의 박해와 복음의 확장
(12:1-25)

9장 32절부터 12장 25절까지는 사도행전 제 4부로 안디옥으로 복음 확장과정을 그려주고 있다. 제 4부(안디옥으로 복음 확장)는 베드로의 이방전도와 고넬료의 회심(9:32-11:18), 이방선교의 센터 안디옥교회 태동과 발전(11:19-30), 헤롯의 박해와 복음의 확장(12:1-25)이 중심을 이루고 있다. 9장 베드로의 이방전도와 고넬료의 회심(9:32-11:18)에서는 베드로의 룻다와 욥바 전도(9:32-43), 가이사랴 고넬료와 베드로의 시각변화(10:1-16), 베드로의 고넬료 방문과 가이사랴 오순절(10:17-48), 예루살렘교회의 이방선교 논쟁(11:1-18)이 잘 설명되어 있다.

복음은 예루살렘과 온 유대와 사마리아를 넘어 '땅 끝'으로 확산되기 시작했다. 이를 위해 이방인의 사도 사울이 준비되었고, 이방선교를 위한 전초 기지 안디옥교회가 준비되었다. 이제 복음전파가 새로운 전기를 맞기 시작한 것이다. 10장 이방선교의 센터, 안디옥교회 태동과 발전(11:19-30)에서는 평신도의 복음전파와 안디옥교회 태동(11:19-21), 안디옥교회의 목양과 훈련(11:22-26), 예루살렘의 기근과 안디옥교회의 구제(11:27-30) 과정이 생생하게 기술되었다. 11장 헤롯의 박해와 복음의 확장(12:1-25)에서는 헤롯의 박해(12:1-5), 당신의 백성을 보호하시는 하나님(12:6-19), 박해자의 비참한 최후(12:20-23), 4부의 결론 안디옥으로 복음 확장(12:24-25)이 잘 묘사되었다.

이렇게 해서 사도행전 1장 8절의 약속대로 복음은 예루살렘과 온 유대를 넘어 땅 끝으로 확산되기 시작했다. 누가는 이를 '하나님의 말씀은 흥왕하여 더하더라'(12:24)는 말로 복음의 역동성을 집약했다.

제 9 장
베드로의 이방전도와 고넬료의 회심
(9:32-11:18)

> 사도행전은 … 성령 사역의 역사로 … 성령의 복음으로 명명되었다.
>
> M. W. Jacobus, *Notes, Critical and Explanatory, on the Acts*, 1859

> 베드로가 이 말을 할 때에 성령이 말씀 듣는 모든 사람에게 내려오시니 베드로와 함께 온 할례 받은 신자들이 이방인들에게도 성령 부어 주심으로 말미암아 놀라니라.
>
> 행 10:44-45

    베드로가 욥바와 가이사랴를 방문한 것은 A.D. 40년 봄이었다.[1] 누가는 사도행전 1장 8절의 약속대로 사마리아 선교가 구현된 일과 이방인의 선교를 위해 사울을 부르신 장면을 극적으로 기술한 다음 베드로의 변화를 서술해 나간다. 장차 이방인의 사도로 쓰임 받을 사울의 회심과 할례자의 사도라 불리는 베드로의 변화가 절묘하게 대비를 이루고 있다. 두 사람의 준비는 이방선교를 위해 피할 수 없는 단계였다.

    사울이 고향에 내려가 있는 동안 베드로와 고넬료의 회심을 통해 이방선

---

[1] Charles Fremont Sitterly, *Jerusalem to Rome; the Acts of the Apostles* (New York: Abingdon, 1915), 20.

교는 놀랍게 준비되고 있었다. A.D. 33년 가을 사울의 회심, A.D. 40년 봄 베드로의 욥바 방문과 변화 그리고 바로 이어 진행된 고넬료의 회심은 이방선교를 위한 준비였다.

누가는 앞으로 사울을 통해 이루실 거대한 이방선교를 본격적으로 거론하기 전 그 준비 작업을 섬세한 필치로 서술하고 있다.[2] 이것은 거룩한 하나님의 섭리를 읽어내는 신앙적인 안목과 그 섭리가 세상 역사 속에 구체적으로 성취되어 나가는 것을 읽어내는 역사적 혜안 두 가지가 없다면 그려내기 힘든 일이다.

1. 베드로의 룻다와 욥바 전도(9:32-43)

> [32] 그 때에 베드로가 사방으로 두루 다니다가 룻다에 사는 성도들에게도 내려갔더니 [33] 거기서 애니아라 하는 사람을 만나매 그는 중풍병으로 침상 위에 누운 지 여덟 해라 [34] 베드로가 이르되 애니아야 예수 그리스도께서 너를 낫게 하시니 일어나 네 자리를 정돈하라 한대 곧 일어나니 [35] 룻다와 사론에 사는 사람들이 다 그를 보고 주께로 돌아오니라 [36] 욥바에 다비다라 하는 여제자가 있으니 그 이름을 번역하면 도르가라 선행과 구제하는 일이 심히 많더니 [37] 그 때에 병들어 죽으매 시체를 씻어 다락에 누이니라 [38] 룻다가 욥바에서 가까운지라 제자들이 베드로가 거기 있음을 듣고 두 사람을 보내어 지체 말고 와 달라고 간청하여 [39] 베드로가 일어나 그들과 함께 가서 이르매 그들이 데리고 다락방에 올라가니 모든 과부가 베드로 곁에 서서 울며 도르가가 그들과 함께 있을 때에 지은 속옷과 겉옷을 다 내보이거늘 [40] 베드로가 사람을 다 내보내고 무릎을 꿇고 기도하고 돌이켜 시체를 향하여 이르되 다비다야 일어나라 하니 그가 눈을 떠 베드로를 보고 일어나 앉는지라 [41] 베드로가 손을 내밀어 일으키고 성도들과 과부

---

[2] 사울이 무대에서 잠시 사라지고 베드로가 다시 무대에 등장한다. 누가는 룻다와 욥바에서의 베드로의 활동상을 너무도 잘 그려주었다. William Arnot, *The Church in the House: A Series of Lessons on the Acts of the Apostles* (New York: Robert Carter & Brothers, 1873), 238-239.

들을 불러들여 그가 살아난 것을 보이니 ⁴² 온 욥바 사람이 알고 많은 사람이 주를 믿더라 ⁴³ 베드로가 욥바에 여러 날 있어 시몬이라 하는 무두장이의 집에서 머무니라

사울이 이방인의 사도로 부름 받은 후 곧이어 베드로가 등장했다. 베드로는 원래 이방인 전도에 매우 소극적이었다. 사울은 갈라디아서에서 자신과 베드로를 상호 비교하면서 자신을 '이방인의 사도'로, 베드로를 '할례자의 사도'로 묘사한 적이 있다. '베드로에게 역사하사 그를 할례자의 사도로 삼으신 이가 또한 내게 역사하사 나를 이방인의 사도로 삼으셨느니라'(갈 2:8). 그런 베드로가 예루살렘을 떠나 이방교회들을 순방하고 이방선교의 기초를 닦은 것이다. 여기서 할례자의 사도로 불리던 베드로의 변화를 흥미 있게 읽을 수 있다.[3]

베드로의 이방인 전도는 이제 예수 안에서 유대인과 이방인 전도가 따로 있지 않다는 사실을 선언한 상징적인 사건이었다. 바울이 말한 바 헬라인이나 야만인이나 지혜자나 다 서로 벽이 없어졌다. 하나님께서 이방인들에게도 동일한 능력을 베푸셨다. 사도들이 이방인 복음화에 참여함으로써 이방인의 복음전도가 아주 구체화되었다.

베드로의 룻다 방문과 애니아 치료

베드로는 '사방으로 두루 다니며'(9:32) 복음을 전했다. 사방으로 두루 다녔다는 것은 안 가본 곳이 없을 정도로 다녔다는 의미다.[4] 엘리코트가

---

[3] Charles J. Ellicott, *Ellicott's Commentary on the Whole Bible Volume VIII: Acts to Galatians* (Eugene, OR: Wipf and Stock Publishers, 2015), 63. 사도행전 9장 32절부터 11장 18절까지는 베드로의 이방선교에 집중되었다. 그래서 엘리코트는 이 부분을 "'베드로의 행전(the Acts of Peter)'으로 기술할 수 있을 듯하다"고 보았다. 그만큼 누가는 베드로의 사역에 집중하고 있다.

[4] W. A. Denton, *A Commentary on the Acts of the Apostles*. Vol. I. (London: George Bell and Sons, 1874), 322–323. 우리가 주목하는 것은 이들이 제자들이었고, 성도들이었으며, 믿는 자들이었고, 형제들이었다는 사실이다. 당시 그리스도인들은 그리스도의 이름을 부르고, 그리스도를 하나님으로 예배하는 이들이었다.

지적한 대로 이 때 베드로는 유대, 갈릴리, 사마리아까지 포함해서 널리 복음을 전한 것으로 해석된다.[5] 베드로는 첫 순방지 룻다를 방문하여 애니아라는 한 남성을 만났다.

룻다는 예루살렘에서 욥바로 가는 도중에 있는 도시로 예루살렘에서 하룻길로 욥바 동쪽방향 17km 지점에 위치하고 있다. 지중해 해변에서 멀지 않은 곳이다.[6] 요세푸스에 따르면 큰 마을이었고, 룻다는 그 지역에 있는 가장 의미심장한 유대인 도시 가운데 하나였다.[7] 구약에는 롯이라 불렸고, 헬라명은 디아스폴리스였다. 그 당시 쥬피터의 도시로 알려져 있었다. 팔레스타인의 중앙고지 비옥한 곳에 자리 잡고 있어 성도들의 집회 장소로 가장 적당한 장소였다. 그곳에서 애니아를 만난 것이다.

애니아라는 이름은 "칭찬받는 자"라는 뜻이다. 베드로가 치료해준 룻다의 중풍병자 애니아는, 성경에 명시되어 있지는 않지만 그 지역의 기독교 그룹의 일원이었을 것이다.[8] 그는 8년 동안 중풍병으로 고생하고 있었다. 사도행전을 기록한 의사 누가는 병의 상태를 정확히 진단하고 판단할 수 있는 의학적 판단력을 소유하였다. 누가는 의학적인 식견을 갖춘 예리한 통찰력으로 '그가 침상 위에 누운 지 여덟 해라'(9:33)고 기록했다. 여기 '여덟 해'를 '팔세부터'라고 번역할 수도 있으나 그렇게 어린 나이에 중풍에 걸리는 일은 극히 드문 일이기 때문에 '8년'이라고 봐야 할 것이다. 8년도 꽤 긴 기간이다. 8년 동안 낫지 않았다면 이는 당시 의학적으로 치유가 불가능하다는 것을 의미한다.

그랬던 애니아가 '예수 그리스도께서 너를 낫게 하시니 일어나 네 자리를 정돈하라'(9:34)고 베드로가 명하자 즉시 일어났다.[9] 주의 능력으로 고침을 받은 것이다. 누가는 예수님이 중풍병자를 고치신 것과 너무도 유사

---

[5] Ellicott, *Ellicott's Commentary on the Whole Bible Volume VIII: Acts to Galatians*, 63.

[6] Arnot, *The Church in the House*, 239.

[7] Josephus, *Antiq.* 13.127, 20.130.

[8] F. F. Bruce, *The Book of ACTS* (Grand Rapids: Eerdmans, 1984), 210.

[9] Denton, *A Commentary on the Acts of the Apostles*. Vol. I., 324.

하게 이 사건을 기술하고 있다. 주님의 기적이 그의 이름으로 베드로를 통해 나타난 것이다. 이 소식은 곧 인근 마을과 해안 평야인 사론 전역에 퍼져 그 지역에 살고 있는 수많은 사람들이 주님께로 돌아왔다(9:35). 그 지역의 주민들 '다수가 반(半) 이방인'이었음을 고려할 때 애니아로 인해 이방세계에 복음이 널리 확산된 것이다.

베드로의 욥바 방문과 다비다를 살리는 역사

룻다를 방문한 후 베드로는 그곳의 여제자들로부터 초청을 받고 욥바로 갔다. 욥바는 예루살렘 밖의 항구이고, 가이사랴와 더불어 지중해 해안에 위치한 중요한 항구였다. 요나가 하나님의 명령을 어기고 니느웨의 수도 다시스로 도망할 때 떠났던 항구였다. 욥바는 예루살렘에서 약 60km 떨어진 곳에 있다. 욥바 항에서 신시가지로 발전한 것이 오늘날 이스라엘의 행정수도 텔아비브다. 여기서 베드로는 다비다, 즉 도르가를 만났다. 다비다는 히브리식 이름이고 도르가는 헬라식 이름(9:36)이다. 다비다는 당시 수리아 지방에서 아주 흔한 이름이었다.[10]

헌신적인 믿음의 여인 다비다

이 여인이 어떤 사람이었는지에 대해서는 성경에 구체적인 언급이 없다. 하지만 남편에 대한 언급도 없고 과부라는 언급도 없는 것을 보면 아마도 그녀가 결혼하지 않은 여인으로 추측되며, 아버지나 어머니 혹은 형제에 대한 언급이 전혀 없는 것을 보아 아마도 혼자 살았던 것 같다.[11] 그런 가운데서도 다비다는 선행과 구제(9:36)에 앞장섰다.[12] 이 여인은 여러 가지 점에서 전형적인 초대교회 여집사의 모습이다. 그녀가 예루살렘이

---

[10] John Chrysostom, *The Homilies of John Chrysostom on The ACTS of The Apostles* (London: Oxford, John Henry Parker, 1851), 302. 크리소스톰은 이름에 특별한 의미를 부여할 필요가 없다고 잘라 말한다.

[11] Arnot, *The Church in the House*, 239.

[12] Arnot, *The Church in the House*, 239.

아닌 수리아에 살고 있었다는 사실은 복음이 수리아 지방에까지 확대되었음을 보여준다.

그런데 우리가 주목해야 할 사실이 있다. 누가가 베드로를 청한 욥바에 있는 사람들을 가리켜 '제자'(9:38)라고 부른 사실과 또 한 가지는 그들이 '베드로가 거기 있음을 듣고 두 사람을 보내어 지체 말고 와 달라고 간청'한(9:38) 사실이다. 분명히 예루살렘에서 스데반의 순교로 믿는 사람들이 흩어지기 시작한 것이 얼마 되지 않았는데 벌써 하나님의 복음이 욥바 주변 지역에까지 상당히 널리 전파되었음을 보여준다. 그리하여 제자들이라고 일컬음 받을 만큼의 신앙을 가진 사람들이 그곳에도 있었다.

애니아가 고침 받은 것보다 더 놀라운 역사는 죽은 다비다가 살아난 일이다. 사도들이 죽은 사람을 살리는 경우는 여기 처음으로 등장한다.[13] 베드로가 도착하니 과부들이 울고 있었다. 누가는 다비다가 선행과 구제하는 일로 많은 사람들에게 사랑을 전하던 사람이었다고 증언한다. 존 크리소스톰은 다비다야말로 "대단히 겸손한 여인!"(great humility!)이라고 극찬했다.[14]

우리가 특별히 주목해야 할 부분은 '그 때에 병들어 죽으매 시체를 씻어 다락에 누이니라'(9:37)라는 기록이다. 그녀의 몸을 씻어 다락에 안치했다는 것은 아주 특별하다. 죽으면 무덤에 시체를 안치하는 것이 당시 일반적인 장례문화였기 때문이다. 시체를 씻어 다락에 누였다는 것은 이들에게 모종의 기적을 기대하는 신앙이 있었다는 것을 함축한다. 그런 면에서 칼빈의 다음과 같은 해석은 매우 통찰력 있다. "누가는 다음에 이어지는 그녀의 죽음을 잘 설명하는 뜻에서 그녀의 질병을 언급하고 있다. 그녀의 몸을 씻어 다락방에 안치했다는 기록 역시 마찬가지 의미를 가진다. 그러므로 이러한 상황은 기적에 대한 신앙을 충분히 불러일으킬 만하다. 그들이 그녀를 곧장 무덤에 데려가지 않고 그 집의 위층에 안치해 놓고 지켜보고 있었다는 점에서 그들에게 그녀가 살아날 소망이 어느 정도

---

[13] Chrysostom, *The Homilies on The ACTS of The Apostles*, 305.
[14] Chrysostom, *The Homilies on The ACTS of The Apostles*, 302.

있었다는 것이 입증되고 있다."¹⁵

베드로를 통해 나타난 주님의 표적

베드로는 사람들을 다 내어 보내고 무릎을 꿇고(9:40) 기도하였다. 왜 그가 그들 모두를 밖으로 내보냈는가? 크리소스톰이 지적한 대로 "그것은 그가 그들의 통곡으로 인해 혼란을 당하거나 방해받지 않기 위해서다."¹⁶ 애니아를 일으킬 때는 바로 명령하더니 여기서는 시체를 향해 명하기 전에 베드로가 먼저 간절히 기도하는 시간을 가졌다. 이에 대해 칼빈은 이렇게 설명한다.

"베드로는 기도할 시간을 갖고 있는데 그는 얼핏 여전히 어떤 일이 일어날 것인가 하는 문제에 대해서 미심쩍어 하고 있는 것처럼 보인다. 애니아를 치료할 때는 지체 없이 '애니아야 예수 그리스도께서 너를 고쳐 주신다!'(9:34)하고 자신만만한 이야기를 하던 그였다. 그러나 성령께서는 언제나 정확히 동일한 방법으로 작용하는 것이 아니므로 그는 하나님의 능력을 충분히 깨닫고 있었지만 한 발자국 한 발자국 그 기적을 향해 접근했던 것 같다."¹⁷

우리가 주목할 것은 베드로가 밖으로 사람들을 다 내어 보내고 무릎을 꿇고(9:40) 기도하였다는 사실이다. 베드로가 무릎을 꿇고 기도한 것은 기도에 집중하기 위해서였다.¹⁸ 또한 그가 이렇게 기도한 것은 '겸손에 대한 상징'으로서 그의 몸과 마음이 하나님을 온전히 예배하며 온전히 전능자만을 의뢰하기 위해서였다.¹⁹ 아무런 방해를 받지 않고 온전히 주의 능력을 힘입기 위해서였다.

우리는 여기서 주의 권능을 힘입는 비결 그것은 역시 기도라는 사실을

---

[15] 존 칼빈, 한국기독교선교백주년기념 존·칼빈성경주석출판위원회 역편, 신약성경주석, Vol. 5, 사도행전 I (서울: 성서교재간행사, 1980), 373.

[16] Chrysostom, *The Homilies on The ACTS of The Apostles*, 302.

[17] 칼빈, 사도행전 I, 376.

[18] Chrysostom, *The Homilies on The ACTS of The Apostles*, 302.

[19] 칼빈, 사도행전 I, 377.

발견할 수 있다. 예수님은 기적에 앞서 하늘 아버지에게 기도했고, 바울도 자신의 사역을 준비할 때 기도했으며, 여기 베드로도 그런 역사가 일어나게 해 달라고 주님께 기도했다.

특별히 '무릎을 꿇고 기도했다'는 누가의 증언은 베드로가 마음과 뜻과 온 정성을 다해 기도했음을 말해준다. 헬라어 원문을 살펴볼 때 이 '기도'(prayed, προσηύξατ)는 주님이 겟세마네 동산에서 땀방울이 핏방울이 되도록 드리셨던 간절한 기도(마 26:42, 44; 막 14:39)였고, 바울이 밀레도에서 에베소 장로들과 헤어질 때 드렸던 눈물의 기도(20:36)였으며, 비 오지 않기를 기도하여 삼년 육 개월 동안 비가 오지 않았고 다시 기도한즉 비가 내렸던 엘리야가 드렸던 믿음의 기도(약 5:17, 18)였다. 누가는 베드로의 기도를 예수 그리스도의 기도, 바울의 기도, 엘리야의 기도와 의도적으로 비교하고 있는 것이다. 베드로의 놀라운 기사와 표적이 우연히 일어난 것이 아니라는 사실을 누가는 여기서도 자연스럽게 드러내고 있다. 인류역사 속에 인간이 죽은 인간을 살린 일은 없었다. 피조물의 영역을 넘어서는 창조주만이 하실 수 있는 위대한 역사를 베드로가 행한 것이다.

우리가 주목할 두 번째는 베드로가 애니아를 고치면서 자기가 고치는 것으로 말하지 않고 '예수 그리스도께서 너를 낫게 하시니'(9:34)라고 말했다는 사실이다. 애니아를 고치시는 주체가 주님이라는 사실을 분명히 밝힌 것이다. 이것은 다비다가 일어난 사건에서도 동일하게 발견할 수 있다. 예수의 이름으로 못 걷는 사람을 일으킨 베드로가 이제 그리스도의 이름으로 명하여 애니아를 고치고 죽은 다비다를 살리는 표적을 행한 것이다. '다비다야 일어나라'(9:40)고 명한 입술은 분명 베드로의 입술이었지만 그가 행한 능력은 부활하신 그리스도의 권능이었다. 기도 후에 다비다가 죽음에서 일어났다는 것은 그 초자연적 기적이 베드로 자신에게서 나온 것이 아니라 주님께로부터 나온 것임을 보여준다.

베드로가 다비다를 일으키는 이적 사건에서 우리가 또 하나 특별히 주목할 것은 이 사건이 마가복음 5장 41절에서 주님이 야이로의 딸을 일으키실 때와 매우 흡사하다는 사실이다. 주님께서 '소녀야 일어나라'고 하신 것처럼, 베드로는 '다비다야 일어나라'고 하였다. 베드로는 주님이 여전히 자신들과 함께 하신다는 사실을 의식하면서 행동한 것으로 보인다. 크리소스톰이 예리하게 관찰한 대로 "사실 베드로는 그들 앞에서 주님이 행하신 순서를 그대로 따른 것이다."[20]

베드로가 기도한 후 시체를 향하여 '다비다야 일어나라'(9:40) 명하자 다비다가 눈을 뜨고 베드로를 향하여 일어나 앉았다.[21] 주님만이 하실 수 있는 죽은 자를 살리는 능력을 베드로가 행했다. 그 자신의 힘으로 권능을 행한 것이 아니라 주의 이름으로 행한 것이다.

이 같은 놀라운 기적은 주님께서 여전히 사도들과 함께 하심을 증거해 준다. 주변의 많은 사람들을 주께로 돌이키시려는 특별한 섭리였다. 실제로 베드로가 성도들과 과부들을 불러들여 다비다가 산 것을 보이자 온 욥바 사람들이(9:41-42) 주께로 돌아왔다. 죽은 자를 살리는 기적을 통해 주변에 복음이 놀랍게 전파된 것이다. 그리하여 다비다 사건이 '온 욥바 사람들'(9:42)을 주님께로 인도하는 계기가 되었다.

마치 처음 예루살렘에서 복음이 증거될 때 못 걷는 사람이 일어난 사건을 통해 수많은 유대인들이 주님께로 돌아온 것처럼 이적을 통해 이제 이방인들이 주께로 돌아온 것이다. 온 주민들을 크게 슬프게 만든 사건이 오히려 온 주민들을 기쁘게 만든 사건, 온 주민들이 주께로 돌아오는 영광스러운 사건으로 바뀐 것이다. 이것이 복음이다.

사실 주님께서 놀라운 기적을 베푸신 것은 그것을 본 사람들이나 그것을 체험한 사람들을 주님께로 돌이키도록 하시기 위한 하나님의 깊으신

---

[20] Chrysostom, *The Homilies on The ACTS of The Apostles*, 305. 우리가 여기서 주목할 것이 있다. 베드로가 다비다를 죽음의 잠에서 깨워 일으키는 순서이다. 먼저 그녀가 눈을 떴다. 그런 그녀가 베드로를 보고 앉았다. 그리고 나서 베드로가 그녀의 손을 잡아 일으켰고, 그녀가 힘을 얻었다. 베드로가 행한 이 모든 기적의 순서는 주님이 공생애 동안에 행하신 표적의 순서와 너무도 유사하다. 누가는 주님이 행하신 기적을 그의 제자들이 행했다는 사실, 주님의 기적이 제자들의 기적이 되었다는 사실을 의사의 예리한 시각을 통해 섬세하게 기록했다. 사도행전의 수신자 데오빌로는 누가의 글을 읽으면서 하나님의 살아계심과 성령의 강력한 능력을 인정하지 않을 수 없었을 것이다.

[21] Denton, *A Commentary on the Acts of the Apostles*. Vol. I., 324.

섭리였다. 그런데 예수님 당시의 사람들은 그런 기적을 목도했으면서도 주님이 메시야라는 사실을 믿지 않았다. 그러나 여기 욥바에서는 온 주민들이 주님께로 돌아왔다. 나보다 큰 일을 행할 것이라는 주님의 예언이 사도들을 통해 성취된 것이다.[22]

두 개의 표적, 영혼구원을 위한 수단

누가는 애니아가 고침을 받은 사건을 통해서 '룻다와 사론에 사는 사람들이 다 그를 보고 주께 돌아왔다'(9:35)고 증언한다. 룻다라는 지역뿐만 아니라 사론이라는 지역의 사람들까지도 '다' 주께로 돌아온 것이다. 사론은 욥바에서 가이사랴에 이르는 50km의 비옥한 평원이다. 애니아가 고침 받은 소문이 상당히 널리 퍼져 룻다에서 상당히 떨어진 사론의 사람들도 그 소식을 듣고 주님께로 돌아온 것이다. 다비다의 경우도 동일한 결과가 나타났다. '온 욥바 사람이 알고 많은 사람이 주를 믿더라'(9:42).[23]

우리는 여기서 '주께로 돌아오니라'라는 말씀을 주목해야 한다. 누가는 '하나님께로 돌아오니라'고 하지 않고 '주께로 돌아오니라'(9:35)고 표현했다. 유대인들이 버린 그 예수가 이제 예루살렘, 온 유대, 사마리아를 넘어

---

[22] 어거스틴, 칼빈, 에드워즈는 사도들의 계시적 권능은 분명히 중지되었다고 보았지만 오늘날의 성령의 초자연적 역사를 인정하였다. 이들은 성령의 역사를 인정하고 병 고침의 이적이 지금도 계속된다고 믿었다. 한국 초대교회 역사에서도 하나님께서는 복음을 확장하는 과정에서 김익두 목사를 통해 놀라운 기적을 일으키셨다. 못 걷는 사람이 일어나고 여타 많은 환자들이 고침을 받는 엄청난 놀라운 역사가 한반도 전역에서 나타났다. 임택권 목사는 그런 기적을 체험한 사람들의 사례들을 모아 '이적 명증'을 저술했다. 그는 오늘날 이적은 종결되었다는 장로교 헌법을 수정하도록 총회에 헌의했다. 오늘날 아시아와 아프리카 여러 선교지에서도 거의 유사한 놀라운 병 고침의 이적들이 나타나고 있다. 기도의 사람, 성령충만을 간절히 사모한 신학자 박윤선은 오늘날도 기도의 응답으로 병 고침의 역사가 나타난다는 사실을 분명히 밝혔다.

[23] 기적의 강도가 주님께로 돌아오는 정도의 차이와 항상 비례하는 것은 아니다. 룻다의 사람들은 '다 돌아왔다'고 기록한 반면 욥바에서는 '많은 사람들이 주님께로 돌아왔다'고 누가는 증언한다. 애니아가 일어난 것은 8년 된 중풍병이 고침을 받은 것으로 죽은 다비다가 일어난 사건과 비교될 수 없다. 죽은 자를 살린 것은 주님만이 공생애 동안에 행하셨던 기적이었다. 그 기적을 베드로도 욥바에서 행한 것이다. 그런데 그 기적을 목도하거나 소문을 듣고 주님께로 돌아온 사람들은 다 돌아온 것이 아니라 많은 사람들이 돌아왔다.

구원의 주가 되심을 의미한다. 복음의 은혜는 처음부터 성별을 초월했다. 애니아는 남성이었고, 다비다는 여성이었다. 베드로는 마치 남녀를 의도적으로 선별한 것처럼 주의 이름으로 고치고 살렸다. 한 사람은 중풍병에서 고침을 받았고 다른 한 사람은 죽음에서 부활하였다. 애니아와 다비다의 사건을 통해 수많은 영혼들이 주님께로 돌아왔다. 주님의 이름이 높임을 받고 주님이 영광을 받으신 것이다.

주님이 공생애 동안에 하셨던 그 놀라운 역사가 주님을 세 번이나 부인했던 베드로를 통해 나타났다. 주님의 권능이 제자들의 권능이 된 것이다. 성령이 너희에게 임하시면 권능을 받는다는 주님의 약속, 나보다 더 큰 일을 할 것이라는 주님의 약속이 구현된 것이다. 주님의 은혜가 신분과 지역을 초월하여 주권적으로 주어졌다.

이 두 사람의 기적, 특별히 다비다의 부활은 이미 믿고 있던 성도들에게는 은혜와 격려의 사건이었고, 믿지 않는 사람들에게는 도전과 두려움의 사건이었다. 그의 부활은 믿는 사람들이나 믿지 않는 사람들에게 똑같이 부활이 있다는 사실을 분명히 일깨워 주었을 것이다. 이것은 욥바의 많은 사람들이 주님께로 돌아왔고, 주님의 복음이 룻다, 사론, 욥바에까지 확대되었다는 누가의 기록에서 어렵지 않게 확인할 수 있다.

누가는 왜 가이사랴 고넬료의 회심 사건에 앞서 애니아와 다비다의 이적 사건을 상술했을까? 우리는 애니아와 다비다 사건이 왜 일어났는가를 성경의 전체적인 흐름 속에서 이해해야 한다. 이 두 사건은 별개가 아니라 같은 선상에서 진행된 사건이다. 스데반과 사울에 이어 베드로의 등장은 사도행전 1장 8절의 이방전도에 대한 약속의 성취를 일깨우시려는 섭리였다. 약속대로 예루살렘에서 시작된 구원의 복음이 온 유대와 사마리아를 넘어 진행되는 과정을 보여준다.

스데반의 설교는 하나님의 은혜의 복음이 유대인에게만 국한된 것이 아니라 모든 이방인들에게까지 확대되었음을 입증해주었다. 이방인의 사도 사울의 회심은 구체적으로 이방인 선교가 준비되었다는 사실을, 할례자의 사도 베드로의 룻다와 욥바 선교는 가이사랴로 향하는 길목에서 일어난 복음전파로 이제 이방선교가 피할 수 없는 단계에 왔다는 사실을 입증해준다. 누가는 이 사건이 구원의 역사가 유대인을 넘어 이방인으로 나아가는 길목의 사건으로 묘사한 것이다. 누가가 애니아와 달리 다비다의 이름을 아람어와 헬라어로 언급한 것에서 그녀가 유대인 신자와 헬라인 신자 모두를 섬겼던 제자였던 것으로 여겨진다. 그런 의미에서 누가의 다비다 기술은 사도행전 1장 8절의 연장선상으로 봐야 할 것이다.

신분을 초월한 구원의 역사

이 일 후 일어난 한 가지 흥미로운 사실이 등장한다. 애니아와 다비다를 일으키고 나서 베드로는 시몬이라는 무두장이의 집에 머물렀다는 43절 말씀이다. '무두장이'(tanner)란 죽은 동물의 가죽을 벗기거나 그것을 빨고 다듬는 일을 한다. 따라서 유대인들이 가장 기피하는 직업 중 하나이다. 구약 레위기에 보면 죽은 동물을 만지는 것은 부정한 일이었다. 심지어 여자가 무두장이 남편과는 이혼해도 무방했다. 이런 무두장이의 집에 베드로가, 그것도 할례자의 사도인 베드로가 머물렀다는 것은 일대 혁명이었다. 복음은 민족을 넘어설 뿐만 아니라 신분과 계층을 넘어선다는 사실을 보여준다. 베드로는 인간적인 편견을 신앙으로 잘 극복했다. 이런 훈련이 있었기 때문에 나중에 베드로는 고넬료를 진심으로 수용할 수 있었다.

전혀 대조적인 두 시몬은 얼마 동안 함께 유숙하면서 앞으로 전개될 복음전도의 길을 논의했을 것이다. 무두장이 시몬은 욥바의 복음화에 중요한 구심점이 되었다. 사도행전을 마치 사도들의, 사도들에 의한 그리고 사도들을 위한 복음의 확장으로 이해하는 것은 사도행전을 제대로 이해하지 못하는 것이다.

성령의 놀라운 역사를 통해 복음이 확장되는 과정에서 너무도 많은 다양한 계층의 민중들이 귀한 도구로 쓰임 받았다. 욥바에서도 예외는 아니었다. 칼빈이 지적한 대로 '주님께서는 이 도시[욥바]에서도 다른 곳에서와 마찬가지로 육신의 교만을 꺾는 뜻에서 평민을 동원해서 자신의 교회를 형성하셨다.'²⁴ 다비다는 12사도도 일곱 사람도 아닌 평신도로서 주님을 위해 헌신한 인물이다. 게다가 여성이었다. 누가는 복음의 확장이 어느 특정 신분의 사람들을 통해 진행된 것이 아닌 성별과 신분을 초월하여 성령의 충만을 받은 인물들에 의해 확산되었다는 사실을 드러내고 있다.

애니아와 다비다, 무두장이 시몬 사건은 신분과 직업과 성별과 지역과 인종을 초월하여 수많은 죽어가는 영혼들이 새생명을 얻고, 육신의 병에서 고침을 받는 역사가 나타날 것을 예시한다. 의심할 바 없이 기독교는 죄인을 구원하고, 병든 사람들을 치료하고, 죽어가는 영혼들을 살리는 생명의 종교이다.

2. 가이사랴 고넬료와 베드로의 시각변화(10:1-16)

베드로가 무두장이 시몬의 집에 유하는 것으로 사도행전의 9장이 끝나고 10장이 전개된다. 10장에서는 이방인 전도가 사도들을 통해 어떻게 구체적으로 진행되는가를 보여준다. 이것은 '유대인 중의 유대인,' '할례자의 사도'라고 일컬음을 받았던 베드로와 이방인의 성공의 상징인 백부장 고넬료의 회심을 통해서 잘 표현되었다.

> ¹ 가이사랴에 고넬료라 하는 사람이 있으니 이달리야 부대라 하는 군대의 백부장이라 ² 그가 경건하여 온 집안과 더불어 하나님을 경외하며 백성을 많이 구제하고 하나님께 항상 기도하더니 ³ 하루는 제구시쯤 되어 환상 중에 밝히 보매 하나님의 사자가 들어와 이르되 고넬료야 하니 ⁴ 고넬료가 주목하여 보고 두려워 이르되 주여 무슨 일이

---

²⁴ 칼빈, 사도행전 I, 378. 누가는 복음이 사도들의 전유물도 특정 유대인들만의 복음도 아니라는 사실을 지속적으로 드러내고 있다. 사도행전 전체는 물론이고 베드로가 룻다와 욥바 그리고 가이사랴를 방문하는 사건을 기술하면서도 '애니아,' '다비다,' '무두장이,' '욥바의 형제들'이 중요한 은혜의 체험자들이자 복음의 증인이라는 사실을 드러내고 있다.

니이까 천사가 이르되 네 기도와 구제가 하나님 앞에 상달되어 기억하신 바가 되었으니 ⁵ 네가 지금 사람들을 욥바에 보내어 베드로라 하는 시몬을 청하라 ⁶ 그는 무두장이 시몬의 집에 유숙하니 그 집은 해변에 있다 하더라 ⁷ 마침 말하던 천사가 떠나매 고넬료가 집안 하인 둘과 부하 가운데 경건한 사람 하나를 불러 ⁸ 이 일을 다 이르고 욥바로 보내니라 ⁹ 이튿날 그들이 길을 가다가 그 성에 가까이 갔을 그 때에 베드로가 기도하려고 지붕에 올라가니 그 시각은 제육 시더라 ¹⁰ 그가 시장하여 먹고자 하매 사람들이 준비할 때에 황홀한 중에 ¹¹ 하늘이 열리며 한 그릇이 내려오는 것을 보니 큰 보자기 같고 네 귀를 매어 땅에 드리웠더라 ¹² 그 안에는 땅에 있는 각종 네 발 가진 짐승과 기는 것과 공중에 나는 것들이 있더라 ¹³ 또 소리가 있으되 베드로야 일어나 잡아먹어라 하거늘 ¹⁴ 베드로가 이르되 주여 그럴 수 없나이다 속되고 깨끗하지 아니한 것을 내가 결코 먹지 아니하였나이다 한대 ¹⁵ 또 두 번째 소리가 있으되 하나님께서 깨끗하게 하신 것을 네가 속되다 하지 말라 하더라 ¹⁶ 이런 일이 세 번 있은 후 그 그릇이 곧 하늘로 올려져 가니라(10:1-16)

누가는 이방선교의 중요한 획을 긋는 가이사랴 오순절을 시작하면서 '가이사랴에 고넬료라고 하는 사람이 있으니'(10:1)라는 말로 시작한다.[25] 스톡스가 지적한대로 오순절 성령강림, 사울의 회심, 고넬료의 회심 그리고 안디옥교회의 태동으로 이어지는 역사의 전환점에서 '첫 이방인 회심자'[26] 고넬료의 회심은 분명히 초대교회 이방선교 역사에서 위대한 사건이 아닐 수 없다.

이방선교 준비를 위해 사울의 회심이 중요했다면 고넬료의 사건은 이방선교를 위한 또 하나의 결정적인 전환점이었다.[27] 어드만은 "고넬료의

---

[25] Charles R. Erdman, *The Acts* (Philadelphia: The Westminster Press, 1919), 83. "고넬료는 비록 첫 이방인 회심자는 아니었지만 그의 회심이 성경에 기록된 첫 이방인이었다."

[26] George Thomas Stokes, *The Acts of the Apostles* Vol. II. (New York: A. C. Armstrong and Son, 1892), 92-93.

[27] Chrysostom, *The Homilies on The ACTS of The Apostles*, 312-326.

회심이 기독교 역사에서 전환점 가운데 하나였고 교회의 범세계적인 복음증거에 있어서 탁월한 특징이다"[28]라고 기록했다. 더 나아가 윌리엄 아놋은 역사의 전환점 가운데 하나 정도가 아니라 아예 "이방세계에 복음이 흘러넘치게 만든 초대교회사의 위대한 전환점"[29]이라고 증언했다.

고넬료의 회심, 세계선교사의 위대한 전환점

누가가 이 고넬료의 사건을 상당한 지면을 할애하면서 상세하게 기술한 것도 그 때문이다.[30] 고넬료가 '이달리아 부대의 백부장'(10:1)이라는 누가의 기록은 사도행전의 진위성을 확인시켜 주는 또 하나의 결정적인 증거이다.[31] 복음이 예루살렘, 온 유대, 사마리아로 전파되고 그 지역을 넘어 전파되고 있었지만 이 사건 이전에는 베드로와 다른 사도들은 기독교 언약의 약속과 특권이 모든 민족에게 적용되는 것이라는 사실을 잘 이해하지 못했다.[32] 그런 의미에서 고넬료의 회심으로 그리스도 교회의 역사가 또 하나의 중요한 단계에 이른 것이다.[33]

우리는 이 사건의 중요성을 좀 더 깊이 이해하기 위해 당시 로마제국에서 가이사랴의 지정학적, 사회, 정치적 중요성을 인식할 필요가 있다. 가이사랴는 룻다, 사론, 욥바와 매우 근접한, 갈멜산 남쪽에 위치한 지중해 항구도시다. 역사적으로 이곳은 로마의 영향과 헬라의 영향이 지중해를 타고 강하게 들어왔던 곳이다. 예수님 당시에는 지중해 해안에서 가장 중요한 항구도시였다.

가이사랴는 특히 일찍부터 헬라의 영향을 상당히 많이 받았다. 가이사

---

[28] Erdman, *The Acts*, 84.

[29] William Arnot, *The Church in the House: A Series of Lessons on the Acts of the Apostles* (New York: Robert Carter & Brothers, 1873), 247.

[30] Frederic Adolphus Krummacher, *Cornelius the Centurion* (New York: John S. Taylor, 1841), ix.

[31] Stokes, *The Acts of the Apostles* Vol. II., 93.

[32] Denton, *A Commentary on the Acts of the Apostles*. Vol. I., 336.

[33] Denton, *A Commentary on the Acts of the Apostles*. Vol. I., 334.

랴는 팔레스타인의 행정수도로 로마 총독이 거주하였다.[34] 가이사랴의 뜻은 '가이사의 고을'이라는 뜻으로 가이사랴 빌립보 지방과는 다른 곳이다. 이곳은 헤롯이 화려한 로마 도시로 재건하여 황제 아우구스투스에게 바침으로 '가이사랴 세바스테'라고 불리기도 했다. 영유권을 두고 유대인과 이방인이 격렬하게 싸웠을 때 네로가 이 도시를 이방인의 도시로 판정을 내려 유대인들로부터 강한 저항을 받기도 했다.

유대 전쟁 때에 이곳은 로마의 베스파시우스와 디도 장군의 본영지가 되기도 했다. 자연히 이 지역에 대한 관심들이 많을 수밖에 없었다. 베드로가 와서 고넬료가 주님을 영접하게 되므로 가이사랴의 전도는 더욱 활기를 띠기 시작했다. 빌립이 약 20여 년간 거주하면서 전도한 곳도 이곳이다. 빌립이 먼저 와서 복음을 전함으로 고넬료의 회심의 배경을 제공하고, 고넬료가 회심한 후에도 계속 그곳에서 복음을 전하였다. 이처럼 가이사랴는 이방인 전도에서 매우 중요한 위치를 차지하고 있다.

우리는 '가이사랴에 고넬료라 하는 사람이 있으니 이달리야 부대라 하는 군대의 백부장이라'(10:1)를 주목할 필요가 있다. 10장 1절은 9장과 10장을 연결하고 10장 전체를 이해하는 열쇠다. 고넬료와 그리스도 사이에는 많은 강력한 장벽들이 존재했다. 그는 이방인이었고, 로마 시민권자였으며, 군인이었고 백부장이었다. 각기 신분은 당시에는 그리스도에게 다가가기에는 너무도 큰 장벽들이었다.[35]

주님의 약속이 어떻게 놀랍게 성취되어 가는가를 누가는 백부장 고넬료의 회심을 통해서 선명하게 드러내길 원했다. 가이사랴에 사는 이방인 로마군대의 백부장 고넬료가 할례자의 사도 베드로를 통해서 온 가족이 주님께로 돌아왔고 그 가정에 놀라운 성령의 부으심이 임했다.

---

[34] F. C. Cook, *The Acts of the Apostles: With a Commentary and Practical and Devotional Suggestions for Reader and Students of the English Bible* (London: Longmans, Green, and Co., 1866), 115.

[35] Arnot, *The Church in the House*, 250.

베드로의 가이사랴 방문의 의미

고넬료의 회심은 하나님의 특별한 역사와 섭리였다. 크리소스톰이 관찰한 것처럼 하나님은 모든 것을 잘 아시고 섬세하게 배려하셨다. 그것은 일어난 사건의 순서와 성격을 주목하면 알 수 있다. "성령께서는 사도중의 사도인 베드로를 이들 이방인들에게 보내셨지 그들을 사도에게 보내시지 않으셨다. 또한 여러 사도들을 고넬료 가정에 보내시지 않으시고 몇 명의 사도들을 베드로에게 딸려 보내시지도 않으셨다. 성령은 고넬료 가정의 이방인들의 약함을 아시고 어떻게 그러한 사람들을 다루셔야 할지를 잘 아신 것이다."[36]

성령께서 욥바에 머물던 베드로를 가이사랴에 보내서 말씀을 전하게 하시고 놀라운 가이사랴 오순절을 통해 고넬료와 그 가정이 주님께로 돌아온 사건은 다음 몇 가지 점에서 매우 의미심장한 선교적 의미를 내포하고 있다.

첫째, 베드로의 룻다와 욥바 방문과 애니아의 치료와 다비다의 부활은 이적을 통해 이방인들에게 복음을 증거한 사건이었지만, 가이사랴 사건은 말씀선포를 통해 성령의 역사가 강하게 임한 사건이었다. 베드로가 말씀을 선포할 때 말씀을 듣는 자들 가운데 성령이 임했다. 성령께서 말씀을 통해서 역사하신다는 사실이 너무도 선명하게 드러났다.

둘째, 오순절 마가의 다락방에 나타났던 강력한 성령의 부으심의 역사가 계속해서 나타났다. 예루살렘 오순절이 120 문도의 유대인들 가운데 임한 성령의 부으심이었다면 가이사랴 오순절은 이방인들 가운데 임한 성령의 부으심이었다. 오순절 마가의 다락방에서 유대인들 가운데 임했던 것과 같은 성령의 부으심이 가아사랴 이방인들 가운데 임한 것이다. 누가는 사도행전에서 오순절 사건, 사마리아, 가이사랴, 에베소에 이르기까지 성령의 부으심의 사건을 상당히 많은 지면을 할애하여 기술하고 있

---

[36] Chrysostom, *The Homilies on The ACTS of The Apostles*, 313.

다. 고넬료 사건도 마찬가지이다.

셋째, 가이사랴 오순절 사건은 구원의 문이 이방인들에게 열리게 만든 결정적인 사건이었다.[37] 가이사랴 오순절 사건은 훗날 유대인들의 예루살렘 총회(15:7-9)에서 이방인들을 할례 없이 교회의 일원으로 받아들이는 결정적인 증거로 채택되었다. 그 결과 구원의 문이 이방인들에게 활짝 열렸다.

넷째, 성령께서 이방선교의 장을 열도록 처음부터 전 과정을 이끌어 가셨다. 먼저 하나님께서 이 사건을 통해 베드로의 시각을 완전히 바꾸어 주셨다. 처음부터 성령께서 주도하셨다. 룻다는 베드로가 여러 지역을 순방하는 도중에 방문한 곳이고, 욥바는 그 지역의 사람들이 베드로에게 와 줄 것을 간청하여 방문한 곳이지만, 가이사랴는 주의 사자가 고넬료에게 직접 나타나셔서 베드로를 청하심으로 베드로가 성령에 이끌려 방문했다.

성령께서 역사하셔서 할례자의 사도 베드로와 이달리야 군대 백부장 고넬료 모두 환상을 보았다. 서로 만날 준비를 하게 하시려는 하나님의 섭리였다. 이방인의 전도가 크리소스톰의 표현을 빌린다면 "너무도 하나님의 섭리적 질서 가운데 진행되었다."[38]

그런 의미에서 베드로의 가이사랴 방문은 사도행전 1장 8절의 약속이 구체적으로 실현되었음을 알리는 사건이었다. 성령이 임하면 '예루살렘과 온 유대와 사마리아와 땅 끝까지 이르러 내 증인'이 될 것이라는 약속이 성취된 것이다. 따라서 고넬료와 베드로의 만남은 이제 이방인의 복음화가 지역적인 한계를 넘어 제국적인 차원에서 전개되고 있음을 보여준다.

---

[37] 김명혁, "제 2의 오순절," <www.christiantoday.co.kr/news/176262>(2019. 11. 14. 접속). "베드로의 가이사랴 방문에서 이방전도의 터전이 확고히 마련되었다. 앞서서 빌립의 에디오피아 내시 전도는 헬라계 집사에 의한 전도였고 그 결과도 미지수였다. 하지만 여기서의 이방전도는 유대계 사도에 의한 직접적인 이방전도로 이방전도[복음화]의 기초를 구축[하여] 기독교가 세계 종교로 발전할 수 있는 중요한 틀을 다졌다. 그래서 이 사건을 가리켜 '가이사랴의 오순절'이라고 부르기도 한다."

[38] Chrysostom, *The Homilies on The ACTS of The Apostles*, 314.

이달리야 군대 백부장 고넬료

본문에서 '이달리야 부대라 하는 군대'는 당시 가이사랴에 주둔하고 있던 로마군대를 말한다. 로마제국은 제국 내의 큰 도시에 갑작스런 반란을 진압하기 위해 로마군대를 상시 주둔시켰다. 로마제국 안에는 전체 다섯 군대가 존재했는데 이 중 네 군대는 원주민들로 구성되었고, 나머지 한 군대 이달리야 부대는 지원병으로 구성되었다.

지원병으로 구성된 로마제국의 군대조직의 가장 큰 단위는 군단(legion)이다. 1개 로마 군단은 육천 명의 사병으로 편성되었으며 전체 로마제국 안에는 총 28개 군단이 있었다. 1개 군단은 다시 육백 명을 단위로 한 10개의 대대로 나뉘고, 다시 1개 대대는 백 명을 단위로 한 여섯 개의 백인대로 나뉘어졌다. 이 백인대를 이끄는 대장이 바로 백부장(centurion)이다.

백부장은 로마군대에서 가장 중요한 핵심으로 군복무 15년이 되어야 오를 수 있는 직책이었다. 이탈리아 국적을 가진 고넬료는 백부장 가운데 한 사람이었다. 그는 가이사랴의 수비대인 자기 100인 부대와 함께 가이사랴에 거주하고 있었다. 고넬료는 기원전에 1만 명의 노예를 해방시킨 유명한 장군 푸블리우스 코넬리우스 술라(Publius Cornelius Sulla)의 가문에 속했다는 이야기가 있다. 그렇다면 고넬료는 단순한 백부장이 아니라 명문가문 출신이었다. 그는 후에 유명한 장군이 되었으나 이 당시에는 예비부대 격의 가이사랴에 주둔했던 것으로 보인다.

휘하에 대개 백 명 정도를 거느리는 백부장의 임무는 오늘날 육군 대위(modern army captain)에 해당된다. 당시 백부장은 로마군대의 척추였다.[39] 당시 로마군대에서 백부장에게 요구되는 자질은 용감성이 아니라 신중성이었다.[40]

---

[39] Bruce, *The Book of ACTS*, 215.
[40] Bruce, *The Book of ACTS*, 215.

고넬료, 아주 희귀하고 특별한 사람

누가는 10장 1절에서 고넬료가 가이사랴에 주둔하는 이탈리아 군대의 백부장이라고 담담하게 소개한다. 우리는 양면적으로 고넬료의 특별함을 주목할 수 있다. 하나는 그의 성품이고 다른 하나는 그의 신앙과 경건이다. 칼빈의 표현을 빌린다면 고넬료는 "아주 희귀한 사람," "아주 정직하고 신실한," "희귀하고 뛰어난 성실성의 소유자"였다.

> 그가 사실 아주 희귀한 사람인 것은 군인으로서 하나님에 대한 신앙심이 아주 두드러졌으며 인간들과의 태도가 아주 정직하고 신실했기 때문이다. 당시 군복무에 참여한 이태리인들로 말하자면 그들은 굶주린 늑대들 마냥 닥치는 대로 노략질하기에 바빴으며 야수나 다를 바 없이 전반적으로 종교심이 없었으며 그들의 신의가 있었다면 산적들의 그것과 다를 바 없었다. 따라서 고넬료의 덕이 더욱 더 칭송을 받아 마땅한 것은 당시 타락할 대로 타락한 군대 생활 속에서도 그가 아직 성실하게 하나님을 섬겼으며 사람들에게 해나 악을 끼치지 않고 살았기 때문이다. 그리고 그가 미신 속에서 태어나고 자랐지만 이것을 배척하고 참 하나님의 순수한 경배를 받아들였다는 점에서 그는 더 큰 칭찬을 받을 만하다. … 고넬료는 이 모든 것들이 그를 방해 할 수 없다는 사실을 깨닫고는 우상을 버리고 참 하나님의 진정한 숭배를 받아들였다. 그 점에서 그는 희귀하고 뛰어난 성실성의 소유자였음이 틀림없다.[41]

---

[41] 칼빈, 사도행전 I, 379-380. "누가는 여기서 특이한 이야기를 하고 있는데 그것은 하나님께서 모든 유대인들 앞에서 할례 받지 않은 이방인을 특별히 높여 주신 사건이다. 이것이 특이한 것은 하나님께서 그에게 당신의 천사를 임명하시고 그에게 복음의 초보를 가르치기 위해 베드로를 가이사랴로 데려오시기 때문이다. 그러나 무엇보다도 먼저 누가는 천사가 하늘에서 내려오고 하나님께서 환상 중에 베드로에게 말씀하게 된 인물인 고넬료가 어떤 사람인가를 보여주고 있다. 그는 이태리 보병대(cohort) 소속의 백부장이었다.… 우리가 아는 대로 이태리인들은 지독하게 남들을 깔보고 뻐기는 편이었다. 말할 필요도 없이 당시 유대인들은 모두에게 천박하고 증오스럽기 짝이 없었으며 바로 그들 때문에 순수한 종교가 불신을, 아니 거의 지긋지긋하게 미움을 사고 있었다."

뿐만 아니라 10장 2절 이하가 말해주듯 고넬료는 신앙심이 특별했다. "누가는 그가 '경건하며 하나님을 경외하는 자'(10:2)였다는 점을 그리고 훌륭한 가장으로서 가족들을 가르치는데 수고를 아끼지 않았다는 점을 기록하고 있다. 다음으로 누가는 고넬료가 자기 주위의 모든 사람들에게 베푼 사랑의 봉사와 하나님께 드리는 계속적인 기도를 들어 그를 칭찬하고 있다."[42]

고넬료는 자신만 아니라 그의 온 집으로 더불어 하나님을 섬겼던 신앙의 사람이었다. 칼빈의 표현을 빌린다면 "고넬료는 자기 권속 가운데 교회를 두고 있었다."[43] 이런 점 때문에 크리소스톰은 당시 성도들에게 이렇게 부탁했다. "우리 가운데 누가 가족들의 신앙을 무시한다면 이 사람 고넬료가 그의 휘하 군사들 또한 소중히 여긴 것에 귀를 기울이자."[44]

가이사랴의 고넬료의 회심은 초대교회 이방인 선교의 획을 긋는 사건이었다. 로마 행정의 중심지가 된 가이사랴에서 로마군대의 촉망받는 장교 고넬료가 예수를 영접함으로 사도행전의 '땅 끝까지 이르러 내 증인이 되리라'는 말씀, 즉 땅 끝까지의 이방인 전도의 토대가 구축된 셈이다. 애니아의 회심도, 다비다의 부활 사건도 이방인 전도의 선을 긋는 매우 중요한 사건이지만 유대 민족의 한계를 넘지 못했다. 그런데 로마군대의 장교가 예수를 믿음으로써 예수께서 이방인의 구주가 되셨음을 공식적으로 선포한 셈이다.

유대족속의 신망을 받은 로마장교(10:1-9)

고넬료는 매우 영향력 있고 유대 온 족속으로부터 신망을 얻는 인물이었다. 크리소스톰의 표현을 빌린다면 "그는 신앙과 삶 모두에서 정도(正

---

[42] 칼빈, 사도행전 I, 380.
[43] 칼빈, 사도행전 I, 381.
[44] Chrysostom, *The Homilies on The ACTS of The Apostles*, 313. 우리 역시 만일 우리 가족 중에 아직 하나님을 믿지 않는 가족이 있다면 각성해야 할 것이다. 자신은 신앙생활을 잘 하면서도 가족 중에 믿지 않는 사람이 있는 것을 안타깝게 여기지 않는 자들이 없어야 할 것이다.

道)를 걸었다."⁴⁵ 사도행전 10장 2절에는 고넬료의 신앙을 검증할 수 있는 네 가지의 진술들이 나타난다. 그는 '경건하고,' '하나님을 경외하고,' '백성을 많이 구제하고,' '하나님께 항상 기도'하는 인물이었다. 고넬료를 가리켜 표현한 말 '경건,' '하나님 경외,' '구제,' '항상 기도' 이 네 가지는 경건한 삶에서 항상 구비되어야 할 요건들이다.⁴⁶

고넬료의 신앙의 네 가지 검증

누가는 사도행전에서 고넬료의 신앙을 다음 네 가지로 검증한다.

첫째, 성경을 기록한 누가의 증언이다. 역사적 안목과 예리한 관찰자 누가는 본문 10장 2절에서 '그가 경건하여 온 집안과 더불어 하나님을 경외하며 백성을 많이 구제하고 하나님께 항상 기도하더니'라고 증언한다. 그의 경건은 단순히 개념적인 경건이 아니라 구체적으로 열매를 맺고 영향력을 미치는 경건이었다. 먼저 자기의 온 집 사람들과 함께 하나님을 경외했다. 칼빈이 말한 대로 "누가가 고넬료의 태도를 칭찬하는 것은 간절히 베드로의 도착을 기다리고 있었을 뿐 아니라 그가 친구들과 친척들을 모아 그 신앙을 자기와 함께 나눠 갖기를 원했기 때문이다."⁴⁷

이방인 고넬료의 신앙이 위대한 것은 그 자신만 믿은 것이 아니라 온 가족을 다 주께로 인도하였기 때문이다. 그는 가족들과 함께 하나님을 경외하였다.⁴⁸ 고넬료는 가족을 주님께로 인도했을 뿐만 아니라 많은 백성을 구제했다(10:2). 우리는 그의 신앙이 실천적이라는 것을 확인할 수 있다.

---

⁴⁵ Chrysostom, *The Homilies on The ACTS of The Apostles*, 313.

⁴⁶ Denton, *A Commentary on the Acts of the Apostles*. Vol. I., 338.

⁴⁷ 칼빈, 사도행전 I, 399.

⁴⁸ Norbert Widok (Opole), "Christian Family as Domestic Church in the Writings of St. John Chrysostom," *Studia Ceranea* 3 (2013): 170. 당시 로마군대의 장교가 "틀림없이 여러 사람을 불러 새 종교를 믿게 하는 것은 위험스런 상황을 야기시키는 노릇이었다." 베드로의 설교를 듣기 위해 고넬료가 온 가족과 온 집안사람들을 모아 놓은 것은 가족 복음화에 대한 도전을 준다. 초대교회의 유명한 설교가이며 교부였던 존 크리소스톰은 아버지가 모든 가족들에게 신앙의 진리를 가르치고 깊은 관심을 갖고 그들의 도덕성을 돌봐야하고, 심지어 종들의 신앙에 대해서도 동일한 책무를 감당해야 한다고 강조했다.

둘째, 고넬료의 종들의 증언이다.[49] 고넬료의 부탁을 받아 베드로를 찾아간 종들은 고넬료가 '의인이요'(10:22), '하나님을 경외하는 자'(10:22)이며, '유대 온 족속이 칭찬'(10:22)하는 사람이라고 증언했다. 우리는 여기 종들의 증언에서 고넬료가 얼마나 경건한 사람이었는가를 확인할 수 있다. 이 종들의 증언은 누가의 증언과 완전히 일치한다.

셋째, 주의 사자의 증언이다. 주의 사자가 고넬료에게 나타나 '네 기도와 구제가 하나님 앞에 상달되어 기억하신 바가 되었으니'(10:3)라고 말씀했다. 고넬료의 구제가 이미 주 앞에 상달되었다는 사실은 고넬료의 신앙이 탁월했음을 단적으로 말해준다.

넷째, 삶이 동반된 고넬료의 실천적 신앙이다. 고넬료는 삶 속에서 경건을 실천했을 뿐만 아니라 주의 사자의 분부를 받았을 때 주저하지 않고 이를 실행에 옮겼다.[50] 즉시 자신의 신실한 종을 베드로에게 보내 그를 초청했다. 주의 사자의 명령을 추호도 의심하지 않고 즉시 명령에 순종한 것이다. 고넬료가 얼마나 실천적인 신앙의 소유자였는가를 잘 보여준다.

누가는 이처럼 고넬료의 신앙과 경건한 삶의 실천이 고넬료의 종, 주의 사자, 고넬료의 삶을 통해 총체적으로 입증되고 있음을 증거해 나갔다. 아마도 누가는 사도행전의 수신자 데오빌로를 염두에 두고 이같이 치밀하게 한 인물의 변화 과정을 사실에 입각해서 제시한 것으로 보인다.

---

[49] 누가는 고넬료의 종들 가운데 경건한 사람들이 있었다고 증언한다. 고넬료가 온 집안과 더불어 하나님을 경외했다고 했을 때 '온 집안'(10:2)이라는 말에는 종들까지 포함되는 의미다. 고넬료가 집안 하인 둘과 종졸 가운데 '경건한 사람'(10:7) 하나를 불러 욥바에 있는 베드로를 청해 오라는 지시를 내렸는데 이것은 고넬료의 영향력이 자기 집안뿐만 아니라 군대에까지 확대되었음을 말해준다. 그의 밑에 경건한 사람들이 있다는 것은 고넬료의 신앙을 통해 그 휘하의 사람들이 감동을 받고 예수를 믿게 되었다는 사실을 함축한다. 이것은 그가 종들로부터 얼마나 신임을 받았는가를 말해준다. 그는 자기의 온 가족과 부하들을 주님을 경외하는 신앙으로 인도한 것이다. 그것은 경건한 생활에 따라오는 열매였다.

[50] '유대 온 족속이 칭찬했다'는 말은 앞에서 10장 2절의 '백성을 많이 구제하고'라는 구절의 '백성'이 유대 백성이었음을 말해준다. 당시에 로마 사람이 압제받는 백성으로부터 칭찬을 받기란 보통 어려운 일이 아니었다. 그렇다면 확실히 고넬료는 보통 사람이 아니었다. 그가 많은 '백성'을 구제했다고 할 때 그 '백성'이란 로마 백성을 뜻할 수도 있겠지만 문맥상으로는 유대인들을 가리킨다. 고넬료는 로마의 시민권을 가지고 있었고 로마군대의 장교였음에도 불구하고, 어려운 이스라엘 백성들을 긍휼히 여길 줄 아는 사람이었다. 규칙적인 기도는 그의 경건생활의 밑거름이었다.

기도하는 도중 고넬료의 환상(10:3-6)

특별히 누가는 고넬료의 기도하는 습관을 부각시키고 있다. 3절에 보면 고넬료가 정기적으로 시간을 정해 놓고 기도했음을 말해준다. 유대인은 오전 9시, 정오, 오후 3시에 규칙적으로 기도했다. 고넬료는 오후 3시에 기도했다. 이것은 그가 비록 개종하지는 않았지만 유대인의 기도 관습을 따라 정기적으로 기도했음을 보여준다.

고넬료는 이방인이었지만 '하나님을 경외하는 자'(God-fearer, ἀνὴρ φοβούμενος τὸν Θεόν, 10:2)였기 때문에 유대인 공동체에 대해 거부 반응은 없었다.[51] 처음 복음을 받아들인 자들은 대부분이 '하나님을 경외하는 자'였다. 이들은 사울이 순회한 도시들의 기독교 공동체의 핵심을 이루었다.[52] 그가 하나님의 사자가 들어와 말하는 환상을 본 것도 그가 정기적으로 기도하는 시간인 오전 9시였다. 이것은 고넬료가 기도하는 도중에 '환상'(10:3)을 보았음을 의미한다.[53]

"누가는 이 '환상'을 일종의 말씀으로 제시함으로써 고넬료가 그리스도의 신앙으로 인도된 것은 하늘의 도움이 있었기 때문이라는 점을 우리에게 알려주고 있다."[54] 고넬료가 본 환상은 그가 하나님과 깊은 영적교통을 나눈 것을 함축하며, 그의 기도가 단순한 기도가 아니라 진실되고 삶이 동반된 아름다운 기도였음을 보여준다. 천사는 고넬료의 '기도와 구제가 하나님 앞에 상달되었다'(10:4)고 증언한다.[55] 이것은 고넬료가 하나님의

---

[51] 물론 이 말은 유대교적인 관점에서 본 말이다. 당시의 많은 이방인들은 유대교 공동체로 완전히 개종하여 들어가지는 않았으나 유대교의 회당 예배에서 보이는 유일신 사상과 또 유대인들의 생활양식의 윤리적인 기준에 호의를 갖고 있었다. 그들 중 어떤 사람들은 회당에 참석하며 헬라어로 읽는 성경과 기도에 꽤 정통하기도 했다. 또 유대인의 안식일 준수나 음식 규례 등을 세심하게 지키려는 사람들도 있었다. 고넬료의 경우는 이스라엘의 하나님께 정기적으로 기도하며 이스라엘 백성들에게 자선을 베풂으로써, 자신이 유대교에 동조하고 있음을 보여주고 있다.

[52] Bruce, *The Book of ACTS*, 215-216.

[53] Denton, *A Commentary on the Acts of the Apostles*. Vol. I., 340.

[54] 칼빈, 사도행전 I, 383.

[55] 칼빈, 사도행전 I, 384-385. 사도행전 10장 4절 "네 기도와 구제가 하나님 앞에 상달되어"를 주목할 필요가 있다. 기도와 구제가 있었기 때문에 고넬료가 신앙에 이르렀는지, 고넬료가 신앙

보좌를 움직이는 기도를 드렸음을 말해준다.

믿음의 기도는 하나님의 보좌를 움직이는 비결이다. 아나니아가 기도할 때 사울이 성령충만을 받았고 그의 눈에서 비늘 같은 것이 벗겨지는 기적을 체험했으며, 베드로가 무릎을 꿇고 기도할 때 다비다가 살아나는 놀라운 능력을 체험했다. 기도는 주님의 보좌를 움직이는 가장 확실한 비결이다. 기도만큼 값지고 가치 있는 일은 없다.

베드로의 환상과 이방선교에 대한 시각전환(10:9-16)

고넬료는 제 9시(우리 시간으로 오후 3시)쯤 기도 가운데 환상(10:3-6)을 통해 주의 사자를 만나 해변에 있는 무두장이 시몬의 집에 거하는 베드로를 청하라는 명령을 받고 즉시 자기의 종졸과 하인들을 베드로에게 보냈다. 고넬료가 기도하던 제 9시는 베드로와 요한이 기도하러 성전에 정기적으로 올라갔던 바로 그 시간이었다. 베드로는 성령의 도우심으로 애니아의 병을 고치고 다비다를 죽음에서 일으킨 후 욥바의 무두장이 시몬에 집에 머물면서 그곳 사람들에게 복음을 전하고 있었다. 베드로는 고넬료가 환상을 본 그 다음날 유대인 시간으로 제 6시(우리 시간 낮 12시)에

이 있었기 때문에 기도와 구제가 가능했는지에 대해서는 이견이 있다. 로마 가톨릭은 전자를 칼빈은 후자를 지지한다. "그러나 로마 가톨릭에서는 이 구절을 두 가지 면에서 남용하고 있다. 말하자면 그들은 하나님께서 고넬료의 기도와 구제를 보시고 그에게 복음의 신앙을 부여하셨다는 사실을 인간 편에서의 준비로 곡해한다. 다시 말해서 인간이 자신의 근면과 덕으로 신앙을 획득하고 행위의 공로로 하나님의 은혜를 기대하는 것으로 이야기한다. 그러므로 그들은 선행이란 어찌나 가상(嘉尙)스러운 것이었든지 하나님의 은혜가 그들의 받을 자격에 비례해서 개인들에게 아낌없이 쏟아진다는 결론을 내린다. 먼저 그들은 고넬료가 신앙의 일깨움을 받기 전에 그의 행위가 하나님께 열납되었다는 생각을 하는데 이것은 유치한 오류이다. 신앙만이 우리에게 기도의 문을 열어준다는 점을 생각할 때 그에게 신앙이 선행하지 않고서는 그가 기도해야 아무것도 얻지 못했을 것이므로 우리는 그들의 무지를 반박하는 증거를 멀리서 찾을 필요가 없다. 펠라기우스(Pelagius)는 전에 신앙이 없던 사람이라도 기도로 신앙을 얻는다는 이야기를 하고 있다. 여기에 대해 어거스틴은 예리한 판단으로 그를 비꼬면서, '어느 누가, 먼저 어느 정도 치료를 받아 보지 않고서, 의사를 찾겠는가?' 하는 이야기를 하고 있다. 그러나 우리에게 두드릴 것을 가르치는 것은 바로 건전한 신앙이다. 더욱이 고넬료의 하나님 경외와 신앙심은 그가 성령으로 거듭난 사람이라는 점을 명백하게 입증하고 있다."

지붕에 올라가 기도하던 중(10:9) 비몽사몽간에 환상을 보았다.
유대인들의 지붕은 평평하여 거기서 조용히 명상하며 기도할 수 있기에 적합했다.[56] 그곳에서 그가 기도할 때 갑자기 하늘이 열리면서 한 그릇이 하늘에서 내려왔다. 그것은 '큰 보자기 같고 네 귀를 매어'(10:11) 있었고, 그 안에는 각색 네 발 가진 짐승과 기는 것과 공중에 나는 것들이 가득했다. 이것들은 레위기 11장 2-47절과 신명기 14장 3-20절에 규정된 불결한 짐승으로 유대인들에게는 먹지 못하도록 금지되었다. 여기 네 귀를 매었다는 말은 동서남북으로부터 오는 전 세계 백성들을 포괄적으로 가리키는 것으로 크리소스톰의 말대로 유대인과 이방인의 차이가 없어졌음을 의미한다. "보자기가 지칭하는 것은 이 세상이고 각종 네 발 가진 짐승은 이방인들이고 잡아먹으라는 명령은 그[베드로]가 그들[이방인 고넬료와 그의 사람들]에게로 가야 한다는 것을 지칭하는 것이고, 이 일에 세 번 있은 것은 세례를 지칭하는 것이다."[57]

갑자기 '베드로야 일어나 잡아먹으라'(10:13)는 주의 음성이 들렸다. 이에 베드로는 깜짝 놀라 '주여 그럴 수 없나이다 속되고 깨끗하지 아니한 것을 내가 결코 먹지 아니하였나이다'(10:14)라고 말했다. 베드로는 다른 유대인들처럼 하나님의 성민이 성별되고 거룩함을 지키는 한 방도로 불결한 식물을 먹지 않았다. 그는 아직도 율법의 규정을 문자적으로 준수하고 있었다. 이런 식물에 대한 규례가 그리스도 안에서 해방되었다는 사실을 베드로는 아직 깨닫지 못하고 있었다. 베드로가 본 환상은 당시 교회가 직면한 큰 위기의 실체가 무엇인가를 보여준다.[58]

베드로가 먹을 수 없다고 대답하자 '하나님께서 깨끗게 하신 것을 네가 속되다 하지 말라'(10:15)고 말씀하셨다. 이것은 '모든 식물을 깨끗하다 하셨다'(막 7:19)고 하신 주님의 말씀과 일치한다. '잡아먹으라'(10:16)는 말이 세 번이나 반복되었다. 유대인에게 셋이라는 숫자는 하늘의 숫자였다. 그

---

[56] Arnot, *The Church in the House*, 250.
[57] Chrysostom, *The Homilies on The ACTS of The Apostles*, 317.
[58] Arnot, *The Church in the House*, 250.

렇다면 세 번이나 반복된 것은 하나님께서 뜻을 작정하셨다는 의미이다. 그런데도 베드로는 처음에 그것이 무슨 의미인지를 깨닫지 못했다.[59]

3. 베드로의 고넬료 방문과 가이사랴 오순절(10:17-48)

베드로의 가이사랴 방문(10:17-33)

[17] 베드로가 본 바 환상이 무슨 뜻인지 속으로 의아해 하더니 마침 고넬료가 보낸 사람들이 시몬의 집을 찾아 문밖에 서서 [18] 불러 묻되 베드로라 하는 시몬이 여기 유숙하느냐 하거늘 [19] 베드로가 그 환상에 대하여 생각할 때에 성령께서 그에게 말씀하시되 두 사람이 너를 찾으니 [20] 일어나 내려가 의심하지 말고 함께 가라 내가 그들을 보내었느니라 하시니 [21] 베드로가 내려가 그 사람들을 보고 이르되 내가 곧 너희가 찾는 사람인데 너희가 무슨 일로 왔느냐 [22] 그들이 대답하되 백부장 고넬료는 의인이요 하나님을 경외하는 사람이라 유대 온 족속이 칭찬하더니 그가 거룩한 천사의 지시를 받아 당신을 그 집으로 청하여 말을 들으려 하느니라 한대 [23] 베드로가 불러들여 유숙하게 하니라 이튿날 일어나 그들과 함께 갈새 욥바에서 온 어떤 형제들도 함께 가니라 [24] 이튿날 가이사랴에 들어가니 고넬료가 그의 친척과 가까운 친구들을 모아 기다리더니 [25] 마침 베드로가 들어올 때에 고넬료가 맞아 발 앞에 엎드리어 절하니 [26] 베드로가 일으켜 이르되 일어서라 나도 사람이라 하고 [27] 더불어 말하며 들어가 여러 사람이 모인 것을 보고 [28] 이르되 유대인으로서 이방인과 교제하며 가까이하는 것이 위법인 줄은 너희도 알거니와 하나님께서 내게 지시하사 아무도 속되다 하거나 깨끗하지 않다 하지 말라 하시기로 [29] 부름을 사양하지 아니하고 왔노라 묻노니 무슨 일로 나를 불렀느냐 [30] 고넬료가

---

[59] Chrysostom, *The Homilies on The ACTS of The Apostles*, 316. 반대하는 베드로의 마음을 바꾸어 주신 분은 성령이시다. 이방선교를 위해 하나님이 얼마나 간섭하시고 역사하시는가를 누가는 너무도 섬세하게 기록을 하고 있다. 그래서 존 크리소스톰은 "얼마나 많은 이들이 하나님의 섭리에 의해 진행되고 있는가를 보라"고 주문했다.

이르되 내가 나흘 전 이맘때까지 내 집에서 제구 시 기도를 하는데 갑자기 한 사람이 빛난 옷을 입고 내 앞에 서서 31 말하되 고넬료야 하나님이 네 기도를 들으시고 네 구제를 기억하셨으니 32 사람을 욥바에 보내어 베드로라 하는 시몬을 청하라 그가 바닷가 무두장이 시몬의 집에 유숙하느니라 하시기로 33 내가 곧 당신에게 사람을 보내었는데 오셨으니 잘하였나이다 이제 우리는 주께서 당신에게 명하신 모든 것을 듣고자 하여 다 하나님 앞에 있나이다

누가는 성령께서 고넬료와 베드로 안에 어떻게 역사하셨는지 자세히 기록하였다. 그가 이 사건을 얼마나 중요하게 여기고 있는가를 단적으로 알 수 있다. 베드로가 속으로 '이 일이 무슨 일일까'(10:17) 의아해하는 바로 그때 고넬료가 보낸 사람들이 무두장이 시몬의 집에 도착했다. 가이사랴에서 욥바까지는 약 50km 의 거리로 하룻길에 해당하는 거리이다. 고넬료가 환상을 본 시간이 오후 3시였으므로 이 환상을 본 후 즉시 하속들을 보냈고, 그들은 도중에서 하루를 유숙하고 이튿날 정오경에 욥바에 도착한 것이다. 베드로가 제 6시(정오)에 기도하러 지붕에 올라간 시간과 하인들이 베드로를 찾아온 시간이 정확히 일치한다.

성령의 이방선교 명령: 의심하지 말고 함께 가라(10:17-23)

우리는 여기서 주목할 것이 있다. 베드로가 환상을 본 후 지붕에 계속 남아서 그 의미가 무엇인가를 곰곰이 생각할 때 '성령께서 그에게 말씀하시되 두 사람이 너를 찾으니 일어나 내려가 의심하지 말고 함께 가라 내가 그들을 보내었느니라'(10:19-20)고 알려주셨다.[60] 성령께서 베드로에게 환상의 의미를 알려주시고 할 일을 지시하시며 자신이 사람을 보내셨다고 말씀하셨다.[61] 여기서 성령이 어떤 분인가를 알 수 있다. 그는 인격적인 존재이며, 말씀하시는 분이시며, 길을 제시하시는 분이시며, 사람을 보내

---

[60] Chrysostom, *The Homilies on The ACTS of The Apostles*, 318.
[61] Denton, *A Commentary on the Acts of the Apostles*. Vol. I., 350.

시고 만나게 하시는 분이심을 너무도 선명하게 보여준다. 그가 이방선교를 이끌어 가신 것이다.[62]

존 크리소스톰의 말대로 "성령의 권위가 얼마나 대단한가! 하나님이 무엇을 하실지 성령께서 행할 일을 직접 명하신 것이다."[63] 베드로는 그들로부터 고넬료가 자신을 청해 말씀 듣기를 원한다는 전갈을 받고 그들을 불러들여 함께 유숙하고 그 다음날 바로 가이사랴로 떠났다.[64] 이것은 율법의 속박으로부터 벗어난 진정한 복음의 세계화를 향한 거대한 발걸음이었다. 그런 거대한 발걸음, "이방선교의 시작이 경건한 한 사람, 그의 선행이 가치가 있음이 입증된 한 사람과 더불어 착수되었다는 사실을 주목하라."[65]

23절에 보면 고넬료가 보낸 사람들 외에 욥바에 있는 '어떤 형제들도' 베드로와 함께 고넬료의 집을 향해 떠났다.[66] 개역개정에서 '어떤 형제'라고 표현된 구절이 개역성경에는 '두어 형제'로, 영어 성경과 헬라어 성경에도 '욥바 출신의 형제들 중 몇 사람'(some of brothers from Joppa, τινες τῶν ἀδελφῶν)으로 기록되었다. 사도행전 11장 12절에 의하면 이들은

---

[62] Jonathan Edwards, "Distinguishing Marks," in *the Works of Jonathan Edwards*, Vol. Two (1834; repr. Edinburgh: Banner of Truth Trust, 1986), 266-268. 성령은 그리스도의 영이시고 성경 말씀의 저자이시며 진리의 영이시기 때문에 조나단 에드워즈가 지적한 것처럼 참된 영은 예수 그리스도를 높이며 성경의 권위를 높이고 진리의 영으로 인도하시며, 죄에 맞서 싸우게 하시고, 사랑의 영으로 역사하셔서 하나님의 사랑과 이웃사랑을 실천하게 하신다. 성령은 당신의 백성들을 인도하시고 당신의 교회를 이끌어 가신다. 성령께서 베드로 안에 역사하셔서 아나니아와 삽비라의 마음에 있는 거짓도 드러내게 하시고, 베드로가 고넬료 가정에서 말씀을 전할 때 말씀을 듣는 그곳 사람들 가운데 임하시고, 바울의 고린도 선교를 막으시고 선교의 방향을 수정하여 마게도냐로 향하게 하셨다. 성령은 우리에게 하늘 아버지의 뜻을 계시하신다.

[63] Chrysostom, *The Homilies on The ACTS of The Apostles*, 318.

[64] Chrysostom, *The Homilies on The ACTS of The Apostles*, 322. "내가 그들을 보냈으니 일어나 가라"(10:20)는 성령의 명령에 베드로는 전혀 주저하지 않고 바로 그 "이튿날 일어나 그들과 함께 갔다"(10:23). 이방인에게 복음을 전하는 것을 그렇게 싫어했던 베드로가 자신의 생각과 가치관을 굴복시키고 전적으로 성령의 명령에 순종한 것이다. "바로 이것이 우리가 이유를 따지지 말고 성령의 명령에 순복하는 방식이다."

[65] Chrysostom, *The Homilies on The ACTS of The Apostles*, 319.

[66] Chrysostom, *The Homilies on The ACTS of The Apostles*, 327. "베드로와 동행한 동행자들 역시 하나님의 특별한 간섭과 섭리였다. 베드로가 자신을 변호할 필요가 있었을 때 그들이 증인이 되었을 것이 분명하기 때문이다."

여섯 명이었다.[67] 이 여섯 형제들과 고넬료의 하인 세 사람 그리고 베드로 자신까지 합치면 그들의 일행은 족히 열 명이 되는 숫자였다. 그렇다면 '어떤 사람' 혹은 '두어 형제'는 두세 사람이 넘는 그 이상이라고 봐야 한다. 이들은 베드로의 전도로 주님께로 돌아온 이들로 여겨진다.

여기서 중요한 사실은 여러 면에서 할례자의 사도 베드로를 통해 이방인 선교의 초석이 놓여진 것이다. 베드로를 할례자의 사도로, 바울을 이방인의 사도로 구분하고 둘의 영역을 획일화시키는 것은 두 사도를 공정하게 평가하는 것이 아니며 적어도 이런 도식은 누가의 의도와는 다르다. 베드로는 욥바의 무두장이 시몬의 집에 머물면서 그새 여러 사람을 그리스도에게로 인도했고 그들 중 몇 사람을 그리스도의 제자로 삼았다. 여기서 우리는 베드로의 놀라운 복음전도의 능력을 본다.

고넬료 최고의 구도자, 최고의 전도자(10:24-26, 30-33)

베드로가 몇 사람을 대동하고 가이사랴의 고넬료의 집에 도달하자 고넬료가 자신의 온 가족, 종들, 자신의 친척들, 가까운 친구들과 함께 베드로를 기다리고 있었다. 온 집으로 더불어 하나님을 경외하였던 고넬료가 이제는 그의 친척들과 친구들마저 주님께로 인도하기 위해 노력한 것이다. 고넬료는 종들을 보내고 나서 베드로가 올 것이라고 믿음으로 확신하고 그의 가까운 친구들, 친척들과 더불어 베드로를 기다렸다.[68]

---

[67] Denton, *A Commentary on the Acts of the Apostles*. Vol. I., 352.

[68] Chrysostom, *The Homilies on The ACTS of The Apostles*, 322-323. 존 크리소스톰은 고넬료 가정에 친구, 친척, 가족들이 모인 것을 그의 구제와 연관시켰다. 아름다운 구제를 통해 고넬료 주변 사람들이 자신들의 마음의 문을 열고 고넬료를 존경하고 따랐고 같이 모였다. 이제 베드로를 통해 구원의 복음을 전해 듣고 그들이 영적인 죽음에서 건짐을 받았다. "이전의 다비다와 이곳 고넬료의 두 경우 구제의 선행이 얼마나 대단한 영향력을 발휘했는가를 보라! 그것이 그들을 일시적인 죽음에서, 영원한 죽음에서 구원하고 하늘 문을 열게 만들었다. 고넬료를 신앙으로 인도하고, 한 천사를 보내시고, 성령이 역사하시고, 사도들 가운데 가장 탁월한 사도를 고넬료에게 보내시고 그리고 환상이 나타나기까지 수고가 따랐지만 요컨대 실현되지 않은 것은 하나도 없다. 고넬료 외에도 로마제국에는 얼마나 많은 백부장들이 있었고, 호민관들이 있었으며, 왕들이 있었는가? 하지만 그들 가운데 누구도 이 사람처럼 행한 사람이 없었다. 군대 명령 계통에 있는 너희 모든 자들과 제왕들 곁에 서 있는 너희 모든 자들아 들을지어다."

우리는 여기서 복음전도의 중요성을 발견한다. 고넬료는 좋은 구도자인 동시에 열심 있는 전도자였다. 그는 이미 천사의 지시를 통해 자기가 베드로로부터 구원의 복음을 들을 것을 확신하고 있었으며, 더 나아가 그것을 홀로 듣기를 원치 않고 이 기회를 이용하여 자신의 가까운 일가와 친구들도 구원받기를 원했다. 복음은 먼저 가까운 가족과 일가와 친구들에게 전해져야 한다.[69] 사실 온 가족, 종, 친척, 친구를 복음화시킨 고넬료의 신앙처럼 아름다운 롤 모델은 없다.

베드로가 도착하자 고넬료는 하나님의 사자를 대하는 듯한 태도로 그의 발 앞에(10:25) 엎드렸다.[70] 경의와 간청의 태도를 표현한 것이다. 매우 당황한 것을 보면 아마 베드로는 자기 생전에 이런 존경을 처음 받아 본 것 같다. 그러나 이것은 로마 사회에서는 드문 일이 아니었다. 고넬료가 베드로를 신적인 존재로 이해했는지는 불확실하지만 적어도 그가 베드로를 일반 사람과는 구별된 존재로 인식했음은 분명하다. 그것은 베드로가 자신은 단지 사람에 불과하다고 강조한 사실에서도 알 수 있다.

고넬료는 베드로를 하나님의 메신저로 인식하고 경외와 존경의 마음으로 대했다.[71] 깜짝 놀란 베드로는 '일어서라 나도 사람에 불과하다'(Also I am but a man myself, καὶ ἐγὼ αὐτὸς ἄνθρωπός εἰμι, 10:26)며 고넬료를 일으켜 세웠다. 베드로는 고넬료가 자신을 평범한 인간 그 이상으로 대하는 태도를 받아들일 수 없었다. 베드로는 여러 사람들이 모인 것을 보고 깜짝 놀랐다.

---

[69] 박용규, 한국기독교회사 1 1784-1910 (서울: 한국기독교사연구소, 2017), 368-372. 한국의 초대교회 서상륜은 모범적인 인물이다. 그는 존 로스 선교사로부터 복음을 접하고 나서 '예수성교젼서 누가복음'과 '요한복음'을 가지고 고향에 돌아와 가장 먼저 자기 동생 서경조에게 전해 주었다. 서경조는 형이 전해준 복음을 통해 예수를 믿고 후에 평양장로회신학교에 진학해 최초의 장로교 목사가 되었다. 초기 한국교회는 가정 복음화를 서상륜만 아니라 그리스도인들이라면 당연히 감당해야 할 책임으로 여겼다.

[70] Chrysostom, *The Homilies on The ACTS of The Apostles*, 327-328. "고넬료의 행동은 두 가지 사실, 곧 하나는 하나님께 드리는 감사의 방식을 가르쳐주고 다른 하나는 그의 겸손을 보여준다."

[71] Denton, *A Commentary on the Acts of the Apostles.* Vol. I., 353-354.

여전히 이방인 선교를 주저하는 베드로(10:28-29)

누가의 기록을 면밀히 살펴보면 주의 사자가 나타나셔서 말씀하시고 고넬료의 종들이 그를 찾아와 매우 진지하게 초청의사를 밝혔지만 베드로가 아주 편한 마음으로 고넬료를 찾아온 것은 아니다. 베드로가 도착해서 유대인인 자기가 이방인과 교제하고 그들을 가까이하는 것이 위법인 줄 알지만, 하나님께서 아무도 속되다고 하거나 깨끗하지 않다 하지 말라고 지시하셨기 때문에 자기가 부름을 사양치 않고 이곳에 왔다며 자신이 그곳에 온 이유를 조심스럽게 밝힌 사실(10:28-29)에서도 알 수 있다. 유대인들에게는 이방인과 회식하는 것, 이방에서 수입한 떡, 기름, 우유 같은 식품들을 섭취하는 것도 엄격히 금지되어 있었다.

베드로가 애니아나 다비다, 심지어 무두장이 시몬까지도 주저하지 않고 가까이하였으면서도 고넬료에게는 상당히 조심스럽게 접근한 이유가 무엇인지 잠깐 생각해 볼 필요가 있다. 그것은 앞서 언급한 이들과 고넬료는 근본적으로 달랐기 때문이다. 앞서 언급된 두 사람은 팔레스타인에 사는 유대인들이었지만, 고넬료는 로마제국의 팔레스타인 지방의 정치적 요충지 가이사랴의 로마군대 백부장이자 로마의 시민권을 가진 이방인이었다. 이방인들에게 복음이 열렸다는 사실을 베드로가 감지는 하고 있었지만, 로마인들에게까지 복음이 자유스럽게 허락되었다고는 아직 확신하지 못했다. 그런 베드로의 시각을 주님께서 고넬료의 회심을 통해 완전히 교정해 주셨다.

놀라운 이방선교의 출발점은 고넬료의 베드로 초청이다. 하나님의 위대한 이방선교의 역사가 고넬료의 초청에서 출발했다는 사실을 주목할 필요가 있다. '무슨 일로 나를 불렀느냐'(10:29)는 베드로의 질문에 고넬료는 그간에 일어난 일을 자세히 말해 주었다. 고넬료는 나흘 전 제 9시에 기도하는 도중에 홀연히 빛난 옷을 입은 주의 천사가 나타나 '하나님이 네 기도를 들으시고 네 구제를 기억하셨으니 사람을 욥바에 보내어 베드로라 하는 시몬을 청하라 그가 바닷가 무두장이 시몬의 집에 유숙하느니라'(10:31-32) 하기로 자기가 사람을 욥바로 보냈다고 소상히 밝혔다.

고넬료는 '이제 우리는 주께서 당신에게 명하신 모든 것을 듣겠사오니 말씀해 달라'(10:33)고 간청하면서 "우리는 … 다 하나님 앞에 있나이다"(We are all present before God, 10:33)라는 말을 부언했다. '우리 모두는 하나님의 면전에 있다'(We are all here present in the sight of God, ERV)는 고백이다. 고넬료가 베드로 앞에 선 것이 물론 하나님 앞에 선 것은 아니다. 그러나 고넬료는 베드로가 바로 하나님이 보내신 사자이기 때문에 그의 말이 곧 하나님의 말씀이라고 확신하고서 그렇게 고백한 것이다. 베드로를 하나님이 보내신 사자로 믿고 하나님 앞에 서서 하나님께서 명하신 모든 말씀을 듣겠다는 의미다.

이것은 고넬료가 얼마나 하나님을 경외하며 진실하고 겸허한 자세로 구원의 복음을 고대하고 있었는가를 말해준다. 한 주석가의 말을 인용한다면 고넬료는 너무도 좋은 토양이었고, 따라서 열매가 빨리 자랄 수밖에 없었다. 브루스는 "이보다 더 약속된 청중을 가진 복음 설교자가 어디 있을까?"[72]라며 고넬료와 그 가정의 사람들의 자세를 극찬했다. 성령께서 고넬료 가정에 놀랍게 임하신 것은 우연이 아니다.

베드로의 가이사랴 설교(10:34-43)

가이사랴 고넬료 가정에 가기 전 하나님께서는 베드로 안에 있는 민족적 편견을 먼저 제거하셨다. 어드만이 지적한 대로 하나님께서 '일련의 섭리'(a series of providences)에 의하여 베드로가 이방선교에 대해 마음의 문을 열도록 인도하셨다.[73] 누가는 베드로의 설교와 설교에 대한 반

---

[72] Bruce, The Book of ACTS, 223.
[73] Erdman, The Acts, 86. 베드로는 이방인들에게 복음을 전하는 것에는 동의하면서도 그들과 식사를 나누는 것을 거절하고 믿는 이방인들을 기독교 공동체의 일원으로 받아들이는 것은 거부하였다. 당시 유대인과 이방인 사이의 간극은 오늘날 상상하는 것보다 더 컸다.

응을 이렇게 집약했다.

> ³⁴ 베드로가 입을 열어 말하되 내가 참으로 하나님은 사람의 외모를 보지 아니하시고 ³⁵ 각 나라 중 하나님을 경외하며 의를 행하는 사람은 다 받으시는 줄 깨달았도다 ³⁶ 만유의 주 되신 예수 그리스도로 말미암아 화평의 복음을 전하사 이스라엘 자손들에게 보내신 말씀 ³⁷ 곧 요한이 그 세례를 반포한 후에 갈릴리에서 시작하여 온 유대에 두루 전파된 그것을 너희도 알거니와 ³⁸ 하나님이 나사렛 예수에게 성령과 능력을 기름 붓듯 하셨으매 그가 두루 다니시며 선한 일을 행하시고 마귀에게 눌린 모든 사람을 고치셨으니 이는 하나님이 함께 하셨음이라 ³⁹ 우리는 유대인의 땅과 예루살렘에서 그가 행하신 모든 일에 증인이라 그를 그들이 나무에 달아 죽였으나 ⁴⁰ 하나님이 사흘 만에 다시 살리사 나타내시되 ⁴¹ 모든 백성에게 하신 것이 아니요 오직 미리 택하신 증인 곧 죽은 자 가운데서 부활하신 후 그를 모시고 음식을 먹은 우리에게 하신 것이라 ⁴² 우리에게 명하사 백성에게 전도하되 하나님이 살아있는 자와 죽은 자의 재판장으로 정하신 자가 곧 이 사람인 것을 증언하게 하셨고 ⁴³ 그에 대하여 모든 선지자도 증언하되 그를 믿는 사람들이 다 그의 이름을 힘입어 죄 사함을 받는다 하였느니라(10:34-43)

이것은 사도행전에 나타난 베드로의 세 번째 설교로 가이사랴의 이방인들이 청중들이다. 사도행전에 나타난 베드로의 설교 중에 가장 이방선교에 걸맞은 메시지였다. 본문에 나오는 설교 내용이 베드로가 한 설교의 전문은 아니다. 누가가 베드로가 한 설교의 핵심을 정리한 것이라고 보아야 할 것이다. 누가는 이방인의 시각으로 할례자의 사도 베드로가 어떻게 이방선교를 인정하고 그것을 하나님의 피할 수 없는 섭리로 받아들였는가를 잘 기술하고 있다.

가장 탁월한 이방선교 메시지(10:34-35)

우리가 주목하는 것은 베드로가 "내가 참으로 … 깨달았도다"(10:34-35)라고 한 고백이다. 베드로는 '내가 이제 깨달았다'(I now realize, 10:35)로 자신의 설교를 시작했다. 이제 깨달았다는 말은 헬라어 원문은 '이제 참으로 이해했다'(I truly understand, ἀληθείας καταλαμβάνομαι), '이제 알았다'(NLT), '이제 지각했다'(KJV), '이제 확신했다'(CEV)는 말이다.

그가 깨달은 것은 만약 하나님을 경외하고 옳은 일을 행하는 자라고 한다면 하나님이 모든 민족을 다 받아주신다는 사실이다. 국가별 차별, 인종적 차별이 없으시다는 것이다. 어느 특정 민족을 편애하지 않으신다(NASB), 모든 민족을 동일하게 대우하신다(God treats all people alike, CEV)는 말이다. '각 나라'(every nation, παντὶ ἔθνει, 10:35), '만유의 주'(Lord of all, 10:36), '그를 믿는 사람들이 다 그의 이름을 힘입어 죄 사함을 받는다'(10:43)라는 표현이 이를 뒷받침해준다.

유대인들에게만 구원이 임하는 것으로 생각했던 베드로의 편견이 깨진 것이다. 과거 베드로는 모든 민족들 가운데 유대인들만 선택받은 사람이기에 그들만 하나님의 사랑을 받아야 한다는 편견에 사로잡혀 있었다.[74] 그런 편견은 단지 베드로만의 현상은 아니었다. 그것은 당시 모든 유대인들이 갖고 있던 잘못된 사고였다. 누가는 하나님께서 유대인들의 고질적인 국수주의 편견을 바꿔주시는 과정을 베드로의 전도와 고백(설교)을 통해서 생생하게 설명하였다.

베드로는 예루살렘에서 시작된 복음이 유대인을 넘어 온 유대와 사마리아를 거쳐 애니아, 다비다, 무두장이 시몬, 로마군대 백부장 고넬료 가정에까지 전해지는 것을 생생하게 목도했다. 구원의 복음이 유대인의 전유물이 아니라 온 세상의 복음이라는 사실을 베드로가 진실로 깨달은 것이다.

---

[74] 칼빈, 사도행전 I, 407.

가이사랴 고넬료의 초청을 받고도 주저했던 베드로의 모습과는 달리 이 설교는 이방인들에게 구원이 열렸다는 사실을 아주 선명하게 보여준다. 이 메시지에는 '하나님은 외모로 보지 않으시고'(10:34), '각 나라 중'(10:35), '사람은 다 받으시는 줄'(10:35), '만유의 주'(10:36) 등에서 볼 수 있듯 복음의 세계성이 너무도 훌륭하게 담겨 있다. 할례자의 사도 베드로가 전형적인 유대주의 시각이 아닌 이방선교를 옹호하는 능력의 메시지를 선포한 것이다. 게다가 그는 예수 그리스도의 공생애와 구속사역을 진술하면서 성령의 역사와 역할을 밝히 드러냈다.

베드로는 예수 그리스도가 성령의 임재를 통해 그의 공생애를 시작하셨고, 복음의 기회가 유대인을 넘어 이방인들에게까지 확장되었음을 강조하였다. 여기서 그는 복음전파의 원동력이 바로 성령이라는 사실을 분명하게 드러냈다. 그리스도의 공생애와 성령의 관계를 이처럼 분명하게 드러낸 메시지도 찾아보기 힘들다. 베드로의 설교는 당대뿐만 아니라 오늘날 강단의 메시지가 어떤 성격의 메시지여야 할 것인가를 보여준다. 사도행전에 나타난 리바이벌 프리칭(revival preaching)의 전형적인 모델을 여기서 발견할 수 있다.[75]

브루스는 베드로가 헬라어로 직접 설교를 한 것일 수 있지만 아람어로 설교를 하고 다른 사람이 통역을 했으리라고 보는 것이 타당하다고 주장한다.[76] 이 설교가 힘이 있는 것은 베드로가 자신이 직접 체험하고 깨달은 구원의 진리를 선포했기 때문이다. 삼위일체 하나님에 대한 신앙, 성령을 통한 예수 그리스도의 공생애와 구속사역, 십자가와 부활, 모든 민족에게 제시된 구원의 복음이 그대로 담겨져 있다.

베드로는 자신이 깨달은 바, 인간을 구원하시기 위해 십자가에 달리신 예수 그리스도로 말미암은 복음이 이제는 유대인들에게 뿐만 아니라 모든

---

[75] Hesselgrave, *Planting Churches Cross-Culturally*, 153. 또한 Erniest Eugene Klassen, *Revival Preaching: With 12 Lessons from the Preaching of Jonathan Edwards During the First Great Awakening* (Lulu Publishing Service, 1916)을 참고하라.

[76] Bruce, *The Book of ACTS*, 226. 예수님의 모국어는 아람어였고, 제자들도 아람어를 사용했다. 고넬료는 로마인이어서 아람어를 사용하지 못했을 가능성이 있다.

이방인들에게까지 확대되었음을 선언한 것이다. 하나님께서는 유대인들이라는 외형적인 혈통에만 복음을 국한시키신 것이 아니라 '각 나라 중 하나님을 경외하며 의를 행하는 사람'(10:35)은 다 받으신다는 선포이다. 우리는 여기서 복음의 민족적 무차별주의(indifferentissimus)를 발견할 수 있다. 사도행전 문맥 속에서 볼 때 베드로의 메시지, 특별히 할례자의 사도의 입에서 나온 지역과 민족을 초월한 구원의 메시지는 우리에게는 뻔한 상식적인 말일 수 있지만 브루스가 적절히 표현한 대로 당시로서는 '혁명적인 계시'(a revolutionary revelation)였다.[77]

하나님께서는 고넬료가 이방인이었지만 그의 기도를 들어 주셨으며, 그를 복음의 빛을 받을만한 사람으로 생각하셨으며, 그를 위해 특별히 천사를 보내셨다. 경건하고 흠 없는 삶을 살아가는 사람은 모두, 각자의 외모에 상관없이, 하나님께 기쁨이 된다는 사실을 보여준다.

베드로 설교의 네 가지 핵심(10:36-43)

그런 면에서 베드로가 가이사랴에 와서 외친 복음의 메시지는 그 자신을 포함하여 유대인들이 오랫동안 견지해온 종족적 편견을 일소하는 설교였다. 주님은 국가를 초월하고 민족을 초월하여 하나님을 참으로 경외하고 의를 행하는 사람들을 다 받아주신다는 것이 그가 외친 메시지의 핵심이다. 누가는 고넬료 가정에서의 할례자의 사도 베드로의 설교를 통해서 유대인의 시각 변화를 매우 섬세하게 잘 드러내고 있다. 베드로의 메시지는 네 부분으로 뚜렷하게 대별할 수 있다.

첫째, 예수 그리스도는 '만유의 주'이시며, '화평의 복음'을 전하셨다(10:36-37). 그는 세례요한의 등장으로 화평의 복음을 갈릴리에서 시작해서 온 유대에 두루 전파하셨다.

둘째, 베드로는 주님의 공생애를 성령과 깊이 연계시키고 있다.[78] '하나

---

[77] Bruce, *The Book of ACTS*, 225.
[78] Denton, *A Commentary on the Acts of the Apostles*. Vol. I., 363-364. 이사야 61:1, 누가복음 4:21을 참고.

님이 나사렛 예수에게 성령과 능력을 기름 붓듯 하셨으매 그가 두루 다니시며 선한 일을 행하시고 마귀에게 눌린 모든 사람을 고치셨으니 이는 하나님이 함께 하셨음이라'(10:38). 베드로의 메시지는 예수님이 이사야 61장을 인용하시며 나사렛의 회당에서 친히 말씀하신 '주의 성령이 내게 임하셨으니 이는 내게 기름을 부으시고'(눅 4:18 이하)와 정확히 일치한다.

누가는 베드로의 세 번째 설교를 통해 가이사랴의 오순절의 사건의 의미를 예수 그리스도, 특별히 예수 그리스도와 성령과의 관계를 통해서 자연스럽게 드러내고 있다. 예수 그리스도가 세례를 받으실 때 성령이 눈에 보이도록 비둘기 같이 임하심으로 하나님이 나사렛 예수에게 성령을 기름 부으시겠다는 약속이 성취되었다. 누가는 베드로의 메시지를 통해 사도행전 전체에서 유대인에게만 아니라 이제 이방인들에게도 사도행전 1장 8절의 약속대로 구속의 복음이 성령의 능력을 통해 확장되어 나가는 과정을 그려준 것이다.[79]

베드로는 예수 그리스도의 공생애를 성령만 아니라 성부 하나님과 연결시키고 있다. 예수 그리스도의 공생애 동안에 성부 성자 성령 삼위일체 하나님이 역사하셨음을 증거한 것이다.[80]

셋째, 예수 그리스도의 십자가의 죽으심과 부활을 증거하였다 (10:39-41). 그들이 그를 '나무에 달아 죽였으나 하나님이 사흘 만'에 다시 살리셨고, 부활하신 예수 그리스도가 '미리 택하신' 자들에게 나타나셨으

---

[79] Bruce, *The Book of ACTS*, 230.

[80] Denton, *A Commentary on the Acts of the Apostles*. Vol. I., 364-365. "우리는 여기서 베드로가 지적한 영원히 축복받으실 삼위일체의 삼위, 그들의 인격적 존재와 특별한 직임을 발견한다: 그의 임재에 의해 그가 낳으신 아들 안에 성자의 신성에 기름 부으시는 성부 하나님, 그의 인성 안에서 그가 인간에게 현시하신 신의 선물(the gifts of goodness)을 받으시고 주시는 아버지와 한 본체이신 동등한 영원한 성자, 구속의 사역을 위해 그리스도의 인성에 기름 부으시고 거룩하게 하신 성령." 베드로는 성령이 예수 그리스도에게 부으시고, 하나님이 예수 그리스도와 함께 하셨다고 증언한다. 각 나라 사람을 받으시는 하나님, 화평의 복음을 전하신 예수 그리스도, 나사렛 예수에게 성령과 능력을 기름 부으셔서 그로 하여금 선한 일을 수행하게 하시고, 마귀의 권세를 물리치고, 병든 자를 고치게 하신 성령이 바로 그것이다. '하나님이 나사렛 예수에게 성령과 능력을 기름 붓듯 하셨으매 그가 두루 다니시며 선한 일을 행하시고 마귀에게 눌린 모든 사람을 고치셨으니 이는 하나님이 함께 하셨음이라'(10:38). 예수 그리스도의 구속의 사역이 성자 하나님의 독단적인 사역이 아니라 성부 성자 성령 삼위일체 하나님의 역사임을 보여준다.

며, 베드로와 제자들이 '그를 모시고 음식을 먹은' 증인들이라고 밝혔다. 여기서 다시 예수 그리스도의 죽으심과 부활이 강조되고 있다.

넷째, 예수 그리스도가 부탁하신 복음 전파의 사명이다(10:42-43). 베드로는 그리스도에 대하여 무엇을 증언해야 할지 분명히 밝혔다. (1) '살아 있는 자와 죽은 자의 재판장' (2) 모든 선지자의 증언 (3) '그를 믿는 사람들이 다 그의 이름을 힘입어 죄 사함을 받는다.' 예수 그리스도는 산자와 죽은 자의 재판장이고, 모든 선지자들이 예언한 메시야이며, 그를 믿음으로 죄 사함을 받는다는 것이다. 이것은 베드로가 오순절 성령강림 때 전한 '누구든지 주의 이름을 부르는 자는 구원을 받으리라'는 만민을 위한 구원의 복음을 재확인한 것이다.

베드로 설교의 핵심은 예수 그리스도가 만유의 주이시며, 예수 그리스도가 성령의 능력을 힘입고 공생애 동안 '선한 일'(10:38)을 행하시고 '마귀에게 눌린 모든 사람'(10:38)을 고치셨으며, 십자가에 달리시고 부활하셨고, 그를 믿는 자들은 그 이름을 힘입어 죄 사함을 받는다는 것이다. 구원의 문이 차별 없이 이방인들에게도 열렸음을 선언한 것이다.

가이사랴 오순절(10:44-48)

⁴⁴ 베드로가 이 말을 할 때에 성령이 말씀 듣는 모든 사람에게 내려오시니 ⁴⁵ 베드로와 함께 온 할례 받은 신자들이 이방인들에게도 성령 부어 주심으로 말미암아 놀라니 ⁴⁶ 이는 방언을 말하며 하나님 높임을 들음이러라 ⁴⁷ 이에 베드로가 이르되 이 사람들이 우리와 같이 성령을 받았으니 누가 능히 물로 세례 베풂을 금하리요 하고 ⁴⁸ 명하여 예수 그리스도의 이름으로 세례를 베풀라 하니라 그들이 베드로에게 며칠 더 머물기를 청하니라

베드로의 설교는 놀라운 결과를 가져다주었다. 누가는 이렇게 증언한다. '베드로가 이 말을 할 때에 성령이 말씀 듣는 모든 사람에게 내려오시

니 베드로와 함께 온 할례 받은 신자들이 이방인들에게도 성령 부어 주심으로 말미암아 놀라니 이는 방언을 말하며 하나님 높임을 들음이러라'(10:44-46). 베드로와 함께 온 유대 그리스도인들이 '이방인들에게 성령 부어주심을' 목도하고 놀란 것은 당연하다.[81] 가이사랴의 고넬료의 집에 모인 사람들이 베드로의 설교를 듣고 있는 중, 설교를 듣는 사람들에게 성령께서 충만히 임하셨다.[82] 토마스 린세이가 지적한 대로 고넬료 가정의 성령강림은 성령의 부으심의 역사에 있어서 "유대인들과 이방인들 사이에는 전혀 차이가 없다"[83]는 사실을 증명한다.

마가 다락방과 동일한 성령의 부으심

누가가 강조하는 것은 로마국적의 이방인 고넬료 가정의 모든 구성원이 사도들이 마가의 다락방에서 받았던 동일한 성령의 부으심을 경험했다는 사실이다.[84] 라이스가 지적한 대로 "오순절의 장면이 여기 이방인 청중 가운데 반복되었다."[85] 고넬료 가정에 임한 성령의 부으심을 '가이사랴의 오순절'이라고 불린다. 어드만은 이 사건을 '로마인 오순절'(the Roman Pentecost)이라고 불렀고,[86] 덴톤이나 하우슨과 스펜스는 이를 좀 더 정확히 '이방인의 오순절'(the Gentile Pentecost)이라고 불렀다.[87] 클루마허

---

[81] W. A. Denton, *A Commentary on the Acts of the Apostles*. Vol. I. (London: George Bell and Sons, 1874), 372.

[82] Chrysostom, *The Homilies on The ACTS of The Apostles*, 342. 크리소스톰은 이 사건 가운데 나타난 '하나님의 섭리적 운영'(Gos's providential management)을 주목했다.

[83] Thomas M. Lindsay, *The Acts of the Apostles: With Introduction Notes and Maps*. Vol. I. (Edinburgh: T. &T. Clark, 1884), 122.

[84] William Gilson Humphry, *A Commentary on the Book of the Acts of the Apostles* (London: John W. Parker and Son, 1854), 93.

[85] Edwin Wilbur Rice, *People's Commentary on the Acts* (Philadelphia: The American Sunday-School Union, 1896), 159. "The Pentecostal scene was repeated here in this Gentile audience."

[86] Erdman, *The Acts*, 84.

[87] Denton, *A Commentary on the Acts of the Apostles*. Vol. I., 368. "사도행전 2장에서 누가는 우리들에게 사도들과 제자들에게 성령의 임하심에 대해 설명했다. 여기서 우리는 이방인 오순절, 곧 이방 세계의 첫 열매에 대한 성령의 은사의 기록을 본다. 그리고 이 성령은 베드로가

역시 '이방인들 가운데 임한 오순절'(Pentecost among the heathen)이라고 표현했다.[88]

누가의 시각에서 볼 때 예수 그리스도와 그의 구원사역을 이해하는 가장 중요한 핵심 열쇠는 성령이다. 주님이 성령의 기름 부으심을 시작으로 자신의 공생애를 시작하시고, 베드로가 설교할 때 말씀을 듣는 고넬료 가정의 사람들에게 성령이 임하셨다. 베드로가 주님의 공생애 사역을 성령과 연관시켜 고넬료 가정에서 설교하였다는 점에서 성령은 예수님의 사역만 아니라 사도들의 사역과 사도행전을 이해하는 중심 열쇠다. 누가는 일관되게 사도행전을 성령의 복음으로 제시하고 있다.

고넬료 가정에 모인 모든 청중들이 '하나님이 나사렛 예수에게 성령과 능력을 기름 붓듯 하셨다'(10:38)는 베드로의 메시지를 들으면서 깊은 은혜를 받았을 것은 의심의 여지가 없다. 누가는 반복적으로 성령을 강조하며 성령이 선교사역을 주도하신다는 사실을 드러내었다. 베드로는 성령의 권능을 통해서 '그가 두루 다니시며 선한 일을 행하시고 마귀에게 눌린 모든 사람을 고치셨는데 이는 하나님이 함께 하셨기 때문이다'(10:38)고 증언한다.

모인 예루살렘의 사도들에게 고넬료의 회심과 세례를 설명하면서 베드로가 성령이 처음 우리에게 임하신 것과 같이 그들에게도 임하셨다고 말했듯이 지금 사도들에게 이미 주어졌던 같은 증표, 그들의 머리 위에 임한 불같은 혀에 의해 가시적으로 입증되었다. 베드로가 이 말을 할 때에 성령이 그들 모두에게 임하셨다. 오순절 날 성령의 임하심에 대한 설명에서 우리는 하늘로부터 급하고 강한 바람 같은 소리와 성령의 임하심을 들었는데 마찬가지로 사도 베드로가 말을 할 때에 성령이 이들 이방인 회심자들에게 임하심으로 성령의 역사의 기민함을 증거하고 있다. 그들이 사도의 말씀을 경외함으로 주의 깊게 경청하는 동안에 그들에게 성령이 임하셨듯이 만약 우리가 경외와 믿음으로 경청할 때에만 그분이 우리에게 오실 것이다. 그들은 듣고 있었다. 그들은 모든 진리 가운데로 인도하심을 받기를 간절히 열망하였음으로 그들이 간절히 찾았던 성령을 받았다. 그러면 지금과 같이 그의 거룩한 임재를 갈망하지 않고 그분의 은혜로 충만하여 지기를 갈망하는 심령으로 기다리지 않는 자들 그리고 그분의 인도를 따를 준비가 되어 있지 않은 자들에게는 성령은 오시지 않는다." J. S. Howson and H. D. M. Spence-Jones, *The Acts of the Apostles* (New York: C. Scribner's, 1883), 146. "이것이 이방인의 오순절이었다. 베드로는 그것을 예루살렘에서 교회의 경험과 비교하면서(2장), '처음 우리에게 하신 것과 같이' 성령이 가이사랴에서 그들에게 임하셨다고 말했다. 사도행전 10장 46절 이하에 그들이 방언을 말하며 하나님 높임을 들음이러라고 말씀한다."

[88] Krummacher, *Cornelius the Centurion*, 164.

예수 그리스도가 성령의 권능을 힘입고 하늘 아버지의 뜻을 이 땅에서 이루시고 성령을 약속하셨고, 부활 승천하신 후 아버지께 성령을 받아서 약속대로 마가의 다락방에, 다시 고넬료 가정에 성령을 부어주셨다. 크루마허가 지적한 대로 가이사랴 오순절은 오순절 때 마가의 다락방에 120 문도들에게 임했던 동일한 역사였다. "그리고 이 시작, 즉 오순절 때 제자들 가운데 일어났던 오순절 성령의 부으심이 고넬료와 그의 친구들이 경험한 것과 동일한 것이다."[89] 그 결과 베드로와 제자들이 권능을 받고 진정한 주님의 '증인'(10:39)으로 거듭날 수 있었다.

가이사랴 오순절 사건을 통해 그들의 시각이 달라졌고, 주님이 하신 말씀이 생각났으며, 이방선교를 더 이상 금할 수 없었다. 그리하여 그를 믿는 자들이 다 그의 이름을 힘입어 죄 사함을 받는 놀라운 구원의 복음을 선포할 수 있었다. 이방인들에게 믿음으로 말미암는 구원, 예수 그리스도를 통한 구원을 선포한 것이다.[90]

그런 면에서 가이사랴에서 행한 베드로의 세 번째 설교는 사도행전 전체를 이해하는 열쇠일 뿐만 아니라 오늘날 선교사역을 감당하고 목회 현장에서 복음전파를 생명으로 여기는 자들에게 너무도 소중한 기준을 제공해준다는 점에서 전형적인 전도설교의 탁월한 모델이라 할 수 있다.[91]

---

[89] Krummacher, *Cornelius the Centurion*, 165. "And this beginning, namely, that which took place among the disciples at the feast of Pentecost, was the same which Cornelius and his friends experienced."

[90] John Calvin, *Commentary upon the ACTS of the Apostles*, Vol. 1 (Edinburgh: Printed for the Calvin Translation Society, 1844), 451-452. 칼빈은 사도행전 10장 44절에서 다음과 같이 해석한다. "하나님께서는 여기서 복음이 유대인들만 아니라 이방인들에게도 똑같다는 사실을 새로운 기적을 통해 선언하고 있다. 그리고 이것은 이방인들의 부르심에 대한 탁월한 확증이다. 바로 이 사람들 또한 언약의 무리로 선택받았다고 선언하시지 않으셨다면 주님께서 결코 이들에게 그의 영의 은사를 허용치 않으셨을 것이기 때문이다. 물론 누가가 기록하는 이 은사는 중생의 은혜와 다른 것은 사실이다. 그러나 의심할 바 없이 하나님께서는 이런 방식으로 베드로의 가르침뿐 아니라 거기에 같이 앉아 듣고 있던 자들의 신앙과 경건을 확증하셨다. 우리가 앞서 살펴본 것처럼 그들 모두가 배우고 순종하도록 성령을 받았다고 누가는 말한다. 이 가시적인 사인은 복음전파가 얼마나 효과적인 하나님의 능력의 도구인가를 우리에게 보여준다."

[91] David J. Hesselgrave, Planting Churches Cross-Culturally (Grand Rapids: Baker Books, 2000), 153. 또한 Erniest Eugene Klassen, *Revival Preaching: With 12 Lessons from the Preaching of Jonathan Edwards During the First Great Awakening* (Lulu Publishing

가이사랴 오순절의 의미

그러므로 고넬료 가정에서 베드로의 말씀 증거를 통해 그 말씀을 듣는 이들 가운데 성령이 부으시는 역사가 나타난 가이사랴 오순절 사건은 몇 가지 점에서 매우 중요한 의미를 지닌다.

첫째, 오순절 마가의 다락방에 임한 성령의 부으심의 역사가 계속되었다는 사실이다. 베드로의 설교에는 성령의 부으심과 관련된 내용이 지속적으로 나타난다.[92] 45절에 '부어주심으로'에 해당하는 헬라어 에케키타이 (ἐκκέχυται, has been poured out)는 베드로가 오순절 성령강림을 설명하면서 사용했던 사도행전 2장 33절 '너희가 보고 듣는 이것[성령]을 부어주셨느니라'에 나오는 '부어주셨느니라'와 동일한 단어(has poured out, ἐξέχεεν)이다. 베드로가 말씀을 전하기 시작하자 소위 "이방세계의 오순절 사건"이 일어나 성령이 말씀 듣는 고넬료 가정의 모든 이방 청중들에게 임하신 것이다. 오순절 마가에 다락방에 부어주셨던 동일한 성령의 부으심의 역사가 고넬료 가정에 임했다.[93] 브루스의 말대로 가이사랴의 오순절은 제자들이 경험한 마가 다락방의 오순절의 재현이었다.[94]

Service, 1916)을 참고하라.

[92] McGarvey, *New Commentary on Acts of the Apostles*, 224. 하비는 그 때가 A.D. 40년 혹은 41년이라고 말한다. '베드로가 이르되 너희가 회개하여 각각 예수 그리스도의 이름으로 세례를 받고 죄 사함을 받으라 그리하면 성령의 선물을 받으리니 이 약속은 너희와 너희 자녀와 모든 먼 데 사람 곧 주 우리 하나님이 얼마든지 부르시는 자들에게 하신 것이라'(2:38-39). 가이사랴 오순절은 또한 며칠 전 이방인들도 깨끗하다고 주께서 환상을 통해 보여주신 약속의 성취였다. 베드로가 '이 사람들이 우리와 같이 성령을 받았으니 누가 능히 물로 세례 베풂을 금하리요'(10:47)라고 외친 것도 그 때문이다. 이렇게 해서 하비가 표현한 대로 할례자의 사도 베드로에 의해 '이방인의 세례'(the baptism of Gentiles)가 베풀어진 것이다.

[93] J. W. McGarvey, *New Commentary on Acts of the Apostles* (Cincinnati: Standard Pub. Co., 1889), 213-216.

[94] Bruce, *The Book of ACTS*, 229. 브루스는 가이사랴의 오순절 사건은 여러 가지 면에서 마가의 다락방의 오순절 사건과 비견할 수 있다며 이렇게 말한다. "성령이 그의[베드로] 모든 청중들에게 임하셨다. 그러나 사건의 순서는 예루살렘의 오순절 날에 나타났던 것과 확연히 다르다. 적어도 사도들의 메시지의 청중들에 관한 한 그렇다. 예루살렘의 청중들은 죄의 용서와 성령의 선물을 받기 위해서 회개하고 세례를 받아야 한다고 권면을 들었다. 그러나 가이사랴의 청중들의 경험은 예루살렘의 원 제자들의 그것의 재현이어서 성령이 갑작스럽게 임하셨다. 사실 베드로는

더더욱 주목하는 것은 '부으신다'는 단어의 시제가 사도행전 2장 33절에는 현재완료로 사용되었고, 사도행전 10장 45절에는 현재완료 수동태로 사용되어 성령의 부으심이 계속된다는 사실을 단어의 시제가 뒷받침해 준다. 예리한 관찰자 누가는 의도적으로 동일한 단어를 현재완료 시제로 사용함으로 성령의 부으심의 연속성을 강조한 것이다.

동일한 단어, 동일한 시제를 사용할 뿐만 아니라 '할례받은 신자들이 이방인들에게도 성령 부어 주심으로 말미암아 놀라니'(10:45), '이 사람들이 우리와 같이 성령을 받았으니'(10:47), '성령이 그들에게 임하시기를 처음 우리에게 하신 것과 같이 하는지라'(11:15), '내가 주의 말씀에 요한은 물로 세례를 베풀었으나 너희는 성령으로 세례를 받으리라 하신 것이 생각났노라'(11:16) 그리고 '하나님이 우리가 주 예수 그리스도를 믿을 때에 주신 것과 같은 선물'(11:17)이라는 누가의 증언 모두 성령의 부으심에 있어서 가이사랴 사건과 마가의 다락방의 사건 사이의 연속성을 보여준다.[95]

둘째, 이 성령의 부으심은 사도행전 1장 8절과 요엘 선지자의 성령의 부으심에 대한 약속의 성취로, 가이사랴 오순절을 통해 이제 공식적으로 이방인들에게도 구원의 복음이 완전히 개방되었다는 사실을 선명하게 드러낸 것이다. 애니아와 다비다, 무두장이 시몬의 구원에 이어 이제는 로마 군대 장교 이방인 고넬료 가정에 성령이 부으심으로 이방인들에게도 구원의 복음이 활짝 열린 것이다. 예루살렘, 유대, 사마리아를 넘어 이제 이방인들에게로 구원의 복음이 확산되었다.

고넬료의 가족들과 오순절날 믿었던 3천 명을 대비시키지 않고 고넬료의 가족들과 [마가 다락방의 120 문도] 원제자들을 동등하게 대비시켰다(10:47; 참고 11:15; 15:8)."

[95] Bruce, *The Book of ACTS*, 229-230. 가이사랴의 고넬료 가정의 "이들 이방인들 위에 성령의 임하심은 맨 처음 오순절에 제자들이 성령을 받을 때 동일한 방식으로 외적 표식들이 현시되었다. 그들은 방언을 말하고 하나님의 놀라운 역사를 선포하였다. 그러한 외적인 현시와 별개로 그 현장에 있던 유대인 그리스도인들 누구도 심지어 베드로 그 자신도 성령이 실제로 그들[이방인들] 위에 임하셨다는 사실을 받아들일 준비가 되어 있지 않았다. 베드로와 함께 욥바에서 온 유대인 그리스도인 동료들은 이방인들-율법이 없는 저열한 종족들-이 실제로 예수를 믿는 유대 믿는 자들이 이미 받았던 동일한 성령(the same Holy Spirit)을 받은 것을 보고 듣고 놀랐다. 하나님께서 한 종족과 다른 종족의 인간들 사이에 성령의 부어주심에 있어서 전혀 차별을 두지 않으신다는 베드로의 새로운 통찰력이 얼마나 정확히 맞는가!"

특별히 우리는 이 전체 진행을 주관하고 목도하고 보고한 사람이 다름 아닌 바로 할례자의 사도 베드로였다는 사실을 주목해야 한다. 복음이 유대인들에게만 국한되어야 한다는 유대주의 시각을 대변하는 '할례자의 사도' 베드로가 수 세기 동안 내려온 유대 국수주의 틀을 넘어 만민을 향한 구원의 복음을 설교하고, 고넬료의 가정에서 놀라운 성령의 부으심의 역사를 직접 체험하고, 자신이 체험한 이방선교를 예루살렘교회에 보고한 것이다.[96]

이방인에게도 유대인과 다름없이 성령을 부어주신 사건은 유대인과 이방인의 차이가 철폐되었다는 사실을 교훈해 준다. 이방인들 가운데서도 성령이 임하시는 것을 보고 더 놀란 것은 베드로와 함께 고넬료의 집에 동행했던 욥바에서 베드로와 함께 온 할례 받은 유대인 신자들(10:45)이었다. 오순절에 성령의 부으심을 경험한 베드로는 또다시 '가이사랴 고넬료 가정의 이방인들에게 임한 성령의 부으심을 체험한 것이다.'[97]

베드로는 두 번 모두 직접 경험했기 때문에 베드로의 진술은 권위가 있다. 누가는 둘의 연속성을 베드로의 고백과 증언, 동행한 여섯 사람의 증언, 둘 사이의 나타난 초자연적 현상을 통해 마치 변론서를 작성하듯 매우 논리적이고 객관적으로 기술했다.

셋째, 고넬료 가정의 사람들이 베드로의 말씀을 듣는 동안에 그들에게 성령의 부으심이 임했다는 사실이다.[98] 말씀과 성령이 여기서도 모종의 깊

---

[96] 고넬료 가정에의 성령의 부으심은 사도행전 1장 8절의 약속대로 오순절 날 놀라운 성령의 부으심의 역사를 통해 예루살렘에서 시작하여 온 유대와 사마리아 오순절을 통해 사마리아로 그리고 가이사랴 오순절을 통해 땅 끝까지 진행되는 구원의 확장의 역사, 곧 이방선교에 대한 주님의 약속이 구체적으로 성취되기 시작했음을 보여준다.

[97] Chrysostom, *The Homilies on The ACTS of The Apostles*, 342. 이방인들 가운데 성령이 임하신 것을 베드로나 그 동행한 유대인 동행자들이나 고넬료와 그의 온 구성원들이 다 눈으로 확인하고 귀로 듣고 온 몸으로 체험했다. 오순절 성령의 놀라운 역사를 통해 유대인들에게 성령의 역사가 임한 것을 선두에서 목격했던 베드로는 매우 놀랐을 것이다. 그것은 성령의 부으심이 오순절 날 마가의 다락방, 이어 사마리아와 가이사랴 고넬료 가정에서 또다시 임하는 것을 직접 목도했기 때문이다. 특별히 가이사랴에서 이방인들에게도 동일한 성령의 부으심이 임한 것을 보고 만민에게 부어주시겠다는 요엘의 예언이 성취되는 것을 확인하고 놀랐을 것이다.

[98] Calvin, *Commentary Upon the Acts of the Apostles* Vol. 1, 452. 구제로 분주했던 사도들이 기도와 말씀에 전무하기 위해 일곱 명의 일꾼을 택한 것을 다시 환기할 필요가 있다. 교회는

은 관계를 맺고 진행되고 있다.[99] 그것도 이방인들이 하나님의 말씀을 듣는 중에 성령의 부으심을 경험한 것이다. 말씀의 능력이 유대인들과 이방인들을 차별하지 않고 동일하게 역사하신다는 사실을 보여주며, 성령의 역사도 유대인과 이방인 모두에게 동일하다는 사실을 증거해 준다.

사도행전에는 예루살렘 오순절(2:1-4), 사마리아(8:17), 가이사랴(10:44), 에베소(19:6)에서 도합 네 번 성령강림의 기사가 나타난다. 마가의 다락방에서는 베드로의 설교와 한마음의 간절한 기도, 사마리아와 에베소에서는 성령을 구하는 (안수)기도, 가이사랴에서는 베드로의 설교가 성령 부으심, 성령 내리심의 통로였다는 점에서 성령의 부으심이 있는 곳에는 언제나 기도와 말씀이 있었다. 성령의 놀라운 역사는 간절히 기도하는 곳에 말씀을 통해 말씀과 더불어 나타났다.

가이사랴 고넬료 가정에 성령의 부으심이 임한 후 그곳에서도 방언을 말하는 등 성령의 은사가 수반되었다. 오순절 날 마가의 다락방에서 120 문도 가운데 성령이 임하셨을 때와 같은 똑같은 현상이 일어난 것이다.[100]

베드로는 고넬료 가정에 모인 이들 가운데 성령의 부으심을 경험하고는 더 이상 그들에게 세례를 주는 것을 지체할 수 없었다. 세례를 받지 않은 사람들도 성령을 받을 수 있다는 사실은 성령이 세례 여부에 종속되지 않는다는 사실을 보여준다.[101] 그렇지만 사도들은 세례를 결코 소홀히

말씀과 기도로 승부를 걸어야 한다. 그것이 교회가 건강하게 지어져 가는 첩경이며, 성령의 권능이 기도와 말씀을 통해서 임하시기 때문이다. 우리는 사도행전 10장 44절을 주해하면서 칼빈이 솔직하게 언급한 다음과 같은 멘트를 마음에 새겨야 할 것이다. "그들의 귀로 말씀을 듣는 모든 사람이 항상 성령을 받는 것은 아니다. 사실 목회자들은 합심으로 하나님을 기꺼이 따르려는 베드로가 만난 것 같은 청중들을 오늘날 좀처럼 만나기 어렵다. 그렇지만 하나님께서는 모든 선택받은 자들이 그들의 외적인 말씀과 성령의 은밀한 능력의 합심을 느끼도록 인도해 주신다." 외적으로 하나님의 말씀을 열심히 가르치고 내적으로 성령의 능력을 간절히 사모하는 일을 이 땅의 교회와 믿음의 백성들이 중단하지 않아야 할 이유가 거기에 있다.

[99] Denton, *A Commentary on the Acts of the Apostles*. Vol. I., 368.
[100] 칼빈, 사도행전 I, 421. "누가는 그들에게 내린 성령의 은사의 내용과 그것의 용법을 동시에 기록하고 있다. 다시 말해서 그들이 여러 '방언'의 은사를 받은 것은 여러 나라 말로 하나님을 찬양하기 위해서였다. 그와 동시에 우리는 방언이 허용된 것은 복음이 서로 다른 나라 말로 외국인들에게 전파되어야 했던 필요를 채우기 위해서만 아니라 복음 자체의 장식과 영예를 위한 것이었다는 점을 이 구절에서 알 수 있다."

하지 않았다. 베드로가 이르되 '이 사람들이 우리와 같이 성령을 받았으니 누가 능히 물로 세례 베풂을 금하리요 하고 명하여 예수 그리스도의 이름으로 세례를 베풀라 하니라'(10:47-48). 베드로는 성령을 받은 사람들이 그와 동시에 세례를 받을 자격이 있고, 받아야 한다고 교훈을 제시한다.[102]

로마군대의 백부장 고넬료와 그의 가족 및 친지들이 복음을 받아들이고 세례를 받았다. 당시 로마 시민권자 그것도 로마군대의 장교가 공개적으로 기독교 신앙을 받아들이는 것은 보통 용기가 아니면 힘든 일이었다. 팔레스타인 지방의 로마군의 본부가 위치하고, 이방인들이 집중된 가이사랴에서 그것도 로마군의 백부장이 주님께로 돌아온 사건은 본격적인 이방인 선교의 전초라는 사실, 그리하여 본격적으로 이방인 선교가 진행될 것을 예견하는 것이다. 가이사랴에서 유대인과 이방인을 갈라놓고 있는 장벽을 넘어서 복음이 이방인에게까지 전파되기 시작했다. 그것도 할례자의 사도 베드로를 통해서 말이다.

고넬료와 그 일행들은 놀라운 성령의 역사, 이방인들인 자신들에게도 성령의 부으심을 확인하고는 너무도 감격한 나머지 베드로에게 수일을 더 머물기를 간청했다(10:48).

4. 예루살렘교회의 이방선교 논쟁과 인준(11:1-18)

가이사랴 오순절을 통해 이방인들 가운데 놀라운 성령의 부으심이 임한 사건은 예루살렘교회가 이방선교를 인정하는 결정적인 전기가 되었다.

---

[101] 칼빈, 사도행전 I, 422.

[102] Denton, *A Commentary on the Acts of the Apostles*. Vol. I., 369. 성령세례를 받았어도 물세례를 반드시 받아야 한다. 누가는 사도행전에서 교회에 영입된 사람들이 물세례를 받았다는 사실을 계속해서 진술하고 있다. 베드로의 설교(2:38), 3천 명의 사람들(2:41), 사마리아 사람들(8:12-13), 에디오피아 왕 간다개의 내시(8:38), 사울(9:18), 고넬료 가정(10:48), 빌립보 간수(16:33), 회당장 그리스보(18:8), 에베소 12제자들(19:5) 등이 그것이다. 성경은 결코 성령세례를 받았다고 물세례를 받을 필요가 없다고 말하지 않는다. 물세례는 한 개인이 공식적인 그리스도의 몸인 교회의 일원으로 받아들여지는 필수적 예식이었다.

이방인들이 유대주의 문을 통과하지 않고 그리스도의 양무리 안으로의 영입이 허용된 기독교 역사에서 너무도 중요하고 위대한 순간이기 때문이다. 누가가 고넬료 가정에서의 성령의 부으심의 사건을 얼마나 중요하게 생각했는지는 그가 할애한 지면의 양이나 진행과정과 그것이 미친 결과를 매우 소상하게 기술하고 있는 것에서도 알 수 있다.

사도행전 10장에서 고넬료의 가정에 성령의 부으심을 기술한 누가는 11장에서는 교회가 이방인의 오순절을 인정하고 그것을 이방선교의 징표로 받아들여진 과정을 상세하게 기술했다.[103] 성령의 충만을 받았어도 여전히 이방인들이 주님께로 돌아오는 것을 죽기보다 싫어했던 유대 민족주의에 깊이 물든 할례자의 사도 베드로가 고넬료 가정에 임한 놀라운 성령의 부으심을 목도하고 더 이상 이방선교를 부정할 수 없었다.

> [1] 유대에 있는 사도들과 형제들이 이방인들도 하나님의 말씀을 받았다 함을 들었더니 [2] 베드로가 예루살렘에 올라갔을 때에 할례자들이 비난하여 [3] 이르되 네가 무할례자의 집에 들어가 함께 먹었다 하니 [4] 베드로가 그들에게 이 일을 차례로 설명하여 [5] 이르되 내가 욥바 시에서 기도할 때에 황홀한 중에 환상을 보니 큰 보자기 같은 그릇이 네 귀에 매어 하늘로부터 내리어 내 앞에까지 드리워지거늘 [6] 이것을 주목하여 보니 땅에 네 발 가진 것과 들짐승과 기는 것과 공중에 나는 것들이 보이더라 [7] 또 들으니 소리 있어 내게 이르되 베드로야 일어나 잡아먹으라 하거늘 [8] 내가 이르되 주님 그럴 수 없나이다 속되거나 깨끗하지 아니한 것은 결코 내 입에 들어간 일이 없나이다 하니 [9] 또 하늘로부터 두 번째 소리 있어 내게 이르되 하나님이 깨끗하게 하신 것을 네가 속되다고 하지 말라 하더라 [10] 이런 일이 세 번 있은

---

[103] Denton, *A Commentary on the Acts of the Apostles*. Vol. I., 372-373. 누가가 가이사랴 오순절 사건을 매우 중시했다는 사실은 그가 11장에서 다시 앞서 일어난 사건을 재정리하고 있다는 사실에서 알 수 있다. 누가가 사도행전에서 어느 한 사건을 반복적으로 기술한 것은 예루살렘의 오순절, 사울의 회심 외에는 없다. 그러나 누가는 가이사랴 오순절 사건을 단순 반복하지 않고 베드로의 시각을 통해, 다시 그의 진술을 들은 예루살렘교회공동체의 진심어린 인정을 통해 이 사건이 이방선교에 대한 하나님의 공식적인 인준이라고 해석했다.

후에 모든 것이 다시 하늘로 끌려 올라가더라 ¹¹ 마침 세 사람이 내가 유숙한 집 앞에 서 있으니 가이사랴에서 내게로 보낸 사람이라 ¹² 성령이 내게 명하사 아무 의심 말고 함께 가라 하시매 이 여섯 형제도 나와 함께 가서 그 사람의 집에 들어가니 ¹³ 그가 우리에게 말하기를 천사가 내 집에 서서 말하되 네가 사람을 욥바에 보내어 베드로라 하는 시몬을 청하라 ¹⁴ 그가 너와 네 온 집이 구원 받을 말씀을 네게 이르리라 함을 보았다 하거늘 ¹⁵ 내가 말을 시작할 때에 성령이 그들에게 임하시기를 처음 우리에게 하신 것과 같이 하는지라 ¹⁶ 내가 주의 말씀에 요한은 물로 세례를 베풀었으나 너희는 성령으로 세례를 받으리라 하신 것이 생각났노라 ¹⁷ 그런즉 하나님이 우리가 주 예수 그리스도를 믿을 때에 주신 것과 같은 선물을 그들에게도 주셨으니 내가 누구이기에 하나님을 능히 막겠느냐 하더라 ¹⁸ 그들이 이 말을 듣고 잠잠하여 하나님께 영광을 돌려 이르되 그러면 하나님께서 이방인에게도 생명 얻는 회개를 주셨도다 하니라

베드로가 고백한 대로 사도들이 이방인 선교를 이끌거나 주도한 것이 아니다. 성령께서 이방선교를 주권적으로 진행하셨다. 어떻게 보면 베드로는 그 자신이 고백한대로 '기도할 때에 황홀한 중에 환상을 보고'(11:5), 그에게 말씀하시는 '소리'를 듣고(11:7), 또 다시 '하늘로서 두 번째 소리'를 듣고(11:9), 그리고 성령께서 '아무 의심 말고 함께 가라'(11:12)고 명하셔서 마지못해 순종했을 뿐이다. 성령께서 강권적으로 베드로의 시각을 바꿔주시고 이방선교에 마음을 열도록 인도하신 것이다. 누가는 '환상,' '소리,' '하늘,' '성령,' '주의 사자'라는 표현을 통해 성령의 초자연적인 개입을 반복적으로 진술하고 있다.

베드로가 순종하고 고넬료 가정에 가서 말씀을 선포할 때 그가 오순절에 경험한 그 놀라운 성령의 부으심이 그들에게 임했다. 베드로는 이방선교의 문이 활짝 열린 것을 체험했다.¹⁰⁴ 그러나 이방인 선교는 베드로 한

---

¹⁰⁴ Denton, *A Commentary on the Acts of the Apostles*. Vol. I., 375. 성령이 예수님이 세례 받으실 때 그에게 임하실 때와 매우 유사하다. 성령이 눈에 보이게 임하셨고 하늘에서는

명의 사도에 의해 진행되거나 계획될 수 없는 일이었다. 모든 사도들의 동의와 의견의 집약이 있어야 가능한 일이었다. 따라서 이 일을 위해서는 다른 사도들의 동의를 받아내는 작업이 필요했다. 그 작업은 정말 힘든 작업이었지만, 주님이 친히 간섭하시고 인도하셨다.

유대에 사는 사도들은 룻다에서 시작된 하나님의 복음이 가이사랴에까지 이르고, 그곳의 많은 이방인들이 성령의 충만을 받고 예수를 구주로 영접했다는 소식을 듣고 놀랐다. 그 놀라움은 감사와 감격의 차원과는 거리가 멀었다. 유대에 있는 사도들과 형제들은 이방인들의 회심으로 기뻐하기보다 할례자의 사도 베드로가 할례받지 않은 '무할례자의 집에 들어가 함께 먹었다'(11:3)는 소식에 화가 났다. 어떻게 유대인을 대표하는 '할례자의 사도' 베드로가 이방인들의 집에 들어가 먹고 마실 수 있는가 라며 베드로의 사도직의 정통성에 의문을 제기했다.

이방선교에 대한 베드로의 변증(11:1-16)

이방인들에게 이미 복음이 증거되었다는 사실을 두고 의견 대립이 생긴 것이다. 가이사랴 지방에서 일어난 성령의 역사와 회심의 역사를 목격한 베드로와 그 일행은 이방인 전도를 수용하는 입장이었으나 그렇지 못한 유대인들은 반대의 입장이었다. 이 논쟁이 더 이상 확대되는 것이 바람직하지 않다고 판단한 베드로는 속히 논쟁을 진화시켜야 되겠다고 생각했다. 베드로는 '왜 할례자가 무할례자의 집에 들어가 함께 먹었느냐?'(11:3)는 질문에 최근에 자기가 직접 체험했던 사건을 이야기하면서 세 가지 측면에서 설명해 주었다.

첫째, 베드로가 욥바에서 경험했던 최근의 환상이다(11:5-10). 베드로는 욥바 성에서 비몽사몽간에 본 환상, '땅에 네 발 가진 것과 들짐승과 기는 것과 공중에 나는 것들'(11:6)이 담긴 큰 보자기 같은 그릇이 네 귀를

'내 사랑하는 아들'이라는 음성이 들렸다. 베드로도 환상을 보았고, 주의 음성을 반복적으로 들었다.

매어 땅에 드리웠고 하늘로부터 내려와 그 앞에 나타났던 환상을 전해주었다.[105]

둘째, 고넬료의 환상이다(11:13-14). 이 환상 역시 이방인의 전도가 인간적인 생각에서 시도된 것이 아니라 성령의 인도하심 속에서 진행되었다는 사실에 초점을 맞추어졌다. 베드로는 자기만 일방적으로 환상을 본 것이 아니라, 고넬료에게도 주의 사자가 나타나 욥바에 있는 베드로라는 시몬을 청하라는 환상이 있었다는 사실을 동시에 밝힘으로써 자신의 이방인 전도가 성령의 역사로부터 비롯된 것임을 분명히 했다. 고넬료에게 나타난 환상 중에는 베드로가 고넬료의 온 집에 구원 얻을 말씀을 전해줄 것이라는 주의 사자의 말씀이 있었다. 베드로는 이 모든 사실을 들어 고넬료의 환상이 이방인 선교의 정당성을 부여해 주는 증거라고 설명했다.

셋째, 베드로의 환상과 고넬료의 환상 그대로 놀라운 성령의 부으심을 통해 이방인 고넬료와 그의 가정이 주께로 돌아왔다(11:15-16). 베드로가 볼 때 이방인 고넬료의 회심은 이제 이방선교가 본격적으로 시작될 것을 예고하는 사건이었다.

동일한 성령의 부으심(11:15-16)

베드로는 예루살렘의 사도들과 교우들에게 자신이 경험한 사실을 있는 그대로 전해주었다. 여기서 우리가 특별히 주목해야 할 것은 자신들이 과거 경험한 오순절 성령강림의 역사가 이방인들 가운데 동일하게 나타났다는 베드로의 증언이다. '내가 말을 시작할 때에 성령이 그들에게 임하시기를 처음 우리에게 하신 것과 같이 하는지라. 내가 주의 말씀에 요한은 물로 세례를 베풀었으나 너희는 성령으로 세례를 받으리라 하신 것이 생

---

[105] 베드로는 '잡아먹으라'(kill and eat, θῦσον καὶ φάγε, 11:7)라는 음성이 들렸으나 속되고 깨끗하지 않은 것은 자신이 언제든지 먹지 않았다며 주저하고 있을 때 '하나님이 깨끗하게 하신 것을 네가 속되다고 하지 말라'(11:9)라는 하늘의 음성을 들었다. 이 일은 '세 번'(11:10)이나 반복되었다. 베드로가 환상에 대하여 속으로 망설이며 생각할 때에 성령께서 가이사랴에서 온 사람들을 따라 '아무 의심 말고 함께 가라'(11:12)고 말씀하셨다.

각났노라'(11:15-16).[106]

여기 '같이'(even as, ὥσπερ)라는 단어를 주목할 필요가 있다. 두 사건이 시기적으로 분명히 구분되는 별개의 사건이지만 성령의 역사는 차이가 없었다.[107] 베드로는 성령이 오순절 날 임하신 것처럼 그들에게 임하신 것이 주님의 약속의 성취라는 사실도 알려주었다. 부활하신 주님이 '요한은 물로 세례를 베풀었으나 너희는 몇 날이 못되어 성령으로 세례를 받으리라'(1:5)고 하신 말씀이 마가의 다락방의 오순절 날 성취되었고, 동일한 성령의 역사가 이방인들 가운데 성취되었음을 증언하였다.[108]

베드로는 가이사랴에서 말씀을 증거하는 중에 일어난 일을 이렇게 집약하고 있다. 성령이 '우리'(마가의 오순절)에게 임하신 것과 같이 '그들'(가이사랴)에게도 임하셨다. 그는 '그들에게 임하신 것'(11:15)과 '처음 우리에게 임하신 것'(11:15)을 분명히 구분하면서 보고하였다. 그들에게 임하신 것은 가이사랴 오순절사건을 말하고, 처음 우리에게 임하신 것은 마가의 다락방의 예루살렘 오순절을 말한다.

사실 이것은 놀라운 증거였다. 오순절 마가의 다락방에서 유대인들에게 성령이 임하신 것과 똑같은 역사가 이방인들에게도 나타남으로 이제 하나님의 복음이 이방인들에게까지 확대되었음을 말해주는 것이기 때문

---

[106] Denton, *A Commentary on the Acts of the Apostles*. Vol. I., 376-377. 덴톤은 마가의 다락방에 임한 성령의 부으심의 사건과 고넬료의 가정에 임한 성령의 부으심을 이렇게 설명한다. "성령은 우리에게와 마찬가지로 그들에게 임하셨으며, 그것은 필연적으로 그가 동일한 수치로 임하신 것이 아니라 동일한 목적으로 임하신 것을 의미한다. 우리와 사도들에게 뿐만 아니라 그리스도의 모인 제자들의 전 공동체에 처음에 임하신 것처럼 성령이 임하셨다. 처음 오순절 날 마가의 다락방의 성령의 부으심이 전체교회의 오순절이었다면 마찬가지로 고넬료와 그의 가정에의 성령의 부으심은 이방인 오순절, 곧 이방인에 대한 하나님의 사랑의 현시와 그들의 그리스도 교회에로의 부르심을 위한 오순절이었다." 처음 오순절이 전체 교회를 위한 것이었다면 가이사랴 오순절은 이방인들을 그리스도의 교회로 부르시는 '이방인 오순절'이라고 말한다.

[107] 사도행전 11장 15절을 헬라어 원문 그대로 직역하면 다음과 같다. "The Holy Spirit fell upon them, even as also upon us in the beginning." 성령이 처음 우리에게 강림하신 것과 같이 또한 그들에게도 강림하셨다. 현대 영어 역본들은 더 쉽게 번역했다. "The Holy Spirit fell upon them just as He did upon us at the beginning."(New American Standard Bible)

[108] Edwin Wilbur Rice, *People's Commentary on the Acts* (Philadelphia: The American Sunday-School Union, 1896), 157.

이다. 유대인들뿐만 아니라 이방인들에게까지 성령이 임하심으로 요엘 선지자의 예언대로 민족을 초월한 복음의 세계화가 나타난 것이다.

예루살렘교회의 이방선교 인정(11:17-18)

베드로는 고넬료의 회심이 이방선교에 대한 공식적인 출발이고, 그 결정적인 근거가 자신들에게 임한 것과 같은 놀라운 성령강림이었다. 베드로가 볼 때 이것은 이방인의 선교가 하나님의 섭리였음을 보여주는 증거였다. 베드로는 이방인의 전도와 선교가 하나님께서 친히 하신 일이라는 사실을 밝힘으로써 자신의 행동이 전혀 잘못되지 않았음을 변호했다.[109]

베드로가 하나님이 자신들에게 주신 성령의 선물을 이방인들에게도 동일하게 주셨는데 '내가 누구이기에 하나님을 능히 막겠느냐'(11:17)고 반문한 것도 그 때문이다.[110] 베드로는 예수님의 성령의 약속이 "그의 마음에 새롭게" 느껴졌고 이 약속이 "다시 한 번 성취"된 사실과 "하나님께서 믿는 이방인과 유대인 사이에 차별을 두지 않으신 사실"을 공개적으로 밝힌 것이다.

예루살렘의 유대인들은 이방인들에게도 동일한 성령의 부으심이 임했다는 사실을 전해 듣고 더 이상 반대할 수 없었다. 하나님이 하시겠다는데 감히 누가 막겠느냐는 베드로의 말에 어떻게 답변하거나 변명할 수 없었다. 예루살렘교회 교우들도 오순절 성령강림을 통해 권능을 받고 증인의 삶을 친히 체험한 이들이었기 때문이다.

인간이 하나님을 대신할 수 없다는 것을 유대인들은 너무도 잘 알고 있었다. 베드로에게 나타난 환상, 고넬료에게 나타난 환상, 고넬료의 집에서 실제로 일어난 가이사랴의 오순절 사건 모두 다 하나님이 하신 일이었다. 베드로의 말은 논리적이었고 설득력이 있었다. '그들이 이 말을 듣고

---

[109] Denton, *A Commentary on the Acts of the Apostles*. Vol. I., 375.

[110] John Chrysostom, *The Homilies of John Chrysostom on The ACTS of The Apostles* (London: Oxford, John Henry Parker, 1851), 348. "내가 누구이기에 하나님을 능히 막겠느냐?"는 말은 "내가 막는 것은 불가능하다"는 의미이다.

잠잠하여 하나님께 영광을 돌려 이르되 그러면 하나님께서 이방인에게도 생명 얻는 회개를 주셨도다 하니라'(11:18).

필자가 볼 때 이 '이방인에게도 생명 얻는 회개를 주셨도다'는 고백은 매우 깊은 의미를 함축하고 있다. 단순하게 회개라고 하지 않고 '생명을 얻는 회개'라고 한 점이다. 회개도 여러 종류가 있다는 의미에서 이렇게 말한 것은 아니다. 본래 진정한 회개는 생명을 가져다준다. 새로운 피조물로 거듭나는 길은 회개를 통하지 않고는 불가능하다. 이 회개는 성령께서 하시는 일이다. 덴톤이 지적한 대로 회개, 죄에 대한 슬픔, 하나님께로 돌아가려는 열망 그리고 하나님께로의 회심의 시작은 우리 자신에게서 나오는 것이 아니다. 우리를 감동시키시는 분은 하나님이시고, 그것은 우리에게 주신 하나님의 선물이다.[111]

가이사랴 오순절을 설명하면서 누가가 결론적으로 '생명을 얻는 회개'를 언급한 것은 이제 성령의 부으심의 역사가 이방인들에게도 열려 그들도 성령의 부으심을 통해 구원의 문이 열렸다는 사실을 확증한 것이다. 성령이 임하시는 곳마다 생명을 얻는 회개의 역사가 나타날 것을 베드로가 증언한 것이다. 오순절 성령의 임재만 아니라 기독교 역사가 증언하듯 성령의 부으심이 임하는 곳에 놀라운 회개의 역사가 수반되었다. 여기 생명을 얻는 회개와 성령의 부으심이 모종의 깊은 연관성이 있음을 증거해 준다. 유대인이나 이방인 모두 구원의 역사 진행은 회개의 역사와 성령의 부으심의 역사 없이는 진행될 수 없다. 베드로는 2장에 이어 다시 구원의 역사전개에 있어서 회개의 중요성을 강조한 것이다.[112]

---

[111] Denton, *A Commentary on the Acts of the Apostles.* Vol. I., 377.
[112] 존 칼빈, 한국기독교선교백주년기념 존·칼빈성경주석출판위원회 역편, **신약성경주석**, Vol. 5, 사도행전 I (서울: 성서교재간행사, 1980), 431. "'회개를 주셨도다'는 두 가지 의미로 생각할 수 있다. 곧 하나님께서 그의 복음이 그들에게 알려지는 것을 원하셨으므로 하나님께서 이방인들에게 회개의 기회를 허용하신 것으로 볼 수도 있고, 아니면 모세의 말대로, 그가 그의 성령으로 그들의 마음에 할례를 베푸시고(신 30:6) 에스겔의 말대로, 그들의 돌같은 마음에서 살같이 부드러운 마음을 만들어 내신 것으로(11:19) 볼 수 있다. 사실 사람들을 다시 낳으시고 다시 만드시며 그들이 새로운 피조물이 되게 하는 것은 하나님 자신의 일이다. 그리고 이 둘째 의미가 더 어울리며 성경의 용법과도 더 어울린다."

베드로의 간증을 통해 상황이 완전히 반전되었다. 누가는 베드로의 간증과 증언이 있은 이후 '그들이 잠잠했다'(11:18)고 말한다. 이것은 그들이 더 이상 베드로의 말을 듣고 이방선교에 대해 이견을 제기하지 않았음을 의미한다. 성령께서 베드로를 통해 예루살렘교회를 움직이셔서 만장일치로 이방선교를 인준하도록 인도하신 것이다.

지금까지 살펴본 것처럼 하나님께서는 세 가지 방향에서 이방인 선교를 진행하였다.

첫째, 사도들을 통한 이방인 선교이다. 하나님께서는 사울을 이방인의 사도로 부르시고, 또한 베드로를 이방인의 복음화를 위한 도구로 삼으셔서 이방인 선교를 공식화시키셨다.

둘째, 고넬료의 가정이 회심하고 주께 돌아옴으로 이방인의 전도가 새로운 전기를 맞았다. 이방인 고넬료와 그의 '온 집안이' 성령을 받은 것은 장차 이방인의 전도가 이방인들에 의해 진행될 것을 예견해 준다. 나아가 백부장 고넬료에 의한 동료 백부장들의 전도를 통해 이제는 그 복음이 로마 권력 최고의 상징인 군대 가운데 조직적으로, 강하게 확산되어 나갈 것을 예견해 준다.

셋째, 이방인 선교에 대한 사도들의 시각이 예루살렘공의회를 통해 완전히 교정되었다. 이후 하나님께서 이방인의 선교를 일반 평신도들에게로 확대하셔서 이방인 교회가 새로 태동되었다. 이방선교는 점진적으로 준비되고 진행되었다.

제 10 장
이방선교의 센터, 안디옥교회 태동과 발전
(11:19-30)

> 이방인이 이방인에게 쓴 누가복음은 이방인들을 위한 복음이며, 이방인 누가가 예루살렘에서 이방인들에게 진행되는 복음의 역사를 기록하도록 선택되었다. 누가복음의 저자를 도구로 하여 사도행전이 기록되었다는 수많은 내증들이 있다.
>
> A. C. Gaebelein, *Gospels and the Book of Acts*, 1913

> 바나바가 사울을 찾으러 다소에 가서 만나매 안디옥에 데리고 와서 둘이 교회에 일 년간 모여 있어 큰 무리를 가르쳤고 제자들이 안디옥에서 비로소 그리스도인이라 일컬음을 받게 되었더라.
>
> 행 11:25-26

지금까지는 오순절 성령강림을 경험하고 세워진 유대인들로 구성된 예루살렘교회가 선교를 주도했다. 그러나 스데반 순교로 흩어진 이들에 의해 A.D. 41년 여름 안디옥교회가 설립되면서 안디옥교회가 이방선교의 센터가 되었다.[1] 이후 사도행전의 선교역사는 안디옥교회가 모체가 되어 진행된 역사라고 해도 과언이 아니다.

---

[1] Charles Fremont Sitterly, *Jerusalem to Rome; the Acts of the Apostles* (New York: Abingdon, 1915), 20.

이방인 선교에서 안디옥교회 설립은 '가이사랴의 오순절'이라고 불리는 고넬료 가정의 회심 못지않게, 아니 비교할 수 없을 정도로 중요한 의미를 지닌다. 가이사랴 사건이 이방인들에게도 성령이 강림하심으로 이방인 복음전도의 시작을 알리는 사건이었다면, 안디옥교회의 설립은 선교 주체가 이제 예루살렘교회에서 안디옥교회로 이전되어 이방인의 선교가 이방인 교회에 의해 확산되었다는 의미를 담고 있기 때문이다. 그런 의미에서 안디옥교회가 사도행전에서 차지하는 위치는 절대적이다. 안디옥교회가 없는 이방선교는 상상할 수 없다.

누가는 사도행전 전체에서 안디옥교회의 태동과정, 성장과정, 훈련과정, 지도자 그리고 선교사 파송에 이르기까지 일관성과 통일성을 가지고 기술하였다. 비록 아주 간단하지만 누가는 11장 19절부터 30절까지에서 안디옥교회 태동과 발전 과정을 네 단계로 설명하였다. 첫째, 구브로와 구레네 평신도 몇 사람이 안디옥에 와서 헬라인들에게 복음을 전해 수많은 이들이 믿고 주님께로 돌아오는 복음전파단계(19-21), 둘째, 안디옥에 수많은 사람들이 믿고 주께 돌아오자 바나바가 예루살렘교회의 파송을 받고 안디옥에 와서 목양하는 단계(22-24), 셋째, 바나바가 사울을 데리고 와서 함께 제자훈련을 시키는 단계(25-26), 넷째, 기근을 당한 예루살렘교회를 돕는 구제하는 단계(27-30)이다.

1. 평신도의 복음전파와 안디옥교회 태동(11:19-21)

¹⁹ 그때에 스데반의 일로 일어난 환난으로 말미암아 흩어진 자들이 베니게와 구브로와 안디옥까지 이르러 유대인에게만 말씀을 전하는데 ²⁰ 그중에 구브로와 구레네 몇 사람이 안디옥에 이르러 헬라인에게도 말하여 주 예수를 전파하니 ²¹ 주의 손이 그들과 함께 하시매 수많은 사람들이 믿고 주께 돌아오더라

하나님은 먼저 오순절의 사건을 통해 주님의 약속을 성취시키시고 예루살렘, 유대와 사마리아 모든 지역에 복음이 전파되게 하신 다음 가이사랴 오순절을 통해 이방선교를 위한 구체적인 작업을 착수하셨다. 모든 만민들이 다 복음을 접할 수 있도록 사울을 이방인의 사도로 부르시고, 할례자의 사도 베드로를 통해 이방인 전도의 문을 열어 놓으신 다음 이방선교를 본격적으로 착수할 안디옥교회를 세우셨다.

안디옥, 범세계적인 선교 전략적 요충지(11:19)

여기에 세 도시 베니게, 구브로, 안디옥이 등장한다. 베니게는 레바논 산맥과 지중해 사이 200km에 달하는 좁고 긴 평원으로 두로와 시돈이 그 주요 도시들이다. 구브로는 오늘날 키프로스로 알려진 안디옥에서 멀지 않은 섬나라이고, 구레네는 애굽의 서부 북아프리카에 있는 리비아의 수도로 이곳 시민의 4분의 1은 유대인이었다.

안디옥은 오늘날 터키의 남동쪽의 지중해 해안 근처에 위치하고 있다. 당시 인구 80만 명의 안디옥은 지중해 동쪽 27km 지점에 로론테스 산을 등지고 오론테스(Orontes) 강변에 위치했으며, 로마 행정구역상 수리아 주의 수도로 로마, 알렉산드리아에 이어 로마제국 안에서 세 번째로 큰 도시였다.[2]

---

[2] Horatio B. Hackett, *A Commentary on the Original Text of the Acts of the Apostles* (Boston: Gould and Lincoln, 1858), 139-140. 안디옥이 동방의 로마로 불렸다. 안디옥은 터키에서 현재도 상당히 큰 도시에 속했다. 그토록 이방선교의 전략적 요충지였지만 지금은 기독교 흔적이 남아 있지 않다. 필자가 이 도시를 방문했을 때 그 옛날의 화려했던 모습은 찾을 수 없지만 지리적인 여건이 대도시를 형성하기에 충분한 조건을 갖추고 있었다. 지중해 연안에 위치하고 있는데다 멀리 큰 산이 둘러 있으면서도 주변에 상당히 큰 평원이 자리 잡고 있었다. 불행하게도 오늘날 안디옥에는 기독교 흔적이 제대로 남아 있지 않았다. 안디옥에 유일하게 남아 있는 기독교 흔적은 베드로 동굴교회라고 알려진 동굴교회였다. 안디옥교회가 사울과 바나바를 파송한 이후 베드로가 안디옥에 이르러 이곳에서 목회를 한 것으로 추정하는 이들도 있다. "게바가 안디옥에 이르렀을 때에 책망할 일이 있기로 내가 저를 면책하였노라"(갈 2:11)는 구절에 근거할 때 베드로가 안디옥에 이른 것은 확실한 것 같다. 베드로 동굴교회에 들어가자 교회 입구에 문이 있고 들어가면서 교회 단으로 사용했던 강단이 있고 그 강단 뒤편 왼쪽에는 유사시 피할 수 있는 동굴이 나 있었다. 안디옥에서는 바위로 이루어진 산턱에 동굴을 파고 만들어진 이 교회 외에는 현재

이곳은 지금도 터키에서 매우 역동적인 도시 가운데 하나이다. 비록 대부분의 사람들이 시리아 사람들이었지만 도시의 성격과 문화는 헬라적인 색채가 매우 강했다. 당시 로마제국 내에는 안디옥이라는 이름의 도시만해도 16개소에 달하였는데, 신약성경에는 비시디아의 안디옥과 수리아의 안디옥 두 곳의 명칭만 나타나 있다. 여기 나오는 안디옥은 수리아 안디옥이다.

수리아 안디옥은 312 B.C.년 알렉산더 대왕의 후계자 중 한 명인 셀레우커스 니카토르가 건설하여 그의 아버지의 이름을 따서 명명한 곳이다. 폼페이가 64 B.C.년 동방의 영토를 재정비할 때 이곳을 자유도시로 만들었고, 그 후 로마의 직할시가 되었다. 도시는 4구역으로 편성되어 있었고, 그 사이에는 대리석으로 포장된 큰 길이 있었다. 도시의 외곽은 오히려 로마보다 더 장대하였다.

안디옥은 '동방의 여왕' 또는 '동양의 로마' 등의 별명이 붙을 정도로 도시의 위용이 대단했다. 행정구역상으로는 로마의 직할시이며 지리적 요충지였다. 안디옥은 지중해 항구에 인접해 있는데다 당시 로마군 4개 여단이 주둔해 있어 경제적인 여유가 다른 곳보다 활발하였다.

안디옥은 지리적으로, 상업적으로, 정치적으로, 군사적으로, 도시 인구 구성의 분포로, 사회 문화적으로 이방세계와 접할 수 있는 가장 중요한 전략적 요충지였다. "안디옥은 유대인, 이방인, 헬라인 그리고 야만인들이 함께 어울리는 세계적인(cosmopolitan) 도시로 지중해 문명과 시리아의 사막에서 만나는 곳"[3]이었기 때문이다. 게다가 "유대지방에서는 그렇게 문제되었던 인종과 종교적 차별이 여기서는 그렇게 중요하지 않았다. 안디옥교회는 시작부터 예루살렘교회와는 상당히 구별되는 기풍(ethos)을 가졌다."[4]

뿐만 아니라 다민족이 사는 안디옥은 그레코-로마 세계의 문호였고

기독교의 흔적을 찾을 수 없었다.

[3] F. F. Bruce, *The Book of ACTS* (Grand Rapids: Eerdmans, 1988), 241.
[4] Bruce, *The Book of ACTS*, 241.

"거대한 상업과 무역로에 의해 동방과 서방이 만나는 접촉점"이었다. "이 방선교사역을 위한 본부를 세우기에 이보다 더 좋은 도시는 찾을 수 없었다. 그곳에 세워진 강력한 이방인교회[안디옥교회]는 땅 끝까지 복음을 전파하기 위한 준비를 진행하는 데 있어서 가장 중요한 발걸음이었다."[5] 확실히 헬라인과 유대인을 비롯한 다양한 민족이 살고 있는 "범세계적인 도시" 안디옥에 이방인 선교의 거점을 삼은 것은 너무도 훌륭한 선교 전략이었다.

이 같은 인종적, 지정학적 사회 문화적 중요성을 지닌 안디옥이지만 영적 수준은 말이 아니었다. 안디옥 시민들은 부유하고 사치와 향락에 빠져 있었고, 도덕적 수준은 저급했으며 우상이 범람했다. 헬라의 아데미와 아폴로 신을 숭배하는 다프네 신전도 이곳에 있었다.

평신도들의 전도로 세워진 교회(11:19-20)

안디옥 복음화의 출발은 스데반의 박해였다. '스데반의 일로 일어난 환난'으로 말미암아 흩어진 자들이[6] 베니게와 구브로와 안디옥까지 다니며 널리 복음을 전해 이방선교의 토대가 구축되었다.[7] 존 칼빈이 지적한 대로 박해가 복음의 전보를 가져다 준 것이다. "과거에 한 도시의 성벽 속에 국한되어 있던 복음이 머나먼 지역에까지 널리 전파된 것이다.… 무수한 숫자의 신자들이 예루살렘으로부터 쫓겨나지 않았던들 구브로와 베니게가 그리스도에 대한 이야기를 들을 리 없었으며 그보다 더 멀리 있는 이태리와 스페인이 무슨 소식을 들었을 리 없다."[8]

---

[5] Charles R. Erdman, *The Acts* (Philadelphia: The Westminster Press, 1919), 95.

[6] J. W. McGarvey, *New Commentary on Acts of the Apostles* (Cincinnati: Standard Pub. Co., 1889), 224. 맥가비는 첫 헬라인에게 복음을 전한 것이 스데반이 죽고 4-5년 지난 뒤에 일어난 일이라고 말한다.

[7] Chrysostom, *The Homilies on The ACTS of The Apostles*, 357. 박해가 결코 복음의 진보를 막을 수 없었다. 박해를 받으면 받을수록 복음은 요원의 불길처럼 확산되었다. 이것은 박해 가운데서도 복음이 얼마나 널리 확산되고 있었는가를 말해준다. 누가는 사도행전에서 이 사실을 계속해서 강조하고 드러내고 있다.

누가가 증언하는 대로 안디옥에 와서 복음을 전한 사람들은 평신도들이었다.[9] 안디옥교회는 스데반의 일로 일어난 박해로 흩어진 사람들 중 '구브로와 구레네 몇 사람'(11:20)에 의해 자생적으로 설립된 교회였다. 카버(William Owen Carver)는 이들을 '몇몇의 진보적인 평신도'(some progressive laymen)라고 말했다.[10] 당시 유대인들만을 대상으로 복음을 전하던 상황에서 이방인을 대상으로 혁신적으로 복음을 증거했기 때문이다. 사도행전에는 이들의 수도 나오지 않고 이들의 이름도 등장하지 않는다. 다만 '흩어진 자들'(those, Οἱ), '구브로와 구레네 몇 사람'(some, τινες)이라고 언급하고 있다.

특히 헬라인들에게도 복음을 전한 구브로와 구레네 몇 사람이 안디옥교회 설립의 초석이다. 이들은 분명히 12사도는 아니었다. 일곱 사람도 아니었다. 이름 없는 무명의 평신도들이었다.[11] 한번 생각해보라! 인류의 위대한 역사를 태동시킨 안디옥교회를 설립한 사람들은 12사도도, 예루살렘교회의 일곱 사람도 아니었다는 사실을 말이다. 이름도 언급되어 있지 않는 소수의 무명의 평신도들이 안디옥교회 태동의 주인공이었다.

하나님은 그의 나라를 위해 인물을 사용하시면서 결코 차별을 두지 않으셨다는 사실을 우리는 주목해야 한다. 이 땅에 교회는 이것을 강조하고 가르쳐야 한다. 또한 모범으로 삼고 열심히 실천해야 한다. 주님은 베드로를 특별히 사랑하셨지만 베드로만 사용하신 것이 아니라 의심 많은 도마도 사랑하셔서 당신의 나라를 위해 거룩한 도구로 사용하셨다. 제자들만 사용하신 것이 아니라 일곱 봉사자들을 세우셔서 그들을 귀하게 사용하셨다. 더 나아가 성령 하나님은 열두 사도와 일곱 봉사자들만 사용하신

---

[8] 칼빈, 사도행전 I, 432.

[9] M. Baumgarten, *The Acts of the Apostles: Or, The History of the Church in the Apostolic Age*. Vol. I. (Edinburgh: T. &T. Clark, 1854), 288. 이들은 헬라파 유대인들로 오순절 날 놀라운 기적을 목도한 이들로 보인다.

[10] William Owen Carver, *The Acts of the Apostles* (Nashville: Sunday School Board, Southern Baptist Convention, 1916), 121.

[11] William Arnot, *The Church in the House: A Series of Lessons on the Acts of the Apostles* (New York: Robert Carter & Brothers, 1873), 262.

것이 아니라 수많은 무명의 그리스도인들을 들어서 사용하셨다. 위대한 이방선교의 장을 활짝 열어 제친 안디옥교회를 개척한 구브로와 구레네 몇 사람은 대표적 사례이다.

누가는 안디옥교회 출신으로 안디옥에서 되어진 모든 일들을 너무도 잘 알고 있었을 것이다. 사도행전이라는 책의 명칭은 '사도들의 행적'이라는 의미인데 아이러니하게도 실제 내용에서는 믿는 자, 믿는 자들, 믿는 무리들, 군중들이라는 말이 수없이 반복된다. 이방인으로 이방인들을 대상으로 이방선교를 위해 사도행전을 기록한 누가는 안디옥교회 태동과정을 통해 복음이 만민의 복음, 민중의 복음이라는 사실을 너무도 확실하게 보여준다.

지금까지는 제자들이 복음전파를 주도했으나 이제 은혜를 받은 평신도들이 안디옥에 와서 자발적으로 복음전파를 주도하는 현상이 발생한 것이다. 안디옥교회는 평신도들이 팔레스타인을 넘어 자발적으로 복음을 전해 세운 최초의 이방인 교회다. 복음전파와 교회 설립에서 놀라운 전환점이 여기서 시작되었다. 사도들이 주도하다 일곱 봉사자들이 참여하고 이제는 무명의 그리스도인들이 참여하는 대장정의 복음전파 사역으로 발전해 나가기 시작했다. 사울과 바나바가 안디옥교회에 중요한 역할을 한 것은 너무도 분명하지만 초기 태동과정에서 주도적인 역할을 한 사람들은 평신도들이었다.

이들은 은혜를 받고 자발적으로 안디옥까지 와서 복음을 전했다. 그것도 박해 가운데서 말이다. 안디옥교회가 은혜를 받은 이들에 의해 자발적인 복음전파로 설립되었다는 것은 매우 중요한 의미를 지닌다. 지금까지 복음전파를 주도한 것은 사도들이나 일곱 사람이었으나 사도행전에서 처음으로 무명의 평신도들이 자발적으로 복음을 전파하여 교회를 설립하는 역사가 나타났기 때문이다. 사도들이 주도하던 복음전파가 이제는 성령으로 충만한 무명의 그리스도인들이 역동적으로 동참하는 놀라운 변화를 읽을 수 있다.[12] 안디옥교회가 자생력이 있고 놀라운 결실을 거둔 이유도 거기 있다.

안디옥교회는 은혜를 받은 성도들이 자발적으로 복음을 전하는 것이 얼마나 중요한가를 보여준다. 구브로와 구레네에서 온 이들의 전도가 힘이 있었던 것은 연단을 통과한 신앙의 전도였기 때문이다. 그런데 더 주목해야 할 것은 안디옥에 와서 자발적으로 복음을 전한 평신도들이 단순한 평신도가 아니라 스데반의 박해로 인해 흩어진 이들이었다는 사실이다. 이들은 박해를 통해 정금 같이 단련된 신앙의 소유자들이었다.[13]

---

[12] 박용규, 한국기독교회사 1 1784-1910 (서울: 한국기독교사연구소, 2017), 311-339, 360-372. 마치 한국에 언더우드와 아펜젤러가 입국하기 전 믿는 자들이었던 이응찬, 백홍준, 이성하, 김진기, 서상륜 등 의주 청년들과 이수정에 의해 개신교 복음이 한국인들 사이에 조용히 확대된 것처럼 말이다. 1884년 호러스 알렌이 입국한 후 불과 사반세기 만인 1910년 에딘버러 선교대회 때 한국이 세계가 주목하는 선교지가 된 것은 은혜를 받은 평신도들이 자발적으로 복음을 전했기 때문이다. 언더우드와 아펜젤러가 입국하기 전 존 로스와 매킨타이어 선교사를 통해 은혜를 받은 의주 젊은이들이 자신들이 번역한 쪽 복음 가지고 고향에 돌아와 복음을 전하면서 놀라운 복음의 결실을 얻기 시작했다. 집안현 공동체를 태동시킨 김청송, 의주교회를 태동시킨 백홍준, 소래교회와 새문안교회를 설립한 서상륜과 서경조 모두 선교사들이 입국하기 전 은혜를 받고 자신들의 고향에 와서 복음을 전했던 자발적인 평신도 복음전도자였다. 평신도 이수정이 일본에 건너가 성경을 번역하는 등 언더우드와 아펜젤러가 입국하기 전 한국선교를 준비했던 것도 마찬가지다.

[13] Arnot, *The Church in the House*, 262. 스데반의 박해로 인해 신생교회가 진멸을 당하는 위기를 만났지만 그로 말미암아 생명의 씨가 동방 전역으로 확산되었다. 기독교 역사가 보여주는 것처럼 박해를 받으면 받을수록 복음은 생명력을 가지고 널리 확산되었다. 스데반의 순교를 목도한 이들은 조금도 신앙이 흔들리지 않고 오히려 제2, 제3의 스데반이 되어 자신들이 만난 그 예수 그리스도를 증거했다. 스데반의 죽음이 오히려 순교적인 신앙을 낳은 것이다. 이것은 A.D. 165년 마르크스 아우렐리우스 치하에 순교한 폴리갑의 경우도 마찬가지다. 수많은 이들을 원형 경기장에 모아놓고 예수 믿는 자들의 신앙을 돌이키기 위해 폴리갑을 공개적으로 처형하려고 했다. 총독이 폴리갑에게 황제에게 절하고 관주를 부으면 살려주겠다고 하자 폴리갑은 "지난 86년 동안 내가 그분을 섬겨왔지만 그분은 한 번도 나를 배반한 적이 없습니다. 그런데 어찌 내가 나의 주 나의 하나님을 배반할 수 있겠습니까?"라며 배도를 거부하고 용감하게 순교했다. 그 현장에 있던 수많은 이들은 만약 하나님이 살아계시지 않다면 저런 신앙을 가질 수 없다며 제 2의 폴리갑, 제 3의 폴리갑이 되어 순교를 각오하고 생명 걸고 복음을 증거했다. 기독교에서는 박해와 환난이 결코 복음 확장의 장벽이 될 수 없다. 1949년 중국이 공산화될 때 중국에는 5천 명의 개신교 선교사가 선교하고 있었다. 당시 중국에는 약 50만 명의 그리스도인 밖에 존재하지 않았다. 중국이 공산화되면서 모든 선교사들이 추방당해 중국에는 한 명도 남지 않았다. 그런데 선교사 한 명도 없는 가운데 그로부터 30년이 지난 1979년 중국에는 지하에서 생명 내걸고 예수 믿는 자들이 5천만 명이 넘었다. 그래서 1949년 공산화 당시 중국을 마지막으로 떠나온 선교사 가운데 한 명인 허버트 케인 선교사는 '선교는 하나님이 하신다'고 선언한 것이다. 때문에 개인이나 교회나 환난으로 인해 걱정할 필요가 없다. 다음을 참고하라. 박용규, 초대교회사 (서울: 한국기독교사연구소, 2016), 74-118.

주님의 명령을 따른 새로운 전도전략(11:20)

안디옥교회의 역동성은 그들의 전도전략에서도 찾을 수 있다. 구브로와 구레네에서 온 몇 명이 안디옥에서 '헬라인들에게도' '주 예수를 전파했다.'[14] 여기 헬라인은 헬라파 유대인이 아니라 이방인을 말한다.[15] 스데반의 환란으로 흩어진 대부분의 사람들이 안디옥에 와서 유대인들만을 복음전도의 대상으로 삼았던 것과 달리 그들 가운데 구브로와 구레네 몇 사람은 안디옥에 와서 헬라인들에게도 복음을 전했다. 처음으로 헬라인들을 대상으로 복음을 전한 것이다.

베드로가 이방인 로마 백부장에게 복음을 전했지만 그것은 주의 사자의 분부와 초청에 의한 것이었다. 그러나 여기 구브로와 구레네 출신들은 안디옥에 와서 자발적으로 헬라인들을 복음전도의 대상으로 삼은 것이다. 그런 면에서 이들의 이방인 복음전도는 사도행전만 아니라 구속사에서 일대 혁명과 같은 사건이었다.

누가는 유대인들에게만 말씀을 전한 '흩어진 대중들'과 헬라인에게도 복음을 전한 '그 중의 구브로와 구레네 몇 사람'을 분명히 구분하여 둘의 선교전략의 차이를 밝히고 있다. 칼빈이 말한 대로 "이방인들에게 말하지 않은 것은 박해 때문만이 아니라 그들의 어리석은 종교적 옹고집 때문이었다. 곧 그들은 자녀의 떡을 개에게 던지는 것을 못마땅해 한 것이다. 그러나 사실 그리스도께서는 부활 후에 온 세상에 복음을 전파하라는 전반적인 명령을 내리셨다."[16] 예수를 믿은 후에도 여전히 얼마나 유대인들이 유대민족주의에 깊이 물들었는가를 보여준다. 헬라인들에게 복음을

---

[14] Melancthon W. Jacobus, *Notes, Critical and Explanatory, on the Acts of the Apostles* (New York: Robert Carter & Brothers, 1859), 219.

[15] August Hahn and John J. Owen, *The Acts of the Apostles: According to the Text of Augustus Hahn; with Notes and a Lexicon: For the Use of Schools, Colleges, and Theological Seminaries* (New York: Leavitt & Co., 1850), 150. 여기 헬라인은 헬라파 유대인을 지칭하는 것이 아니라 이방인을 가리키는 것이다.

[16] 칼빈, 사도행전 I, 433.

전하도록 하신 분은 성령 하나님이시다.[17] 누가는 이들 구브로와 구레네 유대인들이 유대인들에게도 복음을 전했지만 헬라인들에게도 복음을 전했다는 사실을 강조한 것이다.[18]

본문의 '헬라인'은 헬라어 원문에 헬레니스타스(Ἑλληνιστάς, Hellenists, 헬라주의자들)로 기록되어 있다. 여기 헬레니스트를 헬라파 유대인으로 보려는 성경학자들이 있다.[19] 원문으로 볼 때 헬라인이 아닌 헬라파 유대인들이라고 볼 수 있지만 필자는 헬라인이라고 보는 것이 문맥상 더 맞다고 본다.[20] 그렇게 보는 것이 베드로의 욥바 사역의 체험, 이방인 고넬료의 회심과 가이사랴의 이방인 오순절, 예루살렘교회의 이방선교 인정, 최초의 이방인 교회 안디옥교회 태동으로 이어지는 사도행전의 흐름과도 일치하기 때문이다.

딘 앨포드(Dean Alford)는 "이 사람들이 할례 받지 않은 이방인들이라는 것보다 더 명백한 사실은 없다"[21]고 말한다. 존 칼빈도 사도행전 11장 20절에 나오는 헬레니스타스를 헬라주의자들로 번역하지 않고 헬라 이방인들로 보았다. "그들 가운데는 구브로(Cyprus)에서 온 사람들도 있었으며 유대인들은 구브로를 그리스의 일부로 여기고 있었다.… 그의 의미는 헬라인들이 그들의 일부에 의해서 가르침을 받았다는 것이다. 이러한 엄연한 대조를 파악할 때 우리는 그 단어를 이방인으로 설명하지 않을 수

---

[17] Baumgarten, *The Acts of the Apostles*, 289.

[18] Rice, *People's Commentary on the Acts*, 159.

[19] Denton, *A Commentary on the Acts of the Apostles*. Vol. I., 378-379. 덴톤은 많은 학자들이 여기 헬라인을 이방인 헬라인(Gentile Grecians)으로 보지만 헬라어를 구사하는 헬라파 유대인(Hellenistic Jews)로 봐야 한다고 말한다. 존 스타트 역시 여기 헬라인은 엄밀한 의미에서 헬라파 유대인들이라고 말한다. 구제문제를 두고 히브리파와 헬라파가 다툰 것에서 알 수 있듯이 헬레니스타스(Ἑλληνιστάς)를 헬라인들만 지칭하는 것이 아니라 헬라파 유대인들을 포함해서 사용된 것은 분명하다.

[20] Arnot, *The Church in the House*, 263.

[21] J. S. Howson and H. D. M. Spence-Jones, *The Acts of the Apostles* (New York: C. Scribner's, 1883), 155. 티센도르프(Tischendorf), 라히만(Lachmann), 알포드(Alford), 마이어(Meyer), 프럼프트리(Plumptre)를 비롯한 19세기 성경학자들 대부분은 헬라인 이방인들이라고 말한다.

없다."²²

필자도 칼빈의 해석에 동의한다. 실제로 사도행전 11장 20절에 나오는 '헬라인들(Ἑλληνιστάς)에게도 말하여 주 예수를 전파하니'를 24개의 영어 역본을 통해 살펴보니 그 중에서 일곱 역본만 원문 그대로 '헬라주의자'(Hellenists)로 번역을 했고 나머지는 '헬라인'으로 번역을 했다. '헬라파 유대인'으로 번역한 성경은 한 곳도 없었다.²³ 구브로와 구레네 몇 사람이 안디옥에 와서 처음으로 헬라인들에게도 복음을 증거했다.

구브로와 구레네 출신 몇 사람이 헬라인들을 복음전도의 대상으로 삼았다는 사실은 사도행전 전체를 볼 때 너무도 중요한 의미를 지닌다.²⁴ 그것은 역사를 바꾸는 '중요한 발걸음'이었기 때문이다.²⁵

---

²² 칼빈, 사도행전 I, 433.

²³ 사도행전 11장 20절 Ἑλληνιστάς 를 '헬라파 유대인'이 아니라 '헬라인'으로 번역하는 것이 더 맞다. 거의 모든 영어 역본이 헬라인으로 번역했다. 1. *New International Version*/the Greeks; 2. *New Living Translation*/the Gentiles; 3. *English Standard Version*/the Hellenists; 4. *Berean Study Bible*/the Greeks; 5. *Berean Literal Bible*/the Hellenists; 6. *New American Standard Bible*/the Greeks; 7. *King James Bible*/the Grecians; 8. *Holman Christian Standard Bible*/the Hellenists; 9. *International Standard Version*/the Hellenistic Jews; 10. *NET Bible*/the Greeks; 11. *New Heart English Bible*/the Hellenists; 12. *GOD'S WORD® Translation* /the Greeks; 13. *New American Standard 1977*/the Greeks; 14. *Jubilee Bible 2000*/the Greeks; 15. *King James 2000 Bible*/the Greeks; 16. *American King James Version*/the Grecians; 17. *American Standard Version*/the Greeks; 18. *Douay-Rheims Bible*/the Greeks; 19. *Darby Bible Translation*/the Greeks; 20. *English Revised Version*/the Greeks; 21. *Webster's Bible Translation*/ the Grecians; 22. *Weymouth New Testament*/the Greeks; 23. *World English Bible*/the Hellenists; 24. *Young's Literal Translation*/the Hellenists.

²⁴ Denton, *A Commentary on the Acts of the Apostles*. Vol. I., 188. "구레네에는 유대인들의 수가 너무도 많아서 스트라보는 그들이 모든 도시에 들어왔으며 전 주민의 4분의 1이 유대인들이었다고 증언한다. 구레네에 대한 언급은 누가의 글에 자주 나타난다. 누가는 그리스도를 따라 십자가를 지고 간 사람이 구레네 사람이고 구레네의 리비아 여러 지역에서 온 유대인들이 예루살렘에 있었고 오순절 날 제자들 앞에서 기적적인 성령의 은사의 부으심을 증거하였다고 기록했다. 누가는 안디옥에 와서 주 예수를 전파한 사람과 안디옥에 있는 선지자와 교사 중 한 명을 결부시킨다. 알렉산드리아에서는 그 도시의 대규모의 지역을 차지할 만큼 유대인들이 많았으며 글라우디오 칙령에 의해 자신들의 지도자를 선출하고 그 통치자(an Ethnarch)에 의해 다스림을 받을 권리를 인정받았다. 사울 사도의 고향 길리기아와 관련하여 우리는 그곳에 상당수의 유대인들이 정착했다는 사실과 그 도시의 자유가 그들 중 많은 이들에게 제공되었다는 사실을 안다. 다시 말하지만 아시아라고 할 때는 에베소를 수도로 하는 아시아 총독의 구역을 의미한다."

사도행전에서는 '헬라인'이라는 말이 여기 처음으로 등장한다. 헬라인에게 복음을 전했다는 것은 특별한 의미를 지닌다. 당시 헬라인은 이방인을 총칭하는 이름이었다.[26] 때문에 헬라인들에게 복음을 전했다는 것은 곧 이방인들에게 복음을 전했다는 의미다. 그래서 NLT 역(New Living Translation)은 이를 '이방인들'(the Gentiles)이라고 번역했다.

절대다수의 사람들이 유대인만을 복음전파의 대상으로 삼았으나 이들 구브로와 구레네 몇 사람들만이 헬라인들에게도 복음을 전하는 전도전략을 세운 것이다.[27] 이것은 파격적인 전도전략이면서도 동시에 매우 효과적이고 혁명적인 선교전략이었다.

구브로는 안디옥에서 멀지 않은 섬나라이고 구레네는 애굽의 서쪽 북아프리카 리비아의 수도로 이곳 시민의 4분의 1은 헬라파 유대인이었다.[28] 바로 이들이 안디옥에 와서 유대인들에게 뿐만 아니라 헬라인들에게

---

[25] Bruce, *The Book of ACTS*, 238-239. "예루살렘에서 박해를 피하여 도피한 그리스도인들은 비록 자기들이 헬라파였지만, 그들이 가는 곳마다 여러 장소의 유대인 공동체에게만 복음을 전하였다. 의심할 바 없이 이들 유대 공동체의 구성원들은 그들과 같은 헬라파였다. 그러나 안디옥에 온 구브로와 구레네(Cyrene) 출신 그리스도인들 가운데 용감한 몇 명의 사람은 중요한 발걸음을 내디뎠다. 만약 복음의 메시지가 유대인에게 그렇게 좋은 것이라면 그것은 또한 이방인들에게도 좋은 것이 아닐까. 아무튼 그들은 실천에 옮겼다. 그래서 그들은 안디옥의 많은 헬라인들에게 예수를 주와 구세주로 전하기 시작했다."

[26] '유대인은 표적을 구하고 헬라인은 지혜를 찾으나 우리는 십자가에 못 박힌 그리스도를 전한다'(고전 1:22-23)고 바울이 고백한 것처럼 당시 세 종류의 사람들이 존재했다. 유대인, 헬라인, 그리스도인이 바로 그것이다.

[27] 안디옥에 와서 복음을 전했던 구브로와 구레네 출신 몇몇 사람들의 전도전략은 달랐다. 누가는 유대인만을 대상으로 삼은 자들의 경우는 수의 다소를 명시하지 않았으나 구브로와 구레네 출신의 경우는 '몇 사람'(11:20)이라고 소수임을 언급하고 있다. 그렇다면 전자는 절대다수이고 후자는 매우 소수였던 것을 알 수 있다. 하나님의 구속의 역사는 하나님의 뜻에 순종하는 소수를 통해서 진행해 나간다. 유대인이 아닌 헬라인을 복음전파의 주 대상으로 삼은 것이다.

[28] 헬라파 유대인은 히브리파 유대인들보다 헬라인들에게 더 포용적이고 관용적이었고, 히브리파 유대인들보다 이방세계를 향하여 더 열려 있었다. 그래서 이들은 이방인들과 접촉하기가 더 쉬웠다. 문화적 배경을 복음전도의 접촉점으로 삼은 것이다. 헬라파 유대인들은 비록 피는 유대 혈통이지만 헬라 배경에서 성장해 헬라화된 사고를 갖고 있었다. 따라서 헬라인들에게 복음을 전하는 데는 이들처럼 적격자는 없었다. 오늘날 미국이나 다른 나라에 살고 있는 2세들을 통해 그 나라 백성들에게 복음을 전하는 전략은 이민교회들이 세워야 할 중요한 전도전략이다. 미국에 있는 스웨덴 이민자들이 설립한 EFC(Evangelical Free Church), ECC(Evangelical Covenant Church), 화란 이민자들이 세운 RCA(Reformed Church in America)와 CRC(Christian Reformed

도 복음을 전한 것이다. 헬라인들은 마치 기다리고 있었던 듯이 전해주는 복음을 받아들였다. 13장 1절에 있는 안디옥교회 지도자 구성분포를 통해 볼 때 구브로와 구레네 출신 평신도들은 헬라인들뿐만 아니라 안디옥에 사는 모든 이방인들을 전도의 대상으로 삼았다. 새로운 전도전략을 통해 안디옥에 사는 다양한 이방인들이 복음을 믿고 예수를 주로 믿었다.[29] 처음으로 헬라인들을 복음전파의 대상으로 삼은 구브로와 구레네 출신 몇 명의 선교전략은 세계선교의 전환점이 된 탁월한 혁명적 전략이었다.

전도의 태도와 전도 열정의 차별화(11:19-20)

안디옥교회의 역동성은 그들의 전도 태도와 열정에서도 찾을 수 있다. 유대인들에게만 도를 전한 헬라파 유대인들과 헬라인에게도 복음을 전한 구브로와 구레네에서 온 헬라파 유대인들이 복음을 전하는 태도, 확신, 내용은 달랐다. 복음전파의 열정이 후자에게 더 넘쳤고 전파하는 메시지 내용도 더 선명했다. 안디옥교회가 역동적인 교회가 된 것은 복음전도의 내용과 태도가 달랐기 때문이다.

안디옥에 와서 복음을 전한 사람들 두 그룹 가운데 첫 번째 그룹의 사람들이 유대인들에게만 말씀을 '전하는 데'(11:19)는 헬라어로 라룬테스

Church)는 그런 전도전략을 통해 미국에서 성공한 대표적인 교단들이다.

[29] Bruce, *The Book of ACTS*, 239. 누가는 이렇게 믿게 된 안디옥의 이방인들이 어떤 성격의 사람들이었는지는 기록하지 않았다. 그러나 고넬료 가정이 보여주듯 당시 교회에 영입된 이들 가운데는 유대인 회당과 접촉을 통해 구약의 계시를 알고 있던 '하나님을 경외하는 자'(God-fearer) 계층의 사람들이 많았다. 아마도 안디옥에서도 그 같은 현상이 있었을 것으로 여겨진다. 그렇다고 안디옥에서의 구원역사를 이들 특정 부류의 사람들에게만 국한된 현상으로 제한시킬 수 없다. 누가는 '주의 손이 그들과 함께하시매'(11:21)라는 표현을 통해 안디옥에 사는 수많은 무리가 주님께로 돌아오는 역사가 나타났다고 분명히 증거하고 있기 때문이다. 안디옥에서의 이방인의 개종은 이전의 이방인 개종과 비교할 수 없을 정도의 규모였다. 곧 안디옥에는 바나바와 사울 외에도 니게르, 시므온, 루기오, 마나엔을 비롯한 다양한 민족의 사람들이 지도자로 세워진 것을 볼 때 다민족공동체를 형성한 것을 알 수 있다. 가사로 가는 길에서 에디오피아 내시가 그리스도인이 되었고, 가이사랴 로마의 백부장과 그의 가정이 복음을 믿었지만, 안디옥에서의 이방인 복음화는 처음으로 헬라인들을 복음전도의 대상으로 삼았다는 점에서 그리고 이전과 비교할 수 없을 정도로 큰 규모로 이방인들이 주님께로 돌아왔다는 점에서 완전히 새로운 변화였다.

(λαλοῦντες, speaking)다. 라룬테스는 일상적인 대화(speaking)를 나눌 때 사용한다. 그런데 구브로와 구레네 출신 몇 사람이 헬라인들에게도 말하여 주 예수를 '전파하니'(11:20)라고 할 때 여기 '전파하니'는 헬라어 에완겔리조메노이(εὐαγγελιζόμενοι, proclaiming the gospel)다. 이것은 사도들이 확신을 가지고 전도할 때 사용하는 단어였다.

'주 예수를 전파'했다는 말은 '주 예수에 관한 복된 소식을 전파'했다는 말이다.[30] 우리 성경은 이들이 전한 복음의 내용을 주 예수였다고 간단히 기록했다. 하지만 좀 더 정확한 표현은 "주 예수에 관한 복된 소식"이다. 스데반의 박해로 흩어진 이들이 베니게, 구브로, 안디옥에 와서 말씀을 '라룬테스'로 전한 데 반해 구브로와 구레네 출신 몇몇 사람들은 확신을 가지고 '에완겔리조메노이'로 복음을 전파한 것이다. 복음전파의 내용과 태도가 달랐다.

구브로와 구레네 출신 몇 사람이 안디옥에 와서 헬라인들에게 전한 복음은 오순절 때(2:36)나 고넬료 가정(10:36)에 전한 바로 그 복음이었다. 구원의 복음은 선명해야 한다. 무엇보다 확신 가운데 전해야 한다. 베드로는 '주는 그리스도시요 살아계신 하나님의 아들'이라고 고백했다. 그런 베드로를 주님은 제자들 앞에서 극찬하셨다. 빌립보 감옥에서 바울이 '주 예수를 믿으라 그리하면 너와 네 집이 구원을 받으리라'(16:31)고 선포하자 간수는 곧 주님을 영접하고 세례를 받았다.

베드로나 바울은 확신을 가지고 매우 분명하게 복음을 선포했다.[31] 구

---

[30] 구브로와 구레네 출신들이 안디옥에서 전한 주제는 '주 예수'였다. Arnot, *The Church in the House*, 263. 동일한 단어가 사도행전 5장 42절에 기술되었다. '그들이 날마다 성전에 있든지 집에 있든지 예수는 그리스도라고 가르치기와 전도하기를 그치지 아니하니라.' 또한 같은 단어가 사도행전 8장에도 등장한다. '그 흩어진 사람들이 두루 다니며 복음의 말씀을 전할새 빌립이 사마리아 성에 내려가 그리스도를 백성에게 전파하니 무리가 빌립의 말도 듣고 행하는 표적도 보고 한마음으로 그가 하는 말을 따르더라'(8:4-6). 누가는 이들 세 곳에 등장하는 전도와 전파를 기술할 때 공통적인 단어를 사용했다. 세 곳 모두 예수가 그리스도라는 확신을 가지고 복음을 증거했다.

[31] 복음을 선명하게 외칠 때 힘이 있고 능력이 있다. 딘 켈리(Dean M. Kelly)는 서구교회가 쇠퇴하지만 어떤 교회들은 성장하고 있으며, 성장하는 대부분의 교회들이 보수적인 교회들이라고 증언했다. 교회성장과 신학이 깊은 연관성이 있다는 사실을 보여준다. Dean M. Kelly, *Why*

브로와 구레네 출신 몇 사람이 안디옥에 와서 확신을 가지고 유대인들만 아니라 헬라인들에게도 주 예수를 전한 것이다. 안디옥교회의 수많은 이들이 믿고 주님께로 돌아온 것도 우연이 아니다. 향락의 도시 안디옥에 선명한 복음이 선포되자 안디옥 시 전체가 복음으로 흔들렸다. 뿐만 아니라 안디옥교회는 마치 예루살렘교회가 유대인 교회의 중심지가 된 것처럼 이방교회의 중심지가 되었다.

주의 손이 함께하는 교회(11:21)

이 모든 것보다 안디옥교회는 주의 손이 함께하는 교회였다. 누가는 '주의 손이 그들과 함께 하시매 수많은 사람들이 믿고 주께 돌아오더라'(11:21)라고 증언한다.[32] 박해 가운데서의 자발적인 복음전파, 헬라인을 대상으로 한 파격적인 전도전략 그리고 선명한 복음의 메시지가 있었지만 이 모든 것보다도 더 중요하고 의미 있는 것은 '주의 손이 그들과 함께 했다'는 사실이다.

누가는 헬라인에게도 복음을 전한 파격적인 선교전략을 언급한 다음에 이어서 주의 손이 그들과 함께하심으로 수많은 영혼들이 주님께로 돌아왔다고 증언한다. 이것은 주의 손이 함께 하셨기 때문에 그 같은 놀라운 결실이 가능했다는 의미이다.[33]

Conservative Churches are Growing: A Study in Sociology of Religion (New York: Harper and Row, 1972), 20-31.

[32] Arnot, *The Church in the House*, 265. 여기서 우리는 '믿고'라는 단어와 '돌아오더라'는 단어를 주목해야 한다. 믿는다는 것은 뿌리이고 돌아왔다는 것은 열매이다. 나무의 뿌리는 눈으로 볼 수 없다. 그러나 그 결실은 볼 수 있고 맛볼 수 있다. 열매로 우리는 나무를 알 수 있다. 믿는다는 것이 영혼의 은밀한 행동이라면 주께로 돌아가는 것은 제자의 삶에서 가시적인 과정이다.

[33] Arnot, *The Church in the House*, 264. 여기서 우리는 중요한 교훈을 얻을 수 있다. 회심에서 주의 손이 역사하였고, 인간의 사역을 통해서 주의 손이 역사하셨음을 보여준다. 이 구원 사역에서 인간은 하나님 없이는 아무것도 할 수 없다. 또한 하나님께서는 인간을 통해 역사하신다. "그런즉 그들이 믿지 아니하는 이를 어찌 부르리요 듣지도 못한 이를 어찌 믿으리요 전파하는 자가 없이 어찌 들으리요"(롬 10:14). 인간적인 모든 노력들이 하나의 영적인 결실로 이어질 수 있었던 것은 주의 손이 함께하셨기 때문이다. "주의 손이 그들과 함께 하시매 수많은 사람들이

주의 손이 그들과 함께하셨다는 것은 주님께서 인격적으로 역사에 개입하시고 섭리하시고 이끄신다는 사실을 보여준다. 여기 '주의 손'(the hand of the Lord, χείρ Κυρίου, 11:21)은 하나님의 권능의 임재와 보호를 의미한다. 주님은 이사야 선지자를 통해 '두려워하지 말라. 내가 너와 함께 함이라. 놀라지 말라. 나는 네 하나님이 됨이라. 내가 너를 굳세게 하리라. 참으로 너를 도와 주리라. 참으로 나의 의로운 오른손으로 너를 붙들리라'(사 41:10)고 말씀하셨다. 주의 오른손이 믿음의 백성들과 함께하시겠다는 약속이며, 하나님의 임재와 능력 그리고 개입의 상징이다.

"'손'이란 능력을 의미한다. 따라서 누가의 의미는 하나님께서 직접 도와주심으로써 이방인들이 유대인들과 함께 그리스도의 은혜를 누리도록 부름 받은 것은 주님의 인도가 있었기 때문이라는 점을 증거해 주셨다는 의미이다.··· 따라서 사역자는 자신의 능력이나 근면성을 믿고 무슨 일을 시작할 것이 아니라 온전히 그의 은혜로 성과를 가져오시는 하나님께 각자의 일을 위임하도록 하자. 한편 가르침이 결과를 낳음에 따라 믿게 된 자들은 자기들의 신앙을 하나님의 덕으로 생각하지 않으면 안 된다."[34]

스데반의 박해를 통해 연단된 구브로와 구레네 출신 평신도들이 안디옥까지 와서 자발적으로, 헬라파 유대인인 자신들의 강점을 살려 헬라인들에게 선명한 메시지를 전했지만 그 모든 것보다도 전능하신 주의 손이 그들과 함께하셨다. 주님께서 매순간 은혜를 베풀어주셔야 한다. 교회는 인간의 힘만으로 되지 않는다. 누가는 안디옥교회 태동과정에서 정말 중요한 역할을 하신 분이 하나님이라는 사실을 반복적으로 드러낸 것이다.

믿고 주께 돌아온" 것이다. 누가는 주의 손이 그들과 함께하셨다는 사실을 기록하기 전에 구브로와 구레네에서 온 이들의 헌신적이고 용기 있고 지혜로운 선교전략을 먼저 기술하였다. 이것은 주의 손이 함께하신 것은 그들의 희생과 헌신과 열심 있는 전도와 무관하지 않음을 보여준다. 주의 뜻에 순종하여 사람들이 직접 복음을 들고 나가서 전파하자 "주의 손"이 그들과 함께 하신 것이라고 해석하는 것은 무리가 아니다. 주의 손이 그들과 함께하심으로 주님께서 복음의 증인들에게 하신 "세상 끝 날까지 너희와 항상 함께 있으리라"는 약속이 그대로 성취된 것이다. 누가가 바로 다음 장에서 야고보를 죽이고 베드로를 잡아들인 기독교 박해의 장본인 헤롯 왕이 벌레에게 먹혀 비참하게 세상을 떠났다는 사실을 한 장을 할애해 기록한 것도 그 때문이다.

[34] 칼빈, 사도행전 I, 434.

2. 안디옥교회의 목양과 훈련(11:22-26)

²² 예루살렘교회가 이 사람들의 소문을 듣고 바나바를 안디옥까지 보내니 ²³ 그가 이르러 하나님의 은혜를 보고 기뻐하여 모든 사람에게 굳건한 마음으로 주와 함께 머물러 있으라 권하니 ²⁴ 바나바는 착한 사람이요 성령과 믿음이 충만한 사람이라 이에 큰 무리가 주께 더하여지더라 ²⁵ 바나바가 사울을 찾으러 다소에 가서 ²⁶ 만나매 안디옥에 데리고 와서 둘이 교회에 일 년간 모여 있어 큰 무리를 가르쳤고 제자들이 안디옥에서 비로소 그리스도인이라 일컬음을 받게 되었더라

안디옥의 수많은 이방인들이 주께로 돌아왔다는 소문은 곧 예루살렘교회에 알려졌다. 예루살렘교회는 안디옥의 이방인들에게 복음이 전해졌다는 소식을 듣고 이 새로운 이방교회의 모습을 파악하기 위해 이전에 사마리아로 베드로와 요한을 보냈듯이 바나바를 파송했다.

크리소스톰은 "예루살렘교회가 사울을 파송하지 않고 바나바를 파송한 이유가 무엇인가?"라는 질문을 제기하고 이렇게 답했다. "예루살렘교회는 아직 사울의 신앙과 성품을 알지 못했다. 예루살렘교회가 바나바를 파송한 것은 섭리적 질서이다."³⁵ 바나바가 먼저 안디옥에 가서 교인들을 독려하고 안정을 기한 다음 사울을 데리고 왔기 때문에 사울은 안디옥에 와서 마음 놓고 바나바와 함께 주의 사역을 감당할 수 있었다. 또한 안디옥교회가 사도를 파송하지 않았다고 불평하지 않고 바나바와 사울의 가르침을 충실하게 배우고 실천했다는 사실이다.

'바나바를 안디옥까지 보내니'(11:22)에서 '보내니'(they sent forth, ἐξαπέστειλαν)라는 말을 주목할 필요가 있다. 어떤 일이 발생했을 때 어떤 사람을 보호하거나 사태를 진정시키려고 사람을 보낼 때 이 단어가 사용

---

³⁵ Chrysostom, *The Homilies on The ACTS of The Apostles*, 363.

되었다.[36]

　예루살렘교회가 이렇게 신속하게 일을 추진한 데에는 그만한 이유가 있었다. 앞서 베드로를 통해 가이사랴에 오순절 성령강림을 비롯한 이방인 선교가 시작되었음을 깨달았기 때문이다. 안디옥교회의 입장에서 볼 때도 이제 안디옥교회는 목양이 필요한 2단계에 접어들었다. 전도를 통해 놀랍게 주의 백성들이 늘어나자 공동체를 목양할 지도자가 필요했다.

　예루살렘교회가 바나바를 파송한 것은 신생교회가 사탄의 시험에 들지 않고 처음부터 견고하게 세워지게 하기 위해서였다.[37] 칼빈의 표현을 빌린다면 교회가 "신앙의 기초를 더 닦고 일의 질서를 어느 정도 바로잡아주며 미완성인 교회에 어느 정도 형태를 갖추게 함으로써 교회가 올바른 상태를 유지하도록 하려는 목적에서였다."[38]

　사탄이 온갖 수단을 동원해서 순수한 것을 더럽혀 "무수한 이단이 확산되는 것"을 사전에 막으려는 의도에서였다. 사탄은 언제나 "무지하거나 아직 올바른 신앙에 충분한 기반을 닦지 못한 자들을 선동하거나 그들을 혼란 속에 내던져 지도록" 온갖 수단과 방법을 동원하고, 특별히 "곡식이 가장 상처를 받기 쉬운 시기는 초기 단계이기 때문이다."[39]

바나바, 검증된 최고의 목양 적격자

　수많은 사람들이 주님께로 돌아온 안디옥교회가 신앙생활을 갓 시작한

---

[36] 눅 20:10; 20:11; 행 9:30; 11:22; 17:14. 본인의 의사에 따른 결정에 의해서가 아니라 다른 사람들이나 교회공동체가 임무를 맡기거나 그 개인을 보호하기 위해 다른 곳으로 피신시키거나 할 때 이 단어 '보내니'를 사용했다. 동일한 단어가 신약성경에 5번이 나오는데 그 모두가 누가복음과 사도행전에만 나타난다. 특히 사도행전에 누가는 바울과 바나바에게 이 단어를 특정해서 사용하였다. 사울이 회심 후에 복음에 불타 복음을 전했으나 너무 핍박이 심해 형제들이 이 사실을 알고 그를 가이사랴로 데리고 내려가서 다소로 보낼 때(9:30), 베뢰아에서 바울의 복음전도를 유대인들이 방해하자 형제들이 바울을 내보낼 때(17:14) 동일한 단어가 사용되었다.

[37] Erdman, The Acts, 96. "안디옥교회는 예루살렘교회와 분리되지 않았다. 두 지역의 교회가 그리스도 안에서 한 몸을 형성했다. 이 같은 교회의 일치는 강조될 필요가 있다."

[38] 칼빈, 사도행전 I, 435.

[39] 칼빈, 사도행전 I, 435.

이들을 은혜 안에서 견고하게 정착할 수 있도록 그들의 신앙을 독려하고 세워줄 목양 지도자가 필요할 때 예루살렘교회가 파송한 사람이 바나바였다. 사실 바나바는 다음 몇 가지 점에서 이 일을 감당할 최고의 적임자였다.

첫째, 바나바는 물질적인 욕심을 넘어선 온전히 헌신된 사람이었다. 초대교회에 놀랍게 성령이 임하고 복음이 확장되어 갈 때 결정적인 역할을 했던 사람이 바로 바나바였다. 자기 재산을 팔아 사도들 앞에 헌금하여 초대교회가 왕성할 수 있도록 뒷받침해준 사람이 바나바였다(4:36). 그는 물질적인 욕심을 챙기지 않는 헌신된 그리스도인이었다.

둘째, 바나바는 이방인 선교에 남다른 관심을 가지고 있었다. 사도행전 4장 36절에 보면 바나바는 구브로 출신 레위족이었다. 그렇다면 그는 헬라파 유대인이었다. 헬라파 유대인이었기 때문에 헬라문화에 익숙하고 헬라인에게 더 관용적이었을 것이다. 구브로 출신의 헬라파 유대인이었던 바나바는 헬라 언어, 문화, 역사에 대해 조예가 깊어 이방인들을 잘 이해할 수 있는 언어적, 문화적, 사상적 포용력을 가졌다. 안디옥에 와서 헬라인들에게도 복음을 전해 안디옥교회를 설립한 구브로 출신의 유대인들은 바나바에 대해 이미 잘 알고 있었을 것이다. 예루살렘교회가 구브로 출신의 유대인인 바나바를 파송한 것은 그런 맥락에서 자연스러운 일이다.

셋째, 바나바는 신앙과 인격이 겸비된 겸손한 사람이었다. 누가는 바나바가 '착한 사람이요 성령과 믿음이 충만한 사람'(11:24)이라고 기술하고 있다. 이 표현을 주목할 필요가 있는 것은 바나바가 "육신의 욕망을 물리치고 성령의 지도를 받는 가운데 온 마음을 다해 경건을 개발하는 데 힘쓴 사람"[40]이었음을 보여주기 때문이다. 예루살렘교회가 바나바를 파송한 것은 한마디로 그가 신앙과 인격이 겸비된 지도자였기 때문이다. 그는 성품이 좋은데다 성령충만을 받았고 믿음이 충만해 지도자로서의 모든 자질

---

[40] 칼빈, 사도행전 I, 436-437.

을 충분히 갖추고 있었다. 지도자의 두 자질, "주에 대한 신앙과 사람에 대한 인격" 두 가지를 완벽하게 겸비한 인물이었다.

넷째, 바나바는 검증된 지도자였다. 바나바는 사울을 사도들에게 연결해 주는 중재자로서, 일찍이 자신의 전 재산을 주님께 바친 물질적 헌신자로서 이미 예루살렘교회에서 인정을 받고 있었다. 바나바를 파송한 것은 그가 과거에 교회의 문제를 해결하는 일에 남다른 수완을 보여주었고, 성품이 뛰어난 사람이었으며, 무엇보다 이방인 선교에 남다른 관심과 열정을 보여주었던 검증된 인물이었기 때문이다.

누가가 지속적으로 증언하는 것처럼 바나바는 사도들과 예루살렘교회 전체에서 믿음의 사람으로 인정을 받았다. 안디옥에 복음이 전해졌다는 사실이 예루살렘교회에 알려졌을 때 예루살렘교회가 바나바를 파송했던 것도 그 때문이다. 과거 사마리아에는 베드로와 요한 두 사람을 파송했으나 안디옥에는 바나바만 파송했다. 이것은 그가 얼마나 예루살렘교회와 사도들로부터 인정을 받았는가를 단적으로 말해준다.

바나바가 구브로 출신이었기 때문에 그곳에서 멀지 않은 안디옥교회로 그를 파송했을 수 있지만 그를 파송한 근본 이유는 바나바가 사도들로부터 가장 신뢰를 받았기 때문이다. 예루살렘교회로는 안디옥교회가 이방선교의 센터로 지어져 가는 도상에서 여러 가지 면에서 가장 적합한 사람을 택해 파송했고, 새로 출발하는 안디옥교회로서는 최고의 지도자를 만난 것이다.

바나바의 목양과 안디옥교회의 안정과 성장(11:23-24)

바나바는 게다가 '권위자,' '격려의 아들'이었다. 그는 안디옥교회에 가서 '하나님의 은혜'(11:23)를 목격하고 기뻤다.[41] 바나바가 그렇게 기뻐한 것은 그들 가운데 하나님의 은혜를 어쩌다 한 번 본 것이 아니라 지속적으로 목도했기(having seen, ἰδὼν) 때문이다. '그가 이르러 하나님의 은혜

---

[41] Arnot, *The Church in the House*, 267-268.

를 보고 기뻐하여'(11:23)라는 누가의 증언은 바나바가 안디옥교회 안에 있는 가르침을 가장 먼저 인정했다는 의미이다.[42] 이방교회가 설립되고 은혜가 넘치는 것을 직접 확인한 것이다.

진정한 목양은 영적 분별이 필요하고, 영적 분별과 더불어 인정과 격려가 따라야 한다. 바나바는 이 일에 적격이었다. 공동체는 자신들의 신앙을 인정해주는 사람을 만나 행복했고, 바나바는 새로운 공동체가 영적으로 건강한 신앙의 공동체인지를 판단하고 이를 확인하고 그것을 인정하고 격려했다. 이방인을 전도의 대상으로 삼아 형성된 안디옥교회의 교인들에게 그가 할 수 있는 최고의 부탁은 '굳건한 마음으로 주와 함께 머물러 있으라'(11:23)는 권면이었다. '머물러 있으라'는 말은 사도행전에만 나오는 단어로 '굳게 붙어 있으라'(abide, προσμένειν)라는 의미이다.[43]

주의 은혜로 구원받은 자들이 주님과 함께 동행하는 것처럼 안전한 신앙생활은 없다. 하나님의 은혜 안에 머물러 있으라는 권면은 인간의 신앙생활에서 하나님의 은혜가 결코 인간의 책임을 무시하지 않는다는 사실을 말해준다. 하나님의 은혜는 주권적인 역사이지만 그 은혜 안에 머물고 은혜 가운데 거하는 것은 믿음의 사람들이 감당해야 할 책임이다. 하나님의 주권과 인간의 책임이 모순되지 않는다.

---

[42] 칼빈, 사도행전 I, 436.

[43] Arnot, *The Church in the House*, 276. 동일한 단어가 사도행전 13장에서 사울과 바나바가 비시디아 안디옥에서 예수를 믿게 된 유대인들과 유대교에 입교한 이들에게 '항상 하나님의 은혜 가운데 있으라'(13:43)고 권할 때 사용되었다. 주님 안에나 하나님의 은혜 안에 지속적으로 머물러 있으라는 권면이다. 이방교회는 은혜가 넘치고 생기가 넘치지만 신앙의 뿌리가 약하여 이단의 가르침이나 유혹에 쉽게 빠져들거나 불신사회에 다시 동화(同化)될 가능성이 늘 내재되어 있다. 그래서 사울과 바나바는 '굳건한 마음으로 주와 함께 머물러 있으라'고 부탁한 것이다. 안디옥교회에는 수다한 사람들이 주님께로 돌아왔기 때문에 그 중에는 신앙이 약한 사람도 있었을 것이다. 바나바는 믿음이 강한 사람이나 믿음이 부족한 사람이 모두 신앙 가운데 바르게 세워지도록 독려한 것이다. 새로 교회에 영입된 사람들의 신앙을 견고하게 뿌리 내리게 만드는 일은 참 중요하다. 바나바는 갓 복음을 받아들인 그들에게 자신이 목도하고 체험하고 전해들은 사도들의 이야기, 이방인들이 회심하고 주께 돌아오고 있다는 이야기, 이방인들에게 복음이 점점 더 확산되고 있다는 이야기, 심지어 얼마 전에는 할례자의 사도라고 일컫는 베드로가 가이사랴에 사는 이방인들에게 복음을 증거해 마가의 다락방의 오순절과 같은 놀라운 성령의 역사가 나타났다는 이야기 그리고 그렇게나 기독교를 박해하던 사울이 주의 충성스러운 종이 되었다는 이야기를 들려주었을 것이다.

복음전파가 살아 있고, 주의 손이 그들과 함께 하신데다 격려의 사람 바나바가 한 사람 한 사람을 섬기는 목양 사역을 감당하자 '큰 무리가 주께 더하여졌다'(11:24). 바나바가 온 후로 "더 불어났다"는 것을 보여준다. 한마음으로 서로 돕고 타인이 시작한 것을 정직하게 인정할 때 교회는 더욱 튼튼하게 지어져 가는 것이다.[44] 여기 '큰 무리'(a large crowd, ὄχλος ἱκανὸς, 11:24)는 말 그대로 대단히 많은 사람들을 지칭하는 것이다. 바나바가 목양하고 나서 안디옥교회가 더 크게 성장했다.

누가는 안디옥교회 초기 단계에서 '수많은 사람들(a great number, πολύς τε ἀριθμὸς)이 믿고 주께 돌아왔다'(11:21)고 한 반면 여기서는 '큰 무리가 주께 더하여졌다'(much people was added, προσετέθη ὄχλος ἱκανὸς, 11:24)고 표현하고 있다. 누가는 2장 47절에 사용한 동일한 용어를 여기서 사용하였다. 더하시는 주체가 인간이 아니라는 사실이다.[45] 믿고 주께로 돌아오는 회심의 사건이 주님이 하시는 사역이라는 사실을 다시 확인할 수 있다. '수많은 사람들'은 개별적인 성격을 지니지만 '무리'는 일단의 군중이라는 집단적 규모를 반영하는 용어이다. 교세의 규모가 놀랍게 증가한 것이다.

다소로 사울을 찾아간 바나바(11:25-26)

교회가 급성장하자 바나바는 혼자 힘으로는 사역을 다 감당할 수 없었다. 그래서 바나바는 사울을 찾으러 다소로 갔다. 윌리엄 램지(William M. Ramsay)는 사도행전과 사울의 생애를 안디옥교회 상황과 연계하여

---

[44] 칼빈, 사도행전 I, 437.
[45] 이것은 11장 24절은 사도행전 2장의 기록과 매우 유사하다. 성령의 놀라운 역사로 베드로의 설교를 통해 삼천 명이 세례를 받는 역사가 나타난 후에 신앙의 공동체가 가르침을 받고 교제하고 떡을 떼고 기도하기를 힘쓰자 '주께서 구원받는 사람을 날마다 더하게 하셨다'(2:47). 11장에서 사용된 '더하여졌다'는 프로세테네는 누가가 사도행전 2장 47절에 '주께서 구원 받는 백성을 더하게 하셨다'고 기록할 때 사용한 동일한 단어다. 사도행전 2장이나 11장의 더하시는 주체는 인간이 아니다. 사도행전 2장에서는 주께서 더하셨다고 기록하고 11장에서는 '큰 무리'(11:24)가 주께로 인도되었다고 증언한다.

연대기적으로 연구한 후 바나바가 사울을 데리러 다소로 간 것이 A.D. 43년 초라고 말한다.⁴⁶ 맥가비도 바나바가 사울을 안디옥으로 데리고 온 때가 A.D. 43년이라고 밝혔다.⁴⁷

안디옥에서 다소까지는 그리 먼 거리는 아니었다. 하지만 바나바가 다소까지 찾아가 은거 중에 있는 사울을 만나기는 쉽지 않았을 것이다. 바나바가 사울의 거처를 알고 찾아갔을 가능성을 배제할 수 없지만 서로 헤어진 지 오래되어 그 반대일 가능성이 더 높다.⁴⁸ 바나바는 사울이 하나님으로부터 소명을 받았다는 사실을 잘 알고 있었고, 이제 기회가 왔다고 판단하여 찾아간 것이다.⁴⁹

바나바가 사울을 찾으러 다소로 갈 때까지 사울은 여러 해 동안 그곳에 머물러 있었다. A.D. 33년 가을 회심한 사울이 3년 동안 아라비아 사막에서 내적 성숙을 위한 시간을 가진 후⁵⁰ A.D. 35년 예루살렘에 올라갔다가⁵¹

---

⁴⁶ William M. Ramsay, *St. Paul the Traveler and the Roman Citizen* (London: Hodder & Stougton, 1895), 45.

⁴⁷ McGarvey, *New Commentary on Acts of the Apostles*, 221. 하비는 그 때가 A.D. 43년이라고 말한다.

⁴⁸ RistoSantala, *PAUL, THE MAN AND THE TEACHER IN THE LIGHT OF JEWISH SOURCES*. <www.ristosantala.com/rsla/Paul/paul01.html>(2018. 03. 04. 접속). 램지는 사울이 다소에서 거의 10년 동안 있었고, 이 기간이 그에게는 침묵의 기간이었다고 말한다. 그 이유는 아직 자신의 선교에 대해 완전한 확신이 부족했기 때문이라고 주장한다. Ramsay, *St. Paul the Traveler*, 46.

⁴⁹ Ramsay, *St. Paul the Traveler*, 46.

⁵⁰ 사울이 아라비아 사막에서의 활동과 관련하여 고린도후서 11장 32절이 중요한 힌트를 제공하고 있다. "다메섹에서 아레다 왕(King Aretas IV)의 고관(governor)이 나를 잡으려고 다메섹 성을 지켰으나 나는 광주리를 타고 들창문으로 성벽을 내려가 그 손에서 벗어났노라"라는 고백이다. 아레다 왕(King Aretas IV)은 나바티안 왕국(Nabatean kingdom)의 왕이었고, 그가 다메섹을 통치하고 있었다. 아레다 왕은 헤롯 안티파스의 딸과 결혼했다. 헤롯 안티파스가 동생의 아내 헤로디아를 자신의 아내로 취한 사람이고 이후 긴 게릴라 전쟁이 시작되었다. 요세푸스는 헤롯이 전쟁에서 패한 것을 세례요한의 죽음과 연계시켰다. 의로운 사람 세례요한을 목 벤 것에 대해 하나님께서 헤롯을 벌하신 것이라고 말한다. 유대인들은 요한의 죽음 때문에 헤롯의 군대가 하나님의 진노의 대상이 되었다고 확신했다. 아레다 왕이 9 B.C. 년부터 A.D. 40년까지 지금의 요르단과 시리아를 통치했다. 사울이 오랫동안 머물던 곳이 이 지역에 있었을 것이라는 사실은 의심의 여지가 없다. 사울이 오직 내가 아라비아로 갔다고 하였을 때 '아라바'(aravah)라는 히브리 단어는 '광야'(wilder ness) 혹은 '광대한 초원지대'(steppe)를 의미한다.

믿음의 형제들이 거부하자 주님의 계시를 받고 그의 고향 다소로 거점을 옮겼다. 바나바가 사울을 찾으러 다소로 간 것이 A.D. 43년이었기 때문에 사울은 고향에서 약 7-8년을 지낸 것이다. 이 기간 동안 사울은 고향 다소에 거점을 두고 수리아와 길리기아 지방 그리고 안디옥에서 사역을 한 것으로 보인다.[52]

끝까지 사울을 찾은 바나바

바나바가 사울을 찾으러 다소로 간 것은 돌이켜 볼 때 시의적절했다. 사도행전의 기록을 면밀하게 어원적으로 살펴보면 바나바와 사울은 오랫동안 연락이 두절된 상태로 지내 사울이 어디에 있는지 또 어떻게 생활하고 있는지 정확한 소식을 모르는 가운데 무조건 다소로 그를 찾아 나섰던 것으로 보인다.

사울을 찾으러 다소로 가서 발견하기까지 성경은 침묵하고 있지만 보통 힘이 들지 않았을 것이다.[53] 누가는 바나바가 사울을 만나러 갔다고 하

---

[51] Sitterly, *Jerusalem to Rome*, 20. 갈라디아서(1:11-2:10) 기록에 따르면 사울은 회심하고 즉시 (다메섹에서 복음을 전하다 잠깐 예루살렘을 방문했고) 아라비아로 갔다가 후에 다메섹으로 돌아왔다. 그런 후 3년 후에 예루살렘에 올라가 게바(베드로)를 만나고 그와 14일을 지냈다. 그가 예루살렘에 올라간 것은 물론 시몬 베드로와 교제를 나누기 원해서였다. 그곳에서 게바와 함께 14일을 같이 지냈다. 사울은 이 기간 동안 게바를 통해 예수 그리스도의 생애와 사역에 대해 매우 구체적으로 들을 수 있었다. 사울 역시 베드로에게 자신이 다메섹에서 직접 만난 예수 그리스도에 대한 이야기를 들려주었을 것이다. 그런 면에서 이방인의 사도로 부름 받은 사울과 할례자의 사도 베드로와 만남은 상당히 의미심장한 일이다. 베드로는 물론 사울의 마음에 둘의 만남이 깊이 각인되었을 것이다. 사울은 이때 베드로와 주님의 형제 야고보 외에는 다른 사도들을 볼 수 없었다. 다른 사도들을 만날 수 없었던 것은 사도들이 박해로 말미암아 흩어지고 새로 생겨난 신앙의 작은 그룹들을 돌봐야 하였기 때문이다. 사울은 A.D. 33년에 회심을 하고 다메섹에서 1년 동안 전도를 하고 아라비아로 가서 3년을 지냈다면 그가 다시 예루살렘으로 올라간 것은 A.D. 35년 혹 36년경이다.

[52] William M. Ramsay, *St. Paul the Traveler and the Roman Citizen* (London: Hodder & Stougton, 1895), 46.

[53] Bruce, *The Book of ACTS*, 240. "왜냐하면 사울이 기독교 신앙을 고백한 것으로 인해 상속권을 박탈당했을 것이고, 그의 조상 집에서 사울을 찾아낼 수 없었을 것이기 때문이다." 여기 '찾았다'는 '매우 주의 깊게 찾았다'(to seek carefully)는 의미로 누가복음과 사도행전에만 나타난다. '찾다'라는 단어는 이들 성경에서 특별히 사람을 찾는데 사용되었으며, 찾기가 매우 힘들었다는 의미를 내포한다. 예수님이 12살 때 절기의 관례를 따라 예루살렘에 올라가셨다가 돌아올 때

지 않고 '찾으러'(look for, ἀναζητῆσαι, 11:25) 갔다고 말씀하고 그런 후 '만나매 데리고 왔다'(11:26)고 기술하고 있다. 누가가 표현한 '만나매'(11:26) 즉 '발견하매'(εὑρὼν, having found [him])는 그 이면에 사울의 만남이 결코 쉽지 않았음을 함축한다. '발견하매'가 현재완료로 사용되어 바나바가 다소에 가서 사울을 지속적으로 찾았음을 보여준다. 누가는 상세하게 기술하지 않고 단어를 통해 암시하는 정도지만 아마도 바나바는 사울을 만나기 위해 다소 전체를 샅샅이 찾았던 것 같다.

또 찾았다고 해도 사울이 쉽게 바나바를 따라오기가 힘들었을 것이다. 그것은 누가가 바나바가 사울과 함께 왔다고 하지 않고 '데리고 왔다'(brought, ἤγαγεν, 11:26)라는 표현을 사용하고 있는 것에서 짐작할 수 있다.[54] 누가의 기록은 바나바가 주도하고 설득해서 사울을 안디옥으로 데리고 왔다는 의미를 함축한다.

우리는 여기서 바나바의 훌륭한 성품을 발견한다. 교회가 성장하고 발전하면 교인들의 사랑을 자기 혼자 독차지하고 싶은 것이 보통 목회자의 심정이다. 그러나 바나바는 물론 성령께서 그 마음에 하신 일이지만 더 큰 그림, 더 원대한 비전을 그렸다. 자신의 보신과 명예보다 하나님 나라 확장과 그의 영광을 최우선했다. 칼빈이 지적한 것처럼 "바나바는 바울이 와서 자신의 것을 모두 빼앗아 간다 해도 그것이 그리스도에게 영광이 되는 일이기 때문에 두려워하지 않았다."[55]

예수님이 보이지 않아 부모가 그를 '친족과 아는 자 중에서 찾되'(sought, ἀναζήτουν, 눅 2:44), '만나지 못하매 찾으면서(see king, ἀναζητοῦντες, 눅 2:45) 예루살렘에 돌아갔다'고 할 때 동일한 단어가 사용되었다. 예수님이 보이지 않아 부모가 얼마나 주의 깊게 그를 찾았을지 상상이 간다. 누가는 바나바가 사울을 찾으러 다소로 올라가서 사울을 찾을 때 의도적으로 동일한 단어를 사용하였다. 그만큼 바나바가 애타는 심정으로 간절한 심정으로 애써 사울을 찾았다는 의미이다.

[54] 데리고 오는 것과 함께 같이 오는 것은 다르다. 데리고 오는 것은 바나바가 주체가 되어 수동적인 사울을 이끌고 왔다는 것을 의미한다. 반면 바나바와 사울이 함께 왔다는 것은 둘의 동행이 같은 마음으로 주종의 문제, 주도권의 문제가 내포되지 않는다. 바나바의 요청을 받았을 때 사울은 과거의 아픈 상처를 기억하고 사양했을 수도 있다. 전혀 낯선 안디옥에 가서 바나바와 함께 사역을 한다는 것이 겁나고 두려웠을 수도 있다. 바나바는 사울을 격려하고 그에게 안디옥에서 이방선교에 대한 비전을 새롭게 다져주었을 것이다.

[55] 칼빈, 사도행전 I, 437.

동역을 통해 주의 영광이 드러나고 복음이 진작되는 것만이 그가 바라는 것이었다. 칼빈의 표현을 빌린다면 "그는 자신을 망각한 채 오직 그리스도께서 윗자리를 차지하도록 하는 일과 교회의 증대에 온 마음을 쏟으며 복음의 번영과 성과로 만족하고 있었다."[56] 예루살렘의 제자들로부터 제대로 인정을 받지 못하고 고향으로 돌아간 사울을 사역의 현장으로 데리고 와 함께 동역한 것은 참으로 귀한 결단이었다.[57] 믿음의 사람 바나바와 이방인의 사도 사울의 아름다운 협력을 통해 안디옥교회는 견고하게 지어져 갈 수 있었다.

바나바와 사울의 동역과 안디옥교회 훈련(11:25-26)

다소로 가서 물어물어 사울을 찾은 바나바가 그를 안디옥으로 데리고 와서 함께 1년간 함께 말씀을 가르친 팀 사역은 시대를 초월한 귀한 모델이다.[58] 바나바는 사울과 함께 세계적인 도시 안디옥에 있으면서 1년 동안 뜻을 모아서 교회에서 수많은 사람들을 가르쳤다. 안디옥교회의 세계적 성격, 헬라인들에게도 복음을 전하는 이방선교의 포용력, 착하고 성령충만한 바나바의 포용적인 리더십과 사울의 신실한 협력, 구성원들의 다양성 그리고 성령의 강력한 임재의 역사를 고려할 때 교회에 영입된 유대인 회심자나 이방인 회심자 모두 성령 안에서 함께 영적교제와 사랑의 교제를 나누는 데 전혀 문제가 없었을 것이다.

'둘이 교회에 일 년간 모여 있어'(11:26)라는 구절은 '교회에서 만나면서'라는 의미이다. 누가는 얼마나 자주 모였는지를 생략하고 있지만 오순절 성령강림을 체험한 후 예루살렘교회 교인들이 "날마다 마음을 같이하여 성전에 모이기를 힘썼던" 것으로 미루어 볼 때 사울과 바나바 역시 날

---

[56] 칼빈, 사도행전 I, 437.
[57] Chrysostom, *The Homilies on The ACTS of The Apostles*, 358. 크리소스톰은 사울이 안디옥에 온 것은 하나님의 섭리적 관점에서 볼 때 결코 그 의미가 작지 않다고 말한다.
[58] 교회는 팀사역의 비전을 가져야 한다. 교역자와 교역자가 팀이 되고, 교역자와 평신도 지도자가 팀이 되고, 평신도와 평신도가 팀이 되어 사역한다는 것은 자랑스러운 일이다.

마다 모인 것으로 보인다.

헌신적인 1년간의 제자훈련

이들이 얼마나 많은 협력을 했는가에 대하여는 함께 모여 '큰 무리'를 가르쳤다는 구절이 설명해 준다. '큰 무리'(a large crowd, ὄχλον ἱκανόν, 11:26)란 대단히 많은 숫자를 말한다. 큰 무리를 가르치는 일은 매일 모이지 않고는 불가능한 일이다. 사울과 바나바는 1년 동안 안디옥에 머물면서 수많은 사람들을 교육시키고 양육했다. 수많은 사람들이 여기에 동참했고 사울과 바나바는 열심히 가르쳤으며 교인들은 열심히 가르침을 받았다.

안디옥교회는 성경을 연구하는 교회였다. 벵겔(Johann Albrech Bengel, 1687-1752)의 말대로 "성경은 교회의 토대요, 교회는 성경의 수호자이다. 교회가 건강할 때 성경의 빛은 밝게 빛나지만 교회가 병들었을 때 성경은 방치되어 녹슬어 버린다. 그래서 보통 성경의 얼굴과 교회의 얼굴은 일치하여 건강하거나 병들거나 둘 중 어느 한쪽을 드러내는 경향이 있다. 그러므로 종종 성경을 다루는 방식은 교회의 컨디션과 일치한다."[59]

교회를 교회되게 만들고 교회를 살리는 생명력이 하나님의 말씀에 달려 있다면 오늘날 교회는 성경의 권위를 높이고 성경을 연구하고 가르치고 전하고 실천해야 할 것이다. 이 땅의 교회가 성경을 정확무오한 하나님의 말씀으로 존중하고 생명력 있게 선포하고 신앙과 행위의 정확무오한 표준으로 삼고 실천할 때 교회는 반드시 다시 살아날 것이다. 사도행전의

---

[59] Johann Albrecht Bengel, *Gnomon of the New Testament* Vol. I trans by Andrew R. Fausset (Philadelphia: Smith, English, and Co. 1860), 7. 모여서 성경을 연구하고 공부하는 교회는 성장하지 않을 수 없다. 성경을 연구하는 교회 교인들의 신앙이 성장하지 않을 수 없다. 또 놀라운 결실을 맺지 않을 수 없다. 성경 연구는 인간을 변화시킨다. 사람의 변화는 바로 하나님의 말씀에 있다. 불분명한 신앙이 성경공부를 통해 확실한 신앙으로 바뀐 것이다. 삶의 변화가 없던 이들의 신앙에 삶의 변화가 나타난 것이다. 하나님의 말씀이 세상의 많은 책들과 다른 것은 그 말씀을 연구하는 이들에게 변화가 나타난다는 사실이다.

원리를 따라 성령께서 그런 교회와 교인들을 통해 반드시 역사하실 것이기 때문이다.

영적각성의 원동력, 말씀연구

안디옥교회가 초대교회 선교의 구심점이 될 수 있었던 이유도 바로 말씀연구에 있었다. 바나바와 사울이 1년 동안 '큰 무리를 가르쳤다'(11:26)고 누가는 증언한다. 이것은 안디옥교회의 성격을 이해하는데 매우 중요하다. '가르쳤다'는 헬라어 디닥사이(διδάξαι, taught)는 가르치는 자가 성령의 충만을 받아 확신을 가지고 가르쳐서 가르침을 받는 자들이 다시 확신을 가지고 다른 사람을 가르칠 때 사용하는 단어다. 예수님이 마지막으로 제자들에게 부탁하신 '가르쳐 지키게 하라'(마 28:20)가 동일한 단어이다.[60]

'디닥사이'는 한번 툭 던지며 지식을 전할 때 사용하지 않는다. 가르치는 자가 그렇게 살면서 다른 사람을 가르쳐 동일한 삶을 살도록 가르칠 때 사용한다. 이것은 마태복음 28장 19-20절에 있듯이 가르침과 삶 속에서의 실천이 일치하도록 가르칠 때 사용하는 단어다.[61] 그렇다면 사울

---

[60] 동일한 단어가 사도행전 20장 20절에도 나타난다. 사도행전 20장 18-21절에 에베소교회 장로들을 불러 그들에게 부탁하면서 바울은 이렇게 고백했다. "아시아에 들어온 첫날부터 지금까지 내가 항상 여러분 가운데서 어떻게 행하였는지를 여러분도 아는 바니 곧 모든 겸손과 눈물이며 유대인의 간계로 말미암아 당한 시험을 참고 주를 섬긴 것과 유익한 것은 무엇이든지 공중 앞에서나 각 집에서나 거리낌이 없이 여러분에게 전하여 가르치고 유대인과 헬라인들에게 하나님께 대한 회개와 우리 주 예수 그리스도께 대한 믿음을 증언한 것이라." 바울이 3년 동안 에베소에서 어떻게 목양과 훈련을 했는지를 그대로 보여준다. 그곳에서의 바울의 가르침은 단순히 지식적인 전달이 아니었다. 부활의 확신을 가지고 생명을 걸고 복음을 증거한 것이다.

[61] διδάσκοντες 는 διδάξαι 와 동일한 어원(διδάσκω, teach)이다. 예수님이 하신 마지막 위임의 부탁 말씀, '모든 민족을 제자로 삼아 아버지와 아들과 성령의 이름으로 세례를 베풀고 내가 너희에게 분부한 모든 것을 가르쳐 지키게 하라'(마 28:19-20)에서 '가르쳐'는 모든 것을 지킬 수 있게 가르치라는 말이다. 주님은 가르치는 것과 지키는 것이 별개가 아니라는 사실을 선명하게 보여주셨다. 그것은 동일한 단어가 나타나는 디모데후서 2장 2절을 통해서도 확인할 수 있다. '또 네가 많은 증인 앞에서 내게 들은 바를 충성된 사람들에게 부탁하라 그들이 또 다른 사람들을 가르칠 수 있으리라.' 여기 '가르칠 수 있으리라'(to teach, διδάξαι)에 해당하는 단어가 바로 안디옥에서 사울과 바나바가 1년 동안 사람들을 모아놓고 '가르쳤다'는 말과 정확히 같은 단어다.

과 바나바의 안디옥에서의 가르침은 단순한 성경공부가 아니라 일종의 현대적 의미의 제자훈련과도 비교할 수 없는 높은 수준의 전인적인 신앙훈련이었다. '가르쳐 지키게 하라'는 주님의 명령을 안디옥교회가 가장 이상적으로 실천한 것이다.

경건주의 지도자 스페너가 **경건의 열망**에서 보여준 것처럼 말씀을 깊이 연구하고 묵상하고 실천할 때 성령이 강하게 역사했고 주의 은혜가 임했다.[62] 웨슬리가 올더스게이트가(街) 모라비안 집회에 참석해서 루터의 로마서 서문을 읽는 것을 들었을 때 강력한 성령의 은혜를 체험한 후 영국의 웨슬리 부흥운동이 일어났다.[63] 영적 체험을 한 조나단 에드워드가 말씀을 깊이 연구하고 강해하자 그곳에 놀라운 영적각성이 일어났다.[64]

한국에서도 1890년에 채택한 네비우스 선교정책을 통해 말씀연구의 사경회가 활성화되면서 1903년, 1907년 강력한 회개를 동반한 놀라운 성령의 역사가 나타났다.[65] 1970년대 한국교회에 대중전도운동이 일어났을 때에도 대학생 선교단체에서 성경연구의 붐이 일어나 말씀을 깊이 연구하는 가운데 놀라운 부흥이 임했다.[66]

사도행전은 물론 기독교 역사가 증언하듯 성령과 말씀은 같이 갔다. 말씀을 연구하고 공부하면 그 말씀이 비장의 무기가 되어 성령께서 말씀을 통해 말씀과 함께 말씀 안에서 우리의 심령을 새롭게 변화시켜주신다. 따

---

[62] Philip Jacob Spener, *PIA DESIDERIA* (Philadelphia, PA: Fortress Press, 1964), 66. 스페너는 이렇게 말한다. "다시 말하지만 당신은 하나님의 말씀을 들으십시오. 이것은 좋은 일입니다. 그러나 당신이 하나님의 말씀을 듣는 것만으로는 충분하지 않습니다. 그것이 당신의 심령에 파고들어 거기서 하나님의 양식으로 소화를 시켜 당신이 말씀의 역동성과 능력의 유익을 취하고 있습니까 아니면 한 귀로 듣고 한 귀로 흘려보내고 있습니까? 만약 전자라면 누가복음 11:28의 주님의 말씀이 당신에게 적용되는 것입니다. '예수께서 이르시되 오히려 하나님의 말씀을 듣고 지키는 자가 복이 있느니라 하시니라.' 만약 후자라면 듣는 일만으로는 당신을 구원하지 못할 것이고 당신에 대한 정죄만을 증가시켜 줄 것입니다. 왜냐하면 당신은 당신이 받은 은혜를 더 잘 사용하지 못했기 때문입니다."

[63] John Wesley, *The Heart of Wesley's Journal* (New Canan, CT: Keats Publishing, INC, 1979), 43.

[64] 박용규, **세계부흥운동사** (서울: 한국기독교사연구소, 2018), 374-415.

[65] 박용규, **평양대흥운동** 개정판(서울: 생명의 말씀사, 2007), 41-63, 221-25.

[66] 박용규, 한국기독교회사 III **1960-2010** (서울: 한국기독교회사, 2018), 245-255.

라서 성령의 충만을 사모하고 말씀을 연구하는 것은 교회의 첫 번째 모토여야 한다.

제자훈련 결실: 교회사 첫 '그리스도인' 호칭

누가는 바나바와 사울이 1년간 함께 모여 가르친 결과와 관련하여 그들이 '큰 무리'를 가르쳤다는 기록 다음에 바로 안디옥에서 진정한 제자들이 양육되었다는 사실을 덧붙였다. '제자들이 안디옥에서 비로소 그리스도인이라 일컬음을 받게 되었더라'(11:26). 누가는 안디옥교회의 믿는 자들을 '제자들'이라고 통칭하고 그들이 주변 사람들로부터 '그리스도인'이라 불렸다고 증언한다. 이것은 대단한 '영예'였다.[67]

우리는 '비로소'라는 말을 주목할 필요가 있다. 전도, 목양, 훈련의 과정을 거쳤을 때 비로소 가르침을 받은 이들(제자들)이 처음으로 '그리스도인'이라는 호칭을 받기 시작했다.

그리스도인이라는 이름이 붙여지기 전까지는 외부인들로부터는 나사렛인, 갈릴리인이라 불리었고, 내부적으로는 성도, 형제라고 불리었으나 이제는 그리스도인들로 불리기 시작했다. 그리스도인이라는 말은 '그리스도를 따르는 사람들,' '그리스도에 속한 자들,' '그리스도로 자기들의 정체성을 삼는 사람들'을 뜻한다. 안디옥교회 교인들이 그리스도인이라 불

---

[67] 칼빈, *사도행전 I*, 437-438. 이것은 대단한 영예였다. "요컨대 '그리스도인'이라는 거룩한 명칭이 그곳에서 유래되어 온 세상에 퍼지게 된 것은 결코 평범한 영예에서 그치고 말 일이 아니다.… 그들의 실제 모습이 공공연하게 호칭되기 시작함으로써 이 명칭이 그리스도의 영광을 더욱 뚜렷하게 드러내는데 공헌하게 된 것은 이렇게 함으로써 이 전체 종교가 그리스도라는 이름으로 불리워지게 되었기 때문이다. 그러므로 안디옥에서부터 그리스도께서 그의 이름을 깃발처럼 휘날리기 시작했으며 그 결과 그리스도를 지도자로 모시고 살며 그의 명칭을 자랑으로 여기는 사람들이 있다는 사실이 온 세상에 알려지게 된 것은 안디옥 시에 큰 영예가 아닐 수 없다." 누가는 왜 이들이 그리스도인이라 불리게 되었는지 이유는 언급하지 않았다. 믿지 않는 사람들이 볼 때 안디옥의 교인들은 그리스도를 빼닮았고 또 모든 면에서 그를 따르려고 했으며, 세상 사람들과 달랐을 것이다. 이와 관련하여 칼빈은 이렇게 말했다. "이곳 사람들이 이 명칭을 받게 된 것은 많은 숫자의 유대인들과 이방인들이 안디옥에서 한 몸을 이루었거나, 평화로운 분위기에서 교회를 세울 수 있는 좋은 기회가 허용되었거나 아니면 그들의 신앙을 공개적으로 고백하는 용기가 그들에게 있었거나 세 가지 이유 중에서 하나일 것이다."

린 것은 바나바와 사울과 함께 1년 동안 하나님의 말씀을 배우고, 배운 대로 말씀대로의 삶을 실천에 옮겼기 때문이다.

'기독교'라는 호칭도 안디옥에서 처음 등장

약 1세기 후 '기독교'라는 이름도 안디옥교회에서 처음으로 등장했다.[68] 안디옥의 두 번째 감독 이그나티우스가 로마에 보낸 편지나 폴리갑의 서신에 보면 안디옥에서 붙여진 이 '그리스도인'이라는 이름이 점점 더 보편화되어 2세기 초에는 신자들이 일반적으로 그 이름을 받아들였다. 안디옥교회에서 그리스도인들이라는 말이 처음으로 생겨났을 뿐만 아니라 이방인 선교의 센터가 되었다.

안디옥교회는 얼마 지나지 않아 모교회인 예루살렘교회를 제치고 이방인 선교의 중심지로 부상하기 시작했고, 사울과 바나바를 선교사로 파송했다. 이 모든 것이 바나바와 사울의 팀 사역의 결과였다. 안디옥교회가 놀라운 결실을 맺을 수 있었던 것은 (1) 평신도들의 불타는 복음전파의 열정이 있었고, (2) 바나바의 목양이 있었으며, (3) 무엇보다 바나바와 사울의 훈련이 있었고, (4) 간절한 기도와 주의 손이 함께하시는 은혜의 역사가 있었기 때문이다.

바나바를 만나 A.D. 43년 안디옥으로 와서 그곳에서의 사울의 사역과 관련하여 한 가지 더 주목할 것이 있다. 바로 그 이듬해 44년 안디옥에서 올림픽 경기가 열렸다는 사실이다.[69] 바울 서신에 나타나는 경기 관련 내

---

[68] Ignatius, *Rome*, 3:3; *Mag*, 10:3; *Smyrna*. 8:2. 다음을 참고하라. 박용규, 초대교회사, (서울: 한국기독교사연구소, 2016), 130.

[69] William Smith, ed., *Dictionary of Greek and Roman Antiquities* (London: Printed for Taylor and Walton, 1842), 666. 사울이 바로 안디옥에 와서 바나바와 사역을 시작했다면 시기적으로 1년의 사역이 끝난 시점은 A.D. 44년으로 보이며, 그해 10월 안디옥에서 올림픽 게임이 열렸다. 이 올림픽은 당시 로마제국 전체의 축제 중의 축제였다. 이 축제를 로마의 시민권을 가지고 있고, 상당한 명문가였던 사울이 참관했을 것이라는 사실은 의심의 여지가 없다. 고린도전서 9장 24절부터 27절까지 사울은 올림픽 경기를 연상하는 기록을 남겼다. 사울이 안디옥에서 열린 올림픽 게임을 참관하고 받은 깊은 인상은 그의 서신서에 잘 반영되었다. 성경학자들은 디도를 안디옥에서부터 알았을 것이라고 보고 있으며, 그를 통해 고린도전서를 고린도교회에 전달했는데 고린도 사람들은 올림픽 경기의 용어들을 매우 잘 알고 있었을 것으로 여겨진다. 2년마다 고린도 사람들은

용은 바울이 로마 시민권자로 올림픽 경기를 참관하고 받은 깊은 인상이 반영된 것으로 보인다.

세 단계의 교육과정: 전도-목양-훈련

지금까지 살펴본 것처럼 안디옥교회는 전도, 목양, 훈련이라는 세 단계의 사역의 과정이 순차적으로 균형을 이루며 건강한 교회로 세워져 갔다.

첫째, 전도이다. 안디옥에서 이것을 주도한 이들은 사도들도 아니었고 예루살렘교회 일곱 사람도 아니었고 몇 명의 무명의 평신도들이었다. 스데반의 박해로 인해 흩어진 구브로와 구레네 출신 몇 명의 헬라파 유대인들이 안디옥에서 헬라인들에게도 복음을 전파한 것은 너무도 모범적인 평신도들에 의한 자발적인 복음전파의 사례이다. 안디옥교회가 평신도들이 세운 교회라는 사실은 아무리 강조해도 지나치지 않다.

둘째, 목양이다. 평신도들의 복음전파에 의해 수많은 사람들이 믿고 주께로 돌아오자 예루살렘교회는 그 소문을 듣고 준비된 사람 바나바를 안디옥에 파송하여 목양 사역을 감당하게 했다. 바나바는 이 사역에 적격이었고 안디옥교회에 와서 이 일을 너무도 훌륭하게 수행했다. 그는 안디옥교회에 와서 허다한 무리들을 신앙 가운데 뿌리 내릴 수 있도록 최선을 다해 목양했다. 바나바의 아름다운 목양 사역을 통해 '큰 무리가 주께 더하였다'(11:24). 목자의 심장을 가진 준비된 지도자를 통한 목양사역이 교회에 너무도 중요하다는 사실을 교훈해 준다.

셋째, 말씀 훈련이다. 바나바는 교우들이 급격하게 증가하자 사역을 더 효율적이고 체계적으로 감당할 필요성을 절감했다. 바나바는 다소로 가서 사울을 데리고 와서 안디옥교회에서 1년 동안 교인들을 열심히 말씀으로 훈련시켰다. 그 결과 이들이 주님의 제자로, 그리스도인들로 거듭났다.

결론적으로 안디옥교회에는 평신도들의 불타는 복음전파, 바나바의 아

도시 교외에 이스무스 경기를 개최하였다. 하나하나를 면밀히 고찰하면 사울은 로마의 배경, 유대주의 배경, 헬라의 배경이 너무도 잘 어우러진 이방인의 사도로 그만큼의 적격자가 없다.

름다운 목양, 사울과 바나바의 집중적인 말씀 훈련이 있었다. 안디옥교회는 전도-목양-훈련이라는 교회의 본질적 사명을 충실하게 감당하는 이상적인 교회로 발전할 수 있었다.

배우는 평신도, 준비된 지도자, 바른 가르침

안디옥교회에는 구령의 열정에 불타는 평신도, 준비된 지도자 바나바와 사울 그리고 바른 가르침의 이 세 가지의 완벽한 조화가 있었다.[70] 구브로와 구레네에서 온 몇몇 헬라파 유대인들이 없었다면 안디옥에 있는 헬라인들과 다민족들이 주님께로 돌아오지 않았을 것이고, 바나바의 목양이 없었다면 교회로 영입된 수많은 영혼들이 은혜 가운데 뿌리를 내리지 못했을 것이며, 또 바나바와 사울의 헌신적인 말씀훈련이 없었다면 안디옥교회가 말씀의 토대 위에 굳게 서지 못했을 것이다.

안디옥교회의 전도-목양-훈련은 어느 하나 간과할 수 없다. 하지만 구브로와 구레네 출신 몇 명의 평신도들의 복음전도는 귀하고 더 특별하다. 이것은 안디옥교회 태동을 가능하게 만든 원동력이었고, 스데반의 박해로 인해 생명의 위협을 받으며 흩어진 가운데 감당했기 때문이다.

안디옥교회의 목양을 바나바 혼자 감당했다는 사실도 인상적이다. 예루살렘교회가 사마리아 사람들이 말씀을 받았다는 소문을 듣고 베드로와 요한 두 사람을 보낸 것을 기억할 때 예루살렘교회가 바나바 외에 또 다른 인물을 파송하지 않았다는 사실을 주목할 필요가 있다. 필자가 판단할 때 예루살렘교회는 기도 중에 바나바가 그 일에 가장 적합한 인물이라고 확신한 것이다. 바나바가 사울을 찾으러 다소로 가서 어렵게 찾아서 설득해

---

[70] 스데반의 순교로 인한 박해에도 불구하고 안디옥에 와서 주 예수에 관한 복된 소식을 전파하여 수많은 사람들을 믿고 주께 돌아오게 한 구브로와 구레네 출신의 몇몇 평신도들, 굳건한 마음으로 주와 함께 머물러 있으라는 목양을 통해 '큰 무리가 주께 더하여지도록'(11:24) 한 착하고 성령충만한 바나바 그리고 은둔의 생활을 청산하고 안디옥에 와서 바나바와 함께 헌신적으로 '큰 무리를 가르친'(11:26) 사울이 있었다. 복음의 열정을 가진 평신도들이 안디옥교회에 있었고, 믿음과 지혜와 성령이 충만한 바나바, 다년간의 공백을 통해 성숙한 지도자로 성장한 이방인의 사도로 부름 받은 사울 그리고 1년 동안 매일 교회에 모여 말씀을 가르치고 훈련시키는 현대적 의미의 표현을 빌린다면 제자훈련이 있었다.

서 데리고 온 것도 말씀 훈련에 사울이 가장 적임자라고 판단했기 때문이다.

안디옥교회는 인간적인 생각이나 세상적인 계산을 가지고 착수하지도 진행하지도 않았다. 13장 2-3절이 증언하듯 철저하게 기도 가운데 성령의 인도를 따랐다. 성령의 충만을 받은 평신도들이었기 때문에 박해로 흩어진 가운데서도 주님의 명령에 순종하여 헬라인들에게도 복음을 전했고, 바나바 역시 성령충만한 위로의 아들이었기 때문에 목양의 사역을 훌륭하게 감당했고 사울 역시 성령충만한 인물이었기 때문에 바나바와 함께 1년 동안 말씀을 가르치는 훈련을 감당했다. 안디옥교회는 확실히 성령이 이끄시는 교회였다.

오늘날 교회는 안디옥교회를 주목해야 한다. 안디옥교회처럼 오늘날 교회가 역동적으로 세워져 가기 위해서는 반드시 평신도들의 불타는 복음의 열정, 훌륭한 리더십을 갖춘 지도자의 목양, 성경적 가르침과 훈련이 있어야 한다. 만약 이 세 가지가 없다면 그런 영적 토양을 만들어야 한다.

이런 세 단계를 거쳤을 때 안디옥교회는 구체적인 결실을 맺는 온전한 교회로 거듭났다. 안디옥에서 처음으로 교인들이 그리스도인이라 불리는 역사가 나타났고(11:26), 기근으로 어려움을 당하는 모교회를 헌신적으로 구제했고(11:28-30) 그리고 사울과 바나바를 파송하여(13:2-3) '땅 끝 선교'를 완수하는 이방선교의 센터로 거듭났다.[71] 말씀을 통한 제자훈련과 그리스도의 사람으로 다듬어지는 인격적 변화, 대사회적 책임 그리고 해외선교라는 가장 이상적인 복음의 결실을 맺을 수 있었다.

---

[71] 안디옥교회는 "땅 끝까지 이르러 내 증인이 되리라"는 주님의 명령을 실천, 이방선교의 센터가 되었다. 사울과 바나바를 파송하여 선교하는 교회로 처음부터 틀을 다졌다. 이방에 세워진 최초의 교회, 안디옥교회가 이방선교의 본부가 된 것이다. 몇 명의 무명의 평신도들이 전해준 복음이 이방선교의 구심점으로 발전했다는 사실은 인간의 계산과 생각을 넘어 역사하시는 하나님의 섭리를 그대로 보여준다.

3. 예루살렘의 기근과 안디옥교회의 구제
(11:27-30, A.D. 45-47)

²⁷ 그때에 선지자들이 예루살렘에서 안디옥에 이르니 ²⁸ 그중에 아가보라 하는 한 사람이 일어나 성령으로 말하되 천하에 큰 흉년이 들리라 하더니 글라우디오 때에 그렇게 되니라 ²⁹ 제자들이 각각 그 힘대로 유대에 사는 형제들에게 부조를 보내기로 작정하고 ³⁰ 이를 실행하여 바나바와 사울의 손으로 장로들에게 보내니라

누가는 성령께서 선지자 아가보를 통해 '천하에 큰 흉년'(11:28)이 올 것을 예견했고, 실제로 글라우디오 황제 통치기간에 그런 일이 있어났다고 증언한다. 아가보가 안디옥에 와서 극심한 기근이 일어날 것이라고 예언한 것은 A.D. 43-44년의 일이었다.⁷² 누가는 흉년이 언제 일어났는지를 밝히고 있고, 그것이 성령께서 선지자들을 통해 예견한 사건이라고 언급함으로서 세상사의 이면에 역사를 이끄시는 하나님의 섭리가 있었음을 자연스럽게 드러내고 있다.⁷³

글라우디오 황제 때에 예루살렘에 기근이 들었다는 소식을 듣고 안디옥교회는 '각각 그 힘대로'(11:29) 바나바와 사울을 통해 예루살렘교회에 구호금을 보냈다.⁷⁴ A.D. 45년 극심한 흉년으로 기근이 발생했는데 그 이듬해 46년에도 연속으로 흉년이 발생해 기근이 더 악화되었다.⁷⁵ 안디옥

---

⁷² Ramsay, *St. Paul the Traveller and the Roman Citizen*, 51.
⁷³ Eusebius, *Ecclesiastical History* II.8. 유세비우스는 누가의 기록을 확증해준다. 가이우스 칼리굴라가 황제에 오른 지 채 4년도 되지 않아 글라우디오에게 황제의 자리를 물려줬고, 글라우디오 황제 때 세계적인 기근이 임했다.
⁷⁴ Chrysostom, *The Homilies on The ACTS of The Apostles*, 363. 크리소스톰에 따르면 안디옥교회는 예루살렘교회가 흉년이 들어 고생하기 전에 소식을 듣고 부조를 정성을 다해 모아 보냈다. 그 부조를 바나바와 사울을 통해서 전달했다는 것 그 자체가 섭리적 질서라고 해석했다.
⁷⁵ Ramsay, *St. Paul the Traveller and the Roman Citizen*, 68. A.D. 46년의 기근은 요세푸스의 기록과도 맥을 같이한다.

교회는 모교회가 어려움을 당하고 있다는 소식을 듣고 정성을 다해 구제금을 모아 전달했다. 당시의 여러 기록들을 면밀하게 검토한 윌리엄 램지는 구제금을 가지고 예루살렘교회를 방문한 때가 A.D. 46년이라고 말한다.[76]

안디옥교회가 보여준 선행은 새로 생긴 안디옥교회가 생동감이 있고 역동적인 신앙을 소유했다는 사실을 증거 한다. 비록 역사가 짧지만 사울과 바나바를 통해 훈련을 잘 받은 안디옥교회는 유대지방에 기근이 발생하여 예루살렘교회가 어려움에 봉착하게 되었다는 소식을 듣고 정성을 다해 구제금을 모아 바나바와 사울을 통해 보냈다.

이렇게 안디옥교회가 예루살렘교회에 관심을 기울인 것은 그들이 이미 바나바의 지원을 받아 가르침을 받아 온데다가 예루살렘에서 온 선지자들의 예언(11:28)이 그대로 성취되었기 때문이다.[77] 이방인이 축을 이룬 안디옥교회가 유대인들로 구성된 예루살렘교회에 구제금을 보낸 것은 단순히 형제교회를 돕는 차원 그 이상의 의미를 담고 있다. 이것은 이제 선교의 주도권이 예루살렘교회에서 안디옥교회로 이전된 것을 의미한다.[78]

이런 면에서 사울과 바나바의 예루살렘 방문은 특별한 의미를 지닌다. 예루살렘교회가 거부했던 이방인의 사도 사울의 지도력을 인정하지 않을

---

[76] Ramsay, *St. Paul the Traveller and the Roman Citizen*, 376. 11년 후 동일한 저자는 다른 저술에서 A.D. 45년에 사울의 2차 예루살렘 방문이 있었다고 1년을 늦추었다. William M. Ramsay, *Pauline and Other Studies in Early Christian History* (London: Hodder & Soughton, 1906), 362.

[77] Ramsay, *St. Paul the Traveler*, 51. 누가의 기록은 요세푸스의 기록과 일치한다. 아가보가 A.D. 43-44년에 안디옥에 왔고, 44년 초에 헤롯의 박해가 일어났다.

[78] 안디옥교회는 모교회가 기근으로 어려움을 당하는 것을 보고는 방관하지 않고 지원하였다. 누가가 이 같은 부조의 일을 기록한 것은 교회가 어려운 환경에 처한 신앙의 공동체의 아픔에 침묵해서는 안 된다는 사실을 보여주기 위함이다. 또한 부조의 일을 통해 예루살렘교회 중심의 리더십이 이제 안디옥교회로의 이전을 암시해주는 것이다. 이런 기술을 통해 누가가 참으로 훌륭한 역사서술가라는 사실을 깊이 깨닫는다. 교회가 감당해야 할 사명 하나가 더 있다. 주님이 하셨던 것처럼 세상을 치료하는 사역이다. 누가는 안디옥교회의 모습을 개관하면서 11장 27-30절까지 안디옥교회가 주님의 가르침을 따라 사회적 책임을 다하는 교회였음을 증거하였다. 누가는 이 간단한 기록에서 안디옥교회가 어떻게 하나님의 사랑을 이웃사랑으로 구현해 나갔는지 '예루살렘 기근과 안디옥교회의 구제'라는 한 사례를 들어 설명했다.

수 없게 되었다.

기근에 대한 초대교회 문헌의 통일된 증언

여기 기근과 관련하여 로마의 역사기록에 나타난 한 가지 중요한 사실을 확인할 필요가 있다. 누가는 예루살렘교회가 직면한 기근이 '천하'가 경험한 '대단한 흉년'(λιμὸν μεγάλην, a mega famine, 11:28)이라고 말한다.

글라우디오 황제 때 큰 기근이 발생했다는 사도행전의 기록은 역사적으로도 입증되었다. 로마의 네 번째 황제 글라우디오(Claudius, 재위 A.D. 41-54)는 처음에는 기독교에 대해 약간의 관용정책을 쓰다가 나중에 기독교를 박해하기 시작하였다. 글라우디오는 사도행전 18장 2절에 언급된 로마인 추방사건의 장본인이기도 하다. 글라우디오 황제가 즉위한 지 3년 후인 A.D. 44년부터 47년까지 3년 동안에 걸쳐 유대에 큰 흉년이 들었는데, 사도행전 본문에서 언급한 예루살렘의 흉년이 바로 여기에 해당한다.[79]

글라우디오 황제 때 나타난 큰 기근은 초대교회 여러 문헌들이 증거하고 있다. 그 중의 대표적인 것이 수에토니우스(Suetonius), 오로시우스(Paulus Orosius), 요세푸스(Josephus) 그리고 타키투스(Tacitus)의 기록이다. 로마역사가 수에토니우스는 글라우디오 황제 전기에 그의 통치기간에 일어난 대기근에 대해 이렇게 기술했다. "오래 지속된 가뭄 때문에 곡물이 부족할 때 그는 한 때 재판 도중에 군중들 때문에 재판을 중단해야 했으며, 집어 던지고 욕설과 더불어 빵 조각들까지 퍼붓는 바람에 간신히 뒷문을 통해 왕궁으로 피신할 수 있었다. 이 경험 후에 그는 심지어 겨울철 동안에도 로마에 곡물을 가져오기 위해 가능한 모든 조치를 취했다."[80]

---

[79] Ramsay, *St. Paul the Traveler*, 49.

[80] Suetonius, *The Life of Claudius*, Chapter 18. <www.penelope.uchicago.edu/Thayer

글라우디오 황제 때 일어난 대박해를 언급한 또 하나의 중요한 문헌은 요세푸스(Josephus)의 기록이다. 요세푸스는 그의 **고대사**(*Antiquities*)에서 이 기근에 대해 비교적 상술했다. 글라우디오 황제 통치기간에 아디아비네의 헬레나 여왕(Helena of Adiabene)이 기근으로 예루살렘의 많은 사람들이 굶어죽고 있다는 소식을 듣고 "많은 양의 곡물을 사기 위해 수행원들 얼마를 돈을 들려서 알렉산드리아에 보냈고 그들 중 다른 이들을 키프리스 섬에 보내 마른 무화과 더미를 가지고 돌아오도록 했다. 그들은 바로 식량을 가지고 돌아왔으며, 그녀는 즉시로 이것들을 필요한 이들에게 나누어주었다. 그리하여 그녀는 우리 민족에게 베풀어준 선행으로 가장 탁월한 기억을 남겼다. 그리고 그녀의 아들 이자테스(Izates)가 이 기근을 알고 엄청난 금액의 돈을 예루살렘의 지도자들에게 보냈다."[81]

로마역사가 타키투스도 그의 **연대기**(*Annals* 11. 4)에서 기근이 A.D. 47, 48년 글라우디오 황제 때 일어났다고 밝혔고,[82] 4세기 역사가 오로시우스(Paulus Orosius, c. 375-418) 역시 글라우디오 통치 4년째 예언자들이 예언한대로 "시리아 전역에 무시무시한 기근"이 발생했으며 헬레나 여왕이 이집트에서 곡물을 대량으로 사다가 예루살렘의 그리스도인들에게 공급해주었다고 기록했다.[83] 이들 기록들은 '대기근'이 언제 어디서 어

/E/Roman/Texts/Suetonius/12Caesars/Claudius*.html>(2020. 04. 02. 접속).

[81] Josephus, *Antiquities* 20.2.5. <www.gutenberg.org/files/2848/2848-h/2848-h.htm#link202HCH0002>(2020. 04. 02. 접속). 요세푸스는 다른 곳에서 동일한 내용을 재진술하였다. "유대에 대기근(the great famine)이 발생했을 때 헬렌 여왕이 이집트에서 대량의 곡물을 사다가 필요한 이들에게 나누어주었다." Josephus, *Antiquities* 20.5.2. Eusebius, *Ecclesiastical History* II.12. 유세비우스도 이 내용을 밝히고 있다.

[82] Tacitus, *The Annals*, 11.4. <www.classics.mit.edu/Tacitus/annals.7.xi.html>(2020. 04. 02. 접속). "이 꿈에서 그는 글라우디오 황제가 밀로 만든 화관을 쓰고 밀의 귀가 접혀 아래로 축 늘어진 것을 보았다고 주장했다. 그 환상을 통해서 그는 흉년이 올 것을 예언했다."

[83] Paulus Orosius, *Book 7*. <www.sites.google.com/site/demontortoise2000/orosiusbook7.>(2020. 04. 02. 접속). "In the same year of this emperor's reign, as the prophets had foretold, there was a terrible famine throughout Syria. The needs of the Christians at Jerusalem, however, were bountifully supplied with grain that Helena, the queen of Adiabeni and a convert to the faith of Christ, had imported from Egypt." 오로시우스는 또다

떤 규모로 일어났는지를 밝히고 있다는 점에서 매우 의미가 크다. 초대교회 문헌들과 사도행전의 기록은 정확히 일치한다.[84]

구제, 안디옥교회의 새로운 리더십 원동력

안디옥교회가 부조를 하는 방식을 주목할 필요가 있다. 예루살렘교회의 흉년 소식을 들은 안디옥교회는 '제자들이 각각 그 힘대로 유대에 사는 형제들에게 부조를 보내기로 작정'(11:29)했다. 안디옥교회는 각자의 능력에 따라 구제헌금을 모았다. '힘에 겹도록'이 아닌 각자의 능력에 따라 '그 힘대로'(was prospered, εὐπορεῖτό) 드렸다. 이것은 '각기 능력에 따라'(every man according to his ability, KJV) 최선을 다해 헌금을 했다는 의미다.

그런데 우리가 하나 더 주목할 것은 '부조'라는 헬라어 원문이 '섬김,' '봉사'를 의미하는 '디아코니안'(εἰς διακονίαν)이라는 사실이다. 예루살렘교회가 일곱 사람을 택할 때(6:3)도, 사도들이 감당해야 할 사역(6:4)도, 여기 안디옥교회가 모교회를 지원할 때(11:29)도 동일한 단어 디아코노스가 사용된 것은 교회에서 말씀의 사역과 봉사의 사역, 다시 말해 복음전도와 사회적 책임이 서로 다른 두 영역이 아니라 교회가 감당해야 할 하나의 영역이라는 사실을 말해준다. 누가는 아주 중요한 사역을 기술하면서 동일단어를 사용함으로써 일관되게 사회적 책임을 강조한다.

시 다음과 같이 기근을 언급했다. "그럼에도 불구하고 글라우디오 황제 통치 9년 그 이듬해 로마에 너무도 큰 기근이 있었으며, 그 때문에 황제가 재판 도중에 백성들에 의해 조롱과 모욕을 당하고 부끄럽게도 빵 조각으로 매질을 당했다. 그는 흥분한 군중들의 분노를 피해 간신히 개인 문을 통해 도망쳐서 왕궁으로 피할 수 있었다."

[84] Ramsay, *St. Paul the Traveller and the Roman Citizen*, 51. 여러 자료에 근거할 때 사울과 바나바가 부조를 가지고 예루살렘을 방문한 시기는 A.D. 46년경이었을 것으로 추론된다. 이것은 갈라디아서 2장 1-10절의 바울 자신의 증언과도 일치한다. 거기서 바울은 자신이 회심한 지 14년 후 예루살렘을 두 번째 방문했다고 증언하기 때문이다. 사울의 회심이 주님이 십자가에 달리신 지 약 3년 후인 A.D. 33년경에 일어난 사건이라면 두 번째 예루살렘 방문은 46년경이다. 예루살렘에 올라가기 전 1년 동안 바나바와 사울이 안디옥교회 교우들을 제자훈련 시켰다고 볼 때 바나바가 사울을 찾으러 다소로 간 것이 약 A.D. 43년의 일이다.

마지막으로 주목할 것은 사울에 대한 바나바의 깊은 배려이다.[85] 안디옥 교회가 구제헌금을 바나바를 통해 예루살렘교회의 장로들에게 보냈을 때 바나바는 사울과 디도를 데리고 예루살렘으로 올라갔다. 바나바가 사울을 동행시킨 것은 선한 일에 사울을 동참시켜 예루살렘 제자들로부터 사울의 사도성을 인정받도록 하려는 배려에서였다.[86]

　　램지는 바나바와 사울이 예루살렘에 올라가 그곳에서 상당기간 체류하며 실제로 구제의 사역을 감당했을 것이라고 말한다.[87] 1년간의 바나바와의 동역과 구제헌금의 전달과 분배는 사울의 리더십을 견고하게 세우는 전기가 되었고, 바나바와 함께 안디옥교회 파송을 받는 중요한 밑거름이 되었다.

---

[85] Arnold A. Dallimore, "George Whitefield and English Evangelist," *The Great Leaders of the Christian Church*, John D. Woodbridge ed. (Chicago: The Moody Press, 1988), 298-299. 사울이 예루살렘교회의 장로들로부터 인정을 받도록 중재한 것이다. 구제금을 준비하는 일이나 사울을 대동하고 예루살렘으로 간 일이나 모두 바나바가 주체가 되어 진행한 일이다. 그는 기회가 있을 때마다 사울을 세워주는 일을 주저하지 않고 실천했다. 사울을 향한 바나바의 충성과 협력은 강도가 대단히 높았다. 누가가 구체적으로 밝히고 있지 않지만 바나바는 안디옥에서 함께 사역하는 동안에도 사울을 지속적으로 세워 주었을 것은 분명하다. 바나바는 사울을 사도들에게 연결해 주었고, 그를 안디옥으로 불러들였으며, 이제 예루살렘에 가는 길에도 그와 동행함으로써 사울을 헌신적으로 지원한 것이다. 사울이라는 이름이 크게 부각되면서 마치 뒤로 밀려난 느낌을 받지만, 바나바는 개의치 않았다. 마치 조지 휘필드가 감리교 운동을 먼저 시작했으면서도 웨슬리가 감리교 운동을 체계적으로 진행할 수 있도록 웨슬리에게 모든 것을 양보해 주었던 것과 마찬가지다.

[86] Ramsay, *St. Paul the Traveller and the Roman Citizen*, 51. A.D. 44년 봄에 발생한 헤롯 아그립바 1세에 의한 강한 박해로 인해 대부분의 교인들이 사방으로 흩어지고 45년과 46년 연속으로 극심한 기근이 발생하여 영적으로 심적으로 예루살렘교회는 너무 힘든 상태였을 것이다. 그런 시점에 바나바와 사울이 구제금을 가지고 예루살렘에 올라간 것이다. 예루살렘교회 장로들로부터 대대적인 환영을 받았을 것은 충분히 상상할 수 있다. 훗날 사울이 자신의 2차 예루살렘 방문을 매우 인상 깊게 기록하고 있는 것도 그런 맥락이다. 후에 사울은 그 날을 이렇게 회상한다. "십사 년 후에 내가 바나바와 함께 디도를 데리고 다시 예루살렘에 올라갔나니 … 또 기둥같이 여기는 야고보와 게바와 요한도 내게 주신 은혜를 알므로 나와 바나바에게 친교의 악수를 하였으니 우리는 이방인에게로, 그들은 할례자에게로 가게 하려 함이라"(갈 2:1, 9). 사울이 예루살렘에 올라가 야고보와 게바와 요한과 교제의 악수를 할 수 있도록 환경을 만들어 준 사람이 바나바였다. "나와 바나바"라는 표현을 통해 사울은 바나바와 자신이 이방인의 사도로 인정받은 것이 얼마나 자랑스러운지를 강조한다.

[87] Ramsay, *St. Paul the Traveller and the Roman Citizen*, 51-52.

제 11 장
헤롯의 박해와 복음의 확장
(12:1-25, A.D. 44)

글라우디오 가이오(Claudius Caius) 치하에서 발생한 기근은 글라우디오 황제가 퇴위할 때까지 거의 4년 동안 세력을 떨쳤다. 그의 치하에서 기근이 전 세계에 퍼졌으며, 우리 종교에 완전히 낯선 작가들이 자신들의 역사에 이 사실을 기록했다. 그리하여 천하에 기근이 들게 됨에 따라 사도행전에 기록된 아가보의 예언이 성취되었다.

Eusebius, Ecclesiastical History II. 25

그 때에 헤롯 왕이 손을 들어 교회 중에서 몇 사람을 해하려 하여 요한의 형제 야고보를 칼로 죽이니 … 헤롯이 영광을 하나님께 돌리지 아니하므로 주의 사자가 곧 치니 벌레에게 먹혀 죽으니라. 하나님의 말씀은 흥왕하여 더하더라.

행 12:1-2, 23-24

헤롯 아그립바 1세가 세베대의 아들 야고보를 죽인 것은 A.D. 44년 봄이었다.[1] 누가의 헤롯 왕의 박해와 교회의 반응 그리고 헤롯 왕의 심판은 당시의 역사기록과 정확히 일치할 뿐만 아니라 사도행전 전체를 이해하

---

[1] Charles Fremont Sitterly, *Jerusalem to Rome; the Acts of the Apostles* (New York: Abingdon, 1915), 20.

는 중요한 사건이다.[2]

평신도들에 의해 설립된 안디옥교회가 빠르게 성장하고, 예루살렘교회가 극심한 박해 가운데서도 흔들리지 않고 성장하자 이를 제일 시기한 세력은 바로 사탄이었다. 교회가 날로 성장하자 사탄은 헤롯 왕을 통해 예루살렘교회에 대대적인 박해를 가하기 시작했다.[3] 사도행전 12장에 나오는 야고보를 처형한 헤롯 왕의 박해가 바로 그것이다. 하지만 사탄의 의도와는 달리 박해는, 오히려 하나님의 살아계심이 천하에 선포되도록 하였고, 초대교회에 생명력을 가져다주었다.

사도행전 12장은 헤롯의 박해를 중심으로 기술하면서 그 후에 나타난 복음의 확장, 당신의 백성을 지키시고 보호하시는 하나님, 박해자의 최후 그리고 박해를 통한 교회성장을 자연스럽게 설명하고 있다.[4]

1. 헤롯의 박해(12:1-5)

[1] 그때에 헤롯 왕이 손을 들어 교회 중에서 몇 사람을 해하려 하여 [2] 요한의 형제 야고보를 칼로 죽이니 [3] 유대인들이 이 일을 기뻐하는 것을 보고 베드로도 잡으려 할새 때는 무교절 기간이라 [4] 잡으매 옥에 가두어 군인 넷씩인 네 패에게 맡겨 지키고 유월절 후에 백성 앞에 끌어내고자 하더라 [5] 이에 베드로는 옥에 갇혔고 교회는 그를 위하여 간절히 하나님께 기도하더라

예루살렘의 그리스도인들을 박해하기 시작한 장본인은 헤롯 아그립바

---

[2] George Thomas Stokes, *The Acts of the Apostles* Vol. II. (New York: A. C. Armstrong and Son, 1892), 164.

[3] John Chrysostom, *The Homilies of John Chrysostom on The ACTS of The Apostles* (London: Oxford, John Henry Parker, 1851), 369. 지금까지의 박해와는 다른 양상의 박해가 등장한다. 유대인의 박해도, 산헤드린의 박해도 아닌 왕에 의한 박해가 발생한 것이다. "왕의 권세가 크면 클수록 전쟁[박해]은 더 심각하고 왕은 더욱 더 유대인들의 환심을 사려고 했다."

[4] Charles R. Erdman, *The Acts* (Philadelphia: The Westminster Press, 1919), 98.

1세였다. 아그립바 1세는 칼리굴라(재위 A.D. 37-41)가 사망 한 후 "그에게 대단히 호의적이었던 글라우디오 황제로부터 유대와 사마리아에 대한 통치권을 부여받았다. 이런 정치적 환경이 예루살렘에 있는 그리스도인들을 박해하고 세베대의 아들 야고보의 처형을 가능하게 만든 것이다."[5]

메이가 지적한 대로 유대인으로 태어난 헤롯 왕이 유대인을 처형한 것이다.[6] 유대인들이 그 일을 기뻐하는 것을 보고 베드로도 잡아들였다.[7] 여기 야고보는 예수님의 형제 야고보와 구분하기 위해 누가가 요한의 형제라고 언급했다. 주지하듯이 사도 야고보는 베드로와 요한과 더불어 주님의 3대 제자로 복음서에 자주 언급되었다. 그는 12제자들 가운데서도 중요한 위치에 있었다.

'손을 들어 교회 중 몇 사람을 해하려 했다'(12:1)는 것은 헤롯이 무차별적이고 냉혹하게 교회를 공격했다는 것이다.[8] 잡아들인 베드로를 바로 죽이지 않은 것은 크리소스톰의 해석대로 무교절이고 그의 처형을 공개적으로 실시해 유대인들을 즐겁게 해서 유대인들의 환심을 사려고 했기 때문이다.[9] 사람이 아닌 하나님의 말씀에 전적으로 순종하겠다는 베드로와 오직 세상 인기에 함몰되어 사람을 즐겁게 하려는 헤롯 왕 이 둘이 극명하게 대비를 이루고 있다. 누가는 하나님 앞에 서 있는 베드로와 인간들의 인기

---

[5] Hermann Olshausen, *Biblical Commentary on the Gospels, and on the Acts of the Apostles: Adapted Expressly for Preachers and Students* Vol. IV. (Edinburgh: T. &T. Clark, 1860), 381. 또한 다음을 참고하라. Josephus, *Arch*. xix. 4.; Stokes, *The Acts of the Apostles* Vol. II., 165-167;

[6] Heinrich August Wilhelm Meyer and Paton J. Gloag, *Critical and Exegetical Handbook to the Acts of the Apostles*. Vol. I. (Edinburgh: T. & T. Clark, 1877), 304.

[7] Chrysostom, *The Homilies on The ACTS of The Apostles*, 370, 372. 야고보를 죽인 것은 특별한 목적과 의도가 있는 것이 아니라 무작위로 그를 죽인 것이라고 크리소스톰은 해석한다. 그는 왜 하나님께서 헤롯의 박해를 허용하셨는가에 대한 질문을 제기하고 그것을 유대인 그들 자신들을 위한 것이라며 3가지로 답했다. "첫째, 스데반의 경우와 마찬가지로 죽임을 당할 때조차도 사도들이 승리한다는 사실을 유대인들에게 보여주고, 둘째, 그들의 분노를 만족시키신 후 그들을 광기에서 회복시키시기 위한 기회를 제공하며, 셋째, 하나님의 허락 하에 이 일이 일어났다는 사실을 그들에게 보여주시기 위함이다."

[8] Chrysostom, *The Homilies on The ACTS of The Apostles*, 372. 크리소스톰은 이것이 마가복음 10장 39절의 예언의 성취라고 이해했다.

[9] Chrysostom, *The Homilies on The ACTS of The Apostles*, 372.

에만 혈안이 되어 그들과 영합하는 지극히 세속적인 헤롯 왕의 처신과 마지막 결과를 12장에서 매우 예리하게 비교하고 있다.

기독교를 박해한 헤롯 왕가

'그때에'라는 말과 '헤롯 왕'(12:1)에 대한 바른 이해는 12장 전체를 해석하는 데 있어서 매우 중요하다. 여기에 나타나는 헤롯 왕은 헤롯 대왕의 손자인 헤롯 아그립바 1세(Herod Agrippa I, 11 B.C.-A.D. 44)를 말한다.[10] 헤롯 대왕은 예수님이 탄생했을 때 집권했던 왕이다.[11] 누가는 누가복음과 사도행전에서 지속적으로 헤롯 가문의 행적을 언급하고 있다.

누가복음에서 바로 이어 세례요한의 출생과 사역을 설명하는 글을 시작하면서 '유대 왕 헤롯 때에'(눅 1:5)로 시작한다. 여기 등장하는 '유대 왕 헤롯'이 헤롯 대왕(Herod the Great, d. 73-4 B.C.)이다.[12] 헤롯 대왕은 베들레헴의 두 살 미만의 영아들을 무참하게 살해한 왕이다. 그가 영아들을 죽이려고 한 것은 유대인의 왕으로 오신 예수 그리스도를 어린 나이에 죽여 왕위에 오르지 못하게 하려는 의도에서였다. 헤롯 대왕은 2살 미만의 남자 아이들을 모두 죽이라고 명령한 후 얼마 지나지 않아 4 B.C.년 31살의 젊은 나이로 여리고에서 갑자기 세상을 떠났다. 그의 죽음은 분명 하나님의 심판이었다.

헤롯 대왕의 뒤를 이어 왕위에 오른 사람은 헤롯 아켈라오(Herod Archelaus, 23 B.C.-c. A.D. 18)이다. 그는 헤롯 대왕의 넷째 아내 사마리아인 말타스(Malthace)의 소생으로 부친이 죽은 후 왕위를 계승해 부친

---

[10] F. F. Bruce, *The Book of ACTS* (Grand Rapids: Eerdmans, 1984), 246.

[11] William Owen Carver, *The Acts of the Apostles* (Nashville: Sunday School Board, Southern Baptist Convention, 1916), 128.

[12] 헤롯 대왕은 세상적으로나 종교적으로 많은 족적을 남겼다. 예루살렘에 헤롯성전이라는 제2의 성전을 건축했고, 가이사랴에 항구를 건설했으며, 맛사다 요새를 만들었고 헤로디엄으로 알려진 헤롯 궁을 건축하였다. 헤롯 대왕은 정치적 야심 때문에 자신의 두 번째 아내 마리아메(Mariamne I, d. 29 B.C.)를 포함하여 가족 여러 명을 죽였다. 그는 열 명의 아내를 거느리고 많은 자녀들을 낳았다. 여러 아내에게서 난 자녀들 간에는 반목과 질시가 심했다.

이 통치하던 왕국의 절반을 4 B.C.년부터 A.D. 6년까지 약 10년 동안 통치하다 A.D. 6년 폐위를 당했다. 유대지방이 로마의 직할 통치하에 들어가면서 로마 황제가 아켈라오를 폐위시켰다.

세 번째로 성경에 등장하는 헤롯은 헤롯 안티파스(Herod Antipas I, 21 B.C.-A.D. 39)로 자신의 제수인 헤로디아를 빼앗아 아내로 삼고 세례요한을 목 베어 처형한 장본인이다.[13] 이 분봉 왕 헤롯은 예수를 죽이려고 했다(눅 13:31). 누가는 이 헤롯의 통치기간에 주님이 십자가에 못 박혀 돌아가셨다는 사실 그리고 그가 본디오 빌라도와 함께 예수를 십자가에 못 박게 만든 장본인이라는 사실을 부각시키고 있다.

누가는 헤롯과 빌라도를 동격의 공범으로 언급했다.[14] 누가는 사도행전에서 예수를 죽이는 일에 공모한 죄의 강도(强度)에 있어서 '과연 헤롯과 본디오 빌라도는 이방인과 이스라엘 백성과 합세하여 하나님께서 기름 부으신 거룩한 종 예수를 거슬러'(4:27)라고 언급함으로 헤롯과 빌라도를 동급의 범법자로 기술하고 있다. 이는 역사적 안목을 가진 누가가 분봉 왕 헤롯이 예수를 죽이는 일에 빌라도와 친구가 되어 협력한 사실을 분명하게 드러낸 것이다.

---

[13] 누가는 세례요한의 광야 사역을 기술하면서 하나님의 말씀이 세례요한에게 임하여 그가 사역을 시작한 때가 "디베료 황제[A.D. 14-37]가 통치한 지 열다섯 해 곧 본디오 빌라도가 유대의 총독으로, 헤롯이 갈릴리의 분봉 왕으로, 그 동생 빌립이 이두래와 드라고닛 지방의 분봉 왕으로, 루사니아가 아빌레네의 분봉 왕으로, 안나스와 가야바가 대제사장으로 있을 때에"(눅 3:1-2)라고 밝혔다. 티베리아 황제가 황제에 오른 지 15년은 A.D. 29년이다. 여기 등장하는 분봉 왕 헤롯이 헤롯 안티파스로 제수 헤로디아를 자신의 아내로 빼앗은 장본인이다. 누가는 이 사람에 대해 지속적으로 잘못된 행실을 지적하고 있다. 분봉 왕 헤롯이 '그의 동생의 아내 헤로디아의 일과 또 자기가 행한 모든 악한 일'로 인해서 세례요한에게 책망을 받았고(눅 3:19), 그가 예수 그리스도께서 12사도를 부르시고 그들에게 능력을 주셔서 제자들이 각 마을에 두루 다니며 복음을 전하고 병을 고친다는 "이 모든 일을 듣고 심히 당황"하고(눅 9:7), "이 사람[예수]이 누군가 하며 그를 보고자 했다"(눅 9:9)고 증언한다.

[14] 누가는 그가 예수의 처형에 어떻게 관여했는지를 분명하게 기술하였다. 무리들이 일어나 예수를 빌라도에게 끌고 가자 빌라도는 예수가 갈릴리 사람이라는 사실을 확인하고 그를 헤롯에게로 보냈다. 처음 헤롯은 예수를 보고 이적을 행할 것을 기대하고 기뻐했다가 아무 대답도 하지 않자 예수를 빌라도에게 되돌려 보냈다. 누가는 그 과정에서 헤롯의 태도가 얼마나 오만했는지 이렇게 집약했다. "헤롯이 그 군인들과 함께 예수를 업신여기며 희롱하고 빛난 옷을 입혀 빌라도에게 도로 보내니 헤롯과 빌라도가 전에는 원수였으나 당일에 서로 친구가 되니라"(눅 23:11-12).

헤롯 안티파스는 A.D. 39년 티베리우스 황제의 뒤를 이어 로마 황제에 오른 가이우스 칼리굴라(Gaius Caesar Caligula, A.D. 37–41)를 대항하는 음모 혐의로 그의 조카 아그립바 1세에 의해 고발을 당한 후 헤로디아와 함께 고울로 추방을 당해 그곳에서 세상을 떠났다.[15] 누가는 헤롯 안티파스 1세의 비참한 종말과 A.D. 36년 자살로 생을 마친 본디오 빌라도(Pontius Pilate)의 최후도 잘 알고 있었을 것이다.[16]

헤롯 대왕의 손자 헤롯 아그립바 1세

예수 그리스도와 교회를 박해하는 자들의 최후가 얼마나 비참했는지를 초대교회사가들이 한결같이 기술하고 있다. 그 점에서 사도행전 12장에서 헤롯의 박해와 비참한 죽음을 상호 연결시킨 누가의 기록도 예외가 아니다. 필자가 볼 때 누가가 헤롯의 박해를 특별히 무게 있게 기술한 것은 누가의 역사신학과 무관하지 않다. 탁월한 역사적 안목을 가진 누가는 당대의 정치, 사회적 상황 속에서 어떻게 하나님께서 구속의 역사를 이끌어 가셨는가를 사도행전에서 보여주려고 했다. 그는 세상의 역사와 구속사를 이원론적으로 구분하지 않고 세속사나 구속사 모두 하나님께서 이끌어 가시는 역사라는 통시적인 안목을 가지고 역사를 서술해 나갔다.

누가는 12장에서 헤롯 가의 한 사례를 들어 박해를 가한 통치자가 비참한 최후를 맞았음을 드러내려고 하였다. '그때에 헤롯 왕이 손을 들어 교

---

[15] Eusebius, *Ecclesiastical History* II.7.

[16] Eusebius, *Ecclesiastical History* II.7. 빌라도는 자살로 생을 마쳤다. "우리 구주의 시대에 총독이었던 본디오 빌라도가 우리가 기록하고 있는 가이오 황제 아래서 그가 자살[그 자신의 생명을 살해하고 그 자신을 처형]하는 그런 불행에 처해졌다는 사실, 그리하여 하나님의 복수가 머지않아 그에게 임했음이 보고되었다는 사실을 주목하는 것은 가치가 있다. 이것은 각 시대에 일어났던 각각의 사건들과 함께 올림피아드(the Olympiads)를 기록해온 헬라 역사가들에 의해 언급되었다." 빌라도에 대해 알렉산드리아 필로(25 B.C.–A.D. 45), 요세푸스(A.D. 37–100), 로마역사가 타키투스(A.D. 55–120), 유세비우스가 기록으로 남겼다. A.D. 26년 총독에 오른 빌라도는 자신이 통치하는 10년 동안 로마 정권자들과 지속적으로 갈등을 겪었다. 결국 A.D. 36년 폐위를 당하고 로마로 소환령이 내려졌다. 4세기 역사가 유세비우스는 본디오 빌라도가 마지막에는 "재앙에 빠져들어 스스로 자신의 목숨을 끊어야 했다"고 기록했다. 은 20에 예수 그리스도를 판 후 비참하게 자살로 생을 마친 유다를 연상케 한다. 유다와 빌라도 모두 비참한 최후를 맞았다.

회 중에서 몇 사람을 해하려 하여 요한의 형제 야고보를 칼로 죽이니 유대인들이 이 일을 기뻐하는 것을 보고 베드로도 잡으려 할새 때는 무교절 기간이라'(12:1-3). 여기 야고보를 처형하고 베드로를 투옥시킨 헤롯은 헤롯 대왕의 손자 헤롯 아그립바 1세이다.[17]

그는 당대에 아그립바 대제로 알려졌으며 A.D. 41년부터 44년까지 통치했다. 그는 대단히 정치적이고, 계산적이고 기회주의적이었다. 어릴 때부터 로마에서 교육을 받아 로마의 문화와 역사와 전통을 통달한 그는 로마제국에는 친로마적인 지도자로 자처하면서 유대 밖에서는 철저한 헬라주의자로 통했고, 유대 내에서는 유대인의 환심을 사기 위해 율법의식과 습관을 준수하였다. 헤롯 아그립바 1세는 예루살렘에 거주하는 유대인들 중 상당수가 기독교에 대해 많은 반감을 가지고 있음을 발견하고는 유대의 통치자로서 유대인들의 지지를 얻기 위해 정치적인 목적으로 기독교를 박해하기 시작했다. 칼빈은 아주 예리하게 이 점을 지적했다.

"[헤롯이] 미칠 듯이 교회를 박해하게 된 것은 모세의 율법에 대한 열성이나 복음에 대한 증오심 때문이 아니라 단지 자신의 개인적인 이득을 위해서였다는 점이 더 분명하게 드러나고 있다. 말하자면 백성들의 환심을 독차지하기 위해서 그는 끈질기게 그의 횡포를 고집하고 있는 것이다.… 대다수의 사람들은 개인적인 이득에 끌리는 수가 많다. 예를 들자면 오래 전에 네로는 도시에 불이 나자 그는 백성들에게 인기가 없었으며 미움을 사게 되었다. 그러자 그는 수천 명의 신자들을 학살하는 교활한 방법을

---

[17] 아그립바 1세는 11 B.C.년 태어났으며 아버지 아리스토불루스(Aristobulus)가 7 B.C.년 사형당한 후 10세 때 로마로 보내져서 어머니 밑에서 자라며 거기서 교육을 받고, 생의 3분의 2를 로마에서 보냈다. 그는 로마 황실의 인사들과 친하게 지냈으며 그 가운데는 티베리우스 황제의 조카 손자인 가이우스(Gaius)도 있다. A.D. 37년 가이우스가 티베리우스의 뒤를 이어 황제에 오른 뒤 가이우스 황제는 아그립바 I 세에게 빌립(Philip)과 루사니아(Lysanias)의 땅이었던 북 시리아(참고, 눅 3:1)를 물려주고 왕이라는 호칭도 부여했다. 가이우스 황제는 2년 후에 아그립바 I 세의 삼촌 안디바(Antipas)를 귀양보내고 그가 통치하던 갈릴리와 베뢰아를 아그립바 I 세에게 주었다. 가이우스 뒤를 이어 A.D. 41년 황제에 오른 글라우디오(Claudius)가 A.D. 6년 이후 총독들이 다스리던 유대지방을 아그립바 I 세에게 추가로 더해주었다. 그는 헤롯 왕가의 역대 왕 중에서 매우 인기가 높았는데 그것은 하스모니아 왕가의 후손인데다 친유대주의 정책을 통해 유대인들의 환심을 샀기 때문이다.

통해서 그들의 환심을 사려고, 아니 최소한 그들의 비난과 불평을 틀어막으려 했다. 마찬가지로 자기에게 충성할 리 없는 백성들을 자기편으로 끌기 위해서 헤롯은 그리스도인들이 마치 그들의 환심을 다시 사는 값이라도 되는 양 그들을 죽음에 내어 주고 있다. 오늘날도 결코 상황이 변한 것은 아니다."[18]

하나님의 때를 정확히 파악한 누가

'그때에'(12:1)는 문맥만을 고려할 때 복음의 영향력이 예루살렘교회에 강하게 일어나고 안디옥교회가 사울과 바나바의 제자훈련으로 인해 틀을 다지고 수많은 사람들이 주께로 돌아오고 있던 때이다. '그 때'를 바나바와 사울이 예루살렘 2차 방문을 마치고 돌아온 것을 지칭하는 것으로 해석하는 것은 시기적으로 곤란하다. 왜냐하면 헤롯 아그립바 1세의 박해가 A.D. 44년에 일어났고 예루살렘 방문은 아무리 빨라도 A.D. 45년의 일이기 때문이다. 헤롯 아그립바 1세가 박해를 가하던 A.D. 44년은 사울이 안디옥에 와서 바나바와 1년 동안 제자훈련을 마쳤거나 진행하고 있을 때였다. 누가가 언급한 '그 때'(12:1)는 더 깊은 의미가 담겨져 있다. 그것은 누가가 12장 1절의 '때'를 양적인 시간을 의미하는 크로노스(χρόνος, chrónos)가 아닌 질적인 시간의 카이로스(καιρός, kairos)로 기술한 것에서 짐작할 수 있다.

필자는 이 부분이 사도행전 전체를 이해하는 중요한 열쇠 가운데 하나라고 생각한다. 여기에 대한 답을 얻기 위해서는 우리는 역사가로서의 누가, 역사신학자로서의 누가를 먼저 주목해야 한다. 당시 요세푸스, 수에토니우스, 타키투스를 비롯한 유대 역사가나 로마역사가들은 연대기적 순서로 역사를 서술하는 것이 일반적이었다. 필자가 볼 때 누가도 기본 틀에서는 크게 다르지 않았다. 하지만 그들과 달리 그는 카이로스의 시간을

---

[18] 존 칼빈, 한국기독교선교백주년기념 존·칼빈성경주석출판위원회 역편, 신약성경주석, Vol. 5, 사도행전 I (서울: 성서교재간행사, 1980), 444-445.

주목했다. 누가가 당대의 연대적 기술을 받아들였지만 그의 역사관이 당대와 분명 달랐던 근본 이유였다. 누가는 헬라인이었고, 그리스도를 믿는 사람으로 역사를 단순히 기계적인 시간의 흐름이라는 양적인 크로노스의 시간만 아니라 하나님의 섭리 속에서 진행되는 질적인 시간인 카이로스의 시간도 꿰뚫어 보는 역사신학적 혜안을 가지고 있었다.[19]

사도행전 전체에서 성령의 권능으로 예루살렘에서 시작하여 온 유대와 사마리아 그리고 땅 끝으로 이어지는 하나님 나라의 복음의 확장의 역사가 때와 기한을 주관하시는 하나님의 거룩한 구속의 섭리 속에서 진행될

---

[19] 우리는 그것을 누가복음과 사도행전 기록에서 그가 사용한 '시간과 때'라는 용어를 사용하는 용례를 살펴보면 어렵지 않게 읽어낼 수 있다. 크로노스는 신약에 54회가 나타나고 카이로스는 86회가 등장한다. 신약성경에 카이로스가 크로노스보다 더 많이 사용된 것은 시간의 개념에서 성경의 인간 저자가 세상의 기계적이고 양적인 시간보다 하나님의 질적인 시간에 더 많은 관심을 가지고 있음을 보여준다. 특히 누가는 역사가, 역사신학자답게 누가복음과 사도행전에서 어떤 다른 성경기자보다도 크로노스와 카이로스를 많이 사용하였다. 누가복음에서는 카이로스를 13회를 사용했고, 크로노스는 7회를 사용했다. 이는 그가 크로노스의 시간을 중시하면서도 예수 그리스도의 탄생과 공생애를 하나님의 질적인 시간의 개념에서 파악하고 이해하려고 하였음을 보여준다. 누가가 시간의 개념을 유의해서 상당히 그러면서도 신중하게 사용했다는 사실은 다른 복음서와 비교하면 더욱 분명하게 나타난다. 마태복음에는 카이로스가 10회, 마가복음은 5회, 요한복음은 4회를 사용한 반면 누가복음은 13회나 사용했다. 기계적이고 양적인 시간 크로노스도 마태복음은 3회, 마가복음은 2회, 요한복음은 4회 사용한 반면 누가복음은 7회나 사용했다. 크로노스와 카이로스 둘을 합할 경우 마태복음에 13회, 마가복음에 7회, 요한복음에 8회, 누가복음에 20회 등장한다. 신약에서 유일한 역사서인 사도행전에는 카이로스가 9회, 크로노스가 17회, 둘 합쳐 26회나 등장한다. 사도행전이 28장으로 구성된 것을 고려할 때 누가는 매 장에서 거의 1회를 시간에 대해 언급한 셈이다. 시간이라는 단어를 많이 사용한 것만 가지고 역사의식이나 역사관이나 역사신학을 논하는 것은 비약일 수 있다. 그러나 필자가 볼 때 누가는 세상에 일어나고 있는 하나하나의 사건을 단순히 일어난 그 사건만 가지고 보지 않고 그 이면에 하나님의 인도하심과 하나님의 이끄심을 주목했다. 제자들은 부활하신 주님에게 '주께서 이스라엘 나라를 회복하심이 이 때이니까'(1:6)라고 크로노스로 물었다. 그들이 크로노스로 때를 물은 것은 눈에 보이는 지상의 나라, 세상나라를 염두에 두고 이스라엘의 회복의 때를 물은 것이다. 주님은 이 사실을 너무도 잘 아셨다. 사도행전 1장 7절에서 주님은 '때와 기간'은 너희가 알바 아니요 아버지께서 자기 권한에 두셨다고 대답하셨다. 여기 '때와 기한'이 곧 크로노스와 카이로스이다. 크로노스로 물은 제자들에게 크로노스로만 답하시지 않고 크로노스와 카이로스 둘 모두를 언급하시면서 그들의 시각을 교정해 주신 것이다. 여기서 누가는 당시 유대인들과 달리, 또한 주님을 신실하게 따른다고 하는 제자들과 달리 주님의 시간관을 정확히 이해하였다. 크로노스와 카이로스 모두가 아버지의 권한에 두셨다고 누가는 밝히고 있다. 역사를 주관하시는 분이 하나님이라는 고백이다. 이것은 바울이 로마서 11장 36절에서 '만물이 주에게서 나오고 주로 말미암고 주에게로 돌아간다'고 고백한 것과 정확히 맥을 같이한다.

것을 암시한 것이다. 이것은 사도행전의 전역사(全 歷史)를 연구하고 파악한 누가 자신의 경험론적인 고백이다. 그것은 사도행전 1장 6절과 7절에서 크로노스와 카이로스를 예리하게 대비시키면서 앞으로 성령의 권능을 받은 증인들에 의한 하나님 나라 확장의 역사가 지리적 민족적 영역을 넘어 진행될 것임을 분명히 밝힌 것에서도 알 수 있다.

누가가 본격적인 사도행전 서술에 앞서 1장 7절에서 크로노스와 카이로스를 동시에 언급한 것은 사도행전에서 전개될 역사흐름의 성격을 예시해준다. 사도행전에 나타난 크로노스와 카이로스를 누가가 사용한 용례를 살펴보면 분명히 보이는 가시적인 시간의 개념을 언급할 때 17회 모두 크로노스라는 단어를 사용한 반면[20] 구속사적인 하나님이 정하신 때를 언급할 때는 일곱 차례 모두 카이로스를 사용하였다.[21] 12장 이전에 사도행전에서 사용된 카이로스 용례를 살펴보면 정확히 파악할 수 있다.

> 1:7 이르시되 <u>때와 시기</u>는 아버지께서 자기의 권한에 두셨으니 너희가 알 바 아니요
>
> 3:19 그러므로 너희가 회개하고 돌이켜 너희 죄 없이 함을 받으라 이같이 하면 <u>새롭게 되는 날</u>이 주 앞으로부터 이를 것이요
>
> 7:20 <u>그때에</u> 모세가 났는데 하나님 보시기에 아름다운지라 그의 아버지의 집에서 석 달 동안 길리더니

12장 이전에 사용된 3곳의 카이로스 모두 구속사와 연관 있다. 1장 7절은 주님이 승천하시기 전에 마지막으로 분부하신 지상명령의 말씀이었고, 3장 19절의 두 번째 카이로스는 베드로가 솔로몬 행각에서 행한 설교로 구약의 메시야 우리 주님의 약속하신 성령의 부으심을 통하여 도래할 "새

---

[20] 사도행전에 '크로노스'가 나타나는 성구들은 다음과 같다. 1:6; 1:7; 1:21; 3:21; 7:17; 7:23; 8:11; 13:18; 14:3; 14:28; 15:33; 17:30; 18:20; 18:23; 19:22; 20:18; 27:9.
[21] 사도행전에 '카이로스'가 사용된 성구들은 다음과 같다. 1:7; 3:20; 7:20; 12:1; 13:11; 14:17; 17:26; 19:23; 24:25.

롭게 되는 날" 곧 영광스러운 부흥의 날, 성령의 충만이 온 세상에 가득하는 부흥의 때를 지칭해서 한 말씀이고, 7장 20절의 세 번째 카이로스는 스데반이 구속사적 관점에서 산헤드린공회 앞에서 설교하면서 애굽에서 신음하는 이스라엘 백성들의 신음 소리를 들으시고 모세를 보내시기로 약속하신 때를 언급한 것이다. 이처럼 누가는 사도행전에서 카이로스를 사용할 때 구속사적 관점에서 하나님이 예정하신 시간을 언급할 때 이 용어를 사용하였다.

그리고 이어 누가는 12장에 와서 헤롯 왕의 박해와 관련하여 1절 "그 때에"(at that now time, Κατ' ἐκεῖνον δὲ τὸν καιρὸν)를 기술하면서 또다시 카이로스를 사용했다. 여기 사용한 '그 때', 카이로스 시간은 지난해와 올해라는 근시적 시간 개념보다는 하나님의 구속사적 역사, 구속의 섭리 속에서 진행되는 하나님이 정하신 시간과 때를 언급하는 것으로 봐야 할 것이다.

누가는 헤롯의 박해가 하나님의 섭리 속에 진행되는 사건이라는 사실을 너무도 잘 알고 있었다. 그것은 2살 아래 어린 아이들을 다 죽이라고 명했던 헤롯 아그립바 왕의 조부의 죽음을 포함하여 예수 그리스도의 탄생과 십자가의 대속과 성령의 강림과 이후 약속대로 진행되어 나가는 하나님의 구속사를 믿음의 눈, 역사적 혜안으로 바라볼 때 헤롯 왕의 박해와 박해에도 불구하고 놀랍게 진행되는 복음이 확장은 단순한 사건이 아니라 하나님이 약속하시고 예정하신 섭리 속에서 진행되는 카이로스의 사건으로 해석한 것이다.

누가는 그런 관점을 가지고 사도행전 12장에서 헤롯 왕의 박해와 그의 징벌을 통시적으로 그려가면서 박해 한 가운데서도 당신의 백성들이 하나님의 사자를 통해 보호를 받는다는 사실을 너무도 탁월하게 그려냈다.

야고보 순교와 베드로의 투옥

예루살렘과 안디옥에서 복음의 확장이 놀랍게 진행되자 헤롯이 박해를 가하기 시작했다. 제일 먼저 희생당한 사람은 세베대의 아들 요한의 형제 야고보였다. 야고보는 최초의 기독교 순교자였다. 예수님께서 야고보와 그의 형제 요한에게 '나의 마시는 잔을 마시며 나의 받는 세례를 받을 것이다'(막 10:39)고 하신 예언이 성취된 셈이다. 야고보를 칼로 죽이자 '유대인들이 이 일을 기뻐하는 것을 본'(12:3) 아그립바 1세는 베드로도 잡아들였다. 그렇다면 왜 유대인들이 그렇게 기뻐했을까? 이 문제는 당시의 역사적 상황과 이 사건이 일어나기 전후의 일들을 통시적으로 조명하면 어렵지 않게 풀 수 있다.

요세푸스에 따르면 여기 헤롯 왕은 예루살렘에 널리 뿌리를 내린 모세 율법에 대해 대단한 열심을 가지고 있어 그의 조부 헤롯 대왕이 그랬던 것처럼 유대인들을 돕는 기회가 있다면 모든 기회를 활용하려고 하였다. 헤롯 왕이 베드로를 잡아들이려고 한 날도 바로 '무교절'(the days of unleavened bread)이다. 헤롯이 이날을 특별히 교회를 박해하는 디데이로 잡은 것도 그런 맥락이다. 무교절에는 세계 각 지역에서 유월을 지키기 위해 예루살렘에 유대인들이 모이는 절기였기 때문에 헤롯 왕의 입장에서는 유대인들을 즐겁게 해줄 수 있는 너무도 좋은 절호의 기회였다.

요세푸스에 따르면 헤롯 왕의 그와 같은 행위가 본심이기보다 통치를 위한 전략이었다. "그는 주는 것을 좋아하고 좋은 평판을 가지고 살아가는 것을 즐겼다."[22] 그러나 실제로는 헤롯 왕이 악한 본성을 가지고 있었고 미워하는 사람들에게는 가차 없었으며, 유대인들보다 헬라인들에게 더 우호적이었다. 그는 엄청난 돈을 들여 외국 도시를 꾸미고 그 근처에 목욕탕과 극장을 건설하고 이들 도시 몇 곳에는 이교신당들(Temples)을 세우고 다른 곳에는 전형적인 헬라식 기둥이 있는 아치형 현관(porticoes)을 세웠다. 그러면서도 헤롯 왕은 어떤 유대 도시에도 예배를 드리는 회당을 세우는 것을 허락하지 않았고 그들에게 전혀 기부도 하지 않았다.[23]

제롬에 따르면 야고보는 목베임을 당해 순교했고, 바로 그날은 주님이

---

[22] Josephus, *Antiq.* xix. 7. 3.
[23] Josephus, *Antiq.* xix. 7. 3.

십자가에 달리신 니산월 15일이었다. 그렇다면 A.D. 44년 봄에 일어난 일이다. 아마도 베드로 역시 같은 시간에 체포되었던 것으로 보이지만 '유월절 후에 백성 앞에 끌어내고자 하더라'(12:4)는 기록을 통해 살펴볼 때 재판과 처형을 일주일간 연기해 무교절이 끝나고 유월절 이후에 집행하려고 한 것으로 보인다.

하지만 하나님께서는 그 박해 가운데서 역사의 주관자가 되시며, 역사를 이끌어 가시는 살아계신 하나님이심을 선포하셨다. 무엇보다 박해 가운데서도 신앙인들이 단단히 결속했다. '이에 베드로는 옥에 갇혔고 교회는 그를 위하여 간절히 하나님께 빌더라'(12:5). 예루살렘교회의 지도자 야고보가 순교를 당하고 사도 중의 사도라고 일컬었던 베드로가 붙잡히자 교회는 전심으로 하나님께 기도한 것이다.[24] 교회를 말살하려는 박해가 오히려 교회에 응집력과 생명력을 더해주었다.[25]

베드로가 투옥 중에 있을 때 남아 있는 성도들도 자신들의 임무를 전혀 소홀히 하지 않았다. 칼빈의 표현을 빌린다면 "베드로는 사실 전투가 치열한 최전방에 홀로 서 있었지만 그러나 나머지 사람들도 모두 그 시각에 기도로 싸움으로써 할 수 있는 한 최대의 지원을 그에게 보내고 있었다."[26]

---

[24] Carver, *The Acts of the Apostles*, 121. 헤롯의 음모를 막은 것은 성도들의 기도다.

[25] W. A. Denton, *A Commentary on the Acts of the Apostles*. Vol. I. (London: George Bell and Sons, 1874), 396. 그들은 헤롯에 대항하여 기도하지 않고 헤롯에 의해 투옥된 베드로를 위해 기도했다. 압제자가 징벌을 받게 해달라고 기도하기보다 압제당한 자의 구원을 위해 기도한 것이다.

[26] 칼빈, 사도행전 I, 445-446. "우리의 형제들 가운데는 유배 생활을 하며 더없이 고생을 하는가 하면, 창고에 채워져 더러운 구덩이에 처박혀 있는 사람도 있으며, 수많은 사람은 질질 끌려 장작더미의 불길로 사라지기도 한다. 아니 날마다 더 장기간에 걸쳐서 모진 고문을 가하는 새로운 도구가 계속 고안되고 있는 실정이다. 이러한 판국에 최소한 기도하고 싶은 마음마저 없다면 우리는 짐승만도 못한 사람들이 아닐 수 없다. 그러므로 어떤 박해가 일어날 때마다 우리는 기도에 전념하지 않으면 안 된다. 그리고 교회가 베드로의 생명에 대해서 더욱 더 관심을 갖고 있었던 것은 그의 죽음과 더불어 교회가 당할 손실이 너무 컸기 때문인지도 모른다. 누가는 그들의 기도가 간절했다고, 곧 계속적이었다고 말하고 있다. 이 말은 신실한 자들이 무관심하게 되는 대로 기도한 것이 아니라 베드로가 전투를 하고 있는 동안 내내 그들도 낙심하지 않고 최대의 지원을 아끼지 않았다는 뜻이다. 성경에 기도가 언급될 때마다 '하나님의 이름'이 분명히 따르고 있다는 점을 명심할 필요가 있다. 말하자면 기도가 오직 하나님께만 지향한다는 사실은 신앙의 기초원리 가운데 하나이다. 이것은 하나님께서 '환난 날에 나를 부르라'(시 50:15)하는 말씀으로 이 특별한

분명히 중요한 지도자 야고보가 목베임을 당하고 가장 영향력 있는 지도자 베드로가 붙잡혀 들어갔지만 "그들의 영혼은 전혀 절망하지 않았다."[27]

기독교 역사가 보여주듯 사탄이 교회를 말살하기 위해 통치자들을 선동하지만 아무리 심한 박해도 결코 교회를 붕괴시킬 수 없었다. 박해가 강하면 강할수록 교인들은 더욱 더 순교를 각오하고 하나님을 섬겼다. 죽음이 결코 신앙을 끊어버릴 수 없었다. 초대교회 가장 영향력 있는 교부 가운데 한 명인 터툴리안은 그의 변증에서 다음과 같은 유명한 말을 남겼다.

[그리스도인들의 피는 교회의 씨앗]

선한 통치자들이여, 당신들이 우리를 고문하고 괴롭히고 성가시게 해도 좋습니다.

당신들의 악함이 우리의 결백을 시험하고 따라서 하나님은 우리가 그 고통을 당하도록 허용하시는 겁니다.

그러나 당신들의 잔인함은 아무 쓸모가 없을 것입니다. 그건 다른 사람들을 우리 종교로 데려오는, 보다 강력한 초대일 뿐입니다.

우리는 베임을 당하면 당할수록, 더욱 빨리 다시 돋아납니다. 그리스도인들의 피는 교회의 씨앗입니다.

당신들의 철학자들 다수는 청중들에게 죽음과 고난 하에서 인내할 것을 권면했습니다. 예컨대, 키케로가 그의 책 **투스쿨란스**(*Tusculans*)에서 그리고 세네카, 디오게네스, 피르혼, 칼리니쿠스 등이 그런 말을 했습니다.

예배의 행위를 자신의 것으로 요청하고 있는 그대로이다."
[27] 칼빈, 사도행전 I, 445-446.

그러나 그 철학자들은, 그들의 훌륭한 강론을 통해서도, 그리스도인들이 자기 행위를 통해 얻은 바와 같은, 그런 많은 개종자를 결코 얻을 수 없었습니다.

당신들이 우리에게 가하는 바로 그 완악한 언행이, 오히려 다른 사람들에게 교훈을 주고 있습니다.

다시 말해, 그런 일들을 바라보면서, 그 진리[기독교진리]가 도대체 무엇이기에 그런 사태를 빚어지게 만드는가 라고 묻지 않을 사람이 누가 있겠습니까?

그 진리를 발견했을 때 그것을 받아들이지 않을 사람이 누가 있겠습니까?

그 진리를 받아들인 후, 그걸 위해 죽음을 불사하고자 하지 않을 사람이 누가 있겠습니까?

그러므로 우리는 당신들의 형선고에 대해 오히려 감사를 드리는 바입니다. 인간들의 심판이 하나님의 그것과 일치하지 않음을 알고 있기 때문입니다.

우리가 당신들에게 유죄선고를 받을 때, 하나님은 우리에게 무죄를 선언하십니다.[28]

터툴리안과 여러 교부들이 증언하듯 그리스도인의 순교의 피는 교회의 씨가 되어 박해 가운데서도 복음은 요원의 불길처럼 확산되어 나갔다.

---

[28] Tertullian, *The Apology*, 50. 박용규, 세계부흥운동사 (서울: 한국기독교사연구소, 2018), 106-107에서 재인용. 제목은 독자들을 위해 필자가 내용 중에서 뽑은 것이다.

2. 당신의 백성을 보호하시는 하나님(12:6-19)

⁶ 헤롯이 잡아내려고 하는 그 전날 밤에 베드로가 두 군인 틈에서 두 쇠사슬에 매여 누워 자는데 파수꾼들이 문 밖에서 옥을 지키더니 ⁷ 홀연히 주의 사자가 나타나매 옥중에 광채가 빛나며 또 베드로의 옆구리를 쳐 깨워 이르되 급히 일어나라 하니 쇠사슬이 그 손에서 벗어지더라 ⁸ 천사가 이르되 띠를 띠고 신을 신으라 하거늘 베드로가 그대로 하니 천사가 또 이르되 겉옷을 입고 따라오라 한대 ⁹ 베드로가 나와서 따라갈새 천사가 하는 것이 생시인 줄 알지 못하고 환상을 보는가 하니라 ¹⁰ 이에 첫째와 둘째 파수를 지나 시내로 통한 쇠문에 이르니 문이 저절로 열리는지라 나와서 한 거리를 지나매 천사가 곧 떠나더라 ¹¹ 이에 베드로가 정신이 들어 이르되 내가 이제야 참으로 주께서 그의 천사를 보내어 나를 헤롯의 손과 유대 백성의 모든 기대에서 벗어나게 하신 줄 알겠노라 하여 ¹² 깨닫고 마가라 하는 요한의 어머니 마리아의 집에 가니 여러 사람이 거기에 모여 기도하고 있더라 ¹³ 베드로가 대문을 두드린대 로데라 하는 여자아이가 영접하러 나왔다가 ¹⁴ 베드로의 음성인 줄 알고 기뻐하여 문을 미처 열지 못하고 달려 들어가 말하되 베드로가 대문 밖에 섰더라 하니 ¹⁵ 그들이 말하되 네가 미쳤다 하나 여자아이는 힘써 말하되 참말이라 하니 그들이 말하되 그러면 그의 천사라 하더라 ¹⁶ 베드로가 문 두드리기를 그치지 아니하니 그들이 문을 열어 베드로를 보고 놀라는지라 ¹⁷ 베드로가 그들에게 손짓하여 조용하게 하고 주께서 자기를 이끌어 옥에서 나오게 하던 일을 말하고 또 야고보와 형제들에게 이 말을 전하라 하고 떠나 다른 곳으로 가니라 ¹⁸ 날이 새매 군인들은 베드로가 어떻게 되었는지 알지 못하여 적지 않게 소동하니 ¹⁹ 헤롯이 그를 찾아도 보지 못하매 파수꾼들을 심문하고 죽이라 명하니라 헤롯이 유대를 떠나 가이사랴로 내려가서 머무니라

유세비우스가 증언한대로 베드로의 기적적인 구원은 그에 대한 '하나님의 섭리'(the providence of God)였다.[29] 누가는 '그 전날 밤'(12:6)이라는 표현을 통해 하나님의 개입을 극적으로 설명하고 있다. 전날 밤은 베드로가 처형되기로 정해진 바로 '그 전날 밤'을 말한다. 하나님께서 처형 전날 밤 극적으로 베드로를 구원하신 것이다. 역설적이게도 헤롯의 박해는 하나님께서 박해받는 당신의 백성들을 지키시고 보호하신다는 사실을 선명하게 보여주었다.[30] 야고보가 처형당하고 베드로가 체포된 것은 보통 혹독한 박해가 아니었다. 초대교회가 만난 최대의 위기였다. 하지만 그 혹독한 박해 속에서도 하나님께서는 당신의 백성을 눈동자 같이 지키시고 보호하신 것이다.

주의 사자의 베드로 구출

베드로를 잡아들인 날이 무교절일이라 헤롯은 그를 감옥에 가두고 군사 넷씩 네 패에게 맡겨 교대로 지키게 했다. "베드로가 투옥된 감옥이 어디인지 알려져 있지 않지만, 아마도 예루살렘 성전 북서쪽에 위치한 안토니아 요새 안에 있었을 것이다(참고, 21:31 이하)."[31] 당시 간수들은 네 명이 한 조가 되어 근무했다. 2명은 죄수의 양측에서 지켰고, 나머지 2명은 각각 첫째 문인 옥문과 큰 쇠문 곁에서 지켰다. 4명씩으로 구성된 간수 네 개 조가 3시간씩 교대로 근무하던 것이 당시의 관례였다. 그렇게 삼엄한 경비 가운데서 하나님이 개입하는 사건이 발생한다. 누가의 기록에서 우리는 적어도 세 가지 사실을 주목할 수 있다.

첫째, 위기 가운데서 베드로가 보여준 너무도 침착한 태도이다. 양쪽의 간수들과 함께 묶여 있는 쇠사슬이 자신을 얽어매고 있는 상황, 분명히 그들이 중무장을 했을 텐데도 베드로가 '두 군사 사이에서 자고 있었다.'

---

[29] Eusebius, *Ecclesiastical History* II.9.
[30] Erdman, *The Acts*, 98. 어드만은 베드로의 구원과 헤롯 왕의 죽음이 "신적보호"(divine protection)라고 말한다.
[31] Bruce, *The Book of ACTS*, 249;

두 군인 틈에 끼어 보통 압박이 심하고 불편했을 텐데도 말이다. 생명의 위협에도 하나님을 진정으로 신뢰하는 마음으로 고요히 잠을 잔 것이다. 크리소스톰은 이렇게 감탄했다. "보라 베드로가 전혀 두려움의 공포를 느끼지 않고 잠자는 것을 보라!"[32] 하나님을 전적으로 신뢰하고 전능하신 하나님께 모든 것을 온전히 맡기지 않았다면 그런 모습은 불가능하다. 주님을 세 번이나 부인하면서 자기 목숨을 구걸하던 모습과는 너무도 달랐다. 베드로는 초대교회 복음전도자의 모형이라고 평할 수 있을 것이다.

둘째, 하나님의 초자연적인 구원의 역사이다. 베드로가 두 군사 틈에서 두 쇠사슬에 매여 누워 자고 파수꾼이 문밖에서 옥을 지킬 때 '홀연히 주의 사자가 나타나매 옥중에 광채가 빛났다'[33] (12:7). 주의 사자가 자고 있는 베드로 옆구리를 쳐 깨우며 '급히 일어나라'(12:7)고 명령했다. 그 순간 쇠사슬이 베드로의 손에서 벗겨졌다. 천사가 베드로에게 '띠를 띠고 신을 신으라'(12:8)고 명령했고 베드로는 천사가 시키는 대로 했다. 천사가 베드로에게 '겉옷을 입고 따라오라'(12:8)고 명하자 베드로는 주의 사자가 시키는 대로 따라 나왔다. 베드로는 무슨 일이 일어나고 있는지도 모르고 천사가 시키는 대로 행했다. 그때까지 베드로는 '생시인 줄 알지 못하고 환상을 보는가'(12:9) 착각했다.

베드로가 주의 사자가 인도하는 대로 따라 나와 첫째 파수꾼과 둘째 파수꾼을 지나자 베드로와 그의 신비스런 보호자가 문을 통과하려 할 때, 성으로 통하는 굳게 닫힌 쇠문이 놀랍게도 '저절로 열렸다'(12:10). 베드로가 옥문을 나와 거리를 지날 때 주의 사자가 베드로를 떠났다. 그 때에서야 베드로는 자신이 본 것이 환상이 아니라 주의 천사인 것을 깨달았고, 하나님께서 천사를 보내셔서 자신을 옥에서 이끌어내신 것을 알았다. '베드로가 정신이 들어 이르되 내가 이제야 참으로 주께서 그의 천사를 보내

---

[32] Chrysostom, *The Homilies on The ACTS of The Apostles*, 374.
[33] Chrysostom, *The Homilies on The ACTS of The Apostles*, 374. 광채가 발한 것은 베드로가 보고 들어서 결코 환상이 아니라는 사실을 깨닫게 하도록 하시기 위함이었다. 베드로는 천사의 명령에 그대로 순종했다. 고넬료 가정에 복음을 전하라고 성령이 그에게 명하셨을 때처럼 그는 그대로 순종하고 따랐다.

어 나를 헤롯의 손과 유대 백성의 모든 기대에서 벗어나게 하신 줄 알겠노라'(12:11).

'홀연히'(12:7), '주의 사자'(12:7), '옥중에 광채가 빛나며'(12:7), '천사'(12:8), '생시인 줄 알지 못하고'(12:9), '환상을 보는가'(12:9) 등의 표현을 통해 베드로의 구원이 신적 개입에 의해 일어난 사건이라는 사실을 너무도 실감나게 그러면서도 사실적으로 기술하고 있다. 누가는 의도적일 만큼 '천사'(12:8, 9, 10, 11)라는 말을 무려 다섯 번이나 반복하고, 그 천사가 하나님이 보내신 '주의 사자'(12:7)라고 분명히 밝혔다. 누가는 베드로의 탈출이 하나님의 초자연적 간섭이라고 이해했고, 베드로 자신도 그렇게 받아들였다. 의심할 바 없이 하나님의 직접적인 개입이었다.

셋째, 초자연적 사건이 환상 속에서 일어난 것이 아니라 시공에서 일어난 역사적 진실이라는 사실이다. 베드로는 자신의 구출이 '생시'에 일어난 일인지 모르다가 '내가 이제야 … 알았다'고 증언한다. 이것은 그의 초자연적 구원이 역사적 사실임을 증언한다.

헤롯이 그를 죽이려던 바로 전날 밤 하나님께서 천사를 보내셔서 초자연적으로 베드로를 구해주신 것이다. 베드로를 옥에서 인도하고 구해준 천사는 분명히 하나님의 사자였다. 그런데도 아그립바 왕은 천사의 구출로 보지 않고 내부 범죄라고 결론을 내리고 해당 인물을 색출하려고 하였다.

우리는 이것이 사도시대에 일어난 일이라는 사실을 잘 알고 있다. 그래서 성경에 나타난 기적 기사를 받아들이면서도 오늘날 이와 같은 역사가 일어날 수 있을까 하는 의문을 갖는다. 그런데 종종 이와 유사한 하나님의 초자연적 개입의 체험 이야기가 오늘 현실 속에서도 나타나고 있다. 선다 싱에 대한 이야기는 그 중의 하나이다.[34] 브라우너(L. E. Browne)의 말대

---

[34] B. H. Streeter and A. J. Appasamy, *The Sadhu: A Study in Mysticism and Practical Religion* (London: Macmillan and Co. Limited, 1921), 30-31. 선다 싱(Sundar Singh)은 유사한 경험을 했다. 한번은 티벳의 라마승이 선다 싱을 물이 없는 깊고 어두운 웅덩이에 던져 넣었다. 그 과정에서 그의 오른 팔이 다쳤다. 많은 다른 이들도 그 웅덩이에 던져졌지만 돌아간 사람은 아무도 없었다. 그는 '하나님께 왜 나를 버리시나이까?'라며 울부짖었다. 음식과 물도 없이 며칠을

로 "이 이야기는 우리 시대에 있었던 일이지만 그것의 해석은 베드로의 탈출 이야기만큼이나 어렵다."³⁵ 하나님의 기적적인 간섭이 아니면 설명하기 힘들다.

베드로의 구출은 기도응답

그런데 이 모든 것보다 더 여기서 우리가 잊어서는 안 될 것이 있다. 베드로의 이와 같은 기적이 우연히 일어난 것이 아니라는 사실이다. 베드로가 옥에 갇히자 '교회는 그를 위하여 간절히 하나님께' 빌기 시작했다 (12:5). 베드로의 출옥은 기도의 응답이었다.³⁶ 베드로가 옥에 갇힌 후 교인

지내면서 선다 싱은 더 이상 견딜 수 없었다. 그가 셋째 날 밤 하나님께 큰 소리로 부르짖었을 때 누군가가 밖에서 웅덩이 뚜껑을 열고 아래로 밧줄을 늘어뜨리고 잡으라는 소리가 들렸다. 그가 밧줄을 잡고 끌어 올리자 뚜껑이 닫혔다. 선다 싱이 그에게 감사하려고 보니 아무도 보이지 않았다. 선다 싱은 신선한 공기를 마시고 새 힘을 얻었고 그의 다친 팔도 온전하게 나았다. 아침이 되어 선다 싱은 자신이 잡힌 그 도시에 가서 다시 설교하기 시작했다. 이 일로 도시에 대단한 동요가 일어났다. 죽은 자가 살아나 다시 설교한다는 소식이 라마승에게 알려졌다. 라마승은 선다 싱을 심문하고 그로부터 풀려난 경위를 듣고 누군가가 열쇠를 가지고 선다 싱을 풀어준 것이 분명하다고 판단하고 조사를 진행했다. 그런데 그 웅덩이 뚜껑의 열쇠가 라마승의 옷 속에 붙어 있었다.

³⁵ Bruce, *The Book of ACTS*, 250.

³⁶ Melancthon W. Jacobus, *Notes, Critical and Explanatory, on the Acts of the Apostles* (New York: Robert Carter & Brothers, 1859), 228. "베드로의 기적적인 구원을 보장해준 것은 바로 그를 위한 이 기도 모임이었다. 그것은 그의 백성들의 특별한 기도를 하나님이 들으시고 따라서 그들을 위해 놀라운 결과로 역사하신다는 주목할 만한 사례이다. 이것은 두드러진 그리스도의 약속의 성취였다. 그 응답은 이것이다. (1) 신속하셨다─바로 같은 날 밤이었다. (2) 지구상의 모든 불가능에 대한 승리였다. (3) 모두가 놀랐다─기도모임, 베드로, 박해자들 모두가 놀랐다." 베드로가 옥에서 그냥 저절로 구원을 받은 것이 아니라 성도들의 기도가 하나님의 보좌를 움직인 것이다. 성경은 구하는 자에게 응답하신다고 말씀하신다(마 7:7-11). 야고보서 기자는 우리가 얻지 못하는 이유가 정욕으로 쓰려고 잘못 구하거나 구하지 않기 때문이라고 말한다(약 4:3). 우리가 참으로 믿음으로 구하면 반드시 주님이 들어주신다고 약속하셨다(요 16:24). 응답의 시기에서 차이가 있을 수 있지만 하나님은 성도들의 기도를 반드시 응답하신다. 요셉은 옥중에서 2년을 기도했고, 히스기야는 생명을 내놓고 하나님께 간구했고, 한나는 자식 낳기를 위해 서원기도를 드렸고, 다니엘은 예루살렘을 향해 하루에 세 번씩 기도했다(단 6:10). 베드로와 요한이 성전에 못 걷는 사람을 일으킨 것도 그들이 정기적으로 기도하는 기도의 사람이었기 때문이다. 언더우드, 아펜젤러, 마펫, 노블, 카우만, 길선주, 김익두, 주기철 모두 기도의 사람이었다. 기도는 역사하는 힘이 강하다. 만약 우리 자신들과 교회를 차이 나게 만드는 것이 있다면 그것은 바로 기도다. 엘리야는 우리와 성정이 같은 자로되 기도한 즉 3년 6개월 동안 비가 내리지 않고 기도한 즉, 비가 내렸다.

들이 그를 위해 말 그대로 간절히 하나님께 기도한 것이다. 베드로가 주의 사자의 인도로 거리로 나와 정신을 차리고 옥에서 나와 마가요한의 어머니 마리아 집에 가자 '여러 사람이 거기에 모여 기도'(12:12)하고 있었다. 베드로가 체포된 이후 기도를 시작한 교인들은 그가 풀려나는 그 순간까지 기도하고 있었다. 교회가 베드로를 위하여 합심으로 간절히 간구하였다. '의인의 간구는 역사하는 힘이 컸다'(약 5:16).

성도들은 간절히 기도했고 하나님께서는 기도를 들으시고 천사를 보내셔서 아그립바 왕이 베드로를 죽이려고 한 바로 전날 밤 베드로를 기적적으로 구해주셨다.[37] 누가는 베드로가 옥중에서 기적적으로 풀려난 것을 그를 위한 교회의 간절한 기도와 자연스럽게 연관시키고 있다. '교회가 그를 위하여 간절히 하나님께 기도하더라'(12:5). 하나님이 교회의 간절한 기도를 들으시고 응답하신 것이다. 기도와 응답의 관계는 성경과 기독교 역사에서 너무도 중요한 중심 주제이다.

하나님이 보내신 천사를 통해 풀려난 베드로는 마가요한의 어머니 마리아 집으로 갔다. 물론 그 집은 예루살렘에 있었다. 그들이 모인 곳은 예루살렘의 중요한 집회 장소로 믿는 자들이 정기적인 모임을 가졌다. 그런데 본문에 한 가지 눈에 띄는 장면이 등장한다. 베드로가 풀려나 마리아 집에 나타났던 바로 그날 밤에 누가가 증언하는 대로 그곳에서 여러 사람들이 모여 기도하고 있었다.[38] 풀려난 베드로가 '마가라 하는 요한의 어머니 마리아의 집'에 갔을 때 '여러 사람이 거기에 모여 기도하고 있었고,'[39] 그렇게 베드로를 위해 열심히 기도한 것이 놀랍게 응답받았는데도 막상 그들은 응답 사실을 깨닫지 못했고, 베드로도 알아보지 못했다.

문을 열어주러 온 여자아이 로데가 '베드로의 음성인 줄 알고 기뻐하여 문을 미처 열지 못하고 달려 들어가'(12:13-14) 모인 이들에게 이 사실을 전해주었을 때 그곳에 모인 사람들은 오히려 그녀를 미쳤다고 몰아붙였

---

[37] Chrysostom, *The Homilies on The ACTS of The Apostles*, 375.
[38] Denton, *A Commentary on the Acts of the Apostles*. Vol. I., 400-402.
[39] Denton, *A Commentary on the Acts of the Apostles*. Vol. I., 402.

다. 로데와 모인 이들은 '참말이라, 그러면 그의 천사라'(12:15)하며 서로 실랑이를 벌였다. 누가는 '미쳤다'는 표현과 '참말이라,' '그의 천사라'는 표현을 통해 모인 이들이 베드로의 출옥을 현실로 받아들이지 않았음을 말해준다. 주께서 그들의 기도를 그처럼 신속하게 들어주셨는데도 그들은 미처 깨닫지 못했다. 안에서 얼마나 실랑이를 벌였는지 누가는 정확하게 설명하지 않았다. 그러는 사이 베드로는 밖에서 근심 가운데 계속 문을 두드렸을 것이 분명하다.

베드로가 '문 두드리기를 그치지 아니하니 그들이 문을 열어 베드로'(12:16) 사도인 것을 확인하고 놀랐다. 누가는 그 후에 일어난 일을 이렇게 간단히 집약했다. '베드로가 그들에게 손짓하여 조용하게 하고 주께서 자기를 이끌어 옥에서 나오게 하던 일을 말하고 또 야고보와 형제들에게 이 말을 전하라 하고 떠나 다른 곳으로 가니라'(12:17). 누가의 이 짧은 설명 가운데 우리는 적어도 중요한 3가지 사실을 확인할 수 있다.

첫째, 베드로는 매우 조심스럽게 그곳에 모인 이들에게 일어난 일을 보고했다. '그들에게 손짓하여 조용하게 하고'(with the hand to be silent, τῇ χειρὶ σιγᾶν, 12:17)라는 표현을 통해 누가는 이 사건을 직접 목격한 사람 마가나 혹은 여종 로데를 통해서 전해 들었을 것이다. 이것은 목격한 사람이 아니라면 표현할 수 없는 모습이기 때문이다.

둘째, 베드로가 '야고보와 형제들에게 이 말을 전하라'(12:17)고 부탁한 것은 야고보와 형제들이 마가요한의 어머니 집에 모인 이들 가운데는 없었다는 사실, 따라서 마리아의 집에 모인 무리들 외에 예수님의 형제 야고보와 함께 모인 다른 모임이 있었다는 사실이다. '야고보와 형제들에게 이 말을 전하라'며 특별히 야고보를 언급한 것을 통해 이 일이 일어난 A.D. 44년 당시 야고보가 예루살렘교회 지도적인 인물이었음을 보여준다.

야고보는 후에 예루살렘 총회(15:13 이하)에서 이방선교에 대해 상당히 열린 마음을 가지고 있었지만 바울이 예루살렘에 올라갔을 때 그의 모습에서 볼 수 있듯이 상당히 조심스럽게 행동했다(21:18 이하). 갈라디아서

2장 1절 이하에서 사울은 안디옥에서 구제금을 가지고 예루살렘에 올라갔을 때 '야고보와 게바와 요한도 나와 바나바에게 교제의 악수를 하였다'(갈 2:9)고 증언한다. 이는 야고보와 베드로와 요한이 예루살렘교회에서 중요한 리더십을 발휘하고 있었음을 보여준다. 야고보가 제일 먼저 언급된 것은 그만큼 중요한 리더십을 발휘하고 있었기 때문이다.

마리아 집에서 모인 모임과 야고보와 형제들이 모이는 모임이 별도로 있었다는 사실은 이어지는 질문에 대한 답을 제공한다. 야고보와 형제들이 모이는 모임도 예루살렘에서 모였을 텐데, 왜 베드로가 출옥 후에 야고보와 형제들이 모인 그 모임에 가지 않고 마가요한의 어머니 마리아 집으로 와서 그동안의 일을 보고했는가 하는 것이다. 이는 베드로가 정기적으로 참석한 모임이 야고보와 형제들의 모임이 아니라 마리아 집에서 모이는 모임이었기 때문으로 보인다.

베드로 출옥 사건이 일어난 때는 이미 야고보가 예루살렘교회를 대표하는 지도자의 위치에 있을 때였다.[40] 다른 제자들은 놀랍게 확산되는 복음의 확장으로 인해 점차 예루살렘에서 멀어졌다.

12:17의 야고보, 그는 누구인가?

우리가 사도행전 12장의 베드로 투옥과 구출 그리고 그의 작별 인사를 좀 더 정확하게 이해하기 위해 여기 나오는 야고보에 대한 해석 논란을 살펴볼 필요가 있다. 17절("또 야고보와 형제들에게 이 말을 전하라")에 언급된 야고보를 유세비우스 이후 오랫동안 제자들 가운데 한 명으로 해석했고, 칼빈은 알패오의 아들 야고보로 해석했다.[41] 그러나 오늘날 대부분의 복음주의 학자들은 이 야고보를 예수님의 실제적인 형제 야고보로 보는 것이 일반적이다.[42]

---

[40] Bruce, The Book of ACTS, 252-253. "A.D. 40년대 중반부터 베드로와 다른 사도들은 점차 예루살렘에서 멀어졌으나 야고보는 예루살렘에 머물면서 동료 장로들의 도움을 받으며 큰 규모로 성장하는 예루살렘교회를 다스렸다."

[41] 칼빈, 사도행전 I, 452

이 야고보는 사도행전 15장 13절, 21장 18절에 나오는 야고보와 동일 인물이며, 고린도전서 9장 4-5절, 갈라디아서 1장 19절에도 등장한다. 베드로는 그를 예루살렘교회 수장으로 불렀다. 칼빈이 유세비우스의 입장을 반박한 것은 훌륭했으나 그도 역시 야고보를 알패오의 아들로 보는 실수를 범하였다. 여기서 우리는 아무리 훌륭한 신학자들이라고 해도 그들 역시 인간적 오류를 범할 수 있다는 사실을 인정해야 할 것이다. 그러므로 어느 한 신학자의 견해를 성경 이상으로 절대시하는 것은 위험하다.

누가는 사도행전에서 하나의 사건을 기술하면서 그 사건을 해석하고 기술하는 과정에서 역사가로서만 아니라 역사신학자로서의 면모를 자연스럽게 드러내고 있다. 사도행전의 기록이 읽는 자들에게 사복음서의 기록과 다른 당시의 시대적 정황과 사회적 환경 그리고 정치적 상황을 동시에 전해준다. 물론 사도행전에 나오는 하나의 표현들을 지나치게 확대 해석할 필요는 없다. 그러나 그가 언급한 사건 설명과 묘사가 당시 초대교회 문헌들과 로마역사와 실제로 정확히 일치한다. 그래서 읽는 독자들이나 연구자들의 마음에 성경의 신뢰도를 강하게 심어준다. 모든 성경저자들이 그렇지만 특별히 누가를 탁월한 신학자요 역사가로 봐야 할 이유가 거기 있다.

무대 뒤로 물러선 베드로, 그 역사적 의미

누가의 탁월한 역사 서술의 관점을 보여주는 또 하나의 사례가 이어 등장한다. 베드로가 갑작스럽게 '무대 뒤로 물러선' 현상이다. 본격적인 이방선교를 위해 할례자의 사도 베드로가 무대 뒤로 물러가고 이방인의 사도 사울이 역사의 무대에 등장하는 것은 사도행전의 흐름, 특별히 사도행전 1장 8절에 비춰 볼 때 자연스럽다.[43] 이제 베드로는 이방인의 선교를

---

[42] John Painter, *Just James The Brother of James in History and Tradition* (Mineapolis: Fortress Press, 1999), 42.

[43] Denton, *A Commentary on the Acts of the Apostles*. Vol. I., 404. 누가는 주님께서 제자들에게 부탁하신 증인의 사명 감당을 통해 어떻게 하나님의 복음이 확장되고 하나님께서 당신

위해 새로운 리더십에 자리를 내주어야 하는 것이다. 사도행전 12장에서 '베드로가 역사의 무대 뒤로 사라짐과 동시에 바로 이어 바나바와 사울이 부조를 마치고 예루살렘에서 안디옥으로 돌아왔다는 사실을 누가가 언급한 것은 앞으로 안디옥교회와 바나바와 사울을 역사의 무대에 드러내려는 서막이라고 할 수 있다.

역사를 서술할 때 전기가 아니라면 전체 흐름 속에서 각각의 인물들이 감당해야 할 역할과 성격이 따로 있다. 사도행전의 흐름을 주목해 보면 유대인에서 시작된 복음이 이방인에게로 확산되는 과정에서 할례자의 사도 베드로의 역할이 완료될 즈음 그가 무대 뒤로 물러섰다. 이 말이 베드로가 해야 할 일이 이제 남지 않았다는 의미가 아니라 하나님의 구속사적 섭리 속에서 복음의 확장을 주도할 리더십이 베드로가 아닌 이방인의 사도여야 한다는 사실을 누가는 자연스럽게 드러내려고 한 것이다. 그렇다면 베드로가 '떠나 다른 곳으로 가니라'(12:17)는 사도행전 전체의 흐름을 통해 다음 네 가지 해석이 가능하다.

첫째, 자신의 안전과 공동체의 안전을 위해서이다.[44] 헤롯 왕이 자신을 수장으로 생각하고 제거하려는 것을 잘 알고 있는 베드로는 비록 하나님께서 기적을 통해 자신을 구원해 주셨지만 무리들과 예루살렘에서 떠나 그 자신과 공동체를 보호하길 원했다.

둘째, 지속적인 복음전도를 위해서이다. 베드로가 그 집에서만 아니라

의 백성들과 함께 계셔서 구속사를 이끌어 가셨는가를 보여주는 데 목적이 있었다. 이것은 12장 한 장에서 볼 때만도 충분히 간파할 수 있다. 옥중에서 베드로에 대한 하나님의 섭리적 개입과 헤롯 아그립바 왕의 박해와 하나님의 심판을 12장 한 장에서 담아낸 것이다. 인간 저자의 의도와 신적 저자의 의도가 모순되지 않는다. 이것은 사도행전의 저자 누가의 관점이기도 하지만 동시에 성령께서 원하시는 바였고, 또한 사람의 말보다 하나님의 말에 순종한 베드로 자신이 원하는 바였다. 베드로는 성전 미문에 앉은 못 걷는 사람을 일으킨 사건에서 보듯이 나사렛 예수 그리스도만 주목하길 원했다. 철저하게 그리스도를 높이고 그만 드러내려고 했다. 때문에 누가의 서술이 성령은 물론 베드로의 생각과 다르지 않다. 누가가 바나바와 사울의 예루살렘교회 파송-헤롯의 박해와 심판-바나바와 사울의 안디옥 귀환의 서술 순서를 바꾸었는지에 대한 부분적인 답도 여기서 찾을 수 있다. 누가는 하나님의 사람 베드로와 헤롯, 하나님 나라와 세상나라, 어거스틴의 표현을 빌린다면 하나님의 도성과 인간의 도성의 대비를 통해 자신의 역사신학을 자연스럽게 드러내면서 사도행전 1장부터 12장까지를 종합적으로 정리한 것이다.

[44] Denton, *A Commentary on the Acts of the Apostles*. Vol. I., 404.

예루살렘에서 떠난 것은 일차적으로 안전을 위해서인 것은 분명하다. 그러나 단순히 안정을 위해서만 그렇게 한 것 같지는 않다. 그는 자신이 가는 곳마다 자신의 스승 그리스도의 메시지를 증거하기를 원했다. 베드로가 이방인의 선교사역을 위해 이후 헌신했을 것은 초대교회 기록에 비추어 볼 때 무리가 아니다.[45]

셋째, 베드로 편에서 볼 때 그가 떠난 것은 하나님의 영광을 위해서였다. 베드로는 철저하게 주님만을 높였다. 베드로는 초자연적인 성령의 역사로 옥에서 풀려나 자신의 사도적 권위를 더 한층 높일 수 있었다. 하지만 베드로는 전혀 그렇지 않았다. 그는 자신보다 하나님의 영광을 드러내기를 원했다. 누가는 하나님의 영광을 취하려는 박해자 헤롯과 조용히 무대 뒤로 사라지는 오직 하나님의 영광만 드러내기를 원했던 베드로를 극적으로 대비시키고 있다. 누가는 자연스럽게 하나님을 경외하는 인물과 그렇지 않은 인물 사이에 차이를 극명하게 드러냈다.

넷째, 이방인의 사도 사울에게 이방선교의 리더십을 이양하기 위해서다.[46] 할례자의 사도로 부름을 받은 베드로는 유대인의 복음화에서 이방인의 복음화로 선교의 방향이 전환된 것을 깨닫고 자연스럽게 사울이 그 바턴을 잇도록 조용히 물러서야 했다. 룻다와 욥바와 그리고 가이사랴에서 이방인의 복음화를 위해 다리를 놓은 베드로는 이제 사울을 위해 역사의 무대에서 조용히 사라져야 했다. 베드로가 그것을 원했는지 원하지 않았는지 누가는 침묵하고 있다. 그러나 누가는 그것이 거룩한 하나님 나라 확장을 위해 피할 수 없는 단계임을 암시하고 있다.

---

[45] Denton, *A Commentary on the Acts of the Apostles*. Vol. I., 404.

[46] 필자가 볼 때 역사가요 역사신학자인 누가가 말하고자 하는 진정한 리더십은 다음과 같다. 베드로는 주님이 하신 말씀 '아버지가 나를 보내신 것 같이 나도 너희를 보내노라'고 하신 말씀을 잊지 않고 자신이 감당해야 주어진 소명을 충실하게 감당했다. 사도행전 기록을 통해서 그가 얼마나 충실하게 그 사명을 감당했는지를 확인할 수 있다. 그는 그 일을 감당하면서 강력한 리더십을 발휘했지만 결코 군림하지 않았고, 동료들을 무시하지 않았으며, 그 자신을 드러내려고 하지 않았다. 오직 하나님께 영광을 돌리고 그리스도만 높이려고 했다. 이제 자신의 역사 무대에서의 사명이 아닌 뒤에서의 새로운 사명을 인지하고 다른 곳으로 떠난 것이다. 이것이 진정한 지도자이다.

베드로가 '다른 곳'(another place, ἕτερον τόπον, 12:17)으로 갔다는 표현을 통해 누가는 베드로가 자발적으로 그런 행동을 취했음을 암시해준다. 그렇다면 베드로는 자신의 리더십이 끝나고 이제는 이방인 선교를 위해 사울이 리더십을 발휘할 때라는 사실을 깊이 깨달은 것이다. 다른 곳이 어디인지 정확하지 않다.

유세비우스는 그의 교회사 2권 14장에서 마술사 시몬이 사마리아에서 베드로에게 정체가 드러난 후 로마에 가서 자신을 신적인 존재라며 사람들을 미혹하여 영향을 미쳤으나 베드로가 글라우디오(Tiberius Claudius Caesar Augustus, 재위 A.D. 41-54) 황제 때 로마에 가서 복음을 증거하는 바람에 오래가지 못했다고 밝혔다.[47] 베드로가 로마에 가서 복음을 전했다면 시기적으로 헤롯 아그립바 1세가 A.D. 44년 세상을 떠나고 예루살렘공의회가 열리던 A.D. 49년 사이에 가능했을 것이다. 베드로가 예루살렘공의회에서 이방선교와 관련하여 결정적인 발언을 한 것으로 미루어 볼 때 그렇다.

베드로가 옥에서 풀려나자 헤롯은 온갖 방법을 다 동원하여 베드로를 수색하였으나 찾을 수 없었다. 헤롯 아그립바 1세는 마치 할아버지 헤롯 대왕이 자신을 찾아온 동방박사들에게 예수 그리스도를 찾으면 알려달라고 하고는 찾아오지 않자 2살 아래 어린 아이들을 다 처형했던 것처럼 베드로를 옥에서 지키지 못한 파수꾼들을 처형하고 가이사랴로 물러갔다. 헤롯 대왕과 그 후손들, 여기 아그립바 1세가 얼마나 포악한 인물이고 기독교를 극심하게 박해했는가를 보여준다.

이것은 곧 있을 그의 비참한 죽음이 하나님의 무서운 심판이라는 사실을 예표한 것이다. 헤롯의 포악성은 베드로가 옥에서 풀려난 것이 시공 속에서 일어난 역사적 사실임을 확인시켜 준다.

---

[47] Eusebius, *Ecclesiastical History* II.14, 17.

3. 박해자의 비참한 최후(12:20-23)

기독교 박해자들은 반드시 하나님의 심판을 받았다. 본문에 등장하는 헤롯 아그립바 1세(Herod Agrippa, 재위 A.D. 41-44)의 경우는 전형적인 사례이다.[48] 유세비우스는 그의 교회사 2권 10장에서 헤롯의 죽음을 하나님의 복수라고 분명히 밝혔다. 그는 아예 2권 10장 제목을 '사도들을 박해했던 헤롯이라 또한 불리는 아그립바를 하나님이 즉시 복수하셨다'고 붙였다.[49] A.D. 44년 봄에 대대적인 박해를 착수한 헤롯 아그립바 1세가 채 1년도 되지 않아 그해 A.D. 44년 가을에 비참한 최후를 맞았다.[50] '교만, 힘의 과시, 지상 권력의 주목할 만한 패배'라는 스톡스의 표현은 헤롯 아그립바 1세에 대한 하나님의 심판을 표현하기에는 너무도 부드러운 표현이었다.[51] 누가는 야고보를 처형하고 베드로를 옥에 가두어 박해를 가한 헤롯의 종말이 얼마나 비참했는가를 이렇게 기술하고 있다.

> 20 헤롯이 두로와 시돈 사람들을 대단히 노여워하니 그들의 지방이 왕국에서 나는 양식을 먹는 까닭에 한마음으로 그에게 나아와 왕의

---

[48] 요세푸스의 증언에 근거하여 코울즈는 헤롯의 죽음이 A.D. 44년에 일어난 사건이라고 이해했다. Henry Cowles, *Acts of the Apostles: With Notes, Critical, Explanatory, and Practical, Designed for Both Pastors and People* (New York: D. Appleton, 1883), 5. 이에 대해 워필드나 맥가비를 비롯한 대부분의 학자들도 동의한다. Benjamin Breckinridge Warfield, *Acts and Pastoral Epistles; Timothy, Titus and Philemon* (London: J. M. Dent, 1902), xvi; J. W. McGarvey, *New Commentary on Acts of the Apostles* (Cincinnati: Standard Pub. Co., 1889), xxxi-xxxii. 해스팅 로빈슨은 A. Clarke 의 견해를 받아들여 헤롯 아그립바 1세의 사망 시기를 49년으로 기록하고 있는데 이것은 연대 오산(誤算)이다. Hastings Robinson, *The Acts of the Apostles: with notes, original and selected: for the use of students in the university* (London: John W. Parker, 1839), vii.

[49] Eusebius, *Ecclesiastical History* II.9. "Agrippa, who was also called Herod, having persecuted the Apostles, immediately experienced the Divine Vengeance."

[50] Sitterly, *Jerusalem to Rome*, 20; William M. Ramsay, *St. Paul the Traveller and the Roman Citizen* (London: Hodder and Stoughton, 1895), 49.

[51] Stokes, *The Acts of the Apostles* Vol. II., 183.

침소 맡은 신하 블라스도를 설득하여 화목하기를 청한지라 ²¹ 헤롯이 날을 택하여 왕복을 입고 단상에 앉아 백성에게 연설하니 ²² 백성들이 크게 부르되 이것은 신의 소리요 사람의 소리가 아니라 하거늘 ²³ 헤롯이 영광을 하나님께로 돌리지 아니하므로 주의 사자가 곧 치니 벌레에게 먹혀 죽으니라(12:20-23)

누가의 이 기록을 좀 더 풀어서 설명하면 다음과 같다. 헤롯 왕은 두로와 시돈 백성들과 오랫동안 다투어왔다. 그러자 두로와 시돈 사람들이 함께 모여 왕과 면담할 기회를 찾았다. 마침 왕의 신뢰를 받는, 오늘날 비서에 해당하는 왕의 신하의 지원을 받아 그들은 평화를 요청하였다. 두로와 시돈 백성들이 헤롯 왕의 나라에서 '나는 양식'(12:20)에 의존해야 했기 때문이다. 약속된 날짜에 헤롯 왕은 '왕복을 입고 단상에 앉아 백성에게 연설'(12:21)을 하였다. 헤롯 왕은 자신의 위엄을 만천하에 드러내고 싶었다. 온 백성으로부터 신적인 존재로 추앙을 받을 수 있는 절호의 기회라고 여겼다.

요세푸스의 증언과 하나님의 영광을 사취한 헤롯 왕

누가는 헤롯 왕이 '왕복'(royal robes, 12:21)을 입고 단상에 올라 연설했다고만 기록하고 있다. 그런데 흥미롭게도 고대 역사가 요세푸스는 헤롯이 반짝거리는 특수하게 만든 왕복을 입고 동이 막 트이는 새벽에 백성들을 모아놓고 특별히 만든 높은 단에 등단했다고 증언한다.[52] 막 떠오르는 태양이 왕의 반짝이는 옷에 비추면서 마치 오늘날 연예인들의 화려한 의상이 조명을 받아 반짝 거리는 것처럼 왕의 모습이 찬란하게 빛났다.

이에 대해 요세푸스는 다음과 같이 설명하였다. "아그립바가 전 유대 통치 3년이 되었을 때 그는 이전에 스트라토 타워(Strato's Tower)라고

---

[52] William Arnot, *The Church in the House: A Series of Lessons on the Acts of the Apostles* (New York: Robert Carter & Brothers, 1873), 291.

불렸던 가이사랴 성에 왔다. 그는 그곳에서 가이사의 안녕을 위하여 어떤 축제를 하겠다고 알리고 가이사의 영광을 보여주려고 하였다. 그 축제에는 아그립바가 다스리는 지방장관들과 주요인사들 상당수가 함께 모였다. 둘째 날, 아그립바는 전체를 은(銀)으로 만든, 참으로 놀라운 옷감의 옷을 입고 그날 이른 아침에 극장에 들어왔는데, 아침의 햇빛이 그의 옷에 반사되어 옷이 놀라운 방식으로 비추어졌다. 그것을 바라보는 이들에게 공포감을 확산시킬 만큼 찬란했다. 이윽고 아첨꾼들이 여러 곳에서 소리쳤다. 다른 이들은 다른 곳에서 그가 신이라며 외치며 이렇게 덧붙였다. '우리를 긍휼히 여기소서! 이제까지는 당신을 단지 한 인간으로 존경했으나 이제부터는 우리가 당신을 죽을 인간 존재 그 이상으로 여기겠나이다.'"[53]

누가의 증언에 따르면 왕이 소리 높여 말하자 백성들은 '이것은 신의 소리요 사람의 소리는 아니라!'(12:22)고 외쳤다. 이방 사자들과 온 백성들이 함께 모였을 때 왕을 향해 군중들이 신의 소리라고 포효(咆哮)한 것이다. 헤롯의 인기가 얼마나 대단했는가를 알 수 있다.

더욱이 그곳에 모인 이들이 유대인들이었다는 것을 생각하면, 헤롯이 마치 하나님이 세우신 왕, 하나의 신(god)이라는 차원을 넘어 유일신(God)의 화신으로 착각했을 것이다. 기독교야말로 유대교를 말살하는 종교, 모세의 법을 어기는 종교라고 생각하고 기독교 말살과 타도를 외치며 유대교 수호를 생명 같이 여겼던 유대인들에게 박해자 헤롯이 지극히 높은 존재로 추앙받은 것이다. 영광스러운 하나님의 자리에 헤롯이 앉은 것이다. 지극히 높은 자와 비기리라고 외쳤던 타락한 천사장 루시퍼가 연상되는 장면이다. 누가는 사도행전 12장 23절에서 헤롯이 하나님의 영광을 갈취하여 하나님의 징벌을 받았다고 증언한다.

> 헤롯이 영광을 하나님께로 돌리지 아니하므로 주의 사자가 곧 치니 벌레에게 먹혀 죽으니라

---

[53] Josephus, *Antiquities* xix 8.2.

헤롯은 하나님께 돌려야 할 영광을 자신이 취했고, 그 결과 하나님의 무서운 심판을 피할 수 없었다. 사람들이 이는 사람의 소리가 아니라 신의 소리라고 외쳤을 때 "아그립바는 그들을 꾸짖지도 않았고, 그들의 불경건한 아첨을 거절하지도 않았다."[54] 누가의 기록은 요세푸스의 기록과 정확히 일치한다.[55]

요세푸스에 의하면 "그 순간 아그립바가 머리를 들었을 때 그는 자기 머리 위의 어떤 밧줄에 앉아 있는 한 마리의 올빼미를 보았다. 그는 즉시 이 새가 한 때는 축복의 메신저였으나, 이제는 재앙의 메신저라는 사실을 깨달았다. 그는 깊은 슬픔에 빠졌다. 또한 심한 고통이 그의 배에서 일어났다. 매우 무서운 방식으로 시작되었다.… 아그립바는 재빨리 궁궐 안으로 옮겨졌으나 짧은 시간 안에 죽을 것이 확실하다는 소문이 그곳에서 외부로 퍼져나갔다.… 그는 닷새 동안 복부에 극심한 고통으로 심한 어려움을 겪다 그의 나이 54세, 통치 7년째에 세상을 떠났다."[56]

요세푸스에 의하면 헤롯 아그립바 1세는 수년 전 티베리우스의 명령에 의해 "많은 다른 결박된 이들과 함께 묶여 왕궁 앞에 서서 슬픔에 어떤 나무에 기대하고 있었다. 그가 기대고 있는 나무 위에 로마인들이 부보[올빼미]라 부르는 어떤 새 한 마리가 앉아 있었다. 이때 같이 갇혀 있던 한 독일인 동료 한 사람이 그를 보고 한 군인에게 그 사람이 누구인지를 물었다. 그가 그의 이름이 아그립바이고 그의 국적이 유대인이며 그 나라에서 중요한 인물 가운데 한 명이라는 사실을 알게 되었다." 그 독일인 동료는 올빼미가 무엇을 의미하는지를 들려주었다. "당신이 묶여 있는 것은 오래가지 않을 것이다. 당신은 곧 풀려나고 가장 높은 지위에 오를 것이다.… 당신이 죽을 때까지 행복할 것이며, 당신의 자녀들에게 당신의 행복을 물려줄 것이다. 그러나 당신이 기억하라. 만약 당신이 이 새를 다시 볼 때는 당신은 5일 밖에 살지 못할 것이다."[57] 실제로 닷새 후 그는 비참

---

[54] Josephus, *Antiquities* xix 8.2.
[55] Stokes, *The Acts of the Apostles* Vol. II., 185.
[56] Josephus, *Antiquities* xix 8.2.

하게 죽었다.

헤롯 왕의 박해와 심판 그 역사신학적 의미

요세푸스의 기록은 누가의 기록과 중요한 면에서 정확히 일치한다. 에드워드 마이어가 지적한 것처럼 "이야기의 개괄에 있어서나, 사건이 일어날 시기에 있어서나 일반적인 개념에 있어서나 이 두 개의 진술은 아주 일치한다. 매우 사소한 부분들—이것들이 글을 쓰는 이의 취향이나 또는 민간전승에 기인하는 것으로 설명할 수는 결코 없다—에까지 누가의 설명은 최소한 요세푸스의 설명만큼은 믿을 만하다"[58] 누가의 기록은 요세푸스보다 더 신뢰도가 높다. 우리는 여기서 다음 몇 가지 사실을 확인할 수 있다.

첫째, 헤롯이 가장 치욕적인 죽음을 맞았다는 사실이다. 그 자리는 온 유대 백성들과 이방인들과 두로와 시돈에서 온 외국 사절이 함께 모인 영광스러운 자리였다. 이날은 매 5년마다 팔레스타인에서 황제를 기념하여 열리는 축제일이었다. 그 축제의 날은 수에토니우스(Suetonius)가 글라우디오 전기(*Life of Claudius*)에서 언급한 것처럼 황제의 탄생일은 8월 1일이었다. 확실히 헤롯의 죽음은 정상적인 죽음이 아니었다.

둘째, 헤롯의 죽음은 박해자에 대한 하나님의 무서운 심판이었다.[59] 누가는 헤롯의 박해를 12장 서두에서 밝히고 나서 그 장을 마무리하기 전에 헤롯의 죽음을 기록했다(12:23). 이것은 그의 죽음이 하나님의 심판이었다는 사실을 분명히 드러낸 것이다. '벌레에 먹혀 죽었다'(12:23)는 것은 기분 나쁜 죽음을 가리킨다.[60] 여기에 등장하는 단어, '주의 사자,' '곧,' '치니' 그리고 '벌레에게 먹혀'(eaten by worms)가 헤롯을 향한 하나님의 심판

---

[57] Josephus, *Antiquities* xviii. 6. 7.
[58] Bruce, *The Book of ACTS*, 256.
[59] Chrysostom, *The Homilies on The ACTS of The Apostles*, 385. 크리소스톰 역시 요세푸스가 헤롯의 비참한 죽음에 대해 언급했다는 사실을 밝히고 있다.
[60] Bruce, *The Book of ACTS*, 256.

이 얼마나 강도 높았는지를 말해준다. 하나님이 즉각적으로 주의 천사를 동원하셔서 헤롯을 쳐 벌레에게 먹혀 죽게 하신 것이다. 칼빈은 12장 23절을 이렇게 주석했다. "나는 이 질병의 종류에 대해서 억측을 부리고 싶지 않다. 누가의 표현을 보자면 헤롯은 벌레 물려 죽은 것으로 되어있다. 이 병을 구더기의 감염(lice infestation)으로 보는 사람들이 많다. 사실 그의 생명이 붙어 있을 때도 그의 몸은 썩고 있으며 악취를 풍기고 있어서 말하자면 산송장이나 다름없었다. 그러므로 그는 가혹한 고통을 받고 있었을 뿐 아니라 모든 사람의 조롱과 모욕의 대상이었다. 말하자면 하나님께서는 교만한 한 인간의 광포를 말끔히 씻어 없애는 데 있어서 아주 수치스런 처벌을 선택하신 셈이다."[61]

기독교 박해자들의 결말이 얼마나 비참한가를 적나라하게 드러냈다. 공의로우신 하나님께서는 기독교를 박해했던 박해자들을 하나 같이 심판하셨다. 네로, 도미티안, 데시우스, 디오클레티안, 갈레리우스 등 거의 모든 황제들이 비참한 최후를 맞았다. 헤롯의 죽음도 그의 박해와 무관하지 않다. 헤롯은 교회를 박해하고 하나님의 영광을 갈취했다. 하나님께서 주의 사자를 보내셔서 그를 심판하셨다. 자신의 인기관리를 위해, 유대 백성들에게 환심을 사기 위해 야고보를 죽이고, 베드로마저 투옥시켰던 헤롯을 하나님께서 심판하신 것이다.

셋째, 박해 가운데서도 교회가 놀랍게 성장했다. 헤롯의 죽음을 마무리하면서 '하나님의 말씀은 흥왕하여'(12:24) 더했다는 사실과 사울과 바나바가 '부조의 일을 마치'(12:25)고 안디옥으로 돌아왔다는 사실을 부언하고 있다. 야고보 사도가 죽고 베드로가 투옥되는 그 극한의 박해 속에서도 하나님의 교회는 흔들리지 않고 여전히 성장을 계속했다.[62]

---

[61] 칼빈, 사도행전 I, 457. "우리가 요세푸스의 이야기를 누가의 주석으로 사용한다면 베니게인들이 아그립바와 화해하기로 '택한 날'은 바로 아그립바 자신이 가이사랴에서 제정한 축일-황제의 탄일인 8월 1일-이었다. 누가가 기록한 '왕복'(royal apparel)은 요세푸스가 더 자세히 묘사하고 있다. 이 두 사람의 기록은 왕이 인간이 아닌 신으로서 영광을 받았고, 왕이 그 아첨을 잠자코 받아들였다는 데서 정확히 일치한다."

[62] 비록 누가가 직접 언급하고 있지 않지만 헤롯 왕의 죽임이 당대 지도자들과 교회에 적지

4. IV부 결론: 안디옥으로 복음 확장(12:24-25)

²⁴ 하나님의 말씀은 흥왕하여 더하더라 ²⁵ 바나바와 사울이 부조하는 일을 마치고 마가라 하는 요한을 데리고 예루살렘에서 돌아오니라

24절은 사도행전 IV 부에 해당하는 "안디옥으로 복음 확장"의 결론이다. 예루살렘이나 온 유대와 사마리아에서의 복음전파 때 결론에서 지리적인 범위를 언급하던 것과 달리 여기서는 지리적 언급이 없다. 안디옥은 이방선교의 중심지로 땅 끝 선교의 전략적 요충지였다. 누가는 복음전파의 지리적 한계를 설정하지 않고 '하나님의 말씀이 흥왕했다'고만 기술했다. 이제 복음은 사마리아를 넘어 땅 끝으로 확산되어 나가기 때문이다.

누가는 안디옥으로 복음 확장을 마무리하면서 과거 '복음이 더 전파되어 갔다'(6:7; 9:31)는 표현을 사용하지 않고 이 복음의 흥왕과 발전을 박해자의 비참한 최후와 대비시키고 있다. 헤롯 왕의 죽음과 패망, 하나님의 교회의 흥왕이 실감나게 비교된다. 여기서 우리는 세 가지 사실을 주목할 필요가 있다.

첫째, 박해에도 불구하고 교회성장이 지속되었다는 사실이다. 우리 성경에는 '하나님의 말씀은 흥왕하여 더하더라'(grew and multiplied, ηὔξανεν καὶ ἐπληθύνετο, 12:24)고만 기록하고 있으나 원문에는 그 앞에 '그러나'(but, δὲ)가 첨가되었다. 여기 '그러나'는 헤롯의 박해 좀 더 구체적으로 앞 절 12장 20-23절까지에 기록된 헤롯의 죽음의 사건을 지칭하고 있다. 교회는 헤롯의 박해에도 불구하고 계속해서 성장했다는 의미이다. 야고보가 순교하고 베드로가 투옥되는 최대의 위기를 만났지만 그 혹독

않은 영향을 미쳤을 것이다. 위정자들은 헤롯이 기독교에 박해를 가하다 하나님의 심판을 받은 것으로 이해하고 하나님을 두려워했을 것이다. 그 결과 기독교인들에 대한 박해가 어느 정도 완화되었을 것이다. 반면 기독교인들은 헤롯이 처참하게 벌레에게 먹혀 죽은 것을 보고 하나님이 여전히 자신들과 함께 하시며 역사하신다는 확신을 가졌을 것이다.

한 박해 속에서도 성도들이 흩어져 복음을 전함으로 교회는 놀랍게 성장을 거듭한 것이다.[63] 터툴리안이 말한 것처럼 순교는 교회의 씨가 되었다. 박해를 통해 교회가 놀랍게 성장한 것이다.

둘째, 누가는 교회가 성장했다고 표현하지 않고 '하나님의 말씀은 흥왕하여 더하였다'(12:24)고 말한다. 여기 '흥왕했다'는 표현은 누가가 6장 7절, 9장 31절에 강조하고 있는 대로 하나님의 말씀이 계속해서 증가하고 확산되었다는 의미이다. 수많은 사람들이 회심한 것이다.[64] '더했다'는 것은 여러 배로 늘어났다는 것이다. 안디옥교회가 양적으로 질적으로 성장한 것을 말해준다. 참된 성장은 질적인 성장과 양적인 성장 둘 모두가 뒤따른다. 그러나 그 출발은 질적인 성장이다. 진정한 교회성장 그 원동력은 하나님의 말씀이 온 백성들 가운데 흘러넘치는 것이다. 하나님의 말씀을 배우고, 그 말씀의 지배를 받고, 그 말씀에 순종하여 삶 속에서 말씀을 통한 변혁과 결실이 나타나는 것이 진정한 교회성장이다. 교회가 말씀을 교회성장의 동력으로 삼아야 할 이유가 여기 있다. 말씀을 통하지 않는 성장, 말씀이 동인이 되지 않은 성장은 그런 의미에서 진정한 성장이 아니다.

셋째, 역사가 인간들만의 무대처럼 보이지만 크로노스와 카이로스를 주관하시는 하나님께서는 세상 역사(history) 이면에 역사(work)하시며 역사를 이끌어 가신다. 하나님이 '역사의 주'(the author of history)라고 고백하는 이유가 바로 여기 있다. 그 혹독한 박해가 일어났지만 하나님께서 박해의 장본인 헤롯을 제거하시고 박해의 원인을 근원적으로 해결해 주셨다. 욥기서가 보여주는 것처럼 사탄의 세력이 아무리 날뛴다고 해도 하나님의 장중에 있다. 성경은 헤롯의 박해를 통해 불의가 승리하는 것처럼 보이지만 결국 의가 승리한다는 사실을 보여준다. 그러므로 우리는 사탄의 박해가 아무리 강할지라도 두려워할 필요가 없다. 주님이 우리와 동행하시기 때문이다.

---

[63] Denton, *A Commentary on the Acts of the Apostles*. Vol. I., 409–410.
[64] Arnot, *The Church in the House*, 292.

12장에 나타난 세 사건 간의 연대기적 조화의 문제

우리가 마지막으로 풀어야 할 과제가 있다. 그것은 사도행전 11장 29-30절에 있는 바나바와 사울의 예루살렘 방문과 12장 25절의 그들의 안디옥 귀환 그리고 그 사이에 기록된 헤롯 왕의 박해와 죽음에 대한 연대기적 조화 문제이다. 누가는 바나바와 사울이 예루살렘 모교회에 부조를 가지고 올라간 것을 사도행전 11장 29-30절에 기록한 후 12장에서 헤롯 왕의 박해와 죽음을 기록하고 나서 12장 25절에 그들이 안디옥으로 돌아왔다고 기록했다.[65] 누가가 파송-헤롯 박해-귀환 순서로 기록했지만 이것은 실제 연대순의 기록은 아니다.[66]

그렇다면 왜 누가는 아그립바 1세의 기독교 박해와 그의 죽음을 바나바

---

[65] Chrysostom, *The Homilies on The ACTS of The Apostles*, 383. 누가는 바나바와 사울이라고 순서를 언급하고 있다. 그 때까지 바나바가 리더십을 주도하고 있었음을 보여준다.

[66] Sitterly, *Jerusalem to Rome*, 20; Heinrich August Wilhelm Meyer and Paton J. Gloag, *Critical and Exegetical Handbook to the Acts of the Apostles*. Vol. I. (Edinburgh: T. & T. Clark, 1877), 28-29. 사도행전이 기근 당한 예루살렘에 바나바와 사울 파송, 헤롯 왕의 박해와 죽음 그리고 바나바와 사울의 안디옥으로 귀환 순으로 기록되어 있어 순서상으로 볼 때 안디옥교회가 사울과 바나바를 예루살렘교회에 파송한 것이 헤롯 아그립바 1세의 박해가 시작되기 전에 있었던 것처럼 보인다. 그리고 누가가 헤롯 왕의 박해와 죽음 이후 바나바와 사울이 예루살렘에서 안디옥으로 돌아온 것으로 기록하고 있어 이들의 안디옥 귀환이 아그립바 1세가 죽은 이후에 일어난 것처럼 보이지만 연대순이 아니다. 시기적으로 아그립바 1세로 알려진 헤롯 왕이 죽은 것은 A.D. 44년이고 글라우디오(A.D. 41-54) 황제 통치기간 중 천하에 흉년이 든 것은 A.D. 41-45년 사이라고 대부분 19세기 성경학자들이 본다. 많은 학자들은 A.D. 44년으로 기근이 일어난 연도를 지정한다. 흉년은 여러 해에 걸쳐 일어나 44년부터 48년까지 지속되었다는 사실은 3개의 초대교회 문헌을 통해서 확인할 수 있다. 바나바와 사울이 예루살렘에 부조를 가지고 올라간 것은 아그립바 1세가 죽고 난 뒤였다. 사울을 죽이려고 하는 헬라파 유대인들이 예루살렘에 포진한 상황에서 그것도 아그립바 1세의 대대적인 박해 동안에 사울과 바나바가 예루살렘에 2년 이상이나 머물러 있었다는 것은 상식적으로 이해하기 힘들다. 사울과 바나바가 예루살렘에 올라간 것이 아그립바 1세의 박해가 시작되기 전이 아니라 그가 죽은 후이다. 19세기 절대다수의 학자들은 바나바와 사울이 부조를 가지고 예루살렘을 방문한 것을 A.D. 44년으로 이해했다. 그러나 아그립바 1세가 44년에 하나님의 심판으로 죽고 나서 약 3년이 지난 47년에 일어난 일이다. 글라우디오 황제가 통치하던 44년 동안에 흉작과 심한 기근이 곳곳에서 연속적으로 일어나 예루살렘교회가 매우 어려운 상황에 놓인 데다 아그립바 1세의 야고보 처형과 베드로 투옥 등의 소식을 안디옥교회가 전해 듣고 아그립바 1세가 죽은 뒤 사울과 바나바가 부조금을 가지고 예루살렘교회에 올라간 것이다.

와 사울의 예루살렘 파송과 안디옥 귀환 그 사이에 기록했는가 하는 것이다. 12장 1절 '그 때에'를 주석하면서 설명한 것처럼 필자가 볼 때 그것은 누가의 역사관과 역사신학을 이해하면서 사도행전 1장부터 12장까지를 통시적으로 살펴보면 어렵지 않게 풀 수 있다. 누가는 분명히 헤롯 왕의 기독교 박해가 하나님의 섭리 속에 진행된 사건이라는 사실을 증거하려고 한 것이다. 그것은 적어도 세 가지 사실을 통해서 더욱 선명하게 드러난다.

첫째, 그가 사도행전에서 헤롯의 박해를 기술하면서 '그 때에'를 카이로스로 기술하고 있다는 점이다. 앞서 살펴본 것처럼 사도행전 12장 이전에 사용된 카이로스 단어는 모두 하나님이 정하신 구속의 때, 약속의 시간을 언급할 때 사용되었다.

둘째, 헤롯 왕의 박해와 그에 대한 하나님의 심판을 12장 한 장에 동시에 기술하면서 헤롯 왕의 죽음이 하나님의 심판이며, 역사 이면에 하나님이 분명히 존재하신다는 사실을 그려주고 있다. 믿지 않는 사람이 이 부분을 읽는다고 해도 그의 죽음이 하나님의 심판이라고 느낄 만큼 매우 섬세하게 헤롯의 박해와 하나님의 심판을 자연스럽게 연결시켰다.

셋째, 헤롯이 교회를 말살하려고 대대적인 박해를 가했지만 하나님께서 천사를 동원하셔서 구원하셨다. 하나님이 당신의 교회를 주권적으로 보호하시고 교회는 그 하나님께 간절히 기도했다. 세상의 군왕들과 종교 지도자들이 합세하여 예수를 처형하였지만 그가 죽은 자 가운데서 부활하시고 약속대로 주의 백성들과 함께 하시며, 여전히 세상 속에서 당신의 백성들을 보호하시고 교회를 이끌어 가신다는 사실을 증거한 것이다.

안디옥교회가 예루살렘교회에 바나바와 사울을 파송한 것은 A.D. 45-46년의 일로 헤롯 왕이 죽은 A.D. 44년 이후의 일이다. 훗날 사울이 회고한 것처럼 바나바와 사울은 예루살렘에서 오래 머물지 않고 안디옥으로 돌아왔다. 예루살렘으로 올라가고 돌아온 그 사이에 헤롯 왕의 박해와 심판을 기술한 것은 필자가 볼 때 교회에 대한 박해가 극심하지만 역사를 주관하시는 하나님께서 당신의 교회를 보호하신다는 사실을 증거한 것이다.

결론적으로 누가는 이방선교 진행과정을 생명력 있게 기술하기 위해 11장에서 안디옥교회의 전반적인 모습을 압축적으로 제시한 후 13장부터 본격적으로 그 교회가 실천한 놀라운 선교행전을 세부적으로 기술하려고 한 것이다. 그 사이에 삽입된 12장의 헤롯 왕의 박해와 심판은 누가가 자신의 역사관과 역사신학 관점을 가지고 세상에서 진행되는 인류 구속사를 한 사례를 통해 마치 훗날 어거스틴이 신의 도성에서 시도한 것처럼 제시한 것이다. 그러나 필자의 주관적인 관점인지 몰라도 누가의 역사서술은 어거스틴과 비교할 수 없을 정도로 정확하고 탁월하다.

그렇다면 이제 우리는 이렇게 정리할 수 있을 것이다. 아가보는 헤롯 아그립바 1세가 야고보를 죽이며 대대적인 박해를 가하기 시작한 A.D. 44년 이전에 성령으로 '천하에 큰 흉년이 들리라'(11:28)고 예언하였고, 실제로 헤롯 아그립바 1세가 죽던 해 혹은 그 이후 흉년이 찾아왔다. 예루살렘 교회는 박해로 극심한 어려움을 당하였고, 아그립바 1세가 죽은 후에는 극심한 기근으로 고통을 받았다. 바나바와 사울은 박해와 기근이 계속되는 상황에서 아그립바 1세가 죽은 3년째인 A.D. 46년 안디옥 성도들이 정성스럽게 모금한 구제금을 가지고 예루살렘에 올라가 전달하고 얼마 후 젊은 마가를 데리고 안디옥으로 돌아왔다.[67]

사울과 바나바가 마가를 데리고 돌아온 것을 고려할 때 그들이 예루살렘에 머무는 동안 마가요한의 어머니 마리아 집에 머물렀던 것으로 여겨진다. 그곳에 머무는 동안 마가를 만났고, 마가가 동행을 자원했을 수도 있고, 어머니 마리아가 부탁할 수도 있고, 예루살렘교회가 사울과 바나바에게 요청했을 수도 있다. 누가는 12장에서 두 번이나 마가를 언급함으로 이제 이방인의 선교사역에서 마가의 역할이 클 것을 예견해준다.

---

[67] Arnot, The Church in the House, 293. 아놋은 마가요한이 바나바의 누이 마리아의 아들이라고 보았으나 바나바의 사촌이다. 마가요한의 집은 베드로가 투옥되어 있는 동안 모였던 기도처로 옥에서 풀려났을 때 베드로가 찾아간 곳이다. 마가요한이 사울과 바나바와 동행한 것은 하나는 협력자로 다른 하나는 증인으로 안디옥에 온 것이다.

제 V 부
소아시아로 복음 확장
(13:1-16:5)

12장
바울의 1차 선교여행과 소아시아선교
(13:1-14:28)

13장
예루살렘공의회와 이방선교의 공인
(15:1-35)

14장
바울의 2차 선교여행과 소아시아선교 확장
(15:36-16:5)

바울의 선교여행을 통해 이방인 선교가 본격적으로 착수되었다. 복음은 예루살렘, 온 유대와 사마리아를 넘어 안디옥으로, 다시 안디옥을 넘어 소아시아 전역으로 확산되었다. 사도행전 13장 1절부터 16장 5절까지는 사도행전 제 5부로 소아시아로 복음이 확장되는 과정(13:1-16:5)을 그려주고 있다. 제 4부가 이방선교를 위한 준비에 초점이 맞추어졌다면 제 5부는 본격적인 이방선교의 시작을 알리는 내용이다.

제 5부는 바울의 1차 선교여행과 소아시아선교(13:1-14:28), 예루살렘 공의회와 이방선교의 공인(15:1-35), 바울의 2차 선교여행과 소아시아선교 확장(15:36-16:5)이 핵심이다. 12장 바울의 1차 선교여행과 소아시아선교(13:1-14:28)에서는 바울과 바나바 파송(13:1-3), 구브로에서 바나바와 바울의 첫 선교사역(13:4-12), 비시디아 안디옥: 바울의 첫 설교와 반응(13:13-52), 이고니온, 루스드라, 더베 선교(14:1-19), 수리아 안디옥으로 귀환(14:20-28)을 다루었다. 13장 예루살렘공의회와 이방선교의 공인(15:1-35)에서는 바울과 바나바의 이방인 회심 보고(15:1-5), 베드로의 이방선교 변호(15:6-11), 야고보의 중재(15:12-21), 바울과 바나바의 귀환과 안디옥교회의 환대(15:22-35)를 기술했다. 그리고 14장 바울의 2차 선교여행과 소아시아선교 확장(15:36-16:5)에서는 실라와 2차 선교여행 출발(15:36-41), 디모데를 택한 바울(16:1-4)이 중심을 이룬다.

복음이 소아시아 전역으로 놀랍게 확산되어 "여러 교회가 믿음이 더 굳건해지고 수가 날마다 늘어갔다." 지금까지 단수적인 의미의 교회(the church)가 여기 와서는 여러 교회를 뜻하는 복수의 교회(the churches)로 바뀌었다. 이는 복음의 확산이 강도 높게 진행되었음을 보여준다.

제 12 장
바울의 1차 선교여행과 소아시아선교
(13:1-14:28, A.D. 47-49)

> 사도행전은 이야기이다: (a) 연대기적으로는 예수 그리스도의 승천부터 바울의 로마 투옥 2년차까지 약 30년 동안을 포괄하고, (b) 전기적으로는 야고보, 요한, 빌립, 바나바와 같은 다른 사도적 유명인사들의 부수적 언급과 함께 베드로와 바울의 행동들을 다루고, (c) 지리적으로는 예루살렘으로부터 동부를 따라, 그런 후 북부로 그리고 지중해 연안과 서쪽의 로마까지 멀리 기독교의 확장을 다루고, (d) 인종적으로는 순수하게 유대와 팔레스타인 주민들로부터 헬라와 로마세계의 지방들과 인종들까지 새로운 종교인 기독교의 점진적 확장과정을 다루었다.
>
> M H. P. Forbes, *The Johannine Literature and the Acts of the Apostles*, 1907

> 제자들은 기쁨과 성령이 충만하니라. 이에 이고니온에서 두 사도가 함께 유대인의 회당에 들어가 말하니 유대와 헬라의 허다한 무리가 믿더라.
>
> 행 13:52, 14:1

권위 있는 문헌들은 안디옥교회가 바나바와 사울을 선교사로 파송한 것은 A.D. 46-48년이라고 말한다. A.D. 47년이 더 많은 학자들의 지지를 받고 있으나 램지는 아마도 A.D. 46년일 것이라고 말한다.[1] 안디옥교

---

[1] William M. Ramsay, *Pauline and Other Studies in Early Christian History* (London:

회를 중심으로 진행되는 이방선교의 새로운 역사가 시작된 것이다.

누가는 사도행전 13장부터는 어떻게 복음이 안디옥에서 이방인에게로 확산되어 나가는지를 설명하고 있다.[2] "이방인들에 대한 기독교선교를 위한 출발점"으로 선택을 받은 안디옥교회가 이 "위대한 사역"[3]을 착수했다. 어드만이 지적한 대로 "바나바와 사울이 실루기아를 통해 구브로를 향해 가는 배에 올랐을 때 그것에 대해 그 당대의 세계는 별반 관심이 없었다. 하지만 그것은 인류역사의 과정을 바꾼 새로운 운동을 착수한 첫 걸음이었고, 다가올 미래의 세대에 결정적인 영향을 미쳤다."[4]

성령의 충만을 받은 바울의 1차, 2차, 3차 선교여행을 통해서 사도행전 1장 8절의 약속대로 하나님의 복음이 놀랍게 확장되어 나갔다.[5] 누가는 그 과정에서 여전히 성령께서 선교를 주도해 나가셨다는 사실을 선명하게 드러냈다. 사도행전에 나타난 선교역사는 성령께서 진행해 나가시는 역사였다. 이 과정에서 우리는 두 가지 사실을 주목할 필요가 있다. 하나는 베드로가 무대 뒤로 사라지고 바울이 리더십을 주도하게 되었다는 사실(사울의 이름이 바울로 바뀌었다)이고, 다른 하나는 교회가 전형적인 유대 공동체에서 이방인 공동체로 바뀌고 그 중심지도 예루살렘에서 안디옥으로 바뀌었다는 사실이다.

이 두 가지 사실은 최초의 교회사를 이해하는 데 아주 중요하다. 팔레스타인에서의 예루살렘 중심의 지역교회사는 끝나고 이제는 안디옥을 중심으로 한 세계교회사가 전개되었다. 이것을 사도행전 1장 8절의 말씀에 근거하여서 통시적으로 보면, 10장까지는 예루살렘과 온 유대와 사마리아

Hodder & Soughton, 1906), 362.

[2] Thomas Morrison, *The Acts of the Apostles and the Epistles of Paul: Arranged in the Form of a Continuous History* (Edinburgh: Oliphant, Anderson & Ferrier, 1888), 8. 모리슨은 사도행전 13-15장의 기록이 A.D. 44-50년 사이에 일어난 사건이라고 말한다.

[3] J. S. Howson and H. D. M. Spence-Jones, *The Acts of the Apostles* (New York: C. Scribner's, 1883), 173.

[4] Charles R. Erdman, *The Acts* (Philadelphia: The Westminster Press, 1919), 101.

[5] Thomas M. Lindsay, *The Acts of the Apostles: With Introduction Notes and Maps*. Vol. II. (Edinburgh: T. &T. Clark, 1884), 122. 바울이 1차 선교여행을 떠난 것은 47년의 일이다.

에서의 복음증거이고 11장부터 28장까지는 '땅 끝까지'의 복음증거에 해당한다. 바울의 1차 선교여행(13-14장), 2차 선교여행(15:36-18:22), 3차 선교여행(18:23-21:26) 그리고 마지막 로마로 호송되면서 진행된 선교여행(21:27-28)으로 구성되었다.

교회가 이방인에게 복음을 증거하기 위해서는 교회의 성격과 주도권이 이방인 전도에 맞게 수정되어야 했다. 로마제국을 무대로 복음을 전하기 위해 사울의 이름도 히브리식 이름에서 로마식 이름으로 바뀌어야만 했다. 사울이라는 히브리식 이름에서 로마식 이름 바울로 바뀐 것은 유대 무대에서 로마 무대로의 전환을 의미한다.[6]

이런 변화는 성경저자인 누가의 의도나 그의 사건 묘사와도 잘 맞아떨어진다. 사도행전을 기록한 누가는 바울의 세 차례의 선교여행을 기술하면서 다른 사도들의 활동이나 동쪽의 인도나 남쪽의 애굽, 또는 서쪽의 북아프리카 등지의 교회 확장에 대해서는 거의 언급하지 않았다. 그의 관심은 오로지 로마를 향한 바울의 복음전파 활동에 맞추어져 있다. 누가가 사도행전에서 로마로의 복음 확장과정을 집중적으로 기술했다는 점에서 사도행전 1장 8절에 언급된 '땅 끝'은 일차적으로 로마였다.

1. 바울과 바나바 파송(13:1-3)

¹ 안디옥 교회에 선지자들과 교사들이 있으니 곧 바나바와 니게르라 하는 시므온과 구레네 사람 루기오와 분봉 왕 헤롯의 젖동생 마나엔과 및 사울이라 ² 주를 섬겨 금식할 때에 성령이 이르시되 내가 불러 시키는 일을 위하여 바나바와 사울을 따로 세우라 하시니 ³ 이에 금식하며 기도하고 두 사람에게 안수하여 보내니라

---

[6] William M. Ramsay, *St. Paul the Traveller and the Roman Citizen* (London: Hodder and Stoughton, 1895), 389. 안디옥을 상당한 비중을 두고 기술한 것, 예루살렘 중심의 리더십이 안디옥을 중심으로 한 리더십으로 바뀌는 일련의 역사전개, 안디옥교회의 구성원들의 분포와 성향 등 안디옥교회에 대한 섬세한 묘사는 누가가 안디옥 출신의 헬라인이라는 초대교회 전통을 뒷받침해준다.

누가는 안디옥교회를 대표하는 인물로 '바나바와 니게르라 하는 시므온과 구레네 사람 루기오와 분봉 왕 헤롯의 젖동생 마나엔과 및 사울'(13:1)등 다섯 사람을 언급했다.[7] 이들 다섯 명은 안디옥교회의 '선지자들과 교사들'(prophets and teachers, προφῆται καὶ διδάσκαλοι, 13:1)이었다. 보통 선지자는 성령의 특별한 은혜로 앞으로 일어날 일을 예견하는 특별한 은사를 받은 사람을 지칭하고, 교사는 성경을 체계적으로 가르치는 자를 지칭한다.[8]

그러나 칼빈은 이렇게 해석한다. "'선지자들'을 예언에 있어서 뛰어난 자들로 설명하는 사람들이 있는데 나는 오히려 성경에 대한 뛰어난 주석가들로 보고 싶다."[9] 13장 1–3절에서 누가는 안디옥교회 구성원의 성격과 안디옥교회가 바나바와 사울을 선교사로 파송하는 과정을 간단히 기술하고 있다. 여기서 우리가 특별히 주목할 것 세 가지가 있다.

안디옥교회의 세계성

첫째, 안디옥교회는 처음부터 세계성을 지닌 교회였다. 그것은 안디옥교회를 대표하는 구성원들의 다양성에서 그대로 나타난다. 바나바는 구브로 출신의 헬라파 유대인이었고, '니게르라 하는 시므온'은 아프리카 출신의 개종자였다. 니게르(Νίγερ)는 라틴 어원을 가진 말로 블랙(black)이라는 의미이다. 니게르가 붙여진 것은 검은 피부를 가지고 있었기 때문으로 풀이된다. 여기서 흑인을 뜻하는 니그로라는 말이 나왔다.

---

[7] William Owen Carver, *The Acts of the Apostles* (Nashville: Sunday School Board, Southern Baptist Convention, 1916), 136. "안디옥교회에 선지자와 교사가 있었다. 두 직책 혹은 아마도 더 많은 직책이 있었던 것으로 보인다. 그러나 동일한 사람이 두 기능을 다 수행했는지 여부에 대해서는 본문이 아주 분명하게 밝히지는 않았다. 헬라어는 첫 세 사람은 선지자, 마지막 두 사람은 교사로 제시한다. 그리하여 새로운 사역을 위해서 선지자와 교사가 있었던 것이다."

[8] W. A. Denton, *A Commentary on the Acts of the Apostles*. Vol. II. (London: George Bell and Sons, 1874), 2.

[9] 존 칼빈, 한국기독교선교백주년기념 존·칼빈성경주석출판위원회 역편, 신약성경주석, Vol. 5, 사도행전 I (서울: 성서교재간행사, 1980), 457.

루기오는 구레네 출신의 헬라파 유대인이었다. 어떤 학자들은 구레네 사람 루기오가 로마서 16장 21절에 나오는 '나의 친척 누기오'와 동일 인물이라고 추론한다. 루기오는 사도행전 11장 19절에 안디옥에 와서 복음을 전했던 '구브로와 구레네 몇 사람'(11:20) 가운데 한 명이라고 여겨진다. "본 절의 루기오는 구레네 사람들과 함께 안디옥의 이방인들에게 처음으로 복음을 전파한 사람들 중의 하나였음에 틀림없다."[10] 그렇다면 루기오는 안디옥에 와서 헬라인들에게 복음을 전하고 그들 안에 좋은 리더십을 발휘하여 안디옥교회 지도자로 세움을 받은 것이다.

분봉 왕 헤롯은 4 B.C.년부터 A.D. 39년까지 갈릴리와 베뢰아를 다스렸던 헤롯 안티파스(Herod Antipas)를 가리킨다.[11] 그의 젖동생 마나엔은 헤롯과 함께 성장한 사람으로 헤롯의 오랜 친구일 것이라고 추론한다. 칼빈에 따르면 "마나엔은 헤롯과 함께 양육 받은 사람이다. 그가 헤롯과 그처럼 친밀한 것을 보면 그는 어떤 귀족 출신이었음에 틀림없다."[12] 어떤 사람은 누가복음 1장 2절에 누가가 언급한 '목격자와 말씀의 일꾼 된 자들' 가운데 한 명이 마나엔이라고 추론한다. 누가복음과 사도행전에 기술된 헤롯 왕에 대한 구체적인 사실들은 마나엔이 누가에게 헤롯 안디파스와 헤롯 왕의 다른 가족들에 관한 구체적인 사실을 알려주었기 때문으로 추론한다.

요세푸스는 마나엔(Manaen)에 대해 흥미로운 사실을 알려준다.[13] 마나엔의 선조 마나엔은 에센파 신도 가운데 한 사람으로 헤롯 대왕이 왕위에 오르게 될 것을 일찍이 예견한 사람이었다. 헤롯 대왕은 이로 인해 그와 모든 에센파들을 높여주었다. 그 마나엔이 본문의 마나엔의 조부였을 가능성이 크다. 누가가 헤롯 왕조에 대해 매우 소상하게 기록할 수 있었던 것도 마나엔이 그 모든 정보를 누가에게 제공했기 때문이다. 헤롯의 젖동

---

[10] F. F. Bruce, *The Book of ACTS* (Grand Rapids: Eerdmans, 1984), 260.
[11] Harold W. Hoehner, *Herod Antipas* (Grand Rapids: Zondervsn, 1980), 1-51.
[12] 칼빈, 사도행전 I, 460.
[13] Josephus, *Antiquities* xv. 10. 5

생 마나엔은 성장해 이방선교의 센터 안디옥교회 지도자로 영예를 얻은 반면, 다른 젖 형 헤롯은 세례요한을 죽이고 예수님을 재판하는 부끄러운 행동으로 악명을 떨쳤다. 하나님의 주권적 은혜의 섭리는 참 기묘하다.[14]

이처럼 바울과 바나바를 파송하기 전에 안디옥교회는 이미 구성 자체가 각 지역의 사람들이 한데 어우러진 세계화된 교회였다. 땅 끝 선교를 본격적으로 추진하기 전에 이미 안디옥교회는 복음의 세계성을 역동적으로 실천할 수 있는 틀을 갖추었다. 안디옥교회가 이방선교의 센터가 된 것은 결코 우연이 아니다. 안디옥교회가 인종과 지역과 이해관계를 초월하여 함께 어우러지는 살아있는 공동체를 형성했다.

안디옥교회에는 여러 다양한 지역에서 온 사람들로 구성된 교회였지만 이들 구성원들은 인종과 계급과 나이를 초월하여 공동의 목표를 가지고 모였다. 예루살렘교회와 달리 안디옥교회는 이방인 선교를 감당하기에 적합한 선교적 환경을 갖추고 있었다.[15]

성령이 이끄시는 교회

둘째, 안디옥교회 선교는 성령께서 주도하셨다.[16] 안디옥교회는 성령이

---

[14] Bruce, *The Book of ACTS*, 261.

[15] 바나바와 바울도 헬라세계에 대해 열려 있는 사람이었고, 구성원들도 예루살렘교회와 달랐다. 그 모든 환경을 주도적으로 만든 사람은 바나바였다. 자신의 밭을 팔아 가난한 사람에게 나누어 주라고 하며 물질에 초연했던 지도자, 바울의 회심을 있는 그대로 받아들이고 그를 위험을 무릅쓰고 예루살렘교회 사도들에게 중재했던 바나바, 바울이 선교에 실패하고 고향 다소에 은거하고 있을 때 그를 찾아 데리고 와서 안디옥에서 1년 동안 훈련을 시키며 사울의 리더십을 세워준 바나바, 예루살렘교회 파송을 받고 안디옥에 와서는 "하나님의 은혜를 보고 기뻐하여 모든 사람에게 굳건한 마음으로 주와 함께 머물러 있으라"고 권했던 "착한 사람, 성령과 믿음이 충만한 사람" 바나바가 있었기 때문에 가능한 일이다. 한 사람이 교회공동체에서 얼마나 중요한가를 선명하게 보여준 인물이 바나바였다.

[16] M. Baumgarten, *The Acts of the Apostles: Or, The History of the Church in the Apostolic Age*. Vol. II. (Edinburgh: T. &T. Clark, 1854), 3. "이방인의 첫 교회가 안디옥에서 일어났다. 그러나 사도들은 안디옥에 나타나거나 안디옥교회 설립에 아무도 참여하지 않았다. 안디옥교회는 교회 설립자의 이름을 기록할 수 없었다. 이 안디옥교회공동체로부터 이방인들을 향한 선교가 사도들의 어떤 개입이나 심지어 예루살렘교회의 개입 없이 착수되었다." 왜 그래야 했을까. 안디옥교회를 설립한 사람들은 무명의 평신도들이었다. 그리고 이것을 가능케 한 원동력은

강하게 역사하시는 교회였다. '성령의 사역은 여기서 모든 면에서 주권적이다.'[17] 누가는 안디옥교회의 선교 준비과정을 기술하면서 성령께서 선교사들을 세우시고, 파송하시고, 사역을 담당하게 하셨음을 강조하고 있다. '성령이 이르시되'(13:2), '성령의 보내심을 받아'(13:4), '성령이 충만하여'(13:9)가 바로 그것이다.[18] 성령께서 선교를 착수하시고 진행하셨다.[19]

안디옥교회는 성령의 인도를 따라 선교사를 선별하고, 선교사를 파송하고, 선교사역을 감당했다. 성령이 바울과 바나바를 따로 세워 파송할 것을 말씀하셨고, 안디옥교회는 그대로 순종했다. 여기서 우리가 주목할 것은 안디옥교회가 바울과 바나바 파송을 앞두고 금식하며 기도했다는 사실이다. '주를 섬겨 금식할 때'(13:2), '이에 금식하며'(13:3)라는 말씀이 증거하듯 안디옥교회는 모두가 금식하며 기도에 동참했다.[20]

서열을 파괴한 일꾼 선정

셋째, 서열을 파괴한 하나님의 일꾼 선정이다. 하나님은 성령 안에서 역동적으로 지도자를 세우셔서 교회와 선교를 이끌어 가셨다. 누가복음 6장과 사도행전 1장을 고려할 때 누가가 제자들의 순서를 기록할 때는

성령이었다. 성령이 임하시면 권능을 받고 증인이 된다는 사실을 정확히 증거한 교회가 바로 안디옥교회였다. 교회의 위대한 힘, 복음의 위대한 능력은 결코 어떤 직책에 있는 것이 아니라 성령의 권능에서 나오는 것이다. 교회에서 드러나야 할 분은 오직 그리스도이시다. 교회가 어떤 모습이어야 하는가를 여실히 보여준다. 교회는 머리되신 그분만이 교회의 주인이 되어야 한다. 다민족으로 구성된 안디옥교회는 지리적으로나 민족적 구성 그리고 평신도들의 리더십에 있어서 이방선교를 감당하기에 너무도 좋은 환경이 조성되었고, 금식하고 기도하는 가운데 바울과 바나바를 파송했다.

[17] William Arnot, *The Church in the House: A Series of Lessons on the Acts of the Apostles* (New York: Robert Carter & Brothers, 1873), 295.

[18] John Chrysostom, *The Homilies of John Chrysostom on The ACTS of The Apostles* (London: Oxford, John Henry Parker, 1851), 383. 바울과 바나바를 파송하신 분은 사람들이 아니라 성령이시다.

[19] Denton, *A Commentary on the Acts of the Apostles.* Vol. II., 10.

[20] Chrysostom, *The Homilies on The ACTS of The Apostles*, 383. 금식하며 기도할 때 성령께서 말씀하셨다는 사실을 주목해야 할 것이다. 크리소스톰은 이 부분을 높이 평가한다.

분명한 의도를 가지고 순서를 정해 나갔다.[21] 여기 안디옥교회 중직들 다섯 명의 순서 역시 그저 무작위로 기록된 것이 아니라 영적 리더십의 순서이다. 바나바가 가장 중요한 리더십을 발휘하고 있었고, 사울은 맨 나중이었다. 리더십과 관련하여 흑인인 시므온이 안디옥교회에서 바나바 다음으로 중요한 리더십을 발휘하였다. 이 시므온은 헬라파 유대인도 아닌 완전 이방인 중의 이방인으로 여겨진다. 성령께서 다섯 명 중에서 첫 번째 바나바와 마지막의 사울을 세웠다. 이처럼 안디옥교회 가운데 선교를 위해 필요한 사람을 세우시는 성령의 방식은 인간의 생각과 전혀 달랐다.

안디옥교회는 이에 대해 전혀 이의를 제기하지 않고 성령의 뜻에 순종했다. 그들은 평소에도 주를 섬겨 금식하였고, 두 사람이 선정된 후에도 금식하고 기도했다. 성령께서 바나바와 사울을 따로 세우라는 명령을 교회 지도자들에게 하신 것도 기도할 때였다. 안디옥교회는 온 성도들이 바나바와 사울을 위해 금식하며 기도한 후 그들을 안수하고 파송했다.[22] 안디옥교회가 두 사람을 파송하라고 하시는 성령의 음성에 순종하여 그들을 안수한 것이 분명하다.

안디옥교회에는 평신도와 목회자가 서열화되지 않고 성령 안에서 그리스도를 섬기는 가운데 복음의 역동성과 복음의 자유를 동시에 실천하였다. 성령이 이끄시는 신앙의 공동체에는 성령의 역동성과 상호 섬김과 사랑의 실천이 그대로 살아 있다. 이 때문에 안디옥교회는 온 교우들이 하나 되어 협력을 아끼지 않을 수 있었다. 안디옥교회에는 선교라는 공동의 목적을 가지고 교회와 두 선교사, 파송받는 바울과 바나바 사이에 완벽한 협력이 있었다.

바나바와 바울은 구브로(13:4-12)를 비롯하여 갈라디아 남부 지방을 거쳐 비시디아 안디옥(13:13-52), 이고니온, 루스드라, 더베(13:14-14:20)에서

---

[21] 102쪽 각주 124를 참고하라.
[22] Melancthon W. Jacobus, *Notes, Critical and Explanatory, on the Acts of the Apostles* (New York: Robert Carter & Brothers, 1859), 235. 안디옥교회가 금식하며 기도한 것은 "그들에게 안수해서 파송하기 위한 특별한 금식과 기도였다."

복음을 전했다. 이 같은 1차 선교여행은 A.D. 47-49년 사이에 이루어졌다.

2. 구브로에서 바나바와 바울의 첫 선교사역(13:4-12)

⁴ 두 사람이 성령의 보내심을 받아 실루기아에 내려가 거기서 배타고 구브로에 가서 ⁵ 살라미에 이르러 하나님의 말씀을 유대인의 여러 회당에서 전할새 요한을 수행원으로 두었더라 ⁶ 온 섬 가운데로 지나서 바보에 이르러 바예수라 하는 유대인 거짓 선지자인 마술사를 만나니 ⁷ 그가 총독 서기오 바울과 함께 있으니 서기오 바울은 지혜 있는 사람이라 바나바와 사울을 불러 하나님의 말씀을 듣고자 하더라 ⁸ 이 마술사 엘루마는 (이 이름을 번역하면 마술사라) 그들을 대적하여 총독으로 믿지 못하게 힘쓰니 ⁹ 바울이라고 하는 사울이 성령이 충만하여 그를 주목하고 ¹⁰ 이르되 모든 거짓과 악행이 가득한 자요 마귀의 자식이요 모든 의의 원수여 주의 바른길을 굽게 하기를 그치지 아니하겠느냐 ¹¹ 보라 이제 주의 손이 네 위에 있으니 네가 맹인이 되어 얼마 동안 해를 보지 못하리라 하니 즉시 안개와 어둠이 그를 덮어 인도할 사람을 두루 구하는지라 ¹² 이에 총독이 그렇게 된 것을 보고 믿으며 주의 가르치심을 놀랍게 여기니라

본문은 안디옥교회가 바나바와 사울을 복음전파를 위해 파송하는 과정을 그리고 있다. A.D. 47년 봄 유월절이 바로 지나고 바나바와 바울이 같이 파송을 받았다.[23] A.D. 43년 바나바가 다소에서 사울을 안디옥으로 데려와 두 사람이 함께 공동사역을 한지 4년이 지난 뒤였다.[24] 안디옥이 첫 이방교회로 선택을 받았고, 결과적으로 첫 해외선교의 출발점이 되었다.[25]

---

[23] William M. Ramsay, *Pauline and Other Studies in Early Christian History* (London: Hodder & Soughton, 1906), 362. 램지는 A.D. 46년 봄이 더 개연성이 높다고 말한다.

[24] Charles Fremont Sitterly, *Jerusalem to Rome; the Acts of the Apostles* (New York: Abingdon, 1915), 20.

우리는 여기서 한 가지 누가가 두드러지게 강조하고 있는 것을 발견할 수 있다. 그것은 파송을 받는 바나바와 사울 그리고 그들을 파송하는 안디옥교회 모두가 처음부터 끝까지 성령의 인도를 받았다는 사실이다. 안디옥교회는 성령의 말씀을 듣고 사울과 바나바를 따로 세웠고, 사울과 바나바는 성령이 보내심으로 선교여행을 떠났고, 성령충만한 가운데 선교사역을 수행하였다.[26] 선교의 전 과정이 처음부터 성령의 인도를 받으면서 진행되었다.[27] 이것은 사도행전 전체를 이해하는 데 매우 중요하다.

우리는 이것이 사도행전의 성격과 일치한다는 사실을 발견할 수 있다. 사도행전을 성령의 복음이라 불러야 할 이유가 여기 있다. 사도행전에는 성령의 역사가 너무도 소상하게 잘 그려져 있다. 사도행전은 말 그대로 사도들의 행전이지만, 그 사도들의 사역이 인간의 생각이나 방법대로 진행된 것이 아니라 철저한 성령의 지도를 받으며 진행되었다. 성령충만은 바울의 선교사역에서 담대한 복음전파와 복음의 능력 두 가지 결실로 이어졌다.

바울의 첫 1차 선교여행 선교지, 구브로

바나바와 사울 일행이 성령의 파송을 받아 제일 먼저 간 곳은 구브로였다. 성령충만한 바울과 바나바는 담대하게 복음을 전파했다. 사울과 바나

---

[25] Arnot, *The Church in the House*, 295.
[26] 누가는 "성령이 이르시되(the Holy Spirit said, εἶπεν τὸ Πνεῦμα τὸ Ἅγιον) … 따로 세우라"(13:2), "성령의 보내심을 받아"(by the Holy Spirit, ὑπὸ τοῦ Ἁγίου Πνεύματος, 13:4), "성령이 충만하여"(filled with the Holy Spirit, πλησθεὶς Πνεύματος Ἁγίου, 13:9)라는 표현으로 집약했다.
[27] Denton, *A Commentary on the Acts of the Apostles*. Vol. II., 10. 첫 선교지부터 사탄의 지배를 받는 엘루마와 성령충만한 사울의 영적전투가 벌어졌다. 누가는 사도행전에서 지속적으로 사탄의 역사와 성령의 권능을 대비시키고 있다. 그러나 이러한 누가의 대비는 마치 이 세상을 사탄의 왕국과 하나님의 왕국의 대립과 투쟁의 역사로 보는 마니교나 김기동의 귀신론과는 본질적으로 다르다. 누가는 이 둘의 대결에서 여지없이 성령이 사탄의 세력을 완전히 제압하는 것을 반복적으로 드러내고 있다. 아나니아와 삽비라와 성령충만한 베드로, 기독교를 말살하려는 헤롯왕과 교회를 보호하시는 성령의 역사 그리고 성령충만한 사울과 사탄의 도구 엘루마는 구체적인 사례라 할 수 있다.

바는 안디옥의 항구인 실루기아에서 배를 타고 구브로로 갔고, 다시 살라미에 도착해 그곳 유대인의 회당에서 말씀을 전했다.[28] 누가는 '하나님의 말씀을 유대인의 여러 회당에서 전할새'(13:5)라는 말로 집약했다.[29]

주전 1세기부터 로마의 지배를 받게 된 구브로는 지중해 동부에 있는 거대한 섬이다. 첫 선교지로 구브로를 택한 데는 몇 가지 이유가 있다.[30]

첫째, 구브로는 안디옥에서 매우 가까이에 위치해 있어 서로 끊임없는 교류가 있었다. 가까이에 있는 이들이 주님께로 돌아오도록 복음을 증거하고 돕는 것이 그리스도인의 첫 번째 의무이다.

둘째, 구브로는 바나바가 태어나고 살았던 고향이었다. 때문에 바나바는 그곳을 매우 잘 알고 있었다. 선교에 있어서 그 지역 주민과 문화 역사에 대한 정보는 너무도 중요하다.[31]

셋째, 섬 주민의 반이 유대인이라고 할 만큼 큰 규모의 유대인들이 구브로에 거주했다.[32] 누가는 구브로의 회당을 언급하면서 복수로 기록하고 있

---

[28] 바울과 바나바의 선교전략을 여기서 발견할 수 있다. 하나는 '하나님의 말씀을 여러 회당에서 전하는 것'이다. 그들은 가는 곳마다 회당에서 말씀을 전하고 강론했다. 총독 서기오 바울이 바울과 바나바를 따로 불러 하나님의 말씀을 듣고자 한 것(13:7)은 결코 우연이 아니다. 바울이 중요하게 다룬 또 한 가지 선교전략은 거점 도시의 선교를 먼저 착수한 일이다. 이후 누가의 기록을 통해서 확인할 수 있듯이 바울은 전략적 가치가 높은 도시를 찾아 우선 신자의 모임을 만들고 그들을 기반으로 하여 전체 지역을 복음화하는 방식을 택했다(13:49). 이들 도시의 복음화가 달성되자 바울과 바나바는 이곳을 재순회하며 교회마다 장로들을 임명함으로써 교회를 조직화시켰다(14:23). 그들은 교회마다 일꾼을 세우고 교회의 틀을 견고히 다진 후에야 안디옥으로 돌아왔다(14:26-28). 바울의 선교전략은 현대 선교학의 관점에서 비추어 봐도 전혀 손색이 없을 정도로 뛰어났다.

[29] Howson and Spence-Jones, *The Acts of the Apostles*, 177. "회당은 후기 유대주의의 특징적인 제도였다. 우리 주님의 삶은 회당과 매우 긴밀한 관계를 맺고 있다. 그는 나사렛에 있는 회당에서 그의 공생애 사역 동안에 이사야서를 읽으시고 그 본문을 그 자신에게 적용하셨으며(눅 4:16), 그의 소년시절과 초기 생애 동안에 열 시간을 회당에서 예배를 드리며 보내셨음에 틀림이 없다. 후에 그는 회당에서 신유의 이적을 수행하시고(마 12:9), 회당에서 가르치셨다(마 13:54).… 사도들이 활동하던 시대에는 팔레스타인의 모든 도시들마다 회당이 있었다. 요세푸스에 따르면 예루살렘에만 480개의 회당이 있었다. 유대인들은 정착하는 곳마다 자신들의 회당을 세웠다. 사도들은 다메섹(9:20), 살라미(13:5), 고린도의 비시디아 안디옥(18:4) 그리고 많은 다른 도시들에서 회당을 찾았다. 유대인의 이들 예배처소가 초기 기독교 발전의 장점으로 작용한 사실이 간과될 수 없다. 회당이 널리 확산된 것은 복음의 확장을 위한 섭리적 예비하심 가운데 하나였다."

[30] Denton, *A Commentary on the Acts of the Apostles*. Vol. II., 7-8.

[31] Arnot, *The Church in the House*, 301.

다. 여러 회당이 존재했음을 보여준다.

넷째, 그 지역 출신들이 안디옥에 와서 헬라인들에게 복음을 증거한 것에서 알 수 있듯이 구브로는 이미 기독교를 받아들일 상당한 준비가 되어 있는 곳이었다.

구브로는 오래 전부터 근동 지방의 중요한 섬이었다. 57 B.C.년에 로마에 병합되었고, 다시 55 B.C.년에 길리기아(Cilicia) 지방에 편입되었다. 그러다 27 B.C.년 구브로는 하나의 지방(도)으로 승격되어 로마 지방 총독(imperial legate)의 지배를 받았다. 다시 5년 후 22 B.C.년 당시 아우구스투스 황제는 이 섬을 로마의 원로원에 양도하였다. 이후 구브로는 다른 원로원 통치지역처럼 지방 총독의 지배를 받았으며 당시 지방 총독은 서기오 바울이었다.[33]

바나바와 바울은 바나바의 사촌 마가요한을 선교여행에 동행시켰다. 사실 마가보다 예수님의 생애를 생동감 있게 증언해줄 적격자는 없었다.[34] 전도자이자 증인으로 그를 동행시킨 것으로 보인다. 바나바와 사울이 구브로라는 섬에서 어떻게 사역을 했는지 정확히 알 수 없다. 그러나 '온 섬 가운데로 지나서'(travel through the whole island, 13:6)는 말을 통해 섬 전체를 샅샅이 뒤지며 선교여행을 한 것으로 보인다. 램지의 표현을 빌린다면 바나바와 사울이 구브로 섬에 있는 주요 도로를 따라 다니면서 그 섬의 유대인 각 회당에서 복음을 증거했다는 의미이다.[35] 이것은 복음

---

[32] Ramsay, *St. Paul the Traveller and the Roman Citizen*, 71.

[33] Francis Marshall, *The Oxford and Cambridge, Acts of the Apostles; with Introduction and Notes* Part II (London: George Gill & Sons, 1894), 35. 마샬은 누가의 사도행전의 기록의 정확성의 중요한 사례로 이 사건 기록을 들고 있다.

[34] Eusebius, *Ecclesiastical History* II.15-16. 여기서 유세비우스는 마가에 대해 "베드로를 따른 마가"라는 표현을 쓰며 그를 베드로와 연계시키고 있다. 유세비우스는 마가가 이집트에 파송된 첫 전도자라고 말한다. "그리고 그들은 이 마가가 이집트에 파송된 최초의 인물로 그가 기록한 마가복음을 그곳에서 선포하였고, 알렉산드리아에 처음으로 교회들을 설립하였다고 말한다. 맨처음 그곳에 모인 사람들 남녀 수많은 믿는 무리들은 가장 철학적이고 과도한 신비주의적 삶을 살았는데 그들이 너무도 대단해서 필로는 그들의 추구, 그들의 모임, 그들의 여가, 그리고 그들의 전체 삶의 예절을 기술하는 것이 가치가 있다고 생각했다."

[35] Ramsay, *St. Paul the Traveller and the Roman Citizen*, 72-73.

전도를 음성적으로 하거나 피하거나 마지못해서 한 것이 아니라 매우 적극적이고 진취적이고 담대하게 진행했음을 말해준다.

바나바와 사울이 복음을 전한 구브로의 살라미(Salamis)는 그 섬의 여러 중요 도시 가운데 하나다. 살라미는 구브로의 동쪽 해안에 자리 잡은 그리스의 도시로 상업이 번창했으며, 구브로의 동부 지역의 통치 중심지였다. 누가는 바나바와 바울 일행이 첫 선교지 구브로에서 '하나님의 말씀을 유대인의 여러 회당'(13:5)에서 전했다고 증언한다. 이들의 전도 과정을 살펴보면, 언제나 그들은 방문하는 도시의 유대인 회당이나 그 도시의 회당을 찾아가서 먼저 동족에게 복음을 전했다. 이것은 복음의 빚진 자라는 자의식을 가진 바울이 로마에 보내는 편지에서 '먼저는 유대인에게요.'(롬 1:16)라고 밝힌 것과도 맥을 같이한다.

마술사 엘루마의 복음전파 방해

안디옥교회공동체에 합류한 구브로 출신 유대인들은 안디옥의 이방인들에게 복음을 전하는 데 귀한 도구로 쓰임 받았다. 사울과 동행했던 바나바도 바로 예루살렘에서 기독교인이 된 구브로 출신 유대인이었다. 누가는 성령충만을 받은 바나바와 사울이 첫 전도지에서조차 얼마나 능력 있게 복음을 전했는가를 실감나게 기술하였다.

사울이 바보라는 곳에 갔을 때 그는 그곳에서 마술사 엘루마를 만났다. 그는 '바예수라 하는 유대인 거짓 선지자인 마술사'(13:6)였다. 당시 일반적으로 마술사는 사람들을 마술로 속이고 이익을 챙기는 이들이었다. 엘루마는 궁중 마술사로 그리스-로마 시대 당시 각종 마술과 주술적 치료 요법을 베푸는 사람이었다.

그는 바나바와 사울을 대적하고 이들을 불러 말씀을 듣고자 하는 총독 서기오 바울이 예수를 믿으려는 것을 방해하였다. 이를 본 사울은 그를 향해 이렇게 외쳤다. '모든 거짓(deceit, δόλου, 궤계, 사기)과 악행(trickery, ῥᾳδιουργίας)이 가득한 자요 마귀의 자식(son of devil, υἱὲ διαβόλου)이요 모든 의의 원수(enemy, ἐχθρὲ)여 주의 바른길을 굽게 하기를 그치지 아니하겠느냐 보라 이제 주의 손이 네 위에 있으니 네가 맹인이 되어 얼마 동안 해를 보지 못하리라'(13:10-11).[36]

우리는 여기서 한 가지 중요한 사실을 발견할 수 있다. 누가는 이 마술사가 구체적으로 한 행동에 대해서는 자세히 밝히지 않고 다만 바나바와 사울을 반대하고 총독이 예수 믿는 것을 방해했다고만 기록했다. 복음전도를 방해했다는 사실을 부각시키고 있는 것이다. 이것은 복음전도를 방해하는 행위가 하나님 앞에 매우 가증스럽고 정죄 받을 죄임을 말해준다. 그것은 궤계며 악행이며 마귀의 자식이 할 짓이며 모든 의의 원수와 같은 행위이다.

인간과 관련된 행동의 어떤 범죄보다도 진리를 방해하고 교회성장을 방해하는 요소들에 대해서 하나님께서는 가차 없으셨다. 초대교회 교부들 역시 복음전파를 방해하는 이단들을 경계할 것을 촉구하며 그들에 대해 무섭게 욕설을 퍼부었다. 우리에게 널리 알려진 서머나 감독 폴리갑이 한 번은 이단을 박멸하기 위해 당시 최대의 이단 교주인 말시온을 만나러 로마로 갔다. 말시온이 폴리갑을 만나 "나를 인정해 주십시오"라고 간청하자 폴리갑은 이렇게 응답했다. "그래 인정한다. 사탄의 첫 새끼인 것을." 이 얼마나 가혹한 대꾸인가? 폴리갑이 상스러운 사람이라 그렇게 대답한 것이 결코 아니라 많은 사람들을 미혹시키며 교회를 혼란에 빠뜨리는 말시온을 더 이상 관용할 수 없었기 때문이다.[37]

폴리갑은 스승 사도 요한을 따라 사랑과 관용의 사람이었지만 이단들에 대해서는 매우 단호했다. 진리를 왜곡시키고 많은 사람들을 미혹의 길로 인도하는 이단들이야말로 사탄의 앞잡이라는 확신 때문이었다. 진리에 대

---

[36] Ramsay, *St. Paul the Traveller and the Roman Citizen*, 82. 누가는 이 사건을 기술하면서 2가지를 밝히고 있다. 하나는 '바울이라고 하는 사울'이고, 다른 하나는 '성령이 충만하여'이다. 그 당시 이방인들을 대상으로 복음을 전할 때 이름은 너무도 중요했다. 누가가 '바울이라고 하는 사울'이라고 사도 바울을 호칭한 것은 앞으로 로마제국을 무대로 한 바울의 사역을 다룰 때 바울이라는 호칭을 사용하겠다는 것을 미리 독자들에게 예시한 것이다.

[37] Irenaeus, *Adv. haer.*, III.3.4.

한 확신 때문에 그는 진리를 미혹케 하는 세력에 대해 가차 없이 입을 열었던 것이다. 진리의 수호는 기독교에서 중요했다. 이것은 사도 요한에게서도 마찬가지이다. 사도요한만큼 사랑을 호소한 사도는 없다. 그런데 그는 이단세력에 대해서는 한 치의 양보도 없었다. 그는 요한 1, 2, 3서에서 이단들을 경계하라고 수없이 반복해서 강조하고 있다. 요한은 그들이 신앙인들을 멸망의 길로 인도하는 적그리스도라고 단정하였다. 성령충만한 사람은 진리를 방해하는 세력에 대해 참을 수 없다.

사울과 바나바도 복음전파를 방해하는 이단세력 앞에 단호했다. 믿음의 길을 방해하는 마술사야말로 사탄의 앞잡이가 아닐 수 없었다. 사울이 마술사를 저주했던 것도 그런 이유에서였다.[38]

바울의 마술사 엘루마와의 영적전투

본문의 마술사의 행동이 그런 행위였다. 마술사 엘루마가 사람들이 하나님을 믿으려는 것을 막고 믿지 못하게 방해하였다. 사울이 그를 향하여 저주를 내리자 "즉시 안개와 어두움이 그를 덮어 인도할 사람을 두루 구하는지라 이에 총독이 그렇게 된 것을 보고 믿으며 주의 가르치심을 놀랍게 여기니라"(13:11-12). 우리는 여기서 몇 가지의 교훈을 얻을 수 있다.

선교 현장에서의 영적전투

첫째, 복음전파 과정에서 영적전투가 끊임없이 일어난다는 사실이다.

---

[38] 인간의 실수나 잘못은 용서를 받을 수 있다. 그러나 믿음의 길에서 돌아서게 만들 때 주님은 관용하시지 않으셨다. 다윗과 아론이 이에 대한 좋은 예이다. 다윗이 우리아의 아내 밧세바를 범한 죄에 대해서 다윗은 용서를 받았다. 개인의 죄에 대해서는 비록 그것이 심각한 문제라고 할지라도 주님은 널리 용서해 주신다. 그러나 신앙에서 멀어지게 하는 죄일 때에는 가차 없이 심판하셨다. 모세가 십계명을 받기 위해 시내산에 올라갔을 때 아론은 백성들과 함께 금송아지 상을 만들어 섬겼다. 백성들이 우상숭배에 빠지자 하나님의 무서운 심판이 이스라엘 백성들 가운데 임했다. 금송아지를 만든 사건은 하나님의 법을 범하는 무서운 죄였다. 아론의 범죄는 창조주 하나님을 하나의 피조물, 그것도 생명이 없는 피조물로 전락시키는 범죄행위이자 하나님에 대한 근본 신앙을 파괴해버리는 행위였다.

복음전파를 방해하는 세력 배후에는 사탄이 있다.[39] '마귀의 자식'(13:10)이라는 말을 통해 마술사가 사탄에 조정을 받고 있는 자이며, 사탄이 마술사 엘루마를 통해 '총독으로 믿지 못하게'(13:8) 말씀 듣는 것을 방해한 것이다. 우리 성경에는 생략되었지만 원어에는 8절 앞에 '그러나'(however, δὲ)라는 말이 있다. 총독이 말씀을 들으려고 바울과 바나바를 청하자 마술사 엘루마가 바울과 바나바를 방해하고 총독을 믿음에서 돌아서게 '하려 했다'(ζητῶν, seeking)는 것이다. 사탄이 엘루마를 통해 총독이 바울과 바나바로부터 말씀을 듣지 못하도록 애써 방해한 것이다. 마술사는 예수를 따르는 자가 아니라 마귀의 자식임을 스스로 드러냈다.[40] 복음을 듣지 못하게 방해한 이유는 너무 자명하다. 믿음은 들음에서 난다는 바울의 증언대로 하나님의 말씀을 들을 때에 믿음이 생기고 신앙이 깊어지기 때문이다.[41]

마귀는 사람들이 하나님의 말씀을 듣는 것을 제일 싫어한다. 말씀은 성령의 영감으로 기록된 "성령의 검"이기 때문에 말씀 자체에 놀라운 능력이 있다. 신명기 말씀을 통해 예수님은 사탄을 제어하셨다. 큰 소리로 성경을 읽을 때 사탄이 두려워하고, 미신을 섬기는 이들이 공포에 떨었다는 보고가 기독교 역사 속에 계속 나타난다. 그래서 사탄은 온갖 수단을 동원해서 사람들이 복음을 듣지 못하도록 방해하는 것이다. 후에 총독 서기오 바울이 놀랐던 것도 말씀의 권위 때문이었다.

12절에 총독이 주의 가르침을 기이히 여겼다는 것도 하나님의 말씀을 바울과 바나바가 여러 유대인 회당에서 가르쳤다는 사실, 말씀의 권위로 엘루마가 장님이 되는 모습을 보고 놀랐다는 뜻이다. 그가 놀란 이유는 마술사가 소경이 되는 그 역사를 눈으로 직접 확인했기 때문이다. 그러나 누가는 총독이 놀란 더 근본적인 동인이 '주의 가르치심'(the teaching

---

[39] Denton, *A Commentary on the Acts of the Apostles*. Vol. II., 11.
[40] Bruce, *The Book of ACTS*, 265.
[41] 아마도 바울이 로마서에서 믿음은 들음에서 난다고 했을 때 그것은 단순히 이론적인 고백이 아니라 경험론적인 고백의 의미를 담고 있었을 것이다. 1, 2차 선교여행을 통해 복음을 들은 수많은 사람들의 심령에 믿음의 씨가 움트는 것을 직접 확인하고 그 같은 고백을 했을 것이다.

about the Lord, 13:12) 때문이었다고 증언한다. 우리는 성경이 서기오 바울을 "지혜 있는 사람"이라고 표현한 것을 주목할 필요가 있다. 지혜로운 사람이란 옳고 그름을 정확히 분별할 수 있는 사람, 즉 하나님에 대한 참 진리와 세상 마술과의 차이를 분명히 구분할 줄 아는 사람을 말한다.

누가는 그가 지혜 있는 사람이라는 사실을 바나바와 바울을 초청해서 말씀을 들으려고 했다는 사실과 연관시키고 있다. '서기오 바울은 지혜 있는 사람이라 바나바와 사울을 불러 하나님의 말씀을 듣고자 하더라'(13:7). 크리소스톰이 예리하게 관찰한 것처럼 우리는 서기오 바울이 바나바와 사울의 표적을 보고 말씀을 들으려고 한 것이 아니라 전혀 표적을 보지 않은 상태에서 말씀을 들으려고 했다는 사실을 주목할 필요가 있다.[42] 누가는 하나님께서 전도자들에게 말씀을 들으려는 사람을 붙여주신다는 사실과 선교가 성령의 역사라는 사실을 자연스럽게 드러낸 것이다. 말씀을 들으려는 지혜로운 사람 이방인 서기오 바울 총독과 말씀을 듣지 못하게 방해하는 유대인 엘루마를 예리하게 비교한 것이다.

진정한 선교는 말씀의 권위를 회복할 때 가능하다. 초대교회가 그랬고, 종교개혁이 그랬으며, 경건주의운동이 그랬다. 청교도들이 말씀을 사랑하고 가르치고 실천에 옮겼을 때 놀라운 사회 문화 변혁이 일어났다. 성령은 말씀을 통해 말씀과 더불어 역사하신다. 한국의 원산부흥운동과 평양대부흥운동이 대변하듯 놀라운 영적각성운동은 말씀사경회 가운데 일어났다.[43] 때문에 사탄은 하나님의 백성들이 말씀을 듣지 못하게 온갖 방법을 다 동원해서 막으려 하는 것이다.

유대인 바예수의 말씀 청종 방해

둘째, 말씀을 듣지 못하게 막은 사람은 다름 아닌 율법에 대한 선이해가 있었던 유대인이었다. 말씀을 듣지 못하게 방해한 '바예수라 하는 거짓 선

---

[42] Chrysostom, *The Homilies on The ACTS of The Apostles*, 395.
[43] 이에 대해서는 박용규, 평양대부흥운동 개정판 (서울: 생명의말씀사, 2007), 41-95, 221-257; 박용규, 세계부흥운동사 (서울: 한국기독교사연구소, 2018), 840-857를 참고하라.

지자인 마술사'(13:6)가 유대인이었다. 유대인 바예수가 얼마나 악독한 사람이었는가를 10절이 말해준다. '모든 거짓과 악행이 가득한 자요 마귀의 자식이요 모든 의의 원수여 주의 바른길을 굽게 하기를 그치지 아니하겠느냐.' 이렇게 사악한 존재가 유대인이었다는 사실을 주목해야 한다. 선택된 유대민족 가운데 하나님을 대적하는 마귀의 종이 존재한 것이다.

유대인 마술사 엘루마는 율법에 대해 해박한 지식을 가지고 있었을 것이다. 히브리 종교와 문학에 대해서도 일가견이 있었고, 출생과 교육을 통하여 종교의 가장 고상한 것들을 깊이 이해하고 있었을 것이다. 메시야가 오신다는 구약의 약속도 알고 있었고, 또한 예수에 대해서도 들었을 것이다. 그리고 바울이 같은 동족 유대인이라는 사실도 알았을 것이다. 그런 그가 마귀의 종이 되어 예수를 믿지 않을 뿐만 아니라 예수 믿는 것을 방해했다는 것은 주목할 일이다.

이것은 현대에도 마찬가지다. 최근 기독교 신앙을 파괴시키는 일련의 행위는 복음을 모르는 사람들에 의해서 시작된 것이 아니다. 오히려 복음에 대해 선이해를 갖고 있는 사람들에 의해 진행되었다.[44]

죄악에 대한 하나님의 심판

셋째, 신앙을 방해하는 행위를 하나님께서 그냥 내버려 두시지 않으셨다. 11절은 이렇게 증언한다. '보라 이제 주의 손이 네 위에 있으니 네가 맹인이 되어 얼마 동안 해를 보지 못하리라 하니 즉시 안개와 어둠이 그를 덮어 인도할 사람을 두루 구하는지라.' '주의 손이 네 위에 있으니,' '맹인이 되어,' '즉시 안개와 어둠이 그를 덮어'가 이를 말해준다. 주의 손이 엘

---

[44] Marvin Perry, *Western Civilization: A Brief History, Volume I To 1789* (Boston: Cengage, 2009), 243. 계몽주의 이후 자연신론을 주창하는 이들이나 프랑스의 철학자이자 신학자 볼테르(Voltaire[François-Marie Arouet], 1694-1778) 그리고 목사의 아들 니체(Friedrich Wilhelm Nietzsche, 1844-1900) 역시 모두 하나님의 존재를 부인하는 이들이 아니라 자칭 하나님의 존재를 인정한다는 이들이었다. 공산주의 이론의 창시자 마르크스나 북한의 김일성 모두 다 기독교에 대한 선이해가 있었던 사람들이었다. 총독이 예수 믿지 못하도록 방해한 마술사가 유대인이었다는 사실은 우리에게 시사해주는 바가 많다.

루마 위에 있다는 것은 사탄의 세력을 심판하시는 주의 손이 엘루마에게 임했다는 의미이다. '즉시'는 '즉각적으로'(immediately)라는 의미로 하나님의 심판의 신속성을 말해준다. 하나님께서 복음을 반대하는 엘루마의 눈을 '즉시 안개와 어둠'으로 덮으심으로 하나님의 사람, 진리와 사람 사이를 가로막는 자들에게 지극히 엄한 경고를 하신 것이다. 맹인이 된 그는 손으로 안내해줄 어떤 사람을 '간절히 찾았다'(13:11).

성령 하나님은 성령을 훼방한 사람을 심판하신다.[45] 만약 마술사 엘루마의 뜻대로 총독 서기오 바울이 예수를 믿지 못하고 사울과 바나바가 열매 없이 구브로를 떠났다면 사울의 1차 선교여행은 계속될 수 없었을 것이다. 첫 선교여행의 첫 번째 만난 사건에서 실패했다면 그 다음에 이어지는 모든 것들이 방해를 받을 것이고 결국 1차 선교여행은 물론 다른 모든 선교여행도 무위로 끝나고 말았을 것이다.

진리의 승리

넷째, 진리가 승리한다는 사실이다. 복음전도를 방해한 마술사는 눈이 멀어(13:11) 자기를 인도해줄 사람을 찾아야 했다. 바울 자신이 눈이 멀었던 경험과 하나님이 마술사의 눈을 멀게 하신 것은 모종의 연관성이 있다. 전자가 이방인의 사도로 쓰시려는 섭리적 사건이었다면 후자는 복음전파를 방해하는 죄악에 대한 심판이었다. 총독은 되어진 일을 보고는 주를 '믿으며 주의 가르치심을 기이히'(13:12) 여기게 되었다. 램지는 총독에게 신앙적 변화가 일어났고 총독의 딸이 주님을 믿었다고 말한다.[46] 그렇다면 첫 전도지에서 강력한 성령의 역사가 임한 것이다.

---

[45] 기독교인을 그렇게 박해했던 헤롯, 네로, 데시우스, 도미티안, 갈레리우스, 디오클레티안은 모두 다 비참하게 세상을 떠났다. 주님은 교회와 믿는 자들을 방해하는 어떤 세력도 관용하시지 않으셨다. 하나님은 이 세상을 주관하시고 공의로 섭리하신다. 교회가 존재하는 한 복음전파를 방해하는 새로운 적대세력은 끊임없이 등장할 것이지만, 하나님의 백성을 보호하시고 적대세력을 심판하시는 하나님의 섭리는 계속될 것이다.

[46] W. H. Ramsay, *The Bearing of Recent Discovery on the Trustworthiness of the New Testament* (London: Hodder & Stougton, 1915), 150-173.

그동안 총독의 총애를 받았던 마술사에 대한 강력한 심판은 사탄의 세력에 대한 하나님의 징계이자 승리였다.[47] 진리를 위한 싸움이 고독하지만 우리는 실망할 필요가 없다. 왜냐하면 진리는 결국 승리하기 때문이다. 비 진리가 이기는 것처럼 보일 때도 있지만 결국 진리가 승리한다. 아무리 마술사가 수단과 방법을 가리지 않고 복음의 진보를 방해하였지만, 하나님이 총독의 마음을 주관하셔서 방해를 받지 않게 하셨다.

성령충만을 통한 영적승리

마지막으로, 영적승리는 성령충만한 사람과 성령충만한 교회를 통해 실현된다는 사실이다. 안디옥교회와 사도들은 "성령이 이르시되"(13:2), "성령의 보내심을 받아"(13:4), "성령이 충만하여"(13:9) 선교사역을 감당했다. 오순절의 놀라운 역사를 경험하고 흩어진 자들이 교회를 설립하고, 성령이 충만한 바나바가 와서 목양을 하고, 바울을 불러 함께 말씀을 훈련시키고, 금식하며 예배하는 동안에 성령이 그들 가운데 임했다. 성령이 세우시고, 파송하시고, 사역을 감당하게 하셨다. 그러면서 주의 능력이 사탄의 세력과 비교할 수 없는 권능을 지닌다는 사실을 선포해주었다. 하나님은 성령충만한 교회와 사람을 도구로 사용하신다. 힘써 주의 복음을 전하고 뿌리면 성령께서 많은 결실을 맺도록 인도하신다.

1차 선교여행 첫 사역지에서 사울의 이름이 바울로 바뀌었다.[48] 누가는 혼선을 막기 위해 '바울(Paul, Παῦλος)이라고 하는 사울이' (13:9)라고 언급한 뒤 계속 바울로 바꿔 선교여행의 행적을 기록했다. 그와 함께 바나바가 주도했던 선교사역이 바울이 주도하는 선교사역으로 바뀌었다. 하나님의 나라의 확장을 위해 리더십의 변화가 나타난 것이다.[49] 기독교 역사는

---

[47] Gotthard Victor Lechler, *Theological and Homiletical Commentary on the Acts of the Apostles*. Vol. II. (Edinburgh: T. &T. Clark, 1864), 17. 성령충만한 바울은 마술사 바예수의 중심을 꿰뚫으며 사탄을 대적했다. 누가는 첫 선교사역지부터 성령의 권능과 사탄의 역사를 대비시키고 있다.

[48] Denton, *A Commentary on the Acts of the Apostles*. Vol. II., 13.

[49] Ramsay, *St. Paul the Traveler and the Roman Citizen*, 83-84. 사울을 사도들에게 소개하

하나님께서는 하나님 나라의 확장을 위해 새로운 인물을 시대의 도구로 사용하셔서 당신의 거룩한 목적을 이루어 가신 것을 보여준다.

3. 비시디아 안디옥: 바울의 첫 설교와 반응(13:13-52)

¹³ 바울과 및 동행하는 사람들이 바보에서 배 타고 밤빌리아에 있는 버가에 이르니 요한은 그들에게서 떠나 예루살렘으로 돌아가고 ¹⁴ 그들은 버가에서 더 나아가 비시디아 안디옥에 이르러 안식일에 회당에 들어가 앉으니라 ¹⁵ 율법과 선지자의 글을 읽은 후에 회당장들이 사람을 보내어 물어 이르되 형제들아 만일 백성을 권할 말이 있거든 말하라 하니 ¹⁶ 바울이 일어나 손짓하며 말하되 이스라엘 사람들과 및 하나님을 경외하는 사람들아 들으라 ¹⁷ 이 이스라엘 백성의 하나님이 우리 조상들을 택하시고 애굽 땅에서 나그네 된 그 백성을 높여 큰 권능으로 인도하여 내사 ¹⁸ 광야에서 약 사십 년간 그들의 소행을 참으시고 ¹⁹ 가나안 땅 일곱 족속을 멸하사 그 땅을 기업으로 주시기까지 약 사백오십 년간이라 ²⁰ 그 후에 선지자 사무엘 때까지 사사를 주셨더니 ²¹ 그 후에 그들이 왕을 구하거늘 하나님이 베냐민 지파 사람 기스의 아들 사울을 사십 년간 주셨다가 ²² 폐하시고 다윗을 왕으로 세우시고 증언하여 이르시되 내가 이새의 아들 다윗을 만나니 내 마음에 맞는 사람이라 내 뜻을 다 이루리라 하시더니 ²³ 하나님이 약속하신 대로 이 사람의 후손에서 이스라엘을 위하여 구주를 세우셨으니 곧 예수라 ²⁴ 그가 오시기에 앞서 요한이 먼저 회개의 세례를 이스라엘 모든 백성에게 전파하니라 ²⁵ 요한이 그 달려갈 길을 마칠 때에 말하되 너희가 나를 누구로 생각하느냐 나는 그리스도가 아니라 내

고, 안디옥으로 데리고 오고, 사울과 함께 예루살렘교회에 안디옥의 구제금을 가지고 올라가고, 마가요한을 예루살렘에서 데리고 오는 모든 과정에서 주도적인 일을 한 인물은 바나바였다. 안디옥교회 선지자 명단에 바나바는 첫 번째에 위치하고 사울은 맨 나중이었다. 바나바와 사울이 성령의 선택을 받고 파송을 받아 1차 선교여행을 떠났다. 언제나 리더십을 주도하던 바나바가 1차 선교여행 기간 동안 사울이 리더십을 주도하도록 배려했다. 이후 예루살렘공의회(15:12, 25) 때를 제외하고는 사울이 리더십을 주도했다. 655쪽 각주 52를 참고하라.

뒤에 오시는 이가 있으니 나는 그 발의 신발끈을 풀기도 감당하지 못하리라 하였으니 26 형제들아 아브라함의 후손과 너희 중 하나님을 경외하는 사람들아 이 구원의 말씀을 우리에게 보내셨거늘 27 예루살렘에 사는 자들과 그들 관리들이 예수와 및 안식일마다 외우는 바 선지자들의 말을 알지 못하므로 예수를 정죄하여 선지자들의 말을 응하게 하였도다 28 죽일 죄를 하나도 찾지 못하였으나 빌라도에게 죽여 달라 하였으니 29 성경에 그를 가리켜 기록한 말씀을 다 응하게 한 것이라 후에 나무에서 내려다가 무덤에 두었으나 30 하나님이 죽은 자 가운데서 그를 살리신지라 31 갈릴리로부터 예루살렘에 함께 올라간 사람들에게 여러 날 보이셨으니 그들이 이제 백성 앞에서 그의 증인이라 32 우리도 조상들에게 주신 약속을 너희에게 전파하노니 33 곧 하나님이 예수를 일으키사 우리 자녀들에게 이 약속을 이루게 하셨다 함이라 시편 둘째 편에 기록된 바와 같이 너는 내 아들이라 오늘 너를 낳았다 하셨고 34 또 하나님께서 죽은 자 가운데서 그를 일으키사 다시 썩음을 당하지 않게 하실 것을 가르쳐 이르시되 내가 다윗의 거룩하고 미쁜 은사를 너희에게 주리라 하셨으며 35 또 다른 시편에 일렀으되 주의 거룩한 자로 썩음을 당하지 않게 하시리라 하셨느니라 36 다윗은 당시에 하나님의 뜻을 따라 섬기다가 잠들어 그 조상들과 함께 묻혀 썩음을 당하였으되 37 하나님께서 살리신 이는 썩음을 당하지 아니하였나니 38 그러므로 형제들아 너희가 알 것은 이 사람을 힘입어 죄 사함을 너희에게 전하는 이것이며 39 또 모세의 율법으로 너희가 의롭다 하심을 얻지 못하던 모든 일에도 이 사람을 힘입어 믿는 자마다 의롭다 하심을 얻는 이것이라 40 그런즉 너희는 선지자들을 통하여 말씀하신 것이 너희에게 미칠까 삼가라 41 일렀으되 보라 멸시하는 사람들아 너희는 놀라고 멸망하라 내가 너희 때를 당하여 한 일을 행할 것이니 사람이 너희에게 일러줄지라도 도무지 믿지 못할 일이라 하였느니라 하니라 42 그들이 나갈새 사람들이 청하되 다음 안식일에도 이 말씀을 하라 하더라 43 회당의 모임이 끝난 후에 유대인과 유대교에 입교한 경건한 사람들이 많이 바울과 바나바를 따르니 두 사도가 더불어 말하고 항상 하나님의 은혜 가운데 있으라 권하니라 ⁴⁴ 그 다음 안식일에는 온 시민이 거의 다 하나님의 말씀을 듣고자 하여 모이니 ⁴⁵ 유대인들이 그 무리를 보고 시기가 가득하여 바울이 말한 것을 반박하고 비방하거늘 ⁴⁶ 바울과 바나바가 담대히 말하여 이르되 하나님의 말씀을 마땅히 먼저 너희에게 전할 것이로되 너희가 그것을 버리고 영생을 얻기에 합당하지 않은 자로 자처하기로 우리가 이방인에게로 향하노라 ⁴⁷ 주께서 이같이 우리에게 명하시되 내가 너를 이방의 빛으로 삼아 너로 땅 끝까지 구원하게 하리라 하셨느니라 하니 ⁴⁸ 이방인들이 듣고 기뻐하여 하나님의 말씀을 찬송하며 영생을 주시기로 작정된 자는 다 믿더라 ⁴⁹ 주의 말씀이 그 지방에 두루 퍼지니라 ⁵⁰ 이에 유대인들이 경건한 귀부인들과 그 시내 유력자들을 선동하여 바울과 바나바를 박해하게 하여 그 지역에서 쫓아내니 ⁵¹ 두 사람이 그들을 향하여 발의 티끌을 떨어 버리고 이고니온으로 가거늘 ⁵² 제자들은 기쁨과 성령이 충만하니라

우리는 13절 말씀 "바울과 및 동행하는 사람들"이라는 표현에 주목할 필요가 있다. 바울과 바나바의 위치가 바뀌고 있음을 발견한다. 얼마 전까지만 해도 '바나바와 사울'(13:7)이라는 순서가 '바울과 및 동행하는 사람들'(13:13)로 바뀌고 다시 '바울과 바나바'(13:43)로 순서가 바뀐 것이다.⁵⁰ 아마도 구브로에서 바울의 선교사역이 바나바보다 더 탁월했기 때문에 주도권이 자연스럽게 바나바에서 바울로 전이된 것으로 판단된다. 바나바가 주도하던 선교사역이 이제는 자연스럽게 바울이 주도하는 선교로 그 순서가 바뀌었음을 말해준다. 이전의 바나바의 바울에 대한 배려를 고려할 때 바나바가 자원해서 바울이 선교사역을 주도할 수 있도록 그를

---

⁵⁰ 그런데 흥미로운 사실은 사도행전 13장 43절을 기준으로 바나바와 바울이 바울과 바나바로 그 순서가 바뀌었다는 것이다. 바울이 이방인의 사도로 부름을 받아 그 사역을 본격적으로 시작하면서 '바나바와 바울'이라는 기록이 '바울과 바나바'로 바뀐 것이다. 지금까지는 바나바가 선교사역의 주역이었다면 이제는 바울이 주역이고 바나바가 그를 돕는 동역자로 위치가 바뀌었다. 바나바가 바울을 제자들에게 소개하고, 안디옥에 데려와 함께 사역하고, 교회를 키운 다음에는 그곳에서 이방인의 선교사로 파송을 받고, 파송 받은 다음에는 바울의 신실한 동역자가 되어 그를 지원한 것이다. 아름다움을 넘어 바나바의 위대한 모습을 여기서 발견한다.

독려하고 또 그의 리더십에 바나바가 순종하는 형식을 취했을 것으로 보인다.

바울과 바나바는 바나바의 고향 구브로에서 선교여행을 마치고 바보에서 배를 타고 바울의 고향인 소아시아 남부 해안으로 항해했다. 일행은 바보에서 280km 의 항해 끝에 앗달리아에 상륙하고 거기서 약 20km 거리를 육로로 가서 '바보에서 배 타고 밤빌리아에 있는 버가에'(13:13) 도착한 것이다. 밤빌리아는 소아시아의 남쪽 타우루스 산맥 이남의 지중해 해안 지방을 말한다. 그곳은 로마의 한 주로 버가가 그 수도였다. 버가에는 아데미 여신을 숭배하는 거대한 전각이 있었고 그 외 거대한 야외극장과 목욕탕이 있었다. 이곳에서는 전도의 열매가 없었다.

마가요한의 이탈과 비시디아 안디옥 선교사역(13:13-15)

버가에서 동행자 중에 한 사람인 마가요한이 그들에게서 이탈하여 '예루살렘으로 돌아'(13:13)갔다. "바울은 그의 이탈을 탈영으로 간주했다."[51] 누가는 왜 그가 일행에서 이탈하여 돌아갔는지 정확한 이유를 밝히지 않았다. 여러 해석이 가능하다. 첫째는 안디옥에서 떠나올 때 구브로 전도만을 목표했기 때문이고, 둘째는 마가가 바나바의 사촌으로서 바나바가 지도적 입장을 잃은 데 대한 불만 때문이며,[52] 셋째는 아직 철부지 청년으로 예루살렘의 어머니가 그리워서 선교사역을 중단하고 돌아가려고 했기 때문이고, 넷째는 이방인과 회식하는 바울의 자유적 태도에 동조할 수 없었기 때문이며, 다섯째는 과격한 선교여행을 감당할 수 없었기 때문이고, 마지막으로는 어느 주석가에 의하면 바울이 그 지방에 있을 때 풍토병인 말라리아를 앓고(갈 4:13-14) 있었는데 마가가 그것에 겁을 먹었기 때문이라고 추론한다. 그 외에도 여러 이유를 상상할 수 있을 것이다.

---

[51] Bruce, *The Book of ACTS*, 266. "그러나 바나바는 이 사실[마가의 이탈]에 대해서 결코 불쾌하게 생각하지 않았던 것 같다. 그의 위대한 인격은 옛 2행시 한 수를 생각나게 한다. '정말이지, 제2바이올린을 잘 연주하려면, 더 큰 은혜가 필요하다네!'"

[52] Arnot, *The Church in the House*, 303.

이 같은 다양한 추론들은 마가의 돌발적 행동을 이해하는 데 도움이 될 것이다. 여러 가능성을 떠나 분명한 것은 마가가 중간에 포기하고 떠난 것이 구브로까지만을 목표로 했기 때문은 아닌 듯하다는 사실과 그가 성숙한 모습을 보이지 못했다는 사실이다.

마가가 돌아간 후에도 바나바와 바울은 실망하지 않고 선교사역을 계속했다. 비시디아 안디옥(Antioch in Pisidia)에 이르러 안식일에 그곳 '회당에 들어가 앉았다'(13:14). 오늘날 터키 서부 중앙에 위치한 비시디아는 밤빌리아의 북쪽 지대로 역시 로마의 한 주였다. 아우구스투스 황제가 25 B.C.년에 이곳을 로마의 식민지로 만들었다. A.D. 1세기 중엽까지 수명의 황제의 친족들이 이곳을 다스렸다. 아시아의 많은 도시들처럼 이곳에도 유대회당이 있었다.

비시디아 안디옥은 해발 1,100m(3,600ft)의 고원도시로 그 동남쪽으로 풍요한 평원이 내려다보인다. 갈라디아 지방의 군사 및 민간 요충지였다. 이곳도 수리아 안디옥과 마찬가지로 셀레우커스 니카토르(Seleucus I Nicator, 358-281 B.C.)가 건설한 도시였다. 현재는 폐허로 남아 있다. 바울은 이곳을 이후에도 세 번이나 지나갔다(14:21, 16:6, 18:23). 비시디아 안디옥이라 불린 것은 이 도시가 비시디아 경계선 안에 포함되었기 때문이다. 비시디아 안디옥은 마그네시아에서 온 이주민들이 세운 헬라적 기원을 가진 도시였다. 바울이 이곳에서 선교할 때는 이 도시가 로마제국의 일부로 편입되었으며 로마 정부의 지시를 받는 지방 총독에 의해 통치되었다. 헬라의 영향과 로마의 통치와 히브리의 가르침이 하나로 통합된 곳이 바로 이곳 비시디아 안디옥이었다. 따라서 바울은 복음의 세계성을 염두에 두지 않을 수 없었다. 그것은 자신의 생애 가운데 자신이 구체적으로 체험했던 역사이기도 했다.

복음의 접촉점, 유대인 회당

비시디아 안디옥에는 유대인 이민자들이 거주하고 있어 그곳에는 회당이 있었다. 안디옥에 모인 사람들은 구약성경과 언약들과 약속들을 가진 민족이었다. 그곳에는 날 때부터 유대인과 이방인으로 하나님을 경외하는 자 두 부류가 있었다. 그중 복음을 쉽게 받아들인 자들은 후자였다. 43절에 "모임이 끝난 후에 유대인과 유대교에 입교한 경건한 사람들이 많이 바울과 바나바를 따르니"라고 기록된 것을 보면 '하나님을 경외하는 사람들'(13:16)이란 다름 아닌 유대교에 입교한 헬라인들과 로마인들이었다.

바나바와 바울은 그곳에 도착해 첫 번째 안식일에 회당에 들어갔다. 그런데 15절에서는 회당장들이 바울 일행을 향해 "형제들아 만일 백성을 권할 말이 있거든 말하라"고 부탁했다. 당시 회당에서는 참석한 회중들 가운데서 적절한 어떤 사람이 설교하도록 되어있다. 설교할 사람을 지정하는 것은 회당장들의 의무였다. 그들은 자신들의 도시를 방문한 두 방문자들에게 권면의 말을 하라고 요청했다.[53] 바울이 나선 것을 보면 가장 적당한 설교자로 인정받았던 것으로 보인다. 당시 회당장은 회당을 관리하고 예배를 주재하며 질서를 유지하고 치리권까지 가졌다. 회당장은 대개 한 회당에 한 명씩이었으나, 때에 따라서는 두 명 이상인 경우도 있었다.

바벨론 포로 이후 유대인들은 회당에서 성경을 읽는 것이 하나의 전통이 되었다. 율법이란 모세가 기록한 창세기, 출애굽기, 레위기, 민수기, 신명기 등을 말하고, 선지자의 글이란 그 당시 그 외의 성경을 말하였다. 따라서 신약성경에서 '율법과 선지자'(마 5:17)는 곧 구약을 가리킨다. 안티오쿠스 에피파네스 이전까지는 공중예배 시에 율법만을 읽었으나 그가 율법 낭독을 금지한 후에는 선지서를 읽게 되어 신약시대에는 율법과 선지서를 같이 읽었다. 오늘날 유대인 회당에서는 다시 모세오경만 읽고 선지서는 읽지 않는다. 참고로 그 당시 회당의 예배순서는 다음과 같다.

1) 쉐마의 합창
2) 사회자의 기도

---

[53] Bruce, *The Book of ACTS*, 267.

3) 율법의 낭독
   4) 선지서의 낭독
   5) 설교 또는 위로의 말씀
   6) 축복

바울의 첫 설교와 그 의의

13장 16-41절까지가 바울이 회당에서 행한 설교다. 이 설교는 사도행전에 기록된 바울의 최초의 설교이다. 바울의 설교는 기독교의 핵심 진리를 집약해 놓았다. 그것은 한마디로 예수 그리스도가 구약에 예언된 대로, 요한이 증거한 대로 인류를 구원하기 위해 오신 참 하나님의 아들, 구주라는 사실이다. 바울은 이것을 출애굽 이후의 구약의 이스라엘의 역사를 개관하면서 설명한다. 우리는 이 바울의 설교에서 바울의 신앙을 살펴볼 수 있다. 바울은 이스라엘 백성이 출애굽에서부터 어떻게 구원을 받았고, 광야생활을 거쳐 사사시대를 지나 왕을 세우고, 하나님께서 약속하신 대로 메시야를 보내셔서 주의 뜻을 이루시는가를 해설하고 있다.

사도행전에 나와 있는 베드로의 설교, 스데반의 설교 그리고 여기 바울의 설교는 그리스도가 구약에 예언된 메시야이고, 그의 죽으심과 부활이 이를 입증한 것이며, 그를 통해 인류 구원의 약속이 성취되었다는 사실을 분명하게 선포했다.

다만 베드로의 설교가 약속의 성취에 초점을 맞추어 그려진 반면 스데반과 바울의 설교는 구속사적 특징을 강하게 반영한다.[54] 특히 바울의 설

---

[54] 스데반을 박해하고 죽일 때 찬성을 던지고 스데반을 돌로 쳐 죽이는 자들의 옷을 지킨 장본인이었던 바울은 다메섹 도상에서 주님을 만난 후에 스데반의 설교가 그의 뇌리를 떠나지 않았던 것으로 보인다. 바울은 스데반이 정확히 구속사를 이해한 것을 알았고, 이스라엘의 전 역사가 메시야를 향하여 진행되고 있고, 또 메시야를 통해 구속이 완성되었음을 깨닫게 되었다. 스데반의 설교가 바울의 메시지의 핵심이 되었던 이유도 바로 그것 때문이었다. 유대인들은 베드로 설교보다 스데반의 설교에 더 격노했다. 베드로 설교가 언약을 이해하지 못하는 이스라엘 백성들을 지적한 반면, 스데반 설교는 이스라엘의 역사를 잘못 해석하는 것에 대한 지적이었기 때문이다. 바울의 설교가 스데반의 설교와 맥을 같이 하는 것은 스데반의 설교에 깊은 영향을 받았기 때문으로 해석된다.

교는 구약을 통해 예수의 메시야 됨을 입증하는 데 초점이 맞추어져 있다. 먼저 그리스도를 위한 준비로서 구약의 역사를 제시한 후(13:17-22), 예수가 약속의 메시야임을 밝힌 다음(13:23-25), 예수가 십자가와 부활을 통해 구속의 대업을 완성한 것을 제시하였다(13:26-37). 그런 후 믿음을 권하고 불신을 경계하는 것으로 끝을 맺는다(13:38-41).

이것은 이 세상의 역사, 특별히 이스라엘의 역사가 하나님께서 주관하시는 가운데 진행되어 왔음을 그려주고 있다. 또한 바울의 설교에는 구원의 교리가 강하게 묘사되어 있다. 인간의 구원이 하나님의 역사이며 믿음으로 의롭다 함을 받는다는 칭의의 가르침이 저변에 뿌리를 두고 있다. 바로 이것이 스데반의 설교와 베드로의 설교의 차이였다. 바울이 이스라엘의 역사를 개관하면서 설교를 시작한 것은 당시의 청중들에게 언약의 세계성을 이해시키기 위해서였다. 우리는 스데반의 설교와 바울의 설교 사이에 몇 가지 사실을 발견할 수 있다.

첫째, 양자 공히 이스라엘의 역사를 언약의 역사로 묘사하고 있다. 다만 차이가 있다면 그 출발점이다. 아브라함에게서 시작한 스데반과 달리 바울은 이스라엘의 구속사를 출애굽에서 시작했다.

둘째, 바울의 설교는 단순한 이스라엘의 언약의 역사개관을 넘어 이스라엘의 역사가 하나님의 통치 속에 진행되어 왔다는 사실을 분명하게 드러냈다.

셋째, 바울은 스데반보다 구약을 예수 그리스도와 더 선명하게 연결시켰다. 스데반의 설교는 '의인의 오심'을 예견한 자들을 죽였고 오신 그 의인을 죽였다고 지적한 것으로 그의 설교가 끝났다. 그러나 바울은 그리스도가 십자가에 죽으시고 부활하셨으며, 그를 힘입어 죄 사함을 얻는다는 사실 그리고 죄 사함이 율법을 통해서가 아니라 믿음을 통해서라는 사실을 선명하게 제시했다.

따라서 바울의 설교에는 구약의 역사, 율법의 한계, 예수 그리스도의 대속의 죽으심과 부활 그리고 구원의 길 곧 믿음으로 말미암아 의롭다 함을 받는다는 칭의론이 그대로 나타난다. 너무도 훌륭한 구속사적 설교이다. 그것은 스데반이 유대인들을 대상으로 한 설교였다면 바울의 설교가 이방인과 유대인을 동시에 대상으로 삼았기 때문이다. 바울은 언약의 성취, 부활, 믿음과 칭의를 통해 예수 그리스도가 구주이심을 선포한 것이다.

이스라엘의 구약의 구속사(13:16-22)

바울은 족장시대부터 다윗의 출현까지의 이스라엘 역사를 개괄하였다. 그의 설교는 메시야에 대한 구약의 약속과 예수 그리스도를 통한 약속의 성취라는 점에서 너무도 탁월한 현대적인 의미의 구속사 설교다.[55]

바울이 출애굽에서 이스라엘의 역사를 시작한 이유는 아마도 출애굽 사건이 아브라함에게 약속하신 언약이 일차적으로 성취된 사건이었기 때문으로 풀이된다. 이스라엘 백성은 출애굽 때 비로소 민족적 틀을 이루었다. 19절의 450년은 그들이 애굽에 머물렀던 400년과 광야기간과 요단강을 건너 토지를 분배하는 기간 40년을 포함한 것이다.[56] 바울의 설교는 스데반의 설교와 마찬가지로 그 역사의 맥이 "족장시대-출애굽-광야생활-사사시대-왕정시대-그리스도"로 이어지고 있다.

언약을 세우시고 언약을 이루어 가시는 구체적인 과정 속에서 역사의 주체가 하나님이심을 선포하고 있다. 이 세상의 역사가 결국 하나님의 장중에 있음을 말해준다. 바울은 이스라엘의 역사를 다루면서 하나님의 통치가 이스라엘의 역사 속에서 줄곧 진행되어 왔음을 주장한다.

족장시대를 말하면서 "하나님이 우리 조상들을 택하시고 …"(13:17)라는 표현으로 함축하고 있지만, 그 말 속에는 아브라함, 이삭, 야곱, 요셉 등의

---

[55] Denton, *A Commentary on the Acts of the Apostles*. Vol. II., 14-15. 바울의 설교는 세 가지로 요약할 수 있다. (1) 우리 조상들에게 너무도 많은 놀라운 축복을 베풀어 주신 하나님은 이 모든 것보다도 그들을 모든 악에서 구원해주실 메시야를 보내주실 것을 약속하셨다. (2) 이 메시야는 이새의 아들 다윗의 씨에서 태어날 것이다. (3) 하나님이 주신 이 약속은 그리스도가 오심으로 지금 성취되었다. 그의 죽으심과 부활은 구약의 예언들을 성취한 것이다. (4) 그러므로 약속의 구주이신 그분을 믿고 그에게 순종하는 것이 모든 사람들의 의무이다.

[56] Bruce, *The Book of ACTS*, 272.

믿음의 족장들을 세우시고 섭리하시고 인도하신 주체가 바로 하나님이심을 강하게 내포하고 있다. 출애굽을 설명하면서는 "하나님이 우리 조상들을 택하시고 … 인도하여 내사 … 멸하사"(13:17-19)라는 표현을 사용하고 있다. 출애굽의 주체가 모세가 아니라 하나님 자신임을 밝힌 것이다. 실제로 출애굽 역사를 보면 출애굽 기적의 주체가 하나님 자신이심을 보여준다.

이스라엘의 역사가 그냥 흘러온 역사가 아니라 하나님께서 주관하시는 역사임을 강조한 것이다. 이것은 광야생활에 대한 개관에서도 나타난다. 바울은 광야 40년간의 이스라엘 백성들의 삶을 정리하면서 '(하나님께서) 그들의 소행을 참으시고'(13:18)라고 묘사하고 있다. 실제로 광야생활에서도 하나님이 역사의 주인이 되어서 이스라엘 백성들을 인도하고 섭리하셨음을 말해준다. 이것이 이스라엘의 역사이다. 이스라엘 백성들은 40년간 하나님께 불신과 반항을 거듭하였으나 하나님은 저희를 참으시고 어린 아이를 기르듯 하셨다.

이것은 가나안 정착에 대한 설명에서도 마찬가지다. '(하나님께서) 가나안 땅 일곱 족속을 멸하사 그 땅을 기업으로 주시기까지'라고 19절에서 말씀한다. 일곱 족속이란 헷, 기르가스, 아모리, 가나안, 브리스, 히위, 여부스 족속들을 말한다(신 7:1). 이것으로 하나님께서는 아브라함의 언약을 성취하시고 이스라엘 백성이 가나안을 차지하게 되었다. 가나안 정복이 인간적으로는 여호수아를 통해 이루어진 것이지만, 바울은 하나님을 통해서 진행된 것으로 해석하고 있다. 가나안 정착이 인간의 작품이 아니라는 사실을 분명히 했다. 사사시대에 사사들을 세우신 것도, 또 이스라엘 백성들이 왕을 요구해 사울을 세우시고 폐하시고 다윗을 세우신 모든 역사가 다 하나님께서 하신 일임을 설명한다.

하나님 마음에 맞는 사람, 다윗(13:20-22)

바울은 이스라엘 역사를 구속사적으로 선명하게 해석했다. 하나님이 택하신 이스라엘 백성들을 언약대로 출애굽하시고, 사사시대를 거친 후 백성들이 왕을 요구하자 베냐민 지파 기스의 아들 사울을 40년간 허락해 주셨다는 사실 그리고 그 후 다윗을 세우셨으며 그 후손에서 예수 그리스도가 나셨다는 것이다. 이스라엘 역사를 개관하는 바울의 설교를 통해 그의 역사관을 그대로 읽을 수 있다.

이스라엘의 사사시대와 왕정시대를 3구절로 압축하면서 '주셨다'(13:20, 21), '폐하셨다'(13:22), '세우셨다'(13:22)는 말을 반복해서 진술하고 있다. 누가 사사들을 주시고, 누가 사울을 주시고, 주가 그를 폐하시고, 누가 다윗 왕을 세우셨다는 것인가? 바로 '이스라엘 백성의 하나님'(13:17)이시다. 헬라어 원문과 영어역본에는 '그가 주셨다,' '그가 폐하셨다,' '그가 세우셨다'고 분명하게 기록되었는데 한글성경은 주어를 생략했다. 세상의 역사 이면에 역사를 주관하시는 역사의 주관자가 있음을 분명히 드러내고 있다.

구속사에서 다윗은 매우 중요한 위치를 차지하고 있다. 다윗은 사울 왕과는 달리 하나님의 마음에 맞는 왕이었고 다윗의 계보에서 메시야가 나셨다. 주님이 내 마음에 맞는 자는 그렇지 않은 사울 왕과 대비되는 말이다(삼상 13:14). '내 마음에 맞는 사람'(a man according to My heart, ἄνδρα κατὰ τὴν καρδίαν μου)은 하나님의 마음과 일치하는 사람, 하나님의 마음과 부합하는 사람, 하나님의 마음을 따르고 순종하는 사람이라는 의미이다.

사울 왕은 통일왕국시대의 첫 왕이었으나 하나님께 불순종함으로 말미암아 버림을 당하였다. 그는 하나님의 마음을 거스르는 결정적인 실수를 범했다.[57] 게다가 말년에는 접신녀를 찾아가는 죄를 범하고 말았다. 다윗은 선왕 사울과 여러 가지 면에서 너무도 다른 준비된 지도자였다. 모세가

---

[57] 사울 왕은 왕위에 오른 지 2년째 되던 해 제사장의 역할을 대신하여 하나님의 율례를 어겼다. 게바에 있는 블레셋과 전투를 벌여 블레셋이 승리하자 전쟁에서 이기기 위해 하나님께 직접 제사를 드린 것이다. 사울은 하나님이 승리를 가져다주는 것이 아니라 제사가 승리를 가져다주는 것으로 착각하고 자기 스스로 문제를 해결하려고 하였다. 하나님께서 사울 왕에게 "순종이 제사보다 낫고 듣는 것이 수양의 기름보다 낫다"고 그의 불순종을 경책하신 것도 그 때문이다.

출애굽의 표상이고, 여호수아가 가나안 정착의 표상이고, 삼손과 기드온이 사사시대의 표상이었다면 다윗은 이스라엘 왕국의 표상이었다.

바울은 13장 22절에서 왜 하나님이 다윗을 이스라엘의 위대한 지도자로 사용하셨는가, 그 이유를 분명하게 밝히고 있다. '내가 이새의 아들 다윗을 만나니 내 마음에 맞는 사람이라 내 뜻을 다 이루리라.' 하나님께서 다윗을 이스라엘의 지도자로 사용하신 이유는 그가 하나님 마음에 맞는 사람이었기 때문이다.[58] 그렇다면 '하나님 마음에 맞는 사람'이라는 의미가 무엇일까? 다윗의 생애를 분석해 보면 하나님의 마음에 맞는 자라는 의미는 다음 몇 가지로 집약해 볼 수 있다.

첫째, 다윗의 중심이 하나님을 향해 있었다는 의미이다. 사무엘은 선지자였음에도 불구하고 왕을 고를 때 외형적인 조건을 보았다. 그러나 하나님의 기준은 달랐다. 하나님께서는 사람의 외모나 인간적인 용맹을 보시지 않는다. 중심이 하나님을 향한 사람을 찾으셨다.[59]

둘째, 다윗이 겸손히 주어진 책임을 감당했다는 의미이다. 사무엘이 자기 형제들 가운데 왕으로 세울 자를 심사할 때 다윗은 들에서 양을 지키고 있었다(삼상 16:11). 형제들이 다 모여 왕을 뽑는다는 소식을 듣고도 다윗은 부모님의 말씀에 순종하여 형제들을 대신하여 양들을 돌보고 있었다. 다윗은 형들에게 그 영광의 기회를 양보하고 들에서 양들을 지키고 있었다. 이것은 진정으로 양들을 사랑하고 참 목자가 되어 그들을 돌보려는 책임감이 선행되지 않았다면 하기 힘든 일이다.

---

[58] 다윗만큼 하나님으로부터 귀하게 쓰임 받은 인물도 드물다. 구약에 다윗이라는 이름이 무려 800번이나 등장하고 신약에도 60번이나 나오는 것은 성경에서 그의 중요성을 단적으로 말해준다. 그가 하나님 앞에 쓰임 받았던 원동력은 결코 그의 외형적인 조건에 있지 않았다. 그는 막내아들이었다. 뿐만 아니라 우리아의 아내를 범하고 그를 전장 깊숙이 보내어 죽이는 파렴치한 행위까지 한 죄인이었다. 뿐만 아니라 때로는 이스라엘 인구를 계수하는 실수를 범하기도 했다. 그런 그가 하나님으로부터 쓰임 받은 것은 하나님의 마음에 맞는 사람이었기 때문이다.

[59] 사무엘상 16장에는 하나님이 사무엘 선지자로 하여금 이새의 아들 다윗을 왕으로 택하시고 그에게 기름 부어 왕으로 세우시는 장면이 나온다. 하나님께서는 사무엘에게 "그의 용모와 키를 보지 말라. 내가 이미 그를 버렸노라"(삼상 16:7)고 말씀하셨다. 하나님의 마음은 사람의 마음과 다르다는 사실을 보여주신 것이다.

셋째, 다윗이 자신을 의지하기보다 하나님을 의지하고 전심으로 하나님을 찾았다는 의미이다. 다윗은 매순간 철저하게 하나님을 의지하고 나갔다.[60] 다윗은 하나님에 대한 사랑을 시편 42편에서 이렇게 표현하고 있다. '하나님이여 사슴이 시냇물을 찾기에 갈급함 같이 내 영혼이 주를 찾기에 갈급하니이다'(시 42:1). 다윗이 얼마나 하나님을 사랑하고 전심으로 그를 찾았는가를 보여준다.

넷째, 다윗이 죄를 인정하고 회개할 줄 알았다는 의미이다. 다윗은 분명 많은 실수를 범했다. 그가 다른 사람과 차이가 났던 것은 범죄 유무가 아니라 회개였다. 그는 자신의 죄를 회개할 줄 아는, 자신의 잘못을 눈물로 통회하고 돌이킨 회개의 사람이었다. 그는 자신이 범한 잘못을 다른 사람에게 전가하지 않았다. 그 책임을 다른 사람들에게 돌리려고 하지도 않았다. 철저하게 그는 잘못의 책임이 자신에게 있다고 고백했다. 다윗은 자신의 잘못을 철저하게 회개하고 뉘우쳤다.[61]

다윗은 중심이 하나님을 향한 사람, 겸손한 사람, 하나님을 의지하는 사람, 하나님을 사랑하는 사람 그리고 회개의 사람이었다.[62] 이 모든 것은

---

[60] 그는 철저하게 여호와 하나님을 의지하는 신앙을 가지고 있었다. 그가 얼마나 철저하게 하나님을 의지했는가는 골리앗과의 싸움에서 잘 나타난다. 전쟁은 하나님께 달려있다는 것이 다윗의 신앙이었다(삼상 17:45). 이스라엘이 출애굽할 때 무기가 별로 없었으면서도 완전무장한 적군들을 물리칠 수 있었던 것은 여호와께서 이스라엘 백성을 대신해서 싸워주셨기 때문이다.

[61] 다윗의 회개는 회개의 참 의미가 무엇인가를 선명하게 밝혀준다. 첫째, 회개의 지적 요소로 죄를 깨닫는 것이다(롬 3:20). 둘째, 회개의 감정적 요소로 죄를 슬퍼하는 것이다(고전 7:7, 10). 셋째, 회개의 의지적 요소로 죄를 끊어버리고 예수께로 돌아오는 것이다(롬 2:4). 철저한 다윗의 회개가 그를 한층 성숙한 지도자로 만들어 주었다. 다윗의 성숙한 신앙고백은 전체 시편 150편 중 다윗이 기록한 무려 73편의 시편에 그대로 녹아 있다. 그중에서도 일곱 편-6편, 32편, 38편, 51편, 102편, 130편 그리고 143편-은 시편의 꽃이라고 할 수 있다. 그런데 이들 모두가 다윗의 회개가 담겨진 회개의 시라는 공통점이 있다. 하나님이 기뻐하시는 것은 물론 우리가 죄를 짓지 않는 것이다. 그 다음에 기뻐하시는 것은 우리가 죄를 철저하게 회개하고 거기서 돌아오는 것이다. 하나님이 다윗을 위대한 주의 일꾼으로 사용하신 것은 결코 그가 다른 사람들보다 뛰어나거나 좋은 조건을 가져서가 아니라 주님의 마음에 맞는 자이기 때문이다.

[62] 다윗이 왕위에 오른 뒤 수도를 헤브론에서 예루살렘으로 옮겨 남북을 다 포괄하는 정책을 펼친 것도, 하나님의 임재를 상징하는 법궤를 예루살렘으로 옮긴 것도 그리고 나단의 경고를 받고 우리아의 아내를 범한 범죄와 그 남편을 죽인 것을 철저하게 회개한 것도 하나님의 마음에 맞는 행동이었다. 누가는 다윗의 마지막을 이렇게 아주 짧은 말로 함축했다. "다윗은 당시에 하나님의 뜻을 따라 섬기다가 잠들어 그 조상들과 함께 묻혀 썩음을 당하였으되"(13:36).

'하나님의 마음에 맞는 사람'(13:22)이라는 누가의 표현으로 집약할 수 있다. 하나님은 다윗을 두 손 들어 축복하셨다. 다윗은 아브라함과 더불어 메시야의 조상이 되었다.

마태복음 1장 1절에는 '아브라함과 다윗의 자손 예수 그리스도의 계보라'고 되어있다. 아브라함이 메시야를 주실 언약을 받았다면, 다윗은 오실 메시야의 표상이었다. 다윗 왕국은 왕권, 국위, 즉 메시야 왕국의 그림자였다. "하나님께서는 다윗의 혈통을 따라 한 사람의 지도자를 직접 세우셔서 그를 통해 하나님의 언약을 완전히 성취시키려고 하신 것이었다."[63] 바울은 그가 바로 예수라는 사실을 23절에서 선명하게 드러냈다.

구약에 예언된 약속의 메시야, 예수 그리스도(13:23-41)

바울은 역시 탁월한 설교자다. 구약의 역사와 예언들이 누구를 가리키고 있는지 정확히 간파하였다. 출애굽 사건과 사사시대 그리고 사울 왕을 폐하시고 다윗 왕을 세우셨다는 언급은 메시야를 설명하기 위한 서론이었다. 바울은 23절에서 '하나님이 약속하신 대로 이 사람[다윗]의 후손'(13:23)이라는 표현을 통해 구약에 약속된 메시야가 바로 다윗의 혈통에서 태어난 예수 그리스도라는 사실을 부각시킨다.

예수가 메시야, 구약과 요한의 증거(13:23-25)

바울은 예수가 메시야라는 사실을 다음 두 가지 사실에 근거하여 제시하였다.

첫째, 예수 그리스도가 이미 오래 전에 "하나님이 약속하신"(13:23) 분이며, 다윗의 후손('씨')이며 그리고 이스라엘의 구주이시다. 한마디로 다윗의 후손 예수 그리스도는 구약에 예언된 이스라엘을 구원하실 약속의

---

[63] Bruce, *The Book of ACTS*, 274. 바울은 하나님의 기름부음 받은 자는 다윗의 왕권을 계승한 새롭고 더 위대한 다윗으로, 초창기 이스라엘의 사라진 영광을 회복하고 그것을 능가할 이스라엘 하나님의 메시야로 묘사했다.

메시야라는 것이다. 이스라엘 백성들에게 다윗의 위상은 대단했다. 다윗은 가장 추앙받는 왕이며, 이스라엘의 왕권을 상징하는 존재였기 때문에 예수가 다윗의 후손이라는 말은 대단한 의미를 함축하는 것이다.

둘째, 바울은 예수가 오실 메시야라는 사실을 세례요한의 말을 빌려 더욱 구체적으로 설명하였다. 요한은 말라기 이후 400년의 침묵을 깨고 등장한 이스라엘 백성들이 추앙하는 선지자였다. 따라서 요한의 권위는 대단했다. 요한이 직접 밝힌 대로 그가 베푼 회개의 세례는 예수 그리스도가 '오시기에 앞서'(13:24) 그의 공적인 출현을 예비하기 위한 것이었다. 유대 군중들은 요한에 대해서는 존경했지만 예수 그리스도에 대해서는 반감을 가지고 있었다. 그런데 그 세례요한이 앞서 회개의 세례를 전파한 것도 오실 메시야를 예비한 것이며, 그토록 그들이 추앙하는 요한이 예수를 가리켜 '나는 그의 신발끈을 풀기도 감당하지 못하겠다'(13:25)고 말씀한 것도 예수 그리스도가 메시야이심을 드러내기 위한 것이다.[64]

메시야 거부, 십자가 처형 그리고 부활 증거(13:26-37)

바울이 다윗과 요한을 빌려 예수가 메시야임을 설명한 다음 이어서 그의 죽으심과 부활을 통해 참으로 예수가 메시야인 것을 증거했다. 바울은 그리스도의 죽음과 부활이 성경에 미리 예언된 말씀임을 집중적으로 강조했다. 구약에 예언된 선지자의 예언들을 깨닫지 못하고 '예수를 정죄'(13:27)하여 '죽일 죄를 하나도 찾지 못하였으나 빌라도에게 죽여 달라'(13:28)고 한 것은 그에 대한 구약의 예언의 말씀이 응한 것이다.

바울은 선지자들이 예언하고 이스라엘의 참 빛으로 오신 이 예수를 십자가에 못 박은 것은 저들의 무지에서 시작된 것임을 말한다. 주의 선지자

---

[64] 메시야라고 오해할 만큼 이스라엘 백성들로부터 추앙을 받고 있는 선지자 요한이 예수를 가리켜 신발 끈을 풀기도 감당치 못하겠다고 고백한 것은 예수가 참으로 메시야라는 사실을 이스라엘 백성들에게 분명하게 선언하는 것이다. 실제로 요한은 자신을 메시야로 착각하고 당신이 메시야냐고 묻는 질문에 나는 그리스도가 아니라고 한마디로 단호하게 거절했다. 그러면서 예수가 자신에게 나오는 것을 보면서 그를 향해 "보라 세상 죄를 지고 가는 하나님의 어린 양"이라고 선언한다. 요한의 주님에 대한 증거는 참으로 확실하다.

들을 통해서 하나님이 구원의 말씀을 보내주셨는데도 유대인들과 관원들은 안식일마다 성전에 모여 선지자의 말씀을 낭송하고 외워대면서도 선지자의 말을 알아듣지 못하고 예수를 죽였다. 지금까지 구약의 수많은 선지자들을 통해 예수가 메시야라고 예언되었는데도 이스라엘 사람들이 그것을 알지도 받아들이지 않았다는 것이다.

예수는 '죽일 죄를 하나도 찾지 못'(13:28)했는데도 죽임을 당했다. 죄가 없는 분, 무죄한 분이 십자가에 달려 돌아가신 것이다. 인류를 구원하시기 위해서는 반드시 죄가 없으셔야 했으며, 죄 없으신 하나님의 아들이 오셨던 것도 그런 이유에서였다. 죄인은 죄인을 구원할 수 없다. 죄인을 구원하시기 위해 반드시 죄가 없으셔야 했다. 그래서 죄가 없으신 주님이 우리를 대속하시기 위해 십자가에 달려 돌아가셨다. 죄가 없으신 그분이 그것도 저주 아래 달리신 것은 인류의 형벌을 대신 지시기 위해서다. 주님의 보혈이 있었기 때문에 인류의 구원이 시작되었고, 인간이 죄 사함을 받을 수 있었다.

예수 그리스도의 보혈은 가장 놀라운 사건이다. 유대인의 사고 속에는 십자가에 못 박힌 자가 메시야가 된다는 사실은 상상할 수 없는 일이다. 그래서 바울은 주님의 십자가의 사건이 유대인들에게는 미련하게 보이나 구원을 얻는 우리에게는 하나님의 능력이라고 선포한 것이다. 그 십자가의 사건이야말로 기독교의 근본 핵심이다.[65] 그래서 기독교를 십자가의 도라고 하는 것이다.

바울은 주님이 죽으신 것으로 사건이 끝나지 않았음을 강조한다. 하나님이 죽은 자 가운데서 그를 살리셨기 때문이다. 기독교가 생명의 종교인 것은 그리스도가 사망의 권세를 이기시고 죽음에서 부활하셨기 때문이다. 예수 그리스도가 부활하셨기 때문에 십자가의 사건은 인류의 구원을 위

---

[65] 기독교의 진리를 이야기하는 것 중에 대속의 죽음(substitutionary atonement)이 있다. 주님이 우리를 값 주고 사시기 위해 십자가에 달려 돌아가셨다는 고백이다. 19세기 말 자유주의 도전이 거세게 몰아치자 성경을 하나님의 말씀으로 확신하는 이들은 이 교리가 성경의 가르침을 가장 잘 함축하는 것으로 믿고 이 교리를 철저하게 지켜왔다. 그 외에도 동정녀 탄생, 육체적 부활, 기적의 역사성, 성경의 무오성 등 다섯 가지 교리를 기독교의 근본진리라고 일컬어 온 것이다.

한 대속의 사건이다. 바울은 나무에 달려 죽어 '무덤에 두었으나 하나님이 죽은 자 가운데서 그를 살리'시고(13:29-30) 살아나신 예수가 사람들에게 '여러 날'을 나타내셨고, 그를 목도한 우리가 '백성 앞에서 그의 증인'(13:31)이라고 선포했다.

바울은 다음 세 개의 성경 구절을 들어 부활이 구약의 예언 성취라는 사실을 설명하였다. 첫째, 시편 2편 7절을 인용한 '너는 내 아들이라 오늘 너를 낳았다'는 말씀, 둘째, 주님의 부활을 예언한 '내가 다윗의 거룩하고 미쁜 은사를 너희에게 주리라'는 이사야 55장 3절의 말씀 인용 그리고 셋째, '주의 거룩한 자로 썩음을 당하지 않게 하시리라'는 시편 16편 10절의 말씀 인용이다.[66] 주님이 죽은 자 가운데서 부활하셨기 때문에 그리스도를 믿는 이들도 이 생명의 부활에 참여할 수 있는 소망이 주어진 것이다. 주님은 부활의 첫 열매이다.

바울은 아주 선명하게 그러면서도 매우 설득력 있게 예수의 죽으심과 부활사건이야말로 예수가 메시야이심을 논증했다. 예수는 단순한 인간이 아니라 인류의 죄를 대속하시고 인간을 구원하실 하나님의 아들이시다. 그가 죽은 자 가운데서 부활하셨다는 사실, 하나님이 그를 일으키셨다는 사실이 그것을 단적으로 말해준다.

바울은 앞서 요한이 그의 신발끈을 풀기도 감당치 못하겠다는 언급을 통해 예수가 단순한 인간이 아닌 메시야임을 드러내더니, 이제는 예수 그리스도의 죽음과 부활을 통해 그가 약속된 메시야이며, 인간을 구원하기 위해 오신 구주라는 사실을 드러낸 것이다. 다시 바울은 다윗과 예수를 비교함으로써 예수가 구주임을 드러냈다. 바울은 다윗이 죽어 '조상들과 함께 묻혀 썩음을 당하였으'나(13:36) 죽은 자 가운데서 '하나님께서 살리신 이는 썩음을 당하지 아니하였'(13:37)다는 말로 집약했다.

---

[66] 시편 2편은 오실 메시야를 예언한 사건인데 여기서는 여호와가 원수를 정복하시고 그의 아들이신 메시야가 열방을 통치하실 것을 노래한 것이다. 이 시편기자가 예언한 대로 주님은 이 땅에 만민을 위해 의로운 죽음을 죽으시고 인류의 최대의 적, 사탄의 비장의 무기 "죽음"을 정복하시고 승리하신 것이다.

이스라엘 백성들이 추앙하는 다윗은 예수 그리스도와 비교할 수 없다. 다윗은 위대한 지도자이고 훌륭한 이스라엘의 왕이지만 죽어 장사 지내 한 줌의 흙으로 돌아갔다. 하지만 예수 그리스도는 부활하셔서 인류의 구원자가 되셨다. 다윗은 죽음을 정복하지 못했지만 주님은 죽음을 정복하시고 부활하셨다. 이처럼 바울은 자신의 첫 설교에서 십자가와 부활을 들어 예수 그리스도가 인류를 구원할 참 구주라고 증언했다.

예수 그리스도를 통한 구원의 메시지(13:38-41)

그런 후 바울은 선명한 칭의의 메시지를 선포했다.[67] 구약의 모세의 율법으로는 결코 의롭다 함을 얻지 못하며 오직 예수 그리스도를 힘입어 죄 사함을 얻는다는 것이 그 핵심이다. '그러므로 형제들아 너희가 알 것은 이 사람을 힘입어 죄 사함을 너희에게 전하는 이것이며 또 모세의 율법으로 너희가 의롭다 하심을 얻지 못하던 모든 일에도 이 사람을 힘입어 믿는 자마다 의롭다 하심을 얻는 이것이라'(13:38-39). 다윗은 죽어 썩어졌지만 예수 그리스도는 죽은 자 가운데서 살리심을 받았으며, 그를 믿는 자는 죄 사함을 받고 의롭다 하심을 얻는다. 이것은 로마서의 중심 명제이자 바울신학의 근간이다.

바울은 율법의 의미와 그 한계를 분명히 이해했다. 모세의 율법은 그리스도가 오시기까지 몽학선생의 역할을 하지만 그것으로는 결코 구원에 이를 수 없다. 구원은 오직 예수 그리스도를 통해서만 완성된다. 루터가 그의 사도행전 주석에서 밝힌 대로 사도행전의 중심 사상도 "우리 모두 율법의 어떠한 도움이나 우리 행위로 인한 도움 없이 오직 예수 그리스도를 믿는 믿음에 의해서만 의롭다 칭함을 받아야 한다"[68]는 것이다.

---

[67] 바울의 설교는 주님의 약속(1:8)의 말씀과 더불어 사도행전의 양대 기둥이라고 할 수 있다. 왜 바울이 그토록 생명을 아끼지 않고 복음을 전했는가를 너무도 분명하게 보여주고 있기 때문이다. 다메섹 도상에서 그가 만난 그 예수가 참으로 구약에 예언된 약속의 메시야, 인류의 구세주라는 사실, 그를 통해서 참으로 우리가 의롭다 함을 받는다는 것이다. 모세의 율법으로 의롭다 함을 받을 수 없으며 오직 "이 사람을 힘입어 믿는 자마다 의롭다 하심을 얻는다"는 것이 바울의 가르침의 핵심이었다.

여기서 바울의 은혜의 교리가 선명하게 드러난다. '죄 사함'(13:38), '모세의 율법'(13:39), '믿는 자마다 의롭다 하심'(13:39)에는 죄 문제, 율법의 한계, 믿음과 칭의의 근본진리들이 그대로 담겨 있다. 율법으로는 의롭다 함을 받을 사람이 한 사람도 없으며, 오직 믿음으로 말미암아 의롭다 함을 받는다.[69] 예수를 믿고 구원을 얻는다는 것은 두 가지 의미를 함축한다.

첫째, 예수 그리스도가 나의 죄를 대신하여 십자가에 달리심으로 나의 죄가 용서받았다. 우리는 다 원죄를 이어 받은 죄인들인데 그를 믿음으로 그리스도의 십자가의 보혈을 통해 죄 사함을 받고 영생을 얻는다.

둘째, 주님의 의가 죄인인 우리에게 전가됨으로 의로운 사람이 된다. 따라서 예수를 참으로 영접한 이들은 십자가의 보혈을 통해 죄 용서를 받고 의인이 되었다.

믿음으로 의롭다 함을 받는다는 것은 주님의 가르침의 핵심이고, 바울의 가르침의 근간이었으며, 위대한 스승 어거스틴이 외친 칭의론의 근간이고 그리고 종교개혁자 마틴 루터가 외쳤던 복음의 핵심이었다. 루터는 1533년에 출간된 사도행전 서문(*Preface to the Acts of the Apostles*)에서 이렇게 고백한다.

> 우리는 누가가 모든 기독교에 심지어 세상 끝까지 우리가 어떤 율법의 관계없이 그리고 우리 자신의 행위의 도움 없이 오직 예수 그리스도를 믿는 믿음을 통해서만 의롭다 함을 받는 것임을 가르친다는 것을 주목해야 한다. 그것이 이 책의 저술 의도이며, 이 책의 주된 저술 목적이다.… 당신은 이 책에서 믿음으로 말미암아 의롭다함을 받는다는 칭의 교리를 분명하게 제시하는 아름다운 거울을 볼 것이다.[70]

---

[68] *Luther's Works*, vol. 35. 존 스타트, 사도행전 강해 (서울: IVP, 1999), 265에서 재인용.
[69] Denton, *A Commentary on the Acts of the Apostles*. Vol. II., 19, 27. 이것은 구약의 율법으로는 구원을 얻을 육체가 하나도 없다는 사실, 오직 예수 그리스도의 십자가의 보혈의 은혜를 통해 죄 사함을 받고 구원을 받는다는 사실을 그대로 말해주고 있기 때문이다. 기독교야말로 그리스도의 십자가와 부활에 기초하고 있다. 따라서 기독교는 십자가의 종교이자 부활의 종교이다.
[70] Martin Luther, *The Prefaces to the Early Editions of Martin Luther's Bible* (London:

필자가 볼 때 이 같은 루터의 지적은 바울 서신에 비추어 볼 때 정확한 지적한다. 바울이 첫 설교에서 강조한 믿음으로 말미암는 의는 로마서와 갈라디아서에서 그가 강조한 내용이다.[71] 의롭다 함을 받기 위해서는 먼저 율법의 행위가 필요하고 그 부족한 부분을 보충하기 위해 그리스도의 죽음이 필요한 것이다. 바울은 율법과 은혜의 복음을 분명히 구분했다.[72]

율법을 통해서는 의롭다 함을 받을 수 없지만 율법의 완성인 복음 안에서는 믿음으로 죄 용서를 받는다. 이것은 바울이 자신의 서신서에서 누누이 강조하고 있는 것이다. 여기 바울의 설교와 바울의 서신이 신학적으로 맥을 같이한다는 사실을 주목할 필요가 있다. 복음의 통일성과 일치를 사도행전에서도 그대로 발견한다.

바울의 설교에 대한 반응과 결과(13:42-52)

당시 회당의 참석자들의 관점에서 볼 때 율법을 풀어주고 해석하는 경우는 많았고 도덕적인 권면도 많았다. 하지만 바울의 설교는 완전히 다른 새로운 메시지, 들어보지 못한 메시지였다. 회당장은 바울의 설교를 듣고

Hatchard & Co., 1863), 79-80. 또한 참고하라. E. Theodore Bachman ed., *Luther's Works*, Vol. 35 (Muhlenberg Press, 1960), 363; 존 스타트, 사도행전 강해, 265.

[71] 이제 하나님과 우리 사이에 놓여 있는 장벽이 무너지고 하나님과의 바른 교제가 회복되었다. 돌감람나무인 우리가 참 감람나무에 접붙임을 받은 것이다. 참 감람나무의 진액을 공급받게 된 것이다. 이것은 로마서나 갈라디아서에 기록된 바울의 신학과 정확히 일치한다. 바울은 첫 선교 여행에서 이 사실을 분명히 했다. 바울은 로마서에서 '오직 의인은 믿음으로 말미암아 살리라'(롬 1:17)고 선포했고, 에베소에서도 '그 은혜에 의하여 믿음으로 말미암아 구원을 받는다'(엡 2:8)고 선언했다. 바울은 이런 이유 때문에 갈라디아에 거짓선생이 와서 할례를 행하고 율법을 지켜야 구원을 얻는다며 '다른 복음'을 가르치자 '다른 복음'은 없다며 단호하게 견책했다. "우리나 혹은 하늘로부터 온 천사라도 우리가 너희에게 전한 복음 외에 다른 복음을 전하면 저주를 받을지어다… 누구든지 너희가 받은 것 외에 다른 복음을 전하면 저주를 받을지어다"(갈 1:8-9). 우리가 구원을 받은 것은 율법에 의해서가 아니라 믿음을 통해서라는 사실을 분명히 한 것이다. 바울이 갈라디아 교인들을 향해 '너희가 성령을 받은 것이 율법의 행위로냐 혹은 듣고 믿음으로냐'(갈 3:2)고 반문했던 것도 마찬가지다. 우리가 '그리스도를 믿음으로서 의롭다 함'을 얻는 것이지 결코 '율법의 행위로서는 의롭다 함'(갈 2:16)을 얻는 것이 아니라는 것이다. 율법이 그리스도에게 인도하는 '초등교사'(갈 3:24, 25)라는 표현을 통해 그 한계를 분명히 했다. 예수 그리스도를 통해 율법이 완성되었다는 의미에서 그리스도는 '율법의 마침'(롬 10:4)이었다.

[72] Denton, *A Commentary on the Acts of the Apostles*. Vol. II., 19, 27.

근심을 했겠지만 사람들은 '다음 안식일에도 이 말씀을 전해 달라'(13:42)고 부탁했다.

바울의 첫 설교에 대한 양면적 반응

　복음을 전해 받은 청중들의 일차적인 반응은 두 종류였다. 복음에 호의적인 이들과 반대하는 자들이다. 양면적 반응은 42절부터 45절에 잘 드러나 있다. 바울의 설교에 대한 반응이 호의적이었다는 사실은 다음 안식일에도 말씀을 전해달라는 부탁(13:42)을 했고 '유대인과 유대교에 입교한 경건한 사람들이 많이 바울과 바나바를 따랐다'(13:43)는 사실 그리고 '그 다음 안식일에는 온 시민이 거의 다 하나님 말씀을 듣고자 하여' 모였다(13:45)는 사실에서 알 수 있다. '유대교에 입교한 경건한 사람들'(13:43)은 '하나님을 경외하는 사람들'(13:26)과 동일한 사람들이다. 청중들이 다음 안식일에도 듣기를 청하고, '그 다음 안식일에는 온 시민이 거의 다 하나님의 말씀을 듣고자'(13:44) 모였다. 바울의 설교에 대한 반응이 대단했던 것을 알 수 있다.

　바울과 바나바는 회당의 모임이 끝난 후 유대인과 유대교에 입교한 경건한 사람들과 대화를 나누면서 '항상 하나님의 은혜 가운데 있으라'(to continue in the grace of God, προσμένειν, 13:43)고 부탁했다. 이 말은 첫 사랑을 기억하면서 받은 주님의 은혜, 값없이 우리를 위해 보혈을 흘리시고 우리를 구원하여 주신 십자가의 은혜를 마음에 새기고 신앙의 경주를 계속하라는 의미이다. '항상,' '은혜 가운데' 두 가지를 마음에 간직하고 변함없이 주님의 은혜를 기억하고 그것을 늘 새기며 살 것을 주문한 것이다.

　이와 같은 놀라운 호응을 보고 반대하는 세력이 있었다. 복음전파에는 늘 방해세력과 장애물이 있게 마련이다. '유대인들이 그 무리를 보고 시기가 가득하여 바울이 말한 것을 반박하고 비방하거늘'(13:45)이라고 말한다. 무리는 유대인들만 아니라 이방인들이 말씀을 듣기 위해 모여든 것을 함축한다. '경건한 사람'(13:43)들과 바울의 말을 '반박하고 비방'(13:45)하는 이들이 대조를 이룬다. 그런데 우리를 주목하게 만드는 것은 그들이 다름 아닌 유대인들이었다는 사실이다. 아마도 유대인들이라는 여기의 언급은 유대지도자들을 지칭하는 것으로 보인다. 바울이 외치자 수많은 이방인들이 모여들고 또 바울의 가르침을 따르는 것을 보면서 악의가 발동하기 시작한 것이다.

우리는 여기서 왜 이들이 그렇게 분노를 발했는가를 나름대로 살펴보는 것은 흥미로운 일이다. 이들이 분노한 시점이 첫 번째 안식일이 아니라 두 번째 안식일이었다. 첫 안식일에는 대대적으로 환영했다. 그런데 두 번째 안식일에서는 입장을 바꾸었다. 우리는 이렇게 상상할 수 있다. 바울과 바나바라는 유명한 강사가 와서 새로운 메시지를 전했다는 소문은 유대인들과 하나님을 경외하는 유대교에 입교한 경건한 사람들에 의해 구석구석 확산되었을 것이다.

이 소문을 들은 많은 이들이 그 다음 안식일에 바울의 설교를 듣기 위해 회당에 모여들었을 것이다. 회당은 사람들로 가득 찼을 것이 확실하다. 지정된 자리에 앉는 것에 익숙한 이들에게 와서 보니 다른 사람들이 그 자리에 앉은 것을 보는 것은 상상이 간다. 그 경우 이들은 자신들의 자리를 빼앗겼다고 생각하고 분노했을 것이다. 그러나 더 화가 난 것은 바울의 설교가 유대인들에게 제시되어야 할 복음이 이방인들에게도 열려 있다고 강조한 부분일 것이다.

바울과 바나바의 첫 선교지에서 복음전파를 방해한 세력은 다름 아닌 바로 동족 유대인들이었다. 유대인들이 분노한 데는 근본적인 이유가 있었다. 자신들로는 받아들이기 힘든 메시지를 이방인들이 호의적으로 듣고 받아들인다는 사실이다. 많은 유대인들이 지난번 안식일에는 바울이 전한 복음을 환영했다. 그러나 구원이 자신들에게만 아니라 이방인에게까지 열려져 있다는 사실은 도저히 받아들이기 싫었다. 그들이 바울과 바나바를 적극적으로 반대한 이유도 거기 있었다.[73] '유대인들이 그 무리를 보고 시기가 가득하여 바울이 말한 것을 반박하고 비방하거늘'(13:45)이라는 말씀이 이를 뒷받침해주고 있다.

하나님을 믿는다고 자처하는 저들이 하나님이 보내신 자를 십자가에 처형하고, 이제는 그 주님이 십자가에 달리시고 부활하셨다는 그 복된 구원의 소식을 전하는 것마저 방해한 것이다. 물론 역사에는 가정이 없다. 그러나 만약 비시디아 안디옥의 유대인 공동체가 바울과 바나바가 전한 복음을 수용했다면 역사는 달라졌을 것이다. 이방인 선교가 활발하게 진행되어 이사야 42장 1절 이하와 49장 1절 이하에 말씀하신 이스라엘의 세계선교의 사명을 성취하는 영광의 주역이 되었을 것이다. 바울은 유대인들을 마음에 품고 동족에게 복음을 전하고 싶었지만 가는 곳마다 유대인들이 복음을 거부하였다. 복음에 열린 이들은 다름 아닌 바로 이방인들이었다.

바울이 복음을 전하는 거의 모든 곳에서 동일한 성격의 사건이 반복되었다. 유대인들은 일치하여 복음을 거절하였고, 이방인들은 큰 무리가 이 복음을 받아들였다. 당시 바울의 설교를 통해 거의 언제나 핵심 인물들은 하나님을 경외하는 이방인들이었다. 히브리파 유대인들은 물론 헬라파 유대인들이 바울에게 적개심을 품은 가장 큰 이유도 여기 있다.

바울은 복음을 동족에게 먼저 제시했다. 하지만 유대인들이 복음을 거부했기 때문에 불가불 이방인들에게로 향했다. 여기서 바울은 이사야 49장 6절을 인용하여 이방인 선교의 문호가 열린 것을 증거하였다. '내가 또 너를 이방의 빛으로 삼아 나의 구원을 베풀어서 땅 끝까지 이르게 하리라.' 여기 '내'는 여호와 하나님을, '너'는 일차적으로 이스라엘 백성을 그리고 2차적으로는 오실 메시야를 가리킨다. 이스라엘 백성들을 선민으로 택하시고 또 예수 그리스도를 통해 이방인들에게도 구원이 선포될 것을 예언한 것이다.

그런데 바울 사도는 그 말씀을 자신에게 적용하였다.[74] 그렇다면 '내가 너를 이방의 빛을 삼아 너로 땅 끝까지 구원하게 하리라'(13:47)는 말은

---

[73] Bruce, *The Book of ACTS*, 281.
[74] Denton, *A Commentary on the Acts of the Apostles*. Vol. II., 31.

일차적으로 이방인들에게도 복음의 문이 열렸다는 사실을 의미하지만 이 말씀에는 바울 자신이 이방인의 사도로 부름 받았다는 사실을 동시에 함축한다.

바울과 바나바의 복음전도의 결과

유대인들이 복음을 거부함으로 이방인들에게 복음이 전해지게 된 것은 이스라엘 백성들에게는 심판이고 이방인들에게는 축복이었다. 전혀 구원 받을 조건이 없는 이방인들이 영적인 아브라함의 후예가 된 것이다.

바울 사도의 첫 설교는 대단한 반응과 결실을 낳았다. 그 현장에 있던 누가는 이렇게 기술한다. 바울 사도의 설교, 특히 마지막 유대인들의 복음 거부가 이방인에게 복음의 문을 여는 전기가 되었고, 바울이 자신을 이방의 빛으로 삼으셨다는 사실은 그 자리에 있는 수많은 이방인들에게 대단한 용기를 주었을 것이다. 이방인들이 그 소식을 듣고 기뻐했고, '하나님의 말씀을 찬송하며 영생을 주시기로 작정된 자'(13:48)는 다 믿었다는 말씀이 이를 뒷받침한다.[75] 우리는 여기서 몇 가지 사실을 주목할 필요가 있다.

첫째, '주의 말씀이 그 지방에 두루 퍼지니라'(13:49)는 말씀이다. 여기 '두루 퍼졌다'는 디에페르토(διεφέρετο, being spread)는 미완료 과거형으로 지속적이고 계속적인 동작을 말한다. 그만큼 복음에 대한 이방인의 반응은 대단했다. 누가는 바울의 첫 설교로 인한 반응을 '주의 말씀이 그 지방에 두루 퍼지니라'(13:49)는 말로 집약했다. 이 말씀을 헬라어 원문을 따라 그대로 직역하면 다음과 같다. "주님의 말씀이 전 지역에 전달되었다"(And the word of the Lord was carried through the whole region).

여기서 우리는 말씀과 구원의 역사가 구분되지 않고 진행된 일을 주목해야 한다. 이방인들이 주님께로 돌아오는 역사 곧 이방인들 가운데 구원의 복음이 전해져서 그들이 주님께로 돌아온 것을 주의 말씀이 두루 퍼진

---

[75] Denton, *A Commentary on the Acts of the Apostles*. Vol. II., 32.

것과 동일시한 것이다. 복음의 역사가 하나님의 말씀과 불가분의 관계가 있음을 보여준다. 참된 부흥이 일어날 때마다 진정한 개혁이 일어날 때마다 말씀의 확산이 반드시 동시에 일어났다. 바울과 바나바는 복음을 전했고, 복음을 전해 받은 사람들이 다시 복음을 전해 복음이 그 지역에 두루 퍼졌다. 구원의 역사가 말씀을 통해 말씀과 더불어 나타난다는 것은 성경이 증거하고 있고 교회사가 보여주는 것이다.

복음은 요원의 불길과 같다. 그 짧은 기간 동안, 바울의 회당에서의 가르침을 통해 얼마나 많은 역사가 나타났는가를 말해준다. 영생을 주시기로 작정된 자들이 다 믿었다. 주의 말씀이 그 지방에 두루 퍼졌다는 말이 복음에 대한 이방인들의 반응을 단적으로 말해준다. 복음이 계속해서 확산되어 나간 것이다. 중단되지 않고 하나님의 복음이 주변에 널리 전해졌음을 말해준다. 하나님의 은혜를 받으면 말씀을 사모하게 되고, 모이기를 힘쓰게 되고, 그 안에 기쁨과 즐거움이 있고, 그 말씀을 이웃에게 전하게 된다.

둘째, 유대인들이 바울과 바나바가 복음을 전하지 못하도록 선동하는 일에 앞장섰다. '유대인들이 경건한 귀부인들과 그 시내 유력자들을 선동하여 바울과 바나바를 박해하게 하여 그 지역에서 쫓아냈다'(13:50). 여기 '경건한 귀부인들과 그 시내 유력자들'은 유대교에 입교한 이방인들을 지칭하는 것으로 보인다. 그렇다면 바울과 바나바의 전도를 막은 사람은 자칭 하나님을 잘 믿는 자들이었다. 그러나 바울과 바나바는 박해로 인해 상심하거나 절망하지 않았다. 성령께서 그들 안에 역동적으로 역사하셔서 복음의 능력이 강하게 나타났기 때문이다.

셋째, 바울과 바나바는 비록 그곳에서 쫓겨나 이고니온으로 향하고 있었지만 제자들은 '기쁨과 성령이 충만'(filled with joy and with the Holy Spirit, ἐπληροῦντο χαρᾶς καὶ Πνεύματος Ἁγίου, 13:52)했다.[76] 필자가 볼

---

[76] 칼빈은 이 부분을 기쁨과 성령을 독립적으로 이해하지 않고 성령의 기쁨으로 설명하였다. "이 문장은 두 가지 면으로 설명할 수 있다. 그 하나는 '성령의 기쁨,' 또는 '영적인 기쁨'으로 충만한 것으로, 곧 환치법(hypallage)으로 보는 것인데 그 이유는 하나님의 영을 떠나서는 깨끗한 양심,

때 여기서 우리가 간과해서는 안 될 사실은 '제자들'이라는 말이다. 여기 제자들은 바울과 바나바를 지칭하는 것이 아니라 바울과 바나바가 비시디아 안디옥 회당에서 복음을 전해 그 복음을 받아들이고 믿게 된 사람들을 가리킨다.[77] 그토록 짧은 동안에 복음을 받아들인 자들이 제자로 세워진 것이다. 누가가 참으로 놀라운 사실을 증언한 것이다. 복음의 역동성을 그대로 읽을 수 있다.

관련하여 주목해야 할 또 한 가지는 이들이 '기쁨과 성령'이 충만했다는 사실이다. 역경 가운데 얻는 기쁨은 은혜의 체험, 구원의 체험 없이는 불가능하다. 여기서 성령과 기쁨을 동시에 병행한 것은 이 둘이 상호 밀접한 연관성을 지니고 있기 때문이다. 누가는 사도행전 8장 8절, 39절에서 사마리아 성에 빌립의 전도로 복음이 놀랍게 확산되자 '그 성에 큰 기쁨'이 있었고, 내시가 빌립의 전도를 받고 구원의 은혜를 입은 후 자기 고향을 향해 '기쁘게 길'을 갔다고 증언한다. 바울은 '하나님의 나라는 먹는 것과 마시는 것이 아니요 오직 성령 안에 있는 의와 평강과 희락이라'(롬 14:17)고 증언했다. 성령 안에서의 희락(기쁨)이 하나님의 나라의 표징이며, 희락은 성령의 아홉 가지 열매 중의 하나다. 진정한 기쁨은 성령이 주시는 선물이다.

역경 중에서 기뻐하는 것은 진실된 신앙의 외적 표지이다. 그런데 성경이 일관되게 증거하듯 참된 기쁨은 외형적인 조건에서 주어지는 것이 아

평화, 또는 기쁨이 없기 때문이다. 바로 이런 이유에서 바울은 하나님 나라를 가리켜 성령 안에서의 의, 평화, 및 기쁨으로 말하고 있다(롬 14:17). 다른 하나는 '성령'이라는 단어 자체에 다른 덕과 은사가 포함된 것으로 보는 것이다. 하지만 내가 "그들이 기쁨으로 충만했다"는 편을 택하는 것은 성령의 은혜가 그들 속을 지배하고 있으며 이 성령님의 지배만이 우리가 이 온 세상 위에 들어 올려질 정도로 순수하고 철저한 기쁨을 가져오기 때문이다. 말하자면 우리는 다음과 같은 누가의 의도를 유의하지 않으면 안 된다. 즉 신실한 자들은 이처럼 심각한 장애물, 그들의 가르침들의 더러움, 그 도시의 소란, 경종과 위협, 심지어는 눈앞에 보이는 위험에 대한 공포, 이 모든 것 때문에 당황하거나 괴로워할 것이 아니라 자신들의 깊은 신앙에 따라 그들의 어줍잖은 성결성과 세력을 뽐내는 것을 단호하게 무시할 것을 가르치고 있다는 점이다. 그리고 우리의 신앙이 하나님에게 제대로 기초하고 그의 말씀에 깊은 뿌리를 박고 있으며, 마지막으로 그것이 성령의 보호로 완전히 확고부동하게 된다면, 설령 온 세상이 들고 일어나서 소동을 피운다 해도 틀림없이 그것은 우리 마음에 평안과 영적인 기쁨을 갖게 할 것이다." 칼빈, *사도행전* I, 514.

[77] Bruce, *The Book of ACTS*, 285.

니라 구원의 은혜를 바로 깨닫고 실천에 옮기는 데서 찾을 수 있다. 주를 증거하다가 만나는 어려움은 고통이 아니라 축복이다. '나로 말미암아 너희를 욕하고 박해하고 거짓으로 너희를 거슬러 모든 악한 말을 할 때에는 너희에게 복이 있나니 기뻐하고 즐거워하라 하늘에서 너희의 상이 큼이라 너희 전에 있던 선지자들도 이같이 박해하였느니라'(마 5:11-12). '지금은 너희가 근심하나 내가 다시 너희를 보리니 너희 마음이 기쁠 것이요 너희 기쁨을 빼앗을 자가 없으리라'(요 16:22). 복음으로 인한 핍박은 축복이기 때문에 성령께서는 그들에게 세상이 줄 수 없는 평안을 주시고 고난 중에서도 동행하시기 때문에 기뻐하고 즐거워하는 것이다.

한 가지 더 우리가 주목해야 할 사실은 바울과 바나바의 전도를 받고 복음을 받아들인 사람들 가운데 일부가 성령의 충만을 받은 것이 아니라 모두가 성령의 충만을 받았다는 사실이다. 누가는 여기서 다시 성령을 강조하고 있다. 성령은 사도행전에서 누가가 일관되게 강조하고 있는 중심 주제이다. 우리는 다시 사도행전 13장 서두에서 바울과 바나바를 파송하기 전후의 상황을 환기할 필요가 있다. 성령이 바울과 바나바를 따로 세웠고, 그들을 파송했으며, 그들이 성령의 충만을 받아 사역을 감당했다. 성령충만한 바울과 바나바가 전도를 해서 복음을 받아들인 이들이 성령의 충만을 받은 것이다.

누가는 성령이 선교사역을 이끌어 가셨고, 성령께서 바울과 바나바를 사용하셨으며, 실제로 놀라운 능력이 선교현장에 나타났다는 사실을 증언하기를 원한 것이다. 그래서 누가는 의도적으로 사도행전 13장을 마치기 전에 성령충만한 바나바와 바울을 통해 제자들이 성령이 충만하였다는 사실을 밝힌 것이다.[78] 사도행전이 성령의 복음이라고 불려야 할 당위성이 여기 있다.

---

[78] Denton, *A Commentary on the Acts of the Apostles*. Vol. II., 34.

4. 이고니온, 루스드라, 더베 선교(14:1-19)

이고니온 선교(14:1-7)

¹ 이에 이고니온에서 두 사도가 함께 유대인의 회당에 들어가 말하니 유대와 헬라의 허다한 무리가 믿더라 ² 그러나 순종하지 아니하는 유대인들이 이방인들의 마음을 선동하여 형제들에게 악감을 품게 하거늘 ³ 두 사도가 오래 있어 주를 힘입어 담대히 말하니 주께서 그들의 손으로 표적과 기사를 행하게 하여 주사 자기 은혜의 말씀을 증언하시니 ⁴ 그 시내의 무리가 나뉘어 유대인을 따르는 자도 있고 두 사도를 따르는 자도 있는지라 ⁵ 이방인과 유대인과 그 관리들이 두 사도를 모욕하며 돌로 치려고 달려드니 ⁶ 그들이 알고 도망하여 루가오니아의 두 성 루스드라와 더베와 그 근방으로 가서 ⁷ 거기서 복음을 전하니라

비시디아 안디옥에서 당한 박해에도 불구하고 바울과 바나바는 제자들이 '기쁨과 성령이 충만'(13:52)한 가운데 이고니온으로 향했다. 이고니온은 비시디아 안디옥에서 남동쪽으로 약 160km 떨어진 곳에 있는 오래된 고도이다. 소아시아 남부의 가장 높은 곳에 자리 잡은 이고니온은 비옥한 평원으로 둘러싸여 있다. 오늘날 터키에서 네 번째로 큰 도시 고냐(Konya)가 바로 이고니온이다. 바울이 1차 선교여행을 하던 당시 이고니온은 헬라도시로 농업과 상업의 중심지였다. 그곳에는 우상이 지배하면서도 디아스포라 유대인들이 상당히 거주하고 있어 유대인 회당이 있었다.

이방인 선교 결실: 유대와 헬라의 허다한 무리의 구원(14:1)

이고니온에 도착한 바울과 바나바는 그곳 회당에 가서 복음을 전하기 시작했다. 그러자 '유대와 헬라의 허다한 무리가'(14:1) 예수 그리스도를

믿는 역사가 나타났다.[79] 결코 박해가 복음전도의 방해가 되지 않았다. 이 고니온에서 두 사도는 유대인의 회당에 들어가 그들이 늘 전하는 대로 유대인들이 십자가에 못 박은 예수 그리스도가 구약에 예언된 메시야라는 사실, 그가 죽으시고 사흘 만에 부활하셨다는 사실을 증거했다.

칼빈이 지적한 대로 "그렇게 많은 사람들이 믿음을 갖게 된 것은 그들의 말에 의한 것이 아니라 성령의 능력에 의한 것이다."[80] 누가가 14장에서 바울과 바나바의 이고니온 전도를 언급하면서 유대와 헬라의 허다한 무리가 예수를 믿었다고 언급한 것은 사도행전 전체를 이해하는 데 매우 중요하다. '유대와 헬라의 허다한 무리'가 믿었다는 것은 말 그대로 허다한 유대인들과 허다한 헬라인이 믿었다는 것이다. 당시 헬라인들은 이방인의 총칭이었다. 수많은 이방인들이 복음을 받아들인 것이다.

누가는 성령이 임한 후 그리스도의 증인들에 의해 복음이 예루살렘에서 온 유대와 사마리아와 땅 끝으로 지리적으로, 인종적으로, 역사적으로 확장되어 나갔다는 사실을 너무도 훌륭하게 논증하였다. 예루살렘에서 120문도에 의한 '유대인' 전도, 빌립을 통한 '사마리아인' 전도와 '에디오피아인' 내시 전도, 가이사랴에서 베드로의 '로마인' 고넬료 전도, 안디옥에서 구브로와 구레네 몇 사람의 '헬라파 유대인' 전도, 그리고 첫 선교여행에서 바나바와 바울의 '유대와 헬라의 허다한 무리' 전도가 그것이다. 성령충만한 다양한 사람들에 의하여 구원의 복음이 지역과 인종과 시공을 초월하여 확산된 것이다. 이런 발전과정은 앞으로 바울에 의해 이방인 전도가 본격적으로 전개될 것을 예고한 것이다.

실제로 1차 선교여행에서 일대 변화가 일어났다. 바울의 전도로 유대인과 유대교에 입교한 경건한 사람들 중 상당수가 바울과 바나바를 따르자 (13:43) 유대인들이 바울과 바나바를 시기하고 그들의 말을 반박하고 비방

---

[79] 유대와 헬라의 허다한 무리는 "수많은 유대인들과 헬라인들"(Ἰουδαίων τε καὶ Ἑλλήνων πολὺ πλῆθος)이라는 의미이다.

[80] 존 칼빈, 한국기독교선교백주년기념 존·칼빈성경주석출판위원회 역편, 신약성경주석, Vol. 6, 사도행전 II (서울: 성서교재간행사, 1980), 20.

하는 일(13:45)이 벌어졌다. 이를 계기로 복음의 전도대상이 유대인에서 이방인(헬라인)으로 바뀌었다. 유대인을 일차적으로 선교 대상으로 한 것에서 이방인을 일차적인 선교 대상으로 삼고 유대인을 2차적인 선교 대상으로 삼기 시작한 것이다. 바울과 바나바는 '하나님의 말씀을 마땅히 먼저 너희에게 전하려고' 한 계획을 수정하고 '우리가 이방인에게로 향하노라'(13:46)고 선언했다.

바울이 선교의 방향을 유대인에서 이방인으로 수정한 것이다. 이방인의 사도로 부름 받은 바울이 비로소 이방선교의 위대한 장을 공식적으로 연 것이다. 안디옥에서부터 본격적으로 예비되었던 이방선교가 안디옥교회가 파송한 바울에 의해 공식적으로 착수된 것이다. 선교센터를 예루살렘에서 안디옥으로 이동하시더니 이제 선교의 대상을 유대인에서 이방인으로 전환하신 것이다. 여전히 유대인들은 전도의 대상, 선교의 대상이었지만 복음전파의 일차적인 대상은 그들이 아니라 이방인들이었다.[81]

누가는 '이방인들이 듣고 기뻐하여 하나님의 말씀을 찬송했다'(13:48)고 증언한다. 누가는 '그것[복음]을 버린'(13:46) 유대인들과 그것을 '듣고 기뻐하여 하나님의 말씀을 찬송'(13:48)한 이방인들(Gentiles, ἔθνη)을 예리하게 대비하고 있다.[82] 이방인들이 기뻐하고(rejoiced, ἔχαιρον), 찬송한 것(glorified, ἐδόξαζον)은 하나님의 말씀이었다. 성령은 말씀을 통해 말씀과 더불어 역사하신다는 사실을 사도행전은 선명하게 보여준다. 성령이 그들 가운데 말씀을 통해서 역사하셔서 그들의 심령을 변화시켜 주신 것이다. 성령과 말씀은 항상 선교의 두 기둥이었다.

---

[81] 이 말이 유대인이 선교의 대상에서 제외되었다는 의미는 아니다. 당시 헬라인은 이방인의 총칭이었다. 유대인을 일차적인 복음전도 대상으로 삼는 선교전략은 이후에도 일관되게 진행되었다. 그것은 안디옥교회가 바울과 바나바를 파송한 후에도 바울과 바나바는 "유대인의 여러 회당"(13:5, 14, 14:1)에서 복음을 전한 것에서도 알 수 있다. 누가는 회당이라고 이야기하지 않고 유대인의 회당이라고 함으로 바울의 1차 전도가 유대인들이나 유대교로 개종한 자들을 대상으로 한 것임을 분명히 했다. 마술사 "바예수"도 유대인이었고, 구약을 배경으로 한 바울의 설교도 유대인들을 대상으로 한 것이다.

[82] "이방인"(ἔθνη,) 어원은 에트노스(ἔθνος)로 인종(race), 사람(people), 민족(nation), 만민(the nations), 이방세계(heathen world), 이방인들(Gentiles)이라는 의미를 지니고 있다.

오늘날 성령의 역사를 사모하는 공동체나 개인은 하나님의 말씀을 높여야 하고 존중해야 하고 사랑해야 하고 묵상해야 하고 읽어야 한다. 말씀을 가까이하는 것이 성령 안에서의 삶이며, 성령은 말씀을 통해 말씀과 더불어 역사하시기 때문에 말씀으로 무장하는 것이 성령께서 강하게 역사하시도록 준비하는 것이다. 믿는 사람들은 에베소서에서 바울이 부탁하는 것처럼 성령의 검, 하나님의 말씀을 가져야 한다.

여기 '이방인'(14:2)은 일차적으로 '헬라인'을 지칭하는 것이지만 누가가 '헬라인'이라는 말을 사용하지 않고 구태여 이방인이라는 말을 사용한 것은 유대인들이 거부한 복음을 유대인이 아닌 모든 족속이 환영했다는 말을 강조한 것이다. 누가는 바울의 전도전략이 이제는 유대인에서 이방인으로 바뀌었다는 사실을 보여준다. 이방인의 사도로 부름 받은 바울이 본격적으로 이방인 선교를 추진하기 시작했다.

이것은 바울의 독단적인 결정이 아니라 성령 안에서 이미 예정된 것이며, 성령의 충만을 받은 바울은 이런 하나님의 구원계획을 잘 분별하고 있었다. 이 같은 방향전환 이후 유대인들에 의한 방해와 박해(13:50)가 더욱 심하게 나타났다.[83] 복음을 거부하는 유대인들과 이를 환영하는 이방인들이 극적인 대비를 이룬다. 그렇다고 유대인들이 다 복음을 거부한 것은 아니다. 유대인들 중에서도 복음을 받아들인 자들이 참으로 많았다.[84]

---

[83] 이방인의 선교를 위해 파송 받은 바울과 바나바가 1차 선교여행을 하면서 직면한 최대의 벽은 이방인이 아니라 동족 유대인들이었다. 바울과 바나바가 복음을 증거하는 통상적인 방법은 해당 지역의 유대 회당을 방문하여 유대인 형제들을 만나 복음을 전하는 방법이었다. 그 결과 '유대인과 유대교에 입교한 많은 경건한 사람들'이 바울과 바나바를 따랐다. 사도행전 13장 43절에서 보여주듯이 "반개종인"으로 분류되는 이방인들이 그 대부분이었다. 이방인들에게 복음을 증거하는 과정에서 정작 문제가 된 것은 복음전파 그 자체가 아니라 이방인 전도를 방해하는 동족 유대인들(13:45)이었다. 누가는 이들 유대인들이 "영생을 얻기에 합당하지 않은 자로 자처했다"고 증언한다. 유대인들은 복음의 편협성 때문에 이방인 선교에 큰 장애물이 되었다.

[84] 유대인들과 이방인들 모두가 주님께로 돌아온 것이다. 이방선교로의 전환과 유대인들 가운데서의 놀라운 복음의 회심은 이고니온에서 유대인들과 이방인들이 대거 주님께로 돌아왔다는 사도행전 14장 1절을 통해서 확인할 수 있다. 바울은 이후에도 유대 회당을 복음의 접촉점으로 삼으며 유대인들과 이방인들 모두를 복음전도의 대상으로 삼으며 전도활동을 전개했다. 헬라인들을 복음의 주 대상으로 삼고 선교하면서도 유대인들을 복음전도의 대상에서 제외하지 않았다.

동족에 의한 복음전파 방해와 담대한 복음증거(14:2-3)

허다한 유대인들과 헬라 이방인들이 믿기 시작하자 '순종하지 아니한 유대인들'(14:2)이 이방인들의 마음을 선동하여 악감을 품게 만들었다. 누가는 박해가 유대인들이 이방인들의 마음을 선동해서 바울과 바나바를 향해 악감을 품도록 만들어 발단된 것으로 설명한다. 여기 악감을 심어주었다는 말은 직역을 하면 마음에 '독을 심어주었다'(poisoned, ἐκάκωσαν)는 의미이다.

이 단어는 신약에 6회 등장하는데 무려 다섯 번이 사도행전에 쓰였다. 애굽에서 바로 왕이 이스라엘 백성들을 '괴롭게 만들고'(7:6, 19), 헤롯 아그립바 1세가 야고보를 죽이고 베드로를 투옥시키는 등 하나님의 택한 백성들을 '해하고'(12:1), 바울의 선교를 방해하고 그를 '해롭게'(18:10) 할 때 동일한 단어가 사용되었다. 하나님의 택함 받은 백성들을 괴롭히거나 악감을 품게 하거나 반감과 분노를 야기할 때 쓰였다. 누가는 불순종의 유대인들이 이방인들을 선동하여 그들의 마음에 하나님과 사도들과 복음에 대하여 분노하도록 만들었다고 증언한다.

그들이 복음전파를 방해하기 위해 온갖 수단과 방법을 가리지 않았음을 함축한다. 누가는 이고니온에서의 박해가 유대인들에게서 시작된 것을 분명히 밝히고 있다. 생명의 복음이 들어갔을 때 소유권이 달라지기 때문에 사탄의 세력들이 복음전파를 막기 위해 자신들의 영적 영향 하에 있는 자들을 선동하여 복음전파를 방해하는 것이다.

누가는 바울과 바나바가 이고니온에 오래 있었던 이유가 바로 '악감을 품게 하거늘'(14:2)이라고 밝히고 있다. 주님께로 돌아온 허다한 무리들이 그런 영향 속에서 흔들리지 않도록 두 사도는 이고니온에서 오래 있으면서 "주를 힘입어 담대히"(14:3) 복음을 전했다.[85] 그들이 오래 머문 것은

---

[85] 한글성경에는 "두 사도가 오래 있어"라는 14장 3절의 말씀 바로 앞에 "그러므로"가 생략되었다. 헬라어 원문에는 '품게 하거늘'과 '두 사도' 사이에는 오운(οὖν, therefore)이라는 헬라어 단어가 들어있다. 이것을 대부분의 영어성경에는 "so"(그래서)로 번역했는데, '그러므로'라는 의미다.

복음전파 사역이 순조로웠기 때문이 아니라 오히려 난관에 부딪혔기 때문이다. 새로운 난관이 복음전도를 방해한 것이 아니라 오히려 더욱 열심히 전하도록 자극을 준 것이다.[86] 이것은 제자들이 얼마나 끈질기게 복음을 전했는가를 말해준다.

두 사도는 복음의 반대가 있으면 있을수록 더욱 더 강하게 복음을 전했다. 누가가 바울과 바나바라는 말 대신 '두 사도'(14:1, 3, 4, 5)라는 말을 네 번이나 언급하고 있음을 주목할 필요가 있다. 두 사도는 복음의 방해세력 앞에 결코 굴하지 않고 서로가 굳게 뭉쳤다. 이들은 복음을 증거하면서 뜻을 같이한 것이다. 복음전도는 혼자보다 함께하는 것이 훨씬 더 힘 있다. 누가가 사도행전에서 '함께,' '같이'라는 말을 반복적으로 사용한 것도 그런 맥락이다.[87] 바울과 바나바가 박해에도 불구하고 담대히 복음을 전했다는 사실은 '두 사도가 오래 있어'(14:3)라는 말에서 더욱 찾아볼 수 있다.

박해를 받으면서도 두 사도는 담대하게 복음을 증거했고, 사도들로 하여금 놀라운 표적과 기사가 나타났다. 누가는 이와 관련하여 두 가지 사실을 분명히 하고 있다. 첫째는 '주를 힘입어'(14:3)라는 말이고, 둘째는 '주께서 그들의 손으로'(14:3)라는 말이다. 그들이 오래 머물 수 있었던 것도 담대하게 복음을 증거할 수 있었던 것도 많은 기사와 표적이 나타났던 것도 모두가 주께서 하신 일이고 그가 힘을 주셨기 때문이다. 한마디로 사도들이 복음을 담대히 증거할 수 있었던 것 자체가 주님의 은혜요, 그분이 힘을 주셨기 때문이라는 의미이다.

---

[86] 박해가 일자 두 사도는 그곳을 피하기보다는 그곳에 오래 머물러 있으면서 복음을 받아들인 이들의 신앙이 외적인 환경으로 인해 흔들리지 않도록 만들어 주었다. 사도들은 단순히 복음을 전하는 것으로 만족하지 않고 복음을 받아들인 이들이 신앙에 견고하게 설 수 있도록 그들을 신앙으로 지도하는 일도 소홀히 하지 않았다. 보통 초신자들의 경우 신앙이 약해 외적인 변화에 능동적으로 대처하지 못하고 다시 원점으로 돌아가고 싶어한다는 사실을 잘 알고 있던 바울과 바나바는 그들을 신앙으로 견고하게 세워주는 일을 게을리하지 않았다. 이것은 이 두 사도가 얼마나 충실한 복음의 역군이었는가를 단적으로 말해준다.

[87] '함께'라는 말이 68회 등장하고 '같이'라는 말도 상당히 반복해서 나타난다. 예를 들어 "베드로가 열한 사도와 함께 서서 소리를 높여 이르되 유대인들과 예루살렘에 사는 모든 사람들아 이 일을 너희로 알게 할 것이니 내 말에 귀를 기울이라"(2:14)는 말씀을 보라. 예수님이 70인을 보내시면서 둘씩 둘씩 보내셨던 이유도 거기 있다. 둘은 더 힘을 실을 수 있기 때문이다.

사도들 자신은 나약한 존재들이다. 그러나 사도들은 주를 힘입고 성령의 능력으로 선교사역을 힘 있게 감당할 수 있었다.[88] 거룩한 주의 사역의 주체, 특히 복음을 전하고 이방세계에 선교의 영역을 넓혀가는 일은 주께서 하시는 기이한 역사이다. '주께서 그들의 손으로'(14:3)라는 말은 사도들의 손으로 기사와 표적이 나타났지만 이것 역시 그 일을 행하신 주체는 '주님'이라는 의미이다. 하나님의 일은 하나님이 하시는 역사임을 여기서도 보여준다.

우리는 또 한 가지를 주목할 필요가 있다. 그것은 3절 후반 절에 있는 '자기 은혜의 말씀(the message of his grace)을 증거하시니'라는 말이다. "그리스도의 복음은 의미심장하게 하나님의 은혜의 말씀이라 불린다."[89] 은혜의 말씀이란 말처럼 그리스도의 생명의 복음을 잘 집약한 표현은 없다. 그런데 단순히 '은혜의 말씀'이라고 하지 않고 '그의 은혜의 말씀'이라고 한 부분을 주목해야 한다. 은혜의 주체와 말씀의 주체가 예수 그리스도라는 사실을 분명히 한 것이다. 주의 은혜가 말씀을 통해서 주어지는 것이다. 때문에 사도들은 그리스도의 이름으로 예수 그리스도와 그의 말씀을 전파하는 것을 가장 중요한 사명으로 여겼다. 사도들이 오래 머물면서 한 일이 무엇인가를 단적으로 설명해 준다. 바울과 바나바는 안디옥교회에서 1년 동안 함께 있으면서 했던 것처럼 이고니온에서도 이들을 말씀으로 교육시켰다. 다시 말해 단기간 제자훈련을 시킨 것이다.[90]

---

[88] 복음전도의 진정한 동행자는 성령이다. 사도들이 담대히 말하게 해주신 분도, 사도들로 하여금 기사와 표적을 행하게 하신 분도, 주의 은혜의 말씀을 담대히 전하게 해주신 분도 역시 성령이었다. 성령이 실제적인 주체였음을 말해준다. 이고니온으로 쫓겨 오면서도 "기쁨과 성령이 충만"(13:52)했던 사실을 주목할 필요가 있다. 복음을 담대히 전하고 박해를 받으면서도 기쁨이 충만할 수 있었던 이유는 바로 성령의 충만 때문이었다. 바울과 바나바가 담대히 복음을 전했지만 그러나 그들로 하여금 그 사역을 감당할 수 있도록 하신 분은 그들과 동행하신 성령이셨다. 복음의 역사가 성령의 역사라고 하는 이유가 거기 있다.

[89] Denton, *A Commentary on the Acts of the Apostles.* Vol. II., 45.

[90] 바울은 후에 고린도교회에 보내는 편지에서 "형제들아 내가 너희에게 나아가 하나님의 증거를 전할 때에 말과 지혜의 아름다운 것으로 아니하였"음(고전 2:1)을 일깨워주었고, 다시 "내 말과 내 전도함이 설득력 있는 지혜의 말로 하지 아니하고 다만 성령의 나타나심과 능력으로"(2:4) 하였음을 강조하였다. 이것은 바울과 바나바가 선교사역을 수행하면서 인간적인 방법이나 지혜를 동원한 것이 아니라 "성령의 나타나심과 능력으로" 행하였음을 말해준다.

안디옥에서 그랬던 것처럼 이고니온에서도 바울은 '은혜의 말씀을 증거'하는 데 생명을 걸었다. 바울은 복음을 전할 때 상황에 따라 말씀전파의 방법을 달리했지만 전파의 내용을 한 번도 바꾼 적이 없었다. 바울의 복음전파가 우리에게 주는 교훈이 바로 이것이다. 교회는 이웃을 섬기는 방법, 선교, 제자양육, 말씀교육 등 다양한 방법을 구사해야 하지만 언제나 전파의 내용, 진리는 변함이 없어야 한다. 바로 그것이 '은혜의 말씀'이다.

복음의 수용과 거부 그리고 핍박(14:4-7)

누가가 누가복음에서 분명히 밝히고 있지만 그리스도의 공생애 동안에도 그의 초자연적 기사와 표적을 복음전파를 받아들이는 자들과 거부하는 자들 둘로 나뉘었다. 복음의 능력이 나타나자 이고니온 사람들이 두 그룹으로 나뉘어졌다. 사도들을 좇는 자도 있고, 유대인을 좇는 자도 있었다. 복음이 들어가는 곳마다 그 공동체는 신앙을 받아들이는 자들과 신앙을 거부하는 이들로 나뉘게 되어있다.

일단 공동체가 신앙을 가진 이들과 그렇지 않은 이들 둘로 갈라지면, 신앙을 가진 이들은 비폭력적 방법을 사용하기 때문에 표면적으로는 전투적으로 복음을 반대하는 세력이 상황을 주도하게 마련이다. 이고니온에서도 복음의 반대세력은 똘똘 뭉쳐 '이방인과 유대인과 그 관리들이 두 사도를 모욕하며 돌로 치려고 달려'(14:5)드는 일이 발생했다. 유대인들만 반대한 것이 아니라 이방인들도 합류하고 또 관원들도 그들과 합류했다는 사실은 복음의 반대세력이 얼마나 응집력이 있었는가를 말해준다. 그러나 이와 같은 복음전파의 방해가 바울과 바나바의 복음의 열정도, 복음의 진전도 막을 수는 없었다.

바울과 바나바가 회당에서 복음을 전한 것은 당시 회당이 유대인들을 만날 수 있는 가장 좋은 장소인데다 바울과 바나바가 그곳에서 복음을 전하는 것이 허용되었기 때문이다. 그러나 예루살렘 멸망 이후 유대교와 기독교가 뚜렷이 구분되기 시작하면서 사도들은 더 이상 복음을 전할 수 없게 되었다. 바울과 바나바가 가는 곳마다 복음을 전했고, 그 복음을 받고 믿는 자들이 생겨났지만 동시에 그 복음전파를 방해하는 세력들이 계속해서 등장했다. 복음전파를 방해하는 세력들이 처음 유대인들이었고, 그 유대인들의 선동을 받은 유대인들과 경건한 귀부인들과 시내 유력자들이더니 이제는 '이방인, 유대인들, 그 관리들'(14:5)로 확대되었다.

그런 박해 가운데서도 바울과 바나바는 흔들리지 않고 복음을 전했다. 이고니온에서 바울은 놀라운 영향력을 그곳에 남겼다. 2세기에 저술된 **바울행전**(Acts of Paul)은 그 지방에 내려오는 구전을 바탕으로 기록된 것이다. 이고니온 주민 오네시보로가 바울에 대해 이렇게 기록한 내용이 있다. "그리고 그는 점점 다가오는 바울, 맞닿은 양미간, 좀 큰 코, 대머리, 밭장다리, 단단한 체구, 은혜 충만한 작은 체형의 사람을 보았다. 때로는 그는 인간처럼 보였고, 때로는 천사의 얼굴 같았다."[91]

'대머리'에 '밭장다리'인 바울의 외형적인 모습은 그렇게 핸섬하거나 아름다운 외관은 아닌 것이 분명하다. 영적거장 바울의 내면의 영성과 그의 볼품없는 외관이 대비를 이룬다. 작은 체형에다 밭장다리 신체구조로 하루도 쉬지 않고 수없이 복음을 전하러 다녔으니 보통 피곤을 느끼지 않았을 것이다. 게다가 굶주림과 추위와 위협 가운데 제대로 숙면도 취하지 못했을 것이니 그는 분명 나이에 비해 늙어 보였을 것이다.

루스드라와 더베에서의 선교(14:8-19)

⁸ 루스드라에 발을 쓰지 못하는 한 사람이 앉아 있는데 나면서 걷지 못하게 되어 걸어 본 적이 없는 자라 ⁹ 바울이 말하는 것을 듣거늘 바울이 주목하여 구원받을만한 믿음이 그에게 있는 것을 보고 ¹⁰ 큰 소리로 이르되 네 발로 바로 일어서라 하니 그 사람이 일어나 걷는지라 ¹¹ 무리가 바울이 한 일을 보고 루가오니아 방언으로 소리 질러 이

---

[91] Bruce, *The Book of ACTS*, 288.

르되 신들이 사람의 형상으로 우리 가운데 내려오셨다 하여 ¹² 바나바는 제우스라 하고 바울은 그 중에 말하는 자이므로 헤르메스라 하더라 ¹³ 시외 제우스 신당의 제사장이 소와 화환들을 가지고 대문 앞에 와서 무리와 함께 제사하고자 하니 ¹⁴ 두 사도 바나바와 바울이 듣고 옷을 찢고 무리 가운데 뛰어 들어가서 소리 질러 ¹⁵ 이르되 여러분이여 어찌하여 이러한 일을 하느냐 우리도 여러분과 같은 성정을 가진 사람이라 여러분에게 복음을 전하는 것은 이런 헛된 일을 버리고 천지와 바다와 그 가운데 만물을 지으시고 살아계신 하나님께로 돌아오게 함이라 ¹⁶ 하나님이 지나간 세대에는 모든 민족으로 자기들의 길들을 가게 방임하셨으나 ¹⁷ 그러나 자기를 증언하지 아니하신 것이 아니니 곧 여러분에게 하늘로부터 비를 내리시며 결실기를 주시는 선한 일을 하사 음식과 기쁨으로 여러분의 마음에 만족하게 하셨느니라 하고 ¹⁸ 이렇게 말하여 겨우 무리를 말려 자기들에게 제사를 못하게 하니라 ¹⁹ 유대인들이 안디옥과 이고니온에서 와서 무리를 충동하니 그들이 돌로 바울을 쳐서 죽은 줄로 알고 시외로 끌어 내치니라

이고니온에서 이방인과 유대인과 관원들이 뭉쳐 자신들을 돌로 치려는 음모를 미리 알게 된 바울과 바나바는 루가오니오의 두 성 루스드라와 더베 및 그 근방으로 피했다. 바울의 선교여행지 대부분이 대도시인 반면 루스드라는 상대적으로 작은 도시였다. 주전 6세기에 세워진 루스드라(Lystra)는 이방도시였다. 루스드라는 비시디아 안디옥과 마찬가지로 6 B.C.년에 아우구스투스 황제에 의해 로마의 식민지로 편입되었다. 디모데의 고향으로 여겨지는 루스드라는 오늘날 터키의 남부 중앙의 라코오니아 상업도시(Market City) 역할을 하고 있다.

바울과 바나바는 그곳으로 가서도 여전히 복음을 전했다(14:7). 가는 곳마다 박해가 이어졌지만 두 사도는 굴하지 않고 담대히 복음을 전파했다. 바울과 바나바가 얼마나 복음에 불타는 사람이었는가를 우리는 이들의 사역을 통해 분명히 알 수 있다. 복음의 능력도 강하게 나타났다. 그러나 누가는 이들에게 공헌을 돌리기보다 그들을 사용하신 하나님께 초점을

맞추고 있다. 바울과 바나바가 확실히 위대한 전도자들이지만 그 배후에 역사하시는 하나님은 더 크고 위대하시다.

루스드라에서 못 걷는 사람을 고침(14:8-10)

루스드라에서 못 걷는 사람을 일으킨 사건도 같은 맥락이다. 하나님은 바울과 바나바의 선교사역 배후에서 깊이 간섭하시고 섭리하셨다. 하나님은 복음의 전파 과정에서 계속되는 박해 가운데서도 바울과 바나바에게 표적과 기사와 이적을 통해 박해를 이길 수 있는 힘을 제공해주셨다. 루스드라의 못 걷는 사람이 일어난 사건을 통해 주님은 여전히 제자들과 동행하신다는 사실이 입증되었다.

확실히 누가는 이 사건을 기록하면서 베드로와 요한이 성전 미문에 앉은 못 걷는 사람을 일으킨 사건과 대비시키고 있다.[92] 그것은 이 못 걷는 사람이 '나면서 걷지 못하게 되어 걸어 본 적이 없는 자'(14:8)였다는 사실, 바울이 '주목하여 구원 받을만한 믿음이 그에게 있는 것'(14:9)을 보았다는 사실에서 확인할 수 있다. 여기 '구원 받을만한 믿음'이란 정확히 표현하면 '치료 받을만한 믿음'(faith to be healed, πίστιν τοῦ σωθῆναι)을 말한다. 믿음은 하나님에 대한 지식(the knowledge of God)과 하나님에 대한 신뢰(reliance of God) 두 가지 사실을 포함한다.[93]

그는 날 때부터 장애인이었기 때문에 한 번도 걸어본 적이 없었다. 바울이 '네 발로 바로 일어서라' 명하자 '그 사람이 일어나 걷는지라'(14:10)는 말에서도 베드로와 요한이 성전 미문에 앉은 못 걷는 사람을 일으킨 그 사건과 유사한 것을 발견한다. '큰 소리로 이르되 네 발로 바로 일어서라 하니 그 사람이 일어나 걷는지라.' 칼빈이 지적한 것처럼 그가 고침을 받은 것은 물론 "그의 안에 계신 성령의 특이하고 특별한 역사였다.… 그리

---

[92] 누가가 둘을 비견하고 있다는 사실은 표적의 목적과 표적의 주역을 매우 유사하게 진술하고 있다는 사실에서 읽을 수 있다. 첫째, 나면서 못 걷는 사람이라는 사실(8절), 둘째, 표적의 목적이 "살아계신 하나님께로 돌아오게 하려 함이라"는 사실(15절), 셋째, 표적의 주체가 바울과 바나바가 아니라는 사실(14절)을 정확하게 비견하고 있는 것에서 알 수 있다.

[93] Denton, A Commentary on the Acts of the Apostles. Vol. II., 46.

고 이는, 다른 한편으로, 바울이 그의 안에 있었던 믿음을 보았을 때 바울 안에 계셨던 동일하신 성령님이 역사하신 것이다."[94]

구원 받을만한 믿음이 있는 것을 확인한 바울은 그에게 일어나라고 명했고, 그 사람이 일어나 걸었다. 난생처음 걸은 것이다.

베드로, 요한의 성전 미문 못 걷는 사람과 바울의 루스드라 치유

	사도행전 3장	사도행전 14장
상 태	나면서 못 걷게 된 이	나면서 못 걷는 사람
믿 음	무엇을 얻을까 바라보거늘	구원 받을만한 믿음
명 령	일어나 걸어라	네 발로 바로 일어서라
결 과	걷기도 하고 뛰기도 하며	그 사람이 일어나 걷는지라

바울이 고친 루스드라의 나면서부터 못 걷는 사람은 사도행전 3장에 나오는 예루살렘 성전의 걷지 못하는 사람과 유사점이 많았다. 전자나 후자 모두 성령충만한 사도들을 통해 그리스도의 이름으로 고침을 받았다.

누가는 예수님이 하셨던 가르치고, 천국복음을 전파하고, 귀신을 내쫓으시고 각종 병자를 치료하시는 역사가 성령충만을 받은 제자들을 통해서 동일하게 나타났다는 사실을 사도행전 전체에서 잘 드러내고 있다. 베드로와 요한과 함께 하신 놀라운 성령의 역사가 여전히 바울과 바나바와 함께 했다는 사실을 증거하길 원했다.

나면서 걷지 못한 사람이 치유를 받아 걷고 뛰는 병 고침의 역사는 주님께 속했던 표적이었다. 그런 역사를 베드로와 요한이 그리고 바울과 바나바가 행한 것이다. 제자들은 예수 그리스도가 행하셨던 똑같은 기적을 행했다. 이것은 예수 그리스도가 여전히 사도들과 함께 하신다는 사실, 그가 약속의 메시야라는 사실을 입증해주었다. 신적 권능을 목도한 루스드라 사람들이 바울과 바나바를 신으로 생각한 것은 이상한 일이 아니다.

---

[94] 칼빈, 사도행전 Ⅱ, 24-25.

바울과 바나바를 신으로 섬기려 함(14:11-13)

지금까지 그와 같은 기적의 역사를 목도한 적이 없었던 루스드라 사람들은 바울이 행한 것을 보고는 자신들이 사용하는 루가오니아 말로 '신들이 사람의 형상으로 우리 가운데 내려오셨다'(14:11)고 소리쳤다. 날 때부터 못 걷는 사람을 일으킨 사건은 지금까지 없었던 자신들이 볼 때는 신만이 행할 수 있는 일이었다.

무리들은 바나바를 '제우스'(Zeus, Δία, 14:12) 신이라고 불렀고, 바울을 '헤르메스'(Hermes, Ἑρμῆν, 14:12) 신이라고 불렀고, 성 밖에 있는 제우스 신당의 제사장들이 바울과 바나바가 기적을 베푼 그 집 대문에 소와 화관들을 가지고 와서 제사를 드리려고 했다. 제사장들만 제사를 드리려고 한 것이 아니라 "무리와 함께"(14:13) 제사를 드리려고 했다.[95] 제사장들도 바울과 바나바를 신으로 생각했고 무리들도 당연히 그렇게 여겼던 것이다.

어떻게 이런 일이 일어날 수 있는가? 그 지방에는 제우스와 헤르메스로 알려진 두 신이 옛날에 인간의 형상으로 그들 가운데 내려온 전설이 전해 내려왔다. 날 때부터 걷지 못하는 못 걷는 사람이 일어나는 기적을 목도한 루스드라 사람들은 그를 고친 이 두 사람이 인간이 아니라 그들 가운데 임한 신(神)이라고 확신했다. 그들이 바나바와 바울을 제우스와 헤르메스라고 부르고 그들에게 제사를 드리려고 한 것도 그 때문이다.[96] 이방종교에서도 치유에 대한 기록은 있지만 태어날 때부터 못 걷는 사람 되었던 자가 일어난 기록은 찾을 수 없었다. 루스드라 사람들이 이 기적 앞에 두 사도를 신으로 착각했던 것도 무리는 아니다.

더구나 이 지방에는 독특한 전설이 전해져 내려오고 있었다. 바울이 못 걷는 사람을 일으킨 이 사건 전에 라틴 시인 오비드(Ovid)는 그의 메트로모르포시스(Metmprphoses)에서 아주 오래된 그 지방의 전설을 기록하고 있다. 최고의 신 주피터와 아들 머큐리(헤르메스)가 인간의 모습으로

---

[95] Chrysostom, *The Homilies on The ACTS of The Apostles*, 429.
[96] Bruce, *The Book of ACTS*, 292.

변장을 하고 브루기아 산지를 방문해 잠행하면서 사람들이 사는 곳에 잠시 손님으로 묵으려 했으나 자신들을 맞아주는 집이 없었다.

여러 번 거절을 당한 이들을 맞아 준 것은 짚과 습지에 사람이 사는 집이라고 하기에는 너무도 초라한 한 갈대로 지붕을 엮은 오두막이었다. 그 집에는 벨레몬과 바우시스라는 늙은 농부 부부가 살고 있었는데 이들은 매우 가난한 살림에도 불구하고 그 손님들을 극진히 대접했다. 이 노부부의 정성과 사랑에 감동을 받은 신들은 그들에게 후한 보상을 내렸고, 반면 자신들을 거절한 집들은 홍수로 쓸어버렸다.

이웃 지방에 있었던 이와 같은 기사를 잘 알고 있던 루스드라 사람들은 만약 신들이 이 지역을 다시 방문한다면 신들에게 후히 대접해 브루기아 사람들과 같은 운명에 처하지 않으려고 했을 것이다. 지금까지 자신들이 목도하지 못한 못 걷는 사람을 일으킨 사건을 보면서 그들이 바울과 바나바를 신으로 착각했던 것도 그와 같은 배경에서 이해할 수 있을 것이다. 제우스와 헤르메스가 함께 그 지역의 수호신으로 숭배를 받았다.

제우스와 헤르메스에 대한 전설은 그곳 사람들이 바나바와 바울을 제우스와 헤르메스로 착각하고 제사를 드리려고 한 배경을 설명해 준다. 사람들이 이야기하는 바울을 헤르메스로, 바나바를 제우스로 이해한 것은 당시 헬라에서 제우스를 최고의 신으로, 헤르메스를 신들의 사신(messenger)으로 믿었기 때문이다.[97]

자신들이 아닌 그리스도를 드러냄(14:14-18)

처음에는 이와 같은 루스드라 사람들의 행동을 이해하지 못하다가 자신들에게 제사를 드리려는 모습을 보고서야 그 진의를 파악한 바울과 바나바는 오래 전 베드로와 요한이 했던 것처럼 그들을 향해 '왜 우리를 주목하느냐'며 그 기적의 역사로 인한 영광을 십자가의 주님에게로 돌린다. 바울과 바나바는 '옷을 찢고 무리 가운데 뛰어 들어가서 소리'(14:14)를 높

---

[97] Carver, *The Acts of the Apostles*, 150. 바나바가 먼저 언급된 것은 이방인들의 눈에 그가 주된 신이고 상황을 주도한다고 여겨졌기 때문이다.

여 외쳤다. 자신들이 그들과 '같은 성정을 가진 사람'(14:15)이라는 사실, 때문에 자신들을 신으로 섬기는 헛된 일을 하지 말고 '천지와 바다와 그 가운데 만물을 지으시고 살아계신 하나님께로 돌아오라'(14:15)고 촉구했다. 바울은 하나님이 어떤 분인가를 설명하고 있다. 하나님이 한 분이시고 또 살아계신 참 신이심을 믿는 유대인들에게는 '예수님이 그리스도시다'라는 사실을 증거하고, 이방인들에게는 유대인들이 이미 믿고 고백하는 사실, 즉 하나님이 어떤 분이신가를 먼저 가르쳤다.

그러므로 우리는 여기서 두 가지 사실을 주목할 필요가 있다. 첫째, 바울이 베드로와 요한이 그랬던 것처럼 자기를 주목하는 이들에게 못 걷는 사람을 일으킨 기적의 주체가 자신들이 아니라는 사실을 분명히 했다는 점이다. 다만 차이가 있다면 베드로와 요한은 예수 그리스도가 누구인지에 대한 적어도 기초 지식을 갖고 있는 유대인들에게는 기적의 역사가 바로 예수 그리스도의 이름이라는 사실을 분명히 한 반면 예수 그리스도가 누구인지 알지 못하는 루스드라 사람들에게는 그 기적의 주체를 창조주 "살아 계신 하나님"(the living God, 14:15)이라고 밝혔다는 사실이다. 바울은 이 세상을 창조하신 분이 분명히 계신다는 사실, 그분은 참으로 전능하신 분이라는 사실, 자신들의 기적이 그분에게서 나온 것임을 분명히 했다.

둘째, 바울의 선교적 접근방법이다. 루스드라에서 행한 바울의 설교는 이교도들에게 행한 첫 설교였다. 확실히 이 설교는 비시디아 안디옥의 회당에서 유대인들을 대상으로 행한 설교와는 차이가 있었다. 바울과 바나바는 기회가 있는 대로 가는 곳마다 예수 그리스도를 통한 복된 소식 곧 하나님의 말씀, 구원의 말씀, 은혜의 말씀 혹은 좋은 소식을 전하는 데 초점을 맞추었다. 그 핵심은 값없이 우리를 위해 주님께서 십자가에 달리심으로 우리가 그를 믿으면 구원을 받는다는 은혜의 복음이었다.

그러나 그것을 설명하는 데 있어서 유대인들에게는 구약의 율법에서 시작하였지만 루스드라 이교도들에게는 그들도 이해할 수 있는 창조주 하나님에 대한 이야기로 접근하고 있다. 루스드라 사람들이 섬기는 우상과 '천지와 바다와 그 가운데 만물을 지으시고 살아 계신 하나님'(14:15)과는 본질적으로 다르다는 사실을 환기시켜주었다. 바울은 창조주 하나님을 설명하면서 이 세상을 지으신 그분은 창조 사역으로 그분의 역할이 중지된 것이 아니라 지금도 살아계셔서 이 세상을 다스리시고 섭리하시는 주권적인 하나님이심을 선언하고 있다.

창조주를 하나님이라고 부름으로써 창조주가 어떤 신인가를 분명히 한 것이다. 루스드라 사람들도 이해할 수 있는 개념으로 시작해 기독교의 신관을 분명히 천명하는 것으로 결론을 내리는 것을 볼 수 있다. 뿐만 아니라 그분은 루스드라 사람들이 섬기는 비인격적인 존재와는 달리 비를 내리시고 결실케 하시어 인간에게 '음식'을 제공하시고 '기쁨'(14:17)을 주시는 인격적인 살아계신 하나님이심을 선언한다. 바울은 농사를 짓는 루스드라 사람들에게 비와 결실을 제공하는 신 그러면서도 계절의 변화를 주관하시는 살아계신 신이 바로 하나님이심을 일깨워주었다.

우리는 복음의 본질을 변화시키지 않으면서 복음의 전달의 접근방법을 적절하게 사용하는 바울에게서 우리가 어떻게 다양한 계층의 다양한 사람들에게 복음을 전할 것인가를 배울 수 있다. 존 스타트의 말대로 "우리는 바울의 융통성을 배울 필요가 있다."[98]

계속되는 복음전파의 방해: 돌에 맞은 바울(14:19)

유대인들이 안디옥과 이고니온에서 와서 무리를 충동하여 '돌로 바울을 쳐서 죽은'(14:19) 상태로 만들었다. 루스드라와 비시디아 안디옥은 160km 나 떨어져 있었는데도 달려 온 것이다. 우리는 바울과 바나바의 복음전파를 방해하는 세력이 얼마나 집요한가를 알 수 있다. 안디옥과 이고

---

[98] 존 스타트, **사도행전 강해**, 273. "우리는 예수 그리스도의 복음의 핵심을 멋대로 편집할 자유는 없다. 또한 그럴 필요가 있는 것도 전혀 아니다. 그러나 우리는 사람들과의 접촉점을 찾기 위해 그들이 있는 곳에서부터 시작해야 한다. 오늘날과 같이 사람들이 세속화된 때에는 진정한 인간미, 보편적인 초월에의 추구, 사랑과 공동체에 대한 갈망, 자유에의 추구, 또는 개인의 중요성에 대한 열망 등이 그 접촉점이 될 것이다. 그러나 어디에서부터 시작하건 우리는 예수 그리스도, 곧 그분 자신이 좋은 소식이시며, 그분만이 인간의 모든 열망들을 채워주실 수 있다는 사실로 끝나게 될 것이다."

니온에서 바울과 바나바의 복음전파를 방해해 더 이상 그곳에서 복음을 전할 수 없었던 바울과 바나바가 루스드라로 쫓겨 왔는데도 바울을 반대했던 세력들이 루스드라까지 쫓아 와서 무리를 선동해 바울을 돌로 쳐 죽이려고 한 것이다.

본문에서는 밝히고 있지 않지만 전후 관계에서 볼 때 루스드라에서 못 걷는 사람을 일으키는 기적의 역사로 인해 수많은 사람들이 바울과 바나바를 신으로 섬기려고 할 만큼 그야말로 대단한 소동이 일어나자 이들의 선교사역을 방해하려는 세력들이 안디옥과 이고니온의 이전의 반대세력들에게 지원을 요청해 루스드라까지 온 것으로 보인다. 이미 루스드라에서의 놀라운 기적의 역사는 이고니온과 안디옥에까지 전해졌고, 복음전파로 인해 위협을 느낀 유대인들은 이방인들과 이교도들을 선동해 바울을 돌로 쳐 죽이려고 했던 것이다. 얼마나 복음을 반대하는 세력들이 줄기찬가를 알 수 있다. 이고니온에서 돌로 쳐 죽이려고 한 음모가 이제는 실제로 실행에 옮겨진 것이다.

의사인 누가는 바울이 죽었다고 말하지 않고 '죽은 줄 알고 시외로 끌어 내쳤다'(14:19)고 기록하고 있다. 돌로 친 후 바울이 죽은 줄 알고 성 밖에다 버렸다는 의미로 해석된다. 밖으로 끌어낸 후 바울에게 일어난 일에 대해서 누가는 구체적으로 언급하지 않았다. 그를 둘러선 '제자들'(14:20)이 바울의 돌에 맞아 난 상처로 흐르는 피를 닦아주고 그가 회복될 수 있도록 하나님께 간절히 기도했을 것이다. 바울은 얼마 후 기절상태에서 깨어났다. 그곳에 모인 이들은 하나님께서 다시 한 번 자신들에게 기적을 베푸신 것으로 생각하고, 대단히 용기를 얻었을 것이다.

후에 바울은 고린도에 보내는 서신에서 '한 번 돌로 맞고'(고후 11:25), '거꾸러뜨림을 당하여도 망하지 아니하고'(고후 4:9)라고 회고한 것은 아마도 루스드라에서 당한 이 사건을 두고 한 말일 것이다. 그는 갈라디아 교회에 보낸 서신에서 '내가 내 몸에 예수의 흔적을 지니고 있노라'(갈 6:17)고 말했다. 이것은 그때 받은 상처가 얼마나 깊이 바울의 몸에 상처로 남아 있었는가를 암시해준다.

두 사도에 대한 루스드라 무리의 태도 급변

우리는 여기서 한 가지 사실을 주목할 필요가 있다. 바울이 초주검을 당한 곳은 다름 아닌 못 걷는 사람을 일으켜 제우스와 헤르메스로 섬기려는 그들을 겨우 말려 자기들에게 제사를 드리지 못하게 한 곳이다. 그 정도로 바울과 바나바를 추앙하고 높이 평가했다. 그랬던 그 지역의 사람들도 안디옥과 이고니온에서 온 유대인들이 충동하자 갑자기 바울과 바나바를 대적하는 자들로 돌변한 것이다. 조금 전만 해도 바나바와 바울이 그들 가운데 강림한 제우스와 헤르메스로 믿고 제사를 드리려고 했던 이들이 안디옥과 이고니온에서 온 사람들이 충동하자 바로 바나바와 바울을 죽이려는 폭군으로 돌변한 것이다.

브루스가 지적한 대로 "두 사도들에 대한 루스드라 지방의 태도가 이렇게 급변하다니 이 얼마나 암울한 아이러니인가!"[99] 표적과 기적이 꼭 완전한 신앙을 보장해주는 것은 아니다. 표적을 따라다니는 자들이 보여주는 전형적인 모습이다. 예수 그리스도 표적을 보고도 그를 십자가에 못 박으라고 외치고, 스데반의 기사와 표적을 보고도 그를 돌로 쳐 죽인 무리들처럼 루스드라의 '무리'들은 너무도 쉽게 선동에 넘어가고 복음을 대적하는 무리들에 동조하였다. 안디옥과 이고니온에서 온 유대인들의 충동에 넘어간 무리들이 돌로 바울을 쳐서 '죽은 줄로 알고 바울을 시외로 끌어 내쳤다'(14:19).

5. 수리아 안디옥으로 귀환(14:20-28)

²⁰ 제자들이 둘러섰을 때에 바울이 일어나 그 성에 들어갔다가 이튿날 바나바와 함께 더베로 가서 ²¹ 복음을 그 성에서 전하여 많은 사람을 제자로 삼고 루스드라와 이고니온과 안디옥으로 돌아가서 ²² 제

---

[99] Bruce, *The Book of ACTS*, 296.

자들의 마음을 굳게 하여 이 믿음에 머물러 있으라 권하고 또 우리가 하나님의 나라에 들어가려면 많은 환난을 겪어야 할 것이라 하고 ²³ 각 교회에서 장로들을 택하여 금식 기도하며 그들이 믿는 주께 그들을 위탁하고 ²⁴ 비시디아 가운데로 지나서 밤빌리아에 이르러 ²⁵ 말씀을 버가에서 전하고 앗달리아로 내려가서 ²⁶ 거기서 배 타고 안디옥에 이르니 이곳은 두 사도가 이룬 그 일을 위하여 전에 하나님의 은혜에 부탁하던 곳이라 ²⁷ 그들이 이르러 교회를 모아 하나님이 함께 행하신 모든 일과 이방인들에게 믿음의 문을 여신 것을 보고하고 ²⁸ 제자들과 함께 오래 있으니라

놀라운 것은 바울이 죽음 직전에서 깨어난 후 보여준 모습이다. 제자들이 둘러섰을 때에 바울은 일어나 그 성에 들어갔다가 이튿날 바나바와 함께 더베(Derbe)로 가서 복음을 전했다.

더베, 루스드라, 이고니온 재방문(14:20-23)

더베는 루스드라에서 96km 떨어진 갈라디아 리카니안(Lycaonian) 남동부의 국경 도시다. 죽음 직전에 깨어난 바울이 상처 난 몸으로 무려 96km 되는 그 먼 거리를 도보로 걸어갔다는 사실에 놀라지 않을 수 없다. 이 거리는 건강한 사람에게도 대단히 부담스러운 거리다. 죽음 직전에서 깨어난 사람이 상처투성이, 사방이 시퍼런 멍으로 성할 데가 없는 몸으로 그 긴 거리를 달려갔다는 것은 보통 일이 아니다. 자신의 생명보다 복음을 증거하는 것을 더 귀하게 여긴 것이다. 그는 생명이 존재하는 한 복음을 전해야 할 사명을 깊이 인식하고 있었고, 그 일을 주저하지 않고 실행에 옮겼다. 그 결과 그가 가는 곳마다 복음의 역사가 예외 없이 나타났다.

그러나 사실 이보다 우리가 더 주목할 것이 있다. 그것은 바울이 얼마 전 복음을 전하고 교회를 설립한 더베로 달려갔다는 사실이다. 더베에 간 바울이 어떤 사역을 했는지 누가는 '많은 사람을 제자로 삼고'(won a number of disciples, 14:21)라는 말로 간단히 집약했다. 바울은 더베에서

복음을 다시 전해 많은 사람을 제자로 삼은 후에 바로 이어 '루스드라와 이고니온과 안디옥'(14:21)을 다시 방문했다.

자신들을 그토록 잔인하게 자신들을 박해했던 루스드라와 이고니온과 비시디아 안디옥으로 그렇게 속히 다시 돌아간 것이다. 그것은 이제 막 신앙생활을 시작한 사람들에게 앞으로 있을 박해를 예견하고 그들을 신앙으로 무장시키기 위해서였다(14:22). 두 사도의 용기와 헌신이 얼마나 대단했는가를 알 수 있다.[100] 이런 용기와 결단 배후에는 하나님의 깊으신 은혜의 섭리도 함께 했다는 사실을 언급해야 할 것 같다. 램지에 따르면 바나바와 바울이 더베로 되돌아갈 수 있었던 것은 그들을 추방했던 "모든 도시의 행정장관들이 교체되어 새로운 행정관들이 직무"를 맡게 되었다.[101] 램지의 말이 사실이라면 하나님께서는 복음을 전하는 당신의 백성들을 얼마나 보호하시는가를 알 수 있다.

바울은 첫 번째 선교여행에서 너무도 많은 고난을 만났다. 루스드라에서 복음을 전하다가 그는 초주검이 되었다. 세상일은 실패면 실패지 실패처럼 보이는 성공은 없다. 그러나 주의 일에 있어서는 실패처럼 보이는 성공이 너무도 많다. 바울의 선교여행이 바로 그랬다. 바울은 루스드라에서 돌에 맞아 죽는 경험을 했지만, 오히려 그 사건을 통해 담대함을 얻었고 죽음의 순간에도 함께 하시는 성령의 역사를 체험했다. 그리고 박해 가운데서도 수많은 제자들이 생겨났다. 숱한 박해를 당하면서도 주를 믿겠다고 나선 사람들이 계속해서 등장한 것은 바울이 박해를 받으면서도 전혀 흔들리지 않고 복음을 증거했기 때문이다. 복음에 대한 바울의 당당

---

[100] Bruce, *The Book of ACTS*, 296.
[101] Ramsay, *St. Paul the Traveler*, 68. "더베에서는 특별한 기록이 없다. 이전과 같은 과정이 계속되었다. 로마 지방의 제약 때문에 사도들은 돌아섰다. 그들이 이전에 쫓겨났던 도시들의 지방행정관들이 이제 바뀌었다. 그러므로 돌아가는 것이 가능했다." 행정장관이 교체되어 바울과 바나바가 박해를 받지 않았다는 사실은 누가의 기록에서도 암시를 받는다. 그들이 다시 박해를 받았다는 기록이 없기 때문이다. 박해가 없었기 때문에 그런 것인지 아니면 박해가 있었는데도 언급하지 않은 것인지는 확실하지 않다. 한편으로는 가는 곳마다 박해가 있었는데 여기서만 박해가 없었을 것 같지 않다. 중요한 것은 성령이 바울에게 힘을 주셔서 성령의 은혜와 능력으로 복음전도의 사명을 놀랍게 수행했다는 사실이다.

한 확신, 박해 가운데서도 굴하지 않는 용기, 역경을 헤쳐나가는 그의 결단은 믿음의 사람들에게 적지 않은 도전이 되었을 것이다.

바울은 2차 선교여행 동안 루스드라를 방문해서 신실한 동역자 '디모데라 하는 제자'(16:1)를 만났다.[102] 바울이 도착하기 전에 이미 예수를 믿은 사람들이 루스드라에 있었는데 그중의 한 명이 디모데였다. 디모데는 바울이 '하나님의 나라에 들어가려면 많은 환난을 겪어야 할 것'(14:22)이라고 권고할 때 그 현장에 있었을 것이다.

바울과 바나바의 첫 선교지에서 3가지 사역(14:22-23)

바울과 바나바는 새로 세워진 교회에 세 가지 사역을 수행하였다.

첫째, '마음을 굳게 하여 이 믿음에 머물러 있으라'(14:22)고 권고했다. 이것은 과거 바나바가 예루살렘교회의 파송을 받아 안디옥에 처음 와서 한 일이다.

둘째, '하나님의 나라에 들어가려면 많은 환난을 겪어야 할 것이라'(14:22)고 알려준다. 바울은 예수를 믿고 하나님의 백성이 된 그들이 박해나 핍박으로 인하여 믿음에서 떨어져서는 안 된다는 확신을 갖고 있었다. 그래서 바나바와 바울은 어떤 어려움과 난관이 있어도 흔들리지 말고 끝까지 신앙을 지켜나갈 것을 부탁했다.

덴톤이 지적한 대로 "우리는 영원한 나라 하나님 나라에 들어가기 위해서는 많은 환난을 겪어야 한다. (1) 왜냐하면 하나님께서는 인간의 보호 관찰을 위해 수고와 환난을 주시고 끝까지 견디는 자들에게 그의 나라와 영광의 면류관을 주시기 때문이다. (2) 우리가 이 땅에서 하나님과 인간의 많은 대적들에 둘러싸여 있어 그들로부터 고통을 받기 때문이다. (3) 그러나 그러한 환난으로 말미암아 우리의 영혼은 신앙 안에서 강해지고

---

[102] F. C. Cook, *The Acts of the Apostles: With a Commentary and Practical and Devotional Suggestions for Reader and Students of the English Bible* (London: Longmans, Green, and Co., 1866), xlviii. 쿡에 의하면 디모데가 바울과 합류한 것은 49년이다.

굳건해진다. 그러므로 수고와 환난은 은혜 안에서 우리가 성장하는데 필요하다."[103] 교회는 하나님 나라에 들어갈 때까지 많은 환난을 겪어야 한다는 사실을 계속해서 주지시켜야 한다.

셋째, 각 교회에 '장로들'(14:23)을 택하여 세웠다.[104] 여기 장로라는 말은 헬라어로는 감독(episkope)을 말한다. 회당의 사례를 따라 당시 모든 교회마다 몇 명의 장로들이 있었다.[105] 후에 바울이 에베소교회 장로들을 모아놓고 앞으로의 일을 부탁하면서 그들을 감독이라고 부른 것에서 알 수 있듯이 초기에는 장로와 감독이 구분 없이 사용되었다. 1세기 말에 기록된 로마의 클레멘트 서신에서도 장로와 감독이 구분 없이 교호적으로 사용되었다.[106] 장로직은 지역교회와 관련되어 복수로 사용되었다. 이는 장

---

[103] Denton, *A Commentary on the Acts of the Apostles*. Vol. II., 53. 박해와 관련하여 우리가 한 가지 기억해야 할 것이 있다. 사탄은 물리적인 박해만 가하는 것이 아니라 할 수 있는 한 온갖 방법을 동원하여 교회를 박해한다는 사실이다. 어느 정도 종교의 자유가 주어진 곳에서 사탄은 이단을 동원하거나 세속화를 통해 성도들에게 고도의 박해를 가하고 있다. 마치 초대교회 역사가 유세비우스가 증언한 것처럼 사탄은 유대인들과 종교지도자들 그리고 로마제국의 통치자들을 동원하여 물리적으로 기독교를 박해하다가 이것이 통하지 않자 영지주의, 마니교, 몬타니즘 같은 이단들을 동원하여 교회를 말살하려고 하였다. 이후에도 사탄은 콘스탄틴 대제 이후 기독교 공인을 통해, 계몽주의 시대에는 자유주의를 통해 그리고 오늘날에는 세속화라는 방법을 통해 기독교를 말살하려고 고도의 전략을 쓰고 있다. 이제 더 이상 우리에게는 물리적인 박해가 없다고 생각할지 모른다. 그러나 사탄은 형태를 달리해서 교회를 핍박하고 있다. 박해라고 느끼지 못하도록 자연스럽게 믿음의 사람들을 불신앙의 세계로 향하도록 만들고 있다. 사탄은 마치 시험관에서 개구리를 요리하듯이 믿음이 약한 사람들을 요리한다. 미국의 코넬 대학에서 개구리를 시험관에 넣고 온도를 확 높였더니 개구리가 적응하지 못하고 튀어나갔으나 온도를 매우 조금씩, 조금씩 높여갔더니 전혀 의식하지 못하고 개구리들이 가만히 죽어갔다. 믿는 사람들이 세상, 재물, 쾌락, 명예, 돈에 취해 전혀 의식하지 못하는 가운데 신앙에서 떨어지는 경우가 종종 있다. 사탄이 쓰는 고도의 전략이다. 물리적이고 급박한 박해나 의식하지 못할 정도로 우리에게 서서히 다가오는 세속화의 박해나 모두 경계해야 한다.

[104] Ramsay, *St. Paul the Traveler*, 121.

[105] Denton, *A Commentary on the Acts of the Apostles*. Vol. II., 53. "안수는 어원적으로 손을 뻗어 선출하는 것을 의미한다. 그러나 이 의미는 본문의 문장의 구조 혹은 사건의 상황과 일치하지 않는다. 두 사도가 장로를 선출할 수 없었고 그들은 단지 임명을 하고 우리가 아는 대로 안수를 했다. 각 교회에 장로들이 몇 명이 있었고, 그리스도의 교회는 회당의 모범을 따랐다. 때때로 이들 장로들은 감독으로 불렸는데 전자는 특별히 더 유대적이고 후자는 헬라어에서 유래되었다. 그러나 이들 두 이름은 동일한 사람들 혹은 동일한 직분자들에게 동시에 구분 없이 사용되었다. 비록 이것이 장로 안수의 첫 언급이지만 우리는 그 밖의 다른 곳에서도 장로들의 존재를 읽을 수 있으며, 이것이 그러한 직분자들이 처음 임명된 경우는 아니라는 사실을 안다."

로직이 외부에서 유입된 직분이 아니라 회중 내에서 선택되었으며 한 교회에 몇 명의 장로들이 있었음을 말해준다.[107]

장로들을 세우는 목적은 제자들의 신앙을 굳게 세우고 환난 가운데서도 흔들리지 않고 교우들을 돕기 위해서다. 즉 바나바와 바울이 떠나 있는 동안 장로들을 통해 성도들을 견고하게 세우려는 데 그 목적이 있었다. 바나바와 바울은 금식하고 기도하는 가운데 장로들을 택하였다. 이것은 이들을 택할 때 즉흥적이고 감정적으로 사람을 세우지 않았고 또한 세상적인 조건을 보고 세우지 않았음을 의미한다. 택함의 주체가 각 교회였고 각 교회가 장로를 택할 때 그가 사역을 잘 감당할 것인지의 여부와 그가 바른 사람인지 두 가지를 검증했다.[108] 검증과정에서 바울과 바나바가 일정한 몫을 했을 것은 분명하다. 그것은 각자의 신앙의 상태를 정확하게 판단하고 진단할 수 있는 사람이 바울과 바나바였기 때문이다.

임직과 관련하여 한 가지 더 주목할 사실은 바나바와 바울 그리고 교회 공동체가 임직자들을 세우고 나서 취한 태도이다. 신중하게 택하고 온 교우가 금식하며 기도하고 나서는 주의 인도하심을 기다렸다. 그들은 주님이 임직자들과 교회공동체를 주관하셔야 한다는 진중한 태도를 취했다. 23절에 보면 바울과 교회는 기도와 금식 중에 각 교회의 장로들을 택한 후 그들을 주님께 부탁하였다.[109]

신앙의 공동체인 교회에는 사도들의 가르침, 그들을 돌볼 지도자, 하나

---

[106] Ramsay, *St. Paul the Traveler*, 121. Clement's *First Letter* 42:4; 44:4,5; 47:6; 57:1.
[107] 여기 장로는 오늘날 목회자들에 해당된다. 이와 관련하여 존 스타트는 각 교회에는 목회팀이 있어 그 안에는 전임 목회자와 시간제 목회자 보수를 받는 직원과 자원봉사자들, 장로들, 집사들, 여집사들이 포함되어 있었다고 말한다. 후에 바울이 디모데전서 3장과 디도서 1장에서 그들의 자격에 대해 구체적으로 논하는 것에서 그 사실을 암시받을 수 있다.
[108] Denton, *A Commentary on the Acts of the Apostles*. Vol. II., 53.
[109] 그것은 아무리 임직을 세운다고 할지라도 그들을 사용하시는 분은 하나님이시라는 확신과 겸손에서다. 또한 직분자로 세움을 받은 자들은 자기들을 세우신 분이 주님이라는 확신을 가지고 조용히 사역을 준비해야 할 것이다. 이것이 주님이 우리에게 주시는 교훈이다. 바울은 주의 사역의 주체는 주님이시라는 확신을 가지고 있었다. 인간이 자기에게 맡겨진 사역을 최선을 다해 완성해야 하지만, 그 일을 주도하시고 이루시는 분은 주님이라고 믿었다. 이것이 바로 은혜를 받은 사람들이 가져야 할 태도이다. 최선을 다하되 주님이 일을 하시도록, 주님이 사역을 주도하시도록 한 것이다. 이것은 철저하게 은혜에 기초할 때만이 가능하다.

님에 대한 굳건한 신뢰가 절대적으로 필요하다. 비록 첫 선교지였고, 신앙의 연륜도 짧았지만 그들에게는 사도들의 가르침이 있었고, 그들을 돌볼 교회 지도자들이 있었으며, 하나님에 대한 믿음이 그들의 심령 속에 있었고, 성령 하나님이 그들 가운데 함께 계셨다.[110] 바나바와 바울이 첫 선교지를 떠나오면서 주저하지 않고 주께 맡길 수 있었던 이유도 거기 있었다. 어드만이 지적한대로 바울은 처음부터 '자치'(self-governing), '자립'(self-sustaining), '자전'(self-propagating)의 선교현장을 세워나갔다.[111]

안디옥 귀환 도상의 전도와 귀환(14:24-29)

바울과 바나바는 선교여행 동안 복음을 전하고 교회를 세웠던 갈라디아 지방의 여러 도시를 방문한 후 안디옥으로 향했다. 그들이 돌아오는 여정을 누가는 이렇게 간단히 설명한다. '비시디아 가운데로 지나서 밤빌리아에 이르러 말씀을 버가에서 전하고 앗달리아로 내려가서 거기서 배 타고 안디옥에 이르니 이곳은 두 사도의 이룬 그 일을 위하여 전에 하나님의 은혜에 부탁하던 곳이라. 그들이 이르러 교회를 모아 하나님이 함께 행하신 모든 일과 이방인들에게 믿음의 문을 여신 것을 보고하고 제자들과 함께 오래 있으니라'(14:24-28). 바울과 바나바를 중심한 1차 선교여행의 성격이 무엇인지 정확히 파악할 수 있다. 그들은 버가를 지나오면서 그냥 지나오지 않고 거기서도 복음을 전했다.

그러나 이보다 더 주목하는 것은 두 사도를 파송한 안디옥교회를 두고 누가가 '전에 하나님의 은혜에 부탁하던 곳'(14:26)이라고 기술한 부분이다. 하나님의 은혜에 '부탁했다'(commit, παραδεδομένοι)는 것은 하나님의 은혜에 '맡겼다'(entrust)는 말로 덴톤의 표현을 빌린다면 하나님의 성

---

[110] 존 스타트, 사도행전 강해, 278. 갈라디아 지방의 교회에는 존 스타트가 지적한 것처럼 "그들을 가르칠 사도들(믿음과 그들의 편지들을 통해)이 있고 그들을 보살필 목회자들이 있었으며 그들을 인도하고 보호하며 복 주실 성령님이 계셨다."

[111] Erdman, The Acts, 109.

령의 지시, 보호 그리고 강화의 은혜에 자신들을 온전히 의탁했다는 것이다.[112] 바울과 바나바가 안디옥교회를 어떻게 섬겼는가를 잘 보여준다.

사역자가 하나님의 은혜에 호소하는 것이야말로 가장 근본적이고 기본적인 태도이다. 바나바가 처음 안디옥에 왔을 때 '하나님의 은혜를 보고 기뻐하여 모든 사람에게 굳건한 마음으로 주와 함께 머물러 있으라'(11:23)고 권했다. 바나바와 바울은 안디옥에 와서 안디옥교회를 개척한 이들이나 믿고 모여든 교인들 가운데 하나님의 은혜가 있음을 목도하고 기뻤다. 그들은 안디옥에서 자신들이 감당해야 할 주의 사역을 위해 '하나님의 은혜-성령의 인도, 보호 그리고 힘을 주시는 은혜'에 호소하지 않을 수 없었다.[113]

바울이 훗날 고백한 것처럼 기독교 복음은 '은혜의 복음'(20:24)이다.[114] 안디옥교회는 두 사도를 파송하면서 선교사역에 있어서 하나님의 은혜의 중요성을 일찍이 간파하고 있었다. 안디옥교회는 둘을 파송하면서 금식하며 기도했고, 파송 후에도 이들을 위한 기도를 쉬지 않았다. 이들의 위대한 선교사역 이면에는 안디옥교회의 영적, 육적 후원이 있었다.

안디옥교회 교우들을 모아놓고 바울과 바나바는 두 가지 사실, '하나님이 함께 행하신 모든 일과 이방인들에게 믿음의 문을 여신 것'(14:27)을 보

---

[112] Denton, *A Commentary on the Acts of the Apostles*. Vol. II., 53. 하나님의 은혜에 '부탁했다'('παραδεδομένοι' τῇ χάριτι τοῦ Θεοῦ)는 단어는 신약에서 여기에만 등장한다. NAS: 'they had been commended to the grace'; KJV: 'they had been recommended to the grace'; 그리고 INT: 'from where they had been committed to the grace'로 번역했다.

[113] Denton, *A Commentary on the Acts of the Apostles*. Vol. II., 54.

[114] '내가 달려갈 길과 주 예수께 받은 사명 곧 하나님의 은혜의 복음을 증언하는 일을 마치려 함에는 나의 생명조차 조금도 귀한 것으로 여기지 아니하노라'(23:24). 바울이 그들에게 수없이 강조한 가르침의 핵심은 바로 은혜의 복음이었다. 이 세상의 모든 만물을 창조하신 하나님, 구약에 예언된 대로 이 세상에 성육신하셔서 우리의 죄를 대속하기 위해 십자가에 달려 죽으시고 삼일 만에 부활하시고, 제자들에게 나타나셔서 부활의 몸을 확증하시고 승천하신 후에도 세상 끝 날까지 함께 하시며 장차 재림하실 것이라고 약속하신 예수 그리스도, 오순절 마가의 다락방에 충만히 임하시고 예수 그리스도를 구주로 영접하게 하시고 우리를 중생케 하시며 그 안에 영원히 내주하시는 성령, 값없이 주신 구원의 은혜, 이 세상에 살아가는 동안 어떤 고난과 역경 속에서도 우리를 강하게 붙드시는 하나님의 사랑, 부활의 첫 열매이며 우리의 구주이신 그분을 닮아가는 성화의 삶, 마지막 날에 있을 그리스도의 재림과 심판 그리고 장차 임할 하나님 나라에 대한 가르침은 매우 중요한 사도 바울과 바나바의 가르침이었다.

고했다. 크리소스톰의 말대로 바울과 바나바는 그들이 무엇을 행했는지를 보고하지 않고 하나님께서 그들과 함께 행하신 것을 보고했다. 그들은 참으로 담대하게 복음을 전하고 놀라운 일을 행했지만 그 모든 일들이 자신들이 행한 것이 아니라 성령께서 하신 것이라고 믿었다.[115] 바울과 바나바가 1차 선교여행 동안 경험했던 사건들이 얼마나 많으며, 그 과정에서 자신들이 당한 수모와 박해가 얼마나 많았던가! 그런데도 그들은 자신들이 받은 인간적 수모와 박해는 전혀 언급하지 않고 그들의 선교여행을 하나님이 함께 하신 일과 이방인 선교 두 가지로 집약해서 보고했다.

바울과 바나바는 그렇게 박해를 받으며 죽을 고비를 수없이 넘기는 그 혹독한 고난의 터널을 통과했으면서도 자기의 노력과 노고와 공로는 철저하게 숨기고 오직 주님의 영광만 드러냈다. 주의 종, 주님의 사역을 위해 부름 받은 자들이 취해야 할 태도가 무엇인가를 너무도 선명하게 보여준다. 이것이 바로 종교개혁자들이 그토록 소리 높여 외쳤던 오직 은혜 '솔라 그라티아'(sola gratia)이다. 선교는 하나님이 하신다는 사실을 다시 한 번 분명하게 드러낸 것이다. 이방인들에게 문을 여신 분은 바로 성령이셨고, 선교를 이끌어 가신 분도 성령이셨다. 그런 의미에서 선교는 성령의 역사로 이방인들이 주님께로 돌아오는 역사이다. 존 스타트의 다음과 같은 지적은 참으로 적절하다.

"결론적으로 첫 번째 선교여행으로 되돌아가 보면 그 여행의 가장 두드러진 특징은 하나님께서 지도하시고 인도하신다는 것을 선교사들이 인식했다는 것이다. 안디옥교회에 바나바와 사울을 따로 세우라고 말씀하신 분도, 그들을 보내신 분도, 그들을 이곳저곳으로 이끄신 분도 그리고 그들의 말씀전파에 능력을 부어 주셔서 회심자들이 생겨나고 교회가 설립되게 해주신 분도 하나님의 성령이셨다. 보내는 교회는 하나님의 은총에 힘입어 그들에게 선교 사업을 위탁했으며(14:26), 그들은 돌아와서 하나님이 함께 행하신 모든 일과 이방인들에게 믿음의 문을 여신 것(14:27)을 보고

---

[115] Chrysostom, *The Homilies on The ACTS of The Apostles*, 435.

했다. 그분이 그 일을 하셨으며, 그들은 그분께 그 공로를 돌렸다. 은혜는 그분에게서 온 것이며, 영광은 그분께 돌아가야 한다."[116]

바나바와 바울은 가장 위대한 이방선교의 주역이었지만 이름 없이 빛도 없이 복음의 파수군의 역할을 감당하고 오직 주님만을 높였다. 그들은 부름 받은 것이 복음에 대한 위탁, 복음에 대한 헌신과 위임 때문이라는 사실을 철저하게 인식하고 있었다.

누가는 바울과 바나바가 '제자들과 함께 오래 있었다'고 언급했는데 정확히 얼마 동안인지는 밝히지 않았다. 그러나 헬라어 원문 상으로는 '잠깐 있지 않았다'(time no little, χρόνον οὐκ ὀλίγον)는 의미로 아주 오랜 기간 머무른 것 같지는 않다.[117]

---

[116] 존 스타트, 사도행전 강해, 281.
[117] 같은 단어(oligon, ὀλίγον)가 사용된 눅 5:3, 7:47을 참고하라.

제 13 장
예루살렘공의회와 이방선교의 공인
(15:1-35, A.D. 49)

우리 구주의 사도들의 이름은 복음서를 통해 모든 이들에게 잘 알려져 있다. 그러나 70인 제자들의 명단은 존재하지 않는다. 사실, 바나바는 칠십인 중의 한 사람으로 알려져 있으며, 사도행전은 여러 곳에서, 특히 바울은 갈라디아서에서 그에 대해 언급하였다.

Eusebius, *Ecclesiastical History* II. 12

베드로가 일어나 말하되 형제들아 너희도 알거니와 하나님이 이방인들로 내 입에서 복음의 말씀을 들어 믿게 하시려고 오래 전부터 너희 가운데서 나를 택하시고 또 마음을 아시는 하나님이 우리에게와 같이 그들에게도 성령을 주어 증언하시고 믿음으로 그들의 마음을 깨끗이 하사 그들이나 우리나 차별하지 아니하셨느니라.

행 15:7-9

바울과 바나바가 처음으로 모험을 걸었던 A.D. 47-49년 2년간의 1차 선교여행이 성공적으로 끝나자마자 그 후속처리로 문제가 생겼다.[1] 그 문

---

[1] M. Baumgarten, *The Acts of the Apostles: Or, The History of the Church in the Apostolic Age*. Vol. II. (Edinburgh: T. &T. Clark, 1854), 1-84. 사도행전 15장 1-35절까지는 안디옥교회가 극심한 공격을 받지만 하나님의 특별한 간섭 속에 교회가 더욱 견고하게 세워졌다. 범가르텐은 15장 1-35절까지를 '심한 공격 하에서의 교회의 보존'이라는 제목으로 집약했다. 안

제는 유대파 기독교인들과 헬라파 기독교인들 사이에 발생한 구원관의 차이였다. 유대인들은 유대의 전통적인 관습을 그대로 지키기를 원했고, 헬라파 유대인들은 은혜로 말미암은 자유를 누리기를 원했다. 좀 더 구체적으로 말해 구약에 명시된 할례를 복음의 시대에도 계속 지켜나가야 하느냐 하는 문제였다.

이 문제를 다루기 위해 A.D. 49년 봄 예루살렘공의회가 열렸다. 예수 그리스도가 부활 승천하신지 약 20년 만에 열리는 예루살렘공의회는 아주 중요한 이방선교의 분기점이었다.[2] 특별히 예루살렘공의회가 열리기 전 10년 동안 이방선교는 놀랍게 진행되었다. A.D. 40년 봄 성령께서 고넬료 가정에 성령을 부어주심으로 더 이상 이방선교를 막을 수 없었고, 그 이듬해 A.D. 41년 여름 안디옥교회가 세워진 후 이방선교가 놀라운 속도로 진행되었다. 특별히 A.D. 43년 바나바가 사울을 안디옥으로 데려온 후 두 사람의 제자훈련과 이어 A.D. 47년 시작된 바울과 바나바의 1차 선교여행을 통해 길리기아, 구브로, 비시디아, 밤빌리아의 유대인들과 이방인들 모두가 주님께로 돌아왔다.

두 사람이 1차 선교여행에서 돌아온 것이 A.D. 49년이었으므로 지난 10년 동안 이방인들 가운데 복음이 놀랍게 확산된 것이다. 예루살렘교회 지도자들 중에는 누구도 이방선교의 장이 열렸다는 사실을 부인할 사람이 없게 되었다. 이제 논의의 쟁점은 이방인들이 주님께로 돌아오는 것을 허용해야 하느냐 마느냐 하는 것이 아니라 그들이 주님께로 돌아왔을 때 그들이 지켜야 할 신앙습관의 기준이 무엇이냐 하는 것이었다.

여기서 이방선교 과정에서 유대 공동체가 넘어야 할 두 번째 과제를 만난 것이다. 그것은 다름 아닌 박해보다도 더 큰 악, 다른 복음이었다.[3]

디옥교회가 위기를 만났지만 하나님께서 당신의 교회를 안전하게 지키셨다.

[2] George Thomas Stokes, *The Acts of the Apostles* Vol. II. (New York: A. C. Armstrong and Son, 1892), 222.

[3] W. A. Denton, *A Commentary on the Acts of the Apostles*. Vol. II. (London: George Bell and Sons, 1874), 58. 지금까지는 교회가 박해로 말미암아 수난을 당하는 상태였으나 이제는 '박해보다 훨씬 더 큰 악,' 곧 이단과 거짓 선생들로 인한 수난의 상태에 놓이게 되었다. 유세비우스

그동안 안디옥교회는 바나바와 바울의 가르침을 따라 구원은 예수 그리스도의 십자가의 공로로 말미암아 믿는 자들에게 주시는 것이지 할례를 받아야 구원을 얻는 것은 아니라고 가르침을 받았고 또 그렇게 믿었다. 그런데 유대로부터 내려온 어떤 사람들이 안디옥에 와서 '모세의 법'을 가지고 '할례를 받지 아니하면 구원을 받지 못한다'(15:1)며 안디옥교회를 혼란으로 몰아넣었다.[4] 이들이 바나바와 바울이 가르친 것과 전혀 다른 내용을 가르치면서 교회 안에 문제가 발생했다. 아마도 유대에서 온 어떤 형제들은 할례냐 믿음이냐 둘 중의 택일을 제시하지 않고 믿는 자들이라도 할례를 받아야 구원을 받을 수 있다고 가르쳤을 것이 분명하다.

믿음과 할례를 다 구원의 전제조건으로 제시한 것이다. 할례를 받아야 한다는 것은 구약의 율법으로 돌아가는 것이고, 그렇게 되면 십자가의 사건이 무로 돌아가는 것이라는 사실을 바울과 바나바는 너무도 잘 알고 있었다. 누가는 '바울 및 바나바와 그들 사이에 적지 아니한 다툼과 변론이 일어났다'(15:2)고 증언한다. 할례문제를 두고 심한 논쟁이 벌어진 것을 알 수 있다. 이 문제는 작은 문제가 아니었기 때문에 논의가 필요했고, 권위 있는 결정이 요구되었다.[5] 그래서 안디옥교회는 이 문제해결을 위해 바나바와 바울을 예루살렘교회에 보내기로 결정했다.[6]

1. 바울과 바나바의 이방인 회심 보고(15:1-5)

[1] 어떤 사람들이 유대로부터 내려와서 형제들을 가르치되 너희가 모세의 법대로 할례를 받지 아니하면 능히 구원을 받지 못하리라 하니
[2] 바울 및 바나바와 그들 사이에 적지 아니한 다툼과 변론이 일어난

의 말처럼 사탄은 박해를 통해 이단을 통해 교회를 말살하려고 늘 기회를 노렸다.

[4] William M. Ramsay, *St. Paul the Traveller and the Roman Citizen* (London: Hodder and Stoughton, 1895), 159. 어떤 사람이 유대로부터 내려왔다고 누가가 언급한 것은 마치 그들이 예루살렘교회의 명령을 받아 내려온 것처럼 안디옥교회를 호도했음을 암시해준다.

[5] Denton, *A Commentary on the Acts of the Apostles*. Vol. II., 60-61.

[6] Stokes, *The Acts of the Apostles* Vol. II., 233.

지라 형제들이 이 문제에 대하여 바울과 바나바와 및 그중의 몇 사람을 예루살렘에 있는 사도와 장로들에게 보내기로 작정하니라 ³ 그들이 교회의 전송을 받고 베니게와 사마리아로 다니며 이방인들이 주께 돌아온 일을 말하여 형제들을 다 크게 기쁘게 하더라 ⁴ 예루살렘에 이르러 교회와 사도와 장로들에게 영접을 받고 하나님이 자기들과 함께 계셔 행하신 모든 일을 말하매 ⁵ 바리새파 중에 어떤 믿는 사람들이 일어나 말하되 이방인에게 할례를 행하고 모세의 율법을 지키라 명하는 것이 마땅하다 하니라

여기 유대로부터 내려온 어떤 사람들은 갈라디아서에서 바울이 말한 '야고보에게서 온 어떤 이들'(갈 2:12)과 동일한 사람들로 보인다. 이들은 예루살렘교회의 수장 야고보의 권위를 가지고 할례를 통한 구원의 길을 제시했을 것이 분명하다. 칼빈이 지적한 것처럼 "여기에 할례만이 이야기되고 있으나 말씀의 전후 관계를 볼 때 그들이 온 율법을 지켜야 한다는 사실에 관하여 논쟁을 일으킨 것이 분명하다."[7]

안디옥에 와서 다른 복음을 가르친 유대 형제들(15:1-2)

우리는 예루살렘에서 온 어떤 이들이 이방인 회심자들에게 할례를 받아야 한다고 말하지 않고 '모세의 법대로 할례를 받지 아니하면 능히 구원을 받지 못한다'(15:1)고 주장한 사실을 주목할 필요가 있다. 구약의 할례를 구원의 필수 조건으로 제시한 것이다. 구약시대에도 모든 민족에게 일률적으로 엄격하게 적용할 수 없는 그 기준을 은혜의 시대에 적용하려 한 것이다.

이런 관점 때문에 엄격한 유대인들은 유대인들이 무할례자들과 교류하는 것을 엄금했다. 할례를 주장하는 이들이 안디옥에 왔을 때 마침 베드로가 안디옥에 있었다. 이방인들과 스스럼없이 식사를 하던 베드로가 할례

---

[7] 존 칼빈, 한국기독교선교백주년기념 존·칼빈성경주석출판위원회 역편, 신약성경주석, Vol. 6, 사도행전 II (서울: 성서교재간행사, 1980), 50.

자들이 그를 비판적인 시각으로 바라보자 이방인들의 자리에서 물러나는 일이 발생하였다. 아무것도 속되지 않다고 성령께서 베드로에게 분명하게 일깨워주셔서 그가 이방인들과 스스럼없이 교제하다가 비판을 받자 무할례자들과의 교류를 의도적으로 삼간 것이다.

바울은 베드로가 안디옥에 왔을 때 '그를 대면하여 책망하였다'(갈 2:11). 바울이 소아시아 선교여행에서 돌아왔을 때 심지어 바나바도 '그들의 외식에 유혹되어'(갈 2:12) 베드로의 본을 따르려고 하였다. 그러나 바나바는 곧 바울과 동일한 태도를 취하며 할례를 받아야 한다는 주장을 받아들이지 않은 것이 분명하다. '바울 및 바나바와 그들 사이에 적지 아니한 다툼과 변론이 일어났다'(15:2)는 사실이 이를 방증해준다. 바나바가 바울과 같은 심정을 가지고 반대자들의 견해를 반박한 것으로 해석해도 좋을 것이다.[8] 칼빈이 말한 대로 "바울과 바나바가 격렬한 다툼에 끌려든 것은 작은 시험이 아니었다. 다툼 그 자체만 하더라도 나쁜 것이었다."[9]

율법에 대해서는 한 치도 양보하지 않고 변호하던 바울은 예수를 믿은 후에 그 모든 율법이 그리스도에게로 인도하는 초등교사라는 사실을 발견했다. 그가 볼 때 할례를 행하는 것은 은혜의 시대를 살아가는 우리를 다시 율법의 시대로 돌이키는 행위였다. 행위로 구원에 이를 수 없다는 점에 있어서 바울은 매우 분명했다. 할례를 받아야 구원을 받을 수 있다는 가르침을 받아들일 수 없고, 그것은 예수 그리스도를 믿는 자들에게 값없이 믿음으로 주어진 구원의 교리를 불구로 만드는 것이었다. "사람의 구원이 그리스도의 은혜에만 근거해야 하는데 율법을 지키는 것이 필수적이라면 그 구원은 행위에 의한 것이 되고 말기 때문이다."[10]

---

[8] 칼빈, 사도행전 Ⅱ, 49. 교회는 불필요한 대립을 피해야 한다. 교회와 그리스도의 종들과 성도 모두가 이로 인하여 부당하게 고통을 당할 수 있기 때문이다. 그러나 그리스도의 종이 선한 대의(大義)를 충성스럽게 변호하는데도 괴로움을 당하고 악평을 받는 일이 흔하게 일어날 수 있다는 사실을 명심해야 한다. "그러므로 하나님의 종들은 자기들에 관하여 퍼지는 좋지 않은 소문을 무시해 버리도록 굽힘이 없는 큰 용기를 가져야 한다. 이렇게 하여 바울은 성경의 다른 구절에서 자신이 수난을 통하여 오히려 복음의 전진을 이룩할 수 있었음을 간증하고 있다(고후 6:5)."

[9] 칼빈, 사도행전 Ⅱ, 49.
[10] 칼빈, 사도행전 Ⅱ, 50-51.

바울은 바리새파 가운데 바리새파였지만 예수를 믿는 자들이 할례나 모세의 율법을 지켜야 한다고 생각하지 않았다. 그것은 예수 그리스도를 통해 율법이 성취되었다고 보았기 때문이다. 다메섹 도상에서 주님을 만나기 전 율법의 시대에 속했던 바울은 주님을 만난 후 구약의 율법의 가치를 새롭게 정립했다. 할례문제도 마찬가지였다. 구약시대 할례가 중요했지만 예수 그리스도의 십자가의 구속을 통해 이제 더 이상 할례가 구원의 조건이 될 수 없다고 판단했다.

그에게 할례를 지켜야 구원에 이른다는 주장은 율법시대로 돌아가는 것이나 마찬가지였다. 복음 안에서의 자유를 바울이 주창한 것도 그 때문이다. 그는 히브리인 중의 히브리인이었으나 헬라문화가 가장 꽃피웠던 다소에서 성장하여 헬라문화와 전통도 통달하고 있었다. 몰간의 말대로 별개로 존재하던 히브리전통과 헬라전통이 다메섹 도상에서 주님을 만난 후 하나의 위대한 기독교 정신으로 통합되었다.[11]

바울은 예수를 믿은 후에 구원이 결코 자기 의로 이루어지는 것이 아닌 '믿음으로 말미암는 의'(갈 2:16, 빌 3:9)라는 사실을 발견했다. 구원이 전적으로 부패한 인간 스스로의 힘으로는 도저히 불가능하고 오직 예수 그리스도의 구속으로 말미암는 구속의 은혜를 통해서만 가능하다는 사실을 깨달은 것이다. 그가 볼 때 할례를 지킴으로 의를 이룰 수 있다는 유대주의 전통은 복음과 정면으로 배치되는 것이다. 한마디로 그것은 '다른 복음'(갈 1:6-9)이었다. 바울이 할례를 받아야 구원에 이른다는 가르침을 거부했던 것도 그 때문이다.

예루살렘교회에 사절단 파송과 문제해결 요청(15:2-5)

할례문제를 가지고 고심하던 안디옥교회는 바울과 바나바와 몇 사람을 예루살렘에 있는 사도와 장로들에게 보내기로 결정했다. 여기서 그들이

---

[11] G. Campbell Morgan, *Acts of the Apostles* (New York: Fleming Revell, 1924), 219, 228.

예루살렘교회에 간 목적은 예루살렘교회의 권위에 의존하려고 하거나 야고보나 베드로의 입장을 받아들이겠다는 의미에서 그렇게 한 것은 결코 아니었다. 바울이 예루살렘에 간 것은 그들과 협의하기 위해서였다.

우리는 교회의 문제를 해결하는 안디옥교회의 접근방법을 통해 중요한 교훈을 배울 수 있다. 문제에 대한 협의 과정에서 보여준 안디옥교회의 태도이다. 이 문제를 해결하기 위하여 '바울과 바나바와 및 그 중의 몇 사람을 예루살렘에 있는 사도와 장로들에게 보내기로 작정했다'(15:2). 안디옥교회가 교회의 중요한 신앙문제를 독자적으로 처리하지 않고 예루살렘교회에 자문을 구한 것이다. 이것은 참 잘한 것이다. "왜냐하면 우리는 참된 교훈을 지키는데 있어서 용기를 가져야 하되 융통성이 없거나 경솔해서는 안되기 때문이다."[12] 할례문제가 공교회의 문제라고 판단되었기 때문에 개별적으로 결정하지 않고 형제교회와 협의한 것이다. 한 사람의 생각보다는 두 사람의 생각이 더 낫고, 한 교회의 생각보다는 두 교회의 생각이 더 나은 것이 사실이다. 그 결과 더 좋은 결과를 도출할 수 있었다.

교회 전통은 성경에 근거해야 하고 보편적이어야 한다. 개 교회마다 교회 전통이 달랐다면 초대교회는 아마도 대단한 혼란에 빠졌을 것이다. 할례문제로 헬라파 기독교인들과 히브리파 기독교인들 사이에 마찰이 있었던 사실을 잘 알고 있던 바울은 이 문제를 독자적으로 해결할 것이 아니라 모교회인 예루살렘교회와 함께 통일된 견해를 도출하는 것이 더 나을 것이라는 확신을 가졌다. 만약 통일된 견해를 가진다면 더 이상 그 문제로 왈가왈부할 수 없을 것이기 때문이다.

안디옥교회를 떠나 예루살렘으로 가는 여정에서 일어난 일을 누가가 매우 간단하게 삽입하고 있다. '그들이 교회의 전송을 받고 베니게와 사마리아로 다니며 이방인들이 주께 돌아온 일을 말하여 형제들을 다 크게 기쁘게 하더라'(15:3). 예루살렘으로 올라가면서 안디옥교회 대표들이 베니게와 사마리아를 다니면서 이방인들이 주님께로 돌아온 것을 알려주었

---

[12] 칼빈, 사도행전 Ⅱ, 52.

다는 증언이다.

베니게(Pheonicia)와 사마리아는 안디옥에서 예루살렘까지 가는 여정에 있는 지역이다. 베니게는 두로 시돈을 포함해서 안디옥에서 예루살렘으로 가는 도중에 해안을 따라 놓여 있는 비교적 긴 지역이고,[13] 사마리아는 수가성과 그리심 산을 포함한 베니게와 예루살렘 그 사이에 놓여있는 지역이다. 베니게와 사마리아 사이에 있는 항구도시가 가이사랴이다. 일행은 육로를 따라 예루살렘으로 가면서 베니게와 사마리아 지역의 교회를 돌아보며 신앙을 독려한 것이다. 이들 지역은 이방세계로 복음이 전파되는 과정에서 상당히 중요한 지역이었다. 바울과 바나바가 이방인들이 주님께로 돌아왔다는 사실을 알려줄 때 본문에도 있지만 이들이 얼마나 기뻐했을까는 어렵지 않게 짐작할 수 있다.

이들 일행은 예루살렘에 이르러 '교회와 사도와 장로들'(15:4)의 영접을 받았다. 당시 예루살렘교회에 어떤 교회 조직이 있었고 직분자들이 있었는가를 보여준다. 우리 성경에는 사도를 단수로 장로는 복수로 기록하고 있다. 그러나 헬라어 원문이나 NIV, ESV 를 비롯한 모든 영어역본에는 '사도'가 단수가 아니라 '사도들'(apostles, ἀποστόλων) 복수이다. 사도들은 당시 예루살렘에 있던 사도들 모두를 포함하는 것이다.[14]

안디옥 대표들은 예루살렘에 도착해서 사도들과 장로들에게 '하나님이 자기들과 함께 계셔 행하신 모든 일'(15:4)을 보고하였다. 이들의 보고가 있자마자 '바리새파 중에 어떤 믿는 사람들이 일어나 말하되 이방인에게 할례를 행하고 모세의 율법을 지키라 명하는 것이 마땅하다'(15:5)며 강하게 이의를 제기했다. 누가의 이 기록에서 우리는 적어도 두 가지 사실을 주목해야 한다.

하나는 이의를 제기한 자들이 '바리새파 중에 어떤 믿는 사람들'(15:5)이었다는 사실이다. 바리새파의 적을 그대로 유지하면서 예수를 믿는 자

---

[13] 이들 지역 관련 지도는 다음을 참고하라. <www.ancient.eu/image/122/map-of-phoenicia/>(2018. 07. 28. 접속).

[14] Denton, *A Commentary on the Acts of the Apostles*. Vol. II., 62.

들이 예루살렘교회 안에 있었다는 사실을 분명하게 보여준다. 이것은 사도행전을 이해하는 너무도 중요한 열쇠이다. 바울이 훗날 예루살렘에 올라갔을 때 야고보가 바울에게 결례를 행할 것을 부탁할 때 그곳 예루살렘에 '유대인 중에 믿는 자 수만 명'이 있고 이들이 '다 율법에 열성을 가진 자'(21:20)라고 말한 것도 같은 맥락의 현상이다.

누가는 A.D. 49년 예루살렘공의회 때 문제를 제기한 이들이 바로 21장에 야고보가 언급한 동일 인물들인지 여부에 대해서는 밝히지 않았다. 그러나 브루스의 말대로 당시 예루살렘에는 바리새인이면서 기독교인이 된 자들이 참으로 많았다. 사도행전에서 지속적으로 율법과 은혜의 문제가 중요한 논점으로 진행되고 있는 것도 그 때문이다.

우리가 주목할 또 하나는 유대로부터 안디옥에 온 이들이 '모세의 법대로 할례를 받지 아니하면 능히 구원을 받지 못한다'(15:1)고 주장한 것과 달리 예루살렘의 바리새인 중에 믿는 자들은 '이방인에게 할례를 행하고 모세의 율법을 지키라 명하는 것이 마땅하다'(15:5)고 주장했다는 사실이다. 상호 동일한 의미로 해석할 수도 있지만 전자가 할례를 구원의 조건으로 분명히 제시한 반면 후자는 그렇지 않았다. 이것은 필자가 볼 때 당시 예루살렘교회 안에는 이방인 신자들에게 어느 정도의 율법 준수를 요구할 것인지에 대해서 의견 차이가 있었음을 암시해 준다.

2. 베드로의 이방선교 변호(15:6-11)

⁶ 사도와 장로들이 이 일을 의논하러 모여 ⁷ 많은 변론이 있은 후에 베드로가 일어나 말하되 형제들아 너희도 알거니와 하나님이 이방인들로 내 입에서 복음의 말씀을 들어 믿게 하시려고 오래 전부터 너희 가운데서 나를 택하시고 ⁸ 또 마음을 아시는 하나님이 우리에게와 같이 그들에게도 성령을 주어 증언하시고 ⁹ 믿음으로 그들의 마음을 깨끗이 하사 그들이나 우리나 차별하지 아니하셨느니라 ¹⁰ 그런데 지금 너희가 어찌하여 하나님을 시험하여 우리 조상과 우리도 능히 메지

못하던 멍에를 제자들의 목에 두려느냐 " 그러나 우리는 그들이 우리와 동일하게 주 예수의 은혜로 구원 받는 줄을 믿노라 하니라

사도들과 장로들이 이 문제를 의논하기 위해 함께 모였다. 하우슨과 스펜스가 지적한 대로 이것은 기독교회사에 나타난 최초의 공의회였다.[15] '이방인에게 할례를 행하고 모세의 율법을 지키라 명하는 것이 마땅하다'(15:5)고 의견을 피력한 사람은 한 명이 아니라 복수의 사람이었다. '어떤 믿는 사람들'(15:5)이라고 표현했기 때문이다.

우리는 여기서 누가가 문제를 제기한 사람을 히브리파 유대인이라고 하지 않고 구체적으로 바리새파라고 언급하고 있다는 사실을 주목해야 한다. 바리새파는 본래 부활을 믿는 자들이었다. 그래서 예수가 주와 메시야라는 사실을 받아들인다면 예수 그리스도가 부활하셨다는 사실을 받아들이는 것은 그렇게 큰 장벽은 아니었다. 그러나 바리새인들은 율법에 매우 충실하려고 하였기 때문에 율법주의자로 남아 있을 가능성이 높았다. 그래서 이들 바리새파 출신 그리스도인들은 이방인들이 교회 안에 들어오면 할례와 모세의 율법을 비롯하여 유대교 전통과 의식을 준수하도록 가르쳐야 한다고 강하게 주장했다.[16]

여러 사람들이 그런 견해를 가지고 있는 것만은 분명했다. 그것은 바리새파 사람이 그런 입장을 밝히자 이 일을 의논하기 위해 '사도와 장로들이'(15:6) 함께 모여 진중하게 논의한 것에서 추론할 수 있다. 한두 사람들이 사적으로 모인 것이 아니라 사도와 장로들이 모였다는 것은 이 문제를 공교회의 입장에서 논의하기 위해 모인 것으로 봐야 할 것이다. 이 문제를 가지고 '많은 변론'(much discussion, Πολλῆς δὲ ζητήσεως, 15:7)이 있었다는 사실은 예루살렘교회에서 뛰어난 사람들이 모였지만 이 문제에 대해 의견들이 대립되었음을 보여준다.

---

[15] J. S. Howson and H. D. M. Spence-Jones, *The Acts of the Apostles* (New York: C. Scribner's, 1883), 211.

[16] F. F. Bruce, *The Book of ACTS* (Grand Rapids: Eerdmans, 1984), 303-304.

동일한 성령의 부으심을 통한 이방선교 보증(15:6-7)

많은 변론이 있은 후에 베드로가 일어나 이방선교의 당위성을 변호했다. 할례자(유대인)의 사도라고 일컬어 왔던 베드로가 이제 무할례자의 사도 바울과 마찬가지로 이방인의 복음전도를 인정하고 수용할 뿐만 아니라 더 나아가 자신도 이방인들에게 복음을 증거하기 위해 하나님이 세우신 사도라고 고백하였다. 참으로 놀라운 일이다.

베드로의 고백 속에는 중요한 세 가지 사실이 그대로 담겨 있다. 첫째, 자기를 부르신 목적이 이방인들에게 복음을 전하여 그들로 하여금 믿고 구원을 받을 수 있도록 하시기 위해서이며, 둘째, 유대인들에게와 마찬가지로 이방인들에게도 성령을 주시고 믿음으로 죄 용서함을 주셔서 우리와 차별이 없게 하셨으며, 셋째, 우리도 감당하지 못한 구약의 율법의 멍에를 그들에게 매달아 둘 수 없다는 것이다.

베드로는 이방선교 문제가 이미 10년 전에 가이사랴 오순절 때 완전히 응답된 사항임을 상기시켰다. (1) '마음을 아시는 하나님이 우리에게와 같이 그들에게도 성령을 주어 증언하시고'(15:8), (2) '믿음으로 그들의 마음을 깨끗이 하사 그들이나 우리나 차별하지 아니'하셨는데(15:9), (3) '어찌하여 하나님을 시험하여 우리 조상과 우리도 능히 메지 못하던 멍에를 제자들의 목에 두려느냐'(15:10), (4) '우리는 그들이 우리와 동일하게 주 예수의 은혜로 구원 받는 줄을 믿노라 하니라'(15:11)고 설명했다. 할례자의 사도가 복음의 자유를 강력하게 옹호한 것이다.[17]

베드로가 볼 때 가이사랴 고넬료 가정에서 "첫 번째 오순절 날 사도들 자신들에게 성령이 내려오심과 마찬가지로 이방인들 위에 성령이 내려오셨다"는 사실이야말로 이방선교가 하나님의 "명백한 증거"였다. "만약 이방인들이 복음을 믿자마자 하나님께서 이들 이방인들을 받으시고 그분의 성령으로 그들의 마음을 깨끗하게 하셨다면, 하나님 자신도 명백하게 그

---

[17] Denton, *A Commentary on the Acts of the Apostles.* Vol. II., 64.

들에게 요구하시지 않은 그 이상의 조건들을 왜 지금 우리가 그들에게 부과해야 하는가?"[18]하는 것이다. 그가 마가의 다락방의 첫 번째 오순절과 가이사랴의 이방인 오순절을 통해 이방선교를 강력하게 변호한 것이다.

일찍이 고넬료의 집에서 성령강림을 목격한 베드로는 이제 이방인 전도를 의심 없이 받아들이고 더 나아가 이를 강하게 변호하고 있다. 베드로는 다른 동료들을 통해 나타난 성령의 역사를 통해 그 자신의 이방선교 체험이 하나님의 섭리와 뜻에 따라 진행된 것임을 확인했기 때문이다.

베드로는 '믿음으로' 이방인들의 마음을 깨끗하게 하심으로 '그들'(이방인들)과 '우리'(유대인들)가 구원의 문에서 전혀 '차별이 없게 하셨다'(15:9)고 증언한다. 마치 바울이 강조한 로마서와 갈라디아서의 가르침을 연상케 한다. 베드로는 '우리'와 '그들'을 대비시키면서 유대인과 이방인 사이의 완벽한 구원의 통일성을 제시했다.[19] 신구약의 구원의 통일성과 유대인과 이방인의 구원의 통일성은 역사신학의 주제이면서 동시에 최초의 세계교회사 성령의 복음의 중심 주제이며 부흥의 주제이다. '우리는 그들이 우리와 동일하게 주 예수의 은혜로 구원 받는 줄을 믿노라'(15:11).

이방인들과 유대인들의 동일한 믿음과 은혜의 구원(15:9-11)

성령의 은사를 주시고 믿음을 통한 구원의 역사에 있어서 유대인들과 이방인들 사이에는 전혀 차별이 없었다. 여기서 우리는 '성령을 주어'(15:8)와 '믿음으로'(15:9)를 특별히 주목해야 한다.[20] 개인의 구원사역에 있어서 성령과 믿음은 분리될 수 없다. 칼빈의 말대로 "성령의 은혜는 분명히 우리를 믿음으로 가까이 데려다주기 때문에 베드로는 그가 말하

---

[18] Bruce, *The Book of ACTS*, 306-307.
[19] Denton, *A Commentary on the Acts of the Apostles*. Vol. II., 66. A.D. 필자의 주관적 판단인지 몰라도 44년 아그립바 1세에 의한 큰 박해 때 출옥한 후 베드로는 이방선교에 집중한 것으로 보이며, 그 과정에서 하나님이 이방선교의 문을 활짝 여신 것을 온 몸으로 체험했던 것으로 보인다. 그것은 10년 전 A.D. 40년의 이방선교 변론보다 A.D. 49년 예루살렘 공의회에서 베드로의 이방선교 변론이 논리나 신학적으로 한 층 더 적극적이고 강력하다는 인상을 주기 때문이다.
[20] Denton, *A Commentary on the Acts of the Apostles*. Vol. II., 64.

고 있는 성령에 의한 눈에 보이는 은혜를 믿음에다 연결시키고 있다."[21]

베드로는 여기서 이방인의 구원의 역사가 성령께서 하시는 역사라는 사실을 분명히 하였다. 믿음도 성령의 역사임을 증거하였다. 성령의 역사가 배제된 믿음은 존재할 수 없다. 믿게 하시는 분은 성령 하나님이시기 때문이다. 베드로는 성령께서 역사하셔서 믿음으로 말미암아 구원을 얻는다는 사실을 증거하였다. 베드로의 고백은 바울의 고백과 정확히 일치한다. '모세의 율법으로 너희가 의롭다 하심을 얻지 못하던 모든 일에도 이 사람을 힘입어 믿는 자마다 의롭다 하심을 얻는 이것이라'(13:39). 베드로는 바울과 바나바를 통해 이방인들 가운데 이루어 가신 놀라운 성령의 역사를 전해 듣고 전혀 의심하지 않았다. 램지가 지적한 대로 바울과 바나바의 입장에 동조하며 지원하였다.[22] 고넬료 가정에서 이미 성령께서 이방인들 가운데 행하신 놀라운 구원의 역사를 직접 눈으로 확인했기 때문이다.

베드로의 변론은 매우 설득력이 있었고, "하나님의 공인된 행위에 대한 호소이므로 반박하기 어려웠다."[23] 그것은 이방인의 복음전도가 자신들이 과거에 친히 목격한 이들을 통해 하나님의 뜻과 섭리 속에서 진행된 것이었기 때문이다. 베드로를 세우셔서 이방인들에게 복음을 전하게 하신 주체도 하나님이시고, 성령이 강림하셔서 이방인들에게도 의롭다 함을 얻는 은혜가 임하게 하신 분도 하나님이셨다. 때문에 누구도 그것을 막을 수 없었다. 이방인의 복음진보를 막는 것은 참으로 하나님의 섭리를 거역하는 것이었다. 베드로가 '지금 너희가 어찌하여 하나님을 시험하여 우리 조상과 우리도 능히 메지 못하던 멍에를 제자들의 목에 두려느냐 '(15:10)며 우리가 행하기 힘든 율법의 준수를 이방인들에게 강요할 수 없다고 단호하게 말한 것도 그 때문이다.

---

[21] 칼빈, 사도행전 Ⅱ, 59.
[22] Ramsay, *St. Paul the Traveller and the Roman Citizen*, 162.
[23] Bruce, *The Book of ACTS*, 306-307.

3. 야고보의 중재(15:12-21)

¹² 온 무리가 가만히 있어 바나바와 바울이 하나님께서 자기들로 말미암아 이방인 중에서 행하신 표적과 기사에 관하여 말하는 것을 듣더니 ¹³ 말을 마치매 야고보가 대답하여 이르되 형제들아 내 말을 들으라 ¹⁴ 하나님이 처음으로 이방인 중에서 자기 이름을 위할 백성을 취하시려고 그들을 돌보신 것을 시므온이 말하였으니 ¹⁵ 선지자들의 말씀이 이와 일치하도다 기록된 바 ¹⁶ 이 후에 내가 돌아와서 다윗의 무너진 장막을 다시 지으며 또 그 허물어진 것을 다시 지어 일으키리니 ¹⁷ 이는 그 남은 사람들과 내 이름으로 일컬음을 받는 모든 이방인들로 주를 찾게 하려 함이라 하셨으니 ¹⁸ 즉 예로부터 이것을 알게 하시는 주의 말씀이라 함과 같으니라 ¹⁹ 그러므로 내 의견에는 이방인 중에서 하나님께로 돌아오는 자들을 괴롭게 하지 말고 ²⁰ 다만 우상의 더러운 것과 음행과 목매어 죽인 것과 피를 멀리하라고 편지하는 것이 옳으니 ²¹ 이는 예로부터 각 성에서 모세를 전하는 자가 있어 안식일마다 회당에서 그 글을 읽음이라 하더라

베드로는 성령충만했고 그의 변론은 매우 논리정연하고 설득력이 있었다. 누구도 베드로의 증언을 반박할 수 없었다. 베드로의 말에 '온 무리가 가만히 있었던 것'(all the multitude kept silence, 15:12)도 그런 이유에서였다. 얼마 전까지만 해도 이방인들에게 율법의 준수를 강요하는 것이 정당하다고 외쳤던 분위기가 완전히 반전된 것이다. 사도 중의 사도, 할례자의 사도라고 일컬어 왔던 베드로가 이방인들에게 더 이상 할례를 강요할 필요가 없다는 입장을 분명히 피력하자 대세는 완전히 반전되었다.

우리는 여기서 베드로의 영향력이 얼마나 컸는가를 알 수 있다. 지난번 가이사랴 오순절 사건 때 이방인에게 복음을 전하는 것이 가능한지의 문제를 놓고 설전을 벌일 때(11:1-18)에도 베드로는 결정적인 역할을 했었

다. 지금도 베드로는 이방인들이 할례를 받아야 한다는 주장을 논리정연하게 반박하며 예루살렘교회 회의의 분위기를 반전시켰다. 베드로의 발언을 듣고 모든 무리가 가만히 있었던 것은 칼빈이 말한 대로 성령의 역사였다.

"누가는 이 말로써 그들이 즉시 베드로의 말에 순응할 수 있도록 하나님의 성령이 그 모임 중에서 다스리고 계셨음을 의미하고 있다. 잠시 전에 그들은 열띤 논쟁을 했으나 지금 베드로가 하나님이 갖고 계신 목적을 설명하고 복음의 가르침을 따라서 부딪친 문제를 치리한 다음에 소란은 즉시 끝나고 잘못된 교훈을 열렬하게 옹호하던 사람들은 말없이 조용해졌다.… 성령께서 주장하실 때 성령은 모든 불일치를 중단시키는 충분한 힘을 갖고 계신다."[24]

베드로는 이후 사도행전의 무대에서 사라졌다. 할례자의 사도가 이방선교의 정당성을 변호하고 동일한 시각을 피력하고는 바울에게 이방선교의 리더십의 주도권을 넘기고 역사 무대 뒤로 물러선 것이다. 누가는 그의 아름다운 퇴장을 조용히 드러내고 있다.

베드로는 바울과 바나바에게 큰 힘을 실어주었다. 바로 이어 바울과 바나바가 일어나 '하나님께서 자기들로 말미암아 이방인 중에서 행하신 표적과 기사'(15:12)를 자세히 사례를 들어 설명했다. 누가는 '온 무리가 가만히 있어 바나바와 바울이 하나님께서 자기들로 말미암아 이방인 중에서 행하신 표적과 기사에 관하여 말하는 것을 들었다'(15:12)고 증언한다.[25]

바울과 바나바의 간증은 베드로의 연설과 일맥상통하는 것이었다. 이 말은 이렇게 바꿀 수 있다. "사랑하는 형제자매 여러분, 베드로 사도가 말

---

[24] 칼빈, 사도행전 Ⅱ, 72.
[25] John Chrysostom, *The Homilies of John Chrysostom on The ACTS of The Apostles* (London: Oxford, John Henry Parker, 1851), 455-456. 온 무리가 가만히 있었다는 것을 통해 예루살렘교회 회의 진행과정에 대단한 질서가 지켜진 것을 알 수 있다. 베드로와 바울이 말한 후에 모두가 조용했다. 야고보는 전혀 동요하지 않고 인내하며 기다렸다. 여기서 요한은 아무 말도 하지 않았고, 다른 사도들도 아무 말이 없었다. 야고보가 발언했지만 전혀 무리한 요구가 아니었다. 온 무리가 가만히 있었다는 것은 모두가 마음의 평안과 평화를 유지했다는 의미이다.

한 바와 같이 이방인들에게 복음의 문이 활짝 열렸고, 이방인들 가운데 성령의 역사가 놀랍게 나타나고 있습니다. 우리가 복음을 전할 때 하나님께서 이방인들 가운데 성령의 표적과 기사를 헤아릴 수 없이 나타내셨습니다."

본문에는 없지만, 바울과 바나바는 구체적인 사례도 언급했을 것이다. 바나바와 바울이 동시에 보고했는지 각기 교대로 보고했는지 보고의 방식에 대해서는 누가가 밝히고 있지 않다. 누가는 '바나바와 바울'이라고 밝히고 있어 둘이 한마음으로 보고 한 것을 알 수 있다. 그러나 바나바가 먼저 언급된 것을 볼 때 예루살렘공의회에서 바나바가 주도한 것으로 보인다. 분명 그때까지 바나바가 예루살렘교회에서 바울보다 리더십을 더 인정을 받았다.

야고보의 중재(15:13-18)

성경에서 지금까지 단 한 번도 표면에 나타나지 않던 야고보가 바울과 바나바의 말이 끝나고 자신의 견해를 피력했다. 그는 이방인 선교가 이미 성경에 약속된 예언이라는 사실을 강하게 환기시키고 있다.[26] 그가 언급한 '시므온'(15:14), '선지자들의 말씀'(15:15), '주의 말'(15:18)이 이를 단적으로 말해준다. 베드로가 주님의 약속과 성취에 호소한 반면 야고보는 선지자들을 통해 하신 하나님의 약속에 호소하고 있다.

베드로가 예수 그리스도의 오순절의 약속과 성취에 호소하고 있다면 야고보는 성령의 감동으로 말씀하신 구약의 선지자들의 약속에 호소하고 있는 것이다. 야고보는 시므온의 말이 '선지자들의 말씀'과 정확히 '일치'(15:15)하며, 이것은 '그 남은 사람들과 내 이름으로 일컬음을 받는 모든 이방인들'이 '주를 찾게'(15:17)하려는 하나님의 약속이라는 사실을 환기

---

[26] Chrysostom, *The Homilies on The ACTS of The Apostles*, 452-453. 크리소스톰은 야고보를 감독(bishop)으로 호칭했다. 신명기 17장 6절과 마태복음 18장 16절에 있는 대로 두세 사람의 증인이면 증거로 삼을 수 있다.

시켰다. 이방인들이 주님께로 돌아오는 구속의 역사는 새롭게 진행될 일이지만 이것은 이미 오래 전부터 선지자들을 통해 널리 알려진 말씀이라는 사실을 일깨운 것이다.[27]

야고보의 해결책 제시(15:19-21)

구약의 말씀을 인용한 후 야고보는 해결 방법까지 제시했다. '이방인 중에서 하나님께로 돌아오는 자들을 괴롭게 하지 말고'(15:19), '다만 우상의 더러운 것과 음행과 목매어 죽인 것과 피를 멀리하라'(15:20).[28] 여기 이방인들을 '괴롭게 하지 말라'(not to trouble, μὴ παρενοχλεῖν)는 것은 이방인 개종자들에게 할례만 아니라 할례뿐만 아니라 모든 율법의 의무를 강요해서는 안 된다는 의미이다.

그렇다면 야고보의 의견은 세 가지로 집약할 수 있다. 첫째, 이방인 구원은 이미 구약에 예언된 것이고, 둘째, 따라서 이방인들에게 율법을 강요하지 말며, 셋째, 이방인들이 우상숭배, 음행, 목매어 죽인 부정한 음식과 피를 금하는 차원에서 요청해야 한다는 것이다. 유대인과 이방인에게 동일한 신앙 조건을 제시한 것이다.[29]

야고보의 제안은 전혀 무리한 요구는 아니었다.[30] 여기 음행은 순결하

---

[27] Denton, *A Commentary on the Acts of the Apostles*. Vol. II., 70.

[28] Charles R. Erdman, *The Acts* (Philadelphia: The Westminster Press, 1919), 113. "야고보가 제안하고 예루살렘공의회가 받은 결정은 3가지이다. (1) 자유: 사도행전 15:19에 있는 대로 모세의 법은 지켜질 필요가 없고 그것은 구원의 전제 조건이 아니다. 이 결정은 기독교 자유에 대한 '마그나 카르타'였다(갈 2:15-21). (2) 순결: 사도행전 15:20에 있는 대로 자유는 증서가 아니라 그리스도 안에 믿음에 의한 성결의 삶이다. (3) 관용: 무관심의 문제에 있어서 어떤 형식과 의식을 준수하기를 선호하는 이들을 쓸데없이 공격하지 말자(갈 6:2)는 것이다."

[29] Bruce, *The Book of ACTS*, 311.

[30] 칼빈, 사도행전 II, 80. 칼빈은 이렇게 해석한다. "야고보는 하나님께서 이방인들을 받아들이겠으므로 의식에 관하여 일치하지 못한 점들이 있다고 해서 그들이 교회로 들어오는 것을 막지 않아야 한다고 말하고 있다. 그러나 그들을 괴롭게 하지 말라고 말하면서도 몇 가지 한정된 규칙들을 정하고 있는 점에 있어서 그는 스스로 모순을 일으키고 있는 것처럼 보인다. 이 문제는 쉽게 해결된다. 이에 관하여 나는 충분하게 알고자 한다. 첫째로, 야고보는 그들이 형제들로서 자기들과 일치하지 못하게 될 그 무엇도 그들에게 강요하지 않고 있다. 둘째로, 그들이 하나님께서 보실

지 못한 모든 성적행위를 포괄한다.[31] 음행을 포함시킨 것은 당시 음행이 이방인들 가운데 만연된 죄악이었고,[32] 칼빈이 지적한 대로 거룩한 성전된 그리스도인이 그런 죄악을 범한다는 것은 있을 수 없는 일이었기 때문이다. "다시 말하면 음행은 하나님이 보시기에 저주받을 행위이며 사람의 영혼은 이 음행에 의하여 더러워지고 하나님의 성전인 몸이 이 때문에 더러워져서 그리스도께서는 대신 상처를 당하셨으며 하나님은 매일 음행하는 자들에게 벌을 내리시고 어느 날엔가 두려운 보응자가 되실 것을 성경은 분명하게 선언한다. 하늘의 재판관이 그처럼 엄격하게 정죄하신 음행의 더러움은 이를 옹호하는 자들이 아무리 총명하고 웅변적이라 하더라도 그들의 그럴듯한 말로는 변명되지 못한다."[33]

이런 야고보의 제안은 이방인들에게 새로운 짐은 아니었다. 야고보가 제시한 부정한 음식을 금하는 것은 헬라인들도 지켰던 관습이었기 때문이다. 야고보의 중재안 가운데는 안디옥교회에서 문제가 되었던 할례에 대한 언급은 없다. 그것은 두 가지로 접근할 수 있을 듯하다. 하나는 할례를 받을 필요가 없다고 단언하는 것이 야고보의 입장에서는 부담스러웠

때 자유한 자들이 되었고 거짓 선지자들이 끌어들이려고 애썼던 그 허위적이고 그릇된 신앙이 제거된 사실을 깨달은 다음에 [야고보가 제시한] 이 몇 가지 규정들은 그들[이방인들]의 양심에 괴로움이나 불편이 되지 않았다."

[31] Denton, *A Commentary on the Acts of the Apostles*. Vol. II. 71.
[32] Denton, *A Commentary on the Acts of the Apostles*. Vol. II., 72.
[33] 칼빈, 사도행전 II, 81-82. "그러나 더욱 어려운 문제는 '음행'에 관한 것이다. 왜냐하면 야고보가 단지 장애물이 된다는 견지에서 피해야 한다고 말한, 그 어느 편으로도 기울어져 있지 않은, 위에서 설명한 것들에다 이 음행을 포함시키고 있기 때문이다. 그러나 그가 그것들 자체에 있어서는 불법이 아닌 것들의 부류에다 이 음행을 연관시킨 데는 하나의 이유가 있었다. 음행의 방종이 어디에나 억제할 수 없이 심하다는 사실은 너무도 잘 알려져 있다. 특별히 이 병폐는 동양 사람들 가운데 너무도 심했다. 그들은 더욱 정욕에 기울어져 있기 때문이다. 확실히 결혼에 대한 성실성과 정절이 이곳보다 양심적으로 무시되고 있었던 곳도 없었다. 그 뿐만 아니라 내 생각으로는 여기서 말씀하고 있는 것이 간음이나 모든 정절이 공공연하게 침해되고 부패되는 종잡을 수 없고 억제할 수 없는 격렬한 감정과 같은 모든 종류의 음행을 분별없이 문제로 삼고 있지 않는다는 것이다. 이른바 첩을 두는 일인데 이방인들은 첩을 두는 일에 너무도 습관이 들어 있는 거의 묵인된 법이 되어 있었다. 그러므로 야고보가 서로 크게 다른 것들을 같은 부류로 취급하려는 것이 그의 의도는 아니었음을 우리가 알고 있지만 그가 그 자체에 있어서는 나쁘지 않은 것들에다 일반적인 부패를 포함시킨 것은 불합당하지는 않다."

기 때문일 수 있다. 다른 하나는 야고보의 입장 표명에는 할례를 받을 필요가 없다는 것을 함축한다는 사실이다. 필자가 볼 때 후자이다. 할례를 받고 추가로 3가지를 더 요구했다는 것은 문맥에도 맞지 않는다.

야고보는 최소한의 부정한 음식을 금지하는 수준에서만 지켜진다면 나머지는 자유해도 된다고 본 것이다. 베드로가 멍에를 이방인 제자들에게 메게 하지 말자고 한 것이나 부정한 음식을 금하는 수준에서 이방인들의 신앙습관을 제시한 것 모두가 할례를 받지 않아도 된다는 의미다. 그러므로 이방인들에게 삼갈 것을 요구하는 기준이 할례보다 훨씬 약한 상식적인 수준인 것을 감안하면 할례를 요구하지 않는다는 것을 이미 전제한 것이다.

베드로는 자신이 직접 체험한 사실적인 경험에 근거하여 바울과 바나바의 입장을 지지하였고, 바울과 바나바는 이방신들 가운데 성령의 놀라운 역사가 여러 도시에서도 동일하게 일어나는 것을 경험했음을 고백함으로써 베드로의 입장을 강하게 지지하였으며, 야고보는 베드로와 바울 및 바나바의 견해를 인정하고 그 중요성을 성경을 들어서 설명한 것이다. 이방인들이 주님께로 돌아오는 것은 하나님의 섭리인데 왜 그것을 방해하려고 하느냐는 것이었다.

야고보는 아모스 9장 12절의 아모스 선지자의 예언 '에돔의 남은 자'를 인용하여 '남은 사람들과 내 이름을 일컬음을 받는 모든 이방인들'(15:17)도 이스라엘의 승리와 회복을 통하여 하나님의 축복에 동참할 수 있다는 사례를 들었다. 역사를 주관하시는 하나님께서 예언을 성취시켜 나가고 계시는데 감히 우리가 어떻게 하나님의 섭리를 거스를 수 있느냐는 주장이다. 야고보의 주장은 설득력이 있었고, 히브리파 유대인들과 헬라파 유대인들의 마음을 동시에 사로잡았다.[34]

---

[34] Ramsay, *St. Paul the Traveller and the Roman Citizen*, 172. 이것은 절묘한 '중재안,' '타협안'이었다. 야고보가 인용한 성경은 아모스 9장 12절이며, 동일한 내용이 Isaiah 63:19와 Isaiah 65:1에도 있다.

야고보와 예루살렘교회의 리더십

이 야고보는 제자들 가운데 한 사람인 야고보가 아니라 예수 그리스도의 형제(동생) 장로 야고보이다. 그런데 칼빈은 그의 **사도행전 주석**에서 이 야고보가 알패오의 아들 야고보이면서 동시에 예수님의 형제 야고보와 동일 인물이라고 이해했다. "그러므로 나는 그가 알패오의 아들이었으며 그리스도와 혈연의 관계(consanguineus)에 있었으며 이러한 의미에서 그는 '주의 형제'라고 불리었다는 사실을 의심하지 않는다."[35] 칼빈의 이와

---

[35] 칼빈, 사도행전 II, 73-74. "교회에 관한 고대의 저작자들 중에 많은 사람들은 이 야고보가 요세푸스(Josephus)의 고대사(Antiquities)의 제 20권에서 그의 부끄러운 죽음을 보고하고 있는 '의로운 자'와 '오블리아스'(Oblias)라는 별명을 가진 열두 제자 중의 한 사람이었다고 생각했다. 그러나 나는 이 오래 전에 살았던 사람들이 이 알지 못하는 사람의 신성함을 크게 칭찬하려고 하는 것보다는 그의 신분을 밝혀보려고 수고한 것으로 본다. 오직 그만이 지성소에 들어가도록 허락되었다는 그들의 설명은 하나의 유치하게 꾸민 이야기이다. 왜냐하면 그 출입이 어떤 종교적인 의식(religio)에 관련되고 있다면 대제사장이 아니었던 그가 지성소에 들어갔던 것은 하나님의 율법을 어긴 행위였을 것이기 때문이다. 둘째로 이러한 방법으로 실체에 대한 그림자로서 성전을 섬기도록 격려하는 것은 미신적인 행위였다. 나는 다른 유사한 허탄한 것들을 말하지 않고 넘긴다. 그러나 그들은 그가 열두 사도 중의 하나였음을 부인함에 있어서 대단히 큰 잘못을 저지르고 있다. 왜냐하면 이 야고보는 바울이 교회의 세 기둥들(갈 2:9) 가운데 가장 중요한 위치를 가졌던 사람이라고 인정할 만큼 높이 칭찬을 받던 사람이었음을 억지로 인정했기 때문이다. 사도들보다 못한 반열에 있었던 사람은 그처럼 사도들보다 우월하게 될 수가 없었던 것이 분명하다. 왜냐하면 바울은 '사도'라는 칭호로써 그를 영예롭게 하고 있기 때문이다. 그리고 제롬의 견해는 그 '기둥'이라는 말이 일반적인 의미로 쓰였으며 주의를 끌 만한 가치가 없으니, 이는 그리스도께서 교회의 다른 교사들보다 사도들을 먼저 세우셨으므로, 이 말은 신중하게 취급되고 있는 반열상의 위엄(dignitas ordinis)이라는 것이다. 뿐만 아니라 본 귀[구]절을 볼 때 그가 특별히 높임을 받고 있었다는 사실을 알기란 쉽다. 왜냐하면 그가 찬성함으로써 베드로의 말을 확증하고 모든 사람들이 그의 의견에 따랐기 때문이다. 그리고 21장에서 우리는 예루살렘에서 그의 권위가 얼마나 힘이 있었던가를 다시 보게 되기 때문이다. 고대 저작자들은 그러한 상황은 그가 예루살렘의 감독이었기 때문이라고 생각한다. 그러나 그 신실한 자들이 자기들 스스로의 의향대로 그리스도께서 세우신 순위를 바꾼 것 같지는 않다.… 그가 예루살렘의 감독이었는지 그렇지 않았는지는 누구나 생각해볼 만한 의문으로 남겨둔다. 이 문제는 회의의 명령이 베드로보다는 야고보의 권세에 의하여 결정된다는 사실로써 교황의 참람함은 반박된다는 사실을 제의[외]하면 그렇게 큰 문제는 아니다. 그리고 유세비우스(Eusebius)는 그의 교회사 제 2권의 시초에서 그가 어떤 야고보였던 간에 그는 사도들의 감독(Bishop of the Apostles)이었다고 말하기를 주저하지 않았다. 로마 사람들은 지금 교황이 베드로의 후계자이기 때문에 전체 교회의 머리가 된다고 자랑스럽게 말하고 있다. 그러나 유세비우스의 말이 믿을만한 것이라면 베드로 위에 또한 사람이 있게 되는 것이다."

같은 해석은 당시 로마 가톨릭에서 일반적으로 인식하고 있던 해석이었다. 로마 가톨릭은 여기 나오는 야고보를 12제자 중의 한 명인 알패오의 아들 야고보로 보았고, 그가 예수님의 형제 야고보와 동일 인물이라고 이해했다. 알패오의 아들 야고보와 예수님의 형제 야고보는 다르다.

그러나 여기 나오는 야고보는 12사도 가운데 한 명인 알패오의 아들이 아니라 예수님의 형제 야고보였다. 마태와 마가의 증언(마 13:55; 막 6:3)에 의하면 예수님에게는 적어도 네 명의 남자 형제들 야고보, 요셉, 시몬, 유다가 있었다. 이 중에 야고보는 야고보서를, 유다는 유다서를 기록했다. 특히 야고보는 예루살렘교회 책임을 맡을 정도로 초대교회에서 중요한 역할을 감당했다.

주님이 십자가에 달리실 때까지 믿지 않았던 야고보가 어떻게 변화를 받았는지 성경은 구체적으로 밝히지 않고 있다. 그러나 바울의 증언(고전 15:7)에 따르면 부활하신 주님이 사랑하는 동생 야고보에게 나타나셨다. 야고보는 주님의 부활을 목도한 120명의 다른 증인들과 함께 마가의 다락방에서 약속하신 성령을 기다렸고, 결국 다른 120문도들과 놀라운 오순절 성령강림을 체험했다. 처음에 주님을 믿지 않다가 주님이 부활하신 후에 주님의 제자가 된 야고보는 주님과의 형제관계와 신앙에 대한 분명한 확신 때문에 제자들 가운데에서도 지도력과 영향력을 발휘했던 것으로 보인다.

야고보는 '하나님과 주 예수 그리스도의 종'(약 1:1)이라는 분명한 확신을 가졌고, 스스로를 '선생'으로 여겼으며, 실천적인 믿음을 강조했다. 그는 또한 주님이 다시 오실 것(약 5:8)을 믿었으며, 예수 그리스도의 이름으로 신유의 역사가 나타나는 것(약 5:15)도 믿었다. 그만큼 기도의 중요성을 강조한 사람도 드물다. 그는 기도응답을 아주 많이 체험한 실천적인 신앙인이었다. 야고보서를 종합할 때 야고보는 겸손한 사람, 기도의 사람, 거룩한 삶을 살아간 실천적 믿음의 소유자였다. 야고보에 따르면 진정한 믿음은 알고 깨닫는 것으로 끝나는 것이 아니라 하나님께 대한 순종의 생활로 선하게 나타나야 한다.

박해로 인해 많은 예루살렘교회 교인들이 흩어졌을 때 야고보는 예루살렘교회를 지켰다. 베드로가 없는 가운데 야고보가 A.D. 49년 예루살렘교회를 이끈 실질적인 주역이 되었다. 그것은 바울이 1차 선교여행을 마치고 예루살렘공의회에 참석하였을 때 야고보가 그 회의를 주도한 것에서 알 수 있다. 예수님의 아우 야고보는 초대교회 복음전파 과정에서 중추적인 역할을 감당했다. 그는 금욕생활, 기도, 히브리파 유대인들의 전통을 존중하고 중시하였다.

유세비우스는 클레멘트를 인용하여 야고보가 예루살렘교회 감독이 되었다고 기록하고 있다. 부활하신 주님은 처음 아우 야고보에게, 요한과 베드로에게, 나머지 제자들에게 그리고 바나바를 포함하여 70인들에게 나타나셨다.[36] 초대교회 전승에 의하면 여기 등장하는 예수님의 아우 야고보 역시 A.D. 62년 네로 황제 때 아나니우스 대제사장에 의해 율법을 어긴 죄로 순교 당했다. 그의 순교에 대해서는 요세푸스, 로마의 클레멘트, 헤게시푸스(Hegesippus), 유세비우스가 증언하고 있다.[37] 유세비우스는 그의 교회사에서 헤게시푸스를 인용하여 야고보가 대제사장 소(小) 안나스에게 돌에 맞아 죽었다고 증언한다.[38] 안나스는 총독 베스도가 죽고 그

---

[36] Eusebius, *Ecclesiastical History* II. 1. 3-5. "3. 그러나 그의 박진법(迫眞法, *Hypotyposes*) 여섯 번째 책에서 클레멘트는 이렇게 썼다. 왜냐하면 그들은 베드로 야고보 요한이 우리 구주가 승천하신 후 마치 우리 주님이 원하시듯 명예를 추구하지 않고 예루살렘의 의인 야고보를 택했다. 4. 그러나 동일한 작품 일곱 번째 책에서 같은 저자는 그에 관한 다음과 같은 사건들을 연관시켰다. 주님은 부활하신 후에 의인 야고보와 요한과 베드로에게 지식을 분여해주셨고 그들은 그것을 나머지 사도들에게 분여해주었으며, 나머지 사도들은 칠십 인에게 분여했으며, 그 중의 한 명이 바나바였다. 그러나 두 명의 야고보가 있다. 한 명은 성전의 정상에서 던져져 전속력으로 곤봉에 맞아 죽었고 또 다른 사람은 참수를 당했다. 바울은 또한 동일한 의인 야고보에 대해 언급했는데 거기서 그는 '주의 형제 야고보 외에 다른 사도들을 보지 못하였노라'(갈 1:19)고 썼다. 5. 또한 오스르흐니안(Osrhœnians) 왕에게 하신 우리 주님의 약속이 성취되었다. 왜냐하면 우리가 그곳에서 발견된 문서로부터 조금 위에서 보았듯이 도마가 거룩한 충동에 의해 그리스도교의 설교자와 전도자로 예수님의 형제 유다(Jude Thaddeus)를 에데사로 파송했기 때문이다."

[37] Josephus, *Antiquities*, 20. 9. 1. <www.gutenberg.org/files/2848/2848-h/2848-h.htm>(2019. 12. 28. 접속).

[38] Eusebius, *Ecclesiastical History* II, 23. 유세비우스는 순교한 야고보가 주의 형제라고 단정하고, '주의 형제라 불리는 의인 야고보의 순교'(The Martyrdom of James, who was called the Brother of the Lord)라는 제목으로 2권 23장 전체를 야고보 순교에 대한 기록에 할당했다.

후임 총독이 도착하기 전에 공백기를 이용하여 그가 평소 불만을 품고 있던 그리스도인들에 대해 박해를 가하였다. 야고보는 재판관들에게 이렇게 이야기했다. "어찌하여 내게 인자에 대하여 묻습니까? 그는 하늘의 전능자의 우편에 앉아 계시고, 하늘 구름을 타고 오실 것입니다."[39] 야고보는 돌에 맞아 순교했다. 야고보는 돌에 맞아 죽을 때 '주 하나님 아버지여, 간절히 원하옵나니 저들을 사하여 주옵소서. 자기들이 하는 것을 알지 못함이니이다'라고 기도했다. 주님의 제자들이 한결같이 순교적 죽음을 맞았다. 초대교회 여러 문헌들도 사도들이 복음을 증거하다 순교했다는 사실을 일관되게 증거 한다.

예수님의 사랑하는 아우가 예수님을 구주로 믿고 순교했다는 사실은 예수 그리스도가 메시야라는 사실을 더욱 증거해 주며, 가족들의 구원을 위해 기도하는 사람들에게는 포기하지 않고 하나님께 구하면 반드시 가족들을 구원해 주실 것이라는 희망을 갖게 만든다. 야고보가 기도의 사람이 될 수 있었던 것은 우연이 아니다. 밤이 맞도록 기도하시고 겟세마네에서 기도하시고, 하나님의 아들이면서 기도의 응답을 날마다 순간마다 체험하셨던 주님을 본받은 것으로 보인다.

야고보는 구약 율법시대에서 신약 복음시대에로 넘어가는 과도기에, 초대교회에 산적해 있었던 수많은 어려운 문제들을 잘 감당함으로써 초대교회 신앙의 기초를 확립할 수 있었다. 그런데 이것은 야고보 사도가 무릎이 낙타의 무릎처럼 될 정도로 철저하게 주께 기도하는 삶으로 일관했기 때문이다. 이는 실로 주께서 맡기신 사명을 온전히 감당하기 위해 우리 성도들이 가져야 할 신앙 자세가 어떠한 것이어야 하는가를 잘 보여준다.

램지는 의인 야고보가 아나니아에 의해 A.D. 61년 3월 15일에 순교했다고 말한다. William M. Ramsay, *Pauline and Other Studies in Early Christian History* (London: Hodder & Soughton, 1906), 355.

[39] Eusebius, *Ecclesiastical History* II, 23.

4. 바울과 바나바 귀환과 안디옥교회의 환대(15:22-35)

²² 이에 사도와 장로와 온 교회가 그 중에서 사람들을 택하여 바울과 바나바와 함께 안디옥으로 보내기를 결정하니 곧 형제 중에 인도자인 바사바라 하는 유다와 실라더라 ²³ 그 편에 편지를 부쳐 이르되 사도와 장로 된 형제들은 안디옥과 수리아와 길리기아에 있는 이방인 형제들에게 문안하노라 ²⁴ 들은즉 우리 가운데서 어떤 사람들이 우리의 지시도 없이 나가서 말로 너희를 괴롭게 하고 마음을 혼란하게 한다 하기로 ²⁵⁻²⁶ 사람을 택하여 우리 주 예수 그리스도의 이름을 위하여 생명을 아끼지 아니하는 자인 우리가 사랑하는 바나바와 바울과 함께 너희에게 보내기를 만장일치로 결정하였노라 ²⁷ 그리하여 유다와 실라를 보내니 그들도 이 일을 말로 전하리라 ²⁸ 성령과 우리는 이 요긴한 것들 외에는 아무 짐도 너희에게 지우지 아니하는 것이 옳은 줄 알았노니 ²⁹ 우상의 제물과 피와 목매어 죽인 것과 음행을 멀리할지니라 이에 스스로 삼가면 잘되리라 평안함을 원하노라 하였더라 ³⁰ 그들이 작별하고 안디옥에 내려가 무리를 모은 후에 편지를 전하니 ³¹ 읽고 그 위로한 말을 기뻐하더라 ³² 유다와 실라도 선지자라 여러 말로 형제를 권면하여 굳게 하고 ³³ 얼마 있다가 평안히 가라는 전송을 형제들에게 받고 자기를 보내던 사람들에게로 돌아가되 ³⁴ (없음) ³⁵ 바울과 바나바는 안디옥에서 유하며 수다한 다른 사람들과 함께 주의 말씀을 가르치며 전파하니라

야고보의 적절한 제안은 예루살렘 지도자들의 마음에 들었고, 예루살렘교회 전체도 동의했다. 야고보의 말이 끝난 후 회의장의 분위기는 처음에 이의들을 제기하던 분위기와는 완전히 달랐다. 절대다수가 이방인들에게 할례를 강요하지 않는 쪽으로 의견을 모았다. 그리고 사도와 장로와 온 교회는 자신들의 견해를 담은 편지와 함께 몇 사람을 택하여 바울과 바나바와 함께 안디옥으로 보내기로 가결했다. 예루살렘교회가 바울과

바나바와 동행하여 보낸 대표자는 유다와 실라였다(15:22).[40] 간단하지만 편지에는 심오한 신학이 담겨 있다.

예루살렘교회의 대표 안디옥 파송(15:22-26)

예루살렘공의회 결정도 신중하고 권위 있는 결정이었지만 그 결정을 알리는 대표를 파송하는 일에 있어서도 예루살렘교회는 매우 신중했다. '바사바라 하는 유다와 실라'(15:22)를 택한 것도 그런 이유다. 몇몇 사람이 이들을 택한 것이 아니다. 누가는 '사도와 장로와 온 교회'(15:22)가 이들을 택하여 바울과 바나바와 함께 보내기로 결정했다고 분명히 밝히고 있다.

이 두 사람 중에서 유다는 1장 23절에 나오는 요셉과 동일한 성을 가지고 있다. 유다가 안디옥에서 체류하는 동안 교회에서 권면하는 예언의 은사를 사용하였다는 것 외에는 그에 대한 기록은 찾을 수 없다. 실라는 신약의 다른 로마식 이름이 '실바누스'(Silvanus)이다(고후 1:19; 살전 1:1; 살후 1:1; 벧전 5:12). 그는 바울의 2차 선교여행 이후 바울의 동료로서 사도행전에 계속 등장한다. 예루살렘교회는 앞서 안디옥교회에 와서 논란을 일으킨 자들의 사례가 있었기 때문에 이번에는 정확하고 분명하게 의사를 전달하기 위해 공동체 전체가 신뢰할 수 있는 검증된 인물을 택한 것으로 여겨진다.

사도들과 장로들 그리고 예루살렘교회 전 공동체는 '우리 주 예수 그리스도의 이름을 위하여 생명을 아끼지 아니하는 자인 우리가 사랑하는 바나바와 바울'(15:25-26)이라는 표현을 편지에 밝힘으로 바나바와 바울을 인준해주고 그들에게 대단한 힘을 실어주었다. 사도들은 예루살렘에서 온 거짓 사도들이 안디옥에 와서 바울과 바나바에게 행한 중상과 비견할 수 없는 "바울과 바나바의 불타는 열심과 그들의 극한 대담성과 훌륭함"에 근거한 놀라운 "칭찬을 대립시켜 놓은 것이다."[41] 이렇게 해서 사도들

---

[40] Chrysostom, *The Homilies on The ACTS of The Apostles*, 454. 예루살렘교회가 두 사람을 선택해서 결정문과 함께 보냄으로 예루살렘교회의 결정에 대한 신뢰성은 더욱 배가되었다.

과 장로들 그리고 예루살렘 전 공동체가 교회를 소란스럽게 한 악한 자들을 간접적으로 그러나 아주 권위 있게 책망한 셈이다.

예루살렘교회는 할례문제로 인해 더 이상 이방인의 복음전파가 지장을 받는 것을 원치 않았다. 예루살렘교회의 결정은 이방인들을 일차적으로 염두에 둔 결정이라는 사실도 주목해야 한다. 편지의 수신자가 '이방인 형제들'(15:23)이라고 분명히 밝힌 것에서도 알 수 있다.

우리가 또 하나 주목하는 것은 예루살렘교회가 보내는 편지의 수신자가 안디옥만 아니라 '안디옥과 수리아와 길리기아 지방의 이방인 형제들'(15:23)이라는 사실이다. 그렇다면 당시 "근래 설립된 갈라디아 남부 지방의 여러 교회들은 별개의 '지방'이 아니라 안디옥, 다소 그리고 그 나머지 수리아 길리기아 지방의 사역의 확장으로 보인다."[42] 하우슨과 스펜스가 지적한 대로 이것은 바울과 바나바에 의해 얼마나 복음이 넓게 확산되었는가를 보여준다.[43]

예루살렘공의회 결정은 복음을 받아들인 이방인들 모두에게 해당되는 것이다. 이것은 두 가지 사실을 함축한다. 하나는 구원의 전제조건으로 할례를 받아야 한다는 주장으로 인한 혼란이 안디옥을 넘어 수리아와 길리기아까지 확대되었다는 의미로 해석할 수 있다. 다른 하나는 앞으로 생길 수 있는 일을 미연에 방지하기 위해 안디옥을 통해 같은 교구에 속한 이들 지역의 교회들에게 동일한 메시지를 전달하기 위해서라고 해석할 수 있다.

예루살렘공의회의 결정과정: '만장일치,' '성령과 우리'(15:26-29)

우리는 여기 예루살렘교회가 안디옥교회에 대표를 파송하는 장면에서 특별히 주목할 것이 두 가지가 있다. 그것은 '만장일치'(15:26)와 '성령과

---

[41] 칼빈, 사도행전 II, 85.
[42] Bruce, *The Book of ACTS*, 314.
[43] Howson and Spence-Jones, *The Acts of the Apostles*, 218.

우리'(15:28)라는 표현이다. 이방선교에 대한 예루살렘공의회의 결정은 교회공동체 전회원 모두가 찬성하고 모두가 의견의 일치를 본 공통적인 결론이었다. 성령은 하나 되게 하시는 영이며, 인간의 생각을 넘어 그의 나라와 그의 의를 위해 연합하도록 만드시는 영이다. 예루살렘공의회의 결정은 성령께서 하나 되게 하셔서 도출한 결정이었다.

이어서 누가는 교회의 결정을 전달하면서 '성령과 우리'(to the Spirit and to us, τῷ Πνεύματι … καὶ ἡμῖν, 15:28)라고 표현하고 있는데, 이것은 깊은 의미를 함축하고 있다. 여기 우리는 이 편지를 쓴 주체 곧 사도들, 장로들 그리고 전 예루살렘의 신앙의 공동체를 지칭하는 것이다. 원문에는 성령과 우리가 주격으로 사용되지 않고 목적격으로 사용되었다. 대부분의 영어 역본도 헬라어 원문을 따라 '성령과 우리'를 주격으로 번역하지 않고 목적격으로 번역했다. '성령과 우리는 이 요긴한 것들 외에는 아무 짐도 너희에게 지우지 아니하는 것이 옳은 줄 알았노니'(15:28)는 원문을 직역하면 "이 필요한 일들 외에 당신들에게 더 이상 짐을 지우지 않는 것이 성령과 우리에게 정말 좋다"이다.

성령과 우리를 주격으로 사용하지 않았다고 해서 의미가 축소되는 것은 아니다.[44] 주격으로든 목적격으로든 그것이 중요한 것이 아니라 누가가 '성령과 우리'를 나란히 동격으로 언급하고 있다는 사실이 중요하다.[45] 아더 피어선은 **성령행전**에서 '성령과 우리'라는 이 부분을 상당히 부각시키며 강조한다.[46] 사도행전을 성령의 복음이라고 해야 할 이유가 여기 있다. 우리는 여기서 매우 중요한 몇 가지 사실을 확인할 수 있다.

---

[44] Denton, *A Commentary on the Acts of the Apostles*. Vol. II., 75. 덴톤은 사도행전 15장 28절의 말씀을 요한복음 16장 13절의 약속의 성취라고 본다. '그러나 진리의 성령이 오시면 그가 너희를 모든 진리 가운데로 인도하시리니 그가 스스로 말하지 않고 오직 들은 것을 말하며 장래 일을 너희에게 알리시리라'(요 16:13).

[45] Arthur T. Pierson, *The ACTS of the Holy Spirit* (New York: Fleming H. Revell, 1895), 106−118.

[46] Chrysostom, *The Homilies on The ACTS of The Apostles*, 443.

자신들과 성령의 일치

예루살렘교회는 자신들과 성령을 분리시키지 않았다. 성령 안에서 공동체와 성령이 하나된 것이다. 성령의 충만을 받은 공동체는 기도와 말씀을 통해 성령 안에서 일체를 이루는 것이다. 예루살렘 공동체는 성령과 자신들을 하나로 인식하고, 어떤 결정을 도출하는 과정에서 성령의 인도를 사모하고, 성령을 영예롭게 하는 가운데 신앙의 제 문제를 풀어가려고 하였다.[47] 성령이 개인과 회중들 가운데 역사하셔서 비록 인간 회중들이 결정한 것이지만 그것은 단순히 인간들만의 결정이 아니라 성령께서 하신 결정이라고 확신했다.

예루살렘공의회가 증거하듯 성령께서 회중을 이끄시고 회중들 가운데 역사하시고 다양한 개인과 개성과 성향을 가졌음에도 의견의 일치를 도출할 수 있도록 인도하셨다. 때문에 성령과 자신들을 분리시키지 않았다. 이 말은 교회가 성령이 이끄시는 공동체, 성령의 인도를 받고 성령이 주관하시고 성령의 역사가 충만한 곳이어야 한다는 사실을 함축하고 있다. 예루살렘교회 구성원 모두는 성령을 높이고 성령을 영예롭게 하고 성령의 지도를 받고 성령을 간절히 사모하였다.

분명한 우선순위: 우리와 성령이 아닌 '성령과 우리'

우선순위가 너무도 분명했다. '우리와 성령'이라고 하지 않고 '성령과 우리'(15:28)라고 표현했다. '우리'보다 '성령'을 앞세운 것이다. 브루스가 지적한 대로 이 말은 "성령의 도구(the vehicle of the Spirit)로서의 교회의 역할을 강조한다. 그들은 성령이 자신들을 소유하고 계시고 다스리고 계신다는 사실을 매우 강하게 인식하고 있어서 성령을 그들의 결정의 최고 저자(chief Author)로서 먼저 언급한 것이다."[48]

---

[47] 칼빈, 사도행전 II, 86. "사도들과 장로들이 성령께 연합한 자들이 되었을 때 그들은 아무 것도 독자적으로 하지 않았다. 그리고 이 말씀은 성령께서 자기들의 인도자시며 자기들이 편지를 쓰는 내용에 관한 결정이 성령의 명령에 의한 것이었음을 의미하고 있는 것과 같다."

성령이 놀랍게 임하셨고, 그들 모두가 성령의 충만을 받았으며, 성령의 놀라운 표적과 기사가 나타났고, 성령께서 공동체를 이끄셨다. 예루살렘 신앙공동체는 성령을 영예롭게 했고 성령께서는 계속해서 선교를 주도하셨다. 확실히 예루살렘 공동체는 성령의 공동체였다.

이 점에서 안디옥교회도 마찬가지였다. 바울과 바나바를 따로 세우시고 그들을 파송하시고 그들에게 성령이 충만하여 기사와 표적과 능력을 행하며 예수가 주되심을 선포하며 하나님 나라를 확장해 나가시는 분이 바로 성령 하나님이시다. 성령께서 그리스도를 높이고 그를 드러내고 그를 전하도록 공동체를 움직여 나가셨다. 공동체는 그 성령께 순종하면서 성령을 통해서 성령 안에서 예수 그리스도를 높이고 증거하고 전파했다. 이것은 교회가 무엇인가를 보여준다. 우리는 성령이 이끄시는 교회, 성령이 이끄시는 선교, 성령이 이끄시는 목회사역을 감당해야 한다.[49]

신약의 교회는 오순절 성령강림을 통해 형성된 교회이다. 교회는 성령이 이끄시고 주관하시고 통치하시는 그런 공동체이다. 때문에 교회는 성령보다 앞서가지 말고 성령께서 앞서 가시도록 해야 한다. 성령을 훼방하지 말아야 한다. 이것은 신약교회 태동 배경을 볼 때도 자연스럽다. 성령이 놀랍게 부으시는 역사는 사도행전에서 보여주듯 계속해서 나타났고, 이것은 기독교 역사 속에서도 계속되었다.

성령, 교회를 교회되게 하시는 영

칼빈이 말한 대로 실추된 교회의 명예를 다시 회복할 수 있는 길은 성령의 역사 외에는 달리 길이 없다.[50] 교회가 교회되게 하신 분은 성령이시

---

[48] Bruce, *The Book of ACTS*, 315.
[49] 성령이 이끄시는 교회가 어떤 모습이어야 하는가를 정확하게 보여준다. 할례를 받아야 하느냐 마느냐는 강력한 이견 속에서 성령의 인도를 받으며, 성령께서 이방인들에게도 자신들과 동일한 성령을 주셨다는 사실을 가장 중요한 이방선교의 근거로 받아들였다. 공회의 결정을 자신들만의 결정으로 여기지 않고 성령께서 자신들을 통해 하신 결정이라고 확신했다. 성령께서 하신 일을 주목한 것이다. 성령이 자신들에게만 아니라 이방인들에게 주어진 사실 그리고 실제로 바울과 바나바를 통해서 놀라운 역사가 나타나는 것을 목도하고 눈으로 확인하면서 그 성령의 역사 앞에 모두가 순종한 것이다.

다. 누가는 사도행전에서 성령충만을 반복해서 기술하며 성령충만한 공동체가 어떤 모습인가를 끊임없이 설명하고 있다. 사도 요한은 성령이 믿는 자들 심령에 내주하신다고 말씀했고, 사도들이 주의 사역을 감당하기 위해서는 성령을 받아야 한다는 사실을 강조하였다. 바울은 믿는 자들이 성령의 전이라고 일깨워주었다. '성령과 우리'는 과거 성령을 전혀 의식하지 않고 살았던 그들이 이제는 성령을 의식하고 성령의 인도를 받고 성령의 뜻을 구하는 사람들로 바뀐 것을 의미한다.

결론적으로 안디옥교회의 결정은 몇 가지 중요한 교훈을 준다.

첫째, 교회는 교회 결정을 인간적인 결정이 아닌 성령께서 하신 결정으로 받아들였다.

둘째, 이기적인 목적이 아닌 순수하게 신앙적인 차원에서 결정했다.

셋째, 율법보다는 성령의 법에 순종하였다. 예루살렘교회는 단순한 율법적인 차원에서가 아닌 성령의 인도하심과 주장하심에 따라 결정했다.

넷째, 예루살렘교회는 결정 내용을 전하면서 명령의 형식을 취하지 않았다. 예루살렘교회는 안디옥교회의 독립성을 존중하면서도 그 독립성이 너무 커 안디옥교회가 모교회, 사도들 그리고 교회의 단일성을 무시하지 않도록 세심하게 배려했다.[51]

안디옥교회 귀환과 유다와 실라의 동역(15:30-34)

유다와 실라 그리고 바울과 바나바는 예루살렘교회의 장로와 사도들과 작별인사하고 안디옥을 향했다. 안디옥으로 돌아가는 그들의 발걸음은 출발할 때의 무거운 발걸음이 아니었다. 분명한 답을 가지고 가는 것은 물론이요 자신들의 견해가 그대로 수용되고 채택되었기 때문에 이방인 교회인 안디옥교회 교우들에게 용기와 격려를 동시에 제공할 수 있다는 기대감으

---

[50] John Calvin, *Commentary upon the Acts of the Apostles* Vol.1 (Edinburgh: Calvin Translation Society, 1844), 83-84.

[51] Bruce, *The Book of ACTS*, 315.

로 가슴이 벅차올랐을 것이다.

아마도 공동의 목적을 가진 이들은 이제 이방인들에게 어떻게 복음을 전하며, 복음을 전달받은 그들을 어떻게 양육할 것인지를 가지고 깊이 의견을 나누었을 것이다. 안디옥으로 내려가는 도중 이들 네 사람은 좋은 교제를 나누었을 것이다. 같은 뜻을 가진 사람들끼리 교제를 나누고 시간을 보낸다는 것처럼 행복한 것은 없다.

안디옥에 도착한 바울과 바나바 그리고 유다와 실라는 먼저 안디옥교회의 교우들을 한 자리에 모았다. 다 모이자 예루살렘교회의 '편지를 전하여 주고'(15:30), 그 중의 한 사람을 통해 그 편지를 처음부터 끝까지 다 읽어 내려갔다. 그 현장에 있던 안디옥교회 교우들 중에는 한 사람도 그 편지의 내용에 불만을 갖는 사람이 없었다. 이것은 얼마 전까지만 해도 적지 않은 다툼과 변론이 있었던 것을 고려할 때 참으로 놀라운 변화이다.

그들 모두는 '읽고 그 위로한 말을'(15:31) 인하여 무척 기뻐하였다. 이제 이방인 중에서 예수를 믿는 자신들도 유대인들과 마찬가지로 같은 공동체의 일원으로 인정을 받았기 때문이다.[52] 그리고 더 이상 할례를 받지 않아도 되었다. 이방인들이 할례를 면제받은 것은 대단한 일이었다. 할례를 강요했다면 복음전파에 엄청난 지장을 초래했을 것이다. 복음이 이방인들에게 자유를 제공하는 것이 아니라 오히려 짐을 안겨다 주는 결과를 초래했을 것이기 때문이다.

유다와 실라의 훌륭한 동역

안디옥에 머무는 동안 유다와 실라도 바울과 바나바와 함께 '여러 말로 형제를 권면하여'(15:32) 신앙을 굳게 세우는 일에 협력했다.[53] "예루살렘으로부터의 소식은 안디옥의 그리스도인들에게 대단한 위안을 가져다주

---

[52] Denton, *A Commentary on the Acts of the Apostles*. Vol. II., 76.
[53] Ramsay, *St. Paul the Traveller and the Roman Citizen*, 176–177. 유다와 실라가 안디옥에 와서 '여러 말로 형제를 권면하여 굳게 하였다'는 것은 유다가 바울의 선교 동역자로 선정된 것과 모종의 관계가 있다.

었다."⁵⁴ 유다와 실라는 안디옥교회를 더욱 안정시켜주었다.⁵⁵ '권면했다'(exhorted, παρεκάλεσαν)는 말은 '격려했다'(encourage), '권했다'(exhorted)는 말이고, '굳게 했다'(ἐπεστήριξαν)는 말은 '독려했다,' '신앙을 강하게 북돋아 주었다'(strengthened)는 말이다. 누가는 바나바가 처음 안디옥에 와서 새로 믿은 신자들을 권면할 때와 동일한 단어(be exhorted, παρεκάλει, 11:23)를 사용함으로 바나바가 처음 했던 동일한 역할을 이들이 했음을 보여준다. 바나바가 처음 안디옥에 왔을 때 했던 유사한 일을 유다와 실라가 안디옥에 와서 다시 한 것이다. 할례문제로 흔들렸던 안디옥교회 교우들이 더 한층 하나님의 말씀을 의지하는 신앙에 굳게 서도록 독려한 것이다.

예루살렘교회에서 내려온 이들이 안디옥교회의 견해를 인정하고 같은 뜻을 가지고 가르치고 협력한 것은 안디옥교회의 교우들에게는 대단한 용기와 격려가 되었을 것이다. 권면하여 굳게 세우는 일은 교회에서 절대적으로 필요하다. 바나바를 통해 신앙의 격려를 얻고 안정을 찾았지만 할례문제로 잠시 흔들렸을 때 예루살렘교회는 신실한 사람을 다시 보내 안디옥교회를 신앙으로 다시 한 번 더 굳게 세운 것이다. 이들이 어떤 권면을 했는지는 성경이 밝히고 있지 않다. 유다와 실라가 여러 말로 형제를 권면하여 굳게 하였다고 할 때 여기 '여러 말'(talk much, λόγου πολλοῦ)은 하나님의 말씀에 기초한 '많은 말'(many words, KJV)이다. '긴 메시지'(a lengthy message, NASB)로도 번역할 수 있다.

유다와 실라는 예루살렘에서 바나바와 바울을 통해 전해들은 것을 기억하면서 이 두 사람의 가르침이 예루살렘교회와 근본적으로 동일한 내용이며, 교회가 그들의 가르침을 존중하고 따라야 한다는 사실을 강조했을

---

⁵⁴ Bruce, *The Book of ACTS*, 317. 사도들이 보낸 편지 내용과 어조도 그들에게 고무적이었다. 안디옥의 최고 다섯 교사들이 행했던 유사한 예언의 은사를 소유한 유다와 실라의 사역은 그들에게 또 다른 큰 위로를 제공했다. 시간이 되어 유다와 실라는 예루살렘의 집으로 돌아가고 바울과 바나바는 얼마 동안 안디옥에 남아 그들의 동료들과 함께 사역을 감당하면서 교회 안에서 주님을 섬겼다.

⁵⁵ Denton, *A Commentary on the Acts of the Apostles*. Vol. II., 76.

것이다. 이들은 안디옥에 와서 바울과 바나바의 사역이 더욱 교회 안에 결실로 이어질 수 있도록 신앙으로 독려하고 권면하는 일을 감당했다.[56] 이들은 안디옥교회가 주 안에서 바르게 세워지는 것이 곧 주님의 일이라는 인식을 가지고 안디옥교회를 도운 것이다. 이들은 자신들이 할 수 있는 한 힘을 다해 안디옥교회 성도들의 신앙을 강하게 세워주었다.

바울과 바나바의 안디옥교회 2차 동역(15:35)

우리가 한 가지 더 주목할 것이 있다. '바울과 바나바는 안디옥에서 유하며 수다한 다른 사람들(many others, ἑτέρων πολλῶν)과 함께 주의 말씀을 가르치며 전파하니라'(15:35)는 구절이다.[57] 바울과 바나바가 안디옥에 머물면서 '주의 말씀을 가르치며 전파하는' 일에 전념한 것이다.

가르치고 전파하는 순환적 사역

예루살렘공의회 결정과 유다와 실라를 통해 매우 힘을 얻은 안디옥교회가 위기를 극복하고 난 뒤 그리고 바울과 바나바가 새로운 선교여행을 착수하기 전 그 사이에 안디옥교회가 한 일은 말씀을 가르치고 전파하는 일을 집중한 것이다. 안디옥교회는 주님을 따라 가르치고 전파하고 치료하는 사역을 계속하였다. 안디옥교회가 분열을 극복하고 다시 선교적 교회로 온전히 회복될 수 있는 원동력이 여기 있었다. 여기서 몇 가지를 생각해 볼 것이 있다.

첫째, 바울과 바나바는 주님이 하셨고, 예루살렘교회가 했고, 과거 안디옥교회를 태동시킨 이들과 자신들이 몸소 실천했던 가르치고 전파하고

---

[56] 할례문제로 혼란이 생겨 어려운 상황에 처한 안디옥교회를 종합적으로 고려하여 두 명의 인물들을 뽑아 보낸 것일 수 있다.

[57] Chrysostom, *The Homilies on The ACTS of The Apostles*, 468, 470. 예루살렘에서 돌아온 후 "그들은 안디옥에서 단순히 지체한 것이 아니라 가르치고 전파했다. 그들이 무엇을 가르쳤고 무엇을 전파했는가? 그들은 이미 믿음을 가진 믿는 자들을 대상으로는 가르쳤고, 아직 믿지 않는 자들에게는 복음을 전했다."

치료하는 사역을 지속적으로 감당했다는 사실이다. 바울과 바나바는 안디옥으로 선교여행을 마치고 돌아올 때 기회가 있는 대로 이 일을 반복한 것으로 보인다. 가르치고 전파하고 치료하는 사역이 안디옥교회를 강력한 교회로 만드는 힘이었다고 볼 수 있다.[58]

둘째, 주의 말씀을 가르치며 전파했다는 것은 주의 일꾼을 세우는 일을 계속했다는 의미이다. 처음 바울과 바나바 둘이서 1년 동안 가르치는 일을 계속 감당했으나 이제는 '수다한 다른 사람들과 함께'(15:35) 이 일을 감당했다고 누가는 증언한다.[59] 안디옥에서 바울과 바나바에게 여러 동역자가 생겨난 것이다. 안디옥교회는 가르치고, 전파하고, 치료하는 주님의 사역을 그대로 계승하면서 안디옥교회 안에 인재들을 세워갔다.

안디옥에서 과거 바울과 바나바 둘이 감당했던 가르치는 사역을 이제는 여러 사람들이 감당할 수 있게 되었다. 그동안 안디옥교회에서 바울과 바나바 같은 수준 높은 제자들이 많이 배출되었다는 의미이다. 인재의 재생산이 일어난 것이다. 하나님의 교회에서 가장 중요하게 할 일이 무엇인가를 보여준다. 교회가 생명력 있는 교회로 지어져 가기 위해서는 계속해서 주의 일꾼(인재)들을 키워야 한다.

셋째, 가르침의 핵심이 하나님의 말씀이었다. 우리는 '주의 말씀을 가르치며 전파하니라'(15:35)를 주목해야 한다. 바울과 바나바가 가르친 가르침의 핵심 내용이 '주의 말씀'이며, 이들이 전파한 것도 원문에 있는 대로 '복된 소식,' '좋은 소식'이었다. 주님이 천국복음을 전파하셨듯이 이들도

---

[58] 예수님이 아버지로부터 보냄을 받은 자라는 자의식을 가지고 성령충만을 받아 가르치고 전파하시고 치료하시는 사역을 공생애 동안 감당하셨고 동일한 사명을 제자들에게 부탁하셨다. 제자들에게 부활하신 후 제일 먼저 하신 것도 '아버지가 나를 보내신 것같이 나도 너희를 보내신다'고 하신 후에 성령을 받으라고 명하셨다. 예루살렘교회가 성령충만을 받고 이 사명을 감당했고, 안디옥교회도 이 사명을 감당했다. 주님이 하셨던 사역이 안디옥교회 안에 순환적으로 반복되었다. 바울과 바나바는 가르치고 전파하고 치료하는 일을 계속해서 감당했다. 이들만 이 사역을 감당한 것이 아니라 안디옥에 있는 상당히 많은 성도들이 이 사역을 감당했다. 사도들과 온 성도들이 성령 안에서 가르치고, 전파하고, 치료하는 사역을 계속해서 감당한 것이다. 안디옥교회의 역동성이 바로 여기에 있었다.

[59] '수다한 다른 사람들'(many others, ἑτέρων πολλῶν)을 모든 영어 역본들이 '많은 다른 사람들'(many others)로 번역하였다.

동일하게 천국복음을 전한 것이다. 교회는 하나님의 말씀을 바르게 가르치고, 복음을 전해야 한다.[60]

또한 36절 이하에 나타난 것을 볼 때 선교여행 중에 끝까지 동행하지 못하고 돌아온 마가로 인해 바울과 바나바가 서로 이견이 있었던 것을 알 수 있다. 주를 향한 선한 비전을 가지고 선교여행을 떠난 바울로서는 마가가 선교사역을 끝까지 협력하지 않고 중도에 포기하고 돌아간 것에 대해 상당히 기분이 나빴을 것이다. 바울이 마가로 인해 바나바에 대해 적어도 불편한 감정을 가지고 있었을 만도 한데, 전혀 그런 내색을 하지 않고 바나바와 잘 협력했다. 모두가 주의 말씀을 가르치고 배우며 천국복음을 전파하고 세상을 치료하는 사역을 충실하게 감당하는 일에 집중했다.

안디옥교회에서 가르치고 전파하는 사역을 통해 충실하고 견고하게 다져졌기 때문에 어려운 사건의 충격을 큰 무리 없이 흡수할 수 있었다.[61] 오늘날 교회 안에 작은 어려움이 있어도 크게 동요되고 흔들리는 이유가 무엇인가? 영적 기초체력이 너무 약하기 때문이다. 성령의 권능을 체험하는 것만 아니라 주님이 하신 대로 가르치고 전파하고 치료하는 일을 지속하는 것이다. 교회가 가르치고 전파하고 치료하는 주님이 하셨던 사역을 지속적으로 감당하는 것이 얼마나 중요한가를 보여준다.

---

[60] 오늘날 교회가 자기 교회를 자랑하고 담임목사를 자랑하고 설교를 자랑하는 것을 전도로 생각하는 것은 정말 복음을 왜곡하는 것이다. 교회, 담임목사, 담임목사 설교에 대한 자긍심을 심어주는 것은 아름다운 것이지만 그것을 소개하는 것이 복음은 아니다. 교회는 '주의 말씀'을 가르치고 십자가의 복음, 천국복음을 전파해야 한다. 안디옥교회는 가르치고 전파하는 일에 최우선을 두었다. 누가는 처음 안디옥교회가 태동될 때나 수년의 세월이 지난 지금에도 안디옥교회에서 행한 주된 사역이 가르치고 전파하는 사역이었다는 사실을 밝히고 있다. 이것은 바울과 바나바가 안디옥에 유하면서 가장 중시한 일이 가르치고 전파하는 일이었고, 그들은 이 일에 전무했고, 온 교우들은 이 일을 기쁨으로 감당했음을 암시해 준다. 안디옥교회가 극심한 갈등을 극복할 수 있었던 원동력은 바로 그 때문이었다. 할례를 받아야 한다는 사실에 동의하였던 일부 신자들이 있었을 것이고, 그들의 불만도 있었을 것이다.

[61] 안디옥교회가 15장 36절 이하에 진행된 바나바와 바울의 갈라섬이라는 너무도 충격적인 사건이 있었는데도 내분이 일어나지 않고 여전히 선교사역을 감당할 수 있었던 이유가 무엇인가를 15장 35절이 설명해 준다. '바울과 바나바는 안디옥에서 유하며 수다한 다른 사람들과 함께 주의 말씀을 가르치며 전파하니라.'

바울과 바나바의 선교 방식과 교훈

우리는 바울과 바나바의 선교에서 몇 가지 중요한 원칙을 발견할 수 있다.

첫째, 모교회와의 지속적인 협력과 유대를 가지며 선교사역을 감당했다. 할례문제를 상의하기 위해 바나바와 바울이 예루살렘교회에 올라갔고 예루살렘교회는 이 문제를 심도 있게 논의하고 결정하여 신뢰받는 지도자 유다와 실라를 이들과 함께 안디옥교회에 보내 교우들을 독려하고 교회가 안정적으로 이방선교사역을 감당할 수 있도록 최선의 지원을 아끼지 않았다.

앞서 예루살렘교회는 안디옥교회 태동 소식을 듣고 바나바를 파송했고 안디옥교회는 예루살렘교회 기근 소식을 듣고 헌신적으로 지원하는 등 두 교회는 협력을 아끼지 않았다. 모교회는 권위의식을 가지고 일방적으로 명령을 하달하는 방식을 취하지 않고 바울과 바나바의 견해를 청취하고 성령의 빛 아래서 함께 문제를 해결하려고 했다. 안디옥교회는 모교회에 조언을 구했고 모교회는 지교회의 입장에 서서 해결점을 찾아 신중하게 결정 사항을 전했다.

둘째, 복음전도와 양육을 동시에 진행한 일이다. 그들은 단순히 계속 선교만 하지 않았다. 복음을 전한 후에 교회 안에 영입된 이들이 복음 안에서 정착할 수 있도록 가르치고, 그들이 어느 정도 가르침 속에서 신앙을 갖게 되면 훈련된 이들과 함께 다시 선교를 계속하여 새로운 신자들을 확보하는 수순을 밟았다. 선교와 가르침이 교호적으로 연결되어 총체적인 선교를 한 것이다.

셋째, 누가는 안디옥교회가 성령의 인도하심을 따라 바나바와 바울을 파송했고, 그들은 성령충만하여 선교사역을 감당했으며, 할례문제가 발생했을 때 예루살렘교회는 '성령과 우리'라는 표현을 통해 성령의 뜻을 간절히 간구했음을 증거한다. 예루살렘교회나 안디옥교회나 바울과 바나바 모두 선교사역을 진행하는 과정에서 성령의 도우심과 인도하심을 구한 것이다. 인간 스스로가 주체가 되어 문제를 해결하려고 하기보다 주님의 뜻을 기다리고 주님께 도움을 구한 것이다. 이처럼 초대교회 지도자들과 교회는 늘 성령의 음성에 귀를 기울였다. 자신들의 영광을 드러내기보다 교회의 머리되신 주님이 영광을 받으시기를 원했다.

할례를 받아야 된다고 강하게 주장하며 바울과 바나바와 다투었던 이들의 목소리가 사도행전에 다시 등장하지 않은 것을 보면 그들도 예루살렘공의회 결정을 그대로 받아들인 것으로 보인다.

제 14장
바울의 2차 선교여행과 소아시아선교 확장
(15:36-16:5)

> 진정한 역사적 천재는 수많은 사건들과 많은 인물들은 가장 가볍고 가장 간단하게 터치하는 것으로 간단히 지나가고, 대신 위대한 위기, 위대한 인간적 기관, 위대한 운동을 선택해서 이것들을, 본질적으로 독자들에게 명쾌하게 전달하는 데 있다. 그러나 항상 독자들 앞에서 계속 저작의 계획을 명쾌하게 유지한다.
>
> William M. Ramsay, *St. Paul the Traveler and the Roman Citizen*, 1895

> 수리아와 길리기아로 다니며 교회들을 견고하게 하니라.
>
> 행 15:41

A.D. 49년 1차 선교여행을 성공적으로 끝낸 바나바와 바울은 할례문제로 예루살렘에 올라갔다가 예루살렘공의회를 마치고 안디옥으로 돌아왔다.[1] 바울과 바나바는 잠시 안디옥교회에서 목양사역을 담당한 후 충분한 휴식도 취하지 못하고 A.D. 50년 다시 2차 선교여행을 떠났다.[2] 2차 선교

---

[1] William M. Ramsay, *Pauline and Other Studies in Early Christian History* (London: Hodder & Soughton, 1906), 362.

[2] Charles Fremont Sitterly, *Jerusalem to Rome; the Acts of the Apostles* (New York: Abingdon, 1915), 20.

여행은 물론 성령께서 강권하신 일이었다.[3] 사도 바울의 첫 번째 유럽 선교여행이 이 때 이루어졌다.[4] 누가는 바울이 2차 선교여행을 떠나는 장면을 기술하면서 한 가지 사실을 분명히 하고 있다. 바울은 1차 선교여행을 마무리하면서 복음을 접한 이들을 위해 교회 지도자들을 세우고 그들을 돌볼 수 있도록 제도적인 장치를 마련하였는데 다시 그 교회들을 방문하여 그들을 신앙으로 독려하기 원했다는 사실이다.[5]

1. 실라와 2차 선교여행 출발(15:36-41, A.D. 50)

[36] 며칠 후에 바울이 바나바더러 말하되 우리가 주의 말씀을 전한 각 성으로 다시 가서 형제들이 어떠한가 방문하자 하고 [37] 바나바는 마가라 하는 요한도 데리고 가고자 하나 [38] 바울은 밤빌리아에서 자기들을 떠나 함께 일하러 가지 아니한 자를 데리고 가는 것이 옳지 않다 하여 [39] 서로 심히 다투어 피차 갈라서니 바나바는 마가를 데리고 배 타고 구브로로 가고 [40] 바울은 실라를 택한 후에 형제들에게 주의 은혜에 부탁함을 받고 떠나 [41] 수리아와 길리기아로 다니며 교회들을 견고하게 하니라

---

[3] Stokes, *The Acts of the Apostles* Vol. II., 248.
[4] M. Baumgarten, *The Acts of the Apostles: Or, The History of the Church in the Apostolic Age*. Vol. II. (Edinburgh: T. &T. Clark, 1854), 111.
[5] George Thomas Stokes, *The Acts of the Apostles* Vol. II. (New York: A. C. Armstrong and Son, 1892), 248. 이것은 교회에서 양육이 얼마나 중요한가를 말해준다. 바울은 바나바의 부탁을 받고 안디옥에 와서 복음을 전하고는 복음을 받아들인 이들을 주님의 충실한 제자로 양육한 다음 그들의 파송을 받아 선교여행을 떠난다. 선교여행 동안 복음을 전하고 복음을 받아들인 이들을 제자로 양육하고는 안디옥으로 돌아왔다. 바울은 복음전파와 양육을 어느 하나 소홀히 하지 않고 충실하게 감당했다. 바나바나 바울은 양육이 없는 복음전파는 생명력이 없고 결실로 이어질 수 없다는 사실을 잘 간파하고 있었다. 안디옥에 돌아와서도 이미 지도자로 성장한 다른 사람들과 함께 안디옥 교우들을 가르쳐 그들을 성숙한 일꾼으로 양육한 다음 다시 선교지로 돌아가 1차 선교여행을 통해 복음을 접한 이들을 양육하였다. 바울이 13권의 서신서를 기록한 것도 양육을 위한 동기에서 출발했다. 그가 서신들을 기록한 것도 전도한 교회의 교우들이나 그 교회 지도자들이 신앙 가운데 견고하게 설 수 있도록 하기 위해서였다. 이렇게 바울이 기록한 성경은 신약성경의 절반이 넘는다. 바울이 안디옥에서 오래 머물지 않았던 것은 안디옥교회가 이미 신앙으로 정착한데다 교우들을 지도할 많은 다른 지도자들이 세워졌기 때문이다.

바나바와 바울은 2차 선교여행을 떠나기에 앞서 마가요한을 동행시키는 문제로 '서로 심히'(15:39) 다투었다. 여기 사도행전 전체에서 기독교 공동체가 만난 가장 마음 아프고 안타까운 장면이 등장한다.[6] 성경은 인간의 약점이나 죄악을 숨기지 않는다.[7] 스톡스의 지적처럼 이것은 단순히 과거 이야기가 아니라 현재 우리에게도 흔하게 일어나는 일이라는 면에서 더욱 더 중요한 의미를 지닌다.[8]

'며칠 후'라는 말은 1차 선교여행을 다녀온 지 며칠 후라고 보기 힘들다.[9] 다녀온 후 할례논쟁이 있어 예루살렘에 다녀오는 일이 발생했기 때문이다. 여기 '며칠 후'(after now some days, Μετὰ δέ τινας ἡμέρας, 15:36)는 35절의 연장선에서 이해해야 할 것이다. 바나바와 바울이 안디옥에서 그리스도인들을 훈련시키는 일을 어느 정도 감당한 후로 해석하는 것이 좋을 듯하다. 바울이 먼저 바나바에게 1차 선교여행 동안 복음을 전한 각 도시에 다시 가서 형제들이 신앙생활을 하고 있는지를 살펴보자고 제의한 것이다. 이제 바울이 선교여행을 주도하고 있음을 알 수 있다.[10]

그렇다면 누가의 기록에서 우리는 몇 가지 사실을 확인할 수 있다. 첫째는 1차 선교여행에서 돌아온 후 교회문제를 해결하고 안정을 시킨 후 다시 2차 선교여행을 떠나게 되었다는 사실, 둘째는 2차 선교여행을 먼저 제의한 것이 바울이었다는 사실, 셋째는 선교여행의 목적이 이미 복음을 전해 받은 이들이 신앙 가운데 잘 성장하고 있는가를 돌아보기 위한 것이라는 사실이다. 누가는 이 세 가지를 '며칠 후에 바울이 바나바더러 말하

---

[6] John Chrysostom, *The Homilies of John Chrysostom on The ACTS of The Apostles* (London: Oxford, John Henry Parker, 1851), 468-469.

[7] Gotthard Victor Lechler, *Theological and Homiletical Commentary on the Acts of the Apostles*. Vol. II. (Edinburgh: T. &T. Clark, 1864), 117.

[8] Stokes, *The Acts of the Apostles* Vol. II., 251.

[9] W. A. Denton, *A Commentary on the Acts of the Apostles*. Vol. II. (London: George Bell and Sons, 1874), 76. 덴톤은 '며칠 후'라는 말이 한 달 혹은 두 달 이상은 아니라고 본다.

[10] 바울이 주도하고 있다는 사실은 첫째, 선교여행을 먼저 제안했고, 둘째, 그 이유와 목적도 분명히 밝혔다. 이 선교여행에 대해 바나바도 찬성한 것 같다. 그것은 바울과 의견 대립이 있었던 원인이 2차 선교여행을 가느냐 가지 않느냐 하는 문제가 아니라 누구를 대동하고 가느냐 하는 문제였기 때문이다. 가는 것은 당연히 전제하고 동역자 문제로 두 사람이 다툰 것이다.

되 우리가 주의 말씀을 전한 각 성으로 다시 가서 형제들이 어떠한가 방문하자 하고'(15:36)로 집약한다.

마가로 인한 바나바와 바울의 다툼

바울과 바나바가 함께 선교여행을 가는 것은 문제가 없었다. 문제는 선교여행의 동행자를 두고 바울과 바나바 사이에 견해가 달랐다는 사실이다.[11] 바나바는 자신의 사촌(the cousin, ὁ ἀνεψιὸς, 골 4:10) 마가를 동행시키기를 원했고(15:37),[12] 바울은 여기에 반대했다. 1차 선교여행 때 밤빌리아에서 자신들을 떠나 끝까지 선교여행에 동행하지 않고 돌아간 그 사람을 다시 동행시키는 것이 '옳지 않다'(15:38)는 이유다. 이 문제로 바울과 바나바는 심하게 다투고 결국에는 '피차 갈라'(15:39)서고 말았다.[13]

하나님 나라를 위한 선교사명을 너무도 분명하게 갖고 있는 두 사람이 그 일을 추진하는 방법에 대한 의견 차로 심하게 다툰 것이다.[14] 바울과

---

[11] Denton, *A Commentary on the Acts of the Apostles.* Vol. II., 78. '그들의 선교사역의 돕는 자로 바나바의 사촌 마가요한을 데리고 가는 것에 대해 날카로운 논쟁과 의견 차가 있었다.' 바나바는 2차 선교여행에 마가를 데리고 가기를 원했으나 바울은 그를 데리고 가는 것을 반대했다. 일행에서 무단이탈한 마가요한을 다시 데리고 가는 것이 바람직하지 않다는 이유에서였다. 바나바가 마가를 동행시키려고 한 것은 두 가지 이유 때문으로 여겨진다. 첫째는 바나바가 남을 포용하고 이해하고 관용하는 성향의 인물이었기 때문이다. 비록 마가요한이 실수를 했지만 그를 다시 동행시키는 것이 그리 어려운 문제가 아닌 것으로 보였을 것이다. 둘째는 마가요한이 바나바의 친척이기 때문이었다. 마가요한은 실제로 바나바의 사촌이었다. 따라서 혈육에 대한 애정과 동정이 앞선 것이다. 이것은 인간이라면 누구나 흔히 경험할 수 있는 일이다.

[12] Stokes, *The Acts of the Apostles* Vol. II., 252. 마가는 바나바의 사촌이다. 바나바와 마가의 관계를 밝힌 성경은 골로새서 4장 10절이다. 여기 나오는 아네피오스(ὁ ἀνεψιὸς, the cousin)를 한글개역과 개역개정에는 바나바의 '생질'(sister's son) 마가라고 번역하였다. 반면 공동번역과 새번역은 사촌이라고 번역했고, 현대인 성경은 조카라고 번역했다. 한글성경이 마가를 바나바의 생질로 번역한 것은 KJV의 영향 때문으로 풀이된다. KJV가 마가를 생질('누이의 아들,' sister's son)로 번역했기 때문에 영어권에서도 생질로 널리 알려졌다. 그러나 NIV와 NASB를 비롯한 대부분의 영어 역본은 커즌(the cousin) 즉 사촌으로 번역했다.

[13] 존 칼빈, 한국기독교선교백주년기념 존·칼빈성경주석출판위원회 역편, 신약성경주석, Vol. 6, 사도행전 II (서울: 성서교재간행사, 1980), 97-94.

[14] Charles R. Erdman, *The Acts* (Philadelphia: The Westminster Press, 1919), 114. 마가요한을 동행시키는 문제를 두고 시작된 바울과 바나바의 논쟁과 헤어짐은 안디옥교회가 만난 참으로 고통스런 사건이었다.

바나바가 성령에 의해 택함을 받고 성령에 의해 파송을 받고 성령충만하여 선교사역을 감당하였음에도 서로 심하게 다투었다는 사실은 믿음의 사람들이 모인 신앙의 공동체라고 하더라도 이 땅의 교회는 완벽할 수 없음을 보여준다. 각자 성경의 원칙에 충실해야 하지만 자신의 한계를 인식하고 서로 '다름'을 인정하고 이해하는 것을 배워가는 훈련이 필요하다.[15]

1차 선교여행에서 마가로 인해 생긴 갈등을 예루살렘에서 해소하기는 했지만, 다시 선교여행을 떠날 때 바나바가 마가를 동행시키자고 제의하자 바울은 몹시 화가 났다. 그래서 '바울은 밤빌리아에서 자기들을 떠나 함께 일하러 가지 아니한 자를 데리고 가는 것이 옳지 않다'(15:38)고 주장했고, 바나바는 그래도 마가를 데리고 가자고 맞섰다. 바울은 복음전파에 대한 근본적인 자세가 되지 않은 사람을 데리고 갈 수 없다는 입장이었다. 그토록 성령충만을 강조하고, 해외선교의 필요성을 역설하고 안디옥교회를 세우는 일에 협력했던 두 지도자가 마가를 대동하는 문제로 심하게 다투었다는 사실은 조금도 유쾌한 것은 아니다.

마가를 바라보는 바울과 바나바의 견해차

우리는 이 문제를 처리하는 두 사람의 접근방법에 대한 견해차를 발견한다. 바나바는 마가를 두둔하고 바울은 이미 지난번 부적격자로 입증된 사람을 동행시키는 것은 적절하지 않다는 입장이었다. 관용하고 포용적인 바나바와 엄격한 바울이 비교되고 있다.[16] 비록 마가가 지난번 어린 마음

---

[15] Denton, *A Commentary on the Acts of the Apostles.* Vol. II., 77-78. 바울이 더 원칙에 충실했다고 할 수 있지만 그렇다고 그가 100%로 옳았다고 보기 힘들다. 주님은 얼마나 용서하냐고 물었을 때 일곱 번씩 일흔 번을 용서하라고 하셨다. 이 말은 무한히 용서해야 한다는 것이다. 물론 이 기준을 이들의 다툼에 수평적으로 적용할 수 있느냐 하는 것은 의문이다. 그러나 한 가지 부정할 수 없는 분명한 사실은 하나님은 사랑이시고 율법의 완성은 사랑이라는 사실이다. 바울의 성격은 엄격한 반면 바나바의 성품은 온화해서 위로의 아들이라 불렸다. 두 사람 모두 성령의 은사를 충만히 받았으나 기질이 달라 마가를 동행시키는 문제를 두고 서로 심하게 다투었다.

[16] Denton, *A Commentary on the Acts of the Apostles.* Vol. II., 78.

에 견디지 못하고 돌아가는 실수를 한 것이 유감이지만 그것을 수용하고 다시 선교여행에 동참시키자는 바나바의 견해가 꼭 잘못된 것은 아니다.

만약 마가가 그 사실을 뉘우치고 다시는 그런 일을 반복하지 않겠다는 분명한 의지가 있었다면 바나바의 견해는 수용할 만하다. 동행시키자고 제안한 것은 마가도 뉘우치고 다시 그들과 선교여행을 떠날 마음의 준비가 되어 있음을 암시해 준다.

누가의 기록만으로는 정확히 누가 옳고 누가 그른지를 진단하기 힘들다. 사도행전 전체와 바울 서신을 통해서 통시적으로 살펴보아야 할 문제이다. 또 통시적으로 살핀다고 해도 사실 정확한 판단을 내리기가 쉽지 않다. 그것은 누가가 사도행전에서 바울에 대해서는 물론이고 바나바에 대해서도 매우 훌륭한 신앙의 모델, 성령충만하고 지혜와 믿음이 충만한 믿음의 사람, 핍절한 자들에게 그리스도의 사랑을 베푸는 예루살렘교회의 너무도 훌륭한 지도자로 묘사하고 있기 때문이다. 누가는 분명 바나바에 대해 부정적인 편견을 갖고 이 부분을 기술한 것 같지는 않다.[17] 누가는

---

[17] 칼빈, 사도행전 Ⅱ, 93-94. 마가를 둘러싼 바울과 바나바의 다툼에 대해 존 칼빈은 이렇게 매우 신중하고 조심스럽게 해석했다. "한편으로 바울이 큰 친절을 갖고 있지 못했음을 지적하는 사람들도 있을 것이다. 왜냐하면 그는 한 신실한 협력자가 가진 이 과오를 용서하지 않았기 때문이다. 그러므로 우리는 이 실례로써 경고를 받는다. 그리스도의 종들이 예리하게 주의를 기울이지 않으면 사탄이 들어올 수 있는 많은 틈이 생겨 그 틈으로 사탄이 들어와서 그들의 화목을 교란시킨다. 이제 우리는 그들이 나뉘게 되었던 그 이유를 논하기로 하자. 잘못은 바울의 지나친 엄격성에 있다고 말하는 사람들이 있다. 얼른 듣기에 이 말은 그럴듯하다. 마가요한은 그가 전에 바울의 일행으로부터 떠나갔다는 이유로 지금 거절을 당하고 있다. 그러나 그는 그리스도로부터 떠나간 사람은 아니었다. 젊고 십자가를 지는 데 아직 익숙하지 못했기 때문에 그는 여행하다말고 집으로 돌아갔다. 그의 어린 나이도 생각해 주어야 할 것이다. 신병(新兵)으로서 그는 시초에 어려움 앞에 넘어지고 말았다. 그렇다고 해서 그가 일생동안 겁 많은 군인이 될 것이라고는 의미하지 않았다. 지금 그가 바울에게로 돌아온 것은 그가 뉘우쳤다는 증거이다. 이런 그를 물리친다는 것은 인정이 없는 행동처럼 보인다. 왜냐하면 자신의 잘못에 대한 형벌을 자진하여 받아들이는 사람은 더욱 관대한 취급을 받아야 하기 때문이다. 바울이 온화하게 되어야 했던 다른 이유들이 또 있다. 마가요한의 가정은 교회를 위하여 많은 편리를 봐주었던 이름난 집이었다. 가장 가혹한 핍박을 받고 있던 중에서도 그의 어머니는 신실했다. 헤롯이 격노하고 모든 사람들이 격분하고 있었을 때에도 믿는 자들은 그곳에서 거룩한 모임을 계속하고 있었다. 이 사실은 누가가 이미 기록한 것과 같다(12:12). 이처럼 거룩하고 선량한 마음을 가진 여인은 아껴 보아야 하고 지나친 엄격성 때문에 그녀를 멀리하게 되어서는 안 된다. 이 여인은 자기 아들이 복음전도에 헌신하게 되기를 원했다. 그런데 하나의 사소한 실수 때문에 지금 그의 봉사하려는 마음이 배격된다면 이

이 부분에 있어서 바울에게 우호적인 것으로 보이지만 그렇다고 어느 한 편이 전적으로 옳았다고 기술하지 않았다.[18]

하우슨과 스펜스가 주장하듯이 바나바가 마가를 두둔했던 이면에는 마가의 동역자로서의 자격 유무, 자질 유무보다는 외적 요인, 즉 그가 자기 사촌이라는 이유가 크게 작용한 것은 아닌지 의문을 제기할 수 있다. 하지만 누가는 그런 암시를 전혀 주지 않는다.[19] 오히려 두 사람 중에 비판의 여지를 더 갖고 있는 사람은 바울이다. 여러 차례 심각한 실패를 경험한 그를 인내하고 헌신적으로 지원한 사람이 바나바였기 때문이다.

얼마나 그 어머니에게 비참한 일이겠는가? 지금 마가요한은 자기의 잘못을 씻고자 애쓰고 있으며 실제로 시정하고 있으며 바나바는 그를 용서하는 데 대한 그럴듯한 핑계를 갖고 있다."

[18] 칼빈, 사도행전 II, 94-96. 바울에게만 책임을 물을 수 없다. 바울은 복음전도의 동행자로서 마가를 엄격하게 평가하고 동행을 거부한 것이기 때문이다. 이미 1차 선교여행에서 실패한 사람을 다시 동행시키자는 바나바의 요구는 바울의 입장에서는 받아들이기 힘든 요구였다. 바나바는 마가의 장래를 염두에 두고 그를 더 성숙한 지도자로 훈련시키는 데 목적이 있었지만 이방인의 사도로 부름 받은 바울은 하나님이 그에게 맡겨주신 이방선교의 사명을 일차적으로 생각했다. 빠른 시일에 더 많은 곳에 가서 복음을 전하고 더 많은 결실을 거두어 하나님 나라를 확장해야 한다는 사명감이 바울에게 있었다. 그는 이방인의 사도라는 자의식을 한 번도 잊은 적이 없었다. 바울의 관점에서 마가의 실수는 용서 받기 힘든 일이었다. 칼빈의 표현을 빌린다면 "마가의 죄는 일반적으로 생각하는 것보다 더욱 심각한 것이었다. 그가 비록 그리스도를 믿는 믿음으로부터는 떠나지 않았지만 그가 받은 소명으로부터는 이탈자요 배반자였다. 그러므로 소명으로부터 물러났다가 곧 그 소명으로 다시 돌아오게 된 경우 이는 극히 좋지 못한 사례를 만들어 냈다." 사적인 문제를 공적인 문제와 구분하는 일에 있어서 바울이 바나바보다 더 엄격했다고 해석할 수 있다. 이 점에서 한국교회 목회자와 교우들은 교훈을 얻어야 할 것이다. 교회 안에 문제가 발생했을 때 그 문제를 정확히 객관적으로 파악하고 분석할 필요가 있다. 교회 교역자 청빙문제, 방향문제, 목회자 세습문제에 대해 특히 담임교역자나 지도적 위치에 있는 이들은 사적 감정에 치우치지 말아야 한다. 복음전파자는 때로는 아무리 힘들어도 그 복음전파를 위해 힘든 고난도 감내해야 할 필요가 있다. 후에 바울이 디모데에게 '복음과 함께 고난을 받으라'(딤후 1:8)고 부탁했던 것도 그런 이유이다. 우리는 주의 일을 하는 데 있어서 견해차가 있을 수 있음을 바울과 바나바의 경우에서 발견할 수 있다.

[19] J. S. Howson and H. D. M. Spence-Jones, *The Acts of the Apostles* (New York: C. Scribner's, 1883), 222. "바나바는 의심할 바 없이 그와 마가의 관계(골 4:10)에 의해 영향을 받았다. 그의 이런 관용적 행동은 여전히 그의 생애의 나머지에서도 일관되었다. 이 같은 친절한 마음 때문에 바나바는 마가의 이전의 실수를 잊고 그를 다시 스승이신 예수 그리스도 안에서 동역자로 환영하게 된 것이다."

합력하여 선을 이루신 하나님

필자가 볼 때 누가는 한편으로 이 땅의 교회가 완벽할 수 없다는 사실, 믿음을 가진 이들도 다툴 수 있다는 사실을 진솔하게 드러내고 다른 한편으로는 성령께서는 인간적 갈등을 통해서도 합력해서 선을 이루셨다는 사실을 전해주길 원했다.[20] 이 부분을 브루스는 매우 흥미롭게 이렇게 기술하였다.

"분명 바울과 바나바 사이의 불화 이야기는 읽는 자들에게 유쾌한 내용은 아니다. 그리고 사도행전의 저자 누가가 둘 사이의 불화를 덮어두지 않았다는 사실은 누가의 정직성의 표시로 간주될 수 있을 듯하다. 더 나아가 누가는 바울이 옳았고 바나바가 잘못되었다는 식으로 그것을 연관시키지 않는다.… 이 분쟁으로 인해 바울과 바나바가 서로 불화하게 된 것은 안타까운 일이다. 현재의 분쟁이 서로간의 불화를 일으킬 수 있다는 것은 유감스러운 일이지만 하나님의 섭리 안에서 그것이 합력해서 선을 이루었다. 하나의 선교단이 이때 두 개의 선교단으로 늘어났기 때문이다. 바나바는 마가를 데리고 그의 고향 구브로로 돌아가 복음화를 위해 계속 사역했고, 반면 바울은 그의 고향 아나톨리아로 돌아가 동일한 사역을 계속해서 수행했다."[21]

---

[20] Chrysostom, *The Homilies on The ACTS of The Apostles*, 468-469. "그곳에는 분노가 있었을 것이지만 두 사람 각기 자신들의 적절한 선교지를 받게 되었다는 점에서 볼 때 사실 전체 문제가 하나님의 섭리적 계획 안에 있었다." Stokes, *The Acts of the Apostles* Vol. Ⅱ., 256-257. 다음과 같은 스톡스의 지적은 너무도 적절하다. "우리는 그들이 우리와 같은 현실적이고 오류있고 유약한 죄인임을 봄으로 우리가 자칫 사도들에게 오류없음과 완전무결의 잘못된 환영을 부여하려는 생각을 버릴 필요가 있다. 그리고 우리가 그렇게 함으로써 하나님께서 그런 약점에도 불구하고 그리스도인의 성품에 있어서 그들을 그렇게 탁월하게 만드시고, 그리스도인의 사역에서 그렇게 풍성한 결실을 낳게 하시는 그의 은혜의 권능을 높이는 것이다."

[21] F. F. Bruce, *The Book of ACTS* (Grand Rapids: Eerdmans, 1988), 318-319. 또한 참고하라. 칼빈, **사도행전** Ⅱ, 93-94. 브루스는 누가가 바울이 옳고 바나바가 틀렸다고 해석하지 않았다. 그러나 칼빈은 신중하지만 바울이 옳고 바나바가 틀렸다고 평했다. "누가는 이 유쾌하지 못한 불화를 전해주고 있다.… 바나바가 바울의 동반자가 되는 것보다 더 큰 명예로움이 없음을 고려한다면 마치 아들이 아버지에게 행동하는 것처럼 해야 함에도 어떤 큰 교만이 그로 하여금

본문이 직접 언급하지 않아 조심스런 이야기이지만 안디옥교회 역시 성숙한 모습을 보여주었다. 바나바와 바울의 의견 차이, 그로 인한 두 사람의 결별의 과정에서 바울이 취했던 입장이 하나님과 안디옥 교인들의 지지를 받은 것으로 보인다.

교회의 기쁨이 된 바울의 결정

칼빈이 지적한 대로 "말씀의 전후 관계를 볼 때 바울의 결정은 교회의 기쁨이 되었다."[22] 이것은 적어도 두 가지 사실을 고려할 때 분명하다. 하나는 바울과 실라가 안디옥교회의 축복 속에 선교여행을 떠났다는 사실이다. '바나바는 마가를 데리고 배타고 구브로'(15:39)로 갔다는 언급만 있지 바울과 실라처럼 형제들에게 주의 은혜에 부탁하는 일을 했다는 언급이 없다. 이 사실은 누가가 직설적으로 표현하지 않았지만 안디옥교회가 "바울의 편"에 서있었음을 보여준다. 이후 바나바는 사도행전에 등장하지 않는다. 그렇다고 이것으로 바나바의 사명이 끝난 것은 아니다.[23]

누가는 전 선교사역의 확장과정을 역사적으로 그려가면서 사마리아 선교에서 빌립이 그 소명을 다한 후에, 베드로가 이방선교를 위해 그의 소임을 다한 후의 사역에 대해서는 과감하게 생략하고 있다. 하지만 빌립이 그랬고 베드로가 그랬던 것처럼 사도행전에 등장하지 않는다고 해서 이들의 선교사역이 중단된 것은 아니다. 바나바 역시 마찬가지다. 선교방향을 구브로로 정한 것은 1차 선교여행에서 복음을 접한 이들을 돌아보자는 바울의 제의와 전혀 다르지 않다. 바나바는 마가를 데리고 1차 선교여행의 첫 선교사역지이자 자신의 고향인 '구브로'(15:39)로 향했다.[24]

바울의 계획을 그처럼 완강하게 거절하도록 만들었던가?"

[22] 칼빈, 사도행전 II, 94-96. 바나바와 바울은 서로 견해차로 갈라섰지만 교회공동체를 내 편 네 편으로 나뉘지 않고 교회의 하나 됨을 존중했다.

[23] William Owen Carver, *The Acts of the Apostles* (Nashville: Sunday School Board, Southern Baptist Convention, 1916), 168. 전승에 의하면 바나바는 마가를 데리고 구브로로 갔다가 이집트로 가서 선교했다.

[24] Denton, *A Commentary on the Acts of the Apostles*. Vol. II., 78.

비록 바울과 결별했지만 주의 사역을 포기한 것도, 바울이 처음 제의했던 정신을 거스른 것도 아니었다. 덴톤이 "'바나바는 마가를 데리고 배 타고 구브로로 가고'(15:39)라는 말씀에서 우리는 이 사도 바나바의 마음에 있는 분노를 추적할 수 있다"고 말했지만[25] 이는 지나친 해석이고 평가이다. 구브로로 선교의 방향을 정한 것은 결코 전혀 문제가 될 것이 없다. 주지하듯이 그곳은 바나바의 고향이자 이미 1차 선교여행 때 그가 바울과 같이 복음을 전파했던 첫 선교지였다. 하나님 나라를 위해 변함없이 수종을 드는 바나바를 여기서 발견할 수 있다. 누가가 이후 바나바를 언급하지 않은 것은 그의 관심이 '땅 끝' 로마였기 때문이다.

다른 하나는 이후 진행된 바울 사역에 나타난 놀라운 성령의 역사이다. 바나바 일행도 바울 일행도 역시 복음 본래의 사명을 충실히 감당한 것이다. 이것은 성령께서 바울과 그 일행을 축복하시고 인도하셨음을 보여준다. 그러므로 바울과 바나바의 헤어짐이 인간의 유약함 때문에 야기된 문제인 것이 분명하지만 하나님께서는 바울과 바나바를 여전히 사용하시면서 섭리적 차원에서 그 사건을 선용하셨다.[26]

또 한 명의 검증된 지도자 실라와 바울의 2차 선교여행

바울은 실라를 동행하고 수리아와 길리기아로 2차 선교여행을 떠났다.[27] 여기서 우리가 두 가지 사실을 눈여겨 볼 필요가 있다. 하나는 바울이 실라를 파트너로 선택한 사실과 다른 하나는 파송과정이다. 바울이 볼

---

[25] Denton, *A Commentary on the Acts of the Apostles*. Vol. II., 78.

[26] 칼빈, 사도행전 II, 94-96. 칼빈은 "하나님께서 그같이 엄격한 일이 있도록 의도하셨다고 단정할 수 있다"고 확언했다. 이 같은 해석은 하나님의 주권을 강조하고 모든 것이 그분의 섭리 안에 진행되는 것이라는 사실을 강조하는 점에서 틀린 것은 아니지만 자칫 인간의 실수의 책임을 하나님께로 돌릴 우려가 있는 해석이다. 칼빈의 이와 같은 해석은 존 크리소스톰의 해석에서 영향을 받은 것 같다. 크리소스톰은 이 사건을 '하나님의 섭리적 계획'(a plan of Divine Providence)과 '하나님의 섭리적 역사'(a work of Divine Providence)라고 말했다. Chrysostom, *The Homilies on The ACTS of The Apostles*, 469.

[27] Chrysostom, *The Homilies on The ACTS of The Apostles*, 472. 그들은 복음을 받아들이지 않은 다른 지역을 방문하기 전에 이미 하나님의 말씀을 받아들인 자들을 먼저 방문하였다.

때 실라는 여러 가지 면에서 선교여행에 동참시킬 적격자였다.

> 바울은 예루살렘공의회를 마치고 편지를 가지고 실라가 안디옥을 방문하는 동안에 그의 자질을 평가하고는 실라가 마음에 맞는 동역자가 될 것이라고 결론 내렸다. 예루살렘교회의 교인을 동역자로 삼은 것은 유익한 일이었으며, 빌립보에서 그들의 모험적인 이야기를 통해서 알려졌듯이 실라도 바울처럼 로마시민이었다(16:37 이하). 만약 바울이 자신을 위하여 로마시민의 특권이나 면책을 주장하는 상황이 발생했을 때 그의 동역자가 그것을 공유할 수 없는 상황이 발생한다면, 아주 곤란했을 것이 분명하다.[28]

바울이 실라를 택한 것은 당시의 상황을 고려해도 잘한 것이다. 그것은 적어도 세 가지 점을 고려할 때 그렇다. 첫째, 예루살렘교회와의 관계이다. 실라는 예루살렘교회 선지자요, 지도자 가운데 한 명이었다. 바울은 예루살렘교회에서 이방인의 사도로 인정을 받았지만 예루살렘교회와 깊은 유대관계를 지속하는 문제는 자신의 선교사역에서도 매우 중요하다는 사실을 잘 알고 있었다. 그 과정에서 예루살렘교회가 자신의 선교사역과 리더십을 인정하고 함께 기도로 동참한다는 사실은 예루살렘교회를 보아서도, 안디옥교회를 보아서도 그리고 자신의 사역을 보아서도 좋은 일이다.

둘째, 실라는 예루살렘공의회를 마치고 안디옥에 왔을 때 여러 말로 형제들을 권면하여 신앙을 굳게 세우면서 안디옥교회 교우들로부터도 검증을 받은 인물이었다. 안디옥교회의 전송을 받고 예루살렘교회로 돌아간 그 검증된 인물을 다시 불러들여 선교사역에 동참시킨 것은 안디옥교회 교우들의 입장에서 볼 때도 이해할 수 있는 일이다.

셋째, 실라는 바울과 마찬가지로 로마의 시민권자였다. 실라를 동역자로 택한 것은 로마제국을 배경으로 복음을 전하는 바울에게는 대단한 축복이었다. 훗날 빌립보 감옥에서 투옥되어 풀려날 때 바울은 관리들에게

---

[28] Bruce, *The Book of ACTS*, 319.

'로마 사람인 우리'(16:37) 라는 표현을 통해 실라 역시 로마 시민권자라는 사실을 밝히고 있다. 비록 바나바와 헤어지는 것이 아픔이고 바람직한 현상은 아니지만 이후 선교 진행과정에서 합력하여 선을 이루어 가시는 하나님의 섭리를 발견할 수 있다.

바나바와 헤어진 후 바울이 실라를 동행하고 2차 선교여행을 떠나는 과정은 마가를 데리고 구브로로 선교여행을 떠난 바나바의 경우와 대비된다. '바울은 실라를 택한 후에 형제들에게 주의 은혜에 부탁함을 받고 떠나 수리아와 길리기아로 다니며 교회들을 견고하게 하니라'(15:40-41). '형제들에게 주의 은혜에 부탁함을 받고'(15:40)라는 말은 중요한 의미를 지닌다.

이 말은 '안디옥교회 믿는 자들 곧 성도들에 의해 주의 은혜에 부탁함을 받고'라는 의미이다. 14장 26절의 '하나님의 은혜에 부탁하던 곳이라'는 말씀과 연계해서 이해해야 한다. 바울과 바나바가 안디옥교회를 주의 은혜에 부탁했었는데 이제는 교우들이 그들을 본받아 새롭게 전개되는 2차 선교여행이 하나님의 인도하심 속에 선교가 진행되도록 주의 은혜에 부탁한 것이다. 바울 일행이 안디옥교회 교우들의 후원을 계속 받으며 선교사역을 진행했음을 보여준다.[29]

바울이 실라를 동행하고 2차 선교여행을 떠나는 것은 A.D. 50년 초여름이었다.[30] 바울은 그해 여름과 가을을 갈라디아 남쪽(16:1-6)에서 보내면서 북쪽으로 비두니아를 그리고 서쪽으로는 드로아로 선교여행을 다녔다. A.D. 51년 겨울과 여름을 빌립보, 데살로니가, 베뢰아 그리고 아덴에서 보냈다. 1차 선교여행을 떠났던 코스는 아니지만 누가는 바울 일행이

---

[29] Denton, *A Commentary on the Acts of the Apostles*. Vol. II., 78-79. 누가가 직설적으로 자신의 의견을 피력하지는 않았다. 하지만 전후 관계를 고려할 때 누가의 기록을 통해 두 가지 사실을 분명히 확인할 수 있다. 하나는 안디옥교회가 마가를 동행시키는 문제를 두고 바울과 바나바 사이에 벌어진 다툼에서 바나바보다는 바울의 의견을 인준한 사실과 다른 하나는 둘 사이의 분열에도 불구하고 여전히 선교가 확장되고 교회가 성장하였다는 사실이다. 바나바는 구브로 방향으로 선교방향을 택하고 바울은 다른 방향에서 선교를 착수했다. 그리하여 하나님은 거룩한 하나님 나라 확장을 위해 그들 모두를 선용하셨다.

[30] Ramsay, *Pauline and Other Studies in Early Christian History*, 362.

루스드라와 이고니온의 형제들을 만난 것을 기록하고 있다. 바울은 1차 선교여행 동안 가장 큰 결실이 있었던 비시디아 안디옥과 루스드라 그리고 이고니온을 염두에 두고 바나바에게 돌아보자고 제의했던 것을 알 수 있다. 그리고 누가는 '교회들을 견고하게 하니라'(15:41)는 말을 통해 이 선교여행을 통해 본래의 목적을 달성하였음을 말해준다.

2. 디모데를 택한 바울(16:1-4, A.D. 50)

¹ 바울이 더베와 루스드라에도 이르매 거기 디모데라 하는 제자가 있으니 그 어머니는 믿는 유대 여자요 아버지는 헬라인이라 ² 디모데는 루스드라와 이고니온에 있는 형제들에게 칭찬받는 자니 ³ 바울이 그를 데리고 떠나고자 할새 그 지역에 있는 유대인으로 말미암아 그를 데려다가 할례를 행하니 이는 그 사람들이 그의 아버지는 헬라인인 줄 다 앎이러라 ⁴ 여러 성으로 다녀갈 때에 예루살렘에 있는 사도와 장로들이 작정한 규례를 그들에게 주어 지키게 하니

바나바가 마가를 동행하고 배 타고 구브로로 간 후 바울은 더베와 루스드라에 이르러 '디모데'(16:1)를 만났다. 바울의 사역에 있어서 결정적인 전환점이 여기서 이루어진다. 바울이 놀라운 선교사역을 성공적으로 이룰 수 있었던 것은 디모데가 있었기 때문이다. 하나님의 원리를 따르려고 했을 때 하나님께서 그 일을 추진할 수 있도록 여건을 만들어 주신다는 사실을 보여준다.

바울과 디모데의 관계는 각별했다. 바울은 디모데를 가리켜 '믿음 안에서 참 아들 된 디모데'(딤전 1:2), '사랑하는 아들'(딤후 1:2) 그리고 '거짓이 없는 믿음'(딤후 1:5)의 소유자라고 극찬했다. 디모데의 부친은 헬라인이었지만 그의 모친은 독실한 유대 여인 '유니게'(딤후 1:5)였다.[31] 그래서 디모

---

[31] Denton, *A Commentary on the Acts of the Apostles*. Vol. II., 85. 모세의 법은 유대인 여성이 가나안 남성과 결혼하는 것을 금했다. 그러나 다른 나라 사람들과의 결혼까지 금하지는

데는 어릴 때부터 신앙교육을 철저하게 받았다. 디모데는 바울과 함께, 또 바울의 뒤를 이어 이방인 선교사역을 감당할 적격자였다. 크리소스톰의 표현을 빌린다면 디모데를 택한 것은 "바울의 놀라운 지혜였다!"[32] 우리는 바울에게서 디모데를 철저하게 신뢰하는 모습을 찾을 수 있다.

돌이켜 볼 때 바울이 디모데를 동역자로 선택한 것은 특별한 섭리였다. 디모데가 없는 바울은 상상할 수 없다. 그는 "이방인의 사도"로 부름 받은 바울이 이 사명을 충실하게 감당할 수 있도록 일생동안 바울의 비전을 공유하며 그의 신실한 동역자요 협력자가 되었다. 헬라인 아버지와 유대인 어머니 사이에 태어난 디모데는 이방선교의 최고의 적격자였다. 아버지를 통해 체득한 헬라세계와 어머니를 통해 체득한 유대세계는 디모데에게 이방선교를 위한 복음의 접촉점이 무엇인지를 일깨워 주었을 것이다.

디모데의 할례와 선교여행 합류

실라를 택한 후에 선교여행을 다니던 바울이 디모데를 만난 것은 대단한 축복이었다. 누가는 디모데를 가리켜 신앙의 가문에서 태어난, 주변 사람들로부터 칭찬받는, 복음의 열정으로 불타는 젊은이라고 말한다. 디모데는 어머니의 신실한 신앙과 외조모의 신앙을 이어 받은 인물이다. 또한 '디모데는 루스드라와 이고니온에 있는 형제들에게 칭찬받는 자'(16:2)였다. 그는 믿음의 공동체 안에서 인정을 받았다. 그러면서도 복음의 열정으로 불타올랐다. 디모데는 바울의 제의를 따라 할례를 받았고, '장로들의 작정한 규례'(16:4)를 지켰다. 디모데는 이와 같은 인물이었기에 바울이 그를 동역자로 삼기에 충분하였다. 신앙에다 성품까지 겸비된 디모데를 동역자로 삼음으로 말미암아 바울은 놀라운 선교의 열매를 거둘 수 있었다.

바울은 선교를 실천하는 과정에서 그리고 지도자를 선택하는 과정에서 세심한 문제까지 고려하고 배려했다. 바울은 디모데를 데리고 떠나기에

않았다.
[32] Chrysostom, *The Homilies on The ACTS of The Apostles*, 472.

앞서 할례를 행했다.[33] 바울은 얼마 전 할례문제로 헬라파 유대인들과 히브리파 유대인들 사이에 큰 논란이 일어났던 사실을 기억하고 미연에 불씨를 차단한 것이다.[34]

바울은 은혜로 말미암아 구원을 얻기 때문에 예수를 믿는 사람들이 할례를 받을 필요가 없다고 생각했다. 바울이 디모데를 데려다가 할례를 행한 것은 자신의 칭의론을 타협하려는 목적에서가 아니라 유대인들에게 복음을 전하는 과정에서 행여 할례문제가 복음전파의 장애물로 작용해서는 안 된다는 확신 때문이다. 디모데의 부친이 헬라인이라는 사실이 널리 알려져 그것이 복음전파에 장애가 되지 않도록 배려한 것이다.

이렇게 해서 바울은 디모데가 부친이 헬라인이기 때문에 헬라인에게는 전혀 문제가 될 것이 없고 유대인들에게도 전혀 꺼림 없이 가까이 할 수 있는 길을 열어 놓았다. 칼빈의 표현을 빌린다면 복음전도자로 나섰을 때 유대인들이 마치 더러운 사람인 것처럼 그를 피하지 않도록 하려는 것이 바울의 중심 의도였다.[35] 디모데가 할례를 받지 않은 이유가 종교적인 이유가 아닌 민족적인 이유나 혹은 다른 이유에서라는 오해를 사전에 차단한 것이다.

여기서 바나바와 헤어질 때와 다른 유연성을 바울에게서 발견한다. 이미 이방인의 선교를 공인받은 바울, 이 문제로 1차 선교여행 중 예루살렘에서 사도들과 이 문제를 숙의하여 이방인 선교를 위해 사도로 부름 받은 사실을 인정받은 바울은 복음의 본질을 왜곡하지 않는 범위에서 거룩한 목적을 위해 과감하게 양보한 것이다. 여러 성으로 다니면서 '사도와 장로

---

[33] Denton, *A Commentary on the Acts of the Apostles.* Vol. II., 86.

[34] Chrysostom, *The Homilies on The ACTS of The Apostles*, 473. 할례를 행한 것은 지혜로운 결정이었다.

[35] 칼빈, *사도행전* II, 100. 칼빈은 다음과 같이 디모데의 모친 유니게를 칭찬했다. 그녀는 믿지 않는 헬라인 남성과 결혼했으나 아들 디모데가 소년 시절부터 하나님을 경외하고 잘 섬길 수 있도록 신앙으로 양육했다. 그런 점에서 유니게는 믿지 않는 남성들과 결혼한 후 남편의 포악성 때문에 스스로 신앙을 잃거나 자녀들을 신앙으로 양육하지 못한 여성들에게 너무도 소중한 모범이 아닐 수 없다. "여기서 '헬라인'이란 말은 성경의 일반적인 관습에 따라 '이방인'이란 말 대신에 쓰였다."

들이 작정한 규례를 그들에게 주어 지키게'(16:4) 한 이유도 거기 있었다.

3. V부 결론: 소아시아로 복음 확장(16:5)

이에 여러 교회가 믿음이 더 굳건해지고 수가 날마다 늘어가니라

사도행전 16장 5절은 소아시아 복음전파의 결론이다. 이 간단한 기록 가운데 우리는 '여러 교회,' '믿음이 굳건해지고,' '날마다' 그리고 '수가 늘어가니라'는 말을 주목할 필요가 있다.

여러 교회

누가는 소아시아에서 복음이 전해지고 나타난 결과를 언급하면서 교회를 '여러 교회'라고 복수로 기록하였다. 헬라어 원문이나 영어 역본에는 '여러'라는 말은 없고 '교회들'(churches, ἐκκλησίαι)이다. 2차 선교여행 이후 15장 41절에 처음으로 교회를 복수로 기록한데 이어 또 다시 여기서 복수로 기록하였다. 지금까지 누가가 예루살렘, 온 유대, 사마리아에 복음전파를 말하면서 교회를 단수로 언급하여 왔던 것에 비추어 볼 때 이례적이다.

필자가 볼 때 이것은 사도행전 전체를 이해하는 중요한 열쇠 가운데 하나이다. 주지하듯이 누가는 일관되게 선교의 지리적 확장과 성령의 부으심을 연계시키고 있다. 교회를 복수로 사용한 것도 그런 맥락이다. 오순절 성령강림으로 예루살렘교회가 태동되었다. 오순절 날 120문도가 성령의 부으심을 통해 성령의 충만을 받았고, 같은 날 베드로와 사도들의 복음전도를 통해 3천명이 주께 돌아왔고, 몇 주 후에 5천명으로 증가했다. 여기 5천명에는 여자와 아이들이 포함되지 않았다. 이들까지 포함하면 그 수는 훨씬 더 많을 것이다. 남자 여자 아이들 모두가 예루살렘교회 구성원

들이다. 분명히 이 많은 사람들이 한 장소에 모이지 않고 여러 곳에서 모였을 텐데도 누가는 철저하게 교회를 단수로 기록했다. 누가는 5장 11절 아나니아와 삽비라 사건 때 처음으로 교회라는 말을 사용하였고 이어 12장까지 여섯 차례(7:38, 8:1, 3, 9:31, 11:22, 26) 더 언급했다.

누가가 12장까지 언급한 일곱 번의 교회는 다 단수로 쓰였다. 이 중에 '예루살렘에 있는 교회'라는 언급을 두 번 했다. 예루살렘 외에 지역을 언급하면서 교회를 사용한 적은 단 한 번도 없다. 그렇다면 일곱 차례에 언급된 '교회'는 모두 예루살렘교회를 지칭하는 것이다.

'온 유대와 갈릴리와 사마리아 교회'(9:31)라는 말은 등장하지만 단수로 언급되었다. 이들 어느 지역을 지칭해서 교회라고 언급한 곳은 한 곳도 없고 룻다와 욥바의 믿음의 사람들도 '성도들'로 언급하였고, 갈릴리의 믿는 자들은 아예 무시되었다. 왜 그랬을까? 누가가 이렇게 12장까지 교회를 단수로 언급한 것은 팔레스타인에 있는 예루살렘, 온 유대, 그리고 사마리아의 믿음의 공동체 모두 예루살렘교회와 분리시키지 않고 예루살렘을 중심으로 한 하나의 교회로 인식하였기 때문이다. 복음이 예루살렘에서 땅 끝으로 확산되는 과정에서 팔레스타인의 예루살렘, 온 유대, 사마리아의 신앙의 공동체를 각기 독립적으로 이해하지 않고 지리적으로 하나로 인식한 것이다.[36]

그러다 13장 1절에 접어들어 지역 명을 따라 '안디옥교회'를 언급하였다. 한글성경은 소위 안디옥교회(the Antioch church)로 인식할 수 있으나 실제 헬라어 원문이나 영어 역본은 '안디옥에 있는 교회'(the church at Antioch, ἐν Ἀντιοχεί ⋯ ἐκκλησίανα)이다. 이것은 예루살렘교회도

---

[36] 누가는 교회를 언급할 때 언제나 지리적 영역과 분리시키지 않았다. 12장까지는 놀랍게도 복음전파자나 그 대상자들이 철저하게 유대인들이었다. 지리적으로 팔레스타인 안에서 이루어진 온 유대와 사마리아 지역의 복음전파는 스데반의 박해로 인해 흩어진 예루살렘교회의 성도들에 의해 유대인들만을 대상으로 진행되었다. 예루살렘의 유대인들이 복음을 전했고, 대상도 내시와 고넬료를 제외하고는 모두가 유대인들이었다. 베드로가 고넬료 가정에 가서 복음을 전하는 것을 그렇게 주저했던 것도 그 때문이다. 하지만 누가는 이런 민족적 성격 때문에 교회를 단수, 그것도 예루살렘교회로 언급한 것은 아니다. 누가의 시각에서는 예루살렘, 온 유대, 사마리아가 팔레스타인이라는 한 지역적 영역이라고 인식했다.

마찬가지이다. 예루살렘교회(the Jerusalem church)가 아니라 '예루살렘에 있는 교회'(the church which was at Jerusalem, τὴν ἐκκλησίαν τὴν ἐν Ἱεροσολύμοις 8:1, 11:22)이다. 1장부터 12장까지 예루살렘교회 외에 지역 명을 따라 교회명을 붙인 곳은 하나도 없고 13장에 와서 비로소 '안디옥에 있는 교회'가 언급되었다.

팔레스타인 안에서는 각 지역의 믿음의 공동체를 유대교회, 사마리아교회, 룻다교회, 욥바교회, 갈릴리교회라고 호칭하지 않다가 13장에 접어들어 안디옥의 성도들이라고 하지 않고 '안디옥교회'라고 기록한 것을 주목해야 한다. 그것은 안디옥교회가 처음으로 헬라인을 대상으로 복음을 전파하여 설립된 공식적인 첫 이방인 교회, 팔레스타인 지역을 넘어 설립된 교회, 예루살렘공의회가 공식적으로 인정한 이방교회였기 때문이다.

예루살렘교회와 마찬가지로 안디옥교회를 독립된 교회로 기록한 것은 누가의 역사신학과도 무관하지 않다. 그것은 안디옥교회 설립으로 이제 복음이 팔레스타인—예루살렘, 온 유대, 사마리아—을 완전히 넘어 땅 끝으로 진행되는 중요한 역사적 전환점을 맞고 있음을 의미한다. 13장부터 본격적으로 진행될 새로운 복음의 확장의 역사를 예고하는 의미를 담고 있다. 누가는 안디옥교회를 이방교회의 공식적인 출발로 보고 있으며, 이제 안디옥교회가 설립됨으로 선교의 새 역사가 본격적으로 시작될 것임을 암시해주는 것이다.

팔레스타인을 넘어 안디옥에 설립된 믿음의 공동체는 본격적인 땅 끝 선교의 공식적인 출발이며, 이후 설립되는 교회들은 복음이 전해진 지역의 이름을 따라 지역교회 명칭이 붙여졌다. 예루살렘에 설립된 교회, 안디옥에 설립된 교회라는 단수적인 교회 명칭이 1차 선교여행을 통해서 설립된 여러 지역의 교회들에게로 자연스럽게 확장된 것이다.

안디옥 출신의 이방인이었던 누가가 복음의 확장이 유대인 중심에서 이방인 중심으로 넘어가는 이방선교 과정에서 안디옥의 신앙의 공동체를 공식적인 첫 이방인교회로 그리고 그곳을 이방선교의 센터로 인식한 것이다. 이후 설립된 이방교회들을 예루살렘교회와 안디옥교회처럼 철저하게 지역에 기반을 둔 독립된 지역교회이다. 예루살렘교회에 장로가 있었던 것처럼 이들 교회에도 장로를 세웠다. 누가가 15장 41절에 교회를 처음으로 복수로 사용한 것이 바로 그 때문이다. '수리아와 길리기아로 다니며 교회들을 견고하게 하니라'(15:41). 이들 교회들은 바울과 바나바가 1차 선교여행을 통해서 각 지역에 설립한 교회들을 말한다. 수리아와 길리기아 두 곳의 교회만을 뜻하는 것이 아니라 바울과 바나바의 복음전도를 통해서 설립된 여러 지역교회들을 언급하는 것이다. 이미 누가는 이런 언급을 통해서 땅 끝 이방선교가 본격적으로 놀랍게 진행되고 있음을 드러낸 것이다.

우리는 누가가 15장 41절과 16장 5절에 연이어 교회를 복수로 언급하고 있는 시점이 A.D. 49년 예루살렘공의회가 이방인 선교를 재확인하고 이방인들에게 유대인들에게 적용되는 율법의 준수를 요구하지 않기로 공식적으로 결정한 이후라는 사실을 주목해야 한다. 이방인들에게도 유대인들과 동일한 성령의 부으심을 통해 이방선교를 부정할 수 없는 상황인데다 예루살렘교회가 이방인 그리스도인들에게 상식적인 몇 가지 외에 할례와 모세의 율법 준수를 요구하지 않기로 결정하였다.

이런 상황에서 1차 선교여행과 2차 선교여행을 통해 복음을 전해 받은 이방인 성도들을 안디옥교회는 물론이고 예루살렘교회에 예속시키는 것은 '땅 끝'으로 향하는 1장 8절의 지리적 복음전파의 약속에도 맞지 않다. 이방인들 복음전파를 통해 설립된 예루살렘이나 안디옥의 믿음의 공동체와 마찬가지로 이들 지역의 믿음의 공동체는 성령 안에서 동등한 구원의 백성들이었다.

이들 지역의 교회들을 복수로 기록한 것은 이방선교를 통해 이들 여러 지역에 세워진 교회들이 예루살렘교회와 안디옥교회 같은 성격의 체계적이고 조직적이고 안정된 교회이기 때문이 아니다. 지리적으로 팔레스타인을 넘어서고 예루살렘교회와 안디옥교회가 받은 동일한 복음, 곧 예수가 그리스도이며 그가 십자가에 죽으시고 부활하시고 승천하신 후 성령을 보내주신 구약에 예언된 메시야라는 구약 예언의 성취, 약속의 성령,

사도적 가르침에 기초한 교회들이기 때문이다. 따라서 각 지역의 이방교회들은 독립적이고 예루살렘교회나 안디옥교회와 동등한 권위를 지니며 민족과 지역을 초월한 그리스도를 머리로 한 우주적 교회의 일원이다.

누가는 교회를 복수로 언급함으로 복음이 놀랍게 '땅 끝'으로 확산되어 나가고 있고 앞으로 그런 확장이 더욱 강하게 계속될 것을 예시한다. 실제로 바울의 1차, 2차 선교여행을 통해 구브로에, 더베에, 비시디아 안디옥에, 루스드라와 이고니온에 이르기까지 광범한 지역에 하나님의 교회가 설립되었다. 교회는 철저하게 지역교회여야 하고, 동등하고 독립적이며, 동시에 그리스도를 머리로 한 우주적 교회의 일원이라는 두 가지 중요한 복음주의 교회론의 원칙을 여기서 발견할 수 있다.

믿음이 더 굳건해 짐

지금까지 언급되지 않은 '믿음이 더 굳건해졌다'(were strengthened, ἐστερεοῦντο)는 표현을 여기서 처음 사용하였다. 그것은 예루살렘, 온 유다, 사마리아, 안디옥에서의 복음전파는 오순절을 경험하거나 박해를 피해 흩어진 믿음의 사도들, 일곱 사람들, 평신도들에 의해 전해졌다. 그러나 소아시아에서의 복음전파는 바울과 바나바, 바울과 실라의 사역을 통해 이루어진 것이다. 대부분이 초신자들이라고 할 수 있다. 때문에 그들이 복음을 받아들이고 깊이 뿌리를 내리는 일은 이방선교에서 매우 중요한 일이고 자랑스러운 일이다. 이 같은 맥락에서 지금까지 말씀이 흥왕했다는 기록 대신 믿음에 굳게 섰다는 결론을 내린 것이다.

누가는 복음의 약속이 성취되어 가는 과정에서 그 대상에 맞는 용어를 선택하여 결론을 내리고 있다. 바울은 율법이 아닌 믿음으로 말미암는 구원을 외쳤다. 그 결과 여러 교회들이 세워졌고 복음의 결실도 대단했다. 누가는 믿음 안에서 더 강해진 소아시아 교회들을 염두고 두고 그 같이 표현한 것이다.

날마다 더하게 하심

　이방교회 가운데 날마다 구원의 역사가 나타났다. 지금까지 누가가 자주 사용하던 '수많은,' '허다한'이라는 말은 등장하지 않는다. 대신 여기에 수가 '날마다' 증가했다고 말한다. 여기 '날마다'(every day, καθ' ἡμέραv)는 사도행전 2장 47절 '구원받는 사람을 날마다 더하게 하시니라'에 사용된 동일한 단어다. 교회와 관련하여 누가는 사도행전에서 성령충만한 예루살렘 공동체의 모습을 언급할 때 사용한 같은 이 단어를 16장 5절 이방인들의 신앙공동체의 모습을 기술하면서 사용했다. 이것은 오순절 성령강림을 통해 예루살렘교회 가운데 나타난 성령의 강력한 역사가 이제 이방인들 교회 가운데서도 동일하게 임했다는 사실을 증거한 것이다. 성령은 지역과 민족을 초월하여 동일한 역사, 동일한 결실을 맺게 하신다.
　이렇게 해서 누가는 최초의 신약교회 예루살렘교회에 나타난 성령의 놀라운 역사가 이제는 예루살렘을 넘어 온 유대 사마리아를 거쳐 안디옥교회로 다시 안디옥교회를 넘어 많은 이방교회들 가운데서도 나타났음을 진술한 것이다. 동일한 하나님, 동일한 성령, 동일한 복음, 동일한 결실을 통해 복음의 세계성을 드러낸 것이다. 동일한 성령의 결실이 예루살렘교회, 안디옥교회, 이방인 교회들 가운데서도 나타났다는 것은 의심할 바 없이 사도행전 1장 8절의 약속의 성취라고 할 수 있다.

제 VI 부
마게도냐 에게해(海)로 복음 확장
(16:6-19:20)

제15장
바울의 마게도냐 빌립보 선교
(16:6-40)

제16장
바울의 데살로니가, 베뢰아, 아덴 선교
(17:1-34)

제17장
바울의 3차 선교여행과 고린도·에베소 선교
(18:1-19:20)

복음은 마치 요원의 불길처럼 예루살렘, 온 유대와 사마리아, 안디옥, 소아시아를 넘어 유럽으로 확산되기 시작했다. 마게도냐 에게해로의 복음의 확산은 이를 알리는 중요한 신호탄이었다. 이는 훗날 유럽 역사의 분기점이 되었다. 사도행전 16장 6절부터 19장 20절까지는 사도행전 제6부로 마게도냐 에게해 지역으로 복음이 확장되는 과정을 기술하고 있다. 복음이 예루살렘-온 유대-사마리아-안디옥-소아시아를 넘어 마게도냐 에게해로 확장되어 나간 것이다. 성령께서 땅 끝까지 복음을 전하시기 위하여 바울의 선교방향을 바꾸셨다. 이렇게 해서 하나님의 복음은 소아시아를 넘어 유럽으로 확산되어 나갔다.

제6부에서는 이런 일련의 과정을 바울의 마게도냐 빌립보 선교(16:6-40), 바울의 데살로니가, 베뢰아, 아덴의 선교(17:1-34), 바울의 3차 선교여행과 고린도·에베소 선교(18:1-19:20)를 통해 기술하고 있다. 15장 바울의 마게도냐 빌립보 선교(16:6-40)에서는 바울의 마게도냐 선교 착수(16:6-15), 빌립보 성에서의 복음전파(16:16-34), 바울의 교회와 정부관계 이해(16:35-40)가 중요하게 다루어졌고, 16장 바울의 데살로니가, 베뢰아, 아덴 선교(17:1-34)에서는 바울의 데살로니가 선교(17:1-9), 베뢰아 선교(17:10-15), 아덴 선교(17:16-34)가 생생하게 그려졌으며, 그리고 17장 바울의 3차 선교여행과 고린도·에베소 선교(18:1-19:20)에서는 바울의 고린도 선교와 훈련(18:1-17), 새로운 선교사역 준비(18:18-28), 바울의 에베소 선교(19:1-19)가 잘 설명되었다.

복음의 확장과정을 주도하신 분은 성령 하나님과 살아있는 하나님의 말씀이었다. 누가는 이를 "주의 말씀이 힘이 있어 흥왕하여 세력을 얻으니라"(19:20)로 집약했다.

제 15 장
바울의 마게도냐 빌립보 선교
(16:6-40)

그러므로 여러분들이여 부끄러워하라. 우리 그 밤, 그 차꼬, 그 찬미를 곰곰이 생각하자. 또한 우리가 우리 자신들을 위해 감옥이 아니라 하늘 문을 열어야 할 것이다. 만약 우리가 기도하면 우리는 심지어 하늘 문도 열 수 있다. 엘리야는 기도로 하늘 문을 닫았고 기도로 하늘 문을 열었다.

John Chrysostom, *The Homilies on The ACTS of The Apostles*, A.D. 389.

밤에 환상이 바울에게 보이니 마게도냐 사람 하나가 서서 그에게 청하여 이르되 마게도냐로 건너와서 우리를 도우라 하거늘 바울이 그 환상을 보았을 때 우리가 곧 마게도냐로 떠나기를 힘쓰니 이는 하나님이 저 사람들에게 복음을 전하라고 우리를 부르신 줄로 인정함이러라

행 16:9-10

우리는 성령께서 주체가 되어서 선교를 끊임없이 이끌어 가시는 것을 발견한다. 하나님의 복음이 예루살렘, 온 유대와 사마리아, 안디옥에 이르기까지 복음이 확장되는 과정에서 역사하신 성령 하나님께서 복음이 소아시아를 넘어 마게도냐로 전파되도록 간섭하셨다.[1] 스톡스의 표현을 빌

---

[1] Thomas Morrison, *The Acts of the Apostles and the Epistles of Paul: Arranged in the Form of a Continuous History* (Edinburgh: Oliphant, Anderson & Ferrier, 1888), 8. 모리슨은 사도행전 16-18장의 기록이 A.D. 50-55년에 사이에 일어난 사건이라고 말한다.

린다면 로마제국 전역을 연결하는 탁월한 도로망, 내적 평화, 안정 그리고 유럽과 아시아의 각 지방 정부가 유기적으로 로마의 평화시대를 구가하는 그 시대 때가 차매 여인에게서 예수 그리스도를 보내주신 역사의 주관자께서 '세계사'(the world's history)에 기록될 결정적인 복음전파 사역을 착수하신 것이다.[2]

누가는 '성령'(16:6), '예수의 영'(16:7)이라는 말을 두 번이나 계속해서 반복함으로써 선교의 방향을 튼 분이 성령 하나님이심을 분명히 했다. 그런데 두 번째 반복할 때는 성령이 아닌 '예수의 영'이라고 표현했다는 사실이다. 여기 예수의 영은 사도행전에서 처음이자 마지막으로 등장한다. 바울과 바나바를 세우시고 파송하시고 그들에게 능력을 주신 성령 하나님께서 이제 바울의 선교방향도 수정하셨다. 분명 이 사건은 사도행전 복음전파 역사의 뚜렷한 분기점이었다.

왜 누가는 선교의 방향을 트는 매우 중요한 역사적인 이 시점을 기술하면서 성령을 '예수의 영'이라고 표현했을까? 누가는 훗날 그 사건이 이방선교의 결정적인 분기점이 되었다는 사실을 잘 알고 있었다. 복음전파의 위대한 명령을 하신 그분이 바로 예수 그리스도였다. 그 위대한 명령은 사람의 힘으로 감당할 수 있는 것이 아니라 오직 성령의 권능을 받고 증인이 될 수 있는 것이다. 조나단 에드워즈의 증언대로 예수의 영이신 참된 성령은 예수 그리스도를 높인다.[3]

최초의 세계교회사는 성령께서 주도하시는 선교역사지만 동시에 예수 그리스도의 이름으로 기사와 표적이 나타나고 그를 믿음으로 구원의 역사가 민족을 초월하여 진행되어 나간다는 점에서 성령의 복음이면서 동시에 로고스의 자기확장의 역사이다.[4] 누가는 성령을 통해서 예수께서 선교사역을 주도하셨다는 사실, 성령께서 그리스도를 증거하신다는 사실,

---

[2] George Thomas Stokes, *The Acts of the Apostles* Vol. II. (New York: A. C. Armstrong and Son, 1892), 272.

[3] Jonathan Edwards, "Distinguishing Marks," in *the Works of Jonathan Edwards*, Vol. Two (1834; repr. Edinburgh: Banner of Truth Trust, 1986), 266-268.

[4] 박용규, 초대교회사 (서울: 한국기독교사연구소, 2018), 15-23.

성령이 이끄시는, 성령에 의한 그리스도의 선교사역을 강조한 것이다. 누가는 주님의 약속대로 성령이 임하심으로 제자들이 권능을 받고 그리스도의 증인이 되었다는 사실, 그리하여 성령이 선교의 주체가 되어 선교의 방향을 이끄셨다는 사실을 일관되게 드러냈다. 성령이 아시아 선교를 막으시고 마게도냐 선교로 방향을 트셨다.[5] 그리하여 바울은 마게도냐 선교를 통해 로마에까지 가서 복음을 전하겠다는 더 크고 원대한 비전을 가슴에 품을 수 있었다.

이 사건이 우리에게 주는 중요한 교훈이 있다. 비록 성령에 의해 파송을 받고 성령의 충만을 받은 사도라고 하더라도 그의 뜻과 하나님의 뜻이 항상 일치하는 것은 아니라는 사실이다. 이것이 죄악 된 인간의 한계이다. 바울과 바나바의 심각한 다툼, 다시 성령의 방향과 다른 선교 계획을 세운 바울을 통해 아무리 성령의 사람이고 성령의 충만을 받은 사도라고 하더라도 역시 인간적 한계를 노정한다. 때문에 믿음의 사람은 영적으로 깨어 주의 뜻이 무엇인지를 분별하기 위해 늘 기도와 말씀에 침잠(沈潛)하며 주의 뜻을 구해야 한다.[6]

놀라운 사실은 바울은 성령께서 환상을 통해 일깨워주셨을 때 바로 순종했다. 바울의 위대함이 여기 있다. 자신의 뜻과 성령의 뜻이 다를 때 그는 주저하지 않고 자신의 뜻을 성령의 뜻에 순복시켰다. 마치 겟세마네 동산에서 주님이 이 잔을 내게서 지나게 해달라고 간구했다가 십자가의 잔을 피할 수 없는 것을 깨닫고 나의 뜻대로 마옵시고 아버지의 뜻대로 해달라고 기도했던 주님의 순종을 연상케 한다.

---

[5] W. A. Denton, *A Commentary on the Acts of the Apostles*. Vol. II. (London: George Bell and Sons, 1874), 89-90. 성령이 아시아에서 말씀을 전하지 못하게 하시거늘"(6), "예수의 영이 허락하지 아니하시는지라"(7)는 말씀에서 우리는 성령이 자신의 뜻을 사도들이 알 수 있도록 그들을 인도하시고 이끄셨다는 사실을 주목해야 한다. 성령은 하나님의 영이시지만 당신의 백성들에게 자신을 계시하시고 그 자신의 뜻을 알 수 있도록 인도하시는 인격적이신 분이다. 성령의 역사를 성령의 은사와 성령의 열매 둘 사이의 균형을 이루어야 할 이유가 거기 있다.

[6] 물론 우리가 그렇게 최선을 다해 순종했다고 해서 완전한 것은 아니다. 주의 사역자들이 겸손해야 할 이유가 거기 있다. 바울의 위대함은 그가 실수가 없다는 사실이 아니라 주께 순복했다는 사실에 있다.

1. 바울의 마게도냐 선교 착수(16:6-15)

⁶ 성령이 아시아에서 말씀을 전하지 못하게 하시거늘 그들이 브루기아와 갈라디아 땅으로 다녀가 ⁷ 무시아 앞에 이르러 비두니아로 가고자 애쓰되 예수의 영이 허락하지 아니하시는지라 ⁸ 무시아를 지나 드로아로 내려갔는데 ⁹ 밤에 환상이 바울에게 보이니 마게도냐 사람 하나가 서서 그에게 청하여 이르되 마게도냐로 건너와서 우리를 도우라 하거늘 ¹⁰ 바울이 그 환상을 보았을 때 우리가 곧 마게도냐로 떠나기를 힘쓰니 이는 하나님이 저 사람들에게 복음을 전하라고 우리를 부르신 줄로 인정함이러라 ¹¹ 우리가 드로아에서 배로 떠나 사모드라게로 직행하여 이튿날 네압볼리로 가고 ¹² 거기서 빌립보에 이르니 이는 마게도냐 지방의 첫 성이요 또 로마의 식민지라 이 성에서 수일을 유하다가 ¹³ 안식일에 우리가 기도할 곳이 있을까 하여 문밖 강가에 나가 거기 앉아서 모인 여자들에게 말하는데 ¹⁴ 두아디라 시에 있는 자색 옷감 장사로서 하나님을 섬기는 루디아라 하는 한 여자가 말을 듣고 있을 때 주께서 그 마음을 열어 바울의 말을 따르게 하신지라 ¹⁵ 그와 그 집이 다 세례를 받고 우리에게 청하여 이르되 만일 나를 주 믿는 자로 알거든 내 집에 들어와 유하라 하고 강권하여 머물게 하니라

마게도냐 선교로 방향을 돌리시는 성령 하나님(16:6-9)

'마게도냐 환상'으로 기독교회사에 널리 알려진 사건이 바로 본문의 배경이다. 바울로 하여금 아시아선교를 일시 중단하고 처음으로 유럽선교를 착수하게 만든 세계사에서 가장 중요한 사건 중의 하나이다.

누가는 유럽선교의 위대한 착수가 바울의 자원에 의한 것이 아니라 성령의 강권적인 역사라는 사실을 강조하고 있다. 그것은 그가 마게도냐 선교를 설명하면서 6-9절에서 기술하고 있는 내용을 통해서 어렵지 않게

확인할 수 있다. 바울이 마게도냐로 선교방향을 전환한 것이 '성령,' '예수의 영,' '밤의 환상'이라는 초자연적 개입에 의한 것임을 강조하고 있다. 누가는 '성령이 아시아에서 말씀을 전하지 못하게 하셨고'(16:6), '비두니아로 가고자 애쓰되 예수의 영이 허락하지 아니하셨으며'(16:7) 그리고 다시 '밤에 환상이 바울에게 보였다'(16:9)고 증언한다. 선교를 막으신 분은 성령 하나님이셨다.

누가는 왜 아시아선교를 금하신 분이 '예수의 영'(16:7)이라고 말했는가? 이렇게 누가가 구분해서 기록한 이유가 무엇인가? 그것은 예수 그리스도가 승천하신 후에 자신의 영을 통하여 자기 백성들과 교제를 하시는 것이며, 그가 복음전파의 주체가 되셔서 당신의 교회를 세워 가시기 때문이다. 예수 그리스도는 말씀이 육신이 되어 성육신하시고, 승천하신 후 약속하신 성령을 부어주셨으며, 여전히 성령을 통해 그를 증거하게 하셔서 선교를 진행해 나가신다.

바울은 무시아를 지나 드로아에 이르러 그곳에서 환상을 보았다. 환상 가운데에 마게도냐 사람 하나가 바울에게 청하기를 '마게도냐로 건너와서 우리를 도우라'(16:9)고 하였다. "주님은 바울이 아시아에서 더 많은 시간을 보내는 것을 원치 않으셨다. 왜냐하면 주님의 목적은 그를 마게도냐로 데려가시는 것이었기 때문이다."[7] 성령께서 선교를 주도하신다는 사실을 선명하게 보여준다.[8] 왜 사도행전을 성령의 복음으로 봐야 할 것인지 너무도 분명한 근거를 제시하고 있다. 아시아에서 복음을 전하지 못하게 하시고, 바울의 선교방향을 마게도냐로 방향을 돌리셨다.[9]

---

[7] 칼빈, 사도행전 II, 105. "누가는 그가 그곳으로 인도되는 방법을 설명하고 있으니 '마게도냐 사람 하나가' 밤에 바울 앞에 나타났다고 했다. 우리는 이 사실로부터 주님은 언제나 계시의 방법을 동일하게 사용하지 아니하신다는 사실을 관찰해야 한다. 왜냐하면 확증을 위해서는 다른 방법들이 더 적합하기 때문이다. 이 환상은 꿈에 의하여 보여졌다고 말씀하지 않았고 밤에 나타난 것이었다고만 말하고 있다. 사람들이 깨어있을 때 나타나는 밤의 환상들도 있기 때문이다."

[8] William Owen Carver, *The Acts of the Apostles* (Nashville: Sunday School Board, Southern Baptist Convention, 1916), 165. 바울이 유럽으로 방향을 돌린 것은 의심할 바 없이 성령의 인도하심이었다.

[9] 존 칼빈, 한국기독교선교백주년기념 존·칼빈성경주석출판위원회 역편, 신약성경주석, Vol.

바울의 관점에서 아시아선교는 전혀 무리가 아니었다. 2차 선교여행 기간 실라와 디모데가 합류한 후 바울은 자신이 복음을 전했던 아시아에 가서 교회와 교우들을 독려하기를 원했다. 전에 복음을 전했던 지역을 다시 순회 방문한 것은 그동안 그가 해온 선교전략이었다. 바울은 아시아 지역을 첫 번째 선교여행에서 한 번 돌고, 돌아오면서 돌고, 두 번째 선교여행에서 다시 방문하여 돌았으니 세 번 순회한 셈이다. 이제 바울에게는 새로운 지역을 개척하여 선교여행을 떠나야 할 순간이었다. 바울은 아시아에서 계속 복음을 전하길 원했다. 그는 원래 매안데르 강 계곡에 위치한 에베소에 이르기까지 복음을 전하려는 계획을 세웠던 것으로 추론된다.

그런데 여기서 바울은 하나님의 개입으로 자신의 선교 목적지에 대한 수정이 불가피하게 되었다. '성령이 아시아에 복음을 전하지 못하게'(16:6) 하신 것이다. 바울이 무시아 앞에 이르러 비두니아로 가고자 애쓰되 '예수의 영이 허락하지'(16:7) 아니하였다.[10] 주께서 바울로 하여금 아시아에서 말하는 것을 금하시고 비두니아로 가는 것을 허락지 아니하시고 선교의 방향을 마게도냐로 돌리신 이유가 무엇인가? 브루스는 이렇게 설명한다.

우리가 관찰하기로는 성령이 그들에게 계획을 변경하도록 충분한 경

6, 사도행전 II (서울: 성서교재간행사, 1980), 103. "여기서 누가는 바울과 그의 동행자들이 가르치는 일에 얼마나 부지런히 그리고 활발하게 전념하고 있었는지를 설명한다. 누가는 그들이 복음을 전할 목적으로 소아시아 여러 지방을 여행했다고 말하고 있기 때문이다. 그런데 누가는 특별히 설명을 해야 할 한 가지 사실을 기록하고 있다. 하나님의 성령께서 어떤 장소에서는 그리스도에 관하여 말하지 못하게 하셨다는 것이다. 이 사실은 바울의 사도직을 훌륭한 것으로 칭찬하기 위한 극히 가치 있는 것이다. 바울이 자기 생명과 행위의 안내자로서 하나님의 영이 자기와 함께하고 계심을 알게 될 때 자기가 할 일을 계속하여 나가는 데 있어서 특별하게 격려를 받고 있었음은 의심의 여지가 없다. 그러나 그들이 가는 곳마다 차별 없이 복음을 가르치기 위하여 준비함에 있어서 그들은 자신들이 받은 소명과 하나님의 명령에 따라 준비하고 있었다. 그들은 예외 없이 모든 나라에서 복음을 전하기 위하여 보내심을 받았기 때문이다. 그러나 주님은 특별한 순간에(in ipsis temporum articuis) 그들의 여행길을 인도하심에 있어서 전에는 숨겨 두셨던 자신의 의도를 드러내고 계셨다."

[10] William M. Ramsay, *St. Paul the Traveller and the Roman Citizen* (London: Hodder and Stoughton, 1895), 198. 램지가 예리하게 관찰한 것처럼 여기서 누가는 하나님께서 '성령'을 통해, '예수의 영'을 통해 그리고 '밤의 환상'을 통해 바울의 아시아선교를 금하셨다.

고를 주셨다. 지금의 상황에서 아시아 지방이 그들의 전도활동의 선교지가 될 수 없다면, 그들이 자신들의 눈을 더 북쪽으로 돌리고 소아시아 북서쪽에 위치한 고도로 문명화된 비두니아 지방과 그곳의 헬라도시들(이 가운데 니코메디아와 니케아가 가장 중요하다)과 유대인 자치 구역들을 선교지로 생각하는 것은 자연스러운 일이다. 그래서 그들은 에베소로 가는 서쪽 방향의 도로를 택하는 대신 비시디아 안디옥에서 북쪽으로 방향을 돌려서 술탄 닥(Sultan Dag) 산맥을 가로질러 필로멜리움(Philomelium)에 도착하였고, 거기에서 아시아 브루기아를 통과할 수 있는 두 개의 가능한 루트 가운데 북서 루트를 택하였다.[11]

칼빈은 주님께서 마게도냐 사람들이 믿음으로 복음에 더 잘 순종할 것을 아셨기 때문에 아시아에서 마게도냐로 방향을 선회시키신 것이라고 해석했다.[12] 우리는 왜 하나님께서 바울을 아시아에서 복음을 전하는 일을 허락지 않으시고 마게도냐로 부르셨는지 그 이유를 정확히 알 수 없다. 그러나 바울과 이방선교라는 거룩한 부르심 속에서 이 부분을 고찰할 때 바울을 마게도냐로 보내신 한 가지 이유를 추론할 수 있다. 그것은 아시아에는 이미 복음이 전해져 교회가 세워지고 장로들도 임명되어 교회가 어느 정도 생명력을 유지하고 있었지만 유럽은 복음의 불모지였기 때문이다.

하나님께서는 이제 아시아보다는 유럽에 바울을 보내 복음을 전하는 것이 더 급선무라고 판단하신 것이다. 코울즈가 지적한 것처럼 세계의 사상, 지성, 문화, 문명의 위대한 중심지들은 성령이 금하신 지역에 있지 않고 유럽 마게도냐에 있었다. 빌립보, 데살로니가, 아테네, 고린도 그리고 당시 로마제국의 수도 로마도 유럽에 있다.[13] 이렇게 해서 유럽에 첫 교회

---

[11] F. F. Bruce, *The Book of ACTS* (Grand Rapids: Eerdmans, 1988), 326.

[12] 칼빈, 사도행전 II, 104.

[13] Henry Cowles, *Acts of the Apostles: With Notes, Critical, Explanatory, and Practical, Designed for Both Pastors and People* (New York: D. Appleton, 1883), 132.

가 설립되었다.[14]

바울의 즉각적인 순종과 그 의미(16:10)

바울은 환상을 본 후에 마게도냐 선교를 하나님의 뜻으로 받아들였다. 그래서 그는 본 즉시(immediately, εὐθέως, 16:10)로 마게도냐로 향했다.[15] 자신의 생각과 뜻을 성령의 뜻에 주저하지 않고 복종시킨 것이다. 요셉이 꿈에 천사의 지시를 받자 주저하지 않고 아기 예수를 데리고 애굽으로 떠났던 것과 마찬가지이다. 이렇게 해서 유럽에 최초로 복음이 전해질 수 있었다.[16] 마게도냐 선교 환상과 바울의 순종에서 분명한 교훈을 얻는다.

첫째, 주의 사역에도 하나님이 기뻐하시는 뜻이 있고 자신의 욕심이 있다. 하나님의 일을 추진하는 과정에서 사람의 생각과 하나님의 생각은 다를 수 있다. 바울의 마음속에는 아시아선교가 가장 시급한 일이고 필요한 일이라는 생각이 들었지만 하나님이 보실 때 그것보다는 마게도냐에 복음을 전하는 일이 급선무였다.

둘째, 하나님께서는 특별한 환상을 통해 바울에게 환상을 통해 선교방향을 일깨워주셨다. 하나님은 때로는 주의 사자를 동원하시고, 때로는 환상을 통해 당신의 뜻을 알리시고 이루어 가셨다. 영적인 사람 바울은 주님

---

[14] M. Baumgarten, *The Acts of the Apostles: Or, The History of the Church in the Apostolic Age*. Vol. II. (Edinburgh: T. &T. Clark, 1854), 111-140.

[15] Denton, *A Commentary on the Acts of the Apostles*. Vol. II., 91.

[16] 드로아에서 환상을 보고 마게도냐에 첫발을 내디딘 것으로 알려진 장소에는 바울의 마게도냐 도착을 기념하는 기념교회가 서 있다. 바울의 마게도냐 환상으로 알려진 사도행전의 기록을 인상 깊게 읽고 늘 그 중요성을 외쳐왔던 필자에게 그곳은 특별한 의미로 다가왔다. 무엇보다도 교회 앞에 세워진 기념탑에 그려진 마게도냐의 환상이 너무도 인상적이었다. 바울이 드로아에서 보았던 환상 그리고 그 환상을 하나님의 계시로 수납하고 그것을 실천에 옮겨 아시아와 유럽을 복음으로 이어준 역사적 사건을 그림으로 그린 것이다. 아시아와 유럽 두 대륙을 건너는 모습은 바울의 선교를 통해 아시아에서 유럽에 복음이 전해져 장차 유럽의 복음화를 이룩하는 초대교회 기독교 전파를 그대로 보여주었다. 그것을 바라보면서 네압볼리에서 첫발을 내딛는 바울의 당당한 모습이 연상되었다.

의 뜻을 금방 깨달아 알았다. 영적으로 충만한 사람은 주님께서 말씀을 통해, 환경을 통해 그리고 특별한 수단을 통해 알려주실 때 바울처럼 어렵지 않게 주님의 뜻을 파악할 수 있다. 우리가 영적으로 준비되어 있어야 할 이유가 여기 있다.

셋째, 선교는 역시 성령이 주도권을 쥐고 진행하고 계신다. 아시아선교를 포기하고 마게도냐 선교를 진행할 수 있도록 인도하신 분은 바로 성령이셨다. 누가는 '성령이 아시아에서 말씀을 전하지 못하게'(16:6) 하셨다고 분명히 증언한다. 바울이 자신의 욕심을 포기하고 마게도냐로 선교의 방향을 튼 것은 대단한 일이지만 그렇게 하신 분은 성령이라는 사실을 주목해야 한다. 이 땅의 교회는 성령 하나님께서 이끌어 가신다.

넷째, 이 모든 것보다 우리가 주목할 일은 바울이 자신이 바라는 바가 있지만 주님이 다른 것을 원하시자 주저하지 않고 자기의 생각을 주님의 뜻에 복종시켰다는 사실이다. 누가가 증언하듯 이 점에서 바울은 남달랐고 특별했다. 확실히 그는 보통의 우리와 달랐다. 우리는 너무도 내 자신의 이기적인 생각으로 채색되어 자신의 뜻을 하나님의 거룩한 뜻으로 합리화시키는 경우가 많다. 성령이 말씀하실 때 개인과 교회는 순종해야 한다. 믿음의 사람들도 주님이 겟세마네 동산에서 보여주셨던 것처럼 철저하게 자신의 인간적인 생각과 뜻을 하나님의 뜻에 복종시키는 각고의 신앙훈련과 노력이 있어야 할 것이다.

누가는 지금까지 역사를 서술해 가면서 바울과 바나바 그 외의 선교사역을 '그들'을 주체로 하여 전개해 나가다가 16장에 이르러 주체가 '그들'에서 '우리'라는 일인칭 복수로 바꾸었다. 이것은 사도행전을 저술한 누가가 바울의 선교여행의 목격자요, 동행자라는 사실을 보여준다. 누가는 계속 진행해온 그동안의 3인칭 서술과 달리 처음으로 '우리'라는 표현을 통해 자신이 네 번째 멤버로 선교단에 합류한 것을 밝히고 있다.

드로아에서 누가가 바울의 선교단에 합류한 것은 이후 사도행전을 이해하는데 매우 중요하다. 누가가 드로아에서 합류한 것이 그가 그곳에서 의사로 활동하고 있었기 때문인지 아니면 잠시 어떤 목적으로 그곳에 체류하고 있었던 상황인지는 정확히 알 수 없다. 여하튼 이렇게 해서 누가는 바울의 선교여행에 합류하여 바울, 실라, 디모데와 함께 선교사역을 감당했다.[17]

빌립보 선교와 첫 결실 루디아(16:11-15)

바울은 아시아선교를 접어두고 드로아에서 배를 타고 사모드라게로 직행하여 이튿날 네압볼리로 향했다. 아주 오래 전 필자가 바라본 네압볼리는 참으로 아름다웠다. 그곳을 지나면서 에게해 위에 떠오르는 태양을 배경으로 전개되는 에게해의 아침은 말 그대로 장관이었다. 바울은 네압볼리(Neopolis)에서 이그나티안 도로(Egnatian way)를 따라 로마의 식민지이며 마게도냐의 큰 도시인 빌립보에 도착했다.

바울의 본래 선교계획과 성령의 인도하심은 달랐다. "아마도 바울의 원래의 계획은 남부 갈라디아의 교회를 방문한 후 에베소로 가서 '동방이 서방을 바라보는 그 거대한 도시에' 기독교를 이식함으로써 에게해의 동부 해안지방 복음화를 착수하려고 한 것 같다. 이 같은 바울의 계획은 단지 연기된 것이었지 완전히 포기된 것은 아니다. 그는 먼저 에게해 서쪽 해안으로 인도를 받고 에베소에 정착하기에 앞서 빌립보, 데살로니가, 고린도에 신앙을 심었다. 바울은 에베소를 중심으로 마게도냐와 그리스뿐만 아니라 갈라디아 남부를 먼저 복음화하고, 에베소를 거점으로 그 주변 반경의 가까운 지역에서 자신의 선교사역을 완성하였다. 초자연적인 경고들은 바울의 선교전략을 망치게 하지 않고 오히려 발전시켰다."[18]

당시 빌립보는 마게도냐를 가로지르는 1차 도로인 이그나티안 도로상에 위치하고 있었다. 대도시인 빌립보 성은 헬라와 라틴전통이 혼합된 곳이다. 이 빌립보 도시는 마게도냐의 수도였고, 당시 로마의 식민지로 규모가 매우 컸다. 빌립보 성은 거대한 신전들이 들어섰고, 원형경기장이 있었으

---

[17] Bruce, *The Book of ACTS*, 327-328.
[18] Bruce, *The Book of ACTS*, 328.

며, 넓은 광장이 있는 상당히 큰 도시였다. 모든 헬라도시가 그렇듯이 신을 섬기는 산, 산 밑의 원형경기장 그리고 그 아래 신전 이 세 가지가 빌립보에도 있었다.

빌립보 성에서 수일을 체류한 바울은 안식일이 되자 '기도할 곳이 있을까'(16:13)하고 성문 밖 강가에 갔다. 바울은 빌립보에서는 회당에서 복음을 전했다는 기록이 없다. 이 지역에는 유대인들이 거의 살지 않았다는 것을 의미한다. 당시 유대인 성인 열 명만 있어도 충분히 회당을 건축할 수 있었기 때문이다. 또 다른 해석에 따르면 빌립보는 로마의 식민지였기 때문에 회당이 없어 정기적인 회당 모임을 가질 수는 없었다. 대신 유대 여인이나 경건한 이방 여인들이 지정된 안식일에 기도 모임을 가졌다.[19]

바울은 강가의 기도처에 모여 있는 여자들을 복음의 접촉점으로 삼았다. 두아디라 성의 '자색 옷감 장사'인 '루디아라 하는 한 여자'(16:14)도 그곳에서 바울의 설교를 들었다. '모인 여자들에게 말하는데'(16:13)는 여성들에게 복음을 전했다는 의미이다. 여기 여성들은 의심할 바 없이 이교주의로부터 회심한 유대 여인들과 다른 이방 여자 회심자들이다. 바울이 그곳에 모인 여러 여인들에게 말씀을 전했지만 누가는 루디아만 언급했다. 그녀는 말씀을 듣고 그 말씀에 순종했다.[20] 이 여인을 누가는 '하나님을 섬기는'(16:14) 자였다고 하는데 이것은 그녀가 경건한 여인이었다는 것을 말해준다.[21] 그녀의 직업은 두아디라 시에서 '자색 옷감장사'(16:14)였다.

빌립보 두아디라

두아디라는 오늘날 애키사(Akhisar)로 불리는 곳이다. 이곳은 고대 리디아 왕국의 영토의 한 지방이었다. 이 지방 주민들은 직조와 자색 염료

---

[19] Denton, *A Commentary on the Acts of the Apostles.* Vol. II., 92.
[20] Denton, *A Commentary on the Acts of the Apostles.* Vol. II., 93.
[21] Ramsay, *St. Paul the Traveller and the Roman Citizen*, 215. 그녀와 그의 집이 세례를 받은 것은 첫 주일이 아니라 어느 정도 시간 간격이 있었을 것이다.

사용 기술로 명성이 높았으며, 루디아도 염료상인으로 빌립보에 있었다. 이곳에는 유대인 자치구가 있어 루디아는 고향에서부터 하나님을 경외한 것으로 보인다.²² 터키 지도에는 애키사 밑에 괄호를 하고 두아디라(Thyatira)라고 적혀 있었다. 두아디라는 당시 여느 도시처럼 오랜 역사를 지닌 도시였다. 546 B.C.년 페르시아가 침략하기 전, 사데의 모체 페르가뭄(Pergamum)은 리디아인들이 다스리는 작은 마을이었다. 이 도시는 호머의 일리아드에도 언급되었다. 헬라시대 이 도시의 중요성은 더 컸다. 알렉산더 대제가 죽은 후 그의 제국이 네 명의 장군들에 의해 분할되었을 때 페르가뭄은 리시마쿠스(Lysimachus)에 의해 통치되다 다른 알렉산더의 장군에 의해 잃어버렸다. 페르가뭄 왕국은 129 B.C.년에 로마제국에 편제되었다.

역사 깊은 도성 빌립보 성 두아디라 자주장사가 바울이 메시지를 전할 때 '주께서 그 마음을 열어 바울의 말을 따르게 하셨다'(16:14).²³ 이 여인이 바울의 설교에 귀를 기울인 것은 덴톤이 말한 대로 주님이 그녀의 마음을 열어주셨기 때문이다. "인간의 심령은 하나님께서 그 마음을 열어주시기 전까지는 본질적으로 하나님의 말씀에 둔감하게 마련이다. 그리스도의 부르심에 귀를 기울이고 받아들이고 순종할 수 있도록 지성을 조명하시고 의지를 움직이실 수 있는 분은 오직 하나님이시다."²⁴

그녀와 그녀의 온 집이 세례를 받고 사도들에게 간청하여 그의 집에 유하게 하였다.²⁵ 이렇게 해서 '유럽의 첫 교회'(the first church in Europe)가 시작되었다.²⁶ 이것은 덴톤의 표현을 빌린다면 '그리스도 교회의 겸손한 시작'(the humble beginning of the Church)이다.²⁷ 안디옥교회가 스데

---

²² Bruce, *The Book of ACTS*, 331.

²³ Gotthard Victor Lechler, *Theological and Homiletical Commentary on the Acts of the Apostles*. Vol. II. (Edinburgh: T. &T. Clark, 1864), 138. 바울을 마게도냐로 보내주신 성령께서 바울의 메시지에 귀를 기울이는 말씀의 청종자를 예비해 주신 것이다.

²⁴ Denton, *A Commentary on the Acts of the Apostles*. Vol. II., 93-94.

²⁵ Ramsay, *St. Paul the Traveller and the Roman Citizen*, 214.

²⁶ Melancthon W. Jacobus, *Notes, Critical and Explanatory, on the Acts of the Apostles* (New York: Robert Carter & Brothers, 1859), 275.

반의 박해로 인해 흩어진 무명의 평신도들에 의해 세워진 것처럼 마게도냐와 유럽의 교회는 루디아라는 한 여인에 의해 시작되었다. '자주장사, 단순한 믿음의 한 여인이 앞으로 진행될 영광스러운 추수의 첫 열매, 그 작은 겨자씨에서 첫 싹이 터서 민족들이 모이고 수백만이 거하는 쉼터가 되었다.'[28] 바울이 루디아 여인을 만났다고 알려진 바로 그 장소에는 현재 루디아 기념교회가 서있다.[29]

두아디라 선교와 루디아 회심, 그 의미와 교훈

우리는 이 사건을 통해 세 가지 사실을 확인할 수 있다. 첫째, 전도사역에서 복음전파와 성령의 역사는 독립적이지 않다. 이것은 우리가 최선을 다해 복음을 전하지만 결실로 이어지게 하시는 분은 성령 하나님이시기 때문이다. 성령은 말씀을 통해 말씀과 더불어 역사하신다는 종교개혁의 원리를 복음전파의 현장, 선교의 현장에 있는 이들은 늘 기억해야 할 것이다.

둘째, 믿음은 들음에서 난다. 더 중요한 것은 바울처럼 복음에 대한 담대한 외침이 필요하지만, 성령의 역사가 함께하지 않으면 아무 의미가 없다는 사실이다. 말씀을 통해 말씀과 더불어 역사하시는 성령께서 듣는 자의 마음과 귀를 열어주셔야 하기 때문이다. 바울이 외치지 않았다면 자주장사가 그 복음을 청종할 수 없었을 것이고 주께서 그 마음을 열어주실 리 없다. 바울이 로마인들에게 보내는 편지에서 '듣지도 못한 이를 어찌 믿으리요 전파하는 자가 없이 어찌 들으리요 보내심을 받지 아니하였으면 어찌 전파하리요 기록된 바 아름답도다 좋은 소식을 전하는 자들의

---

[27] Denton, *A Commentary on the Acts of the Apostles*. Vol. II., 94.
[28] Denton, *A Commentary on the Acts of the Apostles*. Vol. II., 94.
[29] 고풍스러운 루디아 기념교회는 지역 주민들이 정성을 모아 건립 중에 있었다. 비록 내부가 완성되지 못했지만 외부는 거의 완성이 되어 있었다. 그 건물 옆에 아주 작은 하천이 흐르고 있었다. 그곳에는 세례를 주는 세례 터가 있었고, 기념탑이 강 가운데 언덕에 세워졌다. 기념교회 안에는 바울의 초상화가 그려져 있고 자주장사 루디아의 초상화도 그려져 있었다. 루디아 기념교회 옆에는 아주 오래되어 보이는 묘지들이 남아 있어 그곳이 오랜 역사를 지니고 있는 곳임을 알 수 있었다.

발이여'(롬 10:14-15)라고 선포한 것은 자신의 경험론적인 선포였다. 바울이 담대하게 복음을 전할 때 듣는 자의 마음을 열어주신 것이다. 필자가 볼 때 빌립보에서 자신이 그리스도의 복음을 전할 때 루디아가 마음을 열고 복음을 받아들이고 믿게 된 것을 보면서 바울이 '믿음은 들음에서 나며 들음은 그리스도의 말씀으로 말미암는다'(롬 10:17)고 외친 것이다.

셋째, 복음전파에는 반드시 결실이 따른다. 복음의 결실은 참으로 놀라웠다. 자주장사 루디아는 바울의 설교를 듣고 주를 믿은 후 자신만 세례를 받은 것이 아니라 '그와 그 집이 다'(16:15) 세례를 받았다. 복음이 닿는 곳마다 개인의 영적각성이 일어나고 다시 개인의 영적각성은 가정복음화로 이어져 한 개인을 통해 그 가정 전체가 주님을 영접하게 되었다. 이처럼 바울을 통해 집안 전체가 예수를 믿고 세례를 받은 후에 바울 일행에게 내 집에 유하라고 부탁한 것이다. 단순히 유하라는 차원이 아니라 '강권하여'(16:15) 유숙하게 만들었다. 이리하여 당시 기독교 공동체가 없었던 마게도냐 빌립보 성에 복음이 전해지고 첫 신앙의 공동체가 태동된 것이다.

바울이 아시아선교를 지양하고 바로 성령의 부르심에 순종했을 때 그곳에서도 복음의 문이 열리는 역사가 나타났다. 그 복음의 역사는 성령이 주체가 되어 나타났다. 바울이 복음을 전하는 수고를 한 것이 사실이지만 그러나 그 복음의 결실, 곧 복음을 전해들은 자주장사가 마음을 열고 그 복음을 받아들여 구주를 영접하고 믿음의 백성이 되었던 일의 주체는 주님이었다. 우리는 여기서 신앙생활의 원동력을 발견한다. 우리의 신앙생활은 철저하게 처음부터 주님이 이끄시는 대로 순종하는 삶이다. 말씀과 성령의 뜻에 순종하는 곳에 결실이 있다.

2. 빌립보 성에서의 복음전파(16:16-34)

[16] 우리가 기도하는 곳에 가다가 점치는 귀신 들린 여종 하나를 만나니 점으로 그 주인들에게 큰 이익을 주는 자라 [17] 그가 바울과 우리를

따라와 소리 질러 이르되 이 사람들은 지극히 높은 하나님의 종으로서 구원의 길을 너희에게 전하는 자라 하며 [18] 이같이 여러 날을 하는지라 바울이 심히 괴로워하여 돌이켜 그 귀신에게 이르되 예수 그리스도의 이름으로 내가 네게 명하노니 그에게서 나오라 하니 귀신이 즉시 나오니라 [19] 여종의 주인들은 자기 수익의 소망이 끊어진 것을 보고 바울과 실라를 붙잡아 장터로 관리들에게 끌어갔다가 [20] 상관들 앞에 데리고 가서 말하되 이 사람들이 유대인인데 우리 성을 심히 요란하게 하여 [21] 로마 사람인 우리가 받지도 못하고 행하지도 못할 풍속을 전한다 하거늘 [22] 무리가 일제히 일어나 고발하니 상관들이 옷을 찢어 벗기고 매로 치라 하여 [23] 많이 친 후에 옥에 가두고 간수에게 명하여 든든히 지키라 하니 [24] 그가 이러한 명령을 받아 그들을 깊은 옥에 가두고 그 발을 차꼬에 든든히 채웠더니 [25] 한밤중에 바울과 실라가 기도하고 하나님을 찬송하매 죄수들이 듣더라 [26] 이에 갑자기 큰 지진이 나서 옥터가 움직이고 문이 곧 다 열리며 모든 사람의 매인 것이 다 벗어진지라 [27] 간수가 자다가 깨어 옥문들이 열린 것을 보고 죄수들이 도망한 줄 생각하고 칼을 빼어 자결하려 하거늘 [28] 바울이 크게 소리 질러 이르되 네 몸을 상하지 말라 우리가 다 여기 있노라 하니 [29] 간수가 등불을 달라고 하며 뛰어 들어가 무서워 떨며 바울과 실라 앞에 엎드리고 [30] 그들을 데리고 나가 이르되 선생들이여 내가 어떻게 하여야 구원을 받으리이까 하거늘 [31] 이르되 주 예수를 믿으라 그리하면 너와 네 집이 구원을 받으리라 하고 [32] 주의 말씀을 그 사람과 그 집에 있는 모든 사람에게 전하더라 [33] 그 밤 그 시각에 간수가 그들을 데려다가 그 맞은 자리를 씻어 주고 자기와 그 온 가족이 다 세례를 받은 후 [34] 그들을 데리고 자기 집에 올라가서 음식을 차려 주고 그와 온 집안이 하나님을 믿으므로 크게 기뻐하니라

바울과 실라는 빌립보에서 복음을 증거하다가 귀신 들린 점치는 여종 하나를 만났다. 누가는 이 여인이 '점치는 귀신 들린 여종'(a girl certain having a spirit of Python, παιδίσκην τινὰ ἔχουσαν πνεῦμα Πύθωνα, 16:16)이라고 말한다. 그 당시 헬라세계에는 오늘날의 무당과 유사한 점쟁

이들이 많았다. 누가는 이 여인이 어느 귀신에 들렸는지 귀신의 종류도 분명하게 명시하였다. 이 여종을 괴롭힌 귀신은 파이톤('Python') 귀신이었다.[30] 이 귀신은 델피에서 지혜의 상징으로 섬기던 뱀 신이다. 파이톤 신은 파네서스(Paranassus) 산의 아폴로 신전과 델피(Delphi) 시의 신탁소를 지켜주었던 고전 신화에 나오는 뱀을 지칭한다. 이 이름에서 파이티온 여사제들이 나왔고, 아폴로(Apollo)로도 알려졌다. 사람들은 아폴로가 그 뱀의 형태로 나타나며 그의 열광적인 여성 추종자인 여자 점쟁이들(Pythonesses)에게 투시력을 불어 넣어준다고 생각하고 있었다.

점치는 귀신 들린 여종의 치료(16:16-18)

누가의 표현을 빌린다면 이 파이톤 귀신 들린 여인은 '점으로 그 주인들에게 큰 이익을 주는 자'(16:16)였다. 점쟁이가 돈을 많이 벌어들였기 때문에 여러 사람들이 그녀를 공유했다. 이 여인은 그 많은 돈을 벌면서도 정작 자신의 몫은 챙기지 못하고 주인들에게 착취를 당했다.

칼빈은 '점' 행위를 거짓 예언이라고 불렀다.[31] 이 귀신 들린 점쟁이는 귀신에게 사로잡혔을 뿐만 아니라 사람들에게도 사로잡히고 말았으니 이 얼마나 불행한 여인인가! 이것이 세상을 사랑하는 자들에게 찾을 수 있는 공통된 모습이다. 돈에 취하면 돈의 지배를 받고, 쾌락에 취하는 자는 쾌락의 지배를 받으며, 명예에 사로잡힌 자는 그 명예의 노예가 되는 법이다. 그 결과 자신이 추구하는 것에 전 인격이 예속당하고 만다.

귀신의 역사를 막을 수 있는 길은 무엇인가? 칼빈이 지적한 것처럼 가장 확실한 길은 하나님의 말씀, 곧 성령의 검을 견고하게 붙들고 성령 하

---

[30] Denton, *A Commentary on the Acts of the Apostles*. Vol. II., 95.

[31] 칼빈, 사도행전 II, 115. 그는 거짓 예언의 실체와 문제점 그리고 해결책이 무엇인지 분명하게 제시하였다. "거짓 예언이 퍼질 때 위험을 당하지 않을 사람은 아무도 없다. 진리가 어두워지게 될 때 악한 사람들은 말할 것도 없고 선한 사람들까지도 사탄의 올무에 걸려들기 때문이다. 사탄이 모든 사람들을 차별 없이 잡으려고 올무를 놓고 있지만 경건한 사람들은 하나님의 은혜로 보전되어 다른 사람들과 함께 붙잡히지 않는다."

나님을 의지하고 나가는 것이다.³² 바울과 실라가 그녀를 만나자 그녀는 '이 사람들은 지극히 높은 하나님의 종으로서 구원의 길을 너희에게 전하는 자라'(16:17)며 크게 소리 질렀다. 이 귀신 들린 점쟁이는 바울과 실라를 금방 알아보고 '지극히 높은 하나님의 종'이라고 여러 날을 외쳤다. 이 말은 레히러(Gotthard Victor Lechler)가 지적한 대로 "비록 거짓 입술에서 나온 것이지만 참된 증언"이었고,³³ 벤슨이 그의 주석에서 표현한 대로 "바울과 실라가 그러한 증언을 필요로 하지도 않고 받아들이지도 않았겠지만 이것은 위대한 진리(a great truth)였다."³⁴

여종이 여러 날 동안 계속 외쳐대자 바울은 여종의 귀신에게 '예수 그리스도의 이름으로 내가 네게 명하노니 그에게서 나오라'(16:18)고 명령했다. 한 영혼을 향한 바울의 중심을 여기서 그대로 읽을 수 있다. 사도들은

---

³² 칼빈, 사도행전 II, 115. "사탄이 그처럼 많고 다양한 술책으로 사람들을 속이는 능력을 갖고 있음을 알 때 우리는 누구에게 호소할 것인가? … 주님은 자신이 겸손한 자들의 교사이시며(시 25:9와 비교) 마음이 정직한 자들에게 가까이 계시겠다고 약속하셨고 바울은 하나님의 말씀이 성령의 검(엡 6:17)이라고 가르치고 있으며 복음의 신앙 위에 바른 터를 잡을 사람들은 사람들의 궤술에 넘어가지 않을 것을(엡 4:14) 증거하고 있고 베드로는 성경이 "어두운 데 비추는 등불"(벧후 1:19)이라고 부르고 있으며, "구하라, 그러면 너희에게 주실 것이요 … 문을 두드리라 그러면 너희에게 열릴 것이니"(마 7:7)라는 그리스도의 너그러운 부르심은 우리에게 실망을 줄 수가 없기 때문에 사탄이 무엇을 하려고 하든지 거짓 선지자들이 어떠한 어두움을 흩으려고 하든지 우리는 지혜와 총명의 신[성령]에 의하여 버림을 당할까 봐 두려워해서도 안 된다. 이 지혜와 총명의 신은 자기의 권세로 사탄에게 고삐를 매어 억제하시며 하나님의 말씀에 대한 신뢰를 통하여 우리가 그를 이길 수 있게 해 주신다." 성령께서 성령의 검, 곧 하나님의 말씀을 통해서 당신의 백성들이 사탄의 세력에 맞서 승리할 수 있도록 인도하신다는 것이다.

³³ Lechler, *Theological and Homiletical Commentary on the Acts Vol. II*., 138. 여기 지극히 높은 하나님의 종이라는 말은 물론 바울과 실라를 가리키는 것이지만 본래 그 말은 유대인들에게는 여호와 하나님, 헬라인들에게는 제우스를 지칭한다. 주님의 공생애 과정에서 거라사 지방의 군대귀신 들린 사람이 주님을 알아보고 "지극히 높으신 하나님의 아들 예수여, 나와 당신이 무슨 상관이 있나이까? 원하건대 하나님 앞에 맹세하고 나를 괴롭히지 마옵소서"라고 외쳤던 것처럼 귀신들은 주님과 주님의 제자들이 누구인지를 정확히 알고 있었다. 귀신들도 어느 정도의 초자연적 능력을 행할 수 있다. 무당들이 작두 위를 타는 것이나, 모세가 바로 왕과 대결할 때에도 애굽의 술객들이 모세가 행한 것과 유사한 능력을 행했다. 하지만 이들이 행하는 초자연 역사는 한계가 있고, 주님의 능력과는 본질적으로 다르다.

³⁴ Joseph Benson, *The New Testament of Our Lord and Saviour Jesus Christ with Critical, Explanatory, and Practical Notes Volume I—Matthew to the Acts of the Apostles* (New York: Published by G. Lane & C. B. Tippett, 1846), 788.

사탄의 압제와 통제를 받으며 사람들의 돈 버는 기계로 전락해 버린 한 영혼을 보고 너무도 안타까웠다. 그래서 그녀를 사탄의 권세에서 풀어주기 위해 사탄의 권세를 정복하고 인류를 죄와 사망에서 구원하신 주 예수의 이름으로 명령한 것이다. 귀신이 그녀에게서 즉시 나왔다. 예수의 이름으로 놀라운 능력을 행한 것이다.

사도행전 어디에도 이 귀신 들린 여인이 회심을 했다거나 세례를 받았다는 기록은 찾을 수 없다. 그러나 이 사건이 루디아의 회심과 간수의 회심 사이에 일어난 것으로 볼 때 이 여인이 빌립보교회의 창립멤버로 빌립보의 신앙공동체 형성에 매우 중요한 역할을 했을 것으로 여겨진다.[35] 귀신들려 버림받은 이 여인이 거룩한 하나님 나라의 일꾼으로 주의 나라를 세우는 일에 귀하게 쓰임 받은 것이다.

주인들의 거짓참소와 바울과 실라의 투옥(16:19-24)

하지만 돈벌이에만 관심이 있던 주인들의 관심사는 전혀 달랐다. 이들은 자기들 이익의 소망이 끊어진 것으로 인해 바울과 실라를 관원들에게 끌고 갔다. 우리는 여기서 완전히 대조적인 모습을 발견한다. 바울은 사탄에 매여 있는 이 여인의 영혼에 관심이 있었지만 이 여인의 주인들의 관심사는 오직 돈이었다. 이방신을 섬기는 자들이 얼마나 잔인하고 이기적인가를 말해준다. 우리는 초대교회의 존 크리소스톰의 말에 귀를 기울여야 한다. "일만 악의 뿌리로부터 도망하자. 우리는 그것들 모두를 피해야 한다. 바울은 '돈을 사랑함'이 '그 뿌리이다'(딤전 6:10)고 말했다."[36] 이것은 주님께서 거라사인의 지방에서 돼지 떼를 통해 귀신 들린 사람을 고치실 때에도 역시 마찬가지였다. 무덤 사이를 오가는 군대 귀신 들린 사람의 귀신을 돼지 떼에게로 들어가게 하고 그 사람을 낫게 하자 사람들은 돼지 떼가

---

[35] "Home Evangelice. No. v., Luke the Beloved Physician," *The Reformed Presbyterian Magazine* (September 1, 1864), 332. 누가는 육신과 영혼의 치유를 상호 긴밀히 연결시켰다.

[36] Philip Schaff, *A Select Library Nicene and Post-Nicene Fathers of the Christian Church Vol. XIII St. Chrysostom* (New York: Charles Scribners' Sons, 1905), 469.

죽은 것으로 인해 더 안타까워했다. 세상적인 물질에 눈이 어두워 참으로 귀한 영적인 은혜를 깨닫지 못한 것이다.

이방신을 섬기는 자들과 하나님을 섬기는 바울과 실라의 모습이 너무도 대조를 이룬다. 돈벌이보다 귀신에게 사로잡혀 신음하는 한 영혼을 더 불쌍히 여기는 마음과 그녀를 단지 돈벌이 수단으로만 삼은 점쟁이의 주인들과는 아주 현격한 차이가 있다. 자기들의 돈벌이가 없어진 것에 분개한 이 점쟁이의 주인들은 바울과 실라를 잡아 장터(agora, market place)로 끌고 갔다가 다시 로마 식민지 치안 판사인 '상관들'(16:19)에게 데리고 갔다. '이 사람들이 유대인인데 우리 성을 심히 요란하게 하여 로마 사람인 우리가 받지도 못하고 행하지도 못할 풍속을 전한다'(16:20-21)고 거짓 참소한다. 그러자 무리가 일제히 일어나 송사했다.

당시 폭동을 일으키고 외래 종교를 전래시킨다는 것은 로마 정부에 대한 대단한 도전이었다. 로마제국은 식민지 국가들에 대해 종교적인 정책에 있어서는 관용정책을 썼지만 합법적인 종교와 그렇지 않은 종교를 구분했다. 유대교는 합법적인 종교로 인정을 받아 보호를 받았다. 이들은 바울 사도가 가르친 종교가 로마 사람들이 '받지도 못하고 행하지도 못할 풍속'이라고 거짓 참소했다. 이것은 기독교가 로마 제국의 종교와도 다르고 유대교와도 다른 불법적인 종교라는 주장이다. 이방종교로 혼란을 초래하고 로마 정부의 안정을 해치는 행위는 치안을 유지해야 할 식민지의 치안 판사에게는 관용할 수 없는 큰 골칫거리로 비추어질 수 있다.

로마인들의 유대인들에 대한 인종적인 편견, 즉 반유대주의 감정을 자극시켜 문제의 진의를 완전히 호도한 것이다. 군중들이 일제히 일어나 바울과 실라를 송사한 것은 충분히 이해가 간다. 우리는 여기서 로마법을 꿰뚫고 있는 점쟁이의 주인들이 얼마나 간교하게 참소하였는가를 발견한다. 바울이 귀신 들린 점쟁이 여자를 고쳤다는 사실, 그동안 그녀를 통해 자신들이 돈벌이를 해왔다는 사실은 전혀 언급하지 않았다.

군중이 동요하자 상관들은 옷을 찢어 벗기고 매로 치라(16:22)고 명령했다. 바울과 실라는 베드로처럼 매를 맞았다.[37] 치안관들이 간수들에게 그들을 단단히 지키라(16:23)고 명령하였다. 간수들은 '이들을 깊은 옥에 가두고 그 발에 차꼬를 든든히 채웠다'(16:24).[38] 당시 로마식 감옥에는 외옥과 내옥이 있었는데 외옥은 높은 건물로 햇빛이 들어왔으나 내옥은 보다 깊은 곳에 있어서 어둡고 불결하여 죄수가 병들어 죽는 경우가 많았다. 바울과 실라가 투옥된 감옥은 바로 내옥이었다. 그만큼 바울과 실라는 중죄인 중의 중죄인으로 취급을 받았다. 복음을 전하다가 옥에 갇히는 시련을 만난 것이다.

위기, 그 순간의 기도와 찬송(16:25-26)

바울과 실라에게 희망이라고는 아무것도 없었다. 감옥은 깊었고, 발은 차꼬에 든든하게 채워져 있었고, 파수꾼들이 겹겹이 감옥 문을 지키고 있었다. 도저히 헤어 나올 구멍이라고는 하나도 없었다. 차꼬에 채워져 있어 극심한 고통이 계속되었을 텐데도 바울과 실라는 발의 차꼬를 보지 않고 하나님의 영광을 바라보았다.[39] 위기 가운데서 그들은 좌절하지도 동요하지도 않았다.[40] 한밤중에 바울과 실라가 '기도하고 하나님을 찬송하

---

[37] Denton, *A Commentary on the Acts of the Apostles*. Vol. II., 99.
[38] Denton, *A Commentary on the Acts of the Apostles*. Vol. II., 99.
[39] Lechler, *Theological and Homiletical Commentary on the Acts Vol. II.,* 135. 우리도 하나님을 잘 섬기고 열심히 복음을 증거하다가 전혀 예기치 못한 시련을 만날 수 있다. 믿음의 사람들에게도 위기는 찾아온다. 우리가 어려움을 만났을 때 좌절하고 절망하기보다 하나님의 주권과 섭리를 변함없이 신뢰해야 한다. 우리의 감옥이 무엇이든 우리의 발을 채우고 있는 장애물이 무엇이든 하나님께 기도하고 간구하면 문제를 해결 받는 역사가 나타날 것이다. 고난 가운데 절망하기보다 영광의 주님, 소망의 주님을 바라고 주님께 간구하면 문제의 핵심이 무엇인지 정확히 아시는 주님께서 그 문제를 선하고 아름답게 해결해 주실 것이다. 바울과 실라는 현실의 고난 앞에 결코 절망하거나 좌절하지 않고 하나님을 찬양하고 기도했다. 찬양은 주님의 보좌를 움직이며, 주변 사람들을 변화시키는 역사가 있다. 사탄은 사람들이 암울한 현실 앞에서 좌절하는 것을 제일 원한다.
[40] 칼빈, *사도행전 II*, 121-122. "우리가 필요를 느끼거나 어려움을 앎으로써 기도하고자 하는 의욕이 생긴다. 그러므로 이 의욕은 대개 슬픔과 정신적인 근심과 연결되지만 믿는 자들은 자기의 감정을 절제하여야 하며 하나님을 대항하여 부르짖지 않아야 한다. 그리하여 기도의 바른 방법은 두 가지 서로 반대되는 감정을 연합시킨다. 그 두 가지 감정은 우리를 압도하는 궁핍에 대한 느낌으로부터 생기는 근심과 슬픔이 그 하나이며 우리가 스스로를 하나님께 굴복시키는 순종

매'(16:25) 바깥 감옥에 있는 죄수들이 그 찬양소리를 들었다.[41] 터툴리안의 표현을 빌린다면 "마음이 하늘에 있는 동안에는, 차꼬에 다리가 채워져도 다리가 전혀 고통을 느끼지 않았다."[42]

빌립보서에서 바울이 '아무 것도 염려하지 말고 다만 모든 일에 기도와 간구로, 너희 구할 것을 감사함으로 하나님께 아뢰라 그리하면 모든 지각에 뛰어난 하나님의 평강이 그리스도 예수 안에서 너희 마음과 생각을 지키시리라'(빌 4:6-7)라고 한 말은 그의 경험론적인 고백이었다. '모든 지각에 뛰어난'이라는 말씀은 인간의 이해를 뛰어넘는 하나님의 능력을 말한다. 옥중에서 바울과 실라가 그런 체험을 한 것이다.

바울과 실라가 기도하고 찬송할 때 하나님께서는 즉각적으로 들으시고 응답하셨다.[43] 갑자기 큰 지진이 일어났고 감옥의 기초가 흔들렸고, 모든 옥문들이 다 열렸으며(16:26), 각 사람을 묶고 있던 것들이 다 풀어졌다.[44] 바울과 실라를 옭매였던 족쇄가 다 벗겨졌다. 덴톤이 지적한 대로 이것은 "하나님의 임재의 특별한 표시"[45]였다. 하나님께 찬송하고 기도했더니 그런 역사가 나타난 것이다.[46]

과 항구가 가까운 것을 보여 줌으로써 파선 중에서도 우리에게 새 힘을 주는 희망으로부터 얻게 되는 즐거움이 그 다른 하나이다. 바울은 '너희 구할 것을 감사함으로 하나님께 아뢰라'고 말했을 때 빌립보서 4장 6절에서 우리를 위하여 그와 같은 형식을 정하고 있다. 그러나 본문의 사건에 있어서는 그 형편을 주시해야 한다. 왜냐하면 그들이 매 맞은 상처의 고통은 심하고 감옥은 진저리 나는 곳이며 부딪친 위험이 컸지만 바울과 실라가 하나님을 찬송하는 일을 그치지 않고 있는 것을 보면 그들이 십자가를 지기 위하여 지속적으로 용기를 내고 있었음을 추측할 수 있기 때문이다. 이와 똑같이 누가는 앞에서 사도들이 '주님의 이름을 위하여 능욕 받는 일에 합당한 자로 여기심을 기뻐했다'고 보고했다(5:41)."

[41] Lechler, *Theological and Homiletical Commentary on the Acts Vol. II.*, 135.

[42] Tertullian, *AN ADDRESS TO THE MARTYRS*, II. <www.tertullian.org/articles/lof/martyrs.htm>(2019. 12. 28. 접속).

[43] John Chrysostom, *The Homilies of John Chrysostom on The ACTS of The Apostles* (London: Oxford, John Henry Parker, 1851), 499. "그러므로 여러분들이여 부끄러워하라. 우리 그 밤, 그 차꼬, 그 찬미를 곰곰이 생각하자. 또한 우리가 우리 자신들을 위해 감옥이 아니라 하늘 문을 열어야 할 것이다. 만약 우리가 기도하면 우리는 심지어 하늘문도 열 수 있다. 엘리야는 기도로 하늘 문을 닫았고 기도로 하늘 문을 열었다."

[44] Denton, *A Commentary on the Acts of the Apostles*. Vol. II., 99.

[45] Denton, *A Commentary on the Acts of the Apostles*. Vol. II., 100.

[46] 고난 가운데 찬송하는 것은 쉬운 일이 아니다. 바울과 실라가 기도하고 찬송한 것은 밤중

여기 옥문이 열렸다는 것은 단수가 아니라 복수다. 여러 옥문들이 동시에 열린 것이다.[47] 하나님께서 바울과 실라의 고난에 직접 개입하시고 간섭하신 것이다.[48] 그래서 존 크리소스톰은 이렇게 주석했다. "우리도 또한 이렇게 문을 열자. 우리는 우리 자신들을 위해 옥문이 아니라 하늘 문을 열어야 한다. 만일 우리가 기도하면, 우리는 하늘 문을 열 수 있다. 엘리야는 기도로 하늘 문을 닫기도 하고 열기도 했다."[49]

빌립보 감옥 간수와 그 가정의 복음화(16:27-34)

바울과 실라가 직면한 그 심각한 위기가 오히려 복음을 증거하는 너무도 좋은 기회가 되었다. 위기는 기회라는 사실이 여기서 그대로 증명된 것이다. 유럽의 선교를 위해 하나님께서 특별히 간섭하신 것이다. 분명 옥문이 열렸다면 얼마든지 밖으로 나갈 수 있었지만 바울과 실라는 그렇게 하지 않았다. 그럴 마음도 그럴 필요도 없었다. 그들은 하나님이 그

쯤 되어서이다. 그들은 봉변을 당했으므로 온몸이 상처투성이와 피멍투성이였을 것이다. 육신도 아프고 마음도 고달프고 지쳤을 것이다. 그러나 그런 가운데서도 바울과 실라는 주님을 찬양하고 기도했다. 도저히 찬송할 수 없는 상황에서 찬송하고, 기도할 수 없는 상황에서 기도한 것이다. 이것이 참된 신앙이다. 기도와 찬송은 동전의 양면과 같다. 기도를 통해 하나님의 능력을 공급받고 찬양을 통해 하나님을 기쁘시게 하는 것이다. 기도는 역경에서도 찬미할 수 있는 힘을 위로부터 공급받는 원동력이다. 모든 지각에 뛰어난 하나님께서 바울과 실라의 찬송과 기도를 들으시고, 갑자기 지진대를 움직이사 옥문이 열리게 하셨다. 바울과 실라가 기도하고 찬송할 때 거기에 하나님의 보좌를 움직이는 역사가 나타난 것이다. 우리가 흔들리지 않고 신앙에 바로 서서 고난 가운데서도 주님을 바라보면 눈동자같이 우리를 지키시는 주님의 인도를 받을 것이다.

[47] Denton, *A Commentary on the Acts of the Apostles*. Vol. II., 100.

[48] 성경에 나타난 초자연적인 것들을 거부하는 계몽주의 후예들은 빌립보 감옥에서 일어났던 이 놀라운 하나님의 초자연적 기적을 "있을 법하지 않은 일들의 온상"이라고 치부한다. 그러나 하나님의 절대주권과 능력을 확신하는 믿음의 사람들의 시각은 다르다. 이성적이고 냉철한 의학훈련을 받은 누가는 이것이 하나님의 초자연적인 역사였음을 분명히 한다. 못 걷는 사람이 일어나고 심지어 죽은 자들이 살아나는 수많은 사실들을 목도한 누가는 이 사건이 실제로 일어난 초자연적 기적이라고 말한다.

[49] Chrysostom, *The Homilies of John Chrysostom on The ACTS of The Apostles*, 499. *ACTS* 16:25-26. "This let us also do, and we shall open for ourselves — not a prison, but — heaven. If we pray, we shall be able even to open heaven. Elias both shut and opened heaven by prayer."

사건을 통해서 이루시기를 원하시는 것이 무엇인지를 주목했다. 여기 기독교의 생명이 있고, 기독교의 신비가 있고, 기독교의 탁월함이 있다. 바울과 실라는 옥문이 열리는 그 초자연적 역사가 성령의 역사요 간섭이라는 사실을 전혀 의심하지 않았다. 그래서 바울과 실라는 옥문이 열렸음에도 도망가지 않았다.

로마의 법률에 의하면 죄수가 도주하면 간수가 대신 형벌을 받도록 되어 있었다.[50] 이 간수는 자다가 깨어나 옥문이 열린 것을 보고 죄수들이 도망간 줄 알고 형벌을 받기 전에 '칼을 빼어 자결'(16:27)하려 했다.[51] 간수가 단도를 들고 자결하려는 순간 옥중 어둠 속에서 '네 몸을 상하지 말라. 우리가 다 여기 있노라'(16:28)는 음성이 들려왔다.[52] 문이 열려져 있는 상태에서 옥 안에 그대로 태연히 앉아 있는 바울과 실라를 보고 간수는 일종의 경외감을 느꼈다. 그는 도망갈 수 있는데 도망가지 않은 죄수를 지금까지 한 번도 목도하지 못했고 들어보지 못했다. 더구나 그 심한 상처를 안고 차꼬에 단단히 채워진 죄수가 옥중에서 찬송 부르는 모습을 한 번도 본 적이 없었다.

한편으로는 일어난 초자연적 기적 앞에, 다른 한편으로는 일반적인 죄수들과 다른 침착하고 거룩한 모습에 그만 압도를 당하고 말았다. 깊은 데로 가서 그물을 내리라는 주님의 명령에 순종했더니 그물이 찢어지도록 많은 고기가 낚이자 주님 앞에 엎드려 자신의 죄인 됨을 고백했던 베드로처럼 '간수가 등불을 달라고 하며 뛰어 들어가 무서워 떨며 바울과 실라 앞에'(16:29) 엎드렸다.[53] 인간의 오만은 주님의 거룩하심과 위대하심을 목도하고 경험할 때 완전히 무너져 내리는 법이다. 그것은 마치 거울 앞에 비친

---

[50] Cowles, *Acts of the Apostles*, 136; Ramsay, *St. Paul the Traveller and the Roman Citizen*, 222.

[51] Denton, *A Commentary on the Acts of the Apostles*. Vol. II., 101. 물론 이 간수는 책임감 때문에 자결하려고 했지만 당시 자살이 종교적으로, 교훈적으로, 철학자들에 의해 독려되었다.

[52] Denton, *A Commentary on the Acts of the Apostles*. Vol. II., 102.

[53] Ramsay, *St. Paul the Traveller and the Roman Citizen*, 221. 간수가 불을 달라고 한 것이 이 사건이 한 밤중에 일어난 사건인 것을 말해준다.

자신의 추한 모습을 보듯이 거룩하시고 전능하신 하나님 앞에 자신의 죄인 됨을 철저하게 깨닫고 확인하기 때문이다.

섬뜩한 신비를 느낀 간수는 바울과 실라를 밖으로 데리고 나가 이렇게 진지하게 물었다. '선생들이여 내가 어떻게 하여야 구원을 받으리이까?'(16:30) 너무도 진지하게 "그는 구원의 길을 물었다."[54] 죄수들을 향해 선생이라고 부르는 그 자체가 일대 변화를 의미한다. 간수의 자세가 이들을 처음 인계받으면서 가졌던 태도와는 180도로 달라졌다. 덴톤의 말대로 "간수는 이미 바울의 말을 들을 준비가 되었다."[55] 간수의 질문에 바울과 실라는 '주 예수를 믿으라'(16:31)고 그와 그의 가족을 위한 구원의 길을 제시했다.[56]

바울과 실라는 '주의 말씀을 그 사람과 그 집에 있는 모든 사람에게'(16:32) 전하였다. 그 밤에 간수는 바울과 실라를 자신의 집에 초대하여 바울과 실라의 '그 맞은 자리'(16:33)를 씻어 주었다.[57] 크리소스톰(Chrysostom)의 말대로 "간수는 그들의 매 맞는 채찍의 상처를 씻어 주었고, 그 자신은 죄로부터 씻음을 받았다."[58] 간수는 이 일을 감옥에 딸린 정원에 있는 우물에서 했을 것으로 보인다. 죄수를 지키던 간수가 죄수를 도와주는 사람으로 바뀌었다. 하나님께서 간수의 마음에 역사하셔서 그 짧은 동안에 그를 변화시켜 주신 것이다.[59] '그와 온 집안이 하나님을 믿으

---

[54] 칼빈, 사도행전 II, 125.

[55] Denton, *A Commentary on the Acts of the Apostles.* Vol. II., 102.

[56] 칼빈, 사도행전 II, 125-126. 주 예수를 믿으라는 말처럼 복음의 핵심을 그대로 담아내는 말도 드물다. 사람이 그리스도를 믿어야 구원을 얻는다는 "구원에 대한 이 정의(定義)는 얼른 보기에 짧고 충분하지 않은 것 같지만 충분하다. 그리스도만이 그 안에 축복과 영생의 온갖 요소를 갖고 계시기 때문이다. 그가 그 모든 것을 복음을 통하여 우리에게 주시며 우리는 그것을 믿음으로 받는다."

[57] Horatio B. Hackett, *A Commentary on the Original Text of the Acts of the Apostles* (Boston: Gould and Lincoln, 1858), 191. 간수는 상처 난 부분만 씻어준 것이 아니라 온 몸을 씻어준 것이다.

[58] Chrysostom, *Homily xxxvi.* 2. Bruce, *The Book of ACTS,* 338에서 재인용.

[59] 칼빈, 사도행전 II, 126. "누가는 그 간수의 경건한 열심을 다시 칭찬하고 있다. 그가 자기의 온 가족을 하나님께 드렸기 때문이다. 이 사실에는 하나님의 은혜도 보여진다. 왜냐하면 하나님께서 신속하게 온 가족들이 경건한 일치를 갖도록 해주셨기 때문이다. 그리고 그 특별한 변화 또한 눈여겨보아야 하겠다. 그는 바울과 다른 사람들이 도망했을 것이라고 생각하여 자결하려고

므로 크게 기뻐하니라'(16:34)는 말씀은 간수와 그의 온 가족이 복음에 대해 즉각적으로 반응했음을 보여준다.[60]

루디아가 예수를 믿은 후 바울 일행을 자신의 집으로 초대하여 묵게 하였던 것처럼 간수도 이들을 초대하여 지친 그들에게 '음식을 차려'(16:34) 주었다.[61] 간수가 주님을 믿고 세례를 받자 바울과 실라의 사역을 이해하게 되고, 그들의 형편과 처지를 돌아 볼 수 있는 눈이 열리게 된 것이다. 가족이 예수를 믿고 그들의 상처를 씻고 싸매주며, 음식을 차려주는 일을 통해 이제는 간수 혼자가 아닌 가족 전체가 바울과 실라의 동역자가 되었음을 보여준다.

이렇게 해서 간수는 세 차례의 놀라움을 체험한다. 첫 번째는 지진이 나고 옥문이 열렸을 때이고, 둘째는 바울의 초인간적인 인격을 대했을 때이며, 셋째는 주 예수를 믿으라는 말을 들었을 때이다. 이 세 가지의 사건을 만났을 때 간수는 달리 행동했다. 첫 번째의 사건 앞에서는 절망 가운데 자결하려고 했고, 두 번째 사건에서는 '어떻게 하여야 구원을 받으리이까?'하고 구도(求道)를 했으며, 세 번째 사건에서는 모든 근원이 주 예수께 있음을 알고 믿기로 결심했다.

빌립보 감옥의 사건의 핵심은 옥문이 열린 사건이 아니라 바로 간수와 그의 가족이 믿고 세례를 받은 일이다. 바울의 고난을 통해 오히려 간수가 주님을 영접하는 역사가 나타난 것이다.

바울과 실라의 빌립보 선교의 교훈

바울과 실라는 위기와 역경의 상황에서도 기도하며 주를 찬송했다.[62]

한지 얼마 안 되어 지금 모든 두려움을 제하고 기꺼이 그들을 자기 집으로 데리고 갔다."
  [60] Denton, *A Commentary on the Acts of the Apostles*. Vol. II., 102.
  [61] Ramsay, *St. Paul the Traveller and the Roman Citizen*, 226. 램지는 이 일이 A.D. 50년 10월에 일어났다고 말한다.
  [62] 비록 몸이 차꼬에 채워져 있었지만 하나님과의 온전한 교제로 인하여서 그들은 만족했던 것이다. 빌립보 감옥에서의 체험은 훗날 바울의 사역에 놀라운 영향을 미친 것으로 보인다. 차꼬에 채워져 있는 가운데서도 주님이 여전히 자신과 동행하고 계시다는 사실은 로마로 가서 설령 로마

그 때 지진이 나고 옥문이 열리고 간수의 마음 문이 열리고 그 가정이 구원을 받는 역사가 나타났다. 죄수들을 깊은 감옥에 넣고, 발에 차꼬를 채우고, 문의 빗장을 걸어 쇠사슬로 굳게 잠글 정도로 잔인하던 간수가 주님을 영접하게 되었다.[63] 기도하고 찬송하자 옥문이 열리는 육적인 기적과 간수가 회개하는 영적인 기적이 동시에 일어난 것이다.

옥문이 열리는 기적은 기도와 찬송의 결과였고 결국 영혼구원을 위한 수단이었다. 누가는 빌립보 감옥에서의 기적이 결국 영혼구원을 위한 것임을 말하고 싶었던 것이다. 생명을 위협하는 위기의 상황이 오히려 복음 전파의 기회가 된 것이다.[64] 확실히 빌립보 감옥에서의 놀라운 기적과 간수의 구원의 출발은 믿음의 사람, 바울과 실라의 '기도'(praying, προσευχ

의 감옥에 갇힌다 할지라도 가야 한다는 확신을 강하게 불어 넣어주었을 것이다. 실제로 훗날 바울은 로마 감옥에 있을 때에도 조금도 흔들리지 않았다. 그는 그곳에서도 자신을 비하시키거나 "내가 이제껏 복음을 위해 일해 왔는데 왜 감옥에 있어야 합니까?"라고 반문하지 않았다. 오히려 그 감옥에서 주님과 교제하며 주님의 뜻을 이루기 위해 혼신을 다했다. 역경 속에서 인내하고 참아내는 신앙만 아니라 그 역경 속에서 하나님을 의지하고 담대하게 주께 나가는 바울 같은 신앙의 용기가 있어야 한다.

[63] Bruce, *The Book of the ACTS*, 338. 바울은 등에 상처를 입어 피가 흐르고 있었음에도 불구하고, 우선 간수와 그의 집에 있는 모든 사람들에게 말씀을 가르쳤다. 바울이 우선적으로 생각했던 것은 언제나 복음이었다. 바로 그것이 바울을 살리는 원동력이었다. 복음을 받은 간수는 바울과 실라의 매맞은 자리를 씻어주고 브루스가 지적한 대로 '감옥 뜰 벽 위에 있는 그의 집'(his house possibly at a well in the prison courtyard)으로 데리고 들어갔다. 그리고 음식을 차려주었다. 음식을 차려주었다는 표현은 "상을 차렸다"는 표현인데, 이것은 시편에서 다윗이 "주께서 내 원수의 목전에서 내게 상을 차려 주시고"라고 고백한 것처럼 목자되신 하나님이 그의 양들을 지키시고 인도하신다는 사실을 보여주고 있다. 원수에게서 그를 보호하신 분은 바로 하나님이시다. 바울과 실라가 복음전파를 최우선적으로 여기고 그렇게 실천했을 때에 그런 역사가 나타난 것이다. 주님은 인간의 생각과 이성을 초월하여 역사하신다. 주님께서 얼마나 놀랍게 역사하시는가를 알 수 있다. 기독교 역사 속에서 이런 일들이 많이 일어났다. 바울의 빌립보 전도는 혹독한 대가를 지불했지만 결과적으로 바울과 그의 동료들, 더 나아가 이 땅의 교회들에게 어떤 환경에서도 굴하지 않고 주님을 바라보도록 도전과 용기를 주었다. 또 바울의 빌립보 선교는 복음이 얼마나 능력 있는가를 보여준 산 증거였다.

[64] 박용규, 초대교회사, 91-118. 초대교회에는 그런 역사가 참으로 많았다. 핍박자들은 예수를 믿고 황제숭배를 거부한 사람들을 원형경기장에서 공개적으로 처형했다. 예수를 믿는 사람들을 공개적으로 처형해 복음전파를 사전에 막으려는 의도에서였다. 그런데 그것을 오히려 복음을 증거하는 기회로 하나님이 사용하셨다. 폴리갑이 대변하듯 기쁨 가운데 얼굴에 미소를 지으며 죽어가는 모습을 통해 경기장에 모인 수많은 사람들은 오히려 하나님이 살아계신다는 확신을 갖고 순교적 신앙을 계승했다.

όμενοι, 16:25)와 '찬송'(singing praises, ὕμνουν, 16:25)이다. 진 기욘 부인(Madame Jeanne Guyon, 1648-1717)은 프랑스의 어느 감옥에 8개월 동안 갇혀 있는 동안 이렇게 하나님을 찬양했다.

나는 작은 새

나는 작은 새,
공중의 들판으로부터 갇혀
나의 새장에 앉아 노래하네
나를 이곳에 두신 그분께
한 명의 죄수가 된 것을 기뻐함은
그것이 나의 하나님 당신을 기쁘시게 함이옵니다.

나는 그 외에 아무것도 할 수 없고
온종일 나는 노래하네
내가 가장 기뻐 사랑하는 그분이
나의 노래를 들으시네
그가 방황하는 내 날개를 잡아 묶으셨으나
그분은 여전히 내 노래를 집중해 들으시네

당신은 들으실 수 있는 귀와
사랑하고 축복하시는 마음 가지셨네.
비록 나의 노랫말이 너무도 거칠어도
당신이 외면치 않으심은
당신이 내 말이 떨어질 때를 아시기 때문이라
그 사랑, 그 달콤한 사랑이 그 모든 것에 영감을
불어 넣으시네.

내 새장이 나를 사방으로 둘러매고
내가 밖으로 날아갈 수 없으며

비록 내 날개가 단단히 묶였어도
내 마음은 자유하네
감옥의 벽들이 나를 통제할 수 없다네
영혼의 비행, 영혼의 자유를

오 날아오르리
이 빗장 이 빗살 위로!
그의 목적 내가 숭모하고
그의 섭리 내가 사랑하는 그분에게로
당신의 그 크신 뜻 안에서
마음의 기쁨, 마음의 자유 찾으리.[65]

참으로 우리의 영혼을 울리는 옥중 시이다. 누구에게나 옥문이 있다. 때로는 차꼬에 채워져 있을 수 있다. 그것을 넘을 수 있는 비결은 주님을 바라보는 것이다.[66]

바울과 실라의 빌립보 선교사역은 세계복음화를 잘 대변해준다. 그 자신이 고백한 대로 복음은 헬라인이나 야만인이나 종이나 자유자나 남자나 여자나 다 하나 되게 만드는 역사를 낳았다. 자주장사 루디아, 귀신들린 여종 그리고 빌립보 감옥의 간수는 인종적 사회적 신분과 지위에 있어서 전혀 다른 사람들이었다. 빌립보라는 세계주의적 도시에서 일어난 복음의 능력의 현시이기 때문이기도 하지만 복음 자체가 가지고 있는 본질적인 성격을 단적으로 말해주고 있다. 루디아는 빌립보 본토인이 아니라 이곳에 이민 온 아시아 사람이었고, 여종은 비록 성경에는 분명히

---

[65] Thomas C. Upham, *Life Religious Opinions and Experience of MADAME DE LA MOTHE GUYON: Her With Some Account of the Personal History and Religious Opinions of Enelon, Archibishop of Cambray* (London: Sampson Low, Son, And Co., 1858), 278-279.

[66] 시편기자의 찬양의 대부분은 고난 가운데서 나온 것이다. 전혀 어울릴 것 같지 않은 고난과 찬송, 이 둘이 조화를 이루며, 고난을 찬송으로 승화시키는 것이 바로 신앙이고, 믿음이다. 현재 자신이 고난 가운데 있다고 해도 그로 인해 좌절해서는 안 된다. 고난 가운데서 주님이 함께 하시기 때문이다.

언급되지 않았지만 당시 도처에서 수입된 헬라인 종들 가운데 한 사람이었을 것으로 보인다. 당시 간수들은 로마 식민지 행정기관의 모든 관리들과 마찬가지로 분명 로마 사람이었을 것이다.

"누가는 바울의 빌립보 성 회심자들 가운데서 세 명의 사람들을 개별적으로 서술했다. 그들은 서로가 너무도 달랐다. 예수의 구원의 이름이 가장 다른 유형의 남녀의 삶 속에서 어떻게 그의 능력을 증명하셨는가를 보여주기 위하여 이 세 사람을 계획적으로 선별하신 것으로 생각된다. 첫 번째는 평판이 좋은 성품의 독립적인 비지니스 여성이자 하나님을 경외하는 루디아이다. 그녀가 복음을 듣는 중에 '주께서 그녀의 마음을 열어 바울이 말한 것에 주의를 기울이게 하셨다'(RSV). 그러나 두 번째는 아주 다른 타입의 인물이다. 그녀의 주인들이 자기들의 물질적 이득을 취하기 위해 그녀의 약점을 이용한 귀신 들린 불행한 여종이었다. 누가는 그녀를 아폴로(Apollo) 신에 의해 영감을 받은 여자 점쟁이라고 기술한다.… 사람들은 그녀가 부지불식간에 하는 말들을 신의 소리로 간주하였다. 그리하여 그녀는 자신들의 미래를 듣고 싶어 하는 사람들에게 인기가 많았다."[67]

서로 다른 민족적 문화에서 성장하여 다민족을 수용하는 거대한 로마제국, 그것도 세계주의적 도시에서 문화 정치적으로 어울렸던 이들이 예수 그리스도의 복음 안에서 변화되어 한 형제자매가 되었다. 로마제국에 의한 정치적인 연합이 이제는 예수 그리스도 안에서 더 "심원한 연합," 성령 안에서 연결된 영적연합을 이룰 수 있었다.

복음은 인종적 사회적 배경을 초월하여 인간을 구원에 이르게 한다. 루디아는 자주장사로 당시 상당한 부를 축적한 부유한 여인이었고 귀신 들린 점치는 여인은 자신의 것이라곤 재산도 권리도 자유도 생명도 아무것도 없는 무소유자였다. 간수, 자주장사, 점치는 여인 이 세 사람은 인종과 사회적 배경과 성장 배경 그리고 신분에 있어서도 달랐지만 복음 안에서 하나 되어 빌립보교회 창립 멤버가 되었다.[68] 이것은 당시로서는 혁명과

---

[67] Bruce, *The Book of ACTS*, 332.
[68] 훗날 바울은 로마의 감옥에서 보낸 빌립보서에서 이 사실을 분명히 밝혔다. "빌립보 사람

같은 것이었다.

　헬라인과 로마인과 아시아인이 하나의 신앙의 공동체를 이루고 사회적 지위와 신분을 넘어 복음 안에서 하나 되었다는 것 자체가 당시로서는 수용할 수 없는 일이었다. 복음이 이와 같은 변화를 가져다 준 것이다. 후에 바울이 갈라디아 교인들에게 보낸 편지에서 '유대인이나 헬라인이나 종이나 자유인이나 남자나 여자나 다 그리스도 예수 안에서 하나'(갈 3:28)라고 외칠 수 있었던 것도 그런 경험 때문일 것이다. 복음은 신분과 인종과 지위를 넘어 인간을 하나 되게 만드는 힘을 갖고 있다.

　그러나 이보다도 더 우리가 주목해야 할 것은 다양한 방식으로 각 사람의 필요를 채우시는 하나님의 역사이다. 바울의 말씀을 통해 회심하게 된 자주장사는 주님과의 만남을 통해 이 세상에 돈이 전부가 아니라는 사실, 곧 인간의 영혼의 문제가 얼마나 중요한가를 발견했을 것이고, 점치는 여종은 물론 영혼의 구원과 더불어 귀신이 떠나고 정신이 온전하여 집에 따라 잃어버렸던 가장 중요하고 소중한 바로 그녀 자신의 영혼과 자아를 발견했을 것이고, 간수는 천하를 호령하는 로마제국이나 제국을 다스리는 권력보다도 더 크고 놀라운 하나님이 계시다는 사실을 확신하게 되었을 것이다. 인간의 신분과 지위와 인종을 넘어서면서도 인간의 필요를 가장 적절하게 채우시는 살아계신 하나님, 인간을 죄에서 자유케 하시는 주님의 능력을 체험하게 된 것이다.

　따라서 바울과 실라가 빌립보 성에서 자주장사 루디아, 귀신 들린 점치는 여종에 이어 간수에게 복음을 전한 사건은 유럽 기독교 역사의 시작이었다. 빌립보교회의 머릿돌에는 이렇게 기록되어 있다.

들아 너희도 알거니와 복음의 시초에 내가 마게도냐를 떠날 때에 주고 받는 내 일에 참여한 교회가 너희 외에 아무도 없었느니라"(빌 4:15). 빌립보 교인들이 생명을 다해 바울의 사역에 동참한 것이다. 바울은 "나의 매임과 복음을 변명함과 확정함에 너희가 다 나와 함께 은혜에 참여한 자"(빌 1:7), "내가 예수 그리스도의 심장으로 너희 무리를 얼마나 사모하는지 하나님이 내 증인이시니라"(빌 1:8)라며 특별한 애정을 그들에게 표현했다. 빌립보 교인들은 바울에게 "나의 사랑하고 사모하는 형제들, 나의 기쁨이요 면류관인 사랑하는 자들"(빌 4:1)이었다. 넉넉하지 않은 가운데서도 구제헌금을 바울을 통해 예루살렘에 보낸 이들도 바로 빌립보 교인들이었다.

초대 목회자 바울, 2대 목회자 실라, 3대 목회자 아볼로

바울이 위대한 사도라는 사실이 바로 여기서 확연하게 드러났다.

3. 바울의 교회와 정부관계 이해(16:35-40)

³⁵ 날이 새매 상관들이 부하를 보내어 이 사람들을 놓으라 하니 ³⁶ 간수가 그 말대로 바울에게 말하되 상관들이 사람을 보내어 너희를 놓으라 하였으니 이제는 나가서 평안히 가라 하거늘 ³⁷ 바울이 이르되 로마 사람인 우리를 죄도 정하지 아니하고 공중 앞에서 때리고 옥에 가두었다가 이제는 가만히 내보내고자 하느냐 아니라 그들이 친히 와서 우리를 데리고 나가야 하리라 한대 ³⁸ 부하들이 이 말을 상관들에게 보고하니 그들이 로마 사람이라 하는 말을 듣고 두려워하여 ³⁹ 와서 권하여 데리고 나가 그 성에서 떠나기를 청하니 ⁴⁰ 두 사람이 옥에서 나와 루디아의 집에 들어가서 형제들을 만나 보고 위로하고 가니라

아침이 되었을 때 상관들이 사람을 보내 바울과 실라를 옥에서 풀어주라고 전갈을 보냈다. 간수가 이 모든 사실들을 상관들에게 알리자 상관들이 '부하를 보내어'(16:35) 바울과 실라를 옥에서 내보내도록 명령한 것이다. 상관들의 마음이 어떤 이유에서인지 밤새 바뀌었다. 아마도 지진과 옥문이 열린 사건에 대해서 이야기를 들었을 수 있고, 바울과 실라를 매로 심하게 친 것이 잘못되었다는 생각이 들었을 수도 있다. 그들이 '이 사람들을 놓으라'(16:35)라고 전갈한 것은 바울과 실라를 존중해서 그렇게 행동한 것은 아니었다. 피해자들을 가만히 내보내는 것이 궁지에서 벗어나는 길이라고 여겼을 것이다.

간수로부터 전갈을 받은 바울과 실라의 태도를 우리는 주목할 필요가 있다. 바울과 실라는 로마 시민권자인 자신들을 옥에 가두고 이제 가만히

내보내려는 행동은 잘못되었다며 그들이 '친히 와서 우리를 데리고 나가라'(16:37)고 전갈을 보냈다. 당시 로마의 시민권자를 이렇게 처우하는 것은 근본적으로 심각한 문제가 있었다.[69] 로마시민은 치안관이나 다른 어떤 사람에 의해서도 어떤 상황에서도 재판도 받지 않고 판결도 받지 않아야 하는 것은 물론이고 매를 맞거나 구속되어서는 안 되었다.[70] 로마의 시민권자들은 자신들이 구속되거나 문초를 받기 전에 자신이 '나는 로마시민이다'(Ciuis Romanus sum)라고 말하면 처벌이 면제되었다. 만약 로마의 시민권자의 이와 같은 권리를 누구라도 침해한다면 당시 그 사람은 중벌을 받도록 명문화되었던 것이다.

발레리아와 포르기아 법(the Valerian and Porcian law)이 509 B.C.년 (전통적으로 전해 내려왔던 로마 공화국 설립 연대)부터 195 B.C.년까지 여러 차례에 걸쳐 시행되었다. 이 법에는 "로마시민들은 품위를 손상시키는 형태의 처벌로부터 면제되었으며, 이 법과 관련하여 그들을 위해 제정된 어떤 값진 권리를 가지고 있었다."[71] 바울은 로마시민의 권리에 대해 매우 잘 알고 있었을 것으로 보인다. 로마 시민권자인 바울과 실라에 대해 고소가 제기되었을 때 사전 검토가 있어야 했다. 그런데 이들은 심문과정조차 거치지 않고 매질을 당하고 수감되어 버렸다. 때문에 아무런 사과 없이 그냥 옥에서 나가라고 하자 강하게 이의를 제기한 것이다.[72]

바울과 실라가 '로마 사람인 우리를 죄도 정하지 아니하고 공중 앞에서 때리고 옥에 가두었다가 이제는 가만히 내보내고자 하느냐 아니라 그들이 친히 와서 우리를 데리고 나가야 하리라'(16:37)고 자신 있게 요구한 것도 그 때문이다. 이 말은 자신들의 행동에 대한 정중한 사과가 선행되지 않는 가운데 조용히 출옥시키는 행위를 용납할 수 없다는 말이다. 이것은 오늘날 가장 민감한 문제들 중의 하나인 교회와 국가의 문제를 해결하는

---

[69] Denton, *A Commentary on the Acts of the Apostles*. Vol. II., 105.
[70] Denton, *A Commentary on the Acts of the Apostles*. Vol. II., 105.
[71] Bruce, *The Book of ACTS*, 340.
[72] Bruce, *The Book of ACTS*, 340.

중요한 기준을 제공해준다.

바울이 로마의 교인들에게 '권세 잡은 자들에게 순종하라'(롬 13:1-7)고 하였을 때 정당한 질서와 법을 지키는 권세들에게 순종하라고 한 것이지 법을 어기고 불법을 자행하는 권세들에게도 무조건 순종하라는 의미는 아니었다. 바울과 실라는 법을 어긴 상관들에게 "로마 사람인 우리를 죄도 정하지 아니하고 공중 앞에서 때렸다"[73]며 빌립보 시의 관헌들이 자행한 불의에 대해서 날카롭고 통렬하게 지적하였다. 바울이 '로마 사람인 우리를 죄도 정하지 아니하고 공중 앞에서 때렸다'며 직접 당사자들이 와야 한다고 한 말은 그들의 잘못에 대해서 분명히 공개적으로 사과해야 한다는 요구가 담겨 있다.[74]

이 사건은 당시 그리스도인이라고 해서 함부로 대하는 권세자들에게 다시는 그렇게 하지 못하도록 만드는 결정적인 계기가 되었다. 부하들이 바울과 실라의 말을 상관들에게 전하자 그들은 바울과 실라가 '로마 사람이라 하는 말을 듣고 두려워하여 와서 권하여 데리고 나가 그 성에서 떠나기를 청'(16:38-39)했다. 이들을 강제로 추방시킬 수는 없었다. 그것은 로마시민은 유죄선고를 받지 않는 한 로마의 어떤 도시에서도 추방될 수 없었기 때문이다.

상관들이 바울과 실라에게 와서 떠나기를 간청했다는 사실은 바울과 실라의 요구가 상당히 수용되었음을 말해준다. 또한 권세 잡은 이들이 자기들의 잘못을 어느 정도 깨닫고 있었음을 암시해준다. 더구나 그들이 로마 사람이라는 말을 듣고 '두려워하여'라는 말은 이 사실을 더욱 뒷받침하여 준다. 바울과 실라의 무죄가 공적으로 인정을 받은 사실은 신앙생활을 막 시작한 빌립보와 마게도냐 제자들에게 상당한 격려가 되었을 것이다.[75]

바울과 실라는 '옥에서 나와 루디아의 집에 들어가서 형제들을 만나 보

---

[73] Ramsay, *St. Paul the Traveller and the Roman Citizen*, 224. 바울의 이 같은 요구는 사도행전 22:25와 비교하여 이해해야 할 것이다. 16:37, 22:25에서 누가는 동일한 단어 '정하지 않고'(uncondemned, ἀκατακρίτους)를 사용하여 로마시민의 권리를 행사한 것이다.

[74] Ramsay, *St. Paul the Traveller and the Roman Citizen*, 225.

[75] Denton, *A Commentary on the Acts of the Apostles*. Vol. II., 106.

고'(16:40) 위로했다. 바울이 출옥 후 이 여인의 가정을 제일 먼저 찾아간 것은 새로 개종한 루디아의 가족들이 마음에 상처를 입지 않고 신앙에 굳게 서도록 배려하기 위해서였다.[76] 그런 후 바울 일행은 빌립보를 떠나 이그나티우스 대로를 따라 서쪽으로 향하였다.

우리는 여기서 하나님의 선교를 이루어 가시는 손길을 발견한다. 두 인물 빌립보 지방의 자주장사 루디아와 이름이 밝혀지지 않은 무명의 빌립보 감옥의 간수가 빌립보 지방의 복음화를 위한 훌륭한 일꾼이 되어 빌립보교회가 태동되었고 또 여기서 유럽선교의 초석이 놓이게 되었다.

바울과 실라가 투옥된 사건과 관련하여 한 가지 질문이 제기된다. 왜 바울과 실라가 치안관과 관헌들의 행동에 대해 그토록 강하게 어필했을까 하는 것이다. 그것은 단순히 그들의 행동의 부당성을 지적하려는 의도에서만은 아니었다. 트리톤(A. N. Triton)이 **누구의 세계인가?**(*Whose World?*)[77]에서 지적한 것처럼 바울과 실라의 어필 그리고 그로 인한 관헌들의 사과는 뒤에 남겨두고 온 교회들의 자유를 위해 매우 중요한 선례가 되었을 것이다.[78]

믿는 자들을 부당하게 참소하거나 로마의 시민권을 가진 이들 가운데 믿는 자들을 함부로 대하지 못하도록 최소한의 장치를 마련해준 셈이다. 실제로 소플리니와 트라얀 황제 사이에 오간 서신이나 하드리안 칙령을 비롯하여 2세기의 문헌을 보면 황제가 지방관리들에게 공문을 보내 기독교인들을 의도적으로 색출할 것을 금지시켰고, 그리스도인이라고 밝혀져도 합법적인 절차를 거쳐 재판하라고 하달했다.

터툴리안의 증언대로 바울의 행동은 현명한 판단이고 지혜로운 결정이

---

[76] Denton, *A Commentary on the Acts of the Apostles*. Vol. II., 107. 바울과 실라가 옥에서 나와 '루디아의 집에 들어가서 형제들을 만나보고 위로하고 갔다'는 말은 두 사도가 그들을 권하고 가르치고 격려했다는 의미이다.

[77] A. N. Trinton, *Whose World?* (Leicester: Inter-Varsity, 1970), 48.

[78] Bruce, *The Book of ACTS*, 341. "바울의 공식적인 사과 요구는 빌립보 교인들을 어느 정도 보호하는 데 도움이 되었을 것이다. 그리하여 우리는 빌립보교회의 이후의 역사를 즐겁게 읽을 수 있다."

었다. 그리스도인들이 정치적인 문제나 사회적인 문제에 개입할 필요는 없지만 그것들을 터부시하는 것은 바람직하지 않다. 믿는 자들이라고 해서 정부의 권세에 함부로 이용당하거나 권리가 침해당해서는 안 된다는 사실을 보여준다. 정부가 기독교를 박해하거나 기독교에 불리한 정책을 집행할 때 교회는 용기 있게 맞서야 한다.

제 16 장
바울의 데살로니가, 베뢰아, 아덴 선교
(17:1-34)

> 바울과 논쟁을 벌인 이들은 아테네의 소요학파들이 아니라 에피큐리안주의자들과 스토아주의자들이었다는 사실은 그 둘이 대단한 인기를 차지하고 있다는 사실, 이후 시대에 아테네에서 그들이 가장 다수를 차지하고 있었다는 환경 그리고 그들의 철학적 기조(주의)가 기독교 교리와 가장 큰 대조를 이룬다는 사실을 떠나 설명이 되어야 할 것이다. 전자는 쾌락을 원리로 삼았고 후자는 미덕에 대한 자긍심이 대단했다! 그러나 두 철학 모두 하나님의 섭리에 대한 믿음을 거부했다.
>
> H. A. Meyer and P. J. Gloag, *Handbook to the Acts of the Apostles*. 1877

> 바울이 아레오바고 가운데 서서 말하되 아덴 사람들아 너희를 보니 범사에 종교심이 많도다.… 너희가 알지 못하고 위하는 그것을 내가 너희에게 알게 하리라
>
> 행 17:22-23

사도행전 17장부터 18장 17절까지는 그리스에서의 바울의 선교과정을 기술하고 있다.[1] 그 출발은 데살로니가였다. 데살로니가는 바울 일행이 장기간 체류하며 복음을 전한 곳이다. 이곳은 빌립보 다음으로 바울 일행

---

[1] M. Baumgarten, *The Acts of the Apostles: Or, The History of the Church in the Apostolic Age*. Vol. II. (Edinburgh: T. &T. Clark, 1854), 141-219.

이 집중 전도 지역으로 선택한 선교지였다. 17장은 데살로니가와 베뢰아와 아덴에서 있었던 사건들을 중심으로 바울이 계속해서 어떻게 하나님의 복음을 증거하고 있는가를 기술하고 있다.[2]

데살로니가에서의 복음전도를 설명하면서 누가는 '그들이 암비볼리와 아볼로니아로 다녀가 데살로니가에 이르니'(17:1)라고 서두를 꺼내고 있다. 바울은 빌립보에서 52.8km 떨어진 군사 주둔지인 암비볼리와 그 후 48km를 더 여행하여 아볼로니아를 지나 또다시 59.2km를 더 여행하여 데살로니가에 도착했다.[3] 바울은 암비볼리와 아볼로니아에서는 오래 머물지 않았다. 작은 도시들인 암비볼리와 아볼로니아를 그냥 지나친 것은 바울이 선교전략상 대도시에 집중하였기 때문이다.[4]

1. 바울의 데살로니가 선교(17:1-9)

[1] 그들이 암비볼리와 아볼로니아로 다녀가 데살로니가에 이르니 거기 유대인의 회당이 있는지라 [2] 바울이 자기의 관례대로 그들에게로 들어가서 세 안식일에 성경을 가지고 강론하며 [3] 뜻을 풀어 그리스도가 해를 받고 죽은 자 가운데서 다시 살아나야 할 것을 증언하고 이르되 내가 너희에게 전하는 이 예수가 곧 그리스도라 하니 [4] 그 중의 어떤 사람 곧 경건한 헬라인의 큰 무리와 적지 않은 귀부인도 권함을

---

[2] W. A. Denton, *A Commentary on the Acts of the Apostles*. Vol. II. (London: George Bell and Sons, 1874), 111.

[3] 오늘날 "데살로니키"로 알려진 데살로니가에는 기념교회가 세워져 있다. 그 교회 지하 안에는 발굴된 세례 장소, 기독교 유물이 있다. 교회 안에 그려진 성화들과 성전의 내부 모습이 옛날의 모습을 반영해주고 있다. 데살로니가 거리 곳곳에 동방정교회 건물들이 필자의 눈에 띄었다.

[4] 암비볼리와 아볼로니아를 그냥 지나친 것은 선교전략이라는 관점 외에도 몇 가지 가능성을 추론할 수 있다. 그곳에는 회당이 없었기 때문일 수 있고, 전 사역에서 성령의 인도를 철저하게 따르는 바울의 신앙습관 때문일 수 있다. 사도행전을 연구하다 보면 하나님의 영의 인도가 너무도 구체적이라는 사실을 발견한다. 바울은 성령이 인도하는 대로 따랐고, 성령이 명하는 대로 순종했고, 성령이 가라는 대로 갔다. 인간적인 욕심과 생각들을 늘 성령의 뜻에 복종시켜 주의 뜻을 이루어 왔다.

받고 바울과 실라를 따르나 5 그러나 유대인들은 시기하여 저자의 어떤 불량한 사람들을 데리고 떼를 지어 성을 소동하게 하여 야손의 집에 침입하여 그들을 백성에게 끌어내려고 찾았으나 6 발견하지 못하매 야손과 몇 형제들을 끌고 읍장들 앞에 가서 소리 질러 이르되 천하를 어지럽게 하던 이 사람들이 여기도 이르매 7 야손이 그들을 맞아 들였도다 이 사람들이 다 가이사의 명을 거역하여 말하되 다른 임금 곧 예수라 하는 이가 있다 하더이다 하니 8 무리와 읍장들이 이 말을 듣고 소동하여 9 야손과 그 나머지 사람들에게 보석금을 받고 놓아 주니라

데살로니가는 오늘날 그리스에 있는 마게도냐의 중요한 항구도시였다. 대부분의 데살로니가 그리스도인들은 그레코-로마 신앙 배경을 갖고 있었다. 데살로니가 항은 마게도냐로 가는 주요 관문 가운데 하나였다. 에게해를 횡단하는 배들이 종종 이곳에 잠시 정박하는 곳이다. 이그나티안 도로를 통해 내륙 도시들에서 운반된 상품들이 이곳 데살로니가 항을 통해 그밖에 다른 지역의 상권으로 운송되었다.

암비볼리와 아볼로니아를 거쳐 데살로니가에 도착한 바울은 그곳에 있는 유대인의 회당에 들어가 성경을 강해했다. 17장 2절의 '바울이 자기의 관례대로 그들에게로 들어가서 세 안식일에 성경을 가지고 강론하며'라는 말씀을 주목할 필요가 있다. 바울이 성경을 복음증거의 수단으로 삼았음을 보여준다. 사람의 심성을 바꾸고 믿음에 이르게 하는 것은 하나님의 말씀이다. 사람의 이성을 넘어 말씀을 통해 초자연적 역사가 말씀을 듣는 심령에 나타나는 것이야말로 기독교를 세상의 제 종교와 차별화시키는 것이다.

바울의 데살로니가 선교와 놀라운 결실(17:1-4)

안식일에 바울이 회당에 들어가 성경을 가지고 증거한 내용은 '그리스도가 해를 받고 죽은 자 가운데서 다시 살아나야 할 것을 증언하고 이르되

내가 너희에게 전하는 이 예수가 곧 그리스도라'(17:3)는 내용이었다.[5] 바울이 증거한 핵심 내용은 예수 그리스도의 대속과 부활이다. 우리는 바울이 복음을 전하는 복음의 내용과 그 방법에 대해 귀를 기울일 필요가 있다.

첫째, 바울은 먼저 성경을 복음증거의 표준으로 삼았다. 여기서 성경은 신약이 아니고 구약의 말씀이다.

둘째, 바울이 성경을 열어 증거한 내용은 그리스도의 죽으심과 부활과 그의 메시야 되심이었다. 바울은 그리스도께서 성경이 약속하신 대로 십자가에 달려 돌아가셨다는 사실, 죽은 자 가운데서 사흘 만에 다시 살아나셨다는 사실 그리고 구약의 모든 말씀들이 예수가 그리스도이심을 증거하고 있다는 사실을 강론했다. 바울은 다른 제자들로부터 그리스도가 부활하신 후에 엠마오로 가는 두 제자에게 '모세와 모든 선지자의 글로 시작하여 모든 성경에 쓴 바 자기에 관한 것을 자세히 설명하신 일'(눅 24:27)에 대해 들어 잘 알고 있었을 것이다.

셋째, 바울의 복음증거의 과정이다. 우리는 바울이 복음을 증거하는 과정을 설명한 누가의 기록 가운데 2절의 '강론하며'(reasoned, διελέξατο), 3절의 '뜻을 풀어'(opening, διανοίγων) 그리고 '증언하고'(setting forth, παρατιθέμενος)를 주목할 필요가 있다. 이 말은 성경을 한 구절 한 구절 풀어가며 의심가거나 불확실한 사실들을 선명하게 풀어주어 더욱 확신을 갖도록 인도해 주었다는 의미이다.[6] 이것은 강단에서 복음을 외치는 자들이 취해야 할 근본적인 자세를 보여준다.

성경을 가지고 강론했다는 말은 단순히 강의를 했다거나 설교를 했다는 것 그 이상의 의미를 갖는다. 여기 '강론하며'를 대부분의 성경은 '사유하며'(reasoned), '논하며'(discuss), '선포하며'(declare) 세 단어로 번역하고 있다. '사유하다(reason)'는 성경을 가지고 논리적으로 하나하나 이론적으로 설득력 있게 제시했다는 의미이고, '논하다'(discuss)는 성경을 가

---

[5] Denton, *A Commentary on the Acts of the Apostles.* Vol. II., 113.
[6] Denton, *A Commentary on the Acts of the Apostles.* Vol. II., 113.

지고 토의를 하며 논증해 나갔다는 의미이며, '선포하다'(declare)는 성경의 진리를 권위를 가지고 전파했다는 의미다. 설교는 3가지를 다 함축해야 한다. 청중에 따라 성격을 달리해야 할 것이지만 설교자는 적어도 3가지 요소를 염두에 두어야 할 것이다.

3절의 '뜻을 풀어'도 매우 중요하다. 우리 성경에는 '뜻을 풀어'라고 되어 있으나 헬라어 원문은 '열어서 설명하여'다. 대부분의 영어 역본들도[7] '열어서 주장하다'(opening and alleging)로 표현했다. NASB 는 '설명하고 증거하여'(explaining and giving evidence)라고 번역하였고, NIV 도 단어를 달리 사용했지만 '설명하고 증명하여'(explaining and proving)라고 번역하고 있다. 우리 한글성경의 '뜻을 풀어'와 '증언하고'를 하나로 연결해야 맞다.[8]

여기 '열다'(διανοιγων)는 누가복음 24장 32절에서 부활하신 예수님께서 엠마오로 가는 두 제자에게 나타나셔서 성경을 '풀어주셨다'(διήνοιγεν)라는 말과 같은 말이다. 그렇다면 본문은 바울이 성경을 열어서 밝히 복음의 비밀을 드러내어 설득력 있게 증언하였다는 의미다.[9] 바로 이것이 설교자가 해야 할 일이다. 아무리 탁월한 신앙과 지식을 갖고 있다고 해도 설교를 통해 자신이 믿고, 갖고 있는 지식을 효과적으로 전달하지 않으면 아무런 소용이 없다.

설교는 합리적인 논증이 있어야 하고 복음의 비밀을 열어야 하며 설득력을 갖고 증언해야 한다. 엠마오로 힘없이 걸어가는 두 제자에게 주님이 나타나셔서 구약에 예언된 그리스도에 관한 예언이 예수 그리스도로 말미암아 성취되고 실현되었음을 풀어 설명해 주셨을 때, 제자들은 비로

---

[7] ASB, ERV, Tyandale Bible, KJV.

[8] 한글성경은 이 부분의 번역이 정확하지 않다. 17장 3절은 "그리스도가 해를 받고 죽은 자 가운데서 다시 살아나야 할 것을 뜻을 풀어 증언하고 이르되 내가 너희에게 전하는 이 예수가 곧 그리스도라 하니"라고 번역해야 정확하다. "뜻을 풀어"와 "증언하고"가 한 단어인데 우리 성경은 이 둘이 구분되어 마치 "뜻을 풀고"의 단계와 "증언"의 단계가 시간적으로 차이를 두고 진행된 것처럼 보인다.

[9] Denton, *A Commentary on the Acts of the Apostles*. Vol. II., 113.

소 힘과 용기와 새로운 삶을 살 수 있었다. 마찬가지로 바울이 데살로니가에 있는 사람들에게 구약의 그리스도에 관해 예언된 성경 말씀을 풀어 주었을 때 즉시 복음의 열매가 뒤따랐다.

그들 중의 얼마의 사람들이 믿었고, '경건한 헬라인의 큰 무리와 적지 않은 귀부인'(chief women, 17:4)도 바울과 실라를 따랐다. 우리는 헬라의 '큰 무리'(a great multitude, πλῆθος πολὺ)와 '적지 않은'(not a few, ὐκ ὀλίγαι) 귀부인이라는 표현을 주목할 필요가 있다. 전혀 빛도 소망도 없이 살던 귀부인들이 복음의 새 빛을 받았던 것이다. 여기서 '권함을 받았다'라는 4절 말씀을 통해 귀부인들이 바울의 논리정연하고 확신에 찬 말씀 증거에 전도되었다는 사실을 알 수 있다. 헬라인들이 무식한 사람들이 아니라 상당한 식견과 지성을 갖춘 자들이었다.

복음이 전해지자 그곳에 모인 수많은 무리들이 복음을 받아들였다. 데살로니가 교회는 이렇게 해서 태동되었다. 후에 바울은 데살로니가 교회에 두 번의 편지를 쓸 정도로 데살로니가 교회에 대단한 사랑과 관심을 가지고 있었다. 바울의 선교사역을 연구할 때마다 복음을 증거하는 것은 인간이지만 그 열매를 거두시는 분은 하나님이시라는 사실을 확인할 수 있다. 여기서 '따랐다'는 말은 그들이 바울과 실라가 전한 그 도를 따라 살았다는 의미이다. 복음이 전해지는 곳마다 '누구든지 그리스도 안에 있으면 새로운 피조물이라 이전 것은 지나갔으니 보라 새 것이 되었도다'(고후 5:17)는 말씀처럼 변화가 일어났다.

데살로니가 유대인들의 전도 방해와 박해(17:5-9)

하지만 데살로니가에서 늘 승리만 있었던 것은 아니다. 복음전파를 방해하는 일도 발생했다. 우리는 누가 어떤 이유에서 복음전파를 방해하고 반대했는지를 살펴볼 필요가 있다. 유대인들은 '시기하여'(17:5) 시장에서 어떤 불량한 사람들을 데리고 무리를 만들어 그 도시에서 폭동을 일으켰다. 그들은 바울과 실라를 군중에게로 이끌고 오려고 그들을 찾기 위해

'야손의 집에'(17:5) 침입했다.

'유대인들은 시기하여'(17:5)라는 말을 주목할 필요가 있다. 반대한 이들은 유대인들이었고, 반대의 동기는 시기 때문이었다. 크리소스톰의 말대로 "얼마나 바울이 이방인들 가운데서보다 유대인들 가운데서 더 큰 시련을 만났는지를 주목하라."¹⁰ 시기라는 말은 "질투하여"(jealousy) 또는 "열심에 이끌리어"라는 말로 바꿀 수 있다. 유대인들은 하나님에 대한 열정이 있었으나(롬 10:2), 그 열정이 바른 지식을 좇아 나온 것이 아니었다. 그리스도가 메시야로 오셨음에도 불구하고 그를 받아들이지 않고 십자가에 못 박은 바리새인들은 전형적인 유대인들이었다.

유대인들이 그리스도를 구주로 선포하는 바울을 박해한 것은 잘못된 종교적 열심에서 발로된 것이다. 그들은 괴악한 사람들을 동원하여 떼를 지어 가지고 성을 소동케 하고 야손의 집에 들어가 바울과 실라를 백성 앞으로 끌어내려고 달려들었다. 여기 '불량한 사람들'(17:5)을 현대말로 쉽게 풀어보면 "게으름을 피우며 빈둥거리는 자들"이라는 뜻이다. 시장 거리에서 어슬렁거리는 건달들이라는 의미다.

그들은 바울과 실라를 발견하지 못하자 야손과 형제들을 읍장들 앞에 끌고 가 소리 지르기를 '천하를 어지럽게 하는 이 사람들이 여기에도 왔다'(17:6)고 진정했다. 그러면서 두 가지 사실을 덧붙인다. 즉 야손도 그 사상에 물들었다는 사실 그리고 이들이 '다 가이사의 명을 거역하여'(17:7) 예수를 임금으로 섬기고 있다는 사실이 바로 그것이다. 그러자 읍장들은 고소하는 자들의 말만 믿고 "공안을 유지하겠다는 사역을 받은 후"에는 '보석금을 받고'(17:9) 야손과 그 나머지 사람들을 석방한다.

이 야손이 어떤 사람인지 우리는 잘 알 수 없다. 그러나 이 야손이 로마서 16장 21절에 나오는 바울의 친척 "야손"과 동일 인물일 가능성이 있다. 그렇다면 이 야손은 단순히 데살로니가에서 바울이 복음을 증거 하도록 도와주었을 뿐만 아니라 로마교회가 성장하는 데에도 결정적인 역할을

---

¹⁰ John Chrysostom, *The Homilies of John Chrysostom on The ACTS of The Apostles* (London: Oxford, John Henry Parker, 1851), 512.

한 것으로 보인다.

유대인들은 바울과 실라가 로마의 황제 가이사 대신 예수를 세상의 황제로 섬긴다고 고소했지만 이것은 사실이 아니다. 분명히 예수 그리스도는 하나님 나라가 이 세상에 속하지 않고 영적이라는 사실을 말씀하셨다. 하나님 나라는 먹고 마시는 데 있는 것이 아니라 예수 그리스도 안에서 의와 희락과 화평이다. 주님은 '가이사의 것은 가이사에게, 하나님의 것은 하나님께'라는 사실을 통해서 이 세상 나라의 주관자들을 인정하셨다. 주를 믿는 사람들이 이 세상나라를 주관하는 이들의 나라에서 거주할 수밖에 없다는 사실을 분명히 하셨다. 주님의 제자들은 이것을 너무도 잘 알고 있었다. 따라서 유대인들의 고소는 사실이 아니다.

읍장들은 유대인들로 인해 더 이상 소요가 발생하고 소란이 생기는 것을 원치 않았다. 그들은 유대인들의 고소를 그대로 받아들였다. 우리는 '무리와 읍장들이'(17:8)라는 말을 주목할 필요가 있다. 무리와 읍장들이 같은 편이 되어 행동한 것을 알 수 있다. 고소가 있자 행정하는 이들이 민심 수습 차원에서 이 문제 또한 그런 식으로 해결한 것이다.

2. 바울의 베뢰아 선교(17:10-15)

[10] 밤에 형제들이 곧 바울과 실라를 베뢰아로 보내니 그들이 이르러 유대인의 회당에 들어가니라 [11] 베뢰아에 있는 사람들은 데살로니가에 있는 사람들보다 더 너그러워서 간절한 마음으로 말씀을 받고 이것이 그러한가 하여 날마다 성경을 상고하므로 [12] 그중에 믿는 사람이 많고 또 헬라의 귀부인과 남자가 적지 아니하나 [13] 데살로니가에 있는 유대인들은 바울이 하나님의 말씀을 베뢰아에서도 전하는 줄을 알고 거기도 가서 무리를 움직여 소동하게 하거늘 [14] 형제들이 곧 바울을 내보내어 바다까지 가게 하되 실라와 디모데는 아직 거기 머물더라 [15] 바울을 인도하는 사람들이 그를 데리고 아덴까지 이르러 그에게서 실라와 디모데를 자기에게로 속히 오게 하라는 명령을 받고 떠나니라

유대인들과 읍장들이 바울과 실라를 계속해서 찾자 예수 믿는 형제들이 한밤중에 바울과 실라를 데살로니가에서 100km 떨어진 '베뢰아로'(17:10) 보냈다. 베뢰아는 마게도냐의 남쪽 코너에 자리 잡고 있었다. 그곳의 수도는 펠라(Pella)였다.[11] 베뢰아에 도착한 바울과 실라는 그곳에 있는 '유대인의 회당에'(17:10) 들어갔다. 이들을 베뢰아로 보낸 이유에 대해서는 앞서 있었던 데살로니가의 사건이 설명하고 있지만 왜 하필 베뢰아로 보냈는지에 대해서는 성경이 분명히 밝히고 있지 않다. 그러나 아마도 바울과 실라가 그곳에서는 더 안전할 것이라고 보았기 때문으로 풀이된다.

베뢰아 인들의 남다른 성경사랑(17:10-12)

베뢰아 사람들은 몇 가지 특징이 있었다. 베뢰아에 거주하는 유대인들은 데살로니가에 거주하는 유대인들과 성격이 달랐고, 또한 지리적인 위치도 달랐다. 앞서 그냥 지나쳤던 암비볼리와 아볼로니아는 빌립보에서 데살로니가에 이르는 대로변에 위치해 있었으나 베뢰아는 대로가 아닌 샛길에 위치했다. 베뢰아는 데살로니가에서 떨어진 대로에서 벗어난 벽촌이었다. 대로에서는 항상 수많은 시선들로부터 감시를 받게 마련이지만, 벽촌에서는 사람들의 시선을 피할 수 있었기 때문에 바울은 데살로니가의 박해와 수많은 시선들을 피해 조용히 베뢰아로 왔다.

베뢰아에 도착한 바울과 실라는 바로 유대인의 회당(17:10)에 들어갔다. 빌립보에서 감옥에 투옥되는 시련을 만나고, 데살로니가에서는 유대인들이 그를 생명을 내걸고 읍장들에게 넘기려고 했지만, 바울은 포기하지 않고 여전히 하나님의 복음을 담대히 전한 것이다. 베뢰아 사람들은 신앙이 더 깊었다. 그들은 데살로니가 사람들보다 더 너그러워서 간절한 마음으로 말씀을 받고 이것이 그러한가 하여 '날마다 성경을 상고'(17:11)했다.

---

[11] Gotthard Victor Lechler, *Theological and Homiletical Commentary on the Acts of the Apostles*. Vol. II. (Edinburgh: T. &T. Clark, 1864), 158.

'너그러운'이라는 말은 '고상한'(more noble, εὐγενέστεροι)이라는 뜻으로 말씀을 기꺼이 받아들일 자세가 되어 있었다는 의미이다.[12]

복음에 대하여 간절한 마음이 있는 베뢰아 사람들은 데살로니가 사람들보다 더 복음에 대한 열정이 있었고, 복음을 들으려는 진지한 자세를 가졌다. 선입관이나 잘못된 자신들의 "편견"에 함몰되지 않고 바울의 가르침을 성경에 비추어 면밀하게 살펴보았다. 누가의 표현을 빌린다면 '이것이 그러한가 하여 날마다 성경을 상고한'(17:11) 것이다. 빌립보 성의 자주장사인 루디아나 고넬료에게서 찾아볼 수 있듯이 복음을 들으려는 자세와 태도가 있을 때 성령의 역사는 더 강하게 나타난다.[13] 베뢰아에서도 '헬라의 귀부인'과 적지 않은 '남자'(17:12)가 예수를 믿었다.

우리는 12절에 '그중에 믿는 사람이 많고'라는 말을 주목할 필요가 있다. 베뢰아에는 데살로니가에서와 마찬가지로 신자들 가운데 하나님을 경외하는 많은 이방인 남녀가 있었다. 이 가운데 특별히 여인들 중 몇 사람은 그 도시의 지도적인 가문에 속했다.[14] 부로의 아들 소바더도 베뢰아 개종자 가운데 한 명이었다(20:4).

데살로니가 사람들의 경우에는 '권함을 받았다'(were persuaded, 17:4)고 되어 있으나 베뢰아 사람들의 경우에는 '믿었다'(believed, 17:12)고 되어 있어 둘 사이에 차이가 있었음을 알 수 있다. 권함을 받았다는 것은 논증에 의해 설득을 당했다는 뜻이지만, '믿었다'라는 말은 논증에 의해 설득을 당했다는 의미에다 추가하여 적극적이었고 영적인 이해까지 갖게 되었다는 뜻을 내포하고 있다.[15] 성경을 단지 듣는 정도에서만 끝난 데살

---

[12] Denton, *A Commentary on the Acts of the Apostles*. Vol. II., 119.

[13] 불신자라고 하더라도 복음에 대해 알려고 하는 마음을 가지고 복음을 읽거나 들을 때 성령께서 놀랍게 역사하시는 것이다. 한국교회사에서도 그 같은 사례를 찾을 수 있다. 만주 우장에서 선교하던 존 로스 선교사가 전해준 한문 성경을 읽은 젊은이들이 예수를 믿고 로스를 찾아와 세례를 받았다. 한국에 온 최초의 선교사 알렌의 어학 선생 노춘경이 책장 위에 있는 알렌의 한문 성경을 몰래 가지고 가 밤새도록 읽고 은혜를 받아 예수를 믿고 언더우드 선교사에게 비밀리에 세례를 받았다.

[14] F. F. Bruce, *The Book of ACTS* (Grand Rapids: Eerdmans, 1988), 347.

[15] Denton, *A Commentary on the Acts of the Apostles*. Vol. II., 120.

로니가인들과 성경을 가지고 상고하는 베뢰아 사람들의 차이를 발견할 수 있다. 신앙의 진보는 단순히 주일이나 예배에 나와서 설교를 듣는 것으로 끝나는 것이 아니라 날마다 성경을 읽고 그것을 상고하고 연구할 때 찾아오는 것이다.

데살로니가 유대인들의 선교방해(17:13-15)

바울은 어디서나 선교사역의 대가를 치러야 했다. 이곳 베뢰아에서도 유대인들의 박해는 여전했다. 동족 유대인들은 바울의 선교사역에 큰 장애물이었다. 베뢰아에서도 복음을 증거하고 있다는 사실을 안 유대인들은 베뢰아까지 와서 무리를 선동해 소동을 일으키고 바울과 실라가 복음을 증거하지 못하게 막았다(17:13). 마치 1차 선교여행 때 비시디아 안디옥과 이고니온 유대인들이 루스드라까지 쫓아와서 소란을 피우며 바울과 바나바 전도사역을 방해한 것처럼 데살로니가 유대인들이 베뢰아에 와서 '무리를 움직여'(17:4) 소동을 일으켜 바울과 실라의 전도를 막은 것이다. 유대인들에 의해 다시 위기에 처하자 바울은 실라와 디모데를 그곳에 두고 형제들의 도움을 받아 먼저 아덴으로 왔다. 그리고 '실라와 디모데를 자기에게로 속히'(17:15) 데리고 오라고 사람을 보냈다.

우리는 본문에서 두 가지의 교훈을 발견할 수 있다. 첫째는 복음을 증거하는 바울의 태도다. 레히러가 지적한 것처럼 바울은 언제나 성경을 복음전파의 출발점으로 삼았다.[16] 바울은 성경을 풀어주고 그리스도에 관한 성경의 가르침을 증거로 제시하고 이 모든 예언들이 그대로 성취되었음을 알려주었다. 교회는 교인들에게 성경을 바르게 가르치고 그 의미를 정확히 일깨워주어야 한다.

두 번째는 복음을 듣는 베뢰아 사람들의 태도다. 이들은 마음을 열어 복음을 받았고, 그런 후 성경을 연구 검토했다. 하나님의 말씀에 대한 간절한 사모함이 이들에게 있었다.[17] 우리가 마음을 닫고 있으면 복음의 빛

---

[16] Lechler, *Theological and Homiletical Commentary on the Acts* Vol. II., 159.

이 우리 안에 들어올 수 없고, 하나님께서 우리에게 자비를 베푸실 수 없다. 그러나 마음을 열고 주의 복음을 상고하면 은혜와 복이 동시에 우리에게 찾아올 것이다. 우리는 '너희가 어떻게 들을까 스스로 삼가라'(눅 8:18) 는 주님의 말씀을 날마다 기억해야 할 것이다.

3. 바울의 아덴 선교(17:16-34)

바울 일행이 아덴에 도착한 것은 A.D. 51년 여름이었다.[18] 램지는 정확히 A.D. 51년 8월이었다고 말한다.[19] 아덴에서의 바울의 활동을 다룬 본문 기사보다 더 흥미 있는 이야기는 없다. 저명한 설교가 캠벨 몰간은 다음과 같이 언급하였다. "어떤 면에서 아덴에서의 바울, 이보다 더 사도행전에서 매력적인 이야기는 없다. 아덴과 바울의 바로 두 이름의 결합은 아주 매력적이고 흥미 있다. 아덴은 가장 신성한 이교 인문학의 성소이고 바울은 크리스챤 기질과 열정의 가장 충실한 화신이다."[20]

아덴에서의 바울의 선교를 이해하기 위해서 우리는 먼저 아덴의 역사적 배경, 바울의 선교 내용, 그것이 우리에게 주는 의미로 대별하여 이해할 필요가 있다.

헬라문화의 중심지 아덴

아덴은 우리에게 '아테네'로 알려진 도시로 헬라의 수도이며 헬라문화의 중심지였다.[21] 아덴은 역사적으로 로마와 알렉산드리아와 더불어 고

---

[17] Lechler, *Theological and Homiletical Commentary on the Acts* Vol. II., 160.
[18] Charles Fremont Sitterly, *Jerusalem to Rome; the Acts of the Apostles* (New York: Abingdon, 1915), 22-23.
[19] Ramsay, *St. Paul the Traveller and the Roman Citizen*, 234, 236.
[20] C. Campbell Morgan, *The Acts of the Apostles* (New York: Fleming H. Revell, 1924), 407.
[21] Ramsay, *St. Paul the Traveller and the Roman Citizen*, 237. 17:16-23은 아덴 사람의

대 서방세계에 가장 널리 알려진 3대 도시 가운데 하나였다. 덴톤의 말대로 '아덴은 그리스 도시 중에서 가장 지성적인 도시로 헬라의 눈(the eye of Greece)'이라 불렸다. 하지만 우상이 범람했다.[22] 아덴이라는 이름 자체가 헬라 여신의 이름을 따서 붙인 것이다. 아덴은 몇 가지 면에서 세계사적 의의를 지닌다.

아덴은 유럽 문화의 출발 장소였다. 아덴은 '예술과 웅변의 어머니,' '모든 지혜의 본 고장'이라고 불릴 만큼 철학과 문학과 예술의 중심지였다.[23] 헬라문명의 발생지이자 서양 문명의 발생지, 더 나아가서 세계문명의 발생지가 바로 아덴이었다. 따라서 이곳은 유명한 철학자들의 출생지이자 활동무대였다. 고대 철학의 혁명자라 불리우는 소크라테스, 기독교에 가장 큰 영향을 미쳤던 헬라 철학자 플라톤이 이곳에서 태어났으며, 아리스토텔레스, 에피큐리안, 스토아 철학의 제노가 활동하였던 장소도 바로 이곳이었다.

당시 아덴은 모든 분야에서 타의 추종을 불허하는 명성을 지녔다. 아덴은 유럽 문화의 출발지이자 민주주의의 고장이었다. 이곳은 헬라의 찬란한 도시국가가 꽃을 피웠던 곳이기도 하다. 아덴이 가장 번영했던 것은 478-431 B.C.년까지였고, 이때 바사의 침략군을 격퇴할 정도로 나라가 부강했다. 그러던 아덴이 쇠퇴하기 시작한 것은 아덴과 쌍벽을 이루었던

삶의 특성을 그대로 반영하고 있다. 램지는 소크라테스의 도시인 아덴에는 그의 흔적이 여전히 남아 있다고 지적한다. 바울 시대의 아덴은 소크라테스 시대의 아덴과는 달랐지만 여전히 그 영향은 남아 있었다. 그러나 바울은 아덴의 철학적이고 예술적인 풍경에는 별반 관심을 두지 않은 것 같다. 헨리 비쳐(Henry Ward Beecher)는 바울이 예술적 감각이 없다고 토로한 적이 있다. 아덴만 아니라 탁월하고 아름다운 예술품으로 가득 찬 고성 두로를 지나면서 그곳에 산재한 예술품에 대한 한마디의 언급이 없는 것을 보면서 바울이 예술적 감각이 무딘 인물이라고 단정 지은 것이다. 그러나 파커 박사가 지적한 것처럼 바울이 이들 예술품에 대해 언급하지 않은 것은 예술적 감각이 없어서가 아니라 그의 관심사가 다른 데 있었기 때문이다. 그의 관심사는 아름다운 경치나 훌륭한 예술품이 아니라 오직 잃어버린 인류와 그리스도의 구속의 십자가였다. 예수 그리스도의 대속을 통한 인류구원이었다. Lyman Abbott, *Henry Ward Beecher* (Boston and New York: Houghton, Mifflin and Company, 1903), 422. "He was not a conscious artist." G. Campbell Morgan, *The Acts of the Apostles* (New York: Fleming Revell, 1924), 406-414.

[22] Denton, *A Commentary on the Acts of the Apostles*. Vol. II., 122.

[23] Denton, *A Commentary on the Acts of the Apostles*. Vol. II., 148-150.

정적 스파르타와의 전쟁 때문이었다. 아덴은 431 B.C.년부터 404 B.C.년까지 펠로폰네소스 전쟁이라고 알려진 스파르타와의 치열한 전투에서 패한 후, 국력이 쇠퇴하여 338 B.C.년에는 마케도니아의 필립에게 정복을 당하고, 146 B.C.년에는 로마에 정복을 당했다.

그러나 정복당했음에도 아덴의 문화는 찬란하게 빛나 문화적으로는 여전히 세계를 지배해 아덴 사람들의 긍지와 자부심은 여전했다. 아덴에는 아크로폴리스 언덕 위에 세워진 파르테논 신전을 비롯하여 여러 신전들이 있다. 프로필레아, 에레크테움 등의 고적들은 당시 헬라문화가 얼마나 화려했는가를 보여주는 단적인 예이다.[24]

바울이 '아덴 사람들아'(17:22)라고 외쳤던 아덴은 그리스 수도이면서 그리스의 문화와 역사를 그대로 간직하고 있다. 지금도 아덴에는 아크로폴리스와 아레오바고 언덕, 수많은 유적들이 그대로 남아 있다. 유네스코가 세계 유적 1호로 지적한 세계에서 가장 아름답다고 평가받는 파르테논 신전도 아테네에 위치하고 있다. 신전을 받들고 있는 기둥, 신전 지붕 곁에 새겨진 수많은 장식들은 하나하나가 예술이다. 바울이 아테네 사람들에게 행했던 설교의 장소, 아레오바고 언덕에서 내려다보이는 광장은 참으로 크고 대단하다.

아덴에서의 바울의 복음전도를 잘 이해하기 위해서는 바울이 그곳에서 나타냈던 반응을 주목할 필요가 있다. 누가는 바울이 '그 성에 우상이 가득한 것을 보고 마음에 격분'(17:16)하였다고 증언한다.

아덴의 영적인 시대적 상황(17:16-21)

[16] 바울이 아덴에서 그들을 기다리다가 그 성에 우상이 가득한 것을 보고 마음에 격분하여 [17] 회당에서는 유대인과 경건한 사람들과 또 장터에서는 날마다 만나는 사람들과 변론하니 [18] 어떤 에피쿠로스와 스토아 철학자들도 바울과 쟁론할새 어떤 사람은 이르되 이 말쟁이가

---

[24] Ramsay, *St. Paul the Traveller and the Roman Citizen*, 238.

무슨 말을 하고자 하느냐 하고 어떤 사람은 이르되 이방 신들을 전하는 사람인가보다 하니 이는 바울이 예수와 부활을 전하기 때문이러라 ¹⁹ 그를 붙들어 아레오바고로 가며 말하기를 네가 말하는 이 새로운 가르침이 무엇인지 우리가 알 수 있겠느냐 ²⁰ 네가 어떤 이상한 것을 우리 귀에 들려 주니 그 무슨 뜻인지 알고자 하노라 하니 ²¹ 모든 아덴 사람과 거기서 나그네 된 외국인들이 가장 새로운 것을 말하고 듣는 것 이외에는 달리 시간을 쓰지 않음이더라

누가는 사도행전에서 아덴에서의 바울의 활동을 너무도 생생하게 그렸다. 바울이 아덴에서 일행들을 기다리다가 성을 둘러보니 온 성이 우상으로 가득했다.²⁵ 아덴은 찬란한 헬라문화와는 대조적으로 우상이 범람한 곳이었다. 얼마나 우상이 많았던지 네로 시대에 아덴의 광장에 서 있던 공중 우상들만 300개나 되었고, 기타 신상은 모두 3만 개를 헤아렸다.

아덴의 신상과 우상문화(17:16)

신들, 당시 반신들, 영웅신들의 상을 모든 거리의 광장을 비롯하여 가는 곳마다 쉽게 볼 수 있다. 그래서 페트로니우스는 "아덴에서는 사람을 찾기보다 신을 찾기가 더 쉽다"²⁶고 말한 적이 있다. 바울은 '온 성에 우상이 가득한 것을 보고 마음에 격분'(17:16)했다. 이에 반해 프랑스의 인본

---

²⁵ Chrysostom, *The Homilies on The ACTS of The Apostles*, 514.

²⁶ Henry Cowles, *Acts of the Apostles: With Notes, Critical, Explanatory, and Practical, Designed for Both Pastors and People* (New York: D. Appleton, 1883), 141. "아덴에 대한 바울의 첫 인상은 그 도시가 우상들로 가득 찼다는 인상이었다. 이것은 바울이 아덴의 상황을 정확히 표현한 것이다. 그 시대 모든 이방 세계에서 아덴은 우상의 다양성으로 유명했다. 성전, 제단, 조각상, 이미지들이 거리와 공공장소를 가득 채웠고, 그런 광경으로 사방이 가득 찼다. 한 고대 작가는 몇몇 거리는 우상을 파는 사람들로 너무 가득차서 사람들이 거의 그 거리들을 지나갈 수 없었다고 말했다. 페트로니우스(Petronius)는 이렇게 날카롭게 말했다. '아덴에서는 사람보다 우상을 찾는 것이 더 쉽다.' 그러한 광경이 바울의 마음을 자극하였을 것이고, 그 단어가 의미하듯이 아주 극심할 정도로 그의 감정을 날카롭게 만들었을 것은 놀라운 일이 아니다. 그것들이 그를 놀라고 슬퍼하고 분개하게 만들었을 것이고, 그런 사람들에 의해 참 하나님이 너무도 완전히 무시를 당하였을 것이 분명하고 그리고 너무도 많은 예배가 하나님이 전혀 존재하지 않는 듯 부조리로 더럽혀졌을 것은 놀랄 일이 아니다."

주의 철학자 르낭(Joseph Ernest Renan)은 이들 우상들을 탁월한 예술작품이라고 예찬했다. "헬라 예술은 마치 기독교 종교가 모든 다른 종교를 능가하는 것처럼 모든 다른 예술을 능가한다. 아덴에 있는 걸작품 아크로폴리스 외에 모든 다른 시도는 암흑 속에서 손으로 더듬는 것과 마찬가지이며, 아니면 기껏해서 모방이 성공적이라 해도 아마도 비교하는 것 자체가 설명하기 불가능하다. 달리 말해 기독교가 신성함의 경지인 것만큼 헬레니즘은 미의 경지이다."[27]

바울은 훌륭한 예술과 철학의 본 고장에 서 있으면서도 그런 것들에 전혀 감명을 받지 않았다. 그가 예술적 가치를 평가절하거나 폄하하기 때문이 아니라 영적 암흑 가운데 있는 그 세계에 생명의 복음을 전하는 것이 최우선이라고 본 것이다.

바울의 장터 변론(17:17-18)

그래서 아덴에 도착한 후 바울은 회당에서뿐만 아니라 날마다 시장에서 그곳에 모인 사람들과 변론하기 시작했다. 바울은 회당에서는 유대인과 이방인 중에서 유대교로 개종한 '경건한 사람들'을 대상으로 전도하였고, 사람들이 가장 많이 모이는 장터 '아고라'에서는 '날마다'(17:17) 그곳에서 만나는 헬라인들을 상대로 철학적으로 변론했다. 아고라(저자)는 헬라 사람들의 생활 중심지이자 헬레니즘의 발생장소였다.

헬라의 많은 저자들 중에서도 아덴의 저자는 더욱 유명했다. 아크로폴리스 언덕의 서쪽, 아레오바고의 서남쪽, 도시의 중심부를 차지하고 그 주변에는 제우스 신전, 왕의 회랑, 앗다루스의 회랑, 스토아파의 기원이 된 스토아 회랑(Stoa Poikile), 원형경기장 등 아름다운 건물들이 있었다. 그 건물들은 아름다운 벽화와 입상들로 장식되어 건물의 가치를 더욱 높였다. 450년 전 소크라테스가 그의 철학 강의를 한 곳도 바로 이곳이었다.

---

[27] Joseph Ernest Renan, ORIGINS OF CHRISTIANITY VOL. II. THE APOSTLES, (London: Mathieson & Company, n.d.), 26. <www.gutenberg.org/files/45081/45081-h/45081-h.htm>(2018. 07. 28. 접속).

바울은 헬라문화의 심장부인 저자에 서서 헬라의 철학도들을 상대로 복음을 전한 것이다.

바울은 그곳에서 '에피쿠로스'와 '스토아'(17:18) 철학을 따르는 추종자들과 변론하기 시작했다. 바울은 다소에서부터 율법과 철학을 풍부하게 습득해 온 터였기 때문에 이들과 철학적으로 변론하는 것이 조금도 어색하지 않았다. 그러나 바울은 단순히 철학을 가지고 그들과 논쟁을 벌이는 어리석은 짓은 하지 않았다. 바울은 철학의 도시에서 어떤 철학자를 특별하게 동원하여 언급하지도 않았고, 아덴의 미술에 대해 언급하지도 않았다. 바울이 이들에게 전한 것은 그리스도와 부활이었다.

여기서 에피쿠로스와 스토아란 에피큐리안(Epicurianism) 철학과 스토아주의(Stoicism) 철학을 말한다.[28] 에피큐리안 학파는 사모스의 에피큐로스(Epicurius, 342-270 B.C.)가 창설한 학파로 아덴의 아고라에서 가르쳤기 때문에 아고라파라고 불리기도 한다. 이들은 일종의 유물론으로 모든 만물이 물질로 만들어졌고, 심지어 영혼도 물질로 되어있다고 가르쳤다.[29] 에피큐리안들은 모든 것이 우연히 형성되었다고 확신했다.[30] 이들은 신을 말하였지만, 신의 섭리나 초연성, 인격성을 거부하였고, 인간이 죽으면 완전히 소멸된다고 말하였다.

---

[28] Cowles, *Acts of the Apostles*, 142-143. "창시자 에피큐루스(Epicurus)의 이름을 딴 에피큐리안들은 관능적인 쾌락을 추구하는 이들로, 자신들의 손이 닿는 범위 내의 모든 원천으로부터 최고의 쾌락을 얻는 것을 가장 큰 지혜로 간주한다. 사두개인들은 교리적으로 섭리, 인간의 책무, 혹은 미래의 보복-이방세계의 신들이 윤리적으로 무능한 것-에 대한 신앙이 없는 자들로 가장 지독한 관능주의에 빠져 있었다. 그들의 스승 제노를 경외하는 스토아주의는 그들의 이름이 그들이 견지한 학파 스토아에서 채택한 것으로 에피큐리안들보다 훨씬 높은 사상의 차원에서 움직였으며, 덕을 칭송하고, 이성에 대한 열망, 낮은 열정에 순복하는 것을 높이 평가하였고, 자만적 무의식을 배양하여(by cultivating a proud insensibility) 고통을 줄이려고 추구하였다. 에피큐리안들이 최대한의 쾌락을 목적으로 삼았다면 스토익은 고통의 최소화를 추구했다. 가장 존경받는 고대 인물들 가운데 몇 사람이 이 학파에 속했다. 그들은 본질적으로 종교적 교리에 있어서는 운명론자들이었으며 자기만족적이고 독선적이었으며, 그리스도의 순결한 자비의 원칙들과 정신에 대해 거의 지각하지 못했다. 명백한 이유로 에피큐리안들은 자기 부정에 동정할 수 없었으며, 육체의 모든 십자가를 혐오했으며 그리고 다른 사람의 더 큰 유익을 위하여 자신의 즐거움을 희생하는 고상한 원리를 이해하는 마음이 전혀 없었다."

[29] Denton, *A Commentary on the Acts of the Apostles*. Vol. II., 124.

[30] Chrysostom, *The Homilies on The ACTS of The Apostles*, 517.

이들에게는 뚜렷한 내세관이 없었고, 이 세상이 유일한 생명의 장소였다. 따라서 이들은 지상의 목표가 행복이고 그것은 쾌락을 통해 취할 수 있다고 가르쳤다. 이들이 말하는 쾌락이란 모든 고통과 욕정, 미신적 공포로부터 벗어난 정신적, 심적 안정을 뜻하는 것이었으나 그 의미가 점점 더 타락하여 신약시대에 와서는 육체적인 향락을 추구하는 것으로 전도되었다.

에피큐로스는 육체적 고통과 정신적 불안에서 해방된 것이 쾌락이며, 이것은 단순하고 검소하며 꾸밈없는 삶을 영위하는 것이라고 믿었다. 에피큐로스의 고상했던 이상과는 달리, 그의 사상은 그를 따르는 이들에 의해 육체적 쾌락을 추구하는 방향으로 흘렀다. 바울이 아덴을 방문했을 당시 에피큐리안 철학은 육욕적이었고 극도로 타락한 상태였다. 그래서 오늘날에도 에피큐리안이라고 하면 육체적인 쾌락을 추구하는 사람들로 인식되는 것이다.

에피큐리안들이 최고의 선은 쾌락이라고 가르친 반면에, 스토아주의 철학자들은 최고의 선은 덕이라고 가르쳤다. 스토아 철학은 키프로스의 키티움의 제노(Zeno, 340-265 B.C.)에 의해 시작된 철학 학파로 에피큐리안 철학과는 대조적이다. 스토아라는 이름은 제노가 아고라 서편의 장식 회랑(stoa)에서 제자들에게 강의했기 때문에 붙여진 이름이었다. 이들은 범신론적으로 신을 세계의 영이라고 이해했다.[31] 이들은 모든 것이 운명에 의해 결정된다고 보았다. 기독교의 로고스와 같은 사상을 이들도 갖고 있어서 현대 신학자 폴 틸리히는 스토아학파가 기독교에 지대한 영향을 미친 철학 사상이라고 말했다. 하지만 "절정기의 스토아주의는 대단한

---

[31] Denton, *A Commentary on the Acts of the Apostles*. Vol. II., 124. '에피큐리안 철학은 물질주의적 측면에서 기독교에 반대된다. 스토아주의는 범신론적이어서 성경에 계시된 인격적인 하나님 교리에 반대된다. 에피큐리안은 창조주 하나님을 부인하고 스토아주의는 만약 세계가 창조되었다면 그것은 인격적인 하나님의 손에 의해서가 아니었다고 주장한다. 그들은 설령 하나님이 존재한다고 해도 그 하나님은 단지 창조원리에 불과하다고 생각한다. 에피큐리안은 무신론이고 스토아주의는 범신론이다.' 또한 참고하라. Charles R. Erdman, *The Acts* (Philadelphia: The Westminster Press, 1919), 125.

도덕적 진지함과 고상한 의무감으로 특징되지만, 기독교 정신과는 상당히 거리감이 있는 정신적 자만(自慢)에 의해 특징된다.'[32] 쾌락주의를 추구한 에피큐리안들과는 달리 이들은 도덕주의를 강조하였다. 그러나 최고의 선이 덕이라고 하면서도 이들의 실제적인 삶은 그렇지 못했다. 상당히 타락했고, 자살을 예찬했으며, 기독교인들을 잔인하게 처형했다. 이들의 이론은 실천이 없는 단순한 이론에 불과했다.

이 사상은 로마제국에서 기독교와 쌍벽을 이룰 만큼 큰 세력을 확보했으며, 수많은 로마 고관들이 이 철학 사상을 추종했다. 네로의 고문이었던 세네카, 명상록의 저자로 우리에게 널리 알려졌으며 폴리갑과 저스틴을 순교하게 만들었던 마르쿠스 아우렐리우스 황제도 스토아 철학의 지도자였다. 따라서 바울이 활동하던 당대에 에피큐리안 학파와 스토아학파는 소크라테스, 플라톤, 아리스토텔레스 이후 가장 영향력 있는 철학 사조로 등장했다.

누가는 아덴에서의 복음전도와 관련하여 아주 중요한 사실을 18절에서 밝히고 있다. 그것은 바울의 전도에 대한 아덴 사람들의 반응 가운데 언급되었다. 에피큐리안과 스토아 철학의 추종자들은 '이 말쟁이가 무슨 말을 하고자 하느냐?,' '이방 신들을 전하는 사람인가?'(17:18)라며 바울의 언행에 관심을 가지게 되었다. 그 이유는 바울이 '예수와 부활을 전하기 때문'(17:18)이었다.

아덴에서 바울은 그들의 문화와 철학과 사상을 이해하고 그들에게 맞는 접근 방식을 택했지만 결코 복음을 타협하지 않았다. 그는 기독교의 핵심 진리인 '예수와 부활'을 담대히 선포했다. 이들은 바울과 더 이야기를 나누기를 원하는 마음에서 그를 붙들어 아레오바고로 가며 바울과 대화를 나누었다. '네가 말하는 이 새로운 가르침이 무엇인지 우리가 알 수 있겠느냐 네가 어떤 이상한 것을 우리 귀에 들려 주니 그 무슨 뜻인지 알고자 하노라'(17:19-20).

---

[32] Bruce, *The Book of ACTS*, 350.

바울이 이들에게 무슨 대답을 했는지 정확하게 알 수는 없지만 아마도 그들의 청을 들어주어 가는 도중에 질문에 답하면서 자연스럽게 그리스도의 복음을 증거했을 것이 확실하다. 그곳에 있는 아덴 사람들과 외국인들은 바울이 전하는 가장 최근의 사상에 대해 질문하고 듣는 것에 전념하였다. 성경에 보면 그들은 '가장 새로 되는 것을 말하고 듣는 것 이외에'(17:21) 다른 것은 전혀 하지 않았다. 그만큼 그들이 바울의 말에 귀를 기울였다.

아덴 아레오바고에서의 바울의 설교(17:22-31)

22 바울이 아레오바고 가운데 서서 말하되 아덴 사람들아 너희를 보니 범사에 종교심이 많도다 23 내가 두루 다니며 너희가 위하는 것들을 보다가 알지 못하는 신에게라고 새긴 단도 보았으니 그런즉 너희가 알지 못하고 위하는 그것을 내가 너희에게 알게 하리라 24 우주와 그 가운데 있는 만물을 지으신 하나님께서는 천지의 주재시니 손으로 지은 전에 계시지 아니하시고 25 또 무엇이 부족한 것처럼 사람의 손으로 섬김을 받으시는 것이 아니니 이는 만민에게 생명과 호흡과 만물을 친히 주시는 이심이라 26 인류의 모든 족속을 한 혈통으로 만드사 온 땅에 살게 하시고 그들의 연대를 정하시며 거주의 경계를 한정하셨으니 27 이는 사람으로 혹 하나님을 더듬어 찾아 발견하게 하려 하심이로되 그는 우리 각 사람에게서 멀리 계시지 아니하도다 28 우리가 그를 힘입어 살며 기동하며 존재하느니라 너희 시인 중 어떤 사람들의 말과 같이 우리가 그의 소생이라 하니 29 이와 같이 하나님의 소생이 되었은즉 하나님을 금이나 은이나 돌에다 사람의 기술과 고안으로 새긴 것들과 같이 여길 것이 아니니라 30 알지 못하던 시대에는 하나님이 간과하셨거니와 이제는 어디든지 사람에게 다 명하사 회개하라 하셨으니 31 이는 정하신 사람으로 하여금 천하를 공의로 심판할 날을 작정하시고 이에 그를 죽은 자 가운데서 다시 살리신 것으로 모든 사람에게 믿을 만한 증거를 주셨음이니라 하니라

누가는 바울이 아레오바고 '가운데 서서'(17:22) 복음을 증거했다고 증언한다.[33] 바울이 철학의 도시, 예술의 도시, 고대사상의 진원지 아덴에서 철학과 지성과 문화적 자긍심을 가지고 있던 그들 한 가운데 섰다. 바울은 에베소에서는 두란노서원에서 가르치더니 소크라테스의 도시 아덴에서는 아레오바고 한 가운데서 아덴 사람들을 대상으로 그리스도의 복음을 증거한 것이다. 그들 앞에 선 바울의 모습은 오늘날 하버드대학의 박사과정 아니 그 대학의 교수들 앞에서 그들에게 복음을 전한 것과 비견할 수 있을 것이다. 그러나 누가는 바울이 전혀 주눅이 들지 않았다고 증언한다. 사실 바울도 다소 출신에 가말리엘 문하에서 최고의 교육을 받은 철학적 종교적 윤리적 소양을 갖춘 인물로 그들의 철학과 종교와 문화의 중심을 꿰뚫고 있었다.[34]

아덴, 철학과 종교의 도시(17:22-23)

아덴에서 행한 바울의 설교는 대단히 변증적이다. 바울은 아덴 사람들의 종교성을 인정하면서 그들에게 진정한 신전의식이 무엇인가를 가르쳐 준다. '범사에 종교심이 많다'(17:22)는 사실, 바울이 아덴에서 목도한 '알지 못하는 신에게라고 새긴 단'(17:23)을 들어 아덴 사람들이 알지 못하는 신이 누구인가를 알려준다. 알지 못하는 신은 유대인들이 인식하고 있는 그 하나님, 그들이 여호와라고 부르는 하나님을 의미한다.[35]

바울은 하나님께서 인간의 '손으로 지은 전'(17:24)에 거하시는 것이 아니기 때문에 신상을 만들어 놓거나 그 신상에 절하는 일련의 행위가 잘못되었다(17:23-24)고 강조한다.[36] 그 창조주 하나님은 사람의 손으로 섬김을 받으시는 것이 아니며, '만민에게 생명과 호흡과 만물을 친히 주시는 이'(17:25)시며, '인류의 모든 족속을 한 혈통으로 만드사 온 땅에 살

---

[33] Ramsay, *St. Paul the Traveller and the Roman Citizen*, 238.
[34] Ramsay, *St. Paul the Traveller and the Roman Citizen*, 238.
[35] Denton, *A Commentary on the Acts of the Apostles*. Vol. II., 130.
[36] Denton, *A Commentary on the Acts of the Apostles*. Vol. II., 131.

게'(17:26) 하시는 분이다. 그는 연대와 인간의 생명을 정하시고 땅과 생명과 '거주의 경계'(17:26)까지 정하시는 만유의 주시며, 만물을 다스리시는 주권적인 하나님이시다.[37] 그는 결코 각 사람에게서 '멀리 계시지' 않으시며, '우리가 그를 힘입어 살며 기동하며 존재'(17:28)하는 것이다.

이와 같은 바울이 가르치는 신관은 스토아 철학이나 에피큐리안들의 가르침과 정반대되는 것이다. 바울은 그들에게 분명한 방향을 제시했다. 그것은 우상을 만들지 말 것과 알지 못하던 시대에는 허물치 않으셨으나 이제는 '다 회개하라'(17:30) 명하셨다는 것이다.

바울의 아덴설교, 칼빈의 분석

바울은 아덴 사람들의 종교성에서 출발하여 이 세상을 창조하신 기독교의 신은 세상 신들과 다르다는 사실을 선명하게 제시했다. 그것은 칼빈이 지적한 대로 다섯 가지로 집약할 수 있다.

"첫 번째로 바울은 아덴 사람들이 미신을 섬기고 있다고 비난하고 있다.… 두 번째로 그는 하나님이 누구신가, 그는 어떻게 생기신 분인가, 그분을 바르게 섬기는 방법은 무엇인지를 자연을 근거로 한 논증으로 설명하고 있다. 세 번째로 바울은, 사람들이 자기들의 조성자요, 창조자를 알기 위한 목적으로 창조되었음에도 소경들처럼 어두움 가운데서 방황하는 그들의 어리석음을 통렬하게 비난하고 있다. 네 번째로 사람의 마음은 하나님의 참된 형상이므로 하나님에 대한 상을 만들거나 그림을 그리는 것보다 더욱 불합리한 행위도 없다고 경고한다. 마지막 다섯 번째로 그는 그리스도와 죽은 자의 부활에 관하여 말하고 있다. 그는 복음에 대한 믿음에 관하여 말하기 전에 처음 네 가지 요점을 일반적인 방법으로 논하고 있었는데 이는 가치 있는 방법이었기 때문이다."[38]

---

[37] Denton, *A Commentary on the Acts of the Apostles*. Vol. II., 132. "바울은 한 분 하나님의 존재뿐 아니라 그 사실을 넘어 그 하나님이 세상과 만물의 창조주이시다고 주장한다."

[38] 존 칼빈, 한국기독교선교백주년기념 존·칼빈성경주석출판위원회 역편, 신약성경주석, Vol. 6, 사도행전 II (서울: 성서교재간행사, 1980), 154.

칼빈의 다섯 가지로의 분류는 매우 통찰력이 있는 분석이다. 이를 다시 크게 세 가지로 정리하면 다음과 같다. (1) 세상 신은 인간이 만든 것에 불과하지만 하나님은 창조주 하나님이시다. (2) 세상 신은 비인격적인 존재이지만 하나님은 인간사에 개입하시는 인격적인 존재이시다. 그리고 (3) 기독교의 신은 부활의 신이시다.

이와 같은 바울의 가르침은 우리가 어떻게 하나님을 증거하고 신앙해야 하는가를 교훈해 준다. 우리는 창조주 하나님을 의지하며 살아야 한다. 이 말은 창조주 하나님 외에 다른 신, 곧 우상숭배는 절대로 해서는 안 된다는 의미이기도 하다. 우리가 믿는 종교는 영생에 대한 확신을 제공하는 부활의 종교다. 믿음의 백성들은 이와 같은 신앙을 가지고 경건하게 삶을 살아야 할 것을 교훈해 준다.

아덴설교, 탁월한 기독교 변증(17:24-31)

바울의 설교는 기독교와 기독교의 하나님에 대한 가장 기초적이고 근본적인 가르침을 포함하고 있다. 한마디로 하나님은 만유의 창조주요 주권자요 통치자라는 사실이다. "하나님 없이는 우리가 생명을 소유할 수 없다."[39] 기독교적인 분위기에 익숙한 우리는 어쩌면 이것이 당연하고 상식적인 것으로 여겨질지 모른다. 그러나 헬라문화가 가장 꽃피우고 우상이 범람했던 아덴의 사람들은 바울의 설교에 깊은 충격을 받았을 것이다. 스토아 철학자들은 범신론자들이고, 에피큐로스 학파들은 무신론자들이었다.

바울은 이들 범신론자들과 무신론자들에게 하나님에 대해 네 가지 사실을 분명하게 증거했다. 첫째, 하나님은 만물의 창조주이시고 우주의 주관자이시다. 비록 바울이 창세기나 다른 성경을 인용하거나 언급하면서 그런 주장을 한 것은 아니었지만, 기독교의 신관을 그대로 드러냈다.[40]

둘째, 그 창조주는 비인격적이고 추상적인 존재가 아니라 만물을 다스

---

[39] Denton, *A Commentary on the Acts of the Apostles.* Vol. II., 136.
[40] Denton, *A Commentary on the Acts of the Apostles.* Vol. II., 128.

리시는 인격적인 하나님이시다. 그는 피조물인 우주 안에 갇힌 분도 아니시고 우주에 속박되지도 않으시며 우주를 말씀으로 창조하시고 섭리하시는 하나님이시다. 바울은 그가 우주의 통치자라고 선언한다. 그는 '인류의 모든 족속을 한 혈통으로 만드사 온 땅에 살게 하시고 그들의 연대를 정하셨다'(17:26). 모든 인간, 만물, 심지어 시간까지도 그분께서 주관하시는 것이며 따라서 그분의 통치 아래 있다. 그 하나님은 더 나아가 '거주의 한계'(17:26)까지 정하셨다. 아덴의 사람들이 우연이 아덴에 거하는 것이 아니라 하나님께서 거주의 한계를 정하셨기 때문이다. 심지어 아덴 사람들의 신앙까지도 하나님의 인도와 섭리 속에 있다. 우주 만물, 한 나라, 한 개인 모두가 그의 주권과 섭리하에 있다는 고백이다.

바울의 고백은 숙명과 다르다. '숙명'이라는 것은 날 때부터 그대로 될 수밖에 없는 운명론적인 필연을 담고 있다. 어떤 운명을 타고 났다면 그는 어쩔 수 없이 그 운명 그대로 살아가야 한다고 믿는다. 그러나 기독교에서는 그렇게 말하지 않는다. 하나님께서는 인간의 모든 생사화복을 주관하시며 거주의 한계를 정하시기도 하시지만, 인간의 상태와 태도에 따라 그것을 바꾸기도 하신다.

예를 들면, 히스기야 왕이 하나님께 기도했을 때 15년의 생명을 더 연장받았다(사 38:5). 분명히 히스기야 왕이 죽도록 되어 있었지만, 히스기야 왕이 회개하고 간구하자 하나님께서는 그의 기도를 들어주셨다. 죄를 지으면 그 죄에 대한 벌을 받아야 하지만, 회개할 경우 하나님께서는 그분의 뜻을 돌이키기도 하신다. 숙명이라는 개념에는 인격적인 절대자의 개념이 없지만, 기독교의 섭리나 예정에는 인격적인 하나님 개념이 깊이 자리 잡고 있다.[41]

---

[41] Denton, *A Commentary on the Acts of the Apostles*. Vol. II., 137. 덴톤의 말대로 우리는 만물의 창조주에 의해 지음 받았고 그의 형상으로 지음 받았고 또 존재한다. 그분은 우리에게 의지의 자유를 부여해주시고, 우리로 하여금 영생을 얻게 하셨다. 예정은 소중한 가르침이지만 예정이라는 말을 함부로 남용하지 말아야 한다. 우리의 일거수일투족 모든 행동이 하나님의 예정 속에 있다고 생각하지만, 예정이라는 말은 인간의 구원과 관련하여 사용되는 말이지, 마치 인간이 로봇이 조종을 받으며 움직여 가는 것처럼 통제 속에 있는 것은 아니다. 하나님은 인간을 통해

셋째, 그렇다면 우리가 어떤 신앙관을 가지고 살아야 될 것인가를 가르쳐 준다. 그것은 '우리가 그를 힘입어 살며 기동하며 존재하느니라'(17:28)는 말속에 잘 함축되어 있다. 이것은 신앙인의 삶의 원동력이 하나님으로부터 기원된다는 사실을 말해준다. 이 말은 모든 삶의 힘이 그분으로부터 나온다는 의미보다는, 그를 힘입고 그를 의지하고 살 때 신앙 자체가 우리의 삶을 아름답고 윤택하게 만들어 주며 더욱 가치 있는 삶으로 만들어 준다는 것이다. 이것은 성령에 대한 이해를 제대로 할 때 쉽게 해결할 수 있다.

바울은 로마서에서 성령께서 말할 수 없는 탄식으로 우리를 위해 기도하신다고 말씀하고 있다. 그것은 삼위일체 하나님께서 그의 백성들과 무관하신 것이 아니라 그의 백성들의 삶에 구체적으로 개입하셔서 인도하신다는 사실을 말해준다. 이것은 계시록의 말씀과도 일치하는 것이다. 누구든지 마음의 문을 열고 문을 두드리는 그리스도를 영접하면 그리스도께서 우리 안에 오셔서 우리와 더불어 살아간다는 뜻이다.

넷째, 그렇다면 우리가 그를 힘입는 수단은 무엇이며, 우리가 그를 힘입어 살며 기동하기 위해서는 어떻게 해야 하는가? 그것은 한마디로 회개다. 바울은 30절에 아덴 사람들이 회개해야 한다고 선포한다. 대상이 다르고 설교자가 다르지만 베드로와 바울 모두 회개를 촉구한 점에서는 일치한다. 오순절 성령강림이 임하고 그 역사를 증거하면서 베드로는 모인 무리들을 향해 '회개하라,' '세례를 받고 죄 사함을 받으라' 그리고 '성령을 받으라'(2:38)고 말했다.

회개는 이방인들이 하나님의 백성으로 들어가기 위해서는 반드시 거쳐야 할 믿음의 단계이다. 아덴 사람들이 종교심이 많았지만, 그 종교심은 기독교의 하나님에 대한 신앙은 아니었다. 그것은 이방신들을 향한 신앙, 창조주 하나님을 거스르는 잘못된 신앙이었다.

영광을 받으시기를 원하시지만, 그것은 우리의 이성과 인격을 무시한 것이 아니라 우리에게 자유의지를 주셔서 인간 스스로 하나님을 영화롭게 하기를 원하시는 것이다. 이 세상을 살아가는 믿음의 사람인 우리의 삶 속에서의 하나님의 간섭은 하나님의 섭리라는 말로 이해될 수 있다.

따라서 그들은 자신들의 잘못된 우상숭배 신앙을 회개하고 참 하나님으로 향해야 했다. 자기들의 그릇된 가치관과 종교관을 다시 생각하고, 그렇게 행동하게 만들었던 잘못된 신앙을 버려야 한다는 것이다. 이 세상이 영원한 것도 아니고 또 죽음으로 모든 것이 끝나는 것도 아니라는 사실을 분명히 일깨워 준 것이다. 그리스도께서 부활하셨다는 신앙과 그를 믿는 이들이 그리스도와 함께 부활할 것이라는 신앙을 가져야 한다는 것이다. 그것을 얻는 수단이 바로 회개이다. 따라서 기독교에서 말하는 회개는 죄를 깨닫는 것, 죄를 뉘우치는 것 그리고 그 죄를 끊어 버리는 세 가지를 함축한다.

바울의 설교에 대한 아덴 사람들의 반응(17:32-34)

> [32] 그들이 죽은 자의 부활을 듣고 어떤 사람은 조롱도 하고 어떤 사람은 이 일에 대하여 네 말을 다시 듣겠다 하니 [33] 이에 바울이 그들 가운데서 떠나매 [34] 몇 사람이 그를 가까이하여 믿으니 그중에는 아레오바고 관리 디오누시오와 다마리라 하는 여자와 또 다른 사람들도 있었더라

바울이 그들에게 "이제는 … 회개하라"(17:30)고 외쳤을 때 어떤 사람은 조롱하기도 하고 어떤 사람은 '네 말을 다시 듣겠다'(17:32)하고 몇 사람은 바울을 '가까이 하여'(17:32) 믿었다. 여기서도 복음에 대한 반응이 양면적으로 나타났다. 이것은 전혀 이상하지 않다. 복음을 뿌리는 일은 우리가 할 일이지만 그것을 거두시는 분은 하나님이시기 때문이다. 복음이 전해지는 곳에서는 항상 그것을 수용하거나 거부하거나의 두 가지 가운데 한 가지 현상이 등장했다.

바울의 경우도 예외가 아니다. 그곳에서 바울의 설교를 들은 아덴 사람 가운데는 죽은 자의 부활을 듣고는 조롱하는 자들이 대부분이었으나 그의 설교를 들은 이들 가운데 아레오바고 관원인 디오누시오(Dionysius),

다마리(Damaris), 또 다른 사람들이 예수를 믿는 역사(17:34)가 나타났다.⁴² 외형적으로 보기에 아덴에서는 바울의 다른 지역 선교사역에 비해 별로 열매를 거두지 못한 것처럼 보인다.

아덴에서는 개종자를 많이 얻었다는 기록도 없고 교회를 세웠다는 기록도 없다.⁴³ 하지만 초대교회사는 또 다른 중요한 기록을 전해주고 있다. 2세기 초대교회 복음전도에 매우 중요한 역할을 했던 푸블리우스(Publius), 콰드라투스(Quadratus), 아리스티데스(Arisitdes), 아테나고라스(Athenagora)등 헬라 감독과 순교자들은 아덴 출신이다.⁴⁴ 3세기 기독교가 한창 박해를 받던 그 시기에도 아덴 교회는 평안을 누리며 복음의 확장과 진보를 이루었다. 4세기에 아덴의 기독교 학파들은 바실(Basil)과 그레고리(Gregory)를 배출할 만큼 영광을 누렸다.

교회사적으로 아덴에서의 선교는 훗날 이처럼 놀라운 결실로 이어졌다. 아덴의 선교가 실패였다고 우리가 쉽게 단정해서는 안 된다. 성경학자들 가운데서도 아덴에서의 선교를 실패한 것으로 단정하고 고린도 선교와 지나치게 비견하는 경우가 많은데 초대교회사를 통시적으로 보면서 좀 더 면밀한 검토가 요청된다. 흔히들 아덴의 선교와 고린도 선교를 비견하면서 아덴에서의 선교방법의 처절한 실패가 고린도에서의 선교방향을 수정하는 전기를 마련했다고 주장한다. 고린도에서 바울이 '예수 그리스도와 그가 십자가에 못 박히신 것'(고전 2:2) 외에는 아무것도 알지 아니하기로 작정하였다는 고백이 아덴에서의 선교방법의 실패 때문이었다는 주장은 많은 호응을 얻고 있지만, 이를 지지할 근거가 없다.

사람들이 자신의 경험이나 숫자를 보고 선교지를 판단하거나 실패했다

---

⁴² William Owen Carver, *The Acts of the Apostles* (Nashville: Sunday School Board, Southern Baptist Convention, 1916), 181.

⁴³ Bruce, *The Book of the ACTS*, 344.

⁴⁴ George Thomas Stokes, *The Acts of the Apostles* Vol. II. (New York: A. C. Armstrong and Son, 1892), 317-319. 디오누시오는 2세기 중엽 같은 이름을 가진 고린도의 감독 디오누시오의 증언에 의하면 아테네교회의 초대감독이었고, 그의 후임은 푸블리우스(Publius)였다. 푸블리우스 감독 재직 동안에 콰드라투스와 아리스티데스를 비롯한 헬라 기독교 변증가들이 배출되었다.

고 단정할는지 모르지만, 복음의 역사는 꼭 그렇지만은 않다. 비록 바울이 아덴에서 디오누시오와 다마리 등 몇 사람만을 얻었다고 사도행전에는 기록되었지만, 아덴은 후에 기독교 신앙을 교리적으로 정리하는 데 결정적인 역할을 한 헬라 변증가들과 또 정통신학을 정립하는 데 결정적인 역할을 한 바실과 그레고리 같은 위대한 신학자들을 배출했다. 헬라 변증가들은 초기 기독교 확산에 있어서 결정적인 역할을 하였다. 이들은 변증서를 통해 기독교가 무식한 종교가 아니라는 사실, 로마의 황제들이 생각하는 것처럼 제국에 백해무익한 종교가 아니라는 사실을 일깨워주었다.

필자가 확신하건대 바울의 아덴 선교는 비록 겉으로는 실패처럼 보이지만, 하나님께서는 바울이 전한 복음을 간접적으로 접한 몇 사람들을 통해서 전 기독교의 확장과 정립을 위해 후대에 아름답게 사용하셨던 중요한 사례다. 바로 여기에 우리가 선교를 계속하고 하나님의 복음을 계속하여 증거해야 할 이유가 있다.

제 17 장
바울의 3차 선교여행과 고린도·에베소 선교
(18:1-19:20, A.D. 51-53)

> 유대인들은 크레스투스(Chrestus)의 선동에 의해 끊임없이 소동을 일으키므로 글라우디오 황제가 그들을 로마에서 추방했다.
> *Judaeos, impulsore Chresto, assidue tumultuantes (Claudius) Roma expulit*
>
> Suetonius, *The Life of Claudius*, xxv

> 에베소에 사는 유대인과 헬라인들이 다 이 일을 알고 두려워하며 주 예수의 이름을 높이고 믿은 사람들이 많이 와서 자복하여 행한 일을 알리며 또 마술을 행하던 많은 사람이 그 책을 모아 가지고 와서 모든 사람 앞에서 불사르니 그 책 값을 계산한즉 은 오만이나 되더라. 이와 같이 주의 말씀이 힘이 있어 흥왕하여 세력을 얻으니라.
>
> 행 19:17-20

A.D. 51년 여름 5-6주 많아도 2개월이 채 안되게 아덴에서 복음을 전한 바울은 아덴을 떠나 계속 남서쪽으로 선교여행을 하면서 헬라의 또 다른 대도시인 '고린도에'(18:1) 도착했다.[1] 바울이 고린도에 도착한 것은 같은 해 8월이었다. 그는 고린도를 복음전파의 중요한 중심지로 인식하고

---

[1] George Thomas Stokes, *The Acts of the Apostles* Vol. II. (New York: A. C. Armstrong and Son, 1892), 321.

A.D. 51년 8월부터 A.D. 53년 2월까지 1년 6개월이라는 상당히 오랜 기간 동안 그곳에 체류하며 복음을 전했다.[2]

고린도는 아가야의 수도로 아덴 서남쪽 80km 지점, 펠로폰네소스 반도의 동북쪽에 위치했다. 서방 3km 지점에 레케움이 고린도 만에 면하여 있었고, 동방 14km 지점에 겐그레아가 살로니 만에 접하고 있어서 고린도는 두 항구를 발판으로 놀랍게 성장하고 있었다. 이런 지리적 여건으로 인해 고린도는 교통, 상업, 정치의 중심지로 자리 잡았다. 고린도는 남부 그리스의 정치적 중심지로 로마의 지방 총독이 거주하는 곳이었다. 따라서 이곳은 헬라의 도시이면서 로마의 통치를 받았다.

1. 바울의 고린도 선교(18:1-11)

[1] 그 후에 바울이 아덴을 떠나 고린도에 이르러 [2] 아굴라라 하는 본도에서 난 유대인 한 사람을 만나니 글라우디오가 모든 유대인을 명하여 로마에서 떠나라 한 고로 그가 그 아내 브리스길라와 함께 이달리야로부터 새로 온지라 바울이 그들에게 가매 [3] 생업이 같으므로 함께 살며 일을 하니 그 생업은 천막을 만드는 것이더라 [4] 안식일마다 바울이 회당에서 강론하고 유대인과 헬라인을 권면하니라 [5] 실라와 디모데가 마게도냐로부터 내려오매 바울이 하나님의 말씀에 붙잡혀 유대인들에게 예수는 그리스도라 밝히 증언하니 [6] 그들이 대적하여 비방하거늘 바울이 옷을 털면서 이르되 너희 피가 너희 머리로 돌아갈 것이요 나는 깨끗하니라 이후에는 이방인에게로 가리라 하고 [7] 거기서 옮겨 하나님을 경외하는 디도 유스도라 하는 사람의 집에 들어가니 그 집은 회당 옆이라 [8] 또 회당장 그리스보가 온 집안과 더불어 주를 믿으며 수많은 고린도 사람도 듣고 믿어 세례를 받더라 [9] 밤에 주께서 환상 가운데 바울에게 말씀하시되 두려워하지 말며 침묵하지

---

[2] William M. Ramsay, *Pauline and Other Studies in Early Christian History* (London: Hodder & Soughton, 1906), 361.

말고 말하라 ¹⁰ 내가 너와 함께 있으매 어떤 사람도 너를 대적하여 해
롭게 할 자가 없을 것이니 이는 이 성중에 내 백성이 많음이라 하시
더라 ¹¹ 일 년 육 개월을 머물며 그들 가운데서 하나님의 말씀을 가르
치니라

사도행전 18장은 크게 세 부분으로 대별된다. 첫째, 고린도에서의 복음
전파, 둘째, 에베소를 출발해 예루살렘으로 향하는 바울, 셋째, 브리스길
라와 아굴라 부부와 아볼로의 등장이 그것이다.³

고린도, 상업과 무역의 도시

고린도는 북부 그리스와 남부 그리스를 연결하는 이스무스(the
isthmus)에 위치했다. 당시 고린도는 그리스의 정치적 수도였고 로마 총
독이 거주하는 곳이었다. 지리적, 정치적, 행정적으로 상당히 중요한 곳이
었다.⁴ 고린도는 아덴과 도시의 성격이 완연히 달랐다.

아덴이 오랜 역사를 지닌 철학의 도시였다면, 고린도는 펠로폰네수스
반도와 그리스 북부를 연결하는 상업적으로 매우 유리한 곳에 위치해 있
어 상업과 부를 자랑하는 신흥도시였다. 고린도는 해로상으로는 동쪽과
서쪽이 연결되는 접합점, 육로상으로는 북쪽과 남쪽이 연결되는 육로의
접합점에 위치해 상업과 무역이 매우 활발했다. 한마디로 아덴이 학문과
예술의 도시였다면, 고린도는 상업과 무역의 도시였다.

원래 고린도는 테에베, 아덴, 스파르타와 더불어 헬라를 주도하는 도시
로 특별히 정치·상업·해운분야에서 아덴과 서로 경쟁하는 경쟁관계에 있
었다. 로마에 대한 반역으로 인해 146 B.C.년 고린도가 로마 장군 무미우
스(Mummius)에 의해 파괴되어 시민들이 노예로 팔려나간 후 100년간

---

³ W. A. Denton, *A Commentary on the Acts of the Apostles.* Vol. II. (London: George Bell and Sons, 1874), 151–152.

⁴ Gotthard Victor Lechler, *Theological and Homiletical Commentary on the Acts of the Apostles.* Vol. II. (Edinburgh: T. &T. Clark, 1864), 190.

이나 방치되었다. 그러다 46 B.C.년에 쥴리어스 시저(Julius Caesar)가 "쥴리우스의 고린도 예찬"(*Laus Julia Corinthus*[Julius' Praise of Corinthus])이라는 호칭을 내리고 고린도를 로마 식민지로 재건하였다. 이후 아우구스투스(재위 27 B.C.–A.D. 14) 황제가 27 B.C.년 고린도를 아가야의 수도로 삼으면서 새롭게 성장하였다. 얼마 지나지 않아 고린도는 과거의 상업적인 번영과 명성을 다시 회복했다.

바울 당시 고린도의 인구는 60만 명을 헤아렸고, 그중 40만 명이 노예였다. 주민들은 헬라인들이 주를 이루었으나 세계인들이 다 모여들었고, 유대인들도 상당수가 거주하고 있어 유대인 회당도 자리 잡고 있었다. 마치 세계 각국의 인종들이 살고 있는 다민족의 도시 미국의 LA 나 뉴욕을 연상케 하는 번영의 도시였다.

기독교의 유산과 헬라 유산들이 공존하고 있는 곳이 고린도였다.[5] 고고학적 발굴을 통해 고린도 시장에서 '아라비아의 발삼, 이집트의 파피루스, 페니키아의 대추야자, 리비아의 상아, 바벨론의 카페트, 길리기아의 염소털, 루가오니아의 모직, 브리기아의 노예들'이 발견되었다. 고린도는 부자와 가난한 자들이 섞여 살고 있었는데 부자들은 육욕적이고 사치하고 수다쟁이들이었다. 그들은 온갖 것을 자랑하고 부를 자랑하고 허세를 부리고 추한 행동을 일삼았다. "당시 고린도 시는 로마제국의 허영의 시장"이

---

[5] 고린도에는 지금도 기독교 유산들이 상당수 남아 있다. 고린도가 위치했던 그리스는 터키와 달리 인구의 98%가 동방정교도들이기 때문인지 기독교 유적들 보존상태가 비교적 양호하다. 고린도 유적들은 잘 보존되었을 뿐만 아니라 발굴된 유물들이 박물관에 잘 전시되고 있다. 고린도 박물관에는 기독교 유적들과 헬라의 유물들이 그대로 남아 있다. 헬라의 유물들을 통해 헬라의 역사와 신화를 느낄 수 있다. 기독교가 전파되기 전에 이미 헬라의 문화가 꽃피웠던 곳이기 때문인지 곳곳마다 헬라의 유적들이 가득 남아 있다. 헬라의 명소가 그렇듯이 고린도 역시 헬라신들을 섬기는 높은 산, 그 아래의 원형경기장, 경기장 아래에 세워진 신전 세 가지가 항상 함께 따라다녔다. 남아 있는 유물과 흔적들을 통해 고린도 성이 보통 큰 도시가 아니었음을 추론할 수 있었다. 고린도에는 아직도 물이 솟아오르고 있었는데 과거에는 이것으로 목욕탕을 만들었다. 온탕과 냉탕을 갖춘 고린도의 목욕탕 옆으로 나 있는 거대한 광장은 당시 로마로 향하는 길목이었다. 놀라운 사실은 로마 시대 도시 시설과 도시설비를 가늠할 수 있는 공동 화장실과 수도 시설이다. 수세식 화장실도 갖추고 있었다. 용변을 보면 흐르는 물이 용변을 씻어 내고, 휴지 대신 손으로 용변을 닦았다. 변기 앞에는 손에 묻은 변을 닦도록 물이 흘러 내렸다. 2천 년 전의 수세식치고는 대단히 위생적이었다. 아덴에서 느꼈던 도시의 느낌과 고린도에서 느낀 느낌은 완연히 달랐다.

었고, "고린도는 A.D. 1세기의 런던이나 파리"에 비견할 수 있을 정도로 세상적으로 풍성했다.

또 고린도는 올림픽 경기를 본받아 이스무스 경기를 개최했고, 로마의 검투사 경기를 최초로 수입한 헬라도시였다. 경제적인 여유가 신앙을 세속화시키듯이, 또한 돈은 많지만, 교양과 지혜가 부족하면 방탕한 생활을 하기 쉽듯이 고린도 사람들도 역시 마찬가지였다. 고린도는 외적으로 엄청난 부요를 누리고 있었지만, 정신적으로는 완전히 타락했다. 헬라의 신은 다신교였고, 도덕 생활은 음탕 방종했다. 아덴이 우상으로 가득 찼다면 고린도는 음란으로 가득 찼다. 고린도의 유명한 사랑의 여신 아프로디테의 신전에는 무려 1,000명의 매춘부가 상주하고 있었다. 당시 고린도는 방탕의 대명사였다. '고린도 사람과 같이 된다'는 말은 곧 방탕아가 된다는 뜻이었다.

고린도의 부패상은 바울이 로마서 1장 22-31절에서 말씀한 것과 매우 유사했다. 당시 고린도에서 로마교회에 보내는 편지를 쓰면서 바울은 고린도의 타락을 통해 로마의 타락을 연상했던 것이다. 로마와 고린도는 사회적 부패라는 점에서 너무도 유사했다. 그러나 이렇게 타락한 도시였던 고린도를 바울은 무척이나 사랑했다. A.D. 51년 늦은 여름 혹은 초가을부터 바울은 고린도에서 1년 6개월을 머물며 복음을 전했다. 고린도가 얼마나 중요한가는 그가 1년 반이나 그곳에 머물렀다는 사실과 그가 두 편의 서신을 고린도교회에 보냈다는 사실에서도 입증된다.[6] 바울이 한 도시에서 그렇게 오래 머물렀던 것은 극히 이례적이었다.

---

[6] Stokes, *The Acts of the Apostles* Vol. II., 321. 우리는 여기서 바울의 복음전도의 또 다른 성격을 발견할 수 있다. 그는 동족 유대인들에 대한 애착이 남달랐지만, 자기 동족들에게만 복음을 전하지는 않았다. 오히려 그는 하나님께서 자신을 이방인의 사도로 부르셨다는 소명에 불타고 있었다. 인종적인 제약을 완전히 넘어섰다. 뿐만 아니라 그는 일정 계층에만 복음을 전하지 않았다. 아덴 사람들과 같이 우상을 섬기는 지성인들도, 또 고린도와 같이 무역과 상업에 종사하는 타락한 사람들도, 모두 다 바울에게는 전도의 대상이었다. 교회는 다양한 사람들이 함께 어울리는 곳이다.

바울의 동역자, 브리스길라와 아굴라(18:1-3)

바울은 이 도시에 도착한 지 얼마 되지 않아 로마로부터 이곳으로 최근에 이주한 부부 한 쌍을 만났다.[7] 아굴라와 '그 아내 브리스길라'(18:2)가 바로 그들이었다. 아굴라는 소아시아 북부 본도 출신이고 브리스길라는 아마 교양이 높은 로마 명문 출신으로 여겨진다.[8] 그들은 로마에서 만나 결혼한 것으로 보인다. 이들 부부는 로마에 살다가 글라우디오(Claudius, A.D. 49-A.D. 54) 황제가 모든 유대인들이 '로마에서 떠나라'(18:2)는 명령이 내려지자 로마를 떠나 고린도로 옮겨 왔다.

글라우디오가 유대인 추방령을 내린 사건은 학자마다 약간씩 다르다. 빠르면 A.D. 50년 말이고 늦어도 A.D. 51년 1월부터 52년 8월 사이에 일어났다. 바울의 고린도 사역 시기와 정확히 일치한다.[9] 램지는 A.D. 50년 말에 추방령이 내려지고 브리스길라와 아굴라 부부가 A.D. 51년 봄 혹은 여름에 고린도에 도착했을 것이라고 말한다.[10] 이것은 사도행전 기록의 역사적 신뢰성을 보여주는 매우 중요한 사건이 아닐 수 없다. A.D. 30년 본디오 빌라도에 의해 십자가에 못 박히신 예수 그리스도가 구약에 예언된 메시야이고, 그가 3일 만에 부활하셨다는 소식은 A.D. 50년까지 불과 20년 만에 팔레스타인을 넘어 지중해 전역에 놀랍게 확산되어 나갔다.

왜 글라우디오 황제가 유대인들에게 로마를 떠나라고 명령했는지 성경은 밝혀주지 않는다. 그러나 로마의 유명한 사가 수에토니우스(Gaius Suetonius Tranquillus, A.D. 69-122)가 쓴 글라우디오 전기(*The Life of*

---

[7] Ramsay, *St. Paul the Traveller and the Roman Citizen*, 268. 아굴라는 유대인이고 브리스길라는 로마 명문가 출신이었다. 램지는 아굴라가 단순한 유대인이 아니라 '자유인'이었을 것이라고 말한다.

[8] Denton, *A Commentary on the Acts of the Apostles*. Vol. II., 152.

[9] John B. Polhill, *Paul and His Letters* (Nashville: Broadman & Holman, 1999), 78. 램지는 A.D. 50년 말에 추방령이 내려졌을 것이라고 말한다. Ramsay, *Pauline and Other Studies in Early Christian History*, 355.

[10] Ramsay, *Pauline and Other Studies in Early Christian History*, 361.

Claudius)에 따르면 "유대인들은 크레스투스(Chrestus)의 선동에 의해 끊임없이 소동을 일으키므로 글라우디오 황제가 그들을 로마에서 추방했다."[11] 이것은 당시 로마에 있는 유대인들 사이에 예수 그리스도가 놀랍게 전파되었기 때문에 그로 말미암아 전통적인 유대인들이 기독교 신앙을 받아들인 유대인들을 시기하여 양 집단 사이에 다툼이 발생했기 때문이 아닌가 보고 있다.[12] 원래 유대인에게 호의적이었던 글라우디오가 예수가 메시야라는 문제로 유대인들 간에 대립이 생기고 소요가 발생하자 모든 유대인들을 추방한 것이다.

그런데 글라우디오의 이 추방령은 완전히 시행되지는 못한 것으로 보인다. 성경학자들은 당시 로마에 살고 있던 3만 명의 유대인들이 다 완전히 로마에서 추방된 것은 아닌 것으로 보고 있다. 후에 아굴라가 로마에서 거주(28:17, 롬 16:3)한 것을 보면 유대인들에게 다시 로마 거주가 허용된 것 같다. 이것은 바울이 로마에 가기 전에 이미 로마에는 그리스도를 믿는 사람들이 상당히 많았던 사실에 비추어 볼 때 상당히 설득력이 있는 추론이다. 바울이 로마서를 보낼 정도로 로마에는 적지 않은 그리스도인들이 신앙을 지키고 있었다. 바로 그 가운데 하나가 브리스길라와 아굴라 부부였다.

브리스길라의 이름이 남편 이름 앞에 언급된 것으로 볼 때 그녀가 남편보다 높은 사회 계층에 속한 것으로 보인다. 당시 로마 귀족 가문 중에는 프리스가(Prisca)라는 가문이 있었는데 그녀가 이와 관련이 있다고 성경학자들은 본다. 물론 학자들 사이에는 이들이 로마에서부터 그리스도인이었는지 아니면 바울을 통해 고린도에서 믿게 되었는지에 대해서는 양론이

---

[11] <http://penelope.uchicago.edu/Thayer/E/Roman/Texts/Suetonius/12Caesars/Claudius*.html#ref75> Suetonius, *The Life of Claudius*, 25. (2019. 07. 28. 접속). "Since the Jews constantly made disturbances at the instigation of Chrestus, he expelled them from Rome."

[12] 박용규, 초대교회사 (서울: 총신대학교, 2004), 72. Suetonius, *The Life of Claudius*, xiii. 32. 여기 언급된 크레스투스가 누구인지에 대해서는 이견이 있다. 그가 1세기 중엽 로마의 유대사회에 활약하던 잘 알려지지 않은 소요 선동가였다는 주장이 있다. 그러나 대부분의 교회사가들은 여기서 말하는 크레스투스가 그리스도를 가리킨다고 말한다.

있다. 수에토니우스의 증언을 미루어 볼 때 브리스길라와 아굴라가 로마를 떠나기 전부터 이미 신앙을 가진 그리스도인이었을 가능성이 높지만 바울과의 만남을 통해 신앙을 갖고 바울의 신실한 동역자가 되었을 가능성도 배제할 수 없다. 최근에 이탈리아에서 고린도에 온 이들 부부를 먼저 찾아간 사람은 바울이었다.[13] 브리스길라와 아굴라 부부의 초청이 있었는지 누가는 밝히지 않았다. 바울은 하나님이 주신 만남의 기회를 놓치지 않고 적극적인 자세로 잘 포착한 것이다. 바울이 '그들을 찾아갔다'(18:2, ESV, NIV)는 사실은 복음전도자가 어떤 자세를 취해야 할지를 교훈해 준다.

이들 부부는 '천막을 만드는 자'(18:3)였다. '가죽 세공업자들'로도 통용되었다. 바울이 이들과 교류할 수 있었던 것은 동일 직업에 종사했기 때문이다. 바울의 고향에는 실리시움(ciliciurm)이라 불리는 염소털로 싼 직물 제조업이 번창했으며, 이 직물로 외투나 커튼을 제작했다.[14] 포로기 이후에 유대의 랍비들은 율법 공부 외에 스스로 자활할 수 있는 기술을 습득하는 관례가 있었다. 바울 당시에도 서기관이나 율법학자들은 보수 받는 것이 타당하지 않다고 여겨 생업을 위해 한 가지 직업을 가졌다.[15]

다소 출신 바울도 이 관례에 따라 기술을 습득했다. 바울은 장막을 만드는 자신의 직업을 통해 필요한 생활비를 벌면서 선교여행을 수행했다. 같은 직종의 직업에 종사하던 브리스길라와 아굴라 부부는 바울의 사역에 적지 않은 도움과 용기를 주었다. 바울과 함께 고린도에서 동역하다가 후에 같이 에베소로 건너가(18:18) 교회 건설에 협력하였고 그들의 집에서 교회가 모이게 되었다(18:26, 고전 16:19). 그 후 로마로 돌아갔다가 다시 에

---

[13] Lechler, *Theological and Homiletical Commentary on the Acts* Vol. II., 191.
[14] Lechler, *Theological and Homiletical Commentary on the Acts* Vol. II., 191.
[15] Hermann Olshausen, *Biblical Commentary on the Gospels, and on the Acts of the Apostles: Adapted Expressly for Preachers and Students* Vol. IV. (Edinburgh: T. &T. Clark, 1860), 445. 스스로 선교비를 벌어가며 선교하는 사람들을 가리켜 오늘날 '텐트 메이커'(tent maker)라고 한다. 이 말은 텐트를 만들어 팔며 선교를 했던 바울의 고린도 선교사역에서 유래되었다.

에소로 돌아와 바울의 선교의 협력자로 계속해서 함께 동역했다.

바울은 로마 선교에 대한 상당한 지식을 이들 부부를 통해서 얻었을 것으로 본다. 이것이 사실이라면 바울이 그렇게나 가고 싶어하던 로마, 그곳에서의 복음전도를 결정적으로 도와준 사람은 제자들이 아니라 브리스길라와 아굴라였다. 오늘날에도 하나님의 복음 확산에 크게 기여하는 사람이 꼭 목회자들이나 신학을 공부한 사람들만은 아니다.

이들은 고린도에 와서 자신들이 갖고 있는 기술, 즉 텐트 만드는 일을 함께하였다. 마침 텐트 만드는 기술을 갖고 있던 바울이 이들과 '함께 살며'(18:3) 같은 직업에 종사하면서 기회가 닿는 대로 복음을 증거했다.

바울의 고린도 선교와 새로운 전략(18:4-8)

바울은 고린도교회에 도착한 후 '안식일마다 회당에서 강론하고 유대인과 헬라인을 권면했다'(18:4). 몇 주 후에 실라가 베뢰아에서, 디모데가 데살로니가에서 와서(18:5) 바울과 합류하였다. 이들이 합류한 것은 바울에게는 큰 위로와 힘이었다. 바울은 이들을 통해 어려움을 당했던 데살로니가 개종자들이 견고히 신앙을 지키고 있다는 소식을 들었고, 빌립보 교인들이 정성을 모아 보조금을 전해 받았다. 디모데와 실라가 마게도냐에서 헌금을 가지고 오자 바울은 당분간 생계유지를 위해서 가죽 가공의 일을 하지 않고 복음전파에 혼신의 힘을 기울일 수 있었다. 누가의 표현을 빌린다면 바울은 '하나님의 말씀에 붙잡혀 유대인들에게 예수는 그리스도라 밝히 증언'(18:5)하기 시작했다.

바울은 이때 예수가 구약에 예언된 메시야라는 사실에 집중했을 것이고, 구약 예언이 어떻게 성취되었는가를 강론을 통해 밝혀주었을 것이다. 여기서 '말씀에 붙잡혀'라는 말은 매우 수동적인 것처럼 보이지만 실제는 정반대이다. '말씀에 붙잡혀'라는 말은 "말씀에 사로잡혀"(was occupied with the word, συνείχετο τῷ λόγῳ)라는 의미로서 바울이 하나님의 말씀을 복음전파의 수단으로 삼았음을 보여준다.

바울은 고린도에서 아덴에서처럼 철학적으로 접근하지 않고, 순전히 십자가의 도(고전 2:1-2, 15:1-4)를 전했다. 바울은 훗날 고린도에 보낸 편지에서 '형제들아 내가 너희에게 나아가 하나님의 증거를 전할 때에 말과 지혜의 아름다운 것으로 아니하였나니 내가 너희 중에서 예수 그리스도와 그가 십자가에 못 박히신 것 외에는 아무것도 알지 아니하기로 작정하였음이라'(고전 2:1-2)고 말했다. 오직 예수가 그리스도라고 혼신을 다해 증거한 것이다. 그 결과 어떤 선교지보다도 고린도에서 더 많은 결실을 얻을 수 있었다.

바울은 고린도에 머무는 동안 데살로니가전후서를 썼다.[16] 누가는 처음 고린도에서 바울의 강론이 유대인들에게 집중되었다(18:5)고 증언한다. 그러나 그들이 바울을 '대적하여 비방'하자 바울은 전도의 대상을 동족 유대인들에게서 '이방인들에게로'(18:6) 전환하였다. 이제 복음은 유대인들과 이방인들에게 활짝 열려 민족적 제약 없이 자유롭게 확산되어 나갔다.

고린도가 상업이 번창했던 도시였기 때문에 많은 유대인 이민자들이 이주해 살고 있었다. 이들 유대인들을 위한 회당은 중요한 복음의 채널이었다. 바울은 장막을 만드는 일에 종사하면서 기회가 닿는 대로 복음을 전했다. 바울이 유대인들이 정기적으로 모이는 집회시간에 회당에 가서 복음을 증거한 것은 언제나 유대인들을 만날 수 있었기 때문이다. 바울은 유대인들의 정기적인 모임을 이용해 그리스도의 복음을 전했다. 유대인들의 정기적인 집회를 복음전파의 채널로 활용한 것이다.[17]

바울의 고린도 전도는 우리에게 중요한 교훈을 안겨 준다. 바울은 복음의 대상자들에 따라 접근을 달리했다. 이 말은 복음을 타협했다는 것이 아니라 효과적으로 복음을 증거하기 위해 그가 만난 사람과 환경을 적절하게 활용하며 그들과의 접촉점을 찾는 일을 무시하지 않았다는 사실이

---

[16] Denton, *A Commentary on the Acts of the Apostles.* Vol. II., 156.
[17] 믿지 않는 사람을 주일에 교회로 모시고 오라. 바울이 회당을 이용했듯이 교회를 전도의 수단으로 이용하라. 말씀을 증거하고 말씀을 들을 수 있는 주일은 복음전파에 매우 중요하다.

다. 철학의 도시 아덴에서는 철학적 방법을 통해 접근했고, 고린도에서는 복음을 원색적으로 증거했다. 바울은 확신에 차서 그리스도의 십자가와 부활을 증거했다. 가장 확실한 전도는 바울처럼 확신을 가지고 자신이 체험한 그 주님을 소개하는 것이다.

복음을 전하는 일은 결코 쉬운 일은 아니다. 바울은 가는 곳마다 어려움을 만났다. 고린도에서도 예외가 아니었다. 누가는 6절에서 '그들이 대적하여 비방'했다고 증언한다. 여기서 '그들'은 유대인들을 가리킨다. 동족 유대인들은 바울이 가는 곳마다, 전하는 장소마다 그를 반대했다. 대적하여 비방하였다는 것은 "대적하고 비방하였다"(opposing and reviling, ἀντιτασσομένων καὶ βλασφημούντων)는 말이다. 유대인들이 바울의 선교활동을 줄기차게 반대하고 매도했는데도 바울은 가는 곳마다 동족들에게 복음을 전하는 일을 중단하지 않았다. 그것이 부득불 할 일이라고 믿었다.

고린도 선교의 새로운 전략과 놀라운 결실(18:7-8)

바울이 그렇게 열심히 동족을 구원의 길로 인도하기 위해 노력했지만, 유대인들은 복음을 받아들이지 않았다. 바울은 옷을 털고 이방인에게로 가겠다고 선언하고 회당 옆에 있는 '하나님을 경외하는 디도 유스도(Titius Justus)라 하는 사람의 집'(18:7)으로 옮겼다. 디도 유스도의 집은 바울이 복음전파를 위해 다른 장소로 택한 곳이다.

디도 유스도가 로마식 이름과 성을 가진 것을 볼 때 로마시민으로 보인다. 줄리어스 시저가 고린도를 로마의 한 식민지로 만들었을 때 고린도에 정착한 로마 가문 중 한 가족일 것으로 추론된다. 몇몇 학자는 이 사람이 바로 로마서 16장 23절에 나오는 '나와 온 교회를 돌보아 주는 가이오'와 아마도 동일인이고, 고전도전서 1장 14절에 등장하는 바울이 직접 세례를 베풀었던 극소수의 고린도교회 개심자 중 한 사람인 가이오와 동일인일 것이라고 말한다.[18]

---

[18] William M. Ramsay, *Pictures of the Apostolic Church* (London: Hodder and

디도 유스도는 회당에서 바울이 전도하는 메시지를 들었을 것이고, 바울을 대적하고 복음전파를 방해하는 이들을 현장에서 목도했을 것이다. 그런데도 바울 일행을 영접하고 자기 집을 바울이 복음의 거점으로 삼도록 완전히 개방한 것이다. 사람들은 그 집이 회당 바로 옆이었기 때문에 멀리까지 이동하지 않아도 되었다.

하나님의 섭리가 참으로 섬세하고 구체적이라는 사실에 놀란다. 복음전파를 방해하는 세력들이 있지만, 그러나 하나님께서 그 방해 공작을 넘어설 수 있도록 언제나 새로운 길을 준비해 놓으셨다. 이제 바울의 말을 듣고 싶은 사람들은 회당 옆에 있는 그 집 문을 열고 들어오면 되었다. 하나님을 믿는다고 자처하는 이들이 바울 일행을 회당에서 쫓아냈지만, 주님은 바울과 복음을 듣기를 원하는 자들이 함께 할 수 있는 자유로운 복음전파의 장소를 예비해주셨다.

누가는 바울의 전도가 얼마나 큰 결실로 이어졌는지, 하나님께서 바울을 어떻게 격려해주셨는지를 연이어 기술하고 있다. '회당장 그리스보가 온 집안과 더불어 주를 믿었고'(18:8) '수많은 고린도 사람도 듣고 믿어 세례를'(18:8) 받았으며 '밤에 주께서 환상 가운데'(18:9) 나타나셔서 바울을 격려해주셨다. 회당장 그리스보(Crispus)는 바울의 사역에서 매우 중요한 인물이었다. 고린도전서 1장 14절에 바울이 세례를 준 또 한 명의 고린도 사람이 바로 회당장 그리스보였다. 그는 바울이 회당을 떠나자 그곳을 나와 새로 시작된 고린도교회의 일원이 되었다. 수많은 고린도 사람들이 믿고 세례를 받아 신앙의 공동체가 확장되는 과정에서 그가 중요한 리더십을 발휘하였을 것은 당연하다.

하나님의 특별한 간섭과 놀라운 약속(18:9-10)

고린도에서 바울이 얻은 가장 큰 위로와 축복은 하나님의 약속의 말씀

Stoughton, 1910), 205. 각주 2를 보라. 램지는 디도 유스도가 아마도 로마서 16장 23절에 나오는 가이오, 가이오 디도스 유스도일 것이라고 주장한다.

이었다. '두려워하지 말며 침묵하지 말고 말하라. 내가 너와 함께 있으매 어떤 사람도 너를 대적하여 해롭게 할 자가 없을 것이니 이는 이 성중에 내 백성이 많음이라'(18:9-10). 특별히 우리가 주목할 것은 '내가 너와 함께 있으매'라는 약속이다.[19] 하나님께서는 밤에 환상 가운데 바울에게 나타나셔서 바울과 함께 하신다는 사실을 확인시켜 주셨다.

그 환상은 고린도에 하나님께서 자기 백성으로 표시를 해둔 자들이 많이 있기 때문에 계속해서 복음을 전하면 풍성한 수확을 거둘 수 있을 것이라는 약속이었다. 바울이 고린도에서 어떤 해도 받지 않을 것이라고 확신을 주셨다. 그 힘든 위기의 순간에 주님이 바울에게 나타나셔서 놀라운 격려를 하신 것이다. 주님이 두려워하지 말라고 말씀하신 것은 바울의 내면에 한편으로 두려운 마음이 있었기 때문이다.[20] 훗날 고린도에 보낸 편지에서 바울이 '내가 너희 가운데 거할 때에 약하고 두려워하고 심히 떨었노라'(고전 2:3)고 솔직하게 고백한 것도 그 때문이다. 왜 바울이 고린도에서 그렇게 떨었는지 몇 가지 이유를 추론해 보는 것도 필요할 것이다.

첫째, 바울의 두려움은 타락의 도시인 고린도의 교인들이 주님을 영접한 후 그토록 타락한 세상을 어떻게 헤쳐나갈 것인가 하는 걱정에서 생겨난 두려움이다. 목회자나 교회 지도자라면 누구나 이와 유사한 생각을 가질 때가 많다. 우리 교회 성도들이 앞으로 신앙 가운데 잘 정착할 것인가 하는 두려움이 바로 그것이다. 행여나 이들이 믿음의 길에서 멀어질까 두려움이 앞서는 것이 목회자들의 솔직한 심정이다.

바울이 두려워한 두 번째 이유는 앞으로 자신의 신변에 위험이 다가오리라는 예측 때문으로 보인다. 바울은 사람들, 특히 같은 동족 유대인들이

---

[19] Denton, *A Commentary on the Acts of the Apostles*. Vol. II., 159. 바울에게 하신 '내가 너와 함께 있다'는 약속은 3가지를 함축한다. (1) 나는 너를 격려하고 위로하고 보호하기 위해 너와 함께한다. (2) 아무도 너를 해할 자가 없다. (3) 이 도시에 내 백성이 많다. 바울은 이 약속에 힘을 얻고 그곳에서 하나님의 말씀을 가르치며 1년 6개월을 사역했다.

[20] Denton, *A Commentary on the Acts of the Apostles*. Vol. II., 158. 바울은 위기의 순간에 하나님의 직접적인 임재의 위로와 특별계시를 체험했다. 하나님은 슬픔의 순간에 항상 신실한 당신의 백성들에게 나타나신다.

갈리오 아가야 총독에게 고소할 움직임을 인지한 듯하다. 바울은 엘리야가 이세벨을 피해 도망한 것도 발로 그가 갈멜산에서 대승리를 거둔 직후였듯이 성공 뒤에 늘 자기에게 위협이 따라온다는 사실을 잘 알고 있었을 것이다.

바울이 두려워한 세 번째 이유는 막중한 선교사역으로 인한 중압감 때문으로 보인다. 가끔 지난 일보다 앞으로 해야 할 일들을 생각하면 두려움이 몰아칠 때가 있다. 할 일은 참으로 많은데 아직 이것 밖에 하지 못했구나 하는 생각 때문에 생기는 두려움을 누구나가 느낄 것이다.

그러나 바울이 위기 가운데 있을 때 주께서 바울에게 나타나셔서 아무도 너를 대적할 사람이 없으니 '두려워 말라 내가 너와 함께 있다'(18:9-10)고 말씀하셨다. 무엇보다 '이 성중에 내 백성이 많다'는 사실을 일깨워주셨다. 이 말씀은 바울이 복음을 전하기 전에 이미 고린도에 주의 백성이 많이 있었다는 의미라기보다 장차 주님께서 바울의 선교사역을 통해 많은 전도의 열매를 맺게 하시겠다는 의미가 강하다.

바울은 자기 동족이 복음을 받아들이지 않는다고 생각했지만, 그것은 사실 그의 생각일 뿐이었다. 하나님께서는 수많은 사람들이 복음을 받아들이게끔 하시고 그들을 자신의 백성으로 삼으셨다. 죄가 관영했던 고린도 사람들이 복음을 쉽게 받아들였다는 것은 우리에게 적지 않은 교훈을 안겨준다. 하나님께서 바울의 복음전도를 사용하신 것이다.

바울은 한편으로 복음을 받아들이지 않는 강퍅한 동족들로 인해 깊은 상처를 입었지만 다른 한편으로 '디도 유스도'라는 가정이 '하나님을 경외'(18:7)하는 것을 확인하고 디도 유스도 집 옆에 사는 회당장 '그리스보가 온 집안과 더불어 주를 믿는'(18:8) 역사, '수많은 고린도 사람도 듣고 믿어 세례를'(18:8) 받는 놀라운 역사를 목도했다. 고린도에서 얻은 바울의 결실은 참으로 대단했다. 복음은 바울의 생각을 넘어 그가 기대한 이상으로 고린도 전역에 놀랍게 확산되었다. 마치 누룩처럼 소리 없이 고린도 성 전역에 저변확대 된 것이다. 누가는 디도 유스도라는 사람에서부터 회당장 그리스보, 더 나아가 수많은 고린도 사람들을 대비시키며 복음의 점진적 확산을 실감 있게 기술한다.

하나님은 바울에게 나타나셔서 너를 대적하여 해롭게 할 자가 없을 정도로 방패막이를 해 줄 예수 믿는 사람들이 이 성중에 많을 것을 알려 주셨다. 갈리오가 아가야 총독으로 부임하자 곧 유대인들은 바울을 제거할 기회가 왔다고 생각하고 바울을 강제적으로 '법정으로'(18:12) 데리고 갔다. 하지만 갈리오는 '이러한 일에 재판장 되기를 원하지 아니하노라'(18:15)며 유대인들의 송사를 묵살해버렸다. '두려워하지 말며 … 내가 너와 함께 있으매 어떤 사람도 너를 대적하여 해롭게 할 자가 없을 것이니'(18:9-10)라는 약속이 고린도에서 그대로 성취된 것이다.

1년 6개월간의 고린도 선교사역(18:11)

바울은 A.D. 51년 8월부터 A.D. 53년 2월까지 1년 6개월 동안 고린도에 체류하며 '그들 가운데서 하나님의 말씀을'(18:11) 전하고 가르쳤다.[21] 고린도에서 머문 1년 6개월은 3년을 머문 에베소 다음으로 긴 기간이었다. 레히러의 말대로 이곳은 바울이 참으로 많은 기도, 많은 인내, 하나님에 대한 많은 신뢰, 많은 근면을 쏟았던 곳이다.[22] 이 기간 동안 바울은 고린도 성에만 머물지 않고 고린도를 거점으로 그 주변의 도시 겐그레아나 아가야 전 지방에도 복음을 전한 것으로 보인다. 바울의 최초의 서신으로 알려진 데살로니가 전후서가 기록된 것도 이 기간이었다.

바울이 고린도에 장기간 체류하며 선교에 집중한 것은 그에게 '환상 가운데'(18:9-10) 나타나셔서 격려와 용기와 놀라운 결실을 약속하셨기 때문이다. 바울은 주님의 약속에 의지하여 성령의 능력 가운데 고린도에 '일 년 육 개월을 머물면서'(18:11) 말씀을 가르쳤다. 이것은 복음전도로 주님께로 돌아온 수많은 사람들을 말씀으로 훈련시키는 일종의 제자훈련으로 바울이 안디옥교회에서 바나바와 함께 1년 동안 담당했고 이후에도 종종

---

[21] Ramsay, *Pauline and Other Studies in Early Christian History*, 361.

[22] Lechler, *Theological and Homiletical Commentary on the Acts* Vol. II., 201.

시간이 나는 대로 안디옥에서 실천에 옮겼던 사역이었다.

여기서 교회가 감당해야 할 우선되는 일이 무엇인가를 보여준다. 고린도교회는 여전히 죄가 관영하여 바울이 세운 교회 가운데 제일 근심 어린 교회였다. 그러나 바울은 적어도 세 번이나 이곳을 방문하고 세 번의 편지를 보내 그들을 사랑으로 훈계하고 격려했다.

우리는 바울의 고린도 전도사역을 통해 몇 가지 중요한 교훈을 확인할 수 있다.

첫째, 주님이 바울에게 확인시켜 주신대로 교회는 두려워하지 말고 계속해서 복음을 전해야 한다. 순교는 교회의 씨라는 터툴리안의 증언을 교회가 잊지 말아야 한다.

둘째, 하나님이 복음을 전하는 자와 함께 하신다는 약속을 붙잡고 담대히 나아가야 한다.

셋째, 복음을 전하면 반드시 열매가 있다는 사실을 잊지 말아야 한다. 바울 자신이 느끼는 훨씬 그 이상으로 복음이 널리 전해졌듯이 우리가 힘써 뿌리면 하나님이 놀라운 결실을 거두실 것이다.

넷째, 1년 6개월을 머물렀던 바울처럼 주의 부름 앞에 순종하고 나아가야 할 것이다.

다섯째, 복음은 가까운 이웃에게 먼저 전하고 그 다음에 다른 사람에게 전하는 것이다.

2. 갈리오 총독의 기독교 인준과 의미(18:12-17)

[12] 갈리오가 아가야 총독 되었을 때에 유대인이 일제히 일어나 바울을 대적하여 법정으로 데리고 가서 [13] 말하되 이 사람이 율법을 어기면서 하나님을 경외하라고 사람들을 권한다 하거늘 [14] 바울이 입을 열고자 할 때에 갈리오가 유대인들에게 이르되 너희 유대인들아 만일 이것이 무슨 부정한 일이나 불량한 행동이었으면 내가 너희 말을 들어 주

는 것이 옳거니와 15 만일 문제가 언어와 명칭과 너희 법에 관한 것이면 너희가 스스로 처리하라 나는 이러한 일에 재판장 되기를 원하지 아니하노라 하고 16 그들을 법정에서 쫓아내니 17 모든 사람이 회당장 소스데네를 잡아 법정 앞에서 때리되 갈리오가 이 일을 상관하지 아니하니라

갈리오가 아가야 총독으로 고린도에 도착한 것은 A.D. 51년 7월이었다.[23] 그는 부임한 지 채 1년도 되지 않은 A.D. 52년 6월 건강 문제로 고린도를 떠났다.[24] 당시 총독은 로마의 상원의원이 되는 것과 군사권을 지닌 제국주 총독이 있었다. 군대를 필요로 하는 곳의 총독은 빌라도와 같이 프로프래토(propraetor)이고 그렇지 않은 것은 프로콘술(proconsul)이라 하였다. 빌라도는 전자에 속하고, 여기 갈리오와 서기오 바울은 후자에 속하며 원로원 의원의 선거권을 가진 영향력 있는 총독이었다.

갈리오는 유명한 스토아 철학자이자 네로의 스승이었던 세네카의 형제였고[25] 당대 대표적인 웅변가인 주니어스 안데어스 갈리오의 양자가 되었던 인물이다. 갈리오는 교양이 높고 온후한 정치가였으며, 아주 사랑스럽고 호감이 가고 신사적인 사람이었다.[26] 그의 형제 세네카는 이렇게 갈리오의 덕망과 사랑의 성품을 예찬했다. "내가 당신에게 나의 형제 갈리

---

[23] Ramsay, *Pauline and Other Studies in Early Christian History*, 361; C. K. Barrett, *The New Testament Background: Selected Documents* (New York: Harper &Brothers, 1961), 48-49; Jerome Murphy-O'Connor, *Paul: A Critical Life* (Oxford: Oxford University Press, 1996), 46-51.

[24] Bruce, *The Book of ACTS*, 374. "갈리오는 집정관 직을 수행한 뒤에 아가야 총독으로 임명되었다. 글라우디오 황제가 A.D. 51년 말부터 52년 8월 사이에 행한 포고문을 기록하고 있는 그리스 중앙에 위치한 델피 신전에 있는 한 비문에 의하면 A.D. 51년 7월에 총독에 올랐다. 갈리오가 열병 때문에 아가야를 떠났으며, 건강을 위해 유람을 계속했다(Seneca, *Moral Epistles* civ. 1). 좀 더 후대에 우리는 그가 관직 수행 후 심각한 폐결핵 때문에 로마에서 이집트로 건강을 위해 유람을 떠났다고 읽는다(Pliny, *Natural History* xxxi. 33). 갈리오는 65세에 세네카와 그의 다른 가족들과 함께 네로의 의심의 희생물이 되었다."

[25] Denton, *A Commentary on the Acts of the Apostles*. Vol. II., 160.

[26] Henry Cowles, *Acts of the Apostles: With Notes, Critical, Explanatory, and Practical, Designed for Both Pastors and People* (New York: D. Appleton, 1883), 151. "갈리오는 세네카의 형제로, 유명한 윤리주의자였고, 정직성과 상냥함의 기질로 가장 높은 평판을 얻었다."

오에 대해 말하곤 했지만, 갈리오보다 사랑이 많은 사람은 없다. 그는 누구나를 사랑했으며, 갈리오는 심지어 그를 사랑할 수 없는 그 사람도 사랑했다. 그는 다른 사람의 잘못에 대해 눈을 감았다."[27] 그만큼 갈리오는 훌륭한 인격의 소유자였다. 게다가 재치도 대단했다.

아가야 총독 갈리오와 유대인들의 고소(18:12-13)

갈리오 총독 때 유대인들이 바울을 대적하고 송사했다(18:12). 지금까지 유대인들로부터 박해와 핍박을 받아온 바울로서는 이번 일이 처음 있는 것도 생소한 사건도 아니었다. 그러나 이번의 사건은 유대인들이 바울을 로마 황제가 임명한 지방 총독에게 참소했다는 의미에서 이전의 박해와 차이가 있다. 이 경우는 당시 로마제국의 당국자들이 기독교를 어떻게 이해했는지 또 동족의 문제에 대해 어떤 시각을 가지고 있었는지를 이해하는 데 매우 중요한 배경을 제공해준다.

유대인들이 고린도에서 바울을 송사한 이유에 대해서는 성경에 나타나지 않았지만 전후 관계에서 볼 때, 고린도에서의 놀라운 교인증가 때문으로 볼 수 있다. '이 성중에 내 백성이 많음이라'(18:10)고 약속하신 대로 그리스도를 받아들인 사람들이 계속해서 늘어났다. 특별히 바울이 1년 6개월 동안 고린도에 머무는 동안 점점 더 그 숫자가 늘어나자 유대인들의 시기가 더 심해진 것으로 보인다. 기독교의 영향력이 커지면 커질수록 그것을 시기하는 세력들이 증가했다.[28]

박해가 바울의 사역 속에 끊이지 않았다. 고린도에서도 바울은 유대인들의 공격을 받았다. 많은 유대인들은 주민들이 기독교로 개종하기 전에 그 영향력을 제지하려고 바울을 재판관에게 넘겼다. 누가의 표현을 빌리

---

[27] Lucius Annaeus Seneca, *Seneca Natural Questions* trans by Harry M. Hine (Chicago: The University of Chicago Press, 2010), 54.
[28] 이 기간 동안 바울은 고린도 성에만 머물지 않고, 고린도를 거점으로 그 주변의 도시 겐그레아나 아가야 전 지방에도 복음을 전한 것으로 보인다. 바울의 최초의 서신으로 알려진 데살로니가전후서가 기록된 것도 이 기간이었다.

면 '유대인이 일제히 일어나 바울을 대적하여 법정으로 데리고'(18:12) 간 것이다. 이들이 바울을 데리고 와서 송사한 내용은 '이 사람이 율법을 어기면서 하나님을 경외하라고 사람들을 권한다'(18:13)는 것이다. 유대인들이 문제를 제기한 배경에는 당시 로마통치 하에 제국이 인정하는 종교인 유대교와 달리 바울 일행이 전파하는 종교는 법에 어긋나는 종교라는 것이 그 핵심이다.

갈리오 총독의 판결과 로마 종교정책(18:14-17)

당시 로마제국은 식민지의 종교에 대해 관용적인 정책을 쓰면서 제국 내의 모든 종교를 소위 렐리기오 리키타(religio licita)라는 합법적인 종교와 렐리기오 일리키타(religio illicita)라는 불법적인 종교로 구분했다. 유대교는 합법적인 종교여서 종교적 관습과 예배를 인정받았다. 그런데 유대인들은 기독교에 대해 자신들이 믿는 유대교와 다르다는 사실을 지속적으로 부각시켰다. 기독교가 새로 발흥한 '렐리기오 일리키타'라는 사실을 강조하면서 로마법으로 금지시켜야 할 종교라고 지방행정관들에게 끊임없이 호소했다.

바울이 율법을 어겼다는 사실 그리고 하나님을 공경하라고 가르쳤다는 사실 이 두 가지가 바울을 송사하는 이유였다. 참으로 설득력 없는 빈약한 이유였다. 두 가지 이유 중에서 후자는 유대인들도 하나님을 공경하기는 마찬가지니까 실제로는 율법을 어겼다는 것이 주된 송사 내용이다. 바리새인 중의 바리새인이라고 생각했던 바울에게 그런 송사는 모독적인 송사였다. 그것은 바울이 율법을 어긴 일이 없었기 때문이다. 그가 율법을 범했다면 모세로부터 구약의 모든 선지자들이 한 예언이 예수 그리스도 곧 메시야를 예표하는 것이고, 그 메시야가 예수 그리스도라고 가르친 부분이었다.

유대인들은 바울이 율법을 어겼다는 것이 충분한 송사 내용이라고 생각했지만, 갈리오의 견해는 달랐다. 갈리오는 기대에 찬 유대인들의 송사를 일언지

하에 거절한다. 갈리오는 유대인들을 향해 '너희 유대인들아 만일 이것이 무슨 부정한 일이나 불량한 행동이었으면 내가 너희 말을 들어주는 것이 옳거니와 만일 문제가 언어(words)와 명칭(names)과 너희 법(law)에 관한 것이면 너희가 스스로 처리하라 나는 이러한 일에 재판장 되기를 원하지 아니하노라'(18:14-15)며 그들의 송사를 기각시켰다.[29]

우리가 주목하는 것은 여기 갈리오가 바울의 선교를 "언어와 명칭과 유대율법의 해석"에 관한 문제로 이해했다는 사실이다. 기독교를 유대교와 독립된 종교로 이해하기보다 유대교 안에 있는 일종의 분파로서 해석상의 차이가 존재하는 정도로 이해한 것이다. 아가야 총독 갈리오가 빌립보의 관료를 비롯하여 지금까지의 지방 관료들과는 다른 태도를 보여준 것처럼 보이지만, 실제로는 갈리오의 입장이 로마제국의 관료들의 공통적인 견해였다.

로마제국의 지방 관리들이 기독교를 유대교의 한 분파로 이해했다는 사실은 초대교회에서 매우 중요하다. 당시 로마제국은 합법적인 종교가 아니면 선교를 금했는데, 유대교는 로마제국에서 인정한 합법적인 종교였다. 기독교는 복음이 확산되는 과정에서 로마제국 내에서 합법적인 종교로 인정받아 종교의 자유를 누릴 수 있었다. 따라서 로마 관료들이 기독교를 유대교의 한 분파로 이해한 것은 선교사역을 계속할 수 있는 근거를 제공하였으며, 복음의 확장에 적지 않은 기여를 했다.

16절을 보면 갈리오는 사건을 기각시켰을 뿐만 아니라 송사하는 유대인들을 "법정에서" 쫓아냈다. 갈리오의 판결은 단순히 바울의 선교여행만 아니라 초대교회 전체를 이해하는 매우 중요한 사건이다. 총독이 바울을 고소한 문제를 유대인들의 민족적, 종교적 문제로 단정함으로 기독교가 로마제국 안에서 합법적으로 보호를 받는 선례가 되었다.

로마법이 유대주의 종교에 적용된 보호 조치를 기독교 복음이 공유

---

[29] Denton, *A Commentary on the Acts of the Apostles*. Vol. II., 161.

할 수 있도록 한 갈리오의 행정은 다른 로마 재판관들에게 일종의 선례가 되었다. 특히 세네카처럼 제국의 법원에서 영향력을 가진 지위에 있던 인물을 형으로 가진 갈리오가 내린 판결이었기 때문에 다른 로마 재판관들에게 일종의 판례가 되었을 것임에 틀림없다. 그것은 다음 10년 혹은 12년 동안, 그리스도인들에 대한 제국의 정책이 '가장 고차원에서' 완전히 바뀔 때까지 기독교 메시지가 로마법과 상충될 우려가 전혀 없이 로마제국의 각 지방에서 선포될 수 있었음을 의미한다. 갈리오의 결정에 대한 누가의 설명은 그의 역사의 변증적인 동기와 상당히 연관성이 있다. 그리고 이 결정에 대한 기억은 몇 년 후 바울로 하여금 '예루살렘의 지도적 당파의 상당한 영향 하에 있던 유대총독의 하급 법정으로부터 로마제국의 최고법정[대법원, the supreme tribunal]에 항소하도록' 용기를 북돋아준 일 중의 하나로 작용했을 것이다.[30]

누가는 하나님이 하시는 역사가 얼마나 섬세한가를 하나하나의 사건 기록을 통해 드러내길 원했다. 누가는 당시 로마역사에 대해서 해박한 지식을 갖고 있고, 역사의 흐름이 어떻게 흘러가고 있는가를 정확히 파악하고 있었다. 하나님께서 로마제국에 복음이 전파되도록 하시기 위해 로마제국의 보호를 받게 하셨다. 로마 관리들이 기독교에 대해 우호적인 결정을 내렸고 다른 한편으로 하나님이 진행해 나가시는 구속사를 예시하기를 원했다.

갈리오는 유대민족의 문제에 간섭하기를 원치 않았다. 그가 회당장 소스데네를 법정에서 구타하는 것을 보고도 침묵한 것도 그 때문이다. 본문을 주목해 보면 갈리오는 판결만 하고 재판정에서 쫓아내고 소스데네를 구타한 것은 그곳에 있던 무리들이었다. 갈리오가 사건을 기각시키자 그 재판정에 있는 '모든 사람'이 '회당장 소스데네를 잡아 법정 앞에서'(18:17)

---

[30] Bruce, *The Book of ACTS*, 375-376. 이 사실을 앞서 지적한 인물은 램지이다. William M. Ramsay, *St. Paul the Traveller and the Roman Citizen* (London: Hodder and Stoughton, 1895), 260.

구타한 것이다. 재판정에서 사람들이 회당장을 구타하는 일이 벌어졌는데도 갈리오는 '이 일에 상관하지'(18:17) 않았다.

문제는 '모든 사람'이 왜 소스데네를 구타했을까 하는 것이다. 성경학자들은 누가가 언급한 '모든 사람'(all, πάντες)을 헬라인으로 해석하는 경향이 많다.[31] 실제로 KJV을 비롯한 여러 역본들이 모든 사람을 '모든 헬라인'으로 번역하였다. 추론한다면 유대인들을 미워하던 헬라인들은 마침 유대인들의 고소가 기각되자 그 고소의 책임자인 소스데네를 잡아 때린 것으로 해석된다.

성경학자들 가운데는 여기 '모든 사람'을 유대인으로 해석하는 것도 가능하다고 말한다. 존 크리소스톰을 비롯한 헬라 교부들이 대표적이다.[32] 모든 사람을 모든 유대인으로 해석할 경우에는 바울의 재판이 기각되자 유대인들이 재판의 책임자인 소스데네에게 책임을 돌려 구타한 것으로 볼 수 있다. 이것 역시 매우 설득력이 있다. 고린도전서 1장 1절 말씀, '하나님의 뜻을 따라 그리스도 예수의 사도로 부르심을 받은 바울과 형제 소스데네'라는 구절에 언급된 소스데네가 바로 동명인물일 가능성이 높기 때문이다.[33] 만일 이 해석이 맞다면 바울 참소의 책임자 소스데네는 그 일의 실패로 동족으로부터 심한 구타를 당한 후 복음을 받아들이고 주님의 제자가 된 것으로 풀이된다. 이 과정에서 그의 친구 같은 '회당장 그리스보'(18:8)가 이 일에 결정적인 도움을 주었을 것이다.

3. 3차 선교여행 준비(18:18-23)

[18] 바울은 더 여러 날 머물다가 형제들과 작별하고 배 타고 수리아로 떠나갈새 브리스길라와 아굴라도 함께 하더라 바울이 일찍이 서원이 있었으므로 겐그레아에서 머리를 깎았더라 [19] 에베소에 와서 그

---

[31] Denton, *A Commentary on the Acts of the Apostles*. Vol. II., 162.
[32] Denton, *A Commentary on the Acts of the Apostles*. Vol. II., 162.
[33] Denton, *A Commentary on the Acts of the Apostles*. Vol. II., 163.

들을 거기 머물게 하고 자기는 회당에 들어가서 유대인들과 변론하니 [20] 여러 사람이 더 오래 있기를 청하되 허락하지 아니하고 [21] 작별하여 이르되 만일 하나님의 뜻이면 너희에게 돌아오리라 하고 배를 타고 에베소를 떠나 [22] 가이사랴에 상륙하여 올라가 교회의 안부를 물은 후에 안디옥으로 내려가서 [23] 얼마 있다가 떠나 갈라디아와 브루기아 땅을 차례로 다니며 모든 제자를 굳건하게 하니라

그 후의 바울의 선교여행에 대해서는 자세한 묘사가 없고 단순히 행선지를 중심으로 설명한다. 자기의 임무를 다한 것으로 생각한 바울은 그곳을 떠나 수리아로 방향을 돌려 계속 선교사역을 진행했다(18:18). 고린도 전도를 끝낸 바울은 에베소를 거쳐 배로 가이사랴를 통해 자신을 파송한 '안디옥으로'(18:22) 돌아갔다. 이것으로 3년간에 걸친 약 3,000km 의 2차 선교여행 대장정이 성공적으로 끝났다.

브리스길라와 아굴라가 고린도에서 1년 반 동안 머무는 동안 이들은 바울의 신실한 동역자가 되었고, 다시 에베소로 와서는 그곳 교회의 중심 인물이 되었다. 이들은 이후에도 바울의 신실한 동역자가 되어 바울이 3차 선교여행을 거의 끝낼 즈음에는 로마로 갔다가 다시 에베소로 돌아왔다.

겐그레아에서 머리를 깎은 바울과 2차 선교여행 종결(18:18-22)

겐그레아에 도착한 바울은 머리를 깎았다. 겐그레아는 오늘날 키크리스로 불리는 소읍으로 고린도 동쪽 10km 에 있는 항구도시이다. 사도 바울이 2차 선교여행을 성공적으로 마친 후 자신의 머리를 깎으며 다음 선교를 준비했던 겐그레아는 참으로 아름다운 해안가에 위치하고 있다. 지금은 겐그레아의 흔적을 찾을 수 없고 바닷가에 위치한 해변 안내 표지에 고대 항구 겐그레아(Kenchreai-Ancient Port)라고 쓰여 있다.[34]

---

[34] 겐그레아에서 멀지 않은 곳에 고린도운하가 건설되었다. 운하가 건설된 후 펠로포니소스

바울의 방문으로 겐그레아에 교회가 세워지고 여집사 뵈뵈가 그곳에서 바울 대신 주의 백성들을 돌보았다. 바울은 겐그레아에서 왜 머리를 깎았을까? 성경은 이 사건을 설명하면서 '일찍이 서원이 있었으므로'(18:18) 머리를 깎았다는 것 외에는 그 이유를 전혀 밝히고 있지 않다. 일찍 서원이 있어 머리를 깎았다면 서원과 머리를 깎은 사건은 모종의 관련이 있다는 의미이다.[35] 이 서원은 민수기 6장에 나오는 나실인의 서원을 말하는 것으로 보인다.

바울의 서원은 고린도의 선교사역 동안 받은 하나님의 보호하심과 인도하심에 대한 감사의 서원으로 해석된다. 누가는 바울의 고린도 선교에 대해 구체적으로 상술하지 않았지만 갈리오 총독이 기독교의 복음전파를 공식적으로 인정하는 결정을 내린 후 바로 고린도를 떠나지 않고 이 기회를 이용하여 고린도에 수개월을 머물면서 선교사역을 지속했던 것으로 보인다. 그런 후 수리아와 팔레스타인을 방문하기 위해 '브리스길라와 아굴라와 함께'(18:18) 고린도의 동쪽 항구 겐그레아에서 에게해로 향했다. 새로운 사역을 앞두고 마음의 준비를 하는 의미도 있었을 것이다. 바울이 머리를 깎은 것은 서원했던 기한이 다 찼음을 보여준다.

나실인은 삼손이나 신약의 요한처럼 평생 나실인이 있고, 한 때의 나실인이 있다. 후자의 경우는 30일간의 기간을 두고 처음과 마지막에 머리를 깎았다. 이 기간 중에는 그는 하나님께 헌신을 다짐하고 포도주나 독주를 마셔서는 안 되고, 시체나 부정한 것을 만져서도 머리나 수염을 깎아서도 안 된다. 서원기간 동안에는 이방인과 상종하지 않아야 하고 나실인의 서원을 어디서 했든지 예루살렘에서 서원을 풀어야 하고 거기서 두 번째 머리를 깎고 그것을 화제로 하나님께 드렸다. 이런 서원은 특별한 질병이나 남다른 고민이 있을 때 그 문제를 해결해 달라는 간절한 의미에서 시작하는 경우가 대부분이었다. 그렇다면 바울 역시 귀로에 이런 서원을 한 것은 그동안의 엄청난 결실, 앞으로 해야 할 중차대한 선교사명을 앞두고 하나

(Peloponissos)를 한 바퀴 빙 돌아가던 항해 시간이 상당히 단축되었다.

[35] Denton, *A Commentary on the Acts of the Apostles*. Vol. II., 164.

님께 자신의 앞날을 부탁하고 의지하고 싶었기 때문이다.

직장을 그만둔 사람이 신학교에 들어가기 전 금식을 하며 다시 한 번 자신의 소명을 확인하는 일, 모세가 십계명을 받기 전 호렙산에서 40일 동안 금식한 일, 주님이 공생애를 사시기 전 광야에서 40일 간 금식하신 일들 모두가 앞으로 있을 사명을 놓고 하나님께 맡기고 의지하겠다는 의미에서 비롯된 것이다. 그렇게 헌신적이고 성령의 충만을 받았던 바울이었지만, 그는 다시 한 번 자신을 돌아보고 다짐하는 진중한 신앙의 자기 점검 시간을 가졌다. 이것은 우리에게 중요한 교훈을 안겨준다. 우리가 문제가 있을 때 그 문제를 놓고 하나님께 온전히 맡겨야 하고, 또 인생의 여정 속에서 끊임없이 주님과 상의하고 그분의 뜻을 물어보는 노력이 있어야 한다.

바울은 에베소로 다시 가이사랴로 그리고 안디옥으로 내려갔다 다시 갈라디아와 브루기아로 향했다. 이 과정에서 누가는 두 가지 사실을 언급하였다. 그것은 18장 19-21절의 말씀이다. 에베소에 브리스길라와 아굴라를 동행하고 에베소에 도착한 바울은 홀로 '회당에 들어가서'(18:19) 복음을 전했다.

에베소는 여러 가지 면에서 로마제국 안에서 참으로 중요한 위치를 차지하고 있다. 경제적으로 에베소는 소아시아의 길목에 위치한 소아시아 최대의 상업도시였다. 지정학적으로는 로마에서 동방에 이르는 주요 통로 상에 위치해있다. 정치적으로는 아시아 지방의 수도였고 자체 원로원과 시의회 그리고 재판관이 상주하는 헬라자유도시였다. 종교적으로는 마술이 성행했으며, 고대 세계 7대 불가사의 중 하나인 아르테미스 여신 신전이 있다.[36] 최대의 상업도시, 로마와 동방을 잇는 중요한 관통로, 아시아의 수도, 자체적인 원로원과 시의회를 갖춘 헬라의 자유도시라는 점에서 에베소는 전략적으로 너무도 중요한 곳이었다. 바울이 이곳을 중요한 선교의 거점으로 삼은 것도 그런 맥락에서였다.

유대인들이 그렇게 핍박하고 박해를 가했지만, 여전히 바울은 그들에

---

[36] Ramsay, *St. Paul the Traveller and the Roman Citizen*, 271-272.

게 복음을 전하고 그들을 사랑했다. 회당에서 바울의 메시지를 들은 유대인들과 유대교로 개종한 이들이 바울에게 '더 오래 있기를'(18:20) 청하자 그는 '만일 하나님의 뜻이면 너희에게 돌아오리라'(18:21)고 작별하고 떠났다. 바울이 이렇게 서둘렀던 것은 A.D. 52년 초순에 있는 유월절까지 팔레스타인에 데려다줄 배가 에베소 항구를 막 떠나려고 했던 상황이었기 때문이다. 이 때문에 바울은 하나님의 뜻에 맡기고 서둘러 에베소를 떠나려 한 것이다.

여기서도 바울이 철저하게 자신의 욕심이나 자신의 뜻을 꺾어 버리고 하나님의 뜻을 구하는 것을 발견할 수 있다. 이것이 바로 신앙인의 태도이다. 자신의 뜻을 철저하게 하나님의 뜻에 복종시키는 것이 믿음의 사람이고 하나님의 일꾼이다. 하나님은 복음을 필요로 하는 곳에 주저하지 않고 달려갈 사람을 찾고 계시고 그런 사람을 통해 역사를 이루어 가셨다.

누가는 바울이 '가이사랴에 상륙하여 올라가 교회의 안부를 물은 후에 안디옥으로 내려갔다'(18:22)고 기록하고 있다. 바울이 탄 배가 에베소를 출발하여 지중해에 있는 항구 가이사랴에 도착한 것이다. 바울이 가이사랴에 도착한 후 "올라가 교회의 안부를 물었다"고 누가가 증언하는데 이 교회는 예루살렘교회를 말하는 것이다. 예루살렘의 일을 마친 후 바울은 안디옥으로 내려갔다. 바울은 안디옥을 중심 거점으로 삼고 선교여행을 계속했다. 안디옥은 바울의 1차 선교여행의 출발지였고, 선교여행을 마치고 이곳으로 돌아왔다. 2차 선교여행도 이곳에서 출발하고, 마치고 이곳으로 돌아온 것이다.

이렇게 해서 바울은 2차 선교여행을 마쳤다. 누가는 2차 선교여행을 마친 바울이 안디옥교회에 와서 어떤 일을 했는지 분명히 기록하고 있지 않다. 1차 선교여행 때처럼 성령께서 역사하셔서 어떻게 이방인들이 구원을 얻게 되었는지를 들려주었을 것이다. 다만 '얼마 있다가'(18:23) 다시 선교여행을 떠났다고 증언한다.

바울의 3차 선교여행 착수(18:23)

1차 선교여행을 끝내고 예루살렘총회, 바나바와의 결별 등 일련의 사건들이 있었으나 바울은 2차 선교여행이 끝나고는 쉴 사이도 없이 또다시 새로운 여행을 강행했다. 바울과 실라는 2차 선교여행의 육로 노선을 따라 소아시아를 향해 출발하였다. 바울이 겐그레아에서 머리를 깎은 이유가 분명해졌다. 그는 한편으로 2차 선교여행 중에서 경험한 고린도에서의 놀라운 선교역사에 감사하면서도 다른 한편으로 앞으로 전개될 새로운 선교사역을 기도 가운데 준비한 것이다.

사도행전 18장 23절부터 19장 41절까지 3차 선교여행에 대한 기록이다.[37] 여기 바울의 사역 가운데 또 한 가지 주목할 만한 사실은 '갈라디아와 브루기아 땅을 차례로 다니며 모든 제자를 굳건하게 하니라'(18:23)는 말씀이다. 3차 선교여행은 '갈라디아와 브루기아'를 중심으로 2차 선교여행 경로를 다시 방문하면서 앞서 뿌려 놓은 씨앗들이 잘 자라고 있는가를 확인하고 결실을 잘 맺을 수 있도록 독려하는 데 초점이 맞추어져 있었다.

누가는 한 구절로 압축했지만, 바울이 3차 선교여행 중에 두루 다닌 '갈라디아와 브루기아 땅'은 실제 거리가 2,400km 나 되는 장거리였다. 바울이 얼마나 열심을 다해 복음을 증거했는가를 말해준다. 그런데도 누가가 간단하게 압축한 것은 자신이 동행한 여행이 아니었기 때문으로 해석된다.[38]

3차 선교여행은 사도행전에 기록된 바울의 마지막 선교여행이었고, 가장 힘든 여행이기도 했다. 에베소-마게도냐와 아가야-드로아-밀레도-귀로로 대별할 수 있는 3차 선교여행은 몇 가지 점에서 귀한 결실이 있었다. 2차 선교여행까지 허락되지 않았던 아시아 전도가 이 전도 기간에 결

---

[37] Lechler, *Theological and Homiletical Commentary on the Acts* Vol. II., 209-210. 레히러는 바울이 3차 선교여행을 떠난 것이 A.D. 54년 혹은 55년이라고 말한다.

[38] Bruce, *The Book of ACTS*, 379.

실을 맺었고, 그 결과 아시아는 3차 선교여행 전체의 핵심으로 자리 잡게 되었다. 바울은 3차 선교여행 도중에 선교지를 독려하는 일을 게을리하지 않으면서도 그 바쁜 일정 속에서 고린도전후서, 로마서 등을 기록했다.

바울의 사역이 가장 절정에 이르는 시기가 바로 이때였다. 그동안 바울이 힘써 뿌려 놓은 씨앗들이 아름다운 결실을 맺고 있었다. 수많은 박해와 고난 중에서도 흔들리지 않고 충실하게 바울을 지원했던 두 명의 동역자, 디모데와 실라가 변함없이 바울 곁에 있었다. 이들은 과거 바나바가 했던 역할 그 이상의 몫을 감당했다. 그 결과 과거 바나바가 주도하던 선교사역이 자연스럽게 바울로 이전되었다. 바나바의 공백을 디모데와 실라가 너무도 잘 메꾸어 주었다.

3차 선교여행 동안 바울은 선교지를 다니며 자신이 뿌려 놓은 씨앗이 열매를 맺도록 독려했다. 그는 단순히 복음만 전한 것이 아니라 그 복음이 온전히 결실을 맺을 수 있도록 선교지를 돌아보는 일을 게을리하지 않았다. 바울은 열심히 선교하고는 그들의 신앙이 뿌리내릴 수 있도록 선교지를 돌아보며 지속적으로 격려하였다. 바울의 격려는 단순한 격려나 형식적인 격려가 아니었다. '갈라디아와 브루기아 땅을 차례로 다니며'(18:23)라는 말이 이를 입증해 준다. 이것은 바울이 한 지역에서 다른 지역으로 옮겨 다니면서 갈라디아와 브루기아 땅 전체에 흩어진 제자들을 돌보았음을 보여준다.

그러나 바울은 에베소를 포기할 수 없었다. 바울은 갈라디아 남부에 위치한 교회들을 방문하여 신앙으로 독려한 후 더 머물러 달라고 부탁했던 곳, 그가 3년 동안이나 생명을 다해 선교사역을 감당했던 에베소로 향했다.[39]

---

[39] Ramsay, *St. Paul the Traveller and the Roman Citizen*, 275. 램지는 바울 일행이 에베소에 체류한 기간은 정확히 A.D. 53년 10월부터 A.D. 56년 1월까지였다고 보았다. 이렇게 체류 기간이 늘어난 원인으로 소요가 발생한 것과 복음이 놀랍게 확산된 것 두 가지를 들었다. 긴장의 확산으로 신앙으로 독려할 필요가 있었을 것이고 체계적으로 믿는 자들을 가르칠 필요가 생긴 것이다.

4. 아볼로의 회심과 그 중요성(18:24-28)

²⁴ 알렉산드리아에서 난 아볼로라 하는 유대인이 에베소에 이르니 이 사람은 언변이 좋고 성경에 능통한 자라 ²⁵ 그가 일찍이 주의 도를 배워 열심으로 예수에 관한 것을 자세히 말하며 가르치나 요한의 세례만 알 따름이라 ²⁶ 그가 회당에서 담대히 말하기 시작하거늘 브리스길라와 아굴라가 듣고 데려다가 하나님의 도를 더 정확하게 풀어 이르더라 ²⁷ 아볼로가 아가야로 건너가고자 함으로 형제들이 그를 격려하며 제자들에게 편지를 써 영접하라 하였더니 그가 가매 은혜로 말미암아 믿은 자들에게 많은 유익을 주니 ²⁸ 이는 성경으로써 예수는 그리스도라고 증언하여 공중 앞에서 힘 있게 유대인의 말을 이김이러라

디모데와 실라 외에 이 기간 바울의 동역자로 새로 등장한 인물이 아볼로였다. 범가르텐의 표현을 빌린다면 그는 유럽의 헬라에서 '바울의 대변자'가 되었다.⁴⁰ 그만큼 아볼로는 바울의 유럽선교에서 매우 중요한 인물이다. 아볼로는 이집트 알렉산드리아에 사는 한 디아스포라 유대인이었다.⁴¹ 바울이 에베소를 방문하고 떠나온 뒤로, 팔레스타인과 수리아에 머물다가 그곳에 다시 돌아올 때까지의 사이에 그가 에베소를 찾아온 것이다. 아볼로는 바울과 같이 유대인(18:24)이었으며, 에베소에 와서 거주하고 있었다. 초대교회 전체를 통해서 볼 때 아볼로의 등장은 매우 중요한 의미를 지닌다. 아볼로의 등장은 특별한 하나님의 섭리였다. 그것은 바울이 에베소를 떠나야 했을 때 그의 부재로 말미암아 생길 수 있는 리더십의 공백을 아볼로가 너무도 훌륭하게 메꾸어 주었기 때문이다.

---

⁴⁰ M. Baumgarten, *The Acts of the Apostles: Or, The History of the Church in the Apostolic Age.* Vol. II. (Edinburgh: T. &T. Clark, 1854), 220-268.

⁴¹ Lechler, *Theological and Homiletical Commentary on the Acts* Vol. II., 210.

아볼로는 특히 고린도에서 바울의 후계자로 탁월한 리더십을 보여주었다. 그가 고린도에서 헌신적으로 양무리들을 양육하였다는 사실은 바울이 그를 대단히 칭찬하고 존중히 여긴 것에서 알 수 있다. '나는 심었고 아볼로는 물을 주었으되'(고전 3:6)라고 바울이 밝혔고 다시 이어 '이 일에 나와 아볼로를 들어서 본을 보였으니'(고전 4:6)라고 칭찬했다. 아볼로가 신앙과 삶이 일치했음을 보여준다. 누가도 아볼로에 대해 '이 사람은 언변이 좋고 성경에 능통한 자라'(18:24)고 예찬했다. 누가는 아볼로의 열정과 신앙 그리고 견실성도 칭찬했다.[42]

아볼로, 알렉산드리아 출신의 디아스포라 유대인

알렉산드리아는 초대교회에서 매우 중요한 지역이었다. 알렉산드리아는 "헬라의 학문과 문화의 중심지로" 일찍부터 디아스포라 유대인들이 많이 거주하고 있었던 지역이었다. 팔레스타인을 넘어 흩어져 살고 있던 유대인들이 가장 많은 집단을 형성한 곳이 알렉산드리아였다.[43] 성경학자들에 의하면 그곳에 약 100만 명의 유대인들이 살고 있었다.

알렉산드리아는 일찍부터 헬라의 영향을 받은 곳이다. 그래서 헬라철학이 만연했다. 그러면서도 그곳 유대인들은 유대의 전통을 지키기를 원했다. 언어적으로는 헬라어를, 정신적으로는 헬라철학을 그리고 신앙적으로 유대교 신앙을 가지고 있었다. 따라서 헬라의 영향을 받은 알렉산드리아 유대인들은 알렉산드리아 필로가 보여주듯 헬라철학과 모세의 율법을

---

[42] 존 칼빈, 한국기독교선교백주년기념 존·칼빈성경주석출판위원회 역편, 신약성경주석, Vol. 6, 사도행전 II (서울: 성서교재간행사, 1980), 197.

[43] Cowles, *Acts of the Apostles*, 154. "이 사람 아볼로는 그 당시 기독교 사역에 있어서 너무도 중요한 곳을 채워주었다. 그의 역사가 매우 중요한 곳에서 이야기가 되고 있다. 이집트의 알렉산드리아는 그곳의 문화, 그곳에 거주하는 수많은 유대인들 그리고 그들의 유명한 유대인 학교로 오랫동안 유명했다. 그곳에서 아볼로는 히브리어 성경을 철저히 숙지하고 있었다. 지금까지 알려지지 않은 어떤 방법으로 그는 세례요한을 알게 되었고 가까운 시일에 메시야가 오시길 기다리고 있었다. 그는 메시야가 실제로 오신 것에 대해서는 아직 알지 못했다. 하나님의 선한 섭리 가운데 그가 에베소에 왔다. 여기서 유대인 회당에서 아주 담대하게 말하기 시작했다."

조화시키기를 원했고 또 충분히 조화를 이룰 수 있다고 확신했다.[44] 이들은 플라톤이나 아리스토텔레스로 대변되는 헬라철학이나 모세의 율법이 모두 로고스에게서 나왔다고 믿었다.[45]

때문에 헬라사상과 모세 율법이 대립적인 것이 아니라 조화를 이룰 수 있다고 생각했다. 이런 견해는 후대 터툴리안 교부처럼 (헬라)철학이 모든 이단의 원천 심지어 사탄의 앞잡이라고 혹평했던 것과는 완전히 대립되는 견해이다. 사실 이런 역사적, 시대적, 사상적 배경 때문에 알렉산드리아에서는 헬라철학과 모세의 율법을 끊임없이 절충하려는 견해가 대두되었고, 그 과정에서 영지주의라는 이단이 등장하기도 했다. 성경의 우화적 해석법이 등장한 곳도 알렉산드리아였다.

이러한 지역적 영향 때문에 알렉산드리아 출신 유대인들은 본토 유대인들과 달랐다. 알렉산드리아에 살고 있는 유대인들은 헬라철학에 상당히 밝은 당대 지성인들이었다. 헬라어 '칠십인 역'이 나타난 것도 바로 알렉산드리아였다.[46] 그곳 디아스포라 유대인들은 헬라어, 헬라문화, 헬라철학에 조예가 깊었고, 성경을 현지의 문화와 철학과 전통 속에서 해석하고 이해하려는 경향이 강했다. 그럼에도 불구하고 디아스포라 유대인들은 비록 히브리어를 할 수 없었지만, 이국에서 신앙을 지키는 일을 게을리 하지 않았다.

알렉산드리아에는 헬라철학과 유대교를 접목시키려는 독특한 유대문화와 신앙형태가 생성되었다. 그것을 단적으로 보여주는 한 가지 사례가 바로 알렉산드리아 출신 필로였다.[47] 그는 모세의 율법과 헬라 철학자들의 철학이 동일한 원천에서 나왔다고 이해했다. 그런 관점에서 유대주의와 헬라주의가 상호 모순되지 않는다고 보았다. 알렉산드리아 출신들은 지성적으로 잘 다듬어졌고, 또한 헬라어로 번역된 70인역을 통해 성경에 대해

---

[44] 박용규, 초대교회사 (서울: 한국기독교사연구소, 2016), 54-57.
[45] 박용규, 초대교회사, 154-165.
[46] 박용규, 초대교회사, 61.
[47] 박용규, 초대교회사, 53-56.

서도 해박한 지식을 갖고 있었다.[48]

본문 24절에 아볼로를 가리켜 "언변이 좋고 성경에 능통한 자"라고 표현한 것도 바로 이런 배경에서다. 언변이 좋다(eloquent, λόγιος)는 것은 말주변이 좋다, 말재주가 뛰어나다는 뜻이다. 헬라문화에서 언변은 단순히 언어적인 재능만 아니라 수사학과 관련이 있다. 수사학은 당대 문화와 학문을 대변하는 학문이었다. 아볼로는 전형적인 알렉산드리아인으로 학문에 깊고 웅변에 능하며 70인역에 정통했다.

알렉산드리아 출신들은 같은 유대인이면서도 본토 유대인들로부터는 이방인 취급을 받았다. 그러나 소위 폭이 넓어 새로운 사상에 대한 거부반응이 훨씬 덜했다. 그 결과 예수 그리스도가 구약에 예언된 메시야라는 사실을 쉽게 받아들였고, 이들을 통해 헬라 지성인들에게 복음이 놀랍게 확산되었다.

알렉산드리아에는 복음이 상당히 일찍부터 전파되었다는 사실이 문헌을 통해서 밝혀졌다. 사도행전 2장 10절에 보면 예루살렘의 오순절 때 모인 이들 가운데는 이집트에서 온 사람들도 있었다. 아볼로가 이들을 통해서 신앙을 접하게 되었는지는 정확히 알 수 없지만, 그럴 가능성은 높지 않은 것으로 보인다.

> 알렉산드리아 기독교의 기원은 사료 유실로 정확하지 않지만 복음이 아주 일찍 이집트의 수도에까지 도달한 것이 확실하다. 성령강림의 첫 기독교 오순절에는 이집트에서 온 몇 명의 방문객들이 예루살렘에 참석했다(2:10). 그러나 우리가 아볼로의 정보의 기원을 그들에게

---

[48] John Chrysostom, *The Homilies of John Chrysostom on The ACTS of The Apostles* (London: Oxford, John Henry Parker, 1851), 541–543. 한글성경에는 '열심으로'라고 번역된 부분이 헬라어 성경에는 '영 안에서 열성으로'(fervent in spirit, ζέων τῷ πνεύματι)라고 되어있다. 여기 나오는 프뉴마티(πνεύματι)에 근거하여 크리소스톰은 아볼로가 이미 성령을 받았다고 전제한다. 심지어 그는 아볼로가 120문도 가운데 한 명으로 오순절 마가의 다락방에서 성령을 받았고, 가이사랴 오순절처럼 그 자신이 그런 성령의 부으심을 경험했을 수 있다고 가정한다. 필자가 볼 때 지나친 해석이다. 여기 나오는 프뉴마티(πνεύματι)는 성령 하나님을 지칭하는 것은 아니다. 마태복음 5장 3절 '심령이 가난한 자'(the poor in spirit, τῷ πνεύματι)에도 동일한 헬라어가 사용되었다.

로 돌릴 수 있을지는 의심스럽다. 사도행전에 있는 우리에게 알려주고 있는 사실에 근거할 때 기독교에 대한 그의 이해는 적어도 기독교 형식에서 볼 때 한 가지 중요한 점에서 차이가 있었다. 아볼로가 안 유일한 세례는 세례요한에 의해 제정된 세례였다. 확실히 오순절 날 베드로가 선포한 예수 그리스도 이름으로 베푸는 세례(참조, 2:38)는 알지 못했다.[49]

아볼로가 어떻게 기독교 지식을 습득했는지는 정확하지 않다. 다만 알렉산드리아 전통에서는 유대교와 기독교를 접목시키려는 시도가 끊임없이 있었다. 기독교와 플라톤주의와의 연속성을 강하게 주장한 이들도 알렉산드리아 철학자들이었다.

아볼로, 성경에 능통한 자(18:24-25)

아볼로는 '성경에 능통한 자'(18:24)였다. 여기 '능통한 자'(mighty being, δυνατὸς ὢν)는 성경지식에 '통달하고'(a thorough knowledge in the Scripture, NIV) '능숙했다'(competent in the Scripture, ESV)는 의미이다. 누가는 사도행전에서 이 단어를 여섯 번 사용했다. "모세가 애굽 사람의 학술을 다 배워 그 말과 행사가 '능하였다'"(7:22)고 하였을 때도 동일한 단어가 사용되었다. 여기 능통은 성령의 권능과 능력을 통해서 성경을 해석하고 성경의 저자인 성령을 통한 풍성한 성경지식이 아닌 세상 학문과 지식처럼 지식적인 차원에서의 능통을 의미한다.

알렉산드리아 사람들이 구약에 대해 새로운 해석을 하고 있었듯이 여기 아볼로도 예수 그리스도의 도를 배워 열심히 가르치기는 했지만, 그의 도는 온전한 것이 아니었다. 그것은 예수 그리스도의 이름으로 세례를 받는 것을 모르고 요한의 세례만 알았다는 사실에서 어렵지 않게 추론할 수 있다.[50]

---

[49] Bruce, *The Book of ACTS*, 381.

누가가 증언하듯이 아볼로는 대단한 성경지식을 구비하고 있었을 뿐만 아니라 '주의 도를 배워 열심으로 예수에 관한 것을 자세히 말하였다'(18:25).[51] 게다가 그는 예수가 구약에 예언된 바로 그 메시야라는 사실을 "증명하는 일에 특별한 은사"(18:28)도 가졌다. 그랬던 그가 예수의 세례를 모르고 요한의 세례만 알았다는 사실이 흥미롭고 잘 이해하기 힘든 부분이다.[52] 누가는 그가 회당에서 그리스도에 대해 '담대히 말했다'(18:26)고 증언한다. 구약에 예언된 메시야가 예수 그리스도라는 사실을 분명하게 이해하고 있으면서도 요한의 세례에 머물렀다는 사실이 잘 연결이 되지 않는다.[53]

---

[50] William Owen Carver, *The Acts of the Apostles* (Nashville: Sunday School Board, Southern Baptist Convention, 1916), 188. 요한의 세례만 알았다는 것은 성령세례를 몰랐다는 것을 전제한 것이다. 누가는 요한의 세례와 성령세례를 여기서도 대비를 하고 있는 것이다.

[51] Chrysostom, *The Homilies on The ACTS of The Apostles*, 546. 크리소스톰에 따르면 아볼로의 열심은 성령께서 주시는 열심이 아니라 그 자신의 열정에서 나온 열심이었다.

[52] Denton, *A Commentary on the Acts of the Apostles*. Vol. II., 166-167. "그는 수려하고 능통한 자 혹은 잘 교육을 받은 자였으며, 구약성경을 적용하는 능력이 있어 세례요한 혹은 그의 제자들이 가르쳐 온 예수의 메시야 되심에 대한 지식을 소유한 것처럼 보인다. 그러나 그가 예루살렘에 있었던지 없었던지 아볼로는 진리, 곧 그리스도의 십자가와 부활, 성령의 부으심 그리고 이것들이 인간의 구원에 미치는 영향에 대한 충분한 의미를 알지 못했다." 아볼로는 죄 용서의 세례를 알지 못하고 오직 회개의 세례인 요한의 세례만 알았다. 그렇다면 다음 둘 중의 하나이다. (1) 아볼로는 요한의 세례보다 그리스도의 세례에 더 위대한 은혜가 있다는 사실, 즉 둘 사이의 모종의 차이가 있다는 사실을 알지 못했다. (2) 요한의 세례 수준의 권능만 경험했다는 사실이다.

[53] 칼빈, 사도행전 II, 198. "이 말씀은 누가가 연이어 '요한의 세례만 알 따름이라'고 하는 말과 거의 일치되지 않는 것처럼 보인다. 그러나 곧이어 한 이 말은 고치는 말로써 부가되었다. 그리고 이 두 가지 사실은 쉽게 서로 일치된다. 그는 복음이 가르치고 있는 바를 알고 있었다. 왜냐하면 그는 구원자가 세상에 나타나신 것을 알았을 뿐만 아니라 화해의 은총에 관하여 바르고 신실한 가르침을 받았기 때문이다. 그러나 그는 요한의 가르침이 미치는 만큼의 복음의 기본만을 알고 있었던 것이다. 우리가 알기로는 요한은, 말하자면, 그리스도와 선지자들의 중간 인물이었다. 그리고 그에 관한 노래 중에 그의 부친과 천사는 말라기의 예언을 들어 그의 직임에 관하여 말했다(눅 1:16 이하, 76). 분명히 요한은 앞서 와서 그리스도를 위한 길을 밝히고 있었으며 그리스도의 능력에 대한 훌륭한 설명을 했으므로 그의 제자들이 그리스도에 관한 지식을 갖게 되었다고 말할 수가 있다. 그리고 '그가 요한의 세례를 알았다'는 말은 유의할 만한 가치가 있다. 이 말씀으로부터 성례전의 참된 용도가 무엇인가를 알 수가 있기 때문이다. 성례전은 우리가 어떤 특별한 교리를 알게 해 주거나 우리가 일단 받아들인 믿음을 확고하게 해준다. 성례전을 가르침과 별개의 것으로 보는 것은 분명히 잘못이며 불경스러운 행위가 된다. 그러므로 성례전이 바르게 시행되게 하기 위해서는 하늘에 의한 가르침의 주요점이 그 성례전들 속에서 반향되어야 한다. '요한의 세례'란 무엇을 의미하는가? 누가는 요한의 온 사역을 이 말 속에다 모으고 있다. 왜냐하면 교리가 세례에

그가 요한의 세례만 알고 있었다는 것은 복음에 대한 진정한 이해가 없었다는 것을 의미하고, 머리로만, 지식적으로만 예수 그리스도의 가르침을 따랐다는 것을 의미한다. 카버가 지적한 것처럼 "복음에 대한 그의 지식은 완전하지 않았다. 그가 요한의 세례만 알았다는 것은 아볼로가 성령세례에 대해 무지했고 따라서 그리스도의 복음전파 위임의 계획과 사도들에 의해 실현되고 있는 하나님 나라의 조직과 삶에 무지했다는 사실을 의미한다."[54] 아볼로가 요한의 세례만 알고 있었다는 말은 그가 주의 도는 배웠으나 주의 도를 믿지는 않았으며, 예수에 관한 것은 알았으나 예수를 진정으로 알고 믿지 못했으며, 요한의 세례는 알았으나 성령의 세례는 받지 못했다는 의미로 해석할 수 있다.[55]

그렇다면 아볼로는 요한의 제자였지 그리스도의 제자는 아니었다.[56] 니고데모가 예수 그리스도를 만나기 전, 진정으로 거듭나기 전의 모습과 유사하다고 할 수 있다. 그런 아볼로가 중생의 체험을 했을 리가 없다. 그리스도가 구약에 예언된 메시야이고, 그가 요한의 세례와는 다른 성령으로 세례를 주시는 자며, 오순절 마가의 다락방에 기도하던 중에 120문도가 성령의 충만을 받았던 사실도 모르고 있었다.

오늘날에도 아볼로처럼 지식적으로만 예수를 믿으면서 가슴은 냉랭하고 이해타산에만 민감한 사람들이 많다. 이는 세상적인 기준으로 이해하고 종교를 받아들이고 수용하기 때문이다. 오직 그리스도만이 구원의 길

결속되어 있을(Baptismo annexa est doctrina) 뿐만 아니라 교회는 세례의 기반이며 머리가 되기 때문이다. 교리가 없으면 세례는 실속이 없고 죽은 의식이 될 것이다."

[54] Carver, *The Acts of the Apostles*, 188. 하우슨과 스펜스도 동일하게 주장한다. J. S. Howson and H. D. M. Spence-Jones, *The Acts of the Apostles* (New York: C. Scribner's, 1883), 271. "그는 아마도 들어 본 적이 없거나 들었더라도 오순절 날 성령의 부어 주심의 의미를 희미하게 이해했을 것이다. 요한 그 자신은 그리스도가 성령으로 세례를 주실 것이라고 가르쳤는데도(마 3:11), 사실 이들 세례 요한의 제자들(19:2, 3)은 심지어 성령의 인격과 직임에 관하여 완전히 무지했다. 이 사실은 흥미롭다. 세례요한의 영향이 요단에 국한되거나 그의 생애 동안에만 국한된 것이 아니라는 사실을 보여주기 때문이다."

[55] Lechler, *Theological and Homiletical Commentary on the Acts* Vol. II., 211.

[56] Charles R. Erdman, *The Acts* (Philadelphia: The Westminster Press, 1919), 131. 아볼로는 세례요한의 제자로 그리스도의 죽음, 부활, 승천 그리고 오순절 성령강림에 대해 무지했다.

이고, 다른 구원의 방법은 없다는 철저한 유일신 하나님과 그의 아들에 대한 믿음 없이 종교를 사회적인 교류의 수단이나 도덕적인 수단으로 받아들이는 자들이 있다. 지성적으로 종교를 받아들인 자들 중에는 성경을 권위 있는 하나님의 무오한 말씀으로 이해하지 않고 동양의 법전이나 고전 정도로 이해하는 자들이 많다.

따라서 뜨거운 성령의 역사나 중생의 체험을 이들에게는 찾아보기 힘들다. 쉽게 기독교를 받아들였듯이 쉽게 기독교를 떠나기도 한다. 인간의 생각으로만 성경을 이해하고 기독교를 받아들이고 봉사하는 자들은 진정한 복음의 열매를 맺을 수 없다. 따라서 성경의 진리를 성령의 역사로 체험하도록 노력해야 할 것이다.

초대교회에 영지주의자들이 가장 범람했던 곳도 알렉산드리아였다. 영지주의자들은 자신들이 깨달은 소위 "영지"를 신앙의 절대 기준으로 삼으면서도 삶은 방종하기 이를 데 없었다. 생명력 없는 종교를 소유한 것이다. 물론 알렉산드리아의 상황을 아볼로에게 그대로 적용하는 것은 한계가 있겠지만 아볼로가 알렉산드리아 문화의 영향을 받았을 것은 의심의 여지가 없다. 진정으로 복음을 깨닫기 전 아볼로의 신앙 상황은 분명 여느 제자들과 달랐다. 그는 회당에서 담대하게 예수 그리스도를 증거할 만큼 열심도 있었지만, 진정한 복음에 대한 깨달음과 이해가 없었고 열매도 없었다.

알렉산드리아 분위기에 깊이 물든 그런 아볼로를 참 신앙의 세계로 인도해준 사람이 바로 브리스길라와 아굴라 부부였다. 이들 부부는 고린도에 있는 동안 바울로부터 성경의 진리를 깨닫고 여러 가지 면에서 바울을 돕고 있었다.

하나님의 도를 정확히 풀어준 브리스길라와 아굴라(18:26)

브리스길라와 아굴라가 에베소에 있던 회당에서 아볼로가 구약성경을 해석하는 것을 들으면서 아볼로의 열정과 지식에 좋은 인상을 받았던 것이 분명하다. 그런데 그들은 아볼로가 복음의 열정과 지식에 비해 복음의 핵심을 잘 파악하고 있지 못한 것을 발견했다. 그래서 부부는 아볼로를 집에 초대하고는 신중하고 조심스럽게 그러면서도 확신을 가지고 '하나님의 도를 더 정확히 풀어'(18:26)주었다. 진리를 바르게 깨닫게 된 아볼로는 완전히 새로워졌다. 아볼로는 이들 부부에게 대단한 빚을 진 것이다.[57]

직책이 아닌 성령의 충만

성령께서는 직책의 구분 없이 하나님 나라 확장과정에서 많은 평신도들을 사용하셨다. 브리스길라와 아굴라 부부가 보여준 모습도 인상적이다. 그들은 아볼로의 결점을 공개적으로 지적하거나 비난하지 않고 은밀하게 그를 찾아가 성경의 바른 진리를 일깨워 주었다.

우리는 또한 아볼로가 보통 사람이 아니라는 사실도 언급해야 할 것 같다. 아볼로는 성경에 정통하고 훌륭한 품위를 갖추고 회중 가운데서도 존경받는 인물이었다. 그는 분명 브리스길라와 아굴라보다 세상적으로 대단히 우월한 사람이었지만 여성에게서도 배우고 부족한 것을 채우고자 했다. 브리스길라와 아굴라가 기도 중에 성령의 인도로 그를 데려다가 가르쳤기 때문에 그들의 가르침이 권위가 있어서도 그렇겠지만, 브리스길라와 아굴라가 그를 데려다가 가르칠 때 아볼로는 전혀 난색을 표하거나 거부하거나 비판하지 않았다. 여기서 우리는 아볼로가 매우 겸손하고 배우기를 주저하지 않았던 인물임을 알 수 있다. 칼빈이 말한 대로 "아볼로는 뛰어나게 겸손했다."[58]

브리스길라는 아볼로를 바른 신앙으로 인도하고 아볼로는 겸손히 배움으로 "그리스도의 나라"를 온전히 세워간 것이다. 브리스길라는 여성 활동이 제약을 받는 당시의 시대적 배경을 거스르지 않으면서 아볼로를 바른 신앙으로 지혜롭게 인도한 것이다. "즉 브리스길라는 자연과 하나님께서 정하신 그 질서를 파괴하지 않기 위하여 자기의 집 안에서 사적으로 그를

---

[57] Lechler, *Theological and Homiletical Commentary on the Acts* Vol. II., 213.
[58] 칼빈, 사도행전 II, 199.

가르쳤다는 사실이다."[59]

세상적인 지식과 성경의 지식은 분명히 차이가 있다. 성경을 단순히 지식적으로 아는 것도 성경을 온전히 이해하는 것이 아니다. 성경이 가르치는 복음을 믿고 받아들이지 않는 성경지식은 아무런 생명력이 없다. 때문에 단순히 세상적인 지식과 방법으로만 성경을 이해하거나 접근해서는 안 된다. 무엇보다도 성경이 성령의 영감으로 기록된 하나님의 말씀이라는 확신이 있을 때 성령의 인도와 조명을 통해 성경을 바로 깨달을 수 있다.

브리스길라와 아굴라 부부가 예시하듯 성경을 제대로 깨달은 사람들은 설령 직책이 없는 평신도들이라도 강단에서 증거되는 말씀과 가르침이 정말 성경의 바른 이해의 토대 위에 선 것인지 아닌지를 어렵지 않게 분별할 수 있다. 그래서 성경을 바르게 이해하는 것이 참으로 중요하다.

우리는 성경에 대한 밝은 지식을 가지고 있어야 이 세상에서 흔들리지 않고 신앙생활 할 수 있으며, 또한 잘못된 가르침에 빠지지 않을 수 있다. 기독교라는 외형을 가지고 있으면서도 성경을 자의적으로 해석해 수많은 사람들을 미혹의 영으로 인도하는 세력들이 세상에는 참으로 많다. 사역자들이나 평신도 할 것 없이 이 땅에 그리스도인들은 세상에서 잘못된 세력들을 분별하고 그런 가르침에 빠지지 않기 위해서 성경에 대한 바른 이해와 지식을 습득해야 할 것이다.

본문에서 주는 또 한 가지 사실은 성경을 바로 깨달은 브리스길라와 아굴라는 그를 데려다가 진리의 말씀을 올바로 풀어 해석해주었다(18:26)는 사실이다.[60] 바울에게서 바른 가르침을 받은 브리스길라와 아굴라 부부가 아볼로를 바른 가르침으로 인도한 것이다. 바른 가르침을 받은 사람이 다른 사람을 바른 신앙으로 인도할 수 있음을 증언한다. 이 일은 바울이 에베소를 떠나고 브리스길라와 아굴라만 남아 사역을 하고 있는 가운데 일어난 일이다. 브리스길라와 아굴라는 아볼로가 성경에 대해서 뛰어난 지식을 가지고 재치 있게 가르친다는 소문을 듣고 아볼로를 찾아가 그의

---

[59] 칼빈, 사도행전 II, 200.
[60] Lechler, *Theological and Homiletical Commentary on the Acts* Vol. II., 213.

설교를 들어본 후 데려다가 복음의 본질을 자세히 설명해준 것이다.[61]

아볼로의 고린도 사역과 놀라운 결실(18:27-28)

그 결과 아볼로는 타고난 재능과 성령의 은사가 아름다운 연합을 이룬 훌륭한 교사의 모델이 되었다.[62] 두 부부는 에베소에서 아볼로를 가르치며 바울을 도와 주의 백성들을 돌보는 사역을 마치자 곧 그곳을 떠났다.

아볼로가 그 후 얼마나 주의 사역을 진실되게 감당했는지 누가는 이렇게 증언한다. '아볼로가 아가야로 건너가고자 함으로 형제들이 그를 격려하며 제자들에게 편지를 써 영접하라 하였더니 그가 가매 은혜로 말미암아 믿은 자들에게 많은 유익을 주니 이는 성경으로써 예수는 그리스도라고 증언하여 공중 앞에서 힘 있게 유대인의 말을 이김이러라'(18:27-28). 여기서 언급한 성경은 물론 구약성경이다. 아볼로는 구약성경을 인용하

---

[61] 브리스길라와 아굴라가 아볼로보다 세상적으로 더 지위가 높고 학벌이 높기 때문에 그렇게 한 것은 아니다. 아볼로는 당대의 지성인이었고 이들 부부는 평범한 사람들이었다. 신분의 벽을 넘어 복음이 전달된 것이다. 탁월한 당대의 지성인 아볼로가 평범한 브리스길라와 아굴라 부부를 통해 바른 가르침을 깨닫게 된 것이다. 아볼로가 사역자로 성장한 이면에 이들의 지도는 너무도 큰 밑거름이 되었다. 평신도가 현대적 의미의 목회자를 말씀으로 양육한 셈이다. 과장인지 몰라도 바울은 다메섹 도상에서 주의 환상으로 부름을 받았다면 아볼로는 브리스길라와 아굴라를 통해서 진리를 재발견하고 그에게 주어진 거룩한 소명을 온전히 감당할 수 있었다. 우리는 세상적인 학벌이나 지위가 없다고 불평하거나 원망하거나 고개 숙일 필요가 없다. 브리스길라와 아굴라처럼 성경에 해박한 지식인들이 되어 다른 사람을 가르치는 자들이 된다면 그처럼 아름다운 것은 없다. 사역의 현장에서 그런 사람들을 통해 놀라운 결실이 맺혀질 것이다. 신앙의 세계는 세상의 법칙과 원칙을 넘어선다. 오히려 그 반대의 역설적인 현상이 지배하는 곳이다. 바울이 고백한 것처럼 "하나님의 어리석음이 사람보다 지혜롭고 하나님의 약하심이 사람보다 강"한 법이다. 하나님께서는 당신의 거룩한 목적을 위해 "세상의 약한 것들," "미련한 것들," "멸시받는 것들," "천한 것들"을 택하셔서 "세상에 강한 것들," "지혜 있는 자들," "세상에 있는 자들"을 부끄럽게 하시는 분이다.

[62] Lechler, *Theological and Homiletical Commentary on the Acts* Vol. II., 214. "아볼로는 교사로의 천부적인 재능과 은혜의 재능의 아름다운 결합을 보여주었다. 1. 그는 천부적인 언어 재능자였다. 2. 그는 성경에 능했는데 그로 말미암아 그의 타고난 언어적 재능이 더욱 더 진가를 발휘했다. 3. 그는 하나님의 구원계획에 대한 죽은 기독교 지식을 습득하는 것을 중단하고 바른 주의 도를 배웠다. 4. 그는 고귀한 열정으로 충만하여 하나님 나라를 위한 사역에 자신의 풍성한 지식을 사용하였다. 많은 재능들과 더불어 가장 빼어나고 가장 희귀한 자질로서 그는 배우고 가르치기를 열망하였고, 단지 두 기독교인 브리스길라와 아굴라에 의해 더 깊이 기독교로 인도를 받았다. 아볼로는 기독교 교사의 모델이다."

고 해석하면서 나사렛 예수가 구약에 예언된 약속의 메시야라는 사실을 증거한 것이다.[63]

많은 유익을 주었다는 것은 그들을 대단히 많이 도와주었다는 뜻이다. 아볼로는 예수가 그리스도라는 사실을 성경'으로'(by, διὰ) '입증함으로' (showing, ἐπιδεικνὺς) 공개적으로 유대인들을 강하게 '논박했다' (refuted, διακατηλέγχετο). 여기 '힘있게 유대인의 말을 이김이러라'(18:28)는 말은 열정적으로 확신에 차 유대인들을 반박했다는 뜻이다. 이것은 성경에 능했던 아볼로가 하나님의 말씀을 가지고 예수가 그리스도라는 사실을 설득력 있게 제시하여 원수들과의 논쟁에서 이겼음을 말해준다.[64] 그의 영혼이 '성령의 불길로 타오르자'(inflamed with the fire of the Holy Ghost) 그의 지식이 단순한 세상지식이 아닌 권능과 능력의 지식으로 바뀐 것이다.[65] 유대인들은 메시야의 약속을 믿었으나 나사렛 예수가 메시야, 곧 그들이 기다리는 그리스도라는 사실은 받아들이지 않았다. 그런 그들에게 아볼로가 성경을 가지고 예수가 그리스도라는 사실을 강력하게 증거한 것이다.[66]

---

[63] 여기서 기독교의 위대한 힘은 세상적인 지혜나 지식에 있는 것이 아니라 말씀에 대한 바른 깨달음에 있다는 사실을 보여준다. 또한 성경을 인용하여 복음의 진리를 설파하는 것이 얼마나 중요한가를 교훈해 준다, 복음에 대한 바른 깨달음이 "일찍이 주의 도를 배워 열심으로 예수에 관한 것을 자세히 말"하면서도 자신은 물론 누구도 변화시킬 수 없었던 아볼로를 완전히 변화시켜 준 것이다. 과거 자신의 지식이나 철학적인 배경이 학벌을 자랑하던 태도에서 이제는 온전히 성경에 근거하여 성경이 가르치는 것을 따랐던 것이다. 이것은 후에 아볼로를 가리켜 한 말에서도 찾아볼 수 있다. 아볼로는 브리스길라와 아굴라를 통해 성경에 대해 깨달은 이후 오직 "기록된 말씀 밖으로 나가지 않을 정도로" 복음만을 가지고 예수가 그리스도임을 증거한 것이다. 이것은 바울과 상통한다. 바울이 이전의 모든 지식을 배설물로 여겼듯이 아볼로도 세상적인 가치관이나 가치 기준을 버리고 하나님의 말씀만을 증거하는 태도로 전환했다. 이미 믿은 자들이 아볼로를 통해 새 은혜를 받았다. 아볼로는 복음을 깨달은 후 오직 성경을 가지고 뿌려진 씨에 물을 주었다. 확실히 지금의 아볼로는 이전의 아볼로가 아니었다. 브리스길라와 아굴라를 통해 복음을 받아들인 아볼로의 지성이 이왕에 그가 갖고 있던 헬라철학으로 다듬어진 예리한 지성과 웅변실력이 신앙 안에서 새롭게 거듭난 것이다. 복음은 이렇게 놀랍게 인간을 변화시켜주는 것이다.

[64] 칼빈, 사도행전 II, 201.

[65] Lechler, *Theological and Homiletical Commentary on the Acts* Vol. II., 215.

[66] Lechler, *Theological and Homiletical Commentary on the Acts* Vol. II., 216. 아볼로가 성경을 도구로 사용했다는 사실을 주목해야 한다.

여기서 우리는 변화된 아볼로를 발견할 수 있다. 단순히 머리로나 지식으로만 복음을 전하던 이전의 태도에서 이제는 그 복음의 핵심이 예수 그리스도라는 사실을 진정으로 깨닫고 체험적으로 복음을 전한 것이다. 그의 가르침이 이전과는 달리 힘이 있고 놀라운 역사를 나타낸 것도 그 때문이다. NIV 성경은 이 부분을 잘 표현하고 있다. "도착해서 그는 은혜로 말미암아 믿는 자들에게 대단한 도움이 되었다. 왜냐하면 그가 성경으로부터 예수가 그리스도라는 사실을 입증함으로써 공개적인 토론에서 유대인들을 열정적으로 논박했기 때문이다."[67](18:27-28). 아볼로가 아가야에 갔을 때 '은혜로 말미암아 믿는 자들에게 많은 유익'(18:27)을 줄 수 있었던 것은 복음에 대한 바른 깨달음 때문이었다.

탁월한 언변가(an eloquent, λόγιος)였던 아볼로가 복음을 바르게 깨닫자 이전과 비교할 수 없는 말의 권능이 그에게 주어진 것이다. '언변이 좋고'(18:24), '성경에 능통한 자'(18:24) 그리고 '요한의 세례만 알 따름'(18:25)의 아볼로가 '하나님의 도'(18:26)를 정확하게 깨달은 후 능력의 주의 제자로 거듭난 것이다.[68] '은혜로 말미암아'(18:27)는 아볼로가 그곳에서 어떻게 사역을 감당했는가도 암시해준다.

아볼로는 자신을 의지하던 태도를 버리고 은혜를 사모하고 은혜를 의지하고 은혜를 고대하고 은혜 가운데 사역을 감당한 것이다. 레히러의 말대로 그가 힘 있게 유대인들을 이긴 것은 그의 본성적 능력, 그가 경험한 학파, 그에게 깊은 기독교 지식을 나누어 준 사람들, 심지어 그 자신의 영감과 열정 때문이 아니라 27절에 증언하는 대로 '은혜로 말미암은' 역사였다. 그 결과 "아볼로는 고린도에서 그곳 그리스도인들의 영적 증진에 유익을 주었다."[69]

---

[67] Act 18:27-28. "On arriving he was great help to those who by grace believed. For he vigorously refuted the Jews in public debate, proving from the Scripture that Jesus was the Christ"(NIV).

[68] Denton, *A Commentary on the Acts of the Apostles.* Vol. II., 168.

[69] Lechler, *Theological and Homiletical Commentary on the Acts* Vol. II., 214.

아볼로, 바울의 신실한 동역자

아볼로는 바울의 신실한 동역자(고전 3:5, 고전 16:12, 딛 3:13)였다. 후에 바울이 고린도교회에 보낸 서신을 통해 알 수 있듯이 고린도 교인들이 아볼로파, 게바파, 그리스도파로 나뉠 정도로 고린도교회에서 아볼로의 위치는 대단했다. '너희가 각각 이르되 나는 바울에게, 나는 아볼로에게, 나는 게바에게, 나는 그리스도에게 속한 자라 한다'는 고린도전서 1장 12절의 말씀이 아볼로의 위치를 단적으로 말해준다. 고린도인들 중에 어떤 사람은 바울에게 속했고 어떤 사람은 아볼로에게 속했다고 말할 정도로 아볼로는 그곳에서 놀라운 지도력을 발휘했다. 바울은 고린도전서 4장 6절에서 '나와 아볼로'를 동등하게 언급하면서 '나는 심었고 아볼로는 물을 주었으'니(고전 3:6) '기록된 말씀 밖으로 넘어가지 말'(고전 4:6) 것을 가르친 것을 본받아 '교만한 마음'을 먹지 말 것을 권한 적이 있다.[70]

아볼로는 한 인간이 얼마나 영적으로 성장할 수 있는가를 단적으로 보여준다. 아볼로, 바울, 바나바가 보여주듯 세상적인 지식의 배경을 가지고 있는 자들이 복음을 바로 깨달았을 때 더 귀한 그릇으로 쓰임 받을 수 있다. 브리스길라와 아굴라 부부처럼 평범한 이들을 통해 주의 사역이 놀랍게 확산되지만, 모세처럼 세상적으로 많은 학식을 갖춘 이들 가운데 은혜를 받은 후 귀하게 쓰임 받은 경우도 많다. 이 점에서 바울과 아볼로는 공통적인 면이 있었다. 뛰어난 언변과 헬라철학에 대한 박학한 지식, 복음에 대한 열정, 순교를 두려워하지 않는 뜨거운 신앙, 부활과 재림에 대한 소망 이 모든 것이 바울을 바울 되게 만들었듯이, 하나님께서 아볼로를 바울과 같이 동족뿐만 아니라 이방인 복음화의 도구로 사용하신 것이다.

아볼로는 알렉산드리아의 지성인들은 물론, 헬라철학에 물든 당대 지성인들에게 기독교가 무식한 종교가 아니라는 사실, 이 세상의 가장 훌륭

---

[70] Lechler, *Theological and Homiletical Commentary on the Acts* Vol. II., 214.

한 종교, 유일한 구원의 종교라는 사실을 증거해 주었다. 후대 초대교회에 알렉산드리아 학파가 태동되어 삼위일체와 기독론 정립에 결정적인 역할을 한 것은 우연이 아니었다. 세상적인 지성을 가지고 있는 알렉산드리아 사람들에게 아볼로는 하나의 진정한 크리스천 모델이 되어 알렉산드리아 복음화에 절대적인 영향을 미쳤다. 하나님께서 아볼로의 세상적인 지혜를 성령의 능력으로 아름답게 다듬으시고 새로운 하늘의 지혜로 변화시켜주셔서 아볼로를 사용하신 것이다.

누가는 바른 복음의 진리를 깨닫기 전에는 아볼로가 성령의 권능을 받았다고 기록하지 않았다. 브리스길라와 아굴라를 통해 주의 도를 정확하게 깨닫게 된 후 분명한 변화가 그에게 찾아온 것이다. 누가가 아볼로의 회심에 이어 에베소 교인들에게 성령이 임하신 것을 기록한 것으로 미루어 볼 때 아볼로가 성령의 능력을 통해 능력의 종으로 새롭게 거듭났음을 암시해준다. 람페가 적절하게 지적한 대로 "주께서 아볼로에게 직접 임무를 내리시면서 성령을 받게 하셨다는 생각은 가능하다. 이는 아볼로가 고린도 기독교인들에게 대체적으로 베드로와 바울과 같은 수준에 있는 것으로 간주될 정도로, 사도들 가운데 높이 평가되고 있기 때문이다"[71]

아볼로는 종교개혁 이후 특히 20세기에 접어들면서 재평가를 받고 있다. 루터는 아볼로가 히브리서의 저자라고 주장했으며, 20세기 중엽 만손과 하워드가 이 사실을 다시 새롭게 주창하였다. 이것은 학계에서 어느 정도 인정을 받고 있다. 로날드 내쉬도 아볼로가 히브리서의 저자일 가능성이 매우 높다고 말하며, 자신은 그렇게 확신한다고 밝혔다.[72] 만약 아볼로가 히브리서의 저자라고 한다면 그가 브리스길라와 아굴라를 통해 예수 그리스도의 참된 복음을 재발견한 후 얼마나 복음의 정수를 깊이 파악하고 있었는가를 보여준다.

---

[71] G. W. H. Lampe, *The Seal of the Spirit* (London: Longmans, 1951), 66.
[72] 아볼로가 히브리서의 저자라는 루터의 주장은 T. W. Manson 과 W. F. Howard 의 새로운 논증에 의해 뒷받침되고 있다. T. W. Manson, "The Problem of the Epistle to the Hebrews," *Rylands Library Bulletin* xxxii (Manchester, 1949): 1; W. F. Howard, "The Epistle to the Hebrews," in *Interpretation* (Jan., 1951): 80.

5. 바울의 에베소 선교(19:1-19, A.D. 52-55)

¹ 아볼로가 고린도에 있을 때에 바울이 윗지방으로 다녀 에베소에 와서 어떤 제자들을 만나 ² 이르되 너희가 믿을 때에 성령을 받았느냐 이르되 아니라 우리는 성령이 계심도 듣지 못하였노라 ³ 바울이 이르되 그러면 너희가 무슨 세례를 받았느냐 대답하되 요한의 세례니라 ⁴ 바울이 이르되 요한이 회개의 세례를 베풀며 백성에게 말하되 내 뒤에 오시는 이를 믿으라 하였으니 이는 곧 예수라 하거늘 ⁵ 그들이 듣고 주 예수의 이름으로 세례를 받으니 ⁶ 바울이 그들에게 안수하매 성령이 그들에게 임하시므로 방언도 하고 예언도 하니 ⁷ 모두 열두 사람쯤 되니라 ⁸ 바울이 회당에 들어가 석 달 동안 담대히 하나님 나라에 관하여 강론하며 권면하되 ⁹ 어떤 사람들은 마음이 굳어 순종하지 않고 무리 앞에서 이 도를 비방하거늘 바울이 그들을 떠나 제자들을 따로 세우고 두란노 서원에서 날마다 강론하니라 ¹⁰ 두 해 동안 이같이 하니 아시아에 사는 자는 유대인이나 헬라인이나 다 주의 말씀을 듣더라 ¹¹ 하나님이 바울의 손으로 놀라운 능력을 행하게 하시니 ¹² 심지어 사람들이 바울의 몸에서 손수건이나 앞치마를 가져다가 병든 사람에게 얹으면 그 병이 떠나고 악귀도 나가더라 ¹³ 이에 돌아다니며 마술하는 어떤 유대인들이 시험삼아 악귀 들린 자들에게 주 예수의 이름을 불러 말하되 내가 바울이 전파하는 예수를 의지하여 너희에게 명하노라 하더라 ¹⁴ 유대의 한 제사장 스게와의 일곱 아들도 이 일을 행하더니 ¹⁵ 악귀가 대답하여 이르되 내가 예수도 알고 바울도 알거니와 너희는 누구냐 하며 ¹⁶ 악귀 들린 사람이 그들에게 뛰어올라 눌러 이기니 그들이 상하여 벗은 몸으로 그 집에서 도망하는지라 ¹⁷ 에베소에 사는 유대인과 헬라인들이 다 이 일을 알고 두려워하며 주 예수의 이름을 높이고 ¹⁸ 믿은 사람들이 많이 와서 자복하여 행한 일을 알리며 ¹⁹ 또 마술을 행하던 많은 사람이 그 책을 모아 가지고 와서 모든 사람 앞에서 불사르니 그 책 값을 계산한즉 은 오만이나

되더라

당시 진정한 복음을 깨닫지 못하고 하나님에 대한 단편적인 지식, 즉 머리로 그리스도를 이해한 이들은 아볼로만이 아니었다. 그 대표적인 예가 사도행전 19장 1절부터 7절까지에 나온다. 바울이 에베소에 돌아왔을 때 그리스도를 구주로 이미 영접한 어떤 사람들을 만났다.

에베소, 무역과 예술의 도시

에베소는 아시아 주의 수도로 에게해 해안에서 5km 들어간 카이스터 항구에 위치해 있으며, 로마에서 동방에 이르는 교통의 요충지이자 중심지였다. 에베소는 소아시아 서부 해안에 위치한 중요한 항구도시였다. 해상무역의 센터이자 항해의 허브였기 때문에 에베소는 매우 활기차고 역동적이며 번창한 도시였다. 로마 당국은 에베소를 소아시아 지방의 행정 중심지로 삼았다.

에베소에는 당시 널리 알려진 이방종교 사원, 상당히 넓은 원형극장, 경기장 그리고 우아한 건물들이 가득 찼으며, 이런 이유로 에베소는 당시 전 지역의 문화생활에서 구심점 역할을 하였다.[73] 주전 11세기에 설립된

---

[73] 에베소에는 많은 유적이 남아 있다. 수많은 신들의 신상과 각종 조각들이 거리를 채우고 있다. 헤르메스 신, 풍요로움을 그대로 드러낸 승리의 여신, 로마 시대 공중목욕탕, 도시의 웅장함과 정교함을 드러낸 광장과 거리가 방문객을 매혹시킨다. 에베소의 유적들은 참으로 거대하고 웅장했다. 수십 개의 기둥이 양쪽으로 나 있는 아고라와 멀리 보이는 작은 원로원 회의 장소이자 야외음악당에 이르기까지 에베소에는 고대의 유산들이 고스란히 살아남아 있었다. 그곳에 남아 있는 고대 문화의 유산들이 과거 에베소의 웅장함을 대변했다. 신상들이 성벽 위에 가지런히 세워져 있고, 오늘날의 국회에 해당하는 원로원 회의와 야외 음악당으로 사용되었던 유적도 남아 있었다. 원형경기장 형태의 야외극장은 음악제가 열릴 때 야외극장과 무대 사이 반달 모양의 앞 하단을 물로 채워 음향효과를 극대화시켰다. 그리고 자리와 위치에 따라 상석이 정해져 있다. 이를 나타내는 표시가 현재까지도 그대로 남아 있었다. 특별히 에베소에서 방문객들의 관심을 끄는 것은 두란노서원이었다. 셀수스 도서관으로 통하는 두란노서원은 참으로 웅장하다. 실제 입구에서 바라본 웅장함에 비교하면 내부의 서고는 그리 크지 않았다. 당시에는 두루마리로 이루어진 장서여서 오늘날의 일반 책들보다 더 많은 10만 권의 장서를 보관할 수 있었다. 널리 알려진 3만 명을 수용할 수 있는 에베소 원형경기장은 참으로 규모가 대단했다. 에베소 원형경기장 한쪽에는 굶주린 사자들을 풀어놓고 신앙의 절개를 지키는 기독교인들을 무참하게 살해했던 사자 굴이 있었다. 에베소 시내가 한눈에 바라보이는 언덕에 세워진 교회를 찾았다. 그곳에 단, 기둥들 그리고 세례 장소가

이 도시는 이오니아의 식민지, 페르시아의 영토, 알렉산더의 자유도시 그리고 로마제국의 한 주로 바뀌면서도 아시아에서의 중심지로 여전히 그 역할을 다하고 있었다.

에베소는 아카리아 해로부터 1.6km 가량 떨어진 탁 트인 아시아의 초원에 자리 잡았다. 무수한 백조들과 물새들이 떼 지어 장관을 이루고 있으며, 지중해의 항구 중에서 가장 넓고 보호를 잘 받는 항구여서 세계 각국의 배들이 끊임없이 운집한다. 또한 에베소의 바다들과 강들에는 물고기들이 풍부했고 공기는 맑고 깨끗해 건강을 위해 휴양하고 요양하기에 너무도 적합하고 아름다운 곳이다. 게다가 마치 오늘날 LA, 뉴욕, 미국에서 살기 좋은 곳에 해당한다는 시애틀처럼 여러 인종들이 모여 살았으며, 따라서 세계 각국에서 온 물품들이 에베소의 시장에 운집해 있다.

아덴이 예술과 문학의 도시였고, 고린도가 상업과 무역의 도시였다면 에베소는 무역과 예술의 도시였다. 에베소는 1세기 소아시아의 무역의 중심지이면서도 동시에 예술이 가장 꽃피웠던 곳이다. 헤라클리투스 (Heraclitus, 535-474 B.C.)가 이곳 출신이었다. 에베소의 극장은 아데미의 전각과 더불어 세계 7대 유물에 속한다. 에베소는 우상숭배로 악명이 높을 정도로 우상숭배가 범람했다. 다이아나의 아데미 신전이 그것을 상징적으로 대변해주었다.

아덴에서 볼 수 있는 헬라철학의 순수함이 에베소에서는 상인들의 상업주의 영향으로 순수성을 상실하고 심각하게 변질되어 버렸다. 에베소에서는 종교와 상업이 굳게 결탁해 대상인들이 아데미 신전을 끼고 돈벌이를 해 타락을 부추겼다. 그 결과 귀신숭배, 마술, 마법이 성행했다. 에베소에는 아데미를 숭배하는 신전이 있었고, 신전을 중심으로 반경 0.2km 에는 극악한 죄악들이 비호를 받으며 자행되었다. 마술과 주문과 귀신을 쫓아내는 사람, 온갖 마술하는 사기꾼들이 에베소에 모여 있어

그대로 남아 있다. 교회가 위치한 언덕에서는 에베소의 전경이 한눈에 들어왔다. 에베소 언덕에 올라가면 멀리 헬라신들을 기리는 기둥들이 세워져 있는 것이 보인다. 이 역사적 장소를 회교도들이 정복한 후에는 교회의 흔적을 지워버리려고 했고, 교회 옆에 모스크를 세웠다.

에베소는 당시 방탕을 대변하는 도시였다.

바로 이곳에서 바울은 3년 동안 혼신을 다해 복음을 전했다.[74] 예루살렘을 거쳐 로마로 떠나기 전 에베소 장로들을 모아놓고, 특별하게 부탁했을 정도로 에베소는 바울의 사역에서 중요한 위치를 차지하고 있었다. 에베소는 전략적으로 요충지 가운데 요충지였고, 이곳의 복음화는 곧 유럽의 복음화를 위한 첩경이었다.[75] 바울이 선교여행 중 무려 3년이나 온 힘을 다해 그곳에서 목회를 했던 이유가 거기 있다. 하지만 당시 에베소는 성적 타락이 만연한 방탕한 문화의 집합소였다. 개선장군 앞에서 반라가 되어 여인들이 춤을 추었고, 술 취하는 일이 다반사였다. 때문에 바울은 그들을 향해 '술 취하지 말라 이는 방탕한 것이니 오직 성령으로 충만함을 받으라'(엡 5:18)고 촉구했다.

누가는 에베소에서의 바울의 사역을 기술하면서 '아볼로가 고린도에 있을 때에 바울이 윗지방으로 다녀 에베소에 와서'(19:1)라고 서두를 열었다. 바울은 남부 갈라디아의 교회들을 방문하면서 램지가 지적한 대로 '루커스와 매안더 계곡에 걸쳐 있는 저지대의 정규적인 상로를 택하지 않고 보다 고지대에 있는 직선로를 택하여' 에베소를 향해 계속해서 서쪽으로 진행해 나갔다.[76]

에베소 오순절(19:1-7)

바울이 에베소에 도착하였을 때는 아볼로가 에게해를 건너 고린도에 있었다. 바울은 자기 계획을 따라 예루살렘으로 가려고 했으나 성령이 아시아로 돌아갈 것을 강하게 명령하였다. 우리는 성령이 바울의 선교사역

---

[74] Ramsay, *Pauline and Other Studies in Early Christian History*, 361. 램지는 바울이 에베소에 도착한 것은 A.D. 53년 12월이고 정확히 2년 3개월을 에베소에서 머물며 선교했다고 말한다.

[75] Baumgarten, *The Acts of the Apostles*, 269-308. 에베소는 사도 바울의 아시아선교 거점이었다.

[76] Bruce, *The Book of ACTS*, 384.

을 이끌어 가셨다는 사실을 분명히 환기할 필요가 있다. 누가는 바울의 선교를 기술하면서 성령에 초점을 맞추어 기술하고 있다. 믿는 자들을 하나로 묶어주는 끈이 성령이라는 사실을 누가는 의도적으로 강조한다.[77] 그것은 19장에 바울이 에베소에 도착해서 복음을 온전히 깨닫지 못한 '어떤 제자들'을 만나 나눈 대화를 통해서 확인할 수 있다.

> 바울: "너희는 믿을 때에 성령을 받았느냐"
> 에베소 제자들: "아니라. 우리는 성령이 계심도 듣지 못하였노라."
> 바울: "그러면 너희가 무슨 세례를 받았느냐"
> 에베소 제자들: "요한의 세례니라."

이들은 요한의 세례를 받았을 뿐이고 '성령이 계시다'(19:2)는 말조차 들어보지 못했다. 누가는 이들을 '어떤 제자들'(19:1)이라고 분명히 언급하였다.[78] 제자들인데 성령을 듣지도 못하였고 요한의 세례만 받았다는 이 사실은 사도행전 연구의 최고 권위자 윌리엄 램지(William M. Ramsay)도 이 에피소드를 이해할 수 없다고 솔직히 밝혔다.[79] 우리는 해석의 한계를

---

[77] Carver, *The Acts of the Apostles*, 190. "바울은 그들이 예수를 처음 믿었을 때에 성령을 받았는지 여부를 물었다. 우리는 각 새로운 지리적 영역 혹은 인종적 영역에서 어떻게 처음 믿는 자들이 기적적인 역사 속에서 성령에 의해서 신앙을 인준 받고 받아들여졌는가를 목도했다. 바울은 이 시금석 곧 성령을 받았는지 여부를 에베소에서도 적용했다. 그런데 그들이 세례를 받았을 때에 성령을 받지 않았을 뿐만 아니라 성령이 계시고 성령께서 믿는 자들 안에 역사하신다는 사실조차 듣지 못했다는 것이 드러났다. 그들은 성령이 존재한다는 사실을 알지 못했다는 것이 무엇을 의미하는지도 이해하지 못했다." 카버의 지적은 바울의 시각에서는 성령이 그리스도인인지 아닌지를 결정하는 결정적인 시금석이라는 사실이다.

[78] Chrysostom, *The Homilies on The ACTS of The Apostles*, 543–544. 크리소스톰은 이들 12명이 요한의 제자라고 분명히 밝히고 있다.

[79] Ramsay, *St. Paul the Traveler*, 270. "나는 이 이야기(episode)를 이해하지 못한다고 솔직히 고백하지 않을 수 없다. 그것은 누가의 이야기 서술(내러티브)의 일반적인 방법과 차이가 있다. 왜냐하면 모든 유사한 사례에서 바울은 회당에 갔고, 어떤 예외적인 사례들이 기록되기 앞서 자신의 백성들에 대한 그의 일반적인 노력들이 시행되었기 때문이다. 또한 여기의 환경도 이해하기 어렵다. 어떻게 이들 12명이 아굴라, 브리스길라 그리고 아볼로의 낯을 피하여 바울이 회당에 가기 전에 바울의 주목을 받았을까? 아마도 바울이 아볼로에 의해 시작된 사역을 완성하고 완전하게 하는 것을 대변하려는 의도일 것이다. 재세례가 아볼로에게는 분명히 필요하지 않았는데, 지금 바울은 그것이 그러한 모든 사례에 요구된다는 원칙을 제시한다. 그러나 그것은 바울에 대한 누가

인정하면서 본문을 신중하고 겸손하게 접근해야 할 것 같다.

우리는 먼저 이 부분에 대해 브루스, 램지, 스톤하우스가 어떻게 해석하고 있는가를 먼저 살펴보는 것이 도움이 될 것이다. 브루스는 바울이 에베소에서 만난 제자들이 그리스도인이었다고 말한다. "에베소에 도착한 후 곧 바울은 아볼로가 브리스길라와 아굴라를 만나기 전에 모습처럼 상당히 결핍된 상태의 기독교 지식을 가진 12명의 사람들을 만났다."[80] 브루스는 '너희가 믿을 때에 성령을 받았느냐?'(19:2)는 바울의 질문이 이들을 참된 그리스도인으로 간주하고 있음을 함축한다고 말한다.[81] 람페(G. W. H. Lampe)와 스톤하우스(N. B. Stonehouse)도 동일한 입장이다.[82]

과연 누가가 본문의 기록에서 에베소 제자들을 정상적인 그리스도인들로 보았는가? 조심스럽지만 그렇지 않은 것 같다. 이들이 받은 세례는 요한의 세례였다. 요한의 세례라고 해서 이들이 요한에게서 직접 세례를 받았다는 의미는 아니다. 이들 일행이 요단강에 가서 요한에게서 세례를 받았을 것 같지는 않기 때문이다.[83]

이들이 받은 요한의 세례는 기독교의 세례가 아니라 세례요한이 선포하고 실시한 성령강림 이전의 세례였다. 브랜돈(S. G. F. Brandon)은 에베소 제자들이 "아볼로가 분명히 브리스길라와 아굴라의 손을 거쳐 보다 완전한 교훈을 알게 되기 전에 아볼로에게 세례를 받았을 가능성이 있다"[84]

의 생각이 확고하다는 그 수준에는 분명히 미치지 못하는 것 같다."

[80] Bruce, *The Book of ACTS*, 384.

[81] Bruce, *The Book of ACTS*, 385.

[82] N. B. Stonehouse, "The Gift of the Holy Spirit," *Westminster Theological Journal* xiii (1950-1951): 1; Lampe, *The Seal of the Spirit*, 75.

[83] Denton, *A Commentary on the Acts of the Apostles*. Vol. II., 175. 참고로 덴톤은 이들이 예루살렘에 올라갔다가 요한의 설교를 듣고 세례를 받았을 가능성을 제시했다. '이들 에베소 제자들은 대절기(the great feasts: 유월절, 오순절, 초막절[장막절, 수장절]) 중 한 절기에 예루살렘에 있었다가 요한의 설교를 듣고 그에게 세례를 받은 후에 유대를 떠나 자기 고향으로 돌아왔으므로 그리스도의 생명의 증인이 되지 못했다고 짐작할 수 있다.'

[84] S. G. Brandon, *The Fall of Jerusalem and the Christian Church* (London: SPCK, 1951), 25; G. Vos, *Biblical Theology* (Grand Rapids: Eerdmans, 1948), 342f. Bruce, *The Book of ACTS*, 385에서 재인용. 스톤하우스는 게할더스 보스를 인용하여 이들이 요한에게서 세례를 받았거나 아니면 다른 사람들에게서 세례를 받은 초기의 신자들일 수 있다고 말한다.

고 보았다.

그렇다면 과연 이들을 그리스도인이라고 할 수 있느냐는 근본 질문이 제기된다. '제자'라는 호칭을 사용한 것과 요한의 세례를 받은 것만으로 이들을 예수 그리스도의 제자라고 단정할 수 없기 때문이다. 요한의 세례를 받았고, 제자라는 호칭만으로 이들을 그리스도인으로 과연 단정할 수 있는가 하는 질문에 답을 찾기 위해 본문을 면밀히 살펴볼 필요가 있다.

에베소 제자들과 성령의 관계

에베소 제자들을 이해하는 중요한 단서는 성령과 에베소 제자들과의 관계이다. '그러면 너희가 무슨 세례를 받았느냐'(19:3)라는 바울의 질문은 성령 받는 것과 세례 사이에 일종의 연관성이 있음을 암시하고 있다. 바울이 그리스도의 이름으로 세례를 받았을 때 성령을 받았느냐고 물은 것은 그리스도의 이름으로 세례를 받은 사람들이 성령을 받는 것이 당시 일반적이었음을 암시해준다. 그것은 바울이 질문하면서 던진 시제를 봐서도 알 수 있다. 바울은 "너희가 믿을 때에 성령을 받았느냐"(Did you receive the Holy Spirit when you believed?, 19:2)고 물었지 "너희가 믿은 후에 성령을 받았느냐"(Did you receive the Holy Spirit since you believed?) 고 묻지 않았다. 어떤 사람들은 이 본문을 후자 식으로 풀어서 해석하는 경향이 있는데 그것은 믿음과 성령과의 상관관계를 잘못 이해하기 때문이다. 마치 어느 한 시점에 믿음을 가졌고 그 후에 성령을 받는 것으로 본문이 말하는 것은 아니다.[85]

바울의 질문에 대해 에베소 제자들은 '우리는 성령이 계심도 듣지 못하

---

[85] 필자가 청년 시절 어느 기도원에 갔을 때, 기도원 예배당 입구에 위 성경 구절, '너희가 믿을 때에 성령을 받았느냐?'가 대문짝만한 대형 플래카드에 쓰여 있었다. 믿는 자들이 중생한 이후 어느 시점에 성령을 받아야 한다는 뜻으로 성령을 받을 것을 촉구하는 의미였다. 믿은 이후 어느 시점에 성령을 받아야 하는 것이 아니라 믿을 때 그 순간에 성령을 받는 것이다. 개혁과 복음주의 성령론에 의하면 중생과 성령세례의 시기가 다르지 않다. 우리가 그리스도를 구주로 영접할 때 그 순간 성령이 믿는 사람들 안에 내주하시는 것이다. 시기적으로 이 둘이 구분되지 않는다. 구분하려고 노력하는 데서 잘못된 가르침이 싹트는 것이다. 바울이 너희가 믿을 때에 성령을 받았느냐고 물은 것은 그들이 정말 믿음이 있는지를 점검하려는 것이었다.

였노라'(19:2)고 대답했다. 이로 미루어 볼 때 이들은 성령이 오순절에 강림한 사건, 그리스도가 그의 제자들에게 아버지의 약속하신 성령을 보내 주신 사건 그래서 제자들이 성령으로 세례를 받은 사건을 모르고 있었던 것이 분명하다. "그들은 성령에 대하여 완전한 무지를 고백하였다. 비록 그들의 대답은 ARV 성경이 번역한 것처럼 'given'이라는 단어가 첨가되는 것이 그들이 한 말의 실제 의도일지 모르나, RSV에서 문자적으로 번역한 것처럼 '아니라 우리는 결코 성령이 계시다는 것조차 들어보지 못했노라'(No, we have never even heard that there is a Holy Spirit.)이다. 비록 그들이 요한의 세례만을 받았지만 생각건대 그들은 요한이 다가올 성령으로 세례에 대해 말했음을 알고 있었을 듯하다. 그러나 이 기대했던 세례가 이미 성취된 사실을 알지 못했다."[86]

덴톤이 지적한 대로 요한의 세례만 알았다는 것은 요한의 세례와 그리스도의 세례를 분명히 구별해 주는 것이다. 그들은 세례요한의 회개의 세례의 혜택만 받았지 그리스도가 약속한 생명을 주는 성령의 세례를 알지도 못했고 받지도 못했다.[87]

그렇다면 요한의 세례만 받고 성령의 존재조차 몰랐던 '어떤 제자들' (certain disciples, τινας μαθητάς, 19:1)을 우리가 어떻게 이해해야 할 것인가.[88] 그들이 누구의 제자라는 것인가? 요한의 제자라는 것인가. 그리

---

[86] Bruce, *The Book of ACTS*, 385.
[87] Denton, *A Commentary on the Acts of the Apostles*. Vol. II., 176.
[88] 이들이 주 예수 그리스도를 믿고 구원은 받았지만 다만 오순절과 같은 성령의 임재를 경험하지 못한 이들이라는 견해와 이들은 요한의 세례에만 머문 진실로 예수 그리스도를 영접하지 못한 자들이라는 견해가 있다. 전자는 외형적으로 볼 때는 큰 무리가 없는 해석처럼 여겨진다. 그러나 사도들이 안수를 하기 전에 취했던 일련의 기록을 면밀히 살펴보면 이들이 예수 그리스도를 영접한 진실로 믿는 자들이었다고 보기 힘들다. 바울은 세례요한의 세례에 머물러 있는 그들에게 세례요한이 행한 사역 자체를 정확히 밝히면서 예수 그리스도를 믿고 그의 이름으로 세례를 받아야 한다는 사실을 분명히 일깨워주었다. 사도행전 2장에서 베드로가 오순절에 모였던 이들에게 제시했던 구원의 길을 제시한 것이다. '믿으라', '주 예수의 이름으로 세례를 받으라.' 바울이 에베소 제자들에게 "요한이 회개의 세례를 베풀며 백성에게 말하되 내 뒤에 오시는 이를 믿으라 하였으니 이는 곧 예수라"(19:4)고 증거한 것을 보면 그들이 예수를 믿지 않았던 것으로 보인다. 그렇다면 이들은 요한의 세례에 머물러 있고, 예수 그리스도를 믿지 않았으며, 성령의 세례를 받지 않았다는 사실이다. 그들이 성령을 알지 못했다면 과연 그들을 예수 그리스도로 말미암는 구원을 받은

스도의 제자라는 것인가. 아니면 그 어떤 사람의 제자라는 것인가. 하우슨과 스펜스가 지적한 대로 의심할 바 없이 "이들은 세례요한의 제자들이었다."[89] 존 딕도 이들을 '요한의 제자들'(the disciples of John)이라고 보았다.[90] 그 외에도 절대다수의 학자들은 이들이 세례 요한의 제자라고 말한다. 만약 여기 제자가 예수의 제자를 의미한다면 '성령을 알지도 못하는 사람을 그리스도의 제자라고 할 수 있는가?'라는 근본적인 질문이 제기된다. 왜냐하면 바울은 '성령을 받았느냐 아니냐'를 그리스도인의 중요한 기준으로 삼았기 때문이다. 바울은 그리스도의 영이 없으면 그리스도의 사람이 아니라고 분명히 선언하였다.[91]

그리스도의 영이 없는 사람을 그리스도인으로 보기 힘들다. 누가가 본문에서 분명히 밝혔듯이 이들 에베소 사람들은 성령을 받지 못한 정도가 아니라 성령이 계심도 듣지 못했다. 성령을 받지 않았고, 심지어 성령의 존재조차 들어보지 못한 사람들을 과연 그리스도인이라고 할 수 있는가? 성령은 그리스도의 영이다. 그리스도의 영이 없는 사람을 그리스도의 사람이라고 할 수 있는가는 의문이다. 그러므로 바울이 이들을 그리스도인이라고 보았다는 주장은 본문의 전후 관계에서 본문의 구조와 신학적 해석을 통해 살펴볼 때 그렇다고 단정하기 힘들다. 오히려 이들이 그리스도의 제자가 아닐 가능성이 훨씬 더 크다.

사람들이라고 단정할 수 있겠는가? 요한의 세례만 받고 성령을 모르는 사람, 그리스도를 믿지 않고 주님의 이름으로 세례를 받지도 않은 사람을 진정한 예수 그리스도의 제자라고 말할 수 있는가? 브루스, 스톤하우스를 따라 에베소 제자들을 그리스도인이라고 본다면 많은 난제가 있다. 만약 이들이 예수를 진실로 믿었다면 사도행전 19장 4절에 있는 바울의 설명과 사도행전 19장 5절에 에베소 제자들이 취한 행동이 잘 연결되지 않는다. 누가가 이들을 '제자들'이라고 기록했지만, 이들은 성령에 대해 전혀 들어보지도 못했고 따라서 당연히 성령을 받지도 못한 자들이다.

[89] Howson and Spence-Jones, *The Acts of the Apostles*, 271.

[90] John Dick, *Lectures on Some Passages of the Acts of the Apostles* (Glasgow: Printed by Crawford and Mackenzie, 1805), 49.

[91] 제자라는 말이 성경에는 다양하게 쓰였다. 세례요한에게도 제자가 있었고, 예수님에게도 제자가 있었다. 때문에 이들을 신앙을 가진 12제자, 신실하게 주를 따르는 자와 비견하는 의미에서 그리스도의 제자였다고 단정하는 것은 비약이다.

에베소 제자들과 아볼로의 관계

에베소 제자들을 이해하는 또 하나의 중요한 단서가 아볼로와의 연관성이다. 우리는 누가가 이 에베소 제자들의 사례를 요한의 세례만 알고 있던 아볼로의 사례와 자연스럽게 연관시키고 있는 것을 주목해야 한다. 누가가 에베소 전도사역을 기술하면서 서두를 '아볼로가 고린도에 있을 때에 바울이 윗지방으로 다녀 에베소에 와서 어떤 제자들을 만나'(19:1)로 시작하는 것에서 둘의 연관성을 암시하고 있음을 보여준다.

실제로 여기 에베소 제자들과 아볼로 사이에는 다음 몇 가지 면에서 유사점이 있다. 첫째, 그리스도의 이름으로 세례를 받지 않았고, 둘째, 요한의 세례만 알았으며, 셋째, 따라서 성령을 받지 않았고 성령을 통한 복음의 능력도 그들 가운데는 나타나지 않았다.

아볼로는 주의 도를 열심히 배워 예수에 관한 것을 자세히 말하고 가르쳤지만 요한의 세례만 알았다. 에베소에서 만난 제자들은 누가의 증언에 의하면 요한의 세례만 받았다. 그러나 바울이 그들에게 '너희가 믿을 때 성령을 받았느냐'고 물은 것을 보면 이들이 예수 그리스도에 대해 알고 있었던 것이 분명하다. 이들은 예수 그리스도를 알고 있으면서도 정작 그의 이름으로 세례를 받지 않았고 단지 요한의 세례만 받은 것이다. 전후관계를 볼 때 이들은 예수를 알고, 믿는다고 자처했지만 실제로 성령에 대해 들어보지 못했고 그렇다고 예수의 이름으로 세례를 받은 것도 아니므로 진실로 믿은 것이 아니다. 때문에 이들이 예수 그리스도를 믿고 그의 이름으로 세례를 받고 성령으로 세례를 받은 경험이 없었다고 결론을 내릴 수 있다.

이 모든 것을 고려할 때 이들과 아볼로 사이에는 깊은 연관성이 있다. 에베소에서 아볼로가 활동하는 동안 이들이 아볼로에게서 가르침을 받은 것으로 보이며,[92] 이들이 아볼로의 제자들이었다고 추론할 수 있다. 그것

---

[92] 물론 이 같은 견해에 모든 학자들이 동의하는 것은 아니다. 예를 들어 레히러가 그렇다. Lechler, *Theological and Homiletical Commentary on the Acts* Vol. II., 218.

은 누가가 이들과 아볼로를 의도적으로 연결시키려고 한 것에서도 알 수 있다. 누가는 아볼로를 언급하고 이어 바울의 에베소 사역을 기술하면서 전혀 관계가 없는 한 구절 '아볼로가 고린도에 있을 때'(19:1)라는 문구를 삽입하고 있는 것도 그 때문이다.

이것은 에베소 제자들이 아볼로와 모종의 관계가 있음을 보여주는 것이다. 실제로 아볼로의 사례와 유사점이 많다. 이들은 아볼로가 기독교에 대한 지식을 얻은 방식과 유사하게 기독교 지식을 습득했든지, 아볼로가 에베소에 체류하는 동안 그에게서 기독교를 배우고 세례도 받았을 가능성이 있다.

요한의 세례와 그리스도의 세례

에베소 제자들의 정체성을 이해하기 위해서는 그들이 받은 요한의 세례를 그리스도의 세례와 비교해서 바르게 이해할 필요가 있다. 요한의 세례와 그리스도의 세례는 차이가 있다.[93] 누가는 마가의 다락방에서나 사마리아에서나 고넬료 가정에서나 그리고 에베소 '제자들' 사건을 통해서 분명히 요한의 세례에 머물러서는 안 된다는 사실을 반복적으로 진술하고 있다. 세례 요한은 광야의 외치는 자의 소리로 주님의 공생애를 준비하는 회개의 세례를 외쳤고 수많은 사람들이 그에게 와서 세례를 받았다. 예수님도 세례요한에게 오셔서 그에게 세례를 받았다.

요한의 세례는 그 자체로서 중요한 의미를 지닌다. 존 칼빈은 요한의 세례를 참으로 높이 평가했다.[94] 세례요한은 마지막 선지자였고, 새 시대

---

[93] Chrysostom, *The Homilies on The ACTS of The Apostles*, 545. 에베소 제자들은 요한의 세례만 받았다고 분명히 밝혔고 바울은 요한의 세례는 회개의 세례라고 정의하고 있다. 크리소스톰의 말대로 주님의 세례는 삼위일체 이름으로 시행되는 죄 사함의 세례(a baptism of forgiveness)이지만 요한의 세례는 회개의 세례(a baptism of repentance)이다.

[94] 칼빈, 사도행전 II, 206-207. "요한이 베풀었던 세례와 그리스도께서 베푸신 세례도 달랐다는 견해가 옛사람들 중에 지배적이었으므로 요한의 세례만을 받은 자들이 다시 세례를 받는 것은 불합리하다고 생각하지 않았다. 그러나 그 두 가지 세례가 오늘날 우리가 세례를 받으면서 얻게 되는 동일한 '아들 삼으심'과 동일한 '새생명'에 대한 표와 서약이라는 사실을 근거로 할 때 거짓되고 잘못되었다는 사실이 분명해진다. 그러므로 우리는 그리스도께서 요한으로부터 자기에

의 도래를 예비하고 옛 시대와 새 시대를 연결해주는 너무도 중요한 역할을 했다. 주님은 여인이 낳은 자 중에서 세례요한과 같은 이가 없다고 극찬하셨다. 그의 사역은 분명 광야의 외치는 자의 소리가 되어 주님의 오심을 너무도 훌륭하게 준비하는 사역이었다.

그러나 요한의 세례는 그리스도의 이름으로 시행되는 세례와 달랐다. 이것은 누가의 견해가 아니라 주님의 입장이었다. 주님은 분명히 요한의 세례로 그쳐서는 안 된다는 사실을 말씀하셨다. '요한은 물로 세례를 베풀었으나 너희는 몇 날이 못되어 성령으로 세례를 받으리라'(1:5). 요한도 '나는 너희에게 물로 세례를 베풀었거니와 그는 너희에게 성령으로 세례를 베푸시리라'(막 1:8, cf. 마 3:11, 눅 3:16, 요 1:26)고 말하며 그리스도가 성령으로 주시는 세례의 필요성을 인정하였다. 요한의 세례에 머물러 있는 에베소 사람들에게는 주님이 약속하신 '성령으로 세례'를 받는 것이 필요하다는 사실은 의심의 여지가 없다. 누가가 '요한의 세례만 받았다'(19:3)는 사실과 '너희가 믿을 때에 성령을 받았느냐'(19:2)는 말을 동시에 언급한 것은 성령의 임재의 필요성을 강조하기 위해서다.

베드로는 고넬료 가정의 가이사랴 오순절 때 그들에게 성령이 임하는 것을 목도하고 베드로는 주님께서 '요한은 물로 세례를 베풀었으나 너희는 성령으로 세례를 받으리라'(11:16)는 말씀이 생각났다며 가이사랴 오순절과 주님의 약속을 연결시켰다. '이 사람들이 우리와 같이 성령을 받았으니'(10:47)라는 사실을 통해 가이사랴 오순절과 마가 다락방의 오순절을 직설적으로 비교하면서 자신들에게 임하신 성령께서 가이사랴 고넬료 가

게로 온 자들에게 다시 세례를 베푸셨다는 기록을 읽을 수가 없다. 이뿐 아니라 그리스도는 이 눈으로 볼 수 있는 상징으로 자신을 우리에게 연합시키기 위하여 자기 몸에 세례를 받으셨다. 그러나 만일 그 세례들은 다르다는 꾸며낸 이야기가 인정된다면 우리는 '우리가 하나님의 아들과 공통된 세례를 받았다'(Baptismum habemus cum Filio Dei communem)는 이 특유한 특혜를 놓치고 잃게 될 것이다. 그리고 이것에 관해서는 또 반대 설명이 필요하지 않다. 왜냐하면 그 세례들은 달랐다고 우리를 확신시키기 위해서 그들은 우선 필연적으로 그것들이 어떻게 서로 다른가를 보여주어야 하기 때문이다. 그러나 이 두 세례가 서로 유사하고 일치하다는 사실은 분명하다. 그리고 이 두 가지 세례는 모든 점에 있어서 서로 균형과 유사성을 갖고 있다. 이런 사실들은 우리로 하여금 이 두 세례가 같은 것으로 인정하지 않을 수 없게 한다."

정의 사람들에게도 동일한 성령이 임한 것을 강조하고 있다.

이처럼 누가는 가이사랴 오순절 때 세례요한을 상기시켜 주님이 하신 약속의 성취라는 사실을 드러내더니 에베소에서도 성령과 세례요한을 연관시켜 기술하고 있다.

에베소에 임한 놀라운 성령의 부으심(19:4-7)

분명 이들은 그리스도의 십자가의 보혈과 믿음으로 말미암는 죄 사함을 통해 의롭다 함을 받은 그런 진실된 신자, 그리스도인은 아니었다. 바울이 요한의 세례를 받고, 그 세례에 머물러 있는 그들에게 요한의 가르침으로부터 시작해 그리스도를 소개한 것도 그 때문이다. 코울즈가 지적한 대로 요한은 자기 뒤에 오시는 예수가 '성령으로 세례를 줄 자'라고 너무도 분명히 가르쳤다.[95] 이 사실을 너무도 잘 알고 있는 바울은 '요한이 회개의 세례를 베풀며 내 뒤에 오시는 이를 믿으라 하였는데 바로 그분이 구약에 예언된 메시야 예수 그리스도'였음을 12명의 에베소 제자들에게 알려주었다.[96]

이들은 그 말을 듣고 예수를 믿고 예수의 이름으로 세례를 받았다. 문맥을 볼 때 이들 12명의 에베소 제자들은 처음으로 세례요한이 소개한 성령으로 세례를 베풀 자, 예수 그리스도에 대해 들었고, 믿었고, 그의 이름으

---

[95] Cowles, *Acts of the Apostles*, 155. "요한의 제자들의 이 통지는 자연스럽게 아볼로의 경우와 관련이 있다. 그의 복음에 대한 소개가 같은 종류의 복음이었기 때문이다. 2절의 '우리는 성령이 있음조차 듣지 못했다'는 구절이 대단히 오해의 소지가 있다. 세례요한은 예수가 사람들을 성령으로 세례를 주신다는 사실을 아주 단호하게 가르쳤다. 그들이 말한 것은 이것이다. '우리는 성령이 있음조차 들어보지 못했다'는 것은 성령께서 요한이 예견한 특별한 방식으로 아직 현시하셨다는 것을 들어보지 못했다는 것이다."

[96] Bruce, *The Book of ACTS*, 386. "바울은 그때 그들의 세례가 어떤 성격의 세례인가를 살펴보고 그것이 지금의 기독교 세례가 아니라 대망의 세례, 곧 세례요한이 선포하고 시행한 성령강림 이전의 세례였음을 알게 되었다. 따라서 그는 그들에게 요한의 의식의 예비적 특성을 설명하였다. 그것은 장차 오실 자로서 예수에 대한 요한의 선포와 밀접한 연관성이 있었다. 그러나 이제 예수께서 오셨고, 그가 이 땅에서 그의 선교를 완성하셨고, 그가 죽은 자들 가운데서 부활 승천하셔서 하나님 보좌 우편에 앉으셨고, 거기로부터 성령의 약속하신 선물을 보내주셨기 때문에 예비적인 세례는 부적절하고 불충분하다."

로 세례를 받았다. '그들이 듣고 주 예수의 이름으로 세례를 받았다'(19:5)
는 것은 그들이 그리스도의 복음을 듣고, 그리스도를 믿고, 그리스도의 이
름으로 세례를 받았다는 것을 의미한다.

요한의 세례만 알고 성령세례를 알지 못하는 12명에게 안수하자 '성령
이 그들에게 임하심으로 방언도 하고 예언도'(19:6-7)하는 역사가 나타났
다.[97] 에베소에서 일어난 일련의 순서는 사실 낯선 것이 아니다. 오순절
마가의 다락방에 역사하신 성령, 그래서 120문도들에게 기도하는 가운데
충만히 임하신 성령께서 사마리아 개종자들에게, 고넬료의 가정에 그리고
여기 에베소에 임하셨다. 이로써 "에베소의 오순절"이 탄생한 것이다. 베
드로가 오순절에 모인 이들에게 '너희가 회개하여 각각 예수 그리스도의
이름으로 세례를 받고 죄 사함을 받으라. 그리하면 성령의 선물을 받으
리니 이 약속은 너희와 너희 자녀와 모든 먼 데 사람 곧 주 우리 하나님
이 얼마든지 부르시는 자들에게 하신 것이라'(2:38-39)는 약속이 여기서
성취된 것이다.

누가는 에베소 제자들이 성령을 받았다고 하지 않고 '성령이 그들에게
임하셨다'(19:6)고 증언한다.[98] 여기 성령의 임재가 어느 정도 강력한 것인
지에 대해서 누가는 분명히 밝히지 않았다. 그러나 에베소 오순절 사건에
서도 방언과 예언 등 마가의 다락방에 임한 성령의 부으심, 가이사랴 고넬
료 가정에서 임한 성령의 부으심과 유사한 현상이 나타났다.[99] 누가가 사

---

[97] Cowles, *Acts of the Apostles*, 155.
[98] 요한의 세례에 머물고 있던 에베소 제자들이 복음을 바르게 깨닫고 예수 그리스도의 이름
으로 세례를 받은 후 그들에게 성령이 임했다. 누가는 이들이 성령을 받았다고 하지 않고 '이들에
게 성령이 임했다'고 말한다. 누가가 사도행전에 의도적일 만큼 일관되게 통일성을 가지고 기술하
고 있는 점이 바로 이것이다. 누가는 마가의 다락방에서, 사마리아에서, 가이사랴 고넬료 가정에서
'성령이 임하심'을 연속해서 강조하고 있다. 사도들이 이들에게 안수를 하매 성령이 그들에게 임했
고 그들이 방언도 하고 예언도 하였다. 예루살렘 마가의 다락방에서만 아니라 사마리아, 가이사랴,
에베소에서도 성령은 계속해서 임한 것이다. 누가는 복음전파가 진행되는 과정에서 성령의 임재와
성령의 부으심을 반복적으로 기술함으로 성령이 마가의 다락방 120문도에만 임한 것이 아니라
이후에도 계속되었다는 사실을 강조하였다. 누가는 사도행전 1장 8절의 성령의 약속이 예루살렘,
온 유대와 사마리아, 가이사랴 그리고 땅 끝의 한 부분인 에베소에서 성취되었음을 증언한다. 요한
의 세례에 머물러 있고 성령을 듣지도 못한 에베소 제자들이 그들 가운데 성령이 임하는 역사를
경험한 것이다.

용한 용어, 나타난 동일한 성령의 현시 그리고 사건의 핵심을 집약적으로 기술하는 누가의 기술 방법에 비추어 볼 때 우리는 에베소에 나타난 성령의 임재 역시 강력한 성령의 부으심이라는 사실을 추론할 수 있다.

에베소의 오순절은 이방인들에게 성령이 임하였다는 확실한 확증이자 장차 진행될 땅 끝 선교의 중요한 사례였다.[100] 예루살렘 오순절 마가의 다락방에서 120문도, 사마리아, 가이사랴 고넬료 가정에 이어 에베소의 12명의 사람들에게 성령이 임하셨다. 구원의 문이 유대인들에게만 아니라 이방인들에게도 활짝 열렸음을 보여준다. '이들은 에베소에서 열두 초석이 훗날 크고 번창한 교회가 된 그리스도의 첫 열매들이었다.' 마치 오순절 성령강림을 체험하고 제자들이 진정으로 그리스도의 제자들로 거듭난 것처럼 이들은 성령을 받고 '아시아의 교회의 씨앗'(a seed of the Church in Asia)이 되었다.[101]

예수 그리스도를 분명히 소개하고, 그를 믿고 세례를 받은 후 안수를 해서 성령이 그들 가운데 임했다.[102] 누가는 예루살렘, 사마리아, 가이사랴

---

[99] Chrysostom, *The Homilies on The ACTS of The Apostles*, 545; Melancthon W. Jacobus, *Notes, Critical and Explanatory, on the Acts of the Apostles* (New York: Robert Carter & Brothers, 1859), 309−310.

[100] Erdman, *The Acts*, 135. 에베소의 요한의 12제자들은 예수를 믿는 자들이 되었을 때 '에베소의 오순절'(Ephesian Pentecost)이라 부르는 성령의 은사가 그들에게 임했다.

[101] Denton, *A Commentary on the Acts of the Apostles*. Vol. II., 177. 또한 보라. Lechler, *Theological and Homiletical Commentary on the Acts of the Apostles*. Vol. I., 222−223.

[102] Denton, *A Commentary on the Acts of the Apostles*. Vol. II., 177. 여기 바울이 그들에게 안수하매 라는 말은 "바울이 손을 그들에게 얹어 놓으매"(Paul having laid on them his hands, ἐπιθέντος αὐτοῖς τοῦ Παύλου χεῖρας)이다. 손을 단순히 그들에게 얹은 것이 아니라 얹고 기도했다는 의미다. 손을 얹은 것은 상징이지 그것 자체가 성령이 임하는 수단은 아니다. 사복음서에는 안수가 여덟 번 등장하는데 모두 예수님의 사역과 관련하여서이다. 예수님이 병든 자를 고치실 때 안수해서 고치셨고(막 6:6, 7:32, 8:23), 어린 아이를 안으시고 안수하여 축복하셨다(마 19:15; 막 10:6). 사도행전에는 안수가 여러 번 등장한다. 일곱 사람을 세울 때 안수했고(6:6), 베드로와 요한이 사마리아 사람들에게 안수했으며(8:17), 아나니아가 바울에게 안수했고(9:17), 안디옥교회가 바나바와 바울을 파송할 때 안수했다(13:3). 그 외에도 사도행전에 안수가 두 번 더 등장한다. 바로 본문 19장 6절의 에베소에서와 로마로 가는 여정 중 한 섬에서 보블리오의 부친이 열병과 이질에 걸려 누워 있을 때(28:8) 안수해서 고쳤다. 바울이 성령을 준 것이 아니라 이들이 복음을 들음으로 믿음이 생기고 성령께서 말씀을 통해 그들 가운데 역사하신 것이다. 바울이 단순히 안수를 함으로 성령이 임했다고 보고 바울을 성령을 주는 주체라고 이해하는 것은 본문의 의미를 정확

그리고 다시 에베소에서도 성령의 부으심이 새로운 공동체를 탄생시키는 결정적인 사건이었음을 증언한다. 그런 면에서 람페(Lampe)의 말대로 바울의 에베소 도착은 '선교사 역사에 있어서 또 하나의 결정적인 순간' (another decisive moment in the missionary history)이다.[103] 사도행전을 통시적으로 살펴보면 에베소는 아시아선교의 새로운 중심지였고, 이들 열 두 제자들이 에베소 복음화에 중요한 리더십을 발휘했을 것은 의심의 여지가 없다. 그리하여 아시아는 놀랍게 복음화되어 이후 수 세기 동안 기독교의 중심지 가운데 하나로 자리 잡았다.

예루살렘 마가의 다락방의 성령의 임재, 사마리아의 성령의 임재, 가이사랴의 성령의 임재는 사도행전 1장 8절의 약속을 따라 예루살렘에서 시작된 복음의 확장이 땅 끝으로 진행되는 선교과정에서 꼭 필요한 사건이었다. 누가가 사도행전에서 중요한 선교역사의 새로운 장을 열어갈 때, 성령과 연관시켜 기술해 나간 것을 고려할 때, 에베소의 성령의 역사도 그런 차원에서 이해할 수 있을 것이다. 그리스도인들은 반드시 성령을 받아야 한다. 이것은 신약성경이 일관되게 가르치는 것이다.

바울은 에베소 제자들에게 그리스도의 이름으로 세례를 주고 성령을 받도록 인도했다. 복음전파 과정에서 이방인들 가운데 성령께서 임하셔서 방언과 표적과 이적이 나타남으로 복음이 놀랍게 그들 가운데 확산되게 하셨다.

그리스도의 이름으로 받는 세례의 의미

오순절 이후 그리스도를 구주로 믿는 그리스도인의 공동체는 그리스도의 이름으로 세례를 받고 성령을 받았다. 그리스도의 이름으로 세례를 받는 것은 초대교회에는 성령을 받는 것과 연관된다. 에베소 제자들이 요한의 세례만 받았을 때는 성령의 역사가 나타나지 않다가 믿고 그리스도의

히 파악하는 것이 아니다.
[103] Lampe, *The Seal of the Spirit*, 76. Bruce, *The Book of ACTS*, 387에서 재인용.

이름으로 세례를 받고 안수를 받았을 때 놀라운 성령의 역사가 나타났다.

그리스도의 세례는 곧 성령의 세례(마 3:11)로서 성령으로 세례를 받아 그리스도와 연합(고전 12:13)하여, 그리스도와 같이 십자가에 못 박히고 같이 살아 그리스도와 하나가 되는 것이다. 따라서 요한의 세례와 그리스도의 이름으로 받는 세례는 본질적으로 달랐다. 세례요한의 세례에 머물러서도 안되고 오늘날 세례요한의 세례를 받을 필요도 없다. 심지어 천주교조차 1563년에 있었던 트렌트 회의에서 "누구든지 요한의 세례를 그리스도의 세례와 같은 효력을 가진다고 말하는 자는 저주를 받을지어다"[104]라고 선언했다.

본문은 세례를 받은 자가 다시 세례를 받는 유일한 기록으로 재세례파 주장의 근거가 되어 왔다. 재세례파들은 이미 세례를 받은 자라도 합법적인 세례, 믿음에 기초한 세례가 아니라면 다시 세례를 받아야 한다고 주장했다. 본문을 재세례의 근거로 삼는 것은 본문을 정확하게 이해하지 못한 데서 기원한 것으로 본다.[105] 그리스도를 구주로 믿는 자들에게 그리스도의 이름으로 세례를 베푸는 것은 오순절 이후 사도행전이 증언하는 일관된 내용이다.

이들에게 다시 세례를 준 것은 이들이 그리스도의 이름으로 세례를 받지 않았고, 또 요한의 예비적 세례를 받았으나 참다운 복음의 진리를 알지 못했기 때문이다. 그리스도의 이름으로 세례를 받은 것이 아닌 요한의 세례에 머물러 있고 예수 그리스도를 정확히 알지도 믿지도 않았던 그들에게 예수의 이름으로 다시 세례를 베푼 에베소 교인들의 사례를 재세례의 근거로 삼는 것은 비약이다.[106] 이들이 성령도 알지 못하고 예수의 이름으

---

[104] "On Baptism CANON I" <www.thecounciloftrent.com/ch7.htm>(2019. 07. 28. 접속).
[105] Denton, *A Commentary on the Acts of the Apostles*. Vol. II., 177.
[106] 칼빈, 사도행전 II, 206-207. "그런데 세례를 반복해서 받는 것은 옳은 일인지 의문이 생긴다. 오늘날 열광적인 사람들은 여기에 기록된 사실을 증거로 재세례를 이끌어 들이려고 애쓰고 있다. 어떤 사람들은 '세례'라는 말을 '새로운 교훈'으로 간주하고 있다. 나는 그들의 설명이 어쩔 수 없이 공격적인 기미를 보여주고 있으므로 그것에 동의하지 않는다. 어떤 사람들은 당시에 세례가 반복된 것을 부정한다. 왜냐하면 그들은 요한을 흉내 낸 어떤 우매한 사람에 의하여 그릇되게 세례를 받았기 때문이라는 것이다. 그러나 그들의 추측에는 근거가 없으며, 더군다나, 바울의

로 세례를 받지 않았기 때문에 그리스도의 세례를 시행한 것이다. 그리스도의 이름으로 세례를 받지 않았고 성령이 있음도 듣지 못한 이들에게 정확한 구원의 믿음을 가르치고 예수를 믿고 그리스도의 이름으로 세례를 받도록 인도한 것이다.

그러므로 바울이 이들에게 복음을 바르게 제시하고 이들에게 다시 세례를 베풀어야 할 이유는 몇 가지 점에서 분명하다. 1) 이들이 참으로 예수 그리스도를 구주로 믿었다는 것이 불분명하고, 2) 이들이 그리스도의 이름으로 세례를 받지 않았고, 3) 성령이 존재한다는 사실조차 듣지 못했기 때문이다. 만약 이들이 그리스도의 이름[삼위일체의 이름]으로 세례를 받았다면 다시 세례를 베풀어서도 받아서도 안 될 것이다.[107]

바울의 에베소 선교와 두란노 훈련(19:8-20)

바울은 에베소에서 3년 동안 사역했다. 누가는 에베소에서의 바울의 사역을 '석 달'(19:8)과 '두 해'(19:10)로 나누어 설명하였다.[108] 첫 3개월은 회당에서 강론하고 권면했고 그리고 나머지 두 해는 두란노서원에서 강론했다.[109] 바울은 12명의 진정한 회심자들이 생기자 대단한 용기를 얻고 회당에 들어가 '석 달 동안' 담대히 강론하였다. 여기서 우리가 간과해서는 안될 것이 있다.

말은 그들이 참되고 순전한 요한의 제자였음을 암시하고 누가가 그들을 그리스도의 제자로 부를 수 있는 영예를 암시하고 있기 때문에 나는 이 견해에도 동의하지 않는다. 그리고 나는 물로써 행한 그 세례는 반복되지 않았다고 본다. 왜냐하면 누가는 그들이 성령으로 세례를 받았다는 사실 외에 아무것도 의미하고 있지 않기 때문이다. 무엇보다도 세례의 명칭이 성령의 은사들로 옮겨간 것은, 우리가 제1장과 11장(1:5, 11:16)에서 알아본 것같이, 전혀 새로운 사실이 아니다. 그 성구들 가운데서, 누가는 성령이 보이는 모습으로 제자들에게 보내신 바 될 것은 그리스도께서 약속하셨을 때 그는 그 성령을 '세례'라고 칭하셨다. 그리고 성령이 고넬료에게 임하셨을 때 베드로는 "너희는 성령으로 세례를 받으리라"는 주님의 말씀을 기억했었다."

[107] 오늘날 공교회는 이단 집단에서 세례를 받은 것을 제외하고는 다 인정을 해준다. 그것은 삼위일체 이름으로 시행된 세례는 세례자의 자질 유무와 상관없이 유효하다고 믿기 때문이다.

[108] Carver, *The Acts of the Apostles*, 191-192.

[109] Chrysostom, *The Homilies on The ACTS of The Apostles*, 552. 바울은 어디를 가나 회당을 복음전파의 채널로 활용했다.

3개월 동안 하나님 나라 강론(19:8)

그것은 바울이 회당에서 '하나님 나라에 관한 것'(19:8)을 담대히 가르쳤다는 사실이다.[110] 우리는 하나님 나라가 복음서뿐만 아니라 사도행전에서도 매우 일관되게 강조되고 있는 것을 주목해야 한다. 예수 그리스도는 승천하시기 전 하나님 나라의 일을 말씀하셨고, 바울은 에베소에서 하나님 나라를 증거하였으며, 로마에서도 하나님 나라를 전파하였다.[111] 바울은 회당에서 성경을 가지고 바로 다음 사실을 가르친 것으로 보인다. 예수가 바로 그리스도이시다.[112] '하나님의 나라'가 구약의 선지자들에게 약속되었고, 하나님 나라는 그리스도께서 오심으로서 임하게 될 것이다.[113] 메시야 초림으로 시작된 이 하나님 나라는 그의 재림으로 완성될 것이다.

복음에 대한 반응은 역시 두 가지로 나타났다. 누가의 증언을 빌린다면 '어떤 사람들은 마음이 굳어 순종하지 않고 무리 앞에서 이 도를 비방'(19:9)하기 시작했다. 대부분의 사람들이 복음을 받아들였는데 그들 중 얼마는 마음이 완고해 믿기를 거부하고, 바울이 전하는 복음을 공개적으로 비판하고 나선 것이다. 같은 복음을 듣고도 어떤 사람은 믿음의 길을 따랐고, 어떤 사람은 그것을 거부하고 오히려 방해한 것이다.

우리가 복음을 전할 때 언제나 두 가지 반응이 나타난다. 따라서 많은 열매와 결실을 맺지 못한다 하더라도 결코 실망하거나 좌절해서는 안 된다. 또 복음에 대한 방해가 나타난다고 해도 결코 그것 때문에 실의에 빠져서는 안 된다. 기독교 역사 속에는 늘 그것을 거부하는 세력들이 존재하여 왔다. 하지만 그 때문에 복음의 진보가 장애를 받아오거나 중단된 적이

---

[110] Denton, *A Commentary on the Acts of the Apostles.* Vol. II., 178.
[111] 하나님 나라는 복음서의 주제이면서 동시에 사도행전의 중심 주제라고 할 수 있다. 사도행전에 하나님 나라가 반복적으로 강조되고 있다. 예수 그리스도가 승천하시기 전에 사도들에게 하나님 나라의 일을 가르치시고, 바울이 하나님 나라에 관한 것을 가르치고, 로마에서 바울이 하나님 나라를 가르친 것으로 사도행전 기록이 끝난다. 하나님 나라로 시작해서 하나님 나라로 결론을 맺은 것이다. 성령이 지배하는 곳, 성령에 의해서 확장되는 나라가 하나님 나라이다.
[112] Denton, *A Commentary on the Acts of the Apostles.* Vol. II., 178.
[113] 칼빈, 사도행전 II, 209.

없었다. 오히려 복음의 진보를 가져다주었다.

두란노서원에서의 2년간의 집중훈련(19:9-10)

바울은 박해 속에서도 흔들리지 않고, 지속적으로 복음을 전했다. 그러나 방법을 달리했다. 바울은 복음전도를 방해는 세력이 생기자 자신을 따르는 '제자들을 따로 세우고'(19:9) 두란노라는 곳에서 말씀을 강론하고 훈련을 시켰다. 복음의 진보를 막는 세력이 있는 곳에서 과감하게 옮겨 더 좋은 환경, 좀 더 순수하고 알차게 제자들을 양육하고 훈련시킬 수 있는 장소로 거처를 옮긴 것이다. 회당에서 유대인들을 상대로 계속해서 전도해 왔으나 계속해서 방해하고 박해를 가하자 회당을 거점으로 한 선교를 지양하고, 이제는 두란노서원을 거점으로 선교를 진행해 나가기 시작했다. 이 사건은 바울의 선교사역에서 있어서 하나의 전환점이라고 할 수 있다.

바울은 당대의 저명한 철학자가 자신의 강당으로 사용하던 두란노를 빌려 사용하였다. 바울이 선교의 거점으로 삼은 두란노는 유대인의 사적 회당이라는 주장도 있으나 헬라인의 철학 강당이라는 말이 더 설득력이 있다.[114] 바울이 두란노에서 복음을 가르쳤던 시간은 제5시부터 제10시로 우리 시간으로 오전 11시부터 오후 4시까지였다. 이 시간에는 모든 공적 활동이 정지되었고 두란노에서 강의도 없었다. 당시 보통 밤 1시에 자는 사람보다 낮 1시에 자는 사람들이 더 많았다. 바울은 두란노가 비어 있는 낮 시간을 이용하여 집중적으로 훈련을 시킨 것이다.[115]

에베소교회는 처음부터 화려하게 시작하지 않았다. 처음 3개월 동안의 힘든 경험이 오히려 말씀의 센터 두란노를 세우는 결과를 가져왔고, 바울이 그곳에서 꼬박 2년을 헌신했다. 우리는 '날마다'(19:9)와 '두 해 동안'(19:10)이라는 말을 주목할 필요가 있다.[116] 매일 다섯 시간씩 2년 동안이나 두란노에서 성경을 가르친 것이다. 이것은 단순한 성경공부가 아니

---

[114] Denton, *A Commentary on the Acts of the Apostles*. Vol. II., 179.
[115] Bruce, *The Book of ACTS*, 388-389.
[116] Denton, *A Commentary on the Acts of the Apostles*. Vol. II., 179.

라 안디옥에서 1년 동안 바나바와 함께 실천해서 놀라운 결실을 맺었던 바로 그 방법, 곧 제자훈련이었다. 바울의 정성과 열정이 얼마나 크고 강했는가를 말해준다.

더구나 에베소는 여러 가지 면에서 복음을 전하기 어려운 환경이다. 바울이 방문한 어떤 다른 곳보다도 영적인 도전이 심했다. 바울은 에베소에서 동족을 대적하는 유대인, 장사를 방해한다고 생각하고 자신을 박해했던 상인들 그리고 아데미 신전 주변에 산재해 있던 매춘부들이 온갖 범죄를 자행하는 것들을 보면서 탄식했을 것이다.

바울이 두란노에서 무엇을 가르쳤는지는 훗날 에베소 교인들에게 보낸 서신을 통해 추론할 수 있다. 바울은 그들에게 '약속의 성령'(엡 1:13)으로 인치심을 받아 믿음으로 구원을 얻는 빛의 자녀들은 성령 안에서 하나님이 거하실 처소로 지어져 가야 한다는 사실, '하나님의 아들을 믿는 것과 아는 일에 하나가 되어 온전한 사람을 이루어 그리스도의 장성한 분량이 충만한 데까지'(엡 4:13) 자라가야 한다는 사실 그리고 이를 위해서는 '썩어져 가는 구습을 따르는 옛 사람'(엡 4:22)을 벗어버리고 '음행'과 '우상숭배'(엡 5:5)를 멀리하며, 무엇보다 술 취하지 말고 '오직 성령으로 충만함을 받아야 한다'(엡 5:18)는 사실을 분명히 했다.

바울의 탁월한 에베소 선교전략: '따로 세움'

두란노에서 2년과 회당에서의 3개월을 합쳐 바울의 에베소 체류기간은 3년이다. 바울은 열심히 가르쳤고, 에베소 교인들은 열심히 가르침을 받았다. 그 결과는 참으로 놀라웠다. 누가는 '두 해 동안 이같이 하니 아시아에 사는 자는 유대인이나 헬라인이나 다 주의 말씀을 듣더라'(19:10)는 한 구절로 집약했다.

여기 '유대인과 헬라인'(Ἰουδαίους τε καὶ Ἕλληνας) 그 사이에 원문에는 '둘 모두'(both, τε)라는 말이 들어 있다. 이 구절은 사도행전 14장 1절 "이에 이고니온에서 두 사도가 함께 유대인의 회당에 들어가 말하니

'유대와 헬라의 허다한 무리'가 믿더라"를 연상시킨다. 이고니온에서는 유대와 헬라의 '허다한 무리'가 믿었지만, 에베소에서는 아시아에 사는 유대인과 헬라인이 '다 주의 말씀을 들었다.' 바울이 복음을 전하는 곳마다 놀라운 역사가 나타나 유대인들과 헬라인들이 그것을 받아들이고 믿게 되었다는 의미이다. '유대인과 헬라인'이라는 말은 유대인들과 이방인들 전체를 총칭하는 의미로 복음의 확장을 그대로 대변한다.

바울이 과감하게 방해자들과 결별하고 두란노로 옮겨 말씀 강론과 교육에 전념하자 고린도 지방의 남녀노소 이방인과 헬라인 할 것 없이 수많은 사람들이 복음을 받아들였다. 복음의 진보는 결코 순탄한 가운데만 진행되는 것은 아니다. 오히려 박해 가운데서 놀랍게 진작되었다.

바울이 에베소에 머무는 동안 주변의 도시에서 선교하였다. 사도행전에는 바울이 직접 이들 도시를 방문한 것으로는 나타나지 않는다. 그러나 바울이 에베소에서 거점을 삼고 복음을 증거하던 그 기간에 루커스 계곡(the Lycus Valley)에 골로새, 히에라볼리 그리고 라오디게아 교회들(참조. 골 2:1; 4:13)이 세워졌다. 이것은 바울이 에베소에 머물렀지만, 그의 동역자들을 통해 그 주변에 적극적으로 복음을 전했음을 말해준다. 이때 바울의 전도로 요한계시록에 소개되어 있는 아시아의 일곱 교회가 태동되었다.[117]

그런데 여기서 우리가 한 가지 더 주목해야 할 것은 바울의 복음의 진보가 우연히 장소만 옮겼다고 일어난 것은 아니라는 사실이다. 방해세력과 결별했기 때문에 에베소교회가 결실을 거둔 것이 어느 정도 사실이겠지만 복음의 진보를 가져온 결정적인 동기는 '제자들을 따로 세우고'(19:9) 집중적으로 훈련시킨 일이다.[118] 바울이 이들을 집중적으로 훈련시켜 에베소교회의 일꾼들로 세우는 작업을 2년 동안 혼신을 다해 감당한 것이다.

누가는 '두해 동안 이같이' 했고 그 결과로 '아시아에 사는 자는 유대인

---

[117] Denton, *A Commentary on the Acts of the Apostles*. Vol. II., 179.

[118] Chrysostom, *The Homilies on The ACTS of The Apostles*, 552. 복음을 받아들인 자들을 제자로 훈련시켜 세상으로 파송하여 하나님 나라 확장의 도구로 사용하시는 것이 성경의 원리다.

이나 헬라인이나 다 주의 말씀을 들었다'(19:10)고 증언한다. 이는 두란노에서의 놀라운 복음의 진보 그 이면에는 안디옥교회에서부터 실천한 바울의 제자훈련전략이 있었다.

누가는 따로 세운 제자들의 수가 얼마나 되는지는 언급하지 않았다. 그들은 에베소 오순절을 경험한 12제자들일 수 있고, 그들보다 많았을 수 있다. 그러나 12제자들이 따로 세운 그룹의 핵심 멤버들이었을 것은 의심의 여지가 없다. 성령충만한 그들을 말씀으로 훈련시켜 말씀과 성령이 충만한 제자들을 양성한 것이다. 이들이 두란노에서 바울과 함께 사역함으로 말미암아 많은 결실을 가져올 수 있었다. 바울은 훗날 에베소서에서 이들이 성령으로 인침을 받았다는 사실을 환기시켜주면서 계속해서 빛의 자녀로 살아가며 성령의 충만을 받으라고 부탁했다.

여기서 우리는 놀라운 하나님의 사역의 원리를 발견할 수 있다. 신앙의 모델, 신앙의 선구자들, 앞선 신앙인들이 있을 때 진정으로 그들을 통해 믿음의 진보와 결실이 올 수 있다는 사실이다. 자기희생에 근거한 신앙의 동지들이 있을 때 복음의 확장은 가능하다. 바울이 담대하게 두란노에서 강론하고 가르쳤지만, 바울을 도와 협력하며 바울을 통해 가르침을 받은 초신자들이 신앙 가운데 정착하고 뿌리를 내릴 수 있도록 협력을 아끼지 않은 사람들이 있었기 때문에 두란노의 사역이 놀랍게 결실을 맺을 수 있었다.

우리는 기드온의 300용사를 잘 알고 있다. 그들이 그보다 수십 배되는 적의 세력을 물리칠 수 있었던 것은 준비된 사람들이었기 때문이다. 하나님의 일은 세상의 일과 달라 준비된 사람, 하나님의 보좌를 움직이는 사람을 통해 역사가 이루어져 왔다. 바울이 박해 가운데서도 에베소의 두란노교회가 놀라운 결실을 맺을 수 있었던 원동력은 따로 훈련 받은 제자들이 그리스도의 진정한 제자들로 세움을 받았기 때문이다. 이들의 기도와 헌신과 희생과 열심이 바울의 선교사역을 깊고 넓게 만들어 준 것이다. 그 결과 에베소뿐만 아니라 전 아시아에 사는 유대인들과 헬라인들이 다 주의 말씀을 듣는 역사가 나타났다.[119] 한두 사람이 아니라 아시아 전 지역의 불신자들이 주님께로 돌아온 것이다.

이 같은 놀라운 결실은 바울의 복음의 진보를 막았던 그곳의 사람들을 압도했을 것이 분명하다. '유대인과 헬라인'(19:10)은 당시 세상 모든 사람을 통칭해 사용할 때 늘 사용하던 용어였다. 여기 유대인과 헬라인 전체(all the Jews and Greeks)가 돌아왔다는 것은 택함 받은 유대인들뿐만 아니라 이방인들까지 주님께로 돌아왔음을 말해준다.

실제로 이 기간 동안에 아시아 일대에 복음이 전파되어 에베소, 서머나, 버가모, 두아디라, 사데, 빌라델비아, 라오디게아 등 소아시아 일곱 교회(계 1:4), 히에라볼리교회(골 4:13)와 골로새교회(몬 1:1-2)가 태동되었다.[120] 바울은 이 기간 동안에 고린도전후서도 집필하고 고린도교회도 방문했다. 바울을 따라 두란노에 온 몇몇 믿음의 제자들은 얼마 후, 그보다 수십 배에 달하는 놀라운 열매를 맺었다.

강력한 성령의 임재와 표적(19:11-12)

성령의 역사가 이전의 어떤 곳보다도 더 강하게 나타났다. '하나님이 바울의 손으로 놀라운 능력을 행하게 하시니 심지어 사람들이 바울의 몸에서 손수건이나 앞치마를 가져다가 병든 사람에게 얹으면 그 병이 떠나고 악귀도 나가더라'(19:11-12). 여기 '놀라운 능력'(19:11)은 헬라어 원문 그대로 직역한다면 '비범한 기적'(Miracles then not being ordinary, Δυνάμεις τε οὐ τὰς τυχούσας)이다. 그것은 '비상한 기적'(NIV, ESV), '특별한 기적'(KJV)이었고, '위대한 기적'(CEV)이었다.[121] 카버가 표현한 대로

---

[119] Chrysostom, *The Homilies on The ACTS of The Apostles*, 552. "그[바울]는 그들을 시기나도록 자극했다. 헬라인들은 쉽게 바울을 받아들였다. 유대인들은 헬라인들이 그를 받아들이는 것으로 인해 후회를 하였다."

[120] 당시 에베소는 전략적으로 복음 확산을 위한 요충지였다. 교통과 상업의 중심지였기 때문에 에베소에는 소아시아 일대에서 수많은 사람들이 모여들었다. 이들 가운데 적지 않은 사람들이 유명한 바울의 설교를 듣기 위해 모여들어 자연히 에베소에서는 복음의 결실이 계속해서 맺어졌다. 그 결과 에베소 전역이 복음화되는 놀라운 일이 발생한 것이다.

[121] Denton, *A Commentary on the Acts of the Apostles*, 180. 그것은 이적도 표적도 아니었다. 특별한 기적이었다. 위대성에 있어서 특별했고 중요성에 있어서 특별했으며, 그 영향에 있어

'주목할 만한 기적들'이 나타났다.[122]

두란노에서 성령의 역사와 표적은 다른 제자들이 행했던 능력과도 차이가 있었다. 심지어 사람들이 바울의 몸에서 손수건이나 앞치마를 가져다가 병든 사람에게 얹자 '그 병이 떠나고 악귀도 나가'(19:12)는 역사가 임했다. 바울이 친히 인격적으로 명령하지도 않았는데, 바울이 사용하던 옷과 손수건을 통해 놀라운 기적이 나타난 것이다. 이것은 신기한 일이 아닐 수 없다.

믿음의 사람이 성령의 충만함을 받고 주의 이름으로 사탄을 쫓아내는 역사는 성경에 수없이 기록되어 있다. 그러나 이 경우처럼 직접 바울이 명하는 것도 아니고 바울이 쓰던 손수건과 앞치마를 가져다 병든 사람에게 얹자 그 병이 떠나고 악귀가 쫓겨나가는 현상이 발생한 사례는 없었다. 손수건은 '땀을 닦는 천'이나 물건을 싸는 것이고 앞치마는 일할 때 두르는 것이다. 모두가 바울이 장막을 제작할 때 사용한 물건들로 보인다.[123] 이제 바울의 능력은 절정에 달했다. 직접 안수한 것이 아니라 그의 몸에 붙은 천으로도 병이 낫게 된 것이다.

에베소에서 바울을 통해 신적 권능으로 말미암은 강력한 역사가, 특히 신유와 축귀(逐鬼)의 역사가 현저하게 나타났다. 놀라운 권능의 현시였다.[124] 예수의 옷단을 만지고 혈루증이 나은 것(막 5:28), 베드로의 그림자를 지나갈 때 나은 것(5:15)과 유사한 현상이 발생했다. 어떻게 이 사실을 이해해야 할까? 이것은 얼마나 성령의 역사가 강하게 나타났는가를 보여준다. 비인격적인 것이나 물건도 그런 놀라운 성령의 역사를 나타낼 수 있다는 사실을 보여주는 것이 아니라 믿음이 있는 자라면, 누구나 하나님 앞에

서 특별했다.

[122] Carver, *The Acts of the Apostles*, 192.

[123] Bruce, *The Book of ACTS*, 389.

[124] Carver, *The Acts of the Apostles*, 192. 예수 그리스도의 옷을 만진 혈루병 환자가 고침 받은 사례와 바울의 손이 닿은 손수건과 앞치마를 통해 병고침을 받은 것을 비교할 수 있다. 이 사건을 통해서 누가는 사도 바울이 주님이 행하셨던 기적과 표적과 이적을 행했다는 사실을 증거하려고 한 것이다. 그는 주님의 기적이 사도들의 기적이 되었음을 일관되게 증언하고 있다.

붙잡힘을 받을 때 바울과 같은 능력의 도구로 쓰임 받을 수 있다는 사실을 말씀해주는 것이다.

바울의 손수건을 가져다 얹은 사람이 누구인지 우리 성경에는 나오지 않는다. 또한 헬라어 성경이나 영어 역본에는 "사람들이"라는 말도 나오지 않고 바울의 손이 닿은 손수건과 앞치마를 병든 사람들이 만지면(접촉하면) 치료가 되고 악령이 떠났다는 것으로 기록되었다.

하나님께서 바울의 성령충만함과 그의 물건에 손을 갖다 얹으면 병이 나가고 악령도 떠날 것이라고 확신한 자들의 믿음 그리고 그것을 통해 치료를 받을 수 있다는 당사자의 신앙이 함께 어우러져 그런 기적이 나타난 것으로 해석된다. 베드로의 그림자만 접해도 병이 치료되는 것과 마찬가지이다. 그만큼 하나님께서 바울을 복음의 확장을 위해 능력의 도구로 사용하신 것이다. 그 기적의 주체는 하나님이셨다.[125]

마술이 성행하는 도시, 거짓 기적이 난무하는 도시 에베소에서 그 어떤 세상의 기적과도 비교할 수 없는 놀라운 기적을 통해 하나님의 살아계심과 전능하심을 만천하에 선포하신 것이다.[126] 바울의 손은 분명 사람의 손이었지만, 그것은 하나님의 영이 함께하시는 권능의 손이었다. 성령의 충만함을 받을 때 얼마나 강하고 놀랍게 하나님이 사용하시는가를 단적으로 말해준다.

바울의 특별한 능력을 여기서 읽을 수 있다. 두란노에서 그렇게 놀랍게 복음의 진보가 있었던 이유는 바울이 말씀을 권세 있게 가르치고 놀라운 성령의 능력이 따랐기 때문이었다. 마치 예루살렘교회나 안디옥교회처럼 이곳에서도 말씀과 성령이 분리되지 않고 같이 갔다. 믿음의 사람들이 말

---

[125] Denton, *A Commentary on the Acts of the Apostles*. Vol. Ⅱ., 180. 누가는 바울이 행한 기적의 주체가 누구인가를 분명히 했다. '하나님이 바울의 손으로 놀라운 능력을 행하게 하시니'(God wrought special miracles by the hands of Paul)는 하나님이 바울의 손을 통해서 하신 기적이라는 사실을 밝혔다. 베드로가 성전 미문에 앉은 못 걷는 사람을 일으키자 사람들이 그를 주목하였을 때, 그 기적이 자신들이 행한 것이 아니라 하나님이 행하셨다는 사실을 강조한 것도 맥을 같이한다. 누가는 사도행전에서 계속해서 성령께서 사도들을 통해서 동일한 역사를 행하게 하셨음을 강조하고 있다.

[126] Denton, *A Commentary on the Acts of the Apostles*. Vol. Ⅱ., 180.

씀의 권세와 성령의 권능을 받아 세상을 살아가고 주의 사역을 감당하는 것이 얼마나 중요한가를 보여준다. 영적 권능은 자신에게서 나오는 것이 아니라 하나님의 말씀, 부활하시고 승천하신 예수 그리스도, 그와 아버지가 보내주신 성령에게서 기원되는 것이다. 바울이 행한 권능은 당연히 성령의 권능이었다. 주의 일은 인간의 힘으로는 할 수 없다. 승리의 삶을 살아가기 위해서는 오직 말씀과 성령으로 충만함을 받는 길밖에 없다. 따라서 우리는 전적으로 하나님을 의지하고, 말씀으로 무장하고, 기도로 무장하는 가운데 성령의 충만함을 받아야 할 것이다.

에베소 교인들이 성령충만 없이 타락한 문화 속에서 신앙의 삶의 순결을 지켜가기가 쉽지 않았을 것이다. 그래서 바울은 에베소서에서 타락한 문화에 깊이 물들어 있는 그들을 향해 '술 취하지 말라 이는 방탕한 것이니 오직 성령으로 충만함을 받으라'(엡 5:18)고 명령했다. 성령충만은 받아도 되고 안 받아도 되는 것이 아니라 그리스도인에게 필수적인 의무이다. 또한 한번 받으면 되는 것이 아니라 계속해서 충만함을 받아야 된다. 우리는 때문에 날마다 성령의 인도하심과 충만함을 사모해야 한다. 이것이 우리가 세상에서 승리하는 비결이고, 또 그런 사람이 이 세상을 승리할 수 있다.

영적 시험, 영적전투, 믿는 자들을 통한 성령의 권능(19:13-17)

바울의 손이 닿는 손수건과 앞치마만 환자에게 얹어도 병이 떠나고 귀신이 떠나가는 놀라운 역사가 나타나자 마술을 하는 어떤 유대인이 시험삼아 귀신 들린 자에게 가서 바울이 가르치는 '예수의 이름으로 내가 네게 명하노니 나오라'(19:13)고 말했다. 이들 유대인 마술사들은 대부분이 유랑하는 유대인들로 특별한 효과가 있는 주문을 마음대로 구사할 수 있다고 알려져 특별대접을 받았다.

당시 에베소는 헬라, 로마, 아시아의 영적으로 타락한 중심지로 유대인들과 헬라인들을 대상으로 한 마술사들이 성행했다.[127] 당시 하류층 유대인들 가운데는 아브라함, 이삭, 야곱의 이름을 부르며 악령을 쫓는 경향이 있었는데 이들은 여기에 여러 가지 마술을 사용하는 일을 추가했다.[128] 마술사 시몬이 베드로의 놀라운 성령의 역사를 돈을 주고 사려고 했던 모습을 연상시키는 장면이다. 여기 마술을 하는 비신앙인, 전혀 그리스도와 무관한 자가 바울의 기적을 보고 자신도 그리스도의 이름을 빌어 귀신을 쫓아낼 수 있는지를 시험한 사건이 발생했다. 이와 같은 모방충동은 마술을 하는 유대인에게만 국한된 현상이 아니었다. 심지어 '대제사장 스게와(Sceva)의 일곱 아들도'(19:14) 똑같이 따라 했다.

이들은 자신들에게도 바울과 같은 역사가 나타나기를 은근히 갈망했을 것이다. 그런데 귀신이 대답하기를 '내가 예수도 알고 바울도 알거니와 너희는 누구냐'(19:15)며 마술을 행하는 유대인들 두 사람에게 뛰어올라 그들을 쓰러트리고 상처를 입혀 꼼짝 못하게 했다.[129] 그러자 이들이 '벌거벗은 몸으로 그 집에서'(19:16) 도망쳤다. 귀신을 쫓아내려다 귀신에게 쫓겨나는 황당한 일이 발생한 것이다. 이 사건에 대한 소문은 삽시간에 에베소 전역에 퍼져 '에베소에 사는 유대인과 헬라인들이 다 이 일을 알고 두려워하였다'(19:17).

우리는 여기서 한 가지 분명한 사실을 발견할 수 있다. 그것은 주의 이름으로 능력을 행하는 일은 참으로 구원받은 사람들만이 가능하다는 사실이다. 믿지 않는 자가 아무리 주의 이름으로 귀신에게 명한다고 하더라도 귀신을 쫓아낼 수 없다. 그 이유는 간단하다. 그것은 믿지 않는 사람들은 다 영적으로 하나님의 자녀가 아니라 다 공중권세 잡은 자 곧 사탄에 속한 자들이기 때문이다. 따라서 현실적으로 사탄에 속한 자들이 주의 이름으로 명한다고 귀신들이 나가는 역사는 일어날 수 없다.

유대인들이 주님이 귀신을 쫓아내는 것을 보고 귀신의 대장 바알세불

---

[127] Denton, *A Commentary on the Acts of the Apostles.* Vol. II., 181.
[128] Denton, *A Commentary on the Acts of the Apostles.* Vol. II., 181.
[129] Carver, *The Acts of the Apostles*, 192; Denton, *A Commentary on the Acts of the Apostles.* Vol. II., 182. '예수도 내가 알고'라는 말은 내가 예수의 권능도 인정하고, 바울에 대한 지식도 있다는 의미이다.

을 힘입어 귀신을 쫓아낸다고 하실 때, 주님은 '사탄이 어찌 사탄을 쫓아낼 수 있느냐'(막 3:23)고 말씀하셨다. 귀신이 귀신을 쫓아낼 수 없다는 것을 분명히 하신 것이다. 귀신대장이 졸개를 쫓아낼 수도 없는데 어떻게 귀신에 속한 자가 귀신을 쫓아낼 수 있겠는가? 이것은 마치 귀신의 병졸이 귀신의 대장에게 명하는 것과 마찬가지이다.

하지만 믿음의 사람들은 다르다. 성령이 임하시면 연령, 성별, 신분, 지위와 상관없이 모두 동일한 능력을 받는다. 이것이 믿는 자와 믿지 않는 자가 다른 것이다. 성령의 권능은 진실로 믿는 자들을 통해서 나타난다.

놀라운 성령의 임재와 회개의 역사(19:18-20)

에베소에서 복음의 놀라운 반응이 세 가지로 나타났다.[130] 에베소에 있는 믿지 않는 유대인들과 헬라인들은 '이 일을 알고 두려워하며'(19:17) 주 예수의 이름을 높였다. 믿는 사람들은 성령의 놀라운 역사 앞에 숨길 것이 아무것도 없음을 깨닫고 '믿은 사람들이 많이 와서 자복하여'(19:18) 자신들의 '행한' 죄들을 회개하는 역사가 나타났다. '또 마술을 행하던 많은 사람이'(19:19) 뭇사람들을 미혹케 하였던 '그 책을 모아 가지고 와서 모든 사람 앞에서'(19:19) 불살라버렸다.[131] 주 예수의 이름을 남용하던 마술사가 즉시 해를 당하는 것을 본 에베소에 거주하는 유대인과 헬라인이 다 같이 주 예수의 이름 앞에 두려워하며, 그 이름을 높인 것이다.

바울의 기적을 보고 그곳 에베소에 사는 헬라인들과 유대인들 모두가 '두려워하며'(19:17)라고 되어 있는데 이 말은 원문을 직역하면 "두려움에 사로잡혔다"(all seized with fear)는 뜻이다. 성령의 놀라운 역사가 나타

---

[130] Denton, *A Commentary on the Acts of the Apostles*. Vol. II., 182. '하나님의 위대한 역사, 복음의 능력의 현시가 예루살렘에서, 데살로니가에서, 고린도에서 그리고 여기 쾌락의 도시 에베소에서 증거되었다. 그리하여 하나님의 진리와 위대한 권능이 그들 앞에서 드러난 것이다.'

[131] Denton, *A Commentary on the Acts of the Apostles*. Vol. II., 183. '사람이 와서 그들의 죄를 고백하였다. 그들은 마술을 행하여 속인 것을 고백하였을 뿐만 아니라 그들의 악한 삶의 악행들 또한 고백하였다. 그리고 그들은 자신들의 죄 고백에 머물지 않고 삶의 변화에 따른 인식의 출발인 두려움의 실체를 보여주었다. 게다가 그들이 사람들을 속이는 수단들인 마술책들을 가져다 불살라 파괴함으로써 그 변화를 증명해주었다.'

나 믿지 않는 사람들이 하나님의 살아계심을 체험하고 목격하였을 때 하나님을 경외하는 현상이 나타난다.[132]

바울의 선교를 통해 에베소에 나타난 또 한 가지 현상은 믿는 사람들이 많이 와서 자복하고 행한 실수를 고백한 일이다. 누가의 표현을 빌린다면 '믿은 사람들이 많이 와서 자복하여 행한 일을 알렸다'(19:18). 많은 사람들 앞에서 공개적으로 자신들의 죄악을 고백하는 현상이 나타난 것이다. 공개적인 죄의 고백은 참된 부흥이 임할 때 나타나는 현상이었다. 공개적인 죄의 고백과 회개운동은 초대교회만 아니라 기독교 역사 속에서 끊임없이 일어났다.[133]

바울의 선교를 통해 참 복음이 전해지고 성령이 임하자 마술을 행하던 많은 사람들이 여러 사람들이 보는 가운데 공개적으로 마술책을 불살랐

---

[132] 그 대표적인 예가 바로 왕과 느부갓네살 왕이다. 자신이 도저히 풀 수 없는 꿈을 정확히 해몽해주었을 때 바로 왕은 요셉이 '신에 감동된 자'임을 인정하고, 그 하나님을 경외하여 요셉에게 전권을 맡기게 되었다. 애굽의 모든 술사가 풀 수 없었던 수수께끼를 요셉이 하나님의 도우심으로 단번에 풀자 당시 신과 같은 존재였던 바로 왕이 요셉의 하나님을 경외한 것이다. 이것은 매우 중요한 사건이다. 이스라엘의 하나님이 세상의 모든 나라를 주관하시는 하나님으로 선포하신 의미를 담고 있기 때문이다. 이와 유사한 사건이 바벨론 포로시대 바벨론 왕국에서 발생했다. 바벨론 왕 느부갓네살은 어느 날 꿈을 꾸었다. 그런데 자신이 꾼 꿈도 생각나지 않았고, 그 꿈의 의미도 몰라 몹시 고민하고 있었다. 이때 다니엘이 그에게 나타나 꿈이 무엇인지와 그 꿈의 의미가 무엇인지 해몽해주자 왕은 다니엘의 하나님을 경외했다. 당시 천하를 호령하던 대국의 왕, 신과 같은 존재가 하늘의 신을 인정하는 현상이 발생한 것이다. 그것이 곧 이스라엘 사람들을 지키는 원동력이 되었고, 함부로 그들을 대할 수 없게 만든 것이다.

[133] 박용규, **평양대부흥운동** (서울: 생명의 말씀사, 2007), 77-80, 255. 공개적인 죄의 고백과 회개운동은 초대교회만 아니라 기독교 역사 속에서 끊임없이 일어났다. 대각성운동이 발생했을 때 놀라운 회개가 나타났다. 사람들이 동요하고, 쓰러지고, 눈물과 통회와 회개가 전 청중들 가운데 임했다. 자신들의 잘못을 낱낱이 고하고 용서를 빌었다. 이런 현상은 1740년 전후 미국의 1차 대각성운동, 19세기 전반 2차 대각성운동, 1903년 원산부흥운동, 1907년 평양대부흥운동에서도 똑같이 발생했다. 하디 선교사가 자신의 잘못을 공개적으로 회개하고 용서를 구하자 여기저기서 회개의 탄성이 전체 청중을 압도했다. 어떤 사람은 도적질한 것을, 선교사들을 미워한 것을, 말씀을 실천하지 못한 것을 그리고 형제와 아내와 다른 사람을 미워했던 것을 낱낱이 고백했다. 그들이 죄를 고백했을 때 성령께서 다른 사람들의 심령에도 역사하셔서 회개하는 역사가 더 강하게 나타났다. 회개운동은 곧 성령이 말씀을 통해 역사할 때 나타나는 현상이었다. 1740년에 에드워즈가 자신의 교회에서 말씀을 강해하고 말씀에 따라 기도하고 죄를 뉘우칠 것을 촉구하자 뜨거운 성령의 역사가 임했다. 1903년 원산부흥운동과 1907년 평양대부흥운동이 일어났을 때도 "자복하여 행한 일을 알리며"라는 본문 18절의 말씀과 같이 자신들의 죄와 잘못을 공개적으로 고백하는 현상이 일어났다.

다. 무려 그 불사른 책들이 값으로 환산하면 '은 5만'(19:19) 드라크마나 되었다. 드라크마는 당시 헬라 사회에서 통용되던 화폐의 단위로 1드라크마는 노동자 하루 품삯에 해당되는 것으로 5만 드라크마는 하루 노동자 품삯을 10만 원으로 계산하면 50억 원이고, 만약 7만 원으로 계산하면 35억 원에 해당하는 엄청난 금액이다.[134] 지금도 그렇지만 그 당시로서는 정말 대단한 금액이다. 그렇다면 이들이 불태운 서적들이 적지 않았음을 말해준다.

성령의 역사는 단순히 통회하는 것으로 끝나서는 아무 의미가 없다. 죄와의 단절, 사탄의 역사를 끊어버리는 결단이 동반되지 않는다면 아무런 힘을 발휘할 수 없다. 진정한 부흥에는 언제나 참된 회개가 수반되었고, 참된 회개가 있는 곳에 성령의 임재가 강하게 나타났다. 놀라운 성령의 역사는 죄와의 타협을 요구하지 않고 죄와의 단절을 요구한다. 조나단 에드워즈가 증언하는 대로 참된 성령은 죄와 사탄의 왕국에 맞서 싸우도록 도전한다.[135]

본문 19절의 '불사르니'(burned)라는 말은 우리 성경이나 영어성경에

---

[134] Denton, *A Commentary on the Acts of the Apostles*. Vol. II., 184. 계산은 학자들마다 약간 다르다. 화폐 단위를 가지고 환산할 때 덴톤은 은 5만은 6,250파운드에 해당되는 금액이라고 말한다. 1870년대에 그런 금액이니 오늘날로 환산하면 6,250 x 114.56= 716,000파운드이다. 한국 원화로 환산하면 1,038,558,000원이다.

[135] Jonathan Edwards, "Distinguishing Marks," in *the Works of Jonathan Edwards*, Vol. Two (1834; repr. Edinburgh: Banner of Truth Trust, 1986), 266-268. 한 개인의 개혁이 성령의 역사로 나타날 때 그와 그 가족과 그 주변이 변화될 수 있다. 다섯 남편이나 바꾸어 가면서 죄의 길을 가고 있던 사마리아 여인이 메시야를 발견하자 물동이를 버려두고 동네로 달려가 그리스도를 증거한 것이다. 한 개인의 변화와 개혁은 다른 사람들에게 영향을 미칠 수밖에 없다. 그것은 크든 작든 마찬가지이다. 소돔과 고모라의 도시 평양이 동방의 예루살렘으로 바뀌었다. 평양대부흥운동이 진행되는 동안 평양 시내는 주일날 가게 문을 다 닫았다. 주일날 가게를 열고 장사를 할 수가 없었다. 주일을 지키고 하나님을 경외하고 예배해야 한다는 사실에 대해 주를 믿는 사람들은 당연하게 받아들였고, 믿지 않는 사람도 하나님의 존재를 인정하고 주일날 장사를 계속할 경우 여러 가지 불이익을 받는다는 사실을 너무도 잘 알고 있기 때문이다. 이것이 복음의 역사이다. 이것은 미국에서도 마찬가지이다. 미국에서 2차 대부흥운동이 찰스 피니를 중심으로 미 전역에 확대되어 갈 때 사회개혁운동도 병행되어 나갔다. 노예제도 폐지운동, 금주운동이 전역으로 확산되어 나갔던 것이다. 그리고 개인의 범죄뿐만 아니라 사회적 범죄가 현격하게 줄어들었고, 사회전반에 대한 개혁이 진행되었으며, 고아와 가난한 사람들에 대한 관심이 증대되었다.

는 과거형으로 기록되었지만, 헬라어 원문에는 단순 과거가 아니라 미완료과거형 카테카이온(κατέκαιον, were burning)으로 쓰여 책 한 권 불사른 것이 아니라 막대한 양의 마술서적들을 계속해서 불살랐음을 말해준다. 마술책이 사람들을 미혹케 하여 오히려 죄의 길을 조장하는 장본인이라는 사실을 발견하자 더 이상 그것을 계속할 수 없었던 것이다.

여기 마술사들은 자신들의 과거의 잘못을 발견하고 주님을 알게 되자 자신들의 생명과 같은 마술책들을 공개적으로 소각시킨 것이다. 죄를 회개할 뿐만 아니라 실제로 자신들의 죄의 고리를 완전히 끊어버린 것이다. 이것이 진정한 회개이다. 죄악의 온전한 청산은 성경이 끊임없이 요구하는 믿는 자들이 지키고 지향해야 할 준수명령이다. 세상과의 타협은 있을 수 없다. 더구나 죄와의 타협은 곧 죄로 물들어 버리는 지름길이다. 진정한 회개인지 아닌지는 뒤따르는 행동을 보면 알 수 있다.

이 모든 것은 에베소에 얼마나 강력한 성령의 역사가 임했는가를 보여준다. 오순절성령강림을 통해 예루살렘의 유대인들 가운데 나타난 놀라운 변혁의 역사가 이곳 에베소의 이방인들 가운데서도 나타난 것이다. 이런 역사는 사도행전에만 국한된 역사가 아니다. 기독교 역사 속에서도 성령의 놀라운 부으심이 임하는 곳마다 강력한 변혁의 역사, 개혁의 역사, 죄를 제거하고 인간의 심성을 변화시키는 역사가 수반되었다.

6. VI부 결론: 마게도냐 에게해로 복음 확장 (19:20, A.D. 52-55)

이와 같이 주의 말씀이 힘이 있어 흥왕하여 세력을 얻으니라

매우 간단하지만 19장 20절은 사도행전 VI부에 해당하는 '마게도냐와 에게해로 복음 확장'의 결론이다. 복음의 확장을 누가는 위와 같이 집약했다. 우리는 여기서 다음 몇 가지 사실을 확인할 수 있다.

첫째, 놀라운 성령의 역사다. '이와 같이'라는 말은 앞에서 언급한 불신자들이 하나님을 두려워하고 그를 경외하며, 죄를 자복하고 회개하며, 죄를 온전히 제거하는 성령의 역사들을 지칭하는 것이다. 바울이 엄선하여 두란노에서 2년 이상 정기적으로 성경을 공부하며 제자훈련을 시킨 결과 에베소에 놀라운 변화가 나타났다. 공개적인 죄의 고백이 있었고, 자신들의 죄를 청산하는 분명한 변화가 나타났다. 성령께서 교회공동체와 개인 가운데 역사하셔서 당신의 나라를 이끌어 가시는 것을 확인할 수 있다. 사도행전의 역사는 성령이 이끄시는 역사, 성령이 이끄시는 교회, 성령이 이끄시는 선교역사였다.

둘째, 이 같은 변화의 동력은 주의 말씀이었다(19:20). 성령의 역사와 하나님의 말씀은 분리될 수 없다. 성령은 말씀을 통해 말씀과 더불어 역사하시기 때문이다. 참된 성령은 언제나 성경의 권위를 고양했다. 성령이 충만한 곳에는 언제나 말씀이 찬양을 받으시고, 말씀이 흥왕하였다. 19장 20절의 말씀은 10절과 연계시켜 봐야 할 것이다. 누가는 '아시아에 사는 자는 유대인이나 헬라인이나 다 주의 말씀을 들었다'(19:10)고 증언한다. 놀라운 성령의 역사가 주의 말씀이 원동력이 되어 나타났다.

셋째, 말씀의 인격성이다. 말씀이 힘이 있고, 흥왕하여 세력을 얻었다고 증언한다. 말씀이 본질적인 변화를 가져다준 것이다. '주의 말씀이 힘이 있어 흥왕하여 세력을' 얻었다는 말은 '주님의 말씀이 권능 가운데 널리 확산되고 자랐다'(spread widely and grew in power)는 의미이다. 주의 말씀이 인격적으로 역사한 것이다. 사도행전에는 말씀이 단순한 하나의 도구로 머물러 있지 않았다. 말씀이 육신이 되어 우리 가운데 오신 예수 그리스도가 여전히 살아 인격적으로 활동하시며 역사하셨다.

성령께서 권능 가운데 역사하시는 곳에는 언제나 말씀이 살아 역사하고 높임과 찬양을 받으셨다. 누가는 성령을 의인화해서 반복적으로 표현했다. 부흥의 역사가 증언하고 조나단 에드워즈가 증언하는 것처럼 성령이 강하게 역사하는 곳에는 언제나 하나님의 말씀이 존중을 받으며, 말씀의 권위가 높아진다. 여기서도 말씀과 성령과의 관계를 그대로 읽을 수 있다. 에베소 지역, 아시아 전역에 놀랍게 복음이 전파된 것을 말씀이 확산되고 능력 가운데 성장한 것으로 표현하고 있다. 두란노에서 말씀을 가르친 결과 그 말씀이 마게도냐와 안디옥교회를 살린 것이다.

   그리스도인들이 세상에서 승리할 수 있는 비결은 다른 길이 아니고 오직 말씀과 성령으로 덧입는 것이다. 바로 이것이 3년간 에베소에 머물면서 바울이 체험한 확신이었다. 바울이 에베소교회에 성령의 검으로 무장하고 '오직 성령의 충만을 받으라'(엡 5:18)고 간곡히 부탁한 것도 그 때문이다. 먼저 복음이 확산되면서 성령이 말씀과 더불어 나타나고, 성령의 기적이 나타나면서 불신자들이 하나님을 두려워하고, 믿는 자들이 자신들의 죄를 통회하고, 그동안의 하나님과의 장벽을 제거했을 때 그 다음에 교회성장이 뒤따랐다. 하나님의 말씀과 성령을 통한 진정한 제자 됨의 역사가 선행될 때 교회는 바로 세움을 받고 성장하고 결실을 맺는다.

제 VII 부
로마로 복음 확장: 로마를 향하여
(19:21-28:31)

제18장
바울의 예루살렘 행 여정과 로마 행 준비
(19:21-21:14)

제19장
예루살렘에서의 바울
(21:15-23:35)

제20장
총독과 왕 앞에서 바울의 재판
(24:1-26:32)

제21장
로마로 향하는 바울의 여정
(27:1-28:10)

제22장
바울의 로마 입성과 전도
(28:11-31)

제23장
바울의 4차 선교여행과 그의 순교

복음의 확장은 마게도냐 에게해에서 그치지 않았다. 복음은 당시 '땅 끝,' '천하'였던 로마제국의 수도 로마로까지 놀랍고 급속하게 확산되어 나갔다. 19장 21절부터 28장 31절까지는 사도행전 마지막 제 7부로 로마까지의 복음의 확장과정을 그려주고 있다. 사도행전 1장 8절의 '땅 끝까지 이르러 내 증인이 되리라'는 약속의 말씀이 구체적으로 성취된 것이다. 제 7부에서는 18장 바울의 예루살렘 행 여정과 로마행 준비(19:21-21:14), 19장 예루살렘에서의 바울(21:15-23:35), 20장 총독과 왕 앞에서 바울의 재판(24:1-26:32), 21장 로마로 향하는 바울의 여정(27:1-28:10), 22장 바울의 로마 입성과 전도(28:11-31) 그리고 23장 바울의 4차 선교여행과 그의 순교로 구성되었다.

18장 바울의 예루살렘 행 여정과 로마행 준비(19:21-21:14)에서는 바울의 로마행 계획의 선포(19:21-22), 에베소의 데메드리오 선동(19:23-41), 예루살렘 행 여정(20:1-21:14)이 잘 설명되었다. 19장 예루살렘에서의 바울과 20장 총독과 왕 앞에서 바울의 재판(21:15-26:32)에서는 바울의 예루살렘 방문과 유대인의 송사(21:15-23:11), 가이사랴에서의 바울(23:12-26:32)이 기술되었다. 그리고 21장 로마로 향하는 바울의 여정과 22장 바울의 로마 입성과 전도(27-28장)에서는 바울과 일행이 탄 배의 파선(27:1-44), 멜리데 표착과 선교(28:1-10), 로마 도착과 사역(28:11-31)이 설명되었다. 7부의 결론은 사도행전 28장 30-31절이다.

그 후 바울은 잠시 풀려났다 다시 체포되어 로마에서 순교 당한 것으로 보인다. 사도행전이 침묵하고 있지만 사도행전 1장 8절에 예언된 대로 바울은 땅 끝까지 이르러 그리스도의 증인이 되었다. 이 기간의 일련의 역사적 정황을 담은 23장 바울의 4차 선교여행과 그의 순교에서는 바울의 1차 로마 투옥에서의 석방 가능성, 바울의 4차 선교여행, 네로의 박해와 바울의 순교, 바울의 순교 이후 복음의 확산, 박해를 넘어 계속된 '땅 끝까지' 선교를 다루었다.

누가는 사도행전을 진행형으로 종결했다. 하나님의 복음전파는 주님이 오실 때까지 계속될 것이기 때문이다.

제 18 장
바울의 예루살렘 행 여정과 로마 행 준비
(19:21-21:14)

내가 거기 갔다가 후에 로마도 보아야 하리라 그러므로 나는 할 수 있는
대로 로마에 있는 너희에게도 복음 전하기를 원하노라.

바울, 로마서 1:15

내가 거기 갔다가 후에 로마도 보아야 하리라.

바울, 행 20:21

"내가 … 로마도 보아야 하리라"(19:21). 로마에 가서 복음을 전하는 것은 바울의 오랜 숙원이었다. 바울이 가려고 하는 최종 목적지는 스페인(서바나)이었지만 누가가 쓰고 있는 목적지는 스페인이 아니라 로마였다. 누가는 바울의 스페인에 대한 관심보다는 로마를 방문하고자 하는 바울의 숙원에 더 깊은 관심을 가졌다.

누가는 바울이 갖고 있는 로마 방문의 숙원이 어떻게 예기치 않은 방법을 통하여 실현되었는가를 매우 섬세하게 기술해 나갔다.[1] 분명 19장 21

---

[1] Thomas Morrison, *The Acts of the Apostles and the Epistles of Paul: Arranged in the Form of a Continuous History* (Edinburgh: Oliphant, Anderson & Ferrier, 1888), 8. 모리슨은 사도행전 19-21:17의 기록이 A.D. 55-58년에 사이에 일어난 사건이라고 말한다. 그는 바울이 예루살렘에 도착한 때를 A.D. 58년으로 이해했다.

절에 밝힌 로마에 대한 염원은 램지의 표현을 빌린다면 바울이 마음속에 깊숙이 품고 있던 "원대한 계획에 대한 분명한 생각"(the clear conception of a far-reaching plan)[2]이었다.

1. 바울의 오랜 숙원: 로마도 보아야 하리라(19:21-22)

> [21] 이 일이 있은 후에 바울이 마게도냐와 아가야를 거쳐 예루살렘에 가기로 작정하여 이르되 내가 거기 갔다가 후에 로마도 보아야 하리라 하고 [22] 자기를 돕는 사람 중에서 디모데와 에라스도 두 사람을 마게도냐로 보내고 자기는 아시아에 얼마 동안 더 있으니라

당시 로마제국을 세계사 속에서 통시적으로 읽어낼 수 있는 탁월한 역사적 혜안을 가진 누가는 이방인의 사도로 부름 받은 바울의 선교사역이 이제 새로운 전환점으로 접어들기 시작했음을 세 가지를 들어 자연스럽게 기술해 나간다.

바울의 '성령 안에서' 로마 행 작정(19:21)

첫째, 21절의 '이 일이 있은 후에'(after all this had happened, Ὡς δὲ ἐπληρώθη ταῦτα)라는 표현이다. 이 말은 원문대로 직역하면 '게다가 목적했던 이 모든 일들이 성취된 후'(after moreover were fulfilled these things)이다. 이것은 에베소에서 있었던 선교사역 동안에 만났던 굵직한 사건들, 곧 전장에서 언급된 일들을 말하는 것이다. '아시아에 사는 자는 유대인이나 헬라인이나 다 주의 말씀을' 들었고(19:10), 성령의 역사를 목도하고 '에베소에 사는 유대인들과 헬라인들이 다'(19:17) 두려워 떨었다. 3년이라는 긴 기간 동안 고난과 역경을 견디며 이룬 에베소 선교사역

---

[2] William M. Ramsay, *St. Paul the Traveller and the Roman Citizen* (London: Hodder and Stoughton, 1895), 274.

이 결실로 이어져 자립의 틀을 다지자 바울은 곧 그를 요구하는 다른 선교지로 발걸음을 옮기려고 했다. 마게도냐와 아가야를 거쳐 예루살렘으로 간 후, 다시 로마로 갈 계획을 세우고 있었다. 바울의 아시아 여행에 동행한 이들은 베뢰아 사람, 데살로니가 사람, 아시아 사람이 포함되어 이미 세계적인 성격을 지니고 있다. 누가는 하나님의 복음이 이제 마게도냐를 넘어 로마로 향할 준비가 되어 있음을 여러 가지로 설명하고 있다.

둘째, '바울이 마게도냐와 아가야를 거쳐 예루살렘에 가기로 작정하여'(19:21)라는 부분이다. 여기 '작정했다'(purposed, ἔθετο)는 것은 '결심했다'는 의미를 담고 있지만 그보다는 '목표로 삼았다,' '목적으로 삼았다'는 의미이다. 그런데 우리 한글성경에는 생략되었지만 헬라어 원문에는 바울이 그냥 '작정했다'고 하지 않고 '성령 안에서'(in the Spirit, ἐν τῷ πνεύματι) 작정했다고 기록하고 있다.[3] '성령 안에서'를 헬라어 원문으로 살펴보면 성령 앞에 정관사가 붙어 있어 단순히 '마음으로'(in spirit)라는 의미가 아니라 말 그대로 '성령 안에서'(in the Holy Spirit)라고 봐야 하고, 또 문맥을 봐서도 그렇게 번역해야 한다. 많은 영어 역본(KJV, NLT, ESV, NASB)도 사도행전 19장 21절을 '성령 안에서'라고 번역했다.[4]

사도행전 17장 16절과 18장 5절을 참고할 때 바울 자신의 로마행 결심이 그 자신의 힘으로 단행한 것이 아닌[5] 성령 안에서의 결심, 성령과의

---

[3] W. A. Denton, *A Commentary on the Acts of the Apostles*. Vol. II. (London: George Bell and Sons, 1874), 184; Gotthard Victor Lechler, *Theological and Homiletical Commentary on the Acts of the Apostles*. Vol. I. (Edinburgh: T. &T. Clark, 1864), 236.

[4] 다음을 참고하라. 1. *King James Bible*: "After these things were ended, Paul purposed in the spirit, when he had passed through Macedonia and Achaia, to go to Jerusalem, saying, After I have been there, I must also see Rome." 2. *New Living Translation*: "Afterward Paul felt compelled by the Spirit to go over to Macedonia and Achaia before going to Jerusalem. "And after that," he said, "I must go on to Rome!" 3. *English Standard Version*: "Now after these events Paul resolved in the Spirit to pass through Macedonia and Achaia and go to Jerusalem, saying, "After I have been there, I must also see Rome." 4. *NASB*: "Now after these things were finished, Paul purposed in the Spirit to go to Jerusalem after he had passed through Macedonia and Achaia, saying, "After I have been there, I must also see Rome."

[5] John Chrysostom, *The Homilies of John Chrysostom on The ACTS of The Apostles*

교통 가운데 이루어진 것이라는 해석은 자연스럽다.[6] 그런데 흥미롭게도 NIV, ISV는 이 부분을 생략하였고, 2개 역본에는 '바울이 마음으로 작정했다'고 번역했다. 필자가 볼 때 '성령 안에서'를 추가하느냐 하지 않느냐는 것은 단순히 사도행전 19장 21절을 이해하는 데만 아니라 사도행전의 주제와 이후 전개되는 바울의 선교사역과 로마로의 압송, 더 나아가 사도행전 전체를 이해하는 데 있어서도 매우 중요하다.

개역개정은 물론 개역, 공동번역, 새번역, 현대인의 성경 모두가 '성령 안에서'를 생략하였다. 다만 새번역에는 일부 영어 역본을 따라 '마음에 작정하고'라고 번역하여 '성령 안에서'(ἐν τῷ πνεύματι)를 '그의 마음으로'(in his own mind)로 번역했다. 시리아 역본과 에디오피아 역본 역시 바울이 '그의 마음으로'(in his own spirit) 작정한 것으로 되어있다.[7]

그러나 누가가 사도행전 19장 21절을 이후 전체 사도행전을 이해하는 중심 열쇠로 삼고 있다는 점에 비추어 볼 때 '바울이 성령 안에서 작정했다'는 사실은 사도행전의 주제와 맥을 같이한다. 이것은 본 구절 전후의 사도행전 전체 문맥에서 볼 때도 자연스러운 해석이다. 바울이 예루살렘을 거쳐 로마로 가겠다는 비전을 가슴에 품도록 인도하신 분은 성령 하나님이시기 때문이다.[8]

만약 '성령 안에서'라는 말이 생략된 결심이라면 바울의 로마행은 인간적 욕심에서 발로된 것이라고 치부될 수도 있다. 그러나 사도행전 1장 8절의 예수 그리스도의 약속이 성취되어 가고 실제로 베드로와 사도들을

(London: Oxford, John Henry Parker, 1851), 569. 존 크리소스톰은 아주 분명하게 이 부분을 밝혔다. "그가 성령 안에서 작정했다고 말한 것은 그가 행한 모든 것이 그 자신의 힘에 의해서 행한 것이 아니라는 사실을 보여준다."

[6] William Owen Carver, *The Acts of the Apostles* (Nashville: Sunday School Board, Southern Baptist Convention, 1916), 192. "내가 생각하건대 여기 바울의 계획은 본문에 있듯이 그 자신의 영이 아니라 성령 안에서의 계획이었다."

[7] Denton, *A Commentary on the Acts of the Apostles.* Vol. II., 184.

[8] Denton, *A Commentary on the Acts of the Apostles.* Vol. II., 184. "우리가 앞서 보아왔듯이 그의 모든 여행, 그의 모든 움직임은 성령에 의해 통제를 받았고 그는 자신의 모든 행동을 성령의 인도하심에 순복했다."

통해서 성령께서 선교를 이끌어 가셨고, 이방인의 사도 바울을 통해서 이방인들 가운데 복음이 놀랍게 확장되도록 권능과 능력으로 인도하신 분은 성령 하나님이다. 그러므로 문맥상은 물론 바울의 전체적인 선교사역을 고려할 때 '성령 안에서'가 들어가야 하고 또 '성령 안에서'가 들어갈 때 바울의 로마 복음화의 비전이 더욱 빛나게 될 것이다. 칼빈이 지적한 것처럼 바울의 로마행은 성령의 감동에서 비롯된 것이다.

> 누가는 바울이 성령의 감동에 의하여 이 여행을 하고자 작정했다고 알고 있다. 이는 우리가 그의 생활 전부는 하나님의 뜻을 따라 정해져 있었음을 알게 하기 위함이다. 그러나 바울이 성령께서 자기의 모든 행위를 주관하시도록 했던 이유는 그가 하나님의 지배를 받기 위하여 자신을 굴복시키고, 하나님의 인도하심에 의존하기 위해서였다. 그리고 조금 후에 기록된 그 여행의 실제적 결과가 그의 기대에 어긋난 사실은 중요하지 않다. 왜냐하면 때로 하나님께서는 자기의 충성스러운 사람들에게 그 성과를 숨기시면서 그들을 다스리시기 때문이다. 하나님은, 환경이 애매하고 앞을 내다보지(oculis clausis) 못할 때 자기가 그들에게, 성령으로 정해 놓으신 것을 그들이 따르는 데까지 자신에게 헌신하기를 원하신다. 그리고 우리는 바울이 철저하게 교회에 헌신한 것을 알 수가 있다. 왜냐하면 그는 자신의 불편을 무시하고 등한히 하면서 마게도냐 사람들을 위하여 관심을 갖지 않느니보다는 가장 훌륭하고 충성스러우며 가장 절친한, 실제로 모든 사람들 중에서 가장 합당한 동료인 디모데를 보내기로 했기 때문이다.[9]

바울이 성령의 감동을 받아 로마행을 결행했다는 칼빈의 해석은 바울이 수동적이었다는 의미는 결코 아니다. 그에게는 로마도 보아야 한다는 대단한 의지와 결단이 있었다. 그는 그 같은 자신의 의사를 여러 차례 피력했고 실제로 길을 찾으려고 하였다. 막혔다는 말은 '가려고 했는데 길이

---

9 존 칼빈, 한국기독교선교백주년기념 존·칼빈성경주석출판위원회 역편, 신약성경주석, Vol. 6, 사도행전 II (서울: 성서교재간행사, 1980), 218.

열리지 않았다'는 의미이기 때문이다.

그러나 그는 성령보다 앞서지 않았다. 바울은 로마를 방문하는 자신의 숙원을 놓고 성령의 뜻을 구했다. 복음을 전하도록 도전을 주시는 분이 성령이시고, 선교의 방향을 인도하신 분도 성령 하나님이시며, 선교사역을 주도하신 분도 성령 하나님이라는 점에서 바울의 '성령 안에서'의 결단은 매우 중요한 의미를 지니고 있다.

셋째, '성령 안에서'라는 말이 생략되어서는 안 된다는 사실은 이어 나오는 '내가 거기 갔다가 후에 로마도 보아야 하리라'(19:21)라는 바울의 고백을 제대로 이해하기 위해서도 반드시 필요하다. 이 말의 원문을 그대로 직역을 하면 "내가 그곳에 있은 후에 [주께서] 나로 하여금 로마도 보게 해야 할 것이다."[10] 대부분의 영어 역본들이 의역을 해서 바울을 주격으로 '내가 로마도 보아야 하리라'(I must see[visit] Rome also)로 번역을 했고, 우리 한글성경도 이 번역을 그대로 따랐다. 그러나 원문은 바울이 주격이 아닌 목적격으로 기록되었다. 바울로 하여금 반드시 로마를 보게 하실 것이라는 의미다.

그렇다면 누가 바울로 하여금 로마를 보게 하신다는 것인가? 물론 다메섹 도상에서 그에게 나타나셔서 그를 이방인의 사도로 부르시고, 극심한 유대인들의 박해 속에서 나타나셔서 '네가 예루살렘에서 나의 일을 증언한 것 같이 로마에서도 증언하여야 하리라'(23:11)고 확증해 주신 주님이 바울로 하여금 로마도 보게 하신다는 의미를 배제할 수 없다.

그러나 필자가 볼 때 누가의 이 말 속에는 바나바와 바울 자신을 따로 세우시고 보내시고 충만케 하시고 마게도냐로 선교방향을 수정하게 하신 선교의 주체가 되시는 성령 하나님께서 그로 하여금 로마를 보게 하실 것이라는 의미가 함축되어 있다. 이것은 '성령 안에서' 내가 로마도 보아야 하리라는 바울의 고백 속에 함축되었다. 성령 안에서 소원을 두게 하시는 그분이 로마도 보게 하실 것이고, 실제로 그것이 성취되었다는 사실을

---

[10] 행 19:21. After having been my there it behooves me to see Rome also(Μετὰ τὸ γενέσθαι με ἐκεῖ δεῖ με καὶ Ῥώμην ἰδεῖν)

누가는 사도행전에서 증언한다.

로마를 보는 것은 바울이지만 그렇게 하게 하시는 분은 전능자 성령 하나님이시다. 바울 자신이 자의적으로 단순히 소망을 해서 로마를 보려는 것이 아니라 성령이 바울 안에 소망을 주시고 바울로 하여금 강권하셔서 반드시 로마를 보게 하실 것이라는 의미다. 성령의 뜻과 바울의 뜻이 여기서 한 소망으로 연결된 것이다. 바울이 성령 안에서 로마행을 작정했다는 것으로 이해해야 할 이유가 거기 있다. 바울의 로마행 결심이 성령 안에서라고 보는 것은 누가의 사도행전 저술 의도나 누가의 신학에 비추어 볼 때도 맞다. 바울은 제국의 수도 로마에 복음이 전해지고 복음이 뿌리내려야 제국의 복음화가 앞당겨질 것이라고 판단했다.

바울의 로마방문 숙원, 준비된 로마 선교

아우구스투스(27 B.C.-A.D. 14) 황제의 등장 이후 소위 팍스 로마나(Pax Romana, 로마의 평화)라는 말이 생겨날 정도로 로마는 놀라운 발전과 안정을 동시에 구가하고 있었다.[11] 이것은 200년 동안이나 계속되었다. 갈라디아서에서 '때가 차매'(갈 4:4)라는 표현으로 주님이 이 땅에 오셨다는 사실을 탁월한 역사적 감각으로 읽어내는 혜안을 가진 사람이 바로 바울이었다. 그는 자신이 로마에 가서 복음을 전할 시기가 도래했음을 간파하고 이제 그것을 실행할 때가 도래했다고 판단했다. 로마의 복음화를 위한 준비 작업이 어느 정도 진행되어 이제는 로마 선교가 시대적 사명이라고 판단한 것이다.

자기가 가고 싶은 곳이 아니라 자기가 가야 하는 곳, 자신을 필요로 하는 곳을 찾아가는 바울을 여기서도 예외 없이 발견할 수 있다. 어느 특정한 지역이나 어느 특정한 부류의 사람들에게만 복음을 전하는 것이 아니라 민족과 지역을 초월한 바울의 선교, 끝없이 미래를 향해 나가는 비전,

---

[11] Everett Ferguson, *Backgrounds of the Early Christianity* (Grand Rapids: Eerdmans, 2003), 493-494.

심지어 로마제국의 수도 로마에 가서 복음을 전하려는 바울의 중심을 읽을 수 있다.

로마행은 바울 자신의 오랜 숙원이었다. 단순히 바울이 가고 싶다는 의미가 아니라 가고 싶지 않아도 반드시 가야한다는 의미가 포함된 것이다. 바울은 가고 싶은 곳을 간 것이 아니라 꼭 가야 할 곳, 성령이 원하시는 곳을 선교지로 삼고 달려갔다. 그렇기 때문에 성령의 감동을 받아 그곳에서 결박이 기다린다는 이야기를 들었음에도 바울은 주변의 반대를 무릅쓰고 예루살렘으로 올라간 것이다. 바울은 성령 안에서 반드시 땅 끝까지 복음이 전해져야 한다는 주님의 명령을 염두에 두었다. 바울은 아시아에서 마게도냐로 선교방향을 전환하신 성령께서 세계선교를 주도하시는 것을 목도하면서 더욱 더 성령께서 이끄시는 선교를 진행한 것이다.

바울의 로마행에 대한 언급을 여러 곳에서 찾을 수 있다.[12] 여러 차례 그는 에베소에 머무는 동안 로마교회에 보낸 편지에서 로마교인들에 대한 사랑과 방문의 염원을 지속적으로 밝혔다.

1. 어떻게 하든지 이제 하나님의 뜻 안에서 너희에게로 나아갈 좋은 길 얻기를 구하노라(롬 1:10).
2. 형제들아 내가 여러 번 너희에게 가고자 한 것을 너희가 모르기를 원하지 아니하노니 이는 너희 중에서도 다른 이방인 중에서와 같이 열매를 맺게 하려 함이로되 지금까지 길이 막혔도다(롬 1:13).
3. 그러므로 나는 할 수 있는 대로 로마에 있는 너희에게도 복음 전하기를 원하노라(롬 1:15).
4. 그러므로 또한 내가 너희에게 가려 하던 것이 여러 번 막혔더니 이제는 이 지방에 일할 곳이 없고 또 여러 해 전부터 언제든지 서바나로 갈 때에 너희에게 가기를 바라고 있었으니 이는 지나가는 길에 너희를 보고 먼저 너희와 사귐으로 얼마간 기쁨을 가진 후에 너희가 그리로 보내주기를 바람이라(롬 15:22-24).

---

[12] 롬 1:8; 1:13; 15:23; 16:7; 행 22:21.

    5. 그러므로 내가 이 일을 마치고 이 열매를 그들에게 확증한 후에 너희에게 들렀다가 서바나로 가리라. 내가 너희에게 나아갈 때에 그리스도의 충만한 복을 가지고 갈 줄을 아노라(롬 15:28-29).
    6. 나로 하나님의 뜻을 따라 기쁨으로 너희에게 나아가 너희와 함께 편히 쉬게 하라(롬 15:32).

바울이 마게도냐, 아가야, 예루살렘, 로마로 떠나기를 원했던 사실은 고린도전서 16장 5-7절의 기록과 일치한다. '내가 마게도냐를 지날 터이니 마게도냐를 지난 후에 너희에게 가서 혹 너희와 함께 머물며 겨울을 지낼 듯도 하니 이는 너희가 나를 내가 갈 곳으로 보내어 주게 하려 함이라.' 이것은 로마서 15장 23-24절에서 밝힌 내용과 정확히 일치한다. 여기 '내가 갈 곳'은 서바나 곧 스페인을 말한다. 고린도전서와 로마서의 기록을 종합할 때 바울이 로마를 방문하고자 한 것은 로마 성도들이 스페인으로 그 자신을 보내주기를 원했기 때문이고, 다른 하나는 예루살렘의 '성도를 섬기는 일'(롬 15:25-26) 때문이었다. 성도를 섬기는 일이란 구제를 말한다.

예기치 않은 변화, 아시아 체류 연장(19:22)

바울은 디모데와 에라스도 두 사람을 앞서 마게도냐로 먼저 보내고 자신은 아시아에 얼마간 더 있었다.[13] 디모데와 에라스도 때문에 바울은 아시아에 더 남아 사역을 마무리를 할 수 있었다. 바울이 왜 곧장 마게도냐

---

[13] 이 시기는 바울에게는 선교의 결실이 절정에 달하는 시기였다. 그것은 바울의 열정에 감동받은 자신을 도울 수 있는 신실한 동역자들이 주변에 많았기 때문이다. 2차 선교여행 때 고린도에 남아 있다가 이즈음 에베소로 건너와 다시 바울과 합류한 디모데, 고린도 시의 재무(財務)로 있다가 바울의 조수가 된 에라스도 모두 바울의 신실한 동역자였다. 특히 디모데와 에라스도는 바울의 신실한 동역자로 성경의 표현을 빌린다면 바울을 돕는 "조력자들"(helpers)이었다. 이 두 사람은 바울과 비전을 함께 나누고 바울의 고난에도 기꺼이 동참했다. 디모데와 에라스도를 믿고 보냈던 것도 이들이 곧 자신을 대신할 수 있을 것이라고 확신했기 때문이다. 이제 바울은 혼자가 아니었다. 주변에 자신을 이해하고 도울 수 있는 믿음의 사람들이 있었다. 이것은 놀라운 발전이었다. 바울은 대단한 격려를 얻었을 것이다.

로 직행하지 않고 디모데와 에라스도를 먼저 그곳에 보내고 자신은 아시아에 더 남아 있었는지에 대해 누가는 정확히 밝히지 않았다. 그러나 다음에 나오는 '그 때쯤 되어'(19:23)라는 말을 통해 어느 정도 추론할 수 있다. 마술사들이 회개하고 책을 불사른 지 얼마 되지 않은 시기를 가리킨다. 바울은 예기치 않은 사건이 발생하자 아시아에 더 머물면서 에베소 교인들이 시험에 들지 않도록 독려한 것이다.

2. 에베소에서 데메드리오의 선동(19:23-41)

²³ 그 때쯤 되어 이 도로 말미암아 적지 않은 소동이 있었으니 ²⁴ 즉 데메드리오라 하는 어떤 은장색이 은으로 아데미의 신상 모형을 만들어 직공들에게 적지 않은 벌이를 하게 하더니 ²⁵ 그가 그 직공들과 그러한 영업하는 자들을 모아 이르되 여러분도 알거니와 우리의 풍족한 생활이 이 생업에 있는데 ²⁶ 이 바울이 에베소뿐 아니라 거의 전 아시아를 통하여 수많은 사람을 권유하여 말하되 사람의 손으로 만든 것들은 신이 아니라 하니 이는 그대들도 보고 들은 것이라 ²⁷ 우리의 이 영업이 천하여질 위험이 있을 뿐 아니라 큰 여신 아데미의 신전도 무시당하게 되고 온 아시아와 천하가 위하는 그의 위엄도 떨어질까 하노라 하더라 ²⁸ 그들이 이 말을 듣고 분노가 가득하여 외쳐 이르되 크다 에베소 사람의 아데미여 하니 ²⁹ 온 시내가 요란하여 바울과 같이 다니는 마게도냐 사람 가이오와 아리스다고를 붙들어 일제히 연극장으로 달려 들어가는지라 ³⁰ 바울이 백성 가운데로 들어가고자 하나 제자들이 말리고 ³¹ 또 아시아 관리 중에 바울의 친구된 어떤 이들이 그에게 통지하여 연극장에 들어가지 말라 권하더라 ³² 사람들이 외쳐 어떤 이는 이런 말을, 어떤 이는 저런 말을 하니 모인 무리가 분란하여 태반이나 어찌하여 모였는지 알지 못하더라 ³³ 유대인들이 무리 가운데서 알렉산더를 권하여 앞으로 밀어내니 알렉산더가 손짓하며 백성에게 변명하려 하나 ³⁴ 그들은 그가 유대인인 줄 알고 다 한 소리로 외쳐 이르되 크다 에베소 사람의 아데미여 하기를 두 시간이

나 하더니 ³⁵ 서기장이 무리를 진정시키고 이르되 에베소 사람들아 에베소 시가 큰 아데미와 제우스에게서 내려온 우상의 신전지기가 된 줄을 누가 알지 못하겠느냐 ³⁶ 이 일이 그렇지 않다 할 수 없으니 너희가 가만히 있어서 무엇이든지 경솔히 아니하여야 하리라 ³⁷ 신전의 물건을 도둑질하지도 아니하였고 우리 여신을 비방하지도 아니한 이 사람들을 너희가 붙잡아 왔으니 ³⁸ 만일 데메드리오와 그와 함께 있는 직공들이 누구에게 고발할 것이 있으면 재판 날도 있고 총독들도 있으니 피차 고소할 것이요 ³⁹ 만일 그 외에 무엇을 원하면 정식으로 민회에서 결정할지라 ⁴⁰ 오늘 아무 까닭도 없는 이 일에 우리가 소요 사건으로 책망 받을 위험이 있고 우리는 이 불법 집회에 관하여 보고할 자료가 없다 하고 ⁴¹ 이에 그 모임을 흩어지게 하니라

에베소는 라틴어로는 다이아나(Diana), 헬라어로는 아데미라는 여자 신을 널리 숭배하는 센터였다.¹⁴ 에베소의 아데미 숭배는 아시아 지방 전역에 보편적 현상이었다. 하지만 그것이 아시아에 국한된 현상은 아니다. 아데미를 숭배하는 신전이 고린도와 많은 다른 지역에서도 성행했다.¹⁵

은장색 데메드리오의 선동(19:23-27)

기독교 복음이 그곳에 전해지자 기독교 신앙 곧 진리의 '도'(道)로 말미암아 '적지 않은 소동'(19:23)이 발생했다. 상인들과의 이해문제로 소요가 발생한 것은 바울의 에베소 선교 결실이 절정에 달하던 때였다.¹⁶

큰 소동을 일으킨 장본인은 아데미의 은감실을 만들어 여러 직공들로 하여금 상당한 수입을 올리고 있던 데메드리오라는 은장색(silversmith)

---

¹⁴ Carver, *The Acts of the Apostles*, 195.
¹⁵ Denton, *A Commentary on the Acts of the Apostles*. Vol. II., 186.
¹⁶ Denton, *A Commentary on the Acts of the Apostles*. Vol. II., 185. 우리 성경에는 '그 때쯤 되어'라고 되어 있으나 '동시에' '같은 시간에'(at the same time, κατὰ τὸν καιρὸν ἐκεῖνον) 라는 의미이다. 여기에 기계적인 시간을 의미하는 크로노스를 사용하지 않고 질적인 시간을 의미하는 카이로스를 사용한 것을 주목해야 한다. 누가는 하나하나의 사건이 그냥 일어난 것이 아니라 하나님의 특별한 섭리가 있었다는 것을 말하고 싶은 것이다.

이었다(19:24). A.D. 50-60년 사이에 세워진 비문에 데메드리오라는 이름이 나타나는데 동명인으로 보이며, 그는 상당히 많은 노동자들을 고용해서 은장색 공장을 운영하는 은감실 제조업자의 조합장에 해당하는 인물이었다.[17]

그런데 바울의 에베소 선교로 예수 믿는 사람들이 놀랍게 증가하면서 아데미를 섬기는 사람들의 수가 급속하게 감소하여 매출과 이윤이 현격히 줄어들기 시작했다. 기독교가 확산되면서 신상 모형에 대한 수요가 급격하게 줄어들었다. 소플리니가 트라얀 황제에게 보낸 서신을 보면 복음이 로마제국 안에 널리 확산되면서 제사에 쓸 동물들을 사육할 사료를 공급하는 일이 사양길에 접어들었다. 데메드리오는 바울이 사람의 손으로 만든 신의 존재를 부정함으로써 아데미 신상을 제작하는 사업에 종사하는 사람들의 생계를 위협했다(19:25-27)고 본 것이다.

아데미는 아폴로의 누이이자 순결한 처녀의 신으로, 아폴로가 태양의 신이라면 아데미는 달신(月神)이었다. 에베소에서 아데미는 최고의 신으로 숭배를 받아왔다. 아데미는 본래 소아시아의 모신(母神)으로 신들과 사람의 어머니로 태고적부터 숭배를 받아왔다. 에베소 사람들은 오랫동안 대지의 어머니 아데미가 인간이나 동물의 모든 생식을 장악한다고 믿었다. 때문에 에베소에서 아데미는 매우 중요한 위치를 차지했다.[18] 아데미의 가슴에는 많은 유방이 달려 있어 모든 만물을 보육한다고 믿어왔으며, 아데미를 모신 신전에는 고자들인 제사장들과 천한 여성들과 노예들이 종사하면서 아데미를 숭상했고, 아데미 숭상 예배 시에는 매음행위도 의식으로 거행될 정도로 아데미는 에베소의 성적타락을 부추겼다.

당시 에베소 사람들은 아데미 신전을 모형으로 만들고 그 속에 여신의 신상을 만들어 이를 집집마다 보관하고 섬기고 있었다. 바울의 전도로 아데미 신전에 종사하는 이들의 수입과 아데미 은장색으로 떼돈을 벌어들

---

[17] Carver, *The Acts of the Apostles*, 195. 덴톤의 말대로 '도매업자'(a wholesale dealer)로 여겨진다. Denton, *A Commentary on the Acts of the Apostles*. Vol. II., 185.

[18] F. F. Bruce, *The Book of ACTS* (Grand Rapids: Eerdmans, 1988), 397.

이던 업자들의 수입이 줄어들자 불만이 가득했다. 수입이 줄어들자 데메드리오는 직공들과 같은 업종의 사업자들을 모아놓고 이렇게 선동했다.

"우리의 풍족한 생활의 원천이 바로 이 업종에 있는 것을 여러분들이 잘 아시지 않습니까? 그런데 여러분들이 보고 들은 그대로 저 바울이 에베소뿐만 아니라 아시아 전역에 수많은 사람들에게 복음을 전하면서 손으로 만든 것들은 신이 아니라고 외치고 있으니 앞으로 이 직업이 사양길에 접어드는 것은 물론이겠거니와 저 큰 여신 아데미의 전각도 경홀히 여겨지게 될 것이고 아시아 전역과 온 세계가 받드는 아데미의 위엄도 떨어질 것이 분명합니다."

데메드리오는 바울의 선교가 아데미 신상을 만들어 파는 사람들에게 치명적인 손실을 가져다 줄 것이라며 무리를 선동했다. 바울의 선교가 관련 직업의 위신은 물론 아데미의 전각의 위신도 크게 실추시킬 것이라며 동요를 부추겼다. 이 이야기를 들은 무리들은 흥분하기 시작했다(19:28).

특별히 아데미 전각의 위신도 없어질 것이라는 말을 들은 에베소 은장색 종사자들과 업자들은 분을 품었다. 넓이 130m, 길이 68m 의 세계 7대 불가사이의 웅대한 대리석의 아데미 전각은 말 그대로 거대한 에베소의 신이었다. 대리석 사이는 순금으로 땜을 했고, 왕들이 기증한 20m 의 원주가 127개가 있고, 양측 면에는 2열로 전후 면에는 4개씩 8줄로 서 있었다. 550 B.C.년에 건립된 이 신전은 356 B.C.년 헤라스트라토스 (Herastratos)에 의해 알렉산더 대왕이 출생하던 밤에 불탔다가 다시 재건된 신전이었다. 에베소 사람들이 '크다 에베소 사람의 아데미여'(Great is Diana, 19:28)라고 외쳤던 것도 그 때문이었다.[19]

그러나 이런 소요 이면에 가리어져 있는 누가가 전달하고자 하는 중요한 사실이 하나 있다. 그것은 아데미를 숭배하는 이들이 심각한 위기를 느낄 만큼 에베소에 기독교 신앙이 널리 확산되었다는 사실이다.[20] 에베소

---

[19] Henry Cowles, *Acts of the Apostles: With Notes, Critical, Explanatory, and Practical, Designed for Both Pastors and People* (New York: D. Appleton, 1883), 161.

[20] Denton, *A Commentary on the Acts of the Apostles*. Vol. II., 185-186.

에 복음의 진보가 얼마나 놀랍게 진행되었는가를 말해준다. 복음의 진보가 그렇게 강하게 일어나기 시작한 것은 한편으로 바울이 3년 동안 하나님의 말씀으로 그들을 훈련시킨 결과였고, 다른 한편으로 성령의 직접적인 개입으로 말미암아 마술을 하며 민중을 희롱하던 이들이 복음을 받아들이고 마술책을 불태움으로써 개혁이 일어났기 때문이다. 죄의 문제가 해결되자 놀라운 부흥이 일어난 것이다. 말씀과 성령이 에베소에 강하게 역사한 것이다.

누가는 에베소의 오순절 사건, 아데미 신상 사건, 에베소 장로들에 대한 바울의 간곡한 부탁 등 사도행전에서 에베소의 복음전파와 관련된 이야기를 매우 소상하게 다루고 있다. 그것은 에베소가 헬라 복음화를 위한 너무도 중요한 전략적 이방선교 중심지였기 때문이다.

아데미 직공들의 소동(19:28-34)

데메드리오의 말이 끝나자 그곳에 모인 사람들이 분개하여 '크다 에베소 사람의 아데미여'(19:28)라고 외쳐댔다. 서방 사본에 의하면 이들이 아데미 여신의 이름을 외치며 큰 길거리로 쏟아져 나왔다. 성이 소동으로 휩싸이기 시작한 것이다. 여기 '외쳐'(crying out, shouting, κραζόντων)라는 말은 미완료 과거형이다. 이들이 한 번만 외친 것이 아니라 계속해서 외쳐댔음을 말해준다.

그렇다면 은장색 직공과 업주들이 그렇게 많지 않을 텐데 이렇게 쉽게 무리를 지어 소요를 일으킬 수 있었던 이유는 무엇일까? 이 소요가 발생한 5월은 다이아나 여신 즉 아데미를 숭배하는 자들이 로마 지방 총독 치하인 아시아의 도처에서 에베소로 모이는 시기였기 때문이다. 5월을 가리켜 '아르테미시안(the Artemisian)'이라 불렀던 것도 그런 이유에서였다. 따라서 에베소는 5월이면 아데미 숭배자들로 시 전체가 만원이었다. 데메드리오는 용의주도하게 아데미를 숭배하는 사람들이 가장 운집하는 5월을 기다렸다가 모인 무리들을 선동했다. 연극장에 수많은 사람들이 가득했던 것도 5월을 맞아 각처에서 아데미를 숭배하는 사람들이 모여들었기 때문이다.

데메드리오의 말이 끝나기 무섭게 성난 무리들이 바울과 같이 다니는 마게도냐 사람 가이오와 아리스다고를 잡아가지고 연극장으로 끌고 갔다 (19:29).[21] 대장장이들이 격분하자 삽시간에 에베소의 일반 민중도 영향을 받아 에베소의 거대한 노천극장에서 시위가 벌어졌다. 그들은 바울의 동료 중 두 사람 더베의 가이오와 데살로니가의 아리스다고를 잡고는 극장까지 끌고 갔다. 이 극장이 20세기 접어들어 고고학자들에 의해 발굴되었다. 역사적으로 에베소극장이 존재했다는 사실이 확인된 것이다. 한 번에 약 2만 5천 명을 수용할 수 있는 거대한 원형극장이었다. 발굴된 에베소의 연극장은 극장 용도뿐만 아니라 정치적인 공중집회 목적으로도 자주 이용되었다.

소식을 접한 바울이 한편으로 두 명의 제자들을 구하고 다른 한편으로는 군중들을 설득하기 위해 극장으로 들어가려 하자 제자들이 말렸다. 이 사건은 후에 바울이 에베소에서 맹수와 더불어 싸울 각오를 했다(고전 15:32)고 회고할 정도로 의분을 참기 힘들었던 사건이었다. 제자들뿐만 아니라 아시아의 관원 중에 바울로 인하여 예수를 믿게 된 신실한 몇 사람, '바울의 친구된 어떤 이들'(some … friends, τινὲς … φίλοι, 19:31)이 바울에게 통지를 보내 바울이 연극장에 들어가지 못하도록 권했다. '통지했다'(having sent, πέμψαντες)는 말이 현재완료형으로 기록된 것을 보면 계속해서, 적어도 몇 차례 보낸 것으로 보인다. 아시아의 관리라는 무명의 인물들은 아시아 주 내 각 도시에서 의회관원들로 황제숭배, 경기, 제사 등의 관리와 비용을 관장했던 인물로 매우 부유하고 사회적으로 신임을 받는 계층의 사람이었다.[22]

---

[21] Denton, *A Commentary on the Acts of the Apostles.* Vol. II., 187. 아리스다고는 데살로니가인 회심자 가운데 한 명으로 바울과 누가가 로마로 항해하는 과정에 동행했던 인물이다.

[22] Denton, *A Commentary on the Acts of the Apostles.* Vol. II., 187-188. 비록 복음이 가난한 자에게 전파되었고 고난 받는 층의 사람들이 복음을 널리 받아들였지만, 고위층의 사람들도 복음을 받아들였다. 복음은 다양한 계층의 사람들에게 침투했다. 빌립에 의해 에디오피아 내시

바울이 이들과 교분이 있었다는 사실은 당시 바울의 사역이 반대를 받기는 했지만, 적지 않은 인물들이 바울의 사역을 지원하였음을 알 수 있다. 이것은 마치 한국의 초대교회의 언더우드(Horace G. Underwood)가 한국에 와서 사역을 할 때 상당한 어려움이 있었지만 고종황제와 명성황후 등 왕실이 적극적으로 지원을 아끼지 않았던 것과 유사한 현상이다.[23]

모인 무리들 가운데 의견이 분분하여 서로 다른 말을 했다. 연극장에 모인 사람들 중에는 왜 그곳에 모였는지 이유를 모르는 이들이 반 이상이나 되었다. 원인도 모르는 가운데 분요와 소동이 계속 일어나자 유대인들이 알렉산더를 앞으로 내보냈다. 그가 앞으로 나와 손짓하여 백성들에게 '변명'(to make a defence, ἀπολογεῖσθαι, 19:33)하려 하자 그곳에 모인 헬라인들은 그가 유대인 것을 알고 그의 말에 귀를 기울이기를 거부하고 '크다 에베소 사람의 아데미여'(19:34)라고 두 시간 동안이나 외쳐댔다.

유대인들이 소요를 진정시키려고 한 이유는 이들의 분노가 반기독교적일 뿐만 아니라 반유대적이었기 때문이다. 따라서 유대인들은 현재의 소요가 유대교가 아닌 기독교 전파로 인해 야기된 것이라는 사실을 전달하길 원했다. 그러나 '그가 유대인인 줄 알고' 큰 목소리로 무려 두 시간이나 외친 것이다. 당시 헬라 사람들은 유대인과 그리스도인들을 구분할 줄 몰랐다. 유대인들이 우상을 금하는 데는 기독교인들과 마찬가지였다. 때문에 에베소 사람들은 유대인의 변명을 듣고 싶지 않았고 또 들으려 하지 않았다.

간다게에게, 베드로에 의해 백부장 고넬료에게, 바울에 의해 로마의 가이사 가족에게, 아덴에서는 바울의 전도로 디오네시오스(Dionysius)가, 고린도에서는 회당장 그리스보가 그리고 여기 에베소에서는 '아시아 관리 중에 바울의 친구된 어떤 이들에게' 복음이 전해졌다.

[23] L. H. Underwood, Underwood of Korea (New York: Fleming Revell Co., 1918), 177; Robert E. Speer, Mission and Politics in Asia (New York: Fleming H. Revell Co., 1898), 252. 언더우드의 아내 릴리아스 호튼(Lillias Horton Underwood)의 고백에 따르면 한국에 복음이 놀랍게 확산되었던 이유 가운데 하나가 왕실의 보이지 않는 지원이 있었기 때문이다. 알렌이 민영익을 기적적으로 치료한 후 이와 같은 관계가 강하게 나타나기 시작했다. Charles A. Clark, The Nevius plan for mission work: illustrated in Korea (Seoul: Christian Literature Society, 1937), 78, 261.

필자가 볼 때 이 사건은 매우 중요하다. 유대인들은 기독교와 유대교가 본질적으로 다르다는 사실을 계속해서 드러내길 원했지만, 로마의 관리들은 기독교와 유대교의 차이를 인정하지 않았고, 당시 일반 민중들도 동일한 생각을 갖고 있다. 누가는 기독교가 유대교의 이름으로 보호를 받았다는 사실을 일관되게 증언한다.

서기장의 소요진정과 바울 변호(19:35-41)

유일신 사상을 가진 기독교는 주변 문화와 차이가 있었기 때문에 복음이 전해지는 곳마다 복음에 대한 역반응이 늘 존재해 왔다. 황제숭배 거부가 그랬고, 조상숭배 거부, 곧 제사 거부가 그랬고, 신사참배 반대가 그랬다. 그러나 복음의 차별화가 복음의 진보를 막기보다 복음의 진보를 위한 틀을 더 견고하게 다져주었고, 실제로 복음이 놀랍게 확산되었다.

진리는 여기서도 여실히 입증되었다. 무리들의 반대에도 불구하고 아시아의 관원이 바울의 친구가 되어 그를 지원하는 일을 아끼지 않은 것이다. 민중 편을 들어야 할 관원이 민중이 아닌 바울 편에 선 것이다. 또한 서기장이 무리 가운데 나타나 분개한 무리들을 진정시키는 데 앞장섰다.

'에베소 시가 큰 아데미와 제우스에게서 내려온 우상의 신전지기'(19:35)라는 서기장의 주장은 매우 설득력이 있었다. 그는 에베소 성이 큰 아데미와 제우스에게서 내려온 우상의 전각이라는 사실을 인정하면서도 바울에 대해 경솔히 대할 수 없음을 분명히 했다. 전각의 물건을 도적질한 것도 아니고 여신을 훼방한 것도 아닌데 잡아 온 것은 잘못되었다는 것이다. 만약 문제가 있어 데메드리오와 그와 함께 있는 직공들이 누구를 송사하려면 재판도 있고 총독도 있으니 고소하면 될 것이고, 또 만약 그 외에 무엇을 원하면 정식으로 민회에서 요청해 결단하면 될 일인데 이렇게 분란과 소요를 일으키는 것은 옳지 못하다는 내용이었다. 서기장은 에베소의 아데미를 인정하고 바울의 법률적 무죄를 동시에 지적하여 두 가지 문제를 합리적으로 해결하는 지혜를 발휘했다.

서기장(the city clerk, γραμματεὺς)은 아시아의 의회의 서기장으로 에베소에서는 가장 힘 있는 권력을 소유한 인물이다. 그는 법령을 기안하고 시 예산을 집행했고, 에베소가 로마의 권력 하에 있을 때는 총독과 가장 밀접한 위치에 있으면서 에베소의 통치에 깊숙이 개입하는 실력자였다. 그런 서기장이 왜 이렇게 주장할까? 그 부분적인 답을 40-41절에서 찾을 수 있다. '오늘 아무 까닭도 없는 이 일에 우리가 소요 사건으로 책망 받을 위험이 있고 우리는 이 불법 집회에 관하여 보고할 자료가 없다 하고 이에 그 모임을 흩어지게 하니라.' 서기장은 데메드리오로 인한 집회를 불법집회로 간주한 것이다. 여기 불법집회는 '소요'(commotion, συστροφῆς, 19:40)를 의미한다.

서기장은 한편으로는 아데미의 존재를 인정하면서 다른 한편으로는 고소 건이 있으면 재판의 날도 있고 재판관도 있으니 합법적으로 고소할 일이지 이렇게 무리를 충동시켜 소요를 일으켜서는 안 된다는 입장이었다. 이것은 무리를 선동한 데메드리오에게 치명적인 일격이었다. 뿐만 아니라 근본적인 문제가 있으면 정식으로 민회에 제기해서 해결할 일이지 이런 소란을 일으키느냐고 부언함으로써 데메드리오가 앞으로 제기할지도 모를 술책까지 사전에 봉쇄시켜 버린 것이다. 문제가 상업적인 것이라면 법정에 호소할 것이고, 시와 관련된 것이라면 민회에 회부하라는 말이다.

여기 '민회'(a legal assembly, 19:39)라는 말은 헬라어 에클레시아로 합법적으로 모인 의회를 가리킨다. 당시 민회는 한 달에 세 번 정기적으로 모였으며, 로마관리의 허락이 있어야 소집되었다. 이 때문에 서기장은 데메드리오에게 합법적인 의회가 있는데 왜 민중을 선동해 소요를 일으키느냐고 문책하며, 소요의 책임을 데메드리오에게 전가시킨 것이다.

그렇다면 왜 서기장이 이렇게 소요를 진정시키려고 했을까? 서기장이 집회를 해산시킨 근본 의도는 이 일로 정부로부터 책망을 받을까 우려되었기 때문이다. 소요가 일어날 경우는 상부에 보고할 보고내용도 궁색해 결국 문책을 당할 가능성이 높았다. 당시 로마제국은 각 민족들에게 자치권을 부여하고 그들의 전통을 존중하였지만, 소요가 발생할 때는 강하게 문책해 주모자를 사형에 처하고 그 도시에서 자유를 박탈했다.

따라서 서기장이 소요를 막으려고 한 것은 전적으로 소요에 대한 책임을 져야 했기 때문이다. 그것은 서기장이 데메드리오를 통해 야기된 집회를 가리켜 '불법집회'(commotion, 19:40)라고 단정했다는 사실에서도 찾을 수 있다. 럼비(Lumby)가 지적한 것처럼, 만약 이 사실이 로마에 보고되었다면 에베소 시의 자유는 박탈되었고, 서기장은 여기에 대해 책임을 져야 했으며, 주모자는 사형에 처해졌을 것이다. 서기장의 논리정연한 설득, 빈틈없는 논박, 거부할 수 없는 당위성에 압도되어 무리들은 자진 해산할 수밖에 없었다. 결국 바울은 위기를 넘길 수 있었고, 가이오와 아리스다고는 석방되어 계속 바울의 사역을 도울 수 있었다.

서기장의 말은 매우 설득력이 있었다. 객관적이지만, 그 중심은 바울 편에 기울어져 있었다. 아가야 총독 갈리오가 같은 동족의 문제는 동족끼리 알아서 처리하라고 말하고 바울의 편을 들어주었던 것처럼, 여기 서기장도 객관적으로 말하고 있지만, 또 정치적인 동기에서 그렇게 민중을 설득한 것이지만, 결국 그것이 바울에게는 결정적인 도움이 되었다. "에베소에서뿐만 아니라 다른 곳에서 나타나는 기독교인들을 향한 저속한 비난에 대한 서기장의 합리적인 논박은 사도행전의 변증적 동기에 있어서 중요한 요소이다."[24] 전혀 그 일의 동기와는 달리 주의 뜻을 이루어 가시고 그분의 목적을 이루어 가시는 것이 하나님의 뜻과 섭리이다.

우리는 정치적인 목적으로 시작된 것을 하나님이 종교적인 목적으로 선용하신 사례를 기독교 역사 속에서 어렵지 않게 발견할 수 있다. 콘스탄틴 대제가 325년 신학적인 통일을 통해 정치적인 통일을 앞당기기 위해 열었던 니케아회의가 정통신학을 정립하여 초대교회의 교리적인 정립을 앞당기는 계기가 된 것은 널리 알려진 일이다. 정치적인 목적으로 시작한 325년 니케아회의를 하나님께서는 신학적인 틀을 다지는 기회로 선용하셨다. 이것이 바로 하나님의 주권적이고 신비한 섭리의 역사다. 이런 현상

---

[24] Bruce, *The Book of ACTS*, 402.

은 과거 이 세상에서 숱하게 일어났고, 현재도 일어나고 있다. 서기장의 정치적인 동기를 기독교의 안정과 보호의 계기로 하나님이 선용하신 것이다.

은혜가 더한 곳에 또한 사탄의 역사도 강하게 나타났듯이 바울을 통해 복음이 한창 전파되고, 확산되고 있는 동안 소요가 발생했다. 하지만 하나님께서는 로마의 지도자들을 동원하셔서 당신의 백성을 지키셨다. 하나님께서 전혀 예기치 않은 위기의 사건을 전혀 예기치 않은 인물을 동원하셔서 전혀 예기치 않은 방식으로 처리하시고 마무리하신 것이다. 고린도에서 총독이 문제를 해결해주었던 것처럼, 이제는 에베소에서 서기장이 문제를 해결해주었다. 주님은 역사의 주인이심을 여기서도 선포하셨다. 이 문제가 처음 제기될 때는 기독교인들을 박해하려는 동기에서 시작되었으나 결과적으로 교회의 안정을 가져다주었다.

3. 마게도냐, 헬라, 드로아 사역(20:1-12, A.D. 55-57)

[1] 소요가 그치매 바울은 제자들을 불러 권한 후에 작별하고 떠나 마게도냐로 가니라 [2] 그 지방으로 다녀가며 여러 말로 제자들에게 권하고 헬라에 이르러 [3] 거기 석 달 동안 있다가 배 타고 수리아로 가고자 할 그 때에 유대인들이 자기를 해하려고 공모하므로 마게도냐를 거쳐 돌아가기로 작정하니 [4] 아시아까지 함께 가는 자는 베뢰아 사람 부로의 아들 소바더와 데살로니가 사람 아리스다고와 세군도와 더베 사람 가이오와 및 디모데와 아시아 사람 두기고와 드로비모라 [5] 그들은 먼저 가서 드로아에서 우리를 기다리더라 [6] 우리는 무교절 후에 빌립보에서 배로 떠나 닷새 만에 드로아에 있는 그들에게 가서 이레를 머무니라 [7] 그 주간의 첫날에 우리가 떡을 떼려 하여 모였더니 바울이 이튿날 떠나고자 하여 그들에게 강론할새 말을 밤중까지 계속하매 [8] 우리가 모인 윗다락에 등불을 많이 켰는데 [9] 유두고라 하는 청년이 창에 걸터 앉아 있다가 깊이 졸더니 바울이 강론하기를 더 오래

하매 졸음을 이기지 못하여 삼 층에서 떨어지거늘 일으켜보니 죽었는지라 [10] 바울이 내려가서 그 위에 엎드려 그 몸을 안고 말하되 떠들지 말라 생명이 그에게 있다 하고 [11] 올라가 떡을 떼어 먹고 오랫동안 곧 날이 새기까지 이야기하고 떠나니라 [12] 사람들이 살아난 청년을 데리고 가서 적지 않게 위로를 받았더라

서기장이 데메드리오의 선동을 통해 야기된 소위 불법집회를 해산시킨 후 '소요가 그치매 바울은 제자들을 불러 권한 후에 작별하고'(20:1) 에베소를 떠나 계획대로 마게도냐로 향했다. 바울이 에베소를 떠난 것은 A.D. 56년 오순절을 며칠 앞두고였다. 그는 마게도냐와 고린도에서 1년을 보내면서 A.D. 56년 여름 고린도후서를 쓰고 A.D. 57년 초에 로마서를 기록했다.[25] 누가는 바울이 그들을 '그에게 불러서'(having called to [him], μεταπεμψάμενος) 권했다고 기록한다. '권한 후'는 '격려한 후'(having encouraged, παρακαλέσας)라는 의미다. 한 번 부른 것이 아니라 떠날 때까지 지속적으로 불러 격려한 것이다.

3년 동안 헌신적으로 선교한 에베소, 따라서 많은 사람들이 주님께로 돌아선 그곳에서 복음이 온전히 결실을 맺을 수 있도록 성도들을 돌아보며 마무리를 하고 떠나는 바울의 아름다운 모습을 본다. 소요를 진정시키고 이제 사람들이 안정을 찾을 수 있게 되자 그곳을 떠난 것이다.

바울의 에베소 제자들과의 작별과 드로아까지(20:1-5)

바울은 에베소 제자들과 헤어지는 것을 상당히 주저했지만 도처에서 그를 부르고 있는 현실을 외면할 수 없었다. 바울은 "최근 험난한 바다에서 얻은 사람들 곁을 떠나지 않을 수가 없었다." 에베소교회의 입장에서도 바울의 떠남이 슬프고 가슴 아픈 일지만 그렇다고 바울을 붙들어 두는

---

[25] William M. Ramsay, *Pauline and Other Studies in Early Christian History* (London: Hodder & Soughton, 1906), 361.

것은 다른 교회에 해를 끼치는 결과를 초래하는 셈이기 때문에 요청할 수 없는 일이었다. 여기서 우리는 하나님 나라를 어떻게 세워갈 것인지 교훈을 얻는다. "그들이 이기적이 아니라 오히려 자신들의 배려와 헌신을 통해 그리스도의 왕국을 존중했음을 보게 된다. 결국 그들은 자신들, 곧 자신들의 공동의 이익을 생각한 것만큼 그 형제들을 존중했다."[26]

램지는 에베소에서 드로아로 향하는 연안 무역선을 탔을 것이라고 생각했다. 이렇게 해서 바울은 드로아를 거쳐 마게도냐와 아가야에 이르고 거기서 다시 드로아로 돌아온 것이다. 바울이 마게도냐로 간 것은 두 가지 이유 때문이었다. 하나는 고린도교회에 가서 예루살렘 성도를 위한 구제 헌금을 모금하는 일(24:17, 고전 16:1-4, 고후 8:1-5, 롬 15:25-27)이고, 다른 하나는 고린도교회에 문제가 있다는 소식을 듣고 제자들을 격려(고후 8-9, 행 14:21-22, 15:36, 41)하기 위해서였다.[27]

드로아는 바울에게 특별한 곳이었다. 바울은 자신이 원하는 곳이 있었음에도 불구하고 마게도냐 사람이 자신을 청하자 주저하지 않고 선교의 방향을 마게도냐로 수정했다. 마게도냐가 주님이 원하시는 선교지라는 확신이 들었기 때문이다. 이제 바울은 그들이 신앙 가운데 잘 자라고 있는지, 염려가 되었다. 디모데와 에라스도를 먼저 마게도냐로 보낸 것도 그런 이유 때문이었다.

바울은 마게도냐 지방을 다니며 여러 말로 제자들을 격려했다. 그가 마게도냐에 얼마나 오래 머물렀는지 알 수 없다. 바울이 3개월을 머문 곳을 가리켜 헬라('Ελλάδα, Greece, 20:2)라고 말하는데 이 헬라는 고린도를 가리키는 것이다.[28] 바울이 고린도에 머문 시기는 A.D. 56년부터 57년 겨울 3개월이었다. 그가 3개월을 그곳에 머문 이유는 두 가지 목적 때문이었다. 하나는 로마서 저술이고, 다른 하나는 양육이었다. 3개월 동안 바울

---

[26] 칼빈, 사도행전 II, 227-228.

[27] Glenn W. Barker, William L. Lane, J. Ramsey Michaels, *The New Testament Speaks* (New York: Harper & Row, 1969), 206. 또한 참고하라. Clifton J. Allen, *The Broadman Bible Commentary: ACTS Romans I Corinthians* (Nashville: Broadman Press, 1969), 115.

[28] Denton, *A Commentary on the Acts of the Apostles*. Vol. II., 206.

은 가이오집에 머물면서 로마서를 기록했다.[29] 바울이 그곳에서 로마서를 기록한 것은 그가 스페인을 향하여 가는 도중에 로마에 들리고 싶다는 사실을 전달해서 로마교회로 하여금 그의 스페인 방문을 준비시키려는 목적에서였다.[30]

바울 사도는 로마를 방문하기 전 미리 로마서를 저술하여 후에 있을 복음전도의 초석을 다지기를 원했다. 로마서는 로마를 향하기 위해 예루살렘에 올라가기 얼마 전에 작성한 것으로 보인다. '그러나 이제는 내가 성도를 섬기는 일로 예루살렘에 가노니 이는 마게도냐와 아가야 사람들이 예루살렘 성도 중 가난한 자들을 위하여 기쁘게 얼마를 연보하였음이라'(롬 15:25-26).

마게도냐 방문과 각 지역 연보대표자들(20:3)

바울은 고린도에 머무는 동안 마게도냐 지역을 돌면서 성도들을 격려하고 수리아로 갈 계획을 세우고 있었다. 여기서도 유대인들이 바울을 해하려고 음모를 꾸몄다. 유대인들이 바울을 괴롭힌 이유는 갈리오 총독 때문에 실패한 계획을 아직 포기하지 않고 시행하려고 기회를 노리고 있었기 때문이다. 유월절이면 본국으로 돌아가는 순례자들이 많으므로 순례자의 배에서 바울을 해칠 계획을 세우고 있었다.

여기서 우리는 하나의 아이러니를 발견한다. 바울이 이렇게 고린도 지방을 비롯하여 마게도냐 지방을 돈 것은 예루살렘의 동포들이 굶주림에 허덕이고 있다는 소식을 듣고 그들을 위한 구제금을 마련하기 위해서였다. 그런데도 예루살렘 사람들은 오히려 바울을 죽이려고 기회를 노리고 있었다. 은혜를 은혜로 갚지 못하는 인간의 본성을 여기서도 발견한다. 자신을 해치려는 유대인들의 음모를 알게 된 바울은 일정을 변경하여 마게도냐로 돌아갔다.

그 때 베뢰아 출신 부로의 아들 소바더, 데살로니가 출신 아리스다고

---

[29] Denton, *A Commentary on the Acts of the Apostles*. Vol. II., 206.
[30] Bruce, *The Book of ACTS*, 405.

와 세군도, 더베 출신 가이오 및 디모데 그리고 아시아 출신 두기고와 드로비모가 동행했다. 누가가 빌립보에서 일행과 합류했다.[31] 여기 열거된 인물들은 바울의 신실한 동역자들이었다. 이들 모두는 복음을 받아들인 이방인이었다. 이들은 예루살렘의 기독교인들의 궁핍을 위해 구제 연보를 낸 각 지역교회의 대표자들이었음에 틀림없다. 소바더와 아리스다고와 세군도는 마게도냐 교회의 대표였고, 더베의 가이오와 (루스드라의) 디모데는 갈라디아 지방 교회의 대표였으며 그리고 두기고와 드로비모는 아시아 지방 교회의 대표였다. 이들 모두는 검증된 이방 선교의 결실들이었다.

이중에서 램지의 지적대로 특별히 디도는 바울의 사역에 너무도 중요한 인물이었음에도 불구하고 사도행전에 한 번도 등장하지 않는다.[32] 바울 서신서에 9번이나 등장할 정도로 중요한 인물이었으면서도 사도행전에는 의도적일만큼 무시되었다. 램지는 누가가 자신을 의도적으로 드러내지 않았던 것처럼 디도 역시 너무도 중요한 인물이었지만 일부러 그를 드러내지 않은 것이라고 해석했다. 여하튼 램지가 말한 대로 "디도는 기독교 역사에서 가장 불가사의한(enigmatic) 인물이었다."[33]

소바더는 로마서 16장 21절에 나오는 바울의 친족 소시바더(Sosipater)와 동일 인물로 보는 학자들이 많으나 이견도 있다.[34] 데살로니가 사람 아리스다고는 데메드리오 은장색의 선동으로 아데미 신을 섬기는 이들이 소요를 일으킬 때 바울 대신 붙잡아다 극장으로 끌고 간 사람으로 드로비모

---

[31] Denton, *A Commentary on the Acts of the Apostles*. Vol. II., 207.

[32] Bruce, *The Book of ACTS*, 405-406. "고린도교회로부터 파송을 받은 대표들은 여기 언급이 되어 있지 않다. 고후 8:6 이하에 근거하여 추론할 때 고린도교회의 연보는 디도와 다른 두 형제에게 맡겨져 보내진 것으로 보인다. 그렇다면 왜 여기에 디도가 언급되지 않았는가 하는 의문이 제기된다. 또 바울 서신서에 나타나는 바울사도의 신실한 동료들이 사도행전에는 전혀 언급되지 않았는가 하는 더 큰 질문이 제기된다. 이에 대해서는 디도가 누가의 형제였다는 램지의 제안보다 더 설득력 있는 답변을 찾을 수 없다(*St. Paul the Traveller*, xxxviii, 390). 아무튼 5절에서 '우리' 부분이 다시 나타난다. 여기에는 누가 자신만 아니라 디도 역시 무언중에 포함되었다. 이름이 언급된 다른 이들은 사도 바울보다 앞서서 에게해를 건너가서 드로아에서 그를 기다렸다."

[33] Ramsay, *St. Paul the Traveler and the Roman Citizen*, 284.

[34] Denton, *A Commentary on the Acts of the Apostles*. Vol. II., 208.

와 누가와 함께 예루살렘까지 동행하고 후에 로마까지 동행했던 인물이다. 아리스다고는 바울과 신실하게 동역하며 많은 수고와 노고를 아끼지 않았던 바울의 동역자였다. 그는 바울의 3차 선교여행에 동행하고 로마의 옥중에서 바울과 함께 있었다.[35] 전승에 따르면 그는 아파미아 감독이었고, 네로 박해 때 순교했다.

사도행전 20장 4절이 보여주는 대로 세군도는 본문에 등장하는 것이 유일하며, 바울의 선교여행에 동행한 데살로니가의 제자였다. 가이오는 바울의 선교여행에 동행한 마게도냐 사람으로 에베소에서 군중으로부터 생명의 위협을 받았다.[36] 그는 고린도에서 바울이 마지막 예루살렘으로 여행할 때 동행했고, 바울이 고린도에서 2차 선교여행 중에 그와 그의 주인에게 세례를 베풀었다. 또한 가이오는 사도 요한이 요한 3서를 쓸 때 언급한 소아시아 그리스도인이기도 하다.[37]

아시아 사람 두기고는 바울의 가장 신임한 조수 중 하나였고 바울의 선교여행에 동행하였으며 로마 옥중에도 같이 있어서 에베소서와 골로새서를 전달한(엡 6:21, 골 4:7) 사람이다.[38] 두기고와 드로비모는 디도와 협력하는 두 형제였다.[39] 여기 동반하는 여러 사람들은 예루살렘교회로 보내는 구제금을 가지고 가는 사람들이었다. 이것은 고린도전서 16장 3절에 잘 나타나 있다.

연보 낸 각 지역의 대표자들이 바울의 안전을 위해 먼저 드로아에 가서 바울 일행을 기다렸다. 유대인의 음모를 피하기 위해 먼저 떠난 것이지만, 바울이 안전하게 여행을 계속할 수 있도록 배려하는 의미에서 그렇게 행동한 것이다. 바울의 선교를 사전에 앞서가서 준비한 것이다. 바울 일행은 무교절이 끝난 후 마게도냐 빌립보에서 배를 타고 닷새 만에 드로아에 있

---

[35] 행 19:29, 20:4, 27:2; 골 4:10; 몬 1:24.

[36] Denton, *A Commentary on the Acts of the Apostles*. Vol. II., 207. 댄톤은 이 견해에 동의하지 않는다. 앞서 언급한 가이오와 다른 인물일 것이라고 본다.

[37] 행 19:29, 20:4; 고전 1:14; 롬 16:23; 요삼 1:1.

[38] Denton, *A Commentary on the Acts of the Apostles*. Vol. II., 207.

[39] 행 20:4; 21:29; 딤후 4:20; 고후 8:16-24.

는 그들에게 가서 일주일(20:6)을 머물렀다. 이들은 바울의 선교사역이 결실을 맺을 수 있도록 충실한 동역자가 되어 바울을 도운 것이다.

　바울의 신실한 선교사역이 놀라운 결실을 맺을 수 있었던 것은 물론 바울 자신의 희생과 복음의 열정이 있었기 때문이다. 하지만 이것 못지않게 그의 선교사역의 결실을 극대화시킨 숨은 요인은 바울을 돕는 동역자들의 헌신과 희생이었다.[40] 바울이 마게도냐에 가기 전에 먼저 디모데와 에라스도가 간 것도, 마게도냐로 돌아갈 때 여러 곳에서 온 바울의 동역자들이 바울보다 앞서가서 준비했던 것도 같은 맥락에서 해석될 수 있을 것이다.

드로아에서의 일주일과 유두고를 살리는 표적(20:6-12)

　동행자들과 드로아에서 일주일을 머물면서 복음을 전한 바울은 '그 주간의 첫날'(20:7) 떡을 떼기 위해 모인 자리에서 강론을 시작해 밤중까지 계속되었다. 바울이 드로아에서 밤을 새우면서 강론할 때 강론을 듣던 유두고라는 청년이 강론이 길어지자 '졸음을 이기지 못하여 삼 층'(20:9)에서 떨어지는 사건이 일어났다. 바울이 떨어져 죽은 그 청년을 살렸다.[41]

---

[40] 교회사에 나타난 놀라운 성령의 역사 이면에는 개인이든 공동체이든 기도가 선행되었다. 빌리 그래함(Billy Graham, 1918-2018)은 20세기가 낳은 가장 위대한 부흥사라고 평가받고 있다. 그의 집회는 시기와 장소를 초월해 놀라운 정도로 결실을 맺는 것으로 정평이 났다. 그것은 여러 가지 이유에서겠지만, 그중에 가장 중요한 요인으로 손꼽히는 것은 철저한 사전준비다. 1973년 서울에서 빌리 그래함 전도집회가 열릴 때도 철저한 준비 후에 진행되었기 때문에 한국기독교 사상 100만 명이 넘는 기독교인들이 운집할 수 있었다. 이때 빌리 그래함은 자신의 생애 중에 가장 많은 사람들 앞에서 복음을 전하는 영광을 얻었다. 장소와 일정이 정해지면 빌리 그래함의 선교회 소속 스텝들이 집회가 열리는 그곳에 책임자를 선정하고, 그들과 협력을 통해 집회의 준비를 철저하게 하는 것으로 유명하다. 그 중에서도 1959년 호주 시드니 빌리 그래함 전도대회는 역사상 가장 모범적인 사례 가운데 하나였다. Marcia Cameron, *Phenomenal Sydney: Anglicans in a Time of Change, 1945-2013* (Eugene, OR: Wipf & Stock, 2016), 88-91. 필자의 유학시절 지도교수이셨던 Dr. John D. Woodbridge가 2017년 종교개혁 500주년, 평양대부흥운동 110주년 기념 학술대회 주제 발표자로 한국을 방문했을 때 빌리 그래함 전도대회의 성공, 특히 호주 시드니대회와 기도와의 관련성을 강하게 강조하였다.

[41] 어떤 사람은 실제로 죽은 것이 아니라 기절했다가 바울로 인해 깨어난 것이라고 주장한다. 그러나 이것은 성경의 기록과 배치된다. 이 성경을 기록한 누가는 의사 출신이다. 때문에 누가는 죽은 것과 기절한 것을 충분히 구분할 수 있었다. 게다가 그가 실제로 체험한 것을 기록한 것이기 때문에 성경에 있는 이 기사를 액면 그대로 받아들여야 한다.

이 사건은 '그 주간의 첫날'(20:7) 곧 안식 후 첫날에 일어났다.[42] 우리는 이 날이 정확히 언제인가를 살펴볼 필요가 있다. 누가는 '우리는 무교절 후에 빌립보에서 배로 떠나 닷새 만에 드로아에 있는 그들에게 가서 이레를 머물렀다'(20:6)고 밝혔다. 램지가 말한 대로 A.D. 57년 유월절은 4월 7일 목요일에 시작되어 4월 14일까지 1주일간이었다.[43] 그들은 빌립보에서 유월절 1주일간을 머물고 무교절이 끝난 A.D. 57년 4월 15일 금요일 아침 빌립보를 떠나 4월 19일 화요일까지 닷새 동안 여행을 계속해 4월 19일 드로아에 도착했다.[44] 이들은 드로아에서 4월 19일 화요일부터 4월 25일 월요일까지 일주일 동안 머물렀다.

그렇다면 누가가 밝힌 '드로아에 있는 그들'과 일주일을 지내는 동안 맞은 '안식 후 첫날' 저녁은 A.D. 57년 4월 24일이다.[45] 누가의 기록을 신뢰한다면 A.D. 56년, 58년, 59년의 유월절은 누가의 기록과 조화를 이루지 않는다. 그런 면에서 여기 언급된 무교절은 A.D. 57년의 사건으로 계산하는 것이 당시의 역사와 맞다.

개역개정은 '안식 후 첫날'을 모든 영어 역본을 따라 '그 주간 첫날'(20:7)로 번역했는데 원문을 직역한다면 '안식 후 첫날'(the first day of the sabbath, τῇ μιᾷ τῶν σαββάτων)이다. 필자가 볼 때 안식 후 첫날은 상당히 중요한 의미를 지닌다. 이날 떡을 떼려 모였다는 사실은 당시 "그리스도인들이 그날에 예배를 드리기 위해 함께 모이는 관습을 보여주는 우리가 가진 가장 최초의 분명한 증거"[46]라고 할 수 있기 때문이다. 주

---

[42] Lechler, *Theological and Homiletical Commentary on the Acts* Vol. II., 252-253.
[43] Ramsay, *Pauline and Other Studies in Early Christian History*, 352. 누가는 '무교절 후에 빌립보'(20:6)에서 출발했다고 증언한다. A.D. 57년 무교절은 4월 7일 목요일이었다. 무교절은 1주일간이었기 때문에 누가는 그곳에서 4월 14일까지 머물러 있었다. 바울이 유월절까지 예루살렘에 도달할 수 있도록 서둘렀다고 누가는 증언한다. 일주일을 그곳에 머물렀던 바울 일행은 4월 15일 새벽에 예루살렘을 향해 다시 출발했다.
[44] William M. Ramsay, *St. Paul the Traveller and the Roman Citizen* (London: Hodder and Stoughton, 1895), 289.
[45] Ramsay, *St. Paul the Traveller and the Roman Citizen*, 289.
[46] Bruce, *The Book of ACTS*, 407. 사도행전에서는 여기서 안식 후 첫날이 처음 사용되었다. 예수님이 부활하신 후에는 제자들이 안식 후 첫날 주님의 부활을 기념하며 예배를 드렸다.

님이 부활하신 날 곧 안식 후 첫날 모여 예배를 드린 것은 초대교회에 그대로 지켜져 초대교회 교부들 문헌에는 믿는 자들이 안식일에 모인 기록은 어느 곳에서도 찾을 수 없다.

유두고가 졸다 떨어져 죽은 사건은 안식 후 첫날 강론 도중에 일어난 것이다. 주의 백성들이 주일을 철저하게 지켰음을 말해준다. A.D. 117년경에 순교한 안디옥 감독 이그나티우스는 순교하러 가는 도중에 기록한 한 편지에서 '안식일은 이제 지키지 않고 주의 날을 지킨다'[47]고 기술하고 있다. 유세비우스의 **교회사**(*Ecclesiastical History*) 3권에도 초대교회가 안식을 지키지 않고 주의 날을 성일로 지킨다는 내용이 있다.[48]

'떡을 떼려 하여 모였더니'(20:7, cf 2:42)라는 말은 성례전의 순서를 포함하는 교제의 식사(애찬)를 의미하는 것이다. 당시 주일날 정기적인 모임을 갖고 성찬을 가졌음을 보여준다. 초대교회는 떡을 떼며 식사를 하고 그 후에 계속해서 주의 죽으심을 기념했다. 그러다 점차 두 가지를 구분하여 전자는 애찬이라고 불렀고 후자는 성찬이라고 불리게 되었다. 그래서 초대교회에 '떡을 떼며'라는 말이 나타날 때는 그들이 식사를 하고, 또 그 후에 성찬식을 가졌다는 것 두 가지를 모두 함축하고 있다. 본문 11절을 주목해 보면 그것이 잘 나타나 있다.

11절에 '떡을 떼어 먹고'(broke bread and ate)라는 말이 나타나는데 '떼어'는 성찬을, '먹고'는 애찬을 가리킨다. 이것이 폐단을 일으키자(고전 11:20-22) 4세기 말 칼타고 총회에서 이를 폐지하고 성찬만을 지키기로

고린도전서 16장 2절 '매주 첫날'이 안식 후 첫날 곧 주님이 부활하신 날인 것을 고려할 때 그 주간의 첫날(the first[day] of the week, τῇ μιᾷ τῶν σαββάτων)이 곧 안식 후 첫날이라는 사실은 의심의 여지가 없다. 오늘날 일요일에 해당하는 날이다.

[47] Ignatius, *To The Magnesians*, 9.1. "On longer the Sabbath, but in the observance of the Lord's day." *Christopher John Donato, Perspectives on the Sabbath* (Nashville: Academic, 2011), 310; Robert Lawrence Ottley, *The Rule of Life and Love: An Exposition of the Ten Commandments* (New York: Fleming H. Revell, 1912), 116.

[48] Eusebius, *Ecclesiastical History* III.27.; V.23; V.24. 또한 보라. Eusebius, *The Ecclesiastical History of Eusebius Pamphilus* (London: Bell & Daldy, 1868), 332. 각주 3을 참고하라. "They did not keep the Sabbath-day holy, as did the Jews; but observed their Sabbath on the first day of the Sabbath, which they also called Sunday, or the Lord's-day."

하였다. 여기 특별한 사실은 유대인들과 이방인들, 헬라인과 야만인, 아시아인들과 유럽인들이 함께 모여 인종의 벽과 지역의 벽을 넘어 한 성찬에 참여한 첫 번째 사례라는 사실이다. 복음이 넘을 수 없는 모든 벽을 무너트리고 믿는 자들을 하나 되게 하신 것이다. 성령께서 그리스도 안에서 믿는 자들을 하나로 묶으신 것이다.[49]

주님이 부활하신 이날 바울은 복음을 전했고 청중들은 말씀을 청종했다. 주일날 바울은 떠나기에 앞서 주일을 지키면서 그 기회에 복음을 전했고 믿는 자들은 복음에 귀를 기울였다. 말씀을 전하는 열정과 말씀을 사모하는 열정이 조화를 이룬 것이다. 이 둘의 조화가 있을 때 교회가 성장하고 발전하는 것이다. 말씀을 사모하는 곳에는 언제나 놀라운 역사가 나타난다. 바울은 다음날 떠나야 함에도 불구하고 떡을 떼는 자리에서 강론을 시작해 밤중까지 계속했다. 낮 시간에 모임을 시작했는데 밤늦게까지 계속되었다는 의미로 볼 수 있지만, 저녁과 밤은 "이방인 교회들의 많은 신자들, 즉 남에게 종속되어 있었기 때문에 낮에는 자유로운 시간을 가질 수 없었던 사람들이 모이기에 편리한 시간이었다." 여기 '밤중'은 깊은 밤, 소위 자정(midnight, μεσονυκτίου)을 의미한다.

저녁에 모임을 가졌을 지라도 강론이 밤중까지 계속되었다는 사실은 바울이 집회를 하는 강론의 기간이 매우 길었던 것을 알 수 있다. 모이기에 편리한 시간에 모이되 시간의 제약을 받지 않고 말씀을 공부하는 일에 전념한 것이다. 당시 교회의 모임은 시간의 제약을 받지 않았다. 두란노에서는 낮 11시부터 4시까지 대낮에 모임을 가졌고, 여기서는 저녁에 집회를 시작해 밤중까지 계속되었다고 말함으로써 심야집회를 가졌음을 말해준다. 이들은 바울에게 말씀을 들을 수 있는 특별한 기회를 갖게 되어 그의 강론에 더욱 집중했던 것으로 보인다.

강론이 길어지면서 유두고라는 청년이 창문에 걸터앉아 있다 그만 졸음을 이기지 못하고 창에서 떨어져 죽었다. 이 청년이 왜 창가에 앉았을까

---

[49] Denton, *A Commentary on the Acts of the Apostles*. Vol. II., 209–210.

에 대해서 우리가 일반적으로 사람들이 너무 많아서 앉을 데가 없어서 할 수 없이 창가에 앉았거나 바울의 강론을 잘 보고 듣기 위해 잘 보이는 창에 앉아서 바울의 말에 주의를 기울이기 위해서라고 상상할 수 있다. 하지만 당시 건축 양식은 창문이 판유리로 닫혀 있거나 셔터가 없었기 때문에 창문의 좌석이나 의자에 앉아 말씀을 듣던 유두고가 말씀을 듣던 중에 그만 잠이 들어 3층에서 떨어진 것이다.[50] 누가는 왜 떨어졌는지 상세하게 설명하지 않았다. 바울이 유두고를 책망했다는 언급도 없다. 심야에 집회가 진행된 데다 장소가 덥고 사람이 많고 강론이 길고 피곤이 몰려와 졸음을 이기지 못해 그만 창에서 떨어졌을 수 있다. 현대에 유두고를 예배에 집중하지 못한 어리석은 자의 대명사처럼 단정하거나 정죄해 버리는 것은 바람직하지 않다.

유두고 사건이 주는 교훈

이 사건은 다음 몇 가지 면에서 우리에게 중요한 교훈을 제시한다.

첫째, 한 영혼에 대한 사랑이다. 유두고라는 청년이 실수하여 창에서 떨어져 죽었지만, 바울은 강론을 중단하고 즉시 이 청년을 살리기 위한 행동을 실행에 옮겼다.[51] 누가는 유두고 사건을 언급하면서 바로 이어 '바울이 내려가서'(20:10)라고 함으로써 유두고가 떨어지자 바울이 곧 강론을 중단하고 내려가 유두고 위에 엎드려 그 몸을 안고 일으킨 것을 알 수 있다.[52]

'생명이 그에게 있다'(He's alive!, 20:10)는 말은 아직 죽지 않았다는 의미가 아니라 살아날 것을 두고 한 말이다.[53] 아직 유두고의 생명이 남아 있는데 사람들이 죽은 것으로 착각했다는 의미가 아니다. 주님이 행하셨던 죽은 자를 살리는 표적을 주의 이름으로 바울이 행한 것이다. 바울은

---

[50] Lechler, *Theological and Homiletical Commentary on the Acts* Vol. II., 253.
[51] Lechler, *Theological and Homiletical Commentary on the Acts* Vol. II., 253-254.
[52] Lechler, *Theological and Homiletical Commentary on the Acts* Vol. II., 255-256.
[53] Lechler, *Theological and Homiletical Commentary on the Acts* Vol. II., 253.

그를 살린 후에도 바로 강론을 계속하지 않고 떡을 뗀 후 곧 식사를 나눈 후 밤중에 강론(20:11)을 계속했다. 우리는 여기서 바울이 얼마나 한 영혼을 귀히 여기는가를 읽을 수 있다. 한 생명을 살리는 일에 최선을 다했다.

둘째, 죽은 자를 살리는 주님의 능력이 바울을 통해서 나타났다. 코울즈의 표현을 빌린다면 명백한 죽음에서의 "기적적인 회복"(miraculous restoration)이었다.[54] 죽은 자를 살리는 역사는 아무나 할 수 없는 표적이다. 구약의 엘리야(왕상 17:21)와 엘리사(왕하 4:34)가 행한 것과 베드로가 다비다를 일으킨 사건(9:36-42)과 상통한다.[55]

바울이 바로 내려가 주의 능력을 의지하여 죽은 유두고를 죽음에서 일으킨 것이다.[56] 유두고가 회복되었고, 몸이 따뜻해졌으며, 생명이 그에게 돌아왔다.[57] 죽은 자를 살리시는 주님만이 하실 수 있는 능력을 베드로가 행했고, 이어 이제 바울도 행한 것이다. 누가는 누가복음과 사도행전을 오가며 예수님, 베드로, 바울이 성령의 능력으로 동일한 신적 권능을 행한 것을 대비시키고 있다.

복음서와 사도행전에 나타난 성령 사역의 연속성과 통일성

	그리스도	베드로	바울
성령충만	"예수께서 성령의 충만함을 입어"(눅 4:1)	"베드로가 성령이 충만하여"(4:8)	"사울이 성령이 충만하여"(13:9)
못 걷는 사람	마 11:5; 눅 7:22	3:2	14:8
죽은 자가 살아남	눅 7:12; 눅 8:52	9:40 (다비다)	20:10 (유두고)
옷자락	눅 8:44	5:15	19:12
축귀	눅 4:35-6, 8:29, 8:32, 9:42	5:16, 8:7	16:18

이것은 주님이 여전히 제자들과 함께 하신다는 사실을 보여주신 것이다. 공생애 동안 주님이 행하신 기적이 그가 하나님의 아들이심을 선포하

---

[54] Cowles, *Acts of the Apostles*, 163.
[55] Denton, *A Commentary on the Acts of the Apostles*. Vol. II., 210.
[56] Bruce, *The Book of ACTS*, 408.
[57] Denton, *A Commentary on the Acts of the Apostles*. Vol. II., 211.

시고 드러내신 사건이라면 제자들이 죽은 자를 일으킨 사건은 그 기적의 주체가 제자들이 아니라 주님이시며, 주께서 승천 후에도 여전히 제자들과 함께하심을 보여주신 것이다. 구약의 엘리야와 엘리사의 사례(왕상 17:17-24, 왕하 4: 18-37)가 없는 것은 아니지만 지금까지 예수님 외에 죽은 자가 살아나는 것을 행한 자가 없었다.

사람들은 죽은 자가 살아나는 일을 통해 역시 하나님이 우리 가운데 놀랍게 역사하신다는 사실을 확인하게 되었고, 박해와 고난 가운데서도 용기를 잃지 않았을 것이다. 살아난 유두고를 볼 때마다 드로아의 신자들은 말씀과 이적을 통한 감격적인 그 밤을 기억했을 것이고, 불신자들에게는 하나님이 믿는 자들 가운데 역사하신다는 사실을 상기시켜 주었을 것이다. 그런 의미에서 유두고는 살아있는 그리스도의 증인이었다.

셋째, 누가는 사도행전의 독자들에게 이 스토리를 통해 영적 느슨함에 대한 일종의 경종을 전하고 싶은 것이다. 그가 잠이 들어 떨어졌다는 사실이 이를 함축하고 있다. 유두고와 같이 하나님의 말씀을 청종하려고 하는 경우에도 시험에 들 소지가 있다.[58] 따라서 말씀을 듣는 자는 정신을 차리고 그 말씀이 땅에 떨어지지 않도록 노력해야 할 것이다. 사탄은 목회자나 평신도 할 것 없이 말씀에 집중하지 못하도록 온갖 방법을 동원하여 방해한다.[59]

---

[58] Andrew E. Arterbury, "Warning to the Wise: Learning from Eutychus's Mistake," <www.baylor.edu/content/services/document.php/239228.pdf>(2020. 07. 28. 접속).

[59] 이것은 A.D. 58년에 일어난 사건이었다. 바울이 유두고를 책망했다는 언급은 전혀 찾을 수 없다. 그가 날이 새기까지 이야기를 한 것도 사실 유두고가 떨어지는 바람에 그렇게 된 것이지만 바울은 문제의 발단이 된 유두고를 전혀 책망하지 않았다. 여기서 우리는 중요한 교훈을 얻을 수 있다. 주의 일을 열심히 하다 실수할 때 하나님께서는 그것을 책망하시기보다 그 실수를 용서하시고 위기의 상황에서 당신의 백성들을 살리신다는 사실이다. 바울을 통해 졸다가 떨어져 죽은 유두고를 살리셨듯이 주님은 지금도 주의 일을 하다 실수하는 자들을 살리시고 일으키시는 분이다. 때문에 주의 일을 하다 범하는 실수는 세상적인 실수와 다르다. 유두고 사건의 본질은 졸다가 떨어져 죽은 유두고에게 있는 것이 아니라 한 영혼에 대한 하나님의 깊으신 사랑에 있다. 실수한 인간에게 다가가시고, 죽은 자를 살리시는 분이 하나님이시다. 교회는 하나님의 주권을 신뢰하고 복음의 진전을 향해 달려가야 한다. 교회는 전혀 예기치 않은 일이 공동체 일원 가운데 나타난다고 해도 그것 때문에 복음전파가 지장을 초래해서는 안 된다. 이 사실을 드러내려고 하는 것이 누가의 의도였다.

넷째, 기적을 통해 백성들이 큰 위로를 주시기 위함이다. '사람들이 살아난 청년을 데리고 가서 적지 않게 위로를 받았더라'는 12절의 말씀이 이를 단적으로 말해준다.[60] 기적을 통해 죽은 자가 살아났다는 사실에 대한 강조보다도 더 중요한 것은 그 일로 인해 많은 사람들이 위로를 받은 일이다. 그들이 하나님의 임재와 하나님의 권능을 친히 목도하고 그런 놀라운 역사를 행하신 하나님께 영광을 돌렸을 것은 당연하다.[61] 여기 청년은 그 집의 종이었거나 그 집의 자녀였을 것으로 보인다.

하나님께서는 한 젊은이가 실수로 떨어져 죽는 이 불행한 사건을 통해 오히려 주의 복음이 증거되고 주의 역사가 나타났다. 합력하여 선을 이루시는 하나님의 역사를 여기서도 찾아볼 수 있다. 우리는 사도행전의 유두고의 스토리를 통해 세상의 어떤 책에서 만날 수 없는 살아있는 하나님의 역사하심, 인생사에 개입하시는 하나님의 손길, 그 가운데 역사를 운행하시는 놀라운 하나님의 숨결을 느낄 수 있다.

"하나님의 역사는 단지 사건들을 자세히 기록한 것에 불과한 것이 아니라, 그 이상의 것이다." 이런 하나님의 역사적 개입은 그 다음에 이어지는 사건을 통해 더욱 구체적으로 나타난다. 이들은 단순히 바울의 강론만 들은 것이 아니다. 떡을 떼고 자신들 가운데 임하신 하나님의 놀라운 은혜의 역사를 나누며 구원의 감격 속에 복되고 영광스러운 철야집회를 가진 것이다.

---

[60] "살아난 청년"은 원문에는 "살아난 소년"(the boy alive, παῖδα ζῶντα)이다. 개역성경이 "살아난 아이"라고 번역한 이유가 거기 있다. "적지 않게"라는 말은 원문에도 오우 메트로스(οὐ μετρίως, not a little)로 쓰였지만 적지 않다는 말은 반어법 강조로 누가는 결코 적은 것이 아니라 "대단한," "상당한" '위로를 받았다'(were comforted, παρεκλήθησαν)는 사실을 전달하려고 한 것이다.

[61] Denton, *A Commentary on the Acts of the Apostles.* Vol. II., 211.

4. 밀레도에서 에베소 장로들과 작별인사
(20:13-38, A.D. 57-58)

¹³ 우리는 앞서 배를 타고 앗소에서 바울을 태우려고 그리로 가니 이는 바울이 걸어서 가고자 하여 그렇게 정하여 준 것이라 ¹⁴ 바울이 앗소에서 우리를 만나니 우리가 배에 태우고 미둘레네로 가서 ¹⁵ 거기서 떠나 이튿날 기오 앞에 오고 그 이튿날 사모에 들르고 또 그 다음날 밀레도에 이르니라 ¹⁶ 바울이 아시아에서 지체하지 않기 위하여 에베소를 지나 배 타고 가기로 작정하였으니 이는 될 수 있는 대로 오순절 안에 예루살렘에 이르려고 급히 감이러라 ¹⁷ 바울이 밀레도에서 사람을 에베소로 보내어 교회 장로들을 청하니 ¹⁸ 오매 그들에게 말하되 아시아에 들어온 첫날부터 지금까지 내가 항상 여러분 가운데서 어떻게 행하였는지를 여러분도 아는 바니 ¹⁹ 곧 모든 겸손과 눈물이며 유대인의 간계로 말미암아 당한 시험을 참고 주를 섬긴 것과 ²⁰ 유익한 것은 무엇이든지 공중 앞에서나 각 집에서나 거리낌이 없이 여러분에게 전하여 가르치고 ²¹ 유대인과 헬라인들에게 하나님께 대한 회개와 우리 주 예수 그리스도께 대한 믿음을 증언한 것이라 ²² 보라 이제 나는 성령에 매여 예루살렘으로 가는데 거기서 무슨 일을 당할는지 알지 못하노라 ²³ 오직 성령이 각 성에서 내게 증언하여 결박과 환난이 나를 기다린다 하시나 ²⁴ 내가 달려갈 길과 주 예수께 받은 사명 곧 하나님의 은혜의 복음을 증언하는 일을 마치려 함에는 나의 생명조차 조금도 귀한 것으로 여기지 아니하노라 ²⁵ 보라 내가 여러분 중에 왕래하며 하나님의 나라를 전파하였으나 이제는 여러분이 다 내 얼굴을 다시 보지 못할 줄 아노라 ²⁶ 그러므로 오늘 여러분에게 증언하거니와 모든 사람의 피에 대하여 내가 깨끗하니 ²⁷ 이는 내가 꺼리지 않고 하나님의 뜻을 다 여러분에게 전하였음이라 ²⁸ 여러분은 자기를 위하여 또는 온 양 떼를 위하여 삼가라 성령이 그들 가운데 여러분을 감독자로 삼고 하나님이 자기 피로 사신 교회를 보살피게 하

셨느니라 ²⁹ 내가 떠난 후에 사나운 이리가 여러분에게 들어와서 그 양 떼를 아끼지 아니하며 ³⁰ 또한 여러분 중에서도 제자들을 끌어 자기를 따르게 하려고 어그러진 말을 하는 사람들이 일어날 줄을 내가 아노라 ³¹ 그러므로 여러분이 일깨어 내가 삼 년이나 밤낮 쉬지 않고 눈물로 각 사람을 훈계하던 것을 기억하라 ³² 지금 내가 여러분을 주와 및 그 은혜의 말씀에 부탁하노니 그 말씀이 여러분을 능히 든든히 세우사 거룩하게 하심을 입은 모든 자 가운데 기업이 있게 하시리라 ³³ 내가 아무의 은이나 금이나 의복을 탐하지 아니하였고 ³⁴ 여러분이 아는 바와 같이 이 손으로 나와 내 동행들이 쓰는 것을 충당하여 ³⁵ 범사에 여러분에게 모본을 보여준 바와 같이 수고하여 약한 사람들을 돕고 또 주 예수께서 친히 말씀하신 바 주는 것이 받는 것보다 복이 있다 하심을 기억하여야 할지니라 ³⁶ 이 말을 한 후 무릎을 꿇고 그 모든 사람들과 함께 기도하니 ³⁷ 다 크게 울며 바울의 목을 안고 입을 맞추고 ³⁸ 다시 그 얼굴을 보지 못하리라 한 말로 말미암아 더욱 근심하고 배에까지 그를 전송하니라

드로아에서 일주일을 보낸 바울은 A.D. 57년 4월 25일 월요일 그들과 작별인사를 나누었다. 그런 후 그는 제자 일행을 앞서 해로로 보내고 자신은 걸어서 앗소(Assos, 20:13)로 향했다. 우리가 주목할 사실은 바울이 드로아에서 앗소까지 32km 가량 되는 길을 도보로 갔다는 점이다. 드로아에서 앗소까지 육로는 거의 해안을 따라 이어졌다. 해로로 가면 훨씬 가볍고 쉽게 갈 수 있는 거리를 바울이 구태여 육로를 택한 이유가 무엇일까? 사도행전을 통시적으로 이해하면 그 답을 어렵지 않게 찾아낼 수 있다.

드로아, 앗소, 미둘레네, 기오, 사모, 밀레도(20:13-16)

드로아는 소아시아 북서쪽의 미시아 해안도시로 본래 이름은 알렉산드리아 드로아(Alexandria Troas)다. 후에 콘스탄틴 대제가 이곳으로 수도를 옮기려고 하다가 콘스탄티노플로 정했다. 그만큼 당시로서는 매력적

인 해안도시였다. 2차 선교여행 중 바울이 아시아선교를 진행하려고 할 때 막으시고 '마게도냐 환상'(16:8-9)을 보게 하신 곳이 바로 드로아였다. 성령의 직접적인 개입으로 바울의 선교방향을 수정하도록 인도하신 곳이다. 바울에게는 평생 잊지 못할 장소였다. 하나님께서 자신을 부르시고 마게도냐, 곧 유럽선교를 착수하도록 간섭하시고 개입하신 곳이 바로 드로아였기 때문이다.

바울은 드로아에서 32km 떨어진 앗소까지 해안을 따라 이어진 육로로 걸어가면서 하나님의 인도하신 섭리에 감사하면서 조용히 지난 사역을 정리하며 앞으로의 사역을 준비하기를 원했다. 그 길은 바울에게는 사색과 쉼과 재충전을 동시에 가질 수 있는 코스였다. 아마도 바울은 짧지 않은 거리를 도보로 여행하면서 한편으로 그동안 하나님이 베푸신 놀라운 은혜에 감사했을 것이고, 다른 한편으로는 앞으로 있을지도 모를 환난을 준비했을 것이다. 환난이 기다리고 있는 예루살렘을 향해서 가는 바울은 주님과 깊은 교제를 나누며, 앞으로 감당해야 할 미래사역을 차분하게 준비하길 원했을 것이다.

도보로 앗소까지 걸어간 바울은 A.D. 57년 4월 25일 월요일에 배를 타고 와서 자신을 기다리는 일행과 함께 배에 올라 미둘레네(Mitylene, 20:14)에 도착했고, 같은 날 그곳을 출발해 그 다음날 4월 26일 화요일 오후 기오(Chios, 20:15)에 도착했다.[62] 기오에서 하루를 묵은 일행은 그 이튿날 4월 27일 수요일 아침에 기오를 출발해 사모(Samos) 서쪽 지점을 향해 항해를 계속해 사모에 도착했다. 그곳에서 하루를 묵은 후 다음날 4월 28일 목요일 이른 아침 항해를 시작하여 밀레도(Miletus, 20:15)에 도착했다. 그곳에서 바울은 아시아에서 지체하지 않기 위해 서둘러 에베소의 장로들을 밀레도로 불렀다.

---

[62] 항해는 저녁에는 중단해야 하였다. 에게해에서는 일반적으로 북쪽에서 불어오는 바람이 여름 동안에는 이른 새벽에 시작해서 오후 늦게 약해지고 해가 지면 고요해졌기 때문이다. 그 후부터는 온화한 남풍이 일어나 밤 동안에 불었다. 이 때문에 모든 승객들은 자정 이후 배에 승선하여 새벽에 북쪽에서 불어오는 바람에 의지하여 항해할 채비를 갖출 필요가 있었다.

누가는 정확하게 여행을 하면서 들린 각 항구들을 섬세하고 정확하게 기록하고 있다. 기오는 사모와 레스보스 사이에 있는 터키에서 8km 가량 떨어진 곳에 위치한 섬이다. 일리아드(*Iliad*)와 오딧세이(*Odyssey*)의 저자인 고대 헬라 시인 호머(Homer)의 출생지다. 사모는 터키 해안에서 1.6km 가량 떨어진 곳에 위치한 작은 섬으로 섬의 길이가 43km 이다. 밀레도는 헬라 섬들 가운데 세 번째로 큰 레스보스(Lesbos)섬에 있는 도시이다. 이 섬은 터키 해안에서 14.4km 떨어진 곳으로 매우 아름답다.

서부 소아시아 해안 가까이, 에베소 남쪽 56km 민더강(Meander River) 입구에 위치해 있는 밀레도는 고대 헬라세계에서는 가장 중요한 도시 가운데 하나였다. 그곳에는 4개 항과 3개의 아고라(시장)가 있었다. 밀레도는 324 B.C.년부터 A.D. 325년 사이 무려 600여 년 동안 번창했던 도시였다. 밀레도는 헬라철학의 본산지로 서방철학의 아버지로 불리는 탈레스(Thales, 624-545 B.C.), 천문학의 아버지 아낙시메네스(Anaximenes, 585-525 B.C.), 헬라 역사가요 지리학자였던 헤커티어스(Hecataeus, 550-476 B.C.)도 밀레도 출신이었다. 밀레도는 495 B.C.년 페르시아에 의해 파괴되었다가 479 B.C.년에 재건되었으나 334 B.C.년 알렉산더 대왕의 팽창을 반대하다 또다시 파괴당했다.

바울이 이곳을 방문했을 때는 밀레도가 과거의 영광에 훨씬 미치지 못했다. 누가는 비록 항구를 언급하면서 위 인물들을 언급하지 않았지만 사도행전의 기록에서 보여준 방대한 역사·문화·전통·언어·사상 그리고 철학에 이르는 박학한 지식의 범위를 살펴볼 때 익히 알고 있었을 것으로 보인다.

바울의 전도일정을 보면 바울이 주의 사역을 위해서 얼마나 고군분투했는가를 잘 알 수 있다.[63] 배를 타고 빌립보, 데살로니가, 베뢰아로 향했던 바울은 헬라로 가서 3개월을 머문 후, 다시 마게도냐를 거쳐 누가와

---

[63] Chrysostom, *The Homilies on The ACTS of The Apostles*, 590. "바울이 얼마나 항해를 서두르는가를 보라. 그러면서도 그가 얼마나 그들을 조금도 소홀히 대하지 않고 모든 사람들을 위해 질서를 지키는가를 보라."

함께 배를 타고 바다를 건너 드로아에 도착했다. 그리고는 32km 나 떨어진 앗소까지 쇠잔한 몸을 이끌고 여행을 강행한 것이다.

우리는 바울의 전 사역에서 그가 환경의 지배를 받기보다 환경을 넘어서는 불굴의 신앙, 어떤 적대세력 앞에서도 타협하지 않는 용기, 주의 뜻이라면 굽히지 않고 진행시키는 추진력을 발견할 수 있다. 바울이 이렇게 여행을 강행했던 이유는 가능한 빨리 예루살렘에 도착하기를 원했기 때문이다.

바울의 에베소 장로 초청과 부탁(20:17-35)

바울은 '밀레도에서 사람을 에베소로 보내어 교회 장로들을 청했다'(20:17). 아시아에 오래 지체하지 않기를 결심한 바울은 '오순절 안에 예루살렘에'(20:16) 도착할 수 있도록 서둘렀다. 바울은 배가 밀레도 항구에 머물러 있는 동안 그곳에서 약 48km 떨어진 에베소로 전갈을 보내 에베소 장로들을 초청했다. 바울의 부탁을 받은 이들은 에베소에 가서 장로들을 데리고 왔다.

램지에 따르면 바울이 밀레도에 머문 지 3일째 되던 날에 에베소 장로들이 밀레도에 도착했다.[64] 가고 오는데 꼬박 이틀이 걸렸을 것으로 여겨지며, 그동안 바울은 밀레도에 있는 믿는 자들을 격려했을 것이다. 밀레도 도착이 A.D. 47년 4월 28일 목요일 저녁이었으니 램지의 계산이 맞다면 에베소 장로들이 밀레도에 도착한 날은 3일째 되던 4월 30일 토요일이었다.[65]

바울은 아시아를 떠나기 전 에베소교회가 튼튼하게 서갈 수 있도록 그들에게 마지막 부탁을 하고 싶었다. 언뜻 보면 이 에베소 장로들과의 모임은 아무 준비 없이 바울의 요청에 의해 갑자기 진행된 모임처럼 보인다.

---

[64] Ramsay, *St. Paul the Traveler*, 294.
[65] "Calendar for Year 57 (United States)" <www.timeanddate.com/calendar/?year=57&country=1>(2020. 04. 04. 접속).

그러나 바울이 그들에게 한 작별의 인사 내용을 면밀히 살펴보면 즉흥적인 모임이 아니라 사전에 준비했던 모임이었다. 장로들에 대한 권면이나 부탁 그리고 자신의 향후 진행된 일들까지 들려주며, 그들의 각오를 새롭게 만들어 준 것에서 알 수 있다.

바울은 예루살렘으로 향하기 전에 에베소 교인들을 신앙 가운데서 독려할 수 있는 적절한 기회를 찾고 싶었던 것 같다. 그러다 바울은 드로아에서 앗소까지 육로로 32km를 걸어오는 동안이나 아니면 앗소에서 밀레도까지 오는 항해 여정에서 기도 가운데 에베소 장로들을 초청하기로 결심했을 수 있다. 그들과 함께한 자리에서 바울은 자신의 그동안의 사역을 환기시켜 주었다. 그리고는 자신에게 닥쳐올지 모를 일들을 밝힌 후, 장로들에게 에베소교회 안정과 발전을 위해 헌신해 줄 것을 부탁했다. 사도행전 20장 18절부터 35절까지의 내용이 바울이 한 말의 요약이다. "바울이 에베소 장로들에게 행한 연설은 사도들이 실천에 옮겼던 목회실천신학의 영광스러운 요체였고 그것을 통해 우리가 부끄러움으로 우리의 다른 형태의 모습을 보게 하는 일종의 거울이다."[66] 바울이 이 연설을 할 때에 누가가 그곳에 함께 있었던 것(참고, 21:1)이 분명하다.

사도행전에 나타나는 바울의 설교는 대상과 목적과 주제가 각기 다르게 행해졌다. 바울이 비시디아 안디옥 회당에서 행한 설교(13:16 이하)가 회당의 청중에게 행한 설교의 표본이고, 루스드라(14:15 이하)와 아덴 설교(17:22 이하)가 이교도들에게 행한 설교의 표본이라면, 바울의 밀레도 설교는 그리스도인들에게 행한 설교의 표본이다.[67] 바울의 행적에 관심이 있던 누가는 역사가로서 매우 면밀하게 관찰하며, 틈틈이 기록으로 남겨두었던 것 같다. 누가가 매우 생동감 있게 바울의 연설을 기록한 것에서 알 수 있다. 바울의 부탁은 솔직하고 개인적이고 그러면서도 그가 얼마나 주님과 복음에 헌신적이었는가를 보여준다. 바울의 사역을 총정리해 줄 뿐만 아니라 바울이 실제로 에베소에서 어떻게 사역했는가를 잘 설명해 준다.

---

[66] Lechler, *Theological and Homiletical Commentary on the Acts* Vol. II., 273.
[67] Bruce, *The Book of ACTS*, 413.

에베소에서의 바울의 사역을 환기시킴(20:17-21)

바울은 에베소로부터 온 장로들이 밀레도에 도착하자 한자리에 모아놓고 아시아에 들어온 첫날부터 지금까지 자신이 그들을 어떻게 섬겼는가를 밝혔다. 바울은 자신이 에베소에서 사역하는 동안 얼마나 주의 사역을 위해 헌신하고 생명을 바쳤는가를 다음 몇 가지로 설명했다.[68]

첫째, 바울은 무엇보다 '겸손과 눈물로 주를 섬겼다'(20:19)고 증언한다. '모든 겸손으로'(with all humility)는 바울이 에베소교회에서 어떤 양식으로 하나님을 섬겼는가를 말해준다.[69] 무엇보다도 섬김의 본을 보여주었다.[70] 바울은 가말리엘 문하에서 교육받은 최고의 지성이자 엘리트였지만, 결코 그것을 자랑하거나 앞세운 적이 없다. 또한 그는 로마의 시민권자였고, 헬라문화와 철학에 대해 도통했지만, 그것을 결코 드러낸 적이 없다. 뿐만 아니라 바울은 바리새인 중의 바리새인이었지만, 자신의 신분을 이기적인 목적으로 사용(私用)하거나 이용한 적도, 그것을 자랑한 적도 없다.

둘째, 바울은 유대인의 책략으로 인한 시험에 넘어지지 않고 그것을 참아내면서(20:19) 하나님을 섬겼다. 그 결과 그는 어디를 가든지 어디서든지 언제든지 기회를 노리고 있던 유대인의 간계, 같은 동족으로부터 받는

---

[68] 칼빈, 사도행전 II, 235-236. "세 가지 주제로 나누어 가르치면서 그 자신의 믿음과 근면을 권면하였다. 곧 [첫째로] 그는 그들의 구원을 위해서 필요한 것을 하나도 빠뜨리지 않은 건실하고 철저한 교훈을 그 제자들에게 주었고, [둘째로] 일반적 교훈에 그치지 않고 각 개인에게 봉사하는 수고를 담당했다. 셋째로 그는 그들이 그리스도를 믿고 회개하도록 촉구했다고 말함으로써 자신의 교훈 전체를 요약하고 있다. 이제 그가 선하고 신실한 교사상을 우리에게 그려주고 있기 때문에 주님에게 인정받을만한 수고를 하기 원하는 사람 모두를 위한 적절한 방향은 자기들의 눈앞에서 교회를 세우는 일을 하는 것이다. 마치 바울이 도처에서 디모데로 하여금, 그들을 가르치는 데 애써 힘을 기울이게 하기 위해 이로운 일들을 생각하도록 명하고 있는 것(딤전 4:6 이하)과 마찬가지이다."

[69] Denton, *A Commentary on the Acts of the Apostles*. Vol. II., 215-216. 겸손은 예배자의 심령을 순결하게 하여 그의 섬김이 야망, 자신 그리고 열정에 의해 야기되는 불완전함에서 더 자유롭게 만들어 준다.

[70] Carver, *The Acts of the Apostles*, 202.

그 엄청난 간계에도 굴하지 않고 끝까지 신앙으로 경주하며 승리할 수 있었다. 로마의 권세를 빌려 자신의 사역을 중단시키려는 음모가 수없이 많았지만, 그때마다 하나님께서는 천사를 동원하시고, 로마의 관원의 마음을 움직이시거나 그의 동역자들을 보내셔서 위기 가운데서 바울을 구해주셨다. 계속되는 시련 속에서도 바울은 굴하지 않고 끝까지 모든 시험을 참고 이겼다.

바울의 사역에서 놀라운 사실은 자신을 시험하고 모함하는 동족들에게 바울이 결코 화를 내거나 그들과 다투거나 분을 내지 않고 하나님께 기도하며 눈물로 그 모든 시험을 이겨냈다는 사실이다. 물리적인 시험, 외형적인 시험을 신앙으로 잘 극복한 것이다. 바울이 그렇게 할 수 있었던 것은 성령 안에서 성품이 거듭났기 때문이기도 하지만 성령께서 그 안에 강하게 역사하셨기 때문이다. 유대인들이 자신을 괴롭히고 선교사역을 방해하는 가운데서도 바울은 수많은 헬라파 유대인들과 이방인들이 주님께로 돌아오는 놀라운 선교 결실을 목격하면서 용기와 희망을 잃지 않았다. 그는 어떤 환경에도 함몰되지 않았다. 그 환경을 넘어 역사하시는 하나님의 주권적인 섭리를 믿음의 눈으로 바라보았다.[71]

푯대를 향하여 달려가는 신앙이 바울을 모든 시험에서 이길 수 있도록 만들었다. 그는 미래에 있을 상급을 바라보면서 현실의 어려움을 극복하고 푯대를 향해 달렸다. '환난은 인내를, 인내는 연단을, 연단은 소망을 이루는 줄 앎이로다'(롬 5:3-4)는 바울의 체험적 고백이다. 고린도 교인들에게 보낸 다음의 편지 역시 그의 경험론적 신앙고백이다. '사람이 감당할 시험 밖에는 너희가 당한 것이 없나니 오직 하나님은 미쁘사 너희가 감당

---

[71] Denton, *A Commentary on the Acts of the Apostles*. Vol. II., 215-216. 분명 그리스도인에게도 시험이 있다. 아브라함도, 이삭도, 야곱도, 요셉도, 모세도, 다윗도 심지어 예수 그리스도도 시험을 받으셨다. 바울도 시험을 받았다. 우리라고 예외는 아니다. 그리스도인들은 때때로 병이나 어려움을 만날 때일지라도 그것을 가지고 불평하고 불만을 가지기보다 하나님의 주권적 섭리와 은혜를 기대하며 믿음으로 이겨내야 할 것이다. 믿음의 사람은 언제 끝날지 모르는 길고 긴 어두운 터널을 통과하고 있을 때 하나님의 주권을 믿고 그것을 넘어 역사하실 하나님의 섭리를 믿음으로 바라보며 내일을 준비하는 사람이다.

하지 못할 시험 당함을 허락하지 아니하시고 시험 당할 즈음에 또한 피할 길을 내사 너희로 능히 감당하게 하시느니라'(고전 10:13).

셋째, 바울은 에베소 교인들에게 유익한 것을 전하고 가르쳤다. 바울은 '유익한 것은 무엇이든지 공중 앞에서나 각 집에서나 거리낌이 없이 여러분에게 전하여 가르쳤다'(20:20)고 말씀한다. 여기 '전하였다'는 것은 '선포했다,' '선언했다'(declare, ἀναγγεῖλαι)는 말이다. 이것은 사도행전 20장 20절과 27절에만 나타나는 단어이다. 바울은 에베소에서 사역하는 동안 '거리끼지 않고 하나님의 뜻을 다 전하였다.'

'가르쳤다'는 단어는 누가가 즐겨 사용하는 단어이다. '가르쳤다'의 원문 디닥사이(διδάξαι, teach)는 실천을 전제로 한 것이며 주님이 마태복음 28장 대위임에서 '가르쳐 지키게 하라'와 동일한 단어다. 바울은 단순히 말씀만 가르친 것이 아니라 신앙생활에 도움이 되는 '유익한 것은 무엇이든지' 다 가르쳤다.

우리는 여기서 전인적인 신앙교육이 얼마나 중요한가를 발견한다. 청교도들은 말씀을 가르치는 것으로 끝나지 않고 그 말씀을 어떻게 우리의 삶에 적용할 것인가를 동시에 가르쳤다. 그들은 세상에서 그리스도인들이 어떻게 살아야하고 세상을 어떻게 바라봐야 하며, 세상 속에서 어떻게 빛과 소금의 역할을 해야 할 것인가를 가르쳤다. 그 결과 개인주의 신앙을 극복하고 사회와 문화 속에서 기독교 신앙을 건설하려는 노력을 게을리하지 않았다.

청교도를 대변하는 "언덕 위에 세워진 도시"(City on the Hill)는 본래 주님이 산상수훈에서 말씀하신 '산 위에 있는 동네'(마 5:14)에서 유래된 말이다. 이것은 예일대학교 교수 시드니 알스트롬이 **미국 종교사**에서 잘 피력하고, 우드브리지(John D. Woodbridge), 해치(Nathan Hatch), 놀(Mark A. Noll)이 **기독교와 미국**에서 잘 지적한 것처럼 국가, 교회, 사회를 유기적으로 이해한 청교도들의 실천적인 사회관과 국가관을 대변한다.[72] 신앙이란 하나님과의 수직적인 관계와 이웃과의 수평적인 관계 양면성을 지닌다.

교회는 신앙에 도움이 되는 것들을 가르쳐야 하지만, 동시에 교인들이 균형 잡힌 신앙을 갖도록 끊임없이 노력해야 할 것이다. 이런 신앙을 주님은 찾으시고 기대하고 계신다. 바울은 유익한 것은 무엇이든지 최선을 다해 가르쳤다. 공중에서 가르치고 각 집에서도 기회가 닿는 대로 열심히 가르쳤다. 이를 위해서 자기의 생명을 조금도 아끼지 않았다. 여기서 바울의 위대함을 발견한다. 바울은 에베소에 머물고 있는 3년 동안 필요할 경우 각 집에서 각 집으로 옮겨가면서 가르쳤다. 이것은 단순한 심방이 아니었다. 말씀을 가르치고 양육한 것이다. 바울은 사람들이 신앙 안에서 뿌리를 내릴 수 있도록 각 집을 방문하여 말씀을 가르치고 권면하는 일을 게을리하지 않은 것이다. 한 영혼을 사랑하는 마음의 심장을 그대로 읽을 수 있다.

에베소에서 바울의 선교사역의 핵심은 '회개'와 '믿음'을 증거하는 일이었다.[73] '유대인과 헬라인들에게 하나님께 대한 회개와 우리 주 예수 그리스도께 대한 믿음을 증언한 것이라'(20:21). 그가 전한 내용을 한마디로 집약하면 하나는 '하나님께 대한 회개'이고 다른 하나는 '주 예수 그리스도께 대한 믿음'이다. 바울이 유대인과 헬라인을 병치시킨 것은 로마서 1장 14절 이하에도 나타나고, '하나님께 대한 회개'와 '주 예수 그리스도께 대한 믿음'과 유사한 표현이 사도행전 26장 20절과 로마서 10장 9절 이하 그리고 고후 5장 20절에도 나타난다.

어떤 성경학자는 전자는 이방인들을 향한 메시지이고 후자는 유대인들을 향한 메시지라고 말한다. 그러나 이것은 사실 베드로가 이방인이 아닌 유대인들을 향해 외친 메시지였다. 누가는 바울이 외친 복음을 회개를 통한 죄 사함의 복음이라고 말하는데 이것은 우리 주님께서 전하셨던 복음이며 사도들이 외친 복음의 핵심이기도 하다. 바울이 전한 이 두 가지 회

---

[72] John D. Woodbridge, Mark A. Noll, Nathan O Hatch, *The Gospel in America: Themes in the Story of America's Evangelicals* (Grand Rapids: Zondervan, 1979), 169.

[73] 행 19:10; 2:38; 3:19; 5:31; 막 1:15.

개와 믿음은 전혀 생소한 것이 아니었다. 덴톤의 말대로 "하나님께 대한 회개와 우리 주 예수 그리스도께 대한 믿음은 모든 복음전파의 두 가지 요소이다."[74]

'회개'는 그리스도의 공생애를 준비하면서 세례요한이 외친 첫마디였고, 주님이 공생애를 사시면서 외친 첫 마디였다. 그리고 그것은 베드로가 오순절 마가의 다락방에 성령충만함을 받은 후에 무리들을 향한 외침이었다. 신학적으로 회개는 삼중적인 의미를 담고 있다. 자신이 죄인이라는 사실을 인정하고 시인하는 것, 그 죄를 깊이 뉘우치고 통회하는 것 그리고 죄에서 떠나 하나님께로 돌아서는 것 모두를 함축한다. 여기 회개하라는 말도 원죄를 이어 받은 죄인이라는 고백과 죄에 대한 통회 그리고 과거 죄 아래 거하던 내가 죄를 끊고 하나님께로 돌아서서 이제는 빛의 자녀로 살겠다는 결단을 포괄하는 의미이다.

회개는 세상을 향했던 자들이, 세상에 속했던 자들이 '회개 가운데 하나님께 돌아가는 것'(must turn to God in repentance)이다. 이것은 회개와 관련하여 회개의 신적 기원과 성령의 도우심 속에서의 인간의 의지적 결단이라는 두 가지 측면의 중요성을 동시에 말해준다. 진정한 회개는 하나님과의 관계를 새롭게 만들어준다. '하나님이 요구하시고 우리가 실천해야 할 그러한 회개는 하나님께로의 회심이고 그와의 화목이며 우리의 전 삶을 통해 그의 모든 계명에 순종하는 것이다. 그러므로 회개는 일생동안의 사역이다.'[75]

바울은 단순히 믿음이라고 하지 않고 '우리 주 예수 그리스도께 대한 믿음'(faith in our Lord Jesus, 20:21)이라고 믿음의 성격을 구체적으로 표현하였다. 구원에 이르는 믿음, 구원받은 사람들이 평생 간직하는 믿음은 구원을 베푸신 우리 구주 예수 그리스도에 대한 믿음이다. 그리스도를 떠난 믿음, 그리스도가 없는 믿음, 그리스도의 복음에 근거하지 않은 믿음은 진정한 믿음이 아니다. '예수 그리스도께 대한 믿음'은 믿음의 주체가

---

[74] Denton, *A Commentary on the Acts of the Apostles*. Vol. II., 219.
[75] Denton, *A Commentary on the Acts of the Apostles*. Vol. II., 219.

그리스도라는 의미다. 히브리 기자가 증언한 것처럼 예수 그리스도는 '믿음의 주'(히 12:2), 믿음의 수여자, 믿음의 동인자이시다. "회개는 분명한 규정(the article)이 있다. 회개는 하나님께 대한 의무다. 그리고 믿음 또한 변호자이자 중보자이신 그리스도에 대한 의무이다."

바울의 에베소 사역을 집약한다면 회개와 믿음이다. 칼빈의 말대로 "회개는 우리가 우리 자신과 우리 생애 전체를 그분의 복종에 맞춤으로 하나님께로 돌아서는 것이다(conversio)."[76] 이 회개는 "우리 자신에 대한 부정은 물론, 우리 육신의 금욕, 천국의 생에 대한 묵상을 요구한다."[77] 반면 "신앙은 그리스도 안에서 우리에게 주시는 은혜를 받아들이는 것이다."[78]

우리는 그리스도의 보혈을 통해 거저 주시는 믿음으로 말미암아 하나님과 화목케 되었다. 때문에 하나님과의 화목의 관계를 지속하기 위해서는 거룩한 회개의 삶이 요구된다. 주님도 회개에 합당한 열매를 맺을 것을 명하셨다. 만약 참된 회개를 통한 열매가 없다면 진정한 신앙인이라고 할 수 없다. 간단하게 말해 칼빈에 따르면 회개는 우리가 하나님께로 돌아서는 것이고, 신앙은 그리스도 안에서 우리에게 주시는 은혜를 받아들이는 것이다. 회개의 시작이 신앙을 위한 준비이고, 회개가 신앙의 결과다.[79]

회개를 통해 신앙이 깊어지고 신앙이 깊은 사람은 자연히 회개의 삶을 살아간다. 믿음의 사람은 자신의 욕심과 자아를 죽이고 날마다 성령의 뜻에 복종하여 하나님께로 돌아가는 회개의 삶을 살아야 한다. 회개의 삶이 믿음의 사람을 경건으로 인도한다. 이 회개는 성령께서 하시는 역사로 믿음의 사람이 두렵고 떨림으로 자신의 죄악 된 삶을 날마다 순간마다 돌아볼 때 가능하다.

---

[76] 칼빈, **사도행전 Ⅱ**, 238-239.
[77] 칼빈, **사도행전 Ⅱ**, 238-239.
[78] 칼빈, **사도행전 Ⅱ**, 238-239.
[79] 칼빈, **사도행전 Ⅱ**, 238-239. 회개와 믿음은 대체 무슨 상관성이 있는가? 칼빈에 따르면 회개와 믿음은 한마디로 구별되지만 분리될 수 없다. "왜냐하면 하나님을 우리에게 가깝게 해 주는 것은 신앙이기 때문이다.… 회개를 먼저 언급하는 것이 아니라 회개의 시작이 신앙을 위한 하나의 준비이기 때문이다. '시작'이라 함은 우리가 우리 자신에 대하여 불만을 품고 하나님의 진노에 대한 심각한 두려움에 사로잡혀서 우리로 하여금 구제책을 강구하게 하는 것을 뜻한다."

예루살렘에서 일어날 일 예견(20:22-27)

바울이 에베소교회의 장로들을 모아놓고 이렇게 이야기하는 근본 이유는 두 가지 때문이다. 첫째는 앞으로 에베소교회 교우들을 다시 볼 수 없을 것 같기 때문이고, 둘째는 그들에게 자기 대신 교회를 돌보는 일을 부탁하기 위해서였다.

우리가 주목하는 것은 '나는 성령에 매여 예루살렘으로 가는데'(20:22)와 '오직 성령이 각 성에서 내게 증언하여'(20:23)라는 말이다. 바울은 예루살렘으로 가면 무슨 일이 일어날지 모르는 상황에서 성령의 매임을 받아갔다. '나는 성령에 매여'(bound I in the Spirit, δεδεμένος ἐγὼ τῷ δεδεμένος)라는 원문을 그대로 직역한다면 내가 '성령에 사로잡혀,' '성령에 강하게 묶여,' '성령에 붙잡혀서'라는 의미이다.[80] 바울은 자신이 예루살렘으로 올라가려는 것이 '성령에 매여'서이며, 결박과 환난이 기다리는 것도 '성령이 각 성에서 내게 증언'하는 것임을 밝혔다.[81] 성령에 의해 사로잡혀, 주의 영이 요구하시고 강권하시기 때문에 예루살렘으로 가겠다는 말이다.[82]

바울은 에베소 장로들을 모아놓고 마지막 부탁을 하는 장면에서 우리가 간과해서는 안 될 것이 있다. 성령께서 바울에게 앞으로 닥칠 결박과 환난을 분명히 보여주셨다는 사실이다. 바울은 자신의 사역이 전적으로 성령의 뜻과 인도하심에 따라 순종함으로 진행되는 것임을 분명히 했다.

---

[80] "내가 성령에 매여"의 "매여"는 헬라어 원문이 데데모노스(δεδεμένος, compelled)인데 동일한 단어가 마가복음 15장 7절, 요한복음 11장 44절, 사도행전 12장 6절에도 등장한다. 민란 중에 "체포된" 자 중에 바라바(막 15:7)를 언급할 때 "체포된"이 동일한 단어이고, 죽은 나사로가 수족을 베로 "동인 채"(요 11:44)로 나온다고 할 때도 데데모노스(δεδεμένος)가 쓰였다. 사도행전 12장에는 헤롯 왕의 박해로 인해 붙잡힌 베드로가 두 군인 틈에서 쇠사슬에 "매여"(12:6) 누워 자는 장면이 나오는데 여기 '매여'가 동일한 단어이다.

[81] Lechler, *Theological and Homiletical Commentary on the Acts* Vol. II., 276. 여기서 성령은 '고난의 선지자'(a Prophet of suffering)이지만 또한 '고난 속에서의 위로자'(a Comforter in suffering)이다.

[82] Cowles, *Acts of the Apostles*, 165.

성령께서 바울의 사역에 개입하시고, 바울은 그 성령의 역사에 온전히 순복했다. 사도는 기꺼이 성령의 인도를 따랐다.[83] 예루살렘에 올라가려고 하는 이유가 자신의 욕심에서 발로된 것이 아니라 성령의 인도하심임을 분명히 한 것이다. 예루살렘에서 결박이 기다린다고 성령이 각성에서 증언하심(fully testifies, διαμαρτύρεταί)에도 바울은 뜻을 굽히지 않았다.

그곳에서 무슨 일이 일어날지 예측할 수 있는 상황에서, 아니 좀 더 정확히 말해 그곳에서 결박과 환난이 그를 기다리고 있는 상황에서 그곳으로 가는 것은 쉽지 않은 일이다. 그런데도 바울이 그 일을 주저하지 않은 것은 예루살렘에 올라가는 것이 자기 생각이 아니라 성령이 그렇게 하도록 강권하시기 때문이다. 그곳에서 고난이 기다린다는 사실을 바울에게 알려주신 분도 성령이셨다. 바울은 자신의 사역을 성령 안에서, 성령에 의해, 성령과 함께 감당한 것이다. 로마를 보도록 강권하신 분도, 예루살렘에 올라가도록 강권하신 분도, 위험에도 불구하고 자신의 선교사역을 감당하게 하신 분도 성령 하나님이셨다. 이것이 누가가 사도행전에서 일관되게 강조하는 것이다. 누가는 사도행전의 복음의 확장의 역사가 성령께서 이끄시는 선교였다는 사실을 자연스럽게 반복해서 드러내고 있다.

'보라 내가 여러분 중에 왕래하며 하나님의 나라를 전파하였다'(20:25)는 진술에서 또다시 하나님 나라가 등장한다. 우리는 바울이 온 생명을 내걸고 전파한 것이 '하나님의 나라'였음을 확인할 수 있다.[84] 그가 전파한 하나님 나라는 어거스틴의 표현을 빌린다면 '자기 사랑'(amor sui)이 지배하는 인간의 도성과 달리 '하나님의 사랑'(amor Dei)이 지배하는 나라, 예수 그리스도를 통해 성취된 '하나님의 도성'(Civitate Dei)이었다.[85] 예수님은 부활하신 후에 하나님 나라의 일을 말씀하셨고, 제자들은 성령의 충만을 받고 하나님 나라를 선포하였으며, 그 제자들의 사역을 사도 바울

---

[83] Denton, *A Commentary on the Acts of the Apostles.* Vol. II., 220.
[84] Denton, *A Commentary on the Acts of the Apostles.* Vol. II., 221.
[85] Augustine, *Civitate Dei,* XIV. 28. 박용규, 초대교회사 (서울: 한국기독교사연구소, 2016), 476-481을 참고하라.

도 그대로 계승했다. 그가 로마에서 마지막으로 전파한 복음의 내용도 하나님 나라였다. 이처럼 누가는 사도행전 전반에서 반복적으로 하나님 나라를 강조하고 있다.

'모든 사람의 피에 대하여 내가 깨끗하니 이는 내가 꺼리지 않고 하나님의 뜻을 다 여러분에게 전하였음이라'(20:26-27). 바울에게 하나님의 뜻은 매우 중요한 의미를 지닌다. 바울은 로마서 12장에서 하나님의 선하시고, 기뻐하시고, 온전하신 뜻이 무엇인지 분별하라고 부탁했고, 에베소서 5장 17절에서는 '어리석은 자가 되지 말고 오직 주의 뜻이 무엇인가 이해하라'고 부탁했다.

바울이 유익한 것은 무엇이나 거리낌 없이 가르쳤다고 말한 20장 20절과 27절은 서로 연결되는 것이다. 바울에게 유익한 것의 기준은 하나님의 온전하신 뜻이었다. 그가 하나님의 온전하신 뜻을 가르치고 실천하고 그 뜻에 순종하면서 사역을 감당했음을 보여준다. 바울은 에베소인들에게 하나님의 모든 뜻을 밝히 보여 주었고, 에스겔 33장 1-6절의 파수꾼처럼 복음의 나팔을 크게 불었다.

사실 이것이 믿음의 사람들의 태도다. 초대교회 믿음의 사람들은 주님의 뜻이라면 손해가 나도 순종했다. 심지어 죽음이 기다리고 있어도 주의 뜻을 거부하지 않았다. 안디옥교회 감독 이그나티우스는 로마로 압송되면서 로마에 가서 순교하겠다는 자신의 각오를 꺾지 말라고 간곡하게 부탁했다. 그 같은 모습은 어린 폴리갑은 물론 초대교회 수많은 사람들에게 대단한 도전을 주었다.[86] 어린 나이에 감독에 오른 폴리갑이 이그나티우스의 이런 모습을 보고 감동을 받아 순교에 대한 열정을 더욱 불태웠던 것도 그 때문이다.

'오직 성령이 각 성'(in every city the Holy Spirit, 20:23)에서 결박과 환난이 바울을 기다리고 있다는 사실을 여러 차례 경고했음에도 불구하고 바울은 예루살렘으로 향했다.[87] 그가 그런 위기 속에서도 예루살렘으로

---

[86] 박용규, 초대교회사, 140.
[87] Denton, *A Commentary on the Acts of the Apostles*. Vol. II., 220.

가겠다고 각오한 이유는 그렇게 해서라도 하나님의 복음을 증거하는 기회를 갖고 싶어서였다. 복음을 증거하는 일이라면 조금도 자기 생명을 귀하게 여기지 않겠다는 것이 바울의 생각이었다. '내가 달려갈 길과 주 예수께 받은 사명 곧 하나님의 은혜의 복음을 증언하는 일을 마치려 함에는 나의 생명조차 조금도 귀한 것으로 여기지 아니하노라'(20:24). 바울이 '내 얼굴을 다시 보지 못할'(20:25) 것이라고 알려준 것은 장차 다가올 환난 속에서도 흔들리지 않고 믿음의 뿌리를 내릴 수 있도록 돕기 위해서다.

우리가 여기서 주목할 것이 하나 있다. 바울의 부탁 내용 중에 '증언'이라는 단어가 4번이나 연이어 반복적으로 등장한다는 사실이다.[88] 여기 "증언" 곧 헬라어 디아마르티레타이(διαμαρτύρεταί, fully testifies)는 '엄숙히 확증한다'(to affirm solemnly)는 의미다.[89] 그러나 단순히 확증하는 것이 아니라 반드시 실천하고 실행에 옮겨야 할 사랑을 부탁하면서 경고하는 의미도 포함된다.[90]

전도자는 그리스도의 복음의 증인이며, 복음을 전해 받은 자에게 다시 복음의 증인의 사명을 감당할 것을 부탁하는 자이다. 누가는 복음증거의 사명이 성령을 통해, 성령에 의해, 성령으로 이루어져야 할 것을 여기서도 그대로 강조한 것이다. 성령이 이끄시는 선교, 성령이 이끄시는 교회는 사도행전에서의 바울의 선교사역을 이해하는 열쇠이다. 이것은 에베소 장로들을 향한 바울의 마지막 부탁에도 그대로 나타난다.

---

[88] "그리스도에 대한 믿음을 증언한 것이라"(διαμαρτυρόμενος, 21), "성령이 ⋯ 내게 증언하여"(διαμαρτύρεταί, 23), "은혜의 복음을 증언하는 일"(διαμαρτύρασθαι, 24), "여러분에게 증언하거니와"(μαρτύρομαι, 26)이 그것이다. 누가는 의도적으로 동일한 단어를 반복해서 사용하고 있다. 동일한 단어가 사도행전 2장 40절, 8장 25절, 10장 42절, 18장 5절에도 사용되었다.

[89] Chrysostom, *The Homilies on The ACTS of The Apostles*, 594. 크리소스톰이 적절하게 지적한 것처럼 "바울은 전파하거나 가르쳤다고 말하지 않고 하나님의 은혜의 복음을 증언했다고 말한다."

[90] 정확히 동일한 단어, 동일한 시제가 디모데전서 5장 21절과 디모데후서 4장 1절에 등장한다. '내가 엄히 명하노니'(딤전 5:21), '그의 나라를 두고 엄히 명하노니'(딤후 4:1)에서 '명하노니'가 디아마르티레타이 이다. 바울은 성령이 자신에게 증언할 때도, 자신이 복음을 증언할 때도, 에베소 장로들 앞에서 자신의 말을 전할 때도 동일한 단어를 사용하였다. 바울은 성령이 자신에게 증언하신 대로 전적으로 순종하며 복음의 증인의 사명을 감당한 것처럼 에베소 장로들에게도 동일한 부탁을 하는 것이다.

에베소교회를 향한 바울의 부탁(20:28-35)

에베소 장로들에게는 바울이 생명을 다해 뿌린 복음의 씨앗이 자랄 수 있도록 해야 할 막중하고 엄숙한 책무가 주어졌다. '여러분은 자기를 위하여 또는 온 양 떼를 위하여 삼가라 성령이 그들 가운데 여러분을 감독자(overseers, ἐπισκόπους)로 삼고 하나님이 자기 피로 사신 교회를 보살피게 하셨느니라'(20:28). 에베소 장로들에게 에베소교회 양 떼를 돌볼 사명을 맡긴 것이다.[91] 칼빈이 지적한 것처럼 바울은 감독과 장로를 구분하지 않고 교호적으로 사용하였다.[92] "에베소교회의 지도자들은 아무런 구별 없이 장로들(elders), 감독들(bishops) 그리고 목자들(목사들)로 기술되었다."[93]

마지막 석별의 정을 나누는 마당에서 바울은 에베소 장로들에게 다음 네 가지 사실을 부탁했다.

첫째, 바울은 그들을 '감독자'로 세우신 분이 '성령'(20:28)이심을 분명히 일깨웠다.[94] 바울과 교회가 에베소 장로들을 세운 것이지만 바울은 자

---

[91] Chrysostom, *The Homilies on The ACTS of The Apostles*, 595. 헬라어 원문에는 감독자라고만 하지 않고 '하나님의 교회(the church of God, τὴν ἐκκλησίαν τοῦ Θεοῦ)의 감독자로 삼으셨다'고 말씀한다. 우리는 여기서 두 가지 사실을 기억해야 한다. 첫째, 사역자들을 세우신 분이 성령 하나님이시라는 사실이다. 둘째, 교회는 주님이 자신의 피 값으로 사신 주님의 교회이다.

[92] 칼빈, 사도행전 Ⅱ, 246-247. "'감독'이라는 말에 대해서 우리는 바울이 에베소의 장로들을 이 말로 구별 없이 부르고 있다는 사실을 간단히 주목해야 한다. 그로부터 우리는 성경의 용례에 따라 어쨌든 감독이 장로들과 다르지 않다는 사실을 짐작할 수 있다." 이와 관련하여 박용규, 초대교회사, 124를 참고하라. Clement's *First Letter*, 42:4; 44:4, 5; 47:6; 57:1. Cf. Yamauchi, Edwin M. "Ignatius" in *Great Leaders of Christian Church* John D. Woodbridge (Chicago: Moody, 1988), 38. "신약 성경 시대에 '에피스코포스'(문자적 의미는 '감독하는 자') 즉 감독은 '프레스뷔테로스'(장로)를 지칭하는 또 하나의 이름에 불과하였다. 후에 제롬도 이를 인정한 바 있다. 1세기 말까지도 애굽과 로마, 헬라 등지의 교회들은 여전히 여러 명으로 구성된 일단의 감독, 즉 장로 그룹이 다스리고 있었다. 로마의 클레멘트 서신에도 장로와 감독은 구분되지 않았다. 이 둘이 구분되기 시작한 것은 2세기 초 이그나티우스에 와서이다. 그 때부터 여러 명의 집사, 몇 명의 장로, 한 명의 감독이라는 상하향식 구조의 조직이 교회에 정착되기 시작했다. 이전에는 장로와 감독과 목사가 구분 없이 사용되었다. 사도시대 장로들은 오늘날의 목사들과 구분 없이 사용되었다.

[93] Bruce, *The Book of ACTS*, 415.

신이나 에베소교회 회중들이 그들을 세웠다고 하지 않고 성령께서 그들을 세우셨다고 증언한다. 여기서도 바울은 교회와 선교사역에서 성령의 역할을 의도적일만큼 강조하고 있다. "바울은 이 특별한 일들을 하나님께서 그를 통해 자신의 교회를 주관하시는 성령께 돌리고 있다. 그리고 성령은 하나님의 소명을 각 사람의 양심 속에서 각 사람에게 증거하고 있다."[95] 그의 심령을 강권하신 분도, 예루살렘에서 환난이 기다리고 있다고 알려주신 분도 그리고 에베소 장로들을 세우신 분도 성령이라고 증언한다.

교회란 성령이 이끄시는 신앙의 공동체라는 확고한 인식을 바울에게서 찾을 수 있다. 교회 사역에서 성령의 음성에 귀를 기울여야 할 이유가 여기 있다. 성령에 의해 감독자로 세움을 받은 장로들이 해야 할 일(20:28)은 먼저 삼가는 것이다.[96] '삼가라'(take heed, προσέχετε)는 말은 주의 깊게 자신과 양떼들을 돌아보라는 말이다. 어떤 행동을 하기 전에 깊이 숙고하고 생각해서 말하고 행동하고 처신하라는 의미를 담고 있다. 믿음의 사람은 자신을 위해 온 양떼를 위해 자신을 돌아보는 사람이다. 바울은 에베소 장로들에게 감독자로 삼으셨다는 사실, 교회를 치는 목자로 부르셨다는

---

[94] Denton, *A Commentary on the Acts of the Apostles*. Vol. II., 223, 225.

[95] 칼빈, 사도행전 II, 246-247. "바로 이 말로써(감독, 감독자) 바울은 그들이 모두의 공동의 안전을 위해 망대에 올라가 지켜보기 위해 세웠다는 식으로 말하고 있다. 그러나 바울의 중요한 강조점은 그들이 사람에 의해 임명된 것이 아니라 교회를 보호할 책임이 하나님에 의해 그들의 임무로 위탁되었다는 사실에 있다. 따라서 보다 철저한 양심적인 행위가 그들에게 요구되고 있다. 왜냐하면 최고의 재판석 앞에서 하나의 어려운 계산(計算)을 치러야 하기 때문이다. 우리가 섬기는 주님의 권위가 더 드러나면 드러날수록, 당연히 우리는 더 큰 존경을 주님께 드리게 되고, 또 그 존경은 우리의 열심을 북돋아 준다. 더구나 주님께서 처음부터 사람들의 투표에 의해서 그 말씀의 사역자들이 택해지도록 계획하셨다 해도, 그럼에도 불구하고 그분은 늘 스스로 그 교회에 방향을 제시하신다. 우리가 그분을 단 한 분 유일하신 통치자로 알게끔 하기 위해서만이 아니라, 말로 다 할 수 없는 구원의 보화가 그분에게서만 나온다는 것을 알게 하기 위함이다. 왜냐하면 만일 우리가 복음이 우리에게 우연히 또는 인간의 의지나 행위에 의해 주어졌다고 생각한다면 그분의 영광이 모독되는 것이기 때문이다. 그리고 바울은 이 특별한 일들을 하나님께서 그를(성령을) 통해 자신의 교회를 주관하시는 성령께 돌리고 있다. 그리고 성령은 하나님의 소명을 각 사람의 양심 속에서 각 사람에게 증거하고 있다."

[96] "삼가라"(keep watch over, προσέχω)는 말은 '집중하다,' '조심하다,' '주의를 기울이다'의 의미로 성경에 24번 나타난다. 누가는 사도행전 5장 35절에 가말리엘과 관련하여 "이스라엘 사람들아 너희가 이 사람들에게 대하여 어떻게 하려는지 조심하라"에서 동일한 단어를 사용하였다.

사실을 일깨워주었다. 덕이 되지 않는다면 그것을 피하고 하지 않는 결단이 우리에게 있어야 할 것이다.

둘째, 복음의 방해세력을 조심하라고 부탁했다. 바울이 본을 보이며 그들 자신들을 돌이켜 보라고 부탁한 것도 실상은 복음의 방해세력이 나타날 것을 예견했기 때문이다. 그것은 '내가 떠난 후에 사나운 이리가 여러분에게 들어와서 그 양 떼를 아끼지 아니"(20:29)할 것이라는 말씀에 잘 함축되어 있다. '사나운 이리'(grievous wolves, λύκοι βαρεῖς)는 아주 극악무도하고 교활하고 음흉한 악한 세력을 지칭한다. 바른 복음을 왜곡시키는 이단세력들과 기독교를 박해하려는 사탄의 세력을 두고 한 말이다. 흉악한 이리는 사탄을 가리킨다.

지도자의 공백 시대에 가장 크게 역사하고 교회를 어지럽히는 장본인은 사탄이다. 사탄은 복음을 왜곡시키고 박해를 통해 교회를 멸절시키기 위해 온갖 수단과 방법을 가리지 않는다. 따라서 사탄의 세력이 교회를 방해하지 않도록 깨어 기도하는 것이 중요하다.

'또한 여러분 중에서도 제자들을 끌어 자기를 따르게 하려고 어그러진 말을 하는 사람들이 일어날 줄을 내가 아노라'(20:30). 여기 '어그러진 말을 하는'(speaking perverse things, λαλοῦντες διεστραμμένα)은 바울이 가르친 것과 반대되는 가르침을 전파하는 것을 의미한다. 바울은 믿음으로 말미암아 의롭다 함을 받는다는 사실을 일관되게 강조하고 가르쳤다. 갈라디아교회가 보여주는 것처럼, 거짓 교사가 와서 할례를 받고 장로들의 유전을 지켜야 구원을 받는다고 가르친 것처럼, 바울이 가르친 은혜의 복음을 무로 돌리는 이단들의 세력을 경계한 것이다.

세상적으로 볼 때 에베소교회의 전망이 밝고 유망한 것만은 아니었다. 장로들이 끊임없이 경계하면서 양 떼를 지켜야 했기 때문이다. 바울은 사탄의 세력들이 교회에 침투하여 교회의 질서를 어지럽히고 복음의 진보를 막는 행위를 예견하면서 에베소 교인들이 신앙 가운데서 흔들림이 없기를 부탁하였다. 장차 있을 흉악한 이리의 위험, 곧 박해와 도전과 어그러진 말을 하는 사람들, 즉 이단세력들의 도전을 예견하고 경계를 촉구한 것이다.

> 장로들은 그치지 않는 경계심을 가지고 양을 보호해야 할 것이다. 포악한 늑대들이 양들 가운데 잠입하여 그들을 늑탈할 것이기 때문이다. 요한복음 10장 1절 이하에 있는 선한 목자의 비유에 있듯이 여기에 양들의 참 목자들은 대파괴를 야기시키는 늑대들로 묘사된 거짓 선생들과 대조된다. 그러나 거짓 가르침의 진행이 외부 침입자들에 의해서만 생겨나는 것은 아니었다. 교회 자체의 지도자들 가운데 어떤 사람들이 그들의 추종자들을 이단으로 유혹할 것이다. 실제로 에베소교회에서 이런 일이 일어났다는 것은 목회서신들(참조. 딤전 1:19 이하; 4:1 이하; 딤후 1:15; 2:17 이하; 3:1 이하)과 요한계시록 2장 1절 이하에 나오는 에베소교회에 보내는 편지에서 분명히 나타난다. 목회서신들은 아시아 지방의 전역에서 바울의 가르침에 대적하는 전반적인 반란이 있었음을 언급하고 있다.[97]

유세비우스가 일찍이 간파했듯이 초대교회가 직면한 위협은 밖으로부터 온 기독교 박해와 내부로부터 일어난 도전 곧 이단이었다.[98] 이 둘은 모두 기독교를 심각하게 박해하는 요소들로서 모두 사탄의 세력들에 의해 일어난 기독교 위협이었다. 초대교회 유세비우스는 처음 기독교를 물리적으로 박해해 기독교를 아예 말살해 버리려던 사탄은 기독교인들이 박해 속에서 계속 신앙을 지키며 흔들림이 없는 가운데 오히려 더 강하게 기독교가 발흥하자 이단을 발흥시켜 기독교를 혼돈에 몰아넣으려고 온갖 수단과 방법을 다 기울였다고 증언한다.

바울의 예견대로 수많은 황제들이 기독교를 송두리째 뽑아버리려고 수단과 방법을 다 동원해 초대교회 가운데 무섭게 박해를 가하고 영지주의와 몬타니즘을 비롯한 여러 이단들이 등장하여 사도들의 가르침에서 벗어나도록 온갖 방법을 동원해 유혹했지만 교회는 오히려 박해와 이단의

---

[97] Bruce, *The Book of ACTS*, 416–417.
[98] Eusebius, *Ecclesiastical History*, IV. 7.

도전을 통해 순교적 신앙으로 무장하고 교리적 틀을 다졌다. 박해와 이단의 도전과 위협 속에서도 교회는 놀랍게 성장해 아름다운 결실을 맺었다. 교회의 주인이신 그리스도께서 교회와 그리스도인들 가운데 살아 역사하셔서 그들이 그런 어려움을 극복하고 승리할 수 있도록 지켜주셨다. 이단의 도전에 직면하여 신앙고백과 정경형성이 가속화되었다.[99]

두 가지 도전, 즉 박해와 이단의 도전 앞에서 교회가 든든히 설 수 있었던 원동력은 성령이 말씀을 통해 강하게 역사하셨기 때문이다. 바울은 이것을 미리 예견하고 에베소 장로들이 말씀의 교훈을 기억할 것을 부탁한 것이다. '그러므로 여러분이 일깨어 내가 삼 년이나 밤낮 쉬지 않고 눈물로 각 사람을 훈계하던 것을 기억하라'(20:31).

영적으로 민감하게 깨어 있으면서 바울의 가르침을 기억하고 그 훈계를 견실하게 따르는 것이 복음의 혼돈 속에서, 지도자의 부재 속에서 승리할 수 있는 길임을 일깨워준 것이다. 여기 '훈계'는 경고를 의미한다. 그렇다면 '눈물로 각 사람을 훈계'했다는 말은 그가 좋은 아첨의 말만 한 것이 아니라 때로는 그들에게 잘못된 것은 잘못되었다고 가르치고, 그들에게 앞으로 나갈 바른 방향을 제시했음을 말해준다.

셋째, 말씀에 견고히 설 것을 부탁하였다. '꺼리지 않고 하나님의 뜻을 다 여러분에게 전하였음이라'(20:27), '자기를 위하여 또는 온 양떼를 위하여 삼가라'(20:28), '자기 피로 사신 교회'(20:28)라는 말씀과 무엇보다도 '주와 및 그 은혜의 말씀에 부탁하노니'(20:32)라는 표현에 바울의 신학이 잘 나타나 있다. 바울이 전한 것은 자기 뜻이 아니라 주님의 뜻이었고, 그가 추구한 삶은 자기를 위한 삶이 아니라 주님을 위한 삶이었으며, 그가 추구한 행동의 표준은 자기 유익이 아니라 주님과 그에게 맡겨진 양떼의 유익이었다. 그것은 그리스도께서 피로 값 주고 사신 지체들이었기 때문이다. 철저하게 그리스도 중심적인 바울의 신앙, 교회의 기원이 그리스도에게 있다는 신앙, 그리스도가 교회를 위해 피를 흘리시고 사셨다는 신앙

---

[99] 박용규, 초대교회사, 214-229.

을 읽을 수 있다.

특별히 20장 32절을 주목해 보라. '지금 내가 여러분을 주와 및 그 은혜의 말씀에 부탁하노니 그 말씀이 여러분을 능히 든든히 세우사 거룩하게 하심을 입은 모든 자 가운데 기업이 있게 하시리라.' 여기 '주'는 헬라어 원문에는 '하나님'(God, θεῷ)이다.[100] 사도행전 20장 32-33절 본문에서 바울은 말씀에 대한 몇 가지 중요한 가르침을 제공해주고 있다.

먼저 바울이 '주와 및 그 은혜의 말씀에 부탁한다'(to God and to the word of grace of him, θεῷ καὶ τῷ λόγῳ τῆς χάριτος αὐτοῦ)고 밝힘으로 주님의 말씀을 하나님과 동격으로 두었다는 사실이다.[101] 바울은 에베소 장로들에게 말씀이 하나님과 나란히 둘 만큼 너무도 중요하다는 사실을 깊이 일깨워 주었다. 우리가 주님을 알 수 있는 가장 분명한 수단은 말씀을 통해서이고, 나 자신을 알 수 있는 것도, 주께서 그의 백성들을 인도하시는 방법이나 길도 역시 말씀을 통해서 알 수 있다.

말씀은 '성령의 검'으로 성령께서 역사하시는 통로이다. 말씀과 기도는 사도행전이 증언하듯 너무도 중요한 은혜의 수단이다. 이들 외에 다른 것을 통해서는 우리가 주님을 이해할 수도, 우리의 신앙을 바로 정립할 수도 없다. 바울이 특별히 하나님의 말씀을 견고하게 붙들라고 간곡히 부탁한 것도 그 때문이다.

누가는 하나님의 말씀을 '은혜의 말씀'이라고 표현했다. 말씀은 기도, 성례와 더불어 주님이 은혜를 베푸시는 세 가지 중요한 은혜의 수단이다. 이 세 가지는 밀접한 연관성을 지니며, 가장 중요하고 가장 강하고 확실한 은혜의 수단들이다. 성령께서는 말씀과 더불어 말씀을 통해 역사하시고 말씀을 통해 우리에게 은혜를 베푸신다는 것이 종교개혁의 중요한 원리이다. 따라서 말씀에 대한 분명한 확신과 훈련이 우리 가운데 있어야 할 것이다.

---

[100] 한글성경에는 '주'로 번역되었는데 하나님으로 번역하는 것이 본문의 문맥에 더 정확하다. '주'도 물론 하나님을 지칭하지만 예수 그리스도를 지칭할 경우도 신약에 참 많다.

[101] Denton, *A Commentary on the Acts of the Apostles*. Vol. II., 228.

뿐만 아니라 20장 32절에 언급된 것처럼 하나님의 말씀은 그리스도인들을 "능히 든든히 세우며" 거룩하게 하심을 입은 모든 자 가운데 "기업"(유업)이 되게 하신다.[102] 우리를 진리로 인도하고 바른 길로 인도하는 유일한 책이 바로 성경이다. 성경을 잘 읽고 이해하고 따르면 이 혼탁한 세상에서 능히 이길 수 있고 승리할 수 있다. 그리스도인들이 환난과 박해 속에서도 승리할 수 있는 비결은 다른 것이 아니라 말씀의 사람이 되는 것이다. 초대교회 말씀의 사람들은 엄청난 박해 속에서도 승리하고 이길 수 있었고, 한국의 일제 강점기에도 말씀의 사람들은 신사참배의 유혹과 핍박을 물리치고 승리할 수 있었다. 따라서 말씀의 교회가 되고 말씀의 사람이 되는 것이 매우 중요하다.

바울은 자신이 '내가 아무의 은이나 금이나 의복을 탐하지 아니하였다'고 고백했다.[103] "은, 금, 의복 그리고 곡물은 당시 고대사회, 특별히 동양인들 가운데 부를 축척하는 수단이었다."[104] 에베소인들은 자신들의 화려한 의상과 은과 금을 자랑했지만 바울의 가치 기준은 달랐다. 에베소교회가 자신의 모범을 따를 것을 주문한 것이다.[105]

누가가 기록하고 칼빈이 주석한 것처럼 믿음의 사람들은 물질 앞에 깨끗해야 하고 주의 일을 감당할 때, 모종의 대가를 기대하는 마음을 버려야 한다. 주의 일을 부를 축적하는 수단으로, 복음전파를 경제의 수단으로 삼아서는 안 된다. 경제적인 여건을 복음전파의 최우선으로 둬서는 안 된다. 이미 우리는 이 사명을 감당하도록 부르심을 받은 자이기 때문에 경제

---

[102] Denton, *A Commentary on the Acts of the Apostles*. Vol. II., 228.
[103] Denton, *A Commentary on the Acts of the Apostles*. Vol. II., 229.
[104] Denton, *A Commentary on the Acts of the Apostles*. Vol. II., 229.
[105] 칼빈, *사도행전* II, 254-255. "그[바울]가 저주스러운 욕망이 얼마나 해로운가를 방금 이야기했듯이, 이제는 그들이 욕망을 경계해야 한다고 경고하고 있다. 그리고 또다시 그는 그 자신의 모범을 제시한다. 왜냐하면 자신은 어떤 사람의 물건을 탐내지 않았기 때문이다. 반대로 그는 그 손으로 일해서 살았다. 이것은 그가 해야 할 어떤 대가를 받지 않고도, 생활을 영위하기에 충분했었다는 이유 때문이 아니라, 애써 수공으로 일하면서, 그들로부터 어떤 신세도 끼치지 않도록 하기 위하여 자기가 도울 수 있는 한, 그가 교회를 아꼈기 때문이다.… 그것으로부터 우리는 동시에 돈을 거의 중요하게 생각하지 않는 사람이 되지 않고서는 아무도 말씀의 선한 전달자가 되지 못하리라는 것을 짐작하게 된다."

적 어려움에 직면하더라도 주의 일을 변함없이 감당해야 한다. 어떤 환경에서도 재정적인 대가를 기대하고 사역하는 것은 시험에 들 가능성이 높다. 시도 때도 없이 밀려오는 세상의 욕심을 제어할 수 있도록 우리가 늘 성령의 충만을 받아야 할 이유가 여기 있다.

　마지막으로 하나님의 사람은 하나님의 사랑을 받은 사람들이기 때문에 그 사랑을 다른 사람들에게 나타내고 삶 속에서 하나님 사랑뿐만 아니라 이웃사랑을 실천에 옮겨야 한다. '수고하여 약한 사람들을 돕고'(20:35)라는 말이 함축하듯이 다른 사람을 돕는 일(봉사)에는 수고가 따른다. 수고가 따르지 않는 도움은 의미가 없다. 봉사란 받으려고 하는 태도가 아니라 주고 섬기려는 태도에서 나온다. 성경은 이 사실을 우리에게 너무도 잘 설명해 준다. '인자가 온 것은 섬김을 받으려 함이 아니라 도리어 섬기려 하고 자기 목숨을 많은 사람의 대속물로 주려 함이라'(마 20:28; 막 10:45).

　바울이 에베소 장로들을 모아놓고 전한 핵심 내용을 면밀하게 검토하면 그가 에베소교회에서 어떻게 사역을 감당했는지를 알 수 있다. 그리고 가장 중요하다고 여기는 다시 말해 바울이 에베소에서 행한 사역을 집약하는 가장 중요한 단어 3가지를 뽑아낸다고 하면 그것은 '전하여 가르치고'(to declare and to teach, ἀναγγεῖλαι… καὶ διδάξαι, 20:20), '수고하여 약한 사람들을 돕고'(to aid, ἀντιλαμβάνεσθαι, 20:35)이다. '도왔다'는 말은 '애써 수고하여 벌어들인 수입을 가지고 가난한 사람들에게 나누어 주었다'는 의미이다. 그것은 이어 '주는 것이 받는 것보다 복이 있다'는 주님의 말씀을 바울이 확인시키며 에베소 장로들을 독려한 것에서 알 수 있다.

　이 세 가지—전파하고, 가르치고, 치료하는 사역—는 바울이 안디옥교회에 부름을 받은 후 바나바와 함께 일관되게 펼쳐오던 핵심 사역이었다. 사실 이 사역은 바울이나 바나바 그리고 안디옥교회만의 사역은 아니었다. 주지하듯이 이것은 주님이 공생애 동안에 온 심혈을 기울여 몸소 실천하시고 제자들에게 모범을 보여주신 사역이다. 제자들은 오순절 성령의 부으심을 체험한 후 주님의 모범을 따라 이를 실천했다. 그러므로 가르치고 전파하고 치료하는 사역은 예루살렘교회를 시작으로 복음을 받아들인 공동체가 펼쳐온 사역이었다.

그렇다면 누가가 일관되게 사도행전에서 반복해서 예루살렘교회, 바울과 바나바의 안디옥교회, 에베소교회 그리고 그의 바울의 선교사역에서 강조하고 있는 것 세 가지는 전파하고, 가르치고, 치료하는 사역이다. 이 사역을 온전히 감당하기 위해서는 성령의 충만과 인도가 필수적이었다. 제자들이 보여주듯 성령의 충만을 받을 때 비로소 가르치고 전파하고 치료하는 사역이 가능했다. 바울은 에베소에서 성령충만하여 이 세 가지 사역을 집중적으로 감당했다. 또 그는 이를 설명하면서 '성령에 매여,' '성령이 내게 증언하여'라고 하면서 자신이 성령의 충만과 인도하심으로 주의 사역을 감당했다는 사실을 증거하고 있다.

마지막 작별인사(20:36-38)

바울은 에베소 장로들에게 연설을 마치고 그들 모두와 함께 무릎을 꿇고 기도했다. 바울이나 에베소 장로들이나 석별의 안타까움으로 크게 울었다. 특별히 에베소 장로들은 바울의 목을 안고 다시는 바울을 보지 못하리라는 생각에 눈물을 흘렸다. 부두에까지 바울을 전송했다. '기도,' '크게 울며,' '입맞춤' 세 단어가 마지막 작별의 장면을 생생하게 그려준다.

첫째, 한마음으로 미래를 하나님께 맡기며 '기도'하는 모습이다. 바울은 이런 긴 부탁을 장로들에게 한 후에 그는 무릎을 꿇고 그 모든 사람들과 함께 기도했다. 바울이나 에베소 장로들이나 이별의 아쉬움이 복받쳐 올랐지만, 마지막 작별의 순간 앞으로의 일을 주님께 맡긴 것이다. 주의 사역에 대한 그들의 진지함을 그대로 읽을 수 있다.

바울은 자기가 힘써 뿌린 씨앗들이 아름다운 결실로 이어져 마지막까지 흔들림이 없기를 바라는 마음으로, 앞으로 자신의 미래를 맡기는 마음으로, 그들과 자신의 앞날에 주님의 은혜가 함께하시길 비는 심령으로, 장차 기독교가 사도행전의 예언대로 "땅 끝까지" 전파될 수 있기를 소원하는 마음으로 "그 모든 사람들과 함께 기도"한 것이다. 장로들을 붙들고 눈물로 기도하는 바울의 아름다운 모습을 상상해 보라!

둘째, 함께 아픔과 슬픔을 같이 하는 모습이다. 누가는 '다 크게 울었고' '다시 그 얼굴을 보지 못하리라'로 인해 '더욱 근심'했다고 증언한다.[106] 이들이 한마음으로 바울과의 작별을 아쉬워했음을 보여준다. 바울의 문제를 그의 개인 문제로 돌리지 않고 바울의 사역에 한마음으로 동참한 것이다. 특별히 바울을 다시 보지 못할 것이라는 사실로 인해 함께 눈물을 흘리며 아쉬워한 것이다. 3년 동안의 바울의 에베소 사역을 통해 제자로 성장한 이들을 뒤로 남겨두고 떠나는 바울의 심정은 마치 3년간 공생애를 마치고 승천하시기 전 제자들을 세상에 남겨두는 주님의 마음이었을 것이다.

셋째, 형제애의 진정한 실천 모습이다. '바울의 목을 안고 입을 맞추고,' '그를 전송'했다는 말이 이를 함축하고 있다. 바울의 목을 안았다는 것은 포옹했다는 의미이다. 에베소 장로들은 바울과 포옹하고 작별의 키스를 하고 배에까지 바울과 동행했다. 마지막 순간까지 바울의 위로가 된 것이다. 이처럼 바울은 에베소 장로들과 마지막 순간에도 함께 기도하고, 아픔을 나누고 형제애를 실천한 것이다.

5. 가이사랴에서 바울과 빌립의 만남(21:1-14)

¹ 우리가 그들을 작별하고 배를 타고 바로 고스로 가서 이튿날 로도에 이르러 거기서부터 바다라로 가서 ² 베니게로 건너가는 배를 만나서 타고 가다가 ³ 구브로를 바라보고 이를 왼편에 두고 수리아로 항해하여 두로에서 상륙하니 거기서 배의 짐을 풀려 함이러라 ⁴ 제자들을 찾아 거기서 이레를 머물더니 그 제자들이 성령의 감동으로 바울더러 예루살렘에 들어가지 말라 하더라 ⁵ 이 여러 날을 지낸 후 우리가 떠나갈새 그들이 다 그 처자와 함께 성문 밖까지 전송하거늘 우리가 바닷가에서 무릎을 꿇어 기도하고 ⁶ 서로 작별한 후 우리는 배에 오

---

[106] Denton, *A Commentary on the Acts of the Apostles*. Vol. II., 232.

르고 그들은 집으로 돌아가니라 ⁷ 두로를 떠나 항해를 다 마치고 돌레마이에 이르러 형제들에게 안부를 묻고 그들과 함께 하루를 있다가 ⁸ 이튿날 떠나 가이사랴에 이르러 일곱 사람 중 하나인 전도자 빌립의 집에 들어가서 머무르니라 ⁹ 그에게 딸 넷이 있으니 처녀로 예언하는 자라 ¹⁰ 여러 날 머물러 있더니 아가보라 하는 한 선지자가 유대로부터 내려와 ¹¹ 우리에게 와서 바울의 띠를 가져다가 자기 수족을 잡아매고 말하기를 성령이 말씀하시되 예루살렘에서 유대인들이 이같이 이 띠 임자를 결박하여 이방인의 손에 넘겨주리라 하거늘 ¹² 우리가 그 말을 듣고 그 곳 사람들과 더불어 바울에게 예루살렘으로 올라가지 말라 권하니 ¹³ 바울이 대답하되 여러분이 어찌하여 울어 내 마음을 상하게 하느냐 나는 주 예수의 이름을 위하여 결박당할 뿐 아니라 예루살렘에서 죽을 것도 각오하였노라 하니 ¹⁴ 그가 권함을 받지 아니하므로 우리가 주의 뜻대로 이루어지이다 하고 그쳤노라

누가는 '우리가 작별하고 바로 고스로 가서 그 이튿날 로도에 이르렀다'(21:1)고 밝혔다. 에베소에서 온 장로들과 밀레도에서 슬픈 작별(having drawn away, ἀποσπασθέντας)을 한 바울은 곧바로 예루살렘으로 향하는 긴 여행을 떠났다.

누가는 정확하게 바울 일행이 밀레도에서 얼마나 머물렀는지는 밝히지 않았다. '이 말을 한 후'(20:36), 곧 바울이 에베소 장로들에게 부탁의 말을 한 후 작별했다고 밝힌 것을 볼 때 밀레도에서 오래 머물지 않은 것 같다. 램지의 계산대로 A.D. 57년 4월 30일 토요일 장로들이 도착했다면 바울은 장로들과 적어도 하루를 같이 머물며 간곡한 부탁을 했을 것으로 보인다. 만약 아주 서둘렀다면 그 다음날 5월 1일 일요일 아침에 '저희를 작별하고'(21:1) 밀레도를 떠난 것으로 보인다.

일행이 밀레도를 출발해 '예루살렘에 이르기'(21:17)까지 누가는 소상하게 여행 일정과 여행지를 순서별로 밝혀주었다. 밀레도–고스–로도–베니게–구브로–수리아–두로–돌레마이–가이사랴–예루살렘의 여행일정이었다.

예루살렘 행 여정: 밀레도에서 두로까지(21:1-6)

누가는 선교 여정을 기록하면서 '우리'(21:1)라는 표현을 통해 자신이 이 여행에 동행한 동행자라는 사실을 분명히 밝히고 있다. 그의 고백을 떠나서 실제로 상세하고 정밀하게 여행의 일정을 기록한 것을 고려할 때 누가의 여행기록이 신뢰할 수 있는 역사기록인 것은 의심의 여지가 없다. 누가의 기록을 의지할 때 바울 일행은 5월 1일 고스(Cos)에 도착했고, 그 다음날 A.D. 57년 5월 2일 로도(Rhodes), 5월 3일 바다라(Patara), 5월 4일 무라(Myra), 아마도 5월 7일 토요일 두로(Tyre)에 도착한 것으로 보인다.[107]

고스는 밀레도 남쪽 68km 거리에 있는 비옥한 작은 섬으로 밀을 비롯한 농산물이 많이 나는 곳이다. 유명한 의사 히포크라테스의 고향이며 큰 의과대학이 있었다. 로도는 고스 동남 85km 떨어진 섬 이름으로 에게해 입구에 자리 잡고 있다. 매일 태양 빛이 밝게 비추는 곳으로 280 B.C.년에 태양신상이 건립되었다가 230 B.C.년에 지진으로 파괴되었다. 바다라는 로도 섬 맞은편 85km 떨어진 리기야 해안의 중요한 항구도시다.

바울 일행을 태운 배는 두로에서 짐을 풀려고 정박했다. 두로는 베니게의 중요 도시이자 항구로 솔로몬 이래 유대에서 식량을 수입해 왔던 곳이다. 바울은 그곳에서 제자들을 찾아 일주일을 머물렀다. 여기까지 제자들이 있었던 것은 아마도 스데반의 순교 때 흩어진 성도들에 의해서 복음이 전해졌거나 바울과 바나바의 선교여행 동안 이들을 통해 복음을 받아들인 자들로 보인다.

우리는 먼저 21장 4절의 말씀을 주목할 필요가 있다. 바울 일행이 두로에 갔을 때 '제자들이 성령의 감동으로 바울더러 예루살렘에 들어가지 말라'고 부탁했지만 20장 22절에 보면, 바울은 심령에 매임을 받아 예루살렘으로 올라간다고 말했다. 같은 성령이 바울에게는 예루살렘으로 가도

---

[107] Ramsay, *St. Paul the Traveler and the Roman Citizen*, 294.

록, 제자들에게는 가지 말도록 말씀하신 것처럼 오해될 수 있는 부분이다. 같은 성령이 바울과 제자들에게 각각 달리 말씀하시는 것인가? 우리는 이 부분을 같은 성령이 모순되는 것을 가르치는 것으로 해석해서는 안 될 것이다. 먼저 성경을 정확히 살펴볼 필요가 있다.

20장 22절 이하가 잘 말씀해주듯이 바울은 예루살렘에서 환난이 기다린다는 사실을 알면서도 성령께서 강권하셔서 하나님의 은혜의 복음을 증거 하기 위해 예루살렘에 가겠다고 고백했다. 성령께서 바울에게 예루살렘에 대해서 가르쳐주신 것은 예루살렘에서 있을 환난이지 그곳에 가라 말라 여부에 대한 통고는 아니었다. 이 점은 매우 중요하다.

이것은 구브로에서 만난 제자들에게도 마찬가지다. 예루살렘에 고난이 있다는 사실을 바울 자신도 알고 있었지만 그럼에도 불구하고 성령의 강권하심으로 바울은 가겠다고 한 것이고 제자들은 생명의 위협을 만날 것이므로 가지 말라고 말린 것이다. 따라서 '그 제자들이 성령의 감동으로 바울더러 예루살렘에 들어가지 말라'(21:4)는 말씀은 성령을 통해(through the Spirit) 예루살렘에서 고난이 있을 것을 예견하고 신변의 안전을 위해 올라가지 말라고 부탁한 것으로 풀이할 수 있다.[108]

성령께서 일깨워 주신 것은 예루살렘에서의 고난이지 올라가지 말라는 부탁은 아니다. 올라가지 말라는 것은 개인의 생각이다. 성령께서 모순되게 말씀하신 것이 아니다. 제자들은 인정에 이끌려 바울이 잡히는 것을 원치 않았고 바울은 그럼에도 불구하고 그 길이 복음을 증거하는 길이라면 기필코 가겠다고 고백한 것이다.

예루살렘에서 있을 바울의 고난을 성령을 통해 바울 자신은 물론 그 주변의 신실한 사람들 모두가 알고 있었으나 그 문제를 해결하는 방식에서 바울과 주변 제자들의 견해는 달랐다. 제자들은 인간적인 생각으로 바울의 신변을 우려하여 예루살렘 행을 말렸지만 바울은 그럼에도 불구하고 성령의 강권하심으로 올라가기로 결단했다.

---

[108] Bruce, *The Book of ACTS*, 421.

제자들은 막았고 바울은 가야한다고 말했다. 같은 성령이 모순되게 말씀하시는 것이 아니다. 입장의 차이는 바로 '성령'에 대한 순종이었다. 성령께서 고난을 보여주신 것은 가지 말라고 말릴 것을 전제하고 보여주신 것이 아니라 일어날 일을 대비하라는 의미가 강하다. 주님은 제자들에게 십자가 사건을 놓고 반복적으로 고난받아야 할 것을 강조하시면서 대비할 것을 주문하셨다. 바울은 성령께서 장차 일어날 일을 보여주신 것으로 믿고 성령께 순종하며 그대로 나갔다. 20장 22절 '성령에 매여' 예루살렘으로 간다는 바울의 고백대로 바울은 성령의 강권하심에 순종한 것이다. 반면 제자들은 인간적인 판단에 더 기울어졌다.

바울이 예루살렘 행을 고집한 이유는 두 가지다. 첫째, 구제헌금을 전달하기 위해서이다. 그런데 그것은 단순한 구제헌금 전달 그 이상의 의미를 함축하고 있다. 자신이 잡힌다는 사실을 알면서도 그들에게 구제헌금을 전달하겠다는 것은 그 일을 통해 유대인과 이방인의 화목과 일치를 돕기 원해서다. 바울은 이방인들이 정성스럽게 모은 구제헌금이 이방인에 대한 유대인들의 편견을 바로잡는 계기로 선용될 것이라 생각했다. 유대인들은 자신들을 이방인들과 차이가 있는 존재들로 스스로 여기고 있었다. 이방인들이야말로 유대주의 전통을 존중하거나 지키려고 하지 않는 집단으로 인식했다. 이방인들에 대해 상당한 편견을 갖고 있었다.

이런 상황에서 이방인 그리스도인들이 모금한 헌금을 유대인들에게, 그것도 가장 모교회라고 할 수 있는 예루살렘교회에 전달해줌으로써 유대인들이 갖고 있던 이방인들에 대한 편견을 바로잡기를 원했다. 단순한 헌금 전달이 아니라 유대인들과 이방인들이 그리스도 안에서 하나라는 사실을 보여줌으로써 장차 유대인들과 이방인들 사이에 복음의 일치를 이루기를 원했던 것이다. 바울의 시각 속에서 그것은 복음의 세계화를 위해 반드시 극복해야 할 과제였다. 바울은 미래의 복음의 확산과 박해에 대처하기 위해 그리스도 안에서 민족을 초월한 교회의 일치와 복음전도의 협력이 얼마나 중요한가를 잘 알고 있었다. 자신보다 철저하게 하나님의 교회를 일차적으로 생각하는 바울의 심정을 여기서 그대로 읽을 수 있다.

둘째, 로마에 가서 복음을 전해야 한다는 불타는 열정 때문이다. 바울은 로마에 가서 복음을 증거하고 싶은 열심에 사로잡혀 있었다. 예루살렘에서 볼모의 몸이 된다고 해도 그로 인해 로마에 가서 복음을 증거할 수 있는 길이 열린다면 그 길을 택하겠다는 것이 바울의 결심이다. 그는 그리스도를 증거하는 일에 자신의 온 생명을 바쳤다. 자신의 위치나 보신은 전혀 생각하지 않았다. 복음을 전하는 것이 가장 중요한 사명이었다. '내가 달려갈 길과 주 예수께 받은 사명 곧 하나님의 은혜의 복음을 증언하는 일을 마치려 함에는 나의 생명조차 조금도 귀한 것으로 여기지 아니하노라'(20:17-35).

복음전도자 뿐만 아니라 신앙인의 태도가 바로 이런 태도여야 한다. 외형적으로는 예루살렘에 가는 것은 바울이 그곳 교우들의 어려운 형편을 돕기 위한 구제금 전달이지만, 실질적으로는 유대인과 이방인의 화목과 일치, 무엇보다 로마의 복음화 더 나아가 스페인 선교가 바울의 제일 중요한 관심사였다. 이방인의 사도로 부름 받은 바울은 주님이 약속하신 '땅끝까지'의 복음전파 사명을 온전히 감당하길 원했다.

누가는 에베소 장로들과 작별한 후 예루살렘으로 올라가는 과정에서 만난 한 사건을 간단하게 설명하였다. '이 여러 날을 지낸 후 우리가 떠나갈새 그들이 다 그 처자와 함께 성문 밖까지 전송하거늘 우리가 바닷가에서 무릎을 꿇어 기도하고 서로 작별한 후 우리는 배에 오르고 그들은 집으로 돌아가니라'(21: 5-6). 램지에 의하면 A.D. 57년 5월 7일 토요일 두로에 도착한 바울 일행은 그곳에서 '이레를 머물고' 5월 13일 토요일 돌레마이를 향해 출발했다.[109]

그들은 그동안 그 지방의 '제자들'(21:4)과 교제를 나누었다. 이것은 두로에 그리스도인들과 교회가 있었다는 직접적인 첫 언급이다. 이방의 도시에 제자들이 있었다는 사실은 복음이 이미 이방세계에 깊숙이 침투하기 시작했음을 말해준다.[110] 비록 1주일의 짧은 교제였지만 두로의 제자들은

---

[109] Ramsay, *St. Paul the Traveler and the Roman Citizen*, 294-295.

[110] Denton, *A Commentary on the Acts of the Apostles*. Vol. II., 236.

마치 오랜 친구들처럼 사랑으로 바울을 환송했다. 그리스도의 사랑의 끈이 그들을 복음 안에서 하나로 묶어 준 것이다. 바울과 그들 모두는 아주 가까운 친구가 되어 서로가 깊은 석별의 정을 나누었다.[111]

예루살렘 행의 반대(21:7-14)

A.D. 57년 5월 13일 두로를 떠난 바울 일행은 같은 날 돌레마이에 도착했다.[112] 돌레마이는 두로에서 35km 떨어진 곳에 위치해 있는 항구도시다. 현재 지명은 악크레라로 약 1만 명의 사람들이 그곳에 살고 있다. 바울 일행은 그곳 '형제들에게 안부를 묻고 그들과 함께 하루를 있다'가 그 다음날 5월 14일 가이사랴로 향했다.[113]

가이사랴까지의 여정은 도보로 이루어진 것 같다. 여기서 바울은 예루살렘교회가 선출한 일곱 사람 가운데 한 명으로 20여 년 전 스데반이 순교하고 그리스도인들이 사방으로 흩어졌을 때 예루살렘을 떠나 이곳으로 피신한 '빌립'(6:3)을 만났다. '가이사랴'(8:40)에 도착한 것을 끝으로 더 이상 나타나지 않던 빌립이 20년 이상이 지난 후에 가이사랴에서 등장하는 것을 볼 때 빌립은 가이사랴를 베이스로 선교활동을 계속했던 것이 분명하다. 누가는 바울 일행이 가이사랴에서 '여러 날 있었다'(21:10)고 증언한다. 그는 다시 15절에도 '이 여러 날 후'에 가이사랴를 떠났다고 반복해서 밝혔다.[114]

그렇게 예루살렘 행을 서둘렀던 바울이 가이사랴에서 여러 날을 묵은

---

[111] Bruce, *The Book of ACTS*, 422.
[112] Ramsay, *St. Paul the Traveler and the Roman Citizen*, 295.
[113] 가이사랴는 당시 로마제국의 영토였던 팔레스타인의 주요 항구도시였다. 헤롯 대왕이 가이사랴 항구를 건설했다. 훌륭한 자연항이 부족한 것을 잘 알고 있던 헤롯이 기술자들을 동원하여 지중해 전역으로 펼쳐 나갈 수 있는 항만 시설을 건설한 것이다. 그곳에는 지중해 여러 장소에서 지중해 전역을 항해하는 배들이 모여들었다. 바울은 그곳에서 로마로 가기 위해 소아시아 해안을 따라 항해하는 한 배에 올랐다.
[114] Ramsay, *St. Paul the Traveller and the Roman Citizen*, 301. 누가는 가이사랴 체류기간이 정확히 며칠 동안이었는지 밝히지 않았다. 누가는 사도행전 13:31, 24:17, 27:20에서 유사한 표현을 기록했지만 상황에 따라서 다르다. 램지는 9일이나 10일 이내는 아니었을 것으로 추측했다.

이유가 무엇인가? 물론 A.D. 57년 유월절이 5월 28일이었기 때문에 시간적 여유가 있었다.[115] 그러나 그보다도 빌립과의 만남은 그의 가이사랴 체류를 더욱 자원하도록 만들었을 것이다.

빌립은 참으로 아름다운 신앙의 가정을 이룬 존경받는 신앙인이었다. 초대교회사에서 복음전파에 빌립만큼 중요한 공헌을 한 사람도 드물다. 그는 예루살렘교회 일곱 사람 가운데 한 사람이었고, 팔레스타인의 해안 평야와 사마리아까지 복음을 확장시킨 주인공이었으며, 에디오피아 여왕 간다게의 국고를 맡은 내시에게 복음을 전하고 세례를 베푼 인물이다.[116] 빌립은 고넬료가 복음을 믿기 전, 사울이 부름을 받기 전, 구브로와 구레네 사람들이 복음을 받아들이기 전에 가이사랴에서 복음을 전한 인물이기도하다. 그는 복음이 유대인의 영역에만 머물지 않고 전 세계로 확대되는 일에 결정적인 역할을 했다.

바울이 빌립의 집에 묵었다는 사실로 미루어 볼 때 바울과 빌립 사이에는 오랫동안 연락이 있었던 것으로 여겨진다. 본격적인 이방선교를 준비한 빌립과 본격적으로 이방선교를 추진한 바울이 이방선교를 위해 기도 가운데 교통했다고 보는 것은 무리가 아니다. 이방선교에 대해 적극적인 자세를 가진 빌립의 가정에 머물면서 바울은 그동안 성령께서 이루신 놀라운 선교사역을 나누며 앞으로 만나게 될 여러 가지를 의논하고 함께 기도했을 것이다. 물론 그 기도제목 중에는 바울 자신의 로마여행 계획도 포함되었을 것이다.

이방인의 사도 바울을 만나는 순간 빌립은 20년 전 사울의 박해를 피해 도망 왔던 그 시절을 생각하면서 감회가 새로웠을 것이다. 빌립은 사마리아로 내려가 그곳에서 복음을 전하고 그 후 20년이 지난 지금 바울을 영접하는 입장으로 자리가 바뀐 것이다. 20년이 지난 뒤에도 빌립은 여전히 주님의 거룩한 도구로 쓰임 받고 있었다. 바울을 영접하면서 빌립은 놀라운 하나님의 섭리를 헤아리면서 감격의 눈물을 흘리며 하나님께 감사했을

---

[115] Ramsay, *St. Paul the Traveler and the Roman Citizen*, 295.
[116] Denton, *A Commentary on the Acts of the Apostles*. Vol. II., 237-238.

것이다.

아주 오래 전 필자는 오 헨리의 **20년 후**(*After Twenty Years*)[117]라는 단편 소설을 흥미롭게 읽은 적이 있다. 젊은 시절 친구였던 두 사람은 정확히 20년 후 바로 자신들이 헤어진 그곳에서 만나기로 약속하고 헤어졌다. 20년 후 그 자리에서 다시 만났을 때 이게 웬일인가? 만나기로 한 한 친구, 밥(Bob)은 수배받는 범죄자였고 다른 한 사람, 지미는 그를 수배하는 경찰의 신분이었다. 20년의 세월이 인생을 완전히 바꾸어 놓은 것이다. 지미는 차마 그 친구를 자기 손으로 체포할 수 없었다. 다른 동료를 보내 그를 체포했다. 마찬가지로 20년의 세월은 사울과 빌립을 바꾸어 놓았다. 오 헨리의 20년 후와는 완전히 정반대 현상이다. 빌립은 물론이고 핍박자 사울도 그가 핍박했던 예수를 전하는 이방인의 사도로 바뀌었다.

빌립에게는 딸이 넷이 있었는데 모두 처녀로 예언하는 사람이었다. 누가는 빌립을 칭찬하면서 그의 자녀들이 어떤 모습의 신앙인들이었는가를 밝히고 있다. 예언은 칼빈이 말한 대로 "결코 작은 은사"가 아니다.[118] 신약의 교회에서 예언은 중요한 직분 가운데 하나였다. 특별히 처녀의 몸으로 예언을 했다는 것은 그들이 정결한 믿음으로 그리스도의 재림을 기다리는 믿음의 여인이었음을 말해준다. 예언을 했다는 사실은 미래의 일을 예견했다는 의미보다는 복음을 전한다는 의미가 강하다.

그렇다면 여기서 우리는 3가지, 즉 이들 딸들이 처녀라는 사실, 예언하였다는 사실, 빌립을 따라 복음전도자가 되었다는 사실을 알 수 있다. 당시 여성들이 교회에서 공적인 사역을 감당하는 것이 상당한 제약을 받는 시대였다. 누가는 빌립의 딸들이 어떻게 예언사역을 감당했는지 분명하게

---

[117] O Henry, "After Twenty Years," <www.americanenglish.state.gov/files/ae/resource_files/after-twenty-years.pdf>(2018. 10. 18. 접속).

[118] John Calvin, *John Calvin Bible Commentaries On The Acts of the Apostles 14-28* trans by Henry Beveridge (North Charleston: Createspace, 1907), 175. "이것은 빌립을 칭찬하면서 덧붙인 것으로 우리는 그의 집이 아주 질서가 있었을 뿐 아니라 또한 하나님의 축복을 통해서 유명하고 탁월한 가정이었다는 사실을 알 수 있다. 왜냐하면 확실히 네 딸 모두가 예언의 영을 부여받은 것은 결코 작은 은사가 아니었기 때문이다."

밝히지 않았다. 칼빈에 따르면 당시 여인들이 교회에서 공적(公的)으로 활동하는 것이 허락되지 않았기 때문에 빌립의 딸들은 "집에서 혹은 사사로운 곳에서 또는 공중 모임 밖에서 예언했다."[119]

사도행전에서 누가가 가정의 자녀들을 특별히 언급한 것은 빌립의 자녀들이 유일하다. 레히러는 다음과 같이 빌립의 훌륭한 신앙교육을 예찬했다. "주의 성령이 빌립을 칭하면서 말씀하신 것처럼 그리스도의 종이 경건한 딸들을 두고 있는 것은 하나님 앞에서 대단한 영광이고 진실된 축복이다. 그녀의 딸들은 순결한 처녀들일뿐만 아니라 그리스도의 여 예언자들이었다. 슬프게도 우리 시대에 그러한 예가 얼마나 드문가! 목사의 딸들이 교만과 허영심과 세속적인 면에서 다른 사람들을 더 능가하는 경우가 더 많다."[120]

초대교회사가 유세비우스의 교회사에 따르면 그로부터 수년 후에 빌립의 딸들은 아버지 빌립과 함께 히에라볼리로 이주하여 다른 그리스도인들과 함께 아시아 지방에서 초대교회의 역사를 후대에 전달하는 중요한 역할을 했다.[121] 딸들 중의 일부는 아주 오래까지 살면서 "유대 기독교의 초기 시대에 속하는 사람들과 사건들에 관한 정보제공자로 대단히 존경을 받았다."[122]

누가는 바울이 가이사랴에 머무는 동안 복음서와 사도행전에 관한 많은 자료들을 수집했을 것이다. 이때 빌립이 중요한 모종의 역할을 했을 것으로 보인다. 바울은 빌립의 가정에 여러 날 머무는 동안 여기서도 예루살렘으로 올라가지 말라는 권고를 받았다. 사도행전 11장에서 유대의 기근을 예언했던 아가보 선지자가 바울의 띠를 가져와서는 자기 수족을 잡아매면서 예루살렘에 올라가면 이 띠의 임자를 결박하여 이방인의 손에 넘겨줄 것(21:10-11)이라고 예언했다. 두로에서도 예언이 있었지만 여기

---

[119] 칼빈, 사도행전 Ⅱ, 261-262.

[120] Lechler, *Theological and Homiletical Commentary on the Acts* Vol. Ⅱ., 291.

[121] Eusebius Pamphilus, *Ecclesiastical History* (New York: Thomas N. Stanford, 1856), 116-117.

[122] Bruce, *The Book of ACTS*, 424.

서의 예언은 좀 더 구체적이다. 예루살렘에서 환난이 기다린다는 단순한 예언과는 달리 결박하고 이방인의 손에 넘긴다는 예언까지 한 것이다.

지금까지 객관적인 입장을 가지고 있던 누가를 포함한 바울의 동행자들은 여타 제자들과 달리 바울의 예루살렘 행을 존중해 왔었다. 그러나 또다시 다가올 예루살렘에서의 고난에 대한 구체적인 예언을 접하고는 바울에게 예루살렘으로 올라가지 말라고 권유했다. 누가가 기록한 대로 아가보는 바울이 결박을 당할 것이라고 예언했지만 성령이 올라가지 말라고 하지는 않았다. 올라가지 말라고 바울에게 말한 것은 바울의 일행이었다. 누가의 표현을 직접 빌린다면 '우리가 그 말을 듣고 그 곳 사람들과 더불어 바울에게 예루살렘으로 올라가지 말라'(21:12) 권한 것이다. 누가는 '우리'라는 표현을 통해 자신도 바울에게 올라가지 말라고 부탁한 사람 중의 한 명이었음을 분명히 했다. 다른 제자들이 만류했을 때는 그렇게 슬퍼하지 않던 바울이 자기와 동행했던 누가마저 예루살렘 행을 만류하자 마음이 착잡했던 것 같다.

그것은 바울의 대답에서 그대로 읽을 수 있다. '여러분이 어찌하여 울어 내 마음을 상하게 하느냐 나는 주 예수의 이름을 위하여 결박당할 뿐 아니라 예루살렘에서 죽을 것도 각오하였노라'(21:13). 여기 '상하게 하느냐'(breaking, συνθρύπτοντές)는 말은 "마음을 산산 조각낸다"(breaking my heart)는 뜻이고, 바울이 그런 가운데서도 각오하였다는 것은 그가 생명을 담보로 복음을 증거할 준비가 되어있다는 말이다.[123]

동료들이 눈물로 만류할 때 바울의 심령은 산산이 부서져 내리는 심정

---

[123] 약 A.D. 160년 순교한 초대교회 교부 폴리갑, 신사참배에 맞서다 1944년 순교한 한국교회의 참된 모델 주기철 목사, 에콰도르 아우카 족을 선교하다 1956년 순교한 짐 엘리어트가 바로 그와 같은 인물이다. 신사참배 강요가 한국교회에 무섭게 몰아칠 것을 예견한 주기철 목사는 1935년 당시 한국의 최초의 신학교인 평양장로회신학교 신학생들을 대상으로 사경회를 인도하면서 그 유명한 일사각오의 설교를 했다. 이 설교는 당시 신학생들이었던 수많은 젊은이들에게 큰 영향을 주어 이들이 신사참배 반대운동에 앞장서는 지도자들이 되었다. 예수 따라 일사각오, 타인 위한 일사각오, 부활 위한 일사각오가 바로 그가 외친 일사각오의 핵심이었다. 그는 그 무서운 일제 고문에도 굴하지 않고 끝까지 신앙을 잃지 않았다. 한국교회가 암흑의 터널을 통과하고 있던 그 시련의 시기에 주기철 목사는 한국교회와 민족의 자존심을 지켜주었다.

이었을 것이다. 그러나 그는 예루살렘 행을 포기할 수 없었다. 그것은 예루살렘을 거쳐 로마에 가서 복음을 전하길 간절히 원했기 때문이다. 바울의 입장이 너무도 분명한 것을 확인한 누가와 다른 제자들은 '주의 뜻대로 이루어지이다'(21:14)라며 더 이상 포기를 권유하지 않았다.

바울이나 누가나 일행 모두 주의 뜻에 순복하기로 결심한 것이다. 이 말은 주님이 겟세마네에서 십자가의 잔을 놓고 "내 아버지여 만일 할 만하시거든 이 잔을 내게서 지나가게 하옵소서 그러나 나의 원대로 마시옵고 '아버지의 원'대로 하옵소서"(마 26:39)라고 기도한 장면을 연상케 한다. 여기 '아버지의 원'(the will, θέλημα)이 '주의 뜻'(21:14)과 동일한 헬라어 단어다. 아마도 누가는 주님이 겟세마네에서 하신 말씀을 연상하며 이 말을 사용했을 수 있다.

고난받고 싶지 않은 인간 본능에서 볼 때 바울 일행의 태도는 충분히 이해할 수 있다. 그러나 아름답게도 이들은 마치 겟세마네에서 주님처럼 결국에는 자신들의 인간적인 욕심을 거룩한 하나님의 뜻에 순복시켰다. 이것이 신앙인의 모습이다. 인간적인 욕심이나 소원을 하나님의 뜻에 굴복시키는 바울과 그 동행자들의 용기야말로 우리가 본받아야 할 신앙의 태도이다. 주의 백성들은 자신이 원하는 바가 아닌 주님이 원하는 바를 추구해야 할 것이다. 이것이 믿음의 사람들의 태도이고 의무이다.

흥미로운 사실은 A.D. 160년 서머나의 감독 폴리갑도 죽음을 두려워하지 않고 동일한 내용을 고백하고 형장으로 향했다. 그는 해질 무렵 자신을 수색하는 사람들이 체포하러 집에 들이닥쳤을 때 충분히 도망갈 수 있었지만 "주님의 뜻이 이루어지이다"[124]고 기도하고 순순히 순교 형장으로 향했다. 폴리갑은 아버지의 뜻에 자신의 뜻을 복종시킨 겟세마네의 주님과 주의 뜻에 순종한 제자들의 모습을 마음에 간직하고 살아 온 것이다.

---

[124] 박용규, 초대교회사, 93.

제 19 장
예루살렘에서의 바울
(21:15-23:35)

사도행전은 단지 기독교에 대한 변증서가 아니다. 그것은 통치자 황제의 부도덕하고 파괴적인 정책에 맞서서 역사의 진실을 호소한 것이다. 그것은 그들 안에서 위대한 역할을 수행한 자에 의한 교회의 형성에 관한 실제적 사실들, 지난 과거 역사에 대한 꾸준하고 변함없는 충성, 로마제국의 사실들을 받아들이겠다는 그 확고한 결심, 많은 로마인들에 의한 호의적인 대접 그리고 로마에서 첫 재판에서의 그 의기양양한 변호에 대한 온화하고 엄숙한 기록이다.

William M. Ramsay, *St. Paul the Traveler and the Roman Citizen,* 1895

바울이 이르되 말이 적으나 많으나 당신뿐만 아니라 오늘 내 말을 듣는 모든 사람도 다 이렇게 결박된 것 외에는 나와 같이 되기를 하나님께 원하나이다

바울, 아그립바 왕 앞에서, 행 26:29

A.D. 57년 5월 가이사랴에서 여러 날을 머물면서 앞으로 있을 일을 준비한 바울은 '여장을 준비하고'(21:15) 102km 떨어진 예루살렘으로 향했다.[1] 예루살렘 여행에는 가이사랴의 몇 명의 제자들이 바울 일행과 동행해

---

[1] William M. Ramsay, *St. Paul the Traveler and the Roman Citizen* (London: Hodder & Stougton, 1895), 302. 램지는 사도행전 21:17-26:32의 기록이 A.D. 57-59년에 일어난 사건으로 본다. 반면 모리슨은 A.D. 58-60년에 일어난 사건이라고 말한다. Thomas Morrison, *The*

나손의 집으로 데리고 갔다. 나손의 집은 바울 일행이 머물려는 집이었다. 누가는 나손이 구브로 출신으로 초기 제자들 가운데 한 사람이라고 증언한다.[2] 그것은 브루스의 지적대로 나손이 헬라파 유대인으로 예루살렘교회 안에서는 보다 개방적인 쪽에 속한다는 것을 의미한다.[3]

'한 오랜 제자'(one of the early disciples, 21:16)라는 누가의 증언으로 미루어 볼 때 나손은 아마도 120문도 가운데 한 사람이 아니었는가 여겨진다. 혹자는 70인 중의 한 명으로 보기도 한다.[4] 램지의 표현을 빌리면 나손은 '최초의 그리스도인 회심자 가운데 한 사람'(one of the earliest Christian converts)이다. 나손은 예루살렘교회 설립 멤버 중 한 사람으로 보이며, 누가가 초기 사건에 관한 귀중한 자료들을 빌립의 가정과 나손에게서 얻은 것으로 해석된다.[5]

Acts of the Apostles and the Epistles of Paul: Arranged in the Form of a Continuous History (Edinburgh: Oliphant, Anderson & Ferrier, 1888), 8. 여장을 준비했다는 것은 여행하기 위해 짐들을 꾸렸다는 것이다. 개역성경은 행장을 준비했다고 번역했다. 여기 '여장을 준비했다'(having packed the baggage, ἐπισκευασάμενοι)는 것은 신구약 전체에서 유일하게 등장한다. 누가는 이 단어 속에 바울이 단단한 각오와 결심을 하고 예루살렘으로 올라갔음을 암시한다. 특별한 여행준비를 하고 출발했다는 것은 가이사랴의 몇 제자들이 함께 가고 구브로 사람 나손도 동행했다는 사실이 보여준다. 예루살렘으로 올라가는 것을 우려한 형제들이 가이사랴에서 예루살렘까지 올라가는 그 길에 깊은 사랑과 관심을 가지고 동행한 것이다. 그것은 단순한 동행이 아니라 일종의 안내였다. 그래서 램지는 그들을 '가이사랴인 안내자'(Caesareian guidance)라고 불렀다.

[2] William Owen Carver, *The Acts of the Apostles* (Nashville: Sunday School Board, Southern Baptist Convention, 1916), 211.

[3] F. F. Bruce, *The Book of ACTS* (Grand Rapids: Eerdmans, 1984), 426-427.

[4] W. A. Denton, *A Commentary on the Acts of the Apostles*. Vol. II. (London: George Bell and Sons, 1874), 241.

[5] Sir William Mitchell Ramsay, *The Bearing of Recent Discovery on the Trustworthiness of the NT* (London: Hodder and Stoughton, 1915), 303, 309. 특별히 각주 2번을 참고하라. 또한 다음을 참고하라. Bruce, *The Book of ACTS*, 426-427. 바울 일행이 예루살렘에서 머문 집은 "구브로 태생의 예루살렘교회 설립 멤버 가운데 한 사람이었던 나손(Mnason)의 집이었다. 예루살렘 유대인 교회의 모든 교인들이 이방 그리스도인 일행을 자신의 집으로 맞을 준비가 된 것은 아니었다. 그러나 바울 일행은 아마도 예루살렘교회의 헬라파에 속하고, 따라서 예루살렘교회 안에서 보다 개방적인 쪽에 속한 나손으로부터 환대를 받을 것이라고 확신했을 것이다.… 누가는 나손이 오랜 제자-예루살렘의 원래 제자들 중 한 사람-였다는 사실을 특별히 언급하고 있는데 이것은 누가가 초창기의 귀중한 정보를 빌립의 가정에서 뿐만 아니라 이 나손에게서도 얻었음을 암시해준다. 램지는 누가의 애니아와 도르가에 대한 이야기는 나손이 제공해준 것으로 생각했다."

1. 바울의 예루살렘 방문(21:15-26)

¹⁵ 이 여러 날 후에 여장을 꾸려 예루살렘으로 올라갈 새 ¹⁶ 가이사랴의 몇 제자가 함께 가며 한 오랜 제자 구브로 사람 나손을 데리고 가니 이는 우리가 그의 집에 머물려 함이라 ¹⁷ 예루살렘에 이르니 형제들이 우리를 기꺼이 영접하거늘 ¹⁸ 그 이튿날 바울이 우리와 함께 야고보에게로 들어가니 장로들도 다 있더라 ¹⁹ 바울이 문안하고 하나님이 자기의 사역으로 말미암아 이방 가운데서 하신 일을 낱낱이 말하니 ²⁰ 그들이 듣고 하나님께 영광을 돌리고 바울더러 이르되 형제여 그대도 보는 바에 유대인 중에 믿는 자 수만 명이 있으니 다 율법에 열성을 가진 자라 ²¹ 네가 이방에 있는 모든 유대인을 가르치되 모세를 배반하고 아들들에게 할례를 행하지 말고 또 관습을 지키지 말라 한다 함을 그들이 들었도다 ²² 그러면 어찌할꼬 그들이 필연 그대가 온 것을 들으리니 ²³ 우리가 말하는 이대로 하라 서원한 네 사람이 우리에게 있으니 ²⁴ 그들을 데리고 함께 결례를 행하고 그들을 위하여 비용을 내어 머리를 깎게 하라 그러면 모든 사람이 그대에 대하여 들은 것이 사실이 아니고 그대도 율법을 지켜 행하는 줄로 알 것이라 ²⁵ 주를 믿는 이방인에게는 우리가 우상의 제물과 피와 목매어 죽인 것과 음행을 피할 것을 결의하고 편지하였느니라 하니 ²⁶ 바울이 이 사람들을 데리고 이튿날 그들과 함께 결례를 행하고 성전에 들어가서 각 사람을 위하여 제사 드릴 때까지의 결례 기간이 만기된 것을 신고하니라

예루살렘에 도착한 바울은 예루살렘교회의 지도자들의 따뜻한 영접을 받았다.[6] 바울은 이방인들이 정성을 다해 모은 헌금을 전달했을 것이고 그

---

[6] Ramsay, *St. Paul the Traveler and the Roman Citizen*, 309-310. 누가는 너무도 훌륭하게 이후의 역사를 기술했다. 램지의 말대로 누가는 단순히 바울을 변증하는 차원을 넘어 역사의 진실을 유대인들에게만 아니라 헬라인들과 로마인들 더 나아가 마치 인류 전체에 전달하기를 원했던 것 같다. 누가는 21장부터 26장까지에 당대의 실존적인 유대총독 벨릭스와 베스도, 헤롯 아그립바 2세, 그의 여동생 드루실라, 천부장에 이르기까지 걸출한 당대의 역사적 실존 인물들의 등장을

들은 바울에게 그에 대해 감사를 표했을 것이다. 예루살렘에 올라간 바울은 제일 먼저 야고보를 찾아갔다.[7] 야고보를 찾아간 것은 당시 예루살렘에는 '기둥'(갈 2:9) 같은 세 명의 예루살렘교회 지도자 가운데 오직 야고보 한 사람만 그곳에 머물고 있었기 때문이다.[8] "베드로와 요한 그리고 아직까지 살아 있던 다른 본래의 사도들은 더욱 확장된 선교 책임을 맡아야 했다."[9] 그래서 예루살렘에 머물지 않고 흩어졌다. 사도들은 한 사람도 예루살렘에 없었다.[10] 교부들이 전하는 바에 의하면, 주님은 제자들에게 12년 동안만 예루살렘에 머물고 그 후에는 그곳을 떠나라고 명하였다.

바울의 예루살렘 도착과 선교보고(21:15-19)

당시 야고보만 예루살렘에 머물면서 나사렛 예수의 공동체를 지도했다. 그런 이유로 "그는 예루살렘에 있는 믿음의 공동체의 구성원들만 아니라 예루살렘의 일반 유대인들로부터도 대단한 존경을 받았다."[11] 물론 여기 야고보는 12제자가 아니라 예수님의 아우 야고보로 야고보서를 기록한 주인공이다. 바울이 야고보를 방문한 것은 예루살렘교회의 수장으로 여전히 영향력 있는 장로였기 때문이다. 그는 당시 많은 신망을 얻고 있었

통해 역사의 진실을 밝혔다. 그러면서도 그는 기독교가 로마제국의 종교로 가장 이상적인 종교이며 그 종교의 창시자 예수 그리스도가 역사 속에 실존했던 인류의 구원자라는 사실을 너무도 훌륭하게 제시하였다. 그런 면에서 다음과 같은 램지의 진술에 필자는 깊이 공감한다. "사도행전은 기독교에 대한 변증서가 아니었다. 그것은 통치자 황제의 부도덕하고 파괴적인 정책에 맞서서 역사의 진실을 호소한 것이다. 그것은 그들 안에서 위대한 역할을 수행한 자에 의한 교회의 형성에 관한 실제적 사실들, 지난 과거 역사에 대한 꾸준하고 변함없는 충성, 로마제국의 사실들을 받아들이겠다는 그 확고한 결심, 많은 로마인들에 의한 호의적인 대접 그리고 로마에서 첫 재판에서의 그 의기양양한 변호에 대한 온화하고 엄숙한 기록이다."

[7] John Chrysostom, *The Homilies of John Chrysostom on The ACTS of The Apostles* (London: Oxford, John Henry Parker, 1851), 13. 야고보는 예수님의 형제로 당시 예루살렘교회에서 대단한 존경을 받고 있었다.

[8] Denton, *A Commentary on the Acts of the Apostles*. Vol. II., 242.

[9] F. F. Bruce, *The Book of ACTS* (Grand Rapids: Eerdmans, 1984), 429.

[10] M. Baumgarten, *The Acts of the Apostles: Or, The History of the Church in the Apostolic Age*. Vol. II. (Edinburgh: T. &T. Clark, 1854), 403.

[11] Bruce, *The Book of ACTS*, 429.

는데 예루살렘 사람들에게 '의인 야고보'(James the Just)로 불렸다.

야고보를 만난 바울은 '하나님이 자기의 사역으로 말미암아 이방 가운데서 하신 일을 낱낱이 말'(21:19)하였다.[12] '낱낱이 말하였다'(related, ἐξηγεῖτο)는 것은 '세부적으로 자세히 이야기하였다,' '설명하다,' '들려주다'는 뜻이다. 여기서 바울은 자신을 통해 이루신 이방인의 선교사역을 예루살렘교회의 지도자들에게 처음부터 마지막까지 상세하게 보고한 것이다. 야고보는 일단의 동료들, 즉 예루살렘교회의 장로들과 함께 주의 사역을 감당했다. 장로들이 몇 명이나 되었는지는 알 수 없지만 예루살렘 성도들이 수천 명이었음을 감안할 때 상당히 많았을 것으로 여겨진다. 아마도 당시 예루살렘에는 야고보를 의장으로 한 70인으로 구성된 일종의 나사렛 산헤드린이 존재했던 것으로 보인다.[13] 바울이 야고보에게 이방인들 가운데 하나님이 행하신 일들을 보고할 때 이들 모든 장로들도 참석하였다.

그 모든 일을 다 전해들은 그들은 '하나님께 영광을 돌렸다'(21:20). 예루살렘교회 지도자들은 복음의 진보가 구체적으로 이루어진 사실, 사도행전에 주님이 부탁하시고 예언하신 말씀들이 현실 속에서 그대로 이루어진 사실을 확인하였다. 특별히 120문도 가운데 한 사람으로 오순절 성령강림의 현장에 있었고 그 후 예루살렘교회의 수장이었던 야고보는 복음이 예루살렘에서 유대로 유대에서 사마리아로 사마리아에서 땅 끝까지로 확산되어 나간 것을 전해 듣고 감격했을 것이다.

바울이 예루살렘 지도자 야고보를 만났을 때는 이미 복음이 놀랍게 확산된 후였다. 또한 이방인들에게만 복음의 진보가 있었던 정도가 아니라 예루살렘의 장로들이 고백한 대로 예루살렘에만 '유대인 중에 믿는 자 수만 명'(many thousands, πόσαι μυριάδες)이나 있었다. 계속되는 기독교 박해 속에서도 예루살렘에 그만한 신도들이 생겨났다는 것은 놀라운 일

---

[12] Chrysostom, *The Homilies on The ACTS of The Apostles*, 614. 사역이라는 말은 디아코니아스(διακονίας, ministry)이다. 개역성경은 이것을 봉사로 번역했고 개역개정은 '사역'으로 번역했다. '사역'이 원문의 의미에 더 근접한다. 영어 역본들도 사역(ministry)으로 번역했다.

[13] Bruce, *The Book of ACTS*, 429.

이다. 박해로 인해 많은 사람들이 타지역으로 흩어졌을 텐데도 여전히 예루살렘에는 상당수의 기독교인들이 거주하고 있었음을 보여준다.

바울에 대한 소문과 결례 제안(21:20-26)

예루살렘 지도자들은 한편으로 바울을 통해 이방인들 가운데 일어난 복음의 진보를 확인하고는 감사하면서도 다른 한편으로 바울이 앞장서서 이방인들이 유대의 전통을 존중하지 않게 만든다는 이상한 소문을 듣고 깊이 우려했다.

이것은 바울과 야고보와의 만남에서 그대로 드러났다.[14] 야고보와 다른 지도자들은 바울에게 예루살렘에 있는 모든 믿는 자들이야말로 '다 율법에 열성을 가진 자'(all of them were zealous for the law, 21:20)라고 말했다. 이것은 칼빈이 지적한 대로 그리스도에게로 돌아온 이들 가운데서도 율법에 열심인 유대인들이 참으로 많았다는 사실을 상기해주려는 데 있다. 의혹과 불신을 일소하기 위해 예루살렘교회 지도자들은 "바울로 하여금 진지한 서약을 하게 함으로써 스스로를 변호하도록 촉구한 것이다. 더 이상의 의심이 그에게 가해지지 않도록 하기 위함이었다."[15]

때문에 바울에 대해 이상한 이야기를 들은 야고보와 다른 유대지도자들은 '네가 이방에 있는 모든 유대인을 가르치되 모세를 배반하고 아들들에게 할례를 행하지 말고 또 관습을 지키지 말라'(21:21)고 한 것이 사실인지 여부를 바울에게 직접 확인하고 싶었다. 이들이 확인하려고 한 내용은 첫째, 모세의 가르침을 거부했는지(turn away from Moses) 여부, 둘째, 할례를 금했는지 여부, 셋째, 관습을 지키지 말라고 했는지 여부였다. 유

---

[14] Bruce, The Book of ACTS, 430. 예루살렘의 유대 그리스도인들 가운데 나도는 소문이란 바울이 이방인 개종자들에게 유대율법의 요구 사항들을 부과하는 것을 거부하고, 유대인 신자들에게 모세로부터 내려오는 조상의 관습들을 지키지 말라고 가르치고, 그들의 자녀들에게 할례를 행하지 말라고 권한다는 것이다.

[15] 존 칼빈, 한국기독교선교백주년기념 존·칼빈성경주석출판위원회 역편, 신약성경주석, Vol. 6, 사도행전 II (서울: 성서교재간행사, 1980), 267-268.

대인들의 신앙과 삶을 총체적으로 대변하는 모세의 법, 할례, 관습 세 가지를 바울에게 직접 확인하려고 한 것이다.

바울에 관한 이상한 소문을 들은 예루살렘의 유대인의 관점에서는 어느 정도 의심을 살 수 있겠지만 이것은 사실이 아니다.[16] 칼빈이 적절하게 표현한 대로 "바울에게 악의를 품은 사람들이 상상한 것과 같은 그러한 율법에 대한 바울의 변절은 없었다."[17] 바울은 믿음으로 말미암아 구원을 얻는 것이지 율법을 지켜야 구원받는 것은 아니라는 사실을 가르쳤지만 모세의 율법 자체를 금하지 않았다. 이와 관련하여 레히러의 다음과 같은 지적은 적절하고 공정하다. "바울이 흩어진 유대인들에게 모세를 배도하도록 가르치고 있다고 하는 것은 오해이거나 중상이었다. 그의 가르침은 그리스도 예수 안에 있는 은혜의 복음, 곧 율법의 의가 아니라 오직 그리스도 안에서의 구원의 확실성이었다. 율법과 모세의 종교 자체를 공격하는 것은 그의 관심사가 아니었다. 그는 율법을 지키는 것이 구원에 절대적으로 필요하다는 교리와만 싸웠다. 그는 오직 유대교 외에 다른 형태의 기독교회를 인정하지 않는 경향을 반대한 것이다."[18]

바울은 주님이 율법을 폐하러 온 것이 아니라 완성케 하려 오셨다고 하신 말씀을 잘 기억하고 있었다. 할례를 금한 것도 마찬가지다. 할례를 받아야 구원받을 수 있다는 사실을 거부한 것이지 할례 자체를 금한 것은 아니다. 바울이 디모데를 동역자로 택할 때 할례문제로 인해 유대인들에게 복음을 전하는 데 지장을 초래하지 않도록 할례를 시행했던 것은 좋은 사례다. 유대인의 절기와 관습도 마찬가지다. 바울은 예수 그리스도의 구속사역으로 말미암아 지금은 구약과 다른 은혜의 시대라는 사실을 확신했지만 유대인들의 절기 자체가 의미 없다고 가르치지 않았다.

그런데도 바울이 구원과 관련하여 할례를 행하고 구약의 율례를 지키

---

[16] Denton, *A Commentary on the Acts of the Apostles*. Vol. II., 244.
[17] 칼빈, 사도행전 II, 269.
[18] Gotthard Victor Lechler, *Theological and Homiletical Commentary on the Acts of the Apostles*. Vol. II. (Edinburgh: T. &T. Clark, 1864), 300.

며 관습을 행해야 한다고 가르친 것으로 소문이 났다. 그것은 유대인 가운데 바울을 미워하는 사람들이 바울을 모함하기 위해서 그런 소문을 퍼트렸기 때문이다. 바울의 전도로 이방인들은 물론 상당수의 유대인들이 주께로 돌아오자 그것을 싫어한 유대인들이 바울의 복음전파를 방해하기 위해 만들어낸 음모였다. 이 같은 소문은 특별히 유대주의 전통이 강한 예루살렘 공동체 가운데 널리 퍼져 있었다.

예루살렘에 있는 장로들은 바울에 대한 이런 오해를 불식하기 위해 그에게 결례를 행할 것을 제의했다. 예루살렘 장로들이 바울에게 그런 요구를 한 것이 바른 판단이었는가? 결론적으로 우리는 다음과 같은 칼빈의 말에 동의하지 않을 수 없다. '나는 바울에게 그들이 이렇게 맹렬히 요구했던 이 일이 정당하기보다는 성급하지 않았나 하고 생각한다.'[19] 예루살렘교회 지도자들은 사실 여부를 확인하지도 않고 대중을 의식해서 바울에게 결례를 행하라고 요구한 것으로 해석된다.

야고보와 예루살렘교회 지도자들은 바울에게 서원한 네 사람을 '데리고 함께 결례를 행하고 그들을 위하여 비용을 내어 머리를 깎게 하라'(21:24)고 제의했다. 그들은 바울이 그렇게 한다면 그에 대한 소문을 불식시키고 유대인의 손에서 바울을 보호할 수 있다고 생각했다.[20] 바울이 율법을 지키는 자라는 사실을 보여줌으로 바울에 대한 모든 오해가 풀릴 것으로 판단한 것이다.

이야기를 들은 바울은 그 다음날 야고보와 다른 예루살렘 지도자들의 요청대로 서원한 네 사람을 데리고 결례를 행하였다. 사실 바울에게는 그

---

[19] 칼빈, 사도행전 Ⅱ, 269. "그들[예루살렘 장로들]은 단순한 진리(眞理)에는 아무런 관심도 기울이지 않고, 악평에서 기인된 바울에 관한 일반 대중의 여론이 무엇인지를 알았기 때문에 그것을 수정하려고만 했다. 그러나 나는 바울에게 그들이 이렇게 맹렬히 요구했던 이 일이 정당하기보다는 성급하지 않았나 하고 생각한다. 이것으로부터 사람들은 그들이 무고(誣告)를 들을 때, 얼마나 불합리하게 쉽사리 믿는가 하는 것이 분명해진다. 한번 곡해(曲解)가 무분별하게 채택되면, 쉽게 없어지지 않는다. 야고보와 그의 동료들이 바울의 평판을 애써 보호해주고, 그의 좋은 명성을 손상시키는 거짓말을 제거하려고 애썼음이 확실하다. 그러나 그들은 바울이 나쁜 평판을 갖고 있는 것으로부터 그를 막아줄 수는 없었다."

[20] Bruce, The Book of ACTS, 431.

일이 짐스러웠을 텐데도 공동체의 화목과 복음의 진보를 위해 장로들의 제의를 받아들인 것이다.[21] 결례의 정상적인 기간은 30일인데 바울의 경우는 특별히 7일로 단축되었다. 보통 시작과 끝에 머리를 깎고 그 기간에는 금욕생활을 해야 했고 기간이 차면 번제물로 일 년 된 숫양 한 마리, 속죄 제물로 일 년 된 어린 암양 한 마리, 화목제로 숫양 한 마리와 무교병 과자 등을 바쳐야 했다. 때문에 비용이 적지 않게 들었다.

사실 예루살렘교회의 장로들은, 사도들의 공의회의 결정을 번복하고 이방인들에게 율법의 요구를 부과하는 일은 원치 않는다는 사실을 바울에게 확인시켜주었다.[22] 이렇게 지난 예루살렘교회의 결정을 다시 확인한 것은 자신들의 우려가 개종한 이방인들이 아닌 오직 유대 개종자들과 관련된 문제라는 사실을 분명히 하려는 의도였다. 바울이 이들 네 사람의 비용을 대신 낸 것으로 보인다.

2. 바울의 체포(21:27-40)

[27] 그 이레가 거의 차매 아시아로부터 온 유대인들이 성전에서 바울을 보고 모든 무리를 충동하여 그를 붙들고 [28] 외치되 이스라엘 사람들아 도우라 이 사람은 각처에서 우리 백성과 율법과 이 곳을 비방하여 모든 사람을 가르치는 그 자인데 또 헬라인을 데리고 성전에 들어가서 이 거룩한 곳을 더럽혔다 하니 [29] 이는 그들이 전에 에베소 사람 드로비모가 바울과 함께 시내에 있음을 보고 바울이 그를 성전에 데리고 들어간 줄로 생각함이러라 [30] 온 성이 소동하여 백성이 달려와 모여 바울을 잡아 성전 밖으로 끌고 나가니 문들이 곧 닫히더라 [31] 그들이 그를 죽이려 할 때에 온 예루살렘이 요란하다는 소문이 군대의 천부장에게 들리매 [32] 그가 급히 군인들과 백부장들을 거느리고 달려

---

[21] 그들의 제의는 바울을 깊이 생각한데서 출발한 것이지만, 그리스도인이 되어서도 율법을 준수하고 결례를 지켜야 한다는 자신들의 히브리파 유대주의 사고를 드러내고 말았다.
[22] Bruce, *The Book of ACTS*, 431.

내려가니 그들이 천부장과 군인들을 보고 바울 치기를 그치는지라 [33] 이에 천부장이 가까이 가서 바울을 잡아 두 쇠사슬로 결박하라 명하고 그가 누구이며 그가 무슨 일을 하였느냐 물으니 [34] 무리 가운데서 어떤 이는 이런 말로, 어떤 이는 저런 말로 소리 치거늘 천부장이 소동으로 말미암아 진상을 알 수 없어 그를 영내로 데려가라 명하니라 [35] 바울이 층대에 이를 때에 무리의 폭행으로 말미암아 군사들에게 들려가니 [36] 이는 백성의 무리가 그를 없이하자고 외치며 따라 감이러라 [37] 바울을 데리고 영내로 들어가려 할 그 때에 바울이 천부장에게 이르되 내가 당신에게 말할 수 있느냐 이르되 네가 헬라 말을 아느냐 [38] 그러면 네가 이전에 소요를 일으켜 자객 사천 명을 거느리고 광야로 가던 애굽인이 아니냐 [39] 바울이 이르되 나는 유대인이라 소읍이 아닌 길리기아 다소 시의 시민이니 청컨대 백성에게 말하기를 허락하라 하니 [40] 천부장이 허락하거늘 바울이 층대 위에 서서 백성에게 손짓하여 매우 조용히 한 후에 히브리말로 말하니라

바울이 야고보와 예루살렘 지도자들의 요구대로 결례를 행했음에도 불구하고 야고보가 제안한 타협안은 실패로 돌아가고 말았다. 결례 칠일 째 아시아에서 유대인들이 와서 무리를 충동하면서 바울을 붙잡고는 '이 사람은 각처에서 우리 백성과 율법과 이곳을 비방한 자, 헬라인을 데리고 거룩한 성전에 들어간 자'(21:28)라며 사람들을 선동했기 때문이다. 로마 군대 천부장이 예루살렘에서 죽음의 위험에 처한 바울을 구해주었다.[23]

아시아에서 온 유대인들의 선동(21:27-30)

우리는 무리를 선동한 주동세력이 '아시아로부터 온 유대인들'(some Jews from the province of Asia, 21:27)이라는 사실을 주목할 필요가 있다.[24] 처음 소요를 주동한 사람은 많은 수였다. 이들이 어떤 성격의 유대인

---

[23] 사도행전 21장의 핵심 내용이다. Baumgarten, *The Acts of the Apostles.*, 386-459.
[24] 누가는 이들이 그리스도인들인지 여부를 분명히 밝히지 않았다. 당시 헬라파 유대인들인

인지는 본문에 언급되지 않았지만 아시아에서 왔다면 헬라파 유대인들일 가능성이 높다. 아이러니하게도 바울의 선교사역을 줄기차게 반대한 이들이 히브리파 유대인들이기보다 헬라파 유대인들이었다. 바울이 다메섹에서 회심을 경험한 후 예루살렘에 출입하며 복음을 전할 때 그가 변론을 한 대상도 당대 복음을 전하는 바울을 죽이려고 한 이들도 '헬라파 유대인들'(9:29)이었다. 바울이 베뢰아에서 복음을 전할 때 그곳까지 와서 방해한 이들도 '데살로니가에 있는 유대인들'(17:13)이었다.

아시아 지방은 에베소를 수도로 하는 지방으로 바울이 3년간 심혈을 기울여 복음을 전한 곳이다. 바울이 3년 동안 생명을 바쳐 복음을 전한 그곳에서 바울을 대적하는 원수가 나타난 것이다. 왜 이와 같은 사건이 발생했는가에 대해서는 두 가지 해석이 가능할 것이다. 하나는 에베소에서 바울의 사역이 놀라운 결실을 맺으며, 이방인들은 물론 유대인들 중 상당수가 주님께로 돌아서자 예수 그리스도를 믿지 않는 유대인들이 바울을 시기하고 참소한 것으로 풀이할 수 있다. 헬라파 유대인들은 바울의 이방인 선교를 극렬하게 반대했다.

다른 하나는 아시아에서 온 자들은 믿는 형제 중에서 바울의 가르침에 불만을 가진 이들로도 해석할 수 있다. 이 둘 중 물론 전자일 가능성이 높다. 누가는 '아시아로부터 온 유대인들'(21:27)이라고 분명히 밝히고 있다. 오순절을 지키기 위해 아시아에서 예루살렘에 온 이들 가운데서, 그중에서도 바울의 선교를 반대했던 마게도냐 유대인들이거나 그들의 영향을 받은 이들일 가능성이 높다.

바울이 에베소에서 3년간 사역하면서 적의를 불러일으킨 것으로 인해 특별히 아시아 지방의 유대인들이 바울에게 적대적이었다.[25] 바울에 대해

디아스포라 유대인들도 절기에 예루살렘으로 올라왔다. 오순절을 맞아 예루살렘에 올라온 이들 가운데 그리스도인들도 많았던 것도 사실이다. 그들도 동일하게 절기를 지켰기 때문이다. 그러나 바울을 아시아에서 집요하게 반대한 이들은 그리스도를 믿지 않는 헬라파 유대인들이었고, 이들을 그 연장선상에서 이해하는 것이 사도행전 전체 문맥에서 볼 때 바람직하기 때문에 아시아에서 온 이들은 그리스도인들이 아니라고 판단된다.
[25] Bruce, *The Book of ACTS*, 433.

매우 적대적이었던 아시아 지방의 유대인들 중 어떤 이들이 오순절을 지키기 위하여 예루살렘에 왔다가 마침 그곳에서 바울을 발견한 것이다. 그들은 마침 수많은 사람들이 예루살렘에 모여들었기 때문에 바울을 공격할 수 있는 절호의 기회라고 생각했다.

이방인을 데리고 이방인들에게는 금지된 이스라엘의 뜰에 들어간 것은 치명적인 죄였다. 유대인이라면 누구도 용서할 수 없는 죄악이었기 때문이다. 유대인의 뜰에 이방인들이 들어가는 것을 막기 위해 성전의 이방인의 뜰과 유대인의 뜰 중간이 가로막혀 있었다. 이방인들은 성전의 바깥뜰, 곧 '이방인의 뜰'(Court of the Gentiles)까지는 들어갈 수 있었지만 '이스라엘의 뜰'에 들어갈 수 없었다. 들어가는 것은 사형에 해당하는 범죄였다. 이방인들이 잘 모르고 이스라엘의 뜰로 들어가는 것을 미연에 방지하기 위하여 안쪽 경내 계단 발치 부근 울타리에 헬라어와 라틴어로 경고문을 붙여 놓았다. 경고문 2개가 1871년과 1935년에 각각 발견되었다.[26] 그 경고문에는 이런 문구가 쓰여 있었다.

> 어떤 외국인도 성전과 그 경내를 둘러싼 울타리 안으로 들어갈 수 없다. 그렇게 하다가 붙잡힌 사람은 누구나 죽음을 면할 수 없다.[27]

때문에 이방인들이 이스라엘의 뜰에 들어가는 것은 금기 중의 금기였다. 만약 이방인이 그런 행위를 한다는 것은 성전을 더럽히는 것이고 이스라엘 백성들을 분노케 만드는 것이다. 로마시민이라고 할지라도 이 금기를 어긴 자에게는 사형 선고가 내려졌으며, 로마 당국도 이를 인정하였다.

이런 사실을 너무도 잘 알고 있던 아시아에서 온 이들 유대인들이 이렇게 소리치며 모인 유대인들을 선동한 것이다. '이 사람은 각처에서 우리 백성과 율법과 이곳을 비방하여 모든 사람을 가르치는 그 자인데 또 헬라

---

[26] Charles Fremont Sitterly, *Jerusalem to Rome; the Acts of the Apostles* (New York: Abingdon, 1915), 242.

[27] Bruce, *The Book of ACTS*, 434.

인을 데리고 성전에 들어가서 이 거룩한 곳을 더럽혔다'(21:28). 누가가 증언하는 것처럼 바울이 헬라인을 데리고 성전에 들어갔다는 주장은 전혀 근거가 없는 것이다.

바울이 에베소에서 보내주는 구제금을 가지고 예루살렘에 올라올 때 바울과 함께 온 그의 이방인 동료들 가운데 에베소 사람 드로비모가 있었다. 아시아 유대인들은 드로비모가 예루살렘에 있는 것을 발견하고 그가 누구인지 알아차렸다. 그러다가 그들은 바울이 4명의 유대인들을 데리고 성전 곧 '이스라엘의 뜰'(Court of Israel)에서 의식을 수행하는 것을 발견하고는 드로비모가 바울과 함께 있다고 생각했다.[28] 이렇게 해서 바울이 드로비모를 데리고 성안을 다니는 것을 본 유대인들이 바울이 그를 유대인의 뜰까지 데리고 들어간 것으로 착각한 것이다.

누가는 그 착각이 정말 그렇다고 그들이 믿었기 때문인지 아니면 4명 중에는 드로비모가 없었다는 사실을 알면서도 그런 혐의를 씌운 것인지 여부는 밝히지 않았다. 그러나 스데반의 경우가 보여주듯 이들은 일단 적의를 품고 있다면 거짓 증언을 통해서도 목적을 이루는 것을 주저하지 않았다.

선동에 넘어가 격동하는 유대인들

예수 그리스도를 처형할 때도, 스데반을 정죄할 때도 여기 바울을 정죄할 때도 유대인들이 씌운 혐의는 모두 거룩한 성전을 더럽힌 죄였다. 그것은 유대민족을 가장 자극하고 군중을 가장 선동하기 쉬운 죄목이었다. 헬라인을 데리고 성전에 들어가 '거룩한 곳을 더럽혔다'는 참소는 유대인들이 도저히 용납할 수 없는 범죄행위였다.

게다가 이 사건이 일어날 때는 오순절이었다. 때문에 예루살렘에는 사방에서 모여든 유대인들로 들끓었다. 당시 유대의 명절 때는 200만 명의 유대인들이 예루살렘에 모여들었다. 특별히 오순절에는 유대인들의 큰

---

[28] Bruce, *The Book of ACTS*, 434.

명절이었기 때문에 상당수가 예루살렘을 찾아 예루살렘 성은 온통 유대인들로 가득 찼다. 이들 모두 모세의 율법, 유대의 전통, 관습 준수를 위해 온 이들이었다.

이런 상황에서 아시아에서 온 유대인들이 제기한 바울의 고소 내용이 너무도 자극적이라 모인 유대인들이 더 크게 동요했던 것으로 보인다. 그들에게 바울의 행위는 그들이 가장 신뢰하고 존경하는 모세를 비방하고, 조상 아브라함의 얼굴에 먹칠하고, 유대민족의 선민사상과 거룩한 성전 중심 사상을 파기하는 무서운 행위였다.

누가는 '온 성이 소동하여 백성이 달려와 모여 바울을 잡아 성전 밖으로 끌고 나갔다'(21:30)고 증언한다. 당시 복음의 확장이 상당히 진행되긴 했지만 오순절을 지키기 위해 예루살렘에 몰려든 이들이 주로 믿는 신자들이 아니라 모세의 전통을 중시하는 그리스도를 믿지 않는 유대주의자들이라는 사실을 고려할 때 충분히 이해가 가는 것이다.

곧 격노가 모든 군중들의 마음을 휩쓸었다. 누가는 '온 성이 소동했다'(21:30)고 증언한다. 거짓 선동에 넘어간 "대중들의 무책임한 태도(levitatem)"를 그대로 읽을 수 있다. 칼빈이 지적한 대로 대중들은 "바울의 말을 들어보기도 전에 이미 바울을 저주받은 자로 간주하였다."[29] 아시아 사람들이 군중들을 격동시키자 "모든 군중들의 마음이 바울에 대한 증오로 휩싸여 있어서, 별 어려움 없이 격노가 그들 모두를 휩쓸었다."[30]

바울은 아시아에서 온 유대인들의 선동으로 폭동이 일어나 체포되고 사형에 처할 위기를 맞았다. 로마 군인들이 바울의 생명을 구하지 않았다

---

[29] 칼빈, 사도행전 Ⅱ, 275.

[30] 칼빈, 사도행전 Ⅱ, 274-275. "그러나 이 구절은 우리로 하여금 모든 희망이 우리를 실망시키고, 적절하고 거룩한 마음에서 나온 우리의 계획들이 현실로는 은혜롭지 못한 결과를 초래해서 우리의 행동이 성공적인 결과를 가져오지 못한다 해도 참을성이 있어야 함을 가르치고 있다. 우리는 선한 양심을 갖는 것과 하나님의 성령에 따르는 것이 아니면 어떤 일도 시도해서는 아니된다. 그러나 사태가 비록 우리가 원하는 방향으로 진전되지 않는다 해도, 우리의 노력이 비록 사람들에게 모해(謀害)와 조소를 받게 된다 해도, 하나님에 의해서는 인정받고 있음을 우리가 알고 있다는 내적 감정으로 지탱해 나가도록 하자. 그리고 비록 불신자들이 우리의 친절을 불의로써 갚는다 해도, 우리는 우리의 친절에 대해 어떤 후회도 하지 않도록 하자."

면 바울은 생명을 잃었을 것이다. 메시야를 죽인 장본인들이 메시야를 전하는 바울까지 사형에 처하려고 한 것이다. 바울의 사례를 통해 돌이켜 볼 때 동족 유대인의 죄상은 말 그대로 극심했다. 예수 그리스도를 처형하고, 스데반을 돌로 쳐 죽이더니 이제는 바울에게 동일한 죄목을 씌운 것이다. 유대인들이 반복적으로 하나님께 대항하는 죄를 계속해서 지었으면서도 죄를 깨닫지 못하고 오히려 그것이 하나님을 위한 거룩한 사명이라고 착각하고 있었다. 하나님에 대한 대적을 하나님의 일이라고 확신하고 하나님의 이름으로 하나님을 대적한 것이다.

이 위기의 순간 예루살렘교회는 어떻게 반응했는가? 바울이 위기를 만나고 있을 때 예루살렘교회가 취한 태도는 분명하지 않았다. 적극적으로 바울을 변호하고 도왔다는 기록을 찾을 수 없다. 바울은 자신이 예루살렘에 올라가면 위기를 만난다는 사실을 잘 알면서도 또 결박을 당할 것이라는 사실도 알면서도 죽기를 각오하고 예루살렘교회의 어려운 형편을 돕기 위해 올라왔지만 정작 예루살렘교회는 바울과 그 일행을 적극적으로 옹호하거나 변호하지 않았다. 안타깝게도 우리는 누가의 기록에서 그 사실을 찾을 수 없다. 늘 타협과 조정을 하는 일에 선봉에 섰던 예루살렘교회가 이 문제에 대해 취한 태도는 불분명했다. 예루살렘공의회에서 이방인들의 복음전파를 공인했을 때 그 현장에 있던 이들의 행동이라고는 믿어지지 않는다.

하지만 누가는 야고보가 예루살렘교회를 대변하고 바울이 이방인 선교를 대변하여 둘 사이에 근본적으로 복음에 대한 이해의 차이가 있었다는 식으로 이 사건을 이끌어 가려고 하지 않았다. 사실 이것은 우리의 관심을 끄는 부분이긴 하지만 예루살렘교회 야고보와 바울의 모습을 그런 식으로 대비시키는 것은 그리 좋은 방법이 아닐 수 있다.

오히려 사도행전 전체를 종합적으로 고려할 때 예루살렘의 사건을 바울에 대한 헬라파 유대인들의 박해의 연장선으로 해석하는 것이 더 설득력이 있다. 누가가 사도행전에서 일관되게 증언하는 것처럼 다메섹에서(9:29), 선교여행에서(17:5, 13), 그리고 여기 예루살렘에서(21:27) 바울을 핍박하고 복음전파를 방해한 이들은 헬라파 유대인들이었다. 당시 산헤드린공회를 주도하던 사두개파 종교지도자들은 아시아에서 온 이들로 인해 야기된 소요를 바울을 참소하는 절호의 기회(23:5-15, cf. 4:1)로 삼았다.

돌이켜 볼 때 바울은 유대인의 관습을 존중하면서도 복음의 세계성을 강조하고 복음 안에서의 자유를 중시하고 그것을 일관되게 실천에 옮겼다. 계속되는 유대인들의 방해에도 바울은 흔들리지 않고 지속적으로 복음을 전했다. 바울은 구제금을 예루살렘교회 성도들만 아니라 예루살렘의 유대민족들에게도 전해주려는 마음으로 예루살렘에 올라갔지만 정작 유대민족은 바울을 거부하고 스데반을 돌로 쳐 죽이고 예수 그리스도를 십자가에 처형한 것처럼 그를 죽이려고 하였다.

바울을 위기에서 구해준 천부장(21:31-40)

바울은 성난 군중의 몰인정한 경멸과 난폭함 앞에서 외롭게 홀로 맞서야 했다. 로마군대가 개입하지 않았더라면 바울은 성난 폭도들에 의해 무참히 살해당했을 것이다. 헤롯 대왕이 세운 안토니아 요새가 예루살렘 성전의 북서쪽에 있었다. 그곳에는 '천부장이 지휘하는 로마 보병대가 주둔하고 있었다. 주둔군은 소동이 일어날 경우를 대비하여 주둔군의 요새를 성전의 바깥뜰과 연결해 놓았다. 성내에 소동이 일어났다는 보고를 받자 천부장은 약 200명의 병사들과 그들의 백부장들로 구성된 분견대를 급히 소집했다. 천부장이 분대를 데리고 계단을 통해 성전의 뜰로 내려가자 폭도들은 바울을 치는 것을 그쳤다.'[31]

누가가 증언하듯 위기에서 바울을 도운 것은 동족 유대인들도 예루살렘교회 믿음의 형제들도 아니었다. 로마군대였다. 아이러니하게도 예루살렘교회를 돕기 위해 예루살렘에 올라간 그가 예루살렘교회가 아닌 로마 권력에 의해 보호를 받은 것이다. 주님이 죽는 데까지 따라나서겠다고 호언장담했던 베드로와 제자들은 온데간데없고, 쓸쓸히 가야바 법정에

---

[31] Bruce, *The Book of ACTS*, 435.

섰던, 잡히시던 마지막 날 주님의 모습을 연상시킨다. 야고보가 예루살렘에 유대인 중에서 예수 믿는 자가 수만 명이라고 했는데 바울의 위기 순간에 과연 그들은 대체 어디에 있었는가?[32]

누가의 증언대로 이 일로 온 성이 소동했고, 그곳에 모인 유대인들이 달려와 바울을 죽이려고 잡아 성전 밖으로 끌고 나갔다. 이성을 잃은 성난 군중들이 '달려와 모여 바울을 잡아 성전 밖으로 끌고 나가니 문들이 곧 닫혔다'(21:30). 성전 맡은 자는 바울이 군중들에게 맞아 죽을 것으로 보여 그 피로 성전을 더럽히지 않기 위해 관속들을 시켜 유대인 뜰과 이방인 뜰 사이의 문을 닫아 버린 것이다. 소동이 일어났다는 소문이 곧바로 그 성전의 치안을 맡은 '군대의 천부장에게'(21:31) 전해졌다. 예루살렘 치안의 책임을 맡은 그는 곧 군사와 백부장을 거느리고 소동이 일어난 그곳으로 급히 달려갔다. 성난 군중들은 '천부장과 군인들을 보고'(21:32) 나서야 바울을 구타하던 행동을 멈추었다. 여기 나타난 천부장 글라우디오 루시아는 헬라계 로마군의 장교였다. 천부장은 760명의 보병과 240명의 기병을 거느린 군 고위장교였다.

그곳에 달려간 천부장은 바울을 보자 당시 중죄인들을 다루는 관례대로 '바울을 잡아 두 쇠사슬로 결박하라'(21:33)고 명령했다. 이렇게 한 것이 바울을 난동의 주동자로 알고 그렇게 명령한 것인지 아니면 바울의 생명을 구하기 위해 의도적으로 그렇게 한 것인지 누가는 직접 언급하지 않았다. 전후 관계를 면밀히 살펴볼 때 후자보다는 전자의 목적으로 그렇게 한 것이지만 결과적으로는 후자의 목적을 달성하였다. 이것이 주님이 하시는 일이다.

천부장이 바울을 사슬로 결박하라고 두 군인에게 명했다. 정확한 사태 파악을 위해서였다. 천부장은 바울을 범죄자라고 생각하고 폭도들이 그렇게 격노한 원인이 대체 무엇인지 알아내려고 했지만 확실한 답을 얻을

---

[32] 누가는 밝히고 있지 않지만 이들 가운데는 오히려 속으로 '모세 율법만세!'를 외치며 바울의 위기를 즐겼는지도 모른다. 아니면 예루살렘에 모인 엄청난 유대 군중들 때문에 용기를 내지 못했을지도 모른다. 그래도 수만 명이 침묵을 지켰다는 것은 잘 이해가지 않는다.

수 없었다. 군중들이 바울에게 퍼붓는 비난이 서로 엇갈리고 종잡을 수 없었기 때문이다. 천부장은 '진상을 알 수 없어'(21:34) 좀 더 정확한 사태 파악을 위해 바울을 요새 안으로 데려왔다.[33]

바울이 층대에 이를 때에 군사들이 '무리의 폭행으로 말미암아'(21:35) 바울을 들것에 들고 갔다. 분명한 죄목을 알지 못하면서도 백성들은 이를 보고 "그를 없이하자"(Away with him!, 21:36)고 외쳤다. 이 외침은 빌라도 앞에서 유대인들이 외쳤던 것과 너무도 유사했다.

> 빌라도가 대제사장들과 관리들과 백성을 불러 모으고 이르되 … 보라 그가 행한 일에는 죽일 일이 없느니라. 그러므로 때려서 놓겠노라 … 빌라도는 예수를 놓고자 하여 다시 그들에게 말하되 그들은 소리 질러 이르되 그를 십자가에 못 박게 하소서 십자가에 못 박게 하소서 하는지라(눅 23:13-23).

의사 누가는 예루살렘에서 유대인들로부터 버림받은 예수 그리스도와 그 예수 그리스도를 증거하다 예루살렘 유대인들로부터 버림받은 바울을 예리하게 대비를 시키고 있다.

성난 무리들의 위협에서 바울을 구해준 사람들은 동족 유대인이 아니라 로마군대 장교 천부장과 그의 군대였다. 하나님이 강권적으로 바울을 보호하신 것이다. 레히러가 지적한 대로 "이것은 어떻게 하나님께서 원수들을 당신의 종들을 높이 세우는 도구로 사용하시는가를 예시해준다."[34]

바울은 헬라어로 천부장에게 "내가 당신에게 말할 수 있느냐"(21:37)고 물었다. 그러자 천부장은 깜짝 놀라 '네가 헬라 말을 아느냐'(Do you speak Greek?, Ἑλληνιστὶ γινώσκεις, 21:37)고 물었다. 예루살렘이라는 유대민족의 거주지에서, 당연히 그들의 언어 히브리어가 모국어로 통용되

---

[33] Bruce, *The Book of ACTS*, 435; Lechler, *Theological and Homiletical Commentary on the Acts* Vol. II., 324-325.

[34] Lechler, *Theological and Homiletical Commentary on the Acts* Vol. II., 310.

는 그런 상황에서 헬라어를 구사하자 예상외라는 반응이 나온 것이다. 천부장은 무식한 폭동의 주동자로 생각했던 바울이 헬라어를 유창하게 하는 것을 보고는 너무도 놀란 것이다.

처음에 천부장이 바울을 폭동의 주동자로 생각했다는 것은 천부장과 바울의 대화 내용이 뒷받침해 준다. 천부장은 바울에게 '네가 이전에 소요를 일으켜 자객 사천 명을 거느리고 광야로 가던 애굽인이'(21:38) 아니냐고 물었다.[35] 요세푸스의 기록에 의하면 A.D. 54년 자칭 선지자라고 칭하는 애굽인이 3만 명의 유대인을 거느리고 예루살렘에 와서 감람산에 웅거하면서 자기의 명령으로 예루살렘 성벽이 무너질 것이고 그러면 성으로 쳐들어가겠다고 선동하였다. 그러나 총독 벨릭스의 군사에 의해 400명이 죽고 200명이 포로로 잡힌 후에 흩어지고 말았다.[36]

천부장은 바울에게 바로 그 장본인이 당신이 아니냐는 투로 물은 것이다. 천부장이 이렇게 바울에게 말을 건넨 것은 바울이 유창하게 헬라어를 구사하는 바람에 놀라 엉겁결에 그렇게 물어본 것일 수도 있지만 바울이 군중들에 의해 폭행을 당하는 것을 보면서 그렇게 해석한 것이다.[37] 천부장의 입장에서는 바울이 헬라어를 유창하게 구사하기 때문에 당연히 유대인이 아닌 애굽인으로 이해했고, 유대민족이 그를 죽이려고 한 것을 보고는 큰 범죄를 저지른 죄인으로 생각하여 그렇게 판단하였을 수 있다.

천부장의 질문에 바울은 '그렇다,' '아니라'고 대답하지 않고 '나는 유대인이라 소읍이 아닌 길리기아 다소 시의 시민'(21:39)이라고 밝혔다. 이 말은 앞서 한 천부장의 질문에 대해 "아니라"는 답보다도 더 강한 부정이었다. 자신은 유대인이지 폭동을 일으킨 그 애굽인이 아니라는 의미였다.

---

[35] Carver, *The Acts of the Apostles*, 216. 천부장은 바울이 헬라어를 아는 것을 보고 그를 애굽인으로 생각한 것이다.

[36] Josephus, *Jewish War* II.13.5. <www.gutenberg.org/files/2850/2850-h/2850-h.htm>(2019. 12. 28. 접속). 또한 보라. Josephus, *Antiquities* XX.8.6. <www.archive.org/details/theAntiquitiesOfTheJews_507/page/n887>(2019. 12. 28. 접속). cf. Eusebius, *Ecclesiastical History* II.21.

[37] Bruce, *The Book of ACTS*, 436.

이처럼 바울이 아니라고 분명히 밝히자 천부장은 바울을 다시 보기 시작
했다. 무식한 폭동의 주범이 아니라 예루살렘에 거주하는 유대인 무리들
과 다른 상식과 언어적 재능을 갖춘 인물임을 알게 된 것이다.

3. 바울의 변증과 유대인들의 참소(22:1-29)

바울은 다소 출신으로 헬라어와 히브리어에 능통했다. 헬라인이었던
천부장에게는 헬라어로, 동족 유대인들에게는 아람어로 자신의 의사를
전달했다. 천부장이 바울의 헬라어 실력에 놀라 그에게 변증할 수 있는
기회를 주자 '바울이 층대 위에 서서 백성에게 손짓하여 매우 조용히 한
후에 히브리 말로'(21:40) 변증을 시작하였다. 바울이 계단 꼭대기에 서서
연설을 하는 동안 군인들은 그를 철통같이 에워싸서 어떤 군중들도 올라
오지 못하게 막았을 것이다.[38]

유대인들은 바울이 유창한 히브리어로 연설을 하자 놀라 조용히 그의
말에 귀를 기울이기 시작했다. 헬라파 유대인으로 국어에 어눌할 것으로
생각했던 예루살렘의 유대인들이 유창한 바울의 히브리어에 놀란 것이다.
개역개정에는 '히브리 말'이라고 되어 있지만 헬라어 원문에 보면 누가는
바울이 단순히 히브리 말로 말했다고 하지 않고 '그 히브리 방언'(in the
Hebrew language, τῇ Ἑβραΐδι διαλέκτῳ)으로 말했다고 증언한다. 여기
'그 히브리'(the Hebrew, Ἑβραΐδι) 방언은 구약성서의 히브리어가 이스
라엘 사람들의 바벨론 포로 이후 아람어화한 방언을 말한다. 이런 아람어
를 히브리어라고 부른다. 당시 "아람어는 팔레스타인의 유대인들의 언어
였을 뿐만 아니라 서아시아, 유프라테스 강을 건너 파르티아 제국을 포함
하는 멀리 극동의 모든 비 헬라어 주민들의 공용어였다."[39]

---

[38] Bruce, *The Book of ACTS*, 437.
[39] Bruce, *The Book of ACTS*, 437.

¹ 부형들아 내가 지금 여러분 앞에서 변명하는 말을 들으라 ² 그들이 그가 히브리 말로 말함을 듣고 더욱 조용한지라 이어 이르되 ³ 나는 유대인으로 길리기아 다소에서 났고 이 성에서 자라 가말리엘의 문하에서 우리 조상들의 율법의 엄한 교훈을 받았고 오늘 너희 모든 사람처럼 하나님께 대하여 열심이 있는 자라 ⁴ 내가 이 도를 박해하여 사람을 죽이기까지 하고 남녀를 결박하여 옥에 넘겼노니 ⁵ 이에 대제사장과 모든 장로들이 내 증인이라 또 내가 그들에게서 다메섹 형제들에게 가는 공문을 받아 가지고 거기 있는 자들도 결박하여 예루살렘으로 끌어다가 형벌 받게 하려고 가더니 ⁶ 가는 중 다메섹에 가까이 갔을 때에 오정쯤 되어 홀연히 하늘로부터 큰 빛이 나를 둘러 비치매 ⁷ 내가 땅에 엎드러져 들으니 소리 있어 이르되 사울아 사울아 네가 왜 나를 박해하느냐 하시거늘 ⁸ 내가 대답하되 주님 누구시니이까 하니 이르시되 나는 네가 박해하는 나사렛 예수라 하시더라 ⁹ 나와 함께 있는 사람들이 빛은 보면서도 나에게 말씀하시는 이의 소리는 듣지 못하더라 ¹⁰ 내가 이르되 주님 무엇을 하리이까 주께서 이르시되 일어나 다메섹으로 들어가라 네가 해야 할 모든 것을 거기서 누가 이르리라 하시거늘 ¹¹ 나는 그 빛의 광채로 말미암아 볼 수 없게 되었으므로 나와 함께 있는 사람들의 손에 끌려 다메섹에 들어갔노라 ¹² 율법에 따라 경건한 사람으로 거기 사는 모든 유대인들에게 칭찬을 듣는 아나니아라 하는 이가 ¹³ 내게 와 곁에 서서 말하되 형제 사울아 다시 보라 하거늘 즉시 그를 쳐다보았노라 ¹⁴ 그가 또 이르되 우리 조상들의 하나님이 너를 택하여 너로 하여금 자기 뜻을 알게 하시며 그 의인을 보게 하시고 그 입에서 나오는 음성을 듣게 하셨으니 ¹⁵ 네가 그를 위하여 모든 사람 앞에서 네가 보고 들은 것에 증인이 되리라 ¹⁶ 이제는 왜 주저하느냐 일어나 주의 이름을 불러 세례를 받고 너의 죄를 씻으라 하더라 ¹⁷ 후에 내가 예루살렘으로 돌아와서 성전에서 기도할 때에 황홀한 중에 ¹⁸ 보매 주께서 내게 말씀하시되 속히 예루살렘에서 나가라 그들은 네가 내게 대하여 증언하는 말을 듣지 아니하리라 하시거늘 ¹⁹ 내가 말하기를 주님 내가 주를 믿는 사람들을 가두고 또 각 회당에서 때리고 ²⁰ 또 주의 증인 스데반이 피를

흘릴 때에 내가 곁에 서서 찬성하고 그 죽이는 사람들의 옷을 지킨 줄 그들도 아니이다 ²¹ 나더러 또 이르시되 떠나가라 내가 너를 멀리 이방인에게로 보내리라 하셨느니라 ²² 이 말하는 것까지 그들이 듣다가 소리 질러 이르되 이러한 자는 세상에서 없애 버리자 살려 둘 자가 아니라 하여 ²³ 떠들며 옷을 벗어 던지고 티끌을 공중에 날리니 ²⁴ 천부장이 바울을 영내로 데려가라 명하고 그들이 무슨 일로 그에 대하여 떠드는지 알고자 하여 채찍질하며 심문하라 한대 ²⁵ 가죽 줄로 바울을 매니 바울이 곁에 서 있는 백부장더러 이르되 너희가 로마 시민 된 자를 죄도 정하지 아니하고 채찍질할 수 있느냐 하니 ²⁶ 백부장이 듣고 가서 천부장에게 전하여 이르되 어찌하려 하느냐 이는 로마 시민이라 하니 ²⁷ 천부장이 와서 바울에게 말하되 네가 로마 시민이냐 내게 말하라 이르되 그러하다 ²⁸ 천부장이 대답하되 나는 돈을 많이 들여 이 시민권을 얻었노라 바울이 이르되 나는 나면서부터라 하니 ²⁹ 심문하려던 사람들이 곧 그에게서 물러가고 천부장도 그가 로마 시민인 줄 알고 또 그 결박한 것 때문에 두려워하니라(22:1-29)

위 본문은 바울의 간증으로 더 널리 알려졌지만 실제는 바울의 자기변호, 자기 변론, 자기 변증이라고 보는 것이 정확하다.⁴⁰ '변명하는 말을 들으라'(22:1)는 '변명'이 원문에 아폴로기아(ἀπολογίας, defence)다. 여기서 '사과,' '변명'을 뜻하는 아폴로지(apology)가 나왔다. 이 말은 초대교회에서 기독교를 변증할 때 사용하는 말로 순교자 저스틴, 그의 제자 타티안 같은 기독교를 변증하는 사람들을 변증가(apologist)라고 불렀다.

바울의 인사, 어린 시절, 기독교 박해(22:1-5)

현장에서 바울의 변론적인 설교를 직접 들은 누가가 기록했기 때문인

---

⁴⁰ Bruce, *The Book of ACTS*, 440. "성전 뜰에서 행한 바울의 연설은 자서전적이고 변증적이다. 그는 자신의 청중들에게 (i) 엄격한 정통 유대인으로 출생하고 성장했다는 사실(3-4절), (ii) 다메섹에서의 그의 회심(5-16절), (iii) 이방인 복음화를 위한 자신의 사명(17-21절)을 말했다."

지 바울의 변증은 마치 바울이 지금 바로 우리 옆에서 자신을 변호하는 것처럼 느껴질 정도로 생동감이 있다.

바울은 '부형들아'(22:1)로 자신의 변론을 시작했다. '부형들아'는 24년 전 스데반이 산헤드린 공회 앞에서 설교를 시작하면서 쓴 호칭이었다. 이것은 말 그대로 '형제와 아버지'를 지칭한다. 동족에 대한 바울의 존경의 태도를 읽을 수 있다. 누가는 바울이 유창한 아람어로 말하는 것을 유대인들이 듣고 '더욱 조용해졌다'(22:2)라고 증언한다. 당시 헬라파 유대인들은 히브리어를 잘 구사하지 못했다. 그런데 모세의 율법을 반대한다고 의심했던 바울이 유창한 아람어로 변론을 시작하자 유대인들이 조용히 그의 말을 청종하기 시작했다.

바울은 자신의 회심 전의 모습을 이렇게 집약했다. '나는 유대인으로 길리기아 다소에서 났고 이 성에서 자라 가말리엘의 문하에서 우리 조상들의 율법의 엄한 교훈을 받았고 오늘 너희 모든 사람처럼 하나님께 대하여 열심이 있는 자라'[41](22:3). 바울은 자신이 유대인이며 회심 전의 자신의 모습을 길리기아 다소 출신으로 가말리엘 문하에서 엄한 율법교육을 받은 하나님께 대하여 '열심이 있는 자'로 집약했다.[42]

그는 헬라의 영향권이 강한 길리기아 다소에서 태어나 그곳에서 성장했고 조상들의 율법의 엄한 교육을 받은 율법주의자였다.[43] 바울이 '사람을 죽이기까지 하고 남녀를 결박하여 옥에 넘긴'(22:4) 것도 이와 같은 율법에 대한 열심 때문이었다. 당시 가말리엘은 유대인들이 가장 존경하는 율법교사로 유대인들로부터 '우리의 랍비'라는 칭호를 받은 일곱 랍비 가운데 한 명이었다. 바울은 자신이 '가말리엘의 문하에서 우리 조상들의

---

[41] Lechler, *Theological and Homiletical Commentary on the Acts* Vol. II., 314. 바울이 유대인라고 밝힌 것은 자신에 대한 혐의와 의심과 오해를 해소시켜 주려는 목적이었다.

[42] Chrysostom, *The Homilies on The ACTS of The Apostles*, 626. 가말리엘 '문하에서'는 직역을 하면 가말리엘의 발치에서(at the feet of Gamaliel)라는 말로 바울의 가말리엘에 대한 존경과 그를 통한 배움에 대한 간절한 열망을 잘 드러낸다.

[43] Henry Cowles, *Acts of the Apostles: With Notes, Critical, Explanatory, and Practical, Designed for Both Pastors and People* (New York: D. Appleton, 1883), 179.

율법의 엄한 교훈을 받았다'(22:3)는 사실, '하나님께 대하여 열심이 있는 자'(22:3)라는 사실을 의도적일만큼 강조하였다. 그것은 자신이 결코 반율법주의자가 아니라는 사실을 증거하려는 의도라고 여겨진다. 놀랍게도 바울은 교훈을 받았다는 말을 현재완료형(having been instructed, πεπαιδευμένος)으로 사용해서 지금까지도 율법에 대한 훈련이 계속되었음을 드러냈다.

바울은 율법에 정통한 유대인이었다는 사실을 다른 곳에서도 밝혔다.[44] 그는 자신이 율법에 정통한 유대인이었다는 변론에 그치지 않고 '이 도'를 쫓는 이들을 극심하게 박해했다는 사실도 강조한다. 여기 '도'는 헬라어 호돈('Οδὸν)으로 '길'(Way)을 가리킨다. '예수가 그리스도'라고 믿는 신앙의 길을 의미한다. 바울은 자신이 '이 도를 박해하여 사람을 죽이기까지 하고 남녀를 결박하여 옥에 넘겼다'(22:4)고 증언한다. 그가 얼마나 예수 믿는 자들을 박해했는가를 보여준다.[45] 이미 앞서 나타난 바울의 기독교 박해(7:54-60; 8:1)보다 바울이 더 심하게 기독교인들을 박해했음을 증언한 것이다. 바울은 디모데에게 고백한 것처럼 '비방자요, 박해자요, 폭행자'(딤전 1:13)였다. 대제사장과 모든 장로들이 박해의 증인이었다. 산헤드린 대표인 당시 대제사장 가야바의 명의로 된 공문을 가지고 다메섹으로 올라갈 때 그들은 바울의 기독교 핍박을 인준해 주었다.

바울의 다메섹에서의 극적인 회심(22:6-11)

여기 바울의 변론 중에서 가장 극적이고 빛나는 장면은 역시 바울의 회심과 이방인의 사도로의 부르심이다. 바울은 자신의 회심 사건이 시공 속에서 일어난 분명한 사건, 그 사건을 통해 부활하신 나사렛 예수 그리스도를 만났다고 밝혔다. '가는 중 다메섹에 가까이 갔을 때에 오정쯤 되어

---

[44] 고후 11:22; 갈 1:14; 빌 3:5.
[45] 바울이 예수 믿는 자들을 박해한 기록은 여러 곳에 나타난다. 행 26:10; 고전 15:9; 갈 1:13, 23; 빌 3:6; 딤전 1:13.

홀연히 하늘로부터 큰 빛이 나를 둘러 비치매 내가 땅에 엎드러져 들으니 소리 있어 이르되 사울아, 사울아, 네가 왜 나를 박해하느냐 하시거늘 내가 대답하되 주님 누구시니이까 하니 이르시되 나는 네가 박해하는 나사렛 예수라 하시더라'(22:6-8). 누가는 바울이 공문을 가지고 다메섹에 가서 예수 믿는 자들을 예루살렘으로 데려다가 형벌을 받게 하려고 가던 중 다메섹에서 부활하신 주님을 만났음을 분명히 했다.

시공에서 일어난 역사적 사건

'바울의 회심'(Pauline conversion) 혹은 '다메섹 회심'(Damascus conversion)으로 알려진 사도 바울의 회심은 시간적으로 A.D. 33년 가을에 일어났다. 이것은 시공 속에서 일어난 역사적 사건이었다. (1) '다메섹에 가까이'서 일어난 사실, (2) '오정쯤' 되었을 때 일어난 사실, (3) '하늘로부터 큰 빛'이 자신을 둘러 비추었다는 사실, (4) '땅에 엎드러져' '사울아, 사울아, 네가 왜 나를 박해하느냐'는 음성을 들었다는 사실, (5) 그 음성을 듣고 '주여 누구시니이까'라고 물었을 때 '네가 핍박하는 나사렛 예수라'는 음성을 들었다는 사실 그리고 (6) 그가 '다메섹으로' 들어갈 것과 그곳에서 누군가가 행할 모든 것을 알려 줄 것이라는 음성을 들었다는 사실이다. 이를 통해 부활하신 주님을 만난 바울의 다메섹 회심의 사건이 환상이 아닌 뚜렷한 시공 속에서 일어난 역사적 사실임을 증언하고 있다.

다메섹은 고대 수리아의 성읍이며 현재 시리아의 수도이다. 레바논 산맥 동쪽 해발 600m의 고지 평원에 위치하고 있는 다메섹은 헤르몬 산과 레바논 산맥 등 삼면이 산으로 둘러져 있다. 다메섹은 64 B.C.년 수리아가 로마에 편입된 후 더욱 번창했다. 다메섹은 수리아에서, 아람으로, 유다로, 다시 아람으로, 앗수르로, 바벨론으로, 바사로 그리고 로마제국 수리아 주로 편입되었다. 아브라함이 롯을 구하기 위해 다메섹 좌편 호반까지 쫓아갔고(창 14:15), 아람 군대장관 나아만이 '다메섹 강 아바나와 바르발은 이스라엘 모든 강물보다 낫지 아니하냐'(왕하 5:12)고 말할 정도로 물이 풍부하고 깨끗했다.

바울이 회심한 장소는 다메섹의 '직가'(9:11)였다.[46] 직가(直街, Straight Street)는 다메섹을 동서로 꿰뚫고 있는 3.2km의 다메섹의 거리 이름으로 곧은 길을 의미한다. 이곳은 아나니아의 거주지였고(9:10), 바울이 복음을 전했던 곳(9:22)이었으며, 그곳 성벽에서 광주리를 타고 내려왔던 곳(9:25, 고후 11:33)이다. 바울 당시에는 그곳에는 많은 유대 그리스도인들이 살고 있었다. 이들은 오순절 성령강림 때 예루살렘에 왔다가 은혜 받고 돌아간 자들로 추측된다.

정오에 홀연히 하늘로부터 빛이 바울을 둘러 비추었다. 같은 빛이나 9장 3절에는 '빛'(a light, φῶς)이라고 했고 22장 6절에는 '큰 빛'(a bright light, φῶς ἱκανὸν)이라고 말한다. 빛으로 인해 바울이 3일 동안 눈을 뜨지 못한 것을 보면 강력한 빛이었다.[47] 바울은 빛으로 인해 땅에 엎드러져 소리를 들었고, 부활하신 주님과 대화를 나누었다. 사도행전 9장에 기록된 누가에 의한 간접적인 기록보다 22장의 바울의 직접적인 회심 고백은 더 구체적이다. 그중의 하나가 부활하신 예수님과의 대화이다. 바울은 자신이 직접 부활하신 예수님을 만났고, 그와 대화를 나누었다고 증언한다. 바울과 주님과의 대화를 정리하면 다음과 같다.

다메섹 도상에서 예수님과 바울의 대화(22:7-15)

예수님: 사울아 사울아 네가 왜 나를 박해하느냐(22:7).
바　울: 주님 누구시니이까(22:8).
예수님: 나는 네가 박해하는 나사렛 예수라(22:8).[48]

---

[46] Bruce, *The Book of ACTS*, 199. "'직가(Straight)라는 거리'는 아직도 다메섹의 주요 도로 가운데 하나인 다르발-무스타킴(Darbal-Mustaqim)이다. 전통적인 유다의 집의 위치는 그 거리의 서쪽 끝 가까이에 있다."

[47] Cowles, *Acts of the Apostles*, 179-180.

[48] Bruce, *The Book of ACTS*, 441. "'나는 나사렛 예수라' 하는 주님의 확증의 말씀은 그가 지금까지 무지와 불신앙으로 항거해왔던 그 구세주께 평생 동안 충성하도록 만들었다. 이제 이후로 그는 주님으로 새롭게 알게 된 그분의 명령을 기다렸고, 그가 장차 행할 지시가 주어질 다메섹으로 올라갔다. 그는 눈이 멀었기 때문에 다른 사람의 손에 이끌려 다메섹으로 인도함을 받았다."

바　　울: 주님 무엇을 하리이까(22:10).
예수님: 일어나 다메섹으로 들어가라. 네가 해야 할 모든 것을 거기
서 누가 이르리라(22:10).
아나니아: [우리 조상들의 하나님이 너를 택하여 너로 하여금 자기
뜻을 알게 하시며 그 의인을 보게 하시고 그 입에서 나오는
음성을 듣게 하셨으니 네가 그를 위하여 모든 사람 앞에서
네가 보고 들은 것에 증인이 되리라](22:14-15).

바울은 자신과 함께 있는 사람들이 빛은 보면서도 그에게 말씀하시는 예수님의 음성은 '듣지 못했다'(22:9)고 증언한다. '그 입에서 나오는 음성'(22:14)을 들은 바울과 그 소리를 듣지 못한 바울의 일행이 대비를 이루고 있다. 이것은 예수님이 하신 '내 양은 내 음성'(요 10:27)을 듣고, '무릇 진리에 속한 자는 내 음성을 듣느니라'(요 18:37)는 말씀을 연상케 한다. 목자에 속한 양이 목자의 음성을 듣는 것처럼 택함 받은 바울은 주님의 음성을 들었지만 그리스도를 박해하는 일에 바울과 동행한 다른 사람들은 빛은 보면서도 주님의 음성은 듣지 못했다.

그 빛으로 인해 바울은 눈이 멀어 '아무것도 보지 못하고 사람의 손에 끌려'이동했다. '아무것도 보지 못하고'(9:8)라는 사실을 통해 누가는 바울이 실명하여 맹인이 된 것을 강조한다. 바울은 11절의 간증에서도 "그 빛의 광채로 말미암아 볼 수 없게 되었다"고 증언한다.[49]

바울의 회심의 사건을 다메섹 도상에서 바울과 주님과의 대화로 국한시켜서는 안 된다. 바울은 자신의 회심 사건을 통시적으로 그려주고 있다. 코울즈가 지적한 것처럼 여기서 우리는 바울에게 복음을 전하도록 그를 부르신 분이 이미 오신 '위대한 주'라는 사실과 더불어 모든 그의 백성들이 영예롭게 여기는 경건하고 존귀한 한 유대인 다메섹의 아나니아를 삽입함으로 자신의 회심과 부르심이 역사적 사건이라는 사실을 변

---

[49] Cowles, *Acts of the Apostles*, 179. 바울은 '하나님이 택하신 도구'였다. 주님은 그의 잃어버린 시력을 회복시키시고 또한 그가 감당해야 할 새로운 비전을 주셨다.

증하였다.⁵⁰

바울의 첫 친구, 아나니아를 통한 소명 확인(22:12-16)

주님의 지시대로 바울은 아나니아를 만나 빛으로 인해 사흘 동안이나 전혀 보지 못하던 눈을 고침 받고, 세례를 받았으며 아나니아를 통해 이방인 선교를 위해 부름 받았다는 사실을 확인받았다. 이 아나니아는 '경건한 사람'(a devout observer of the law, εὐλαβὴς, 22:12)이었고, 모든 유대인들로부터 '칭찬을 듣는'(22:12) 사람이었다.

여기 '경건한'이라는 말은 누가가 즐겨 사용하는 단어로 하나님을 진실로 경외하는 인물들을 지칭할 때 이 말을 사용했다.⁵¹ 아나니아가 얼마나 하나님을 두려워하고 하나님의 율례를 따라 사는 경건한 사람인가를 말해준다. 아나니아가 모든 유대인들로부터 칭찬을 듣는 이라고 했는데 여기 '칭찬을 듣는'(borne witness to, μαρτυρούμενος)은 원문을 직역하면 '증언하는'(being testified), '대단히 존경받는'(highly respected), '좋은 평판을 받는'(well reported)이다.⁵²

누가는 아나니아가 많은 유대인들로부터 대단한 평판을 받는 하나님을 진실로 경외하는 사람이었다고 증언한다. 시므온이나 스데반의 경우가 보여주듯 누가는 '경건한'이라는 말을 사용할 때 언제나 '성령의 충만'과 연관해서 사용했다. 그렇다면 아나니아가 성령의 충만을 받았던 인물이라고 추론하는 것은 무리가 아니다. 하나님이 왜 그에게 바울을 보내셨는지를 알 수 있다.

그런 경건한 사람이 바울에게 이방인 선교의 소명을 확인시켜 준 것이

---

⁵⁰ Cowles, *Acts of the Apostles*, 161.

⁵¹ 동일한 단어가 성경에 4번 등장하는데 모두다 누가가 기술한 누가복음과 사도행전에만 나타난다. 예루살렘에 시므온이라 하는 사람이 있으니 이 사람은 의롭고 "경건하여"(눅 2:25), 오순절에 천하각국에서 예루살렘에 온 "경건한" 유대인들(2:5), 스데반을 장사지낸 "경건한" 사람들(8:2) 그리고 아나니아에게 동일한 단어가 사용되었다.

⁵² 주지하듯이 칭찬, 증인, 순교는 같은 어원을 가진다. 이들 세 용어는 상호 밀접한 연관성을 지닌다. 그가 자기희생적인 순교적 삶을 살고 칭찬을 받으며 그리스도를 증거하는 증인으로 살았음을 말해준다.

다. '하나님이 너를 택하여 너로 하여금 자기 뜻을 알게 하시며 그 의인을 보게 하시고 그 입에서 나오는 음성을 듣게 하셨으니 네가 그를 위하여 모든 사람 앞에서 네가 보고 들은 것에 증인이 되리라'(22:14-15). 여기 '의인'(the Righteous One)은 사도행전과 다른 성경에 나타난 동일한 원어 기록, 곧 '거룩하고 의로운 이'(3:14), '이제 너희는 그 의인을 잡아 준 자'(7:52), '의로우신 예수 그리스도'(요일 2:1)를 가리킨 것을 고려하면 여기 '의인'은 당연히 예수 그리스도를 지칭한 것이다.[53]

아나니아는 바울에게 '일어나 주의 이름을 불러 세례를 받고 너의 죄를 씻으라'(22:16)고 주문했다. 바울의 세례는 그가 영적으로 죄 씻음을 받은 것에 대한 가시적인 표식이자 하나님의 명령에 복종하겠다는 의지의 표현이었다.[54] 뚜렷한 영적 회심을 받은 사람은 누구나 주님의 이름으로 세례를 받아야 한다는 사실을 보여준다. 믿고, 예수의 이름으로 세례를 받고, 죄 사함을 받은 후 성령을 받아야 한다. 이것은 누가가 사도행전에서 일관되게 강조하는 것이다.

세례를 받은 후 얼마의 시간이 지난 후 바울은 예루살렘에 돌아와 성전에서 기도할 때 주님께서 바울에게 다시 나타나셔서 이방인 선교 소명을 재확인해 주셨다. 바울에게 주님이 다시 나타나셔서 '그들은 네가 내게 대하여 증언하는 말을 듣지 아니하리라'(22:18), '떠나가라 내가 너를 멀리 이방인에게로 보내리라'(22:21)고 말씀하심으로 향후 예루살렘에서 바울의 전도가 쉽지 않을 것을 예고하셨다.

환상을 통한 소명의 재확인(22:17-21)

우리가 한 가지 더 주목할 것이 있다. '주께서 환상 중에'(9:10) 아나니아를 불러 바울의 회심에 대해 말씀하셨고, 바울도 예루살렘으로 돌아가 기도할 때 '황홀한 중'(22:17)에 주님을 만나 대화를 나누었다. 바울이 기도 중에 두 번째로 부활하신 주님을 만난 것이다. 바울이 다메섹에서 받은

---

[53] Cowles, *Acts of the Apostles*, 179.
[54] Bruce, *The Book of ACTS*, 442.

사명은 예루살렘으로 돌아온 후에 더 분명해지고 더 확실해졌다. "부활하신 주님께서 사울에게 다시 나타나셔서 그가 이방인의 땅에서 자신의 사도가 되어야 할 것을 명백하게 말씀하셨다."[55]

예루살렘에 돌아와서 예수님과 바울의 대화(22:18-21)

예수님: 속히 예루살렘에서 나가라. 그들은 네가 내게 대하여 증언하는 말을 듣지 아니하리라(22:18).

바 울: 주님 내가 주를 믿는 사람들을 가두고 또 각 회당에서 때리고 또 주의 증인 스데반이 피를 흘릴 때에 내가 곁에 서서 찬성하고 그 죽이는 사람들의 옷을 지킨 줄 그들도 아나이다(22:19-20).

예수님: 떠나가라. 내가 너를 멀리 이방인에게로 보내리라(22:21).

한 가지 흥미로운 사실은 누가가 아나니아와 바울에게 성령의 놀라운 간섭과 개입이 그냥 있었던 것이 아니라 기도 중에 있었다는 것을 강조한 사실이다.[56] 바울은 회심한 후 '기도하는 중'(9:11)에 아나니아를 만났고, 예루살렘에 돌아가서도 '기도할 때에 황홀한 중'(22:17)에 예수님을 만났다. 바울이 주님을 만난 후 성령이 충만하여 기도 가운데 하나님과 깊은 영적교통을 지속하였음을 보여준다. 주께서 아나니아에게 사울에 대해

---

[55] Bruce, *The Book of ACTS*, 443. 부활하신 주님이 사울에게 나타나셔서 이방인의 사도로 파송하실 것을 확인해주신 사건은 언제 일어난 것인가? 이것은 사울이 다메섹에서 회심을 경험하고 예루살렘을 처음으로 잠깐 방문했을 때 일어난 일(참고, 9:26 이하)인 것 같다. 사울이 회심 후 3년째 되던 해에 예루살렘 성전에서 예배를 드리고 있는 동안에 환상 중에 그리스도가 그에게 새로 나타나셨다. 그때 사울은 예루살렘의 헬라파 유대인들과 격렬한 논쟁을 시작했는데, 사울의 논증이 분명하고 설득력이 있었지만 심각한 적대감을 불러일으켰다. 이전에 사울이 기독교운동을 강하게 반대했던 것을 기억하고 그들이 그에게 적의를 품은 것이다. 그럼에도 불구하고 사울은 예루살렘에 머물고 싶었지만 사울의 과거사, 기독교 핍박을 잘 아는 이들은 사울의 변화를 인정하지 않고 그의 말도 들으려하지 않았다. 사울이 주님으로부터 예루살렘을 떠나라고 명을 받은 것은 바로 그 때였다. 사울은 예루살렘의 유대인이 아닌 이방선교를 자신의 거룩한 부르심으로 분명하게 받아들였다. 행 9:29 이하에 있는 대로 예루살렘교회 지도자들이 사울의 생명을 노리고 있다는 소문을 들은 "형제들"(9:30)이 사울을 가이사랴로 보내 그곳에서 자신의 고향 다소로 돌아갔다.

[56] Lechler, *Theological and Homiletical Commentary on the Acts* Vol. II., 321.

말씀하신 것도 사울이 회심한 후 부활하신 주님을 다시 만나 이방인의 사도로 부르셨다는 소명을 재확인 받은 것도 결코 우연히 일어난 사건이 아니다. 믿음의 사람들은 언제나 주님의 음성에 귀를 기울여야 하고 주님과 깊은 영적교통을 가져야 한다.

또 한 가지 사실은 사도행전에서 예수 그리스도, 그분의 이름, 그분의 사역이 일관되게 강조되고 드러나고 있다는 사실이다. 바울의 변론에서도 중심 주제는 그를 찾아오시고 그를 변화시켜주시고 그를 이방인의 사도로 부르신 예수 그리스도이시다. 레히러가 적절히 지적한 것처럼 "바울 사도의 변증을 통해서 그리스도의 영광이 빛나고 있다."[57]

군중의 분노, 천부장의 심문, 로마시민 소명(22:22-29)

'내가 너를 멀리 이방인에게로 보내리라 하셨느니라'에 이르자 유대 군중들은 소리 지르며 '이러한 자는 세상에서 없애 버리자 살려 둘 자가 아니라'고 외치며 옷을 벗어 던지고 바울을 죽이려고 대들었다.

누가의 증언(18:22-29)은 바울의 변론을 듣고 유대인들이 얼마나 분노했는가를 설명하고 있다. 그들은 소리를 질렀고, 바울을 가리켜 '세상에서 없애 버리자,' '살려 둘 자가 아니라'고 하면서 '옷을 벗어 던지고 티끌을 공중에 날렸다.' 이 같은 일련의 행동은 당시 유대인들의 행습과 관련 있다. '바울이 옷을 털었다'(18:6)는 말은 성경의 다른 기록을 비교하면 의미가 더욱 선명해진다.[58]

---

[57] Lechler, *Theological and Homiletical Commentary on the Acts* Vol. II., 317. "그리스도의 영광이 이 사도 바울의 변호에서 빛이 났다. 자신을 변호하고 자신의 인격에 대해 분명히 말함으로 바울은 구속주, 죄인들을 향한 그분의 은혜 그리고 그분의 하늘의 영광과 권능, 그분의 가난하고 박해받은 제자들과의 교제 그리고 인류를 포용하는 그분의 구원계획에 대하여 가장 분명하게 증언했다. 조금도 흔들리지 않는 솔직한 고백이 겸비된 상당한 인내와 자신의 청중들을 향한 사랑이 하나로 연합됨으로써 여기에는 오직 그리스도의 성령만이 주실 수 있는 지혜가 나타났다."

[58] "누구든지 너희를 영접하지도 아니하고 너희 말을 듣지도 아니하거든 그 집이나 성에서 나가 너희 발의 먼지를 떨어 버리라"(마 10:14), "옷을 벗어 사울이라 하는 청년의 발 앞에 두니라"(7:58)

대단한 군중의 분노와 채찍심문 명령(22:22-24)

옷을 벗어 던지고, 먼지를 터는 유대인들의 습관은 그들의 강력한 의사 표현이다. 스데반을 돌로 쳐 죽인 것이나 후에 바울이 루스드라에서 전도할 때 안디옥과 이고니온에서 온 무리들이 그곳 사람을 충동하여 '그들이 돌로 바울을 쳐서'(14:19) 죽이려고 한 기록이 보여주듯 유대인들은 종종 그런 식으로 분노를 표현했다.

유대인들이 그토록 가혹하게 바울의 말에 반응한 것은 매튜 헨리가 적절하게 지적한 것처럼 자신들의 민족주의 사상과 배치되었기 때문이다 "유대인들은 바울의 회심 설명을 들었다. 그런데 이방인들에게로 보내심을 받았다는 언급은 그들의 민족적 편견에 너무도 배치되는 것이므로 그들은 더 이상을 듣고 싶지 않았던 것이다. 그들의 광분한 행동이 로마 천부장을 놀라게 만들었고 그는 바울이 어떤 대단한 범죄를 저질렀다고 추측했다."[59] 유대인들이 갖고 있는 선민사상, 그들이 갖고 있는 민족적 편견을 바울이 건드린 것이다. 부활하신 주님을 만났고 그로부터 이방인들에게로 가라는 부르심을 받았다는 것은 유대인들에게는 수용하기 힘든 부분이다. 이방인들에게 구원을 선포하고 그들을 포용하고 하나님의 사랑이 그들에게도 확대된다는 것은 유대인들에게는 도저히 받아들일 수 없는 사상이었다.

이미 바울이 모세의 율법을 무시한다고 생각한데다 이방인의 사도로 부름 받았다는 바울의 고백은 모인 이들 모두에게 받아들일 수 없는 반민족적 행위였다. 이방인들에게도 구원의 문이 열렸음을 증거하는 것이기 때문이다. 유대인들에게는 자신들이 중시하는 모세의 법을 어기고 또 자신들의 신앙을 경멸하는 것으로 비추어진데다 유대인과 이방인의 차별성

---

[59] Henry and Scott, *Commentary Upon the Holy Bible Matthew to ACTS* (London: The Religious Tract Society, 1835), 591. 유대인들은 회심에 대한 바울의 설명에 귀를 기울였다. 그러나 이방인에게 보냄을 받았다는 것은 자신들의 민족적 편견, 곧 국수주의적 민족주의 전통과 상충되는 것이어서 더 이상 듣고 싶지 않았다. 그들의 갑작스러운 태도 변화는 바울이 무언가 대단한 죄를 범했을 것이라고 생각했던 그 로마 천부장을 놀라게 만들었다.

을 폐지하는 언사라고 단정한 것이다.

이것은 바울이 가는 곳마다 유대인들이 왜 바울의 선교를 그토록 집요하게 방해했는가를 암시해준다. 이방인들이 하나님께로 돌아오는 것, 자신들의 하나님이 이방인의 하나님이 되는 것을 용납할 수 없었던 것이다. 요나가 보여주는 국수주의 사고가 얼마나 깊이 유대인들의 사고를 지배했는가를 알 수 있다. 할례자의 사도 베드로에게서 찾아볼 수 있듯이 유대인들은 예수 믿은 후에도 그 사고에서 벗어나지 못했다.

헬라인 천부장은 유대인들이 갖고 있는 종교적 성향이 어떻게 다른지, 그것이 왜 그들의 분노의 중요한 요인이었는지를 정확하게 간파하지 못했다. 바울이 유대인들에게 무언가 모종의 잘못을 범한 것으로 생각했다. 정확한 심문을 위해서도 안전을 위해서도 더 이상 그대로 둘 수 없다고 판단한 천부장은 '바울을 영내로 데려가라 명하고 그들이 무슨 일로 그에 대하여 떠드는지 알고자 하여 채찍질하며 심문하라'(22:24)고 명령했다. 천부장이 이렇게 명한 것은 분노한 군중들로부터 분명한 원인을 얻으려는 것이 실패로 돌아가자 왜 바울이 군중들로부터 집단 몰매를 맞아야 하는지 이유를 그에게서 직접 듣고 싶었기 때문이다. 천부장은 그 답을 가장 잘 얻을 수 있는 길이 고문이라고 판단했다. 천부장이 "바울을 '채찍질하며 심문하라'(by flogging to be examined, μάστιξιν ἀνετάζεσθαι)"고 명한 것도 그 때문이다.

그런데 여기 '채찍'(라틴어, flagellum)은 보통 채찍이 아니라 가죽 끈을 엮어 만든 날카로운 쇠붙이나 뼈가 박히고 튼튼한 나무 손잡이가 붙어 있는 "공포스런 고문 도구"(a fearful instrument of torture)였다. 이 채찍에 맞은 사람은 죽거나 폐인이 되거나 둘 중의 하나였다.[60] 바울이 세 번 태장으로 맞고, 유대인 관리들로부터 다섯 번 채찍질로 징계를 받았지만 이 채찍의 형벌은 아니었다.[61] 로마의 발레리아 법(Lex Valeria)과 포르키아 법(Lex Porcia)에 의하면 로마의 시민은 살인적인 채찍(프라겔룸)의 형

---

[60] Bruce, *The Book of ACTS*, 445.
[61] Bruce, *The Book of ACTS*, 445.

벌에서 면제받았다. 그래서 로마시민이었던 바울은 이것을 당연히 거부할 권한이 있었다.

바울의 로마시민 소명(22:25-29)

그 무시무시한 채찍으로 매질을 가하기 위해 '가죽 줄로 바울을 매자' 그가 '너희가 로마시민 된 자를 죄도 정하지 아니하고 채찍질할 수 있느냐'(22:25)고 반박한 것도 그 때문이다. 바울은 결정적인 순간에 자신이 로마시민인 것을 밝히는 것을 주저하지 않았다.[62] 하나님의 거룩한 목적을 위해서 정당한 세상의 법적 권리를 사용한 것이다. 예루살렘에서 진행되는 상황을 정확히 파악한 바울이 로마에 가서 공정한 재판을 받아야 한다고 판단하고 자신이 로마시민인 것을 밝힌 것이다.

당시 로마시민의 자유를 침해하는 것은 대단한 범죄 행위였다. 발레리우스(Valerius), 포르시우스(Porcius), 셈프로니우스(Sempronius) 그리고 그것들과 유사한 황제들의 법률들은 어느 누구도 로마 시민권을 가진 사람에게 육체적으로 벌을 가할 수 없었다. 이 특권은 매우 신성하고 로마제국에서 가장 중시되었다. 당시 그것을 범하는 것은 속죄할 수 없는 범죄였다. 바울은 선한 이유로, 이 부당한 해를 피하기 위해 로마시민으로서의 자신의 특권을 주저 없이 사용하였다.[63]

천부장의 명령을 받고 바울을 심문하려던 백부장은 곧장 천부장에게로 달려가 바울이 '로마 시민'(22:26)이라는 사실을 알려주었다. 그러자 천부장은 바울에게 와서 정말 '네가 로마 시민이냐 내게 말하라'(22:27)며 직접 확인했다. 바울은 '그러하다'(22:27)고 바로 대답했다. 헬라인인 자신에게는 헬라어로 대화를 하고 유대인들 앞에서는 아람어로 유창하게 자신을 변론하는 그 사람이 로마의 시민권자라는 사실이 믿기지 않았다. 오직 히브리파 유대인들만 구사하는 아람어를 유창하게 구사하면서도 헬라어를

---

[62] 칼빈, 사도행전 Ⅱ, 296-297.
[63] 칼빈, 사도행전 Ⅱ, 296-297.

자유롭게 구사하는데다 그가 로마 시민권자라고 주장하니 믿기지 않았다.

바울이 로마시민이라고 답하자 천부장은 지금까지의 적대적인 태도를 바꾸어 바울을 좀 더 존중하는 태도로 바라보게 되었다. 천부장이 '나는 돈을 많이 들여 이 시민권을 얻었다'고 하자 바울은 '나는 나면서부터 로마의 시민권자'(22:28)라고 대답했다.[64] 천부장은 바울에게 자신의 시민권을 어떻게 얻었는지를 밝힐 필요가 없었다. 그가 바울에게 많은 돈을 들여 시민권을 취득했다고 밝힌 데는 목적이 있었다. 한편으로는 로마의 시민권자인 바울에게 자신이 부당한 행동을 했다는 사실을 우려하는 마음에서 다른 한편으로는 바울이 정말 시민권자인지를 확인하려는 의도에서였다.[65]

돈을 주고 시민권을 산 로마 시민권자 천부장과 날 때부터 로마시민이었던 바울이 대비를 이루고 있다. 바울이 '나면서부터 로마의 시민권자'라고 대답했는데 이것은 바울의 부모가 로마 시민권자였다는 의미다. 바울의 선조가 처음에 어떻게 시민권을 취득했는지는 알려지지 않았다. 171 B.C.년경 다소가 로마 시로 편입되는 과정에서 혹은 64 B.C.년의 폼페이(Pompey)에게-바친 고귀한 봉사의 대가로 그의 조상이 로마 시민권을 취득했을 것으로 보인다.[66] 램지는 그 봉사가 텐트 만드는 사업과 모종의 연관

---

[64] Chrysostom, *The Homilies on The ACTS of The Apostles*, 626. 여기서 그의 부친 역시 로마시민이라는 것을 그대로 말해준다.

[65] 칼빈, 사도행전 II, 297. 이 점에 대해 칼빈의 해석은 매우 설득력이 있다. "천부장은 그를 반박하기 위해 이런 의견을 내놓는다. 마치 시민권은 평범한 일도 아니고, 모든 사람에게 열려있는 것도 아니라고 말한 것이나 다름없다. 그는 '너와 같은 길리기아 사람(Cilician)인 미천한 녀석이 이런 영예를 얻는다는 것이 어떻게 가능하냐, 내가 굉장히 많은 돈을 주고 산 이 영예를 말이다'라고 말한다. 바울이 자기가 '나면서부터'(로마시민이)라고 대답할 때, 곧 그 도시를 가 본 일도 없고, 더구나 그의 부친이 그곳 가까이에 간 적도 없는 곳을 그가 그렇게 대답할 때, 거기에는 다른 사람을 속일 이유가 없다. 왜냐하면 로마의 역사를 잘 아는 사람들은 그 지방에 사는 어떤 사람들이 시민권을 허락받기도 했다는 사실을 인정하고 있기 때문이다.… 로마시민으로 태어난 이 사람에 관해 불합리한 점은 없는 것이다."

[66] Bruce, *The Book of ACTS*, 446. 바울의 선조 중에서 누군가가 로마 행정관이나 장군에게 큰 공헌을 한 공로를 인정받아 로마 시민권을 얻게 되었을 것이라는 해석이다. 브루스는 바울의 선조의 시민권이 "소아시아의 남동 지역의 로마 장군이나 관리에게-아마도 64 B.C.년의 폼페이(Pompey)에게-바친 고귀한 봉사의 대가"이고, 그 봉사는 텐트 만드는 사업과 모종의 연관이 있는 것으로 해석했다.

이 있는 것으로 해석했다.⁶⁷ 바울이 태어날 때부터 로마의 시민권자라는 것은 당시 그가 대단한 가문의 사람이라는 사실을 단적으로 말해준다. 당시 로마의 시민은 로마 당국의 절대적 보호를 받았고, 로마제국이 아닌 다른 나라 사람들이 함부로 로마 시민권자를 재판할 수 없었다. 바울이 태어날 때부터 로마 시민권자라는 사실은 당시 배경에서 이해할 때 매우 중요하다.

바울은 다소에 태어나 헬라주의 배경을 가졌고, 가말리엘 문하에서 수학하고, 바리새인 중의 바리새인, 히브리인 중의 히브리인으로 전통적인 유대주의 배경을 가졌으며 로마의 시민권자로 로마의 배경을 동시에 가졌다. 뿐만 아니라 어떤 헬라인보다도 헬라어를 유창하게 구사하고 헬라 문화에 대해 해박한 지식을 가지고 있었다. 게다가 유대의 어떤 지도자보다도 율법과 유대 전통에 대해 열심을 가진 자였다.

누가는 바울이 얼마나 로마제국 전반에 대한 박학한 지식을 가졌는가를 잘 기술해 주고 있다. 바울은 대단한 헬라주의자였고 대단한 유대주의자였으며 동시에 대단한 로마주의자였다. 회심 전에 서로 연결되지 않고 따로 놀았던 바울의 헬라주의 배경과 유대주의 배경, 로마의 배경이 다메섹 도상에서 주님을 만난 후 하나로 통합되었다.⁶⁸

탁월한 역사적 안목과 시대적 흐름을 읽어가는 혜안을 가지고 있는 누가는 바울이 헬라어를 유창하게 구사하고 히브리어를 모국어로 갖고 있고, 로마 시민권을 가진 인물이라는 사실을 통해 바울이 헬라주의, 유대주의, 로마주의 배경을 가진 이방선교의 최적격자라는 사실을 자연스럽게

---

⁶⁷ William M. Ramsay, *The Cities of St. Paul: their influence on his life and thought : the cities of eastern Asia Minor* (London: Hodder and Stoughton, 1907), 185. 램지는 바울의 가정이 171 B.C.년 다소가 헬라도시로서 제정되었을 당시 다소의 시민권을 받았음에 틀림없다고 주장한다. "그러므로 우리는 바울이 171 B.C.년에 다소의 시민권을 획득한 가문 가운데 한 가문 출신이라고 간주해야 한다. 따라서 우리는 제롬이 기록한 바 바울 혹은 그의 부모가 로마에 의해 사로잡혀서 팔레스타인의 기샬라(Gischala)에서 이주한 것이라는 이야기는 현실적으로 불가능한 이야기로 거부한다." 바울의 가정이 다소와 길리기아의 사회적 엘리트 층에 속해 있었던 것이 분명하다.

⁶⁸ Everett Ferguson, *Backgrounds of Early Christianity* (Grand Rapids: Eerdmans, 2003), 493-494.

드러내고 있다. 복음전도 과정에서 필요할 경우 로마시민이라는 사실을 밝혔고, 아덴 사람들에게는 헬라철학의 핵심을 간파하며 설교했고, 예루살렘공의회와 천부장, 벨릭스 총독, 아그립바 왕 앞에서는 자신이 율법에 정통한 바리새인 중의 바리새인으로 유대주의 전통을 철저하게 준수하는 자라는 사실을 밝혔다. 바울이 여타 유대지도자들, 헬라 지도자들, 로마 지도자들과 차별화되는 이유가 거기 있다.

천부장도 바울이 헬라어와 아람어를 유창하게 구사하는데다 로마 시민권자라는 사실에 적지 않게 놀랐다. 함부로 재판을 할 수 없었다. 바울이 로마 시민권자라는 사실을 알고 놀란 천부장은 누가의 증언을 빌린다면 '그 결박한 것 때문에 두려워'(22:29)했다. 이것은 단순히 바울을 두 쇠사슬로 결박한 것을 가리킨다기보다는 그 무서운 채찍을 가하기 위해 바울을 묶은 것을 말한다.[69] 비록 그에게 매질을 가하지 않았다고 해도 가하려고 시도한 것만으로도 로마의 법을 어긴 것이다. 그렇기 때문에 이것은 엄중하게 다스려야 할 사항으로 형벌까지도 받을 수 있는 문제였다.[70]

그는 이튿날 '유대인들이 무슨 일로 그를 고발하는지 진상을 알고자 하여 그 결박을 풀고 명하여 제사장들과 온 공회를 모으고 바울을 데리고 내려가서 그들 앞에 세웠다'(22:30).

4. 공회 앞에서의 바울의 변증(22:30-23:11)

이제 천부장이 할 수 있는 길은 자신이 그렇게 한 일에 대한 명분을 찾는 일과 정확한 판단을 내리는 일이었다. 천부장은 송사 이유를 알기 위해 제사장들과 온 공회를 모으고 바울을 그 앞에 세웠다. 바울은 공회

---

[69] Lechler, *Theological and Homiletical Commentary on the Acts* Vol. II., 325.
[70] Bruce, *The Book of ACTS*, 447. "바울이 로마시민인 것이 드러나자 상황이 완전히 달라졌다. 기존의 거친 방법들은 일반인들에게는 괜찮았지만 날 때부터 로마시민이라는 것이 드러난 이상 포기되어야 했다. 천부장은 자신이 심각한 불법을 저지를 뻔했다는 사실을 깨닫고 몹시 두려워 떨었다. 실행에 옮기지 않았다 해도 바울에게 매질을 가하도록 명한 것 자체가 범죄행위였기 때문이다. 이제 그는 소요의 진짜 원인을 규명하기 위하여 형식적인 법 절차에 따라 심문을 해야 했다."

앞에 서서 '공회를 주목'(23:1)하면서 다음과 같이 변론했다.

> ¹ 바울이 공회를 주목하여 이르되 여러분 형제들아 오늘까지 나는 범사에 양심을 따라 하나님을 섬겼노라 하거늘 ² 대제사장 아나니아가 바울 곁에 서 있는 사람들에게 그 입을 치라 명하니 ³ 바울이 이르되 회칠한 담이여 하나님이 너를 치시리로다 네가 나를 율법대로 심판한다고 앉아서 율법을 어기고 나를 치라 하느냐 ⁴ 곁에 선 사람들이 말하되 하나님의 대제사장을 네가 욕하느냐 ⁵ 바울이 이르되 형제들아 나는 그가 대제사장인 줄 알지 못하였노라 기록하였으되 너의 백성의 관리를 비방하지 말라 하였느니라 하더라 ⁶ 바울이 그 중 일부는 사두개인이요 다른 일부는 바리새인인 줄 알고 공회에서 외쳐 이르되 여러분 형제들아 나는 바리새인이요 또 바리새인의 아들이라 죽은 자의 소망 곧 부활로 말미암아 내가 심문을 받노라 ⁷ 그 말을 한즉 바리새인과 사두개인 사이에 다툼이 생겨 무리가 나누어지니 ⁸ 이는 사두개인은 부활도 없고 천사도 없고 영도 없다 하고 바리새인은 다 있다 함이라 ⁹ 크게 떠들새 바리새인 편에서 몇 서기관이 일어나 다투어 이르되 우리가 이 사람을 보니 악한 것이 없도다 혹 영이나 혹 천사가 그에게 말하였으면 어찌 하겠느냐 하여 ¹⁰ 큰 분쟁이 생기니 천부장은 바울이 그들에게 찢겨질까 하여 군인을 명하여 내려가 무리 가운데서 빼앗아 가지고 영내로 들어가라 하니라 ¹¹ 그 날 밤에 주께서 바울 곁에 서서 이르시되 담대하라 네가 예루살렘에서 나의 일을 증언한 것 같이 로마에서도 증언하여야 하리라 하시니라(23:1-11).

천부장은 제사장들과 온 공회를 열라고 명령하고, 제사장들과 온 공회가 그 명령에 순종하여 모였고, 바울을 소환해 그 앞에 세웠다. 천부장의 권한이 얼마나 대단했는가를 알 수 있다. 천부장이 바울에게 다시 변론의 기회를 주려고 제사장과 공회를 소집한 것은 아니다.

하지만 바울은 이 기회를 이용하여 자신을 변론하길 원했다. 바울은 산헤드린공회를 '주목해서'(23:1) 바라보았다. 주목했다는 것은 말 그대로

'집중해서 바라보았다'(having looked intently, ἀτενίσας)는 말이다. 시제가 현재완료 시제로 사용되어 바울이 공회를 한동안 집중적으로 바라본 것을 알 수 있다.

바울의 신앙고백, 아나니아의 격노, 바울의 반격(23:1-5)

바울은 '오늘까지 나는 범사에 양심을 따라 하나님을 섬겼노라'(23:1)고 서두를 열었다.[71] 여기 '섬겼노라'는 말은 '살아왔다'는 말로 이 역시 현재완료로 지금까지 쭉 그렇게 살아왔다는 의미이다. 바울에게는 그의 삶이 하나님을 섬기는 삶이었음을 보여준다. 매튜 헨리는 '여기 정직한 사람의 성품을 보라 … 그는 자신의 모든 말과 행동에 있어서 양심적이었다'[72]고 고백했다. 여기 양심을 따라 살았다는 것은 하나님의 뜻(딤전 1:5, 19, 벧전 3:16)을 따라 살았다는 것을 의미한다. 그것도 범사에 그렇게 하나님을 섬겼다고 선언했을 때 대제사장 아나니아에게는 그 말이 신성모독이나 마찬가지였다. 그는 바울의 말에 깊은 반감을 느꼈다.[73] 바울이 '형제들아 오늘까지 나는 범사에 양심을 따라 하나님을 섬겼노라'고 말했을 때 그가 바울 곁에 있는 사람들에게 바울의 입을 치라고 명한 것도 그 때문이다.

바울은 그 말에 '회칠한 담이여, 하나님이 너를 치시리로다. 네가 나를 율법대로 심판한다고 앉아서 율법을 어기고 나를 치라 하느냐'(23:3)고 응답했다. 회칠한 담(whitewashed wall, τοῖχε κεκονιαμένε)은 예수님이 바리새인들을 책망하시면서 하신 '회칠한 무덤'(whitened sepulchers, 마

---

[71] '섬겼다'는 말은 '살아왔다'(have lived as a citizen, πεπολίτευμαι), '율법의 의무를 충실하게 실천에 옮겨왔다'는 의미이다.

[72] Matthew Henry, *Short Comments on Every Chapter of the Bible* (London: The Religious Tract Society, 1839), 837. 바울은 "그 앞에 하나님을 두고, 그분의 면전에 서 있는 것처럼 살았다. 그는 그가 말하고 행동하는 것을 양심으로 증언했고, 그가 아는 최선의 지식을 따라 그는 무엇이든지 악한 것은 피하고, 선한 것을 추구하며 살았다. 그는 자신의 모든 말과 행동에 있어서 양심적이었다. 바울과 같이 하나님 앞에서 사는 자들은 하나님과 인간 모두에게 자신감을 가졌을 것이다."

[73] Bruce, *The Book of ACTS*, 449.

23:27; 눅 11:44)이라고 하신 말씀을 연상시킨다. 율법에 정통하다고 하면서도 정작 율법의 정신에 어긋나는 유대지도자들의 모습, 겉으로는 경건한 체하면서도 실제로는 하나님의 법을 어기는 이중적인 모습을 공격한 것이다.[74] '치시리라'(strike, Τύπτειν)는 말은 예루살렘에 올라갔을 때 유대인들이 바울을 쳤을 때(21:32) 사용된 동일한 단어이다. 하나님이 그를 심판하시겠다는 의미를 담고 있다.

여기 나오는 대제사장 아나니아는 사도행전 4장 7절, 누가복음 3장 2절, 요한복음 18장 13절에 나오는 아나니아 대제사장이 아니라 A.D. 47-59년 동안 직임을 감당한 대제사장 헤롯(Herod of Chalcis)에 의해 임명된, 네베대우스(Nebedaeus)의 아들이다. 요세푸스에 따르면 아나니아는 일반 제사장들에게 돌아가야 할 십일조를 가로챈 인물로 대제사장직을 가장 더럽힌 사람 중 한 명이었다.[75]

아나니아는 그 일이 있기 약 5년 전쯤인 A.D. 52년 유대인과 사마리아인 간의 유혈 폭동에 연루되었다는 의심을 받고 수리아의 통치자에 의하여 글라우디오 황제 앞에 재판을 받기 위해 죄수의 몸으로 로마로 압송되었다.[76] 아나니아는 무죄를 선고받고 풀려나 유대로 돌아왔다가 '하나님이 너를 치시리로다'는 바울의 예언대로 A.D. 66년 유대인 전쟁 동안에 유대 열심당의 한 분파인 시카리(the Sicarii)에 의해 살해당했다.[77] 누가는 하나님을 떠난 유대지도자들, 특히 대제사장이 하나님의 심판을 면치 못한

---

[74] Bruce, *The Book of ACTS*, 451. 브루스는 이렇게 잘 설명했다. "여기 '회칠한 담'(whited wall)이라는 은유적 표현은 흔들거리는 불안정한 상태의 벽이면서도 겉에 흰 칠을 해서 든든한 것처럼 가장하는 것을 말한다. 아나니아처럼 행동하는 사람은 외관이 번듯해도 완전히 실패로 끝날 수밖에 없다. 그의 교만은 넘어짐의 앞잡이라는 잠언 16장 18절에 있는 오만한 영이었다. 바울의 말은 그가 이해했던 것 그 이상으로 예언적인 말이었다. 바울이 그 사람을 친밀히 알았더라도 이보다 더 적절한 표현으로 말할 수 없었을 것이다."

[75] Josephus, *Antiquities* xx, 9. 2.

[76] Bruce, *The Book of ACTS*, 451-452.

[77] Josephus, *Wars* II. 17. 9. A.D. 66년에 로마에 대항하여 전쟁이 일어났을 때, 아나니아는 숨어 있던 수로에서 반란군에게 잡혀서 그의 형제 히스기야(Hezekiah)와 함께 죽임을 당하였다. 요세푸스는 이렇게 증언한다. "그러나 다음날 대제사장은 숨어 있던 수로(an aqueduct)에서 체포되어 그의 형 히스기야와 함께 군도(軍徒)들에 의해 살해당했다. 이로부터 정적들이 병사들 중 어떤 한 사람이라도 도망하지 못하도록 그 탑을 포위하고 그들을 경계하였다."

다는 사실을 동일한 용어를 사용하여 드러내기를 원했다.

바울은 곁에 있던 사람이 '하나님의 대제사장을 네가 욕하느냐'고 공격하자 '나는 그가 대제사장인 줄 알지 못하였노라. 기록하였으되 너의 백성의 관리를 비방하지 말라 하였느니라'(23:4-5)고 대답했다. 바울의 이 말은 만일 그가 그 사실을 알았다면 그렇게 행동하지는 않았을 것이라는 의미다.[78] 바울은 자신이 인지하지 못한 것에 대해 솔직하게 고백하고 불필요한 공격과 비판을 피했다. 불필요한 행동으로 인해 복음전파가 방해를 받는 것을 원치 않았기 때문이다.

바울의 바리새인 고백과 부활의 신앙 공언(23:6-9)

대제사장이 바울의 말을 방해하고 나서 바울은 공회 앞에서 '나는 바리새인이요 또 바리새인의 아들이라, 죽은 자의 소망 곧 부활로 말미암아 내가 심문을 받노라'(23:6)고 밝혔다. 이것은 사실이 아닌 것으로 간주되어 왔으나 크리소스톰이 지적한 것처럼 이것은 전혀 거짓이 아니다.[79] 바울의 부활신앙의 천명은 분열을 조장시키려고 한 의도에서가 아니라 누가가 사도행전에서 일관되게 증언하는 것처럼 기독교의 부활 신앙을 변증하는 데 목적이 있다.[80]

---

[78] 여기 '욕하느냐'(insult, rail at, λοιδορεῖς)는 단어는 말 그대로 '욕하다,' '비난하다'는 의미이다. 동일한 단어가 요한복음 9장 28절 '그들이 욕하여 이르되 너는 그의 제자이나 우리는 모세의 제자라'에 나온다. 여기 '내가 알지 못하였노라'(Οὐκ ᾔδειν)는 '내가 인지하지 못했다'(I was not aware)는 말이다. 이 말은 세 가지 설명이 가능하다. (1) 바울이 다메섹 도상에서 강력한 빛으로 인해 시력이 나빠져 대제사장을 몰라봤거나 대제사장이 산헤드린공회 의장 자리에 앉지 않아 몰라보았기 때문이다. (2) 아나니아가 부적절하게 임명을 받았기 때문에 아나니아의 권위에 맞서 일종의 저항하는 의미를 갖는다. (3) '내가 알지 못하였노라'를 '내가 알지 못하고 그랬노라'는 말로 이해해 바울이 사과를 한 것이다. 이 중에서 일반적으로 첫 번째 견해가 받아들여진다. 정규 집회가 아니기 때문에 아나니아가 대제사장의 관복을 입지 않은데다 가뜩이나 시력이 좋지 않은 바울이 지난 20여 년 동안 예루살렘을 자주 방문하지 못했기 때문에 그를 대제사장으로 몰라본 것이다.

[79] Chrysostom, *The Homilies on The ACTS of The Apostles*, 647. 또한 다음을 참고하라. Lechler, *Theological and Homiletical Commentary on the Acts* Vol. II., 325.

[80] 이것을 분열의 행동으로 해석한 학자들이 있는데 파라가 대표적이다. Frederic William

바울이 산헤드린공회 앞에서 '죽은 자의 소망 곧 부활로 말미암아 내가 심문을 받노라'(23:6)고 밝히자 '바리새인과 사두개인 사이에 다툼이 생겨 무리가'(23:7) 둘로 나누어졌다.[81] 둘이 나뉜 것은 사두개인은 '부활도 없고 천사도 없고 영도 없다'(23:8)고 믿었고,[82] 반면 '바리새인은 다 있다'(23:7)고 믿었기 때문이다. 따라서 바울의 말로 무리가 둘로 나뉘어 바리새인들은 바울을 지지하고 사두개인들은 바울을 적대하기 시작했다.[83]

바리새파의 입장에서는 누군가가 부활의 교리를 믿는다면 자신들과 동질의 신앙을 가진 사람이라고 판단했을 것이다. 반면 사두개파의 입장에서는 '새로운 유행의 이단'을 공공연하게 확산시키는 것이었다. '크게 떠들새'(23:9), '다투어'(23:9), '큰 분쟁'(23:10)은 둘 사이의 다툼이 심했음을 보여준다. 한 가지 주목할 것은 바리새 편 서기관이 일어나 '이 사람을 보니 악한 것이 없도다. 혹 영이나 혹 천사가 그에게 말하였으면 어찌 하겠느냐'(23:9)고 큰 소리로 외쳤다. 영(a spirit, πνεῦμα)과 천사(an angel, ἄγγελος)의 존재를 믿었던 바리새인이 '혹 영이나 혹 천사가' 바울에게 말했을 가능성을 제기한 것이다. 바울이 선지자일 수 있다고 본 것이다.

Farrar, *The Life and Work of St. Paul* (London: Cassell, 1897), 540. 파라(F. W. Farrar, 1831-1903)는 바울의 이 같은 행동이 분열을 조장시킨 것이라고 강하게 비판하면서 만약 주님이시라면 '나는 바리새인이요'라고 말씀하셨겠느냐고 반문했다. "This [was] creating of a division among common enemies on the grounds of a very partial."

[81] Cowles, *Acts of the Apostles*, 184. 바울은 바리새인으로 태어났고 바리새인으로 교육을 받았기 때문에 바울의 고백이 위기에서 풀려나기 위한 정치적인 의도에서 한 것이라고 단정할 수 없다.

[82] Cowles, *Acts of the Apostles*, 184. 코울즈는 사두개인들을 유물론자들(materialists)이라는 단어로 집약했다. "사두개인들이 부활과 영의 존재를 부정했고 예수님과의 대화에서 물질주의자들로 나타났다(눅 20:27-38 그리고 각주를 보라)는 사실은 요세푸스에 의해 충분히 확인되었다. 요세푸스는 자신의 유대인전쟁(*Jewish War*, 2:8:14)에서 말했다. '사두개인들은 사후 영의 영원성이나 존재, 보이지 않는 세상의 보상과 형벌도 부정하였다.' 요세푸스는 또 다시 그의 고대사(*Antiquities*, 18:1:4)에서 말했다. '사두개인들은 인간의 영혼이 자신들의 육체와 함께 소멸된다는 입장을 가졌다.' 탈무드주의자들과 다른 유대인 저자들도 사두개인들의 이러한 신앙을 견지했다."

[83] Bruce, *The Book of ACTS*, 453. 처음 제자들을 박해했던 사두개인들이 바울을 정죄한 것이다. 사두개인들은 엄밀한 의미에서 유대교의 입장에서 보면 이단이다. 정치적으로 로마 제국을 등에 업고 자신들의 입지를 구축해 나갔다. 누가는 사도행전에서 이 일을 일관되게 증언한다.

바리새인들이 부활과 내세와 영의 존재를 믿었다는 것은 매우 중요한 의미를 지닌다. 바리새인들과 기독교인들 사이에 접촉점이 더 많았기 때문에 사두개인들보다 바리새인들이 예수 그리스도의 복음을 더 잘 받아들였다. 당시 사두개인들은 그들의 신앙이 기독교와 본질적으로 달라 기독교인이 되기 힘들지만 부활과 내세를 믿는 바리새인은 그리스도인이 되기 쉬웠다. "적어도 기독교의 초기 몇 십 년 동안에는 바리새인이 그리스도인이 되고도 바리새인으로 남아 있을 수 있었다."[84]

한글성경과 여러 영어 역본에는 생략되었지만 어떤 헬라어 사본에는 9절 하반 절에 바리새파 서기관이 이어 '우리가 하나님을 대항해서 싸우지 말자'고 말한 것이 추가되었다.[85] 이 말은 가말리엘이 유대 동족들을 진정시키면서 한 말 '하나님을 대적하는 자가 될까 하노라'(5:39)를 연상시킨다.

공회 앞에서 바울이 자신을 변론한 후 그곳에서 사두개파와 바리새파 사이에 분쟁이 발생해 바울에 대한 심리를 진행할 수도 없었고 고소 내용이 무엇인지도 밝혀내기 힘들었다. 그런데다 몇몇 바리새파 학자들은 바울이 아무 잘못도 범하지 않았다고 변호하기 시작했다. 바리새파의 서기관들은 '방을 가로질러 가서 바울이 옳다'며 그를 위해 싸웠다. 이와는 달리 사두개인들은 그런 영적교통이 불가능한 일이라며 바리새파 주장을 반박했다. 바울을 한가운데 두고 바리새인들은 바울 뒤에, 사두개인들은 바울과 직면해 있어 바울이 찢어질 위기에 처했다.[86]

천부장의 개입, 하나님의 특별 임재와 격려(23:10-11)

천부장은 바울이 둘 사이에서 '찢겨질 것'을 우려하여 경비병들에게 '바울을 그들로부터 빼내라고 명하였다'(23:10).[87] 바울이 그 현장에서 죽을 수

---

[84] Bruce, *The Book of ACTS*, 453.
[85] '우리가 하나님을 대항해서 싸우지 말자'(let us not fight against God, μὴ θεομαχῶμεν)를 여러 영어 역본들(ANKJV, KJB, NKJV, WBT, WEB)이 본문에 포함하였다. 그러나 알렉산드리아 사본, 벌게이트 라틴 역, 시리아 역 그리고 에디오피아 사본에도 나타나지 않는다.
[86] Bruce, *The Book of ACTS*, 454.

있다고 판단했기 때문이다. 이런 순간을 우리가 어떻게 생각하고 판단해야 할 것인가? 천부장의 입장에서는 로마의 시민권자에게 매질을 가한 것, 부당하게 대우한 것으로 인해 문책을 당하거나 불이익을 당하지 않도록 하려는 의도에서 로마의 시민권자인 바울을 보호하려고 한 것이지만 우리는 하나님께서 종종 이렇게 당신의 백성들을 보호하시고 인도하신다는 사실을 기억해야 한다. 칼빈의 표현을 빌린다면 "하나님의 섭리의 사역자로 임명"받은 천부장은 "바울을 자기의 군대를 통해 죽음의 손아귀"에서부터 빼내었다. 비록 그가 "단지 큰 소동과 살해를 방지하려는 목적으로 그렇게" 했더라도, 결국 주님께서는 그를 통해 바울을 죽음의 위기에서 구원해 준 셈이다.[88]

여기서 우리는 하나님의 주권과 섭리를 발견한다. 바울에게는 참 힘든 시간이었다. 누가가 그 순간 바울의 마음의 생각이 어떠했는지는 전혀 언급하지는 않지만 바울의 심정은 대단히 착잡했을 것이다. 동족으로부터 배신을 당한 것에 대한 마음 아픔이 있었을 것이다. 동족을 생각해서 돕기를 원했는데 그가 사랑한 자신의 동족들이 그를 죽이려고 한 것이다. 마치 주님의 십자가의 고난을 연상케 한다. 유대인들을 사랑하고 구원하려고 했지만 유대지도자들로부터 거절을 당하고 죽으신 주님을 연상케 한다.

위기의 순간 그를 엄습한 또 하나의 고민은 자신의 비전의 성취에 대한 불확실함이었을 것이다. 어느 정도 결박당할 것을 예상했지만 예루살렘에서 동족으로부터 이 정도로 심한 핍박을 받으리라고는 감히 상상하지 못했을 것이다. 바울은 로마를 거쳐 서바나로 가려던 자신의 계획이 불확실해지는 것은 아닌지 걱정이 되었을 것이다.[89]

가장 극심한 영적인 시련의 때, 가장 놀라운 약속

이런 영적인 시련의 때에 우리 주님은 전에도 위급한 상황에서 그에게

---

[87] Ramsay, *Bearing of Recent Discovery*, 93.
[88] 칼빈, 사도행전 II, 313.
[89] Bruce, *The Book of ACTS*, 455.

나타나셨던 것(18:9; 22:17)처럼 고난당하는 바울을 찾아오셨다.[90] 바울이 무리의 낯을 피해 군사의 도움을 받아 영문(barracks, παρεμβολήν)으로 들어간 그 날 밤에 주께서 바울 곁에 서서 '담대하라 네가 예루살렘에서 나의 일을 증언한 것 같이 로마에서도 증언하여야'(23:11) 하리라고 말씀하셨다. 주께서 바울의 안전과 보호 그리고 로마에서의 복음증거를 약속하신 것이다.[91]

이 약속은 바울에게는 가장 큰 기쁨과 영광과 격려의 말씀이었다.[92] 주님은 바울에게 '담대하라'(take courage, Θάρσει)고 격려하셨다. 예수님이 제자들에게 '세상에서는 너희가 환난을 당하나 담대하라 내가 세상을 이기었노라'(요 16:33)고 말씀하셨을 때 '담대하라'가 동일한 단어이다. 맹인에게 '안심하고 일어나라'(막 10:49)고 말할 때 '안심하라'가 동일한 단어다. 환난으로 고통을 당하고 눈을 보지 못해 좌절하며 절망 가운데 있는 자들에게 격려하신 최고의 격려를 주님이 바울에게 하신 것이다.

이와 함께 주님은 바울의 로마행을 재확인해 주셨다. 레히러의 말대로 주님의 약속은 특별히 지금의 시점에서 바울에게는 '위대한 필요,' '위대한 위로'가 되었을 것이 분명하다.[93] 바울에게 나타나신 것은 주님이 제자들에게 '볼지어다 내가 세상 끝 날까지 너희와 항상 함께 있으리라'(마

---

[90] Lechler, *Theological and Homiletical Commentary on the Acts* Vol. II., 334, 336. "그리스도의 현시(11절)로 바울은 위로를 얻었고 고양되었다. 가장 극심한 위험 한 가운데서 사도는 가장 영광스러운 희망을 본 것이다. 로마에서 복음을 증거하는 기회를 갖는 것은 오래전부터 그의 가장 큰 목표였다. 그런데 지금 하나님이 그에게 그것을 허락하신 것이다. 구속주가 그에게 의도하시는 것 그리고 그분이 마찬가지로 그와의 대화에서 아나니아를 통해 바울에게 계시하셨던 것이 이제 가까이 성취되고 있는 것이다. 확실히 십자가의 표시 아래서 그는 예수의 이름을 위해 큰일을 겪어야 했다(9:15, 16)."

[91] Chrysostom, *The Homilies on The ACTS of The Apostles*, 650.

[92] Lechler, *Theological and Homiletical Commentary on the Acts* Vol. II., 336.

[93] Lechler, *Theological and Homiletical Commentary on the Acts* Vol. II., 338-339. "바울은 예루살렘에서의 그의 증언에 대하여 변호 방식이나 결과 둘 모두에 있어서 별로 만족하지 못했을 것이다. 주님의 말씀은 잠 못 이루는 밤 그 어떤 것보다도 더 생각과 의심 너머로 높이 그를 끌어올려 주었을 것이다. '위로 받으라, 나는 네가 행한 것만 아니라 네가 행할 네 증언에 대해서도 만족하고 있다. 성공은 네 손에 있는 것이 아니다. 너를 통해 이루려는 내 길과 계획은 전혀 변함이 없다. 예루살렘에서의 너의 증언이 끝이 아니다. 너는 반드시 로마로 갈 것이다.'"

28:20)는 약속, 임마누엘이신 주님이 성령을 보내주시고 당신의 백성들과 함께하실 것을 약속하신 약속의 성취였다. 주의 백성들이 시험을 받을 때, 심지어 과연 주님이 '나와 내 가정,' '내 교회'에 함께 계시는가 라고 반문할 만큼 어두운 터널을 통과하고 있을 때에도 주님은 여전히 동행하신다는 사실을 약속하신 말씀이다.

비전에 대한 확약

주님은 단순히 고난당하는 바울을 위로하시는 것으로 그치지 않으시고 바울의 비전을 인준하셨다. '네가 예루살렘에서 나의 일을 증언한 것 같이 로마에서도 증언하여야 하리라'(23:11)는 말씀은 바울이 로마까지 가서 그리스도를 증거하게 될 것을 약속하신 것이다. 바울이 했던 고백, '나로 하여금 로마를 보게 하실 것이다'는 그의 비전이 그대로 성취될 것을 약속하신 것이다. 따라서 주님의 나타나심은 바울에게 이중적인 은총의 섭리였다. 주님이 바울의 고난의 현장에 함께 하신다는 사실, 로마에 가서 복음을 전할 것이라는 사실을 재확인시켜주셨기 때문이다.

주님이 바울에게 말씀으로 바울의 오랜 숙원인 로마행을 분명히 확인시켜 주신 것이다. 이것은 바울의 안전을 보장해주시는 하나님의 약속의 말씀이었다.[94] 주께서 바울에게 나타나셔서 로마행을 약속해주신 것은 바울에게는 그 이상의 격려와 축복이 없을 정도로 대단한 격려요 축복이었다.

바울의 곁에 서서 말씀하신 주님

23장 11절에서 정말 우리가 주목해야 할 것이 있다. 누가는 바울의 안전과 비전을 인준하시는 주님이 그냥 말씀하신 것이 아니라 '곁에 서서' 말씀하셨다고 증언한다. 여기 '서서'의 원문이 에피스타스(ἐπιστὰς)로 '서다,' '일어서다,' '오다,' '직면하다'는 뜻이다. 이 단어는 누가가 즐겨 사용하는 단어였다. 동일한 단어가 신약에 21회가 나타나는데 그중의 18회가

---

[94] 칼빈, 사도행전 Ⅱ, 313.

누가복음과 사도행전에 집중되었다.[95]

누가는 예수님의 탄생 소식을 양떼를 지키는 목자들에게 전하는 과정을 이렇게 기술했다. '주의 사자가 곁에 서고 주의 영광이 그들을 두루 비추매 크게 무서워하는지라'(눅 2:9). 여기 '서고'(stood by, ἐπέστη)가 시제만 다를 뿐 에피스타스와 동일한 어근을 가진 헬라어이다. 주님이 친히 나타나시거나 주의 천사가 특별한 부름을 받고 나타나셔서 곁에서 메시지를 전달할 때 에피스타스가 사용되었다. 성경에 동일한 단어 에피스타스가 사용된 대표적 용례는 다음과 같다.

누가의 에피스타스(ἐπιστὰς) 사용 용례 비교

	성경	본문 해당 용례	헬라어	의미
1	눅 2:9	주의 사자가 '곁에 서고'	ἐπέστη	stood by
2	눅 24:4	두 사람이 '곁에 섰는지라'	ἐπέστησαν	stood by
3	행 10:17	마침 고넬료가 보낸 사람들이 시몬의 집을 찾아 문 밖에 '서서'	ἐπέστησαν	and stood
4	행 11:11	내가 유숙한 집 앞에 '서 있으니'	ἐπέστησαν	stood
5	행 12:7	홀연히 주의 사자가 '나타나매' 옥중에 광채가 빛나며	ἐπέστη	stood by
6	행 22:13	내게 와 '곁에 서서' 말하되	ἐπιστὰς	stood by
7	행 22:20	내가 '곁에 서서' 찬성하고	ἐφεστὼς	standing by
8	행 23:11	그 날 밤에 주께서 바울 '곁에 서서' 이르시되	ἐπιστὰς	stood by
9	행 23:27	군대를 '거느리고' 가서	ἐπιστὰς	having come up

우리는 특별히 11절의 말씀, 주님이 바울 '곁에 서서'(having stood by him, ἐπιστας)라는 말씀을 주목할 필요가 있다. 바울이 가장 힘든 순간에 주님은 침묵하지 않으시고 고난당하는 바울 곁에 함께 계셨던 것이다. 그 것도 서 계셨던 것이다. 누가는 앉아 계시지 않고 서 계셨다는 것을 강조하고 있다. 스데반이 본 주님도 하나님 우편에 서 계셨다. 그래서 여기 누가의 기록은 부활하신 주님이 처음으로 고난당하는 스데반을 찾아오셔

---

[95] 눅 2:9, 38, 4:39, 10:40, 20:1, 21:34, 24:4; 행 4:1, 6:12, 10:17, 11:11, 12:7, 17:5, 22:13, 22:20, 23:11, 23:27, 28:2; 살전 5:3; 딤후 4:2, 4:6.

서 하나님 보좌 우편에 서 계셨던 것을 연상케 한다. 누가는 부활하신 주님이 결코 당신의 교회와 백성의 고난에 침묵하지 않으신다는 사실을 드러내려고 한 것이다.

부활하신 주님이 고난당하는 교회를 대신해서 다메섹 도상에 나타나셨고, 스데반을 찾아오셨으며, 바울이 고난당할 때 그를 찾아오신 것이다. 이것은 지금까지 환상 중에 바울을 찾아오신 것과 달랐다. 누가는 주님이 바울 곁에 서서 직접 말씀하셨다고 증언한다. 주님은 바울이 위기를 만나고 있는 것을 옆에서 지켜보고 계셨다. 잠깐 지켜보신 것도 아니다. 주님이 이때만 바울 곁에 서 계셨던 것도 아니다.

우리는 누가가 주님이 바울 곁에 서서 말씀하셨다고 하면서 '곁에 서서'(having stood by him, ἐπιστὰς αὐτῷ)를 현재완료진행형으로 기록했다는 사실을 주목해야 할 것이다. 주님은 바울 곁에 위기 그 순간에만 서 계신 것이 아니라 계속해서 바울 곁에 서 계셨던 것이다. 한순간도 바울을 떠나신 적이 없었다. 주님은 바울의 전 생애 동안 동행하시고 그의 삶에 깊이 개입하셨다. 가장 위기의 순간에 주님이 바울에게 친히 나타나셔서 격려해주신 것이다. 벵겔의 표현을 빌린다면 "위험이 절정에 달했을 때 특별히 주께서 친히 자신을 드러내시고 위로해 주셨다."[96]

바울은 자신이 잊혀진 존재, 버려진 존재가 아니라는 사실을 깊이 느꼈을 것이다. 동족으로부터의 미움과 박해에도 불구하고 그의 심장은 감당해야 할 사명감으로 불타올랐을 것이다. 주님의 관점에서는 주께서 불신자의 수도, 이방인의 도시 로마가 바울의 증언을 들어야 했음을 바울에게 확인시켜 주신 것이다. 이 확신 때문에 바울은 로마에서 체류하는 2년 동안에도 불안에 함몰되지 않고 담대하게 하나님 나라를 전했던 것이다.[97]

우리가 주목할 것은 과연 바울의 비전과 주님의 보호가 무슨 상관이 있

---

[96] Johann Albrecht Bengel, *Gnomon of the New Testament*, Vol. 2 (Edinburgh: T & T. Clark, 1858), 703. "When dangers have come to their height, then especially does the Lord disclose Himself with His consolation."

[97] Bruce, *The Book of ACTS*, 455.

느냐 하는 것이다. 누가는 로마를 거쳐 스페인까지 가서 복음을 증거하려는 비전을 가진 바울을 주님이 보호하시고 지키시고 인도하셨다는 사실, 그리하여 주를 위해 헌신하고 주를 위해 살아가는 사람들을 보호하시고 인도하신다는 사실을 드러낸 것이다.

5. 바울의 가이사랴로의 이송(23:12-35, A.D. 57)

누가는 주님께서 얼마나 섬세하게 바울을 보호하시는지를 구체적인 사례를 들어 증거하고 있다. 천부장은 극비리에 바울을 가이사랴로 이송했다. 23장 11절에 나타나는 바울의 안전에 대한 약속과 비전에 대한 약속이 실현되는 일련의 과정을 누가는 생생하게 증언한다.

> [12] 날이 새매 유대인들이 당을 지어 맹세하되 바울을 죽이기 전에는 먹지도 아니하고 마시지도 아니하겠다 하고 [13] 이같이 동맹한 자가 사십여 명이더라 [14] 대제사장들과 장로들에게 가서 말하되 우리가 바울을 죽이기 전에는 아무것도 먹지 않기로 굳게 맹세하였으니 [15] 이제 너희는 그의 사실을 더 자세히 물어보려는 척하면서 공회와 함께 천부장에게 청하여 바울을 너희에게로 데리고 내려오게 하라 우리는 그가 가까이 오기 전에 죽이기로 준비하였노라 하더니 [16] 바울의 생질이 그들이 매복하여 있다 함을 듣고 와서 영내에 들어가 바울에게 알린지라 [17] 바울이 한 백부장을 청하여 이르되 이 청년을 천부장에게로 인도하라 그에게 무슨 할 말이 있다 하니 [18] 천부장에게로 데리고 가서 이르되 죄수 바울이 나를 불러 이 청년이 당신께 할 말이 있다 하여 데리고 가기를 청하더이다 하매 [19] 천부장이 그의 손을 잡고 물러가서 조용히 묻되 내게 할 말이 무엇이냐 [20] 대답하되 유대인들이 공모하기를 그들이 바울에 대하여 더 자세한 것을 묻기 위함이라 하고 내일 그를 데리고 공회로 내려오기를 당신께 청하자 하였으니 [21] 당신은 그들의 청함을 따르지 마옵소서 그들 중에서 바울을 죽이기 전에는 먹지도 않고 마시지도 않기로 맹세한 자 사십여 명이 그를 죽이려

고 숨어서 지금 다 준비하고 당신의 허락만 기다리나이다 하니 ²² 이에 천부장이 청년을 보내며 경계하되 이 일을 내게 알렸다고 아무에게도 이르지 말라 하고 ²³ 백부장 둘을 불러 이르되 밤 제 삼 시에 가이사랴까지 갈 보병 이백 명과 기병 칠십 명과 창병 이백 명을 준비하라 하고 ²⁴ 또 바울을 태워 총독 벨릭스에게로 무사히 보내기 위하여 짐승을 준비하라 명하며 ²⁵ 또 이 아래와 같이 편지하니 일렀으되 ²⁶ 글라우디오 루시아는 총독 벨릭스 각하께 문안하나이다 ²⁷ 이 사람이 유대인들에게 잡혀 죽게 된 것을 내가 로마 사람인 줄 들어 알고 군대를 거느리고 가서 구원하여다가 ²⁸ 유대인들이 무슨 일로 그를 고발하는지 알고자 하여 그들의 공회로 데리고 내려갔더니 ²⁹ 고발하는 것이 그들의 율법 문제에 관한 것뿐이요 한 가지도 죽이거나 결박할 사유가 없음을 발견하였나이다 ³⁰ 그러나 이 사람을 해하려는 간계가 있다고 누가 내게 알려 주기로 곧 당신께로 보내며 또 고발하는 사람들도 당신 앞에서 그에 대하여 말하라 하였나이다 하였더라 ³¹ 보병이 명을 받은 대로 밤에 바울을 데리고 안디바드리에 이르러 ³² 이튿날 기병으로 바울을 호송하게 하고 영내로 돌아가니라 ³³ 그들이 가이사랴에 들어가서 편지를 총독에게 드리고 바울을 그 앞에 세우니 ³⁴ 총독이 읽고 바울더러 어느 영지 사람이냐 물어 길리기아 사람인 줄 알고 ³⁵ 이르되 너를 고발하는 사람들이 오거든 네 말을 들으리라 하고 헤롯 궁에 그를 지키라 명하니라

유대지도자들은 유대교와 바울의 종교를 구분하려고 하였지만 정치 지도자들은 바울이 가르치는 종교가 유대교와 근본적으로 다른 것이 아니라 유대교의 법과 관습의 문제로 인식했다. 누가는 이 사실을 일관되게 기술하고 있다. 공회 앞에서 바울이 행한 증언으로 유대 공동체가 바울을 변호하는 자들과 바울을 반대하는 자들로 대별되자 유대 공동체는 크게 흔들리기 시작했다.

그러자 그 다음날 아침 바울을 반대하는 유대인들이 모여 음모를 꾸미고 바울을 죽이기로 맹세했다. 여기 '음모를 꾸몄다'(having made a conspiracy, ποιήσαντες συστροφὴν)는 말이 현재완료로 단순히, 갑자기 음모를 꾸민 것이 아니라 용의주도하게 음모를 꾸몄다는 의미이다. '유대인들이 당을 지어 맹세하되 바울을 죽이기 전에는 먹지도 아니하고 마시지도 아니하겠다'(23:12).

바울을 죽이려는 40인의 음모(23:12-15)

그들은 대제사장과 장로들 앞에 와서 죽음을 각오하고 바울을 죽이는 일에 앞장서겠다고 맹세(an oath, Ἀναθέματι)했다. '동맹한 자가 40여 명'(23:13)이나 되었다.[98] 이들 40명이 유대인들이 바리새파 소속인지 사두개파 소속인지 누가는 언급하지 않았다. 그러나 이들 40명의 음모단이 '유대인들'이고 산헤드린공회와 연관성이 있으며 바리새파보다 사두개파가 바울에 대해 더 적대적이었고, 바울이 자신이 바리새인이고 부활을 믿는 신앙 때문에 수난을 당한다고 말하자 유대인들 사이에 균열이 생기기 시작한 것을 고려할 때 사두개인들로 보인다.[99]

전날에 있었던 바울을 변호하려는 움직임이 바리새인들 사이에 있는 것을 확인한, 아마도 사두개파 사람들이 모여 맹세를 다진 것으로 추론된다. 이들이 바울을 생명 내걸고 죽이려고 한 것은 바울이 부활, 천사, 영을 믿었기 때문이다. 사두개파가 중심일 것으로 여겨지는, 바울을 죽일 준비가 되어 있을 뿐만 아니라 죽을 각오도 되어 있는 40명이 바울의 생명을 노리고 있었다. 여기서 우리는 하나의 대조를 본다. 주님으로부터 안전과 위로와 비전을 약속받은 바울과 하나님을 지극히 경외하고 모세와 율법을 신봉한다고 자처하면서도 정작 하나님을 대적하는 분노에 찬 유대인들이

---

[98] Bruce, *The Book of ACTS*, 457. 40여 명의 유대인들이 서로 언약을 맺고 바울을 죽이기로 맹세했다는 것은 보통 일이 아니었다. 왜냐하면 바울이 로마 군인들의 호송 도중에 암살당한다면 암살자들도 생명을 보존하기 힘들었을 것이기 때문이다. 극단의 반 기독교적 유대주의의 전형을 이들에게서 찾을 수 있다.

[99] Alexander Maclaren, *The Acts of the Apostles* (New York: A. C. Armstrong and Son, 1908), 268.

바로 그것이다.

　누가는 이들의 음모 시기가 '날이 새매'(23:12)라는 표현을 통해 새벽이었음을 말해준다. 얼마나 하나님을 대적하는 일에 열심이었는가를 보여준다. 이들은 전혀 동요하지 않고 밤이 맞도록 바울을 죽이려고 기회를 노린 것이다. 대제사장과 장로들에게 가서 협조를 요청하는 일도 잊지 않았다. '당신들은 산헤드린공회 이름으로 천부장에게 가서 더 자세한 것을 알아보겠다며 바울을 데리고 오십시오. 우리가 대기하고 있다가 가까이 오기 전에 그를 살해하겠습니다'(23:15). 이들은 구체적인 행동 방법까지 전달했다.

　40명이 목숨을 걸었고 대제사장과 장로들은 그들의 음모를 인준해주었다. 유대민족을 대표하는 대제사상과 장로들, 40명의 바울 살해단이 협약을 함으로써 전 유대인 공동체가 바울을 죽이려는 일에 하나된 것이다. 바울에게는 대단한 위기가 아닐 수 없다. 그러나 매 위기 때마다 하나님은 침묵하지 않으셨다. 바울을 죽이기 위해 40명이 매복하고 있다는 정보를 마침 바울의 생질이 듣고 이 사실을 바울에게 전해주었다. 바울에게 나타나셔서 위로를 해주시고 비전을 확인해주신 주님께서 이제는 바울의 생질을 보내 음모 사실을 듣고 대비를 하게 하신 것이다.

　산헤드린공회가 40명의 음모단에게 구체적으로 어떤 말을 했는지는 누가는 언급하지 않았다. 그러나 '바울을 데리고 공회로 내려오도록'(23:20) 한 것을 보면 서로 교감이 있었던 것을 알 수 있다. 이들 40명이 사두개인들이었다면 산헤드린공회의 중심축을 형성하는 사두개 지도자들을 통해 공회를 움직일 수 있었을 것이다. 그들은 바울을 죽이려는 욕망으로 불탔지만, 또 바울을 죽이려고 용의주도하게 음모를 꾸몄지만 주님은 바울의 생명을 그들의 손에 내버려 두실 수 없었다.

　'바울의 생질이 그들이 매복하여 있다 함을 듣고 와서 영내에 들어가 바울에게 알렸다'(23:16). 완벽하게 음모를 꾸미는 40인들, 그런 음모단에 우호적인 사두개파 대제사장들과 장로들, 그들에 동조하는 산헤드린공회, 그러나 그들의 음모를 드러나게 하시는 하나님이 상호 대비를 이룬다. 당신의 백성을 보호하시고 약속을 이루어 가시는 하나님의 주권적인 손길을 여기서도 읽을 수 있다. 누가는 역사가 인간들에 의해 움직여 가는 역사처럼 보이지만 하나님께서 역사를 이끌어 가시고 당신의 백성들을 지키신다는 사실을 드러내려고 한 것이다.

바울의 생질에게 드러난 40인의 살인 음모(23:16-22)

바울에 대한 음모를 들은 사람은 바울의 생질이었다.[100] 여기 생질은 원어에는 '바울의 누이의 아들'(the son of the sister of Paul, ὁυἱὸς τῆς ἀδελφῆς Παύλου)이다. 누이의 아들이라고 했는데 바울의 손위의 누이의 아들인지 손아래 누이의 아들인지는 언급되어 있지 않다.[101] 사실 우리는 생질이 과연 누구인가, 바울의 가족관계는 어떤가에 관심이 있지만 누가는 바울의 가족관계보다 바울의 사역 속에 하나님께서 주권적으로 개입하시고 간섭하시며 역사를 진행하여 나갔다는 사실을 드러내고자 한 것이다. 이것은 심지어 예수님과 베드로나 다른 제자들에게도 그대로 적용된다. 바울의 생질이 이 사실을 어떻게 듣고 영내로 들어와 바울에게 이 사실을 알렸는지 참으로 하나님의 섭리는 놀랍다. 하나님이 바울을 죽이려

---

[100] Cowles, *Acts of the Apostles*, 184.
[101] Bruce, *The Book of ACTS*, 457-458. 대부분의 영어 역본에는 바울의 '누이의 아들'로 번역되어 있다. 어느 역본에는 조카로 번역했다. 우리 한글성경에는 생질로 번역했다. 그렇다면 여기 등장하는 생질은 대체 누구인가? 바울의 가족 상황에 대해서 성경은 구체적인 정보를 거의 제공해주고 있지 않다. 때문에 그의 가정 배경에 대해서 우리는 극히 제한된 정보만 갖고 있다. 성경학자들은 바울이 그리스도를 위하여 모든 것을 잃어버렸다(빌 3:8)고 고백한 것을 재산의 상속권을 잃었다는 의미로 해석한다. 바울의 가정은 매우 부유한 가문에 속해 있어 그의 형제들이나 누이들이 상당한 부를 조상으로부터 물려받았을 것으로 보인다. 바울의 누이의 아들이 어디에 거주하는지, 왜 이때 바울과 함께 있었는지 알 수 없다. 하지만 그는 어머니로부터 외삼촌에 대한 이야기를 들었을 것이고 어머니를 통해 바울을 향한 애정을 갖게 되었다. 누이가 예루살렘에 와서 살고 있었는지 다소에 살면서 바울처럼 아들을 교육시키기 위해 예루살렘에 보냈는지 알 수 없다. 그러나 기독교에 대해 우호적인 바울의 누이가 있었다는 것은 매우 흥미로운 일이다. 게다가 결정적인 위기 순간에 누이의 아들이 바울을 구해주었다. 우리는 바울의 가정에 대해 더 많은 정보를 갖기를 원하지만 바울의 가정 배경은 누가의 관심사가 아니었다. 카버의 지적대로 그의 일차적인 관심사는 약속의 성령을 받고 성령충만한 사람들을 통해 복음이 어떻게 예루살렘을 넘어 땅 끝까지 전파되었는가를 역사적으로 추적하고 규명하는 데 있었다. Carver, *The Acts of the Apostles*, 226. "우리는 바울의 누이의 아들과 그의 어머니에 대해 얼마나 더 알고 싶은가! 그러나 이것은 전기가 아니다. 복음과 하나님 나라를 발전시키는 성령의 역사이다."

는 은밀한 음모를 그의 생질을 통해 바울에게 알리신 것이다.

누가는 바울의 생질이 어떻게 들었는지 말하지 않았다. 하나님께서는 다양한 방법을 통해, 때로는 환경을 통해, 사람을 통해, 전혀 예기치 않은 사건을 통해 당신의 백성들을 지키시고 인도하신다. 그 은밀한 음모를 다른 사람도 아닌 바울의 생질이 들었다는 것을 그저 우연이라고 치부할 수 있을까. 결코 그럴 수 없다.

칼빈이 진술한 대로 "그분이 우리의 신앙을 보다 훌륭하게 단련시키기 위해, 상상치 못한 방법들로 당신의 자녀들을 구원하시곤 한다는 사실을 주목한다는 것은 가치 있는 일이다. 음모자들이 그 음모를 자기들만이 알고 있었다고 생각했을 때, 그 잠복해 있었던 한 소년에게 발각되리라고 누가 생각했겠는가? 따라서 구원을 획득하는 정상적인 방법이 우리에게 확실하게 나타나지 않는다 해도, 불가능한 장소를 통해 어떤 길을 발견하실 수 있는 주님께 의지하는 법을 배우도록 하자."[102]

성령께서 그리스도 안에 있는 자들을 보호하시고 이끌어주신다는 고백 외에 달리 이 신비한 일을 풀 수 없다. 우리는 바울에게만 그런 특별한 은혜가 주어진 것이 아니라는 사실을 기억해야 한다. 성령 안에서 거룩한 비전을 가지고 살아가는 당신의 백성들, 매순간 성령의 인도를 간절히 사모하고 그분의 뜻을 구하는 믿음의 사람들은 이 같은 특별한 은혜의 역사를 자주 만난다. 확신하건대 이와 같은 특별한 하나님의 간섭과 은혜를 체험한 사람은 기독교 역사에 너무도 많다.[103]

---

[102] 칼빈, 사도행전 II, 317.
[103] 한국의 모 신학대학 교수들이 2005년부터 7년 동안 이단과의 법적 투쟁을 벌일 때도 아주 유사한 현상이 발생했다. 교수들이 어느 이단의 문제점을 연구하여 발표하자 그 이단이 특정 교수는 물론 연구에 참여한 모든 신학대학원 교수들을 대상으로 민사소송을 제기했다. 이단과의 법적 투쟁은 믿지 않는 판사에게는 잘 이해되지 않는 일이다. 그러나 믿는 판사들 대부분은 이단에 대해서는 비판적인 시각을 가지는 경향이 있다. 그래서 종교문제의 재판에 있어서 비신앙인 판사와 신앙인 판사 사이에 사건을 이해하고 바라보는 시각차가 존재할 수 있다. 주지하듯이 사건 배정은 판사의 선택 사양이 아니다. 그런데 무작위로 선별되는 해당 교수의 사건 배정이 놀랍게도 극히 한두 사례를 제외하곤 믿음 가진 신실한 판사들에게 배정되어 진행되었다. 성령 하나님께서 때로는 판사를 통해, 때로는 변호사를 통해 재판의 진행과정에 개입하시고 인도하시는 것을 자주 체험했다. 그 결과 형사, 민사, 1심, 2심, 3심에 이르는 길고 긴 이단과의 법적 투쟁에서 모두 승리하였

때문에 우리는 하나님께서 살아계시며, 그가 여전히 역사에 개입하시는 분이며, 지금도 당신의 백성들을 보호하시고 인도하신다고 고백하는 것이다. 바울이 로마서에서 '만물이 주에게서 나오고 주로 말미암고 주에게로 돌아간다'고 선언한 것은 그의 경험론적인 고백에서 나온 것이다. 그는 하나님의 살아계심과 주권적인 역사를 자신의 사역에서 너무도 깊이 너무도 생생하게 체험하였다.

바울은 생질로부터 이야기를 전해 듣고 한 백부장에게 자신의 생질을 가리키며 천부장에게 전할 말이 있다면서 '이 청년을 천부장에게 인도'(23:17)해 줄 것을 부탁했다. 그런 음모 소식을 접하고 보통 사람 같으면 두려움과 공포에 질렸을 텐데 바울은 전혀 동요하지 않았다. 그가 마음의 안정을 더욱 견고하게 가질 수 있었던 것은 전날 밤 주님이 나타나셔서 신변의 안전과 보호를 약속하셨기 때문이다. 주님은 음모를 미리 아시고 바울이 동요되지 않도록 앞서 나타나셨다. 음모 사실을 전해들은 바울은 전혀 동요하지 않고 백부장을 불러 백부장과 생질을 천부장에게 보냈다. 칼빈이 지적한 대로 바울은 그 기회를 하나님께서 자신에게 주신 것으로 깨닫고 그것을 사용하기를 주저하지 않았다.[104] 바울은 백부장을 딸려 생질을 천부장에게 보내면서 그에게 어떤 감정도 표현하지 않았다.

우리는 여기서 바울의 신중한 행동을 눈여겨볼 필요가 있다. 바울이 생질로부터 소식을 전해 듣고 백부장에게 직접 알려 그를 통해 음모 사실을 천부장에게 전할 수도 있었지만 바울은 그렇게 하지 않았다. 생질을 천부

다. 확언하건대 이것은 하나님께서 하신 일이고 그런 점에서 교회의 승리요, 신학교의 승리요, 주님의 승리였다.

[104] 칼빈, **사도행전** Ⅱ, 318. "확실히 바울에게는 생명에 대한 애착이 없었다. 그러나 주께서 그가 그렇게 하도록 원하셨다면, 서둘러서 막 죽으려 하지도 않았다. 바울은 자신이 죽어도 그분 것이요, 살아도 그분 것이라는 태도로 그리스도를 섬기고 있음을 알기 때문에 자기에게 알려진 그 위험을 무시하지 않았다. 사실 어쨌든 바울은 하나님이 자기 생명의 보호자이심을 의심하지 않았다. 그러나 바울은 하나님께서 하늘로부터 손을 펼쳐 기적을 행사하실 때까지 무작정 기다리지 않았다. 오히려 그는 자기에게 주어진 그 구제책을 사용하고 있다. 물론 그는 그것이 자기를 위해 하나님께서 허락하신 것임을 의심하지 않았다. 모든 그리스도의 사역자들은 이런 식으로 행동해야 한다."

장에게 보내 직접 유대인의 음모 사실을 전달하게 했다. 그것은 두 가지 이유 때문이라고 해석된다.

하나는 비밀을 누설하지 않으려는 신중성 때문이다. 바울을 죽이려는 음모를 백부장을 통해 전했을 때 백부장이 동료 백부장에게, 혹은 다른 사람들에게 전할 수도 있다. 또 바울이 부른 그 백부장이 어느 민족의 사람인지도 모르는 일이다. 만약 그가 유대인이고, 게다가 사두개파 사람과 깊이 내통하는 사람이었다면 비밀을 전혀 보장할 수 없었을 것이다.[105]

바울이 그렇게 한 또 하나의 이유는 사건 전달의 신빙성을 고려해서다. 다른 사람을 통해 전달 받는 것과 직접 전달 받는 것은 공신력에 있어서 많은 차이가 있다. 전자는 단순히 정보의 전달자이지만 후자는 사건의 증인이다. 이야기의 권위는 증인의 입을 통해서 나올 때 힘이 있다. 천부장은 바울의 생질로부터 그 음모의 자초지종을 직접 전달받음으로써 바울을 죽이려는 유대인의 음모가 믿을 수 있는 정보라고 판단했다. 당연한 일이지만 이 판단은 옳았다. 천부장은 바로 조치를 취했다. 천부장이 취한 일련의 행동을 통해 이 사실을 어렵지 않게 추론할 수 있다. 백부장은 로마의 시민권을 가진 바울의 부탁을 받고 그 청년을 데리고 천부장에게로 갔다.

천부장은 '그의 손을 잡고 물러가서 조용히 묻되 내게 할 말이 무엇이냐'(23:19)고 조용히 물었다. 천부장의 신중한 행동에서 로마 고위장교로서의 책임감과 리더십을 읽을 수 있다. 그가 그렇게 신중한 태도를 취한 것은 후에 벨릭스 총독에게 보낸 편지에 있듯이 바울이 로마의 시민권, 그것도 태어나면서 시민권을 소지한 인물이라는 사실을 알았기 때문이다. 게다가 "이 사람을 해하려는 간계가 있다"는 사실을 들은 이상 더욱 더 바울을 조심스럽고 공평하게 다뤄야 했다. 천부장은 단순한 의무감을 넘어 점점 더 바울에게 우호적이었다. 그것은 공정한 재판, 유대인의 음모로부터의 바울의 신변 보호, 음모 소식을 접한 후에 취한 일련의 신속한 대처, 바울의 입장에서 유리하게 기술한 총독에게 보낸 편지에서 그대로 읽을

---

[105] 천부장이 생질로부터 음모 계획을 듣고 아무에게도 말하지 말라고 신신부탁한 것에서 바울이 백부장에 딸려 생질을 천부장에게 직접 보낸 행동이 신중성을 고려한 것임을 암시받는다.

수 있다.

누가는 바울의 생질이 천부장에게 그저 사건의 전후만 전달한 것이 아니라는 사실을 분명히 했다. '유대인들이 공모하기를 그들이 바울에 대하여 더 자세한 것을 묻기 위함이라 하고 내일 그를 데리고 공회로 내려오기를 당신께 청하자 하였으니 당신은 그들의 청함을 따르지 마옵소서. 그들 중에서 바울을 죽이기 전에는 먹지도 않고 마시지도 않기로 맹세한 자 사십여 명이 그를 죽이려고 숨어서 지금 다 준비하고 당신의 허락만 기다리나이다'(23:20-21).

바울의 생질은 단순히 사건의 정보만 전달한 것이 아니라 유대인들이 천부장에게 바울의 신변을 요구할 때 그 청을 들어주지 말라는 개인적 판단과 견해까지 전달했다. 여기 '당신은 그들의 청함을 따르지 마옵소서'의 헬라어 원문은 '당신은 그들에게 설득을 당하지 마십시오'(be not persuaded, μὴ πεισθῇς)이다. 그들의 요구에 따르지 말라, 그들의 속임수에 넘어가지 말라, 그들이 어떤 말을 해도 넘어가지 말라는 간곡한 부탁이다. 만약 바울이 생질을 보내지 않고 백부장을 통해 전갈했다면 그런 효과는 기대할 수 없었을 것이다. 만약 백부장만 보냈다면 그가 사실을 왜곡하거나 바울의 의사와는 정반대의 의견을 천부장에게 개진했을 수도 있다.

바울 주변에서 일어난 하나하나의 사건을 면밀히 살펴보면 하나님께서 얼마나 섬세하게 바울을 보호하시고 인도하시는가를 알 수 있다. 매튜 헨리가 지적한 것처럼 "바울은 하나님의 거룩한 섭리가 합리적이고 신중한 방식으로 역사하고 계신 것을, 그리하여 만약 그가 그 같은 권능의 방식을 사용하기를 무시한다면 그 자신을 위해 역사하실 하나님의 섭리를 기대할 수 없었을 것이라는 사실을 알았다.… 주님을 믿으며 우리는 모든 악행을 삼가고 그의 나라를 위해 계속 전진해야 할 이유가 여기 있다. 하늘에 계신 아버지는 아무쪼록 성령으로 우리에게 이 소중한 믿음을 주셨다."[106]

---

[106] Matthew Henry, *Matthew Henry's Concise Commentary on the Whole Bible* (Nashville: Thomas Nelson Publishers, 2003), 935.

이 땅의 당신의 백성들을 보호하시고 인도하시는 하나님의 섭리는 참으로 깊고 오묘하다. 우리는 성경의 이야기를 통해 하나님의 일하심을 읽어야 한다. 하나님은 지금도 인간의 역사 속에서 일하시며 당신의 백성들을 인도하신다.

바울의 가이사랴 극비 이송(23:22-24)

생질로부터 40인의 음모 이야기를 전해들은 천부장은 그에게 '이 일을 아무에게도 이르지 말라'(23:22)고 신중히 부탁하고는 급히 대책을 마련했다. 한글성경에는 아무에게도 '이르지 말라'고 기록되었으나 헬라어 원문은 "아무에게도 말하지 말라고 지시를 내리고"(having instructed [him] to no one to utter, παραγγείλας μηδενὶ ἐκλαλῆσαι)이다. 이것은 단단히, 간곡하게 부탁한 것을 보여준다. 그것도 아무에게도 말하지 말라고 '지시를 내렸다'(having instructed [him], παραγγείλας)가 현재완료로 사용되어 천부장이 권위를 가지고 바울의 생질에게 반복해서 비밀을 절대적으로 지키라고 신신당부한 것을 알 수 있다.

천부장은 백부장 둘을 불러 오늘 밤 '제 삼시에 가이사랴까지 갈 보병 이백 명과 기병 칠십 명과 창병 이백 명을 준비하라'(23:23)고 명령했다. 가이사랴는 예루살렘에서 112.6km 떨어진 곳에 위치하고 있다. 이틀은 족히 걸리는 거리다. 총독 벨릭스에게 무사히 보내기 위해 짐승을 준비하라는 명령도 내렸다. 천부장이 동원명령을 내린 창병(spearmen, δεξιολάβους)은 신약에서는 여기에만 등장한다.

이 짧은 문장 속에서 천부장이 상당히 신속하고 매우 안전하게 행동을 취했다는 사실을 확인할 수 있다. 유대인 시간으로 밤 3시는 우리 시간으로 저녁 9시 혹은 10시다. 새벽에 40명의 음모단의 공격이 있기 전에 바울을 벨릭스 총독에게 안전하게 바울을 인계하려는 세심한 배려였다.[107]

---

[107] Cowles, *Acts of the Apostles*, 187. "벨릭스는 이 당시 유대지방의 로마 총독으로, 글라우디오 황제로부터 아마도 A.D. 52 년에 이 직책을 수여받았을 것이다. 그는 아주 두드러진 성격

바울의 신변을 보호하기 위해 200명의 보병, 기병 70명, 창병 200명이 동원되었다.[108] 대단한 규모이다. 그만큼 바울의 신변의 안전을 최대한으로 보장하려는 의도였다. 천부장이 바울을 얼마나 안전하게 총독에게 보내려고 했는가를 알 수 있다. 예루살렘에 주둔한 천부장은 죽기를 각오한 유대인 열심당원들의 용맹과 호전성에 대해 익히 잘 알고 있었다. 천부장은 설령 유대인들이 공격해 온다고 해도 제압할 수 있는 충분한 규모의 군사를 동원한 것이다. 만약 바울의 신변에 문제가 생긴다면 천부장이 책임을 면할 수 없을 것이기 때문이다.

상당히 많은 군인들, '보병 이백 명과 기병 칠십 명과 창병 이백 명'을 동원한 것은 분명 바울의 안전한 이송에 대한 책임감 때문이었다. 천부장은 바울의 목숨이 예루살렘에서는 안전하지 못하리라는 사실을 잘 알고 있었다. 그는 로마시민인 바울의 암살에 대해서도 책임질 수 없었다. 그렇다고 그를 수감시킬 수도 없었다. 그래서 바울을 즉시 가이사랴로 보낸 것이다. 바울이 가이사랴에서 유대지방의 총독 책임하에 있는 것이 더 안전할 것이라고 판단했기 때문이다.[109]

천부장은 가능한 속히 총독의 관리하에 바울을 두기 위해 예루살렘에서 가이사랴까지 96km 의 길을 서둘렀다.

벨릭스에게 보낸 천부장의 편지(23:25-30)

천부장은 백부장 편에 편지를 동봉해서 '총독 벨릭스에게'(23:25) 상황

의 결함을 가지고 있었지만 로마 장교로의 탁월한 우수성을 가지고 있었다. 벨릭스에게 보낸 천부장의 이 편지는 로마군사통신—직접, 명쾌함, 존중—의 훌륭한 표본이다."

[108] Lechler, *Theological and Homiletical Commentary on the Acts* Vol. II., 343. 이들 470명은 살인 음모뿐만 아니라 폭력의 가능성에 대비하여 바울 사도를 보호하기 위한 호위병으로 임명되었다. 200명의 마병(horsemen, ἱππεῖς)을 보낼 경우 200명의 보병(soldiers, στρατιώτας)도 함께 보내는 것은 당시 로마제국의 군대의 일반적인 통례였다. 창병(spearman, δεξιολάβους)은 외국 국민들 중에서 자원하는 모병자들로 구성되며 경무장을 원칙으로 한다. 중무장한 보병과 그들을 호위할 마병과 경무장을 한 창군을 모두 동원한 것이다. 설령 유대인들이 집단적으로 어떤 유형의 공격을 해온다고 해도 대비할 준비를 갖춘 것이다.

[109] Bruce, *The Book of ACTS*, 458.

을 알렸다. 이 편지를 통해 처음으로 '천부장의 이름이 '글라우디오 루시아'(23:26)라는 사실이 밝혀졌다. 루시아라는 이름으로 추론할 때 천부장은 헬라 태생이고, 루시아는 성이고, 글라우디오는 그가 시민권을 살 때 당시의 황제 글라우디오의 이름을 따서 붙인 것으로 보인다.

천부장 루시아가 총독 벨릭스에게 보낸 천부장의 편지 내용은 크게 세 가지다. 첫째, 바울을 구해 낸 동기다. 바울이 유대인들에 의해 잡혀 '죽게 된 것'[110]을 그가 '로마 사람인 줄 들어 알고'(23:27) 군대를 거느리고 가서 그를 구해주었다. 그런데 한 가지 이 편지가 자기에게 유리하도록 기술되었다는 사실을 주목할 필요가 있다. 바울이 로마 시민권자라는 사실이 천부장에게는 상당히 부담이 되는 부분이었다. 바울이 로마 시민권자라는 사실을 안 시점이 성전 뜰에서의 폭동에서 그를 구원해 주기 전으로 기록했으나 실제로는 그를 매질하라고 명한 이후 바울이 로마시민인 것을 밝히면서였다. 천부장의 편지에는 바울을 매질하려고 했다는 사실을 의도적으로 생략하였다.

둘째, 적절한 송사절차를 밟아 조사를 했다는 사실이다. 그것은 천부장이 한 보고에 잘 드러나 있다. '유대인들이 무슨 일로 그를 고발하는지 알고자 하여 그들의 공회로 데리고 내려갔다'(23:28). 이것은 그가 취한 사실, 곧 '유대인들이 무슨 일로 그를 고발하는지 진상을 알고자 하여 그 결박을 풀고 명하여 제사장들과 온 공회를 모으고 바울을 데리고 내려가서 그들 앞에 세웠던'(22:30) 일을 그대로 기술한 것이다. 천부장은 조사 결과도 밝혔다. '그들의 율법 문제에 관한 것뿐이요 한 가지도 죽이거나 결박할 사유가 없음을 발견하였다'(23:29). 개역성경에는 '율법에 관한 것'으로 되어 있었으나 개역개정은 헬라어 원문대로 '율법 문제에 관한 것'(concerning questions of the law, ζητημάτων τοῦ νόμου)으로 번역하였다. 루시아는 바울로 인한 다툼이 로마의 법에 관련된 것이 아니라 유대인의 신앙 문제

---

[110] Cowles, *Acts of the Apostles*, 187. '죽게 된 것'을 KJV은 '그들에 의해 죽을 수밖에 없는'('should have been killed of them')이라고 번역했으나 원문은 대부분의 다른 역본대로 '그들에 의해 죽임을 당할 수 있는'("being about to be killed by them, μέλλοντα ἀναιρεῖσθαι)이다.

와 관련된 것임도 언급했다.

　천부장은 자신이 재판을 열어 얻은 결과를 정확히 전달했다. 천부장은 부활에 대한 바울의 신앙고백을 통해 군중들이 나뉘고 그 중의 바리새인 서기관이 바울을 변호하는 것을 듣고 쟁점이 율법의 문제였음을 간파한 것이다. 이런 보고를 통해 천부장은 바울에 대해 자신이 적절한 송사절차를 밟았다는 사실을 전달하기를 원했다. 트라얀 황제가 소플리니에게 보낸 서신에서 확인할 수 있듯이 적법한 재판절차는 로마제국에서 매우 중요하다. 천부장의 보고는 재판 결과의 보고지만 자신의 소견도 덧붙였다. '한 가지도 죽이거나 결박할 사유가 없음을 발견했다'(23:29)는 내용이 그것이다. 천부장은 바울의 송사문제가 유대 율법에 대한 해석문제라고 밝힘으로 유대교 안의 문제이며, 로마 정부에 대한 저항 문제가 아님을 분명히 밝혔다. 총독이 바르게 판단할 수 있도록 자신의 의견을 개진한 것이다.[111]

　당시 로마제국은 통치의 원활을 위해 식민지 사람들이 믿는 종교를 합법적인 종교로 인준하고 종교의 자유를 허락했다. 로마제국에서 유대교는 합법적인 종교였다. 아직 유대교와 기독교를 구분할 수 없었던 로마 당국이나 관리들은 기독교를 유대종교의 한 분파로 이해하고, 유대종교에 대한 문제를 로마제국이 간섭할 문제라고 생각하지 않았다. 때문에 기독교는 합법적인 로마제국의 종교인 유대교 산하에서 보호를 받을 수 있었다.

---

[111] Pliny the Younger, *Epp.* X. 98. Flavius Josephus, *The Works of Flavius Josephus, The Learned and Authentic Jewish Historian and Celebrated Warrior with Three Dissertations concerning Jesus Christ, John the Baptist, James the Just, God's Command to Abraham and Explanatory Notes and Observations* trans William Whiston (Cincinnati: Published by E. Morgan and Co, 1841), 629. Pliny the Younger, *Epp.* X. 98. "TRAJAN'S EPISTLE TO PLINY." "친애하는 플리니여, 당신은 기독교인이라는 죄목으로 고발당한 자들에 관한 소송에서 적절한 방식을 택했다. 사실 그런 류의 절차에 관한 형식에 대해서는 아무것도 일반적인 규칙으로 내려질 수 없기 때문이다. 의도적으로 그들을 색출해 내서는 안되지만 만일 그들이 고소를 당하고 유죄가 확정된다면 처벌해야 한다. 물론 그 자신이 그리스도인임을 부인하고 우리의 신들에게 간청[숭배]함으로 그가 그런 혐의가 없다는 것이 명백하다면 비록 그의 과거 행적이 그랬을 지라도 그의 회개에 근거하여 사면을 허락해야 한다. 그러나 익명으로 발행된 서류들은 어떤 고소의 경우라도 인정되어서는 안 된다. 그 이유는 그것들은 좋지 못한 예들이고 나의 치세에도 맞지 않기 때문이다." 박용규, 초대교회사 (서울: 한국기독교사연구소, 2016), 67.

그러다 네로 황제 통치 후반부터 유대교와 기독교가 다른 종교로 인식되기 시작했다. 천부장이 볼 때는 유대종교의 율법에 관한 의견 차이를 가지고 사형에 처하는 것도, 구금하는 것도 맞지 않다고 판단한 것이다.

셋째, 그런데도 유대인들이 그를 죽이려고 음모하고 있어 총독에게 보내게 되었다는 사실이다. 바울이나 그를 송사하는 이들 모두에게 공개적으로 증언할 기회를 주기 위해, 즉 공정한 재판 절차를 거치기 위해 총독에게 보낸다는 내용이다. '이 사람을 해하려는 간계가 있다고 누가 내게 알려 주기로 곧 당신께로 보내며 또 고발하는 사람들도 당신 앞에서 그에 대하여 말하라 하였나이다'(23:30). 천부장은 충실한 로마군대 관리로서 로마법에 따라 적법한 절차를 거쳐 바울의 송사 문제를 해결하려고 노력했다는 사실과 더불어 바울을 벨릭스 총독에게 보낼 수밖에 없었던 이유가 그를 죽이려는 음모 사실을 전해 들었기 때문이라고 밝힌 것이다.

천부장은 바울이 유대인들에 의해 이유 없이 죽임을 당하는 것을 막으려했다. 누가는 그렇게 함으로써 하나님이 당신의 백성의 사역과 삶에 침묵하시지 않고 역사에 개입하시고 당신의 나라를 이끌어 가시는 살아계신 하나님이시라는 사실을 전달한 것이다. 이렇게 해서 천부장은 결과적으로 바울에게 장차 로마행을 실행에 옮길 수 있는 결정적인 전기를 마련해준 셈이다.

천부장은 벨릭스 총독에게 보내는 편지에서 한 가지 내용을 더 추가했다. '고발하는 사람들도 당신 앞에서 그에 대하여 말하라 하였나이다'(23:30). 이것은 재판의 절차를 신중하고 공정하게 진행했음을 보여준다. 바울이 향후 정당한 절차에 따라 재판을 받도록 변론의 기회를 그에게 제공함과 동시에 그를 "고발하는 사람들"에게도 총독 앞에서 말할 기회를 제공하기로 한 것이다.

바울도 미처 예측하지 못할 정도로 사건이 급박하게 돌아갔다. 누가는 이렇게 집약했다. '보병이 명을 받은 대로 밤에 바울을 데리고 안디바드리(Antipatris)에 이르러 이튿날 기병으로 바울을 호송하게 하고 영내로 돌아가니라. 그들이 가이사랴에 들어가서 편지를 총독에게 드리고 바울을 그 앞에 세우니 총독이 읽고 바울더러 어느 영지 사람이냐 물어 길리기아 사람인 줄 알고 이르되 너를 고발하는 사람들이 오거든 네 말을 들으리라 하고 헤롯 궁에 그를 지키라 명하니라'(23:31-35).

군사 호위대는 천부장의 명을 받은 대로 밤(오후 9 시경)에 가이사랴를 출발해 다음날 아침 '안디바드리'(23:31)에 도착했다. 예루살렘에서 56km나 떨어진 안디바드리까지 밤중에 바울을 호송하는 것은 호위대에게는 매우 힘든 여정이었을 것이다. 강행군을 해서 1 시간에 6km 를 간다고 해도 9 시간 이상을 쉬지 않고 행군해야 할 거리다. 게다가 안디바드리는 유대 구릉의 끝에 위치하고 있어 지형이 험준했다. 안디바드리에서 마병으로 바울을 그곳에서 43km 떨어진 가이사랴까지 호송하게 하고 보병은 본래의 '영내'(the barracks, 23:32)로 돌아갔다.

안디바드리(אנטיפטריס, Αντιπατρίς)는 헤롯 대제가 주전 1 세기에 산 좋고 물 좋은 카파르 사바의 평원에 세운 도시다. 헤롯이 그의 아버지 안티파터(Antipater)의 이름을 따서 도시 명을 지었다. 오늘날 이스라엘의 중앙에 위치한 국립공원 지역으로 지금은 텔라펙(TelAfek)으로 알려졌다. 바울 당시 이곳에는 가이사랴 마리티마에서 예루살렘으로 가는 로마 도로(Roman road)가 위치해 있었다. 마병들이 이 도로를 따라 바울을 안전하게 가이사랴로 데리고 갈 수 있었다.

바울을 호송한 이들이 총독 벨릭스에게 천부장이 보낸 편지를 건네자 총독이 편지를 펴 읽고는 바울에게 '어디 성(province)에서 왔느냐'고 물었다. 이렇게 물은 것은 바울의 출신지가 로마 영인지 아닌지를 확인하기 위해서였다. 만약 바울이 로마 영이 아닌 수리아나 아나톨리아에 예속된 왕국 출신이라면 그곳 통치자들에게 재판을 맡겨야 했기 때문이다.[112] 벨릭스 총독은 바울이 길리기아 사람인 것을 확인하고는 '너를 고발하는 사람들이 오거든 네 말을 듣겠다'(23:35)고 하고 그때까지 헤롯 궁에 바울을 두고 그를 지키라고 명했다.

---

[112] Bruce, *The Book of ACTS*, 461.

벨릭스([Marcus] Antonius Felix, 재위 A.D. 52-59)는 A.D. 52년 혹은 그 이전부터 59년까지 유대지방 제 11대 총독이었다.[113] 그의 형 팔라스는 부유했고 꽤 정치적 영향력이 있었다.[114] 벨릭스나 그의 형 팔라스 모두 노예였으나 글라우디오 황제 모친 안토니에게서 자유민이 된 사람들이었다. 씨족 명을 안토니우스라고 한 것도 그런 배경이다.

벨릭스는 A.D. 52년 벤티디우스 쿠마누스(Ventidius Cumanus)를 이어 총독에 올랐다. 그의 재위 동안에 여러 지역에서 봉기가 일어났는데 총독은 잔인하게 봉기를 진압했다. 유대인들에게 온갖 고문을 가했다. 로마역사가 타키투스(Tacitus)는 벨릭스 총독을 이렇게 혹평했다. "그는 노예의 심성을 가지고 왕의 권력을 행사했다. 악명 높은 팔라스 왕궁에 있는 그의 형의 영향력을 의지하고 마치 모든 죄를 범해도 면책을 받을 자격증을 소지한 것처럼 행동했다."[115]

수에토니우스(Suetonius)의 글라우디오 전기(*Life of Claudius*, 28)에 따르면, 벨릭스는 노예 출신의 자유민이면서도 세 명의 공주와 결혼했다. 그의 첫째 부인은 안토니아 클레오파트라의 손녀였고, 셋째 부인은 헤롯 왕의 딸 드루실라였다.[116] 벨릭스 총독은 반란에 가담한 인물도 뇌물 받고 놓아 줄 정도로 뇌물을 탐했다. 초대교회 문헌들은 하나 같이 벨릭스가 다방면에서 당시 글라우디오 황제의 강력한 총애를 받았던 형 팔라스(Pallas)의 비호를 받았다고 증언한다.

---

[113] Carver, *The Acts of the Apostles*, 229; Cowles, *Acts of the Apostles*, 190.

[114] Carver, *The Acts of the Apostles*, 229.

[115] Tacitus, *Histories* v.9. <www.classics.mit.edu/Tacitus/histories.mb.txt>(2020. 01. 20. 접속). "글라우디오 황제가 유대지방을 노예의 정신으로 왕의 권력을 행사하였던 안토니우스 벨릭스에게 위임하자 왕들은 죽임을 당하거나 무의미한 존재로 전락하고 말았다. 그는 종이었던 자유인이 된 자유민 중의 한 명으로 온갖 종류의 야만성과 탐심에 깊이 빠졌던 인물이다. 그는 안토니우스와 클레오파트라의 손녀 딸 드루실라와 결혼했으며, 글라우디오가 안토니의 손자였듯이 그도 안토니의 손녀 사위였다." 또한 Cowles, *Acts of the Apostles*, 193을 참고하라.

[116] 행 12:1; 24:24. Tacitus, *Annals* xii. 54; Josephus, *Jewish War* ii. 12.8-13. 7; *Antiquities* xx. 7.1-8.9를 참고하라.

제 20 장
총독과 왕 앞에서 바울의 재판
(24:1-26:32)

> 그들 모든 배아는 사도행전에서 발견되며, 사도행전은 배아에 있어서 정말로 완전한 교회사이다.
>
> Edward M. Goulburn, *The Acts of the Deacons*, 1866

> 아그립바가 바울에게 이르되 네가 적은 말로 나를 권하여 그리스도인이 되게 하려 하는도다. 바울이 이르되 말이 적으나 많으나 당신뿐만 아니라 오늘 내 말을 듣는 모든 사람도 다 이렇게 결박된 것 외에는 나와 같이 되기를 하나님께 원하나이다 하니라
>
> 행 26:28-29

    5일 후 대제사장 아나니아가 산헤드린공회 회원들인 장로 중 몇 사람과 더둘로(Tertullus)라는 변호사와 함께 벨릭스 총독을 찾아왔다. 이들의 방문 목적은 총독에게 바울에 대한 고발장을 접수하기 위해서다. '닷새 후'(24:1)는 가이사랴에서 예루살렘까지 사신(使臣)이 가고, 예루살렘 제사장들과 장로들이 바울에 대한 고발을 준비한 기간으로 보인다.

    어떤 성경학자는 바울이 총독 앞에 예루살렘에 도착한 것이 12일이 되었다는 24장 11절에 근거하여 여기 닷새를 바울이 예루살렘을 떠난 때부

터 기간을 말하는 것으로 본다. 전후 관계로 볼 때 합리적이다.

1. 벨릭스 총독에게 바울 고발(24:1-9, A.D. 57-59)

¹ 닷새 후에 대제사장 아나니아가 어떤 장로들과 한 변호사 더둘로와 함께 내려와서 총독 앞에서 바울을 고발하니라 ² 바울을 부르매 더둘로가 고발하여 이르되 ³ 벨릭스 각하여 우리가 당신을 힘입어 태평을 누리고 또 이 민족이 당신의 선견으로 말미암아 여러 가지로 개선된 것을 우리가 어느 모양으로나 어느 곳에서나 크게 감사하나이다 ⁴ 당신을 더 괴롭게 아니하려 하여 우리가 대강 여짜옵나니 관용하여 들으시기를 원하나이다 ⁵ 우리가 보니 이 사람은 전염병 같은 자라 천하에 흩어진 유대인을 다 소요하게 하는 자요 나사렛 이단의 우두머리라 ⁶ 그가 또 성전을 더럽게 하려 하므로 우리가 잡았사오니 (6하반-8상반 없음) ⁸ 당신이 친히 그를 심문하시면 우리가 고발하는 이 모든 일을 아실 수 있나이다 하니 ⁹ 유대인들도 이에 참가하여 이 말이 옳다 주장하니라

여기 변호사 더둘로는 공공연사, 변호인, 구변자(a public speaker, ῥήτοροϛ)를 말한다.[1] 이런 층의 사람들은 로마제국의 대부분의 지방 도시에서 발견할 수 있다. 이들은 말을 유창하게 하고 로마의 법에 대한 상당한 식견을 갖추고 있었으며 라틴어를 구사할 수 있었다. 대제사장은 라틴어로 재판이 진행될 것을 대비하여 라틴어를 구사하는 변호인을 고용한 것이다.

라틴어로 재판이 진행되어도 바울에게는 불리할 것이 없었다. 로마의 시민권자인데다 바울이 라틴어를 유창하게 구사했을 것으로 여겨지기 때문이다. 실제로 바울이 로마에 가서 로마인들에게 마음 놓고 복음을 전했

---

[1] F. F. Bruce, *The Book of ACTS* (Grand Rapids: Eerdmans, 1984), 463. "닷새 후에 대제사장이 이끄는 산헤드린의 대표단이 바울에 대한 고소 혐의를 진술하기 위해 가이사랴에 내려왔다. 그들은 법정 수사학의 통용어로 고소 내용을 진술하기 위해 더둘로라 이름하는 변호인의 도움을 받았다. 그의 이름이 로마세계에 보편적이어서 더둘로는 아마도 헬라파 유대인으로 여겨진다."

다는 것은 그가 라틴어를 유창하게 할 줄 알았다는 사실을 함축한다. 바울이 교육을 통해 라틴어를 습득할 수 있었겠지만 다른 한편으로 부모로부터 자연스럽게 습득할 수도 있었을 것으로 보인다. 로마의 시민권을 날 때부터 갖고 있었다는 사실은 그의 부모가 로마시민이었고, 로마 정치, 문화, 역사에 대해 상당한 식견을 가졌음을 암시해주며, 따라서 라틴어를 구사할 수 있었음을 말해준다.

누가가 증언하는 대로 히브리어와 헬라어를 유창하게 구사하는 바울이 라틴어까지 했다면 이방인의 사도로 그 이상 적합한 인물은 없었을 것이다. 하나님은 로마제국을 무대로 복음이 널리 확산될 수 있도록 그 한 사람을 준비하시고 이방인의 사도로 부르신 것이다.

벨릭스 총독에 대한 더둘로의 아첨(24:1-4)

대제사장 아나니아와 장로들을 대신하여 더둘로가 벨릭스 총독에게 바울을 고발했다. 그는 먼저 아첨에 가까운 인사로 시작했다. '벨릭스 각하여, 우리가 당신을 힘입어 태평을 누리고 또 이 민족이 당신의 선견으로 말미암아 여러 가지로 개선된 것을 우리가 어느 모양으로나 어느 곳에서나 크게 감사하나이다'(24:3).

여기 더둘로가 사용한 말, '당신을 힘입어,' '이 민족이 당신의 선견으로 말미암아 여러 가지로 개선,' '어느 모양으로나 어느 곳에서나,' '크게 감사'가 유리한 재판을 이끌기 위해 벨릭스 총독의 통치와 치적을 지나치게 의도적으로 과장하는 것을 알 수 있다. 칼빈의 표현을 빌린다면 "따라서 [더둘로의] 서론은 한마디의 꾸민 아첨에 불과하다."[2]

로마의 통치자들 가운데 폭정이 많았다. 로마의 역사가 타키투스는 아그리콜라(*Agricola*)에서 "로마인들은 강도, 학살, 약탈에게 제국이라는 거짓된 이름을 붙이고, 고독을 조성하고는 평화라 부른다"[3]고 혹평했다.

---

[2] 존 칼빈, 한국기독교선교백주년기념 존·칼빈성경주석출판위원회 역편, 신약성경주석, Vol. 6, 사도행전 II (서울: 성서교재간행사, 1980), 324.

로마 지도자들 가운데 반유대주의자들이 많았다. 벨릭스 총독 역시 철저한 반유대주의자였다. "요세푸스(Josephus)에 따르면, 벨릭스가 그 지방에서 매우 악랄하고, 잔인하고 변덕스러웠던 것은 분명하다."[4] 유대 전반에 상당한 식견을 가졌을 것으로 보이는 더둘로가 로마제국 안에 널리 알려진 유대인에 대한 벨릭스 총독의 폭정을 모를 리가 없었을 것이다. 총독의 환심을 사기 위한 아첨이었다.

더둘로의 바울 고발의 핵심 내용(24:5-8)

이어 더둘로는 이렇게 바울을 '전염병 같은 자'(24:5), '천하에 흩어진 유대인을 다 소요하게 하는 자'(24:5), '나사렛 이단의 우두머리'(24:5), '성전을 더럽게 하려' 하는 자(24:7)라고 고발했다. 바울에 대한 혐의를 4가지로 압축한 것이다. 여기 사용된 '전염병,' '소요,' '나사렛 이단의 우두머리,' '성전을 더럽게 하려'는 자 모두 대단히 강도 높은 범죄행위다.[5]

더둘로는 바울에 대해 네 가지를 지적했다. 로마제국 전역에 흩어진 유대인들을 선동하여 소요를 야기하는 전염병 같은 존재, 소요의 주동자, 나사렛 종파의 우두머리, 성전을 더럽히려고 한 주동자가 그것이다. 우리는 여기서 당시 유대지도자들이 기독교를 어떤 시각으로 보았는가를 알 수 있다.[6]

---

[3] Publius Cornelius Tacitus, *Agricola*, trans by Alfred John Church and William Jackson Brodribb (London: Macmiian, 1877), 30. <www.forumromanum.org/literature/tacitus/agricolae.html#30>(2019. 07. 28. 접속).

[4] 칼빈, 사도행전 Ⅱ, 324.

[5] "우리가 보니"(Having found, εὑρόντες)가 헬라어 원문에는 '우리'가 생략되었다. '보니'는 이 사람에게서 '발견하기를,' 이 사람에게서 '찾아내기를'이라는 의미이다. 여기 '전염병'(a pest, λοιμόν)은 페스트를, '소요'(στάσεις)는 반란을, '이단의 우두머리'(a leader, πρωτοστάτην)는 지도자를 말한다.

[6] Henry Cowles, *Acts of the Apostles: With Notes, Critical, Explanatory, and Practical, Designed for Both Pastors and People* (New York: D. Appleton, 1883), 189. "더둘로는 그의 기소에서 3가지 점을 지적하였다. (1) 그들끼리의 싸움에 말려들도록 함으로 온 세상에 소요를 일으키도록 유대인들을 선동하는 전염병(a pest); (2) 역겨운 나사렛당—이것은 나사렛 예수를 따르는 자들인 기독교인들에게 적용되는 비난의 이름—의 우두머리; (3) 성전을 모독하는 신성모독."

전염병 같은 존재(24:5)

바울을 다른 사람들에게 무섭게 병을 옮기는 전염병으로 이해했다. 주지하듯이 전염병은 무서운 병이다. 바울을 전염병이라고 말한 것은 바울의 가르침이 다른 사람들에게 신속하게 확산되어 해독을 끼친다는 의미 때문일 것이다. 개역성경에는 '염병'이라고 되어있는데 피부에 와닿는 번역이다. 한국인들에게 정서적으로 피부로 느끼듯이 전염병 중에서 염병은 가장 무서운 전염병 중의 하나였기 때문이다. 기독교 신앙의 확산을 전염병 확산으로 묘사한 것이다.[7]

우리가 주목하는 것은 바울이 전염병을 확산시킨다고 말하지 않고 바울 자신을 전염병 같은 존재라고 언급한 사실이다. 바울의 발이 닿는 곳마다 복음이 전해지고, 복음이 전염병처럼 어떤 종류의 사람, 어느 민족, 어느 연령, 남녀, 온갖 지위의 사람들을 구분하지 않고 확산되었기 때문이다. 유대인들이 볼 때 바울은 정말 전염병 같은 존재였다. 아무리 도로망이 탁월하고 위생시설이 놀랍게 발전됐다 해도 로마제국에서 전염병은 무서운 존재였다. 최근 전세계적으로 진행되고 있는 우한 코로나 전염병(Covid-19) 사태가 이를 너무도 잘 예시해주고 있지 않는가! 바울을 전염병과 같은 존재, 이단의 괴수라고 참소한 것이다. 바울을 극악한 중범죄자로 몰아간 것이다.

소요의 주동자(24:5)

바울을 전 세계에 흩어진 유대인들을 소동하게 만드는 소요의 주동자로 고발했다. 여기 '천하' 오이쿠메네(οἰκουμένη, world)는 누가가 즐겨

---

[7] *Pliny the Younger, Epp.* X. 96. 박용규, 초대교회사 (서울: 한국기독교사연구소, 2016), 87. 흥미로운 사실은 트라얀 황제(Trajan, 재위 A.D. 98-117) 치하 때 지방장관이었던 소플리니(Pliny the Younger, A.D. 61-113)가 트라얀 황제에게 보낸 편지에 유사한 내용이 등장한다. "모든 연령층과 온갖 지위에 있는 많은 남녀들이 위험에 처해 있거나 장차 처해질 것이기 때문입니다. 그 미신은 도시뿐만 아니라 소읍과 시골까지도 전염시켰습니다. 그러나 아직도 그것은 중단시킬 수 있고 바로 고칠 수 있는 것처럼 보입니다."

사용하는 단어로 로마제국 전체를 지칭하는 것이다. '그 때에 가이사 아구스도가 영을 내려 천하로 다 호적하라 하였으니'(눅 2:1)에 나오는 '천하'가, '마귀가 또 예수를 이끌고 올라가서 순식간에 천하 만국을 보이며'(눅 4:5)에 나오는 '천하 만국'이, '사람들이 세상에 임할 일을 생각하고 무서워하므로 기절하리니'(눅 21:26)에 나오는 '세상'이 동일한 단어이다. 누가는 사도행전 11장 28절에 '천하에 큰 흉년이 들리라 하더니 글라우디오 때에 그렇게 되니라'에 나오는 '천하'에 동일한 단어를 사용했다.

더둘로가 오이쿠메네를 사용하며 바울을 고발한 것은 어느 한 지역의 유대인들만 선동한 것이 아니라 로마제국 전체에 흩어진 유대인들을 선동했다는 것을 드러내려는 의도이다. 로마제국 통치하에서 어느 백성을 선동하여 소요를 일으키는 죄는 가장 무거운 책임을 요구하는 죄목이다. 더둘로가 예수님처럼 바울을 선동자로 고발한 것이다. 지극히 종교적인 문제를 정치적인 문제로 비화시키려는 의도를 그대로 읽을 수 있다.

나사렛 이단의 우두머리(24:5)

더둘로는 바울을 나사렛 이단의 우두머리로 고발했다.[8] '나사렛 이단'이라는 말은 '나사렛 예수의 이단,' '나사렛 예수를 따르는 이단'이라는 의미다.[9] 나사렛이라는 말을 우리는 주목해야 한다. 유대인들은 예수를 믿는 자들을 유대교와 구분하기를 원했다. 로마의 총독에게 바울이 '나사렛 이단'의 우두머리라고 한 것도 기독교와 유대교의 차별화를 의도한 것이다.

---

[8] 여기 '이단'(a sect, αἵρεσις)은 누가가 즐겨 쓰는 용어로 신약에 9번 나타난다. 그중에서 여섯 번이 사도행전에 쓰였다. 사두개파(5:17), 바리새파(15:5), "이단의 우두머리"(24:5), "그들이 이단이라 하는 도"(24:14), "우리 종교의 가장 엄한 파"(26:5), "이 파에 대하여는"(28:22) 등에 모두 동일한 단어가 사용되었다. 누가는 헤이레시스를 3번은 바리새파와 사두개파 등 유대종교에, 3번은 예수 그리스도를 믿는 신앙에 적용했다.

[9] 주로 예수를, 나사렛 예수(마 2:23, 26:71; 눅 18:37)라고 신약성경에서 기록하듯이 누가는 나사렛이라는 말을 사용할 때마다 거의 나사렛 사람, 예수 그리스도와 연계시켰다. 특히 누가는 사도행전에서 무려 7번이나 나사렛이라는 표현을 사용하고 있는데 모두 '나사렛 예수'를 표현할 때 사용하였다. 이것은 역사가인 누가가 예수 그리스도를 역사 속에 실존했고, 그의 사역이 시공 속에서 일어난 사건이라는 사실을 강조하기 위한 것으로 보인다.

여기 신약에서는 유일하게 나사렛 당(Nazarene)을 '예수를 따르는 자들'을 가리키는 말로 사용되었다. 본래 나사렛은 예수 자신을 지칭할 때 사용되었다. 나사렛이 사용된 것은 예수의 고향이 나사렛이었기 때문이다. 이것이 예수의 추종자들에게도 동일하게 사용된 것이다. 이 명칭은 당시 1세기 유대인들 가운데 혐오감을 느끼는 집단이나 풍조를 지칭하였을 것으로 여겨진다. 그리스도인들을 '나사렛 이단'이라고 부른 것으로 미루어 볼 때 '나사렛 당'은 아주 초기부터 유대 기독교도들을 지칭하는 이름으로 널리 사용된 것으로 보인다.[10]

여기 '우두머리'(a leader, chief, πρωτοστάτην)는 신약에 유일하게 이곳에만 나타난 단어로, 군대의 맨 앞에 서 있는 사람, 앞 첫 번째 있는 사람이라는 뜻이다. 바울 사도를 나사렛 이단의 최고 우두머리로 본 것이다. 이런 바울에 대한 비판은 상당히 중요한 의미를 지닌다. 그를 나사렛 이단의 우두머리로 몰아가는 것은 그 이면에 매우 중요한 의도가 있기 때문이다. 바울이 믿는 종교가 당시 로마제국에서 합법적인 종교로 인정받는 유대교와 다르다는 사실을 부각시키려는 것이다. 그것도 그가 그 종교의 최고 지도자이므로 무거운 처벌을 내려야 한다는 의도가 이면에 있다.

성전을 더럽히는 자(24:7)

마지막으로 더둘로가 제기한 고발 사유는 바울이 성전을 더럽혔다는 것이다. '그가 또 성전을 더럽게 하려 하므로 우리가 잡았사오니'(24:6)에 잘 나타나 있다. 성전을 더럽혔다는 것은 바울이 예루살렘에서 유대인들로부터 고발을 당한 두 번째 고발 사유였다. 바울이 구제금과 제물을 가지고 예루살렘에 올라갔을 때 유대인들은 바울이 '헬라인을 데리고 성전에 들어가서 이 거룩한 곳을 더럽혔다'(21:28)고 선동했다.[11]

---

[10] Bruce, *The Book of ACTS*, 465.
[11] 흥미로운 사실은 21장에서 "더럽게 하다"의 헬라어 원문과 여기 더둘로가 벨릭스 앞에서 "또 성전을 더럽게 하려 하므로"의 헬라어 원문이 다르다. 두 단어가 모두 더럽혔다는 의미를

게다가 바울이 의도성을 가지고 고의로 성전을 더럽혀 하나님을 모독한 것처럼 왜곡했다. 실수로 그런 것이 아니라 일부러 의도성을 가지고 성전을 '더럽히려고 시도했다'(attempted, ἐπείρασεν)는 것이다. 따라서 원문을 그대로 옮기면 '심지어 저가 의식을 가지고 성전을 더럽게 하려고 시도했으므로 우리가 또한 그를 붙잡았다'는 말이다. 더럽힌 것도 아니고 '더럽히려고 시도했다'고 말한 것은 상당히 계산된 의도였다.

더럽혔다고 하면 그렇지 않았다는 사실에 대한 증거를 대면되지만 더럽히려고 시도했다는 것은 증거를 대기도 힘들다. 더둘로는 바울의 혐의를, 유대인들보다 더 한층 강도 높고 교묘하게 왜곡하여 벨릭스 총독 앞에서 바울을 고발한 것이다. 더둘로의 진술은 루시아의 편지 내용과 달리 바울을 범죄자로 몰아가고 있다. 이 같은 더둘로의 참소 내용은 벨릭스 총독이 천부장 루시아의 편지 내용만 보고 바울에게 유리하게 재판을 진행할 수 없도록 하려는 계산된 의도로 보인다.

유대인들의 바울 고발 사유

더둘로가 바울에 대해 제기한 네 가지, 전염병, 소요의 주동자, 나사렛 이단의 우두머리 그리고 성전의 신성 모독은 로마제국 당국의 입장에서 볼 때 매우 설득력 있는 고발 사유였다. 이들 네 가지 사유는 바울 당시 로마제국에서는 어느 하나도 그대로 넘어갈 수 없는 죄목이다. 바울이 천부장의 명으로 예루살렘을 떠났다는 소식을 들은 제사장들과 장로들은 더둘로를 사전에 불러 대책을 숙의하고, 가장 설득력 있는 고발 사유들을 찾아낸 것으로 보인다.

이 과정에서 로마의 법과 재판, 문화와 정치에 익숙한 더둘로가 상황을 경청한 후에 로마제국의 관점에서 조언을 주었을 수 있다. 천부장이 바울

지니지만 21장에 나오는 '더럽혔다'가 더 폭넓은 의미의 '더럽혔다'는 의미라면 24장의 "더럽게"(to profane, βεβηλῶσαι)는 '오염시키다'(pollute), '범하다'(violate), '신성을 더럽히다'(profane)는 의미이다. 후자가 더럽힘의 강도가 한층 더 강하다. 이것은 신성을 모독하거나 성전을 더럽혔을 때 사용된다.

에 대해 매우 우호적이고, 유대인들이 바울을 고발하는 사유가 단순히 유대주의 율법에 관한 것으로 단정하려는 시도를 간과한 듯하다.

여기서 유대인들의 바울 고발 사유에 담겨진 의도를 몇 가지로 정리할 수 있을 듯하다. (1) 바울이 전하는 복음이 너무도 빠르게 유대민족에게 전파되어 그들을 파멸로 이끈다고 판단하고 그를 가장 무서운 전염병으로 몰아갔다는 사실, (2) 바울로 인해 기독교 복음이 전 세계 유대인들에게 급속하게 확산되는 것을 두려워하여 그의 전도행위를 소요를 일으키는 행동으로 치부했다는 사실, (3) 바울이 믿는 종교가 합법적인 유대교와 다른 나사렛 이단의 종교이며, 바울이 그 이단의 우두머리라고 왜곡했다는 사실 그리고 (4) 이 모든 것들 위에 바울을 성전을 더럽혀 신성모독 죄를 범했다는 사실이다.

산헤드린에서 온 대표단은 더둘로가 고소한 내용에 대해 만족한 것으로 보인다. 더둘로의 송사를 옆에서 지켜보던 유대인들은 마치 입이라도 맞춘 듯이 '이 말이 옳다'(24:9)고 합창했다.

2. 벨릭스 총독 앞에서 행한 바울의 변명 (24:10-23, A.D. 57-59)

총독은 유대인들의 송사를 듣고 그들의 송사가 정당하고 근거 있는지를 알기 위해 바울에게 그 송사에 대해 변호하라며 기회를 주었다. 바울은 다시 한 번 유대인들의 고발에 맞서 이렇게 변론했다.

> [10] 총독이 바울에게 머리로 표시하여 말하라 하니 그가 대답하되 당신이 여러 해 전부터 이 민족의 재판장 된 것을 내가 알고 내 사건에 대하여 기꺼이 변명하나이다 [11] 당신이 아실 수 있는 바와 같이 내가 예루살렘에 예배하러 올라간 지 열이틀밖에 안 되었고 [12] 그들은 내가 성전에서 누구와 변론하는 것이나 회당 또는 시중에서 무리를 소동

하게 하는 것을 보지 못하였으니 ¹³ 이제 나를 고발하는 모든 일에 대하여 그들이 능히 당신 앞에 내세울 것이 없나이다 ¹⁴ 그러나 이것을 당신께 고백하리이다 나는 그들이 이단이라 하는 도를 따라 조상의 하나님을 섬기고 율법과 선지자들의 글에 기록된 것을 다 믿으며 ¹⁵ 그들이 기다리는 바 하나님께 향한 소망을 나도 가졌으니 곧 의인과 악인의 부활이 있으리라 함이니이다 ¹⁶ 이것으로 말미암아 나도 하나님과 사람에 대하여 항상 양심에 거리낌이 없기를 힘쓰나이다 ¹⁷ 여러 해 만에 내가 내 민족을 구제할 것과 제물을 가지고 와서 ¹⁸ 드리는 중에 내가 결례를 행하였고 모임도 없고 소동도 없이 성전에 있는 것을 그들이 보았나이다 그러나 아시아로부터 온 어떤 유대인들이 있었으니 ¹⁹ 그들이 만일 나를 반대할 사건이 있으면 마땅히 당신 앞에 와서 고발하였을 것이요 ²⁰ 그렇지 않으면 이 사람들이 내가 공회 앞에 섰을 때에 무슨 옳지 않은 것을 보았는가 말하라 하소서 ²¹ 오직 내가 그들 가운데 서서 외치기를 내가 죽은 자의 부활에 대하여 오늘 너희 앞에 심문을 받는다고 한 이 한 소리만 있을 따름이니이다 하니 ²² 벨릭스가 이 도에 관한 것을 더 자세히 아는 고로 연기하여 이르되 천부장 루시아가 내려오거든 너희 일을 처결하리라 하고 ²³ 백부장에게 명하여 바울을 지키되 자유를 주고 그의 친구들이 그를 돌보아 주는 것을 금하지 말라 하니라.

바울은 예루살렘에 올라 간지가 불과 12일밖에 되지 않고 올라가서도 누구와 변론하지 않았고 무리를 소동케 하지도 않았으며, 자신을 송사해서 벨릭스 총독 앞에 세울 아무런 혐의가 없다는 사실, 저희가 이단이라는 도를 따라 율법과 선지자 글의 모든 것들을 믿으며 하나님을 섬기고 유대인들이 소망하는 부활의 신앙을 가지고 하나님과 사람 앞에 흠 없이 살려고 했다고 변호했다.

여기 24장 10절에 나오는 총독은 물론 벨릭스 총독을 말한다. 벨릭스 총독은 '머리로 표시하여' 바울에게 말하라는 사인을 보냈다. '머리로 표시하여'는 원문에 '사인을 주어'(having made a sign, νεύσαντος)라는 말이다. 사인을 주었다는 말이 현재완료형으로 사용되어 한번 딱 사인을 준 것이 아니라 바울이 알아볼 수 있도록 충분하게 사인을 주었다는 말이다. 사인을 받은 바울은 간단한 인사로 변론을 시작했다. '당신이 여러 해 전부터 이 민족의 재판장 된 것을 내가 알고 내 사건에 대하여 기꺼이 변명하나이다'(24:10).[12] '여러 해'(many years, πολλῶν ἐτῶν)는 벨릭스가 유대 총독으로 A.D. 52년경에 부임하고 바울이 그 앞에 나타난 57년과 58년 사이 약 6년을 말한다.

근거 없는 고소라는 변론(24:10-13)

바울의 인사는 더둘로의 아첨과 달리 객관적인 사실에 기초한 의례적인 인사였다. 간단하면서도 고소자들과 달리 품위가 있다. 바울은 그가 훌륭하게 통치했다는 아첨도, 그가 탁월한 인품의 소유자라는 언급도, 그 외 사실이 아닌 것을 과장해서 말한 것은 하나도 없다. 있는 그대로 사실을 언급하고 있을 뿐이다. 바울은 그가 어떤 종류의 재판관인지에 대해서도 전혀 언급하지 않았다. 바울은 더둘로가 벨릭스에게 지나치게 아첨하는 말을 현장에서 모두 들었다. 보통 상관 앞에서 누가 아첨하면 자기도 아첨하고 싶은 것이 일반적이다. 그러나 바울은 전혀 그렇지 않았다.

바울의 변론은 아주 분명하고 명쾌했다. 그는 조목조목 더둘로가 제기한 고소의 부당성을 반박했다. 바울은 공적인 인사를 한 다음 총독이 이해할 수 있도록 바로 사건의 역사적 배경을 진술했다. '당신이 아실 수 있는 바와 같이 내가 예루살렘에 예배하러 올라간 지 열이틀밖에 안 되었다'(24:11). 바울은 자신이 예루살렘에 올라간 이유와 때를 먼저 밝혔다.

사건의 정황을 충실하게 전달하여 총독이 공정하게 판단할 수 있도록 배려한 것이다. 흔히 육하원칙에 따라 일어난 일을 전달하는 것은 널리 알려졌다. 예루살렘에 올라간 이유도 예배라고 밝혔다. 유대인들에게 예루살렘에 예배를 하러 올라가는 것은 일반적인 일이다. 벨릭스는 유대지

---

[12] '변명하나이다'는 '변호한다'(make a defense, ἀπολογοῦμαι)는 말이다.

방 총독이고 아내가 유대인이었기 때문에 유대풍습을 잘 알고 있었다. '12일'이라는 언급을 통해 바울은 자신에 대한 고발이 최근에 일어난 일임을 밝혔다.

바울은 자신이 전혀 혐의가 없다는 사실을 계속 개진해 나갔다. '그들은 내가 성전에서 누구와 변론하는 것이나 회당 또는 시중에서 무리를 소동하게 하는 것을 보지 못하였다'(24:12). 자신이 어떤 사람과도 변론하지 않았고 소동을 일으키지 않았다는 사실을 강하게 변호한 것이다.[13] 자신을 선동자로 고발한 사유를 염두에 둔 변호였다. 그렇다면 바울의 변호를 이렇게 풀어서 해석할 수 있다. '나를 군중을 선동한 선동자로 고발했는데 사실은 나를 고발하는 저 사람들이 내가 성전에서 어떤 사람과 변론을 하는 것을 보지 못했고, 회당이나 시중에서 무리를 소동하게 한 것도 보지 못했는데도 전혀 근거 없이 나를 고발한 것입니다.'

바울은 자신이 하지 않았다고 말하지 않고 저들이 자신이 그런 행위를 행하는 것을 본적이 없는데도 고발했다고 말하며 사건을 객관화시켜 고발 사유가 근거 없음을 개진했다. 그는 자신에 대한 고발이 전혀 근거 없음을 밝혔다.[14] 유대인들이 고발하는 고발의 내용을 바울의 행적 속에서는 전혀 찾을 수 없다는 것이다. 더둘로가 소요의 주동자로 자신을 고발한 것을 염두에 둔 변론이다.

누가는 근거 없는 더둘로의 두리뭉실한 참소 내용과 바울의 구체적인 변론을 대조해 나가며 바울의 무죄를 자연스럽게 드러내고 있다. 바울은

---

[13] "소동하게"는 에피스타신(ἐπίστασιν, a tumultuous gathering)으로 사람들을 선동했다는 의미다. 여기 '변론'(reasoning, διαλεγόμενον)은 누가가 사도행전에서 즐겨 사용하는 말이다. 이 말은 '대화하다'(converse), '연설하다'(address), '전파하다'(preach), '강의하다' (lecture), '논쟁하다'(argue), '변론하다'(reason)는 의미를 지닌다. 신약에 13번 나타나며 그 중의 10번(17:2, 17; 18:4, 19; 19:8, 9; 20:7, 9; 24:12, 25)이 사도행전에 사용되었다.

[14] '송사'(κατηγοροῦσίν, accuse)는 신약에 23회 쓰였으며 '송사하다,' '고발하다'(make accusation), '책임을 묻다'(charges), '기소하다'(prosecute)는 의미다. '내세운다'(to prove, παραστῆσαι)는 누가가 사도행전에 13번이나 자주 사용하는 용어로 '가져오다,' '제시하다,' '나타나다,' '입증하다,' '곁에 서다'는 다양한 의미를 지닌다. 사도행전 1장 3절 "친히 살아계심을 나타내사"(presented, παρέστησεν)에서 '나타내사'가 동일한 원문이다.

수년 동안이나 예루살렘을 떠나 있다가 오순절을 맞아 예루살렘에 왔으며, 온지 열이틀도 채 지나지 않았다고 밝혔다. 이곳에 와서 법을 어기지 않았고 성전이나 회당에서도 공개적으로 복음을 전하지도 않았으며, 군중을 대상으로 집회를 갖거나 여타 어떤 형태의 폭력 집회에 참여한 적도 없다고 밝혔다. 바울은 조목조목 자신에 대한 혐의를 반박했다.

의인과 악인의 부활의 신앙 변호(24:14-21)

그런 후 바울은 톤을 바꾸어 계속 변론을 이어갔다. '그러나 이것을 당신께 고백하리이다. 나는 그들이 이단(a sect, αἵρεσιν)이라 하는 도(the Way, τὴν Ὁδὸν)를 따라 조상의 하나님을 섬기고 율법과 선지자들의 글에 기록된 것을 다 믿으며 그들이 기다리는 바 하나님께 향한 소망을 나도 가졌으니 곧 의인과 악인의 부활이 있으리라 함이니이다. 이것으로 말미암아 나도 하나님과 사람에 대하여 항상 양심에 거리낌이 없기를 힘쓰나이다'(24:14-16).

여기서 바울은 매우 선명하게 자신이 갖고 있는 신앙이 무엇인지를 고백했다.[15] 바울이 숨기지 않고 고백한 것은 한마디로 그가 이단이라고 하는 도를 따랐다는 것이다. 여기 저희가 이단이라 하는 '도'(the Way, τὴν Ὁδὸν, 24:14)는 '길'을 말하며 그 앞에 정관사가 붙어 있어 여러 길이 아닌 바로 그 길, 예수 그리스도를 주로 믿는 기독교 진리를 따르는 길을 말한다. 당시 도는 '나사렛 예수가 그리스도'라고 믿고 고백하는 신앙을 의미한다. 바울이 더둘로가 그를 고발하면서 썼던 '이단'(a sect, αἵρεσιν)이라는 동일한 단어를 사용하면서 자신의 무죄를 변호해 나간 것이다.

여기서 우리가 주목해야 할 것은 바울이 자신을 이단이라고 말하지 않

---

[15] 우리는 바울이 변론하면서 '고백하리이다'(24:14)고 한 말을 주목해야 한다. 여기 '고백한다'(confess, ὁμολογῶ)는 자신의 신앙양심을 속이지 않고 솔직하게 공개적으로 밝힐 때 사용하는 단어이다. 영어의 '거짓 없이 진실되게 고백한다'(confess)가 헬라어 원문의 의미를 가장 잘 드러낸다. 요한복음 1장 20절에 "요한이 드러내어 말하고 숨기지 아니하니 드러내어 하는 말이 '나는 그리스도가 아니라' 한대"에 나오는 "드러내어 말하고"와 "드러내어 하는 말이" 바로 동일한 단어다.

고 '그들이 이단이라 하는'[16]이라며 자신에 대한 고소 내용을 객관화시켜 표현하였다는 사실이다. 상당히 수준 높은 변증이다. 더둘로는 바울을 그냥 이단이라고 하지 않고 바울을 '나사렛 이단의 우두머리'(24:5)라고 표현했다.

하나님, 율법과 선지자들의 글 그리고 부활의 신앙 변증

바울은 자신이 믿는 신앙을 밝힘으로 그 자신이 따르고 있는 이단이라는 도의 핵심 진리가 무엇인지 세 가지로 변증하였다. 바울은 자신이 이 도를 따라서 1) 하나님을 섬겼고, 2) 율법과 선지자들의 모든 글을 믿었으며, 3) 그들이 기다리던 의인과 부활의 신앙을 자신도 가졌다고 고백했다. 하나님, 율법과 선지자들의 글, 부활의 신앙 셋으로 집약할 수 있다.

첫째, 바울은 하나님을 믿었다고 하지 않고 섬겼다고 증언한다. 여기 '섬겼다'(worship, λατρεύω)는 말은 예배했다는 말이다. 바울은 자신이 예배하는 하나님을 '조상들의 하나님'이라고 고백함으로 그 자신이 아브라함과 족장들 그리고 선지자들이 섬겼던 동일한 하나님을 섬기고 있음을 천명한 것이다.

둘째, 바울은 율법과 선지자들의 글을 믿었다고 고백했다. '율법과 선지자들의 글에 기록된 것을 다 믿으며'(24:14)는 율법에 기록된 모든 것과 선지서에 기록된 모든 것을 믿으며 하나님을 섬겼다는 것이다. 바울이 그저 하나님을 섬긴 것이 아니라 모세의 율법과 선지자들이 전해준 선지서의 말씀들을 다 믿으면서 하나님을 섬겼다는 말이다.[17] 하나님께 대한 믿음과 섬김이 철저하게 기록된 말씀에 기초했음을 증언한 것이다.

바울은 조상들이 섬기던 동일한 하나님을 예배하고 모세의 율법과 선

---

[16] 그들이 이단이라고 부르는(they call a sect, λέγουσιν αἵρεσιν).
[17] '섬기고'(serve, λατρεύω)는 '섬기다'(serve), '예배하다'(worship)는 의미로 특별히 하나님을 섬긴다고 할 때 사용된다. 마태복음 4장 10절에 예수님께서 자신을 시험하는 사탄에게 "사탄아 물러가라 기록되었으되 주 너의 하나님께 경배하고 다만 그를 섬기라(λατρεύσεις) 하였느니라"가 동일한 단어다. 헬라어 원문에는 '기록된'이라는 말은 등장하지 않고 대신 "따라"(according to, throughout, κατὰ)와 "안에"(in, ἐν)가 있어 율법과 선지서를 따라 하나님을 섬겼다는 고백이다.

지자들의 글의 모든 내용을 그대로 믿는다고 고백함으로써 자신의 신앙이 결코 유대인들이 갖고 있던 신앙과 본질적으로 다르지 않다는 사실을 공개적으로 천명한 것이다. 벨릭스 총독이 볼 때 바울이 고소를 당할 아무런 이유가 없었다.

셋째, 바울은 의인과 악인의 부활의 신앙을 자신도 갖고 있다고 고백했다. 그는 하나님에 대해서는 섬겼다는 용어를 율법과 선지자들의 글에 대해서는 믿는다는 표현을 그리고 부활의 신앙에 대해서는 갖는다는 용어를 구분해서 사용하였다. 특히 부활의 신앙은 바울이 예루살렘에 올라가 일관되게 변증하는 가장 중요한 핵심 진리였다.

바울은 '그들이 기다리는 바 하나님께 향한 소망' '곧 의인과 악인의 부활'의 소망(24:15)을 자신도 가졌다고 밝혔다. 바울이 처음으로 의인과 악인의 부활을 믿는다고 언급한 것이다. '죽은 자의 소망 곧 부활'(23:6) 신앙은 '열두 지파가 밤낮으로 간절히 하나님을 받들어 섬김으로 얻기를 바라는 바'(26:7), '이스라엘의 소망'(28:20)이었다.[18] 바울은 여기 벨릭스 앞에서도 나중에 아그립바 왕 앞에서도 '이 소망으로 말미암아 내가 유대인들에게 고소를 당하는 것'(26:7)이라고 밝혔다.

바울의 가장 중요한 변론의 핵심은 부활신앙이었다. 실제로 바울은 부활의 소망을 가지고 '하나님과 사람에 대하여 항상 양심에 거리낌이 없기를 힘썼다'(24:16)고 증언했다.[19] 여기 '힘썼다'(exercise, ἀσκῶ)가 현재형

---

[18] 행 2:26; 16:19; 23:6; 24:15; 26:6, 7; 27:20; 28:20. 여기 '소망'(a hope, ἐλπίδα)은 희망(hope), 기대(expectation), 신뢰(trust), 확신(confidence)의 의미로 4복음서에는 없고 사도행전과 서신서에 53회가 등장한다. 누가는 누가복음을 기록할 때는 사용하지 않던 이 단어를 사도행전에서 8번이나 반복적으로 사용했다. 그것도 사도행전 23장에서 28장 사이에서만 무려 6번을 반복했다.

[19] 바울이 16절에서 고백한 "이것으로 말미암아"(in this, ἐν τούτῳ)는 '이것 안에서'라는 말로 앞장에서 말한 소망과 연관하여 "이 소망 안에서"라고 이해해야 할 것이다. '힘썼다'(exercise, ἀσκῶ)는 단어는 이곳에서만 쓰였으며, '연습했다'(exercise), '훈련했다'(train), '실습했다'(practice), '노력했다'(endeavor)는 의미다. NASB는 이를 '최선을 다했다'(do my best)로 번역했다. "거리낌이 없이"(without offense, ἀπρόσκοπον)는 "공격받을 것이 없는"(not offending), "문책받을 것이 없는"(not causing offence), "책망받을 것이 없는"(blameless) 의미로 전혀 양심의 가책이 없을 때 사용한다. 이 단어가 사도행전에는 단 한 번만 여기에서만 사용되었다. 그 외 "유대인에게나 헬라인에게나 하나님의 교회에나 거치는 자가 되지 말고"(고전 10:32),

이다. 바울이 매순간 하나님과 사람 앞에서 부활의 소망을 가지고 경건하게 살아 왔음을 고백한 것이다. 부활의 신앙은 바울의 고백이자 변증이자 선포였다. 바울은 주님이 부활의 첫 열매이며, 따라서 그를 믿는 자들이 주님처럼 영광의 부활에 참여할 것을 확신했다. 부활의 신앙은 초대교회가 견지하고 있는 신앙의 핵심이었고, 초대교회 성도들을 지탱하는 중요한 신앙의 근간이었고, 제자들을 선별하는 절대 기준이었다.

부활의 신앙만큼 우리에게 소망을 주는 것은 없다. 다시 살아 영생을 누리며 천국에서 주님과 더불어 통치한다는 소망이 없다면 기독교는 세상의 제 종교와 다를 것이 없다. 바울이 재판을 받으면서 부활의 신앙과 소망을 그토록 강조한 이유가 거기 있다. 바울은 부활의 신앙을 선포하고 고백하면서 죽음 너머 기다리는 부활의 소망을 그 마음에 새롭게 확인했을 것이다. 그런 면에서 부활의 증거를 통해 가장 큰 격려를 얻은 사람은 바로 바울 자신이었다.

확신에 찬 부활신앙에 대한 바울의 공개적인 고백은 단순한 변증을 넘어 수많은 유대인들 벨릭스 총독과 유대 청중들에게 깊은 인상을 남겨주었을 것이다. 특히 재판의 현장에서 바울의 변론을 들었던 바리새인들에게 미친 영향은 지대했을 것이다. 하나님을 섬기고 율법과 선지자들의 글을 믿고 부활의 신앙을 가졌다는 것은 사두개인들로는 받아들이기 힘든 내용들이지만 바리새인들과 기독교를 연결하는 너무도 중요한 연결점들이었기 때문이다.

유대법과 로마법을 어기지 않은 것에 대한 변증

그런 후 바울은 새로운 각도에서 변론을 계속 이어갔다. '[더 나아가서] 여러 해 만에 내가 내 민족을 구제할 것과 제물을 가지고 와서 드리는 중에 내가 결례를 행하였고 모임도 없고 소동도 없이 성전에 있는 것을

"너희로 지극히 선한 것을 분별하며 또 진실하여 허물없이 그리스도의 날까지 이르고"(빌 1:10)에 사용되었다. 고린도전서 10장 32절은 부정형으로 번역되었으나 원문은 '너는 유대인들이나 헬라인들 그리고 하나님의 교회에 책망받을 것이 없는 자가 되라'는 말이다.

그들이 보았나이다. 그러나 아시아로부터 온 어떤 유대인들이 있었으니 그들이 만일 나를 반대할 사건이 있으면 마땅히 당신 앞에 와서 고발하였을 것이요, 그렇지 않으면 이 사람들이 내가 공회 앞에 섰을 때에 무슨 옳지 않은 것을 보았는가 말하라 하소서'(24:17-20). 바울이 다른 양상에서 자신의 무죄를 변론하면서 시작하는 17절 앞부분에 '더 나아가서'(moreover, δὲ)가 원문에는 있는데 한글성경에는 생략되었다.

'여러 해 만에'는 바울이 2차 선교여행을 마치고 A.D. 53년 마지막으로 예루살렘을 방문한 후(18:22) 이제 A.D. 57년에 다시 구제금과 제물을 가지고 예루살렘에 올라간 것을 말한다.[20] 이 구제금은 그리스도인들만을 위한 것이 아니라 바울이 고백한 대로 유대민족 전체를 위한 것이다. 바울은 하나님의 사랑을 나눔에 있어서 예수 그리스도를 믿는 자들과 믿지 않는 자들을 구분하지 않고 유대민족 전체를 대상으로 삼았다. 이 구제금이 유대인 동족을 위해 바울이 이방인들로부터 모은 것이라는 점에서 의미가 크다. 이방 그리스도인들로부터 바울이 모았던 구제금은 상당한 금액이었을 것으로 보인다. 애써 그들을 돕기 위해 예루살렘에 올라갔는데 정작 그가 도우려고 힘썼던 그들로부터 고발을 당한 것이다.

바울은 예루살렘의 가난한 민족을 위한 구제금과 제물을 가지고 예루살렘에 올라갔으며, 결례를 행하였지만, 자신이 모임을 갖거나, 소동을 일으킨 적이 없었다는 사실을 '그들이 보았다'(24:18)고 밝혔다. 여기서도 바

---

[20] 고전 16:2; 롬 15:26; 고후 8:4. 여기 '구제금'(alms, ἐλεημοσύνας)과 '제물'(offerings, προσφοράς)이 나오는데 구제금은 바울의 요청에 의해 마게도냐와 아가야교회 교인들이 모아 준 것이다. Bruce, The Book of ACTS, 470. "몇 해가 흐른 뒤 바울은 자신이 예루살렘에 올라간 이유가 예루살렘에 있는 동료 유대인들에게 구제금과 헌금을 가져다주기 위함이었다고 확실히 말했다. 이것은 사도행전에 있는 가장 분명한 문헌으로, 사실 우리는 이것이 바울이 예루살렘에 있는 유대 그리스도인들에게 선물을 보내기 위해 이방인교회에서 모금을 했다고 밝힌 유일한 문헌이라고 봐도 좋을 듯하다. 바울은 그 사실에 대해 대단히 중요한 의미를 부여한 것이 분명하다. 그것은 그의 시각에서 볼 때 구제금 전달이야말로 이방인 그리스도인들의 편에서 구원의 복음이 처음 시작되어 그들에게까지 진행되게 된 예루살렘교회에 진 빚에 대한 적절한 인정이었다. 그리고 그는 또한 예루살렘교회 안에 특별히 극단적인 유대주 구성원들 안에 이방교회에 대한 감사의 마음을 불러일으켜 유대인 그리스도인들과 이방 그리스도인들 둘을 접붙여 영적일치를 이루는 데 도움이 되기를 희망했다. 하지만 이 점에서는 모금이 기껏해야 단지 부분적인 성공을 거두었을 뿐이다."

울은 자신이 잘못한 것이 없다고 말하지 않고 자신이 법을 어긴 것이 없다는 사실을 그들이 잘 알고 있다고 변론했다. 바울은 그들이 자신의 행동에서 혐의를 찾으려고 했지만 의심받을 혐의를 찾을 수 없었다는 점을 분명히 했다. 바울은 참소자들의 고발 내용이 사실무근이라며 자신의 무죄를 변론했다. 민족에 대한 염려, 유대전통에 대한 존중, 로마법에 따른 질서 준수에 이르기까지 바울은 동족들로부터 송사를 받을 아무런 이유가 없다고 밝힌 것이다.

근본적인 발단이 된 아시아로부터 온 유대인들이 자신을 송사한 문제에 대해서도 변론했다. 무엇보다 그들의 심각한 절차상의 문제를 먼저 드러냈다. 만약 자신에 대해 송사할 것이 있다면 벨릭스 총독 당신 앞에서 송사하는 것이 옳고, 또 여기에 있는 자신을 고발한 자들이 자신에 대한 혐의를 발견했다면 산헤드린공회 앞에서 재판을 받을 때 진술해야 했어야 옳았다(24:19-20)는 것도 제기했다.

바울은 앞서 고발 사유가 근거가 없다는 사실을 차례차례 설득력 있게 밝힌 다음, 이제는 자신에 대해 송사를 제기하는 자들이 적법한 재판 절차도 밟지 않았다는 사실까지 제기한 것이다. 더구나 송사에서 가장 중요한 것은 문제를 제기한 당사자의 증언인데 천부장 앞이나 벨릭스 총독 앞에서도 유대지도자들은 바울을 고소한 정작 당사자를 증인으로 내세우거나 등장시키지 않았다. 유대지도자들은 그들을 증인으로 세우면 심문과정에서 진실이 드러날 것을 우려해서 철저하게 배제시킨 것이다.

바울은 마지막으로 다시 한 번 자신의 송사의 근본 원인이 부활신앙 때문이라고 강조했다. '죽은 자의 부활'(24:21) 때문에 송사를 받는 것 외에는 다른 아무런 이유가 없다고 재차 밝히고 벨릭스 앞에서 변론을 마쳤다. 문제의 핵심이 무엇인가를 벨릭스에게 재확인시켜 준 것이다. 이 말을 정리하면 이렇다. '벨릭스 총독이시여! 다시 말씀드립니다만 부활의 신앙 때문에 제가 고발당한 것입니다.'

벨릭스 총독이 정상적인 사고를 가졌다면 바울의 하나님에 대한 섬김, 율법과 선지자들의 글 신뢰, 그리고 부활 신앙에 변증을 듣고 바울의 무죄를 확신했을 것이다.

벨릭스 총독의 판결 연기(24:22-23)

바울이 최선을 다해 변론을 마쳤지만 벨릭스 총독은 '천부장 루시아가 내려오거든 이 일을 처리할 것'(24:22)이며 판결을 미루었다. 바울의 설득력 있는 변론에도 불구하고 그에 대한 벨릭스의 태도는 너무도 미온적이었다. 총독은 백부장에게 바울을 지키되 '자유를 주고 그의 친구들이 바울을 돌보아 주는 것'(24:23)을 허용하도록 명했다.[21] 분명히 천부장 루시아가 가이사랴에 내려와 벨릭스 총독에게 바울에 대해 더 많은 정보를 제공했을 것은 의심의 여지가 없다. 하지만 벨릭스는 아무런 결정을 내리지 않았다.

벨릭스는 분명 바울에게서 전혀 혐의를 찾을 수 없다는 사실을 잘 알았다. 하지만 그에게 무죄 판결을 내려 산헤드린의 감정을 거스르고 싶지 않았다. 당시 벨릭스는 유대 총독으로 재직하는 동안 유대민족의 감정을 거스르는 일을 너무도 많이 행해 유대인들과 관계가 좋지 않았다. 그런데다 글라우디오 황제가 재임하는 동안처럼 그의 형 팔라스가 황실에 영향력을 행사할 수도 없는 상황이었다. 때문에 그는 새로운 황제가 로마제국을 다스리는 시대적 상황에서 유대인들을 자극하지 않도록 더욱 더 세심한 주의를 기울였다.[22]

벨릭스 총독은 바울을 방면하지 않았지만 노골적으로 유대지도자들의 편에 서지도 않았다. 유대인들은 벨릭스가 바울을 유죄를 언도하지 않는 것에 대해 매우 불만이 가득했을 것이다. 총독이라는 행정관의 입장에서 볼 때는 유대인들의 입장을 들어줄 수도 없고 뚜렷한 죄가 밝혀지지 않은

---

[21] "아는 고로"는 '도에 관한 지식을 가지고'(having knowledge, εἰδὼς)이고, '더 자세히'(more precisely, ἀκριβέστερον)는 '더 잘,' '더 많이,' '더 소상하게,' '더 정확히'라는 의미다. '내가 처결하리라'(I will examine, διαγνώσομαι)는 "내가 정확히 조사하리라" "내가 정확히 결정하리라"는 의미다.

[22] Bruce, *The Book of ACTS*, 471-472.

로마시민 바울을 기소할 수도 없었다. 그가 판결을 연기한 것도 그런 정황 때문이었다.

바울에게 우호적인 편지를 써준 루시아가 올 때까지 판결을 연기하기로 한 것을 보면 유대지도자들의 참소보다는 루시아의 편지 내용을 더 신뢰한 것으로 보인다. 칼빈이 적절하게 지적한 대로 "벨릭스는 이 사건에 대해서 아무런 결정도 내리지 않았지만 그는 바울이 자신의 죄 때문에 고소 받고 있는 것이 아니라 제사장들의 악의 때문이라는 것을 감지했던 것 같다."[23]

루시아가 가이사랴에 내려 왔는지 또 벨릭스가 청문을 열었는지 여부는 누가가 밝히지 않았다. 바울의 사건이 중대한 문제였고, 루시아가 올 때까지 판결을 연기한 후, 루시아가 잠시 내려와 자신이 알고 있는 모든 정보, 자신이 목도한 정보를 구체적으로 벨릭스 총독에게 전해주었을 것으로 보인다. 그럼에도 벨릭스는 바울에 대한 판결을 연기하고 그를 2년간이나 붙들어 두었다.

3. 벨릭스 총독과 드루실라의 바울 방문(24:24-27)

벨릭스는 나사렛 이단이라고 치부해버린 기독교에 대해 어떤 정치 지도자보다 많은 정보를 갖고 있었다. 누가의 표현을 빌린다면 총독은 이 도에 관한 것을 더 자세히 알고 있었다. 22절에 언급된 '이 도에 관한 것을 더 자세히 아는 고로'는 벨릭스의 아내가 유대인이라는 사실과 모종의 연관성이 있는 것으로 보인다. 벨릭스는 유대인이었던 그의 아내 드루실라로부터 기독교에 대한 상당한 정보를 얻은 것으로 보인다. 그것은 다음과 같은 기록을 통해 확인할 수 있다.

[24] 수일 후에 벨릭스가 그 아내 유대 여자 드루실라와 함께 와서 바울

---

[23] 칼빈, 사도행전 II, 335.

을 불러 그리스도 예수 믿는 도를 듣거늘 25 바울이 의와 절제와 장차 오는 심판을 강론하니 벨릭스가 두려워하여 대답하되 지금은 가라 내가 틈이 있으면 너를 부르리라 하고 26 동시에 또 바울에게서 돈을 받을까 바라는 고로 더 자주 불러 같이 이야기하더라 27 이태가 지난 후 보르기오 베스도가 벨릭스의 소임을 이어받으니 벨릭스가 유대인의 마음을 얻고자 하여 바울을 구류하여 두니라(24:24-27).

고대 역사가들은 하나 같이 벨릭스 총독에 대해 상당히 부정적이다. 자기 마음에 들지 않는 자들을 제거하기 위해 암살자까지 동원하고, 뇌물을 무척 탐했으며, 여자를 좋아해 3명의 왕실 출신 여인들과 결혼했다. 그중 하나가 바로 위에서 누가가 언급한 헤롯 아그립바 1세의 막내딸 드루실라(Drusilla, A.D. 38-79)였다.

유세비우스에 따르면 그녀는 사도행전 12장 1절에 나오는 헤롯 아그립바 왕의 딸이자 사도행전 25장 13절에 나오는 아그립바 왕의 여동생이었다.[24] 코울즈가 표현한대로 그녀는 '악명 높은 역사기록'의 보유자였지만[25] 모든 여인들 중에 빼어난 미모를 가졌다. 드루실라는 벨릭스와의 결혼이 재혼이었다. A.D. 44년 드루실라의 아버지, 아그립바 1세가 가이사랴에서 세상을 떠날 때 그녀는 불과 여섯 살이었다. 그녀의 아버지는 죽기 전 그녀를 안디오쿠스 4세(King Antiochus IV) 왕의 첫아들 에피파네스(Epiphanes)와 약혼시켰다. 그러다 부친이 세상을 떠난 후 A.D. 49-50년, 헤롯 필립 1세의 영지를 할당받은 드루실라의 오빠 헤롯 아그립바 2세(Herod Agrippa II)가 그녀와 에피파네스와의 약혼을 파기하고는 할례를 받겠다는 약속 하에 에메사의 왕, 가이우스 아지주스(Gaius Julius Azizus)와 결혼시켰다.[26]

드루실라가 유대 총독 안토니우스 벨릭스 총독과 결혼한 것은 그로부터 얼마 지나지 않아서였다. 벨릭스는 드루실라를 보곤 그녀의 빼어난 미

---

[24] Cowles, *Acts of the Apostles*, 193
[25] Cowles, *Acts of the Apostles*, 193
[26] Cowles, *Acts of the Apostles*, 193

모에 첫눈에 반했다. 벨릭스는 자신의 유대인 친구, 구브로의 마술사 시몬을 그녀에게 보내 현 남편 아지주스를 버리고 벨릭스와 결혼하라고 설득했다. 만약 그녀가 벨릭스의 청을 받아준다면 그가 그녀를 행복하게 해주겠다는 약속도 전했다. 드루실라는 당시 그녀의 언니 버니게가 자신의 아름다운 미모를 지나칠 정도로 시기하여 그녀로부터 부당한 대접을 받았다. 때문에 그런 설움을 피하겠다는 생각으로 선조들의 법을 어기면서 첫번째 남편과의 결혼생활을 청산하고 벨릭스 총독과 재혼해 아들 아그립바를 낳았다.[27] 칼빈의 표현을 빌린다면 "이 방탕한 여자는" 구브로 출신의 마술사 시몬의 유혹에 넘어가 "그녀의 결혼 서약을 파기하고 율법에 어긋나게 할례 받지 않은 남자와 결혼한 것이다."[28]

드루실라가 남편 벨릭스 총독과 함께 가이사랴에 구금된 바울을 찾아온 것은 그녀의 나이 약 19세 때였다. 수일 후 벨릭스는 그의 아내 유대 여자 드루실라와 함께 와서 바울을 불러 예수 믿는 도를 들었고, '틈이 있으면 너를 부르겠다'(24:24-25)고 약속했다. 벨릭스가 바울을 자주 불러 대화를 나누었는데 그렇게 한 것은 칼빈의 말대로 그의 아내 드루실라를 기쁘게 하기 위해서였다.[29] 유대인이었던 드루실라는 유명한 복음전도자

---

[27] 칼빈, 사도행전 Ⅱ, 336-337.

[28] 칼빈, 사도행전 Ⅱ, 336-337. "나는 이미 벨릭스의 악의와 타락에 대해서는 지적한 바 있다. 그런데 그의 아내 드루실라로 말하면 누가가 처참하게 죽은 것으로 12장에서 묘사하는 아그립바 1세의 딸이었다. 그녀는 본래 안디옥 왕의 아들 에피파네스와 약혼한 사이였으나 남자측에서 유대 의식에 따를 것을 약속해 놓고 그것을 지키지 않자 다음 장에 나오는 그녀의 형제 아그립바 2세가 그녀를 자기들의 부친 사망 후에 에메센의 왕, 아지주스(Azizus)에게 아내로 주었다. 그러나 그녀는 벨릭스의 아첨에 끌려 그녀의 남편과의 생활을 청산하고 말았다. 말하자면 그녀의 절세 미모에 사로잡힌 벨릭스가 구브로 출신인 시몬이라는 유대인을 선동해서 그녀에게 새로 결혼하도록 유혹했던 것이다. 그러므로 요지를 말하자면, 이 방탕한 여자는 그녀의 결혼 서약을 파기하고 율법에 어긋나게 할례 받지 않은 남자와 결혼한 것이다."

[29] 칼빈, 사도행전 Ⅱ, 336-337. "그녀는 부정한 결혼으로 자신을 더럽혔지만, 이 구절에서 볼 때 그녀가 유년 시절부터 받아 온 종교심이 그녀의 마음에서 완전히 사라진 것은 아니었다는 점을 쉽게 추측할 수 있다. 말하자면 벨릭스가 바울의 이야기를 듣고자 하고 그와 말 상대가 되는 척한 것은 모두 그의 아내를 기쁘게 하기 위한 짓이었다. 물론 누가는 이점을 그렇게 명확하게 이야기하고 있지 않지만 드루실라를 지목함으로써 그는 바울이 그녀를 위해 복음에 대해서 이야기하도록 요청을 받고 있었다는 점을 충분히 암시하고 있다. 하지만 그런 종류의 버림받은 자들은 진지하게 배우려는 마음이 아니라 단지 호기심 때문에 안달을 부릴 뿐이다."

바울의 이야기를 직접 듣고 싶은 호기심이 있어 남편에게 만나고 싶다는 의사를 전했을 것이고, 벨릭스는 아내의 청을 들어준 것으로 보인다.[30] 벨릭스가 바울을 더 자주 불러 같이 이야기를 한 의도가 순수하지 않았다. '바울에게서 돈을 받을까 바라는 고로 더 자주 불러 같이 이야기하더라'(24:26)는 누가의 증언이 이를 그대로 입증해준다.

뇌물을 기대한 벨릭스의 2년간의 바울 구금

벨릭스는 유대인의 환심을 사기 위해 2년 동안 이유 없이 바울을 구금해두었다. 뇌물을 바라는 벨릭스에게 바울이 전혀 돈을 주지 않자 2년 동안 그를 붙잡아 둔 것이다. 그동안 벨릭스는 여러 번 바울을 불러 도를 듣는 체 했지만 실상은 '돈을 받을까'(24:26) 바라고 그렇게 한 것이다. 벨릭스는 로마의 시민권자 그것도 태어날 때부터 시민권을 가진 바울, 예루살렘에 거액의 구제금을 가지고 올라간 상당한 재력가로 보이는 바울로부터 상당한 뇌물을 기대했을 것이다.

누가는 바울이 처음 대면하는 벨릭스와 드루실라에게 '의와 절제와 장차 오는 심판을 강론'(24:25)했다고 증언한다. 이 세 가지 제목처럼 이들 부부에게 필요한 것은 없었다. 바울은 복음전도의 기회가 주어지자 벨릭스와 드루실라에게 말씀을 전했다. 그가 로마 옥중에서 디모데에게 '너는 말씀을 전파하라 때를 얻든지 못 얻든지 항상 힘쓰라'(딤후 4:2)고 말한 것은 경험론적인 명령이었다. 그 후에도 그들은 바울로부터 여러 차례 복음을 전해 들었지만 훗날 믿는 자들이 되었다는 증거는 없다. 믿음은 분명히 들음에서 나지만 복음을 듣는다고 모든 사람들이 다 믿는 것은 아니다.

누가는 그가 바울을 자주 불렀던 중요한 이유가 돈을 바랐기 때문이라고 증언한다. 당시 로마제국 안에 얼마나 뇌물이 널리 행해졌는지를 보여준다. "그 시대에 로마법의 바퀴는 만약 사려 깊게 기름[뇌물]을 잘 쳐주면 더 부드럽고 신속하게 돌아갔으며, 지방 행정관들은 한심스러울 정도

---

[30] Cowles, *Acts of the Apostles*, 193.

로 살아났다."³¹ 그래서 로마제국에서는 뇌물을 금하는 엄격한 포고령이 반복해서 내려졌다. 뇌물에 눈이 어두웠던 벨릭스의 입장에서는 바울이야말로 자신의 석방을 위해 거금을 내놓을만한 인물이라고 판단했을 수 있다. 바울의 전도를 받고 자신이 범한 죄 때문에 하나님의 심판에 대한 두려움을 느끼면서도 그는 돈에 눈이 멀어 진리를 받아들일 수 없었다.³²

바울의 구금 2년이 지난 후 A.D. 59년 베스도(Porcius Festus, A.D. 59-62)가 '벨릭스의 소임을 이어 받아'(24:27) 유대 총독에 임명되었다.³³ 사도행전은 벨릭스 총독과 그의 아내 드루실라의 이후의 삶에 대해서 더 이상의 정보를 제공하지 않는다. 그러나 요세푸스는 그들의 삶이 행복하지 않았다고 밝힌다. 벨릭스가 가이사랴의 유대인들과 이방인 주민 사이에 발생한 내란에 대한 책임을 지고 A.D. 59년 물러난 것이다. 벨릭스는 유대인들을 잔인하게 진압하며 악명을 떨치다가 가이사랴 유대인들이 황제에게 진정하는 바람에 총독에서 물러났고 로마로 소환을 당했다.

요세푸스는 이와 관련하여 좀 더 자세한 정보를 제공해준다. 유대인들과 시리아인들이 가이사랴에 섞여 살고 있었다. 유대인들은 그 도시가 자

---

³¹ Bruce, *The Book of ACTS*, 473.
³² Cowles, *Acts of the Apostles*, 194. 벨릭스는 뇌물에 눈이 어두웠고, 드루실라는 이혼을 해서는 안 되는데도 벨릭스의 유혹에 넘어가 남편을 버리고 벨릭스의 아내가 되었다. 이들이 의와 절제와 장차 오는 심판에 대한 바울의 강론을 듣고 두려워한 것은 어쩌면 당연하다. 드루실라가 바울의 전도를 진지하게 들었는지, 그로 인해 죄책감을 느꼈는지는 성경에 기록되지 않았다.
³³ Cowles, *Acts of the Apostles*, 6. 베스도가 정확히 언제 총독으로 부임했는지에 대해서는 학자들마다 견해가 다르지만 A.D. 58-60년 사이가 가장 많은 지지를 얻고 있다. 코울즈는 벨릭스가 총독에서 해임되고 베스도가 총독을 시작한 것이 A.D. 60년이라고 말한다. 사도행전의 연대기적 기술에 세심한 관심을 기울였던 보원과 라몬도 동일한 견해를 피력했다. Francis Bowen, *Key to the ACTS of the Apostles or The ACTS of the Apostles Historically Chronologically and Geographically Considered* (London: Longmans, Green, and Co., 1869), 50; W. J. Lhamon, *Studies in ACTS or The New Testament Book of Beginnings* (St. Louis: Christian Publishing Company, 1897), 242. 그러나 램지와 브루스는 벨릭스의 로마 소환과 베스도의 부임이 네로 통치 5년째인 A.D. 59년으로 본다. 그것은 흔히 총독이 부임한 후 동전이 바뀌는데 베스도가 부임한 후 유대지방 동전이 바뀌었기 때문이다. 그런데 브루스가 지적했듯이 이 연도를 따를 경우 난제가 있다. 그것은 당시의 시대적 정황과의 연결이 매끄럽지 않기 때문이다. William M. Ramsay, *Pauline and Other Studies in Early Christian History* (London: Hodder & Soughton, 1906), 351; Bruce, *The Book of ACTS*, 481-482.

신들의 도시라고 생각했고, 그 도시를 건설한 왕도 유대인인 헤롯 대왕이었다. 시리아인들도 그 도시를 세운 사람이 유대인이라는 사실을 인정했지만 그 도시는 헬라인 도시(a Grecian city)라고 생각했다. 둘 사이의 대립이 소요로 이어져 결국 심각한 충돌을 피할 수 없었다. 벨릭스 총독은 소요 과정에서 유대인들의 피를 너무 많이 흘렸다. 소요가 그치지 않자 벨릭스는 양측 대표를 네로 황제에게 보내 자신들의 권리를 개진하도록 하였다.[34] 결국 벨릭스 총독도 로마로 소환되어 면직을 당했다.[35]

벨릭스와 드루실라의 결혼생활도 행복하지 않았다. 요세푸스에 따르면 둘 사이에 마르쿠스 아그립바(Marcus Antonius Agrippa)라는 아들과 딸 안토니아 클레멘티아나(Antonia Clementiana)가 태어났다. 다른 고대 역사가에 의하면 A.D. 79년 베수비우스(Vesuvius) 화산이 폭발하여 폼페이와 헤르쿨라니움 도시 대부분의 인구가 멸절할 때 드루실라 역시 아들과 함께 불타 사라졌다.

누가는 요세푸스처럼 자세하게 배경을 밝히지는 않았지만 역사가 답게 벨릭스가 뇌물을 기대하고 '유대인의 마음을 얻고자 하여' 바울을 2년 동안 구류시켰고, '이태가 지난 후'(24:27) 벨릭스가 해임되고 보르기오 베스도(Porcius Festus)가 부임했다고 증언한다. 2년간 특별한 사유가 없이 바울을 가이사랴에 구류시킨 벨릭스 총독의 행동과 그의 해임이 일종의 하나님의 심판이라는 사실을 자연스럽게 드러낸 것이다.

바울의 가이사랴 2년 구금의 역사신학적 의미

가이사랴에서 보낸 2년의 세월은 로마로 속히 가기를 원했던 바울에게는 한편으로는 참으로 고통스러운 기간이었다.[36] 그러나 다른 한편으로 하

---

[34] Josephus, *Jewish War* ii. 13. 7; *Anliquities* xx. 8. 7, 9.
[35] 심각한 형벌을 받을 수 있었으나 전 재무장관이었던 형 팔라스의 도움으로 가벼운 언도만 받았다. 타키투스는 벨릭스가 과거 행적으로 인해 탄핵을 받지 않았다고 증언한다.
[36] William Owen Carver, *The Acts of the Apostles* (Nashville: Sunday School Board, Southern Baptist Convention, 1916), 237.

나님의 뜻을 진지하게 구하고 자신을 객관적으로 돌아보는 연단의 기간
이었다. 하나님께서 바울이 가이사랴에 2년을 머물게 하신 데는 몇 가지
하나님의 깊으신 섭리가 있었다.

첫째, 2년간의 기간은 바울 편에서 볼 때는 바울이 더 철저하게 하나님
의 뜻에 순복하는 것을 배우는 훈련의 기간이었고 당시 로마제국의 상황
에서 볼 때는 장차 바울이 로마에서 복음을 더 효과적으로 전할 수 있도록
하나님께서 로마제국 안에 더 좋은 환경을 예비하시는 준비 기간이었다.
바울의 효과적인 복음전파와 그의 순교의 때를 예비하시려는 하나님의
깊으신 섭리가 이면에 있었다. 바울을 2년이나 묶어 둔 총독 벨릭스가 소
환당하고 네로가 폭정을 본격적으로 진행하기 전이었으며 로마 제국 내
에서는 기독교가 합법적인 종교 유대교의 우산 아래 보호를 받고 있어서
아무런 제약 없이 복음이 전파될 수 있는 환경이었다.[37]

둘째, 사도행전을 기록한 의사 누가는 이 기간 동안 가이사랴에 거점을
두고, 그곳은 물론 팔레스타인의 다른 지방에서 기독교가 처음부터 어떻
게 하나의 세력을 형성하고 확산되어 나갔는지를 추적할 수 있었다(눅
1:3). 누가는 이때 예루살렘 오순절 사건은 물론 초기 사도행전의 자료를
수집하는 기회를 가졌을 것으로 보인다.

셋째, 바울에게는 지난 자신의 회심, 부르심, 다소에서의 다년간의 세
월, 안디옥으로 부르심, 1차, 2차, 3차 선교여행 그리고 로마와 스페인 선
교에 이르는 일련의 선교역사를 다시 되돌아보고 앞으로 이루실 선교역
사를 준비하는 기간이었다.

---

[37] A.D. 57년 당시 로마황제는 네로였다. 네로는 글라우디오 황제의 뒤를 이어 54년 열여섯
의 나이로 로마제국의 황제에 올랐다. 그는 황제에 오른 뒤 세네카와 친위대장 부루스의 자문을
받으며 처음 5년 동안 성공적으로 직임을 수행했다. 바울이 그곳에 머물고 있던 A.D. 57-59년까지
는 로마에서 복음을 전하기에 적합한 환경이 아니었다. 물론 기독교에 대한 대대적인 박해가 진행
된 것은 아니다. 어린 나이에 황위(皇位)에 오른 네로는 성숙한 지도자는 아니었다. A.D. 57년
네로는 열아홉 살에 불과했다. 게다가 그의 고문으로 있던 세네카는 스토아 철학자였고, 부루스가
친위대장으로 막강한 영향력을 미치고 있었다. 만약 바울이 바로 로마로 직행했다면 훗날처럼 로
마에서 그렇게 효과적인 복음전도 사역을 감당하기 힘들었을 것이다. 당시 로마를 통치하던 네로
황제가 자신의 고문 부루스를 처형하고 대대적으로 기독교인들을 박해하기 시작한 것은 A.D. 62년
부터였다.

누가는 바울이 2년 동안 무엇을 했는지 구체적으로 밝히지 않았다. 바울은 구류상태였기에 자신이 원하는 곳을 다닐 수 있는 자유는 없었다. 그러나 친구와 동료를 만나는 데는 지장이 없었고, 로마의 시민이었기 때문에 고문을 당하거나 문초를 당하는 일도 없었을 것이다. 아마도 바울은 가이사 앞에 서게 해주시겠다는 하나님의 약속과 섭리를 믿음으로 바라보며 이 기간을 과거 사역을 회고하고 미래 사역을 준비하는 시간으로 삼았을 것이다.

4. 베스도 총독의 호의와 로마 황제에게 호소(25:1-12)

¹ 베스도가 부임한 지 삼 일 후에 가이사랴에서 예루살렘으로 올라가니 ² 대제사장들과 유대인 중 높은 사람들이 바울을 고소할새 ³ 베스도의 호의로 바울을 예루살렘으로 옮기기를 청하니 이는 길에 매복하였다가 그를 죽이고자 함이더라 ⁴ 베스도가 대답하여 바울이 가이사랴에 구류된 것과 자기도 멀지 않아 떠나갈 것을 말하고 ⁵ 또 이르되 너희 중 유력한 자들은 나와 함께 내려가서 그 사람에게 만일 옳지 아니한 일이 있거든 고발하라 하니라 ⁶ 베스도가 그들 가운데서 팔 일 혹은 십 일을 지낸 후 가이사랴로 내려가서 이튿날 재판 자리에 앉고 바울을 데려오라 명하니 ⁷ 그가 나오매 예루살렘에서 내려온 유대인들이 둘러서서 여러 가지 중대한 사건으로 고발하되 능히 증거를 대지 못한지라 ⁸ 바울이 변명하여 이르되 유대인의 율법이나 성전이나 가이사에게나 내가 도무지 죄를 범하지 아니하였노라 하니 ⁹ 베스도가 유대인의 마음을 얻고자 하여 바울더러 묻되 네가 예루살렘에 올라가서 이 사건에 대하여 내 앞에서 심문을 받으려느냐 ¹⁰ 바울이 이르되 내가 가이사의 재판 자리 앞에 섰으니 마땅히 거기서 심문을 받을 것이라 당신도 잘 아시는 바와 같이 내가 유대인들에게 불의를 행한 일이 없나이다 ¹¹ 만일 내가 불의를 행하여 무슨 죽을 죄를 지었으면 죽기를 사양하지 아니할 것이나 만일 이 사람들이 나를 고발하는 것이 다 사실이 아니면 아무도 나를 그들에게 내줄 수

없나이다 내가 가이사께 상소하노라 한대 ¹² 베스도가 배석자들과 상
의하고 이르되 네가 가이사에게 상소하였으니 가이사에게 갈 것이라
하니라

벨릭스 통치 동안 유대인들이 너무도 많은 피를 흘려 베스도가 재직하는 동안 로마제국에 대한 유대인들의 적대감이 대단히 고조되었다. 이런 적대감은 유대인 반란과 폭동을 잔인무도하게 진압하고 유대인들에게 온갖 고문을 가했던 벨릭스가 유대 총독으로 재직하고 있는 동안부터 쌓여 온 불만이었다. 그러한 불만감은 A.D. 66년에 발생한 유대전쟁(Jewish War)의 중요한 발단 요인 중의 하나였다. 그래서 베스도는 전임자와 달리 폭력을 사용하는 것을 조심했다.

유대인의 환심을 사려는 베스도

사도행전 25장 1절에 나오는 부임했다는 말은 베스도가 가이사랴에 '도착했다'는 말이다. 새로운 총독의 부임이 바울에게 꼭 유리한 것만은 아니다. 유대인들의 불만감이 얼마나 높았는가를 잘 알고 있는 베스도는 총독으로 부임한지 3일 후에 가이사랴에서 예루살렘으로 올라갔다. 부임한 새 총독으로 유대지도자들과 유대를 다지기 위해서였다.

베스도가 예루살렘에 올라가자 '대제사장들과 유대인 중 높은 사람들이 바울을 고소'(25:2)했다. 벨릭스에게 바울을 고발했던 유대지도자들이 다시 새로운 총독 베스도에게 그를 고발한 것이다. 총독이 예루살렘에 올라온 것을 절호의 기회라고 생각한 유대지도자들은 베스도에게 바울을 가이사랴에서 예루살렘으로 옮겨달라고 요청했다. 그렇게 청원한 이유가 오는 도중 길에 '매복하였다'(25:3) 살해하려고 했기 때문이다.

베스도는 그들에게 '바울이 가이사랴에 갇혀 있고 자기 자신도 그곳으로 곧 갈 것이라'고 밝히고는 만일 그 사람에게 문제가 있다면 유대지도자들도 자신과 함께 가이사랴에 내려가 바울에 대해 송사하자고 제의했다.

'너희 중 유력한 자들'(25:5)은 유대지도자들을 지칭하는 것이다. 그들에게 총독이 '나와 함께 내려가자'고 제안한 것이다.

베스도 총독도 벨릭스 못지않게 바울의 재판 문제에 있어서는 친유대주의 태도를 취했다. 중립적이고 객관적이어야 할 재판관으로 원고들을 데리고 예루살렘에서 가이사랴 재판소로 함께 이동한다는 것 자체가 이미 중립성을 잃은 것이다. 게다가 베스도는 '그들 가운데서 팔일 혹은 십일을 지낸 후'(25:6) 그들과 함께 가이사랴로 내려가 바로 그 이튿날 재판을 열었다.[38]

베스도는 바울을 소환해 법정에 세웠다. 누가는 이렇게 집약했다. '그[바울]가 나오매 예루살렘에서 내려온 유대인들이 둘러서서 여러 가지 중대한 사건으로 고발하되 능히 증거를 대지 못한지라. 바울이 변명하여 이르되 유대인의 율법이나 성전이나 가이사에게나 내가 도무지 죄를 범하지 아니하였노라 하니 베스도가 유대인의 마음을 얻고자 하여 바울더러 묻되 네가 예루살렘에 올라가서 이 사건에 대하여 내 앞에서 심문을 받으려느냐'(25:7-9).

베스도는 바울에게 예루살렘에 올라가 그곳에서 심문을 받겠느냐는 제안을 했다. 이는 유대인의 환심을 사기 위해서였다. 이렇게 물은 데는 어떻게 재판을 진행해야 할지 갈피를 잡을 수 없었기 때문일 수 있다. 게다가 베스도는 사건의 핵심을 잘 이해하지 못했다.[39]

예루살렘에 올라가 재판을 받는다면 바울에게 많은 면에서 불리할 것은 자명했다. 이 사실을 잘 알고 있는 바울로서는 베스도의 제안을 받아들일 수 없었다. 그것은 자신의 재판을 위험 속에 방치하는 것을 의미하기 때문이었다.[40]

---

[38] 그들 가운데(among them, ἐν αὐτοῖς) 8일이나 10일을 지냈다는 것은 그동안 그들과 이 문제를 긴밀히 논의하였음을 암시해준다.

[39] Bruce, *The Book of ACTS*, 483.

[40] Bruce, *The Book of ACTS*, 483.

재판 재개와 바울에게 혐의를 못 찾은 베스도

새 총독 베스도가 부임한 후에 바울에 대한 소송사건이 다시 시작되었다. 베스도는 예루살렘에서 가이사랴로 돌아온 그 다음날 재판을 열었다. 이렇게 속히 재판을 연 것은 유대인들의 요구를 들어주어 유대인들의 환심을 사기 위해서였다. 바울을 고소하는 자들에게 말할 수 있는 기회를 주었다. 그들의 고소 내용은 전혀 증명될 수 없는 것들이었다.

누가는 바울을 고발한 자들의 이름이나 신분을 밝히지 않고 다만 '예루살렘에서 내려온 유대인들'이라고 밝혔다. 이들 고발자들은 앞서 베스도가 예루살렘에 올라갔을 때 자기와 함께 가이사랴에 내려가자고 제안했던 '너희 중 유력한 자들'(25:5)이라고 보아진다. 흥미로운 사실은 예루살렘에서 내려온 이들이 바울을 둘러선 상태에서 재판이 진행되었다는 점이다. 마치 간음하다 현장에서 잡힌 여인을 유대인들이 둘러선 것을 연상케 한다.

재판 진행과정도 유대인들에게 유리하게 진행된 것이다. 그러나 바울에게 아무런 혐의를 찾을 수 없었다. 유대인들이 바울을 빙 둘러서서 여러 가지 중대한 사건으로 그를 고발했지만 '능히 증거를 대지 못했다'(25:7). 이것은 고소 내용을 '그들이 입증할 수 없었다'(not they were able to prove, οὐκ ἴσχυον ἀποδεῖξαι)는 의미이다. 입증할 수 없는 내용을 가지고 바울을 고소한 것이다.

반면에 바울은 논리정연하게 하나하나 그들이 제기한 혐의를 반박하며 자신의 무죄를 변증했다. 바울은 (1) '유대인의 율법'도, (2) '성전'도, (3) 심지어 '가이사'에게도 '내가 도무지 죄를 범하지 아니하였다'(25:8)고 밝혔다. 특히 세 번째는 선동죄로 자신을 몰아가는 유대인들의 고발을 강하게 부정한 것이다. 바울은 자신을 변호하면서 25장 8절 한 절에서만 강한 부정(neither … nor, Οὔτε)을 세 번이나 반복해서 사용하면서 자신의 무죄를 변증했다. '바울이 변명하여 이르되 유대인의 율법이나 성전이나 가이사에게나 내가 도무지 죄를 범하지 아니하였노라.' '죄를 범하지 않았다' 는 말을 현재완료(I have not sinned, ἥμαρτον)로 사용하여 지금까지 계속해서 자신이 어떤 잘못도 범하지 않았음을 변호한 것이다. 바울의 이 같은 변호는 앞서 예루살렘에서 온 유대인들이 자신에 대해 제기한 여러 가지 중대한 문제에 대한 답변인 동시에 천부장과 벨릭스 앞에서 재판을 받을 때부터 대제사장 아나니아와 장로들과 변호사가 제기해온 고발 사유를 염두에 둔 변론이다.

예루살렘에서 내려온 유대인 지도자들이 바울에 대해 분명한 송사이유를 밝히지 못했음에도, 또 바울이 자신의 무죄를 주장함에도 불구하고 베스도 총독은 바울에게 '예루살렘으로 올라가 심문을 받겠느냐'(25:9)고 물었다. 질문의 의도는 바울을 예루살렘으로 올려 보내달라는 예루살렘의 유대지도자들의 요구를 들어주어 '유대인의 마음'을 얻기 위함이었다.

여기 '유대인의 마음을 얻고자 하여'(25:9)는 '유대인의 환심을 얻기 위해서'(wishing to lay a favor on the Jews, θέλων τοῖς Ἰουδαίοις χάριν) 라는 말이다. 베스도가 바울에게 '네가 기꺼이 심문을 받으려느냐'(are you willing to, Θέλεις εἰς)라고 의향을 물어 베스도는 바울을 강제적으로 예루살렘에 올려보낼 의사가 없다는 점을 바울에게 우회적으로 드러냈다. 로마의 시민권을 가진 바울을 강제적으로 예루살렘으로 올려보내 재판을 받게 한다는 것은 부담스러웠을 것이다. 그는 유대인들의 환심을 사면서도 로마법은 어기지 않으려 한 것이다.

바울의 가이사 재판 호소

바울은 만약 예루살렘으로 올라가면 정당한 재판을 받을 수 없고 결국 복음을 전할 기회마저 상실한 채 세상을 떠날 것임을 잘 알고 있었다. '바울이 이르되 내가 가이사의 재판 자리 앞에 섰으니 마땅히 거기서 심문을 받을 것이라. 당신도 잘 아시는 바와 같이 내가 유대인들에게 불의를 행한 일이 없나이다'(25:10). 여기 '내가 가이사의 재판 자리 앞에 섰으니'(I am … standing, Ἑστὼς … εἰμι)의 시제는 현재형으로 바울은 베스도 앞에 선 것을 가이사 앞에 선 것과 동일시했다.

당시 총독은 로마제국을 대표하여 각 지방 최고행정관으로 그 지방을 다스리는 역할을 했다. 바울이 이렇게 말한 것은 자신이 가이사의 재판을 받고 있고 또 이 재판이 로마의 절차에 따라 정당하게 진행되어져야 한다는 사실을 주지시켜 준 것이다. 그것은 바울이 '거기서 심문을 받을 것'이라는 말을 통해 앞으로 가이사 황제 앞에서 재판을 받겠다는 의사를 또다시 진술한 것에서 알 수 있다.

우리가 주목할 것은 '당신도 잘 아시는 바와 같이'(as also you very well know, ὡς καὶ σὺ κάλλιον ἐπιγινώσκεις, 25:10)이다. 바울은 베스도가 자신에게 혐의가 없다는 사실을 알고 있다고 판단했다. 베스도는 전임 총독 벨릭스로부터 정보를 얻었을 것이고, 실제 자기가 재판을 진행하면서 바울이 혐의가 없다는 사실을 충분히 인지하고 있었다.

그래서 바울은 '당신도 잘 아시는 바와 같이 내가 유대인들에게 불의를 행한 일'이 없고, '만약 내가 불의를 행하여 무슨 죄를 지었으면 죽기를 사양하지 아니할 것이나 만일 이 사람들이 나를 고발하는 것이 다 사실이 아니면 아무도 나를 그들에게 내줄 수 없나이다'고 밝혔다. 바울은 예루살렘에 갈 수 없으며, 로마 황제 '가이사에게 상소하겠다'(25:11)는 결연한 의지를 표명했다.[41]

바울의 청원을 받은 베스도 총독은 배석자들과 긴급히 이 문제를 상의하고 바울의 요구를 받아주기로 결정을 내렸다.[42] 그는 '네가 가이사에

---

[41] '다 사실이 아니면'(there is nothing, οὐδέν ἐστιν)은 지금은 불확실하지만 앞으로 밝혀질 미래를 염두에 둔 말이 아니라 원문이 보여주듯 '이미 당신이 재판을 통해 밝히려고 했지만 내게 아무런 혐의가 없다는 사실을 잘 알고 있지 않느냐'의 의미이다. 여기 '그들'은 유대인들, 유대지도자들, 예루살렘에서 내려온 유대인들, 유대의 대제사장과 장로들을 포괄한다. '아무도 나를 내어줄 수 없다'의 '내어주다'는 '포기하다'(give up, χαρίσασθαι)의 의미로 바울 자신의 의사에 반하여 일방적으로 그를 유대인들에게 건네줄 수 없다는 말이다. 그런 후 바울은 '내가 가이사께 상소하겠다'(To Ceasar I appeal, Καίσαρα ἐπικαλοῦμαι)는 의사를 분명히 밝혔다. 로마의 시민권을 갖고 있는 바울이 자신의 권리를 행사한 것이다.

[42] '상의했다'(having conferred, συλλαλήσας)의 시제는 현재완료형으로 베스도 총독이 이

게 상소하였으니 가이사에게 갈 것이라'(25:12)고 선언했다. 여기 배석자들은 베스도를 자문하는 고문 자문단(council of advisers)을 그렇게 표현한 것이다.[43] '네가 가이사에게 상소하였으니'(you have appealed, ἐπικέκλησαι)는 상소했다는 헬라어 원문이 현재완료로 사용되어 바울이 한 번만 호소한 것이 아니라 "네가 가시아에게 지금까지 쭉 호소하였으니"(you have appealed, ἐπικέκλησαι)라는 의미이다. 이렇게 해서 바울의 로마행이 최종 결정되었다.

왜 바울이 그토록 강하게 가이사의 법정에 호소했을까? 이 일은 A.D. 59년의 일이다. 바울이 가이사에게 호소한 것을 비판할 이유는 전혀 없다. 오히려 시기적으로 적절했다. 네로가 부루스를 제거한 것이 A.D. 62년이고, 세네카를 제거한 것이 65년이었기 때문이다. 폭군으로 알려진 네로는 A.D. 54년에 즉위하여 첫 5년 동안은 그의 가정교사였던 스토아 철학 대변자 세네카(Seneca)와 정직하고 완벽한 집정관으로 널리 알려진 아프라니우스 부루스(Afranius Burrus)의 도움을 받으며 제국을 안정되게 통치하였다. 바울이 가이사 황제에게 재판을 받겠다고 호소하던 A.D. 59년에는 64년의 네로 황제의 로마의 대화재와 대대적인 기독교 박해가 일어날 징조가 전혀 없었다.

5. 아그립바 왕의 베스도 방문과 재판 청원 (25:13-27, A.D. 59)

[13] 수일 후에 아그립바 왕과 버니게가 베스도에게 문안하러 가이사랴에 와서 [14] 여러 날을 있더니 베스도가 바울의 일로 왕에게 고하여 이르되 벨릭스가 한 사람을 구류하여 두었는데 [15] 내가 예루살렘에 있을 때에 유대인의 대제사장들과 장로들이 그를 고소하여 정죄하기를 청

문제를 가지고 고문들과 신중하고 충분하게 의견을 나눈 것을 함축한다.

[43] 공회(Council, συμβουλίου)는 상당수의 영어 역본들이 공회 혹은 고문들(advisers) 회의로 번역했다.

하기에 ¹⁶ 내가 대답하되 무릇 피고가 원고들 앞에서 고소 사건에 대하여 변명할 기회가 있기 전에 내주는 것은 로마 사람의 법이 아니라 하였노라 ¹⁷ 그러므로 그들이 나와 함께 여기 오매 내가 지체하지 아니하고 이튿날 재판 자리에 앉아 명하여 그 사람을 데려왔으나 ¹⁸ 원고들이 서서 내가 짐작하던 것 같은 악행의 혐의는 하나도 제시하지 아니하고 ¹⁹ 오직 자기들의 종교와 또는 예수라 하는 이가 죽은 것을 살아 있다고 바울이 주장하는 그 일에 관한 문제로 고발하는 것뿐이라 ²⁰ 내가 이 일에 대하여 어떻게 심리할지 몰라서 바울에게 묻되 예루살렘에 올라가서 이 일에 심문을 받으려느냐 한즉 ²¹ 바울은 황제의 판결을 받도록 자기를 지켜주기를 호소하므로 내가 그를 가이사에게 보내기까지 지켜 두라 명하였노라 하니 ²² 아그립바가 베스도에게 이르되 나도 이 사람의 말을 듣고자 하노라 베스도가 이르되 내일 들으시리이다 하더라 ²³ 이튿날 아그립바와 버니게가 크게 위엄을 갖추고 와서 천부장들과 시중의 높은 사람들과 함께 접견 장소에 들어오고 베스도의 명으로 바울을 데려오니 ²⁴ 베스도가 말하되 아그립바 왕과 여기 같이 있는 여러분이여 당신들이 보는 이 사람은 유대의 모든 무리가 크게 외치되 살려 두지 못할 사람이라고 하여 예루살렘에서와 여기서도 내게 청원하였으나 ²⁵ 내가 살피건대 죽일 죄를 범한 일이 없더이다 그러나 그가 황제에게 상소한 고로 보내기로 결정하였나이다 ²⁶ 그에 대하여 황제께 확실한 사실을 아뢸 것이 없으므로 심문한 후 상소할 자료가 있을까 하여 당신들 앞 특히 아그립바 왕 당신 앞에 그를 내세웠나이다 ²⁷ 그 죄목도 밝히지 아니하고 죄수를 보내는 것이 무리한 일인 줄 아나이다 하였더라(25:13-27).

며칠 후 아그립바 왕과 버니게가 베스도에게 문안하기 위해 찾아왔다.[44] 당시 총독은 로마의 전권을 위임받은 로마제국의 직속 통치자였다. 반면 왕은 팔레스타인의 구역의 일부를 다스리도록 로마제국으로부터 위임받

---

[44] Carver, *The Acts of the Apostles*, 240. 아그립바가 찾아온 것은 베스도에게는 어느 면에서 좋은 기회였다. 아그립바는 유대주의 율법, 관습, 정서를 잘 알고 있어 바울에게 실질적인 조언을 줄 수 있는 인물이었기 때문이다.

은 지도자였다. 1905년 을사늑약 후에 조선에는 왕이 있었지만 모든 전권을 일본 총독이 갖고 있었던 것처럼 당시 총독의 권력은 절대적이었다. 아그립바 왕이 베스도 총독에게 문안하러 온 것도 그런 이유에서였다.[45]

아그립바 2세의 베스도 방문(25:13-22)

누가는 상세하게 기술하지 않았지만 베스도 총독을 문안하러 온 아그립바와 버니게는 남매 사이다. 이들은 바울 당시의 시대적 배경을 이해하는 데 중요한 인물이다. 아그립바는 사도행전 12장에 벌레에게 먹혀 죽은 헤롯 아그립바 왕(Herod Agrippa I)의 아들, 헤롯 아그립바 2세(Herod Agrippa II, 27-92)다.[46] 아그립바의 공식적인 이름은 마르쿠스 쥴리우스 아그립바(Marcus Julius Agrippa)로 헤롯 왕조의 제 8대손이자 마지막 분봉 왕이다. 아그립바 왕에게는 버니게 외에도 또 한 명의 여동생이 있었는데 벨릭스 총독과 함께 바울을 찾아온 벨릭스의 아내 드루실라가 동일 인물이다.

아그립바 2세는 17살 때 아버지가 갑자기 세상을 떠났다.[47] 그 후 글라우디오 황제가 그를 로마로 데려다 왕궁에서 교육을 시켰다.[48] 아그립바 2세는 A.D. 48년 시리아의 작은 칼시스(Chalcis) 왕국의 왕, 칼시스의 헤롯이 죽은 후 그 지역을 할당받았다.[49] 55년에는 네로가 그에게 디베리아와 갈릴리, 리비아의 여러 도시들을 추가로 할당해주었다. 아그립바 왕과 함께 베스도 총독을 찾아온 버니게(A.D. 28-81)는 길리기아의 버니게(Berenice of Cilicia), 쥴리아스 버니게(Julia Berenice)로 더 알려진 인물이다.[50]

---

[45] Eusebius, *Ecclesiastical History* II.19. 글라우디오가 이들을 임명했다.
[46] Cowles, *Acts of the Apostles*, 198.
[47] Cowles, *Acts of the Apostles*, 198.
[48] 헤롯 왕 대신 파두스를 파송했다. 파두스가 유대 총독으로 재직하는 A.D. 44-46년 동안 평화가 회복되었다. 46년 티베리우스 알렉산더(Tiberius Julius Alexander)가 파두스의 뒤를 이어 유대 총독으로 부임했다.
[49] Cowles, *Acts of the Apostles*, 198.

아그립바 2세, 베스도에게 바울 재판 청원

아그립바가 그의 여동생 버니게와 함께 가이사랴에 나타난 것은 A.D. 59년이었다. 누가는 버니게에게 왕이라는 호칭을 붙이지 않았지만 벨릭스 총독을 찾아올 당시 그녀의 오빠 아그립바 2세와 같이 그녀도 당시 로마제국의 영토인 시리아 일부를 다스리는 분봉여왕이었다.

베스도 총독은 자기를 찾아온 아그립바 왕과 버니게에게 바울의 문제를 이야기했다. 전임자 벨릭스가 한 사람을 구금해두었다는 사실(25:14), 예루살렘의 대제사장과 장로들이 고소하여 정죄하기를 청하였다는 사실(25:15), 그러나 로마법에 따라 변론할 수 있는 기회를 주었지만 원고들이 뚜렷한 증거를 제시하지 못했다는 사실(25:16-18), 결국 밝혀진 것은 송사 이유가 '자신들의 종교와 예수가 죽었는데 살았다'고 주장하기 때문임을 발견했다는 사실(25:19) 그리고 바울이 로마 황제에게 판결을 받고 싶다(25:20-21)는 의사도 전해주었다.

베스도로부터 전말을 듣고 난 아그립바 왕은 '나도 이 사람의 말'(25:22)을 직접 듣고 싶다는 의사를 총독에게 피력했다. 사실 아그립바 왕과 버니게는 베스도로부터 이야기를 전해 듣기 전부터 바울 문제를 잘 알고 있었을 것이다. 여동생이자 벨릭스의 아내인 드루실라가 남편 벨릭스 총독으

---

[50] Josephus, *Jewish War* ii. 11. 6; ii.15.1; ii.17.6; *Antiquities* xix.5.1; xix.9.1. xx. 7.3; Tacitus, Suetonius, ii. 2; *Suetonius, Life of Titus* 7; *Dio Cassius, History* lxv. 15; !xvi. 18; *Juvenal, Satire* vi. 156. 버니게는 본래 헬라식 이름으로 마게도냐의 이름 베르니스(Bernice)에서 유래했다. 요세푸스에 따르면 버니게는 3번 결혼을 했다는데 3번 모두 짧은 결혼생활이었다. 그녀는 A.D. 41년과 43년에 티베리우스 알렉산더(Tiberius Julius Alexander)의 형제, 마르쿠스 알렉산더(Marcus Julius Alexander)와 결혼했으나 남편이 곧 죽고 44년에 아버지의 형제, 칼시스 헤롯(Herod of Chalcis)과 재혼하여 두 아들, 버니키아누스와 히르카누스를 두었다. 48년 남편 칼시스 헤롯이 죽은 후 여러 해 동안 오빠 아그립바와 같이 살다 길리기아의 왕 폴레몬 2세(Polemon II of Pontus)와 재혼했다. 버니게는 폴레몬 2세와 결혼했지만 오래가지 못하고 폴레몬을 버리고 오빠 아그립바 왕의 궁으로 돌아왔다. 그녀는 훗날 아그립바 왕과 함께 A.D. 66년 유대인 전쟁과 플로루 총독의 유대인 학살을 막으려고 노력했지만 뜻을 이루지 못했다. 유대극렬분자들은 그녀와 그녀의 오빠 아그립바 왕을 친 로마주의자로 이해하고 그들의 왕궁을 불살라버렸다. 그녀는 유대전쟁 동안 로마의 장군으로 온 디도 장군과도 깊은 관계를 지속했다. 디도 장군이 황제에 오른 후 둘이 결혼하려 했으나 많은 사람들이 반대하는 바람에 결혼이 이루어지지 않았다.

로부터 소상하게 전해 들었을 것이고, 자기가 직접 남편과 함께 바울을 여러 차례 만나 전해들은 이야기를 오빠 아그립바와 언니 버니게에게 전해주었을 것이기 때문이다. 그들은 유대인이었기 때문에 바울의 기독교 문제가 남의 문제가 아니라고 생각했을 것이다. 드루실라가 남편 벨릭스와 같이 바울을 만난 것이나 아그립바와 버니게가 베스도 총독을 찾아온 것도 그런 맥락이라고 본다.

베스도, 아그립바 왕 앞에서 재판 재개 사유설명(25:23-27)

베스도 총독이 총독으로 유대주의 전통과 신앙에 대해 해박한 지식을 가지고 있는 분봉 왕 아그립바 왕에게 자문을 구한 것은 자연스러운 일이다. 베스도는 그의 도움을 받아 사건의 원인과 진행과정을 소상하게 파악할 필요가 있었다. 그것은 단순히 이해적인 차원뿐만 아니라 가이사에게 호소한 상황이기 때문에 황제가 그 사건을 심리하기 위해서는 그에게 보고서를 만들어 보내야 했기 때문이다. 고소와 변호를 들었지만 사태의 원인을 정확하게 파악하기 쉽지 않았다.

그런 상황에 유대종교의 권위자라는 명성을 지닌 아그립바 왕이 자신을 방문하자 바울의 소송 건을 그에게 털어놓은 것이다. 아그립바가 바울의 이야기를 듣고 싶다고 하자 총독은 내일 들으라고 건의했다.

베스도와 아그립바 왕이 대화를 나눈 그 이튿날 아그립바와 버니게가 '크게 위엄을 갖추고(great pomp, πολλῆς φαντασίας),' '천부장들과 성중의 높은 사람들과 함께'(25:23) 심문소에 들어왔다. '크게 위엄을 갖추고'는 이곳에만 등장하는 단어로 '대단히 치장을 하고,' '대단히 모양을 갖추고'라는 의미이다. 그 자리에는 아그립바 왕과 총독 베스도뿐만 아니라 아그립바 왕과 함께 베스도를 찾아온 버니게 여왕, 천부장들, 도시의 고관들이 배석했다.[51] 바울은 베스도의 명을 받고 불려 나왔다. 아그립바와 버

---

[51] John Chrysostom, *The Homilies of John Chrysostom on The ACTS of The Apostles* (London: Oxford, John Henry Parker, 1851), 684. 바울을 위해 온 청중들이 다 같이 모였다.

니게 그리고 많은 유대지도자들이 배석한 가운데 공식 석상에서 베스도가 왜 재판을 열어야 하는지 그 이유를 설명한 것이다.

이때 베스도는 무리들을 향해 세 가지 사실을 분명히 밝혔다. 첫째, 바울이 혐의가 없다는 사실이다. 베스도는 전임자 벨릭스로부터 들은 이야기, 바울의 변론을 비롯해 자신이 직접 주관해서 앞서 가진 재판의 결과를 종합해서 '내가 살피건대 죽일 죄를 범한 일이 없다'(25:25)고 공개적으로 밝혔다.

둘째, '그에 대하여 황제께 확실한 사실을 아뢸 것이 없다'(But I have nothing definite to write to my lord about him, ESV, 25:26)는 점도 분명히 했다.

셋째, 바울이 가이사 황제에게 호소하여 보내기로 결정하였기 때문에 상소할 법적 근거를 얻으려 했다(25:26)는 사실도 확실히 했다. 베스도는 아주 분명하게 바울에게 그를 죽일 죄를 전혀 찾을 수 없고, 황제에게 보고할만한 분명한 혐의도 전혀 찾을 수 없다고 밝혔다. 당시 로마법은 죄목을 분명히 밝히지 않고 죄수를 감옥에 보내는 것은 온당치 않았다.

6. 아그립바 왕 앞에 선 바울(26:1-32, A.D. 59)

아그립바 왕이 바울에게 말하도록 사인을 보내자 바울이 손을 들고 다음과 같이 변호했다.

> ¹ 아그립바가 바울에게 이르되 너를 위하여 말하기를 네게 허락하노라 하니 이에 바울이 손을 들어 변명하되 ² 아그립바 왕이여 유대인이 고발하는 모든 일을 오늘 당신 앞에서 변명하게 된 것을 다행히 여기나이다 ³ 특히 당신이 유대인의 모든 풍속과 문제를 아심이니이

모든 수행자들, 통치자, 왕, 총독, 고관들이 다함께 모였다. 존 크리소스톰의 말대로 바울은 그곳에 불려 나왔지만 승리자로 그들 앞에서 당당하게 말씀을 선포하였다. 바울의 연설은 의로 충만했다. 심문이 반복되었지만 전혀 범죄의 혐의를 찾을 수 없었다.

다 그러므로 내 말을 너그러이 들으시기를 바라나이다 ⁴ 내가 처음부터 내 민족과 더불어 예루살렘에서 젊었을 때 생활한 상황을 유대인이 다 아는 바라 ⁵ 일찍부터 나를 알았으니 그들이 증언하려 하면 내가 우리 종교의 가장 엄한 파를 따라 바리새인의 생활을 하였다고 할 것이라 ⁶ 이제도 여기 서서 심문 받는 것은 하나님이 우리 조상에게 약속하신 것을 바라는 까닭이니 ⁷ 이 약속은 우리 열두 지파가 밤낮으로 간절히 하나님을 받들어 섬김으로 얻기를 바라는 바인데 아그립바 왕이여 이 소망으로 말미암아 내가 유대인들에게 고소를 당하는 것이니이다 ⁸ 당신들은 하나님이 죽은 사람을 살리심을 어찌하여 못 믿을 것으로 여기나이까 ⁹ 나도 나사렛 예수의 이름을 대적하여 많은 일을 행하여야 될 줄 스스로 생각하고 ¹⁰ 예루살렘에서 이런 일을 행하여 대제사장들에게서 권한을 받아 가지고 많은 성도를 옥에 가두며 또 죽일 때에 내가 찬성 투표를 하였고 ¹¹ 또 모든 회당에서 여러 번 형벌하여 강제로 모독하는 말을 하게 하고 그들에 대하여 심히 격분하여 외국 성에까지 가서 박해하였고 ¹² 그 일로 대제사장들의 권한과 위임을 받고 다메섹으로 갔나이다 ¹³ 왕이여 정오가 되어 길에서 보니 하늘로부터 해보다 더 밝은 빛이 나와 내 동행들을 둘러 비추는지라 ¹⁴ 우리가 다 땅에 엎드러지매 내가 소리를 들으니 히브리 말로 이르되 사울아 사울아 네가 어찌하여 나를 박해하느냐 가시채를 뒷발질하기가 네게 고생이니라 ¹⁵ 내가 대답하되 주님 누구시니이까 주께서 이르시되 나는 네가 박해하는 예수라 ¹⁶ 일어나 너의 발로 서라 내가 네게 나타난 것은 곧 네가 나를 본 일과 장차 내가 네게 나타날 일에 너로 종과 증인을 삼으려 함이니 ¹⁷ 이스라엘과 이방인들에게서 내가 너를 구원하여 그들에게 보내어 ¹⁸ 그 눈을 뜨게 하여 어둠에서 빛으로, 사탄의 권세에서 하나님께로 돌아오게 하고 죄 사함과 나를 믿어 거룩하게 된 무리 가운데서 기업을 얻게 하리라 하더이다 ¹⁹ 아그립바 왕이여 그러므로 하늘에서 보이신 것을 내가 거스르지 아니하고 ²⁰ 먼저 다메섹과 예루살렘에 있는 사람과 유대 온 땅과 이방인에게까지 회개하고 하나님께로 돌아와서 회개에 합당한 일을 하라 전하므로 ²¹ 유대인들이 성전에서 나를 잡아 죽이고자 하였으나 ²² 하나님의 도우심을 받아 내가 오늘까지 서서 높고 낮은 사람 앞에서 증언하는 것은 선지자들과 모세가 반드시 되리라고 말한 것밖에 없으니 ²³ 곧 그리스도가 고난을 받으실 것과 죽은 자 가운데서 먼저 다시 살아나사 이스라엘과 이방인들에게 빛을 전하시리라 함이니이다 하니라 ²⁴ 바울이 이같이 변명하매 베스도가 크게 소리 내어 이르되 바울아 네가 미쳤도다 네 많은 학문이 너를 미치게 한다 하니 ²⁵ 바울이 이르되 베스도 각하여 내가 미친 것이 아니요 참되고 온전한 말을 하나이다 ²⁶ 왕께서는 이 일을 아시기로 내가 왕께 담대히 말하노니 이 일에 하나라도 아시지 못함이 없는 줄 믿나이다 이 일은 한쪽 구석에서 행한 것이 아니니이다 ²⁷ 아그립바 왕이여 선지자를 믿으시나이까 믿으시는 줄 아나이다 ²⁸ 아그립바가 바울에게 이르되 네가 적은 말로 나를 권하여 그리스도인이 되게 하려 하는도다 ²⁹ 바울이 이르되 말이 적으나 많으나 당신뿐만 아니라 오늘 내 말을 듣는 모든 사람도 다 이렇게 결박된 것 외에는 나와 같이 되기를 하나님께 원하나이다 하니라 ³⁰ 왕과 총독과 버니게와 그 함께 앉은 사람들이 다 일어나서 ³¹ 물러가 서로 말하되 이 사람은 사형이나 결박을 당할만한 행위가 없다 하더라 ³² 이에 아그립바가 베스도에게 이르되 이 사람이 만일 가이사에게 상소하지 아니하였더라면 석방될 수 있을 뻔하였다 하니라(26:1-32).

바울이 손을 뻗은 것은 청중들의 집중을 얻으려는 것이다. 바울은 아그립바가 말을 허락하자 '손을 들어'(26:1) 변론을 했다. 베스도가 아닌 아그립바가 바울에게 발언을 허락한 것은 재판이 아그립바의 요청에 의해 열렸고, 회의 주재를 아그립바 왕에게 위임한 것으로 보이며 그리고 베스도가 지위는 더 높지만 아그립바 왕보다 연령이 더 낮았기 때문으로 해석된다. '손을 들어'는 '그 손을 곧게 뻗고'(having stretched out the hand, ἐκτείνας τὴν χεῖρα)라는 말이다. 바울이 손을 뻗었다는 것은 위로 뻗었다는 의미이며, 두 손이 아닌 한 손을 뻗었을 것으로 본다. 한 손은 쇠사슬에 묶여 있었을 것이기 때문이다. 21장 40절에서도 바울은 천부장의 허락을 받고 유대인들 앞에서 히브리어로 변론할 때도 '백성에게 손짓하였다'고 기록하고 있다. 바울이 법정에서의 얼마나 당당한 모습으로 자신을 변론했는가를 상상할 수 있다.

여기서 바울은 자신의 연설을 청중들에 맞게 재구성하고 좀 더 문학적으로 접근했다. 22절로 구성된 바울의 변증은 처음부터 베스도가 아닌 아그립바에 대한 호소에 초점이 맞추어져 있다. 자신의 회심과 변화와 소명에 근거한 상당히 체계적이고 호소력 있는 변증이었다. (1) 서두(26:2-3), (2) 그의 바리새 배경(26:4-8), (3) 이전의 박해 활동(26:9-11), (4) 다메섹 도상에서의 회심체험(26:12-18), (5) 그 회심 이후의 생애(26:19-20), (6) 예루살렘 체포(26:21), (7) 그가 가르친 내용(26:22-23), (8) 아그립바에게 복음전도(26:24-29), (9) 바울에 대한 최종 판결(26:30-32)로 구성되었다.

아그립바 왕 앞에서의 바울의 변론은 중요한 의미를 지닌다. 그것은 앞서 유대 총독 벨릭스와 베스도가 유대인이 아니었지만 아그립바 왕은 유대인으로 유대인의 전통과 문화를 잘 알고 있었기 때문이다. 바울이 이렇게 말한 것도 그런 배경에서였다. '아그립바 왕이여 유대인이 고발하는 모든 일을 오늘 당신 앞에서 변명하게 된 것을 다행히 여기나이다. 특히 당신이 유대인의 모든 풍속과 문제를 아심이니이다. 그러므로 내 말을 너그러이 들으시기를 바라나이다'(26:2-3).

아그립바 2세 앞에서의 바울의 변론, 그 성격과 의의

아그립바 왕 앞에서 바울은 자신을 변호하면서 과거 회심 전의 모습, 자신의 회심 사건 그리고 회심 후의 변화를 다시 반복 설명하고 있다. 천부장의 도움으로 예루살렘에서 유대인들에게 고백했던 것과 대동소이하다. 다만, 다음 몇 가지 점에서 약간의 차이가 있다.

첫째, 바울은 청중에 따라 용어 선택을 달리하며 접근하고 있다. 그것은 특히 그의 바리새적 배경(26:4-8)을 설명하는 부분에서 매우 잘 드러나고 있다. 바울은 유대인들을 대상으로 할 때는 '가말리엘,' '조상들의 율법의 엄한 교훈,' '열심,' '대제사장과 모든 장로' 등 전문적인 용어를 동원하면서 자신의 회심과 부르심을 변호하였으나 아그립바 왕 앞에서는 같은 유대인이지만 '종교의 가장 엄한 파'(26:5), '열두 지파'(26:7), '밤낮으로 간절히 하나님을 받들어 섬김'(26:7) 등으로 풀어서 설명하고 있다. 의사전달을 고려해서 용어를 순화시킨 것이다.

둘째, 그는 먼저 회심 전에 자신이 얼마나 기독교를 박해했는가를 분명히 밝혔다. '나사렛 예수의 이름을 대적하여 많은 일을 행'하고, '많은 성도를 옥에 가두며 또 죽일 때에 내가 찬성투표'를 던졌으며, '모든 회당에서 여러 번 형벌하여 강제로 모독하는 말을 하게 하고 그들에 대하여 심히 격분하여 외국 성에까지 가서 박해하였고 그 일로 대제사장들의 권한과 위임을 받고 다메섹으로 갔다'(26:9-12)고 고백하였다.

셋째, 다메섹 회심의 사건과 소명도 이전보다 더 구체적이다. 아그립바 왕을 대상으로 한 변호에서는 '하늘로부터의 빛'을 단순히 밝은 빛으로 묘사하지 않고 '하늘로부터 해보다 더 밝은 빛'(a light from heaven, brighter than the sun, 26:13)이라고 상세히 기술하였다. 하늘에서 나는 주님의 음성을 히브리 방언으로 들었다는 사실도 이전보다 더 구체적이다. 앞서 벨릭스 총독이나 베스도 총독은 유대인이 아니었기 때문에 히브리어로 말씀하셨다는 사실을 언급할 필요는 없었을 것이다. 그러나 아그립바가 유대인이었기 때문에 그 앞에서는 이를 분명하게 밝힌 것으로 보인다.

넷째, 유대인들 앞에서는 바울이 다메섹 도상에서 주님으로부터 직접 선교적 소명을 받은 것이 아니라 아나니아를 통해서 그리고 후에 예루살렘에서 확인받은 것으로 설명하고 있다. 그러나 아그립바 왕 앞에 행한 설교에서는 주님이 직접 바울에게 다음과 같이 말씀하신 것으로 증언하고 있다. '일어나 너의 발로 서라 내가 네게 나타난 것은 곧 네가 나를 본 일과 장차 내가 네게 나타날 일에 너로 종과 증인을 삼으려 함이니 이스라엘과 이방인들에게서 내가 너를 구원하여 그들에게 보내어 그 눈을 뜨게 하여 어둠에서 빛으로, 사탄의 권세에서 하나님께로 돌아오게 하고 죄 사함과 나를 믿어 거룩하게 된 무리 가운데서 기업을 얻게 하리라'(26:16-18).

여기서 바울의 이방인 소명이 가장 확실하게 등장한다. 바울은 주님이 자신을 이방인의 사도로 부르신 것이 구약의 예레미야(렘 1:7f)와 에스겔(겔 2:1, 3)이 받았던 사명이고, 그것은 이사야(사 42:1f, 6-7, 61:1)의 여호와의 종의 사명이라고 확신했다. 예수 그리스도의 증인의 사명이 여호와의 종의 사명을 계승하는 것이라는 것은 사도행전에서 누가가 일관되게 증언하는 내용이다.

다섯째, 바울은 아그립바 왕 앞에서 회심 후 그가 전한 복음의 핵심이 무엇인가를 선명하게 밝혔다. 바울은 자신이 회심한 후 "즉시 다메섹에서, 그 후 예루살렘 유대인들과 그 밖의 지역 특별히 이방인들에게 예수가 하나님의 아들"이며,[52] '회개하고 하나님께로 돌아와서 회개에 합당한 일을 하라'(26:20)고 선포했다. 유대인들만 아니라 이방인들까지 회개하고 하나님께로 돌아오도록 자신을 이방인의 사도로 자신을 부르셨다고 고백하자 유대인들은 대단히 분노했다. 그들은 하나님이, 특별히 선택받은 진정한 선민(選民), 유대민족의 하나님이지 이방인의 하나님이 아니라고 확신했기 때문이다.

우리는 여기서 바울이 '회개'를 강조한 것을 발견한다. 회개는 세례요한, 예수 그리스도, 베드로 그리고 바울에 이르기까지 복음의 근간이었다.

일관된 바울의 부활신앙 변호

아그립바 왕 앞에서 행한 바울의 변증 가운데 주목해야 할 또 하나는 부활신앙이다. 바울이 높고 낮은 사람들 앞에 서서 증언한 아주 중요한 내용은 선지자들과 모세가 반드시 있을 것으로 예언한 그리스도 고난과 죽음과 부활이다. 바울은 유대인들 앞에서 자신의 회심과 거룩한 부르심의 사실성을 죽은 자의 부활에 맞추어 변호하는 일에 초점을 맞추었고,

---

[52] G .H. Lang, *The Gospel of the Kingdom* (London, 1933), 23. Bruce, *The Book of ACTS*, 493에서 재인용.

동일한 것을 벨릭스 총독과 베스도 총독 앞에서 반복했고, 여기 다시 아그립바 왕 앞에서 반복하였다(26:7, 23). 바리새인으로 부활의 신앙을 가졌으면서도 정작 그리스도의 부활을 믿지 않고 부활신앙을 가진 자들을 잡아들이고 극심하게 핍박했던 바울이 다메섹 도상에서 부활의 주님을 발견하고 그리스도의 부활을 믿게 되었고, 부활의 신앙을 변호하였다. 바울이 기독교와 바리새파 사이의 부활의 연속성을 강조한 것도 그 때문이다.

여기 바울의 변증에서 우리는 매우 중요한 일련의 부활신앙의 점진적 발전을 발견한다. 그것은 바울—바리새인—박해자—다메섹에서 부활의 주님 만남과 회심—부활의 신앙 확신—부활신앙 재해석이라는 일련의 변화이다. 바울은 다메섹 도상에서의 부활의 주님을 만나고 완전히 바뀌었다. 이전의 바리새적 율법주의자가 율법의 성취이자 완성자이신 부활의 주님을 만나 율법의 본질과 의미를 재해석하고 그것이 그리스도에게로 인도하는 몽학선생이라는 사실을 확신하게 된 것이다. 신앙과 역사해석 모두가 그리스도를 중심으로 재해석하는 근본적인 변화를 경험한 것이다.

그 결정적인 근저는 부활신앙의 재발견이었다. 그가 기회가 있는 대로 부활신앙을 변증한 것도 그 때문이다. 바리새인들과 기독교가 접촉점을 가질 수 있는 가장 중요한 신앙적 틀을 가지고 아그립바, 베스도, 그곳에 모인 바리새인 청중들의 심령에 호소한 것이다. 바울은 유대인들에게는 유대인들이 이해할 수 있는 접근방법으로, 이방인인 벨릭스와 베스도 총독 앞에서는 그 수준에 맞게 그리고 동족 아그립바 왕과 버니게 앞에서는 거기에 맞게 설명하며 접근했지만 그가 전하고자 하는 핵심은 자신의 극적인 회심에 근거한 회개의 복음과 그리스도의 죽으심과 부활이었다.

아래 내용이 보여주듯 바울의 회심은 아그립바 왕 앞에서 한 것이 앞서 누가의 다메섹 사건의 설명이나 벨릭스 총독 앞에서 행한 것보다 더 구체적이다. 박해에 대한 설명이나 바울이 이방인의 사도로 주님으로부터 직접 부름 받았다는 증언이 그것이다.

사도행전에 나타난 사울의 회심

		설 명	성구
다메섹 도상의 바울의 회심	주님	사울아 사울아 네가 어찌하여 나를 박해하느냐.[53] Σαούλ Σαούλ με διώκεις Saul, Saul, why do you persecute me?	9:4
		사울아 사울아 네가 왜 나를 박해하느냐. Σαούλ Σαούλ με διώκεις Saul, Saul, why do you persecute me?	22:7
		사울아 사울아 네가 어찌하여 나를 박해하느냐. 가시채를 뒷발질하기가 네게 고생이니라. Σαούλ Σαούλ με διώκεις Saul, Saul, why do you persecute me?	26:14
	바울	주여 누구시니이까.[54] Τίς εἶ Κύριε Who are you Lord?	9:5
		주님 누구시니이까. Τίς εἶ Κύριε Who are you Lord?	22:8
		주님 누구시니이까. Τίς εἶ Κύριε Who are you Lord?	26:15
	주님	나는 네가 박해하는 예수라. Ἐγώ εἰμι Ἰησοῦς ὃν σὺ διώκεις I am Jesus whom you are persecuting	9:5
		나는 네가 박해하는 나사렛 예수라. Ἐγώ εἰμι Ἰησοῦς ὁ Ναζωραῖος ὃν σὺ διώκεις I am Jesus of Nazareth whom you are persecuting	22:8
		나는 네가 박해하는 예수라. Ἐγώ εἰμι Ἰησοῦς ὃν σὺ διώκεις I am Jesus whom you are persecuting	26:15
	바울	(없음)	
		주님 무엇을 하리이까	22:10
		(없음)	
	주님	너는 일어나 시내로 들어가라 네가 행할 것을 네게 이를 자가 있느니라	9:6
		일어나 다메섹으로 들어가라 네가 해야 할 모든 것을 거기서 누가 이르리라	22:10
		일어나 너의 발로 서라. 내가 네게 나타난 것은 곧 네가 나를 본 일과 장차 내가 네게 나타날 일에 너로 종과 증인을 삼으려 함이니 이스라엘과 이방인들에게서 내가 너를 구원하여 그들에게 보내어 그 눈을 뜨게 하여 어둠에서 빛으로, 사탄의 권세에서 하나님께로 돌아오게 하고 죄 사함과 나를 믿어 거룩하게 된 무리 가운데서 기업을 얻게 하리라.	26:16-18

이런 증언의 상호 비교가 어떤 의미를 지니는지는 더 많은 연구가 필요하겠지만 필자가 볼 때 앞서 천부장을 통해 행한 바울의 변증, 벨릭스와 베스도 앞에서의 변증이 자신의 무죄를 증언하는 데 초점이 맞추어져 있다면 아그립바 왕 앞에서의 변론은 그 자신의 변론만 아니라 동시에 그리스도를 증거하는 데 초점이 맞추어져 있다. 그래서 바울은 예수가 그리스도이고, 그분이 자신을 이방인의 사도로 분명히 부르셔서 회개의 복음이 이방인들에게도 확산되었다는 사실을 증언한 것이다.

바울이 예수 그리스도를 더욱 부각시키고 자신의 전도활동도 비교적 구체적으로 언급한 것은 아그립바 왕이 유대인이고, 유대율법과 선지자의 글에 정통했기 때문으로 풀이된다. 또는 예언된 메시야의 오심을 강하게 부각시키기 위해 주님과의 극적인 만남과 이후 전도활동을 강하게 드러내려 한 것으로 이해된다.

바울의 복음전도에 대한 베스도와 아그립바 2세의 반응

바울의 변론에 대한 반응이 어떻게 나타났는가를 누가는 흥미롭게 기록하고 있다. 바울의 변증이 채 끝나기도 전에 베스도는 '바울아, 네가 미쳤도다. 네 많은 학문이 너를 미치게 한다'(26:24)며 크게 소리 질렀다.[55] 이때 바울은 이렇게 큰 소리로 답했다. '베스도 각하여, 내가 미친 것이

---

[53] 주님의 부르심을 기록한 9:4, 26:14, 22:7은 모두 동일한 헬라어 문장인데(Σαοὺλ Σαοὺλ με διώκεις) 어떤 이유에서인지 몰라도 개역개정은 9:4과 26:14에서는 '어찌하여'라고 번역했고, 22:7에서는 '왜'라고 번역했다.

[54] 9:5, 22:8, 26:15의 바울의 대답도 원문(Τίς εἶ Κύριε)은 동일한데 9:5에는 '주여'라고 번역한 반면, 22:8과 26:15에서는 '주님'이라고 번역하였다.

[55] '네가 미쳤도다'(You are insane, Μαίνῃ)는 '네가 제정신이 아니라'는 의미이다. 헤롯 박해 때 베드로가 옥중에서 풀려나 치소로 돌아왔을 때 이 소식을 들은 로데라는 여자아이가 집안에 모인 사람들에게 보고하자 그들이 그녀에게 "네가 미쳤다"고 했을 때 사용했던 동일한 단어(You are raving mad, Μαίνῃ)다. 여기 "많은 학문"은 원문을 직역하면 '네가 습득한 그 위대함'(the great you learning, τὰ πολλά σε γράμματα)을 말한다. 베스도는 바울의 지성을 대단히 존중하고 바울이 당대의 사람들과 다른 탁월한 지성인이라는 사실을 인정한 것이다. 필자가 볼 때 바울에 대한 혹독한 비평적 반박이지만 그 말속에는 바울에 대한 인정(認定)이 포함되었다.

아니요, 참되고 온전한 말을 하나이다'(26:25). 바울은 '미쳤다'(insane, Μα ίνη)는 베스도 총독의 말을 그대로 받아 '나는 미치지 않았다'(I am not insane, Οὐ μαίνομαι), '진실되고 맨정신으로 말한다'(of truth and sobriety words, ἀληθείας καὶ σωφροσύνης ῥήματα)고 응수했다. 바울은 자신의 말이 자신의 중심에서 나온 진실된 말이라는 사실을 강조한 것이다.

바울은 베스도와의 핵심 대화를 마친 후 바로 아그립바 왕에게 이렇게 말했다. '왕께서는 이 일을 아시기로 내가 왕께 담대히 말하노니 이 일에 하나라도 아시지 못함이 없는 줄 믿나이다. 이 일은 한쪽 구석에서 행한 것이 아니니이다. 아그립바 왕이여, 선지자를 믿으시나이까? 믿으시는 줄 아나이다'(26:26-27). 여기 '아시지 못함이 없는 줄'의 원문은 '숨길 수 없는 줄(are not hidden, λανθάνειν … οὐ, 26:26)'을 의미한다.

이렇게 풀어서 말할 수 있다. "왕께서는 이 일들을 아시오니 내가 자유롭게 말을 하나이다. 제가 확신하건대 이것들 중 어떤 것도 그에게서 숨길 수 없는 것은 이 일들이 어느 한구석에서 행해진 일이 아니기 때문이니이다. 아그립바 왕이여, 당신은 선지자들을 믿지 않습니까? 당신이 믿는다고 나는 잘 알고 있습니다."

바울은 비록 아그립바 2세가 17살 때 글라우디오 황제의 황실에 가서 교육을 받았지만, 또한 비록 헤롯 가문전체가 로마의 시민권을 가진 가문으로 로마 황제의 지도를 받는다는 사실도 잘 알고 있었지만 그가 유대인으로 태어나 유대 가문에서 훈련받고 성장하여 유대율법에 해박하고 선지자의 글에 대한 어느 정도의 식견을 가지고 있다는 사실을 잘 알고 있었다.[56] 바울이 '나는 당신이 알고 있다'고 말한 것도 그 때문이다. 바울은 아그립바 앞에서 두 번이나 믿는다는 말을 반복했다.

바울이 '선지자'들에게 호소한 것은 구약의 모든 선지자들, 또한 세례요한 역시 예수 그리스도가 메시야라는 사실을 증거했고 일생동안 그 사실

---

[56] Cowles, *Acts of the Apostles*, 200.

을 위해 헌신했던 것을 유대인들이 잘 알고 있었기 때문이다. 유대인들 사이에 퍼져있던 나사렛 예수의 복음과 그의 행적은 아직도 수많은 증인들이 남아 있는 상황에서 그렇게 이야기 한 것이다. 주님이 행한 병 고침과 죽은 자를 살리는 기적, 죽었다가 살아났다는 사실, 제자들이 주님의 권능을 힘입어 놀라운 능력을 행했다는 유대인들 사이에 퍼져있는 소문, 바울이 행한 기적의 역사에 대해 아그립바 왕도 잘 알고 있었을 것이다. 그래서 바울은 오히려 자신을 정죄하는 유대인들의 송사가 진실이 아니라는 사실을 역설로 이야기한 것이다.

바울의 이야기를 들은 아그립바 왕은 '네가 적은 말로 나를 권하여 그리스도인이 되게 하려 하는도다'라며 불쾌한 심정을 표출했다.[57] 아그립바는 선지자를 믿는다고 동의할 수도, 믿지 않는다고 말할 수도 없었다. 믿지 않는다고 하면 유대인에게 끼칠 수 있는 영향력이 다 없어질 것이고 믿는다고 하면 바울의 말에 전적으로 동의하는 것이기 때문이다. 바울의 논증에 말려들고 싶지 않은 아그립바는 '네가 적은 말로 나를 권하여 그리스도인 되게 만들 것이냐'고 반문했다. '네가 적은 말로 나를 권하여 그리스도인이 되게 하려 하는도다'는 '네가 그렇게 짧은 시간 동안에 나를 그리스도인이 되게 설득하려는구나'(Within so little time do you persuade me to become a Christian?)는 의미이다.[58]

흥미로운 사실은 아그립바 왕이 '그리스도인'(a Christian, Χριστιανὸν)

---

[57] William M. Ramsay, *St. Paul the Traveler and the Roman Citizen* (London: Hodder & Stougton, 1895), 47. 이미 그리스도인이라는 이름이 예수를 따르는 자들에 대한 호칭으로 사용되고 있었음을 암시해준다.

[58] Chrysostom, *The Homilies on The ACTS of The Apostles*, 692. '말이 적으나 많으냐'(in a little and in much, ἐν ὀλίγῳ καὶ ἐν μεγάλῳ)는 대부분의 영어 역본들이 따르는 것처럼 "시간이 짧으나 길거나," "짧은 시간이나 긴 시간이거나"(both in a little, and in much)로 번역해야 한다. 대부분의 영어 역본이 '그렇게 짧은 시간에'(in such a short time)로 번역하거나 '그렇게 간단히'(In a little)로 번역했다. 따라서 '그렇게 짧은 시간 동안에'(in such a short time, Ἐν ὀλίγῳ)로 번역하는 것이 가장 무난하다. 한글개역성경이나 개역개정판 성경에 '적은 말'(26:28)이라고 번역되었으나 헬라어 원문에는 '매우 적은'(so little, ὀλίγῳ)은 있는데 '말'은 없다. 모든 영어 역본에도 '적은 말'(little word)로 번역된 것은 하나도 없다. '네가 [나를] 그리스도인 되게 하려 하는도다'의 '되게 하려 하는도다'(do you persuade, πείθεις)는 '네가 나를 설복시켜 그리스도인 만들려 하는도다'라는 의미이다.

이라는 말을 공개적으로 사용했다는 사실이다. '그리스도인'이라는 단어는 신약에 3번 기록되었고, 사도행전에만 11장 26절과 26장 28절 두 번 나타난다. A.D. 44년 안디옥교회에서 바울과 바나바가 안디옥 교인들을 훈련시킨 다음에 처음으로 그리스도인이라는 말이 등장하였다. 15년이 지난 A.D. 59년 통치자 아그립바 왕이 이 용어를 사용한 것이다.

그리스도인이라는 용어가 베드로전서 4장 16절에도 등장한다. '만일 그리스도인으로 고난을 받으면 부끄러워하지 말고 도리어 그 이름으로 하나님께 영광을 돌리라.' 베드로전서가 A.D. 60-65년 사이에 기록된 것을 고려할 때 A.D. 59년에 이르러서 '그리스도인'이라는 명칭이 예수 그리스도를 믿는 자들을 총칭하는 단어로 당시 유대인들과 기독교인들 사이에 널리 통용되었음을 보여준다. 필자가 볼 때 안디옥 출신 누가는 이 용어를 시차를 두고 두 번 언급함으로써 안디옥이 이방선교의 센터로 기독교 신앙의 확산에 중요한 역할을 했다는 사실을 자연스럽게 드러낸 것이다.

바울에 대한 왕과 총독의 종합판단(26:30-32)

그토록 짧은 시간에 자신을 그리스도인 만들려 한다는 아그립바의 말에 바울은 이렇게 응수했다. '말이 적으나 많으나 당신뿐만 아니라 오늘 내 말을 듣는 모든 사람도 다 이렇게 결박된 것 외에는 나와 같이 되기를 하나님께 원하나이다'(26:29). 바울은 가장 극적인 표현으로 자신의 신앙, 그리스도를 믿는 신앙을 담대히 선포하였다.

바울의 답변에 아그립바 왕이 어떻게 반응을 했는지에 대해서는 누가가 기록하지 않았다. 그러나 바로 이어 그들이 보인 행동을 통해 바울은 모인 이들 모두에게 자신의 무죄를 설득력 있게 전달하였음을 알 수 있다. 바울의 변론을 들은 아그립바 왕, 베스도 총독, 버니게, 그들과 함께 앉았던 사람들 모두가 법정에서 일어났다. 죄목을 찾을 수 없어 더 바울의 변론을 들을 필요가 없다고 판단했기 때문이다. 누가가 기록한 대로 바울의 무죄가 분명히 밝혀졌기 때문이다. 누가는 왕과 총독과 베니게와 함께 앉은 사람들이 다 일어나 물러가면서 이렇게 서로 말을 주고받았다는 의미 심장한 말을 이 재판과 관련하여 추가하고 있다.

> [31] 물러가 서로 말하되 이 사람은 사형이나 결박을 당할만한 행위가 없다 하더라 [32] 이에 아그립바가 베스도에게 이르되 이 사람이 만일 가이사에게 상소하지 아니하였더라면 석방될 수 있을 뻔하였다 하니라(26:30-32).

이 짧은 문장은 바울의 재판과 관련하여 매우 중요한 사실을 종합적으로 정리해 준다. 누가는 진행된 재판정의 역사적 기록을 객관적으로 기술하면서 바울의 무죄를 상식적으로, 법적으로, 그러면서도 논리적으로 논증했다. 그것은 바울에 대한 베스도와 아그립바 왕의 재판과 관련된 누가의 다음과 같은 일관된 변증에서 어렵지 않게 발견할 수 있다.

첫째, 바울의 결백에 대한 일관된 증언이다. 총독과 왕은 비록 무죄라는 표현은 사용하지 않았다. 그러나 사형이나 결박을 당할만한 범죄행위가 '전혀 없다'(Nothing, Οὐδὲν, 26:31)는 표현을 사용함으로 바울에게 전혀 법적 혐의를 찾을 수 없다는 사실을 분명히 밝혔다. 바울이 사형은 물론 '결박을 당할만한 범죄행위가 없다'는 사실은 바울이 큰 범죄는 물론 기소할 아무런 죄도 범하지 않았다는 사실을 증언한 것이다. 재판을 주관한 이들 모두가 바울의 무죄를 증언한 셈이다. 로마법에서 비추어 볼 때 완전 무죄였으며 만약 바울이 가이사에게 호소하지 않았다면 당장 자유의 몸이 되었을 것이다.

둘째, 누가는 바울의 무죄 판결이 만장일치의 의견이라는 사실을 분명히 했다. '이 사람은 사형이나 결박을 당할만한 행위가 없다'(26:31)고 말한 사람은 어느 특정인이 아니라 로마의 정치와 법 그리고 유대의 법을 잘 알았던 아그립바 왕이었다. 그것은 아그립바 왕만의 견해는 아니었다. 바울이 재판받은 그 법정에 있던 왕과 총독과 버니게와 그 함께 앉은 사람들 모두가 바울의 변론을 듣고 일어서며 '서로'(one another, ἀλλήλους) 밝힌 내용이다. 그 현장에서 바울의 변론을 들은 이들 모두가 바울의 무죄에 대해서는 이견이 없었다는 사실을 보여준다. 만장일치로 바울의 결백에 동의한 것이다.

셋째, 바울의 결백은 아그립바 왕과 베스도의 대화를 통해 재확인되었다. '만일 가이사에게 상소하지 아니하였더라면 석방될 수 있을 뻔하였다'(26:32). 이것은 현장에서 귀를 곤두세우고 바울의 변호를 듣고 또 끝난 후에는 바울과 일대 혈전을 벌였던 아그립바 왕이 베스도에게 한 말이다.

표면적으로 보면 바울이 로마 황제에게 호소한 것이 인간적 고집에서 비롯된 것은 아닌가 하는 생각이 들 수 있다. 그러나 만일 바울이 무죄로 풀려났더라면 결국에는 유대인의 음모에서 벗어나지 못했을 것이다. 바울이 이렇게 호소한 것이 결과적으로 로마로 갈 수 있는 길을 열게 되어 더 좋은 결과를 가져다주었다. 비록 바울이 재판에서 풀려나지는 못했지만 당시 최고의 위정자들에게 회개와 부활과 그리스도의 복음을 증거할 수 있는 너무도 좋은 기회를 가졌다.

누가는 직접 밝히지 않았지만 이로 인해 유대지도자들과 통치자들 사이에 그동안 갖고 있던 기독교에 대한 편협한 시각이 상당히 교정되었을 것이다.[59] 바울을 참소한 이들이나 무리를 선동한 이들이나 그를 고소하는 일에 앞장선 종교지도자들, 특히 산헤드린공회의 지도자들, 사두개인들, 은근히 바울에게 우호적이었던 바리새인들, 그리고 예루살렘의 믿는 유대인들 모두에게 바울의 무죄 판결은 적지 않은 영향을 미쳤을 것이다.

이리하여 바울은 안전하게 로마를 향할 수 있었다. 앞으로 살펴보겠지만, '네가 예루살렘에서 나의 일을 증언한 것 같이 로마에서도 증언하여야 하리라'(23:11)는 약속대로 하나님은 많은 풍랑과 어려움 중에서도 바울과 동행하시면서 하나님의 살아계심을 만인 앞에 선포하셨다. 확실히 무대

---

[59] 이를 계기로 아그립바가 지금까지 갖고 있던 기독교에 대한 선입관을 불식하고 호의적인 태도를 가지게 되었다고 알려졌다. 이들은 유대인 전쟁을 막으려고 무척 노력했으나 끝내 막지 못했고, 로마 편에 섰다.

의 주역은 바울이었지만 역사의 주관자는 하나님이셨다. 바울은 평소 그렇게 사모하던 로마에서의 복음전파의 꿈을 이룰 수 있었다. 그 꿈의 실현은 '내가 로마도 보아야 하리라'는 자기 성취가 아니라 그를 이방인의 사도로 부르시고 성령의 충만을 받게 하셔서 성령이 주체가 되어 로마를 보게 하실 성령 하나님이 약속의 성취였다.

바울의 가이사 재판 청원과 역사적 의의

사도행전의 역사 진행을 당시 로마역사에 비추어 볼 때 로마 황제 가이사에게 재판을 받겠다는 바울의 호소는 다음 몇 가지 점에서 상당히 시의적절했다.

첫째, 바울이 로마에 도착한 것은 폭군 네로가 반기독교적 정서를 노골적으로 드러내기 전이었다. 당시 로마제국에서 합법적인 종교는 철저하게 보호를 받았는데, 유대교는 로마제국에서 합법적인 종교였고, 바울이 전한 복음은 유대교 안에 있는 하나의 가르침으로 인식되었다. 누가는 사도행전 전체에서 지방 총독이나 행정관들이 바울의 가르침을 유대인들의 종교와 언어 그리고 유대율법과 연관된 것으로 이해하고, 유대인들이 함부로 바울을 정죄하지 말고 적법한 절차를 거치도록 요구한 것도 그런 맥락이다. 게다가 이때는 유대교와 기독교가 그렇게 선명하게 구분되기 전이었다. 주지했듯이 네로가 기독교와 유대교를 구분하고 기독교에 대해 비판적 정책을 실시하기 시작한 것은 A.D. 62년 이후다. 네로가 유대교와 기독교가 다르다는 시각을 가지게 된 데는 유대교인 포파이아와의 결혼이 결정적인 이유 가운데 하나로 여겨진다.

둘째, 바울은 로마 시민권자로서 권리를 주저하지 않고 호소하였다. 로마 시민권자는 제국 안에서 극형에 처하는 것도, 무서운 채찍의 형벌을 받는 것도, 적법하지 않은 재판을 받는 것도 금지되었다. A.D. 112년 소 플리니 서신이 보여주듯 일반 백성들은 약식기소를 했지만 로마시민의 경우는 사법 절차를 확신할 수 없다고 판단하고 로마로 보내졌다.[60]

셋째, 곧 있을 바울의 가이사 앞에서의 재판을 대비할 수 있는 훌륭한 준비 기간이었을 것이다. 주지하듯이 벨릭스, 베스도, 아그립바 왕 모두 바울을 심문했지만 바울에게서 혐의를 찾을 수 없었다. 누가는 무죄라는 용어를 사용하지 않았지만 바울이 기소당할 아무런 죄가 없다는 사실, 그에 대한 모든 혐의가 사실이 아니라는, 즉 바울의 죄 없음을 변호하였다. 로마제국의 최고 상급법원(오늘날 대법원) 판결이 하급심 판결을 중시하는 전통이라 가이사랴에서의 벨릭스 재판, 베스도 재판, 아그립바 왕 앞에서의 재판이 로마에서의 바울의 재판에 결정적인 역할을 했을 것이다.

---

[60] *Epistle* x. 96.

제 21 장
로마로 향하는 바울의 여정
(27:1-28:10)

가이사랴에서 2년이 넘게 흘렀다. 물론 그들은 석방 혹은 로마로의 진전을 위해 헛되이 기다리며 2년의 세월을 보내지는 않았다.… 그 동안 누가가 의심할 바 없이 구주의 생애와 가족에 관한 모든 사료들을 모았을 것은 의심의 여지가 없다.

Charles F. Sitterly, *Jerusalem to Rome*, 1915

내가 섬기는 하나님의 사자가 어제 밤에 내 곁에 서서 말하되 바울아 두려워하지 말라 네가 가이사 앞에 서야 하겠고 또 하나님께서 너와 함께 항해하는 자를 다 네게 주셨다 하였으니 그러므로 여러분이여 안심하라 나는 내게 말씀하신 그대로 되리라고 하나님을 믿노라

행 27:23-25

바울의 로마행이 확정되었다. 이로써 바울의 오랜 숙원이 성취된 것이다. 이 여정은 A.D. 59년 여름에 시작되었다.[1] 누가는 사도행전 27장과

---

[1] William M. Ramsay, *Pauline and Other Studies in Early Christian History* (London: Hodder & Soughton, 1906), 360; William Owen Carver, *The Acts of the Apostles* (Nashville: Sunday School Board, Southern Baptist Convention, 1916), 253; Henry Cowles, *Acts of the Apostles: With Notes, Critical, Explanatory, and Practical, Designed for Both Pastors and People* (New York: D. Appleton, 1883), 217.

28장 두 장에 걸쳐 A.D. 59-62년 사이에 일어난 사건들을 너무도 역사적이고 사실적으로 그러면서도 감동적으로 기술해 나갔다.[2] 예루살렘을 떠나 로마로 가는 여정에 바울과 동행한 누가는 그 여행에서 일어난 하나하나의 사건을 잊을 수 없었던 것 같다. 바울의 항해 기사는 성경의 어떤 다른 곳에서 찾을 수 없을 만큼 생동감 있는 고전적인 필치로 기술되었다. 게다가 홀츠만이 지적한 대로 누가의 기록은 "고대 항해술의 지식에 대한 가장 유용한 문서 가운데 하나이다."[3] 누가는 헬라적인 예술적 소양을 가지고 바울의 항해기를 생생하게 기록했다.

이 같은 사실은 여행 과정이 담겨진 사도행전 마지막 두 장의 기록에서 그대로 읽을 수 있다. 누가의 상세한 기록은 단순한 항해기가 아니라 자신의 기록이 실제로 일어난 역사적 사실이며, 지금까지의 사도행전 1장 8절의 땅 끝 선교의 연속이라는 점을 분명히 드러내고 있다. 누가가 그 여행에 동행하지 않았다면 바울의 로마로의 여정을 그렇게 생동감 있게 그려낼 수 없었을 것이다. 누가는 사도행전 중간 중간에 등장하지만 사도행전 27장 1절에서도 '우리'라는 표현을 통해 그 자신이 일어난 이 모든 일의 목격자요, 증인임을 분명히 하고 있다. 믿음의 선배 바울과 동행하면서 처음부터 로마에 도착할 때까지의 여행을 누가는 역사적인 의미를 가미하면서 생생하게 기술하고 있다.

바울을 로마로 호송해 갈 책임을 맡은 백부장은 율리오였다. 그는 '아구스도'(Augustan, 27:1) 부대 소속이었다. 바울은 가이사랴에 주둔해 있던 '아구스도대'의 호위를 받으며 배에 올라 이탈리아로 향했다. 이 아구스도대는 황제와 황제의 지방주둔군 사이의 연락을 담당하도록 파견된 연락 장교단(officer-couriers; 라틴어 frumentarii)이었다. '아구스도'라는 명칭은 흔히 외인부대(auxiliary troops)에 붙여진 명예로

---

[2] Thomas Morrison, *The Acts of the Apostles and the Epistles of Paul: Arranged in the Form of a Continuous History* (Edinburgh: Oliphant, Anderson & Ferrier, 1888), 8. 모리슨은 사도행전 27-28장의 기록이 A.D. 60-63년에 일어난 사건이라고 말한다.

[3] H. J. Holtzmann, *Handcommentar zum NT* (Freiburg im Breisgau, 1889), 421. Bruce, *The Book of ACTS*, 498에서 재인용.

운 칭호였다. 율리오는 한 로마군단의 백부장으로서 이 당시 연락 장교단과 함께 직무를 수행했을 가능성이 있다. 백부장 율리오는 로마까지 여행하는 동안 수하에 다수의 군사들을 동행시켰다.

바울과 함께 로마로 향하기 위해 승선한 죄수들은 바울 외에도 더 있었다. 이들이 어떤 죄목의 죄수들인지는 밝히지 않아 불확실하지만 로마로 이송된 것을 볼 때 이들 역시 로마의 시민권자들일 수 있다. 만약 이들이 중범죄로 로마의 원형극장에서 시민들이 모인 가운데 처형될 죄수들이라면 예수 그리스도의 우편과 좌편에 있는 죽을 죄를 지은 강도들과 죄 없이 십자가 달리신 예수 그리스도를 대비시킨 것처럼 중범죄자와 죄 없는 바울이 극적인 대비를 이루고 있다.

1. 바울의 로마 항해 착수(27:1-26, A.D. 59-60)

[1] 우리가 배를 타고 이달리야에 가기로 작정되매 바울과 다른 죄수 몇 사람을 아구스도대의 백부장 율리오란 사람에게 맡기니 [2] 아시아 해변 각처로 가려 하는 아드라뭇데노 배에 우리가 올라 항해할새 마게도냐의 데살로니가 사람 아리스다고도 함께 하니라 [3] 이튿날 시돈에 대니 율리오가 바울을 친절히 대하여 친구들에게 가서 대접 받기를 허락하더니 [4] 또 거기서 우리가 떠나가다가 맞바람을 피하여 구브로 해안을 의지하고 항해하여 [5] 길리기아와 밤빌리아 바다를 건너 루기아의 무라 시에 이르러 [6] 거기서 백부장이 이달리야로 가려 하는 알렉산드리아 배를 만나 우리를 오르게 하니 [7] 배가 더디 가 여러 날만에 간신히 니도 맞은편에 이르러 풍세가 더 허락하지 아니하므로 살모네 앞을 지나 그레데 해안을 바람막이로 항해하여 [8] 간신히 그 연안을 지나 미항이라는 곳에 이르니 라새아 시에서 가깝더라 [9] 여러 날이 걸려 금식하는 절기가 이미 지났으므로 항해하기가 위태한지라 바울이 그들을 권하여 [10] 말하되 여러분이여 내가 보니 이번 항해가 하물과 배만 아니라 우리 생명에도 타격과 많은 손해를 끼치리라 하

되 ¹¹ 백부장이 선장과 선주의 말을 바울의 말보다 더 믿더라 ¹² 그 항구가 겨울을 지내기에 불편하므로 거기서 떠나 아무쪼록 뵈닉스에 가서 겨울을 지내자 하는 자가 더 많으니 뵈닉스는 그레데 항구라 한쪽은 서남을, 한쪽은 서북을 향하였더라 ¹³ 남풍이 순하게 불매 그들이 뜻을 이룬 줄 알고 닻을 감아 그레데 해변을 끼고 항해하더니 ¹⁴ 얼마 안 되어 섬 가운데로부터 유라굴로라는 광풍이 크게 일어나니 ¹⁵ 배가 밀려 바람을 맞추어 갈 수 없어 가는 대로 두고 쫓겨가다가 ¹⁶ 가우다라는 작은 섬 아래로 지나 간신히 거루를 잡아 ¹⁷ 끌어 올리고 줄을 가지고 선체를 둘러 감고 스르디스에 걸릴까 두려워하여 연장을 내리고 그냥 쫓겨가더니 ¹⁸ 우리가 풍랑으로 심히 애쓰다가 이튿날 사공들이 짐을 바다에 풀어 버리고 ¹⁹ 사흘째 되는 날에 배의 기구를 그들의 손으로 내버리니라 ²⁰ 여러 날 동안 해와 별이 보이지 아니하고 큰 풍랑이 그대로 있으매 구원의 여망이 다 없어졌더라 ²¹ 바울이 가운데 서서 말하되 여러분이여 내 말을 듣고 그레데에서 떠나지 아니하여 이 타격과 손상을 면하였더라면 좋을 뻔하였느니라 ²² 내가 너희를 권하노니 이제는 안심하라 너희 중 아무도 생명에는 아무런 손상이 없겠고 오직 배뿐이리라 ²³ 내가 속한 바 곧 내가 섬기는 하나님의 사자가 어제 밤에 내 곁에 서서 말하되 ²⁴ 바울아 두려워하지 말라 네가 가이사 앞에 서야 하겠고 또 하나님께서 너와 함께 항해하는 자를 다 네게 주셨다 하였으니 ²⁵ 그러므로 여러분이여 안심하라 나는 내게 말씀하신 그대로 되리라고 하나님을 믿노라 ²⁶ 그런즉 우리가 반드시 한 섬에 걸리리라 하더라(27:21-26).

항해 여정을 정확히 파악하기 위해 이들이 탑승한 항구에 대한 선이해가 필요하다. 누가는 바울이 어느 항구에서 승선했는지 밝히지 않았다. 그 항구는 아마도 가이사랴였을 것이다.⁴ 당시 가이사랴는 시리아의 주요 항구였다.⁵ 그러나 이곳에는 이탈리아까지 가는 배가 없었다.⁶ 바울 일행은

---

⁴ James Smith, *The Voyage and Shipwreck of St. Paul: With Dissertation on the Life and Writings of St. Luke and the Ships and Navigation of the Ancients,* revised and corrected by Walter E. Smith, 4th edition (London: Longmans, 1880), 62.

소아시아 북서쪽 레스보스(Lesbos) 섬 반대쪽에 위치한 무시아(Mysia)의 항구 '아드라뭇데노'(Adramyttium, 27:2)에 속한 배에 탔다. 이 배는 아시아 각 도의 여러 항구에 머무르는 연안선이었다. 이들 항구 중 한 곳에서 이탈리아로 가는 배를 만날 수 있었다.[7]

바울의 로마행 동행자

우리는 바울이 이탈리아로 향하는 과정에서 두 가지 사실을 확인할 수 있다. 하나는 아리스다고의 동행이다. 바울이 예루살렘을 향할 때 드로비모, 누가, 아리스다고 세 사람이 동행했다. 이들 중 두 사람, 누가와 아리스다고는 로마로 가는 길에 동행했다. 너무도 용기 있는 아름다운 동행이었다.[8] 세상적으로 볼 때 바울과 함께하는 것은 아무 유익이 없었다. 바울이 로마로 가는 것은 재판을 받으러 가는 길이고, 그 재판에서 유죄가 결정된다면 처벌을 피할 수 없었다. 주님이 십자가에 달리시기 전 가야바 법정에 가실 때 뿔뿔이 흩어져 자신들의 보신만 생각했던 제자들의 모습에 비견할 때 누가와 아리스다고의 동행은 참으로 대단한 것이다. 이들은 로마에 가서도 바울과 끝까지 함께했다. 그리스도의 선한 일꾼 바울과 함께 그리스도의 고난에 동참한 것이다.

여기서 특별히 주목할 것은 동행한 '아리스다고'를 언급하면서 그가 '마게도냐의 데살로니가 사람 아리스다고'(27:2)라고 밝히고 있다는 점이다. 주지하듯이 마게도냐 데살로니가는 유럽선교가 처음 태동된 곳이다. 아시아선교를 계속하던 바울이 드로아에서 '마게도냐로 건너와서 우리를 도우라'(16:9)는 환상을 보고 달려간 곳이 바로 마게도냐 데살로니가였다. '땅 끝 선교'가 본격적으로 시작된 곳이 바로 그곳이다. 그런 의미에서 '땅

---

[5] Josephus, *Antiq.* xv. 13.
[6] W. M. Ramsay, *St. Paul the Traveller and the Roman Citizen* (London: Hodder and Stoughton, 1895), 316.
[7] Smith, *The Voyage and Shipwreck of St. Paul*, 63.
[8] Ramsay, *St. Paul the Traveler*, 316.

끝 선교'의 심볼 마게도냐 데살로니가 출신 아리스다고가 이방선교의 완성을 의미하는 바울의 로마행에 동행했다는 사실은 깊은 의미를 담고 있다. 예루살렘에서 시작된 구원 역사가 땅 끝 선교를 향해 움직여 가는 사도행전의 성격과 잘 어울린다.

바울은 비록 죄수의 몸으로 로마를 향하고 있었지만, 다른 중죄인들처럼 완전히 묶인 가운데 로마로 압송된 것이 아니라 어느 정도 자유가 주어졌다. 3절에 보면 '이튿날 시돈'에 도착했을 때 율리오는 바울에게 친절을 베풀어 바울이 친구들에게 가서 '대접' 받는 것도 허락했다.

시돈은 가이사랴에서 북쪽으로 150km 떨어진 곳으로 베니게의 중심 항구도시며 로마의 식민지였다. 화려한 역사를 갖고 있는 시돈은 오늘날 베이루트 남쪽 48km 해안에 위치하고 있다.[9] 시돈은 주전 4천 년부터 사람들이 거주했던 가장 중요한 페니키아인(Phoenician)들의 중심 도시 가운데 하나로 아마도 그 도시들 중에 가장 오래된 것으로 여겨진다.

백부장 율리오가 바울에게 친구들을 만날 수 있도록 허락해준 것도 특별하다. 여기 "친절히"라는 말은 인도적, 박애적인 태도를 지칭하는 것으로 백부장이 얼마나 바울에 대해 호의적이었는가를 단적으로 말해준다.[10] 이와 같은 호의적인 분위기 속에서 바울은 로마여행을 진행할 수 있었다.[11]

---

[9] <www.middleeast.com/sidon.htm>(2018. 07 28. 접속).

[10] 흥미로운 사실은 가이사랴의 백부장 고넬료(10:1), 여기 나오는 율리오, 가버나움의 백부장(마 8:5, 눅 7:2)과 십자가 아래의 백부장(마 27:54, 막 15:39) 모두 기독교에 대해 긍정적이었고, 기독교 지도자들에 대해서도 같은 태도를 지니고 있었다.

[11] 시돈은 가이사랴에서 북쪽으로 110km 떨어져 있으며, 2개의 항구가 있었다. 고대 시인 호머가 유리와 자줏빛 염료를 생산하는 시돈인 기술자들의 재능을 예찬한 적이 있다. 어떻게 이곳에 그리스도인들이 생겨나게 되었는가는 매우 궁금하다. 정확한 배경을 알 수 없지만 한 가지 중요한 단서가 사도행전 12장에 나온다. 헤롯은 두로와 시돈 사람들을 몹시 미워했지만 로마의 식민지였기 때문에 함부로 할 수 없었다. 그런데 기독교를 박해했던 헤롯이 갑자기 벌레에게 먹혀 세상을 떠나는 사건이 발생하면서 이를 계기로 "하나님의 말씀은 흥왕하여 더하게 되었다." 헤롯의 심판이 기독교에 대한 박해 때문이고, 이로 인해 하나님의 살아계심이 분명하고 생생하게 드러났다. 일부 성경학자들은 이때 헤롯의 미움을 받던 시돈 지역에서도 믿는 자들이 생겨났다고 본다.

바울의 로마행 초기 항해일정: 가이사랴에서 무라까지

바울 일행이 탄 배는 가이사랴에서 시돈(Sidon)으로, 시돈에서 구브로 (Cyprus), 길리기아(Cilicia)와 밤빌리아(Pamphylia), 루기아의 무라성 (Myra Lycia)에 도착했다(27:2-5). 무라는 항구로부터 약 3.2km 정도 떨어진 내륙에 위치해 있으며, 극장과 무덤의 폐허들이 지금도 남아 있다. 시돈에서 배를 탄 일행은 그곳을 떠나 바람을 피할 수 있도록 구브로의 동쪽과 북쪽으로 항해하였다. 바울 일행의 여정과 달리 소아시아에서 수리아로 여행하는 배들은 구브로의 서쪽을 지나야 하였다. 누가는 과거 2년 전에 팔레스타인으로 바울과 함께 여행할 때와 다른 진행 방향의 항해를 유심히 눈여겨 본 것 같다. 사도행전 기록을 통해서 기록에 대한 관심, 지난 역사에 대한 관심을 가진 누가가 2년 전의 바울 일행과의 여행을 기억하고 다른 방향에서의 항해를 관심 있게 관찰한 것을 확인할 수 있다. '우리'라는 인칭을 사용하여 바울의 로마행 여정에 함께한 누가는 이 모든 사실을 기록으로 남겨야 한다는 일종의 거룩한 소명의식을 가졌던 것 같다.

바울 일행은 구브로와 소아시아의 남쪽 해안 사이에 광활하게 펼쳐진 바다를 가로질러 소아시아의 한 동쪽 지점에 도착하였다. 일행은 내륙에서 불어오는 미풍의 도움을 받으며 조수의 흐름을 이용하여 해안을 따라 천천히 서쪽으로 항해했다. 아드리뭇데노 배는 몇 마일씩 항해할 수 있는 기회를 이용하여 해안의 한 지점에서 다른 지점으로 조금씩 가다가, 서풍으로 인해 항해가 불가능하면 방파제가 있는 항구에 정박했다.[12] 바울 일행은 이런 방법으로 소아시아의 가장 남쪽 지역인 루기아의 항구 '무라시'(27:5)에 도착하였다.

---

[12] Ramsay, *St. Paul the Traveler*, 317. "The Adramyttian ship crept on from point to point up the coast, taking advantage of every opportunity to make a few miles, and lying at anchor in the shelter of the winding coast, when the westerly wind made progress impossible."

바울 일행의 로마 항해 제1부가 무라에서 끝났다. 무라는 루기아의 주요 도시로 비잔틴 시대 초에는 잔토스(Xanthos)보다 규모가 커 루기아의 수도였다. 오늘날의 뎀르(Demre)에서 1.5km 떨어진 카스-피니크(the Kas-Finike) 도로상에 위치했다. 그 주변에는 거대한 비옥한 평원이 있어 고대에는 농업과 무역의 중심지였다. 무라는 루기아의 항구도시로 애굽에서 오는 곡물을 싣고 로마로 갈 때 거치는 유명한 항구였다. 당시 애굽은 로마의 주요 곡창이어서 당시 알렉산드리아와 로마 간의 곡물무역이 활발하게 이루어졌다.[13] 무라는 이집트인들이 운영하는 큰 항구 중의 하나였다.[14] 무라는 알렉산드리아의 정 북쪽에 있으며, 무라의 만은 바람 때문에 출항이 불가능한 배들이 정박하기 좋은 만이다.[15]

바울 일행을 실은 아드라뭇데노 배가 무라항에 도착했을 때 그곳에는 그 선단에 속한 배가 로마로 가기 위해 정박해 있었다. 아마도 이 배는 배 갑판에 밀을 적재하고 있었을 것이다. 무라에서 백부장 율리오는 이탈리아로 향하는 알렉산드리아 배를 만나자 바울 일행을 그 배에 승선시켰다(27:6).

무라에서 이탈리아 행 알렉산드리아 배에 승선

바울 일행을 태운 배는 '배가 더디 가 여러 날 만에 간신히'(27:7) 트리오피움(Tropium)의 카리아(Caria) 갑(岬)의 항구인 니도에 도착했다. 누가가 기록하고 있듯이 니도까지의 항해는 쉽지 않았다. 그것은 무라에서부터 강한 북서풍이 불어와서 항해가 천천히 그리고 어렵게 진행됐기 때문이다. 니도는 애굽에서 오는 상선들이 자주 드나드는 곳으로 두 개의 항구가 있었다. 그중 동쪽의 항구가 더 크고 많은 편의시설을 갖추고 있었다. 이곳에서 바울 일행을 태운 배가 택할 수 있는 길은 두 가지였다. 하나

---

[13] Cowles, *Acts of the Apostles*, 220.
[14] Ramsay, *St. Paul the Traveler*, 316-319; M. Rostovtzeff, *The Social and Economic History of the Roman Empire* (Oxford: Clarendon Press, 1926), 595.
[15] Smith, *The Voyage and Shipwreck of St Paul*, 72-73.

는 순풍이 불기를 기다렸다가 만약 순풍이 불면 정서(正西) 쪽의 카데라 섬까지 항해하는 것이다. 다른 하나는 바로 항해를 계속하려고 할 경우 택할 수 있는 유일한 항로는 살모네까지 가서 그 섬을 돌아 섬의 남쪽 해안을 따라 항해하는 것이다(27:7).[16] 바울 일행이 택한 항해 코스가 바로 그 항로였다. 이들이 살모네 앞을 지나 그레데 해안을 바람막이로 항해할 때 만난 바람은 보통 여름이 끝나갈 무렵 이들 바다에서 일어나는 북서풍이었다.[17]

바울 일행이 탄 배는 '간신히 그 연안을 지나'(27:8) 라새아(Lasea)에 가까운 미항에 도착했다. 미항(Fair Havens)은 지중해 그레데(Crete) 섬 남부해안에 위치한 항구로 현대는 칼리 리모네스(Kali Limones)로 불리는 곳이다. A.D. 1세기에 그레데는 로마제국의 한 부분이었다. 겨울 풍랑을 피해 잠시 안식처를 찾은 항해선들에게 중요한 섬이었다. 미항이라고 한 것은 그만큼 이 항구가 아름다웠기 때문으로 보인다. 누가가 여유가 없을 법한 그 극한의 순간에도 미항의 아름다움을 생생하게 기억하고 있는 것을 보면 그곳이 정말 아름다운 항구였던 것 같다.[18]

바울의 항해 위험 경고와 항해 강행

바울이 언제 이곳에 도착했는지는 사도행전 27장 9절, '여러 날이 걸려 금식하는 절기가 이미 지났으므로 항해하기가 위태한지라'는 말씀이 증언해준다. '금식하는 절기가 이미 지났으므로 항해하기가 위태한지라'는 표현을 통해 누가는 항해가 순탄하지 않을 것을 예견해준다. 금식절기는 9월 하순에 있는 속죄일을 말하는 것이다. 그렇다면 바울이 미항에 도착한

---

[16] Smith, *The Voyage and Shipwreck of St Paul*, 76.
[17] Smith, *The Voyage and Shipwreck of St Paul*, 76.
[18] 필자는 아주 오래 전 캐나다 밴쿠버에 사시는 어느 장로님께서 1등 항해사였기 때문에 세계 곳곳을 항해하다 보니 세계 여러 항구를 들를 기회가 있었는데, 밴쿠버의 아름다운 야경을 평생을 잊을 수 없어 밴쿠버에 이민 오게 되었다고 하는 이야기를 들은 적이 있다. 한 번의 경험이지만, 밴쿠버 항의 아름다움이 거주지를 옮기게 만들만큼 강인한 인상을 남겨준 것이다. 누가가 특별히 '미항'이라고 언급한 것도 그런 강렬한 인상이 남았기 때문으로 풀이된다.

것은 A.D. 59년 10월경으로 보인다. 항해하기 힘든 시기가 정확히 9월 14일부터 11월 11일까지 기간이었던 것을 고려할 때 이미 항해하기 위험한 시기에 접어든 것이다.

누가는 '간신히 그 연안을 지나 미항이라는 곳에 이르렀다'(27:8)는 증언을 통해 바울 일행의 항해가 순탄하지 않았음을 충분히 암시해준다. 실제로 누가는 바울 일행을 태운 배가 아주 힘들게 미항에 도달했다고 증언한다.[19] 바울은 항해를 강행하면 수하물과 여행객과 선원의 생명이 해를 당할 수 있으니 겨울 동안 미항에 머물러야 한다고 조언했다.[20]

> 말하되 여러분이여 내가 보니 이번 항해가 하물과 배만 아니라 우리 생명에도 타격과 많은 손해를 끼치리라 하되 백부장이 선장과 선주의 말을 바울의 말보다 더 믿더라(27:10-11).

여기 바울의 조언은 단순히 일반적인 조언을 넘어서는 것이다. 바울은 '내가 이해한다'(I understand, θεωρῶ)는 표현을 통해 그의 조언이 그 자신의 견해라는 사실을 밝히면서도 앞으로 일어날 일들에 대해 상당한 확신을 가지고 말했다. 바울이 단순히 항해 위험성의 개연성을 가지고 경고한 것을 넘어 '이번 항해,' '하물과 배만 아니라 우리 생명에도 타격,' '많은 손해' 등 항해를 강행할 경우 다가올 위험을 비교적 구체적으로 언급하고 있음을 주목해야 할 것이다. 누가는 바울이 이 같은 정보를 어떻게 얻었는지에 대해서는 언급하지 않았다.

분명히 '내가 이해한다'는 바울의 말이나 문맥 전후관계에서 바울의 견해는 속죄절기가 지나 항해하기 힘든 시기이고 실제로 항해가 어렵게 진행되고 있고 자신의 오랜 항해 경험에서 그렇게 한 것이라고 판단할 수 있지만 반즈가 지적한대로 바울의 결론이 성령의 영감에 의해서 인도를 받았다는 사실을 부정할 아무런 근거가 없다.[21]

---

[19] Smith, *The Voyage and Shipwreck of St Paul*, 76.
[20] Smith, *The Voyage and Shipwreck of St Paul*, 85.

누가의 증언대로 백부장은 '선장과 선주의 말을 바울의 말보다 더 믿고'(27:11) 바울의 경고를 묵살했다. 백부장의 시각에서 볼 때는 바울의 경고는 바울이 로마로의 여행을 지연시키려는 순수하지 못한 동기에서 나온 말로 느껴졌을 뿐이다. 이들이 바울의 의견을 반대하는 이유도 분명했다. 그것은 미항이 겨울을 지내기에 불편하므로 더 많은 사람들이 그곳을 떠나 그레데 항구 뵈닉스에서 겨울을 지내자 하는 자가 더 많았다. 항해사와 선주 또 선원 다수의 견해는 미항이 겨울을 나기에는 편리하지 못한 항구라고 판단한 것이다. 미항은 시야가 제한되어 전망이 거의 반밖에 되지 않기 때문에 항해사나 선주는 더 넓은 항구인 뵈닉스(Phoenix)에 도착하겠다는 희망을 가지고 항해를 계속하려고 했다.

선장은 경험과 지식에 입각하고, 선주는 이해타산에 입각하고, 바울은 신앙에 입각하여 각각 의견을 진술한 것으로 보인다. 하지만 바울의 의견이 무시당했다. 백부장은 바울의 말보다 선장과 선주의 말을 더 믿고 항해를 강행했다. 누가는 선장과 선주가 독단으로 그런 결론을 내린 것이 아니라는 사실을 밝히고 있다. "그 항구가 겨울을 지내기에 불편하므로 거기서 떠나 아무쪼록 뵈닉스에 가서 겨울을 지내자" 하는 자가 더 많았고, "뵈닉스가 그레데 항구라 한쪽은 서남을, 한쪽은 서북을 향했다"(27:12).

'남풍이 순하게 불매 그들이 뜻을 이룬 줄 알고'(27:13)라는 말로 비추어 볼 때 처음에는 항해가 매우 순조로웠다. '그들이 뜻을 이룬 줄 알고'는 그들이 원하는 것을 얻은 줄 알았다는 의미다. 백부장과 그 일행은 바울에

---

[21] *Barnes' Notes on the Bible* <www.biblehub.com/commentaries/acts/27-10.htm> (2020. 06. 07. 접속). "나는 이해한다-바울이 직접적인 영감에 의해 이것을 이해했는지는 확실하지 않다. 그는 가을철 항해의 위험에 대한 그가 갖고 있는 지식을 통해서 그리고 실제로 배가 위험하게 항해가고 있는 것을 보면서 그렇게 이해했을 수 있다. 그러나 그가 성령의 영감에 의해 이 같은 결론으로 인도받았다는 우리의 믿음을 막을 아무런 근거가 없다. 사도행전 27:23-24를 비교하라." 바울이 출항을 반대한 것은 항해하기 위험한 시즌이기도 하지만 성령의 인도하심에 따른 결론이라고 필자는 해석된다. 실제로 이후에 진행된 항해 스토리를 통해 이 사실을 확인할 수 있다. 바울의 이 같은 조언은 단순한 조언을 넘어 성령께서 그에게 일어날 미래의 일을 예언해 주신 것으로 해석할 수 있다. 그렇다면 누가는 여기서 바울과 선주와 선장을 자연스럽게 비교하면서 누가는 성령이 바울과 동행하시고 그를 이끄시고 그에게 나아갈 방향을 알려주셨다는 사실을 드러내고 있는 것이다.

게 "자 봐라! 우리말이 얼마나 정확하게 맞았느냐!"며 의기양양했을 것이다.

뵈닉스 항구 도착 직전 유라굴로 광풍

실제로 바울의 일행을 태운 배는 미항을 떠나 마탈라 갑을 돌 때까지 해변에 바싹 붙어 해안선을 따라서 서쪽으로 순항했다. 항해가 순조롭게 진행되어 넓은 멧사라 만(灣; Messara Gulf)의 어귀를 무사히 지나면 곧 뵈닉스 항구에 도착할 수 있었다. 그러나 잠시 후 상황이 완전히 바뀌었다. 그런데 항구를 눈앞에 두고 '유라굴로라는 광풍'(27:14)이 몰아친 것이다. 허리케인이 배를 덮치면서 광풍에 사로잡힌 나머지 더 이상 항해할 수 없었다. 온종일 풍랑에 시달렸다.

바울의 예견은 정확했다. 누가는 그 상황을 증언한다. '배가 밀려 바람을 맞추어 갈 수 없어 가는 대로 두고 쫓겨가다가 가우다라는 작은 섬 아래로 지나 간신히 거루를 잡아 끌어 올리고 줄을 가지고 선체를 둘러 감고 스르디스에 걸릴까 두려워하여 연장을 내리고 그냥 쫓겨가더니 우리가 풍랑으로 심히 애쓰다가 이튿날 사공들이 짐을 바다에 풀어 버리고 사흘째 되는 날에 배의 기구를 그들의 손으로 내버리니라'(27:17-19).

사공들은 더 이상 항해할 수도 없는데다 생명의 위협을 느끼자 출항 그 다음날 짐을 바다에 풀기 시작했다. 풍랑이 멈추지 않고 계속되자 사람들이 사흘째 되는 날에는 배와 기구들까지 다 내버렸다.[22] 바울의 경고대로 백부장과 그 일행들은 엄청난 위기를 만난 것이다. 영적인 음성에 귀를 기울이지 않고 성령의 명령을 거스르는 결과가 얼마나 무서운가를 여실히 보여준다. 누가는 그런 극한의 상황을 이렇게 압축했다.

> ²⁰ 여러 날 동안 해도 별도 보이지 아니하고 큰 풍랑이 그대로 있으매 구원의 여망마저 없어졌더라 ²¹ 여러 사람이 오래 먹지 못하였으

---

[22] Smith, *The Voyage and Shipwreck of St Paul*, 116; Ramsay, *St. Paul the Traveler*, 332.

매(27:20-21).

낮에는 해가 밤에는 별이 항해자에게 배의 위치를 알려주는 나침반의 역할을 한다. 해와 별이 나타나지 않음으로 이들은 배의 위치와 항해의 방향도 몰랐다. 누가의 표현을 빌린다면 '여러 날 동안 해도 별도 보이지 아니하고 큰 풍랑이 그대로 있으매 구원의 여망마저 없어졌다'(27:20). 폭풍으로 인해 해도, 별도 보이지 않고 어디에 위치하고 있는지도 알 수 없고, 배에는 물이 새들어왔다. 가까운 육지에다 배를 대야 했지만 방향도 위치도 알 수 없었다.[23]

우리 한글성경에는 구원의 여망마저 없어졌다고 말한 주체가 분명하지 않다. 그러나 헬라어 원문에는 '우리의 모든 구원의 여망이 포기되었다'[24] 고 기록함으로 '구원의 여망마저 없어졌다'는 주체가 '우리'라고 분명히 밝히고 있다. 필자가 볼 때 이것은 매우 중요하다. 배에 탄 승객 모두는 물론이고 믿음의 사람 누가 자신을 포함해서 바울의 로마 여정에 동행한 일행마저도 구원의 모든 여망을 포기했다는 의미이기 때문이다.

강력한 바울의 선상 메시지, 하나님의 놀라운 구원 약속(27:21-26)

생명의 위협을 느끼는 정도가 아니라 더 이상 구원의 소망을 찾을 수 없었다. 심한 풍랑으로 사람들은 도저히 먹을 수도 없고 잘 수도 없고 쉴 수도 없었다. '여러 사람이 오래 먹지 못하였으매'(27:21)는 '먹지 못한 상태에서 오랜 시간이 지나고' 이다. 여러 사람이 오랫동안 먹지 못한 정도가 아니라 풍랑이 너무 거칠고 심해 모두가 도저히 먹을 수 없었다.[25]

---

[23] Smith, *The Voyage and Shipwreck of St Paul*, 117.

[24] "구원의 여망마저 없어졌더라"(was abandoned hope all being saved of us, περιηρεῖτο ἐλπὶς πᾶσα τοῦ σῴζεσθαι ἡμᾶς).

[25] 영어 역본에는 먹지 못한 상태의 주체가 "그들"(NIV, ESV, NASV), "No one"(NLT), "사람들"(BSB) 등 다양하게 표현되었다. KJV 은 헬라어 원문에 가깝게 오랫동안 음식을 먹지 못한 후라고 기록하고 있어 배에 탄 승객들 모두가 음식을 오랫동안 먹지 못한 것을 보여준다. 그 배에 승선한 사람들이 누구는 먹고 누구는 먹지 않는 그런 환경이 아니라 함께 공동의 식사를

헬라어 원문을 면밀하게 살펴보면 여기서 중요한 사실을 확인할 수 있다.[26] 이것은 믿지 않는 사람들을 대상으로 한 바울의 선상에서의 설교였다. 여기에는 지난 사건들이 우연히 일어난 것이 아니라는 사실, 함께 자신이 말한 조언이 정확한 판단이었다는 사실, 그런 판단의 기원이 단순히 자신에게서 나온 것이 아니라는 사실을 분명히 밝혔다. 바울은 자기가 속하고 자신이 섬기는 하나님이 생명을 주관하시는 전능하신 하나님이라는 사실을 분명히 드러냈다. 그 배에 승선한 사람들은 절대다수가 이방인들이었다. 다른 신을 섬기는 그들 가운데 창조주 하나님, 만물을 주관하시고 섭리하시는 전능하신 하나님을 선포한 것이다. 그것은 적어도 네 가지 사실을 통해서 분명히 확인할 수 있다.

첫째, 변개할 수 없는 강력한 하나님의 구원의 약속이다. 누가는 배를 제외한 모든 승객들의 생명이 보존될 것이고, 한 섬에 도달할 것이라는 사실을 언급하면서 "데이"(δεῖ, it behooves, 반드시 하게 하다)라는 헬라어 단어를 24절과 26절에 두 차례에 걸쳐 반복해서 사용하고 있다. 이 단어는 사도행전에서만 무려 17번이 등장한다. '네가 가이사 앞에 서야 하겠고'의 정확한 원뜻은 "너로 하여금 반드시 가이사 앞에 서게 할 것이며"라는 의미이다. 가이사 앞에 서야 할 사람은 바울이지만 그렇게 하실 분은 하나님이시며, 반드시 그 약속을 이루어 주시겠다는 확약의 의미를 담고 있다. 누가는 바울이 분명 무대의 주역이지만 역사를 이끌어 가는 주체가 하나님이라는 사실을 분명히 했다.

이것은 26절도 마찬가지이다. '그런즉 우리가 반드시 한 섬에 걸리리

했을 것이기 때문이다.

[26] 27:21-26을 헬라어 원문을 토대로 번역하면 이렇다. "그때 바울이 가운데 서서 이렇게 말했다. 여러분들이여, 만약 당신들이 나의 조언을 받아들여 그레데를 떠나지 않았다면 이 같은 재난과 손실은 일어나지 않았을 것이다. 그러나 이제 내가 여러분에게 권하니 안심하라. 단지 배만 잃을 것이고 누구도 죽지 않을 것이다. 왜냐하면 어제 밤 나의 주인이시고 내가 섬기는 하나님의 천사가 내 곁에 서서 말씀하셨다. '바울아 두려워 말라. 네가 가이사 앞에 반드시 서도록 하겠다. 그리고 보라, 하나님이 너와 함께 항해하는 그들 모두를 네게 맡겼느니라.' 그러므로 여러분 안심하라. 왜냐하면 나는 내게 말씀하신 그 길(the way, ὃν τρόπον)대로 이루어질 것이라고 하나님을 믿기 때문이다. 우리로 하여금 한 섬에 이르게 하실 것이다."

라'는 말은 우리로 하여금 한 섬에 도달하게 하실 것이라는 의미이다. 걸린다는 말은 '좌초하다'(run aground), '넘어지다'(fall away)는 의미로 신약성경 전체에서 여기 27장 26, 32절 두 곳에만 사용되었다. 섬에 반드시 도달할 것이며 하나님이 그 일을 행하실 것이라는 고백이다.

둘째, 바울이 연설하며 선상에서 취한 자세이다. 21절 바울이 '[그들] 가운데 서서 말하되'(in midst of them, ἐν μέσῳ αὐτῶν)는 부활하신 주님이 두려워 떠는 제자들, 그것도 문들을 다 닫은 그곳에 나타나셔서 '그들[제자들] 가운데 서서'(in midst of them, ἐν μέσῳ αὐτῶν) '너희에게 평강이 있을지어다'라고 하셨던 장면을 연상케 해준다. 예수님이 바울로 대치되었을 뿐, 위기 상황에서 신적 권위로 위로하시는 장면은 너무도 유사하다. 누가는 '볼지어다 내가 세상 끝 날까지 너희와 항상 함께 있으리라'(마 28:20)는 주님의 말씀이 그대로 사도들 가운데 실현되었다는 사실을 이야기하려고 한 것 같다.

주님의 죽으심으로 두려워하는 제자들, 유대인들을 무서워하여 문을 닫은 제자들에게 나타나셔서 가운데 서서 부활의 신앙 소망을 심어주신 주님의 모습과 유라굴로 광풍을 만나 전혀 소망이 없이 희망을 포기하고 죽음의 문턱에 놓여 있는 승객들 그들 가운데 나타나 소망을 증언한 바울의 모습은 너무도 유사하다. '두려워하지 말라'(not Fear, Μὴ φοβοῦ, 27:24)도 누가복음 12장 7절의 '두려워하지 말라'(not fear, μὴ φοβεῖσθε)는 주님의 위로의 말씀과 정확히 일치한다. 누가는 한편으로 풍랑을 만나 죽음의 위기에 처한 바울과 그 일행을 구원하시기 위해 그들에게 임재하셨다는 사실을, 다른 한편으로 바울을 통해 구원의 역사를 이루어 가셨다는 사실을 드러내려고 한 것이다.

셋째, 주의 사자가 바울 곁에 나타나셔서 확답하셨다. 하나님의 사자가 바울 곁에 나타나셔서 바울이 로마 황제 가이사 앞에 선다는 사실, 함께 항해하는 모든 사람들의 생명을 '다 네게 주셨다'(27:23-24)는 사실을 알려주었다. 우리는 이 사건을 통해 하나님께서 주의 백성들을 보호하시고 지키신다는 사실을 발견한다. 바울이 위기를 만나자 하나님께서 바울을 지키시기 위해 당신의 사자를 보내신 것이다.[27] 이미 바울이 당한 위기를 아시고 하나님의 사자가 바울 곁에 계셨던 것이다. 그리고 구체적으로 바울에게 함께 하신다는 사실과 앞으로 해야 할 것까지 일깨워주셨다.

바울은 환경의 지배를 받은 주변의 다른 사람들과는 달리 비록 하늘의 해와 별이 보이지 않았으나 그를 향하신 하나님께서 그의 마음에 비추시는 하늘의 빛을 보고 깨닫고 체험했다. 하나님은 어떠한 환경 속에서도 여전히 우리와 함께하시는 하나님이시다. 더 놀라운 사실은 믿음의 백성 때문에 주님이 극한 위기에서 그가 속한 전체 공동체를 구원해 주셨다는 사실이다. 주의 백성들을 다치지 않도록 하시려는 하나님의 섭리였다.

넷째, 바울은 자신에게 하신 천사의 말이 약속이며 그 약속이 그대로 이루어질 것을 공개적으로 밝혔다. 그것은 그 약속을 주신 분이 자신이 속하고 자신이 섬기는 하나님이시며, 그분은 약속을 신실하게 지키시는 분이라는 사실을 공개적으로 고백한 것이다. "하나님의 사자가 어제 밤에 내 곁에 서서 말하되 바울아 두려워하지 말라 … 나는 내게 말씀하신 그대로 되리라고 하나님을 믿노라"(27:23-25).

바울의 말은 그렇게 되었으면 좋겠다는 바울 자신의 희망사항이 아니라 그에게 주신 '하나님의 확신'(divine assurance), 브루스의 표현을 빌린다면 '하늘로부터의 교통'(communication from heaven)이었다. 이것은 하나님의 사자를 통해 바울에게 전달된 하나님의 초자연적인 계시의 약속이었다.[28]

---

[27] 우리는 성경의 전 역사를 통해 하나님께서 주의 사자를 미리 보내 주의 백성들을 인도하고 문제를 해결해주시는 것을 어렵지 않게 발견할 수 있다. 아브라함이 이삭의 신붓감을 찾기 위해 종을 보냈을 때도 미리 주의 사자가 앞서 모든 것을 예비해 놓았고, 에서의 낯을 피해 달아나는 극한의 위기 속에서 야곱을 보호하시기 위해 하나님은 하늘의 군대를 보내셨으며, 모세가 바로 왕과 대결하며 이스라엘 백성들을 출애굽 시킬 때도 주의 사자를 보내셔서 당신의 백성들을 인도하셨다.

[28] Bruce, *The Book of ACTS*, 512.

2. 풍랑으로 인한 파선(破船)(27:27-44)

하나님께서는 주의 백성들을 보호하시기 위해 전혀 예기치 않는 방법을 동원하셨다. A.D. 59년 11월 중순 풍랑을 만나 배가 파선되어 배에 탄 이들의 생명이 위기를 만나는 상황에서도 그들 모두를 보호하시고, 심지어 군인들이 죄수 바울을 죽이자고 제안했으나 백부장이 그들의 뜻을 막았다.[29] 누가는 이 모든 사실을 27절부터 44절까지에서 잘 기록하였다.

이 풍랑의 사건을 통해 누가가 드러내려고 하는 핵심 메시지는 무엇인가? 우리는 성경을 읽어갈 때 인간 저자와 신적 저자의 의도를 동시에 읽어갈 필요가 있다. 성경이 영감으로 기록된 정확무오한 하나님의 말씀으로 믿는 복음주의 신학자들은 이 둘이 모순되지 않는다고 본다.

그렇다면 누가는 바울이 로마로 향하는 여정에서 풍랑으로 인해 파선을 당한 이 사건을 통해 말하고자 하는 메시지가 무엇인가? 그것은 바울의 항해 여정에 하나님이 간섭하신다는 사실과 인생의 항해 과정에서 동일하게 하나님께서 당신의 백성들과 동행하시고 그들을 목적지 가나안(천국)으로 인도하신다는 사실이다.

로마 항해, 하나님의 임재와 또 다른 선교여행

이것은 누가가 설명하는 이 사건을 좀 더 심층적으로 살펴보면 어렵지 않게 발견할 수 있다. 그것을 함축적으로 표현한 것이 "떡을 가져다가 … 하나님께 축사하고 … 그들도 다 안심하고 받아먹으니"(27:35-36)이다. 예수께서 목자 잃은 양처럼 유리하는 이스라엘 백성들을 먹이며 그들을 돌보실 때와 동일한 장면이 여기서 그대로 재연되었다. 세상 끝 날까지 함께

---

[29] Sir William M. Ramsay, *St Paul the Traveller and the Roman Citizen* (London: Hodder & Stoughton, 1895), 345.

하시겠다는 주님의 약속이 그대로 성취되고 있는 것이다.

누가는 바울의 항해 여정에 바울이 신적 권위로 예견한 일, 하나님의 사자를 동원하셔서 바울에게 격려하시고 위로하신 사실, 바울이 주님이 하셨던 것처럼 떡을 가져 축사하시고 공포에 질리고 고난당하는 승객들에게 먹을 것을 제공하신 사건을 비견하고 있다.

²⁷ 열나흘 째 되는 날 밤에 우리가 아드리아 바다에서 이리 저리 쫓겨 가다가 자정쯤 되어 사공들이 어느 육지에 가까워지는 줄을 짐작하고 ²⁸ 물을 재어 보니 스무 길이 되고 조금 가다가 다시 재니 열다섯 길이라 ²⁹ 암초에 걸릴까 하여 고물로 닻 넷을 내리고 날이 새기를 고대하니라 ³⁰ 사공들이 도망하고자 하여 이물에서 닻을 내리는 체하고 거룻배를 바다에 내려놓거늘 ³¹ 바울이 백부장과 군인들에게 이르되 이 사람들이 배에 있지 아니하면 너희가 구원을 얻지 못하리라 하니 ³² 이에 군인들이 거룻줄을 끊어 떼어 버리니라 ³³ 날이 새어 가매 바울이 여러 사람에게 음식 먹기를 권하여 이르되 너희가 기다리고 기다리며 먹지 못하고 주린 지가 오늘까지 열나흘인즉 ³⁴ 음식 먹기를 권하노니 이것이 너희의 구원을 위하는 것이요 너희 중 머리카락 하나도 잃을 자가 없으리라 하고 ³⁵ 떡을 가져다가 모든 사람 앞에서 하나님께 축사하고 떼어 먹기를 시작하매 ³⁶ 그들도 다 안심하고 받아 먹으니 ³⁷ 배에 있는 우리의 수는 전부 이백칠십육 명이더라 ³⁸ 배부르게 먹고 밀을 바다에 버려 배를 가볍게 하였더니 ³⁹ 날이 새매 어느 땅인지 알지 못하나 경사진 해안으로 된 항만이 눈에 띄거늘 배를 거기에 들여다 댈 수 있는가 의논한 후 ⁴⁰ 닻을 끊어 바다에 버리는 동시에 키를 풀어 늦추고 돛을 달고 바람에 맞추어 해안을 향하여 들어가다가 ⁴¹ 두 물이 합하여 흐르는 곳을 만나 배를 걸매 이물은 부딪쳐 움직일 수 없이 붙고 고물은 큰 물결에 깨어져 가니 ⁴² 군인들은 죄수가 헤엄쳐서 도망할까 하여 그들을 죽이는 것이 좋다 하였으나 ⁴³ 백부장이 바울을 구원하려 하여 그들의 뜻을 막고 헤엄칠 줄 아는 사람들을 명하여 물에 뛰어내려 먼저 육지에 나가게 하고 ⁴⁴ 그 남은 사람들은 널조각 혹은 배 물건에 의지하여 나가게 하니 마침내 사람들이

다 상륙하여 구조되니라(27:27-44).

'열 나흘째 되는 날 밤'(27:27) 바울의 일행을 실은 배가 아드리아 바다에서 표류하고 있었다. 여기 '열 나흘째 되는 날 밤'은 미항을 떠난 지 14일째 되던 밤을 의미한다. 스미스가 지적한 대로 27절의 아드리아 바다(the Adriatic Sea)는 지중해 중앙부를 일컫는 것으로 고대에는 '하드리아만'으로 더 널리 알려졌다.[30] 가장 깊은 곳이 1,233m 인 것을 감안할 때 물 깊이가 스무 길에서 열다섯 길 정도는 아주 얕은 곳이었다. 이 말은 육지에 가까웠다는 의미로 해석할 수 있다. 게다가 20길에서 15길로 줄어든 것은 점점 더 가까이에 육지가 있다는 의미다. 누가는 이를 '사공들이 어느 육지에 가까워지는 줄을 짐작하고'(27:27)라는 말로 함축했다.

그러나 행여 물이 깊지 않다는 것은 바다 암벽이 깔려 있다고 판단될 수 있어 암초에 걸리지 않도록 네 개의 닻을 내리고 날이 새기를 고대했다. 여기 '고대했다'는 말은 대부분의 영어 역본들이 번역한 대로 날이 새기를 '기도했다'(they were praying for, ηὔχοντο, 27:29)는 말이다. 파도가 전방에 바위가 있다는 사실을 알려주기 때문에 더 이상 전진하는 것은 위험했다.

바로 그 때 흥미로운 일이 하나 발생했다. 사공들이 닻을 바다에 내리는 체하면서 구명보트를 바다에 내려놓고 도망가려고 했다(27:30). 선원들은 승객들의 생명은 아랑곳하지 않고 자신들의 생명만 생각했다. 우리나라 전체를 아픔으로 몰아넣었던 2014년 세월호 사태 때 그 배의 선장의 모습을 연상케 한다. 닻을 내리려는 체하면서 실상은 거룻배를 바다에 내려놓고 해안으로 도망하려고 한 것이다. 배에는 사공이 절대적으로 필요하고, 사공도 그 배에 남아 있어야 살 수 있었다. 게다가 사공이 자신이 살려고 승객을 포기하는 행위는 근본적으로 본연의 사명을 저버리는 비윤리적인

---

[30] 아드리아 바다가 정확히 어느 곳인지와 관련하여 지금까지의 연구를 종합한 훌륭한 논고가 있다. <www.isthatinthebible.wordpress.com/2017/12/11/on-the-plausibility-and-purpose-of-pauls-sea-voyage-in-acts-27/>(2018. 07. 28. 접속).

범죄행위이다.

바울은 백부장과 군인들에게 이 사실을 알려주었다. 전 공동체의 안전과 도망하려는 사공들의 안전 모두를 염려한 것이다. 이에 군인들이 거룻배에 연결된 '거룻줄'을 끊어버렸고(27:31-32), 거룻배는 바다로 떠내려갔다.

그 다음날 날이 새자 바울은 배에 탄 이들에게 음식을 먹으라고 권했다. 그들이 안심하고 머리카락 하나라도 잃을 자가 없다고 위로하며 직접 떡을 가져다 모든 사람들 앞에서 축사하고 떼어 나누어 주었다. 배에 탄 이백칠십육 명의 승객들은 안심하고 떡을 받아먹었다. 누가는 구원자 예수 그리스도의 오병이어 축사와 파선의 위기에서 많은 생명을 살린 바울의 축사를 비견하고 있다.

> [바울이] 떡을 가져다가 모든 사람 앞에서 하나님께 축사하고 떼어 먹기를 시작하매 그들도 다 안심하고 받아 먹으니 배에 있는 우리의 수는 전부 이백칠십육 명이더라. 배부르게 먹고 밀을 바다에 버려 배를 가볍게 하였더니(27:35-38).

> 예수께서 떡 다섯 개와 물고기 두 마리를 가지사 하늘을 우러러 축사하시고 떼어 제자들에게 주어 무리에게 나누어 주게 하시니 먹고 다 배불렀더라(눅 9:16-17).

바울은 떡을 가져다가 하나님께 감사의 기도를 드렸다. 배에 있는 이들 276명은 바울이 하나님께 축사하는 광경을 직접 목도하였을 것이다. 그들 모두 바울이 축사한 음식을 먹었다. 위기 가운데 그들을 구해주신 전능하신 하나님께 축사를 한 떡을 모든 사람들이 받아먹은 것이다. 바울이 배에 탄 동료들에게 음식을 먹도록 권한 것은 14일이나 굶은 이들이 음식을 먹고 정신을 차려 상륙을 준비하도록 하기 위해서였다. 이들은 음식을 먹고 어느 정도 새 힘을 얻었을 것이다.

누가는 바울과 함께 승선한 승객이 몇 명인지를 처음으로 밝혔다. 276명이나 되었다(27:37). 당시 이렇게 많은 이들이 탑승할 수 있는 배가 있었다는 사실이 놀랍다. 그러나 그것은 당시로서도 놀랄 일이 아니다. 왜냐하면 A.D. 63년 당시 26살이던 요세푸스가 로마로 항해할 때 600명이 탄 배를 타고 가다가 하드리아 바다에 가라앉아 밤새 헤엄쳐 살아남을 수 있었다고 증언하였다.[31]

가장 극심한 위기의 순간에 하나님은 놀라운 권능을 통해 자신을 드러내셨다. 배에 탄 다양한 종교를 가진 이들이 하나님의 임재를 확인하고 그분의 임재를 느꼈을 것이다. 바울의 예언이 정확하게 맞아 떨어지는 것을 보면서 그곳에 모인 이들의 심령에는 큰 변화가 일어났을 것이 분명하다. 다 '배부르게 먹은 후'(27:38) 안전을 위해 배에 있는 밀을 바다에 버렸다. 이미 선원들이 폭풍이 불기 시작할 때(27:18) 배의 안전을 위해 밀을 바다에 버렸으나, 만약의 경우를 대비하여 약간의 식량은 배 바닥에 남겨둔 것으로 보인다. 하지만 이제는 배가 가능한 한 물에서 높이 떠오르도록 흘수(吃水)를 얕게 한 후, 해변 가까이에서 배를 좌초시켜 육지에 얹히도록 하는 것이 바람직하다고 판단하고 모든 식량을 바다에 버린 것이다.

다음날, 십육일 째 되던 날 섬이 눈에 보여 돛을 달고 바람에 맞추어

---

[31] Josephus, *The Life of Flavius Josephus*, 3. "내가 26살 때 나는 로마로 항해했다. 그것을 여기서 지금 기술하려고 한다. 그 당시에 벨릭스가 유대 총독이었다. 그곳에는 내가 잘 아는 어떤 제사장들이 있었다. 그들은 매우 탁월한 사람들이었다. 작고 하찮은 경우 [요구 사항을] 채권 봉투에 넣고 밀봉하여 로마로 보내져 가이샤 황제 앞에 그들의 요구를 청원하였다. 나는 그런 기회를 섬길 수 있도록 인도해주기를 바랐다. 특별히 나는 그들이 하나님께 향한 경건한 마음이 없지 않고, 심지어 그들의 고통 하에 무화과와 견과류로 그들을 지탱했다는 사실을 전갈 받았다. (5) 바다에서 엄청난 위험을 겪었지만 이윽고 나는 로마에 올 수 있었다. 왜냐하면 우리가 탄 배가 아드리아 해(Adriatick sea)에서 침몰되었는데, 그 배에는 약 600명이 승선하고 있었으며, (6) 우리는 살아남기 위해 밤새 수영했다. 그날 처음 나타남으로 우리는 구레네 배를 보았고, 나와 다른 사람들 모두가 80명이 하나님의 섭리로 다른 배로 옮겨졌다. 그래서 내가 구조되어 이탈리아 사람들이 푸테올리(Puteoli)라고 부르는 디케아키아(Dicearchia)에 왔을 때 나는 유대인 태생으로 연극배우이자 네로의 사랑을 받았던 아리투리우스(Aliturius)를 알게 되었고, 그의 관심을 통해서 네로의 아내 포파이아에게도 알려졌다. 나는 가능한 속히 그녀를 설득하여 제사장들이 자유를 얻을 수 있도록 신경을 썼다. 이 호의 외에도 나는 포파이아로부터 많은 선물을 받고 다시 고향에 돌아왔다."

해안으로 들어가려다 그만 배가 난파를 당하고 말았다. 누가는 바울 일행이 발견한 섬의 위치가 어디인지 정확하게 지명을 대지 않았지만 39절부터 41절까지에서 몇 가지 위치를 파악할 수 있는 중요한 지형적 특징을 언급하였다. '암초'(27:29), '경사진 해안으로 된 항만'(27:39), '두 물이 합하여 흐르는 곳'(27:41)이 바로 그것이다. 스미스는 암초, 경사진 항만, 두 물이 합하여 흐르는 곳을 종합하여 이 사건이 일어난 곳이 '성 바울 만'을 지칭하는 것이라고 결론을 내렸다.[32]

40절과 41절에 있듯이 성 바울 만에서 정말 기적 같은 일이 일어났다. 배가 움직일 수 없게 갯벌에 고정된 것이다. 이런 일은 좀처럼 일어나지 않는 일이다.[33] 이것은 하나님의 특별한 섭리와 간섭이 아니면 이해될 수 없는 일이다.

이제 풍랑의 위험에서 완전히 벗어난 것이다. 하지만 또 다른 위험이 그들을 기다리고 있었다.[34] 군사들은 '죄수가 헤엄쳐서 도망할까 하여 그들을 죽이는 것이 좋다'(27:42)고 제안했다. 배를 포기해야 하는 심한 혼란을 틈타 죄수들이 도망하기가 쉽기 때문에 군인들은 그 죄수들을 죽여 이런 시도를 막자고 한 것이다. 당시 만약 죄수를 놓치면 그 죄수를 호송하는 군사가 책임을 지도록 되어 있었기 때문에 미연에 방지하려고 한 것이다. 이 경우 바울도 죄수의 몸이었기 때문에 죽음을 피할 수 없었다.

그러나 백부장은 '바울을 구원하려'(27:43) 군사들의 '뜻을 막고' 안전하게 상륙시켰다.[35] 백부장은 바울을 죽게 내버려 둘 수 없었다.[36] 백부장이 바울에게 깊은 호감을 갖고 그를 보호하려고 한 것은 앞서 항해에 대한 바울의 예견이 옳았고 주의 사자가 함께하는 인물이라는 확신을 가졌기 때문이다. 백부장의 입장에서 볼 때 바울은 위기 가운데 공동체를 살려준 구원자였다. 바울의 생명을 보존하시기 위해 하나님께서 백부장을 통해

---

[32] Smith, *The Voyage and Shipwreck of St Paul*, 142-143.
[33] Smith, *The Voyage and Shipwreck of St Paul*, 143-144.
[34] Smith, *The Voyage and Shipwreck of St Paul*, 147.
[35] Smith, *The Voyage and Shipwreck of St Paul*, 147.
[36] Smith, *The Voyage and Shipwreck of St Paul*, 147.

죄수들을 죽이지 못하도록 막으신 것이다.

백부장은 당황하지 않고 오랜 수송의 책임을 맡은 자로서 '헤엄 칠 줄 아는 사람들'(27:42)에게 먼저 물에 뛰어 내려 해변으로 헤엄쳐 가라고 명령했다. 그리고 이어 나머지 사람들이 널조각과 배조각을 의지하여 해변에 도달할 수 있도록 안내했다. 그렇게 해서 마침내 276명 사람들이 다 안전하게 '상륙하여 구조되었다'(27:44). 바울이 얼마 전에 약속한대로 배와 가진 짐들은 잃었지만 생명을 잃은 자는 한 명도 없었다.

누가는 바울의 로마행 항해가 단순한 항해가 아닌 바울의 선교의 연장이라는 사실을 선명하게 드러내고 있다. 선교는 직접 복음을 선포하는 것만 아니라 삶 속에서, 개인과 공동체 사역 속에서, 세상사에서 하나님이 살아계심과 하나님의 일하심을 선명하게 드러내는 것이라고 할 때 누가의 기록만큼이나 그 목적에 부합하도록 기술된 글도 없을 것이다.

하나님은 선교의 동인과 주역이 되셔서 세상의 역사를 이끌어 가시고 당신의 위대하심을 세상 속에서 선포하신다. 하나님의 살아계신 역사가 드러나 그분의 존재를 인정하고 그분을 의식하며 살도록 만드는 것이 탁월한 선교방법이라고 한다면 풍랑에서의 구원은 너무도 뛰어난 사례이다. 바울의 로마 항해 여정에서 바울과 그 일행 그리고 더 나아가 전체 공동체의 하나님의 보호는 그런 면에서 언제나 이중적이었다. 하나님은 직접 자신이 역사에 개입하시기도 하고, 전혀 예기치 않은 인물을 사용하셔서 하나님의 뜻을 이루어 가신다. 누가는 바울의 항해 여정을 통해 이 사실을 선명하게 드러내고 있다.

자연환경을 주관하셔서 바울의 일행을 도우셨고, 이제는 백부장을 통해 위기 가운데서 바울을 보호하신 것이다. 때로 하나님은 주의 백성을 보호하시기 위해 전혀 예기치 않은 인물들을 동원하신다. 하나님은 바울을 통해 '너희 중 머리카락 하나도 잃을 자'(27:34)가 없을 것을 약속하셨다. 얼마나 구체적으로 주의 백성을 지키시고 보호하는가를 보여준다. 그렇게 불순종한 백부장과 그의 일행이었지만, 바울과 그 일행 때문에 그들을 진멸하시지 않고 그 죄인들의 머리카락 하나라도 상하지 않게 보호하신 것이다. 하나님은 바울을 통해 이방인들 가운데 그의 살아계심을 계속해서 드러내셨다.

로마를 향해 항해를 하면서도 한 번도 하나님을 언급하지 않던 바울은 '내가 속한 바 곧 내가 섬기는 하나님'(27:23)이라는 고백을 통해 자신과 함께하시는 하나님, 당신의 백성과 함께하시는 하나님을 담대하게 선포했다. 바울은 자신이 섬기는 하나님이 풍랑마저 주관하시고, 생명을 살리시고 죽이시는 전능자라는 사실 그리고 자신과 동행하시며, 더 나아가 그 하나님이 그를 믿는 백성들에게 공동체의 운명까지도 일임하신다는 사실을 환기시켜준 것이다. 그만큼 믿음의 사람들에 대한 하나님의 보장은 놀랍다.

하나님은 모든 생명들이 머리털 하나라도 상하지 않도록 보호하시고, 풍랑을 잔잔케 하시며, 배가 파선되는 위기 가운데서도 상륙하여 구원을 얻게 하셨다. 누가는 '마침내 사람들이 다 상륙하여 구조'(27:44)되었다고 증언한다. 얼마나 탁월한 설교인가! 얼마나 탁월한 변증인가! 누가는 하나님의 섭리와 간섭과 역사 속에 진행된 바울 일행의 로마행 여정을 통해서 자연스럽게 하나님의 살아계심을 드러내고, 세상 끝 날까지 함께하시겠다는 주님의 약속이 구체적으로 실현되었다는 사실을 증거하며 기독교의 진실성을 변증하고 있다.

3. 멜리데 섬 안착과 놀라운 표적(28:1-10)

¹ 우리가 구조된 후에 안즉 그 섬은 멜리데라 하더라 ² 비가 오고 날이 차매 원주민들이 우리에게 특별한 동정을 하여 불을 피워 우리를 다 영접하더라 ³ 바울이 나무 한 묶음을 거두어 불에 넣으니 뜨거움으로 말미암아 독사가 나와 그 손을 물고 있는지라 ⁴ 원주민들이 이 짐승이 그 손에 매달려 있음을 보고 서로 말하되 진실로 이 사람은 살인한 자로다 바다에서는 구조를 받았으나 공의가 그를 살지 못하게 함이로다 하더니 ⁵ 바울이 그 짐승을 불에 떨어 버리매 조금도 상함이

없더라 ⁶ 그들은 그가 붓든지 혹은 갑자기 쓰러져 죽을 줄로 기다렸다가 오래 기다려도 그에게 아무 이상이 없음을 보고 돌이켜 생각하여 말하되 그를 신이라 하더라 ⁷ 이 섬에서 가장 높은 사람 보블리오라 하는 이가 그 근처에 토지가 있는지라 그가 우리를 영접하여 사흘이나 친절히 머물게 하더니 ⁸ 보블리오의 부친이 열병과 이질에 걸려 누워 있거늘 바울이 들어가서 기도하고 그에게 안수하여 낫게 하매 ⁹ 이러므로 섬 가운데 다른 병든 사람들이 와서 고침을 받고 ¹⁰ 후한 예로 우리를 대접하고 떠날 때에 우리 쓸 것을 배에 실었더라

하나님의 인도하심은 여행 내내 계속되었다. 하나님께서 바울을 얼마나 구체적으로 보호하시고 있는가는 배가 파선된 후 멜리데 섬에서 일어나는 일들을 통해서도 알 수 있다. 해변에 도착한 후 그들은 처음으로 그 섬이 '멜리데'(28:1)라는 이름의 섬인 것을 알았다.[37] 멜리데는 뵈니게의 선원들에 의하여 몰타(Malta)에 처음으로 붙여진 이름이었다. 멜리데는 '피난처'란 뜻의 가나안어이다.

멜리데는 이탈리아 남부 시실리 섬 남쪽 95km, 튜니시아(Tunisia) 동쪽, 리비아 북쪽에 위치하고 있는 지중해 상의 작은 섬이다.[38] 섬의 길이는 약 29km, 너비가 13km 이며, 현재 유럽연합에 가입되어 있는 몰타 공화국이다. 2004년에 유럽연합에 가입했으며 현재 유럽연합에 가입된 국가 중에서 가장 작고 가장 인구가 적은 나라다. 이 섬의 최대 항구는 발테라 시가 자리 잡은 곳으로 지금은 바울의 이름을 따서 '성 바울 만'이라고 부른다.

멜리데 원주민들의 극진한 친절과 배려

멜리데의 원주민들은 베니게 말을 사용하는 베니게 혈통이다. 누가가 그들을 '야만인'이라고 부른 것은 그들이 헬라인들이나 로마인들 모두에

---

[37] Smith, *The Voyage and Shipwreck of St Paul*, 148.
[38] Cowles, *Acts of the Apostles*, 218.

의해 '야만인'(barbarians)이라고 불리었기 때문이다.[39] 이들이 사용하는 언어가 라틴어도 아니고 헬라어도 아니었다.[40] 그러나 그들의 도덕과 문화와 정신은 결코 바바리안(야만인)이 아니었다.[41] 비가 오는 추운 날 난파를 당한 이들 군인, 죄수, 선원, 선객들에게 보여준 친절은 특별했다.

이곳 주민들은 원주민들이었지만 이들이 바울 일행에게 보여준 친절은 참으로 감동적이다. '비가 오고 날이 차매 원주민들이 우리에게 특별한 동정을 하여 불을 피워 우리를 다 영접하더라'(28:2). '특별한 동정,' '다 영접'이라는 누가의 표현이 이들의 친절과 환대가 얼마나 대단했는가를 말해준다. 존 크리소스톰의 말대로 "이들 야만인들이 우리를 부끄럽게 한다. 그들은 이들이 어떤 존재인지도 모르는 가운데 그저 이들이 단지 어려움에 처했다는 이유 때문에 이들에게 친절을 베푼 것이기 때문이다."[42]

씨족 부족의 개념이 강한 그때 외부인들에 대한 섬 주민 원주민들의 태도는 예외적일만큼 친절했다. 그날 아침은 춥고 비가 내렸다. 난파선에서 어떤 형식으로든 육지에 도달한 276명은 모두가 물에 젖은 데다 비가 내리고 날씨가 추워 벌벌 떨었을 것이다. 원주민들은 물에 젖은 난파자들의 옷을 말리고 몸을 따뜻하게 해주려고 불을 피웠다.[43]

여기서 누가는 '바울이 나무 한 묶음을 거두어 불에 넣으니'(28:3)라는 말을 통해 바울이 불을 피우는 일에 앞장섰음을 알 수 있다. 평소 바울의 섬김의 리더십을 보여준다. 그는 항해 여정에서 여행객들의 안전을 생각하고 유라굴로 풍랑 속에서는 하나님의 생명 보존 약속을 전해줘 희망을 잃지 않게 만들었다. 또한 굶주림에 처한 그들에게 축사하고 떡을 떼어주어 새 힘을

---

[39] Cowles, *Acts of the Apostles*, 218; Bruce, *The Book of ACTS*, 521. "이 말은 오늘날 '원주민'(natives)이란 말을 경멸적인 의미로 쓰는 것과 비교해 볼 때는 약간 호의를 가진 말이다."

[40] Smith, *The Voyage and Shipwreck of St Paul*, 168-169. 원주민들은 헬라인이 아니었다. 당시 포에니시안들은 바바리안이라고 불렀다.

[41] Gotthard Victor Lechler, *Theological and Homiletical Commentary on the Acts of the Apostles*. Vol. II. (Edinburgh: T. &T. Clark, 1864), 436.

[42] John Chrysostom, *The Homilies of John Chrysostom on The ACTS of The Apostles* (London: Oxford, John Henry Parker, 1851), 692.

[43] Smith, *The Voyage and Shipwreck of St Paul*, 149.

얻게 하더니 이제는 육지에 도착해서도 불이 꺼지지 않게 장작을 공급하는 일에 앞장선 것이다.

멜리데의 첫 번째 표적: 독사에게 물려도 해 받지 않음

이곳에서 중요한 두 가지 사건이 등장한다. 바울이 독사에 물렸는데도 죽지 않은 것과 그곳 추장 보블리오의 부친의 병을 고친 일이다. 하나님께서는 바울이 독사에게 물리는 위기 가운데서도 생명을 보존케 하셨다. 나뭇가지를 불에 넣자 나뭇가지에서 '독사가 나와'(28:3) 바울의 손을 물었다.[44]

멜리데인들은 독사가 그 이빨로 사도의 손을 물고 있는 것을 보고는 그가 당연히 목숨을 잃을 것이라고 생각했다. 옛날 헬라와 로마의 사람들은 죄인을 정의의 여신이 용서하지 않고 독사를 보내어 죽인다고 생각했다. 당시 섬의 풍습은 만약 독사가 물어버리는 사람이 나오면 이 사람은 살인한 자였다. 옛날 아프리카 리비아 지방에 파선당한 죄인들이 상륙하여 자다가 독사에 물려 몰살당했다는 기록이 있다. 원주민들이 독사가 바울의 손을 물자 '진실로 이 사람은 살인한 자로다. 바다에서는 구조를 받았으나 공의가 그를 살지 못하게 함이로다'(28:4)고 이야기한 것도 그런 배경이다.

그들은 아마도 바울이 살인자였음으로 복수의 여신 네메시스(Nemesis)가 그를 심판하는 중이라고 판단한 것 같다.[45] 비록 바울이 "바다로부터는 도망했지만, 그러나 하나님의 공의(Divine Justice)는 쉽게 폐기되지 않기 때문에 그 네메시스 여신이 독사를 동원하는 새로운 방법으로 바울을 벌하고 있다고 생각했다."[46] 그래서 그들은 바울이 뱀을 불에 떨어 버린 뒤에 그를 흥미롭게 지켜보았을 것이다. 그런데도 독사에 물리면 나타나는 증상이 전혀 나타나지 않자 원주민들은 대단히 놀랐다. 당연

---

[44] Lechler, *Theological and Homiletical Commentary on the Acts* Vol. II., 436-437.
[45] Charles R. Erdman, *The Acts* (Philadelphia: The Westminster Press, 1919), 172.
[46] Bruce, *The Book of ACTS*, 522.

히 죽어야 할 바울이 치명적인 독사에 물리고도 아무 문제가 없는 것을 보면서 원주민들은 그를 신적인 존재로 인식했다.

본문의 독사(ἔχιδνα, a viper)에 대해 달리 해석하는 성경학자들이 있다. 멜리데에는 오늘날 독사가 그곳에 존재하지 않기 때문에 그곳에는 독사가 존재하지 않았고 그래서 바울이 독사에 물렸는데도 죽지 않은 것이라고 해석한다. 스미스가 지적한 대로 이 같은 방식으로 누가의 기록을 설명하는 것은 지난 2천 년간의 환경의 변화를 고려하지 않은 해석이다.[47] 사사기를 보면 이스라엘에 참으로 많은 야생짐승들이 등장한다. 그러나 오늘날 그것들을 이스라엘에서 찾아볼 수 없기 때문에 성경의 기록이 틀린 것이라는 주장은 설득력이 없다. 한국의 경우도 20세기 초엽만 해도 전국에서 호랑이를 흔하게 찾을 수 있었지만 지금은 한반도에서 전혀 찾을 수 없다. 불과 한 세기만에 그런 변화가 발생한 것이다.

누가는 의사였고, 탁월한 관찰력을 가지고 있으며, 정황에 대한 이해와 분석이 남달랐다. 게다가 그는 직접 바울의 로마여행에 동참해 그 현장에서 일거수일투족을 직접 목도한 증인이었다. 어떤 학자들은 누가가 독사가 아닌 뱀을 보고 독사로 오인하고 사도행전에 독사에 물렸다고 기록한 것이라고 주장하는데 필자가 볼 때 상당히 이성적이고 주관적이며 초자연적 역사를 제한하는 사변적인 해석이다.

그 섬의 수많은 종류의 뱀을 분별하는 가장 탁월한 안목을 가진 이들은 바로 그 섬의 원주민들이었다. 그런데 그들이 그 뱀을 보고 독사로 인식했다는 사실을 주목해야 한다.[48] 한 명도 아니고 여러 명의 원주민들이 동시에 그 장면을 보고 놀란 것이다. 만약 독사가 그곳에 없었다면 뱀으로 인해 그렇게 원주민들이 놀라지 않았을 것이다. 독사가 존재하고 독사로 인해 죽는 일이 그 섬에 일어나지 않았다면 멜리데 사람들이 보여준 행동은 정상적으로 받아들이기 힘들다. 독사에 물려도 전혀 독에 영향을 받지 않았기 때문에 섬 주민들이 바울 일행을 특별한 존재로 이해하고 각별한 대

---

[47] Smith, *The Voyage and Shipwreck of St Paul*, 151, 170-171.
[48] Erdman, *The Acts*, 172.

우를 한 것이다.

　누가는 주의 이름으로 놀라운 성령의 권능을 베풀고, 병든 자들이 고침을 받고 심지어 죽은 자가 일어나는 초자연적 기적을 베푼 주역 바울이 하나님의 특별한 섭리로 독사의 독에서 보호를 받았다는 것을 자연스럽게 드러낸 것이다. 이 섬에서의 바울의 행동이 곧 선교라는 사실을 기억한다면 독사에 물려도 전혀 지장을 받지 않은 바울의 초자연적 행위는 신적 개입이라고 이해해야 할 것이다.

　그런데 이상한 일이 발생했다. 보통 독사에 물리면 나타난 상처를 중심으로 '붓든지 혹은 갑자기 쓰러져 죽을 줄'(28:6) 알았는데 전혀 그렇지 않은 것이다. 훗날 마가는 이 사건을 염두에 두고 믿는 사람들에게 '이런 표적이 따르리니 곧 그들이 내 이름으로 귀신을 쫓아내며 새 방언을 말하며 뱀을 집어올리며 무슨 독을 마실지라도 해를 받지 아니하며 병든 사람에게 손을 얹은즉 나으리라'(막 16:17-18)고 기록했을 수 있다.[49]

　바울은 독사에 물렸는데도 전혀 생명의 지장이 없었다. 독사에 물린 사람들의 전형적인 징후도 나타나지 않았다. 영문을 모르는 원주민들은 자신들의 생각을 바꿔 바울을 '신이라'(28:6)고 생각했다. 이 일로 인하여 바울은 원주민들로부터 절대적인 존경과 찬사를 받았다.

　바울이 독사에 물렸으나 죽지 않고 불에 독사를 죽였다는 소식은 곧 섬 전체에 퍼져나갔을 것이다. 그 섬에서 제일 높은 지위에 있는 보블리오가 바울과 일행을 영접하여 사흘이나 유숙하도록(28:7) 친절하게 대접해주었다. 한두 사람도 아니고 276명이나 되는 사람들을 유숙할 수 있도록 배려했다는 사실은 놀라운 일이다. 비용도 엄청났을 것이다.

---

[49] 헬라어 원어는 '그의 손을 조였다'(fastened, καθῆψεν)고 되어 있다. 독사가 바울의 손을 물었다고 번역한 것은 단 하나의 영어 역본(NLT)에만 있다. 대부분의 영어 역본들이 '조였다'(fastened)고 번역하였다. 이런 점에 근거하여 어떤 사람들은 독사가 바울을 조였을 뿐이지 물은 것이 아니라고 주장한다. 그러나 이 같은 주장은 설득력이 없다. 보통 독사는 휘감는 습성이 거의 없기 때문이다.

멜리데의 두 번째 표적: 보블리오의 부친 치유

이런 가운데 하나님께서 자연스럽게 바울과 동행하시며 주의 영광을 드러내셨다. 바울은 보블리오의 부친이 열병과 이질에 걸려 누운 것을 보고 '기도하고 그에게 안수하여'(28:8) 치료했다.[50] 누가는 정확한 의학적 전문 용어를 사용하여 그의 병명이 무엇인지를 밝혔다. 그 병에서 치료를 받았다는 것도 의사로서의 전문적 지식에 토대를 둔 증언이다. 이 소식은 곧 섬 전체에 퍼져 섬 전역에서 다른 병든 사람들이 바울에게 와서 고침을 받았다. 멜리데에서 행한 바울의 두 가지 기적 모두 주님과 사도들이 행했던 기사와 표적의 재연이었다. 배에 승선한 이들은 바울을 통해 놀라운 성령의 능력을 목도한 것이다.

독사에 물리면 죽는 것이 자연법칙인데 독사에 물리고도 독의 피해를 입지 않았다는 것 자체가 주님의 약속을 연상시킨다. 실제로 보블리오의 부친의 열병을 고친 것은 주님이 베드로의 장모의 중한 열병을 고쳐주신 것과 너무도 유사하다. 예수님께서 회당에서 나와 시몬의 집에 들어가 시몬의 '장모'가 열병에 걸린 것을 보고 열병을 꾸짖어 병을 고치신 사건과 보블리오의 초대를 받고 그 집에 갔다가 그 집 '부친'이 열병에 걸린 것을 보고 고친 사건이 자연스럽게 유사한 대비를 이루고 있다. 바울이 독사에 물렸는데 살아난 것은 이어 보블리오의 부친이 장티푸스와 이질에 시달리고 있을 때 신유의 역사를 통해 고침을 받았다는 사실과 맥을 같이한다.

누가는 '보블리오의 부친이 열병과 이질에 걸려 누워 있거늘 바울이 들어가서 기도하고 그에게 안수하여 낫게 하매'(28:8)라고 기록함으로 보블리오의 치유가 기도와 안수 결과라는 사실을 분명히 밝히고 있다. 기도와 안수는 예수님께서도 신유를 행하실 때 사용하셨던 방식이었다. 두 사건을 통해서 성령의 초자연적 역사가 자연스럽게 드러났다.[51] 복음전파의 위

---

[50] Smith, *The Voyage and Shipwreck of St Paul*, 154–155. 여기 언급된 '열병'은 의사 누가만이 관찰할 수 있는 용어이다.

기의 순간이나 복음전파의 효과를 위해서 성령은 특별하게 역사하시는 것을 바울의 선교여행 여정에서 어렵지 않게 찾을 수 있다.

우리는 멜리데에서 일어난 바울의 기적을 통시적으로 봐야 할 것이다. 누가는 주님이 행하신 기적과 표적이 오순절 성령의 부으심 이후 성령으로 충만한 사도들과 바울을 통해 나타나는 역사를 통해 '볼지어다 내가 세상 끝 날까지 너희와 항상 함께 있으리라'는 주님의 약속이 사도들 가운데 그대로 구현되었다는 사실을 일관되게 증언한 것이다.

성령의 역사와 임재가 선교사역을 관통하는 중심 주제라는 사실을 고려할 때도 독사에 물린 바울이 살아남은 것은 하나님께서 바울의 일행을 통해 천국복음전파 사역을 계속 감당하게 하시려는 깊으신 섭리다. 바울과 함께 동행한 이들 가운데 적지 않은 이들이 하나님의 전능하신 역사를 직접 목도하고 하나님을 경외하는 사람들로 바뀌었을 것은 당연하다. 바울의 로마행 그 자체가 땅 끝 선교의 연장이자 진행과정이라는 사실을 고려해야 할 이유가 거기 있다.

독사에 물린 바울이 살아났다는 것은 독이 없기 때문이 아니라 전능하신 하나님이 함께하셨기 때문이다. 독사에 물려도 해를 받지 않고, 멜리데에서 가장 높은 지위에 있는 보블리오의 부친과 수많은 섬 주민을 치료해 준 사건으로 말미암아 그곳에 복음이 전해지고 바울 일행은 '후한 대접'(28:10)을 받았다.[52] 사람들이 멜리데를 떠나야 할 때가 되자 멜리데 원주민들은 바울을 통한 초자연적 하나님의 역사를 목도하고, 감사한 마음으로 바울 일행에게 극진하게 예우했다. 원주민들이 그 짧은 동안 하나님을 믿는 사람들로 바뀌어 마치 이전의 선교여행 중에 복음을 전해 받은 현지 제자들이 바울에게 행한 작별처럼 남은 항해 동안 '쓸 것을 배에 실어주었다'(28:10).

---

[51] Lechler, *Theological and Homiletical Commentary on the Acts* Vol. II., 438. "바울이 독사에 물린 상처로부터 보호를 받았을 뿐만 아니라 다른 사람들을 치료하고 도울 수 있게 하심으로 하나님은 당신의 종 바울에게 갑절의 호의의 증거를 나타내셨다. 그와 그의 동료들에게 주어진 이 같은 영예는 사실 주님을 가리키고 드러낸 셈이다."

[52] Smith, *The Voyage and Shipwreck of St Paul*, 155.

멜리데 섬에서의 바울 사역의 의미

필자가 볼 때 멜리데 섬에서의 바울의 사역은 몇 가지 중요한 의미를 갖는다.

첫째, 섬에 무사히 안착함으로 '너희 중 아무도 생명에는 아무런 손상이 없겠다'는 약속, '너희 중 머리카락 하나도 잃을 자가 없을 것'이라는 약속이 그대로 성취되었다. 항해에 도가 튼 사공마저 도망하려는 위기 속에서도 276명 모두가 생명의 안전을 보장받은 것이다. 세상 끝 날까지 너희와 항상 함께 있으리라는 약속이 성취된 것이다.

둘째, 땅 끝 선교가 이미 로마에 도착하기 전에 구체적으로 착수되었다. 당시 멜리데는 제국으로부터도 동떨어진 말 그대로 주님이 말씀하신 '땅 끝'이었다. 표적과 기적을 통해서 당시 복음의 불모지였던 이방인 중의 이방인인 멜리데 원주민들 가운데 하나님이 영광이 드러나고 바울 일행이 섬 주민들의 보호와 도움을 받았다. 배를 타야 하는 어촌이나 섬에는 안전을 기원하며 섬기는 수많은 신들이 존재한다.

그런 멜리데 원주민들이 하나님의 살아계심을 생생하게 체험함으로 그들에게 생명의 복음이 전해지고 하나님의 영광이 그곳에 선포되었다. 바울의 표적과 이적을 목도하고 섬 주민들의 태도가 완전히 달라졌고, 바울 일행이 보블리오의 보호와 사랑을 입은 것도, 섬을 떠날 때 쓸 것을 공급받은 것도 그 때문이다. 앞으로 이 세상의 어떤 복음의 불모지에도 하나님의 복음이 선포될 것을 예견해주는 것이다.

셋째, 바울의 표적과 기적을 통해서 바울과 동행하는 276명에게 하나님의 살아계심을 선포하시려는 하나님의 섭리다. 생명의 위기를 만나는 심한 풍랑, 무려 16일이나 표류해야 하는 그 급박한 위기의 상황에서 구원받은 사건은 그들의 일생동안 잊지 못할 사건이었고, 또한 그 일로 인해 자신들을 구원해주신 전능하신 하나님, 바울이 전한 그 하나님을 믿게 되었을 것이다. 게다가 바울을 호송하며 동행했던 백부장, 군인들, 선주들은 바울의 예견이 정확히 맞아떨어지고 놀라운 표적과 기사가 계속되었고, 실제로 자신들의 생명이 보장되는 것을 체험하면서 바울이 선포한 하나님을 받아들이게 되었을 것이다.

처음 선주의 말을 바울의 말보다 더 믿었던 백부장이 실제로 바울이 예언한 대로 상황이 전개되자 바울을 신뢰하고, 심지어 군인들이 바울을 죽이려고 할 때 죽이지 못하도록 바울의 생명을 보호해주었다. 이미 선상에서 풍랑 사건을 통해 하나님의 살아계심을 선포한 바울이 다시 섬에서의 표적과 기사를 통해 하나님의 살아계심을 드러냈다. 연속되는 기사와 표적을 보면서 바울과 함께 배에 탔던 이들은 근본적인 영적 변화를 경험했을 것이다.

이 사건이 땅 끝 선교가 이미 시작되었음을 보여주는 또 하나의 중요한 의미는 누가가 침묵하고 있지만 일련의 바울의 기적과 표적을 목도한 276명의 장래다. 처음부터 모든 것을 눈으로 확인한 276명은 복음의 증인이 되었을 것이다. 특히 바울 일행의 호송을 책임 맡은 백부장은 로마에 도착했을 때 로마 황제와 관리들에게 그동안에 일어난 일들을 아주 진지하고 소상하게 전해주었을 것이다.

276명의 승객들 중에는 로마국적을 가진 자들, 로마에 거주하는 이들이 절대다수였을 것이다. 그들 모두 로마에 도착하자마자 자신들의 가족들과 친척들 동료들에게 자신들이 체험한 소식을 어떤 사람은 담담하게, 어떤 사람은 흥분을 감추지 못하고, 어떤 사람은 감격해서 전해주었을 것이다. 입에서 입으로 전해지는 복음의 좋은 소식처럼 빠르고 설득력이 있는 것은 없다. 그렇다면 그들 모두가 인간의 생사화복을 주관하시고 역사를 주관하시는 전능하신 하나님의 살아계심을 체험한 증언자들이 된 것이다.

바울이 로마에 도착한지 불과 50년 만에 소플리니가 트라얀 황제에게 보낸 편지에서 기독교 복음이 빈부격차, 남녀노소, 시골과 도회지를 불문하고 로마 전역에 놀랍게 확산되었다고 증언한 것은 결코 우연이 아니다.

제 22 장
바울의 로마 입성과 전도
(28:11-31)

사도행전에서 누가가 갖고 있는 관심은 예루살렘에서 시작된 복음이 로마에까지 확장되어 가는 과정을 추적하는 것이다.

F. F. Bruce, *The Book of ACTS*, 1984

바울이 온 이태를 자기 셋집에 머물면서 자기에게 오는 사람을 다 영접하고 하나님의 나라를 전파하며 주 예수 그리스도에 관한 모든 것을 담대하게 거침없이 가르치더라.

행 28:30-31

하나님께서 일행이 타고 갈 배를 멜리데 섬에 예비해 놓으셨다. 바울 일행은 A.D. 59년 11월 중순부터 이듬해 2월 중순까지 3개월을 멜리데 섬에 머문 후 A.D. 60년 2월 '알렉산드리아 배'를 타고 로마로 향했다.[1]

---

[1] Gotthard Victor Lechler, *Theological and Homiletical Commentary on the Acts of the Apostles*. Vol. II. (Edinburgh: T. &T. Clark, 1864), 440. 정확한 연도에 대해서는 학자들마다 약간씩 견해를 달리한다. 램지, 브루스를 비롯한 세계적인 바울 연구의 전문가들은 A.D. 60년에 바울이 로마에 도착했다고 본다. 레히러에 따르면 만약 항해의 출발(27:9)이 A.D. 61년 가을에 있었다면 멜리데에 11월, 12월, 1월 3개월을 머물고 62년 2월에 다시 항해를 계속한 것이다. 만약 이 사건을 1년을 앞당긴다면 항해를 다시 시작한 것이 A.D. 61년 2월이다. 이 연도를 따르는 학자들은 베스도의 부임연도가 A.D. 60년이라고 본다. Francis Bowen, *Key to the ACTS of the Apostles or The ACTS of the Apostles Historically Chronologically and Geographically*

그 배는 곡물상선단의 배로 멜리데에서 겨울을 나기 위해 정박해 있었다. 항해의 수호자 '쌍둥이 형제' 두 신, 카스토르(Castor)와 폴룩스(Pollux)를 이물장식(figurehead)으로 한 배였다. 멜리데 사람들이 바울 일행의 여행에 필요한 물품들을 배에 실어 주었다. 멜리데 섬에서 로마까지는 그리 멀지 않았다. 누가는 멜리데에서 로마까지의 마지막 여정을 한 눈에 그림을 그리듯 섬세하게 잘 설명하였다.

1. 바울의 로마 입성(28:11-15, A.D. 60)

¹¹ 석 달 후에 우리가 그 섬에서 겨울을 난 알렉산드리아 배를 타고 떠나니 그 배의 머리 장식은 디오스구로라 ¹² 수라구사에 대고 사흘을 있다가 ¹³ 거기서 둘러가서 레기온에 이르러 하루를 지낸 후 남풍이 일어나므로 이튿날 보디올에 이르러 ¹⁴ 거기서 형제들을 만나 그들의 청함을 받아 이레를 함께 머무니라 그래서 우리는 이와 같이 로마로 가니라 ¹⁵ 그 곳 형제들이 우리 소식을 듣고 압비오 광장과 트레이스 타베르네까지 맞으러 오니 바울이 그들을 보고 하나님께 감사하고 담대한 마음을 얻으니라

멜리데를 출항한 바울 일행은 그곳에서 160km 떨어진 시실리 섬 남동쪽 해안에 위치한 '수라구사(Syracus)에 배를 대고 사흘'(28:12)을 지냈다.² 우리에게 시라큐라로 더 알려진 수라구사는 시실리의 로마 정부의 수

Considered (London: Longmans, Green, and Co., 1869), 90; W. J. Lhamon, *Studies in ACTS or The New Testament Book of Beginnings* (St. Louis: Christian Publishing Company, 1897), 19; Thomas M. Lindsay, *The Acts of the Apostles: With Introduction Notes and Maps.* Vol. I. (Edinburgh: T. &T. Clark, 1884), 26; Sir William M. Ramsay, *St Paul the Traveller and the Roman Citizen* (London: Hodder & Stoughton, 1895), 345.

² F. F. Bruce, *The Book of ACTS* (Grand Rapids: Eerdmans, 1984), 526. 수라구사에서 사흘을 지낸 것은 멜리데로부터 불어오던 남풍이 멈추었기 때문으로 해석된다. 13절에 "남풍이 일어나므로"라는 말이 이를 뒷받침해 준다. 수라구사는 시실리의 두 개의 항만 가운데 중요한 도시다. 이곳은 고린도인의 식민지로 734 B.C.년에 건설되었고, 212 B.C.년부터 로마의 지배를 받았다.

도로 로마제국의 동부와 서부 간의 무역 거래에 중요한 항구도시였다. 사흘간 머무는 동안 바울은 이곳에서 복음을 전한 것으로 보인다.

바울의 선교로 이곳에 복음이 활발하게 전파되었고, 박해 시대에는 대량의 카타콤이 발굴되었는데 그 규모는 로마에서 두 번째였다. 바울 일행은 그곳 수라구사에서 다시 바람 부는 쪽으로 배를 돌려 340km 떨어진 이탈리아의 남단에 위치한 항구도시 레기온(Rhegium)에 도착했다(28:13). 레기온은 이탈리아 남단 메시나(Messina) 해협 입구 동편에 있는 곳이다. 시실리의 메시나에서부터 바다 건너 약 10km 거리에 있다.

바울 일행은 레기온에서 하루를 묵으며 해협을 통과하게 해줄 남풍을 기다렸다. 마침 하루가 지나 기다리던 남풍이 불어 레기온 항을 출발하여 그 다음날 나폴리 만에 있는 보디올(Pozzuoli)에 도착할 수 있었다(28:13). 레기온에서 보디올까지는 장장 324km 의 거리였다. 이 긴 거리를 단 하루만에 항해한 것이다.[3] 하나님의 특별한 은혜가 바울의 여정에 함께한 것이다.[4]

이탈리아 보디올 입항과 1주일 체류

보디올은 남부 이탈리아의 주요 항구로 나폴리 만에서 가장 안전한 항구이다.[5] 그곳은 트라얀 황제 때 오스티아(Ostia)가 그 자리를 대신할 때까지 이탈리아의 주요 항구였다. 보디올에는 알렉산드리아의 밀 선박을 위한 큰 시장(the great emporium)이 위치하고 있었다.[6] 이곳에는 로마

---

[3] James Smith, *The Voyage and Shipwreck of St. Paul: With Dissertation on the Life and Writings of St. Luke and the Ships and Navigation of the Ancients,* revised and corrected by Walter E. Smith, 4th edition (London: Longmans, 1880), 156.

[4] 바울의 로마 도착은 지난 여정을 고려할 때 하나님의 특별한 은혜가 아니면 불가능했다. 마치 시편 107편에서 시편기자가 "여호와께서 그들이 바라는 항구로 인도하시는도다"라고 노래한 것처럼 마침내 하나님께서 바울이 오랫동안 열망했던 로마방문의 꿈을 이루어주셨다. 바울은 보디올에서도 믿는 형제를 만나 그의 초청을 받고 그와 일주일을 함께 지냈다. 가는 곳마다 주께서 당신의 백성들을 준비하셔서 바울을 격려하시고 공동체는 바울을 통해 격려를 받게 하셨다. 이것은 장차 하나님의 복음의 진작을 이루시려는 하나님의 깊으신 섭리였다.

[5] Smith, *The Voyage and Shipwreck of St Paul,* 157.

다음으로 오래된 유대인 공동체가 있었으며, 복음이 일찍이 전해졌다. 때문에 바울이 그곳에서 기독교인을 만난 것은 전혀 이상하지 않다.

바울 일행은 보디올에서 형제들을 만나 '그들의 청함을 받아 이레를 함께 머물렀다'(28:14). 아마도 백부장은 그곳에서 "공적인 업무"를 수행하기 위해 일주일을 머무를 수밖에 없었는데 그동안 항해 여정에서 혁혁한 도움을 제공한 바울에게 감사의 표시로 그곳 교회의 교우들과 교제할 수 있도록 한 주간의 자유를 특별히 허락해준 것으로 여겨진다. 바울에 대한 백부장의 태도가 처음 가이사랴를 출발할 때와 비교할 수 없을 정도로 달라진 것을 알 수 있다. 이는 하나님의 권능과 그의 살아계심을 체험한 배 안의 많은 사람들이 비록 바울이 죄수의 몸이었지만 바울을 대단히 존중하고 존경했음을 보여준다.

보디올은 이탈리아 네이플 서쪽 13km에 있는 남이탈리아 캄파니아(Campania)의 고대 항구도시다. 바울이 로마로 압송되던 1세기에는 이탈리아의 중요한 항구였다. 배들이 이집트에서 곡물을 싣고 이 항구에다 짐을 내렸다. 바울 일행이 오른 이집트의 알렉산드리아를 출발한 배 역시 이집트에서 곡물을 싣고 보디올로 향하는 배일 가능성이 높다.

바울의 도착 당시 로마의 정치적·영적 상황

일주일을 보디올에서 보낸 바울 일행은 로마로 향했다. 바울이 '고대 세계에서 가장 큰 도시' 로마에 도착한 것은 A.D. 60년 봄이었다.[7] 바울이 로마에 도착하였을 때 로마의 문화, 종교, 정치 상황은 어느 때보다도 비관적이었다. 로마제국은 역대 황제 중에서 지금까지 가장 포악한 네로 황제(A.D. 54-68)가 통치하고 있었고, 과거 공화국의 영광이 점점 사라지

---

[6] Smith, *The Voyage and Shipwreck of St Paul*, 157.

[7] Thomas Morrison, *The Acts of the Apostles and the Epistles of Paul: Arranged in the Form of a Continuous History* (Edinburgh: Oliphant, Anderson & Ferrier, 1888), 5; George Thomas Stokes, *The Acts of the Apostles* Vol. II. (New York: A. C. Armstrong and Son, 1892), 458.

고 전제군주들이 국민들의 권리를 강탈하고 있었다. 당시 네로는 22세의 젊음의 피가 끓어오르던 사려 깊지 못한 폭군이었다. 그의 모친 아그리피나(Agrippina)는 바울이 로마에 도착하기 1년 전인 A.D. 59년 3월 23일 (아마도 네로에 의해) 살해되었고, 아내 옥타비아도 그리스도를 믿는다는 이유로 이미 처형된 뒤였다. A.D. 58년에 시작된 로마와 팔티안 전쟁은 A.D. 61년에 가서야 종식되었기 때문에 바울이 로마에 도착할 때는 여전히 전쟁이 진행되고 있었다.

온갖 잔인하고 음란한 세기말적인 현상이 황실로부터 자행되고 있었다. 한마디로 황실은 국민들의 신망을 얻기는커녕 로마제국 설립 이래 가장 타락하고 부패한 정권으로 치부되고 있었다. A.D. 65년 폭군 네로에게 양심껏 조언하던 고문 세네카마저 이를 거추장스럽게 여긴 네로에 의해 처형당했다. 로마는 결코 거룩함과는 거리가 멀었다. 우상들이 전 도시를 지배했고, 콜로세움이 그곳에 세워져 있었으며 주피터 신전과 대 요새가 도시 중심에 자리 잡고 있었다. 팔라티누스의 언덕에는 아우구스투스의 집과 칼리굴라의 집이 있었고, 이 건물은 서로 연결되어 황제의 궁으로 사용되고 있었다.

코니베어(W. J. Conybeare)와 하우슨(J. S. Howson)이 설명한 것처럼, "로마는 런던처럼 온갖 비참함과 악과 어리석음이 부풀어졌으나 기독교는 없었다."[8] 이것은 바울이 로마인들에게 보낸 편지(롬 1:21-32)에서도 발견할 수 있다. 한마디로 불신앙과 썩어질 우상, 허망한 생각과 미련한 마음, 성적 쾌락과 동성애 그리고 불의와 악독이 판을 치고 있었다. 어거스틴의 표현을 빌린다면 당시 로마는 '자기애'(amor sui)가 지배하는 인간의 도성의 전형적인 표상이었다.

로마 시의 19.2km 이내에는 200만 명의 주민이 살고 있었으며 그중 반이 노예였다. 나머지 일백만 명 중에 700명은 원로원 의원이었고, 기사

---

[8] W. J. Conybeare and J. S. Howson, *The Life and Epistles of St. Paul*, Vol. II (London: Longman, Brown, Green, Longmans & Brothers, 1856), 453. "Rome was like London with all its miseries, vices, and follies exaggerated, and without Christianity."

계급에 속한 자들이 일만 명쯤 되었다. 그리고 약 일만 오천 명이 군인들이었다. 이들 원로원 의원들, 기사들 그리고 군인들을 제외하고는 거의 다 평민들이었는데 이들은 가난하기 이를 데 없는 빈민들이었다.

노예들은 생산기반의 기저를 생산하는 중요한 축이었다. 전문적인 일을 하는 자들, 물건을 만드는 자들, 장사를 하는 사람들은 모두 노예들이었다. 로마의 시민권을 소유한 평민들은 찢어지게 가난했으면서도 노예들을 극도로 경멸했다. 그들은 자신들이 로마의 시민권자라는 이유 하나만으로 그들과 상종하지 않았다. 노예들이 하는 그런 전문적인 일들에 동참하는 것은 당시로는 하나의 수치였다. 노예들은 그런 수모를 당하며 로마의 생산력을 제공해주는 기계들로 전락하고 말았다. 상류층은 타락과 부정부패로, 민중은 무위도식하는 무리들로, 노예들은 생산기계로 전락한 곳이 바로 로마였다. 이교가 중심이 되고 진정한 구원의 소망 없이 그저 하루하루를 무위도식하며 생계를 유지하는 이들이 대다수였다.

로마의 부는 극소수가 독식하고 있었다. 정부는 평민들에게 최소한의 빵으로 굶주린 배를 채워주고는 밤에 원형 경기장에서 검투사들의 싸움을 부추겨 민중들의 관심을 사로잡았다. 당시 로마는 힘의 상징이기도 했지만 기독교적인 관점에서 볼 때 타락의 대명사였다.

로마의 복음화를 준비하신 하나님

하지만 타락의 가도를 치닫고 있는 로마를 향한 하나님의 사랑은 불타고 있었다. 거대한 로마가 복음화되어야 결국 인류 전체가 복음화될 것을 잘 아시는 하나님께서 이방인의 사도 바울을 로마로 파송하신 것이다. 죄수의 몸으로 재판을 받기 위해 로마로 압송된 바울의 로마의 입성은 역설적이게도 영적으로는 승리의 입성이었다.

누가는 바울 일행이 무슨 길로 로마로 갔는지는 밝히고 있지 않았다. 그러나 당시 보디올에서 몇 마일을 여행하면 이탈리아 남부에서 로마로 가는 대로(大路) 중 하나인 아피안로를 만날 수 있었다. 이 길을 따라서 바울 일행이 로마로 여행한 것으로 보인다. 바울이 온다는 소식을 듣고 그곳 형제들이 바울 일행을 맞으러 압비오 광장과 트레이스 타베르네(Tres Tabernae, 28:15)까지 내려왔다.

트레이스 타베르네는 로마에서 남쪽으로 52.8km 떨어진 아피안로 상의 쉬는 곳을 지칭한다. 압비오 광장은 트레이스 타베르네에서 16km 나 더 남쪽에 위치한 알피안 도로 상에 있는 고대 로마제국의 공공 모임 장소였다. 알피안 도로는 312 B.C.년 압비오 글라우디오 캐서스(Appius Claudius Caecus)에 의해 건설된 가장 오래되고 가장 유명한 길이다. 알피안 길은 총 560km 가 넘는 길로 시멘트로 잘 건설되었다.

바울 일행이 보디올에서 이 길을 따라 로마를 향해 달려 압비오 광장과 트레이스 타베르네에 이르렀을 때 로마에서 그리스도인 '형제들'(28:15)이 소식을 듣고 바울을 맞으러 온 것이다. 바울을 만나러 내려온 형제들은 아피안로를 이용해 내려왔을 것이 거의 확실하다. 바울은 '그들을 보고 하나님께 감사하고 담대한 마음을 얻었다.'

로마에 있는 믿는 형제들이 바울 일행을 맞으러 온 것은 로마에 그리스도인들이 있었음을 보여준다. 바울이 A.D. 57년 초에 로마에 보낸 편지 로마서 16장에는 많은 그리스도인들의 이름이 언급되었다. 당시 로마에 상당한 규모의 믿음의 공동체가 형성되어 있었고, 그들의 신앙과 충성심이 모든 교회들 가운데 널리 알려진 상태였다. 바울이 로마서 16장에 특별히 언급한 이들 외에도 당시 로마에는 상당한 그리스도인이 존재했다.

그렇다면 이 같은 로마의 형제자매들은 어떻게 생겨났을까? 우리는 두 가지 가능성을 추론할 수 있다. 첫 번째는 세계 각국에 흩어졌던 유대인들이 유월절을 맞아 예루살렘에 왔을 때 로마에 온 이들이 오순절 날 성령의 충만을 받고 다시 로마로 돌아가 그곳에 신앙의 공동체를 형성했을 가능성이다. 유대인들이 마카베오 시대(166-63 B.C.)부터 로마에 거주하였다. 폼페이는 63 B.C.년 예루살렘을 정복한 후 수많은 유대인들을 로마로 잡아갔다. 그래서 로마에는 그리스도가 초림하기 전부터 이미 유대인의 공동체가 형성되어 있었고, 이들 유대인들은 유월절이 되면 본국 예루살렘 성전에 올라가서 유월절을 지켰다. 유월절을 지키기 위해 예루살렘에 올라갔다가 오순절 마가의 다락방에서 놀라운 성령의 역사를 체험한 것이다. 이 성령의 은혜를 체험한 이들이 로마로 돌아와 신앙의 공동체를 형성한 것으로 볼 수 있다.

또 한 가지 가능성은 여기 로마의 믿는 형제들이 다른 지역에서 이주해 온 성도들일 수 있다. 당시 로마는 교통이 발달하고 출세할 수 있는 기회가 많았고, 성공과 도약을 약속받았던 도시였기 때문에 많은 사람들이 기회의 도시 로마로 몰려들었다. 바울이 로마에 갔을 때는 이미 기독교인들이 로마에 널리 확산되었을 때였다.

로마에 하나님의 복음이 증거되지 않았기 때문에 바울이 로마로 향한 것은 아니다. 로마서에 나타났듯이 바울은 이미 로마에 신앙의 공동체가 형성된 것을 잘 알고 있었다. 로마에 신앙의 공동체가 형성되지 않았다면 바울이 로마서를 쓸 이유도 없었다. 바울이 로마에 가려고 한 것은 로마서에서 여러 번 밝혔듯이 그곳에 신앙의 공동체를 개척하려는 목적에서가 아니라 그곳에서 얼마동안 복음을 전하고 그곳 성도들이 자신을 서바나로 파송해 주기를 바라서였다. 누가가 밝히지 않았지만 흩어져 있는 로마교인들을 하나로 결집시켜 장차 로마제국을 복음화하려는 원대한 목적도 바울에게 있었을 것이다.

'그 곳 형제들이 우리 소식을 듣고'(28:15)는 '그곳 형제들이 우리가 온다는 소식을 듣고'라는 의미이다. 로마에 있는 그리스도인들은 바울이 로마에 온다는 소식을 이미 들어 알고 있었다. 헬라어 원문을 보면 '듣고'(having heard, ἀκούσαντες), '보고'(having seen, ἰδών), '감사하고'(having given thanks, εὐχαριστήσας)가 현재완료형이다. 로마 형제들이 바울이 온다는 소식을 듣고 고대하고 있었음을 보여준다. 바울 역시 자신을 찾아온 형제들을 한번 힐끔 쳐다본 것이 아니라 너무 반갑고 감사하여 보고 또 본 것이다. '내가 로마도 보아야 하리라'며 로마행을 열망해 온 바울에게 로마 형제들의 영접은 단순한 영접 그 이상이었을 것이다. 그것은 바울의 로마행에 대한 주님의 인준이고 기도의 응답이었다.

누가는 압비오 광장과 트레이스 티베르네까지 찾아온 그곳 형제들이 누구인지 밝히지 않았다. 이들은 당시 여행하기 쉽지 않은 68km, 52km 라는 먼 거리를 달려왔다. 가장 가능성이 있는 것은 로마의 복음화를 위해 바울을 간절히 기다리며 복음전파를 위해 헌신한 이들이다. 로마서 16장에 보면 고린도에서 함께 동역했던 브리스가와 아굴라가 이미 로마에서 선교사역을 하고 있었다.

그 외에도 로마서 16장에 나와 있듯이 아시아에서 처음 열매를 맺은 에배네도, 로마 선교를 위해 수고를 많이 한 마리아, 바울의 친척 안드로니고와 유니아, 바울의 사랑하는 암블리아와 스다구, 동역자 우르바노, 아벨레와 아리스도불로, 바울의 친척 헤로디온, 나깃수의 가족 중에 믿는 자, 드루배나와 드루보사, 루포와 그의 어머니, 아순그리도, 블레곤, 허메와 바드로바, 허마와 그들과 함께 있는 형제들, 빌롤로고, 율리아, 네레오와 그 자매, 올름바와 그들과 함께 있는 성도가 로마에 있었다. 아마도 이들 중 몇 명이거나 이들이 보낸 사람들일 수 있다.

바울이 로마에 있는 교우들에게 자신의 로마 방문 예정과 그들이 흔들리지 않고 신앙에 견고하게 설 수 있도록 복음의 핵심을 담은 편지를 써 보낸 지도 약 3년의 세월이 지났다.[9] 바울 일행을 맞으러 먼 길을 찾아온 이들은 로마인들에게 보낸 편지를 읽고 마음으로 기도로 바울을 후원하는 로마교인들이었을 것이다. 바울이 로마 형제들의 영접에 크게 고무되었을 것이다. 바울은 죄수의 몸으로 로마에 도착했지만 자신의 오랜 숙원이 주님의 도우심으로 응답된 것으로 인해 감사했을 것이다.

---

[9] 로마서 저작연대를 언제로 보느냐에 따라 로마서 저작시기와 그가 실제로 로마에 도착한 시기 사이에 차이를 달리 추론할 수 있을 듯하다. 저작연대를 보통 A.D. 55-57년으로 본다. Janet Meyer Everts, "The Apostle Paul and His Times: Christian History Timeline," <www.christianitytoday.com/history/issues/issue-47/apostle-paul--nd-his-times-christian-history-timeline.html>(2019. 12. 27. 접속).

2. 바울의 숙원성취와 로마 선교(28:16-29, A.D. 60-62)

¹⁶ 우리가 로마에 들어가니 바울에게는 자기를 지키는 한 군인과 함께 따로 있게 허락하더라 ¹⁷ 사흘 후에 바울이 유대인 중 높은 사람들을 청하여 그들이 모인 후에 이르되 여러분 형제들아 내가 이스라엘 백성이나 우리 조상의 관습을 배척한 일이 없는데 예루살렘에서 로마인의 손에 죄수로 내준 바 되었으니 ¹⁸ 로마인은 나를 심문하여 죽일 죄목이 없으므로 석방하려 하였으나 ¹⁹ 유대인들이 반대하기로 내가 마지 못하여 가이사에게 상소함이요 내 민족을 고발하려는 것이 아니니라 ²⁰ 이러므로 너희를 보고 함께 이야기하려고 청하였으니 이스라엘의 소망으로 말미암아 내가 이 쇠사슬에 매인 바 되었노라 ²¹ 그들이 이르되 우리가 유대에서 네게 대한 편지도 받은 일이 없고 또 형제 중 누가 와서 네게 대하여 좋지 못한 것을 전하든지 이야기한 일도 없느니라 ²² 이에 우리가 너의 사상이 어떠한가 듣고자 하니 이 파에 대하여는 어디서든지 반대를 받는 줄 알기 때문이라 하더라 ²³ 그들이 날짜를 정하고 그가 유숙하는 집에 많이 오니 바울이 아침부터 저녁까지 강론하여 하나님의 나라를 증언하고 모세의 율법과 선지자의 말을 가지고 예수에 대하여 권하더라 ²⁴ 그 말을 믿는 사람도 있고 믿지 아니하는 사람도 있어 ²⁵ 서로 맞지 아니하여 흩어질 때에 바울이 한 말로 이르되 성령이 선지자 이사야를 통하여 너희 조상들에게 말씀하신 것이 옳도다 ²⁶ 일렀으되 이 백성에게 가서 말하기를 너희가 듣기는 들어도 도무지 깨닫지 못하며 보기는 보아도 도무지 알지 못하는도다 ²⁷ 이 백성들의 마음이 우둔하여져서 그 귀로는 둔하게 듣고 그 눈은 감았으니 이는 눈으로 보고 귀로 듣고 마음으로 깨달아 돌아오면 내가 고쳐 줄까 함이라 하였으니 ²⁸ 그런즉 하나님의 이 구원이 이방인에게로 보내어진 줄 알라 그들은 그것을 들으리라 하더라 ²⁹ (없음)

누가는 바울이 로마에 들어갔을 때의 상황을 '우리가 로마에 들어가니 바울에게는 자기를 지키는 한 군인과 함께 따로 있게 허락하더라'(28:16)는 한 문장으로 집약했다.[10] 바울이 로마에 도착한 것은 A.D. 60년 봄이었다.[11] "우리"라는 표현을 통해 누가가 바울의 로마 입성 때 동행자 중의 한 명이었음을 보여준다. 바울 일행이 로마에 들어올 때는 카페나 문(Porta Capena)을 통하여 들어왔을 것이다. 흥미로운 사실은 사도행전에서 지속적으로 등장하는 '우리' 기사는 여기서 끝이 난다. 그렇다고 누가가 바울을 떠난 것은 아니다. 그가 바울이 로마에 구금되어 있는 기간 동안에도 바울과 함께 있었다는 것은 바울이 이 기간에 쓴 빌레몬서와 골로새서에서 확인할 수 있다.

서방 사본에 따르면 "우리가 로마로 들어가자 백부장은 그 죄수들을 스트라토페다크(stratopedarch)에게 넘겨주었다. 그러나 바울은 그를 지키는 군인과 함께 진영 바깥에서 혼자 살도록 허락되었다." 여기 스트라토페다크는 황제 근위대의 대장을 가리킨다. 당시 근위대 대장은 프라니우스 부루스(Franius Burrus)였다. 로마까지 호송을 책임 맡은 백부장은 연락장교단의 일원이었고, 스트라토페다크는 이 부대의 지휘관(princeps

---

[10] John Chrysostom, *The Homilies of John Chrysostom on The ACTS of The Apostles* (London: Oxford, John Henry Parker, 1851), 726. 바울의 로마 도착의 의미를 바울의 서신과 사도행전 전체를 통해 조명할 때 크리소스톰의 말대로 '하나님의 섭리의 질서'(the order of God's Providence)라는 말로 함축할 수 있을 것 같다. 바울의 로마방문에 대한 간절한 염원, 몇 차례의 시도가 막혀 로마방문이 연기된 사실, 로마가 최종 목적지가 아닌 스페인까지 가서 이방선교를 진행하려는 이방선교에 대한 바울의 거대한 비전 그리고 전혀 예기치 않은 방법을 통한 바울의 로마 도착에 이르기까지 하나님께서는 그분의 타임 테이블에 따라 바울의 로마방문을 준비하시고 착수하시고 진행하셨다. 바울은 로마서 1장에서 "내가 너희 보기를 간절히 원한다"고 하면서 로마를 여러 번 방문하고자 했으나 길이 막혔다고 밝혔다(1:13). 바울은 로마교회에 보내는 편지를 마무리하면서 다시 15장에서 여러해 전부터 언제든지 스페인으로 가는 길에 그들을 방문하고 싶다고 밝혔다. 로마교회가 그를 스페인으로 보내주기를 바란다(15:24)는 희망도 피력했다. 누가가 증언하는 대로 예루살렘에서 기다리는 결박, 가이사랴에서의 2년간의 재판과 기다림, 로마여행 중에 만난 극심한 풍랑과 조난도 '내가 로마도 보아야 하리라'는 로마방문에 대한 바울의 간절한 열망을 막을 수 없었다.

[11] 램지와 라이스(Edwin Wilbur Rice)를 비롯 대부분의 19세기 학자들은 A.D. 60-61년 사이로 바울의 로마 도착 연도를 계산한다. 베스도 총독의 부임을 연도를 A.D. 59년인지 60년인지로 보느냐에 따라 1년이 다르다. Edwin Wilbur Rice, *People's Commentary on the Acts* (Philadelphia: The American Sunday-School Union, 1896), 21; Frederic Rendall, *The Acts of the Apostles in Greek and English; with Notes* (London: Macmillan & Co., 1897), 18-29.

peregrinorum)이었으며, 그 본부는 연락 장교단이 로마에 있을 때 머무르는 카엘리아(Caelia) 언덕에 있었다.

바울의 로마 도착과 황제의 근위대장(스트라토페다크)에게 인계

바울은 후에 시위대의 군영인 프레토리움에 인도되었다 다시 군영 밖 셋집으로 옮겨졌다.[12] 비록 그가 자신을 호위하기 위하여 파견된 군인과 함께 지냈고, 그의 손목에는 가볍게 쇠사슬로 이 군인에게 묶여 있기는 했지만 개인 주택에서 살도록 허락받았다. 바울이 로마에 들어간 후 "한 군인과 함께 따로 있게 허락"을 받은 것은 상당한 배려였다. 보통 로마의 일반법에 따르면 죄수를 호송하는 군사는 군사의 왼손과 죄수의 오른손을 같이 채우고 호송한다. 그 과정이 너무 힘들기 때문에 3-4시간마다 교대로 죄수를 호송해 하루에 적어도 6-7명이 필요하다. 그런데 바울의 경우 군사 한 명을 동행시키고 따로 거하도록 한 것이다.

바울은 그 자신에 대한 송사가 심의되기 전까지는 어느 정도의 자유가 허용되었다. 바울의 친구들이 집을 방문하거나 그들을 대상으로 설교를 하는 것도 방해받지 않았다. 다만 밖에 자유롭게 나가는 것은 금지되었다. 바울은 로마에서 지극히 관대한 대우를 받았다. 이 같은 바울에 대한 관용은 먼저 총독 베스도가 보낸 소장의 내용이 매우 호의적이었다는 사실, 호송되어 오는 도중에 바울이 많은 사람들의 생명을 구하였다는 사실 그리고 호송의 책임을 맡았던 백부장 율리오가 좋은 보고를 했기 때문으로 보인다. 누가는 일련의 사건을 통해 바울의 배후에 하나님이 함께 동행하시며 그를 지키시고 보호하신다는 사실을 자연스럽게 보여주었다.

누가는 바울이 로마에 도착한 후 이루어진 일들에 대해 간략하지만 비교적 선명하게 기술하고 있다. 사도행전의 기록을 통해 볼 때 로마에서의

---

[12] John MacEvilly, *An Exposition of the Acts of the Apostles: Consisting of an Analysis of Each Chapter, and of a Commentary, Critical, Exegetical, Doctrinal, and Moral* (Dublin; New York: M.H. Gill; Benziger, 1899), iv.

바울의 사역은 크게 셋으로 대별할 수 있다. 첫째, 바울이 로마에 거하는 동족 유대인들에게 로마에 오게 된 경위를 설명하고 자신에 대한 오해를 불식시키면서 그들에게 복음을 전한 일이고, 둘째, 약속하고 자신의 집을 찾아온 유대인들에게 예수 그리스도를 증거한 일이며, 셋째, '바울이 온 이태를 자기 셋집에 머물면서 자기에게 오는 사람을 다 영접하고' 자유스럽게 복음을 전한 일이다.

바울의 동족 초청과 복음전도

로마에 도착한 바울은 3일을 지낸 후 '유대인 중 높은 사람들을 청하여'(28:17) 모아놓고 왜 자신이 이곳에 오게 되었는지를 설명하였다. 바울이 초청한 대상은 '유대인 중 높은 사람들'이었다. 마카비 시대부터 로마에 이주하기 시작한 유대인들 가운데는 부자와 세력가들이 많았고 유대인의 회당은 황제의 칙령으로 보호를 받았다. 당시 로마에는 회당의 지도자들이 상당수 거주했다. 바울은 그들에게 먼저 동족들이 자신을 로마인의 손에 넘겨주었다는 사실과 로마인들이 자신을 시험했지만 혐의를 발견하지 못했다는 사실 그래서 자신을 놓아주려고 했으나 유대인들이 반대하는 바람에 할 수 없이 로마 황제 가이사에게 호소하게 되었다는 일련의 재판과정을 설명했다.[13]

바울의 변호는 예루살렘에서 천부장 루시아와 총독 벨릭스와 베스도 등이 바울 자신에 대한 '죽일 죄목이 없으므로 석방하려 하였으나 유대인들이 반대'(28:18)하여 놓아주지 못했던 것을 가리켜 하는 변호였다. 유대인들의 반대 때문에 놓아줄 수도 없고, 놓아준다고 해도 암살될 가능성이 농후하다는 것을 잘 알고 있던 바울이 가이사에게 호소하는 길을 찾았다는 것이다. 바울은 결코 자신이 유대 '내 민족을 고발하려는'(28:19) 의도가 아님도 밝혔다. 사실 고발을 한 사람은 바울이 아니라 유대인들이었다. 바울은 오히려 유대의 소망을 인하여 쇠사슬에 매인 바 되었다.

---

[13] Chrysostom, *The Homilies on The ACTS of The Apostles*, 722-723.

바울이 이렇게 유대지도자들을 모아놓고 이런 변호를 한 이유는 두 가지로 집약할 수 있다. 하나는 단순히 자신이 풀려나기를 고대하는 의도에서가 아니라 동족에게 자신에 대한 오해를 불식시키고 또한 그들에게 한 번이라도 더 복음을 전할 수 있는 기회를 만들기 위해서였다. 자기 자신이 풀려나는 것이 모임의 목적도 의도도 아니었다. 바울은 자신이 죄 없이 이곳에 오게 되었다는 사실을 밝힘으로써 자신의 죄인 된 신분이 복음전파의 장애요소가 되지 않기를 염원했다. 자신의 신분이 로마로 이송된 여타 다른 죄수들과 다르다는 사실을 알려준 것도 그런 이유에서다.

바울이 그들에게 자신의 신분과 상태를 먼저 밝힌 것은 한편으로 오해를 불식시키고 다른 한편으로 동족에게 복음을 전하기 위해서였다. 바울은 자신의 로마행이 하나님의 섭리 가운데 장차 '유대인의 소망'(28:20)이 되기를 간절히 원했다. 그러나 그리스도를 믿지 않는 유대인들은 바울의 말을 이해할 수도, 그 진의를 파악할 수도 없었다.

동족 유대인, 기독교를 이단으로 단정

바울에 대한 로마의 유대 동족들의 태도는 너무도 냉정했다.[14] 그들은 예루살렘으로부터 전갈을 받은 것도 없고 또한 형제 중 누가 와서 바울 자신에 대해 이야기 해준 적도 없다며 바울에게 '너의 사상'이 어떠한지 듣고 싶으니 이야기해 달라고 요구했다. 이것은 바울로부터 그 이야기를 진심으로 듣고 싶어서가 아니라 바울이 믿고 있는 기독교 신앙이 이미 로마에서도 '어디서든지 반대를 받는 줄'(28:22) 잘 알고 있었기 때문이다.

우리는 이들의 답변을 통해 두 가지 사실을 분명히 알 수 있다. 하나는 바울에 대한 송사 사건이 로마의 교우들에게는 아직 잘 알려지지 않았다는 사실이다. 이들이 이미 알고 있는데도 그렇게 답변한 것은 아닌 듯하다. 이들이 바울의 송사 사건에 대해 모른다고 한 것은 대단히 놀랍지만 이게 사실이 아니라고 단정할 수 없다.

---

[14] Chrysostom, *The Homilies on The ACTS of The Apostles*, 722-723.

다른 하나는 이들의 행동은 로마에 사는 유대인들이 기독교를 어떻게 보고 있는지를 단적으로 보여준다. 한마디로 매우 부정적이었다. 그들이 갖고 있는 기독교에 대한 정보는 이 파(sect)가 어디에서나 평판이 나쁘다는 것뿐이었다. 그들은 글라우디오 황제 때 일어난 추방사건도 잘 알고 있었을 것이다.

여기서 우리가 특별히 주목해야 할 것은 이 '파'라고 언급된 부분이다. 여기 22절에 '파'라는 말은 "이단"(sect, αἱρέσεως)과 같은 낱말로 조소적이고 경멸적인 의미를 담고 있다. 유대인들이 기독교를 지칭할 때 이 용어를 사용했다. 이 단어가 신구약성경에 꼭 3번 등장하며, 세 번 모두 사도행전에만 나타난다. 한번은 '바리새파'(15:5)를 지칭할 때 사용되었고 나머지 두 번은 '나사렛 이단'(24:5, 28:22)을 지칭할 때 사용되었다. 예루살렘교회에 있는 유대인들은 나사렛 예수를 믿는 자들을 지칭할 때 이 용어를 사용하여 자신들이 믿고 있는 신앙과 본질적으로 다르다는 사실을 드러내려고 했다. 로마에 있는 유대인들도 동일한 시각을 가진 것이다.[15]

누가는 로마에 있는 유대지도자들도 예루살렘에 있는 유대지도자들과 기독교를 바라보는 시각에 있어서는 본질적으로 차이가 없다는 점을 자연스럽게 드러내고 있다. 유대인들은 계속해서 기독교와 유대주의가 다르다고 로마 행정관들에게 호소했다. 유대지도자들이 기독교를 '나사렛 이단'이라고 호소한 것은 기독교가 유대교와 달리 합법적인 종교가 아니라는 사실을 전략적으로 강조한 것이다.

로마역사는 이 같은 유대인들의 전략이 점차 먹혀들었다는 사실을 증언한다. 그런 변화에 결정적인 역할을 한 사람은 A.D. 62년 네로와 결혼한 '하나님을 경외하는 자' 포파이아 사비나(Poppaea Sabina)였다. 기독교에 대해 비판적인 전형적인 유대인이었던 그녀가 네로에게 기독교가 유대교와 다르다는 사실을 알려주었을 것이다. 아마도 네로는 그녀를 통해 유대인들의 부정적인 시각으로 채색된 기독교에 대한 많은 정보를 얻었을 것

---

[15] Chrysostom, *The Homilies on The ACTS of The Apostles*, 722-723.

으로 보인다. 기독교가 유대교의 한 분파가 아닌 유대교와 다른 종교라면 로마의 합법적인 종교로 인정받을 수 없었다.

로마제국에서 합법적인 종교가 아니라면 어떤 종교행위도 미신에 불과하다. 실제로 1세기 말 로마의 역사가 타키투스의 기록에 의하면 당시 로마의 지도자들은 기독교를 미신으로 이해했다.[16] 그리하여 기독교는 유대인들로부터는 '이단'으로 로마인들로부터는 '미신'으로 이해되었다. 우리는 왜 네로가 로마의 대화재 사건을 유대인들 가운데서도 특별히 기독교인에게 화살을 돌렸는지 그 이유를 알 수 있다.

하나님 나라와 예수 그리스도 증거

바울은 적대적인 태도를 가진 유대인들을 대상으로 주저하지 않고 혼신을 다해 복음을 전했다. '그들이 날짜를 정하고 그가 유숙하는 집에 많이 오니 바울이 아침부터 저녁까지 강론하여 하나님의 나라를 증언하고 모세의 율법과 선지자의 말을 가지고 예수에 대하여 권하더라'(28:23). 바울이 로마에서 무엇을 했는가가 이 한 구절에 잘 집약되었다. 한글성경에는 '그들이'로 시작하지만 헬라어 성경에는 이 말이 없다. 날짜를 정한 주체가 누구인지가 원문에는 분명하게 나타나지 않는다. 헬라어 성경에는 '그[바울]와 날짜를 정하고'(Then having appointed him a day)라고 되어있다. 헬라어 원문에 근거하여 23절을 직역하면 다음과 같다.

> 그런 후 그와 날짜를 정하고 많은 사람들이 그가 유숙하는 곳에 왔으며, 바울은 아침부터 저녁까지 그들에게 강론하여 하나님 나라를 증거하고 모세 율법과 선지자 말로 예수에 관하여 그들을 설득하였다.[17]

---

[16] Tacitus, *Annals*, XV.4.
[17] "Then having appointed him a day, many came to him to the lodging, to whom he expounded from morning to evening, fully testifying to the kingdom of God and persuading them concerning Jesus from both the Law of Moses and the Prophets."

여러 영어 역본들(NIV, ESV, NASV, NKJV)이 바울과 약속한 주제가 '그들'이라고 번역했다. 많은 사람들이 요청함에 따라 사람들이 바울과 매일 매일 '방문 날짜를 예약하고'(having appointed a day, Ταξάμενοι ἡμέραν), 바울이 묵고 있는 곳을 찾아왔고, 바울은 그들을 대상으로 아침부터 저녁시간까지(from morning to evening) 하루 종일 강론한 것이다. 그만큼 로마의 많은 사람들이 바울의 강론을 듣기를 갈망했음을 보여준다. 여기 "강론하여"(expounded, ἐξετίθετο)는 "증거하다"(witnessed, NIV), "강해하다"(expounded, KJV, ESV, BSV, BLB), "설명하다" (explained, NKJV, GNT)는 의미이다. 현대적 표현으로 "강해하다"는 말이 가장 원문에 근접한다.

바울의 강론 주제는 하나님 나라와 예수였다. 하나님 나라는 복음서의 주제이자 사도행전의 주제이다. 누가는 누가복음에 이어 사도행전에서도 시작부터 마지막까지 하나님 나라를 중심 주제로 기술했다. 바울이 로마에서 마지막 2년 동안 가르친 주제도 '하나님의 나라와 주 예수 그리스도에 관한 모든 것'이었다. 그가 찾아온 이들을 권유했다는 것은 모세의 글과 선지자들의 글에 있는 예수 그리스도에 관한 모든 약속들을 상세하게 풀어주었다는 의미이다. 바울은 예수 그리스도의 탄생, 가르침, 기적, 죽음, 부활, 승천 그리고 성령의 부으심을 모세와 선지서의 글을 인용하여 설득력 있게 가르친 것이다.

이처럼 하나님 나라와 예수가 구약에 예언된 메시야라는 사실은 최초의 교회가 생명 걸고 증거한 복음의 핵심이었다. 이것은 또한 사도들이 외쳤던 복음의 근간이었고, 바울이 처음부터 마지막 순간까지 증거한 복음의 주제였다. 하나님 나라가 예수 그리스도의 초림을 통해서 도래했다는 점에서 하나님 나라와 예수 그리스도는 불가분의 관계를 지닌다. 바울의 강론은 강사가 자신이 알고 믿고 생각하는 것을 일방적으로 청중들에게 전달하는 현대적 의미의 강론과는 차이가 있었다. 오히려 바울과 유대인 사이에 매우 날카로운 토론이 벌어졌다.

바울의 가르침을 받은 로마의 유대 공동체는 그리스도를 믿는 이들과 믿지 않은 이들로 나뉘었다. 누가는 그 상황을 '그 말을 믿는 사람도 있고 믿지 아니하는 사람'(28:24)도 있었다는 표현으로 집약했다. 로마에 있는 유대 거류민들이 복음에 대해 어떤 반응을 보였는가를 단적으로 말해준다. 지도자이건 지도를 받는 사람이건 그들 대부분은 지속적으로 복음을 반대하였다. 바울은 유대인들에게 먼저 복음을 전하려고 하였지만 그들이 복음을 거부하자 다른 도시에서 그랬던 것처럼 이방인들에게로 방향을 돌렸다.

누가는 사도행전 28장을 마무리하면서 24-28절에서 유대인들의 복음 거부를 통해 유대인들이 복음을 받아들이지 않아 구원이 이방인들에게 선포된 것이라는 사실을 다시 한 번 강조한다. 브루스의 말대로 "복음을 먼저 받아들여야 할 당연한 권리를 가진 유대인들이 복음을 받아들이지 않았기 때문에, 그것이 이방인들에게 곧바로 제공되어야 했다."[18] 유대인들은 마음이 완악하여 선지자의 말을 들어도 그 뜻을 깨닫지 못했고, 여러 가지 징조를 목도하고도 분별하지 못했다. 그들은 직접 그리스도로부터 복음을 전해 듣고 그가 행하는 기적을 보았지만 깨닫지 못했고 그를 거부하였다. 그들은 바울이 전한 복음도 거부하고 말았다.

바울은 복음을 거부하는 이들에게 이사야서 6장 9-10절 말씀을 인용해 그들의 완악함을 지적했다. '이 백성에게 가서 말하기를 너희가 듣기는 들어도 도무지 깨닫지 못하며 보기는 보아도 도무지 알지 못하는도다. 이 백성들의 마음이 우둔하여져서 그 귀로는 둔하게 듣고 그 눈은 감았으니 이는 눈으로 보고 귀로 듣고 마음으로 깨달아 돌아오면 내가 고쳐 줄까 함이라.' 이 구절은 이사야의 소명과 연관이 있다. 그를 예언자로 부르신 하나님께서는 이사야에게 이스라엘 백성들로부터 호의적인 반응을 기대할 수 없다는 사실을 분명하게 일깨워주셨다.

---

[18] F. F. Bruce, *The Book of ACTS* (Grand Rapids: Eerdmans, 1984), 533. "얼마나 많은 이방인들이 복음을 환영했는가 하는 것은 역사가 관심을 가지고 다루어야 할 문제이다. 사도행전은 이방인들 가운데서의 기독교 확장을 기록하였다. 또한 그 동일한 메시지를 대다수 유대인들이 거부한 사실도 동시에 나란히(pari passu) 기록하였다. 여기 있는 유대인의 거부와 이방인의 환영은 사도행전에 나타난 마지막 사례이다."

이사야 선지자의 경고는 유대인들이 얼마나 영적으로 둔감한 존재들이 었는가를 단적으로 말해준다. 이들은 듣기는 들어도 깨닫지 못하고 보아도 도무지 알지 못했다.[19] 그것은 이들의 마음이 완악하여 일부러 정신 차려 듣지 않고 눈을 감았기 때문이다. 그리하여 귀먹은 자로 여전히 귀먹게 하고, 눈먼 자로 여전히 눈멀게 하시겠다는 경고였다. 이 말씀은 유대인들의 복음거부와 이방인들의 구원의 메시지 환영을 동시에 예견한 것이다. 누가는 사도행전에서 유대인들과 이방인들을 예리하게 대비하며 유대인들이 거부하는 구원의 메시지가 이방인들에게는 대대적으로 환영을 받았음을 강조하였다.[20]

결국 유대인들은 선지자의 외침을 거부함으로 말미암아 A.D. 70년에 예루살렘이 멸망당해 세계에 유리하는 민족이 되고 말았다. 이것은 한편으로 이스라엘에 대한 무서운 경고와 심판이지만 다른 한편으로 유대인들의 복음의 거부로 인해 헤아릴 수 없는 이방인들이 메시야를 받아들임으로 하나님 나라가 전 세계로 확산되는 희망의 사건이 된 것이다.

바울이 그렇게 염원하는 "이스라엘의 소망"은 결국 유대인의 거부로 "이방인의 소망"이 되고 말았다. 유대인들에게 복음의 길이 먼저 열렸으나 거부함으로 말미암아 하나님의 구원이 이방인에게로 향한 것이다. 유대인들이 거부한 그 복음을 이제 세계 모든 사람들이 받아들여 그들이 영적인 아브라함의 후예들이 된 것이다. 그리하여 이방인들이 유대인들보다도 더 놀라운 축복을 받았다. 바울이 로마에 가서도 동족의 복음화를 그렇게 염원하고 소망했으나 유대인들이 복음을 거부함으로 이방인의 복음화가 앞당겨진 것이다. 누가는 이제부터 기독교는 유대인들 중심의 기독교가 아니라 본격적으로 세계인의 기독교로 전개될 것을 예견한 것이다. 이렇게 해서 그동안 진행된 이방인의 사도 바울의 사역을 하나님의

---

[19] 주님은 마태복음 13:14; 마가복음 4:12; 누가복음 8:10; 요한복음 12:39 이하에서 이 구절을 유대인들의 복음의 불순종을 지칭할 때 사용하셨다.

[20] F. H. Chase, *Credibility of the Acts* (London, 1902), 52. Bruce, *The Book of ACTS*, 534에서 재인용.

방식으로 완성하신 것이다.

유대인이 거부하여 이방인의 종교, 세계인의 종교로 발돋움하고 발전되는 과정을 그린 것이 교회사이다. 지금까지 사도행전이 '최초의 세계교회사'라고 한다면 이후 전개될 교회사는 그런 의미에서 당시 '천하'로 인식된 로마제국을 무대로 이방인을 통해 '만민' 곧 모든 민족에게로 확장되는 본격적인 세계교회사가 되는 것이다. 복음은 민족과 지역을 초월하여 확산되었다. 이것은 주님이 오시는 그날까지 동일할 것이다. 이것이 주님이 하시는 방식이다. 따라서 우리는 복음을 거부하는 이들로 인해 실망하고 좌절하기보다 복음을 받아들인 이들로 인해 감사한다.

여기서 우리가 한 가지 더 주목해야 할 것이 있다. 누가는 이사야 선지자의 글을 인용하면서 '성령이 이사야를 통해 하신 말씀'(28:25)이라고 밝히고 있다. 이는 '성령이 다윗의 입을 통하여'(1:16), '다윗의 입을 통하여 성령으로 말씀하시기를'(4:25) 등이 보여주듯 누가가 사도행전에서 반복하고 있는 패턴이다. 구약의 선지서의 예언의 권위와 성취를 동시에 강조한 것이다. 이것은 이사야서의 기록이 성령의 영감으로 기록된 것이며, 성령께서 이사야를 통해서 하신 말씀이 여전히 예수 그리스도와 사도들 그리고 사도행전에서 성취되고 있다는 사실을 드러내려고 한 것이다.

예루살렘 공동체의 기도를 기술하면서도 성령이 다윗의 입을 통하여 말씀하신 것이라고 함으로 성령과 다윗을 연결하더니 여기서는 이사야와 성령을 연결하여 기술하고 있다. 성령은 오순절에 처음 세상에 오신 것이 아니라 이미 구약에도 역사하신 영이다. 그러나 성령이 그 이전과 비교할 수 없을 정도로 오순절에 놀랍게 부으시고, 사도행전이 증언하듯 동일한 성령의 역사가 계속됨으로 이 땅에 성령의 시대가 시작되었다. 누가는 사도행전에서 성령의 부으심의 역사가 연속적으로 나타났다는 사실, 선교가 성령의 부으심과 맞물려 진행되었다는 사실을 잘 그려주었다. 처음부터 마지막 순간까지 성령께서 선교를 진행하시고 이끌어 가셨다. 누가는 사도행전은 물론 누가복음에서도 이 사실을 너무도 잘 드러내었다.

우리 성경에는 사도행전 28장 29절이 생략되었으나 어떤 사본에는 29

절에 '그가 이 말을 마칠 때에 유대인들이 서로 큰 쟁론을 하며 물러가더라'고 기록되어 있다. 바울의 경고가 유대 공동체에 대단한 파장을 일으킨 것을 암시해준다. 주님이 자신이 온 것은 평화를 주러 온 것이 아니라 검을 주러 왔다며 복음의 진리가 전해지는 곳에 진리와 거짓이 드러나 엄청난 영적 갈등과 투쟁이 있을 것을 말씀해주셨다. 마찬가지로 바울의 복음 전파로 인해 로마에 거하는 유대 공동체 안에 참된 진리가 확산됨으로 영적 갈등이 생겨났다. 이 영적 갈등은 오히려 나중에 복음을 제국 안에 널리 확산시키는 계기가 되었다.

3. VII부 결론: 하나님 나라와 예수 그리스도 증거 (28:30-31, A.D. 60-62)

[30] 바울이 온 이태를 자기 셋집에 머물면서 자기에게 오는 사람을 다 영접하고 [31] 하나님의 나라를 전파하며 주 예수 그리스도에 관한 모든 것을 담대하게 거침없이 가르치더라

사도행전 28장 30-31절은 사도행전 VII 부의 결론이자 사도행전 전체의 결론이다. 누가는 바울이 이태동안 복음을 전하는 것으로 성령의 복음을 끝맺었다. 누가는 의사로서의 세밀함과 역사가로서의 사실 묘사의 탁월성을 가지고 예루살렘에서 로마까지 복음의 땅 끝 선교과정을 추적하고 최종 결론을 진행형으로 마쳤다. 그것도 '거침없이 가르치더라'는 표현을 통해 복음의 진보가 방해받지 않았고(unhinderedly, ἀκωλύτως), 복음 전도가 지장을 받지 않았음을 보여준다.

여기 '셋집'은 파라틴 언덕 위 궁전 곁의 병영 내 또는 로마시의 동북에 있던 시위대 본영 내에 있었던 것으로 보기도 하지만 내방객이 자유롭게 출입했던 것으로 보아 주택으로 추측된다.[21] 누가는 화려했던 모라 성의

---

[21] Lechler, *Theological and Homiletical Commentary on the Acts* Vol. II., 456. 이 셋집을

광경이나 그의 거주나 그의 일상생활에 관해서는 침묵하면서 오직 복음전도에 초점을 맞추고 있다. 바울은 복음 때문에 로마에 왔고, 또 그것을 위해 최선을 다했다. 바울의 복음전파는 로마 교우들에게 보낸 편지에서 밝혔듯이 바울의 오랜 숙원이었다.

바울의 2년간의 로마 복음전도

바울은 로마의 감옥에 머무는 2년 동안 로마에 온 목적을 온전히 이룬다. 여기 '이태'는 A.D. 60년부터 62년까지 이년 동안을 말하며,[22] 이 기간 동안 바울은 자기에게 찾아오는 사람들을 영접하고 그들에게 복음을 전했다. 누가는 바울이 로마에 체류하는 '이태' 동안에 하나님 나라를 전파하며 예수 그리스도에 관한 모든 것을 '담대하게 거침없이 가르쳤다'(28:30-31)고 증언한다. 우리는 여기서 '담대하게'라는 말과 '거침없이'

대부분의 영어 역본들은 몇 개를 제외하고는 대부분이 주택으로 번역하였다. 우리가 주목하는 것은 누가가 단순히 셋집이라고 하지 않고 '그의 셋집'(his own rented house, ἰδίῳ μισθώματι)이라고 밝히고 있는 사실이다. 몇몇 영어 역본들은 '그가 그곳에서 2년 동안 그 자신의 비용으로 살았다'(He lived there two whole years at his own expense)고 번역했다. 바울이 임대비를 부담하고 2년 동안 그곳에서 살았다면 누가 세를 지불했는가 하는 질문이 생긴다. 레히러는 이렇게 말한다. "바울이 죄수로 전혀 자기 손으로 벌 수 없었음으로 로마의 그리스도인들이 세를 지불했거나 빌립보교회 같은 다른 교회들이 그가 감옥에 투옥되어 있는 동안 그를 재정적으로 지원하였을 것은 의심의 여지가 없다."

[22] J. Hamblin Smith, *Short Notes on the Greek Text of the Acts of the Apostles* (London: Rivingtons, 1890), 3. 또한 보라. Bruce, *The Book of ACTS*, 534-536. "그런 후 2년 동안 바울은 로마에 머물렀다. 그의 연금 상태로 인해 바울이 가고 싶은 곳 어디나 가는 것은 허용이 되지 않았다. 그러나 유대공동체의 지도자들이 바울을 방문했던 것처럼 원하는 사람은 누구든지 바울을 찾아오거나 방문할 수 있었다. 어떤 사람들은 '자기 셋집에'의 헬라어 단어를 '그 자신의 벌이로' 혹은 '그 자신의 비용으로'라고 번역하기를 원하는데 실제적인 차이는 거의 없다. 만약 그가 한 명의 군인과 손목에 쇠사슬을 매인 상태로 계속 있었다면 불편했을 것이지만 아마도 그가 텐트를 만드는 일은 계속 수행할 수 있었을 것이다. '이태'는 보기보다 더 중요한 의미를 가지고 있는 듯하다. 램지는 '이태'가 고소인들이 그 고소(아마도 18개월)를 진술하고, 바울의 석방에 따르는 절차를 밟는데 필요한 기간까지 포함한 것이라고 주장한다(*The Teaching of Paul* [London, 1913], 346 ff). 바울에 대한 산헤드린의 소송은 고소자들이 그것을 더 이상 끌고 나가는 것이 실리적이지도 못하고 지혜롭지도 못하다고 판단하여 아마도 궐석(default)으로 진행된 것으로 보인다. 로마법은 패소한 고소자들에 대해서는 힘들게 다루는 경향이 있었다. 특별히 만약 그들의 고소가 심리를 통해 불필요한 소송의 남발로 드러날 때는 더욱 그랬다."

라는 말을 주목할 필요가 있다. '담대하게'라는 말은 헬라어로 '모든 담대함으로'(with all boldness, μετὰ πάσης παρρησίας)라는 말로 단순한 담대함이 아니라 대단한 담대함을 의미한다. 바울은 전혀 방해를 받지 않은 가운데 그가 할 수 있는 최대한의 용기로 복음을 전한 것이다.

누가가 당시 로마의 정치적, 종교적 배경을 구체적으로 밝히지 않았지만 바울이 로마에서 복음을 전하는 2년 동안은 하나님의 특별한 섭리에 의해서 종교적으로, 정치적으로 복음을 전하기에 매우 좋은 여건이 조성되었다.[23] 무엇보다도 기독교가 유대교와 구분이 되지 않았기 때문에 유대교의 이름 하에 보호를 받을 수 있었다. 만약 바울의 복음전파가 불법적인 행위였다면 로마 당국이 당연히 막았을 것이다. 게다가 상소를 해놓고 있는 상황에서 마음 놓고 방해를 받지 않고 복음을 전할 수 있다는 사실은 기독교가 유대교의 이름 하에 최대한의 복음전파의 보장을 받고 있었음을 보여준다.

그가 로마에서 복음을 전하는 2년 동안은 네로 황제가 폭군으로 돌변하여 기독교에 대한 박해를 대대적으로 착수하기 전이었다. 기독교가 유대교의 이름으로 보호를 받았고 네로가 폭군으로 폭정의 칼을 휘두르기 전이라 바울은 비록 죄수의 몸이었지만 마음 놓고 복음을 증거할 수 있었다. 하나님께서 아주 적절할 때 바울을 로마에 보내주시고 2년 동안 머물게 하신 것이다.

"로마제국의 당국자들은 바울이 그 모든 기간 무엇을 하고 있었는지를 잘 알고 있었던 것이 분명하지만 그들은 바울의 복음전파의 길을 전혀 방해하지 않았다. 그런 후 이러한 승리의 언급으로 사도행전은 끝을 맺는다. 하나님의 나라와 예수의 이야기는 로마제국의 수도 로마에서 권세의 안이한 눈앞에서 공개적으로 선포되고 가르쳐졌다. '이는 하나님의 말씀

---

[23] J. W. McGarvey, *A Commentary on Acts of Apostles: With a Revised Version of the Text* (Cincinnati: Wrightson &Co., 1863), 8; J. W. McGarvey, *New Commentary on Acts of the Apostles* (Cincinnati: Standard Pub. Co., 1889), xxiv-xxv. 참고로 맥가비는 바울이 로마 감옥에서 2년을 지낸 마지막 때가 A.D. 61년이라고 말한다. 그러나 앞서 언급했지만 대부분의 학자들은 바울이 로마 감옥에 있었던 2년을 A.D. 60-63년 사이로 본다.

의 승리였다. 로마에서의 바울은 복음의 절정이고 사도행전의 결론이다.… 사도행전은 예루살렘에서 시작해서 로마에서 끝난다. 오 교회여, 이것이 교회의 패턴이다. 이제 그것을 지키고, 당신에게 맡겨진 것을 수호하는 것이 당신의 의무이다.'"[24] 바울이 죄수의 몸인데도 그를 통해 로마에서 아무런 제약도 없이 하나님의 복음이 담대하게 선포되었다는 사실은 복음이 어떤 환경 속에서도 확산되어 나갈 것임을 예견해주는 것이다.

바울의 신실한 동역자들

이 고난의 세월 동안 바울 주위에는 신실한 동역자들이 있었다. 누가는 복음전도자가 결코 불행하지도 외롭지 않다는 사실을 드러내고 있다. 빌립보서, 골로새서, 빌레몬서에 등장하는 디모데는 바울의 옥중생활 대부분을 같이 보냈고 빌립보로 파견되어 바울의 사역을 도왔다. 바울의 옥중생활 초기에 합류하여 에베소서, 골로새서, 빌레몬서를 가지고 오네시모를 동반하여 아시아 지방으로 파견을 받았던 두기고, 한때 바울과 불화가 있었으나 가이사랴 체류기간에 화해하고 로마에 있는 동안에 바울과 함께 있었던 마가가 바울의 신실한 협력자가 되었다. 그 외에도 바울 곁에는 빌립보에서 헌금을 가지고 온 에바브로디도, 데살로니가의 아리스다고, 골로새교회를 설립한 에바브라, 회개한 노예 오네시모 등이 옥중에서 바울의 위로와 힘이 되었을 것이다.

바울의 동역자들은 그가 로마에 머무는 동안 신실하게 그의 사역을 돕고 협력을 아끼지 않았다. 그 결과 바울은 로마에 머물고 있는 동안 동족 유대인들에게 복음을 전해 많은 결실을 거두었다. 골로새서 4장 11절에 나오는 유스도라는 유대인도 바울을 통해 예수를 믿게 된 사람 중의 하나로 여겨진다. 로마의 옥중에서 기록한 빌립보 서신에 보면 로마의 고관들이 회개하고 주님께로 돌아왔다. 또한 영국을 정복한 플라우티우스의 아내 그래시나와 도미티안 황제의 사촌 클레멘스와 그의 아내 프라비아가

---

[24] Bruce, *The Book of ACTS*, 535–536.

그리스도를 받아들였다는 역사적 기록이 있다. 뿐만 아니라 성경학자들은 바울이 로마의 감옥에 있는 2년 동안 에베소서, 골로새서, 빌레몬서 및 빌립보서 등을 기록한 것으로 보고 있다. 이런 서신들은 복음의 놀라운 본질을 이해하는 중요한 전거를 마련해주었다.

우리는 바울이 자신의 사역을 감당하는 동안 순간순간 하나님이 환경을 열어주셨음을 주목한다. 이것은 로마에서도 마찬가지이다. 바울은 자신을 찾아오는 이들에게 그리스도를 증거하기 위한 개인 셋집도 가지고 있었다. 더 놀라운 사실은 바울이 하나님 나라를 전파하며 주 예수 그리스도에 관하여 가르치되 금하는 사람이 없었다는 사실이다. 하나님께서 바울에게 제약을 받지 않고 복음을 전할 수 있도록 길을 활짝 열어주신 것이다.

계속되는 성령의 역사

누가의 마지막 사도행전 기록인 28장 31절의 말씀에서 우리가 또 하나 특별히 주목할 것이 있다. 바울이 로마에서 행한 사역은 새로운 사역이 아니라 이미 오래전부터 어느 곳에서나 행했던 전도 방식이었다.[25] 그것은 '하나님의 나라를 전파하며 … 가르치더라'는 기록이다. 여기 '전파하며'(preaching, κηρύσσων), '가르치더라'(teaching, διδάσκων)는 단어는 예수님의 사역을 집약한 마태복음 4장 23절과 9장 35절에 있는 단어와 정확히 같은 말이다. 심지어 시제와 용례도 동일하다.

> [마 4:23-24] 예수께서 온 갈릴리에 두루 다니사 그들의 회당에서 가르치시며(teaching, διδάσκων) 천국복음을 전파하시며(preaching, κηρύσσων) 백성 중의 모든 병과 모든 약한 것을 고치시니 그의 소문이 온 수리아에 퍼진지라.
>
> [마 9:35] 예수께서 모든 도시와 마을에 두루 다니사 그들의 회당

---

[25] Stokes, *The Acts of the Apostles* Vol. II., 468–471.

에서 가르치시며(teaching, διδάσκων) 천국복음을 전파하시며(preaching, κηρύσσων) 모든 병과 모든 약한 것을 고치시니라.

[행 28:30-31] 바울이 온 이태를 자기 셋집에 머물면서 자기에게 오는 사람을 다 영접하고 하나님의 나라를 전파하며(preaching, κηρύσσων) 주 예수 그리스도에 관한 모든 것을 담대하게 거침없이 가르치더라(teaching, διδάσκων).

예수님은 천국복음(the gospel of the kingdom, τὸ εὐαγγέλιον τῆς βασιλείας)을 전파하셨고, 바울도 하나님 나라(the kingdom of God, τὴν βασιλείαν τοῦ Θεοῦ)를 전파하였다. 누가는 바울이 로마에 도착한 후 2년 동안 자신이 묵고 있는 셋집에서 행한 일을 '하나님 나라 전파'와 '그리스도에 관한 모든 것'의 증거 둘로 집약했다. 그렇다면 여기 누가의 마지막 기록(28:30-31)을 통해 몇 가지 중요한 교훈을 뽑아낼 수 있다.

첫째, 바울은 주님이 하셨던 것처럼 하나님 나라를 전파하였다. 바울의 로마 사역의 중심 주제는 하나님 나라였다. 하나님 나라는 주님께서 부활하신 후 40일 간 가르치신 중심 내용이기도 하다. 하나님 나라는 사도행전에 8번에 걸쳐 계속해서 반복되고 있는 주제다. 하나님 나라는 빌립이 사마리아에서 전한 복음전파의 중심 내용이었고, 바울이 에베소에서 전한 복음의 핵심이었다. 바울이 루스드라, 이고니온, 비시디아 안디옥에서 초신자들에게 하나님 나라에 들어가려면 많은 환난을 겪어야 한다고 일깨워 준 것도 같은 맥락이다. 누가는 바울의 복음전파가 천국복음을 전파하신 주님의 가르침과 정확히 일치한다는 사실을 강조한 것이다.

둘째, 바울은 주 예수 그리스도에 관한 모든 것을 가르쳤다. 예수님이 천국복음을 전파하시고, 가르치시는 사역을 하신 것처럼 바울도 전파하고 가르치는 사역을 감당한 것이다. '주 예수 그리스도'는 바울의 가르침의 중심 내용이었다. 구약의 예언이 예수 그리스도를 통해 성취되었고, 예수의 약속이 오순절을 통해 성취되었다는 면에서 예수는 약속의 그리스도였다. 그의 십자가와 부활이 그리고 성령의 능력이 예수 그리스도의 살아계심을 증거하는 것이다.

누가는 사도행전에 나타난 베드로의 설교, 스데반의 설교, 바울의 설교를 통해 끊임없이 예수 그리스도를 선포하고 있다. 하나님 나라와 예수 그리스도는 별개가 아니다. 예수 그리스도를 통해 하나님 나라가 도래했기 때문이다. 바울로 하여금 아시아선교를 중단하고 마게도냐 선교를 착수하도록 강권하신 분도 예수의 영이었다.

셋째, 중단되지 않는 복음의 선포다. 바울이 주 예수 그리스도에 관한 모든 것을 전했지만 중단시키는 세력이 없었다. 개역개정판은 '담대하게 거침없이 가르치더라'는 말로 번역했고, ESB는 '매우 담대하고 방해를 받지 않고'(all boldness and without hindrance)라고 번역했다. 바울이 제약을 받지 않고 자유롭게 복음을 전했음을 보여준다.[26]

넷째, 사도행전의 역사를 진행형으로 마치고 있다는 사실이다.[27] 누가는 매 장마다 말씀이 흥왕하더라, 말씀이 힘이 있다거나 많은 사람들이 주께 돌아왔다거나 아니면 예루살렘의 허다한 무리들이 믿고 주께 돌아왔다는 패턴을 사용하고 있는데 여기서는 전혀 그렇지 않다. 그것은 사도행전의 역사가 여전히 계속되고 있다는 사실을 전하고 싶었기 때문으로 풀이된다.

바울 자신이 그토록 소원했던 '내가 로마도 보아야 하리라'는 약속이

---

[26] William M. Ramsay, *St. Paul the Traveller and the Roman Citizen* (London: Hodder and Stoughton, 1895), 355. 필자가 볼 때 로마에서 바울이 거침없이 복음을 전하는 것이 어떻게 가능할 수 있었는지 세 가지로 조심스럽게 접근할 수 있을 듯하다. 첫째, 바울이 로마에서 복음을 전할 시기인 A.D. 60-62년은 54년 황제 오른 네로가 통치하던 기간이었지만 A.D. 64년 로마의 대화재 사건이 발생하기 전 잠시 휴식 기간이 있었다. 둘째, 나사렛교로 알려진 기독교가 아직은 합법적인 유대교의 우산 아래 보호를 받을 때였다는 사실이다. 점차 기독교와 유대교를 구분하려는 경향이 있었지만 로마 지도자들은 이 둘을 선명하게 구분하지 않았다. 따라서 합법적인 종교의 우산 아래 기독교가 여전히 보호를 받을 수 있었다. 셋째, 바울의 혐의가 뚜렷하지 않은데다 로마의 시민권자였다는 사실도 중요하게 작용했을 것으로 보인다. 물론 이 모든 것보다도 하나님의 섭리적 은혜가 있었음은 의심의 여지가 없다.

[27] Ramsay, *St. Paul the Traveller and the Roman Citizen*, 27. 램지는 사도행전이 미완의 글이라는 비평가들의 주장을 반박한다. 누가는 사도행전 1:1-2절에서 먼저 쓴 글과 이어 쓰는 글 두 편의 글임을 분명히 밝혔다. 사도행전의 마지막은 미완의 글이기 때문이 아니라 사도행전에서 일관되게 흐르고 있는 대로 성령의 복음, 성령의 연속성이라는 맥락에서 이해해야 할 것이다.

실현되었고, 마음 놓고 복음을 전하는 환경도 주어져 담대히 하나님의 복음을 땅 끝의 중심 로마에서 전하고 있다는 이야기를 하고 싶었던 것이다. 사도 바울이 로마에서 복음을 전하는 진행형으로 사도행전의 기록을 마친 것은 누가의 역사신학에서 답을 찾아야 할 것이다.[28] 사도행전의 1장 8절의 땅 끝 선교 약속이 세상 역사 속에서 중단되지 않고 계속해서 성취되어 나갈 것을 예시한 것이다.

---

[28] Lechler, *Theological and Homiletical Commentary on the Acts* Vol. II., 440. "사도행전이 슐라이어마허가 주장하는 것처럼 누가에게 일어난 우발적인 방해로 인해 미완성으로 끝난 것은 확실히 아니다. 쇼트가 상상했듯이 손실된 채 미완성으로 결론이 맺어진 것은 거의 일어날 수 없는 일이다. 마지막 두 구절이 언어적으로 우렁차고 매끄럽고 알맞은 결론을 형성하고 있다는 메이어의 관찰은 아주 적절하고 정확하다.… 바울의 운명의 최종적인 결정에 관한 정보를 놓친 것은 확실히 매우 유감스런 일이다. 그러나 위대하고 충성스런 바울이 자신의 사도직을 수행하였지만 그는 단지 전령이지 주님(the Lord)과 왕(the King) 그 자신이 아니었다. 왕이신 예수 그리스도가 다스리신다는 사실, 바로 이것이 이 책의 결론이다. 가장 중요한 문제—하나님의 나라와 예수 그리스도의 복음이 상당 시간 동안 세계의 수도 로마에서 전혀 방해 받지 않고 이방인의 사도에 의해 전파되었다는 사실—때문에 바울 그 자신은 눈에 띠지 않게 그러나 완전하게 무대 배후로 발걸음을 옮긴다."

제 23 장
바울의 4차 선교여행과 그의 순교

그리하여 네로 황제는 자신을 하나님의 최고의 대적자로 공개적으로 선포하면서 사도들을 살해했다. 그 후 바울이 로마에서 참수를 당했고, 베드로도 마찬가지로 네로 치하에서 십자가에 못 박혀 처형당했다. 베드로와 바울에 대한 이 같은 설명은 오늘날까지도 그 곳의 묘지에 그들의 이름이 보존되어 있다는 사실에 의해 입증되었다.

Eusebius, *Ecclesiastical History*, II. 25

과연 바울이 이태 후에 잠시 석방되었는가?[1] 석방되었다면 그 후 어떻게 사역을 수행하였으며 마지막을 마쳤는가?[2] 사도행전은 바울의 석방과 그의 최후에 대해 침묵하고 있다. 전혀 언급하지 않았고, 심지어 암시도 하지 않았다. 그래서 몇몇 학자들은 사실상 바울이 석방되지 못했다고 주장하였다.[3]

---

[1] J. S. Howson and H. D. M. Spence-Jones, *The Acts of the Apostles* (New York: C. Scribner's, 1883), 420.

[2] Melancthon W. Jacobus, *Notes, Critical and Explanatory, on the Acts of the Apostles* (New York: Robert Carter & Brothers, 1859), 430.

[3] John Macpherson, "Was there a second imprisonment of Paul in Rome?" *The Journal of American Theology* Vol. 4. No. 1 (January 1900): 23-48. 또한 보라. Arthur S. Peake, *A Critical Introduction to the New Testament* (New York: Charles Scribner's Sons, 1919), 60-71; T. Cowden Laughlin, *The Pastoral Epistles in the Light of One Roman Imprisonment*, Inaugural Address (Berkeley, CA: n.p., 1905), 1-28.

그러나 사도행전과 초대교회 문헌을 종합적으로 고려할 때 바울은 네로 앞에서 다시 한 번 담대히 자신의 무죄를 변론했을 것으로 보인다.[4] 로마의 클레멘트, 무라토리안 단편, 유세비우스는 바울이 1차 투옥에서 풀려나 스페인과 동방을 방문했다고 증언한다.[5]

---

[4] Edwin Wilbur Rice, *People's Commentary on the Acts* (Philadelphia: The American Sunday-School Union, 1896), 24. 바울의 1차 투옥에서의 석방이 강력한 지지를 받는 것은 초대교회의 문헌과 전통이 뒷받침하고 있기 때문이다. John B. Polhill, *Paul and His Letter* (Nashville: B&H Academic, 1999), 393. M. Eugene Boring and Fred B. Craddock, *The People's New Testament Commentary* (Louisville: Westminster John Knox Press, 2009), 467; Bob Dowell, *Understanding the Bible Head and Heart Part Three: Romans Through Revelation* (Bloomington: WestBoow Press, 2012), 196-197; Frank E. Woodruff, "Biblical and Historical Criticism," *The Andover Review* Vol. VI (July-December 1886): 305-328.

[5] William G. Moorehead, *Outline Studies in Acts, Romans, First and Second Corinthians, Galatians and Ephesians* (Chicago: Fleming H. Revell Company, 1902), 57-59; Howson and Spence-Jones, *The Acts of the Apostles*, 420. 하우슨은 이렇게 말한다. "사도행전은 A.D. 60년 3월(28:11)에 시작된 바울의 구금으로 끝을 맺는다. 그의 생애의 이후 사건들에 대해서는 에베소서, 빌립보서, 골로새서, 목회서신들로부터 그리고 성경의 저자들이 아닌 작가들의 증언들에서 추론할 수 있다. 이들 작품들의 도움으로 많은 사람들은 바울이 첫 번째 투옥으로부터 풀려났다가 다시 체포되어 로마로 압송되었다가 재판을 받고 순교했다고 결론을 내렸다. 그러나 다른 이들은 바울이 두 번째 투옥되었다는 것을 부인한다. 빌립보서 1:25, 2:23, 24에 나타나는 것처럼 바울은 사도행전 마지막 장에 기록된 제약으로부터 풀려나기를 희망했다.… 초대교회 저자들의 증언에 관해서는 그들이 로마 황제 가이사에 대한 바울의 호소(25:11)가 오랫동안 재판이 지연되는 바람에 투옥을 위한 구금 시한이 끝났다고 증명한다. 2년간의 재판 지체는 먼 곳으로부터 증인들과 증거가 취합될 수 있도록 충분한 시간적 여유를 허용하는 로마법의 일반적인 절차와 상당히 일치한다. 바울사도는 A.D. 61[62년 말 혹은 63년 초]년에 로마 감옥에서 석방되어 여러 지역에서 몇 년간 아주 열심히 사역을 감당한 것으로 보인다. A.D. 66년에 바울은 로마 정부에 의해 다시 체포되어 로마로 압송되어 A.D. 67-68년에 처형되었다. 이 사실들에 대한 주된 증거는 바울의 제자 클레멘트(빌 4:3)가 1세기 말엽에 기록한 로마인들에게 보내는 서신에서 발견된다. '바울, 그는 그의 순교 전에 서방의 마지막 경계로 나갔다.' 클레멘트가 언급한 '서방의 마지막 경계'는 그가 오랫동안 가고 싶었던 스페인(롬 15:24)을 지칭하는 것이다. 사도행전에서는 바울이 로마를 넘어서 결코 더 나아가 여행을 한 적이 없었다. 무라토리안 정경 단편(A.D. 170)에서 우리는 사도행전에 있는 이야기를 읽는다. '누가는 데오빌로에게 그의 목전에서 이루어진 사건들을 기술하면서 별도의 곳(눅 22:31-33)에서 베드로의 순교를 명백하게 선언한 것만 아니라 바울의 스페인 여행도 생략했다.' 교회사가 유세비우스는 '바울은 성공적으로 자신을 변호한 후 복음을 전하기 위해 다시 선교여행에 오른 후 로마에 두 번째로 들어가 거기서 네로 치하에서 순교했다'고 기록했다(*Ecclesiastical History*, ii. 22, A.D. 320). 크리소스톰(Chrysostom, 398)도 '바울이 로마에 거주한 후에 스페인으로 떠났다'는 사실을 의심할 수 없는 사건으로 언급하였다. 제롬(Jerome, Acts 11:20) 역시 '바울이 네로에 의해 풀려나 서방에서 그리스도의 복음을 전했다'고 언급했다. 이들 여러 저자들을 따라서 우리는 바울이 A.D. 63년에 풀려나 로마를 떠나 스페인에 갔다고 결론을 내리는 바이다. 바울은 서방의 끝으로부터 약 65-67년 사이 어느 곳에서 돌아와 한 번 더

1. 바울의 1차 로마 투옥에서 석방 가능성

로마로 향하는 배에서 주의 사자가 바울에게 나타나셔서 '바울아 두려워하지 말라 네가 가이사 앞에 서야 하겠고 또 하나님께서 너와 함께 항해하는 자를 다 네게 주셨다'(27:24)며 2가지를 약속하셨다. 하나는 가이사 앞에 재판을 받는다는 약속이고 다른 하나는 너와 항해하는 자들을 살려주시겠다는 약속이다. 사도행전에서 누가는 후자가 성취되었음을 생생하게 증언하였다.

사도행전의 1장 8절의 약속이 놀랍게 성취되어 간 것을 누가가 설득력 있게 진술한 것을 고려할 때 첫 번째 약속 가이사 앞에 서는 것도 성취되었을 것이라고 보는 것은 충분히 근거가 있다. 베스도 역시 가이사 앞에 설 것을 약속했다. '배석자들과 상의하고 네가 가이사에게 상소하였으니 가이사에게 갈 것이라'(25:12). A.D. 60년 로마에 도착한 바울은 2년 동안 복음을 전하다 A.D. 62년 재판을 받고 무죄로 풀려났을 것이다. 가이사 앞에 서는 것은 오늘날 대법원의 판결이나 마찬가지였다. 가이사의 판결은 이전의 재판이 특별하게 문제가 없었다면 하급 재판의 판결을 존중했을 것은 의심의 여지가 없다.

네로가 합법적인 재판절차와 심문과정의 결과를 무시하고 바울에게 전혀 근거 없는 혐의를 씌울 수는 없었을 것이다. 이런 여러 상황을 고려할 때 A.D. 60년 로마에 도착한 바울은 얼마 지나지 않아, 적어도 A.D. 63년 이전에는 풀려난 것으로 보인다. 로마시민인 바울이 새로운 종교를 자유롭게 가르쳤다는 죄목으로 인한 재판은 쉽지 않았을 것이다. 바울의 재판은 이리하여 A.D. 62년 말에 열린 것으로 여겨진다.[6] 재판의 지연으로 인

헬라와 아시아의 교회들을 방문했다. 그런 후 바울 사도가 니고불리에서 다시 체포되어 한 번 더 제국의 죄수의 신분으로 로마로 압송되었다. 바울은 마지막 재판을 기다리는 동안에 사랑하는 제자 디모데에게 두 번째 서신을 기록했다. 그리고 바울 사도는 같은 해 A.D. 67년에 영원한 안식에 들어갔다."

해 구금의 시한이 지나 자연히 바울이 석방되었다고 보기도 한다.[7]

만약 바울이 네로가 포파이아를 통해 기독교와 유대교의 구분을 선명하게 이해하고 폭정의 칼을 휘두르기 시작한 63년 이후, 특별히 64년 이후 바울이 로마에 도착했다면 풀려나기 힘들었을 것이다. 세상의 역사가 인간들의 작품으로 보이지만 사도행전은 역사의 주관자가 하나님이심을 선명하게 드러내고 있다. 누가는 바울의 재판과 로마행 여정 그리고 그곳에서의 활동을 통해 역사(歷史) 배후에 역사(役事)하시는 전능하신 하나님의 손길을 온 몸으로 체험하고 목도했다. 바울의 가슴에 그 비전을 심어주시고 그의 심장이 그 비전으로 불타게 하신 분은 바로 성령 하나님이셨다.

바울이 잠시 석방되었다는 것은 초대교회 문헌들도 지지한다. 유세비우스에 따르면 "이 사도[바울]는 자신을 변호한 후 다시 복음전파 사역에 나섰으며, 그 후 같은 도시 [로마]에 다시 와서 네로에 의해 순교 당했다."[8] 유세비우스뿐만 아니라 초대교회는 바울이 잠시 동안 풀려났다는 사실을 정설로 받아들였다.[9]

---

[6] William M. Ramsay, *St. Paul the Traveller and the Roman Citizen* (London: Hodder and Stoughton, 1895), 356-357. 그렇다면 왜 바울의 재판이 그렇게 오랫동안 연기되었는지 의심스럽다. 누가의 역사관 모두를 종합해 볼 때 아마도 세 가지 가능성을 추론할 수 있을 듯하다. 첫째, 그를 정죄하는 이들이 가능한 오래 재판을 연기했을 가능성이 있다. 둘째, 바울에 대해 우호적인 분위기 때문에 좀 더 정확한 정죄를 위해 재판을 연기했을 가능성이 있다. 셋째, 종교적인 문제로 인한 재판, 그것도 황제 앞에서 재판을 해야 할 사례이기 때문에 재판 일정이 쉽게 잡히지지 않았을 가능성이다. 네로 황제는 특별히 가혹하게 통치하여 최고법정에서 심리해야 할 계류 중인 재판 건이 다른 황제들보다 더 많았을 것으로 보인다. 바울의 경우는 유대교의 문제, 유대인의 율법에 관한 문제로 이해되었다. 바울의 로마 재판의 지연과 관련하여 램지는 다음과 같이 자신의 의견을 피력한다. "바울의 재판이 왜 그렇게 오래 지연되었는지는 의문이다. 아마도 그의 반대자들은 그의 정죄를 얻기를 자포자기했음으로 가능한 재판을 연기하는 것을 선호했던 것으로 보인다. 그 당시에는 그런 연기를 할 수 있는 많은 법 장치들이 있었음으로 그런 일이 가능했었을 것이다. 아마도 재판은 황제 나 그의 대표자 중 한 사람 (아마도 친위대장 두 명 가운데 한 명) 앞에서 열렸던 것 같다. 로마시민이 동양종교를 자유롭게 가르치는 모든 문제는 공판이 공개재판으로 열렸음에 틀림이 없다. 바울의 이전의 소송 절차들이 심의되었을 것은 상당히 가능성이 높다. 재판은 아마도 A.D. 62년 말에 열렸을 것으로 보인다."

[7] Howson and Spence-Jones, *The Acts of the Apostles*, 420.

[8] Eusebius, *Ecclesiastical History* II. 22.

[9] William Gilson Humphry, *A Commentary on the Book of the Acts of the Apostles* (London: John W. Parker and Son, 1854), 417-418. 바울은 로마의 집에 머무는 동안 네로 앞에

여러 성경학자들은 사도행전 28장 30절의 '온 이태'를 A.D. 62년 말로 해석한다. 바울은 A.D. 62년 말, 적어도 A.D. 63년 초 풀려난 것으로 보인다.[10] 바울이 잠시 풀려났다는 기록은 디도서에서 그 흔적을 찾을 수 있다. '내가 아데마나 두기고를 네게 보내리니 그 때에 네가 급히 니고볼리로 내게 오라 내가 거기서 겨울을 지내기로 작정하였노라'(딛 3:12).

여기 나오는 니고볼리는 바울의 1, 2, 3차 선교여행 동안 한 번도 등장하지 않았던 지역으로 바울이 가본 적이 없는 곳이다. 니고볼리는 그리스의 서부에 위치한 이피루스(Epirus)의 수도 프레비사(Prevesa)에서 북쪽으로 몇 마일 떨어진 곳에 있다. 아우구스투스 황제 통치기간 번창했던 도시였다. 이곳에서 바울이 겨울을 지내기로 작정했다는 것은 로마 감옥에서 잠시 풀려난 후 4차 선교여행을 하는 동안에 일어난 사건으로 밖에는 설명할 수 없다.

바울이 니고볼리에서 선교사역을 했다는 사실은 그동안 그가 선교사역을 감당했던 아덴, 데살로니가, 빌립보, 고린도 등 그리스도 동부 지역 선교에서 그가 결코 방문한 적이 없는 그리스 서부, 이탈리아로 선교사역을 확장한 것을 보여준다. 바울이 니고볼리로 가려는 계획을 실천한 것은 그리스 서부 이피루스의 복음화를 위해서라고 학자들은 판단한다.

셨던 것으로 보인다. 그것은 사도행전 27장 23-25절을 통해 추론할 수 있다. '내가 속한 바 곧 내가 섬기는 하나님의 사자가 어제 밤에 내 곁에 서서 말하되 바울아 두려워하지 말라 네가 가이사 앞에 서야 하겠고 또 하나님께서 너와 함께 항해하는 자를 다 네게 주셨다 하였으니 그러므로 여러분이여 안심하라 나는 내게 말씀하신 그대로 되리라고 하나님을 믿노라.' 빌레몬서 22절에 바울이 빌레몬에게 거주할 집을 마련하라고 부탁한 것을 보면 바울은 로마에서 1차 풀려난 것으로 보인다. 325년에 기록한 것으로 알려진 유세비우스 교회사(H.E.) 2권 22.6은 바울의 순교가 사도행전에 기술된 기간에 일어난 것이 아니라는 사실을 지지하고 있다. 빌레몬서 22절이 보여주듯 바울은 빌레몬을 방문할 계획을 세웠다. 골로새가 스페인 정반대 방향에 있기 때문에 바울이 스페인 선교를 마친 후에 빌레몬을 방문하기로 결정한 것으로 보인다.

[10] Bob Dowell, *Understanding the Bible: Head and Heart* (Bloomington, IN: WestBow Press, 2012), 196. 도웰에 따르면 바울의 목회서신에 있는 딤전 1:3, 딛 1:5, 3:12는 바울이 로마감옥에서 풀려나서 제 4차 선교여행을 착수한 것을 암시한다. 그가 이 기간 그레데, 에베소, 마게도냐를 방문한 것으로 보인다.

2. 바울의 4차 선교여행

바울의 4차 선교여행은 바울이 로마 감옥에서 1차 석방되어 3-4년 동안 선교한 것을 지칭하는 말이다. 단편적이지만 디모데전후서와 디도서에서 이를 뒷받침하는 중요한 성경적 근거를 발견할 수 있다.[11] 바울의 4차 선교여행은 바울의 선교적 비전과도 맞물려 진행되었다. 이방인의 사도로 부름 받은 바울의 소원은 주님이 부탁하신 대로 땅 끝까지 가서 복음을

---

[11] Earnest De Witt Burton, *The Records and Letters of the Apostolic Age: The New Testament Acts, Epistles, and Revelation in the Version of 1881 Arranged for Historical Study* (New York: Charles Scribners' Son, 1909), 224. 디모데전후서와 디도서는 아시아, 마게도냐, 그리스 그리고 그레데에서의 사도 바울의 여러 선교여행과 선교사역에 대해 언급하고 있다. 이들 선교여행 지역과 사역은 사도행전에 있는 바울의 1-3차 선교여행 기간에는 발견할 수 없는 장소들과 사역이다. 디모데전서와 디도서의 경우는 사도 바울이 자유로운 몸이었을 때 기록된 것이다. 바울이 사도행전에 기록된 선교 여행 동안에 디모데전서 1장 3절과 디도서 1장 5절에 언급된 이들 지역을 방문했을 유일한 가능성이 있다면 그가 3차 여행 동안에 그레데와 마게도냐를 방문했을 때이다. 그러나 사도행전 19:22, 20:1, 고전 4:17, 16:5-9, 16:10, 고후 1:1, 2:12, 7:5에 언급된 바울의 3차 선교여행기간 중 에베소에서 마게도냐를 방문한 기록에는 디모데를 에베소에 남겨두었다는 디도서 1장 3절의 내용을 전혀 찾을 수 없다. 따라서 디모데 전서 1장 3절과 디도서 1장 5절의 사건은 바울의 3차 선교여행 동안에 일어났을 가능성은 배제된다. 기록되지 않은 마게도냐 여행(딤전 1:3), 고린도 여행, 그레데 여행(딛 1:5), 니고볼리에서 겨울을 보낼 계획(딛 3:12)은 사도행전에 있는 바울의 선교여행 동안에 일어난 일은 아니다. 혹 바울이 에베소에 머무는 3년 동안에 이들 지역을 여행했을 가능성을 상상할 수 있지만 누가는 사도행전에서 전혀 그런 암시를 주고 있지 않다. 만약 그런 중요한 사역이 진행되었다면 지리적 확장을 면밀하게 살피고 기록해 나가는 누가의 사도행전 기록 방식을 고려할 때 분명히 언급했을 것이다. 누가가 언급하지 않았다는 것은 그런 여행 일정이 없었음을 함의한다. 바울의 4차 선교여행을 뒷받침하는 더 분명한 증거는 디모데후서이다. 이 서신은 바울이 감옥에 투옥되어 있는 동안 그것도 죽음이 임박해진 상황(딤후 4:6-8, 16-18)에서 기록되었다. 그의 임박한 죽음에 대한 기록이 바울의 1차 로마 투옥 말기에 일어난 일이라고 가정한다고 해도 다른 서신에서 나타난 기록들과 비교할 때 그럴 가능성은 아주 희박하다. 디모데후서 1:15-18, 4:20에 언급된 "아시아에서 모든 사람이 나를 버린 이 일"이 잘 이해될 수 없기 때문이다. 디모데후서에 언급된 아시아에서 일어난 사건은 1-3차 여행 동안에 일어난 사건이 아니므로 디모데후서는 바울의 1차 투옥 때가 아닌 2차 투옥 기간에 기록되었다고 판단해야 할 이유가 거기 있다. 자신의 죽음에 대한 너무도 분명한 언급이 있고 글 전체가 그에게 유언처럼 부탁하는 내용들로 채워져 있다는 점에서 디모데후서는 바울이 2차 투옥되어 순교하기 얼마 전에 디모데에게 유언처럼 남긴 글이라고 판단된다.

전하는 것이었다.

바울의 오랜 숙원은 '내가 로마도 보아야 하리라'고 고백한 대로 분명히 로마 선교였지만 그에게 로마가 땅 끝은 아니었다. 그에게 땅 끝은 서바나 곧 스페인이었다. 서바나는 바울이 너무도 사모했던 선교지였다. 그것은 바울이 로마교회에 보낸 편지에서 '서바나로 갈 때에 너희에게 가기를 바란다'(롬 15:23)는 사실, 지나가는 길에 '먼저 너희와 사귐으로 얼마간 기쁨을 가진 후에 … 그리로 보내주기를 바란다'(롬 15:24)며 스페인 방문 의사를 강력하게 피력한 것에서 알 수 있다.

바울이 로마 감옥에서 풀려나 스페인을 방문한 것에 대해서는 교부들의 기록과도 일치한다.[12] 바울은 로마 감옥에서 1차 석방된 후 A.D. 63년경 로마교회의 후원으로 디모데와 디도를 데리고 서바나(스페인, 롬 15:28)에 가서 전도를 한 것으로 보인다.[13] 바울이 서바나에서 얼마 동안 선교를 했는지 정확히 알 수 없지만 적어도 2년 동안 사역한 것으로 여겨진다.

A.D. 95년경 로마의 클레멘트가 고린도교회에 보낸 서신에는 다음과 같은 기록이 나타난다. "그[바울]는 동방과 서방에 복음을 전한 후 전 세계에 의를 가르치고 서방의 마지막 경계에 도달함으로 그의 신앙에 대한 진정한 영광을 얻었다."[14] 여기 "서방의 마지막 경계"는 종종 고울(Gaul) 혹은 영국(Britain)을 지칭하지만 보통은 스페인을 의미한다.

---

[12] F. C. Cook, *The Acts of the Apostles: With a Commentary and Practical and Devotional Suggestions for Reader and Students of the English Bible* (London: Longmans, Green, and Co., 1866), xlii.

[13] Cook, *The Acts of the Apostles*, xliv. 바울의 4차 선교여행이 바울이 로마에서 풀려나고 로마로 돌아올 때까지 3년 혹은 4년 동안에 일어난 일이라고 대부분의 학자들은 보고 있다. 쿡은 바울의 4차 선교여행을 상당히 일찍 잡고 있다. 그는 4차 선교여행이 바울이 2년의 투옥 기간이 끝나 이탈리아를 떠나고 A.D. 61년부터 64년 3월까지 기간에 일어난 것으로 본다. 이렇게 일찍 계산한 것은 아마도 바울이 A.D. 64년 로마의 대화재 사건 때 순교한 것으로 이해했기 때문으로 추측된다.

[14] Clement, *1 Clement* 5.5-7. 5:5 "바울 또한 부러움으로 인내의 상을 예시했습니다. 5:6 그는 일곱 번이나 사슬에 매였고, 추방당했으며, 돌에 맞았고, 동방과 서방 두 곳에서 복음의 선전자가 되어 그는 자신의 믿음 때문에 고귀한 명성을 얻었습니다. 5:7 온 세상에 의를 전파하고 서방의 극단에 가서 통치자들 앞에서 복음을 증거하고 그는 그 세상 밖으로 오랫동안 떠나서 거룩한 곳으로 가서 가장 위대한 인내의 모범이 되었습니다."

클레멘트의 기록이 바울이 로마에서 순교하고 나서 불과 30년 정도 밖에 되지 않은 시점에 기록한 것임을 감안한다면 그 내용을 신뢰하는 것은 어렵지 않다. 클레멘트가 살아 있을 때 바울이 순교했고, 바울의 스페인 선교사역이 클레멘트 당대에 이루어진 일이라고 판단되기 때문이다. 그렇다면 바울은 로마의 감옥에서 풀려난 후 바로 서바나(스페인)로 가서 얼마 동안 그곳에서 전도를 하고 가르치며 목회를 했던 것으로 보인다.[15] 클레멘트는 바울이 고대 이탈리아의 오스티아(Ostia) 항구에서 스페인으로 갈 때 그와 작별했다는 기록도 남겼다.

바울이 서바나에 가서 전도했다는 기록은 A.D. 170년경 무라토리안 단편(Muratorian Canon)에도 등장한다. "더구나 모든 사도들의 행적들이 한 권의 책[사도행전] 안에 기록되었다. 누가는 베드로의 순교뿐만 아니라 바울이 로마를 떠나 스페인을 여행한 것을 생략함으로 분명하게 보여주듯이 데오빌로 각하를 위해 그의 목전에서 이루어진 개별적인 일[사건]들을 종합 편집했다."[16] 바울이 스페인에서 선교한 것을 분명히 언급하고 있다.

아다나시우스도 바울의 스페인 선교가 의심할 바 없는 사실이라고 말한다.[17] 325년 기록된 유세비우스(A.D. 263-340)의 교회사(*Ecclesiastical History*) 2권에도 바울이 로마에서 자신을 변호하고, 선교여행에 다시 오른 후 로마에 두 번째 들어가 순교했다고 밝히고 있다. "바울은 자신을 변호하고 선교의 여행에 다시 오른 후 이 성[로마]에 두 번째 들어가 거기서 그의 생애를 순교로 끝냈다고 전해진다. 그리고 그 옥중생활 중에 그는 디모데후서를 기록하고 그의 처음 변호한 일과 임박한 그의 죽음에 대해 언급했다."[18] 동일한 내용을 제롬과 크리소스톰에서도 발견할 수 있다.

---

[15] Dowell, *Understanding the Bible: Head and Heart*, 194.

[16] Edmon L. Gallagher and John D. Meade, *The Biblical Canon Lists from Early Christianity Text and Analysis* (Oxford: Oxford University Press, 2017), 179. 다음 원문을 참고하라. "Moreover, the acts of all the apostles were written in one book. For 'most excellent Theophilus' Luke compiled the individual events that took place in his presence—as he plainly shows by omitting the martyrdom of Peter as well as the departure of Paul from the city [of Rome] when he journeyed to Spain."

[17] Cook, *The Acts of the Apostles*, xlii.

바울이 스페인에 가서 선교사역을 감당하였다는 교부들의 기록은 바울이 스페인을 방문하겠다는 로마서에서 밝힌 그의 소망이 성취되었음을 증거 한다.[19] 바울이 어떤 해로를 따라 스페인으로 갔는지 알 수 없지만 로마에서 스페인까지 거리가 상당하여 적어도 4-10일은 소요되었을 것이다.

바울은 스페인에서 돌아오는 길에 그레데 섬을 방문하고 디도가 그곳에서 목양하도록 그를 그곳에 남겨 두었다. 이는 디도서 1장 5-6절에 바울이 '내[바울]가 너[디도]를 그레데에 남겨 둔 이유는 남은 일을 정리하고 내가 명한 대로 각 성에 장로들을 세우게 하려 함이니 책망할 것이 없고 한 아내의 남편이며 방탕하다는 비난을 받거나 불순종하는 일이 없는 믿는 자녀를 둔 자라야 할지라'라는 기록을 통해 확인할 수 있다. 디도를 그레데에 남겨둔 것은 남은 일을 처리하고 그곳의 각 도시에 장로들을 세우는 일을 감당하기 위해서였다. 그레데 섬의 여러 도시 중 얼마는 바울과 디도의 복음전도로 생겨난 믿음의 공동체였을 것으로 보인다.

이후에 진행된 바울의 4차 선교여행 일정을 재구성하는 것은 쉽지 않다. 아마도 바울은 디도에게 그레데 사역을 맡기고 그레데를 떠나 디모데가 사역하는 마게도냐 에베소로 향한 것으로 보인다. 디모데전후서, 빌레몬서를 통해서 바울이 에베소에 머무는 동안에 다음 몇 가지 일들이 일어난 것을 알 수 있다. '구리 세공업자 알렉산더'가 바울을 강하게 반대했다. '[그가] 내게 해를 많이 입혔으매 주께서 그 행한 대로 그에게 갚으시리니 너도 그를 주의하라 그가 우리 말을 심히 대적하였느니라'(딤후 4:14-15). 그 결과 부겔로와 허모게네를 비롯해 아시아의 많은 신자들이 신앙에서 떨어져 나갔다. '아시아에 있는 모든 사람이 나를 버린 이 일을 네가 아나니 그 중에는 부겔로와 허모게네도 있느니라'(딤후 1:15).

이런 상황에 바울은 오네시보로에게 도움과 격려를 받았다. 잘못된 가르침을 바로잡기 위해 바울은 디모데를 에베소에 머물게 하였다. 디모데전서 1장 3-4절에는 이 점이 분명히 나타난다.

---

[18] Eusebius, *Ecclesiastical History*, II.22.
[19] Cook, *The Acts of the Apostles*, xlii.

³ 내가 마게도냐로 갈 때에 너를 권하여 에베소에 머물라 한 것은 어떤 사람들을 명하여 다른 교훈을 가르치지 말며 ⁴ 신화와 끝없는 족보에 몰두하지 말게 하려 함이라.

아마도 바울은 에베소에서 빌레몬서 22절에 있는 대로 골로새에 있는 빌레몬 방문을 추진한 것으로 보이지만 이에 대해서는 뒷받침할 수 있는 근거를 찾기 힘들다.[20]

그렇다면 단편적인 기록을 통해서 바울의 4차 선교여행과 관련하여 다음 사실을 확인할 수 있다. 로마 감옥에서 풀려난 바울은 숙원인 서바나 선교를 하고 돌아오는 길에 그레데로 가서 디도와 함께 복음을 전하고 목양을 위해 그곳에 디도를 남겨두었다. 그런 후 디모데가 사역하는 에베소로 가서 전도하다가 골로새교회를 잠시 방문하고 다시 에베소로 돌아와 디모데에게 에베소 목회를 부탁하고 혼자 서둘러 마게도냐로 향했다.[21]

바울은 마게도냐로 향하기 전에 드로비모와 함께 남쪽으로 내려가 밀레도 항 가까이 갔다가 불행하게도 드로비모가 병들어서 더 이상 동행하기 힘든 상황이 발생하자(딤후 4:20) 할 수 없이 그를 밀레도에 남겨두고 배로 마게도냐로 간 것으로 여겨진다. 배가 드로아에 정박하자 바울은 그곳에 사역하는 가보 집에 자신의 외투와 책을 남겨 두었다(딤후 4:13). 바울이 겉옷을 가보의 집에 맡겨 놓은 것으로 미루어 볼 때 이때는 여름이거나 여름이 가까워오는 기간으로 여겨진다.

바울이 마게도냐에서 머무는 동안 어떤 사역을 감당했는지 알 수 없지만 그동안의 바울의 전도사역의 성향과 성격을 고려할 때 그가 3차 선교여행을 하는 동안 방문했던 빌립보, 데살로니가, 베뢰아 그리고 고린도에 사는 믿는 자들을 찾아 신앙을 독려하였을 것으로 보인다. 디도서 3장 12절에 나타난 대로 바울은 마게도냐와 아가야(Achaia)를 여행하는 동안

---

[20] Dowell, *Understanding the Bible: Head and Heart*, 195. 이 사건은 바울의 3차 선교여행 동안에는 없었던 일이다. 바울이 제 4차 선교여행을 착수했다고 보는 중요한 근거이다.

[21] Dowell, *Understanding the Bible: Head and Heart*, 229. 딤전 1:3과 딛 1:5절을 참고할 때 바울은 2차 선교여행 동안 디모데를 에베소에 디도를 그레데에 남겨둔 것으로 보인다.

아가야의 서부해안에 위치한 따뜻한 섬 니고볼리에서 겨울을 지내기로 작정했다고 디도에게 알리고 니고볼리로 오라며 이렇게 전갈했다. '내가 아데마나 두기고를 네게 보내리니 그 때에 네가 급히 니고볼리로 내게 오라 내가 거기서 겨울을 지내기로 작정하였노라.'

바울은 그런 후 에라스도를 고린도에 남겨두고, 디도가 자신과 합류하기를 소망하는 니고볼리를 향하여 서북으로 나아갔다.[22] 바울은 니고볼리에서 디도와 합류하고 그곳에서 겨울을 난 것으로 보인다. 디도가 니고볼리에서 얼마 동안 그리고 어떤 사역을 했는지는 성경이 밝히고 있지 않다. 바울은 니고볼리에서 겨울을 나는 동안 그레데에 있는 디도에게 디도서를 쓰고(딛 3:12), 에베소에 있는 디모데에게 보내는 디모데전서를 기록한 것으로 보인다.[23]

바울이 4차 선교여행 동안 방문했던 지역을 살펴보면 한 가지 흥미로운 사실을 발견할 수 있다. 그가 그리스 동쪽 선교에만 집중했던 이전과 달리 4차 선교여행 기간에는 니고볼리를 거점으로 그리스 서쪽 선교를 진행한 것을 발견한다. 그것은 '디도는 달마디아'로 갔다는 디모데후서 기록을 통해 확인할 수 있다. 달마디아는 니고볼리를 포함한 전 지역을 지칭한다. 바울이 디도를 그곳으로 보낸 것은 그리스 서쪽 선교를 위해서다.

바울이 어디서 체포되었는지 전혀 알 수 없다. 지금까지 바울의 행적이 맞다고 한다면 바울은 에베소, 드로아, 마게도냐의 어느 한 성 혹은 니고볼리에서 체포된 것으로 보인다. 디모데후서 4장 13절과 21절의 기록을 근거할 때 겨울이 다가와 바울이 니고볼리에 도착한 후 디도와 함께 있다가 얼마 되지 않아 곧 체포된 것으로 여겨진다. 여러 가지 정황들을 종합할 때 아마도 바울이 체포를 당한 곳은 니고볼리가 아닐까 생각된다.

바울은 사랑하는 믿음의 아들 디모데에게 그가 드로아 가보의 집에 두고

---

[22] By Kenneth Berding, "Paul's 4th Missionary Journey(I don't Mean His Trip to Rome), April 14, 2015. <www.biola.edu/blogs/good-book-blog/2015/paul-s-4th-missionary-journey-and-i-don-t-mean-his-trip-to-rome>(2018. 07. 28. 접속).

[23] Dowell, *Understanding the Bible: Head and Heart*, 229.

온 겉옷과 가죽 종이에 쓴 책을 가지고 겨울이 오기 전에 속히 로마의 감옥에 오라고 부탁한 것을 보면 그 때가 추운 겨울이었다. 추운 겨울을 니고볼리에서 나기로 해서 그곳으로 갔다가 체포되어 로마로 압송을 당해 두 번째 감옥에 투옥된 것으로 보인다. 추운 로마의 감옥에서 바울은 가보의 집에 두고 온 겉옷이 절실히 필요해 그것을 가지고 오라고 디모데에게 부탁했다. 이렇게 해서 바울의 4차 선교여행은 서바나 선교, 그레데 섬 목회, 에베소 목회, 밀레도, 드로아, 마게도냐 여러 성읍들, 고린도 그리고 아마도 니고볼리에 잠시 체류한 것을 마지막으로 끝났을 것이다.

바울이 로마에서 두 번째 투옥된 곳은 집에서 투옥생활을 했던 1차 투옥 때와 달리 로마에 있는 그리스도인들을 박해하기 위해 네로가 만든 무시무시한 악명 높고 차가운 매머틴 감옥(Mamertine Prison)인 듯하다. 바울을 버리고 떠난 데마(딤후 4:10)가 보여주듯 많은 사람들이 시련 당하는 바울을 떠났지만(딤후 4:16) 그런 가운데서도 오네시보로는 로마 감옥에서 투옥되어 있는 바울을 방문해 그를 위로했다. 의사 누가는 마지막 순간까지 바울 곁을 묵묵히 지켰다(딤후 4:11).

로마 감옥에 두 번째 투옥되어 있던 A.D. 67년경 바울은 디모데에게 두 번째 서신 디모데후서를 써 보냈다.[24] 바울이 순교하기 전 쓴 디모데후서에는 바울의 마지막 모습을 이해할 수 있는 몇 가지 중요한 단서들을 발견할 수 있다.

> [9] 너는 어서 속히 내게로 오라. [10] 데마는 이 세상을 사랑하여 나를 버리고 데살로니가로 갔고 그레스게는 갈라디아로, 디도는 달마디아로 갔고 [11] 누가만 나와 함께 있느니라. 네가 올 때에 마가를 데리고 오라. 그가 나의 일에 유익하니라. [12] 두기고는 에베소로 보내었노라. [13] 네가 올 때에 내가 드로아 가보의 집에 둔 겉옷을 가지고 오고 또 책은 특별히 가죽 종이에 쓴 것을 가져오라. [14] 구리 세공업자 알렉산더가 내게 해를 많이 입혔으매 주께서 그 행한 대로 그에게 갚으시리

---

[24] Dowell, *Understanding the Bible: Head and Heart*, 229.

니 ¹⁵ 너도 그를 주의하라. 그가 우리 말을 심히 대적하였느니라. ¹⁶ 내가 처음 변명할 때에 나와 함께한 자가 하나도 없고 다 나를 버렸으나 그들에게 허물을 돌리지 않기를 원하노라. ¹⁷ 주께서 내 곁에 서서 나에게 힘을 주심은 나로 말미암아 선포된 말씀이 온전히 전파되어 모든 이방인이 듣게 하려 하심이니 내가 사자의 입에서 건짐을 받았느니라. ¹⁸ 주께서 나를 모든 악한 일에서 건져내시고 또 그의 천국에 들어가도록 구원하시리니 그에게 영광이 세세무궁토록 있을지어다 아멘. ¹⁹ 브리스가와 아굴라와 및 오네시보로의 집에 문안하라. ²⁰ 에라스도는 고린도에 머물러 있고 드로비모는 병들어서 밀레도에 두었노니 ²¹ 너는 겨울 전에 어서 오라. 으불로와 부데와 리노와 글라우디아와 모든 형제가 다 네게 문안하느니라(딤후 4:9-21).

위 기록은 바울의 4차 선교여행과 관련하여 다음 몇 가지 사실을 밝혀 주고 있다. 첫째, 데마는 바울을 떠났고 그레스게와 디도는 파송을 받아 전도사역을 감당하느라 바울 곁에 있지 않았다. 디도가 달마디아로, 그레스게가 갈라디아로 갔다. 둘째, 누가는 바울이 순교할 때까지 그 곁을 지켰다(딤후 4:11). 셋째, 바울이 드로아를 방문했고, 가보의 집에 겉옷을 두고 왔다(딤후 4:13). 넷째, 에라스도는 고린도에 머물고 드로비모가 병이 들어 그를 밀레도에 남겨 두었다(딤후 4:20). 다섯째, 바울은 디모데에게 겨울이 오기 전에 속히 로마에 있는 자기에게 오라고 부탁했다. 1896년 에드윈 월버 라이스는 다음과 같이 바울의 제4차 선교여행을 종합적으로 제시했다.

바울의 제 4차 선교여행
바울이 1차 로마 투옥에서 풀려나 마게도냐, 그리스, 소아시아 그리고 스페인을 방문했다가 동방으로 돌아왔다가 다시 체포되어 두 번째 로마로 압송되어 네로의 통치 말엽에 그곳에서 순교했다는 사실은 초대교회의 일치된 증언이다. 바울의 제자 로마의 클레멘트, 무라토리안 단편, 유세비우스!, 크리소스톰 그리고 제롬이 이것을 증언한다. 이 증언은 사도행전에서는 찾을 수 없는 바울의 4차 선교여행을 언급한 목회서신 디모데전후서, 디도서에서 암시적으로 뒷받침되고 있다(딤전 1:3; 디도서 1:5; 3:12; 딤후 4:6-8). 바울이 4차 선교여행 동안에 방문했던 장소들은 아마도 다음과 같다.

1. 아시아와 마게도냐- (빌립보서 2:24; 빌레몬서 22)
2. 스페인(서바나)- (로마서 15:24, 28; 로마의 클레멘트 제 1 고린도 편지 5장)
3. 에베소- 그곳에 디모데를 남김(디모데전서 1:3)
4. 마게도냐, 드로아 그리고 바울이 드로비모를 남겨둔 밀레도- (디모데후서 4:13, 20)
5. 크레데- 그곳에 디도를 남겨둠(디도서 1:5)
6. 고린도- 그곳에 에라스도를 남겨둠(디모데후서 4:20)
7. 니고볼리- 바울이 그곳에서 체포되어 로마로 압송되었다가 순교 (디도서 3:12; 디모데후서 4:6-8, 14-17).[25]

결론적으로 바울이 니고볼리에 디도를 에베소에 디모데를 남겨두고, 디도를 달마디아로 파송하고, 그레스게를 갈라디아로 파송한 것을 보면 4차 선교여행 동안 바울은 그동안 하지 못했던 서바나[스페인], 니고볼리

---

[25] Rice, *People's Commentary on the Acts*, 24. 이들 서신들만 가지고는 바울의 4차 선교 여행의 일정을 정확하게 재구성할 수 없지만 단편적인 증거들을 기초로 우리는 다음과 같은 바울의 선교일정을 추측할 수 있다. 1909년 동일한 관점을 Earnest De Witt Burton 도 동일하게 피력했다. "1. 바울이 빌 2:24, 몬 22에서 의지를 표명한 대로 그가 아시아와 마게도냐를 방문했을 가능성이 있다. 2. 그는 아마도 스페인에 갔을 것이다. 이것은 그가 로마서 15장 24, 28절에 의지를 표명했고 1세기 말엽에 기록된 로마의 클레멘트 서신에 서방의 극단에 바울이 갔었다고 말하고 있다(클레멘트 고린도에 보낸 제 1서신 5장). 3. 그는 아시아로 돌아왔고 에베소를 방문하여 그곳에 디모데를 남겨두었다(딤전 1:3). 4. 그는 마게도냐로 가서 그곳에서 혹은 그곳을 떠난 후 곧 디모데에게 서신을 썼다(딤전 1:3). 5. 그는 마게도냐를 떠나 밀레도로 갔으며, 도중에 드로아에 잠깐 들렸다(딤후 4:13). 밀레도에서 그는 드로비모를 그곳에 남겨두었다(딤후 4:20). 6. 밀레도에서 바울은 그레데로 갔고, 그곳에 디도를 남겨두었다(딛 1:5). 7. 그레데로부터 바울은 고린도로 가서 그곳에 에라스도를 남겨두었다(딤후 4:20) 그리고 그곳에서 아마도 그는 디도서를 쓴 것으로 보인다. 8. 바울은 고린도에서 아마도 니고볼리로 갔으며(딛 3:12) 여기서 그가 체포되어 로마로 압송되었을 가능성이 상당히 높다. 9. 로마에서 바울은 디모데후서를 썼고 그곳에서 순교했다." Burton, *The Records and Letters of the Apostolic Age*, 225-226.

와 달마디아[그리스 서부와 이탈리아], 갈라디아[갈리아, 프랑스 남부] 선교를 깊은 관심을 갖고 추진한 것으로 보인다.[26] 그는 그토록 오랜 숙원이었던 로마와 서바나 선교를 수행하고 그동안 추진하지 않았던 그리스 서쪽 복음의 불모지에 그리스도의 십자가의 복음을 전하는 것을 사명으로 여긴 것이다.

3. 네로 박해와 바울의 순교

바울은 주님의 명령대로 땅 끝 스페인까지 가서 복음을 전하며 혼신을 다해 선교하다 A.D. 67년경 네로 황제(A.D. 37-68) 박해 때 순교한 것으로 보인다.[27]

제롬에 따르면 바울과 베드로는 같은 날 순교했다. 그러나 처형 방법은 서로 달랐다.[28] 베드로는 십자가에 못 박혀 순교 당하고, 바울은 로마 시민권을 가지고 있어 십자가 처형이나 굶주린 짐승에 먹혀 죽임을 당하는 대신 참수형을 당했다.[29] 우리는 바울의 순교를 좀 더 이해하기 위해 네로의 박해를 살펴볼 필요가 있다.

A.D. 64년 7월 19일 로마에 대화재가 발생했을 때 네로 황제(재위

---

[26] W. Graham Scroggie, *The Unfolding Drama of Redemption Vol. 1 The Prologue and Act I of the Drama Embracing the Old Testament* (Grand Rapids: Gregel Publications, 1994), 221.

[27] William M. Ramsay, *Pauline and Other Studies in Early Christian History* (London: Hodder & Soughton, 1906), 363. 제롬은 바울이 A.D. 68년에 순교했다고 기록했으나 유세비우스는 A.D. 67년이라고 보았다. 유세비우스 견해가 더 설득력이 있는 것은 A.D. 64년에 로마의 대화재 사건이 있었고, AD. 68년에는 로마제국에 대 정치적 위기가 발생하여 기독교 박해를 지속하기 힘들었기 때문이다. 따라서 AD. 65, 66, 67년에 바울이 순교했을 가능성이 크다. 크리소스톰의 증언에 기초할 때 그 중에서 A.D. 67년이 가장 가능성이 높다. 크리소스톰은 바울이 35년 동안 주님을 섬기고 68세에 죽음을 맞았다고 증언한다. 1 B.C.년에 출생한 바울이 68세는 A.D. 67년이다. 참고로 순교의 날짜와 관련하여 코울즈는 68년 봄이라고 말한다. Henry Cowles, *Acts of the Apostles: With Notes, Critical, Explanatory, and Practical, Designed for Both Pastors and People* (New York: D. Appleton, 1883), 223.

[28] Humphry, *A Commentary on the Book of the Acts of the Apostles*, 419.

[29] Humphry, *A Commentary on the Book of the Acts of the Apostles*, 419.

A.D. 54-68)는 그 책임을 기독교인에게 돌렸다.[30] 네로는 그 이전의 티베리우스, 칼리굴라, 글라우디오 황제보다 포악하고 반유대주의와 반기독교 정서가 강했다. 네로 황제는 로마의 대화재 사건이 발생하자 기독교인들에게 혐의를 씌우고 극심하게 박해하기 시작했다. 그것은 명분과 실리가 충분했다. 기독교인들이 유대인들로부터 로마제국의 법을 어기는 자들, 소란을 일으키는 자들이라는 참소를 받았고 로마인들로부터 근친상간을 일삼는 자들, 어린 아이를 잡아 피를 마시는 자들, 미신을 섬기는 자들이라는 비판을 받았기 때문이다.

유세비우스가 지적한 대로 네로는 자신의 통치권을 확고히 다진 후 기독교를 박해하기 시작했다. 로마의 역사가 타키투스가 그의 **연대기**(*Annals*)에서 증언한 대로 참으로 잔혹한 박해였다.

> 그러나 모든 인간의 노력과 황제의 모든 풍성한 선물들과 그리고 신들의 속죄는 그 대화재가 네로 황제의 명령의 결과라는 불길한 생각을 없애지 못했다. 그 결과, 네로는 소문을 제거하기 위하여 일반적으로 '그리스도인'으로 알려진 사람들에게 그들의 악한 행동을 이유로 죄를 씌우고 가장 격렬한 고문을 가하였다. 그리스도인이란 명사가 파생된 근원이 되는 인물 크리스투스는 티베리우스의 통치 때 우리의 총독 중 한 명인 본디오 빌라도에 의해 극형의 고통을 받았다. 잠시 머뭇거린 그 매우 위험한 미신은 악의 근원인 유대인뿐만 아니라 세상의 모든 곳으로부터 온 극악스럽고 부끄러운 모든 것들이 만연하고 있는 로마에서 다시금 일어났다. 따라서 신앙을 고백하는 자들이 먼저 체포되었다. 그 후 그들의 증언을 통해 엄청난 사람들이 문초를 받았는데, 방화죄로 인한 것보다는 그 민족에 대한 혐오감에 기인한 것이었다. 그들의 죽음에 온갖 종류의 모욕이 더해졌다. 그들은 짐승의 가죽으로 싸여서 개들에 의해 찢기기도 하고 십자가에 못 박혔다. 혹은 화형되는 이들은 해진 후 밤을 밝히는 일에 이용되기도

---

[30] Cook, *The Acts of the Apostles*, xlvi. 기독교는 로마의 정치와 신앙의 근본원리들에 반하는 불법적인 종교(illicit religion)로 정죄를 받았다.

하였다. 네로는 그 광경을 위해 자신의 정원들을 개방하고, 자신은 기수의 복장을 하고 사람들과 어울리거나 아니면 마차를 몰고 다녔고 그동안, 서커스에서는 쇼가 공연되었다. 그러므로 가혹하고 본보기적인 형벌을 받기에 마땅한 범죄자들이라 할지라도, 사람들 간에 동정심이 생긴 것은 사실상 그 일이 공중의 선을 위해서 행해지는 것이 아니라 한 인간의 광적인 잔학성을 충족시키기 위해 그들이 죽어가고 있는 것으로 보였기 때문이다.[31]

네로가 방화의 책임을 그리스도인들에게로 돌리고 수많은 신자들을 체포하고는 그들의 시체를 불에 태워 햇불로 사용하면서 말을 타고 그 광경을 즐겼다는 타키투스의 증언은 네로가 얼마나 잔악한 사람이었는지, 그리스도인들이 얼마나 참혹한 박해를 받았는지를 그대로 말해준다. 유세비우스의 표현을 빌린다면 네로는 "극단적인 광기"로 가득 찬 사람이었다. "이 광기 때문에 수천 명이나 되는 사람들을 죽였고 심지어는 절친한 친구들"과 "자신의 생모와 아내 그리고 많은 친척들"까지도 마치 이방인이나 원수들을 죽이듯이 여러 가지 방법으로 살해한 것이다.

대화재가 발생하면서 네로 황제는 그리스도인들이 그 일을 부추긴 장본인이라고 지목하고 그들을 처형한 후 이어 바울도 처형한 것으로 보인다. 바울에 대한 2차 재판에 대한 기록은 남아 있지 않다. 그는 공식적인 재판절차를 통한 판결 없이 네로의 명에 의하여 약 A.D. 67년경 로마 시외 5km 되는 오스티안 가두(街頭)에 준비된 단두대에서 참수형된 것으로 전해진다.[32] 가이사랴 감독 유세비우스(c. A.D. 275-339)는 네로 통치 동

---

[31] Tacitus, *Annals*, 15.44. 박용규, 초대교회사 (서울: 한국기독교사연구소, 2016), 79-80에서 재인용.

[32] Cook, *The Acts of the Apostles*, xlvii. John MacEvilly, *An Exposition of the Acts of the Apostles: Consisting of an Analysis of Each Chapter, and of a Commentary, Critical, Exegetical, Doctrinal, and Moral* (Dublin; New York: M.H. Gill; Benziger, 1899), 276. 그의 순교 연대를 66-68년으로 보는 것이 일반적이다. Francis Marshall, *The Oxford and Cambridge, Acts of the Apostles; with Introduction and Notes* (London: George Gill & Sons, 1890), 17. 맥에빌리는 바울이 순교한 것이 65년이라며 이렇게 기록한다. "바울이 첫 번째 투옥에서 풀려난 후 그의 복음전파와 그들과 연결된 여러 사건의 기록, 네로 황제 통치 12년인 A.D. 65년에 있었던

안에 바울이 로마에서 참수, 곧 목이 잘려 처형되었다고 기술했다.[33] 초대 교회사가 유세비우스는 바울이 네로의 박해 때 로마에서 순교했음을 다음과 같이 증언한다.

> 네로의 박해를 받아 바울이 로마에서 참수되었고 베드로도 십자가에 달려 죽었다고 전해지고 있다. 이 기사는 오늘날까지 베드로와 바울의 이름이 로마시의 공동묘지에 남아 있다는 사실에 의해 확증된다.… 고린도의 감독 디오니시우스는 로마인들에게 행한 설교 속에서 이들 두 사람이 거의 같은 시기에 순교했다는 것을 다음과 같이 증명하였다. '당신은 이처럼 이 권면에 의해 베드로와 바울이 로마와 고린도에 심어놓은 번영의 씨앗을 섞어 놓았다. 이들 두 사도들은 고린도에서 우리에게 교리를 가르치고 교훈을 주었으며 이탈리아에서도 거의 같은 방법으로 가르쳤다. 그리고 거의 같은 시기에 순교했다.'[34]

전승에 의하면 네로가 직접 바울의 처형장면을 보았다고 한다. 그리고 바울의 목이 떨어진 곳에 세 줄기의 샘이 솟았다는 전승도 있다.

하나님께서 네로의 박해를 그냥 방관하시지 않으셨다. 바울이 처형을 당한 이듬해인 A.D. 68년 네로 황제는 비참한 최후를 맞았다. 기독교를 박해했던 헤롯이 비참한 최후를 맞았던 것처럼 박해자 네로 역시 비참한 최후를 맞았다. 계속되는 네로 황제의 폭정으로, 서부의 군단들과 로마의 친위대가 반란을 일으키자 로마에서 도주하던 네로는 명을 다하지 못하고 31세의 나이에 스스로 자신의 생명을 끊고 말았다. 결국 그의 죽음으

그의 순교는 모두 다른 권위 있는 자료들에서 나온 것들이다."

[33] Eusebius, *Ecclesiastical History*, II. 25. 유세비우스 기록에 의하면 바울은 로마에서 2년 동안 더 살았으며, 스페인까지 여행했다. A.D. 약 200년경에 기록된 베드로 행전에는 베드로가 네로 통치 동안에 로마의 위쪽에서 십자가에 처형되었다고 기록되었다. 이처럼 4세기까지 여러 명의 저자들은 네로가 베드로와 바울을 처형했다고 기술하고 있다.

[34] Eusebius, *Ecclesiastical History* II. 25. 박용규, 초대교회사 (서울: 한국기독교사연구소, 2018), 80.

로 줄리어스 시저에게서 시작된 줄리우스-클라우디우스 왕조는 막을 내리고 말았다.[35]

만약 사도행전이 네로 박해 이전에 기록된 것이 아니라 네로 박해 이후 기록되었다면 의사 누가는 분명히 네로 황제의 박해로 인해 바울이 로마에서 순교한 것을 잘 알고 있었을 것이다. 그런데도 누가는 사도행전에서 바울이 로마에서 복음을 전하는 것으로 끝을 맺고 있다. 만약 바울의 순교 이후 누가가 사도행전을 기록했다면 사도행전을 진행형으로 끝맺은 것은 박해에도 불구하고 사도행전의 성령의 역사가 중단되지 않았다는 사실, 곧 복음이 여전히 로마 전역에 널리 확산되어 가고 있음을 말하고 싶었던 것이다.

누가는 주님이 승천한 후에도 제자들과 여전히 함께 하시고, 심지어 베드로와 바울이 세상을 떠난 후에도 여전히 당신의 백성과 함께하시며 역사를 이끌어 가신다는 사실을 전하려고 한 것이다. 실제로 복음은 지리적 공간을 넘어, 시대를 넘어, 죽음을 넘어 주님이 재림하시는 그날까지 끊임없이 확산되어 나갔다. 기독교는 그 혹독한 네로와 도미티안 박해, 데시우스에 의한 전국적인 박해 그리고 기독교를 송두리째 없애기 위해 성경 사본을 불살랐던 디오클레티안 박해 속에서도 살아남았다.

그 무서운 네로의 박해와 그 뒤에 이어진 도미티안(재위 A.D. 81-96) 박해 속에서도 복음의 확산은 중단되지 않았다. 요한계시록에 나타난 '피의 잔을 마시는 음녀'라고 일컫는 도미티안은 유세비우스가 증언하듯 잔인성에 있어서 실질적인 네로의 후계자였다.[36] 도미티안 황제는 자신의 아

---

[35] 그리스도인들을 박해하던 왕이나 황제들이 하나 같이 비참하게 최후를 맞았다. 그 중에 대표적인 인물이 네로 황제이다. 그가 기독교인들을 박해하고, 로마의 대화재 원인을 기독교인들에게 돌리고, 그들을 불에 태우면서 밤에 횃불을 밝히는 도구로 사용하고 그 인간 횃불이 밝혀지는 동안에 무대에서 말을 타고 춤을 추며 돌아다녔다는 기록이 있다. 그런데 그렇게 천하를 호령하던 네로도 비참한 최후를 맞았다. 또 요한계시록의 배경을 형성할 정도로 그렇게 기독교를 박해했던 도미티안 황제도 네로와 마찬가지로 비참한 최후를 맞았다. 네로가 자결로 일생을 마쳤다면, 도미티안은 살해당했다. 기독교를 박해했던 통치자들의 최후는 너무도 비참하다.

[36] Eusebius, *Ecclesiastical History* III. 17. "도미티안(Domitian)은 많은 사람들에게 잔인함을 보였고, 적지 않은 로마의 명문출신들을 부당하게 처형했으며, 이유 없이 추방하였고, 많은

내였던 도미틸라(Domitilla)를 유배시키는 한편, 집정관이었던 자신의 조카 플라비우스 클레멘스(Flavius Clemens)와 그의 두 아들들을 살해했다.[37] 살해한 죄명은 '무신론'이었고 '유대인의 관습들'이라고 알려졌으나 당시 기독교인들을 무신론자들이라고 공격했던 것으로 미루어 볼 때 기독교로 개종했기 때문에 살해한 것으로 보인다.

이레니우스의 증언에 의하면 도미티안 박해 때 사도 요한이 밧모 섬에 유배되어 그의 통치 말엽 요한계시록을 기록했다. 박해자 도미티안 역시 네로처럼 비참하게 세상을 떠났다.

4. 바울의 순교 이후 복음의 확산

스데반의 순교, 야고보의 순교에도 불구하고 복음은 중단되지 않고 확장된 것처럼 바울이 순교한 후에도 복음은 그 혹독한 박해 속에서도 중단되지 않고 확산되었다. 그것은 당시 지방 행정관 플리니 2세(Pliny the Younger, A.D. 61-c. 113)가 트라얀 황제에게 보낸 편지에서 그대로 읽을 수 있다.

"황제시여, 본인이 의심쩍어 하는 모든 질문들을 당신께 아뢰는 것이 저의 상례입니다.… 제가 보기에 그 문제는 특히 심사숙고할 가치가 있다고 여겨집니다. 왜냐하면 모든 연령층과 온갖 지위에 있는 많은 남녀들이 위험에 처해 있거나 장래에 처해질 것이기 때문입니다. 그 미신은 도시뿐만 아니라 소읍과 시골까지도 전염시켰습니다. 그러나 아직은 그것을 중단시킬 수 있고 바로 고칠 수 있는 것처럼 보입니다."[38]

소플리니의 증언대로 기독교는 로마제국 안에 남녀노소, 온갖 지위의

다른 명사들의 재산을 몰수하고, 마침내는 하나님에 대한 증오와 적개심에 있어서 네로(Nero)의 후계자가 되었다. 비록 그의 아버지 베스파시안(Vespasian)은 우리에게 편견을 갖지 않았음에도 그는 사실 우리에게 박해를 가한 두 번째 사람이 되었다."

[37] Dio Cassius, *Epitome* LXVII. 14. 박용규, 초대교회사, 83.
[38] *Pliny the Younger*, *Epp.* X. 96. 박용규, 초대교회사, 81-82.

사람들, 도시와 시골 전체에 광범하게 전파되었다. 십자가 처형이 이루어진 지 100년도 채 못 되어 기독교는 요원의 불길처럼 로마제국을 휩쓴 것이다. 트라얀 황제는 회신을 보내 의도적인 색출은 하지 말 것과 만약 그리스도인임이 밝혀지면 변절할 수 있는 기회를 주고 익명으로 발행된 서류는 받지 말 것을 명했다.

"의도적으로 그들을 계속 색출해낼 필요는 없지만, 만일 그들이 고소되고 유죄가 확정되면, 처벌을 받아야 한다. 물론 그리스도인임을 부인하고, 우리의 신들을 숭배함으로 자신들의 진술을 확증하는 자는 회개한 것으로 간주하여 비록 그의 과거 행적이 의심스럽더라도 사면한다는 조건으로서 말이다. 그러나 익명으로 발행된 서류들은 그것으로 말미암아 아무런 고소도 인정되어서는 안 된다. 그 이유는 그것들은 좋지 못한 예들이고 이 시대에 무가치하기 때문이다."[39]

이 칙령의 요지는 의도적인 색출은 하지 말고 그들이 출두했을 때만 처벌을 받아야 한다는 것이다.[40] 트라얀 황제 이후 기독교인에 대한 최소한의 법적 장치가 보장되었고, 의도적인 색출을 금했으며, 무명의 고소도 받아들이지 않았다. 이 칙령으로 인해 혹독한 박해는 어느 정도 완화되었고 그리스도인들을 "잡아들이기 위한 수색은 금지되었다."

박해가 중단된 것은 아니지만 확실히 2세기 초엽에 접어들어 황제의 시각은 네로나 도미티안 황제 같은 이전의 통치자와 비교할 때 상당히 완화되었다. 일리우스 하드리안 황제(Hadrian, 재위 A.D. 117-138)는 152년경 아시아의 총독 미누시우스 푼다누스(Caius Minnucius Fundanus)에게 보낸 서신에서, 정당한 재판을 거치지 않고서는 기독교인을 처형하지 말라고 명령했다.

"나는 당신의 선임자였던 훌륭한 세레니우스 그라니아누스(Serenius

---

[39] *Pliny the Younger, Epp.* X. 98. 박용규, 초대교회사, 83.
[40] Augustus Neander, *The History of the Christian Religion and Church: During the Three First Centuries*, trans by Henry John Ross, Third Edition (New York: Ford and Swords, 1858), 58.

Granianus)로부터 한 통의 편지를 받은 일이 있다. 따라서 나는 그 일이 아무런 심문과정 없이 진행되지 않기를 바라며, 그리하여 이 사람들이 괴롭힘을 당하지 않고 밀고자들에게 악의적인 조처를 취할 기회를 주지 않기를 바란다. 만일 당신이 다스리는 지역의 주민들이 기독교인들을 고발할 때에는 고발 사유를 분명히 증명하여 재판관들 앞에서 답변하게 할 것이며, 단순한 청원이나 기독교인을 비방하는 항의는 받아들이지 말라. 그리고 고발된 사건을 당신이 심리하여 법에 저촉되지 않는 절차를 밟아 고발했음이 증명되면 그 사건을 죄의 경중에 따라 결정하라. 그러나 만일 남을 중상하려는 목적에서 고발했다면 고발자를 조사하고 그에 대한 처벌을 하도록 하라."[41]

황제의 시각을 변화시킨 몇 가지 요인들

이 같은 황제의 시각 변화를 가능케 한 몇 가지 요인들이 있었다.

첫째, 기독교에 대한 오해가 풀리기 시작한 것이다. 기독교인들이 근친상간을 일삼는 자들, 어린 아이를 잡아 피를 마시는 이들이 아니라는 사실을 알게 되었다. 이것들은 그리스도인들이 박해를 피해 비밀리에 종교적인 모임을 갖는 데서 생겨난 오해들이었다.

둘째, 변증가들과 교부들의 공헌이다. 이들은 공개적으로 황제에게 기독교를 변호하는 "변증서"를 써서 기독교인들이 황제숭배를 거부한 것은 사실이지만 그러나 제국에 대한 충성마저 거부한 것은 아니라며 기독교인들을 변호하였다. 이들은 기독교가 무식한 종교가 아니라는 사실, 기독교가 철학적으로나 윤리적으로 수준 높은 종교라는 사실을 변호했다. 하드리안 황제 때 변증가 콰드라투스(Quadratus)가 황제에게 기독교 신앙을 변호하는 변증서를 쓴 것은 전형적인 경우다.

셋째, 기독교와 유대교가 차별화되면서 기독교인들이 반정부 활동을 하는 자들이라는 오해가 풀렸다. A.D. 64년부터 진행된 유대인 1차 반란

---

[41] Eusebius, *Ecclesiastical History* IV. 9. 박용규, 초대교회사, 85.

과 2차 유대인 반란이었던 132년의 바르 코크바 전쟁에도 기독교인들은 합류하지 않았다. 유대교와의 차별화는 기독교인들이 복음의 접촉점으로 더 이상 회당을 사용할 수 없다는 것을 의미했지만 로마 지도자들의 기독교에 대한 인식을 교정하는 데 중요한 역할을 하였다.

순교자들의 피는 교회의 씨

2세기의 통치자들은 기독교를 여전히 미신으로 간주했지만 네로나 도미티안 황제처럼 기독교인들을 극악하게 다루지는 않았다. 그러나 박해가 중단된 것은 아니었다. 유대인들은 할 수 있는 대로 기독교인들을 찾아 밀고했고, 드러내지 않고 숨어서 신앙생활을 하던 이들이 체포되어 무서운 박해를 받았다. 마르쿠스 아우렐리우스 치하에 있었던 폴리갑의 순교는 가장 대표적인 사례다. 폰투스의 교회에 보내는 서머나교회의 서신에는 폴리갑에 대한 순교의 기사가 다음과 같이 비교적 상세하게 기록되어 있다.

> 폴리갑이 앞으로 끌려 나갈 때에 그가 잡혔다는 소문을 들은 사람들이 큰 소란을 일으켰다. 마침내 그가 앞으로 나아가자 지방 총독은 그가 폴리갑이냐고 물었고 그는 그렇다고 대답했다. 총독은 그에게 그리스도를 부인하라고 권면하며 '당신의 나이를 생각해 보시오'라고 말했다. 그밖에도 그들이 항상 사용하는 표현을 사용하여, '신이신 황제의 이름으로 맹세하시오. 회개하고 신들을 부인하는 자들은 물러가라고 말하시오'라고 권했다.… 총독은 계속 그에게 '맹세하시오. 그러면 당신을 풀어주겠소. 그리스도를 비난하시오'라고 재촉했다. 폴리갑은 이렇게 대답했다. '나는 86년 동안 그분을 섬겨왔는데 그동안 그분은 한 번도 나를 부당하게 대우하신 적이 없습니다. 그런데 내가 어찌 이제까지 섬겨온 나의 왕 그리스도를 모독할 수 있겠습니까?'[42]

폴리갑을 기독교 박해의 희생 모델로 삼아 기독교 확산을 막으려던 황제의 계획은 우매한 것으로 결론 지어졌다. 배도를 유도하기 위해 폴리갑을 공개 화형시켰지만 오히려 폴리갑의 당당한 순교는 원형 경기장에 모인 무리들에게 순교적 신앙을 불어넣는 전기가 되었다. 원형 경기장에 모였던 수만의 백성들은 흔들리지 않고 진리에 굳게 선 폴리갑의 신앙의 용기를 보고 오히려 신앙의 전의를 다졌다.

교부들의 증언에 의하면 폴리갑의 순교가 오히려 기독교를 확산시키는 기회가 되었다. 목격자들이 하나님의 살아계심을 확신하며 제2, 제3의 순교자가 되면서 기독교는 박해 속에서도 중단되지 않고 제국 전역에 깊숙이 파고들었다.

5. 박해를 넘어 계속된 '땅 끝까지' 선교

기독교는 무서운 박해 속에서도 살아남았다. A.D. 250년 데시우스(Decius, 재위 249-251) 황제가 "제국의 모든 거주민들은 신들에게 제물을 바쳐야 한다"는 내용의 칙령을 발표했다. 모든 백성들에게 황제 자신을 살아있는 신으로 섬기도록 명한 것이다. 데시우스는 지방관료와 행정관들에게 정해진 날에 필요한 장소에서 제사를 총괄하도록 명령을 내렸고, 제사를 드린 사람들에게 제사 증명서인 리벨루스(a libellus)를 발급했다. 모든 사람들은 그 칙령에 근거하여 황제를 숭배해야 했다.

박해자들에 대한 하나님의 심판

데시우스의 명령 앞에 교인들은 순응, 타협, 거부, 도피 중 하나를 택해야 했다. 어떤 이들은 탐관오리들에게 돈을 주고 증명서를 사기도 했다.

---

[42] Eusebius, *Ecclesiastical History* IV. 15. Cf. *The Martyrdom of Polycarp-A Letter from the Church of Smyrna* I-XII. 박용규, 초대교회사, 94에서 재인용.

법에 순종하지 않는 사람들은 투옥을 당하거나 고문을 당했고 심지어 목숨을 잃었다. 데시우스 황제 때에 파비아누스, 로마교회 감독 코르넬리우스, 예루살렘의 감독 알렉산더, 안디옥의 감독 바빌라스가 순교했다. 박해자의 최후가 그런 것처럼 데시우스 역시 비참하게 세상을 떠났다. 하나님께서 심판하신 것이다.

박해를 가했던 황제마다 폐위를 당하거나 무서운 병에 시달리다 비참하게 죽었다. 그 혹독한 박해를 가했던 디오클레티안 황제는 박해 후 황제의 자리에서 쫓겨났고, 갈레리우스 황제는 무서운 병에 걸려 세상을 떠났다. 유세비우스는 이렇게 증언한다.

> 그[갈레리우스]의 몸에 갑자기 종양이 생겼고, 다음에는 그 부분에 잔구멍이 많은 누관이 생겼는데, 그것이 점점 안으로 곪아 들어가 창자 속까지 곪게 되었다. 그리하여 그곳에는 수많은 구더기들이 생겨났다. 또 병들기 전에 과식을 했던 음식들이 지방덩어리로 변했는데, 그것이 부패하면서 지독한 악취가 났으므로 가까이 있는 사람들은 차마 그 끔찍하고 견딜 수 없는 모습을 볼 수 없었다.[43]

마치 박해를 가하다 벌레에게 먹혀 죽은 헤롯을 연상시키는 장면이다. 하나님께서 박해자를 심판하심으로 당신의 백성을 박해자들의 손에서 보호하신 것이다. 박해 속에서도 복음은 로마제국 안에 놀랍게 확산되었다. 폴리갑의 순교, 250년의 그 무서운 데시우스 칙령, 세상의 모든 성경의 사본들을 불태워 기독교를 역사에서 추방하려고 했던 디오클레티안 황제의 박해도 그 불길을 막을 수 없었다. 박해를 받으면 받을수록 그 불길은 더 강해졌다. "순교는 교회의 씨앗"이라는 터툴리안의 증언이 역사 속에서 그대로 입증된 것이다.

---

[43] Eusebius, *Ecclesiastical History* VIII. 16.

기독교 공인과 기독교 신앙의 자유

마침내 기독교는 그 혹독한 3세기 동안의 박해를 견뎌내고 콘스탄틴 대제와 리키니우스에 의한 313년 밀란의 칙령으로 종교의 자유를 얻었다. 기독교는 A.D. 380년 2월 27일 데오도시우스(Theodosius I, 347-395) 황제의 칙령에 의해 로마제국의 국교(the Empire' state religion)로 공인되었다. 박해받던 종교가 이제는 로마제국을 대표하는 종교로 부상한 것이다.[44] 이것은 분명 기독교의 승리였다.

하지만 그로부터 1세기 후 A.D. 476년 로뮬루스 황제 때 서로마제국은 바바리안의 침략을 받아 힘없이 무너져 내리고 말았다. 기독교는 거대한 로마제국의 멸망과 함께 역사에 사라질 것이라는 우려와 달리 오히려 로마를 침략한 바바리안들이 복음화 됨으로써 사도행전 1장 8절에 예언된 '땅 끝까지 이르러 내 증인이 되리라'는 주님의 약속이 한층 더 구체적으로 성취되었다.

---

[44] Boyd, William K. *The Ecclesiastical Edicts of the Theodosian Code* (New York: Columbia University Press, 1905), 47.

맺는 말: 계속되는 성령의 역사

> 그리스도의 교회여! 이 성령의 행전에 대한 기록은 결코 완성에 이르지 않았다. 이것은 엄격한 의미에서 끝맺음이 없는 책이다.
>
> Arthur T. Pierson, *The Acts of the Holy Spirit*, 1896

> 사도행전은 성령을 통한 그리스도의 계속적인 활동을 기록하고 있다.
>
> Charles R. Eerdman, *The Acts*, 1919

우리는 역사적 혜안을 갖춘 누가가 기록한 사도행전을 통해 예수 그리스도의 승천과 성령강림 이후 첫 32여 년 동안의 교회 역사를 살펴보았다.[1] 누가는 사도행전에서 다음 몇 가지 사실을 선명하게 드러내고 있다.

첫째, 사도행전은 신약의 유일한 역사서이면서 사도행전 1장 8절의 약속이 어떻게 역사 속에서 구현되어 나갔는가를 심도 있게 추적한 최초의 교회사이다. 사복음서가 부활하실 때까지의 주님의 공생애를 기록했다면 사도행전은 주님이 부활하신 후에 그의 제자들에 의해 복음이 예루살렘에서 로마까지 확산되는 첫 32년 동안의 복음의 확산 과정을 담고 있다. 성령이 임하시면 '권능을 받고 예루살렘과 온 유대와 사마리아와 땅 끝

---

[1] Melancthon W. Jacobus, *Notes, Critical and Explanatory, on the Acts of the Apostles* (New York: Robert Carter & Brothers, 1859), iii. 사도행전이 다루고 있는 역사의 시간 범위는 정확히 32년이다.

까지 이르러 내 증인이 되리라'는 주님의 약속대로 성령으로 충만을 받은 사도들과 그리스도인들을 통해 복음이 예루살렘에서 시작해서 온 유대, 사마리아, 가이사랴, 안디옥 그리고 땅 끝 로마까지 확산되었다.

둘째, 예루살렘에서 로마까지 복음이 확산되는 과정에서 당시 로마제국의 정치, 지리, 사회, 종교정책, 언어, 문화적 배경은 너무도 중요한 역할을 했다. 사도행전은 복음전파를 위한 최고의 환경이 로마제국 안에 조성되었고, 그런 환경을 통해 복음이 어떻게 예루살렘에서 로마까지 확산되었는가를 잘 그려주었다.

바울은 로마의 시민권을 소유했고, 헬라어, 히브리어, 라틴어[로마에서 복음전도]를 유창하게 구사했으며, 그리하여 안디옥을 비롯한 중요한 거점을 중심으로 로마제국의 해상도로, 육상도로를 이용하여 로마제국을 무대로 1, 2, 3, 4차 선교여행을 성공적으로 수행할 수 있었다.[2] 게다가 로마제국의 통치자들은 기독교를 합법적인 유대교의 한 분파로 이해했고, 기독교에 대해 우호적인 입장을 취했다.

셋째, 누가가 일관되게 증언한 대로 확실히 사도행전은 '성령의 복음'(The Gospel of the Holy Spirit)이다. 성령께서 선교를 주도하셨다. 분명 복음전파의 주역들이 존재했지만 선교를 이끌어 가신 분은 성령 하나님이셨다. 마가의 다락방에서의 오순절, 사마리아 오순절, 가이사랴 오순절, 에베소의 오순절은 전형적인 사례들이다. 이 중요한 선교 확장과정에서 성령의 부으심과 임재는 필수적이었다. 누가는 성령의 부으심이 연속적으로 임했다는 사실을 변증하였다.

오순절 마가의 다락방의 성령의 역사는 분명 요엘 선지자가 약속하고 예수 그리스도가 약속하신 만민에게 부어주시겠다는 성령의 부으심의 약속, 아버지의 약속의 성취이지만 그것은 브루스가 지적한 대로 성취의 시작일 뿐이다. 마가 다락방의 오순절 성령강림의 시간과 장소와 대상과 임재의 현상은 분명히 독특하지만 오순절 마가의 다락방에 임한 성령의 부

---

[2] Ronald Allen, *Missionary Methods: St. Paul's or Ours?* (London, 1927), 3.

으심은 사마리아, 가이사랴, 에베소에도 임했으며, 그와 함께 선교가 확장되었다.

넷째, 복음의 확장과정에서 특정 인물들만 도구로 쓰임받은 것이 아니라 직분과 상관없이 성령충만한 '그리스도인들'이 쓰임받았다. 사도행전 1장 8절의 말씀대로 누구나 성령이 임하시면 권능을 받고 그리스도의 증인의 사명을 온전히 감당할 수 있다.

누가는 사도행전에서 중요 인물들의 역할을 기록했지만 결코 몇몇 주인공 중심의 역사서를 기술하지 않았다. 그것이 누가의 의도는 더욱 아니었다. 하나님 나라 확장과정에서 성령의 충만을 받은 눈에 띄는 무대의 주역들이 있었지만 결코 하나님 나라가 그들의 전유물은 아니었다. 열두 사도, 일곱 사람 그리고 바울, 바나바, 실라를 비롯한 수많은 지도자들의 헌신적인 전도가 있었던 것이 사실이지만 누가는 예루살렘교회를 형성한 무리들, 사마리아 믿음의 공동체, 고넬료와 그 가족원, 이름조차 언급되지 않은 안디옥교회를 설립한 이들, 바울과 함께 거룩한 비전을 공유하고 예루살렘교회를 도운 이방인들 모두가 복음전파의 주인공이었다는 사실을 드러내길 원했다.

예를 들어 누가가 120문도 가운데 밝힌 명단은 11사도와 마리아뿐이다. 이들을 제외하곤 그곳에 있던 이들 각각의 이름이 아닌 '여자들,' '예수의 아우들'로 기술했지 이름은 밝히지 않았다. 이들 무명의 120문도가 놀라운 성령의 부으심을 체험한 후 예루살렘교회의 주역이 되었다. 그날 주님께로 돌아온 3천명이 누구인지, 다시 5천명으로 증가한 그들이 누구인지 그리고 주님께로 돌아온 허다한 제사장의 무리가 누구인지도 밝히지 않았다. 누가는 안디옥에서 헬라인들에게도 복음을 전해 안디옥교회를 태동시킨 구브로와 구레네 출신의 몇 사람의 이름도, 바울이 로마에 도착한 후 압비오 광장과 트레이스 타베르네까지 마중을 나온 이들의 이름도 밝히지 않았다.

사도행전을 면밀히 살펴보면 누가는 자신을 포함하여 각 개인들을 드러내지 않고 오직 성령의 역사와 예수 그리스도만 드러내려고 하였다. 누가는 그들의 이름이 드러나는 것을 의도적으로 피하였다. 누가는 특정인물들을 주목한 것이 아니라 그들을 사용하신 예수 그리스도, 그들을 증인으로 삼으시고 그들 안에 역사하시는 성령 하나님을 드러내고, 인류를 구원하기 위해 사랑하는 아들을 보내시고 구속의 사역을 이루시기 위해 약속하신 성령 하나님을 보내주신 성부 하나님 그리하여 성부 성자 성령 삼위일체 하나님을 주목하도록 우리를 인도한다. 그것은 누가의 의도이기도 하지만 사도행전의 신적 저자인 성령의 의도였다.

또한 이것은 진정으로 성령충만을 받고 복음의 역군으로 쓰임 받은 이들 모두의 진심이었다. 사실 베드로나 바울도 자신들의 이름이 드러나는 것을 원치 않았다. 그들은 자신들이 주목을 받는 것도 원치 않았다. 사도행전의 증인들이 지속적으로 주목하고 또 주목을 받도록 한분은 바로 예수 그리스도였다.

믿음의 사람들은 예수 그리스도를 주목해야 하고 그분이 주목을 받도록 해야 한다. 우리 모두는 다 예수 그리스도의 왕국(하나님 나라) 확장과 그의 영광을 위한 도구일 뿐이다. 도구로 쓰임 받는다는 것조차 감당할 수 없다는 겸손이 지도자들과 그리스도인들 모두의 고백이 될 때 예수 그리스도와 그의 나라(Christ and His Kingdom)는 그들과 그들의 사역 안에서, 그들과 그들의 사역을 통해서, 그들과 그들의 사역에 의해 더욱 더 드러나실 것이며, 그분이 드러나는 곳에는 하나님 나라가 강력하게 임하고 지배할 것이다.

다섯째, 하나님은 역사의 주관자라는 사실을 선명하게 사도행전의 역사를 통해서 선포하셨다. 크로노스와 카이로스의 시간을 주관하시고 복음을 전할 수 있는 환경을 만드시고 적절한 때 필요한 사람을 세우시고 헤롯 왕과 벨릭스를 심판하시고 가말리엘과 갈리오를 통해 당신의 백성을 보호하시고 광풍 속에서도 276명을 안전하게 멜리데 섬으로 인도하셨다.

바울의 고백대로 아우구스투스 황제를 통해 로마의 평화를 통해 복음이 확산될 수 있는 모든 환경이 조성된 그 때 '때가 차매' 예수 그리스도를 보내주시고 오순절 성령강림을 통해 예루살렘에서 땅끝으로 복음이 확산되게 하셨다. A.D. 60년 봄 로마에 도착한 바울이 '이태' 동안 전혀 방해 받지 않고 마음껏 복음을 전할 수 있게 인도하신 분도 하나님이셨다. 누가는 크로노스와 카이로스의 시간을 주관하시고 역사를 이끌어 가신 하나님을 너무도 탁월하게 드러내었다.

여섯째, 주님은 성령의 임재를 통해 '보라 세상 끝 날까지 너희와 항상 함께 있으리라'는 약속을 온전히 성취하셨다. 스데반이 순교하는 그 극한 현장에 주님은 하나님 우편에 서 계셨고, 바울이 예루살렘에서 죽음의 위기를 만날 때 바울 '곁에 서서' 안전과 로마행을 약속하셨다. 비록 승천하셨지만 여전히 부활하신 주님은 살아 역사하시며 당신의 백성들을 보호하시고 인도하시고 지키신다.

주님은 성령을 통해서 그의 권능이 12사도들의 권능이 되게 하시고, 일곱 사람의 권능이 되게 하시고 바울과 바나바의 권능이 되게 하셨다. 성령의 권능을 통한 동일한 역사를 통해서 여전히 부활하신 그리스도가 이 땅에 그의 백성들과 함께 하신 것이다. 주님이 사울에게 교회의 핍박과 자신의 핍박을 동일시하신 것을 이 땅에 교회는 잊지 말아야 할 것이다.

복음을 증거하다 순교한 스데반을 주님께서 영화롭게 하신 것은 이 땅에 복음을 증거하는 증인들을 영화롭게 하시겠다는 의미를 담고 있다. 우리의 구주 그리스도 그분은, '많은 사람을 옳은 데로 돌아오게 한 자는 별과 같이 영원토록 빛나리라'(단 12:3), '이기는 그에게는 내가 내 보좌에 함께 앉게 하여 주기를 내가 이기고 아버지 보좌에 함께 앉은 것과 같이 하리라'(계 3:21)고 약속하신 대로 그의 증인들을 빛나게 하실 것이다.

일곱째, 복음서와의 연속성, 특히 누가복음과 사도행전은 각각의 서문에서 밝힌 것처럼 동일 저자에 의한 전편과 후편이라는 연속성을 가지고 전개되고 있다. 하나님 나라, 부활신앙, 재림신앙은 물론이고 주님이 행하셨던 표적과 신유의 역사가 사도행전에 그대로 등장한다. 누가는 복음서의 예수 그리스도의 사역과 사도행전의 사도들의 사역을 예리하게 비교하며 둘 사이의 일관성과 통일성을 섬세하게 드러냈다.

주님이 공생애 동안에 집중하셨던 가르치시고, 전파하시고 그리고 치료하시는 사역이 사도행전에서도 중요한 특징으로 자리 잡고 있다. 이것은 예루살렘교회와 안디옥교회 안에서의 지속적인 가르침, 복음전파, 예루살렘교회의 나눔의 실천, 재산 공유, 안디옥교회의 모교회 구제헌금, 이방인교회의 예루살렘 구제헌금을 통해 확인할 수 있다. 복음의 증인이 단순히 믿지 않는 자들에게 예수 그리스도만 증거하는 것이 아니라 세상을 품고 치료하는 사역을 동시에 감당하는 것임을 매우 일관되게 진술하고 있다. 예루살렘교회가 예시하듯 말씀과 기도와 구제 문제 중 어느 하나도 소홀할 수 없다.

여덟째, 성령과 말씀이 사도행전에서 늘 함께 갔다는 사실이다. 성경의 저자는 성령이시다. 성령은 결코 말씀을 소홀하게 다루시거나 무시하시지 않으신다. 말씀이 흥왕한 곳에 성령은 강하게 역사하셨다. 한국교회가 성령을 강조하는 성령운동과 말씀을 강조하는 제자운동이 왜 한계를 드러냈느냐에 대한 성경적 답변을 사도행전이 분명하게 제공하고 있다. 전자는 성령을 강조하면서도 말씀공부와 말씀대로의 실천이 결여되어 신비주의적이고, 은사주의적이고, 기복적인 방향으로 흐르고 말았다.

반면 후자는 말씀의 중요성을 깊이 인식하고 체계적으로 말씀공부에 집중한 훈련을 통해서 성령운동의 한계를 극복했지만 정작 말씀의 저자이신 성령의 강력한 임재를 사모하고 성령의 충만을 받아 죄악을 이기고 세상을 역동적으로 살아가도록 인도하지 못했다. 성령운동이 성령의 교과서인 말씀이 뒷받침되지 못했다면 제자훈련운동은 말씀의 저자이신 성령에 대한 깊은 은혜 체험이 뒷받침되지 못했다. 말씀과 성령은 분리될 수 없다. 사도행전은 말씀과 성령이 같이 가야 한다는 중요한 교훈을 일깨워주었다.

아홉째, 사도행전에는 기독교의 중요한 근본진리와 교리가 아주 선명하게 드러나 있다. 하나님 나라, 예수가 구약에 예언된 그리스도 메시야라는 사실, 그를 통해서만 인간이 구원을 얻을 수 있다는 사실, 오직 믿음을 통해서 인간이 구원을 얻을 수 있다는 사실, 그리스도의 부활과 의인과 악인의 부활, 의와 심판, 다른 복음, 신론, 기독론, 성령론, 종말론, 교회론을 비롯한 기독교의 근본진리가 너무도 잘 드러나 있다.

사도행전을 정확하게 이해한다면 복음서와 서신서를 더 잘 이해할 수 있고, 구약에 대한 이해를 깊이 할 수 있으며, 오늘날 교회를 바르게 세워갈 수 있다. 확실히 사도행전은 이 땅에 교회가 나아갈 방향을 너무도 분명하게 제시하였다.

마지막으로 사도행전의 성령의 역사는 진행형이다. '땅 끝' 중심 로마에까지 복음이 전해졌음을 기술하고도 누가가 사도행전을 미완으로 남겨놓은 것은 성령의 역사가 사도행전 28장으로 끝난 것이 아니라 여전히 인류의 역사 속에 진행되고 있고 또 반드시 진행되어야 할 사건이라고 믿었기 때문이다.

필자가 볼 때 이것이 누가의 의도였고, 성경의 저자이신 성령께서 말씀하시기를 원하시는 핵심 내용이다. 로마가 세계의 중심지였지만 결코 '땅 끝'의 최종 종착지는 아니었다. '땅 끝'은 진행형이다. 바울 자신도 로마를 마지막 '땅 끝'으로 보지 않았다. 그는 로마를 거쳐 스페인에 가기를 간절히 소망했다. 지금까지 '땅 끝'은 끝없이 새롭게 설정되고 따라서 '땅 끝'을 향한 복음의 진보가 중단되지 않고 지속되어 왔다.

지난 2천 년의 기독교 역사가 증언하듯이 새롭게 설정된 '땅 끝'을 향해 달려가는 선교여행은 지금까지 계속되었고, 지금 이 시간에도 여전히 계속되고 있다. 다만 무대와 주인공들이 바뀌었을 뿐이다. 여전히 주의 사역을 위해 귀하게 쓰임 받은 인물들이 존재하지만 우리 모두는 누가가 그랬던 것처럼 특정인물을 통해 역사하시는 성령 하나님과 세상 끝 날까지 함께하시겠다는 약속대로 여전히 당신의 백성들과 함께 살아 역사하시는 예수 그리스도를 주목해야 한다. 그 성령의 역사(work)는 주님이 재림하실 그 날까지 역사(history) 속에서 중단되지 않고 계속될 것이다.

우리 모두 이 놀라운 성령의 역사, 부흥의 역사, 선교의 역사가 우리 민족 가운데, 아니 전 세계 모든 민족 가운데 계속해서 타오르기를 간절히 소망하자. 그리고 약속하신 성령을 '모든 육체,' '남종과 여종'에게 놀랍게 부어주셔서 자녀들이 예언하고, 젊은이들이 환상을 보고, 늙은이들이 꿈을 꾸는 성령의 시대가 우리 가운데 도래하게 해달라고 기도하자. 그리하여 우리 모두 성령충만한 거룩한 백성들을 통해 세계 곳곳의 복음의 불모지에 복음의 꽃이 활짝 피어오르고, 주의 이름을 부르는 자들이 구원을 얻는 은혜의 역사가 이 땅에 가득하며, 이 땅의 교회가 다시 복음으로 불타오르는 그날이 오게 해달라고 하나님께 간절히 간구하자.

오 주님! 어서 속히 그 은혜를 주옵소서!

사도행전의 주요사건 연표(A.D. 14-117)

A.D.

14	아우구스투스(Augustus) 황제 사망
14-37	티베리우스(Tiberius) 황제
26-36	본디오 빌라도(Pontius Pilatus) 유대총독
27-30	예수 그리스도의 공생애
30	예수 그리스도의 십자가와 부활, 승천(1:1-11)
30	오순절 성령강림(2장)
30-32	예루살렘교회와 베드로, 요한의 사역(3-5장)
	일곱 집사 선출(6:1-7)
32/33	스데반의 순교(7:54-60)와 사마리아 복음전파(8:4-25)
	사울의 회심(9:1-19)
35/36	사울의 1차 예루살렘 방문(9:26-28; 갈 1:18-20)
35-43	사울, 고향 다소에서 생활
36	빌라도 악정으로 소환됨
37	요세푸스 출생, 카이바스 퇴위(Caiaphas)
37-41	칼리굴라(Caligula) 황제
38	알렉산드리아에서 반유대인 폭동
40-45	시몬 마구스(Simon Magus) 사마리아 활동
40	고넬료의 회심(10장)
41-44	유대왕 헤롯 아그립바 1세
41-54	글라우디오(Claudis) 황제
43/44	야고보 사도의 순교(12:1-2)

43	바나바가 사울을 안디옥으로 데리고 옴(11:25-26)
44 초	아가보의 예언(11:27-28)
45-47	유대에 기근(11:28)
46	사울의 2차 예루살렘 방문(11:27-30; 갈 2:1-10)
46-47 겨울	사울이 안디옥으로 돌아옴(12:25)
47.3.29	바울의 1차 선교여행 시작(13:1-3)
47.7	구브로 선교(13:4-12)
47.7	밤빌리아 버가 선교(13:13)
47 겨울	비시디아 안디옥 선교(13:14-52)
48 여름	이고니온 선교(14:1-7)
48 가을	루스드라 선교(14:8-19)
48-49 겨울	더베 선교(14:20-21)
49.	루스드라, 이고니온, 비시디아 안디옥을 거쳐 밤빌리아 버가에서 머물며 사역(14:21-25)
49.	잠깐 동안 버가에 머물다
49.	앗달리아에서 시리아 안디옥으로 돌아옴(49년 겨울, 14:25-28)
	바울의 3차 예루살렘 방문, 예루살렘공의회(15:1-30)
50.3.25-4.1	2차 선교여행 시작(15:36 이하)
50	글라우디오 황제 로마에서 유대인 추방(18:2)
50 여름	브루기아 갈라디아 선교(16:6-7)
50.10	드로아 환상(16:8-10)
50.12	빌립보 선교(16:11-40)
50.12-51.5	데살로니가 선교(17:1-9)
50-93	분봉 왕 헤롯 아그립바 2세
51-52	갈리오(Galio) 아가야 총독
51.5-7	베뢰아 선교(17:10-15)
51.8	아덴 선교(17:16-34)
51.9-53.3	고린도 선교(18:1-17), 데살로니가전후서 작성
52-59	벨릭스(Felix) 유대총독

52. 7		갈리오 아가야 도착
53.3.22-29		바울의 4차 예루살렘 방문
53.5		시리아 안디옥 방문, 갈라디아서 작성
53.6		3차 선교여행 시작(18:18 이하)
53.7-8		갈라디아 브루기아 선교(18:23)
53.10-56.1		바울의 에베소 선교(19:1-20)
54-68		네로(Nero) 황제
55.10		고린도전서 작성
55-56		늦은 가을/바울의 마게도냐 선교(20:1-2)
56.2		드로아 선교(20:5-12)
56-57		고린도에서 겨울을 보낸 바울(20:2-3), 로마서 작성
56 여름		고린도후서 작성
56.12-57.2		아가야에서 3개월 체류
57.3		빌립보 선교여행
57.4.15		예루살렘 가기 위해 드로아를 향해 빌립보 출발(20:6)
57.5.28전		바울의 5차 예루살렘 방문, 예루살렘의 체포와 벨릭스 앞에서 재판(21:17-24:22)
57.6-59.7		가이사랴에서의 2년간의 투옥(23:23-24:27)
59-61		베스도(Festus) 유대총독
59		바울의 베스도와 아그립바 앞에서 재판 (25:6-26:32)
59.8-60.2		바울의 로마행(27:1-28:16)
60-62		바울의 로마에서의 투옥(28:16이하)
61초		골로새서와 빌레몬서 작성
61하반기		빌립보서, 에베소서 작성
62		로마 1차 투옥에서 바울의 석방
62		예루살렘의 야고보 살해
62-66		바울의 마지막 선교여행
63(?)		베드로 로마에서 활동 / 디모데전서, 디도서 작성
64		네로의 로마의 대화재와 기독교 박해

66-74	1차 유대전쟁
67	바울의 두 번째 투옥, 재판, 순교 / 디모데후서 작성
68	쿰란 주거지 파괴, 네로 대학살
69-79	베스파시안(Vespasian) 황제
70	티투스에 의해 예루살렘 함락
74	마사다 함락
75	요세푸스 전쟁사
75-80	공관복음서 현재 형태로 완성
79	폼페이 화산폭발로 파괴
79-81	티투스(Titus) 황제
80-90	히브리서 기록
81-96	도미티안(Domitian) 황제
90	요한복음 기록
95	요한계시록 기록, 도미티안 박해
96	로마의 클레멘트 서신
98-117	트라얀(Trajan) 황제

참고문헌

영문 단행본

Abbott, Lyman. *An Illustrated Commentary on the Acts of the Apostles*. New York: A. S. Barnes, 1878.

Alexander, J. A. *A Commentary on the Acts of the Apostles*. 1857; Edinburgh: Banner of Truth, 1963, Volumes I and II together.

Allen, Ronald. *Missionary Methods: St. Paul's or Ours?*. London, 1927.

Arnold, Clinton E. *Acts*. Grand Rapids: Zondervan, 2002.

Arnot, William. *The Church in the House: A Series of Lessons on the Acts of the Apostles*. New York: Robert Carter & Brothers, 1873.

Augustine. *Against Felix the Manichean I*.

_____. *Civitate Dei*.

Barclay, William. *Acts of the Apostles*. Philadelphia: Westminster Press, 1953; *The Acts of the Apostles, in The Daily Study Bible*. St. Andrew Press, 1953; 2nd edition, 1955; 정혁조 역. (성서주해) 사도행전. 서울: 기독교문사, 1971; 바클레이성경주석편찬위원회 역. (바클레이 성경 주석; 6) 요한복음 하, 사도행전. 개정1판. 서울: 기독교문사, 2009.

Barnes, Albert. *Barnes' Notes on the New Testament: Complete and Unabridged in One Volume*. Grand Rapids: Kregel Publcations, 1962.

_____. *Notes, Explanatory and Practical, on the Acts of the Apostles: designed for Bible-classes and Sunday-schools*. New York: Leavitt, Lord &Co., 1834.

_____. *Notes, Explanatory and Practical, on the Acts of the Apostles: designed for Bible-classes and Sunday-schools*. Vol. II. New York: Leavitt, Lord &Co., 1835.

_____. *Notes, Explanatory and Practical, on the Acts of the Apostles and the Epistle to the Romans*. London: Routledge, Warne, & Routledge, 1863.

Barrett, C. K. *A Critical and Exegetical Commentary on the Acts of the Apostles*. Vol. II. London: T. &T. Clark, 1998.

_____. *Luke the Historian in Recent Study*. London: Epworth, 1961.

_____. *The Acts of the Apostles: A Shorter Commentary*. New York: T. &T. Clark, 2002.

_____. *The New Testament Background: Selected Documents*. New York: Harper &Brothers, 1961.

Barton, Bruce B. & Osborne, Grant R. *Acts*. Wheaton: Tyndale House, 1999; 김일우, 임미영 역. (LAB 주석 시리즈) (적용을 도와주는) 사도행전. 서울: 한국성서유니온선교회, 2003.

Baxter, J. Sidlow. *Explore the Book: a basic and broadly interpretative course of bible study from Genesis to Revelation; in six volumes*. Grand Rapids: Zondervan Publishing House, 1960; 전준식 역. 성경의 탐구: 창세기로부터-계시록까지 기초적이며, 광범위한 해석코스의 연구. 제6권. 사도행전으로부터-요한계시록까지. 서울: 마라나다, 1992.

Baumgarten, M. *The Acts of the Apostles: Or, The History of the Church in the Apostolic Age*. Vol. I-III. Edinburgh: T. &T. Clark, 1854.

Beale, Gregory K & Carson, D. A. Eds. *Commentary on the New Testament Use of the Old Testament*. Grand Rapids: Baker Academic, 2007; 배성진, 김현광 역. (신약의 구약사용 주석시리즈; 3) 사도행전·로마서: 구약성경의 인용, 암시, 반영에 대한 탐구. 서울: 기독교문서선교회, 2012.

Bengel, John Albert. *Bengel's Gnomon of the New Testament* Vol. I. Philadelphia: Smith, English, and Co. 1860; Philadelphia: Perkinpine & Higgins, 1862.

_____. *Bengel's New Testament commentary*. Grand Rapids: Kregel Publications, 1981; 고영민, 서문강 역. (벵겔) 신약주석. 사도행전 상,하. 서울: 로고스, 1991-1992.

_____. *Gnomon of the New Testament*, Vol. 2. Edinburgh: T & T. Clark, 1858.

Berrigan, Daniel. *Whereon to Stand: The Acts of the Apostles and Ourselves*. Eugene: Wipf &Stock, 2009.

Bickel, Bruce, and Stan Jantz. *Acts: Living in the Power of the Holy Spirit*. Eugene: Harvest House, 2004.

Blackaby, Henry T. *Acts: A Blackaby Bible Study Series*. Nashville: Thomas Nelson, 2007.

Blaiklock, E. M. *The Acts of the Apostles: An Historical Commentary*. Grand Rapids: Eerdmans, 1959; 나용화 역. 사도행전. 서울: 기독교문서선교회, 1980.

Blomberg, Craig L. *From Pentecost to Patmos: Acts to Revelation, an introduction and survey*. Nottingham: Apollos, 2006; 왕인성 역. 오순절 성령강림에서 밧모섬까지: '사도행전-계시록' 개론. 서울: 기독교문서선교회, 2010.

Bock, Darrell L. *Acts*. Grand Rapids: Baker Academic, 2007.

Bock, Darrell L. *The Bible Knowledge Word Study: Acts-Ephesians*. Colorado Springs: Victor, 2006; 키워드로 푸는 성경: 사도행전-에베소서: 사도행전-에베소서에 나오는 핵심 단어의 배경 지식과 문맥적인 의미의 탐구. 서울: 디모데, 2013.

Bonar, Horatius. *Light and Truth: Or, Bible Thoughts and Themes-The Acts and the Larger Epistles*. London: Nisbet, 1870.

Bosworth, Edward I. *New Studies in Acts*. New York: Young men's Christian Association Press, 1908.

_____. and Ernest DeWitt Burton. *Studies in the Acts and Epistles*. New York: The

International Committee of Young Men's Christian Associations, 1900.

Bowen, Francis. *Key to the ACTS of the Apostles or The ACTS of the Apostles Historically Chronologically and Geographically Considered*. London: Longmans, Green, and Co., 1869.

Brandon, S. G. *The Fall of Jerusalem and the Christian Church*. London: SPCK, 1951.

Brant, Howard. *Acts, Courageous Witness in a Hostile World: A Guide for Gospel Foot Soldiers*. Eugene: Wipf &Stock, 2013.

Bruce, F. F. *Acts*. London: Scripture Union, 1984; 한국성서유니온 역. (성경연구 시리즈) 사도행전. 서울: 한국성서유니온, 1988.

_____. *Acts: A Bible Study Commentary*. Cork: BookBaby, 1982.

_____. *(New International Commentary on the New Testament) The Book of the Acts*. Grand Rapids: Eerdmans, 1984; 이용복, 장동민, 김재영 역. (F.F. 브루스 성경주석) 사도행전. 상.하. 서울: 아가페출판사, 1986, 1989, 2014(개정판); 김장복 역. (NICNT) 사도행전. 서울: 부흥과개혁사, 2017.

_____. *The Acts of the Apostles: The Greek Text with Introduction and Commentary*. Grand Rapids: Eerdmans, 1990.

_____. *The Book of the Acts*. Revised edition. Eerdmans, 1988.

Bruner, Frederick Dale. *A Theology of the Holy Spirit: The Pentecostal Experience and the New Testament Witness*. Eugene: Wipf and Stock Publishers, 1997.

Cadbury, Henry. *The Making of Luke−Acts*. Macmillan, 1927; 2nd edition, SPCK, 1958.

Calvin, Jean, Henry Beveridge, and Calvin Translation Society. *Commentary upon the Acts of the Apostles*. Vol. I. Edinburgh: Calvin Translation Society, 1844.

_____. *Institute of Christian Religion* I, II.

_____. *Ioannis Calvini Commentarii*; 신윤수 역. 칼빈주석: 사도행전 라틴어원전완역본. 고양: 크리스챤다이제스트, 2014.

_____. and Henry Beveridge. *John Calvin Bible Commentaries On The Acts of the Apostles 1−13*. North Charleston: Createspace, 1907.

_____. 사도행전. 존 칼빈 성경주석출판위원회 역. 서울: 신교출판사, 1978.

_____. 존 칼빈 성경주석출판위원회 편역. 성경주석. 18. 사도행전 I, II, 데살로니가전후서. 서울: 성서원, 1999; 존 칼빈 성경주석 출판위원회 편역. (칼빈주석시리즈; 35-36) 칼빈 주석: 칼빈 500주년 기념판. 사도행전 1-2. 3판. 서울: 다은, 2014.

_____. 한국기독교선교백주년기념 존칼빈성경주석출판위원회 역편. 신약성경주석, Vol. 5, 사도행전 I. 서울: 성서교재간행사, 1980.

Campbell, Alexander. *Acts of the Apostles*. New York: American Bible Union, 1858.

Carter, Charles W; Earle, Ralph & Thompson, W. Ralph. Eds. *The Wesleyan Bible Commentary*. Grad Rapids: Eerdmans, 1964; 웨슬리주석번역위원회 역. 웨슬리주석. 10. 요한복음-사도행전. 인천: 임마누엘, 1991.

Carver, William Owen. *The Acts of the Apostles*. Nashville: Sunday School Board, Southern Baptist Convention, 1916.

Cassius, Dio. *History* lxv. 15; lxvi. 18.

Cecilia, Madame. *The Acts of the Apostles*. London: Burns Oates and Washbourne, 1907.

Chrysostom, John. *The Homilies of John Chrysostom on The ACTS of The Apostles*. London: Oxford, John Henry Parker, 1851.

_____. *The Homilies on the Acts of the Apostles*. Oxford: J. H. Parker, 1851.

_____. *The Homilies on the Acts of the Apostles, preached in Constantinople in AD 400; from A Select Library of the Nicene and Post-Nicene Fathers*, ed. Philip Schaff, Vol. XI, 1851. Eerdmans reprint, 1975.

Clark, Albert Curtis. *The Acts of the Apostles*. Oxford: Clarendon Press, 1933.

Clark, Charles A. *The Nevius plan for mission work: illustrated in Korea*. Seoul, Korea: Christian Literature Society, 1937; 박용규, 김춘섭 역. *한국교회와 네비우스정책*. 서울: 기독교서회, 1994.

Clark, George W. *The Acts of the Apostles: A Popular Commentary upon a Critical Basis, Especially Designed for Pastors and Sunday Schools*. Philadelphia: American Baptist Publication Society, 1917.

Coggan, Donald. *Paul: Portrait of a Revolutionary*. London: Hodder & Stoughton, 1984.

Conybeare, W. J. and J. S. Howson. *The Life and Epistles of St Paul*. London: Longman, Brown, Green, Longmans & Brothers, 1856; Longmans Green, new edition, 1880.

Cook, F. C. *The Acts of the Apostles: With a Commentary and Practical and Devotional Suggestions for Reader and Students of the English Bible*. London: Longmans, Green, and Co., 1866.

Cowles, Henry. *Acts of the Apostles: With Notes, Critical, Explanatory, and Practical, Designed for Both Pastors and People*. New York: D. Appleton, 1883.

Culy, Martin M., and Mikeal C. Parsons. *Acts: A Handbook on the Greek Text*. Waco: Baylor University Press, 2003.

Cyprian. *De Unit. Eccles.* Oxford Edit., 1682.

Darby, John Nelson. *Synopsis of the books of the Bible: Acts*. London: G. Morrish, 1867; 이종수 역. (존 넬슨 다비의 성경주석 시리즈) 사도행전. 서울: 형제들의 집, 2017.

Daughrity, Dyron B. *The Changing World of Christianity: The Global History of a Borderless Religion*. New York: Peter Lang, 2010.

Denton, W. A. *A Commentary on the Acts of the Apostles*. Vol. I-II. London: George Bell and Sons, 1874.

Dick, John. *Lectures on Some Passages of the Acts of the Apostles*. Glasgow: Printed by Crawford and Mackenzie, 1805.

Donato, Christopher John. *Perspectives on the Sabbath*. Nashville: Academic, 2011.

Dunn, James D. G. *Baptism in the Holy Spirit*. London: SCM, 1970.

_____. *Jesus and the Spirit: A Study of the Religious and Charismatic Experience of Jesus and the First Christians as Reflected in the New Testament*. London: SCM, 1975.

DuVeil, Carolus Maria, and F. A. Cox. *A Commentary on the Acts of the Apostles*. London: J. Haddon, 1851.

Edersheim, Alfred. *The Life and Times of Jesus the Messiah*, 2 Volumes. Longmans, 1883.

Eims, LeRoy. *Disciples in Action*. Colorado Springs: Navpress, 1981; 보이스사편집부 역. (제자 훈련을 위한) 사도행전 해설. 서울: 보이스사, 1983; 사도행전 속의 제자 훈련. 개정판. 서울: 네비게이토 출판사, 2011.

Ellicott, C. J. *Ellicott's Commentary on the Whole Bible, a Verse by Verse Explanation: Volume VII Acts-Galatians*. Eugene: Wipf and Stock, 1897; Grand Rapids: Zondervan, 1959.

Erasmus, Desiderius, Anne Reeve, and M. A. Screech. *Erasmus' Annotations on the New Testament: Acts, Romans, I and II Corinthians : Facsimile of the Final Latin Text with All Earlier Variants*. Leiden; New York: Brill, 1990.

Erdman, Charles R. *Exposition of the Acts of the Apostles*. Philadelphia: Westminster Press, 1919; 김재준 역. 사도행전강해. 서울: 대한기독교서회, 1954, 1961(6판).

_____. *The Acts*. Philadelphia: The Westminster Press, 1919; Grand Rapids: Baker Book House, 1983.

Eusebius, Flavius. *Ecclesiastical History*.

_____. *Ecclesiastical History* II.

_____. *Ecclesiastical History* III.

_____. *Ecclesiastical History* IV.

_____. *Ecclesiastical History* VIII.

_____. & Pamphilus. *Ecclesiastical History*. New York: Thomas N. Stanford, 1856.

_____. *Eusebius Ecclesiastical History*. Grand Rapids: Baker, 1987.

_____. *The Ecclesiastical History of Eusebius Pamphilus*. London: Bell & Daldy, 1868.

Evans, Craig A. *The Bible Knowledge Background Commentary: Acts-Philemon*. Colorado Springs: Victor, 2004.

Exell, Joseph S. *Biblical illustrator*. Grand Rapids: Baker Book House, 1988; 신구약 강해설교연구대계. 11-12. 사도행전 1-14, 15-28. 서울: 기독지혜사, 1999, 2001.

_____. *The Biblical Illustrator: The Acts*. Vol. I. New York: Anson D. F. Randolph, 1905.

_____. *The Biblical Illustrator: The Acts*. Vol. II. New York: Fleming H. Revell, 1905.

_____. *The Biblical Illustrator*. Vol. 5. Acts-Galatians. Harrington: Delmarva, 2015.

Farrar, F. W. *The Life and Work of St Paul*. Cassell, popular edition, 1891; London, 1897.

Fernando, Ajith. *The NIV Application Commentary: Acts*. Grand Rapids: Zondervan Publishing House, 1998, 2010; 채천석 역. **(NIV)** 적용주석: 사도행전. 서울: 솔로몬, 2011.

Fitzmyer, Joseph A. *Acts of the Apostles: a new translation with introduction and commentary*. New York: Doubleday, 1997, 1998; 박미경 역. 사도행전 주해. 칠곡: 분도출판사, 2015.

Foakes-Jackson, F. J., and Kirsopp Lake. *The Beginnings of Christianity: The Acts of the Apostles*. Vol. I. London: Macmillan, 1920; Eugene: Wipf and Stock Publishers, 2002.

_____, and Kirsopp Lake. *The Beginnings of Christianity: The Acts of the Apostles*. Vol. II. London: Macmillan, 1922.

_____, and Kirsopp Lake. *The Beginnings of Christianity: The Acts of the Apostles*. Vol. III. London: Macmillan, 1926; Eugene: Wipf and Stock Publishers, 2002.

_____, and Kirsopp Lake. *The Beginnings of Christianity: The Acts of the Apostles*. Vol. IV. London: Macmillan, 1933.

_____, and Kirsopp Lake. *The Beginnings of Christianity: The Acts of the Apostles*. Vol. V. London: Macmillan, 1933.

Forbes, Henry Prentiss. *The Johannine Literature and the Acts of the Apostles*. New York: G.P. Putnam's Sons, 1907.

Ford, James. *The Acts of the Apostles: illustrated (chiefly in the doctrinal and moral sense) from ancient and modern authors*. London: J. Masters, 1856.

Gaebelein, Arno Clemens. *The Acts of the Apostles, an Exposition*. New York: Our Hope, 1912.

_____. *The Annotated Bible; The Holy Scriptures Analysed and Annotated, The New Testament*. Vol. 1: *Gospels and the Book of Acts*. New York: Our Hope, 1913.

Gaertner, Dennis. *Acts*. Joplin: College Press Pub. Co., 1995.

Gangel, Kenneth O. *Holman New Testament Commentary: Acts*. Nashville: Broadman & Holman, 1998; 장미숙 역. (메인 아이디어 시리즈; 2) **(Main idea로 푸는)** 사도행전. 서울: 디모데, 2002.

Gärtner, Bertil, *The Areopagus Speech and Natural Revelation*. Uppsala, 1955.

Gasque, W. Ward. A History of the Criticism of The Acts of the Apostles. Mohr, Tübingen/Eerdmans, 1975; 권성수, 정광욱 역. 사도행전 비평사. 서울: 바실래, 1989.

Gasque, W. Ward and Ralph P. Martin, eds., *Apostolic History and the Gospel: Biblical and Historical Essays*. Exeter: Paternoster, 1970.

Gilbert, George Holley. *Acts; the Second Volume of Luke's Work on the Beginnings of Christianity*. New York: Macmillan, 1908.

Gloag, Paton J. *A Critical and Exegetical Commentary on the Acts of the Apostles.* Vol. I. Edinburgh: T. &T. Clark, 1870.

_____. *A Critical and Exegetical Commentary on the Acts of the Apostles.* Vol. II. Edinburgh: T. &T. Clark, 1870.

Gooding, David W. *True to the Faith, The Acts of the Apostles: Defining and Defending the Gospel.* London: Hodder &Stoughton, 1990; Coleraine: Myrtlefield House, 2013.

Goodwin, Frank J. *A Harmony of the Life of St. Paul.* Baker Book House, 1972, 1980; 이남종 역. 바울의 생애: 사도행전 및 바울서신을 중심으로. 서울: 크리스챤서적, 1989.

Goulburn, Edward Meyrick. *The Acts of the Deacons: Being a Course of Lectures, Critical and Practical, on Acts VI., VII., VIII., and XXI. 8−15.* London: Rivingtons, 1866.

Green, Michael. *Evangelism in the Early Church.* Grand Rapids: Eerdmans, 1970; Highland, 1984; 박영호 역. 초대교회복음전도. 서울: 기독교문서선교회, 1988.

_____. *I Believe in the Holy Spirit.* London: Hodder & Stoughton, revised edition, 1985.

_____. *The Meaning of Salvation.* London: Hodder & Stoughton, 1965.

Gutzke, Manford George. *Plain talk on Acts.* Grand Rapids: Zondervan, 1966; 권명달 역. 사도행전 강해. 서울: 보이스사, 1971.

Hackett, Horatio B. *A Commentary on the Acts of the Apostles. A New Edition, Revised and Greatly Enlarged by the Author.* Philadelphia: American Baptist Publication Society, 1882.

_____. *A Commentary on the Original Text of the Acts of the Apostles.* Boston: Gould and Lincoln, 1858; Grand Rapids: Kregel Publications, 1992.

Haenchen, Ernst D. *International Biblical commentary: Acts.* Goettingen: Vandenhoeck & Ruprecht , 1977; 이선희, 박경미 역. (국제성서주석; 33-1, 2) 사도행전. 1, 2. 서울: 한국신학연구소, 1987−1989.

Hague, William. *A Conversational Commentary, Combining the Question−Book and Exposition, Designed for Bible Classes, Sabbath Schools, and Families; Acts of the Apostles. Chapters I−XIV.* New York: Edward H. Fletcher, 1853.

Hahn, August, and John J. Owen. *The Acts of the Apostles: According to the Text of Augustus Hahn; with Notes and a Lexicon: For the Use of Schools, Colleges, and Theological Seminaries.* New York: Leavitt &Co, 1850.

_____, and John J. Owen. *The Acts of the Apostles: According to the Text of Augustus Hahn; with Notes and a Lexicon: For the Use of Schools, Colleges, and Theological Seminaries.* New York: Leavitt &Co, 1852.

Hamm, M. Dennis. *The Acts of the Apostles.* Collegeville: Liturgical Press, 2005.

Hanson, R, P. C., *The Acts.* Oxford: Oxford University Press, 1967; Oxford: Clarendon Press, 1982.

Harnack, Adolf Von. *Interpreting Acts: The Expanding Church*. Grand Rapids: Academie Books, 1986.

_____. *Luke, the Christian Physician of Antioch*. Glasgow: Printed by Alex. Macdougall, 1893.

_____. *Luke the Physician*. London: Williams & Norgate, 1907.

_____. *Luke, the Physician, the Author of the Third Gospel and the Acts of the Apostles*. London: Williams & Norgate, 1907.

_____. *The Acts of the Apostles*. translated into English, Williams & Norgate, London, 1909; Wilkinson, New York: Williams & Norgate, 1909.

Hastings, James. *The Children's Great Texts of the Bible: Acts-Revelation*. New York: Charles Scribner's Sons, 1921.

_____. *The Great Texts of the Bible: Acts-Romans I-VIII*. New York: Charles Scribner's Sons, 1911.

Heading, John. *Acts: A Study in New Testament Christianity*. Kansas City: Walterick Pub., 1970; 김병희 역. 사도행전 강해. 상: 사도행전 1장 1절~11장 18절, 사도행전 강해. 하: 사도행전 11장 19절-28장 31절. 서울: 전도출판사, 1990-1992.

Hengel, Martin. *Acts and the History of Earliest Christianity*. London: SCM, 1979.

_____. *Zur Urchristlichen Geschichtsschreibung*. Stuttgart: Calwer Verl, 1979; 전경연 역. (복음주의 신학총서; 제32권) 고대의 역사기술과 사도행전. 오산: 한신대학출판부, 1990.

Henry, Matthew. *An Exposition of the Old and New Testament. A New Edition, Carefully Revised and Corrected. In Nie Volumes. Vol. VIII. John to Acts*. London: James Nisbet &Co., [n.d].

_____. *An Exposition of the Old and New Testament. A New Edition. Vol. VI. The Acts of the Apostles-Revelation*. Philadelphia: Ed. Barrington & Geo. D. Haswell, 1828.

_____, Church, Leslie F. Ed. *Matthew Henry's Commentary*. Grand Rapids: Zondervan, 1960; 이기문 역. (성서주석시리즈; 39 - 40) 사도행전. 상,하. 서울: 기독교문사, 1977-1979; 장귀복 역. 매튜헨리 요약주석. 11. 사도행전, 로마서. 서울: 기독교문사, 1986; 모수환 역. (매튜 헨리 주석 전집; 19) 사도행전: 매튜 헨리 주석. 고양: 크리스챤 다이제스트, 2007.

Hatch, Nathan& Noll, Mark& Woodbridge, John D. *The Gospel in America*. Grand Rapids: Zondervan, 1979.

Hills, O. A. *The Testimony of the Witnesses; a Devotional and Homiletical Exposition of the Acts of the Apostles*. New York: Thomas Nelson and Sons, 1913.

Hobart, W. K. *The Medical Language of St Luke*. Dublin University Press, 1882; reprinted by Baker, 1954.

Horton, Stanley M. *The Book of Acts: A Commentary*. Springfield, Missouri: Gospel Publishing House, 1981.

Howard, Jeremy Royal, ed. *The Holman Apologetics Commentary on the Bible: The Gospels and Acts.* Nashville: B&H Publishing Group, 2013.

Howson, J. S. and H. D. M. Spence-Jones. *The Acts of the Apostles.* New York: C. Scribner's, 1883.

_____, *The Evidential Value of the Acts of the Apostles.* New York: E.P. Dutton, 1880.

Humphry, William Gilson. *A Commentary on the Book of the Acts of the Apostles.* London: John W. Parker and Son, 1854.

Ignatius. *To The Magnesians.*

Ireneaus & Ed. Grabe. *Adv. Hear. L.*

_____. *Against Heresies in The Ante-Nicene Fathers,* Vol. I. ed. Alexander Roberts and James Donaldson. New York: Christian Literature Publishing Co., 1885; Grand Rapids: Eerdmans, 1981.

Ironside, H. A. *Acts.* Grand Rapids: Kregel, 2007.

_____. *Lectures on the book of Acts.* New York : Loizeaux Brothers, 1943; Solid Christian Books, 2015; 신성수 역. (아이언사이드 강해 씨리즈) 아이언사이드 강해: 사도행전. 1-2. 서울: 복자서원, 1991.

Jacobus, Melancthon W. *Notes, Critical and Explanatory, on the Acts of the Apostles.* New York: Robert Carter & Brothers, 1859.

James, M. R., translation of The Apocryphal New Testament (Oxford, Clarendon Press, 1924; corrected edition, 1953).

Jensen, Irving L. *Acts.* Chicago: Moody Press, 1969; 정민영 역. (젠센 40시리즈; 24) 사도행전. 서울: 아가페서원, 1981, 1996.

Jervell, Jacob. *Theology of the Acts of the Apostles.* Cambridge: Canbridge University Press, 1996; 윤철원 역. 사도행전 신학. 서울: 한들출판사, 2000.

Johnson, Gerald. *Gospel of the Holy Spirit;* 추연수 역. 사도행전 강해: 성령님의 복음. 서울: 기독교문서선교회, 1992.

Johnson, Luke Timothy. *Sharing Possessions: What Faith Demands.* Grand Rapids: Eerdmans, 2011; 박예일 역. 공동소유: 미심쩍은 초대교회의 이상: 누가복음과 사도행전의 메시지. 대전: 대장간, 2013.

_____. and Daniel J Harrington. *The Acts of the Apostles.* Collegeville: Liturgical Press, 1992.

Johnson, L. T. The Acts of the Apostles, Sacra Pagina 5. Collegeville, Minnesota: The Liturgical Press, 1992.

Josephus, Flavius. *Antiquities.*

_____. *Jewish War.*

_____. *The Antiquities of the Jews, c. AD 93-94.* translated by William Whiston,

1737; from Josephus: Complete Works. London ; Glasgow: Pickering & Inglis, 1981; 김지찬 역. 요세푸스. 서울: 생명의말씀사, 1987.

_____. *The Works of Flavius Josephus: The Learned and Authentic Jewish Historian and Celebrated Warrior*. trans William Whiston. Cincinnati: Published by E. Morgan and Co, 1841.

Juvenal. *Satire*.

Keck, Leander E. and J. Louis Martyn, eds., *Studies in Luke-Acts*. Nashville: Abingdon, 1966; London: SPCK, 1968; Philadelphia: Fortress, 1980.

Keener, Craig S. *Acts: An Exegetical Commentary*. Vol. 1. *Introduction and 1:1-2:47*. Grand Rapids: Baker Academic, 2012.

_____. *Acts: An Exegetical Commentary*. Vol. 2. *3:1-14:28*. Grand Rapids: Baker Academic, 2013.

_____. *Acts: An Exegetical Commentary*. Vol. 3. *15:1-23:35*. Grand Rapids: Baker Academic, 2014.

_____. *Acts: An Exegetical Commentary*. Vol. 4. *24:1-28:31*. Grand Rapids: Baker Academic, 2015.

Kelly, Dean M. *Why Conservative Churches are Growing: A Study in Sociology of Religion*. New York: Harper and Row, 1972.

Kelly, William. *Lectures Introductory to the Study of the Acts, the Catholic Epistles, and the Revelation*. London: W. H. Broom, 1870.

Klausner, J. *From Jesus to Paul*. Eng. tr., London, 1944.

Knowling, R. J., *The Acts of the Apostles, in The Expositor's Greek Testament*. London: Hodder & Stoughton, 1900; 2nd edition, 1901.

Krodel, Gerhard. *Acts*. Philadelphia: Fortress Press, 1981; 조달진 역. (설교자를 위한 선포주석) 사도행전. 서울: 컨콜디아사, 1984.

Krummacher, Frederic Adolphus. *Cornelius the Centurion*. New York: John S. Taylor, 1841.

Kurz, William S. *Acts of the Apostles*. Grand Rapids: Baker Academic, 2014.

Ladd, George E. *The Young Church: Acts of the Apostles*. New York: Abingdon Press, 1964; 정성구 역. 사도행전. 서울: 총신대학출판부, 1993.

Ladd, George T. *In Korea with Marquis Ito*. London: Logmans, Green & Co., 1908.

Lampe, G. W. H. *The Seal of the Spirit*. London: Longmans, 1951.

Lechler, Gotthard Victor. *Theological and Homiletical Commentary on the Acts of the Apostles*. Vol. I-II. Edinburgh: T. &T. Clark, 1864.

_____. *The Acts of the Apostles: An Exegetical and Doctrinal Commentary*. Eugene: Wipf &Stock Publishers, 2007.

Lenski, Richard C. H. *The Interpretation of the Acts of the Apostles*. Columbus:

Lutheran Book Concern, 1934; Augsburg, 1961; 배영철, 차영배 역. 사도행전. 상,하. 서울: 백합출판사, 1974-1975.

_____. *The Interpretation of the Acts of the Apostles 1-14*. Columbus: Wartburg Press, 1944; Minneapolis: Augsburg Fortress, 2008.

_____. *The Interpretation of the Acts of the Apostles 15-28*. Columbus: Wartburg Press, 1944; Minneapolis: Augsburg Fortress, 2008.

Lhamon, William Jefferson. *Studies in ACTS or The New Testament Book of Beginnings*. St. Louis: Christian Publishing Company, 1897.

Liefeld, Walter L. *Interpreting the Book of Acts: Guides to New Testament Exegesis*. Grand Rapids: Baker Books, 1995; 김진옥 역. 사도행전의 해석: 사도행전 주해를 위한 지침서. 수원: 합신대학교 출판부, 2014.

Lindsay, Thomas M. *The Acts of the Apostles: With Introduction Notes and Maps*. Vol. I-II. Edinburgh: T. &T. Clark, 1884.

Livermore, Abiel Abbot. *Acts of the Apostles; with a Commentary*. Boston: James Munroe, 1844.

Livingstone, Greg. *The Book of Acts: A Commentary/Workbook for Christian Workers Doing Pioneer Work*. Secunderabad: Om Books, 2005; 김동현, 김수용, 이현수, 전병희 역. (전방 개척 사역자들을 위한) 사도행전 주해. 서울: 쿰란출판사, 2013.

Lloyd-Jones, David Martyn. *Authentic Christianity*. Edinburgh: Banner of Truth Trust, 1999; 전의우 역. (사도행전 강해; 1) 진정한 기독교. 서울: 복있는사람, 2003, 2011(2판), 2011(무선판).

_____. *Compelling Christianity*. Wheaton: Crossway Books, 2007; 정상윤 역. (사도행전 강해; 6) 저항할 수 없는 기독교. 서울: 복있는사람, 2008, 2011(2판), 2011(무선판).

_____. *Courageous Christianity*. Wheaton: Crossway, 2001; 정상윤 역. (사도행전 강해; 2) 담대한 기독교. 서울: 복있는사람, 2003, 2011(2판), 2011(무선판).

_____. *Glorious Christianity*. Wheaton: Crossway Books, 2004; 이길상 역. (사도행전 강해; 4) 영광의 기독교. 서울: 복있는사람, 2005, 2011(2판), 2011(무선판).

_____. *Triumphant Christianity*. Wheaton: Crossway Books, 2006; 정상윤 역. (사도행전 강해; 5) 도전하는 기독교. 서울: 복있는사람, 2007, 2011(2판), 2011(무선판).

_____. *Victorious Christianity*. Wheaton: Crossway Books, 2003; 정상윤 역. (사도행전 강해; 3) 승리하는 기독교. 서울: 복있는사람, 2005, 2011(2판), 2011(무선판).

Longenecker, Richard N. *Acts*. Grand Rapids: Zondervan Pub. House, 1995, 2017.

_____. *Biblical Exegesis in the Apostolic Period*. Grands Rapids: Eerdmans, 1975.

_____. *The Acts of the Apostles: Introduction, Text and Exposition*, in The Expositor's Bible Commentary, ed. Frank Gaebelein, vol. 9. Grands Rapids: Regency Reference Library, Zondervan, 1981.

Longman, Tremper, and David E. Garland. *Luke-Acts*. Grand Rapids: Zondervan, 2007.

Lucado, Max. *Book of Acts: Christ's Church in the World*. Nashville: Nelson Impact, 2006.

Lüdemann, Gerd. *Das Frühe Christentum nach den Traditionen der Apostelgeschichte: ein Kommentar*. Göttingen: Vandenhoeck & Ruprecht, 1987; 김충연 역. 사도행전: 초기 기독교의 역사적 재구성. 서울: 솔로몬, 2014.

Lumby, J. Rawson. *The Acts of the Apostles: with Maps, Notes and Introduction*. Cambridge: The University Press, 1891.

MacArthur, John. *Acts 1-12*. Chicago: Moody Press, 1994.

_____. *Acts 13-28*. Chicago: Moody Press, 1996.

_____. *Acts: The Spread of the Gospel*. Nashville, Thomas Nelson, 2015.

MacEvilly, John. *An Exposition of the Acts of the Apostles: Consisting of an Analysis of Each Chapter, and of a Commentary, Critical, Exegetical, Doctrinal, and Moral*. Dublin; New York: M.H. Gill; Benziger, 1899.

Maclaren, Alexander. *Expositions of Holy Scripture: The Acts of the Apostles*. London: Hodder &Stoughton, 1907; Grand Rapids: Baker House Book, 1964; 정충하 역. (알렉산더 맥클라렌 강해설교전집; 11) 맥클라렌 강해설교: 요한복음 II · 사도행전 I, 12), 맥클라렌 강해설교: 사도행전 II · 로마서. 고양: 크리스챤다이제스트, 2013.

Marshall, Francis. *The Oxford and Cambridge, Acts of the Apostles; with Introduction and Notes*. London: George Gill & Sons, 1890.

_____. *The Oxford and Cambridge, Acts of the Apostles; with Introduction and Notes. Part II*. Chapters XIII-XXVIII. London: George Gill & Sons, 1894.

Marshell, I. Howard. Luke: Historian and Theologian. Paternoster, 1970; Grand Rapids: Zondervan, 1971.

_____. *The Acts of the Apostles: an introduction and commentary*. Grand Rapids: Eerdmans, 1980; 왕인성 역. (틴데일 신약주석 시리즈; 5) 사도행전. 서울 : 기독교문서선교회, 2016.

_____. *Tyndale New Testament Commentaries: Acts*. Nottingham: Inter-Varsity Press, 1980.

_____, and David Peterson. *Witness to the Gospel: The Theology of Acts*. Grand Rapids: Eerdmans, 1998.

_____. 류근상 역. 복음의 증거: 사도행전. 경기: 크리스챤출판사, 2004.

Martin, Francis & Oden, Thomas C. Eds. *Ancient Christian Commentary on Scripture: New Testament V. Acts*. Downers Grove: InterVarsity Press, 2006; 이혜정 역. (교부들의 성경 주해, 신약성경; 7) 사도행전. 칠곡: 분도출판사, 2011.

Martin, Frederic. *Notes on the Four Gospels and the Acts of the Apostles*. Vol. II. London: William Pickering, 1838.

Mayfield, Joseph H. & Earle, Ralph. *Beacon Bible Commentary: John through Acts. Volume VII*. Kansas City: Beacon Hill, 1965; (비콘성경주석; 7) 요한복음, 사도행전. 서울: 보이스사, 1977.

McBride, Alfred. *The Gospel of the Holy Spirit: Meditation and Commentary on the Acts of the Apostles*. Charlotte: Saint Benedict Press, 2013.

McGarvey, J. W. *A Class Notes on Sacred History: Acts of Apostles*. Cincinnati: Standard Pub. Co., 1889.

_____. *A Commentary on Acts of Apostles: With a Revised Version of the Text*. Cincinnati: Wrightson &Co., 1863.

_____. *New Commentary on Acts of Apostles*. Vol. I−II. Cincinnati: The Standard Publishing Company, 1889; 1892.

Metzger, Bruce M. *A Textual Commentary on the Greek New Testament*. London: United Bible Societies, corrected edition, 1975.

Meyer, Heinrich August Wilhelm, and Paton J. Gloag. *Critical and Exegetical Handbook to the Acts of the Apostles*. Vol. I−II. Edinburgh: T. & T. Clark, 1877.

Mills, Watson E. *Mercer Commentary on the Bible: Acts and Pauline Writings*. Macon: Mercer University Press, 1997.

Moorehead, William G. *Outline Studies in Acts, Romans, First and Second Corinthians, Galatians and Ephesians*. Chicago: Fleming H. Revell Company, 1902.

Morgan, G. Campbell. *The Acts of the apostles*. New York: Fleming H. Revell Company, 1924; 이용복, 조계광 역. 사도행전 강해. 서울: 아가페출판사, 1989.

Morrison, Thomas. *The Acts of the Apostles and the Epistles of Paul: Arranged in the Form of a Continuous History*. Edinburgh: Oliphant, Anderson &Ferrier, 1888.

Morton, H. V., *In the Steps of St Paul*. London: Richard Cowan, 1936.

Murray, Andrew. *The Full Blessing of Pentecost: Your Greatest Need: The Spirit's Unlimited*. Fort Washington: CLC, 2005.

Neander, Augustus. *The History of the Christian Religion and Church: During the Three First Centuries*. trans by Henry John Ross, Third Edition. New York: Ford and Swords, 1858.

Neil, William, *The Acts of the Apostles, in the New Century Bible*. London: Oliphants/ Marshall, Morgan and Scott, 1973.

Norris, John Pilkington. *A Key to the Narrative of the Acts of the Apostles*. London: Rivingtons, 1871.

O'Connor, Jerome Murphy. *Paul: A Critical Life*. Oxford: Oxford University Press, 1996.

Olshausen, Hermann. *Biblical Commentary on the Gospels, and on the Acts of the Apostles: Adapted Expressly for Preachers and Students*. Vol. IV. Edinburgh: T. &T. Clark, 1860.

Origen. *Comment. in Matt.* D. Paris Ed., 1679.

Orr, J. Edwin. *The Fleming Tongue: The Impact of the Twentieth Century Revivals*. Chicago: Moody Press, 1973.

Ottley, Robert Lawrence. *The Rule of Life and Love: An Exposition of the Ten Commandments.* New York: Fleming H. Revell, 1912.

Packer, J. W. *Acts of the Apostles: Commentary.* Cambridge: Cambridge University Press, 1966, 1973, 2001.

Page, T. E, and A. S. Walpole. *The Acts of the Apostles; With Introduction and Notes.* London: Macmillan, 1895.

Paige, Lucius R. *Commentary on the New Testament.* Vol. III. *Acts of the Apostles.* Boston: Universalist Publishing House, 1847.

Parker, Joseph. *The People's Bible, Discourses upon Holy Scripture: Apostolic Life, As Revealed in the Acts of the Apostles.* Vol. I-III. New York: Funk & Wagnalls, 1887.

Parsons, Mikeal C. *Acts.* Grand Rapids: Baker Academic, 2008.

Pawson, David. *A Commentary on Acts.* Ashford: Anchor Recordings Ltd, 2014.

Pearce, Zachary. *A Commentary, with Notes, on the Four Evangelists and the Acts of the Apostles.* Vol. II. London: Printed by E. Cox for T. Cadell, 1777.

Peau, Phyllis Le. *Acts: Seeing God's Power in Action.* London: Scripture Union, 1993; 한국기독학생회 편역. (IVP-말씀과 삶 성경공부 시리즈) 사도행전: 역사하시는 하나님의 권능. 서울: 한국기독학생회출판부, 1993.

Peloubet, F. N. *The Teachers' Commentary on the Acts of the Apostles.* New York: Oxford University Press, 1901.

Pervo, Richard I. & Williams, Michael E. Eds. *Acts of the Apostles.* Nashville: Abingdon Press, 1999; 안효선 역. (이야기로 다가가는 성경; 12) 사도행전. 서울: 기독교대한감리회 홍보출판국, 2002.

Peterson, David G. *The Acts of the Apostles.* Grand Rapids: Eerdmans, 2009.

Phillips, John. *Exploring Acts: An Expository Commentary.* Chicago: Moody Press, 1986; Grand Rapids: Kregel Publications, 2001.

Philo of Alexandria. *Life of Moses.*

Pierson, Paul E. *Themes from Acts.* Ventura: Regal Books, 1982; 박광자 역. (평신도를 위한) 이야기 사도행전. 서울: 진흥, 2001.

Pilch, John J. *Visions and Healing in the Acts of the Apostles: How the Early Believers Experienced God.* Collegeville: Liturgical Press, 2004.

Pliny the Younger. *Epp.* X.

Polhill, J. B. *Acts, NAC* 26. Nashville: Broadman, 1992.

_____. *Paul and His Letters.* Nashville: Broadman & Holman, 1999.

Poole, Matthew. *Matthew Poole's Commentary on the Holy Bible.* Virginia: Macdonald Pub. Co., [n.d]; 정충하 역. (매튜 풀) 청교도 성경주석: 사도행전·로마서. 파주: 크리스챤다이제스트, 2015.

Powell, Mark Allan. *What Are They Saying About Acts?*. New York : Paulist Press, 1991; 이운연 역. (21세기 신학 시리즈; 6) 사도행전 신학. 서울: 기독교문서선교회, 2000.

Rackham, R. B., *The Acts of the Apostles: An Exposition*. London: Methuen & Co., 1901; LaVergne: Nabu, 2010.

_____. *The Acts of the Apostles: An Exposition, in the Westminster Commentaries Series*. London: Methuen, 1901; 4th edition, 1909.

Ramsay, Sir William M. *Pauline and Other Studies in Early Christian History*. London: Hodder & Soughton, 1906.

_____. *Pictures of the Apostolic Church*. London: Hodder and Stoughton, 1910.

_____. *St Paul the Traveller and the Roman Citizen*. London: Hodder & Stoughton, 1895; 11th edition, undated; 1915; 박우석 역. 사도 바울. 서울: 생명의말씀사, 1988.

_____. *The Bearing of Recent Discovery on the Trustworthiness of the New Testament*. London: Hodder & Stougton, 1915.

_____. *The Church in the Roman Empire before AD 170*. London: Hodder & Stoughton, 1893.

_____. *The Cities of St Paul: Their Influence on his Life and Thought*. London: Hodder & Stoughton, 1907.

Rendall, Frederic. *The Acts of the Apostles in Greek and English; with Notes*. London: Macmillan & Co., 1897.

Rice, Edwin Wilbur. *People's Commentary on the Acts*. Philadelphia: The American Sunday-School Union, 1896.

Rice, John R. *Filled with the Spirit: A Verse by Verse Commentary on the Acts of the Apostles*. Murfreesboro: Sword of the Lord Publishers, 1963.

Ridderbos, H. N. *The Speeches of Peter in the Acts of the Apostles*. London: Tyndale Press, 1962.

Ripley, Henry Jones. *The Acts of the Apostles: With Notes, Chiefly Explanatory, Designed for Teachers in Sabbath School and Bible Classes, and as an Aid to Family Instruction*. Boston: Gould, kendall, and Lincoln, 1844.

Robertson, Archibald Thomas. *Word Pictures in the New Testamentent: Volume 3. The Acts of the Apostles*. Grand Rapids: Baker Book House, 1930; 요단출판사번역위원회 역. 신약원어대해설. 3. 사도행전. 서울: 요단출판사, 1985.

Robertson, William. *Studies in the Acts of the Apostles*. New York: Fleming H. Revell Company, 1901; Old Tappan: F.H. Revell, 1978.

Robertson, O. Palmer, *The Christ of the Covenants*. Philadelphia, PA: Presbyterian & Reformed Publishing, 1981; 김의원 역. 계약신학과 그리스도. 서울. CLC, 1983.

Robinson, Hastings. *The Acts of the Apostles: with notes, original and selected: for the use of students in the university*. London: John W. Parker, 1839.

Rostovtzeff, M. *The Social and Economic History of the Roman Empire*. Oxford: Clarendon Press, 1926.

Rothschild, Clare K. *Paul in Athens: The Popular Religious Context of Acts 17*. Tübingen: Mohr Siebeck, 2014.

Ryrie, Charles Caldwell. *The Acts of the Apostles*. Chicago: Moody Press, 1961; 최영화 역. 사도행전. 서울: 나침반사, 1986.

Schaff, Philip. *A Select Library Nicene and Post-Nicene Fathers of the Christian Church Vol. XIII St. Chrysostom*. New York: Charles Scribners' Sons, 1905.

Schnabel, Eckhard J. *Acts: Zondervan Exegetical Commentary on the New Testament*, Grand Rapids: Zondervan, 2012; 정현 역. (존더반 신약주석; 5) 강해로 푸는 사도행전. 서울: 디모데, 2018.

Seneca, Lucius Annaeus. *Seneca Natural Questions* trans by Harry M. Hine. Chicago: The University of Chicago Press, 2010.

Sherwin-White, A. N., *Roman Society and Roman Law in the New Testament*. Oxford University Press, 1963; Baker, 1978.

Shillington, V. George. *An Introduction to the study of Luke-Acts*. London: T & T Clark, 2007; 왕인성 역. (T&T Clark Approaches to Biblical Studies) 누가복음·사도행전 개론. 서울: 기독교문서선교회, 2013.

Sitterly, Charles Fremont. *Jerusalem to Rome; the Acts of the Apostles*. New York: Abingdon, 1915.

Smith, J. Hamblin. *Short Notes on the Greek Text of the Acts of the Apostles*. London: Rivingtons, 1890.

Smith, James & Lee, Robert. *Handfuls on Purpose: for Christian Workers and Bible Students*. Grand Rapids: Eerdmans, 1943; 강승재 편역. (스미스 리 강해설교자료; 12) 사도행전·로마서. 서울: 한국문서선교회, 1991.

Smith, James. *The Voyage and Shipwreck of St Paul*. revised and corrected by Walter E. Smith(4th edition), London: Longmans, 1880.

Smith, James E. *Book of Acts Made Simple*. Florida: James E. Smith, 2010.

Smith, William ed., *Dictionary of Greek and Roman Antiquities*. London: Printed for Taylor and Walton, 1842.

Spencer, F. Scott. *Acts*. Sheffield: Sheffield Academic Press, 1997.

_____. *The Gospel of Luke and Acts of the Apostles*. Nashville: Abingdon Press, 2008.

Spener, Philip Jacob. *PIA DESIDERIA*. Philadelphia, PA: Fortress Press, 1964.

Sproul, R. C. *Acts*. Wheaton: Crossway, 2010.

Spurgeon, Charles Haddon. *Treasury of the Bible*. Grand Rapids: Zondervan, 1962; 김원주 역. 스펄전설교전집. 26. 사도행전. 고양: 크리스챤다이제스트, 2010.

_____. 보문출판사번역위원회 역. 사도행전. 대구: 보문출판사, 1991.

Squires, John T. *The Plan of God in Luke-Acts*. Cambridge: Cambridge University Press, 1993.

Stanton, Graham N. *Jesus of Nazareth in New Testament Preaching*. Cambridge: Cambridge University Press, 1974.

Stellhorn, F. W. *Annotations on the Acts of the Apostles*. New York: The Christian Literature Co., 1896.

Stier, Rudolf. *The Words of the Apostles*. Edinburgh: T. &T. Clark, 1869.

Stokes, George Thomas. *The Acts of the Apostles*. New York: A. C. Armstrong and Son, 1891.

_____. *The Acts of the Apostles*. Vol. II. New York: A. C. Armstrong and Son, 1892.

Stonehouse, N. B., *Paul before the Areopagus: and other New Testament Studies*. London: Tyndale Press, 1957.

Stott, John R. W. *The Message of Acts: to the Ends of the Earth*. Downers Grove: InterVarsity Press, 1990; 정옥배 역. (사도행전 강해) 땅끝까지 이르러. 서울: 한국기독학생회출판부, 1992, 1999; 정옥배 역. (BST시리즈) 사도행전 강해: 땅끝까지 이르러. 제2판. 서울: 한국기독학생회출판부, 2012.

_____. *The Message of Acts: The Spirit, the Church &the World*. Leicester; Downers Grove: Inter-Varsity Press, 1991.

Strack, Jay, and Scott Dawson. *Out of the Shadows and into the World: The Book of Acts*. Nashville: Thomas Nelson, 2012.

Streeter, B. H. *The Four Gospel: A Study of Origins*. London: Macmillan, 1924.

_____. and Appasamy, A. J. *The Sadhu: A Study in Mysticism and Practical Religion*. London: Macmillan and Co. Limited, 1921.

Stronstad, Roger. *The Charismatic Theology of St Luke*. Peabody: Hendrickson, 1984.

Suetonius. *Life of Titus*.

Sumner, John Bird. *A Practical Exposition of the Acts of the Apostles in the Form of Lectures: Intended to Assist the Practice of Domestic Instruction and Devotion*. London: J. Hatchard and Son, 1838.

Swindoll, Charles R. *Swindoll's Living Insights: New Testament Commentary: Acts*. Carol Stream: Tyndale House Publishers, 2014, 2016; 윤종석 역. (찰스 스윈돌의 신약 인사이트 시리즈) 사도행전. 서울: 디모데, 2017.

_____. 이종록 역. (찰스 스윈돌성경공부; 1) 사도행전. 서울: 두란노, 1994.

Talbert, Charles H. *Reading Acts: A Literary and Theological Commentary on the Acts of the Apostles*. New York: Crossroad, 1997; Macon: Smyth &Helwys, 2005; 안효선 역. (웨스트민스터 신약강해; 5) 사도행전. 서울: 에스라서원, 1999.

Tertullian. *De Resurr. Carn*.

_____. *The Apology*.

Thomas, David. *A Homiletic Commentary on the Acts of the Apostles: The Second Gospel of St. Luke*. London: Richard D. Dickinson, 1870.

Thomson, James. *Exposition of the Acts of the Apostles: In a Series of Lectures*. London: Arthur Hall, Virtue, and Co., 1854.

Timmer, John. *Acts: A Study Guide*. Grand Rapids: Christian Reformed Church, Education Dept., 1981; 이용태 역. (문학·신학적 성경공부 시리즈) 사도행전. 서울: 기독교문서선교회, 1994.

Todd, James Frederick. *The Apostle Paul and the Christian Church at Philippi: An Exposition, Critical and Practical, of the Sixteenth Chapter of the Acts of the Apostles, and of the Epistle to the Philippians*. Cambridge: Deighton, Bell, and Co. 1864.

Torrey, R. A. *The Person and Work of the Holy Spirit*. New York: Fleming H. Revell, 1910.

Toussaint, Stanley D. *Bible Knowledge Commentary: Acts*.; 허미순 역. (BKC 강해 주석; 23) 사도행전. 서울: 두란노, 1987, 2016.

Towns, Elmer L. *Praying the Book of Acts and the General Epistles*. Shippensburg: Destiny Image, 2007; 정병윤 역. 사도행전과 일반 서신의 기도. 서울: 쿰란출판사, 2016.

Trinton, A. N. *Whose World?*. Leicester: Inter-Varsity, 1970.

Trollope, William. *A Commentary on the Acts of the Apostles: With Examination Questions*. Cambridge: J. Hall, 1847.

Turnbull, Ralph G. *Proclaiming the New Testament*. Grand Rapids: Baker Book House, 1961; 원광연 역. 신약강해설교전집. 2. 요한복음 사도행전 로마서. 서울: 크리스챤다이제스트, 1999; 고양: 크리스챤다이제스트, 2008.

Upham, Thomas C. *Life Religious Opinions and Experience of MADAME DE LA MOTHE GUYON: Her With Some Account of the Personal History and Religious Opinions of Enelon, Archibishop of Cambray*. London: Sampson Low, Son, And Co., 1858.

Van Ryn, August. *Acts of the Apostles: The Unfinished Work of Christ*. New York: Loizeaux Brothers, 1961.

Vaughan, C. J. *The Church of the First Days: Lectures on the Acts of the Apostles*. Vol. I. *The Church of Jerusalem*. Cambridge: Macmillan, 1864.

_____. *The Church of the First Days: Lectures on the Acts of the Apostles*. Vol. II. *The Church of the Gentiles*. Cambridge: Macmillan, 1865.

Veil, Charles Marie de. *A Commentary on the Acts of the Apostles*. London: J. Haddon, 1851.

Vermes, Geza. *The Dead Sea Scrolls in English*. 1962; 2nd edition, London: Penguin Books, 1975.

Vos, G. *Biblical Theology*. Grand Rapids: Eerdmans, 1948.

Walaskay, Paul W. *Acts*. Louisville: Westminster John Knox Press, 1998.

Walker, Thomas. *The Acts of the Apostles.* 1910; Chicago: Moody Press, 1965.

Warfield, Benjamin Breckinridge. *Acts and Pastoral Epistles; Timothy, Titus and Philemon.* London: J. M. Dent, 1902.

Wenham, David & Walton, Steve. *Exploring the New Testament: a guide to the gospels and Acts.* Downers: InterVarsity Press, 2001; 박대영 역. 복음서와 사도행전. 서울: 한국성서유니온선교회, 2007.

Westcott, Brooke Foss, Fenton John Anthony Hort, and T. E. Page. *The Acts of the Apostles, being the Greek text* as revised by Drs Westcott and Hort, with Explanatory. London: Macmilan, 1886.

Whedon, D. D. *Commentary on the New Testament.* Vol. III. *Acts-Romans.* London: Hodder and Stoughton, 1875.

Wheeler, James Talboys. *An Analysis and Summary of the Acts of the Apostles: with Copious Notes, Historical, Geographical, and Antiquarian.* London: Strahan & Co., 1871.

White, Ellen Gould Harmon. *The Acts of the Apostles: In the Proclamation of the Gospel of Jesus Christ.* Mountain View: Pacific Press Publishing Association, 1911.

Whitelaw, Thomas. *The Preacher's Complete Homiletic Commentary on the Acts of the Apostles.* Grand Rapids: Baker Book House, 1974; 홍정수 역. (베이커성경주석; 43) 사도행전. 상,하. 서울: 대한예수교장로회총회교육부; 기독교문사, 1983.

Wiersbe, Warren W. *Be Daring: Put Your Faith Where the Action Is. NT Commentary Acts 13-28.* Colorado Springs: David C. Cook, 2009.

_____. *Be Dynamic: Experience the Power of God's People. NT Commentary Acts 1-12.* Colorado Springs: David C. Cook, 2009.

_____. 오화선 역. (사도행전; 1) 권능자답게 살라. 서울: 나침반사, 1989.

_____. 오화선 역. (사도행전; 2) 사명자답게 살라. 서울: 나침반사, 1989.

Williams, C. S. C., *A Commentary on the Acts of the Apostles; in Black' New Testament Commentaries.* London: A. & C. Black, 1957; 2nd edition, 1964.

Williams, David John. *Acts.* Grand Rapids: Baker Books, 2011.

Williams, J. *Studies in the Book of Acts: Gloriosissima Civitas Dei.* New York: Thomas Whittaker, 1888.

Williamson, Charles C. *Acts.* Louisville: Westminster John Knox Press, 2000; 고진옥 역. (인터프리테이션 바이블 스터디) 사도행전. 서울: 은성, 2001.

Willimon, William H. *Acts.* Atlanta: John Knox Press, 1988; 박선규 역. (현대성서주석) 사도행전: 목회자와 설교자를 위한 주석. 서울: 한국장로교출판사, 2000.

_____. *Acts: Interpretation, A Bible Commentary for Teaching and Preaching.* Louisville: John Knox Press, 1988.

Witherington III, Ben. *The Acts of the Apostles: A Socio-Rhetorical Commentary.*

Grand Rapids/Carlisle: Eerdmans/Paternoster, 1998.

Wood, John Turtle. *Modern Discoveries at Ancient Ephesus*. London: The Religious Tract Society, 1890.

Wright, Nicholas Thomas. *Acts for Everyone*. Louisville: Westminster John Knox Pr., 2008; 양혜원 역. (모든 사람을 위한) 사도행전. 1-2. 서울: 한국기독학생회출판부, 2012.

_____. *Acts for Everyone. Part 1. Chaprters 1-12*. London: SPCK, 2008.

_____. *Acts for Everyone. Part 2. Chapters 13-28*. London: SPCK, 2008.

한글 단행본

강문석. 사도행전 강해. 서울: 성광문화사, 1984.

강정보. 사도행전에 나타난 하나님: 사도행전에 나타난 생동적인 신앙과 사랑의 삶. 서울: 기독교문서선교회, 2010.

곽선희. 교회의 권세: 곽선희 목사 사도행전 강해. 서울: 계몽문화사, 1995.

김건환. 사도행전. 서울: 하늘기획, 2004.

김경완. 사도행전 강해설교. 서울: 성광문화사, 1986.

김경진. 사도행전. 서울: 대한기독교서회, 1999.

김기홍. 증인이 되리라. 서울: 영상복음미디어, 2013.

김득중. 사도행전. 서울: 나단, 1991.

김린서. 사도행전강의. 서울: 신앙생활사, 1959.

김삼환. 오, 사도행전. 서울: 실로암, 2009.

김서택. (오순절에 일어난) 부흥: 사도행전 강해집. 서울: 솔로몬, 2007.

김선도. 구원의 역사를 일으키는 삶: 사도행전. 서울: 광림, 1996.

김승호. (21세기 목회와 선교를 위한) 사도행전. 서울: 기독교문서선교회, 2003.

김장근. 사도행전. 서울: 엠마오, 1987.

김재준. 사도행전. 서울: 대한기독교서회, 1949.

김철손. 사도행전. 서울: 대한기독교서회, 1959.

김태연. 전문인 선교행전: 사도행전의 선교적 해석학. 서울: 보이스사, 2008.

김형민. 사도행전 29장. 서울: 교회성장연구소, 2006.

김홍전. 사도행전 강해. 서울: 성약, 2006.

문상희. 사도행전주석. 서울: 연세대학교 출판부, 1999.

박광철. 말씀에 붙잡힌 일꾼들. 서울: 생명의말씀사, 1994.

박수암. 사도행전. 서울: 대한기독교서회, 2006.

박영선. 사도행전. 영음사, 1977.

박용규. 기독교역사와 역사의식. 서울: 한국기독교사연구소, 2018.

_____. 세계부흥운동사. 서울: 한국기독교사연구소, 2018.

_____. 초대교회사. 서울: 한국기독교사연구소, 2016.

_____. 평양대부흥운동. 서울: 생명의말씀사, 2007.

_____. 한국기독교회사 1권 1784-1910. 서울: 한국기독교사연구소, 2017.

박윤선. 사도행전 신약주석. 서울: 영음사, 1997.

_____. 사도행전. 서울: 영음사, 1961.

박조준. 사도행전 강해. 서울: 훈길, 1987.

박창식. 성령을 기다리는 교회: 사도행전 강해(상). 서울: 문예사, 2002.

박형용. (주해) 사도행전: 교회확장의 원리. 서울: 성광문화사, 1981.

_____. 사도행전 주해. 수원: 합동신학대학원출판부, 2007.

박홍무. (주석에 기초한) 사도행전 강해연구. 서울: 쿰란출판사, 2003.

변영익. 거듭나야 아는 비밀: 사도행전 강해. 서울: 쿰란출판사, 2010.

소열도. 사도행전. 서울: 총회성경주석위원회, 1961.

신성종. 사도행전 강해. 서울: 엠마오, 1994.

옥한흠. 교회는 이긴다: 옥한흠 목사의 육성이 담긴 사도행전 강해. 서울: 국제제자훈련원, 2012.

_____. 제자훈련 교재

우남식. 사도행전에서 만난 복음. 서울: 생명의말씀사, 2013.

유도순. (구속사의 관점에서 본) 사도행전 파노라마. 서울: 머릿돌, 2002.

유상섭. (분석) 사도행전. 서울: 생명의말씀사, 2002.

유상현. 사도행전 연구. 서울: 대한기독교서회, 1996.

이규왕. 비전을 품고 희망을 나누고: 사도행전 희망을 주는 성령발전소. 의정부: 드림북, 2008.

이대섭. 사도행전 강해. 서울: 성광문화사, 1997.

이동원. 하나님 나라 비전 매핑: 사도행전의 지평을 여는 여행. 서울: 두란노서원, 2012.

이명재. 불의 혀: 사도행전 강해. 서울: 쿰란출판사, 1998.

이병규. (성경강해) 사도행전. 서울: 성광문화사, 1980.

이상근. 사도행전. 서울: 대한예수교장로회 총회교육부, 1986.

이상원. 자기십자가를 지고: 사도행전 강의. 서울: 솔로몬, 2001.

이성봉. 사도행전 강해설교. 서울: 성광문화사, 1988.

이순한. 사도행전 강해. 서울: 한국기독교교육연구원, 1993.
이승호. 사도행전. 서울: 한국장로교출판사, 2008.
이영철. (성서지리와 역사적 관점에서 본) 사도 바울. 서울: 쿰란출판사, 2013.
이영훈. 성령이 너희에게 임하시면. 서울: 서울말씀사, 2010.
이재철. 사도행전 속으로. 서울: 홍성사, 2010.
이종성. 주기도문. 십계명. 사도행전. 서울: 대한기독교서회, 1968.
이찬영. 사도행전연구: 필자가 걸어본 사도행전 지리. 서울: 소망사, 1991.
임영호. 사도행전에서의 선교와 교회성장. 부산: 고신대학교 출판부, 1997.
장동찬. 은혜 받은 자의 표적. 서울: 쿰란출판사, 2012.
장성규. 사도행전 주해. 서울: 보이스사, 1991.
정성구. 이제야 알겠다: 사도행전 강해설교. 서울: 총신대학교출판부, 1996.
조용기. 사도행전. 서울: 서울말씀사, 1999.
주도홍. 하늘 비전의 사람들: 주도홍 교수의 사도행전 이야기. 서울: UCN, 2005.
한규삼. 초대교회 이야기. 서울: 쿰란출판사, 2010

논문 및 기고글

Bonhoeffer, Dietrich. "Confession and Communion." *Life Together*. New York: Harper, 1954.

Dallimore, Arnold A. "George Whitefield and English Evangelist." *The Great Leaders of the Christian Church*. John D. Woodbridge ed. Chicago: The Moody Press, 1988.

Edwards, Jonathan. "Distinguishing Marks." in *the Works of Jonathan Edwards, Vol. Two*. 1834; repr. Edinburgh: Banner of Truth Trust, 1986.

Kisau, Paul Mumo. "Acts of the Apostles." in Adeyemo, Tokunboh (ed.) *Africa Bible Commentary*. Grand Rapids: Zondervan. 2006.

Lofthouse, W. F. "The Holy Spirit in the Acts and the Fourth Gospel," *ExT lii* (1940–1941).

Manson, T. W. "The Problem of the Epistle to the Hebrews." *Rylands Library Bulletin xxxii* (Manchester, 1949).

Newton, John. "Looking at the cross." *Olney Hymns*. London: W. Oliver, 1779.

Stonehouse, N. B. "The Gift of the Holy Spirit." *Westminster Theological Journal* 13 (1950–1951).

"Surviving the Slump." *Christianity Today 3* (February 1989).

인터넷 검색

Arterbury, Andrew E. "Warning to the Wise: Learning from Eutychus's Mistake." <https://baylor.edu/content/services/document.php/239228.pdf>

Augustin의 시편 55:9 해석 <www.ccel.org/ccel/schaff/npnf108.ii.LV.html>

Benson Commentary, Acts 16:17-18. <https://biblehub.com/commentaries/acts/16-17.htm>

Berding, Kenneth. "The Fourth Missionary Journey: What Happened to Paul after Acts?" <www.biblestudytools.com/blogs-the-good-book-blog/the-fourth-missionary-journey-what-happened-to-paul-after-acts.html>

"Calendar for Year 57 (United States)" <www.timeanddate.com/calendar/?year=57&country=1>

Calvin, John. *Commentary on Acts Vol 1*. <www.ccel.org/ccel/calvin/calcom36.txt>

"Eusebius on the Canon," <www.bible-researcher.com/eusebius.html>

Everts, Janet Meyer. "The Apostle Paul and His Times: Christian History Timeline," <www.christianitytoday.com/history/issues/issue-47/apostle-paul--nd-his-times-christian-history-timeline.html>

Frame, John M. "Introduction to the Reformed Faith." <www.frame-poythress.org/introduction-to-the-reformed-faith/>

Harnack, Ardolf von. *The Acts of the Apostles*. trans by J. R. Wilkinson. New York: Williams & Norgate, 1909. <www.archive.org/details/theactsof theapos00harnuoft>

Henry, O. "After Twenty Years." <www.americanenglish.state.gov/files/ae/resource_files/after-twenty-years.pdf>

Hobart, William Kirk. *The Medical Language of St. Luke*. Dublin : Hodges, Figgis, & co, 1882. <www.archive.org/details/medicalstluke00hoba>

Howard, W. F. "The Epistle to the Hebrews." in *Interpretation*. (Jan. 1951)

"Isaiah 53 Commentary." <www.preceptaustin.org/isaiah-53-commentary>

Josephus, Flavius. *Antiquities* <www.gutenberg.org/files/2848/2848-h/ 2848-h .htm#link202HCH0002> p

_____. *Jewish War II*. 13.5. <www.gutenberg.org/files/2850/2850-h/2850-h.htm>

Macleod, Donald. "Baptism in the Spirit." <www.gospelpedlar.com/articles/Holy%20 Spirit/spiritbaptism.html>

Mathew Henry's Concise Commentary "Acts 22:23." <http://biblehub.com/commentaries/acts/22-23.htm>

"On Baptism CANON I." <http://www.thecounciloftrent.com/ch7.htm>

Orosius, Paulus. *Book 7*.<www.sites.google.com/site/demontortoise2000/orosiusbook7

"Phoenicia." <www.ancient.eu/image/122/map-of-phoenicia/>

Pierson, A. T. *The Acts of the Holy Spirit*. Marshall, Morgan and Scott, 1895. <www.archive.org/details/actsofholyspirit00pier>

Pliny the Younger. *Epp.* X. 98. "TRAJAN'S EPISTLE TO PLINY." <www.pbs.org/wgbh/pages/frontline/shows/religion/maps/primary/pliny.html>

Renan, Joseph Ernest. *Origins of Christianity* Vol. II. *The Apostles*. London: Mathieson & Company, n.d., 26. <www.gutenberg.org/files/45081/45081-h/45081-h.htm>

Santala, Risto. *PAUL, THE MAN AND THE TEACHER IN THE LIGHT OF JEWISH SOURCES*. <www.ristosantala.com/rsla/Paul/paul01.html>

Sherwin-White, A. N. *The Roman Citizenship*. Oxford: Oxford at the Claendon Press, 1980. <www.archive.org/details/THEROMANCITIZENSHIP>

"Sidon" <www.middleeast.com/sidon.htm>

Suetonius. *The Life of Claudius*. <www.penelope.uchicago.edu/Thayer/E/Roman/Texts/Suetonius/12Caesars/Claudius*.html#ref75>

Tacitus, Publius Cornelius. *Agricola*. trans by Alfred John Church and William Jackson Brodribb. London: Macmiian, 1877, 30. <www.forumromanum.org/literature/tacitus/agricolae.html#30>

_____. *Histories v.9*. <www.classics.mit.edu/Tacitus/histories.mb.txt>

_____. *The Annals*. 11.4. <www.classics.mit.edu/Tacitus/annals.7.xi.html>

_____. *The Annals*. 15.44. <www.:///classics.mit.edu/Tacitus/annals.11.xv.html>

Tertullian. *AN ADDRESS TO THE MARTYRS, II*. <http://www.tertullian.org/articles/lof/martyrs.htm>

Thomas, Dereck W. H. "Stephen's Sermon (Part 1): Acts 7:1-53." *RPM* Vol. 17. no. 15 (April 5, 2015). <www.thirdmill.org/articles/derthomas/der_thomas.Acts.15.html>

Torrey, C. C. *The Composition and Date of Acts*. Cambridge: Harvard University Press, 1916. <www.archive.org/details/compositiondateo00torriala>

Wallace, Daniel B. "*Acts: Introduction, Outline, and Argument*" 17-23. <www.bible.org/seriespage/5-acts-introduction-outline-and-argument>

Wright, N. T. *Surprised by Hope: Rethinking Heaven, the Resurrection, and the Mission of the Church*. <www.goodreads.com/author/quotes/38932.N_T_Wright>

김명혁. "제 2의 오순절." <www.christiantoday.co.kr/news/176262>

"로잔언약." Laussane Movement. <www.lausanne.org/ko/content-ko/covenant-ko/lausanne-covenant-ko>

색인

(1)

1차 선교여행　　326, 612-615, 621-624, 628, 631-633, 636, 652, 660-663, 679, 683-685, 687-688, 691, 708, 720-721, 724-728, 730-732, 735-738, 752, 792, 835-836, 1172

(2)

20년 후(After Twenty Years)　955

2차 선교여행　11, 612-615, 628, 680, 711, 719, 724-729, 732-733, 735-737, 743, 752, 756, 810, 832, 835-836, 897, 913, 924, 1039, 1172

(3)

3차 선교여행　　326, 614-615, 832, 836-837, 913, 1146, 1173

(4)

4차 선교여행　615, 1141-1145, 1147-1150, 1173

(7)

70인역　　109, 267, 286, 307, 421, 431, 840-841

(ㄱ)

가룟 유다　101, 104, 108-115, 174, 194, 260, 313, 398

가말리엘　242, 295-303, 340, 386, 469, 802, 928, 939, 981, 994, 1001, 1064

가우다　1087

가이사랴　6, 17-18, 24, 30, 36, 44, 60, 88, 127, 142, 408-410, 415, 428, 435-437, 451, 467-468, 476-477, 481, 486-489, 490-497, 503-506, 508-513, 515-518, 520-523, 526-528, 533, 544, 549, 552, 575, 597-598, 601, 604, 694, 697-698, 832-835, 864-868, 888, 947-948, 953-956, 959-960, 1007, 1016-1017, 1020-1021, 1023-1024, 1041-1044, 1046-1048, 1050-1052, 1055, 1058, 1075-1077, 1079-1082, 1112, 1119, 1132, 1154-1165, 1173

가이사랴 오순절　142, 163, 407-408, 476, 490, 493-494, 509, 514-524, 528-530, 534, 541, 549, 697-700, 841, 864-866, 1164-1165

가이오　820-821, 903, 907, 911-913

간다게　328, 381, 416-417, 420, 429, 432-433, 904, 954

갈라디아　6, 359, 620, 637, 652, 683, 712, 735, 756, 834, 837, 856, 912, 1149-1151, 1172-1173

갈레리우스(Galerius)　604, 631, 1161

갈리오　28, 52, 57, 823-833, 907, 911, 1172-1173

감람원(감람산)　94-99, 977

겐그레아　811, 824, 827, 832, 836

결례　297, 695, 964-968, 1038-1039

겸손한 시도(An Humble Attempt)　81

고넬료　11, 41-46, 127, 142, 163, 169-171, 176, 184, 195-197, 205, 326, 407-409, 418, 424, 431, 436, 476-478, 487-511, 513, 516-525, 527-529, 531-533, 544-545, 589, 661, 688, 697-699, 791, 863-867, 870, 904, 954, 1005, 1165, 1171

고대사(Antiquities)　569, 706, 1000

고린도　25, 52, 182, 208, 505, 623, 676, 746, 753, 756, 808-824, 826-827, 832-833, 836, 839, 845, 850, 855, 863, 872, 897-899, 904, 908-913, 1117, 1141, 1146-1150, 1154, 1173

고소　32, 50-52, 65, 778, 788-789, 823, 827-829, 831, 905-906, 972, 1001, 1019, 1024, 1031-1033, 1036-1037, 1040-1042, 1050-1052, 1058-1059, 1130, 1157

고스(Cos) 948-949
고울(Gaul) 577, 1143
골로새 874
골로새교회 876, 1132, 1146
교회사 15-16, 27, 31-34, 48, 57, 91, 98, 106, 122, 175-177, 180, 340, 405, 561, 614, 657, 914, 1023, 1128
교회의 탄생일 121-122, 172
구레네 134, 331, 335, 534, 537, 540, 542-545, 617, 661, 954, 1096, 1165
구브로 선교 612-614, 620-624, 635-637, 1172
구브로(Cyprus) 42, 51, 259-261, 384, 465, 533-537, 539-547, 550-551, 558, 564, 612-614, 616-617, 620, 1082, 1165, 1172
그래시나 1132
그레고리(Gregory) 808-809
그레데(Crete) 1084-1087, 1089, 1145-1148
그레스게 1149-1150
그레코 로만(Greco-Roman) 28, 31, 35, 60, 134, 535, 784
그리스도의 행전 39, 45
그리스보(Crispus) 523, 821-823, 831, 904
그리심 산 390, 694
글라우디오 루시아 975, 1018, 1030, 1041-1042, 1121
글라우디오 전기(The Life of Claudius) 815, 1022
글라우디오(Claudius) 28, 56-57, 542, 566-570, 572-574, 578, 598, 603, 607, 810, 815-816, 826, 975, 998, 1016-1018, 1022, 1028, 1041, 1048, 1057, 1069, 1123, 1152, 1171-1172
기독교와 미국 930
기병 300, 975, 1016-1017, 1020
기오(Chios) 924-925
길리기아(Cilicia) 331-335, 338-340, 463, 469-470, 542, 555, 624, 688, 712, 733-735, 813, 977, 981, 994, 1021, 1057-1058, 1082
길선주 591
김익두 486, 591

(ㄴ)

나손(Mnason) 30, 960
네레오 1117
네로(Nero) 53-56, 443, 492, 578, 604, 631, 708, 796, 800, 826, 913, 1020, 1046, 1047-1048, 1055-1057, 1074, 1096, 1112-1113, 1123-1124, 1131, 1135, 1137-1140, 1148-1149, 1151-1159, 1173-1174
네메시스(Nemesis) 여신 1102
네압볼리 754-756
누가 15, 19-37, 40-43, 47-54, 56-61, 65-71, 74, 77, 95-96, 100-103, 105-113, 119-120, 129, 133-142, 144-148, 153-155, 158, 161-164, 172-177, 180, 191-197, 199, 203-207, 209-212, 214-215, 218, 221, 224, 232-235, 238, 242-244, 248, 251-260, 265-269, 272-275, 277-279, 282-285, 288-291, 296, 299-302, 307-310, 313-321, 323-326, 329-335, 338-339, 342, 354-355, 367-369, 373, 376, 380-384, 387, 391, 394-399, 405-408, 410, 414-416, 418-425, 427, 431-437, 439, 445-447, 451, 454, 457-458, 462-463, 467, 470-474, 476-482, 484-493, 496-500, 503, 508-511, 516-522, 524-525, 530, 533, 536-538, 541-547, 549-553, 555-559, 566-567, 571-577, 579-584, 588-590, 592-597, 600-601, 603-609, 614-619, 622-626, 628-629, 632, 636, 645, 651, 656-659, 661-667, 669-671, 676-679, 683, 689, 693-696, 701-702, 711-713, 715-718, 720-721, 725-726, 729-732, 735-737, 739-743, 746-752, 755-757, 761-764, 767-770, 772, 775, 779, 783-785, 791, 795-796, 800-802, 817-821, 823, 827, 830-836, 839, 842-843, 848, 852, 856-858, 861-868, 870-874, 877-878, 882-885, 889-895, 898-901, 902-905, 909, 912-915, 918-920, 925-927, 930-931, 935-937, 939, 943-946, 947-948, 952-958, 960-961, 968-974, 976-978, 980-981, 983-989, 994-995, 998, 1002-1012, 1015, 1020, 1025-1028, 1034, 1037, 1042-1046, 1051-1052, 1057-1058, 1065-1068, 1071-1077, 1080-1085, 1087-1090, 1092-1101, 1103-1105, 1108-1110, 1114-1117, 1119-1123, 1125-1140, 1144, 1148-1149, 1155, 1163-1165, 1167-1169
누가의 저작설 15, 21-22, 25, 53
뉴톤(John Newton) 223
니가노르 317
니고볼리 1139-1141, 1147-1150
니골라 317-318, 399
니골라당 318
니도 1083
니산월 57-60, 584

(ㄷ)

다마리(Damaris) 808-809
다메섹 아나니아 171, 195, 328, 442-443, 450-455, 463, 501, 867, 984-988, 1064
다메섹 언약자들(Covenanters of Damascus) 443

다메섹 제자   444, 451, 455
다비다(도르가)   195, 436, 481-489, 493, 497, 501, 506, 508, 511, 520, 919
다소(Tarsus) 6, 328, 334, 439, 462-463, 466-471, 543, 549, 553-557, 563, 570, 618, 621, 692, 712, 798, 802, 817, 977-978, 981, 988, 994, 1011, 1048, 1171
다이아나(Diana)   855, 899, 902
달마디아   1147-1151
달신(月神)   900
대기근   568-569
대제사장 가야바   59, 124, 234, 340, 344, 393, 445, 576, 974, 982, 1080
대제사장 스게와   880
더둘로   1023-1031, 1033-1036
더베(Derbe) 612, 620, 660, 668-669, 678-679, 736, 743, 903, 912, 1172
던(James Dunn)   404
데메드리오   888,   899-903, 905-909, 912
데메드리오 선동   888, 898-903, 906-909, 912
데살로니가   735, 746, 753, 756, 782, 783, 784, 787, 881, 913, 925, 969, 1080, 1081, 1132, 1141, 1146, 1172
데시우스(Decius)   604, 631, 1155, 1160-1161
데오도시우스(Theodosius)   1162
데오빌로   23, 26-27, 37, 49, 52, 55-57, 67-69, 485, 499, 1138, 1144
덴톤(W. A. Denton)   23, 53, 124-126, 136, 250-252, 318, 325, 334, 386, 391, 395, 411, 431, 516, 528-530, 541, 680, 683, 713, 726, 733, 758, 767, 770, 794, 805, 860, 883, 900, 932
도미티안(Domitian)   55-56, 212, 604, 631, 1132, 1155-1159
도미틸라(Domitilla)   1156
독사   1102-1106
돌레마이   948, 952-953
동방의 예루살렘(평양) 365, 883
두기고(Tychicus)   912-913, 1132, 1141, 1147
두란노   802, 854, 870-872, 874-878, 885, 917
두로   694, 794, 948-949
두로(Tyre) 437, 451, 534, 600, 603, 948-949, 952-953, 956-957, 1081
두아디라   757-759
드다   298-300
드로비모(Trophimus)   912-913, 971, 1080, 1146, 1149-1150
드로아   27-29, 735, 751, 754-756, 836, 908-915, 920, 923-927, 1080, 1146-1150, 1173
드루배나   1117
드루보사   1117
드루실라 961, 1022, 1042-1046, 1057-1059
디도   562, 571, 912-913, 1145-1150
디도 유스도 820-823
디도(Titus) 장군   53, 492
디도(Titus) 황제   56
디모데(Timothy)   24, 197, 612, 680, 730, 736-738, 752, 756, 792, 818, 837-838, 897, 910-912, 914, 928, 965, 982, 1132, 1139, 1143-1150
디몬   317
디아비네 헬레나   569
디오누시오 807-809
디오클레티안(Diocletianus) 604, 631, 1155, 1161
딕(John Dick) 96, 144, 189-190, 203, 231, 244, 270, 300, 308, 861
때가 차매   359-360,   748, 895, 1131

(ㄹ)

라새아(Lasea) 1084
라오디게아교회   108, 876
라이스(Edwin Wilbur Rice) 516, 1119, 1149
락탄티우스(Lactantius) · 1162
람페(G. W. H. Lampe)   406, 852, 858, 868
램지(William M. Ramsay)   1 6 , 22, 31, 58-59, 67-70, 121, 129, 340, 382, 445, 462, 553-555, 567, 571, 613, 624, 631, 679, 699, 709, 771, 793-794, 815, 821, 830, 837, 856-858, 890, 910-912, 915, 926, 948, 953, 960-962, 994, 1109, 1119, 1130, 1135, 1140
레기온(Rhegium)   1111
레히러(Gotthard Victor Lechler)   430, 763, 792, 836, 850, 956, 976, 989, 1003, 1109, 1130
로고스의 자기확장   748
로테   592-593, 1068
로도(Rhodes) 948-949
로마방문   889, 895, 1117- 1119
로마의 평화   135, 748, 895
로마인 오순절   516
로마지방 총독 50, 468, 492, 812, 1016
루가오니아   672, 813
루디아   108, 184, 756-760, 764, 771, 774-776, 779-780, 791
루스드라 선교 612,   620, 660, 668-680, 736, 1134, 1172
루터(Martin Luther)   253, 337, 357, 448, 560, 650-651, 852
리그스(Ralph M. Riggs)   183
리벨루스(libellus)   160

(ㅁ)

마가 다락방   35-37, 39, 42-44,

46, 57, 60, 64-66, 81, 99-101, 103-109, 119-121, 124-129, 131-132, 137-142, 146, 153, 162, 174-175, 180, 194, 261, 405-410, 493, 516-522, 528, 552, 684, 698, 707, 841, 844, 863-868, 932, 1116, 1164

마가요한 30, 136, 592-594, 609, 624, 633, 636, 727-730, 736

마게도냐 17-18, 42, 60-61, 469, 505, 746-754, 756-760, 776-779, 784, 790, 818, 836, 884-886, 888, 891, 894-897, 903, 908, 909-914, 924-925, 969, 1039, 1058, 1080, 1135, 1145- 1149, 1173

마게도냐 환상 749-754,   924, 1080, 1172

마르쿠스 아우렐리우스   539, 800, 958, 1159

마카베오 시대   1115

마터(Justin Martyr) 23, 68, 398

말세 120, 126, 151-153, 156, 195-197, 227

말시온(Marcion)   626

맛디아   66, 108, 113-119, 174, 313, 316, 323

맛디아 선출 66, 108, 113-119, 174, 316, 323

매머틴 감옥(Mamertine Prison) 1148

맥가비(J. W. McGarvey)   121, 536, 554, 599, 1131

머레이(Andrew Murray)   185

머레이(Iain H. Murray)   179

멜랑히톤(Philip S. Melanchthon) 116

멜리데 표착 888, 1099-1100

모리슨(Thomas Morrison) 16, 54, 65, 614, 747, 889, 960, 1077

몰간(G. Campbell Morgan) 47, 314, 404, 692, 793

무두장이 시몬   488-489, 501,

504, 508-509, 511, 520

무라(Myra) 949, 1082, 1083

무라토리안 단편 15, 21, 23, 1138, 1149

물세례   169-170, 403, 523

미둘레네(Mitylene)   923-924

미문(the Beautiful Gate) 204-209, 215-216, 238, 280, 332, 337, 392, 596, 670-671, 878

미항   1084-1087, 1094

민회   905-906

밀레도(Miletus)   6, 484, 836, 922-928, 948-949, 1146-1150

(ㅂ)

바나바   6, 17, 30, 41-42, 104, 114, 195, 255-256, 259-265, 273, 462-467, 533-534, 538, 544, 548-567, 570-571, 579, 594-596, 604, 607-609, 612-616, 618-629, 631-633, 635-638, 653-680, 682-689, 691-694, 699-702, 705, 708-712, 715-733, 735-738, 743, 748-749, 755, 792, 824, 836-837, 851, 867, 873, 894, 945-946, 949, 1071, 1165, 1172

바나바 사울 소개   462-467

바나바 헌금 260-263, 566-567, 571

바나바와 바울의 갈라섬 721-723, 727-733, 735, 738, 749, 836

바나바의 1차 선교여행 622-624, 626-629, 631-632, 635-638, 653-656, 657-660, 661-669, 671-680, 682-685, 949

바나바의 다소 방문   553-556, 1172

바나바의 사울 소개   688

바다라(Patara) 949

바람 126, 136-139, 176-177, 448, 517

바리새인   280, 284, 297-298,

302-303, 469, 695, 696, 788, 828, 928, 994, 995, 997, 999, 1000, 1001, 1009, 1019, 1038, 1066, 1073

바리새파   100, 231-233, 280, 297-299, 301-303, 692, 696, 1000-1001, 1009, 1028, 1066

바메나   316

바보   625, 636

바빌라스(Babylas) 1161

바사바   113-115, 313, 711

바실(Basil) 808-809

바예수(엘루마) 625, 629-630, 632, 662

바우어(Ferdinand Christian Baur) 22, 34

바울(사울)   6, 16-22, 24, 27-30, 32, 35, 41-42, 47, 50-53, 55-57, 68, 89, 100, 116, 124, 130, 135, 141, 155, 161, 171, 182, 185, 195-197, 209, 213-215, 242-243, 258, 266, 280, 289, 296-298, 307, 326, 338, 360, 375, 382, 386, 393, 399, 405, 415, 436-439, 442-445, 447-448, 452-458, 460, 463, 466-470, 477-479, 484, 487, 500, 505, 524, 531, 534, 538, 542, 545, 549-557, 559-562, 564, 570-571, 580, 593, 595-598, 604, 607-609, 612-615, 618-626, 628-632, 635-642, 646-652, 654-694, 696-699, 701-702, 705-712, 715-738, 743, 746-761, 763-772, 774-780, 782-810, 812-829, 831-839, 845-849, 851-854, 856-865, 867-880, 882, 885-886, 888-905, 907-915, 917-921, 923-932, 934-954, 956-1021, 1023, 1024-1042, 1044-1060, 1062-1126, 1129-1136, 1138-1151, 1153-1155,

1164-1166, 1172-1173
바울의 생질 1010-1016
바울의 숙원 889, 1118
바클레이(William Barclay) 28
발레리우스(Valerius) 992
밤빌리아(Pamphylia) 133-134,
　636-637,　683,　688,
　727-728, 1082, 1172
방언　　129,　132,　136,
　141-144, 146, 164, 174,
　176, 179, 190, 199, 515,
　517, 520, 522, 866, 868,
　978, 1064, 1104
백스터(Richard Baxter) 193
버가　　636, 683, 1172
버니게　52, 1044, 1056-1059,
　1066, 1071-1072
범가르텐(M. Baumgarten) 15,
　79, 152, 203, 230, 244, 270,
　306, 687, 838
베니게　　42, 384, 533-534,
　536,　539-540,　543-545,
　547, 564, 604, 693-694,
　948-949, 1072, 1081, 1100
베드로　　6, 16-17, 20, 30,
　32-33,　35,　39,　41-43,
　46-47, 51, 53, 55, 61, 64,
　68, 79, 88, 101, 108-111,
　113-114, 119, 124, 126-129,
　141, 146-154, 157-172,
　174-178, 182, 194-195,
　202-223, 226-230, 232-238,
　241-243, 248, 255, 263,
　266-269, 272-274, 276-277,
　283-284, 287-288, 290-291,
　295, 306, 311, 336, 371,
　398-402, 404-406, 408-418,
　424, 436, 440-441, 463,
　476-489, 491-496, 498-499,
　501-531,　534,　537,　540,
　545-549,　551-553,　555,
　574,　578,　581-585,
　588-599,　604,　609,
　612-614, 624, 639-640,
　664-665, 670-671, 673-674,
　690-693, 695-702, 705-708,
　732, 763, 765, 769, 806,
　852, 860, 864, 866-867,

870, 877-880, 892, 904,
　919, 931, 934, 962, 974,
　991, 1011, 1065, 1105,
　1135-1137, 1138, 1144,
　1151, 1154-1155, 1166,
　1171-1173
베드로 못 걷는 사람 치료 194,
　202, 204-218, 220-221,
　238, 242
베드로의 가이사랴 방문 477,
　492-496, 503, 505-509,
　513, 521
베드로의 가이사랴 설교 498,
　505, 509-519, 521-523
베드로의 룻다 방문 478-481,
　487, 501
베드로의 사마리아 방문 400-402,
　404-406, 408-416
베드로의 욥바 방문 436, 476-477,
　481-488, 501, 506
베드로의 투옥 574, 578, 582-585,
　588-591
베뢰아　　549, 578, 617, 735,
　746, 783, 789, 790-792,
　818, 891, 911, 925, 969,
　1146, 1172
베스도(Festus)　　6, 18, 19,
　26-28, 51-52, 57, 68, 436,
　708,　961,　1046-1047,
　1049-1060, 1062-1064,
　1066-1069, 1071-1073,
　1075, 1109, 1119-1121,
　1139, 1173
베스파시안(Vespasian)
　1156, 1174
벤티디우스 쿠마누스(Ventidius Cumanus)
　1022
벨릭스(Felix) 6, 28-30, 51-52,
　57, 68, 436-437, 961, 977,
　995, 1014-1018, 1020-1026,
　1029-1033,　1038-1047,
　1050-1054,　1057-1060,
　1063-1064,　1066-1068,
　1075,　1096,　1121,
　1172-1173
벵겔(Johann Albrecht Bengel) 94,
　116, 455, 558, 1006
보디올(Pozzuoli) 1111-1115

보병　496, 974-975, 1016-1017,
　1020-1021
보블리오　867, 1102-1107
본도　　133-134, 815
본디오 빌라도　28, 167, 244,
　576-577, 815, 1152, 1171
본회퍼(Dietrich Bonhoeffer)
　193-194, 442
뵈닉스(Phoenix) 1086-1087
부겔로　　1145
부활증거　　75
불완전한 교회 270-271
브로고로(Prochorus) 317
브루기아　　133-134, 673,
　753, 834-837, 1172-1173
브루스(F. F. Bruce) 21,
　33, 37, 39, 42, 54-56, 58,
　90, 98, 114, 122, 126, 129,
　143, 162, 188, 205, 210,
　231, 234, 410, 445-446,
　462-463, 470, 509, 512,
　677, 714, 731, 752, 858,
　861, 993, 998, 1046, 1109,
　1164
브리스길라　42, 812, 815-818,
　832-834, 845-849, 851-852,
　857-858
비두니아　　735, 751-753
비상한 기적　876
비시디아 안디옥　623, 633, 637,
　658-660, 669, 674-675, 679,
　753
빌라델비아교회　　212
빌롤로고　1117
빌립　　6, 17, 30, 41-43,
　88, 169, 314, 317-319, 328,
　381, 388-391, 395-399,
　402, 405, 409, 413-429,
　431-437, 471, 492-494,
　658, 732, 903, 947,
　953-956, 960, 1134
빌립보　　23, 26-29, 51,
　195, 451, 468, 492, 545,
　734-735, 753, 756-758,
　760-761,　764,　768,
　771-772, 774-776, 779-780,
　782-783, 790-791, 829,

912-913, 915, 925, 1132, 1141, 1146, 1173

(ㅅ)

사도 야고보 처형　30, 578, 588, 599, 607
사도행전 저작연도　49, 53, 56
사도행전의 진실성(정확성) 21-23, 25, 296, 624
사두개인　230-235, 237, 242-243, 280-285, 297, 301, 378, 798, 1000-1001, 1009-1010, 1038, 1073
사두개파　100, 231-233, 279-280, 283-284, 296-298, 301-302, 378, 442, 974, 1000-1001, 1009-1010, 1014, 1028
사랑받는 의사 누가　24, 27
사마리아　6, 17-20, 28-31, 35-39, 42-44, 60-61, 86-89, 91, 127, 136, 163, 169, 177, 195, 206, 227, 328, 369, 381, 384-386, 388-391, 393-395, 397-398, 401-403, 405-406, 408-410, 414-419, 429, 432-434, 437, 440, 471-474, 476-477, 486-489, 491-494, 511, 520-522, 534, 545, 548, 551, 574, 580, 605, 612-614, 658, 661, 693-694, 732, 739, 743-744, 746-747, 863, 866-868, 954, 963, 1134, 1163-1165, 1171
사마리아 오순절　400-402, 406-409, 411, 416, 522, 1164-1165
사모(Samos) 924-925
사모드라게　756
사모스의 에피큐로스(Epicurius) 798
사울(바울)　6, 19, 326-328, 334-335, 381-383, 387, 425, 439, 440-444, 446-448, 450-452, 453-471, 474,-479, 490, 501, 523,

544, 548, 553-559, 562-563, 566-567, 570-571, 579, 594-596, 607-609, 614-615, 618-622, 624-629, 631-632, 637-639, 643, 685, 688, 919, 954-955, 983-984, 988-989, 1067
사울(왕)　642-643, 646
사울의 회심　6, 19, 27, 111, 326-328, 375, 382, 438-440, 442-448, 453-457, 460-464, 469-470, 473-474, 477-478, 487, 490, 524, 549, 555, 570, 618, 969, 980-990, 994, 1048, 1063-1067, 1171
산헤드린　30, 39, 51-52, 229-231, 233-234, 242-244, 279-280, 287, 290-291, 297-298, 301-306, 336, 339, 340, 344, 371, 378, 386, 444, 573, 582, 963, 982, 996, 999, 1000, 1010, 1023-1024, 1031, 1040-1041, 1130
살라미　623-625
삼관　1165
상급법원　1075
상업도시(Market City) 669, 834
새 방언　141
새로운 역사　95, 383, 434, 614
새롭게 되는 날 222-225, 581, 582
생기　138, 552
샤마이 학파　297
샤프(Philip Schaff) 58-59
서기오 바울　623-625, 627-631
서머나교회　1159
서바나 선교　1148, 1151
성결운동(Holiness movement) 181
성령 안에서　192-194, 197, 228, 257, 271, 324, 403, 406, 424-425, 455, 557, 619-620, 658, 663, 714-715, 720, 775, 873, 890-896, 929, 935, 1012
성령세례　54, 79-80, 83, 89, 166-167, 170, 180-181,

183-184, 187, 403-404, 523, 843-844, 859, 866
성령의 복음　7-8, 37-42, 45, 48, 57, 111, 203, 477, 622, 713, 748, 751, 1129, 1133-1135, 1164
성령의 부으심 31, 36-39, 41-46, 52, 57, 80-81, 91, 108, 120-121, 123, 126-127, 131, 143-144, 146-147, 149-156, 158-163, 166-169, 171-174, 179-182, 188, 194, 204, 209-210, 250, 365, 388, 404-406, 408-411, 492-493, 516, 518-525, 527-530, 581, 697, 841-843, 865-868, 945, 1106, 1125, 1128, 1164-1165
성령의 선물　126, 165, 170-171, 252, 402, 404, 519, 866
성령의 세례　80, 182, 184, 403, 844, 860, 869
성령의 시대　8, 37, 41, 79, 121, 125-126, 174, 1128, 1170
성령의 신학자　106
성령의 은사　44, 80, 89, 106, 141, 170, 176, 252, 294, 315, 392, 399, 402-404, 406, 474, 516, 522, 542, 698, 728, 749, 848, 867, 870
성령의 임재　43, 46, 82, 89-90, 92-93, 98, 126, 131-133, 137, 142, 147, 174-176, 178, 247, 251, 278, 397, 402-404, 512, 860, 864, 866-868, 876, 881-883
성령이 이끄시는 교회　255, 269, 474, 618, 715, 885, 937
성령충만　35, 39, 42-45, 47-48, 61, 64, 80, 88-89, 103, 119, 127-128, 131, 134, 148, 160, 166-167, 175-177, 180, 184-190, 192-197, 199, 202, 213, 217, 230, 251-254, 256-258, 261-263, 265,

270-271, 276, 283, 305-306, 309, 314-315, 328, 331-333, 336, 339, 341, 375-376, 380, 399, 404, 418, 453, 455, 458, 466, 486, 501, 550, 557, 564, 622, 625-627, 632, 659, 671, 700, 716, 720, 728, 744, 875, 878-879, 919, 932, 946, 1011, 1164-1166, 1170
성직매매 413
성취의 시작 37, 127, 160, 162-163, 410, 1164
세군도(Secundus) 912-913
세네카 585, 800, 826, 830, 1048, 1055, 1113
세례요한 28, 59, 73, 76, 79-80, 108, 115, 139-140, 166-167, 171, 181-182, 220, 466, 527, 554, 575-576, 618, 647-649, 833, 839, 842-844, 857-870, 932, 1065, 1069
셀롯당 100
셈프로니우스(Sempronius) 992
소바더(Sopater) 791, 911, 912
소스데네 830
소아시아 일곱 교회 876
속죄일 1084
손양원 280, 292
솔로몬의 행각 208, 219-220, 221, 223, 276, 277-278, 283, 581
수라구사(Syracus) 1110-1111
수리아 463, 470, 481-482, 534, 535, 555, 637, 712, 733-735, 832-833, 838, 911, 948, 983, 998, 1021, 1082
수에토니우스(Gaius Suetonius Tranquillus) 568, 579, 603, 815, 817, 1022
순교는 교회의 씨 384, 606, 825, 1161
스다구 1117

스데반 6, 17, 30, 35, 42-43, 49-51, 314-315, 317-319, 328-329, 331--350, 352-356, 359-380, 382-389, 391, 396, 414, 417, 440-443, 445, 453, 466, 471-473, 482, 487, 532-534, 536-539, 545-547, 555, 564, 574, 582, 639-641, 649, 758, 949, 953, 971-973, 981, 986, 990, 1005-1006, 1135, 1156, 1171
스데반의 변증 340-343, 364, 377
스미스(George D. Smith) 403
스미스(J. Hamblin Smith) 37
스미스(James Smith) 1094, 1097, 1103
스타트(John Robert Walmsley Stott) 84, 98, 177, 190, 198-199, 211, 320-321, 403, 431, 541, 675, 682-683, 685
스토아 28, 782, 794, 797-800, 803-804, 826, 1048, 1055
스톤하우스(N. B. Stonehouse) 409, 858, 861
스트라토페다크(stratopedarch) 1119
스페너(Philip Jacob Spener) 560
스페인(서바나) 536, 889, 896-897, 911, 952, 1007, 1048, 1119, 1138, 1141, 1143-1146, 1148-1151, 1169
스펜스(H. D. M. Spence-Jones) 91, 516, 696, 712, 844, 861
시돈 451, 534, 600, 603, 694, 1081, 1082
시몬 마구스(Simon Magus) 393-399, 409-415, 471, 598, 880, 1044, 1171
시카리(the Sicarii) 998
시터리(Charles Fremont Sitterly) 54, 462
신사참배 167, 280, 292, 365, 944, 957
신약의 오경 20
실라 24, 30, 52, 195, 711, 716-719, 722, 725, 732-737, 743, 752, 756, 761-772, 774-780, 787-792, 818, 836-838, 1165
실루기아 614, 623

(ㅇ)

아가보 566-567, 572, 609, 956-957, 1172
아가야 52, 60, 68, 811-813, 823-824, 826-829, 836, 848-850, 891, 897, 910-911, 1146, 1172-1173
아간 267
아구스도대 1077
아굴라 42, 108, 812, 815-818, 833-834, 845-849, 851-852, 857-858, 1117
아그리콜라(Agricola) 1025
아나니아(대제사장) 997-999, 1003, 1023, 1025, 1053
아나니아와 삽비라 47-49, 254-255, 260-265, 267-274, 276-278, 305-306, 413, 505, 622
아낙시메네스(Anaximenes) 925
아놋(William Arnot) 151, 173, 256, 263, 301, 376, 417, 460, 491, 609
아데미 6, 536, 636, 855, 899-903, 905, 912
아덴 6, 50, 735, 783, 792-814, 819-820, 855, 904, 927, 995, 1141, 1172
아드라뭇데노 1080, 1083
아드리아 바다 1094-1096
아레오바고 795-797, 800-802, 807
아리스다고(Aristarchu) 903, 907, 911-913, 1080-1081, 1132
아리스도불로 1117
아리스토불루스(Aristobulus) 578
아리스토텔레스 794, 800, 840
아리스티데스(Arisitdes) 808
아벨레 1117
아볼로 777, 812, 838-852, 854-858, 862-865
아볼로니아 783-784, 790
아소도 428, 435-436

색인 1205

아우구스투스 28, 135, 436, 492, 624, 637, 669, 813, 895, 1113, 1141, 1171
아테나고라스(Athenagora) 808
안드로니고 1117
안디바드리(Antipatris) 1020-1021
안디옥 17-20, 24-25, 27, 42, 60-61, 68, 88, 317, 384, 466, 470, 476, 533-548, 551-567, 571, 579, 582, 594-596, 604-609, 612-621, 623-625, 633-637, 655, 662, 666, 675-677, 679-680, 683-684, 688-690, 694, 710-712, 715-721, 725-726, 734-736, 739, 743, 746, 792, 825, 834-835, 873, 927, 990, 1048, 1134, 1161-1164, 1172-1173
안디옥 바나바와 사울파송 17, 195, 607-608
안디옥교회 세계성 616, 618, 637, 744
안토니 후크마 193
안티오쿠스 4세 469
알렉산더 대왕 535, 758, 855, 901, 925
알렉산더(구리 세공업자) 1145
알렉산더(예루살렘의 감독) 1161
알렉산드리아 22-24, 26-27, 68-69, 298, 318, 331, 335, 338, 345, 352, 393, 421, 469, 534, 542, 569, 577, 793, 838-840, 842, 845, 851, 923, 1001, 1083, 1109, 1111-1112, 1171
암블리아 1117
암비볼리 783-784, 790
압비오 광장 1115, 1117, 1165
앗소 923-927
애니아 479-484, 486-489, 493, 497, 501, 508, 511, 520, 960
야고보(세베대 아들) 6, 17, 30, 75, 102-103, 463-464, 555, 571, 574, 593, 612, 690, 693-694, 701-705, 708-710, 962-964, 966-968, 975, 1173
야고보(알패오 아들) 100-101, 594-595, 706-707

야고보(사도) 30, 101, 401, 440, 547, 572-574, 578, 582-585, 588, 599, 604-605, 607, 609, 664, 708, 1156, 1171
야손 788
어거스틴(Aurelius Augustinus) 19, 27, 111-112, 116, 122-123, 145, 154, 377, 448, 465, 486, 501, 596, 609, 651, 1113
어드만(Charles R. Erdman) 15, 39, 42, 49, 61, 101, 123, 173-174, 205, 232, 261, 275, 287, 297, 391, 401-402, 405, 428-429, 438, 453, 470, 490, 509, 516, 588, 614, 682
언덕 위에 세워진 도시 930
에게해 17-18, 42, 61, 746, 756, 784, 833, 854, 856, 884, 888, 912, 924, 949
에드워즈(Jonathan Edwards) 80-81, 127, 140, 152, 154, 173, 179, 190, 209, 258, 294, 395, 486, 505, 748, 882-883, 885
에디오피아 내시 88, 328, 381, 416-417, 420-434, 445, 494, 544, 658, 954
에라스도 897-898, 910, 914, 1147, 1149-1150
에베소 6, 25, 29, 36-37, 41, 44, 52, 60, 81, 127, 142, 171, 407, 410, 470, 493, 522, 542, 559, 652, 746, 752, 756, 802, 812, 817, 824, 832, 834-839, 845-848, 854-858, 862-868, 870-882, 885-888, 890, 896-910, 913, 924-928, 930-931, 933, 945-948, 969-971, 1134, 1145-1147, 1150, 1165
에베소 오순절 163, 522, 856, 866-867, 875, 902, 1164, 1165
에베소 장로 856, 902, 922, 926-927, 934, 937-939, 942, 945-948, 952
에베소 제자들 857-863, 865-868, 909
에센파 100, 617
에스겔 79, 138-139, 530,

936, 1065
에피쿠로스(에피큐리안) 28, 782, 794, 798, 799-800, 803
역사신학(historical theology) 98, 580, 596, 603, 608-609, 698, 1136
영국 8, 22, 29, 560, 1132, 1143
영적승리 207, 632
예루살렘 오순절 6, 17-19, 27, 30, 35-40, 43-49, 57-60, 64, 66, 70-72, 77-79, 81, 88-93, 99-100, 104-109, 119-137, 140-147, 149-154, 158-160, 162-166, 172-184, 187-188, 199, 202-205, 207-210, 212, 217-219, 229-230, 233, 250-252, 255, 261, 270-271, 279, 283, 286, 291, 308, 325, 328, 332-333, 336, 342, 388, 401, 404-406, 408-410, 417, 424-425, 438, 443, 451, 454, 466, 490, 493-494, 515-519, 521-525, 527-529, 532-534, 542, 545, 552, 557, 632, 684, 697-698, 702, 707, 715, 743-744, 806, 841, 844, 860, 864, 866-869, 932, 945, 963, 969, 984, 1048, 1106, 1115-1116, 1128, 1134, 1164, 1171
예루살렘교회의 기도 246-249, 252-253, 423
예수 그리스도의 승천 6, 16-20, 23, 26, 30, 36-38, 41, 45-48, 50, 57-60, 64-67, 70-71, 77, 80-83, 85, 92-99, 109, 115, 119-121, 124-126, 129, 132-133, 151, 158-159, 170, 182, 207, 211, 215, 226-227, 289, 313, 375-376, 379, 389, 471, 517, 581, 613, 684, 688, 708, 751, 844, 865, 871, 879, 920, 947, 1125, 1155, 1163, 1171
예수의 형제들 102-103
예언의 성취 35, 46, 108-111, 223, 249-250, 391, 429, 459, 574
오 헨리 955
오네시보로 668, 1145, 1148

오로시우스(Paulus Orosius) 568-569
오리겐(Origenes Admantius) 24
오순절운동　181
오스티아(Ostia)　1111, 1144
오웬(John J. Owen)　54
올름바　1117
요세푸스(Josephus)　58, 68, 100, 208, 299-301, 350-352, 480, 554, 566-569, 575-579, 583, 599-604, 617, 623, 706-708, 977, 998-1000, 1026, 1046, 1058, 1096, 1271
요한　17, 30, 39, 46, 101, 119, 191, 194, 205-208, 210-218, 221-222, 230-233, 241-243, 283, 290-291, 317-318, 374, 399-405, 408-412, 415-416, 501, 548, 551, 571, 574, 583, 591, 594, 626-627, 639, 670-674, 701, 708, 716, 913, 1156, 1171
요한의 세례　79, 113, 842-844, 850, 857-863, 865-868
욥바　6, 30, 435-437, 476-478, 480-482, 485-488, 491-494, 499-501, 504-509, 520, 526-527, 541, 597, 740
우르바노　1117
워커(Thomas Walker)　211
워필드(B. B. Warfield)　18-19, 106, 404, 599
원산부흥운동　65, 120, 203, 254, 275, 613
원주민　495, 1100-1103, 1106-1107
월리스(Daniel B. Wallace)　18, 56, 325
웨스트민스터 신앙고백　127, 151, 161
웨슬리(John Wesley)　181, 429, 448, 560, 571
위로의 아들　256, 259, 728
유니아　1117
유다　66, 100-103, 299-300, 707-708, 711, 716-719, 722, 984
유대인 추방사건　31

유대인 회당　544, 625, 628, 637-638, 660, 790, 813, 839
유대인들의 선동　668, 968, 972
유두고　914, 916-921
유라굴로　1087, 1090, 1101
유세비우스(Flavius Eusebius) 24-27, 55, 58, 68, 94, 104, 114, 283, 300, 317, 398, 428, 566, 569, 577, 588, 594, 598-599, 624, 681, 688, 706, 708, 916, 941, 956, 1043, 1138, 1140-1141, 1144, 1149, 1151-1155, 1161
유월절　6, 57, 59, 66, 100, 122-124, 153, 584, 621, 835, 911, 915, 926, 954, 1115-1116
율리아　1117
율리오　1078, 1081, 1083, 1120
은장색　899-902, 912
의인 야고보(James the Just) 708, 963
이고니온　620, 657, 660-661, 663-664, 666-669, 675-679, 736-737, 743, 792, 873-874, 990, 1134, 1172
이그나티우스(Ignatius) 562, 780, 916, 936
이달리야 군대　492, 495
이레니우스(Irenaeus)　22-24, 26, 53, 55, 68, 318, 398, 427-428, 431, 1156
이방인 오순절　528
이방인의 뜰　208, 970
이자테스(Izates)　569
일곱 사람 선출　6, 42-43, 88, 194, 197, 262, 304, 311-319, 322-326, 332-333, 338, 399, 423, 466, 570, 867
일사각오　957

(ㅈ)

전기설　53-56
전투적 교회　49
제 5복음서　19
제2의 축복　181
제롬(Eusebius Sophronius Hieronymus) 27, 94, 317-318,

583, 706, 994, 1138, 1144, 1149, 1151
제우스　28, 672-673, 677, 763, 905
제임스 에드윈 오(J. Edwin Orr)　172, 225
족장시대　342, 346, 641
주기철　280, 292, 591, 957
주의 사자　73, 282, 285-286, 293, 303, 418-419, 434, 494, 499, 501, 508, 525, 527, 540, 572, 588-590, 592, 603-604, 754, 1005, 1090-1091, 1097, 1139
직가(Straight)　984
짐 엘리어트　957

(ㅊ)

창병　1016-1017
천문학계산　59
천부장　961, 968, 974-978, 989-993, 995-996, 1001-1002, 1007, 1010, 1013-1021, 1030, 1040-1041, 1053, 1059, 1062-1063, 1068, 1121
천사　47, 95-96, 141, 192, 240, 294, 339, 359-360, 363, 370, 372-373, 380, 387, 418-419, 428, 496, 500, 506-508, 513, 589-590, 592-593, 604, 608, 652, 668, 754, 843, 929, 1000, 1005, 1009, 1091
청교도　193, 253, 320, 629, 930

(ㅋ)

카버(William Owen Carver) 445, 537, 844, 876
카엘리아(Caelia)　1120
카페나 문(Porta Capena)　1119
칼리굴라(Caligula)　393, 473, 566, 574, 577, 1113, 1152, 1171
칼빈(John Calvin)　8, 20, 58, 70-71, 80, 84-85, 91, 97, 106, 110-111, 116, 118, 123, 132, 136, 143-144, 148, 150, 154-156,

160-161, 164, 166, 168, 171-172, 196, 198, 236-237, 243, 256-257, 264, 266, 293-294, 301, 304, 306, 318, 339, 371, 377, 394, 397, 399, 404, 412-413, 427, 429, 431, 434, 441, 448, 455, 458, 467, 474, 482-483, 486, 488, 496-498, 501, 518, 522, 540-542, 549, 556-557, 561, 578, 584, 594-595, 604, 616-617, 657, 670, 690-691, 698, 701, 703-704, 706, 715, 729-731, 733, 738, 753, 762, 803-804, 846, 893, 933, 938, 944, 955-956, 964-966, 972, 993, 1002, 1012-1013, 1025, 1042, 1044
코넬리우스 술라(Publius Cornelius Sulla) 495
코니베어(W. J. Conybeare) 1113
코르넬리우스 아 라피데(Cornelius a Lapide) 210, 1161
코울즈(Henry Cowles) 25, 401, 599, 753, 919, 985, 1000, 1043, 1046, 1151
콰드라투스(Quadratus) 808, 1158
크레스투스(Crestus) 810, 816
크리소스톰(John Chrysostom) 19, 27, 58, 71-72, 76-78, 99, 110, 113, 119, 177, 192, 206, 211, 214, 303, 309, 325, 331, 337, 359, 375, 379, 384, 388, 396, 402, 411, 416, 419, 425-426, 428, 444, 453, 469, 471, 481-482, 485, 494, 497-498, 503, 505-506, 516, 523, 548, 557, 566, 574, 588, 603, 619, 629, 685, 702, 733, 737, 764, 768, 770, 788, 831, 841, 843, 857, 863, 892, 937, 999, 1060, 1101, 1119, 1138, 1144, 1149, 1151
큰 박해 381-384, 387, 414
클라우스너(J. Klausner) 242
클락(George W. Clark) 16, 25, 54
클레멘트(Clemens Romanus) 68, 681, 708, 938, 1138, 1143-1144, 1149-1150, 1174
클레멘트(Titus Flavius Clemens) 22, 24, 26, 68, 318
클루마허(Krummacher) 516
키티움의 제노(Zeno) 794, 798-799
키프리안(Cyprianus) 24, 403, 427

(ㅌ)

타키투스(Tacitus) 568-569, 577, 579, 1022, 1025, 1047, 1124, 1152-1153
타티안 980
탈레스(Thales) 925
터툴리안(Tertullianus) 22-24, 26, 68, 303, 318, 382, 384, 386, 585-586, 606, 767, 780, 825, 840, 1161
토레이(C. C. Torrey) 30, 66
토레이(R. A. Torray) 183
트레이스 타베르네(the Three Taverns) 1115, 1165
티베리우스 28, 59, 334, 577-578, 602, 1152, 1171
티베리우스 알렉산더 1057-1058

(ㅍ)

파두스 299-300, 1057
파비아누스(Fabianus) 1161
팔라티누스 1113
팔레스타인 기근 565-570, 607, 722, 956, 1172
팔레스타인 전도 328, 435
평양대부흥운동 127, 161, 167, 195, 225, 629, 882-883, 914
포르시우스(Porcius) 992
포파이아 1074, 1096, 1123, 1140
폴리갑(Polycarp) 23, 337, 387, 539, 562, 626, 800, 936, 957-958, 1159-1161
폼페이(Pompey) 334, 535, 993, 1047, 1115, 1174
푸블리우스(Publius) 495, 808
푼다누스(Caius Minnucius Fundanus) 1157
프라니우스 부루스(Franius Burrus) 1048, 1119
프라비아 1132
프레스뷔테로스 938
프레토리움 1120
플라비우스 클레멘스(Flavius Clemens) 69, 1156
플라톤 794, 800, 840
피어선(Arthur T. Pierson) 39, 42, 713
필로(Philo) 345, 352, 577, 839-840
필리오쿠에(Filioque) 163

(ㅎ)

하나님 나라 41-43, 47, 57, 70, 74, 76-77, 82-88, 92-93, 98, 103, 115, 127, 165, 233-234, 250-251, 258, 270, 273, 283, 303, 312, 321, 396, 399, 415, 425, 465, 471, 556, 580-581, 596-597, 633, 658, 680-681, 684, 715, 727, 730, 733-735, 764, 789, 844-846, 848, 871, 874, 910, 935-936, 1006, 1011, 1124-1127, 1129-1130, 1133-1135, 1165-1166
하나님의 도성 596, 935
하나님의 섭리 17, 136, 151, 293, 318, 365, 384-386, 419, 448, 451, 470, 478, 494, 503, 529, 536, 565-566, 580-582, 588, 596, 608, 698-699, 705, 731, 735, 782, 806, 821, 838, 954, 1002, 1011, 1015-1016, 1091, 1096, 1099, 1107, 1119, 1122
하드리안(Hadrian) 780, 1157-1158
하시딤 297
하우슨(J. S. Howson) 40, 42, 91, 516, 696, 712, 844, 861, 1113, 1138
한(August Hahn) 54
합법적인 종교 32, 50, 281, 765, 828-829, 1019, 1029, 1074, 1123-1124, 1135
허마 1117
허모게네 1145
험프리(William Gilson Humphry) 60, 317

헤로디온　1117
헤롯 대왕　255, 298-300, 436-437, 468, 575, 583, 598, 617, 974, 1021, 1047
헤롯 아그립바 1세　6, 18, 26-28, 31, 47, 57, 326, 476, 554, 567, 571-575, 577-579, 582-584, 588-590, 592, 596-609, 622, 664, 729, 934, 1022, 1043, 1057, 1081, 1154-1155, 1161, 1171
헤롯 아그립바 2세(Herod Agrippa II)　6, 28, 50-52, 436, 961, 995, 1037, 1043-1044, 1056-1066, 1068-1075, 1172-1173
헤롯 아켈라오(Herod Archelaus)　300, 575
헤롯 안티파스 1세(Herod Antipas I)　32, 554, 576-577, 617
헤르메스　28, 672-673, 677, 854
헤커티어스(Hecataeus)　925
헬라철학　28, 839, 840, 849, 851, 855, 925, 995
헬라파 유대인　19-20, 134, 136, 305, 307-309, 317-319, 323, 334-335, 338, 354, 385, 388, 462, 465-468, 537, 540-544, 547, 550, 563-564, 607, 616-617, 620, 655, 661, 688, 705, 738, 929, 968-969, 973-974, 978, 981, 988, 1024
호머(Homer)　758, 925, 1081
호바트(W. K. Hobart)　28
홀츠만(H. J. Holtzmann)　1077
회개　39, 76, 125, 158, 164-170, 172-173, 175-177, 182, 189, 217, 220, 223-224, 226-227, 247, 268, 273, 288-290, 293-294, 365, 398, 402-403, 519, 530, 559, 581, 645-647, 772, 803-807, 843, 860, 863-865, 881-885, 898, 928, 931-933, 1019, 1065-1068, 1073, 1132, 1157-1159
회심　462
후기설　53-56
히브리파 유대인　19-20, 307-309, 323, 385, 541-543, 655, 696, 705, 708, 738, 967-969, 992
히에라볼리교회　876
히폴리투스(Hippolytus)　318, 403
힐렐 학파　297

박용규 교수의 저서와 역서 소개

◆ 저서

- 한국장로교사상사. 총신대학교 출판부, 1992.
- 초대교회사. 총신대학교 출판부, 1994, 한국기독교사연구소, 2016.
- 근대교회사. 총신대학교 출판부, 1995, 한국기독교사연구소, 2016.
- 죽산 박형룡 박사의 생애와 사상. 총신대학교 출판부, 1996.
- 한국교회를 깨운 복음주의 운동. 두란노, 1998.
- 한국교회를 깨운다. 생명의 말씀사, 1998.
- 평양대부흥운동. 생명의 말씀사, 2000.
- 한국기독교회사 1권 1784-1910, 2권. 1910-1960, 한국기독교사연구소, 2016.
- 평양대부흥이야기. 생명의 말씀사, 2005, 한국기독교사연구소, 2014.
- 평양산정현교회. 생명의 말씀사, 2006.
- 제주기독교회사. 생명의 말씀사, 2008, 한국기독교사연구소, 2017.
- 부흥의 현장을 가다. 생명의 말씀사, 2008.
- 안산동산교회이야기. 큰숲, 2009.
- 강규찬과 평양산정현교회. 한국기독교사연구소, 2012.
- 사랑의교회 이야기. 생명의 말씀사, 2012.
- 세계부흥운동사. 생명의 말씀사, 2014(수정판, 한국기독교사연구소, 2016).
- 한국기독교회사 3권. 1960-2010, 한국기독교사연구소, 2018.
- 기독교역사와 역사의식. 한국기독교사연구소, 2018.
- 성령의 복음. 한국기독교사연구소, 2020.
- 성령의 복음 입문. 한국기독교사연구소, 2020.

◆ 공저

- 이 땅 부흥케 하소서. 생명의 말씀사, 2004.
- 총신대학교 100년사. 총신대학교, 2002.
- 장로교 총회 100년사. 예장총회, 2006.
- 선교책무. 생명의 말씀사, 2011.
- Accountability in Missions. Eugene: Wipf&Stock, 2011.
- 총회 100년, 한국장로교회 회고와 전망. 한국기독교사연구소, 2014.

◆ 번역서

- Noll, Hatch. Woodbridge. 기독교와 미국. 총신대학교 출판부, 1992.
- John D. Woodbridge. 인물로 본 기독교회사 상 하. 도서출판 횃불, 1993.
- David Wells, ed. 개혁주의신학. 엠마오, 1993, 한국기독교사연구소, 2017.
- Charles Allen Clark. 한국교회와 네비우스 선교정책. 기독교서회, 1994.
- Peter Toon. 가톨릭, 개신교와 무엇이 다른가. 도서출판 솔로몬, 1995.
- George M. Marsden. 근본주의와 미국문화. 생명의 말씀사, 1997.
- John D. Woodbridge. ed. 세속에 물들지 않는 영성. 생명의 말씀사, 2004.

한국기독교사연구소(The Korea Institute of Church History)는 비영리단체로서 복음주의적이고 개혁주의적인 신앙에 입각하여 한국교회사 전반에 대한 역사, 문화, 출판 사업을 통해 역사의식을 고취하고, 이 시대 복음의 대사회적 문화적 민족적 책임을 충실하게 감당하여 한국교회와 사회 전 영역에 그리스도의 주관을 확립하는 것을 그 목적으로 1997년 7월 14일 창립하였다.

2004년부터 정기학술세미나를 개최하고 있으며, 2013년 4월까지 57차 정기학술세미나 및 심포지엄을 가졌다. 평양대부흥운동과 한국기독교회사 1, 2, 3을 비롯해 많은 저술을 발행했으며, 홈페이지 www.1907revival.com과 www.kich.org를 통해 평양대부흥운동, 세계부흥운동, 한국교회의 정체성과 이슈를 포함하여 기독교회사에 대한 심도 있고 균형 잡힌 정보를 제공하고 있다. 2021년 좀더 효과적인 사역을 위해 유튜브 '박용규TV'를 개설하였다.

주 소: 04083 서울시 마포구 성지길 54 (합정동376-32)
전 화: (02) 3141-1964 (Fax 겸용)
이메일: kich-seoul@hanmail.net
홈페이지: www.kich.org / www.1907revival.com
후원계좌: 국민은행 165-21-0030-176 (예금주:한국교회사연구소)

우체국 104984-01-000223 (예금주: 한국교회사연구소)